全部财政收入：481.28 亿元

一般公共预算收入：303.38 亿元

一般公共预算支出：481.94 亿元

全社会固定资产投资：2166.81 亿元

社会消费品零售总额：796.38 亿元

出口总值：23.44 亿美元

进口总值：25.14 亿美元

实际利用外资：75593 万美元

全市货物运输量：9918 万吨

全市旅客运输量：3832.33 万人

卫生机构床位：19043 张

卫生技术人员：21886 人

全社会用电量：245.73 亿千瓦时

城市建成区绿化覆盖面积：30.05 平方公里

城市建成区绿化覆盖率：45.34%

城市道路面积：987.38 万平方米

人民币存款余额：4918.38 亿元

人民币贷款余额：3325.40 亿元

住户存款余额：2385.31 亿元

城镇非私营单位在岗职工年平均工资：63426 元

城镇居民人均可支配收入：31925 元

农村居民人均可支配收入：13159 元

城镇居民人均消费性支出：22152 元

农村居民人均消费性支出：10654 元

廊坊文化艺术中心

廊坊年鉴

LANGFANG NIANJIAN

《廊坊年鉴》编修委员会 编

2015

方志出版社
Publishing House of Local Records

图书在版编目(CIP)数据

廊坊年鉴. 2015 / 《廊坊年鉴》编修委员会编. —
北京：方志出版社，2016.12
ISBN 978-7-5144-2329-7
Ⅰ. ①廊··· Ⅱ. ①廊··· Ⅲ. ①廊坊—2015—年鉴
Ⅳ. ①Z522.23

中国版本图书馆CIP数据核字（2017）第013750号

廊坊年鉴（2015）

编　　者：《廊坊年鉴》编修委员会
责任编辑：宁　芳

出 版 人：冀祥德
出 版 者：方志出版社
　　地址　北京市朝阳区潘家园东里9号（国家方志馆4层）
　　邮编　100021
　　网址　http://www.fzph.org
发　　行：方志出版社发行中心
　　电话（010）67110500
经　　销：各地新华书店
印　　刷：廊坊市瑞德印刷有限公司

开　　本：889×1194　1/16
印　　张：41.5
字　　数：953 千字
版　　次：2016 年 12 月第1版　2016 年 12 月第1次印刷
印　　数：0001~1000册

ISBN 978-7-5144-2329-7　　定价：198 元

编 辑 说 明

一、《廊坊年鉴》是编修委员会领导、市政府地方志办公室编辑的年度资料性文献，是记载廊坊市情的百科全书。其宗旨是全面、系统、准确地记述廊坊市行政区域自然、政治、经济、文化、社会等方面的基本情况，为社会各界人士了解和研究廊坊市提供基本资料，也为编史修志积累资料。

二、《廊坊年鉴》于2002年创刊，每两年编辑出版一卷，连续出版四卷；自2009年起改为逐年出版一卷。2015年卷为第十二卷。

三、年鉴编辑以马列主义、毛泽东思想、邓小平理论、“三个代表”重要思想和科学发展观为指导，深入贯彻习近平总书记系列重要讲话精神和治国理政新理念、新思想、新战略，坚持实事求是的原则，客观翔实记事。个别内容有上溯或下延。

四、年鉴采用分类编辑法、条目式记事体，个别相关或相近部类合并立目。主体框架由类目、分目、条目三个层次构成，条目为年鉴内容的基本表现形式。

五、本卷年鉴主要记述全市2015年度的基本情况，突出京津冀协同发展、生态环境治理、项目建设、城乡建设、法治建设、民生保障等重要事项，客观反映新变化、新成就及经验教训，彰显廊坊市经济社会发展年度特色。

六、本卷年鉴对部分内容进行更新、调整、充实。其中，“市情概貌”类目新增“资源”分目；“城乡建设”类目新增“美丽乡村建设”分目；“社会生活”类目新增“社会保障”“生活物价”分目；将“京津冀协同发展”与“‘北三县’统筹发展”调整至“综合管理”类目。

七、年鉴文稿均由各撰稿单位专人撰写，并经单位主管负责人严格审核。数据采用法定计量单位，所用数字一般以市统计局数字为准，并经市统计局审核。

京津冀协同发展

2015年，廊坊市按照省委、省政府总体部署，抢抓京津冀协同发展重大机遇，推进产业对接，签约合作项目37个，总投资1685亿元；推进交通互联，津保高铁廊坊段建成通车，京台、京秦、密涿高速等瓶颈路、断头路加快对接；承接非首都功能，燕达医院与北京天坛医院、北京朝阳医院等全面合作，北京第五中学、北京第八中学等分校落户廊坊。

8月22日至23日，省委书记赵克志（左二）在廊坊调研时强调，要深刻领会习近平总书记关于京津冀协同发展重大战略思想，服务北京、学习北京、接轨北京，抓住机遇、乘势而上。市委书记王晓东（左四）、市长冯韶慧（左六）陪同调研

10月12日，市长冯韶慧与北京市大兴区区长谈绪祥签署电子商务产业全面战略合作协议

建设中的北京新机场

环境建设

2015年，廊坊市坚守生态底线，以大气污染治理、水环境改善和植树造林为依托，科学防控、精准治污，强力实施控煤、抑尘、限车、治污、治烟等重点工程，着力推进生态文明建设。

广阳区九州镇拆除黏土实心砖瓦窑现场

多功能抑尘车投入使用

廊坊市建成精品绿化道路 456.7 公里

廊坊人民公园

美丽乡村

廊坊市美丽乡村建设以"北三县"和固安县两大省级重点片区为引领，在安次区、广阳区、永清县、霸州市、文安县、大城县6个县（市、区）各确定1个市级重点片区，重点片区之外确定20个精品村，形成"2+6+20"的建设格局。

固安县林城温泉小镇

香河县庆功台村万亩荷塘

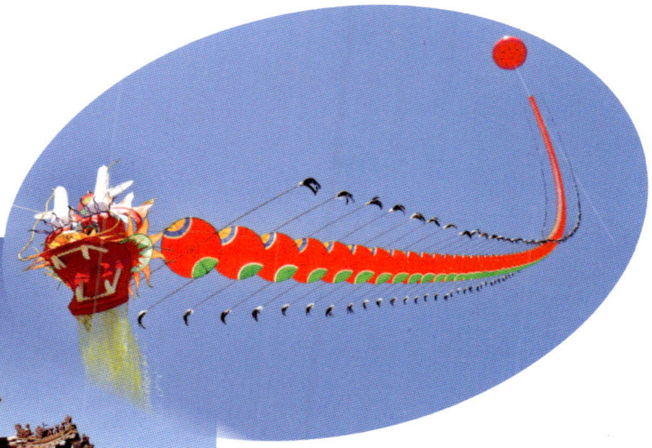

安次区第什里村
风筝列为河北省非物
质文化遗产

固安县屈家营村

霸州市东坨村

精神文明

廊坊市开展“善行河北·最美廊坊人”评选、身边好人推荐评选、学雷锋志愿服务、道德讲堂等各类活动。截至2015年底，全市评出“最美廊坊人”22名（含集体1个），市级道德模范、“道德建设百佳”“十大孝星”200余人，近百人入选“中国好人榜”。

“最美廊坊人”颁奖仪式

永清县三堡村张庆兰（女）获第四届全国道德模范提名奖，被评为河北省第四届道德模范

香河县老党员程文起为小学生讲述革命故事

香河县敬老院老人其乐融融

廊坊市“彩色周末”广场健身舞蹈比赛

好人墙

9 月 16 日，以“弘扬道德精神，彰显廊坊风采”为主题的廊坊好人善行功德馆开馆，集中展示全市各级各类 100 多名（个）道德模范、志愿服务群体先进事迹，树立“最美廊坊人”楷模，努力在全社会形成“弘扬最美、追求最美、争当最美”的新风尚

廊坊掠影

廊坊体育场

香河第一城

廊坊市热气球展

大清河畔

公园一角

霸州日月潭温泉

《廊坊年鉴》编修委员会

主　　　　任：陈　平

常务副主任：李　波

副　主　任：吕爱英　张金波　张　矛

委　　　　员：陶春来　霍立新　高慧聪　朱建强　左德江　韩少奇

张建明　张维真　王　海　于宝华　李柏林　邵二玲

吕建成　韩志宽　孟繁彪　王迎东　张明贤　王福民

《廊坊年鉴（2015）》编辑人员

主　　　　审：霍立新

主　　　　编：王福民

特 邀 编 审：缴世忠　黄志强

编　　　　辑：姚自愚　张宏胜　李王娜　陈　娜　刘芳序　康景云

杨宝军　高景全　张　冲　王　军　郭宝明　赵军涛

王志刚　唐国生　吕文杰

摄　　　　影：刘建春　卢　锋　金志超　屠自然　崔国成　李建国

陈　童　刘　向　任晓燕　李晓果　赵　威　张黎光

图 片 鸣 谢：市委宣传部　市委农工部　廊坊日报社

市旅游委　市环保局　市教育局

市林业局　市贸促会　市农开办

《廊坊年鉴（2015）》撰稿人员

（按姓氏笔画为序）

于冬梅　于庆增　门思鹏　马　娟　马　瑞　马二娟　马兰兰　马玉霞　马宝金　孔治国
尹日丹　尹浩伦　方光沛　牛秀华　王　帅　王　娜　王　浩　王　猛　王　雪　王　超
王　雷　王　震　王　嬴　王少卫　王文文　王世民　王东峰　王占峰　王亚娟　王伟海
王军素　王同庆　王旭峰　王红梅　王丽媛　王利永　王宝忠　王昊天　王思慧　王春花
王春琢　王炳昆　王秋菊　王晓峰　王海林　王爱军　王艳娟　王雪松　王路阔　王麒惠
车丽娜　邓恩娟　付　强　冯　丽　冯莹惠　史月英　叶　超　叶志伟　司　红　宁绍杰
田　勇　田　甜　田　雪　田建国　白　华　白　洁　石　磊　任　飞　刘　召　刘　伟
刘　宇　刘　兵　刘　芳　刘　杰　刘　波　刘　金　刘　俊　刘　钘　刘　振　刘　菊
刘　萍　刘　喆　刘　谦　刘　巍　刘　鑫　刘一诺　刘书芹　刘正昌　刘玉利　刘伟伟
刘自洋　刘志强　刘沛德　刘芳序　刘佳慧　刘国兴　刘建伟　刘建辉　刘青芳　刘保泽
刘思洋　刘树青　刘洪江　刘振业　刘振清　刘础楠　刘康伟　刘淑珍　刘静娜　吕文杰
孙　月　孙　南　孙　彦　孙　雷　孙正超　孙秀菊　孙继权　朱亚莉　汤育梁　许宁宁
许春雨　邢　为　邢　月　邢会成　闫凤吉　齐　心　何立伟　何扬帆　何志胜　何　畔
吴　琳　吴广恒　吴潮怀　宋瑞平　张　卫　张　丛　张　叶　张　弘　张　冲　张　佳
张　欣　张　迪　张　哲　张　敏　张　琨　张　鼎　张　静　张飞虎　张云峰　张凤雷
张东梅　张亚军　张宏胜　张建涛　张玲玲　张晓伟　张爱民　张敬仙　张紫娇　张　越
张道明　张雅迪　张瑞香　张　磊　张　蝶　李　明　李　威　李　思　李　政　李　盼
李　娟　李　涛　李　晨　李　强　李　想　李少鹏　李文惠　李东芳　李　龙　李红利
李宏伟　李志迁　李志楠　李国辉　李学更　李树清　李荣荣　李振林　李晋冀　李晓健
李晞铭　李海川　李艳平　李银哲　杨　希　杨　迪　杨　勇　杨　鹏　杨立辉　杨光瑞
杨克亮　杨洪艳　杨赛美　杨德运　沈兴辉　肖艳军　肖艳青　苏　亮　苏文侠　辛志友
远桂君　邱　颖　邵思云　邸国银　陈　芳　陈　波　陈　娜　陈　辉　陈　曦　陈明明
陈述敏　陈玺同　陈艳冲　陈新娟　周丽娟　周姗姗　周春辉　周　珊　周雅琦　孟祥坤
孟祥宽　孟湘君　屈卫芳　林卫香　林怀青　林金颖　武智仙　畅金元　范桂源　范瑞宾
郑　佳　郑伟东　郑莉华　金　鹏　信　希　垢冬梅　姚　姚　姜秀梅　姜娇娇　柳金英
段　君　段宏祥　段泽涛　段洪涛　段贵争　相　伟　祖　峥　赵　阳　赵　虹　赵　硕
赵秀川　赵海滨　赵隽平　郝孟杰　郝莹莹　徐东东　徐宝珠　秦维城　索俊章　耿建峰
耿明明　袁　伟　袁　媛　贾双江　贾文娟　贾立营　贾秀丽　贾国玲　贾荣昌　郭有泉
郭志恒　郭彦昕　钱红梅　钳佳维　高　阳　高　亮　高士伟　高延杰　寇民强　崔　钰
崔培培　崔雪松　康亚静　曹　静　曹东华　曹立杰　曹晓鹏　梁　辰　章铭石　黄　鑫
黄文珍　彭　燕　程　石　程　佳　葛春涛　董铁刚　蒋　翠　谢　丹　甄志强　褚继东
路雨航　靳　楠　翟冀平　蔡国庆　滕云鹏　潘跃腾　薛敏婷　魏照祥

目 录

特 载

大事记

市情概貌

中国共产党廊坊市委员会

廊坊市人民代表大会常务委员会

廊坊市人民政府

中国人民政治协商会议廊坊市委员会

民主党派·工商联

人民团体

法治·国防

城乡建设

交通运输

农林·水利

工业·信息产业

邮政·通信

环保·旅游

商贸流通

民营经济

财政·税务

金融·保险

综合管理

教 育

文化·科技

卫生·体育

社会生活

县（市、区）

园区建设

驻廊中、省直属单位

人物

附录

特 载

适应新常态 强化主战略 努力开创廊坊经济社会发展新局面

——2015年12月30日在市委五届八次全会第一次全体会议上的讲话

中共廊坊市委书记 王晓东

各位委员、同志们：

现在，我受市委常委会委托，向全会报告工作，并就做好“十三五”时期及明年的重点工作讲几点意见。

一、市委五届七次全会以来的主要工作

市委五届七次全会以来，市委常委会团结带领全市干部群众，坚决落实中央和省委重大决策部署，坚持绿色发展、高端发展、率先发展、和谐发展，大干实事、实干大事，推动全市各项工作取得新进展、新成效。

（一）始终坚持讲政治、谋全局、聚合力。市委常委会自觉用习近平总书记系列重要讲话精神武装头脑、指导实践、推动工作，坚决同以习近平同志为总书记的党中央保持高度一致，坚决落实中央大政方针和省委决策部署，坚决拥护中央和省委对一系列重大腐败案件的立案查处。坚持科学民主决策，凡“三重一大”事项都充分酝酿、深入讨论、集体议定。今年共召开37次市委常委会，在推进协同发展、全面深化改革、落实“两个责任”等方面形成了一系列重要决策。牢牢抓住意识形态领域的领导权，引导干部群众自觉践行社会主义核心价值观。充分发挥总揽全局、协调各方作用，积极支持市人大及其常委会依法全面履行职责，争获全省首批地方立法赋权，真正实现了地方立法、依法监督、重大事项决定、人事任免“四权”并用，掀开了廊坊民主法治建设的新篇章。积极支持市政府统筹推进稳增长、调结构、促改革、优生态、惠民生各项工作，着力解决经济运行、环境整治、安全生产等方面的重大问题，在经济社会发展关键领域实行党政同责、共担共促。积极支持市政协充分发挥人才荟萃、智力密集、联系广泛、渠道畅通的优势，通过扎实开展调研、视察、提案、社情民意等工作，更好地履行政治协商、民主监督、参政议政职能。支持各民主党派、工商联和无党派人士充分发挥积极作用，注重发挥工青妇等人民团体的桥梁纽带作用。认真抓好国防动员和后备力量建设，积极推动军民融合深度发展。

（二）努力把握新常态下经济工作主动权。积极应对宏观经济下行压力加大、资源环境约束趋紧等不利因素，坚持以调结构、转方式为主线，加大对实体经济扶持力度，推动经济发展呈现速度加快、质量提高、后劲增强的良好态势。出台加大投资力度的意见、项目建设攻坚十条，编制完成重点产业招商路线图，深入实施招商引资集中行动，成功举办“5·18”“9·26”、军民融合展洽会、中国（廊坊）大数据产业周等大型经贸活动。争列省重点项目33项，居全省第一，项目开工率、投资完成率达到100%。在实施建设的亿元以上项目中，高端制造业和现代服务业项目占60%以上。制定加快推进大数据产业发展的意见，启动现代服务业三年发展计划，推动全市产业结构进一步优化，规模以上高新技术产业增加值占规模以上工业的比重达到23%。组织实施入企帮扶和政府与企业面对面活动，解决了一批涉及企业用地、用水、融资等方面的突出问题。今年以来，地区生产总值、公共财政预算收入、固定资产投资等主要经济指标增速保持全省领先。1—11月份，全部财政收入完成445.6亿元，增长18.2%，公共财政预算收入完成279亿元，增长19.4%，总量均居全省第三，增速均居全省第一。预计全年公共财政预算收入占生产总值的比重达到12.6%，税收占全部财政收入比重达到91.9%。

（三）大力推动协同发展重点突破。坚持把京津冀协同发展作为重大历史性机遇，组织召开全市推进大会，出台加快推进协同发展意见。在交通互联上，津保高铁廊坊段建成通车，京台、京秦、密涿高速等瓶颈路、断头路加快对接，燕郊跨潮白河大桥加快建设，推进京津冀公共交通“一卡通六城”试点工作，地面公交线路已具备与京津互联互通试运营条件。北京新机场全面开工建设，1.3万亩征补和供地任务圆满完成。在产业协同上，亦庄·永清高新区获省政府批准，首批项目已经进场；精雕数控机床二期、京东华北订单中心等一批项目建成投产；碳纤维、香河机器人产业园、中粮可口可乐华北生产基地等一批重点项目加快建设；中关村（大兴）生物医药产业基地固安合作园、大厂影视创意产业园、京津冀量子保密通信网络等一批项目签约落户。中国（河北）博士后成果转化基地正式挂牌。积极参与2015京津冀产业转移系列对接活动，签约项目数量、投资总量均居全省首位。

（四）积极推进全面深化改革。组织召开5次领导小组会议，对全面深化改革重点工作及时部署安排。制定出台全面深化改革重要举措实施规划，明确了我市改革的总路线图。成功争列第一批全国中小城市综合改革试点，并制定出台实施方案。成功列入石保廊全面创新改革试验，正在配合省制定实施意见。审议通过了《关于深化户籍制度改革的实施意见》。权力清单和责任清单编制完成并对外公布。全面实施“三证合一”和“一照一码”改革，推行“先照后证”，全面取消非行政许可审批事项，前置许可审批事项由216项减少到34项。出台公务用车制度改革方案，推进向主城区下放行政审批事项改革，推动廊坊开发区实行全员聘任制，广阳区成功获批“全国社区治理和服务创新实验区”。

（五）强力实施污染防治攻坚。严格实行党政同责，坚持科学施治，强力推进大气和水污染治理。聘请权威专家科学分析污染源和污染形成机理，出台大气污染防治攻坚十条并强力组织实施，实行市县主要领导周调度制度，及时发现和解决问题。突出抓好重污染天气“削峰减频”，共实施16次应急响应。实现了大气质量明显好转，截至12月28日，我市达标天数为185天，同比增加33天；重污染天数为51天，同比减少19天；PM10、PM2.5分别同比下降14.5%、16%。

积极开展水污染防治，绘制河流污染源分布图，对沿岸违法排污企业、家畜禽养殖场及违建、临建进行关停拆除，对违法排污企业进行处罚，清理沿岸及水体垃圾26万方，12月份主要河流水质有明显改善。大力度开展植树造林，预计全年造林57.55万亩。实施湿地恢复工程，全年恢复湿地6.3万亩。实施水系修复工程，全年整治河道、干渠165.5公里。

（六）不断强化民生政策保障。坚持抓民生就是抓发展，着力解决人民群众最关心最直接最现实的利益问题。出台扶持就业创业政策措施，城镇登记失业率连续十年保持全省最低，城乡居民人均可支配收入继续位居全省前列。加大住房保障力度，保障性安居工程开工、竣工率均超过年度计划。加强社保体系建设，城乡低保标准居全省首位，城乡低保户新农合、新城保实现应保尽保。推进公立医院综合改革，加快三甲医院改造和一批社区卫生服务中心、国医堂建设，实施新农合大病保险，各县（市、区）新农合与市级定点医疗机构实现异地结算。启动了104所中小学、幼儿园新改扩建，全市一半以上中小学建成标准化学校，市第二小学、第十三中学等工程竣工投入使用，完成27所农村幼儿园新建或改扩建工程。高度重视美丽乡村建设，巩固提升1105个已改造村街，突出抓好290个新列入省级重点村街的改造，建设了“北三县”、固安等一批省级精品示范区和6个市级精品示范片。新改建农村公路381.6公里。组织实施农村饮水安全工程，新解决近20万农村居民饮水安全问题。围绕创建国家公共文化服务体系示范区，加快壹佰文创孵化基地、大城红木文化产业园、香河国华影视基地等文化项目建设，努力打造京津冀文化体验名城。

（七）切实维护社会大局和谐稳定。着力打牢基础、强化关键措施，保持了全市社会大局的和谐稳定。坚持用群众工作统揽信访工作，落实领导干部接访、约访、下访、督访制度，开展信访积案化解集中行动，初步建成党委群众工作委员会领导下的“三中心三网络”群众工作新格局。1—11月份，全市进京“非访”量同比下降21%，退出全省倒排前三名。强化社会治安综合治理，组织实施打黑除恶扫痞灭霸等专项行动。围绕建设平安廊坊，深入开展市县乡村四级区域和20个重点行业平安创建活动。积极推进司法改革，广阳、霸州执法司法公开示范区创建工作扎实推进。认真履行拱卫首都护城河职责，圆满完成全国“两会”“9·3”阅兵、十八届五中全会等重大活动安保任务。全面落实新《安全生产法》，市委常委带头宣讲，督促企业主体责任落实，重大安全生产事故为零。

（八）全面落实从严治党要求。坚持把抓好党建作为最大政治责任，注重基层基础，强化工作创新，努力形成干事创业、风清气正的良好政治生态。扎实开展“三严三实”专题教育，以“三比三创”为抓手推进解放思想大讨论见到实效。坚持正确用人导向，严格落实干部任用工作条例，推进“两定一考”工作机制，以“信念坚定、为民服务、勤政务实、敢于担当、清正廉洁”为标准，把一批忠诚干净担当实干的优秀干部选拔到领导岗位。夯实基层基础，在全市农村、社区普遍实施“四个三”工作机制，引导工作重心下移。深入推进党风廉政建设和反腐败斗争，严格落实“两个责任”，在全省率先制定实施“两个责任”失职渎职问责追究办法。

对一批责任不落实、造成不良后果的党政和纪检监察主要负责人追究了责任。坚决把纪律和规矩挺在前面，深入开展学习宣传“两项法规”活动，在整治“四风”上力度不减、尺度不松，在查办案件上保持高压、持续用力。今年全市已立案1076件，给予党政纪处分959人，涉及县处级干部45人，乡科级干部199人。

按照中央和省委要求，向全会报告2015年市委常委会选拔任用干部情况：根据工作需要，全年先后研究任免市管干部340名，其中提拔任用117名、平职调整160名、免职63名。选拔任用过程中，坚持严把动议关、考察关、程序关，严格干部动议、推荐、考察、选任等程序，刚性推进干部提拔“两报告一筛查”，今年以来共筛查拟提拔和重用干部156人，其中9人因漏报个人有关事项等问题被暂缓任用。充分发扬民主，对市委选拔任用的干部，坚持在市委常委会召开之前广泛听取各方面意见，在一定范围内进行酝酿。对涉及调整提拔的非党干部，征求市委统战部、所在党派、市工商联主要领导、无党派人士中代表的意见。所有涉及提拔任职的干部均征求市纪委意见。对各县（市、区）党政正职和市直正处级单位正职的任用，全部征求了全委会成员意见。切实加强干部监督，组织1400余名市管干部集中报告个人有关事项，并按照规定比例随机抽查核实。

回顾一年来廊坊发展的成功实践，我们深深感到，必须紧紧扭住发展要务，始终用发展统一思想、用事业凝聚力量，坚持“绿色发展、高端发展、率先发展、和谐发展”的定位不动摇，抓住用好京津冀协同发展等一系列重大机遇，不断开创廊坊发展的新境界。必须不断强化争先意识，始终把对标先进、赶超先进作为工作标准，把细致精致极致、事争一流作为不懈追求，始终保持增比进位的积极姿态，努力抢占发展制高点。必须大力弘扬担当精神，始终把发展一方经济、致富一方百姓、维护一方稳定作为职责所在，主动深入到困难大、矛盾多、群众诉求集中的地方开展工作，不断破解改革发展稳定工作中的难题。必须切实践行为民宗旨，始终把人民群众对美好生活的向往作为我们的奋斗目标，把保障和改善民生作为一切工作的出发点和落脚点，积极回应群众现实关切，积极回应群众的利益诉求，努力在发展中最大限度地造福人民群众。必须始终坚守党的纪律，始终把纪律和规矩挺在前面，以责权明确、一案三查、问责到底的制度化安排，推动“两个责任”落实，持续不断整治“四风”，始终保持惩治腐败的高压态势。这些重要经验弥足珍贵，在今后的工作中必须继续坚持，并不断丰富和发展。

这一年工作成绩的取得，是党中央英明决策和省委正确领导的结果，是各级党组织和党员干部积极进取、奋力拼搏的结果，是全市人民群众鼎力支持、共同努力的结果，凝结着市委全委会各位同志的心血和汗水。在此，我代表市委常委会，向全市各级党组织、广大党员干部，各族群众、各界人士，老领导、老同志，向中省直单位、解放军驻廊坊部队、武警官兵，向所有关心支持廊坊发展的朋友们，表示衷心的感谢和崇高的敬意！

同时，也要清醒地看到，我们的工作还存在很多不足和问题。主要是：推动发展的力度还不够大，产业层次还不够高，区位优势和发展潜力还没有充分释放；改革攻坚的效果还不显著，经济外向度还比较低，对国内外先进要素的吸引力还不强；民生领域仍有很多欠账，社会矛盾和潜在风险还不少，建设和谐社会和平安廊坊的任务还很重；大气、水污染情况比较严重，生态环境修复和治理的压力很大；一些干部的能力素质还不能很好地适应新常态的要求，思想不够解放、精神不够振奋、落实不够得力的问题仍比较突出，等等。这些都需要我们采取有力措施加以解决。

二、“十三五”时期经济社会发展的思路目标和重点任务

谋划好“十三五”发展，必须科学准确判断当前形势。从宏观形势看，尽管世界金融危机影响仍然存在，新的自主增长动力还未形成，但世界经济已经在深度调整中曲折复苏，特别是新一轮科技革命和产业变革蓄势待发，孕育着新的发展空间和突破。我国经济发展进入新常态，经济长期向好的基本面没有改变，具有巨大的韧性、潜力和回旋余地，仍处于重要战略机遇期，尤其是发展方式加快转变、经济结构不断优化、发展动力持续转换，全面深化改革、扩大开放正在释放出新的活力。从面临机遇看，按照京津冀协同发展规划纲要的空间布局，廊坊紧邻“一核”，地处“双城”之间、“主轴”之上，全域处于中部核心功能区，为我市全方位聚集国内外先进要素提供了现实机遇。北京新机场及其配套工程加快建设，将为我们打通面向全国乃至世界的空中走廊；列入石保廊全面创新改革试验和全国中小城市综合改革试点，有利于我市率先突破体制机制障碍，加快形成与京津深度融合的创新共同体。同时，国家实施创新驱动和“一带一路”战略、“中国制造 2025”“互联网 +”行动计划等，为我市加快转变发展方式、加快调整产业结构、加快培育增长动力提供了更大空间和可能。从现实挑战看，我市面临资源约束趋紧，土地供需矛盾日益突出，很多好项目受土地供应限制难以落地；水资源匮乏，生产生活用水主要靠超采地下水，资源对发展的约束越来越紧。环境容量不足，大气污染较重，雾霾天气时有发生，减排任务非常艰巨；主要河流污染已经影响到新上项目的环评，长远发展的环境容量明显不足。规划控制很严，特别是京津冀协同发展的空间管控要求，对我市主城区和环京县的城市发展带来一定限制。周边竞争激烈，所在区域发展很快，加之立体交通快速形成，廊坊传统意义上的区位优势在加速弱化。我们必须顺应发展大势、牢牢抓住机遇、积极应对挑战，主动作为、攻坚克难，努力开创发展的新局面。

我市“十三五”时期发展的指导思想是：全面贯彻党的十八大和十八届三中、四中、五中全会精神，以马克思列宁主义、毛泽东思想、邓小平理论、“三个代表”重要思想、科学发展观为指导，深入贯彻习近平总书记系列重要讲话精神，坚持“四个全面”战略布局和“五大发展”理念，坚持“协同发展、转型升级、又好又快”工作主基调，以提高发展质量和效益为中心，坚守发展、生态、民生三条底线，牢牢抓住新机遇，努力适应新常态，不断强化协同发展、科技领引、开放带动、生态支撑主战略，着力提升城市经济，着力发展高端产业，着力创新体制机制，着力重塑环境优势，着力防范社会风险，加快建设科技研发创新成果转化引领区、战略性新兴产业和现代服务业聚集区、京津冀全面创新改革试验区、北京非首都功能集中承载地，努力开创绿色发展、高端发展、率先发展、和谐发展新局面。

我市“十三五”时期发展的主要目标是：“三个前列、两个翻番、一个提前”。“三个前列”，就是经济增长保持中高速，主要经济指标增速位居全省前列；产业发展迈入中高端，质量和效益位居全省前列；环境治理大见效，生态建设水平位居全省前列。“两个翻番”，就是地区生产总值和城乡居民人均可支配收入比2010年翻一番以上，并努力在全省率先实现翻番。“一个提前”，就是确保在2020年前全面建成小康社会。

实现“十三五”奋斗目标，必须正确认识新常态、主动适应新常态、积极引领新常态，这是当前和今后一个时期经济发展的大逻辑。省委书记赵克志明确提出了对新常态怎么看要把握“四个必须”，新常态下怎么干要突出抓好“六个着力”，为我们指明了方向。我们一定要把经济发展新常态的要求贯穿于“十三五”发展的各领域、全过程，主动作为、奋发有为，通过深化改革、开放、创新，不断培育和激活经济发展的新动能，不断提升发展的新水平。

实现“十三五”奋斗目标，必须不断强化协同发展、科技领引、开放带动、生态支撑主战略。协同发展，是我市面临的最大历史性机遇，最能充分发挥我们的优势。这是由习近平总书记亲自谋划和推动的重大国家战略，省委也把协同发展放在了当前和今后一个时期工作主基调之首，我们必须倍加珍惜、紧紧抓住、充分用好。一定要深刻领会京津冀协同发展重大战略思想的实质，紧紧围绕落实中央规划纲要和省委实施意见的各项部署，切实把主要精力集中在协同发展上，把关键举措运用在协同发展上，把协同发展各项任务抓紧抓实抓到位。科技领引，是提高社会生产力和综合实力的战略支撑，最能彰显我们的核心竞争力。我们一定要突出科技在创新驱动中的核心地位，在产品创新、产业发展、城市管理、社会治理等各方面强化科技领引意识，充分挖掘京津丰富的科技人才智力优势，加快推进科技成果创新和孵化转化，加快推进战略性新兴产业发展，加快推进信息化和工业化深度融合，以科技铸就高端。开放带动，是释放廊坊发展潜力的重要引擎，最能激发我们的后发优势。我们一定要深刻理解中央提出的开放发展理念，充分借势国家和省扩大开放的一系列重大部署，坚持对内开放与对外开放并重、引进来与走出去并重、引资与引智并重，应用一切先进的发展理念和管理经验，吸纳一切先进的生产要素，大力发展开放型经济，以扩大开放带动创新、推动改革、促进发展。生态支撑，是我市推进发展的底线，最能保障我们实现可持续发展。我们一定要秉持绿色发展理念，正确处理经济发展与环境保护的关系，既要金山银山也要绿水青山，宁要绿水青山不要金山银山，全面修复生态环境，着力发展绿色、低碳、循环经济，形成绿色发展方式和生活方式，提高资源节约、集约和综合利用水平，努力让廊坊绿地常在、清水长流、蓝天永驻。

实现“十三五”奋斗目标，必须着力做好提升城市经济、发展高端产业、创新体制机制、重塑环境优势、防范社会风险五项工作。一是着力提升城市经济，增强城市综合竞争力和带动力。目前，我市城市发展格局仍然落后、功能相对单一、组团参差不齐、基础设施建设滞后、主导业态尚未形成，发展的短板集中在城市、潜力也蕴藏在城市。我们一定要高度重视城市对全市经济发展的牵引作用，进一步科学规划城镇空间布局，拉开城市主体框架；健全城市基础设施，提升城市功能和品质；完善城市管理体系，增强整体服务能力；丰富中心城市业态，提高城市经济发展水平。二是着力发展高端产业，提升经济发展的质量和效益。近年来，虽然我们引进了一批高端产业项目，但大多处于起步阶段，对经济的贡献还未充分显现，传统产业仍然是当家吃饭的基础。我们要在改造提升传统产业的同时，全面构筑“5+3”产业格局，更加重视“中国制造2025”和“互联网+”行动计划，把更多精力放到发展战略性新兴产业和现代服务业上，加快壮大以大数据为重点的新一代电子信息产业和高端制造业、现代服务业，构建廊坊新的产业体系，加快形成廊坊产业的鲜明特色和核心竞争力。三是着力创新体制机制，破解制约发展的各类难题。目前，我市全面深化改革工作进度还不理想，破解瓶颈的创新举措还不多，改革对发展的推动作用还不明显。我们一定要充分利用石保廊全面创新改革试验和中小城市综合改革试点市的平台，从解放思想、更新观念入手，引导全市上下树立强烈的改革意识，聚焦制约发展的突出问题，推广先进地区行之有效的经验办法，以制度创新为核心，以政府职能转变为重点，以法治建设为保障，以风险可控为底线，力争在改革创新上取得明显成效。四是着力重塑环境优势，切实增强可持续发展能力。近年来，我市环境污染问题十分突出，已经成为制约经济发展、影响人民健康的心头之患。我们一定要把保护生态环境作为推进工作的底线，坚持标本兼治、综合施策，采取最严厉的措施治理大气污染，狠抓水生态修复，严防各种土壤污染，大搞植树造林，连片打造森林湿地，坚定不移地走出经济效益社会效益生态效益同步提升的新路。五是着力防范社会风险，巩固发展和谐安定的社会局面。由于我国正处于经济增长速度换挡期、结构调整阵痛期、前期刺激政策消化期“三期叠加”的特殊时期，廊坊又处在改革的前沿阵地，发展中蕴藏各种潜在的风险。我们一定要强化风险意识、短板意识、忧患意识，切实增强各级党委、政府特别是领导干部运用法治思维和法治方式解决问题的能力，坚持未雨绸缪，积极做好各种风险源的调查、研判、处置，深入细致做好群众工作，全面加强社会治安综合治理，狠抓安全生产和食药安全工作，提高危机管理和抗风险能力。

实现“十三五”奋斗目标，必须聚焦重点、精准发力，坚决打好“八大攻坚战”。

一是打好做大做强城市经济攻坚战。完善城镇空间布局规划，拉开城市主体框架，构筑功能分区科学、产业布局合理、发展协调有序的区域板块。要突出中心城市组团发展，以北京新机场建设为依托，打通内部联络路网，构筑起主城区、永清、固安、廊坊新兴产业示范区“大四点”组团格局。统筹推进北部、中部、南部三个区域的城市规划建设、经济发展、管理服务，促进各有特色、互为补充、同为一体，不断提升城市的功能和品质。加快丰富中心城市业态，重点发展创新创意、商务会展、信息服务、楼宇经济、总部经济等。坚持职住一体、产城融合，着力将中心城市建设成为京津冀世界级城市群的重要节点城市。

二是打好战略性新兴产业和现代服务业发展攻坚战。坚决落实转型发展要求，积极承接首都高端产业外溢，加快培育战略性新兴产业，不断改造提升传统产业，促进产业结构优化升级。战略性新兴产业要培育新集群，加快壮大以高端数控机床、智能机器人、先进无人机等为重点的高端装备制造产业集群，以大数据、云计算、卫星导航等为重点的新一代电子信息产业集群，以基因工程药物、新型制剂等为重点的生物医药产业集群，以OLED照明材料、碳纤维、石墨烯等为重点的新材料产业集群。现代服务业要形成新支撑，优先发展生产性服务业，大力发展生活性服务业，积极发展高端服务业，重点发展现代物流、工业设计、文化创意、金融服务、科技服务、电子商务、旅游、健康养老等产业。着力打造高端产业隆起带，重点推进运河文化创意产业带、大数据产业带、科技成果孵化转化产业带建设。要强化科技创新的领引作用，充分利用京津创新资源，积极引进领军人物、高端人才和创新团队。加快培育一批有竞争力的创新性领军企业，打造一批科技小巨人，建设一批孵化器、众创空间、创客新城，推进大众创业、万众创新。同时，要加大对成长性好的中小微企业扶持力度，加快推进食品加工、家具制造、印刷和金属制品加工等传统优势产业提质提效，加快淘汰落后产能、落后技术工艺、落后生产设备的步伐。加快建设廊坊工业云，由政府出资有针对性地为企业提供生产经营全流程的数据定制服务，加快企业向数字化、网络化、智能化发展。

三是打好县域经济提升攻坚战。把产业培育作为强县支撑，突出发展实体经济，培植壮大县域支柱产业、优势企业，形成各具特色的县域产业集群，推动县域经济发展增比进位，力促更多县进入全国百强行列。要让园区发展焕发新的活力，推动位置相临、产业雷同的园区进行整合，鼓励省级以上园区实施管理体制改革，提升园区公共服务、创新服务、金融服务能力，推动县域园区由多向强转变。要深入推进县城建设，加快产城教融合发展，着力完善各类基础设施功能，做出特色、做出品位、做出文化，打造一批非首都功能疏解“微中心”和分散承接地。要积极发展现代农业，突出抓好现代农业园区建设。提高农业用水效率，推进高标准良田建设，稳定农业综合生产能力。全面推进美丽乡村建设，围绕率先实现美丽乡村全覆盖、率先建成环首都美丽乡村示范区，按照环境美、产业美、精神美、生态美的要求，重点在环境整治上下功夫，让农村净起来；在民居改造上下功夫，让农村美起来；在植树造林上下功夫，让农村绿起来；在乡村旅游上下功夫，让农村富起来；在市场对接上下功夫，让农村活起来。

四是打好重大基础设施建设攻坚战。要加快北京新机场建设，配合国家建设主体强力推进，确保按进度建成。加快推进京唐城际、京霸城际、廊涿城际及白沟支线等轨道交通项目建设，推进密涿、京秦、津石等高速公路建设，推进新机场（廊坊）、潮白新城（燕郊）、霸州三大枢纽中心建设，构建起以“三枢纽、四纵五横高速、十轨道”为框架的综合交通网。加强现代水利基础设施建设，实施好调水蓄水、防洪安保、生态修复等一批重大工程。加快“信息高速公路”建设，推进城市光纤到楼入户、农村光纤到村，建成全市地面无线数字电视骨干传输网，现有基础网络要向下一代互联网演进，推动宽带网络提速降费和无线局域网络免费全覆盖。要着力破解土地制约，充分发掘域内宜耕未利用地资源，依法依规高效利用土地，加大清理盘活存量力度，鼓励市场主体参与城镇低效用地再开发，探索建立园区低效工业用地退出机制，为长远发展拓展用地空间。要创新基础设施建设机制，通过PPP、特许经营等方式，引导社会资本投资基础设施建设。

五是打好生态环境治理攻坚战。采取最严厉的措施推进控污减排，切实降低主要污染物浓度。实行能源和水资源消耗、建设用地等总量和强度双控，构建节能减排长效机制。抓好绿色廊坊建设，继续下大力推进植树造林，确保森林覆盖率稳定在30%以上，绿化质量达到或接近京津水平。狠抓水生态治理，严格控制污水排放，确保域内重点河流水质达到国家标准。加强地下水超采综合治理，严格控制新增取用地下水。积极开展永定河、北运河、潮白河、大清河等重要水系生态建设，加快龙河等湿地恢复，推进霸州、文安、大城森林湿地连片打造，建成东联天津、西接白洋淀，绵延一体的廊南森林湿地生态走廊。要实行最严格的环境保护制度，坚决依法惩处破坏生态环境的行为。

六是打好全面改革开放攻坚战。要深化要素市场和公共服务一体化改革、协同发展体制机制改革，全力开展石保廊全面改革创新试验和国家中小城市综合改革试点工作，深入推进与京津系统性、整体性、协同性改革创新探索。统筹推进政府职能转变，营造公平高效、充满活力的营商环境。稳妥推进农村土地承包经营制度改革，全面完成农村土地承包经营权确权登记颁证工作。围绕为中小企业融资构建高效、低成本的担保贷款通道，推进信用评价、信用激励、约束机制同担保贷款业务相结合的融资改革，拓宽融资领域。要深入推进对外开放，主动融入“一带一路”等国家和省开放大格局，加大利用外资力度，鼓励企业“走出去”。抓好北京新机场临空经济区战略性开放合作平台建设，加强亦庄·永清高新区、中关村国家自主创新示范区固安高新技术产业园、三河与平谷共建京冀通航产业园等重要开放载体建设，积极发展国别（地区）园区，发挥好各类会展平台作用，不断开拓国内外新市场，形成对内对外开放新优势。

七是打好社会发展民生改善攻坚战。要创造良好就业创业环境，努力增加城乡居民收入，推动城乡居民收入增长和经济发展同步、劳动报酬增长和劳动生产率提高同步。要办好人民满意教育，高标准高质量普及十五年教育，均衡配置义务教育资源，扩大优质教育资源覆盖面，让全市所有孩子都能享受到较高水平的教育。大力发展面向市场需求的现代职业教育，加快建设一批有特色高水平的高等院校。深入推进重大医疗设施工程向急需薄弱领域倾斜，完善基本药物制度，理顺药品和医疗服务价格，提高基本医疗卫生服务的公平性和可及性。完善市县乡村四级公共文化设施网络，打造城市“十五分钟文化圈”、农村“半小时文化圈”。加强住房保障工作，坚持租购并举，扩大保障房和限价房供给，稳步推进农村社区建设和危陋房改造工作，持续改善居民住房条件。要实施精准扶贫，把全市低保人群全部纳入扶贫范围，大力改善困难群众生活。完善社会保障体系，深入实施社保扩面提质，推进医疗保险市级统筹，加快实现省内异地就医直接结算。特别要主动吸引京津资源，在医疗卫生、教育文化等方面加强对接合作，带动我市公共服务和社会事业发展水平整体提升。

八是打好平安廊坊建设攻坚战。要扎实推进群众工作，充分发挥“三中心三网络”作用，实现信访问题的系统治理、依法治理、综合治理、源头治理。全面加强法治建设，加快推进依法执政、依法行政、公正司法等重点工作，把一切工作纳入法治轨道。全面加强社会治安综合治理，加快以信息化为支撑的社会治安综合防控体系建设，依法惩治各类违法犯罪活动，强化反恐防暴和反邪教工作，坚决遏制发生重大刑事案件。要狠抓安全生产和食品药品安全工作，严防重特大事故发生。要高度重视风险防控工作，精准研判、妥善应对来自经济、政治、意识形态、社会、自然界等各方面风险，特别是严防金融风险，坚决防止小风险演化成大风险，个别风险演化成综合风险，局部风险演化成区域性风险，经济风险演化成社会政治风险。

三、扎实推进“十三五”良好开局

2016年是抢抓京津冀协同发展重大机遇的关键之年，是推进结构性改革的攻坚之年，是完成“十三五”发展目标任务的起步之年。我们一定要按照党的十八届五中全会和省委八届十二次全会的各项要求部署，主动适应经济发展新常态，全面落实供给侧结构性改革任务，准确把握稳增长、调结构、治污染、惠民生、防风险的平衡点，更加注重加快工业转型升级、加强生态环境修复、培育新的发展动能、提高开放水平、保障和改善民生、防范和化解风险，推动“十三五”工作强势开局，重点做到四个确保，落实五项任务，实施六项重点工程，继续开展集中行动。

做到四个确保：一是确保经济发展速度、质量保持全省领先，GDP增长8%以上，公共财政预算收入、固定资产和技术改造投资等主要经济指标增速位居全省前列；二是确保各项改革全面推进，落实好供给侧结构性改革任务，推动石保廊全面创新改革试验和中小城市综合改革试点工作实现突破；三是确保生态环境改善程度明显提高，空气质量持续好转，水生态恶化趋势得到有效遏制，土壤质量得到改善；四是确保主要民生领域保障水平进一步提升，人民群众普遍关心的交通拥堵、就医难、入学难等热点难点问题得到明显改善。各级各部门一定要紧紧围绕“四个确保”，力争在实现目标的基础上取得更大成绩。

落实五项任务。一是大力推进电子信息、高端制造、现代服务等产业重大项目落地建设。电子信息产业重点要在加快发展华为云中心、润泽国际信息港等已有大数据龙头企业的基础上，着力推进京东集团北方云计算中心、浪潮大数据云计算中心、京津冀量子保密通信网络基地等重要项目落地建设，大力支持“互联网+天基信息应用”创新发展基地和多层次、系统性全球地球化学数据平台建设，全力打造全省高端数据产业示范基地和数据增值服务示范区。高端制造业要重点加快固安视觉无人机、航天振邦精密机械、香河机器人等项目建设，推进产业集聚发展。现代服务业要重点抓好与京东集团共建国内技术领先、规模最大的电子商务产业集群。认真落实省委部署的“百千万”助力工程，帮助企业降低生产经营成本，不断提升企业实力和效益。要突出抓好园区平台建设，引导人才、项目、资金、技术等生产要素向园区集中，抓好特色“区中园”、国别（地区）产业园的建设。强化廊坊开发区和燕郊高新区的示范带动作用，推进廊坊开发区扩容提质，发挥好品牌效应，形成优势互补的园区整合发展格局。二是大力推进交通路网、基础设施管网、通讯传输网建设。交通路网要大力推进“大四点”组团间路网建设，对内要加强域内交通网络和交通主干线之间的连接，打通廊坊西外环，建设第三大南通道和永兴路南延工程，提高城市道路的连通性和可达性；对外把“大四点”作为整体统一谋划与京津冀空港、铁路、海港、高速的交通连接，推动密涿、唐廊、津石和新机场场前联络线高速公路，廊涿、固保、京霸、S6线城际铁路，以及廊坊市区到新机场的城市轨道建设，谋划好通州至燕郊、亦庄至廊坊和大兴至固安轻轨建设。基础设施管网要加强地下综合管廊改造建设，推进雨污分流管网建设，加大调水工程配水管网建设，在地下水含氟量较高的霸州、文安、大城率先实施南水北调工程与当地水网联合运用，构建长江水与本地水相融贯通、互补互济的大水网格局。通讯传输网要加快推进移动通讯网络和信息传输网络建设，全面提高光纤通信网络、移动电话网络、数字电视网络的城乡覆盖率，扩大域内和跨省高速数字传输网络带宽，加快京廊信息直接互通互联步伐。三是大力推进创新平台建设。要在充分发挥现有国家重点实验室作用的基础上，主动争取再引入。以京南G45科技成果转化试验区、中关村软件园廊坊协同创新中心等为重点，加快形成一批创新型承载平台。以清华大学中试孵化基地、中国（河北）博士后成果转化基地、京津冀（廊坊）协同创新创业基地等为重点，加快壮大一批科技企业孵化器；以大厂微软游戏创新中心、香河一城中信国安创客、安次“慧谷·中国”、燕郊创业苗圃等为重点，加快打造一批众创空间；以钢木家具技术研究院、绝热保温建材产业研究院为重点，加快与京津共建一批创新联盟。同时，认真落实全省科技人才“双百双千”工程，夯实科技创新智力支撑。四是大力推进重点领域改革先行先试。认真把握宏观政策要稳、产业政策要准、微观政策要活、改革政策要实、社会政策要托底的要求，在适度扩大社会需求的同时，研究推进供给侧改革的思路和措施。强力推动中小城市综合改革试点工作，落实涉及全市重点领域和关键环节的45项改革举措，特别是行政审批制度改革、农村产权体制改革、县级公立医院改革等事关国计民生和全市发展的重大问题，要重点突破、抓紧推进。开展石保廊全面创新改革试验工作，在促进科技与经济深度融合、深化开放创新等方面先行先试。主动承接中央和省提出的试点任务，努力增加数量、扩大范围。抓好大厂农宅合作社、香河城乡发展一体化等省级以上改革试点工作。做好协同发展体制机制的改革，完善社会公共服务机制，积极对接京津社会保障制度安排和服务水平，争取在三地社保互通上有新突破。主动参与京津冀开发银行的谋划和设立，探索与大兴、武清共同创建金融合作综合改革试验区。加快园区体制、新型城镇化、司法体制、保障性住房等方面改革，做好国企改革、公车改革、土地确权登记颁证等重点改革项目。开展“政策落实年”活动，把中央和省推出的政策措施一项一项拉出单子，特别是对能够帮助企业“降成本”、帮助我们“去产能”“补短板”的高含金量政策，要高度聚焦、强力落实。五是大力推进特色城镇和美丽乡村建设。要突出中心城市建设，主城区重点打造北部商务行政中心、南部科技产业中心和开发区休闲会展中心。根据各县产业布局，着力建设大城红木、胜芳水乡、鲁能健康基地等一批特色小镇。美丽乡村建设要进一步提升固安和“北三县”省级重点片区，全力打造霸州重点片区，其他县（市、区）打造市级精品示范区，全面推进264个省级重点村建设，落实民居改造、清洁能源利用、乡村文化建设“12个专项行动”，建设一批旅游、特色种养、电商等各具特色的专业村。要大力发展设施农业、生态农业、休闲农业，提高现代农业的产出效益。

实施六项重点工程。一是北京新机场和临空经济区建设工程。根据新机场建设进度安排，同步做好征地拆迁、滞洪区调整等工作，加快推进天堂河改道、白家务水源地建设和防洪工程项目建设。与国家发改委、北京新机场指挥部、大兴区有效对接新机场临空经济区规划和北京新机场总体规划。明确临空经济区各阶段工作目标和时间节点，推动临空经济区各项工作有序开展。二是水系、林网互联互通工程。重点围绕北运河、潮白河、大清河等重要水系开展水生态建设。组织实施环城水系连通工程，在全面贯通环城河道的基础上在重要节点形成一定规模的水面，打造环城水系的升级版。按照林跟水走的原则，在重要通道河渠两侧、环城镇、环村庄地带，大规模营造经济林、用材林和林果苗木，不断提高造林效益，全年完成造林18万亩。加快霸州、文安、大城连片打造森林湿地步伐，加快安次东张务湿地建设，推进香河国家湿地公园试点建设，全年完成恢复湿地面积2万亩以上。三是公共文化服务设施建设工程。加快推进市群艺馆和县“两馆”建设，建设十支文化队伍，组织百项文化品牌活动，建设千个文化惠民中心，推广万户文化示范家庭。启动主城区丹凤公园、瑞丰公园建设，力争明年有新形象。广泛开展全民健身，为30个社区配备健身设施，增加4000件农村高标准健身器材。组织开展全民艺术普及、全民健身、全民科普等活动，引导广场文化健康、规范、有序开展，不断丰富群众文化生活。四是城市智慧管理提升工程。进一步开放政府公共数据，把智能理念和信息技术高度融入城市建设、管理、运行的每一个环节，努力实现市政管理、公共服务、机关运行和市民日常生活的智能化。采取市场化运作模式，推动主城区免费WiFi全覆盖。倡导出行乘坐公交，设置公交专用线路，推动北京与主城区互通公交。五是“三中心三网络”群众工作工程。坚持以党的群众工作统揽信访工作，在市、县、乡、村建立起“三中心三网络”工作体系。尤其在群众工作中心，强化窗口调处、中心调处、领导调处“三级调处”的核心作用，建立联合接访、市县乡三级视频接访、市领导与群众定期直接交流、社会力量协助解决问题等制度，形成一整套体系完备、易于操作、科学规范的运行机制，尽全力把群众的合法利益诉求依法解决好。六是素质提升工程。把明年定为“素质提升年”，抓好三类大规模培训工作，即大规模培训党政干部，加大干部进入高水平教育基地培训的力度和频次，有针对性地组织有培养前途的干部赴京津等先进地区学习锻炼，组织年轻干部在县（市、区）和市直部门之间双向交流挂职；大规模培训开发区负责人，组织开发区领导干部走出去，到改革开放走在前列的地区，尤其是搞得好的开发区、高新区深入学习，全面提升自身领导能力；大规模培训民营企业家，通过实地考察、专题培训、专家讲课等形式，进一步解放思想、开阔视野、增强信心，大力提升创造财富的能力水平。

继续开展集中行动。我们已经连续两年采取集中行动的方法推动各项工作强势开局，取得了明显成效，积累了很多经验。市委、市政府决定，明年利用半年时间，围绕经济建设、生态治理、民生改善、社会稳定等方面工作中的短板，继续在全市选择一批覆盖面广、要求急迫、行动性强的工作，强力实施新的集中行动。这些集中行动，一会儿韶慧市长还要作具体部署，我们一定要强势推进、狠抓落实，确保取得突破。

四、为推动经济社会发展提供坚强保障

全面推进经济社会发展，必须加强和改进党的建设。各级党组织和广大党员干部，一定要认真落实全面从严治党要求，以高度政治责任感和使命感，更加自觉地担负起推动廊坊发展的重任。

（一）始终保持政治立场坚定。坚定的政治立场是对共产党员的基本要求。要坚持以党的最新理论成果，特别是习近平总书记系列重要讲话精神武装头脑、指导实践，进一步坚定中国特色社会主义的道路自信、理论自信、制度自信。要把纪律和规矩挺在前面，特别是把严守政治纪律和政治规矩放在第一位，自觉与党中央保持高度一致，与省委同心同德，不断增强贯彻落实中央和省委各项决策部署的思想自觉、政治自觉和行动自觉。要通过严肃的党内生活提升党员干部的理论水平、政治素养，促进党员干部切实把理想信念、为民宗旨、廉政勤政和担当精神牢固树立起来。要强化思想意识形态管理，积极培育和践行社会主义核心价值观，把握正确的舆论导向，为推动“十三五”任务落实构筑坚实的思想政治基础。

（二）着力强化责任担当。习近平总书记指出，看一个领导干部，最重要的就是看有没有责任感，有没有担当精神。当前，我们既面临一系列重大历史机遇，也面临破解深层次矛盾和问题的重大挑战。能不能抓住机遇、战胜挑战、建功立业，是对每一个领导干部的现实考验。强化责任担当，就是要敢于谋事、干事、成事，特别是在推动京津冀协同发展中，一定要奋发作为、勇立潮头，干成几件能为廊坊人民带来长久福祉的实事好事；就是要自觉践行“三严三实”，时刻保持思想在状态、工作在状态、作风在状态，夙兴夜寐、激情工作，用我们的辛苦指数换取人民群众的幸福指数；就是要勇于创优争先，各项工作都敢同强的比、敢与快的赛，凡事做到细致精致极致。全市各级领导班子和领导干部要率先垂范，切实把自己承担的职责一项项履行好，把该完成的任务一项项落实好，为广大党员干部作出表率。

（三）不断夯实党的基层基础。要牢固树立大抓基层的鲜明导向，扎实做好抓基层打基础的各项工作。深入推进“四个三”工作机制，在实践中不断丰富完善，切实推动党组织设置下沉和机关干部沉到一线，全面提高基层党组织服务群众和推动发展的能力。要建好乡镇党委书记、村党组织书记和农村致富带头人“三支队伍”，通过抓好“选、育、管、用”四个环节，逐步构建起选拔配备、教育培训、管理监督、考核评价、激励保障的科学机制。特别需要强调的是，坚决打击各种黑恶势力，为基层党组织建设创造好的环境。要加大基层党建投入保障力度，健全以财政投入为主的经费保障机制，严格落实村级干部基础职务补贴、村级组织运转经费、服务群众专项经费等，壮大村级集体经济，增强基层党组织自我造血机能。同时，要强力抓好街道社区、非公企业和社会组织的党建工作，整体提升党的基层组织建设水平。

（四）树立正确的用人导向。严格按照好干部“五条标准”和“五个重用、五个不

用、五个调整”原则选人用人，完善“两定一考”“两报告一筛查”考核评价机制，把那些忠诚干净担当实干的干部，那些基层工作经历丰富，政治上靠得住、工作上有本事、作风上过得硬的干部选拔上来。明年是市、县、乡党委换届之年，要紧紧围绕建设发展型领导班子，大力培养选拔一批优秀年轻干部，一批实践经验丰富、懂经济会管理的干部，一批优秀女干部、少数民族干部和党外干部。特别是要按照习近平总书记提出的“心中有党、心中有民、心中有责、心中有戒”和做“政治的明白人、发展的开路人、群众的贴心人、班子的带头人”要求，大力选拔一批优秀县乡党政主要领导，更好地带领县域和基层经济社会发展。

（五）深入推进党风廉政建设和反腐败斗争。要坚决贯彻执行“两项法规”，层层压实“两个责任”，特别是党委主体责任。把握和运用好监督执纪“四种形态”，抓早抓小，动辄则咎，最大限度地防止干部贪腐堕落。要巩固正风肃纪成果，对违反“八项规定”精神和“四风”问题，加大明察暗访和专项整治力度，保持高压、强化震慑。要加强干部廉政教育，把反腐倡廉作为重点列入干部教育培训规划，对典型案件进行深入剖析，以案为鉴、深刻警示，切实筑牢党员干部拒腐防变的思想防线。要结合落实“两个责任”“两个全覆盖”要求，扎实推进市级纪检监察机关体制机制改革，为加强反腐倡廉建设提供组织和制度保障。要坚持以“零容忍”的态度惩治腐败，发现问题、一查到底。严格实行“一案三查”，真正做到发现一起、查处一起、震慑一批。要通过持续抓好反腐倡廉建设和作风建设，努力营造风清气正、干事创业的良好环境。

同志们，实现我市“十三五”时期和明年既定目标任务，使命光荣、责任重大。全市上下一定要紧密团结在以习近平同志为总书记的党中央周围，把思想和行动统一到中央和省委的重大决策部署上来，解放思想、坚定信心，抢抓机遇、奋发作为，努力开创绿色发展、高端发展、率先发展、和谐发展新局面，为谱写中华民族伟大复兴中国梦的廊坊篇章而不懈奋斗！

廊坊市人民代表大会常务委员会工作报告

——2016年1月26日在廊坊市第六届人民代表大会第四次会议上

廊坊市人民代表大会常务委员会主任 刘智广

各位代表：

我受市人大常委会委托，向大会报告工作，请予审议。请列席会议的同志提出意见。

2015年，市人大常委会在市委的正确领导下，深入贯彻党的十八大、十八届三中、四中、五中全会精神，认真落实省、市委决策部署，坚持党的领导、人民当家做主、依法治国有机统一，紧紧依靠全体代表，履职尽责、开拓进取，各项工作取得了新进展，为推动全市民主法治建设、促进经济社会科学发展做出了新贡献。

一、站位全局、维护核心，坚持党对人大工作的领导

市人大常委会把坚持党的领导作为依法履职的根本保证，自觉与市委同心、与人民同德、与发展同向。（一）强化思想自觉。对党中央和省、市委的指示第一时间学习传达，对市委的决策部署第一时间贯彻落实，时刻保持思想清醒、政治敏锐、立场坚定。全年共召开党组会议18次，传达学习中央和省、市委重要会议、文件精神43项。（二）强化行动自觉。紧紧围绕市委中心工作选择监督切入点，着力推动市委决策落实。坚持大事报告制度，全年共向市委请示工作26项，报告工作30项。坚持党管干部和人大依法任免有机统一，对市委提议任免的203名国家工作人员及时履行了法律程序。对市委《关于进一步改进和加强人大工作的实施意见》逐条梳理，从完善监督方式、保障代表履职、基层人大建设等方面逐项落实，推动人大工作上水平。（三）践行“三严三实”。深入开展“三严三实”专题教育和“三比三创”活动，党组成员坚持问题导向，带头学习、带头整改。加强思想锻炼，推动作风转变，使活动与工作同促进、同提高。

二、围绕中心、精准发力，助力改革发展稳定大局

市人大常委会站位全局、围绕中心，充分发挥人大代表的聪明才智，助推全市重点工作开展。（一）围绕京津冀协同发展助推全市重点项目。北京新机场是廊坊融入京津冀协同发展、打造新增长点的重要引擎。为推动新机场建设，组织代表实地考察天堂河改造、村街拆迁现场和新机场建设指挥部，就明确责任主体、优化区域功能布局、空港新区规划、统筹谋划配套项目等方面提出建设性意见。组织代表、专家、学者对“北三县”交通一体化深入调研，分析问题，找准瓶颈，提出建议。整合力量、深入一线，分组视察全市春季植树造林情况，摸清底数，推动工作，为如期实现“两年攻坚战、造林一百万”目标献计出力。（二）围绕城乡一体化发展助推“三农”工作。按照市委部署，市人大常委会开展了农村土地经营权流转，发展适度规模经营专项调研，审议市政府专项报告，就深化土地流转改革、创新规模经营方式、强化政策引导等方面提出建议。为进一步推进我市农民专业合作社健康发展，提升农业集约化水平，围绕专业合作社的发展现状、存在问题展开调研，建议政府落实政策引导、加大财政投入、规范组织运转，扶持做大做强。专题视察“美丽乡村”建设，为改善农村人居生态环境，优化农村产业结构提出建议。（三）围绕可持续发展助推生态环境建设。把推动生态环境改善放在突出位置，对新《环保法》实施情况进行执法检查，对《河北省大气污染防治条例（草案）》进行立法调研，支持市政府及有关部门严格依法管理，铁腕治理污染，淘汰落后产能，努力构建大气污染防治工作新格局。以水利设施建设、重点水利工程、水资源利用保护、农村饮用水安全、农业高效节水项目为重点，对《中华人民共和国水法》和《河北省水文管理条例》实施情况开展执法检查，支持政府依法治水，健全管护体系，强化水危机意识，推进我市水资源可持续利用。

三、突出重点、注重实效，不断提高依法监督效能

市人大常委会积极回应社会关切，以服务经济社会发展、推动民生持续改善、促进社会公平正义为重点，不断增强法律监督实效。（一）强化计划预算监督。按照新预算法的要求，进行全口径财政预决算监督。审议了市政府上半年计划、预算执行情况及上年度市本级决算和全市总决算、市本级预算执行及其他财政收支审计情况的报告，重点审查了项目建设进度、产业结构调整、重点支出安排和资金拨付使用情况。及时批准市政府预算调整方案，有效保障全市重点项目稳步推进。同时，提前谋划、广泛调研，积极做好“十三五”规划初审工作，为提交市六届人大四次会议审查批准做好准备。（二）促进社会民生改善。始终坚持民生为先、民生为重、民生为本。聚焦食品质量安全，开展《食品安全法》实施情况执法检查，组织开展食品生产加工小作坊和食品摊贩管理立法调研，依法规范食品市场，保障人民身体健康。围绕建设宜居城市，开展城市建设与管理专题调研。针对社会关注热点，开展《物业管理条例》实施情况执法检查，规范物业管理，提升人居质量。围绕办好教育，开展全市学前教育专题调研，就加强社会办学资质管理、消除和预防安全隐患、提高从业人员素质、建立多元投入机制等方面建言献策。围绕丰富群众文化生活，开展全市公共文化服务体系建设情况专题调研，就我市《创建国家公共文化服务体系示范区建设规划》提出建议。（三）积极推进依法治市。对全市依法行政工作开展调研，审议市政府依法行政工作报告。对全市行政许可法律法规实施情况开展执法检查，提出加强宣传教育、规范行政权力、推进审批制度改革、提高政府依法行政水平等意见和建议。组织开展防震减灾“一法一条例”、《消费者权益保护法》《老年人权益保障法》《民族区域自治法》和职业教育法律法规等执法检查，提出意见建议32条。配合省人大常委会，对《河北省各级人民代表大会常务委员会预算审查监督条例》《河北省价格监督检查条例（修订草案）》等法规开展立法调研，提出立法建议26条。（四）着力维护司法公正。开展全市法院审判公开专题调研，组织代表参加旁听庭审，要求各级法院进一步深化认识，规范审判行为、提高审判质量，全力打造“阳光司法”。围绕贯彻落实河北省人大常委会《关于加强人民检察院法律监督工作的决议》开展执法检查，要求全市检察机关强化执法主体建设，规范提升执法水平，加大执法监督力度，着力推进“阳光、为民、公信”检察院建设。

四、超前准备、认真组织，首批获得地方立法赋权

市人大常委会紧紧把握机遇，积极主动运作，以争获地方立法权开启廊坊民主法治建设新篇章。（一）充分做好前期准备。党的十八届四中全会作出依法赋予设区的市地方立法权的重大决策后，市人大常委会党组及时组织专题学习，深刻认识获取地方立法权对推进依法治市的重大意义。在此基础上，及时向市委请示组建立法工作机构，在市六届人大三次会议上一次组建6个专门委员会，为争获地方立法权奠定了思想和组织基础。一年来，各专委会紧紧围绕事关经济发展、民生改善、环境建设等带有全局性、长远性、根本性的重大事项，组织开展执法检查、专题视察和调研19次，撰写专题报告6篇，为提升常委会履职水平发挥了积极作用，为开启地方立法工作积累了有益经验。（二）全力以赴争获授权。2015年3月，根据新修订的《立法法》和省人大常委会的实施办法，市人大常委会及时启动申请地方立法权工作。市委、市政府高度重视，主要领导先后作出批示，相关部门积极配合，市人大常委会认真组织实施。7月上旬，我市顺利通过省人大考核评估。7月24日，省人大常委会授权，我市自8月1日起具有地方立法权。（三）制定地方立法办法。获得立法权后，市人大常委会立即启动地方立法工作。选派精干人员，学习外地经验，结合实际起草《廊坊市制定地方性法规办法（草案）》。市人大常委会党组先后召开三次会议专题研究，数易其稿，报请市委审定后，11月26日，主任会议提请常委会会议审议通过，为我市地方立法提供了法律依据。

五、强化保障、提升服务，充分发挥代表主体作用

市人大常委会高度重视代表的主体地位，创新活动载体，优化履职环境，努力为代表发挥作用创造良好条件。（一）支持和保障代表依法履职。2015年11月，市人大常委会与市政府领导班子成员混合编组深入基层，一同走访看望驻县（市、区）省、市人大代表，报告工作，征求意见，主动接受监督；全年先后邀请65名市人大代表列席市人大常委会会议，协调有关部门向代表通报信息，畅通代表知政渠道。协助省人大常委会举办省人大代表小组长培训班，配合市委组织部培训全市乡镇人大主席。组织驻廊省人大代表开展会前学习，印发中央和省、市委相关文件参考资料，努力提高参政议政水平。（二）认真组织闭会期间代表活动。搭建平台、积极引导，推动代表闭会期间活动经常化、制度化。加强“代表之家”建设，使之成为代表学习培训的重要阵地、联系选民的固定场所、议政督政的有效平台。常委会组成人员通过座谈、走访、邀请参加活动等形式，加强交流互动，拓展代表参与广度，丰富代表履职内容，使常委会作出的决议、决定，形成的审议意见充分体现民意。年内邀请基层代表参加调研、视察、执法检查200多人次。（三）切实增强代表建议办理实效。召开专题会议，提出具体要求，强化督导检查。审议市“一府两院”代表建议、批评和意见办理情况的报告，跟踪督办重点建议，追求办理实效。全年共办结代表建议141件，建议办结率、代表满意率均达到100%。

六、转变作风、苦练内功，不断提升自身履职能力

市人大常委会以思想政治建设为抓手，不断加强作风、组织、制度建设，为依法高

效履职打牢坚实基础。（一）建强班子。充分发挥常委会党组核心作用，党组成员以身作则、团结协作、以上率下，带头讲规矩、守纪律，层层签订落实党风廉政建设责任承诺书，将主体责任与业务工作有机融合，让每一个责任主体知其职、明其责、尽其力，以廉促勤，以勤提效。全年共召开主任会议11次，常委会会议8次，听取和审议“一府两院”工作报告11项，提出审议意见46条，工作效能、履职水平实现了新提升。（二）带硬队伍。着力提高干部素质，按照市委组织部安排，选配中青年干部赴浙大、清华等高校和井冈山等地接受教育。对全年工作任务，按照“目标、责任、标准”三落实的要求，细化分解、责任到人，列出时间表、半月一督导，做到有动力、有调度、有考评；对重点工作，打破机关委办界限，整合资源，集中才智，合力攻坚，82项既定任务和56项临时工作全部如期优质办结。（三）立严制度。立足工作实际，按照整顿“四风”、落实“八项规定”之要求，从规范人、财、物管理入手，在办文、办会、办事等方面进一步完善工作流程，制定了车辆使用、财务收支、上班考勤等六项管理制度，使机关建设日趋规范化、制度化。

各位代表，回顾过去，我们深切体会到，成绩的取得：得益于市委的高度重视。市委对市人大常委会工作高度关心、高度重视、大力支持。王晓东书记2015年底第三次到市人大常委会机关调研指导，一年时间就市人大常委会工作作出45次批示，为我们依法履职提供了坚实保障。全年提拔、交流、调整市人大常委会机关副处级以上干部10名，队伍活力显著增强。得益于省人大常委会的指导支持。2015年省人大常委会领导来廊坊调研、视察、执法检查20余次，在廊坊召开座谈会、交流会5次。特别是在争获全省首批地方立法赋权中，省人大常委会的支持帮助发挥了重要作用。得益于“一府两院”自觉接受监督。市政府对常委会审议意见，每次都在常务会议上专题研究、认真落实。冯韶慧市长连续三年带队到市人大常委会机关报告工作、征求意见，为全市各级政府作出了表率。各位副市长和市法、检“两长”按要求列席人大常委会会议，提交议案、听取意见。得益于代表作用的充分发挥。全体市人大代表认真依法履职，建议数量和质量不断提高，增强了人大工作的整体活力。常委会组成人员恪尽职守，2015年市人大常委会会议平均出勤率达到90%。得益于机关全体同心协力。主任会议组成人员相互支持，机关全体同志齐心协力，出实招、干实事、求实效，确保了常委会机关的高效运转，各项任务圆满完成。在此，我代表市人大常委会，向长期以来支持、关心、帮助我们的各级各部门和社会各界人士表示衷心的感谢！

在总结成绩的同时，我们也清醒地认识到，常委会各项履职工作与新的形势任务和人民群众的期待还有一定差距：地方立法基础工作有待进一步加强；依法监督的实效有待进一步增强；发挥代表作用的机制有待进一步完善；机关干部素质、服务保障水平有待进一步提升。对此，我们将认真对待，努力改进。

各位代表：“十三五”的五年，是廊坊提前全面建成小康社会、全面完成“第一个一百年”奋斗目标的重大战略机遇期。借势京津冀协同发展，助力廊坊创新腾飞，我们责无旁贷、重任在肩。2016年是实现“十三五”蓝图的开局之年，市人大常委会工作的指导思想是：在中共廊坊市委的领导下，深入贯彻党的十八大和十八届三中、四中、五中全会精神，认真落实省委八届十二次、市委五届八次全会决策部署，继续深入落实市委人大工作会议要求，站位大局、服务中心，紧紧把握京津冀协同发展新机遇，围绕生态优先、绿色发展新任务，以推进“十三五”规划实施为统揽，以践行“三严三实”为抓手，以启动地方立法为契机，以开展“三比三创”活动为动力，解放思想、提振精神，依法履职、积极作为，为促进廊坊绿色发展、高端发展、率先发展、和谐发展做出新的贡献。

——站位全局、把握大势，积极作为。自觉做到对党负责和对人民负责有机结合，实现坚持党的领导和严格依法办事有机统一。围绕生态优先、绿色发展找准工作切入点，创新方法、精准发力，履职尽责、务求实效。紧紧把握京津冀协同发展的重大机遇，全面加强与京津人大的对接与合作，为廊坊加快发展争取更广泛的支持。

——四权并用、全面提升，开启新篇。从今年开始，廊坊市人大及其常委会四权齐备，即：地方立法权、依法监督权、重大事项决定权和人事任免权。我们要四权并举，开启新篇。在地方立法上，开局起步。开展立法调研，制定立法计划，征集立法项目，做好立法论证，高质量制定廊坊第一部地方性法规。在依法监督上，突出实效。综合运用监督手段，加大监督推动力度。加强审计监督，对审计查出问题整改处理情况进行专题审议。对代表关注的重点工作，适时启动专题询问和质询。在重大事项决定上，站位大局。严格按市委要求推进，依法、科学作出决定，充分反映改革、发展和稳定的要求。在人事任免上，完善程序。修订《廊坊市人大常委会人事任免办法》，组织新任命人员向宪法宣誓。

——尊重代表、优化服务，强健主体。不断拓展代表工作内容和形式，健全代表履职激励机制，创新代表培训方式，提高代表履职水平。发挥“代表之家”作用，丰富闭会期间活动，不断扩大代表参与度。加强代表建议督办，强化办理情况跟踪问效，着力提高办结率和满意率。

——内强素质、外树形象，践行严实。深入贯彻习近平总书记系列重要讲话精神，深入开展“三严三实”专题教育和“三比三创”活动，不断提高干部队伍素质，思想在状态，工作在状态，作风在状态，真正做到夙兴夜寐、激情工作，有效提升工作效能。

各位代表，宏图已经绘就，征程已经启航。让我们在中共廊坊市委的坚强领导下，紧密团结在以习近平同志为总书记的党中央周围，解放思想、开拓创新，依法履职、真抓实干，为推进社会主义民主法治建设，谱写廊坊绿色发展、高端发展、率先发展、和谐发展新篇章而努力奋斗！

政府工作报告

——2016年1月25日在廊坊市第六届人民代表大会第四次会议上

廊坊市人民政府市长　冯韶慧

各位代表:

从今年开始，我们已进入第十三个五年规划时期。根据党的十八届五中全会、省委八届十二次全会和市委五届八次全会精神，市政府编制了《廊坊市国民经济和社会发展第十三个五年规划纲要（草案）》。现在，我代表廊坊市人民政府向大会报告工作，请各位代表连同《纲要（草案）》一并审议，并请各位政协委员和列席人员提出意见。

一、“十二五”时期经济社会发展回顾

“十二五”时期是廊坊应对严峻复杂形势、综合实力持续增强的五年，是产业结构转型升级、发展方式加快转变的五年，是社会事业全面进步、群众得到更多实惠的五年。特别是党的十八大以来，在省委、省政府和市委坚强领导下，全市上下深入学习贯彻习近平总书记系列重要讲话精神，主动适应、积极引领经济发展新常态，顽强拼搏、砥砺奋进，胜利完成“十二五”规划主要目标任务，在全面建成小康社会进程中迈出坚实步伐。

这五年，我们积极应对经济下行压力，着力扩内需稳增长，综合实力跨上新台阶。地区生产总值从2010年的1351亿元增至2015年的2401.9亿元，年均增长9.4%，人均地区生总值由3.2万元增至5.3万元，年均增长8%；全部财政收入从195.4亿元增至481.3亿元，年均增长19.8%；一般公共预算收入从105.9亿元增至303.4亿元，年均增长23.4%，成为全省第三个突破300亿元的设区市；全市人均财力由3313元提升到8133元；全社会固定资产投资从909亿元增至2160亿元，年均增长18.9%；规模以上工业增加值从451.5亿元增至721.6亿元，年均增长9.5%；社会消费品零售总额从419.1亿元增至793.2亿元，年均增长13.5%。经济发展的质量效益持续提升，全部财政收入占地区生产总值比重由14.5%提高到20%，一般公共预算收入占地区生产总值比重由7.8%提高到12.6%，民营经济上缴税金占全部财政收入比重由84%提高到89%。全部财政收入总量由全省第六位升至第三位。一般公共预算收入总量由全省第四位升至第三位，占全省比重由9.2%提高到11.5%。全市综合实力实现大幅提升。

这五年，我们抢抓京津冀协同发展重大机遇，主动作为、深度对接、重点突破，协同发展实现良好开局。积极落实《京津冀协同发展规划纲要》，建立推进机构，制定实施意见，明确了“三区一地”发展定位。持续强化与京津常态化沟通，扎实推进交通、产业、生态等领域务实合作，与大兴、通州、西城、武清等地签订战略合作协议。立体化交通网络加速形成。北京新机场全面开工，新机场外围“五纵两横”综合交通规划获批，廊沧、京台高速廊坊段和京沪、津保高铁建成通车，京廊通勤高铁开通运行，京唐、廊涿、京霸、平谷线、白沟支线等轨道交通项目顺利推进，京秦、密涿高速等断头路加速对接，

燕郊潮白河大桥加快建设。产业协同持续深化。中兴研究院、人保北方信息中心、京东华北订单处理中心、微软游戏创新中心等一批企业区域总部落户，中轻造纸装备、联通华北基地等一批重大项目投产，鲁能生态度假区、国电热电联产等一批央企项目开工，固安航天产业基地、中集空港专用装备等一批基地型项目加快推进。功能承接实现突破。燕达医院与北京朝阳、天坛医院共建共管，率先建立医保异地就医结算机制，北京五中、八中等一批学校分校落户，京廊医疗、教育、文化、养老等合作深度拓展。生态共建不断强化。区域生态环境信息共享、大气污染联防联控联治取得成效。协同发展为廊坊带来的全方位、历史性变化正在日益显现。

这五年，我们大力推进结构调整，积极构建绿色循环低碳现代产业体系，转型升级取得重大进展。项目建设取得扎实成效。坚持以增量优化带动存量调整，建设亿元以上项目2289项，高端制造、现代服务业项目占比达到60%以上，争列省重点项目199项，居全省首位。航天振邦、智能机器人产业港、精雕数控机床等一大批高端项目建成投产。三次产业比例由11.6 : 53.6 : 34.8调整优化为8.6 : 44.3 : 47.1，产业结构呈现“三、二、一”格局，实现历史性突破。新兴产业支撑作用不断增强。电子信息产业增加值年均增长16.8%，成为发展最快的支柱产业，占规模以上高新技术产业增加值比重达到44.3%；高端制造业增加值从107.4亿元增至201.8亿元，年均增长13.4%，占规模以上工业增加值比重达到28.4%；服务业增加值从470亿元增至1131.3亿元，总量超过工业，对经济增长的贡献率从38.1%提高到61.6%。传统产业改造步伐持续加快。圆满完成压减钢铁、水泥、平板玻璃等过剩产能任务，单位GDP能耗提前一年完成省定任务。累计实施工业技改项目3281项，投入工业技改资金2334亿元，近两年工业技改投资年均增长24.1%，增幅居全省前列。近三年全市新增规模以上工业企业460家。现代农业蓬勃发展。建成省级农业科技园区11家、省级现代农业园区4家，大厂、固安获批国家级农业科技园区，6个县（市、区）入围环首都现代农业科技示范带，永清县入选国家级现代农业示范区，省级以上农业产业化龙头企业达到48家、国家级5家，农业产业化经营率达到67.5%。

这五年，我们深入实施创新驱动发展战略，全力打造科技成果孵化转化引领区，创新能力大幅提升。规模以上高新技术产业增加值达到170亿元，五年增长1.16倍，占规模以上工业增加值比重达到23.9%，五年提高6.4个百分点。创新主体持续增加。科技型中小企业数量从2013年的1211家增至3262家、科技小巨人企业从2014年的59家增至171家，均居全省前列。创新平台建设全面加快。建成国家级高新区1家、省级高新区5家、省级以上研发机构43家、院士工作站14个，建设了中科院廊坊战略性新兴产业孵化基地、清华大学中试孵化基地、北大科技成果展示交易中心、北航机器人研究所等一批协同创新平台。创新环境持续优化。出台系列扶持政策，引进国家“千人计划”专家14人，设立10支、17亿元科技金融基金，科技进步贡献率达到48%，专利授权量9082件，是“十一五”的3.2倍。我市被评为全国科技进步考核先进市。

这五年，我们以壮士断腕的决心，强力推进生态环境治理，环境质量持续改善。坚决向大气污染宣战。实施科学治霾、依法治污，近三年财政投入大气污染防治资金23.6亿元。

深入开展“蓝天行动”，强力实施控煤、抑尘、限车、治污、治烟等重点工程，全部取缔实心黏土砖瓦窑，全部淘汰现有黄标车，取缔非法排污企业1329家，全面完成“十二五”主要污染物总量减排任务。PM10、PM2.5平均浓度比2013年分别下降25.5%和22.7%，为京津冀区域空气质量改善、营造“APEC蓝”和“阅兵蓝”做出了重要贡献。认真落实《环境保护法》，深入实施“利剑斩污”专项行动，严厉打击环境违法犯罪，有力震慑了环境违法行为。强力推进水环境治理。对重点河流开展全流域综合治理，新建和提标改造污水处理厂7座，流域水质不断改善。完成京南森林湿地生态走廊项目论证，潮白河大运河湿地公园列入国家级湿地公园试点，赵王新河湿地公园成为省级湿地公园。大力推进植树增绿。实施了“两年攻坚战、造林一百万”等工程，五年累计造林164万亩，大厂成为全国绿化模范县，三河、香河通过全国绿化模范县验收。

这五年，我们全面深化改革开放，着力破解体制机制障碍，发展动力活力不断增强。成功争列第一批全国中小城市综合改革试点，列入国家全面创新改革试验区域。简政放权深入推进。全部取消非行政许可审批事项，市级行政审批事项五年削减29.7%，在全省率先实现投资项目在线审批，廊坊开发区率先开展综合改革，成立行政审批局。“一办两中心”、“三级平台”全面建成，“两个代办”高效运转，“三个清单”编制发布，市县政府机构改革全面完成，挂牌成立市县不动产登记局和登记中心，食品药品监管、国资等改革取得扎实成效，固安PPP合作模式获得国务院办公厅通报表扬。商事制度改革实现突破。全面实行“三证合一”、“一照一码”，五年新增市场主体15万户，万人拥有市场主体由改革前的398家提高到487家，四个县（市）跻身全省民营经济十强县。财税金融改革全面推进。绩效预算改革全面推开，“营改增”深入实施，引进7家域外银行，存贷款余额均比2010年增长1.5倍，新增挂牌上市企业39家。农村综合改革取得积极进展。农村土地确权登记颁证全面展开，土地经营权流转85.7万亩。对外开放广度深度不断拓展。世界500强企业达到29家，实际利用外资33.8亿美元，比“十一五”增长64.5%，累计外贸出口134.3亿美元，比“十一五”增长59.5%。“5·18”、“9·26”展洽会知名度和影响力不断提升，成功举办军民融合展洽会、绿色产业博览会等系列活动，廊坊成为中国十佳优秀会展城市。省级以上开发区达到39家，居全省第一位，聚集了80%的新项目，财政收入超10亿元的开发区达到6个。开发区成为对外开放的战略平台，为又好又快发展注入了强劲动力。

这五年，我们统筹城乡发展，加快新型城镇化进程，城乡面貌发生较大变化。城镇布局全面优化。完成城市总规修编和城乡统筹规划、各县（市）城乡总规编制，中心城市确立“大四点”、“小四点”组团发展格局，全市常住人口城镇化率达到54%，五年提高5.2个百分点。中心城市加快发展。累计投入34.5亿元，新改扩建艺术大道、银河路、自然公园、京沪高铁站等一批基础设施和公共服务设施，建设了万达广场、浙商广场、红星美凯龙等一批城市综合体，在全省率先实施市、县两级数字城管，被列为国家智慧城市试点。县域经济实力全面增强。集中开展了县城和重点镇提升行动，建设了一大批科教文卫、路水气热、垃圾处理等基础设施，打造了一批特色街区和风貌建筑，综合承载能力不断提升。所有县（市、区）全部财政收入均超过10亿元，其中8个超30亿元、4个超50亿元。三河、固安、香河一般公共预算收入总量进入全省十强。基础设施全面加强。公路总里程突破1万公里，路网密度达到160公里/百平方公里，高速公路通车里程达到341公里，新建农村公路1249公里。南水北调三大干渠全面建成，廊涿干渠和天津干渠正式供水，8座地表水厂全部竣工，在全省率先具备受水区全域通水条件，引调黄河水2.6亿立方米，建成文安县城防洪圈。新建110千伏及以上变电站26座，移动通信4G网络实现全覆盖。农村人居环境持续改善。高标准建设省级新民居示范村392个，重点打造了“北三县”和固安两大美丽乡村省级重点片区和6个市级精品示范片，851个村街村容村貌显著提升，全省美丽乡村建设现场观摩会议连续两年在廊坊召开。

这五年，我们坚持发展成果人民共享，全面保障和改善民生，社会大局保持和谐稳定。民生投入力度持续加大。加快公共资源向基层延伸、向农村覆盖、向困难群体倾斜，持续实施就业、社保、教育、卫生、安居、帮困等民生工程，财政民生支出累计达到1239.9亿元，是“十一五”的3倍，占一般公共预算支出比重达到81.2%，比2010年提高了7.6个百分点。居民收入持续增长。城乡居民人均可支配收入比2010年分别增长62.5%和84.2%，城镇累计新增就业25.8万人，城镇登记失业率连续十年全省最低，零就业家庭动态归零。社会保障体系不断完善。城镇、农村低保标准全省最高，比2010年分别提高76.2%和146.8%，五保集中供养率保持全省领先。新农合和城镇居民医保财政补助标准均比2010年增长2.2倍，新农合参合率保持在95%以上，城镇基本医疗保险实现市级统筹，全面推行城镇职工和新农合大病商业保险，在全省率先实施重特大疾病医疗救助制度，全面实现新生儿35种遗传病免费筛查。城镇企业退休人员基本养老金连续11年上调，机关事业单位养老保险制度改革启动实施，城乡居民养老保险参保率保持全省领先，市区社区居家养老服务设施覆盖率达到93%。惠民实事扎实开展。开工建设保障性安居工程7.5万套，城镇低收入家庭住房保障应保尽保；改善老旧小区80个，7万多市民受益；建设农村集中供水水厂138座，在全省率先基本解决农村饮水安全问题；投资5.56亿元，购置公交车513辆，新增公交线路15条，市区公交出行分担率从5.7%上升至13%。社会事业全面进步。各级各类教育长足发展，促进教育公平取得新进展，投资30.8亿元实施农村校舍安全工程，576所学校竣工，30余万师生搬入新校舍。医药卫生体制改革成效明显，县级公立医院综合改革深入推进，公共卫生和医疗服务体系覆盖城乡。公共文化服务体系不断完善，市群艺馆、县乡村“两馆一站一室”达标建设进展顺利，荣获“中国书法城”、“中国合唱基地”，举办幸福廊坊文化艺术节、半程马拉松、第什里风筝节等一批文体活动。全民健身条件大幅改善，体育健身设施覆盖70%村街和85%以上社区。法治廊坊、平安廊坊建设扎实推进，社会治安综合治理能力不断提升，安全生产形势持续好转，食药安全监管力度不断加大，信访积案化解工作取得扎实成效。国防动员、双拥共建深入开展。香河县荣获全国综治工作最高奖“长安杯”。大厂县荣获全国民族团结进步模范集体荣誉。民族宗教、新闻出版广电、外事侨务、人民防空、史志档案、气象地震、地理信息、援藏援疆、妇女儿童、老龄、残疾人等各项工作都取得了新成就。

这五年，我们积极转变政府职能，驰而

不息改进作风，政府自身建设明显加强。以开展党的群众路线教育实践活动、“三严三实”专题教育为契机，严格落实中央“八项规定”，加大正风肃纪力度，全面清理吃空饷人员，规范公务用车、办公用房和公务接待，“四风”问题得到有效遏制。深入推进依法行政，坚持依法科学民主决策，不断加强制度建设，严格规范行政执法行为，有效化解行政争议，法治政府建设迈出重要步伐，成为全国完善规范性文件合法性审查试点单位。积极推进党风廉政建设，认真落实党内两项法规，持续强化行政监察和审计监督，政府公信力和执行力进一步提高。开通961890群众服务热线，解决了一大批群众反映的困难和问题。自觉接受人大法律监督、政协民主监督和社会舆论监督，建立向人大报告和向政协通报工作的常态机制，承办人大代表建议和政协提案2353件，全部及时办复。

刚刚过去的2015年，我们坚持解放思想、抢抓机遇、奋发作为、协同发展，树正气、讲团结、聚合力、促转型，经济总量大幅提高、发展速度领跑全省、结构实现质的突破。地区生产总值同比增长8.8%，全部财政收入增长18.3%，一般公共预算收入增长21.1%，全社会固定资产投资增长16%，规模以上工业增加值增长6.1%，服务业增加值增长13.8%，社会消费品零售总额增长9.6%，实际利用外资增长5.4%，存贷款余额分别增长27.4%和30.6%。地区生产总值、全部财政收入、一般公共预算收入、全社会固定资产投资、服务业增加值、存贷款余额等指标增速居全省第一位，规模以上工业增加值、社会消费品零售总额指标增速居全省第二位。一年来，我们突出在六个方面下功夫。一是着力保运行、稳增长。积极应对严峻经济形势，找准着力点、狠抓增长点，全力以赴强化调度运行，年初制定了必保完成和争取完成两套指标，调高了标尺、激发了干劲；实施“十项集中行动”，迅速推进各项部署，全年工作强势开局；建立每月两次分析调度机制，定期研判财政入库，全力保障经济运行；扭住重点项目集中攻坚，实施一线推动和强力督导，确保如期开工；大力开展企业帮扶，面对面解决实际困难，全力帮助企业发展，经济实现逆势上扬。二是着力谋合作、促协同。加大力度推进与京津全面对接，办成了一批多年想办而没有办成的大事要事。共建园区实现突破，北京新机场临空经济区建设扎实推进，北京亦庄·永清高新区获批省级高新区，机构设置获省批复，被列为省“十三五”重大建设平台，首批7个项目开工建设；西城金融商贸产业园确定选址，永清国际商贸中心开工建设，京冀通航产业园、大兴固安电子商务产业园、中关村（大兴）生物医药产业基地固安合作园等签订合作协议。全面开展产业对接，京津冀产业转移系列对接活动成功签约项目37项，总投资1685亿元。三是着力增投资、上项目。强力实施项目攻坚十条和项目建设“十百百千”工程，建立了重大项目定期协调推进机制，建设亿元以上项目841项、完成投资1766.7亿元，列入省重点项目33项，居全省第一位，项目发展势头强劲；着力破解土地制约，闲置土地处置完成率达94%，违法占地处置土地到位率达99.9%。深入实施工业强市、服务业兴市战略，强力开展产业集群培育、工业基金引导、企业上市、技术对接、民企服务五大工程，助推产业转型发展。完成工业投资1057.3亿元，同比增长20%，其中工业技改投资716.1亿元，增长25%，新增规模以上工业企业137家，工业的支撑作用进一步凸显；实施现代服务业发展三年行动计划，强力推进八大专项重点突破，新增限上商贸企业66家；突出把大数据作为战略性新兴产业加以培育，成立大数据应用服务中心，润泽科技、华为云总部、联通华北基地等龙头企业的带动作用不断增强，与京东集团、浪潮集团等签订一批大数据产业合作项目，成功举办大数据产业周。四是着力抓创新、强动能。坚持把创新作为发展的第一动力，编制科技成果转化总体规划，大力实施“一十百千万”科技创新行动，新增科技型中小企业1500多家，是2014年的两倍多，新增科技小巨人企业112家；建成市级众创空间20家、省级2家，建成市级孵化器9家、省级11家，廊坊企业在美国、以色列及深圳、上海等地建成孵化器突破10家，孵化面积突破100万平方米，集聚科技企业和创客团队800多个；全国第一家博士后成果转化基地落户我市，与北京院所共建河北钢木家具产业技术研究院、绝热节能材料研究院。着力强化金融创新，建立京津廊金融家联盟，引入华夏银行、建信人寿等4家金融机构，发行公司债直接融资172亿元，居全省第一位，新增挂牌上市企业23家，其中3家在香港联交所上市。五是着力治污染、优环境。以更大的决心和力度，以最严格的措施和标准，强力推进大气、水污染治理。出台大气污染防治攻坚十条，高频率召开大气污染防治专题会议，实行市县主要领导周调度制度，成立多个督导组进厂入企下工地，网格化监管实现全覆盖，突出抓好重污染天气“削峰减频”，启动应急响应17次。全部淘汰市县建成区10蒸吨及以下燃煤锅炉，完成12.9万户农户清洁炉具替代，推广型煤48万吨、神华清洁煤151.7万吨，三河电厂完成超低排放改造。PM2.5同比下降15%，PM10下降13.8%，空气质量综合指数下降10.9%，达标天数增加32天，重污染天数减少19天，完成大气污染治理任务。积极开展重点河流水污染治理，流域水质得到改善。六是着力办实事、惠民生。持续加大民生投入，全力解决群众最关心、最直接、最现实的利益问题，教育、医疗、社保就业财政支出分别增长35.9%、27.1%和44.6%，新改扩建104所中小学、幼儿园，免除51.9万农村中小学生学杂费，资助2.6万名困难学生接受高中和中等职业教育；城乡居民人均可支配收入分别达到31900元和13100元，继续保持全省第一和第二位。我们以扎实的工作全面完成了2015年的各项任务，取得了丰硕的成果，实现了“十二五”圆满收官。

各位代表，在看到成绩的同时，我们也清醒地认识到存在的问题：经济发展内生动力不足，传统产业占比高，新兴产业支撑弱，转型升级任务艰巨；大气和水污染严重，土地制约日益加剧，资源环境压力比以往任何时候都更加突出；城市承载力亟待加强，基础设施、公共服务和城市治理存在短板；经济社会发展不够协调，民生欠账依然突出，全面建成小康社会仍有很多薄弱环节；营商环境有待提升，政府职能转变仍需加强，一些干部思想不够解放，适应引领新常态仍有大量工作要做。对此，我们一定高度重视，积极采取有效措施认真加以解决。

各位代表，回顾过去五年的奋斗历程，面对速度变化、结构优化、动力转换的新常态，面对国内外严峻复杂的新形势，面对治污染、调结构、防风险多重压力的新挑战，取得的成绩来之不易，积累的经验弥足珍贵。我们深刻体会到，推动经济社会又好又快发展，必须认识适应引领经济发展新常态，不折不扣地贯彻落实中央的重大决策和省委、省政府的部署要求，转变发展理念，强化质量效益意识，坚定不移走生态优先、绿色发展之路；必须抢抓用好协同发展重大机遇，顺势而为、借势发力，把主要精力、关键举措集中在协同发展上，在协同发展中增实力、优结构、补短板，真正把机遇优势转化为发展优势；必须坚持改革创新引领发展，以改革破难题，以创新增动力，积极抢占发展制高点，使改革创新成为推动发展的强大引擎；必须把转型升级作为主攻方向，坚持高端引领，加快转型步伐，构建特色鲜明的现代产业体系，全面提升发展层次和水平；必须优先加强生态建设，牢固树立绿水青山就是金山银山的理念，以生态约束倒逼发展转型，以发展转型保障生态改善，重塑环境优势，实现可持续发展；必须增进人民群众福祉，优先增加民生投入，不断提高公共产品供给的质量和效率，使发展成果更多更公平惠及全市人民。

各位代表，“十二五”目标任务的圆满完成，是我们认真贯彻党中央和省委、省政府正确决策的结果，是市委总揽全局、坚强领导的结果，是人大、政协加强监督和社会各界鼎力支持的结果，是全市人民齐心协力、奋力拼搏的结果。在此，我代表市人民政府，向全市人民，向人大代表、政协委员，向各民主党派、工商联、无党派人士和人民团体，向驻廊解放军、武警官兵、政法干警和中省直驻廊单位，向所有关心支持廊坊发展的同志们、朋友们，致以衷心的感谢和崇高的敬意！

二、“十三五”时期主要目标和任务

廊坊在全省发展大局中位置特殊、责任重大、作用重要。“十三五”是我市发展历史上重大机遇最为集中的时期，是各种优势潜力最能有效释放的时期，是破解难题补齐短板最为紧要的时期，是推进结构调整又好又快发展最为宝贵的时期。省委、省政府对廊坊发展寄予厚望，要求我们加压奋进，创造新经验、做出新示范，率先走出一条生态优先、绿色发展的新路，为全省发展多做贡献。全市人民热切期盼更加幸福的生活，强烈期待我们把廊坊建设得更加美好。使命考验担当，责任无比重大。

面对复杂多变的严峻形势，面对不进则退的竞争挑战，我们能否承担好历史和人民赋予的重大使命，能否在新一轮竞争中实现跨越争先，关键在干部队伍，关键在精神状态。只有锐意进取，才能克难前行，只有不断解放思想，才能开辟发展新路径。我们必须殚精竭虑、激情工作，以无愧于时代的使命感、无悔于机遇的紧迫感、无畏于挑战的责任感，奋力开创廊坊发展新局面。

“十三五”时期我市经济社会发展的指导思想是：全面贯彻党的十八大和十八届三中、四中、五中全会及省委八届十二次全会精神，以邓小平理论、“三个代表”重要思想、科学发展观为指导，深入贯彻习近平总书记系列重要讲话精神，按照“五位一体”总体布局和“四个全面”战略布局，牢固树立创新、协调、绿色、开放、共享的发展理念，坚持“协同发展、转型升级、又好又快”工作主基调，以提高发展质量和效益为中心，坚守发展、生态、民生三条底线，牢牢抓住新机遇，努力适应新常态，按照市委五届八次全会的部署，大力实施协同发展、科技领引、开放带动、生态支撑主战略，着力做强城市经济，着力发展高端产业，着力创新体制机制，着力重塑环境优势，着力防范社会风险，加快建设科技研发创新成果转化引领区、战略性新兴产业和现代服务业聚集区、京津冀全面创新改革试验区、北京非首都功能集中承载地，努力率先走出一条生态优先、绿色发展的新路，奋力开创绿色、高端、率先、和谐发展新局面，确保提前全面建成小康社会，为加快建设经济强省、美丽河北做出新的更大贡献。

“十三五”时期经济社会发展的总体目标是：“三个前列、两个翻番、一个提前”。“三个前列”，就是经济增长保持中高速，主要经济指标增速位居全省前列，地区生产总值超过3900亿元，年均增长8.5%；产业发展迈入中高端，质量和效益位居全省前列，一般公共预算收入接近500亿元，年均增长10%以上；环境治理大见效，生态建设水平位居全省前列，PM2.5浓度下降25%。“两个翻番”，就是地区生产总值和城乡居民人均可支配收入比2010年翻一番以上，并努力在全省率先实现翻番。“一个提前”，就是确保在2020年前全面建成小康社会。

实现“十三五”发展目标，我们要始终坚持发展是硬道理的战略思想，变中求新、新中求进、进中突破，推动发展不断迈上新台阶；我们要始终坚持以发展新理念统领全局，真正做到崇尚创新、注重协调、倡导绿色、厚植开放、推进共享；我们要始终坚持认识适应引领经济发展新常态，自觉把思想和行动统一到习近平总书记提出的“十个更加注重”上来，确保中央和省委、省政府的决策部署落地生根；我们要始终坚持大力推进供给侧结构性改革，提高供给体系质量和效率，提高全要素生产率，着力解决制约发展的深层次问题；我们要始终坚持创新驱动发展战略，加快新动能成长和传统动能提升，努力走出一条生态优先、绿色发展的新路。

今后五年，我们将强力推动协同发展开创新局面。协同发展是实现生态优先、绿色发展的核心抓手。紧紧围绕“三区一地”发展定位，精准打造承载平台，构筑北中南三大协同发展功能区，构建对接京津区域新格局。到2020年，基本建成与京津内外连通、便捷高效的现代立体交通网络，承接北京非首都功能疏解和产业转移取得重大突破，“京津研发、廊坊转化”的产业协同模式和共建共享、联防联控的生态建设格局基本形成，经济社会发展和公共服务接近或达到京津平均水平。

今后五年，我们将强力推动科技领引取得新突破。科技创新是实现生态优先、绿色发展的第一动力。必须把创新摆在核心位置，更加注重提高发展质量和效益，强化政策激励、金融支持、人才保障和知识产权保护，扎实推进大众创业、万众创新，努力打造京津冀科技创新成果孵化转化基地。到2020年，全社会研发投入占GDP比重达到3%，科技创新能力明显提升，体制机制创新取得重大突破，初步建立起特色鲜明的区域协同创新体系，科技型中小企业达到7000家以上，科技进步贡献率达到60%。

今后五年，我们将强力推动开放带动迈出新步伐。改革开放是实现生态优先、绿色发展的必由之路。坚持问题导向，全面深化改革，努力在推进供给侧结构性改革上取得突破，主动融入国家对外开放大格局，加快构建开放型经济新体制。到2020年，重点领域、关键环节改革取得决定性成果，改革红利充分释放，双向开放水平显著提高。

今后五年，我们将强力推动生态支撑形成新优势。环境友好是实现生态优先、绿色发展的重要保障。坚守生态底线，实行最严格环境保护制度，强力治理大气污染，持续推进造林绿化，狠抓生态环境修复，高效节约利用资源，促进形成绿色生产方式和生活方式。到2020年，空气质量优良天数达到72%，重点河流水质达到国家考核指标要求，单位GDP能耗、主要污染物排放达到国家环境质量控制和总量控制要求，森林覆盖率稳定在30%以上。

今后五年，我们将强力推动转型发展实现新提升。转型升级是实现生态优先、绿色发展的关键所在。借力“中国制造2025”和“互联网+”行动计划，以供给侧结构性改革为重点，促进战略性新兴产业规模化发展，推动现代服务业做大做强，加快传统产业提质增效，推进现代农业做优做精。到2020年，产业结构进一步优化，现代产业体系基本形成，第三产业增加值比重提高到53%。

今后五年，我们将强力推动统筹发展构筑新格局。统筹城乡是实现生态优先、绿色发展的内生动力。推进以人为核心的新型城镇化，实施中小城市综合改革，推动城乡基础设施一体化、公共服务均等化和产业发展融合化。做大做强城市经济，壮大提升县域经济，全面推进美丽乡村建设。到2020年，将中心城市建设成京津冀世界级城市群中的重要节点城市，功能更加完备，承载能力显著提升。城镇体系更加完善，在全省率先实现美丽乡村全覆盖，全市常住人口城镇化率达到62%，户籍人口城镇化率达到45%。

今后五年，我们将强力推动共享发展达到新水平。共享发展是实现生态优先、绿色发展的根本目的。持续加大财政投入力度，着力抓好各项民生社会事业，不断健全社会治理体系。到2020年，城乡居民人均可支配收入分别达到4.8万元和2万元，各项社会事业全面进步，社会文明程度和治理水平进一步提升，人民幸福感、获得感明显增强。

各位代表！蓝图已经绘就，号角已经吹响。我们坚信，在省委、省政府和市委的坚强领导下，只要我们万众一心、奋力拼搏，就一定能够实现全面建成小康社会的宏伟目标，就一定能够建设一个更加繁荣、更加美丽、更加幸福、更加和谐的新廊坊！

三、2016年主要工作任务

今年是全面建成小康社会决胜阶段的开局之年，是京津冀协同发展的关键之年，是推进供给侧结构性改革的攻坚之年。我们要全面贯彻省委、省政府和市委的决策部署，按照宏观政策要稳、产业政策要准、微观政策要活、改革政策要实、社会政策要托底的要求，切实抓好去产能、去库存、去杠杆、降成本、补短板五大任务，加快培育新动能，加快释放新活力，推动“十三五”强势开局。

2016年主要预期目标是：地区生产总值增长8%以上，一般公共预算收入增长11%，全社会固定资产投资增长15%，规模以上工业增加值增长6%左右，服务业增加值增长13%左右，社会消费品零售总额增长10%左右，出口总值增长5%，城乡居民人均可支配收入分别增长8%以上和8.5%，单位生产总值能耗和用水量、主要污染物减排、空气质量改善绩效指标完成省下达目标任务。在实际工作中，我们将向着更高的目标努力，使经济社会发展得更好更快一些。

2016年重点抓好以下九个方面的工作。

（一）全力推进稳健增长，促进经济又好又快发展。强化实体经济和重大项目支撑，发挥消费和出口拉动作用，围绕有效需求扩大投资，构建多点发力、多元支撑的增长格局。

大力发展实体经济。推动实体经济大发展，对廊坊有着特殊重要的意义。当前，实体经济面临需求弱、效益低、融资难等很多困难，在这种情况下，我们必须进一步增强发展实体经济的紧迫感和责任感，进一步把发展实体经济摆上经济发展全局的重要位置，着力推进工业强市和服务业兴市，突出发展战略性新兴产业和现代服务业，推动资源要素配置向实体经济倾斜，不断强化实体经济对经济发展的支撑作用。开展帮扶企业集中行动。紧紧围绕实体经济企业实施政企面对面帮扶，解决企业融资、用地、技术等现实问题，推动个转企、小升规，新增规模以上工业企业100家以上、限上商贸企业80家以上。开展降本增效专项行动。全面落实国家和省降低企业成本的一系列政策，制定实施降低企业成本总体方案，优化政府服务，降低企业交易、财务、物流、人工等各项成本，增强企业活力和竞争力。开展融资扶持行动。建立政银企多层次、多形式的常态沟通机制，鼓励发行债券、上市等直接融资，上市后备企业动态保持100家，新增挂牌上市企业20家。开展营商环境优化行动。鼓励大众创业、万众创新，培育更多市场主体；推进信用信息公开监督和信用产品市场化，提升社会信用水平；保护企业合法权益，开展企业家培训、考察活动，提升企业家素质，壮大廊商团队。

加大项目投资力度。实施项目建设“十百千”工程，申列省级重点计划新开工产业项目10个以上，实施建设市级重点产业项目100个，谋划建设亿元以上项目1000个。紧盯国家“7+4”重大工程包、国家专项建设资金和省配套资金，谋划建设一批基础设施和重大产业项目。推广政府和社会资本合作（PPP）模式，引进保险资金支持重大项目建设。

挖掘消费和出口增长潜力。开展改善消费品供给专项行动。全面落实国家和省扩大消费的政策措施，加快释放消费潜力。落实带薪休假，鼓励错峰休假、弹性作息，促进旅游消费；加快互联网宽带和无线网络建设，提高城乡物流配送能力，培育消费热点和消费市场；扩大消费信贷，培育消费金融市场，积极发展健康、医疗、教育、文化等各类消费。发挥出口对增长的促进作用。落实省外贸稳增长十条政策和市培育外贸竞争新优势若干措施，清理规范进出口环节收费，增加出口直放企业数量，支持企业参加各类展会、拓展市场，推动廊坊电子信息出口基地、霸州钢木家具基地等特色产品基地建设，提高机电、高新技术、优质农产品等出口规模。

（二）全力推进协同发展，加快同城融合发展步伐。认真落实“三个精准”要求，扎实推进重点领域率先突破，协同发展力争走在全省前列。

编制“三区一地”规划。做好与京津各项规划对接，围绕“三区一地”发展定位，逐项编制专项规划和实施方案，进一步明确目标任务、工作重点、具体举措。各县（市、区）也要按照自身在京津冀协同发展中的定位，编制相应规划，构建市县相互衔接、相互支撑的规划体系。

精准打造承接平台。谋划和争取在我市建设集中承载地，精准承接行政职能、科研培训、公共服务等非首都功能转移。沿重要交通干线和轨道交通站点，以县城、重点镇和开发区为载体，谋划建设一批特色鲜明、功能完善、职住合一、承载力强的“微中心”。

抓好合作园区共建和重大项目建设。扎实推进北京新机场建设，切实做好征地拆迁等各项工作，确保按时高质量交付建设用地。积极跟踪国家临空经济区规划编制，加快推进我市相关总体规划和专项规划编制工作。加快建设北京亦庄·永清高新区，突出抓好项目引进和运营模式创新，组建管理机构，积极建设协同发展示范区；力促中关村固安园和永清国际服装城建设取得积极进展；积极推进大兴固安电子商务产业园、中关村（大兴）生物医药产业基地固安合作园、京冀通航产业园、霸州智能装备产业园等合作园区实质性运作。推进高精密数控机床、中核研发中心等已签约项目落地开工，加快服务机器人、清华大学OLED等已开工重大项目建设。

全力推进交通互联互通。积极做好京唐、京霸、廊涿、白沟支线和城际铁路联络线的启动建设工作，推动平谷线项目建设。加快北京新机场外围综合交通项目建设。全力争取北京城市轨道交通延伸到廊坊，积极引进北京公交进主城区。加快密涿高速公路建设，力促唐廊、津石高速公路早日开工，102国道南移项目完成前期工作，争取105国道与北京达成对接协议。加快燕郊潮白河大桥建设。

（三）全力推进转型发展，着力提升产业层次水平。按照产业政策要准的要求，坚持“加减乘除”并举，以战略性新兴产业和现代服务业为重点，全面构筑“5+3”现代产业格局。

推动新兴产业集群发展。实施新兴产业增比进位工程，着力增强电子信息、高端装备制造、新材料、生物医药等战略性新兴产业的聚集度和支撑力。加快发展以大数据为重点的电子信息产业集群。以建设廊坊云服务基地为目标，做好廊坊大数据产业发展规划和大数据产业园区规划，推动信息资源平台建设，启动工业企业云和医疗健康云建设，支持润泽科技、华为云中心、联通华北基地、新奥大数据中心等龙头企业做大做强，力促京东云计算中心、浪潮云计算中心、银联卡北方总部、京津冀量子通信、国际能源智慧谷等新项目落地开工。依托北华航天学院，实施互联网+天基信息应用工程，发展空间信息产业，建设航天遥感产品民用化示范市。继续举办大数据产业周，培育大数据众创空间和孵化转化基地。加快发展高端装备制造产业集群。制定推进“中国制造2025”实施意见，重点发展以精雕数控、华锻数控等为重点的精密机床制造，以三河京冀通航产业园、香河通航产业基地、文安长鑫航天精密组件等为重点的通航设备制造，以固安无人机、卫星导航港、香河机器人等为重点的智能制造，以中集空港专用装备、永清鼎泰智能装备等为重点的专用装备制造，以柏惠维康医疗机器人系统等为重点的医疗设备制造。加快发展新材料产业集群。大力推进中安信碳纤维、中建材薄膜太阳能电池、固安石墨烯传感器等项目建设。加快发展生物医药产业集群。积极推进固安肽谷生命科学园、原子高科同位素药物、盛唐生物科技等项目建设，力促生物医药产业链条式发展。加快发展军民融合产业集群。举办军民融合展洽会，打造省级军民融合产业示范基地。

推动现代服务业做大做强。把现代服务业作为稳增长、调结构的重要支撑，制定出台支持服务业发展政策，提升服务业对经济增长的贡献率。优先发展生产性服务业。加快发展智慧物流产业，加快西城金融商贸产业园、永清国际商贸中心、西联建材交易中心、胜记仓等项目建设；推进快递业发展，谋划建设国家一级快递枢纽节点，物流业增加值增长15%以上。加快发展金融产业，推动域外机构来廊建立分支机构，聚集金融总部结算、研发、销售等后台资源，支持民营企业发起成立民营银行，金融业增加值达到150亿元。加快发展会展业，编制发展规划，扩大开发区会展中心规模，积极承接北京会展资源，全力打造会展城市。加快发展服务外包产业，以数据处理、软件研发等为重点，聚集一批服务外包企业，争列国家服务外包示范市。积极发展生活性服务业。加快发展文创产业，不断壮大影视传媒、印刷出版、演艺娱乐、动漫游戏等产业，推动“梦廊坊”文化产业园、大城红木文化产业园、国家数字印刷产业园等文化园区建设，推进微软游戏创新中心、中信国安好莱坞影视基地、运河文化创意产业带等项目建设，文化产业营业收入增长 12% 以上。加快发展特色旅游业，召开旅游业发展大会，以乡村旅游为核心，整合特色资源，谋划一批采摘、观光、体验项目，举办一批推介会、博览会、节事活动，建设一批乡村旅游品牌和精品线，发展一批旅游小镇和乡村游示范村，实现旅游收入 200 亿元以上。加快发展健康养老产业，以建设全国养老服务业综合改革试点城市为契机，加快燕达健康城、鲁能生态度假区等龙头项目建设，打造全国智能化养老实验基地。大力培育新兴服务业态。加快发展电商产业，积极推进京东集团电商产业集群项目，做大 366 网上商城、齐天大圣网、富连网等本土电商平台，实施“千企在线”行动计划。依托廊坊出口加工区建设跨境电商园区。加快发展设计产业，举办中国设计节，通过设计创意催生新产业、新业态。

推动传统产业上档升级。坚定不移去产能，坚决完成省下达压减过剩产能任务，大力推动产能输出，积极处置“僵尸企业”。落实好省制造业升级专项行动，制定食品加工、木材加工及家具制造、钢铁压延及金属制品加工、绝热节能材料等传统产业转型升级方案，制定互联网 + 传统产业路线图，促进产业整合与跨界融合。落实省千项新产品开发和千项名牌产品培育工程，提升产品质量，打造知名品牌。启动新一轮重大技术改造升级工程，争列省技改项目 60 项，扶持“机器换人”重点项目 20 项，工业技改投资增速继续走在全省前列。

推动现代农业提质增效。大力发展现代农业园区。重点抓好省级现代农业园区建设，推进一二三产融合、产加销游一体化发展。新增省级现代农业园区 4 个、市级 8 个。大力发展农村电商。加快建设县域特色产业电商交易平台，6 月底前各县（市、区）实现农村电商服务体系全覆盖，建设永清国家级电子商务进农村综合示范基地。大力推进农业产业化。围绕服务京津市场，打造高效、优质、生态、品牌农业。大力发展林下经济。推进农业产业化经营，引进建设 100 个农业产业化重点项目，扶持发展 100 家农产品加工企业，推动 20 家成长型龙头企业做大做强，农业产业化经营率达到 68.5%。

（四）全力推进科技创新，切实增强创新发展能力。深入实施科技领引战略，着力壮大创新主体、提升创新平台、聚集创新人才，努力打造创新之城、科技之城。

培育创新主体。深入落实省高新技术产业三年倍增和科技型中小企业成长计划，推动科技型企业裂变式增长。新增科技型中小企业 1000 家、科技小巨人企业 60 家、高新技术企业 25 家，规模以上高新技术产业增加值增长 13%。每个县（市、区）力争建立一个产业技术研究院或技术创新联盟，支持企业建立各类研发机构，新增市级以上各类企业研发机构 80 家。鼓励社会力量加大研发投入，全社会研发投入占 GDP 比重达到 1.15%。

提升创新平台。加快建设孵化器。提升中小企业创新创业园、百世金谷、兴远高科等现有孵化器孵化能力，推进华夏“太库”、宏泰“泰智会”等孵化器建设，每个省级以上开发区至少建设一个创新创业园、一家孵化器，新增孵化面积 30 万平方米，争列省级孵化器 2 家。加快培育众创空间。做大做强中信国安创客、华航 e 创空间、星火创客等一批众创空间，每个县（市、区）至少打造一个高标准众创空间，支持有条件的县（市、区）建设创客新城。

强化协同创新。抓好石保廊全面创新改

革试验和京南科技成果转化试验区建设，提升清华大学中试孵化基地等一批协同创新平台水平，推进中关村软件园廊坊创新中心等合作项目，加快中国（河北）博士后成果转化基地和全国智能机器人创新联盟京津冀总部建设，推进京廊科技资质互认。

优化创新环境。发展科技金融。逐步壮大现有创投基金规模，新增一批创投基金，强化财政资金撬动作用，构建以政府资本为引导、社会资本为主体的科技投融资体系。强化人才支撑。落实省科技人才“双百双千”工程，引进一批掌握重大核心技术的创新团队，培养一批技术能手和创新创业人才，支持科技人才创业，新建院士工作站2家。完善政策和服务。用足用好现有扶持政策，研究提出新的政策措施，加强政策宣传，建立科技服务、科技金融、知识产权保护等一体化服务支撑体系。

（五）全力推进生态建设，确保生态环境持续好转。把生态放在最优先的位置，坚持科学防控、精准治污，以更有力的举措，牢牢守住生态底线。

打好大气污染治理攻坚战。强力开展大气污染治理、环境执法监管和“两法一条例”百日宣传三项集中行动。加快燃煤治理和清洁能源替代，提标改造集中供热锅炉，推广煤改气、煤改电，城中村全面实施燃煤清洁化替代，实施农村清洁能源开发利用工程，大力推广环保炉具和洁净型煤。启动钢铁等重点行业脱硫、脱硝、除尘设施提标改造，对重点排放企业实施在线监测；开展VOC深度治理，有效降低臭氧浓度。全力控制扬尘，严管建筑工地和渣土运输，在主城区实行环卫“以克论净”，切实抓好城中村环境卫生整治。强化加油站和油品监管，切实加大对餐饮油烟、露天烧烤、烟花爆竹燃放、秸秆和垃圾焚烧管控力度。加强与京津联防联控，强化监测预警和信息共享，做好重污染天气应急响应。PM2.5浓度下降9%以上。

打好水环境治理攻坚战。全面贯彻水污染防治国“十条”和省“五十条”，研究制定我市治理水污染工作方案。开展重点河流污染治理攻坚行动。制定重点河流水污染防治实施方案和达标方案，强化河段长负责制，确保达到国家和省考核要求。加快污水处理厂及配套管网建设。主城区铁路北、万庄污水处理厂及配套管网力争投入运营，建设市区西部和龙河以南地区污水管网，确保龙河实现截污纳管；县城污水处理设施达到一级A排放标准。实施集中式水源地安全防护行动。严格保护水源地，推进地下水压采，南水北调配套工程全面运行，争取引调生态水常态化，扎实推进“北三县”引调水前期工作。

打好生态修复攻坚战。持续实施造林增绿。启动“两年大提升，创建森林城”活动，大力开展春季造林提升行动，实施重要交节点绿化、廊道绿化、连片造林等重点工程，全市铁路、国省干道、主要河道以及“精品线”绿化实现闭合，全年造林18万亩。深入实施生态修复工程。全力推进南三县湿地连片开发，努力建成东联天津、西接白洋淀的京南森林湿地生态走廊；抓好香河国家湿地公园试点，推动文安赵王新河省级湿地公园、胜芳湿地公园、龙河湿地建设，恢复湿地2万亩以上。继续实施永定河郊野公园项目，积极推动水利风景区建设和三河采矿区生态修复，实施永定河泛区安次安全区和临空安全区工程建设。推动“北三县”与平谷、蓟县联合申报京津冀国家生态文明先行示范区。制定土壤污染防治行动计划。开展土壤污染专项调查，落实分区保护，开展有针对性的修复试点。全面落实省对工业园区循环化改造任务。

打好环境执法攻坚战。严格落实生态环境督办问责制，开展生态环境责任审计，以督察问责促整改落实。深入开展环保执法专项行动，完善网格化监管，依法严厉打击环境违法行为。

（六）全力推进改革开放，切实破除体制机制障碍。坚持改革政策要实，积极推进重要领域和关键环节改革，强力推动改革落地。

推进两大改革试点。扎实开展全国中小城市综合改革试点，进一步完善实施方案，落实相关改革事项，探索创新规划引导、公共服务等一系列体制机制，通过三年试点，为承接北京非首都功能和产业转移做出示范。扎实推进石保廊全面创新改革试验，积极开展科技、管理、品牌、组织、商业模式全面创新，建设一批示范园区，打造一批产业创新平台，实施一批重大科技成果转化项目，为创新发展提供示范。

深化重点领域改革。大力简政放权。以“放管服”为重点，进一步增强放权的针对性、提高监管的有效性、强化服务的便利性。衔接落实好国家和省取消下放审批事项，编制市县行政许可通用目录和公共服务事项目录清单，进一步简化审批手续、规范审批程序，加强电子政务网络平台建设。深化商事制度改革。探索实行“多证合一”，试行电子营业执照，推进工商登记全程电子化。抓好社会领域改革。积极推进机关事业单位养老保险制度改革、户籍制度改革、医药卫生体制改革，6月底前完成党政机关公车改革。做好农村综合改革。加快市县农村产权交易中心建设，农村土地确权登记颁证完成全部耕地面积的80%，全面完成供销社综合改革试点任务。加快财税体制改革。开展国地税征管体制改革，高质量完成“营改增”工作，推进结构性减税和普遍性降费，积极落实京津转移产业税收分享机制。支持商业银行设立科技支行，扩大“科保贷”规模。加快用地体制机制创新。实行土地数量与强度双控，制定节约集约用地政策，强化土地供应后管理，坚决依法清理非法占地，大力盘活闲置用地，多渠道解决土地占补平衡。

提升开放发展水平。完善园区体制机制。制定开发区改革发展实施意见，召开开发区工作大会，建立省级以上开发区动态管理、末位淘汰和责任追究机制，力促园区由多向强转变。推动园区整合，探索国家级园区与域内园区合作共建、招商外包、品牌共享、利益分享等合作机制，建设一批特色区中园、国别园、科技创新孵化园。探索推动“腾笼换鸟”的具体举措，加快低质低效企业有序退出园区，为优质项目腾出空间。支持企业“走出去”。加快跨境电子商务示范企业和外贸公共服务企业建设，发展新兴服务贸易模式，鼓励优势企业开拓海外市场。加大招商引资力度。全力实施招商引资集中行动，完善常态化招商机制，实施精准化招商，着力提高招商实效性。

（七）全力推进新型城镇化，提升城乡统筹发展水平。着眼补齐发展短板，着力壮大城市经济和县域经济，努力打造产城教融合、承载力强的高端城镇平台，完成棚户区改造1.1万套，城镇化率达到55.6%。

做大做强城市经济。强化规划引领。以生态优先、绿色发展理念为指导，坚持服从服务大局、科学规划，进一步修编完善全域空间布局和城镇总体规划。加快编制海绵城市、地下管廊、综合交通、主城区停车场等系列专项规划。完善城市功能。优化城市路网，谋划实施外环路西南环线、永兴路南延、金光道东延等道路延伸和金源道高架桥建设，开展道路改造整修，完善南城路网。实施疏堵保畅集中行动，完善智能信号系统，加快城市公交专用道建设，新增新能源公交车100部，下大力解决主干道和学校周边拥堵问题。实施景观绿化工程，加快推进丹凤公园建设，开展游园提升、步行街风貌改造、外环路景观廊道建设，高标准规划环城水系改造工程。加快热电联产项目建设，力争冬季投入供暖。推进主城区重点区域免费WiFi覆盖。建设市区“5公里充电圈”。实施精细化管理，加强智慧城市建设，努力提升城市治理水平。壮大城市产业。编制中心城市产业规划，统筹优化主城区经济布局，大力发展商圈经济、楼宇经济、创意经济、总部经济，打造城市经济新的增长点。

力促县域经济增比进位。按照“三个集中”的要求，全力推进县域经济和县城建设上台阶。加强县城建设。全面修订完善县（市）城乡总体规划，完成县城建设用地控详规和专项规划编制，推进“多规合一”。深化户籍制度改革，促进人口集聚，有序扩大城镇规模。开展县城基础设施建设集中行动，实施一批园林绿化、供水供热、污水垃圾处理等项目，年内所有县城实现集中供水、集中供热或清洁能源供热，污水垃圾达标处理。建设廊坊南500千伏等一批输变电工程，强化电力保障。加强产业支撑。把园区发展与县城建设统筹谋划、同步推进，加快完善城镇功能，推动产业园区向新城镇、新城区转型。制定县域产业转型升级工作方案，每个县（市、区）谋划引进一批立市立县重大项目，扶持发展一批十亿元级优势企业，培育壮大一批百亿元级基地（园区）和产业集群，推动县域经济增比进位。大城气雾剂产业园打造全国最大气雾剂研发生产基地，霸州休闲食品产业园争列国家级食品安全示范基地。

加快美丽乡村建设。全面落实“四美”要求，突出抓实产业支撑，着力发展特色农产品、特色手工业、乡村旅游等产业。全力建设美丽乡村胜芳省级重点片区，持续提升固安和“北三县”省级重点片区，其他县（市、区）都要规划建设一个市级精品示范片。在264个省级重点村推进“四美五改”，实施民居改造、安全饮水等12个专项行动，不断提升美丽乡村建设水平。

（八）全力推进民生改善，尽心竭力办好惠民实事。全面贯彻共享发展理念，时刻把群众冷暖记在心上、抓在手上，深入实施八项民生工程，让全市人民有更多获得感。

居民收入提升工程。落实机关事业单位工资和津补贴改革政策，推进企业职工工资合理增长，大力治理拖欠农民工工资问题。多渠道增加居民收入，鼓励农户依法流转承包土地，增加农民财产性收入。城乡居民人均可支配收入分别达到34500元和14300元，继续保持全省领先。

就业创业促进工程。落实和完善创业扶持政策，设立创业扶持资金，建立创业贷款担保基金补充机制，落实好援企稳岗、社保补贴、税费减免等扶持政策。城镇新增就业5万人，高校毕业生就业率达到90%以上，城镇登记失业率控制在4%以内。

社保扩面提标工程。落实各项基本养老保险政策，实现困难群众养老服务补贴城乡全覆盖，做好医疗保险全市统筹，健全重特大疾病救助和疾病应急救助制度，实现大病保险全覆盖。实施社区医养结合健康养老服务工程，市区建设2个医养结合型社区居家养老示范中心，市区社区居家养老服务设施覆盖率达到95%，县级达到70%。

精准帮扶工程。加大低保兜底力度，对

农村有劳动能力、具备增收条件的困难群众实施精准帮扶，丧失劳动能力的贫困人口全部纳入农村低保。开展残疾人帮扶，实施残疾儿童抢救性康复救助，培训残疾人4500名，90%以上实现稳定就业创业。对贫困群众及因病致贫家庭，落实医疗救助、临时救助和重特大疾病专项救助，使困难群众求助有门、受助及时、急难有救。

教育提质工程。继续着力缓解市区中小学“大班额”问题，市一中迁建工程实现封顶，实施市十六中新建等11所城区中小学、幼儿园建设工程。促进义务教育均衡发展，改造义务教育薄弱学校240所，创建标准化学校90所，新改扩建农村幼儿园50所。积极引进京津教育资源，鼓励社会力量办学。发展高等教育、职业教育、继续教育、网络教育、特殊教育，大力提升全民素质。做好贫困学生救助，不让一个孩子因贫失学。

医疗惠民工程。推进公立医院综合改革，完善基本药物制度，健全分级诊疗体系，加快基本医保异地就医结算。强化疾病预防控制，广泛开展全民健康教育与健康促进活动，为60岁以上老年人免费健康体检。积极承接京津优质医疗资源，鼓励社会力量办医。依法实施“全面二孩”政策。

农村设施提升工程。用好农发行等政策性金融，引导各类资金投向农村基础设施，新改建农村公路200公里以上，投资2.58亿元实施农村电网、配网改造升级，加大农村通讯信息网络建设，推进光纤通讯网络进乡入村，新增公交化农村客运班线25条，实施一批小型农田水利工程、节水配套改造工程。

文体惠民工程。完成国家公共文化服务体系示范区创建，加快市县档案馆建设，谋划启动文化产业规划馆建设，加快市群艺馆和县级“两馆”建设进度，做好文物保护和历史文化传承，组织百项文化品牌活动，推进建设千个文化惠民中心，培育万户文化示范家庭。办好市第七届全民运动会、世界围棋大赛、国际马拉松赛、第什里风筝节等重大活动，广泛开展全民健身运动，农村健身设施覆盖率达75%以上，社区达90%以上。

（九）全力推进风险防控，保持社会大局和谐稳定。廊坊区位特殊、地位重要，承担着首都“护城河”的重要职责，我们必须对防风险工作保持高度的政治自觉。强化金融风险防控。进一步完善金融监管体制，及时发现处置重大金融风险及突发事件，依法严厉打击非法集资、非法证券、非法保险等金融违法行为，坚决守住不发生系统性和区域性金融风险的底线。强化安全生产风险防控。全面落实《安全生产法》，严格实行“党政同责、一岗双责、失职追责”，深入开展重点高危行业和领域专项整治，推进安全生产隐患排查体系和安全生产标准化建设，坚决遏制重特大安全事故发生。强化食药安全风险防控。加强食品药品全程监管，推进“智能食药安全”信息化和检验检测能力建设，完善全市域网格化监管体系，开展规范化市场、食品安全示范街和示范店创建活动，依法打击制售假冒伪劣商品行为。强化公共安全风险防控。完善重大决策社会稳定风险评估机制，增强突发公共事件应急处置能力，积极应对新型业态、网络社会等带来的新风险，防范化解环境污染、土地征收等伴生风险，妥善做好化解过剩产能涉及职工转岗安置和再就业工作。加强和创新社会治理，在全省率先创新群众工作机制，市县两级群众工作中心和乡镇（村街）群众工作站（室）全部建成投用；开展信访案件化解行动，实现积案息诉息访。积极开展“平安廊坊”建设活动，提高军警民联防联治水平，深入开展“打黑除恶灭霸扫痞”专项行动，营造安定和谐的社会氛围。

加强国防动员和国防后备力量建设，做好拥军工作，支持工会、共青团、妇联等人民团体发挥桥梁纽带作用，做好新闻出版广电、民族宗教、外事侨务、人民防空、气象地震、防灾减灾、史志档案、援疆援藏等工作，促进各项事业协调发展。

四、全面加强政府自身建设

新形势新任务对政府工作提出了新要求，我们将以开展“政策落实年”“素质提升年”活动为契机，振奋精神、锤炼作风，强化执行力、提高公信力，扎实开创政府工作新局面。

坚持解放思想，持续提升创新破难能力。自觉强化看齐意识，向党中央看齐，向党的理论和路线方针政策看齐，认真学习习近平总书记系列重要讲话精神和省委、省政府重大决策部署，用新理论新理念武装头脑。对照八破八立要求，对标先进、调高标尺，跳出廊坊看廊坊，重点解决好作风不实、落实不力等问题，坚决破除制约发展的思想障碍，以思想和能力水平的提升，推动各项工作上台阶。

坚持转变职能，持续提升服务发展能力。把“放管服”作为转变职能、自我革命的核心，在营商环境优化、公共服务供给上狠下功夫，坚决向不作为、乱作为、吃拿卡要等行为亮剑，坚决清理各类无谓证明和繁琐手续，精简办事程序，缩短办事时限。加强电子政务建设，推进全程网上审批，让群众少跑路、少受累，让市场主体切实感受到方便和快捷。

坚持依法治市，持续提升依法行政能力。始终把依法行政作为基本遵循，带头尊法、学法、守法、用法，把法治思维和法治方式贯穿于政府工作全过程，法定职责坚决作为、法无授权坚决不为。强化依法决策、依法施政，提高政府依法行政水平，强化权力监督，自觉接受人大法律监督和政协民主监督，加强审计监督和社会监督。严格规范行政执法行为，全面推进政务公开，打造“法治政府”、“阳光政府”。

坚持改进作风，持续提升推进落实能力。严格执行中央“八项规定”，认真践行“三严三实”，坚决纠正“四风”顽疾，集中整治怠政懒政不良风气。始终坚持问题导向，眼睛向下看，身子往下沉，劲头往下使。健全工作责任制度、激励机制和督察问责机制，推进作风建设常态化、长效化。以等不起、慢不得的危机感、紧迫感，夙兴夜寐、激情工作、事争一流，真正干成一批大事实事，以优良作风开创廊坊发展新局面。

坚持干净干事，持续提升廉洁持政能力。把纪律和规矩挺在前面，严守《中国共产党廉洁自律准则》和《中国共产党纪律处分条例》，严格执行廉洁自律各项规定。大力推进反腐倡廉，落实“两个责任”和“一岗双责”。强力正风肃纪，严查群众身边的腐败问题，做到有腐必反、有贪必肃，努力实现干部清正、政府清廉、政治清明。

各位代表，奋斗成就梦想，实干铸就辉煌。让我们紧密团结在以习近平同志为总书记的党中央周围，在省委、省政府和市委坚强领导下，牢记使命、勇于担当，扎实苦干、奋发作为，全力推进绿色、高端、率先、和谐发展，努力走出一条生态优先、绿色发展新路，为全面建成小康社会、谱写中华民族伟大复兴中国梦的廊坊篇章而努力奋斗！

中国人民政治协商会议
廊坊市第六届委员会常务委员会
工作报告

——2016年1月24日在政协廊坊市第六届委员会第四次会议上

廊坊市政协主席 郑广富

各位委员、各位同志：

我代表政协廊坊市第六届委员会常务委员会向大会报告工作，请予审议，并请列席会议的同志提出意见。

2015年工作回顾

过去的一年，六届市政协常委会在中共廊坊市委的正确领导下，在市政府及社会各界的大力支持下，高举中国特色社会主义伟大旗帜，深入学习贯彻党的十八大、十八届三中、四中、五中全会和习近平总书记系列重要讲话精神，按照市委、市政府工作部署，团结带领全体政协委员和市政协各参加单位，围绕中心，实干履职，服务大局，建言献策，组织开展了6项调研、4项调查、9项视察，并开展了多种形式的政治协商、民主监督、参政议政活动，为推动我市绿色、高端、率先、和谐发展做出了积极努力。

一、助推经济发展，广泛凝心聚力

市政协常委会引导广大政协委员和参加单位，围绕抢抓京津冀协同发展和北京新机场建设的新机遇积极履职建言。

一是在推动京津冀协同发展中献计献策。一年来，在全市政协系统开展了“我为京津冀协同发展献一计”活动，征集意见、建议近百条，其中《把北京新机场空港新区打造成全省经济增长极重要支撑点》等建言成果被省政协采用并报省委、省政府。省长张庆伟等省领导分别作出重要批示。坚持“走出去”和“请进来”相结合，组织委员与全国40多个兄弟市政协进行了联系交流，宣传廊坊，学习取经。同时，利用各种形式与北京市政协、西城区政协、大兴区政协就新机场建设、空港新区规划等进行深入探讨，共商协同发展大计。

二是积极开展调研调查视察活动。按照市委中心工作的部署，市政协常委会围绕科技创新这一课题，组织相关界别委员开展重点调研，在座谈议政、外出学习考察的基础上，市政协六届第九次常委会议就我市科技创新工作进行了专题协商，市委常委、副市长贾永清同志亲自到会参与协商讨论。市政协常委会议提出要进一步明确科技创新的真正内涵、把统筹推进作为科技创新的出路、把引进培育人才作为科技创新的核心、把各类企业作为科技创新的主体、把完善政策作为科技创新的关键、把打造环境作为科技创新的重点，并把调研报告作为市政协常委会议建议案报送市委、市政府。市委书记王晓东、市长冯韶慧同志分别作出批示，并责成有关部门认真梳理吸纳。此外，还围绕做大做强会展经济、利用港澳台资源扩大对外开放、重点工业项目和农业产业化项目建设开展了调研、调查和视察活动，提出了具体的意见和建议。

三是为科学制定廊坊“十三五”规划集中民智。利用发放征求意见函、开辟网络专栏等形式，广泛动员各级政协委员为制定“十三五”规划建言献策，由各位副主席带队赴各县（市、区）和市直有关单位，直接走访各级委员300多人，召开15次座谈会，征集意见建议600多条，经过认真梳理归纳后，报送市委、市政府，市委书记王晓东同志高度重视，批示有关部门认真研究采纳。

二、服务科学决策，搞好民主协商

以深入贯彻落实中共中央《关于加强社会主义协商民主建设的意见》为契机，充分发挥政协协商民主重要渠道作用，不断提高协商层次、丰富协商形式、增强协商效果，一批建言成果对党政科学决策、民主决策起到了促进作用。

面对面协商更加经常。市委、市政府领导多次与委员面对面座谈交流，听取对全市发展思路、工作举措、重点工作的意见和建议。特别是市委五届八次全会召开前夕，市委书记王晓东、市长冯韶慧、市委副书记蒋洪江同志分别专程到市政协征求委员对全市工作的意见和新一年工作的建议。市政协围绕全市重点工作和民生问题，一年来，组织征求意见座谈会16次，使委员主体作用得到了较好的发挥，履职积极性进一步增强。

会议协商更加广泛。通过委员全体会议对事关全市经济社会发展的重大问题进行高层次协商，通过常委会议、主席会议、专委会会议对全市中心工作和热点问题开展重点协商和专题协商，从而使协商的范围更加广泛，协商的内容更加深入。一年来，市政协常委会重点围绕通过科技创新推动经济发展、加快法治廊坊建设等开展了重点协商。各专委会根据本委职能，组织委员就大气污染防治、加大民主监督力度等多个议题开展了28次有针对性的专题协商。

提案协商更加扎实。注重提高提案质量，引导委员围绕全市重点工作和民生问题协商建言。通过通报全市经济社会发展情况、开展提案知识培训、印发参考题目等，引导委员知情明政，提高委员围绕中心协商建言的能力和水平。狠抓提案办理，制定重点提案督办实施方案，明确具体步骤和办理要求，进而使提案按时办复率达到100%，答复函规范化率达到100%，委员对办理结果的满意率达到98.5%，进一步激发了政协委员及政协参加单位通过提案履行政协职能的积极性。

三、推进依法治市，强化民主监督

围绕依法治市开展监督。市委、市政府把依法治市作为廊坊长治久安、和谐稳定的关键措施，市委五届七次全会审议通过了《关于全面推进法治廊坊建设的决议》。为进一步做好依法治市工作，我们组织开展了专题调研，向市各民主党派、工商联、有关人民团体，各县（市、区）政协，全体市政协委员广泛征求意见建议，召开各级各类座谈会、议政会、协调会11次，组织相关委员赴先进地区学习考察。市政协六届第十次常委会议就推进依法治市进行专题研究，市委常委、常务副市长李波同志到会参加议政。会议集中交流调研成果，提出树立依法治市理念、科学立法、严格执法、强化监督、加强执法队伍建设5方面建议，作为常委会建议案报送市委。

围绕公正司法依法行政开展监督。为了进一步加强对部门司法、行政执法的民主监督，我们选派155名民主监督员在67个单位开展重点部门常态监督，对依法行政、提高办事效率和行风好转起到了促进作用；通过对重要案件旁听庭审，使司法公开、阳光司法得到有效推动。

围绕加强民间融资风险防控开展监督。如果民间融资不规范，容易引发社会问题。为此，市政协围绕这一课题开展专题调查，提出了加强融资风险防控工作的具体措施。市委书记王晓东、市长冯韶慧、常务副市长李波等市领导给予充分肯定，并要求有关部门认真研究，切实加大监管力度、加强风险管控。

四、力促社会进步，持续建言献策

市政协常委会始终把夯实我市文化、教育、卫生基础和改善生态环境作为建言重点，2015年进一步加大了工作力度。

立足提升质量，推动教育环境不断优化。围绕我市教育设施建设情况开展视察督导，深入了解学校基础设施配置、教育教学规模、校园环境等情况，从增加学校数量、提高教学质量、培育校园文化、打造特色品牌等方面向市委、市政府提出了10余项具体建议。积极争取“善行河北翰墨育人”——河北省书法教育大型公益活动“烛光计划”走进廊坊，在我市大城县建立了中小学书法教育基地。

着眼夯实基础，促进医疗卫生上水平。组织部分市政协委员参加省政协“推进与京津合作办医、提高基层医院医疗水平”调研，探讨与京津合作办医的新模式，并就我市城区社区医院建设进行视察，使委员进一步了解我市卫生医疗状况，提高了站位，开阔了视野，站在更高层面参政议政，提出了有针对性的意见建议。组织医疗专家开展送医送药下乡活动，为部分群众诊治病患，免费发放药品，提供健康指导，受到群众的欢迎。

挖掘廊坊历史文化资源，助推文化体验城市建设。按照市委打造文化体验城市的部署，就我市文物资源保护利用工作开展调研，形成专题报告。市委、市政府领导充分肯定，并提出了具体落实意见，组织召开全市首次文物保护工作会议。组织委员开展了文化资源有形化和创建国家公共文化示范区视察，全面了解我市文化资源现状，提出意见建议，推动了相关工作。同时，征集廊坊历史图片资料200多幅，较好地发挥了政协文史资料“存史、资政、团结、育人”的作用。

致力生态环境修复，建言城市水系建设。加强大运河廊坊段的保护开发已成为一个亟待研究的课题。为此，我们组织开展了京杭大运河廊坊段保护开发利用调查，提出在改善京杭大运河廊坊段生态环境的前提下，借鉴经验、科学规划、突出特色、加强管控、合理利用等建议，得到市委、市政府领导重视，市委书记王晓东、市长冯韶慧等分别作出批示。为提升中心城市建设品位，开展了打造与中心城市相匹配的水资源环境调查，形成了专题报告，报送市委、市政府供决策参考。

五、打造过硬队伍，加强自身建设

我们始终把常委会建设、委员队伍建设和政协机关建设摆在重要位置，以“三严三实”专题教育为统领，以解放思想大讨论为契机，强化理论学习，加强制度建设，转变工作作风，提高履职能力。

切实加强常委会自身建设。认真落实《加强常委会自身建设的意见》，牢牢把握“围绕中心、实干履职、服务大局、建言献策”的总体思路，按照本届政协确定的工作范围、履职态度、工作理念和方式方法，使政协工作始终保持正确的政治方向。严格遵守《常委会议事规则》《常委会组成人员守则》，对政协年度工作计划、人事事项等重大问题，集体协商、民主决策，不断推进常委会工作制度化、程序化、规范化。对事关廊坊经济社会发展的重要课题，坚持常委会高层协商，为提升全体委员参政议政水平发挥了示范作用。

切实加强政协委员队伍建设。从学习入手，提高政协委员队伍的思想水平和履职能力。年初制定了委员学习培训计划，邀请有关专家作《依法治国与依法治市》等专题报告，组织部分委员到全国政协培训中心集中学习培训，统一思想，坚定信心，增强做好新时期政协工作的责任感。组织委员听取市情通报，参加征求意见、协商论证、行风评议等活动，使委员在履职实践中提高认识、增长才干。深入开展走访委员活动，筛选委员反映的31期《社情民意》呈报市委、市政府，极大调动了委员参政热情。同时，积极宣传委员履职成果，全年在市级以上媒体刊发宣传稿件600多篇，在廊坊电视台开设了“政协委员风采”专栏，在河北政协新闻网开辟了“廊坊市各县（市、区）政协主席履职实践经验展示”专栏，有效展示了委员履职风采，极大激发了委员履职热情。

切实加强政协机关建设。巩固和扩大党的群众路线教育实践活动成果，深入开展“三严三实”专题教育和解放思想大讨论，建立完善机关各项规章制度，全面落实党风廉政建设责任制，通过组织学习交流、深入基层蹲点服务、听取先进人物事迹报告等形式，使政协机关干部以更加勤奋敬业的态度、严谨扎实的作风，为委员履职尽责提供服务，提高了机关的凝聚力、战斗力、创造力。

各位委员、各位同志，过去一年我们取得的成绩，是市委正确领导、市政府大力支持的结果，是社会各界热情参与的结果，是各级政协组织、政协各参加单位和广大政协委员团结协作、努力奋斗的结果。在这里，我代表六届市政协常委会对大家表示衷心的感谢！

在看到成绩的同时，也必须清醒地认识到，我们的工作还存在一些差距与不足，主要是：理论学习经常性、系统性不够；全局观念和责任意识有待增强；工作的方式方法创新不足；委员培训工作和委员联络全员化、常态化有待加强；协调服务水平有待提高；调研、调查、视察不够深入，建言成果缺乏有效的跟踪督导落实。对这些差距与不足，我们一定要认真对待，在今后工作中切实加以解决。

2016年工作思路

2016年是实施“十三五”规划的开局之年，做好今年的全市工作，对廊坊抢抓历史机遇、加快“四个发展”具有重要意义。六届市政协时间过半，做好今年的政协工作，对圆满完成本届政协的历史使命，同样具有重要意义。面对新形势、新任务，我们今年工作的总体要求是：认真学习贯彻中央和省委战略部署，在中共廊坊市委的坚强领导下，按照市委五届八次全会确定的任务目标，坚持“围绕中心、实干履职、服务大局、建言献策”工作思路，把为“十三五”时期发展献计出力作为履行职能的主线，建真言、谋良策、出实招，全面提升履职能力和水平，以实际行动为推动廊坊绿色发展、高端发展、率先发展、和谐发展作出新的贡献。

一、加强学习，提升素质求突破

把加强理论学习作为提高政协队伍素质、做好政协工作的重要内容和有效途径，通过集中培训、座谈交流、参观考察等形式，丰富学习内容、提高学习效果。要认真学习党和国家的大政方针、学习习近平总书记系列重要讲话精神，学习省委、市委的战略部署，进一步解放思想、提升站位，增强围绕中心、服务大局的意识，增强分析问题、解决问题的能力；要认真学习中共中央《关于加强社会主义协商民主建设的意见》、《关于加强人民政协协商民主建设的实施意见》和《关于加强政党协商的实施意见》以及相关知识，认清使命、珍惜荣誉，增强建言献策、推动发展的本领。

二、围绕中心，履职尽责求精准

把围绕中心、服务大局作为履行政协职能的出发点和落脚点，贯穿政协工作的始终，努力实现精准协商、精准建言、精准监督，全面提升履职水平。要按照市委五届八次全会战略部署，紧紧围绕全市经济社会发展中的重大问题和人民群众关心关切的热点难点问题履职建言、协商议政。一是围绕传统产业转型升级、城市建设如何体现历史文化元素、职业技术教育、在创新社会治理中做好群众工作等开展调研；二是围绕加强城市管理、美丽乡村建设、做大做强体育品牌赛事、基层法制机构建设等开展调查；三是围绕科技创新、重点项目建设、农村土地流转、医疗卫生基础设施建设、少数民族特色村镇建设等开展视察。同时，深入挖掘、梳理和有效利用廊坊历史资料，推进文化资源有形化；积极开展送医送药下乡、健康知识讲座等活动，为提高群众生活质量办实事、做贡献。

三、适应形势，方式方法求创新

探索创新是政协事业发展的不竭动力。要结合实际，主动认识新常态、适应新常态、引领新常态，不断推进政协工作创新发展。一要创新理念。摆脱传统思维定式，树立政协工作新理念，谋划政协工作新思路。二要创新平台。继承和发扬往届政协的创新成果，探索发挥界别作用、加强委员考核、建言成果转化、服务委员履职等新形式、新载体。三要创新标准。主动与市委要求对照、与兄弟政协对标，高站位谋划工作，高起点推动工作，高标准规范工作，高质量完成工作，以标准提质量，以标准求效率，以标准促落实。

四、立足本职，协商监督求实效

进一步增强民主监督意识，加大民主监督力度，提高民主监督效果，通过跟踪视察、现场督导、对口协商、界别协商以及提案、社情民意等形式，组织委员和政协参加单位围绕全市重点工作落实情况开展监督，确保市委、市政府重大战略部署落到实处。围绕人民群众关注的热点问题、民生问题开展监督，对群众不满意的工作，督促有关部门及时加以改进。受聘担任各部门、各行业民主监督员的委员，要认真履行职责、切实发挥作用，推动民主监督制度化、经常化。要学习借鉴兄弟政协民主监督的先进经验，积极探索民主监督的新渠道、新方法，使监督工作更加有力、更加有效。

五、牢记宗旨，转变作风求深入

政协委员和政协机关干部要认真落实中央“八项规定”和省委、市委有关要求，巩固党的群众路线教育实践活动、“三严三实”专题教育和解放思想大讨论成果，进一步筑牢思想防线、强化自律意识、珍惜政协荣誉、维护政协形象。要进一步转变作风，坚持求实求严，经常深入基层、深入群众、深入实际调查研究，倾听民声，反映民意，集中民智，协助党委、政府做好理顺情绪、化解矛盾、凝心聚力、增进和谐的工作。

各位委员、各位同志，京津冀协同发展为廊坊创造了新的机遇，市委五届八次全会绘就了廊坊发展的宏伟蓝图，这为我们六届市政协更好地履行职能、发挥作用明确了方向、搭建了舞台。让我们紧密团结在以习近平同志为总书记的中共中央周围，在中共廊坊市委的坚强领导下，时刻保持思想在状态、工作在状态、作风在状态，以更加强烈的政治责任感，同心同德，勇于担当，务实创新，履职尽责，为实现廊坊绿色发展、高端发展、率先发展、和谐发展做出新的更大贡献！

关于廊坊市2015年国民经济和社会发展计划执行情况与2016年国民经济和社会发展计划（草案）的报告

——2016年1月25日在廊坊市第六届人民代表大会第四次会议上

廊坊市发展和改革委员会主任　朱建强

各位代表：

我受市人民政府委托，现将廊坊市2015年国民经济和社会发展计划执行情况与2016年国民经济和社会发展计划（草案）提请六届人大四次会议审议，并请市政协委员和列席会议的同志提出意见。

一、2015年计划执行情况

2015年，面对经济下行压力加大、“9·3”阅兵停产限产、大气污染防治措施更加严格等复杂严峻形势，全市上下在市委、市政府的正确领导下，紧紧围绕市六届人大三次会议确定的计划目标，坚持稳中求进的总基调，统筹稳增长、促改革、调结构、惠民生、防风险，扎实推进各项工作，经济社会发展在新常态下总体向好，圆满完成或超额完成全年目标任务，生产总值、服务业增加值、一般公共预算收入、固定资产投资、规模以上工业增加值、社会消费品零售总额、城乡居民收入等主要指标完成情况位居全省前列。

——地区生产总值完成2401.9亿元，增长8.8%，高于计划目标0.8个百分点，高于全省平均水平2个百分点，居各市第一位。

——服务业增加值完成1131.3亿元，增长13.8%，高于计划目标1.8个百分点，高于全省平均水平3.8个百分点，居各市第一位。

——一般公共预算收入完成303.4亿元，增长21.1%，高于计划目标10.1个百分点，高于全省平均水平12.8个百分点，居各市第一位。

——固定资产投资完成2133.8亿元，增长15.2%，高于全省平均水平4.6个百分点，居各市第一位。

——规模以上工业增加值完成721.6亿元，增长6.1%，高于全省平均水平1.7个百分点，居各市第二位。

——社会消费品零售总额完成793.2亿元，增长9.6%，高于全省平均水平0.2个百分点，居各市第二位。

——城镇居民人均可支配收入预计完成31900元，增长8.5%，达到计划目标要求，与全省平均水平持平，总量居各市第一位。农村居民人均可支配收入预计完成13100元，增长9%，达到计划目标要求，高于全省平均水平0.5个百分点，总量居各市第二位。

——规模以上高新技术产业增加值预计增长13%，达到计划目标要求，高于全省平均水平1个百分点。研发经费支出占GDP比重预计达到0.85%。

——实际利用外资完成7.56亿美元，增长5.4%，高于计划目标0.4个百分点，高于全省平均水平0.4个百分点。进出口总值完成48.6亿美元，居各市第三位。

——每万元生产总值能耗预计下降 2.6% 左右，PM2.5 浓度下降 15%，每万元生产总值二氧化碳排放量、每万元工业增加值用水量、化学需氧量、二氧化硫、氨氮化物和氮氧化物排放量，均达到或超额完成全年目标任务。

——城镇新增就业完成 5.4 万人，超计划目标 0.4 万人；城镇登记失业率 1.9%，好于计划目标 2.1 个百分点；城镇保障性安居工程住房开工量 1.6 万套，达到计划目标要求；城乡居民养老保险参保率 99.17%，高于计划目标 9.17 个百分点。

——居民消费价格指数为 100.2，好于计划目标 2.8 个百分点。

——人口自然增长率为 6.82‰，好于计划目标 1.78 个千分点。

——常住人口城镇化率预计达到 54%，高于计划目标 0.5 个百分点，高于全省平均水平 3.5 个百分点。

——粮食产量达到 160.7 万吨。

2015 年，全市经济社会发展面临的困难比预想的大，取得的成效比预期的好。与此同时，也存在一些突出困难和问题。一是经济下行压力仍然较大，企业生产经营依然困难，开工不足、库存增加、生产成本上升、盈利能力下降等现象较为普遍，工业生产者出厂价格连续 23 个月负增长。二是产业结构矛盾突出，新兴产业整体规模不大，产业链条不完整，房地产占比较高，传统产业占比过大，转型升级任务依然艰巨。三是污染治理压力不断增大，生态环境要求比以往任何时候都更加严格。对上述问题，我们一定高度关注，并采取有效措施加以解决。

二、2016 年经济社会发展主要目标

2016 年是“十三五”开局之年，是京津冀协同发展全面推进的关键之年，也是推进结构性改革的攻坚之年。按照创新、协调、绿色、开放、共享的发展理念，经济社会发展计划主要指标，共设置 5 大类 29 项。其中，预期性指标 18 项，约束性指标 11 项。

——创新发展。地区生产总值增长 8% 以上。规模以上工业增加值增长 6% 左右。服务业增加值增长 13% 左右。规模以上高新技术产业增加值增长 13%。研发经费支出占 GDP 比重达到 1.15%。每万人发明专利拥有量达到 2.2 件。固定资产投资增长 15%。社会消费品零售总额增长 10% 左右。一般公共预算收入增长 11%。

——协调发展。常住人口城镇化率达到 55.6%。户籍人口城镇化率达到 36.2% 以上。城镇和农村居民人均可支配收入分别增长 8% 以上和 8.5%。

——开放发展。出口总值增长 5%。实际利用外资增长 5%。

——绿色发展。每万元生产总值能耗、每万元生产总值二氧化碳排放量、每万元生产总值用水量、化学需氧量排放量、二氧化硫排放量、氨氮化物排放量、氮氧化物排放量完成省下达目标任务。PM2.5 浓度达到 77 微克 / 立方米。森林覆盖率达到 28.34%。

——共享发展。城镇新增就业 5 万人，城镇登记失业率控制在 4% 以内。城镇职工参加养老保险 93.8 万人。城镇保障性安居工程开工 1.1 万套。居民消费价格涨幅控制在 3% 以内。

全面完成上述经济社会发展目标，必须把握好以下五个方面：一是坚持供给需求共同发力。把加强供给侧结构性改革作为重中之重，着力落实“去产能、去库存、去杠杆、

降成本、补短板”五大任务，双侧发力，实现有质量、有效益、可持续的增长。二是坚持生态优先绿色发展。正确处理经济发展与环境保护的关系，深入开展大气、水、土壤污染防治，着力发展绿色、低碳、循环经济，走出一条生态优先、绿色发展的新路。三是坚持协同发展重点突破。立足“三区一基地”功能定位，大力推进交通、生态、产业三大重点领域实现率先突破，积极承接北京非首都功能转移，实现与京津功能互补、协调发展。四是坚持创新驱动转型升级。把创新作为引领发展的第一动力，深入实施科技创新、产业创新、协同创新、企业创新，强力推进石保廊国家全面创新改革试验区建设，努力打造创新型廊坊。五是坚持兜底补短改善民生。坚守底线，突出重点，完善制度，引导预期，注重机会公平，保障基本民生，使发展成果更多更公平地惠及全体人民，持续提高人民群众幸福指数。

三、工作重点和主要措施

（一）努力扩大需求，促进经济稳定增长

着力扩大有效投资。实施重点项目推进集中行动，全年申列省重点计划新开工项目10个以上，实施建设市重点产业项目100个，谋划建设亿元以上项目1000个。强力推进重点项目建设，省、市重点项目开工率、投资完成率达到100%。完善项目工作机制，加强项目调度督导，继续开展月通报、季调度、半年拉练观摩等活动，力促项目加快建设。加强项目谋划工作，深入研究国家和省投资导向，围绕京津冀协同发展、临空经济区建设等重点领域，谋划一批战略性新兴产业和现代服务业项目。建立重大产业三年滚动投资项目库，加强对项目建设的跟踪服务，充分发挥好项目库在融资、招商、争取上级支持中的作用。大力推行PPP合作模式，发挥民间投资主力军作用。

着力扩大消费需求。坚持消费引领，以消费升级带动产业升级。促进网络信息消费，加快互联网高速宽带网络建设，实施电子商务进农村、进社区“双进”工程，推行线上线下联通互促新商业模式和消费方式。巩固住房、汽车等大宗消费，建立购租并举的住房制度，把公租房扩大到非户籍人口，提高棚改货币化安置比例，逐步将农民工和个体工商户纳入住房公积金制度，支持发展住宅产业化。发展和推广新能源汽车，加大城市停车场和充电设施建设。积极引导及拓展文化旅游、养老健康等消费需求。大力培育限上商贸企业，通过奖补扶持等措施，帮助在各类产业区、商贸物流区和村街生产经营的个体工商户转化升级为企业，促进消费总额增长。

着力扩大外贸出口。落实省外贸稳增长政策措施，加快外贸发展方式转变，充分利用广交会、高交会等展会平台，积极拓展传统市场、开发新兴市场，努力抢订单、占市场、扩外贸。促进跨境电子商务发展，扩大机电产品、高新技术产品出口，推动优化进出口结构。加快外贸主体建设，推动廊坊电子信息出口基地、霸州钢木家具基地，以及三河肉牛、大厂牛羊肉、文安胶合板、香河汽车零部件、大城绝热节能材料等特色产品出口基地建设，千方百计扩大出口规模。

（二）强化转型发展，构建现代产业体系

改造提升传统优势产业。深入化解过剩产能，对钢铁过剩产能行业严格执行差别电价、差别水价、超能耗限额惩罚性电价等政策，倒逼部分产能退出。加快推进食品加工、家具制造和金属制品加工等传统优势产业转型升级、提质提效，依托汇福粮油、福成五丰、好丽友等食品加工龙头企业，文安人造板及门窗、香河木质家具、霸州金属玻璃家具和大城古典红木家具基地等家具制造业集群，实施品牌提升战略，推动传统产业向中高端迈进。大力开展技术改造提升，启动实施技术改造引领工程，加快淘汰落后技术工艺、生产设备，鼓励企业绿色发展、高端发展。全年工业技改投资增长10%以上。

培育壮大战略性新兴产业。做大做强新一代电子信息、高端装备制造、新材料、生物医药等战略性新兴产业，加快培育一批新兴产业集群。依托润泽科技、华为云中心、联通华北基地、京东集团北方云计算数据中心、浪潮大数据云计算等项目，加快发展以大数据为重点的电子信息产业；依托固安视觉无人机、香河智能机器人、精雕数控机床等项目，加快发展以智能装备为重点的高端装备制造产业；依托中安信碳纤维、固安鼎材、固安石墨烯等项目，加快发展以高性能纤维材料和特种功能材料为重点的新材料产业；依托固安肽谷生命科学园、中关村（大兴）生物医药固安合作园，加快发展以基因工程药物、新型制剂等为重点的生物医药产业。

深入推进服务业兴市。大力实施8个现代服务业重点行业发展三年行动计划。积极谋划现代服务业项目，加快构建绿色高端服务业体系，把服务业培育成为全市经济发展新的增长点。发展壮大生产性服务业，推进空港物流园区、西城物流园等园区建设，谋划打造国家一级快递枢纽节点城市；加快推进京东集团华北电子商务产业园、北影电视电影制作文化产业基地、润泽国际信息港等项目建设，积极构建以电子商务、文化创意、信息技术等生产性服务业产业集群。改造提升生活性服务业，以燕达国际健康城等为依托，推动健康休闲业快速发展；依托香河家具、永清服装等特色产品生产交易基地，建设专业化商贸综合体；加强京津廊旅游合作，大力培育大城红木文化游、文安鲁能生态游、香河万亩荷塘游、胜芳古镇等特色产品。

提高农业综合效益。大力发展农产品精深加工，推动农业与二、三产业融合发展，抓好省级以上现代农业园区建设，支持市级以上农业产业化龙头企业壮大规模。推进农业适度规模经营，加快农村土地确权颁证登记，健全县乡村土地流转服务平台，引导土地经营权向家庭农场、种养大户等新型农业经营主体集中。全年实施重点农业产业化项目100个，农业产业化经营率达到68.5%。完善农产品价格形成机制，建立农业补贴制度和主产区利益补偿机制。

全力推进军民融合产业发展。实施军民融合培育行动，以举办中国河北军民融合展洽会为契机，积极推进与十一大军工集团深度对接，吸引重大军民融合产业化项目落户，积极引导国防专利成果在我市转化。加强军民融合产业载体建设，积极打造固安航天航空、安次新材料新能源、香河智能机器人、大厂兵器配套、燕郊高端装备制造等军民融合产业基地。

深入实施企业帮扶集中行动。着眼突破企业用地、用工、融资等要素制约，集中解决一批热点难点问题。继续组织开展银企对接活动，筛选符合国家产业政策、产品市场前景良好的企业和项目，争取金融部门支持。组织实施“1234”帮扶工程，举办一次企业素质拓展提升咨访研讨活动，组织两场企业与政府面对面对接帮扶会，聘请专家深入企业开展三次现场咨询，围绕工业废水处理与资源化、生物质能开发利用等方面实施四次产学研技术对接。推动小微企业个转企、小升规，全年新增规模以上工业企业100家，民营经济增加值增长8%以上。

（三）做到精准发力，深入推进协同发展

明确协同发展重点。立足“三区一地”发展定位，加强与中央和省各专项规划的衔接对接，制定相关落实办法和实施方案。构建全方位多层次承接体系，做好“北三县”东部和霸州永清两个集中承载地的谋划和前期工作，推进北部文创与高端服务大区、中部科创与教育大区、南部先进制造大区等三大功能区建设，集中打造“北三县”金融商贸城、北京新机场临空新城、安次国际环保产业城、亦庄·永清工业新城、固安科技城等五大产业新城，着力发展一批特色“微中心”和分散承接地。

加快推进交通一体化进程。加快推进京唐城际、京霸城际、廊涿城际、固保城际、城际铁路联络线和平谷线等轨道交通建设，积极做好通州至燕郊、亦庄至廊坊、大兴至固安等轻轨项目推进工作，全力打造“轨道上的京津冀”。加快推进京秦、密涿、津石、唐廊等高速公路建设，依托新机场外围“五纵两横”综合交通主干网，扎实推进北京新机场配套路网建设，构建京津廊综合交通网络。推进105国道京冀界至永清段、102国道燕郊绕城段等公路建设，全力打通对接京津的断头路。

共建共享京津冀生态环境。深入推进大气污染治理，密切跟踪监测空气质量、气象变化趋势，强化联防联控，实施动态实时监测、精准调度应对。持续优化水环境质量，强化水源地保护，加强与京津共同流域的协同治理。加快创建国家森林城市步伐，紧紧抓住北京平谷、天津蓟县、河北廊坊“北三县”申报京津冀国家生态文明先行示范区方案通过国家评审机会，做好生态文明建设先行先试。

精准承接非首都功能转移。加快推进浪潮云计算、京东电子商务产业集群、霸州重型高精密数控机床、锋电新能源产业创新基地等京津冀产业转移项目建设，瞄准北京高端产业、功能和创新资源，积极谋划引进一批以大数据为重点的新一代电子信息、新材料及节能环保、先进制造、生物医药和现代服务业项目。加强与北京教育、卫生、文化等部门的沟通联系，以对口支援、共建共管、办分院（校）、整体搬迁、合作交流等方式，重点承接部分普通高校本科教育、优质医疗卫生资源、培训机构和文化团体。

（四）坚持创新驱动，加快转换发展动能

打造创新平台。推进石保廊全面创新改革试验区、河北京南国家科技成果转移转化试验区建设，支持清华（固安）中试孵化基地、京津冀（廊坊）协同创新创业基地等壮大规模、提升层次水平。推动协同创新，联合京津企业、高校、科研机构，共建一批高水平重点实验室、工程技术研究中心、企业技术中心和产业技术创新战略联盟，完善中试、检验检测等服务平台。加快与全国智能机器人创新联盟在固安合作共建“京津冀机器人技术培训基地”，推动北京火河科技、京泰华联、灿荣机械等签约项目加快建设。

激活创新主体。实施高新技术产业三年倍增和科技型中小企业成长计划，力争企业研发投入、发明专利大幅增加，全年新增科技型中小企业1000家，新增科技小巨人60家。推进核心技术攻坚，抓好大数据应用、新能源与节能环保、高性能新材料等重大科技专项，力争形成一批关键核心技术和自主知识产权。

激发“双创”活力。培育一批众创中心，鼓励发展众创、众包、众扶、众筹等新模式，完善创新创业孵化服务体系，加大对重点众创空间的支持力度，每个县（市、区）至少建成一个高标准众创空间，支持大厂、香河、安次、固安高标准建设创客新城。改革科技成果产权制度，完善股权期权优惠政策和分红奖励办法，鼓励高校和科研院所设立技术转化机构。培养引进创投团队和科技人才。推进科技与金融深度融合，大力发展创业投资基金、天使基金和风险投资基金。

（五）统筹城乡发展，加快新型城镇建设

着力完善城镇功能。调整完善县城总体规划，鼓励环首都县（市）建设特色卫星城，开展创新城市、智慧城市、绿色城市、海绵城市建设，抓好全国中小城市综合改革试点。加强主城区基础设施建设，加快推进外环路西南环线、永兴路南延、金光道东延、城区排水管网（雨污分流）改造、铁路北污水处理厂、万庄污水处理厂、热电联产供热管网、步行街景观提升、街头游园等建设。实施县城基础设施建设集中行动，开展“多规合一”试点，支持县城市政设施和公共服务设施建设，年内县城基本实现集中供水供热或清洁能源供热、污水垃圾达标处理。提升城市管理水平，加强园林绿化精细化管理，开展环境卫生综合治理，强化市政设施综合整治。

推动县域经济做大做强。科学合理搞好产业布局，促进工业向园区集中、人口向县城集中、土地经营权向农业园区和新型农业生产经营主体集中。培育壮大产业园区，推动产业园区由单一生产功能向城镇综合功能转型，鼓励省级以上园区改革创新管理体制机制。释放民营经济发展活力，落实市场准入、要素配置等方面扶持政策，支持融资担保、创业辅导和孵化基地建设。

加快美丽乡村建设。按照“四化四美”要求，实施民居改造、街道硬化、垃圾治理等12个专项行动，抓好胜芳、固安和“北三县”三个省级重点片区，其他县（市、区）都规划建设一个市级精品示范片。把美丽乡村与发展现代农业、搞好文化旅游、加强生态建设统筹结合，开展乡村旅游精品线路建设，建设一批旅游小镇和乡村旅游特色示范村。进一步加大对农村的投入，持续提升农村基础设施水平。

（六）坚持防治并重，着力改善生态环境

深入实施大气污染治理。大力推进大气污染源解析工作，建立大气污染源排放清单，形成科学的区域防治方案，做到精准治霾、科学治霾。加强燃煤污染治理，加快10蒸吨及以下燃煤工业锅炉淘汰和大型集中供热燃煤锅炉提标改造，提高销售煤炭质量，推进散烧煤清洁化替代。加快钢铁、水泥、玻璃、石化等重点行业环保设施升级改造，开展挥发性有机化合物（VOC）深度治理。继续抓好扬尘污染、机动车尾气、各类烟气和城中村污染源治理，严厉打击环境违法行为。

深入实施水污染治理。严格保护境内水源地，推进地下水压采工作，做好“北三县”引调水工程前期工作，争取更多引江引黄生态水指标。加快推进永定河郊野公园工程、环城水系建设提升工程、京南森林湿地生态走廊建设，谋划推动广阳水库、文安马武营水库建设，加大北运河、潮白河、永定河、大清河、龙河、子牙河等河渠水系水生态修复力度，着力推动北、中、南三大水利风景区建设。加快污水处理厂建设，完善管网等配套设施，强化违法排污监测监管。

深入开展生态修复。加快创建国家森林城市步伐，谋划实施造林绿化、林下经济示范点、森林病虫害防治、京南森林湿地走廊等重大项目。全面提升精品线和廊道绿化，实现绿化精品线全部闭合，绿色景观基本达到京津建设水平。全年造林18万亩，恢复湿地2万亩以上。大力促进生态产业化，推进产业结构绿色化，打造绿色、高端的环保型现代产业体系，推进大气污染治理、造林绿化等生态建设项目产业化，建立清洁低碳、安全高效的现代能源体系。

（七）深化改革开放，增强经济发展活力

加强改革试点工作。推进全国中小城市综合改革试点，加速廊坊城市与京津协同发展进程，不断增强城市集聚产业和人口能力，努力提升城市可持续发展能力，积极探索承接北京非首都功能疏解和产业转移的成功经验。推进石保廊国家全面创新改革试验区建设，努力破除体制机制障碍，推进科技、管理、品牌、组织、商业模式的全面创新，建设一批示范园区、产业创新平台和重大科技成果转化项目，形成与京津创新链、产业链、资金链、政策链深度融合的紧密共同体，带动全市产业转型升级。

深入实施简政放权。深化“一照一码”登记制度改革，进一步简化市场准入手续，缩短企业创办周期，降低投资创业成本。推进项目审批提质提效，落实好已经实施的《提升重点项目审批效率的若干意见》、《推行重点项目全程代办制的实施方案》等政策措施，进一步健全部门间会商机制，为项目提供超前服务，推动项目尽早开工建设。提高行政审批效率，加强政务服务平台与园区对接，推行项目“容缺预审”、在线审批、全程代办等举措。

创新园区管建体制机制。深入实施《关于推进全市开发区深化改革创新发展的实施意见》，推动园区机构管理、财政管理、运行机制、行政审批、人才引进以及用人和薪酬制度等创新改革，增强园区发展活力和优势。组织园区开展精准招商，推动形成特色鲜明的产业集群。建立完善省级园区动态管理机制，推动省级以上园区转型升级、创新发展。加强分类指导，抓好特色“区中园”、国别（地区）产业园等平台建设。

大力开展招商引资工作。推进展会创新发展，做好“5·18”、“9·26”等展会的筹备工作，提升招商实效。创新招商引资模式，开展路线图招商、产业链招商、委托招商、科技招商、境外招商等，瞄准京津、长三角、珠三角等地区及境外的世界500强、跨国公司等战略投资者，引进一批高端项目。深化与中东欧国家经贸合作关系，积极引进科技型中小企业和科技产业。以全国知名名企助推河北协同发展系列活动为契机，加强与全国工商联执委企业、民企500强、全国工商联直属行业商会的沟通联络，争取达成一批重大合作事项。

（八）坚持共享发展，着力解决民生短板

加强就业社保工作。落实创业扶持政策，设立创业扶持资金，支持农民工返乡创业，做好退役军人安置工作，托底帮扶就业困难人员。落实岗位补贴、援企稳岗、定向帮扶等政策，妥善安置化解产能、治理污染涉及企业职工。实现城乡低保标准自然增长，低保水平继续保持全省领先，对城乡相对贫困户，采取产业帮扶、就业援助、教育资助、医疗救助、住房救助等措施，因户施策，实施精准帮扶，推动低收入家庭稳步增收。

加快发展社会事业。加快标准化学校建设步伐，继续实施市区11所中小学、幼儿园建设项目，全市规划改造义务教育阶段薄弱学校240所，继续创建标准化学校90所，新建农村幼儿园18所，改扩建农村幼儿园32所。继续深化医药卫生体制改革，完善基本药物制度，理顺药品和医疗服务价格，建立完善分级诊疗制度，推进基本医保异地就医结算。加强医疗卫生基础设施建设，重点向基层急需薄弱领域以及经济欠发达县区倾斜。实施文体惠民工程，加强基层综合性文化中心建设，支持文化产业园区发展，推动公共体育设施免费或低费开放。加快形成功能完善、网络健全的残疾人健康和托养服务体系，提高残疾人基本公共服务水平。促进气象、地震、档案、文物和民族宗教、外事侨务、老龄、妇女、儿童、双拥等各项社会事业全面发展。

改善居民生产生活条件。全年城镇保障性安居工程开工1.1万套。启动农村饮水安全巩固提升工程建设，新改建农村公路200公里，继续实施农村电网改造工程，有效治理农村生活垃圾。同时，全力做好安全生产、食品药品安全、疏堵保畅和平安廊坊建设，确保社会和谐稳定。

各位代表，2016年全市经济社会发展任务十分繁重。我们要在市委的正确领导下，自觉接受人大的指导和监督，虚心听取政协的意见和建议，为推进我市绿色发展、高端发展、率先发展、和谐发展作出更大的贡献！

关于廊坊市2015年市本级预算及全市总预算执行情况和2016年市本级预算及全市总预算草案的报告

——2016年1月25日在廊坊市第六届人民代表大会第四次会议上

廊坊市财政局局长　左德江

各位代表：

我受市人民政府委托，向大会报告廊坊市2015年市本级预算及全市总预算执行情况和2016年市本级预算及全市总预算草案，请予审议，并请市政协委员和其他列席的同志提出意见。

一、关于2015年市本级和全市总预算执行情况

2015年，面对复杂严峻的经济形势，在市委的正确领导和市人大及其常委会的监督指导下，全市各级各部门紧紧围绕“绿色、高端、率先、和谐”的发展目标，坚持稳中求进工作总基调，认真落实积极的财政政策，大力推进改革创新，全面加强收支管理，积极推动经济发展，持续保障改善民生，圆满地完成了市六届人大三次会议批准的财政收支预算。

（一）市本级和全市总预算执行情况

1. 一般公共预算收支完成情况

2015年1月，市六届人大三次会议批准通过的当年全市一般公共预算收入预算为2782000万元，当年安排的支出预算为3272222万元；批准通过的市本级一般公共预算收入预算为453700万元，当年安排的支出预算为630460万元；批准通过的廊坊开发区一般公共预算收入预算为166200万元，当年安排的支出预算为185910万元。在预算执行过程中，由于上级下达转移支付、地方政府债券转贷资金等因素影响，全市财政支出预算调整为5176329万元，市本级支出预算调整为797100万元，廊坊开发区支出预算调整为198880万元。

据快报统计（下同），2015年全市一般公共预算收入完成3033844万元，占预算的109.1%，增长21.1%，增速居全省第一位、总量居全省第三位；一般公共预算支出4816299万元，占调整预算的93%，增长59.2%。市本级一般公共预算收入完成504081万元，增长15.7%；一般公共预算支出726362万元，占调整预算的91.1%，增长39.4%。廊坊开发区一般公共预算收入完成166292万元，增长5.1%；一般公共预算支出168675万元，占调整预算的84.8%，下降11%。

按照上述收入情况和当年财政体制计算，2015年全市财政可用资金为5632445万元，减去财政支出4816299万元，减去增设预算周转金、安排预算稳定调节基金、债券还本、调出资金等支出695484万元，减去结转下年的专款支出等120662万元，实现了收支平衡。市本级可用资金为886112万元，减去财政支出726362万元，减去增设预算周转金、安排预算稳定调节基金、债券还本、调出资

金等支出143652万元，减去结转下年的专款支出等16098万元，实现了收支平衡。廊坊开发区可用资金为218226万元，减去财政支出168675万元，减去安排预算稳定调节基金等支出49117万元，减去结转下年的专款支出等434万元，实现了收支平衡。

2. 政府性基金预算收支完成情况

全市政府性基金收入完成2023513万元，预算执行中由于上年结转列入、上级下达转移支付等原因，全市政府性基金支出2062800万元。市本级政府性基金收入完成244281万元，预算执行中由于上年结转列入、上级下达转移支付等原因，市本级政府性基金支出245049万元。廊坊开发区政府性基金收入完成270424万元，廊坊开发区政府性基金支出256139万元。

3. 国有资本经营预算收支完成情况

市级国有资本经营收入完成13400万元，市级国有资本经营支出3000万元，调入一般公共预算统筹安排支出10400万元。

4. 社会保险基金预算收支完成情况

市级社会保险基金收入完成526649万元，占预算的109.8%，增长11.1%；市级社会保险基金支出314255万元，结余212394万元。

上述预算收支情况为快报统计数，最终执行结果待决算完成后，再向市人大常委会报告。

（二）落实市人大预算决议情况及2015年预算执行效果

按照市六届人大三次会议及其常委会有关决议，全市各级各部门顽强拼搏、攻坚克难，主动适应经济发展新常态，增收节支保平衡，集中财力保重点，推动了全市经济平稳健康发展和社会全面进步。

1. 充分发挥财政职能，助推经济实现平稳增长。坚持以稳增长为目标，强化财政宏观调控职能，发挥财政资金带动作用，为经济发展注入新动力。一是盘活资金促增长。依法依规对存量资金进行清理，各级财政部门收回结余资金和2012年及以前年度的结转资金34.7亿元，统筹用于经济社会发展急需的领域，为全市经济稳定增长提供动力支持。二是拓展融资促增长。科学使用政府债券融资手段，争取置换债券额度48.5亿元、新增债券额度14.5亿元，节约融资成本1.7亿元。推广运用PPP模式，全市共筛选储备PPP项目17个，涵盖交通、市政设施、水利、生态环境等多个领域，总投资额达到230.2亿元，其中香河县北运河生态综合整治项目入选财政部示范项目。三是减税降费促增长。积极稳妥推进“营改增”改革，全市共有13094户纳税人受益，减轻企业税负8.2亿元。全面落实国家中小微企业税收优惠政策，减免税金4684万元，促进了中小企业健康发展。清理规范涉企收费项目，市级取消和免征了20项行政事业性收费，为经济发展营造了良好环境。

2. 持续加大投入力度，促进产业结构优化升级。坚决落实转型发展要求，积极承接首都高端产业外溢，不断改造提升传统产业，加快培育战略性新兴产业，促进产业结构优化升级。一是支持项目建设。全市投入招商引资资金8766万元，全力保障重点项目建设、招商平台建设资金需求，有效助推了841个亿元以上项目的建设实施，全市经济发展后劲不断增强。二是支持科技创新。全市投入科技资金41938万元，支持设立创新创业投资基金，推动科技创新平台建设、科技型中小企业和高新技术企业加快发展，全市以企业为主体建立的市级以上技术研发机构达到232家，科技企业孵化器20家，生产力促进中心19家，科技型中小企业总数达到3262家，规模以上高新技术产业增加值达到170亿元。三是支持产业升级。市本级投入各类产业扶持引导资金20400万元，支持战略性新兴产业和现代服务业加快发展，服务业实现增加值1131.3亿元、增长13.8%；工业技改专项资金采取委托银行贷款方式，重点支持19个工业技改项目，传统产业改造升级步伐进一步加快。

3. 精准发力防治污染，不断改善全市环境质量。把保护环境作为推进各项工作的底线，坚持标本兼治、综合施策治理环境污染，重塑廊坊环境优势，切实增强可持续发展能力。一是支持大气污染防治。全市投入205952万元，重点支持大气污染治理集中行动，强力实施控煤、抑尘、限车、治污、治烟等重点工程，完成129346户居民清洁炉具替代，淘汰黄标车和老旧车30802辆，PM2.5下降15%，PM10下降13.8%，达标天数增加32天，重污染天数减少19天。二是支持水污染防治。全市投入33043万元，积极落实《国务院水污染防治行动计划》，对现有18个污水处理厂进行提标改造，清理沿河垃圾24.1万方，封堵排污口147个，域内重要河流水质明显改善。三是支持植树造林集中行动。全市投入97876万元，大力推动植树造林活动，全年完成造林面积57.55万亩，超额完成“两年攻坚战、造林一百万”目标，建成园林式重要节点38个，绿化精品线路总长度456.7公里，大厂县成为全国绿化模范县。

4. 全面落实惠民政策，稳步提高民生保障水平。坚持保基本、补短板、兜底线的工作思路，集中财力重点解决群众最关心、最直接、最现实的利益问题，全市民生领域投入391.1亿元，占一般公共预算支出的81.2%，比上年提高0.3个百分点。其中，全市教育支出731290万元，增长35.9%，支持实施104所中小学、幼儿园新改扩建工程，新增标准化学校151所，免除51.9万名农村中小学生学杂费，积极落实中等职业教育和普通高中家庭经济困难学生国家资助制度，受益学生达到2.6万人。社会保障和就业支出415330万元，增长44.6%，支持实施就业优先战略，落实好高校毕业生、农村转移劳动者、就业困难人员等重点群体就业扶持政策，城镇登记失业率连续十年保持全省最低；企业退休人员养老金标准连续十一年提高10%，城镇、农村人均低保标准分别提高到532元、292元，保障水平全省领先。医疗卫生支出375309万元，增长27.1%，重点支持市中心医院建设，稳步推进三甲医院改造和市区社区卫生服务中心建设，新农合和城镇居民医疗保险财政补助标准提高到每人每年380元，支持开展新生儿35种遗传病、先天性心脏病等免费筛查工作，受益群众达到12.4万人。文化体育与传媒支出62486万元，增长10.7%，围绕创建国家公共文化服务体系示范区，重点支持市图书馆、县乡村“两馆一站一室”建设，推进文化馆（站）、博物馆、体育馆（场）等公益性文化体育设施免费开放，支持举办廊坊特色文化博览会、公益演出下基层、半程马拉松赛等活动，体育健身设施覆盖70%村街和85%以上社区。住房保障支出108229万元，增长85.3%，支持开工建设保障性住房1.6万套、竣工1.02万套，发放廉租房补贴1458万元，新增补贴困难家庭429户，有效缓解了困难群体的住房问题。

5. 支持美丽乡村建设，努力提高三农工作水平。全市农林水事务支出566748万元，增长51.2%，各项强农惠农富农政策得到有效落实。一是支持现代农业加快发展。全市投入26493万元，重点支持都市型现代农业发展，推动实施农业产业化项目44个，农民专业合作社发展到3486家，4个农业园区获批省级现代农业园区，全市农业产业化经营率达到67.5%。全市投入101582万元，支持水利基础设施建设，南水北调三大干渠全面完工，建成8座地表水厂，引黄调水1.2亿立方米，为廊南森林湿地生态走廊建设和农业用水提供了水源保障。二是支持农村面貌改造提升。整合各类资金205621万元，重点推进“北三县”、固安两大省级重点片区和6个市级精品示范片、20个精品村建设，铺设供水管道107万米、硬化街巷212万平方米、村内绿化304万平方米、建设分散污水处理设施1450处，全市290个省级重点村建设任务基本完成。全市投入18991万元，开展农村公益事业一事一议财政奖补项目1167个，重点实施了一批饮水安全、街道亮化等工程，农村生产生活条件进一步改善。三是努力提高农民群众收入。落实国家各项惠农补贴政策，累计发放综合直补、农机具购置等补贴资金42928万元，惠及69万农户、290万农民，农村居民人均可支配收入达到13100元，居全省第二位。

6. 加快财政改革步伐，全面提高财政管理水平。规范编制一般公共预算、政府性基金预算、国有资本经营预算、社会保险基金预算，将所有政府收支全部纳入预算管理。制定出台《廊坊市人民政府关于改革和完善市对下转移支付制度的意见》，规范透明、责权明晰的财政转移支付制度逐步建立。积极推进绩效预算管理改革，全过程绩效预算管理模式在全市推开，各级各部门花钱问效意识明显增强。制定出台《廊坊市财政支出预算执行进度考核办法（试行）》，建立了财政支出月度通报约谈奖惩工作机制，有效加快财政支出进度，切实保障经济社会发展资金需求。稳步实现县级国库集中支付电子化管理改革全覆盖，探索实施电子化支付网上直通车，为预算单位提供更加便捷的财政服务。加大预决算公开力度，除涉密单位外，市级部门预决算信息和“三公经费”支出全部在政府门户网站公开，市县两级政府预决算公开率全部达到100%。继续推进政府购买服务，将范围推广到所有适宜领域，全市购买公共服务项目达到652个，涉及资金10.8亿元。实施财政投资评审“管评分离”新模式，重新修订《廊坊市市级财政投资评审管理办法》，全市全年累计评审项目3422个，送审金额127.4亿元，审减金额24.8亿元，审减率19.5%。制定出台《廊坊市党政机关公务用车制度改革实施方案》，扎实做好公务交通补贴的审核测算，为全面完成公车改革奠定基础。

各位代表，2015年是“十二五”的最后一年。回顾过去的五年，面对国际金融危机、国内“三期叠加”的大形势和我市产业结构调整、治理环境污染的巨大压力，各级各部门在市委的正确领导下，在市人大和市政协的监督指导下，顽强拼搏，攻坚克难，全市经济社会持续健康发展，财政经济保持平稳运行。

过去的五年，财政综合实力大幅提升。全市全部财政收入和一般公共预算收入从2010年的195.4亿元、105.9亿元，增长到2015年的481.3亿元、303.4亿元，年均递增

19.8%、23.4%，比全省平均水平分别高出8.9、8.7个百分点，增速均居全省第二位。全部财政收入总量由全省第六位跃升至第三位，提高了3个位次；一般公共预算收入总量由全省第四位升至第三位，占全省的比重由9.2%提高到11.5%。全部财政收入占生产总值的比重由14.5%提高到20%，一般公共预算收入占生产总值的比重由7.8%提高到12.6%。全部财政收入超50亿元县（市、区）达到4个，超30亿元县（市、区）达到8个，三河市突破百亿元大关。

过去的五年，财政保障能力显著增强。五年来，全市一般公共预算支出累计达到1572.6亿元，年均递增21.8%，是“十一五”期间的2.8倍，有效保障了十八大安保、京津冀协同发展、全面深化改革等大事要事的资金需求；全力支持了创新驱动战略实施、产业结构转型升级、重点项目建设等重点领域，全市经济实现平稳较快增长；大幅提高了公教人员工资，工资发放水平位于全省第一档。五年间，积极争取各类上级资金480.8亿元，有效弥补了我市建设资金不足。

过去的五年，财政民生投入持续加大。五年来，全市民生支出达到1239.9亿元，年均递增24.2%，占一般公共预算支出的比重逐年提高，比“十一五”末提高了7.6个百分点。教育事业实现优先发展，实施中小学校舍安全工程576所、新建及改扩建幼儿园413所，培养高职毕业生6万人，就业率达到96%，基本普及高中阶段教育，教育资助救助确保了适龄学生不因家庭经济困难而失学。社会保障水平显著提升，城乡居民养老保险参保率、五保集中供养率全省领先，城乡低收入家庭住房保障应保尽保，市区社区居家养老服务设施覆盖率达到93%。医疗卫生事业协调推进，率先在全省实行重特大疾病医疗救助制度，新农合和城镇居民医疗保险财政补助标准比“十一五”末均提高260元/人，县级公立医院综合改革深入推进。文化体育、住房保障、食药安全、社会维稳等领域投入持续加大，社会大局保持和谐稳定局面。

过去的五年，财政助农政策全面落实。五年来，全市农林水事务支出累计达到170.2亿元，年均递增24.8%，是“十一五”期间的3.6倍。市本级每年投入农业资金不低于20000万元，大力支持农业产业化和农业产业结构调整，农业产业化经营率比2010年提高3.5个百分点。累计投入农村面貌改造提升工程资金60亿元，高标准建设392个省级新民居示范村，851个村街环境面貌明显提升。五年间，发放各类涉农补贴资金23.4亿元，人均年收入增加160元。

过去的五年，财政管理改革不断深化。五年来，预算管理改革逐步深入，在全省率先编制全口径预算、率先单独编制“三公”经费预算，建立健全“两上两下”预算编制流程，链条化预算审核机制更加健全。国库集中支付在完成市县两级全覆盖的基础上，市级在全国率先实现了集中支付电子化管理。严格落实中央“八项规定”要求，大力压减一般性支出，“三公”经费逐年下降。建立综合治税协调联动机制，积极推广“以电控税”、“以地控税”等经验做法，累计查补增加税收20.9亿元。在全省率先启动了政府公物仓资产管理模式，规范了机关事业单位资产处置行为，有效节约了财政开支。进一步完善政府采购、投资评审、财务总监、财政监督、债务管理等工作机制，各项财政管理改革走在全省乃至全国前列。

各位代表，五年来的实践表明，财政工作的不断进步，离不开市委的正确领导，离不开全体人大代表、政协委员、各民主党派及社会各界人士的广泛支持，离不开各级各部门的共同努力，更离不开全市人民的真诚信赖和鼎力支持。同时，我们也清醒地认识到，财政经济运行仍存在一些不容忽视的问题，突出表现在：财政收入增长趋缓，资金筹措难度明显加大，刚性支出需求不断增多，财政收支矛盾进一步加剧；税收结构有待优化，战略性新兴产业、现代服务业对税收增长的支撑作用还不强，财源基础尚不稳固；政府性债务进入偿债高峰期，财政平稳运行存在一定风险，等等。我们将高度重视这些问题，通过全面深化改革、创新工作机制、严格预算管理等措施，逐步加以解决。

二、关于2016年市本级和全市财政预算安排草案

2016年是实施“十三五”规划的开局之年，也是京津冀协同发展战略实施的关键之年，编制执行好2016年预算，对推动全市经济社会又好又快发展意义重大。

今年全市财政预算安排的指导思想是：全面贯彻党的十八届五中全会、省委八届十二次全会和市委五届八次全会精神，牢固树立创新、协调、绿色、开放、共享的发展理念，坚持协同发展、转型升级、又好又快的工作主基调，适应经济发展新常态，继续落实积极财政政策，充分发挥调控作用；抓住京津冀协同发展重大机遇，加速转型升级，推动创业创新；统筹使用财政资金，支持生态环境建设，全力保障改善民生；深化财税体制改革，优化财政支出结构，创新财政投入方式；坚持依法理财，提高财政资金绩效，防范财政运行风险，为我市开创绿色发展、高端发展、率先发展、和谐发展新局面提供财政保障。

按照上述指导思想，预算编制遵循以下原则：

一是依法理财。全面落实预算法等法律法规，完善政府预算体系，严格预算收支范围，强化预算管理，硬化预算约束，推进预算公开，按照法定程序完善预算编制流程，切实提高预算编制的规范性。

二是讲求绩效。全面开展部门绩效预算改革，梳理建立“部门职责—工作活动—预算项目”的绩效预算管理改革架构，将绩效管理理念和方法融入预算编制全过程。

三是统筹兼顾。推进财政资金统筹使用，整合财力，在保证基本公共服务合理需求基础上，落实国家、省重大政策，安排市委、市政府确定的重点支出，同时清理规范重点支出挂钩事项。

四是厉行节约。认真落实党中央“八项规定”、国务院“约法三章”和省市关于厉行节约的规定，确保“三公”经费只减不增，严控会议费、培训费和楼堂馆所建设支出，降低行政运行成本。

五是收支平衡。收入预算编制既积极稳妥，又考虑财政支出增长的需求；支出预算编制坚持量入为出、量力而行，统筹配置财政资源，使财政支出安排与财力相匹配，确保预算收支平衡。

（一）一般公共预算草案

按照财政收入与经济增长相适应原则，充分考虑全市经济发展形势，综合分析各种政策性减收因素，2016年全市一般公共预算收入安排3370000万元，增长11%。按现行财政体制计算，2016年全市可用资金4301794万元，支出预算安排4301794万元；

上级提前下达2016年转移支付资金492006万元，支出预算安排492006万元。

市本级一般公共预算收入安排528100万元，全年可用资金768391万元，支出预算安排768391万元；上级提前下达2016年转移支付资金90710万元，支出预算安排90710万元。民生投入力度继续加大，共安排各类民生支出626239万元，占一般公共预算支出的81.5%，比上年提高0.3个百分点。

廊坊开发区一般公共预算收入安排179600万元，全年可用资金220592万元，支出预算安排220592万元；上级提前下达2016年转移支付资金4994万元，支出预算安排4994万元。

（二）政府性基金预算草案

2016年，全市政府性基金收入预算安排1921475万元，支出预算安排1921475万元。市本级政府性基金收入预算安排184079万元，支出预算安排184079万元。廊坊开发区政府性基金收入预算安排285915万元，支出预算安排285915万元。

（三）国有资本经营预算草案

2016年市级国有资本经营收入预算安排3000万元。市级国有资本经营支出预算安排2400万元，主要用于国有企业资本金注入、解决历史遗留问题及改革成本支出。按规定调入一般公共预算支出统筹安排600万元。

（四）社会保险基金预算草案

2016年市级社会保险基金收入预算安排526054万元，其中：企业职工基本养老保险基金收入261444万元，城镇职工基本医疗保险基金收入191527万元，城镇居民基本医疗保险基金收入21792万元，工伤保险基金收入22510万元，失业保险基金收入26158万元，生育保险基金收入2623万元。

2016年市级社会保险基金支出预算安排479813万元，其中：企业职工基本养老保险基金支出260100万元，城镇职工基本医疗保险基金支出165642万元，城镇居民基本医疗保险基金支出16970万元，工伤保险基金支出20650万元，失业保险基金支出13828万元，生育保险基金支出2623万元。

上述收支相抵，市级社会保险基金预算当年收支结余46241万元，其中：企业职工基本养老保险基金结余1344万元，城镇职工基本医疗保险基金结余25885万元，城镇居民基本医疗保险基金结余4822万元，工伤保险基金结余1860万元，失业保险基金结余12330万元。

（五）2016年市本级支出预算草案安排的重点

1. 着力支持产业升级。一是壮大战略性新兴产业。安排资金5000万元，用于支持清华大学中试孵化（固安）基地等战略性新兴产业发展，加快培育新兴产业集群；安排省级开发区（园区）发展专项资金300万元，用于支持承接平台“微中心”谋划建设。二是突出发展现代服务业。安排资金7443万元，用于支持旅游业、电子商务、文化产业、商贸流通、会展业等加快发展，积极培育新的经济增长点。三是大力改造提升传统产业。安排资金17000万元，用于支持工业企业技术改造、中小企业发展、大数据产业发展、国兴担保公司增加资本金、扶持企业上市、小微企业贷款风险补偿等，加快传统产业转型升级步伐。四是壮大现代农业。安排资金11900万元，用于现代农业园区建设、高效农业节水、发展林下经济、农业产业化创新引导、农交会承办等，进一步提升农业生产水平。

2. 着力支持科技创新。一是优化创新环

境。安排资金2840万元，用于兑现科技政策性补贴、改善科技基础条件、科技型中小企业认定等，努力营造大众创业、万众创新的服务环境。二是打造创新平台。安排资金2520万元，用于科技型中小企业创新产业园建设、研发平台认定补助、企业孵化器和众创空间建设、京南G45科技成果转化实验区建设等，进一步加强创新载体建设。三是建设创新人才汇聚地。安排资金807万元，用于扶持创新创业人才、发放科技进步奖等，促进创新驱动战略实施。

3. 着力支持生态改善。一是支持大气污染防治。安排资金22968万元，用于大气污染专项治理、环卫作业车辆购置、民用清洁燃烧炉具推广、新能源汽车推广、空气质量监测等，进一步改善空气质量。二是支持水污染治理。安排资金13210万元，用于水污染防治、环城水系工程规划与建设、引调长江和黄河水、永定河泛区治理等，促进水环境质量持续优化。三是支持生态修复。安排资金6100万元，用于造林绿化、京南森林湿地走廊建设等；安排资金7900万元，用于市区道路绿地养护、街道绿化补植、绿地浇灌系统建设等，全力支持打好生态修复攻坚战。

4. 着力支持新型城镇化。一是支持城市基础设施建设。安排资金48216万元，用于公共基础设施建设、金光道东延及改造、外环路大修及亮化、小街小巷改造等，大力提升城市承载能力。二是支持提升市容市貌。安排资金25088万元，用于市区垃圾处理、城中村及龙河高新区环境维护、环卫作业经费、市区道路维护、热计量及建筑节能改造等；安排资金27362万元，用于瑞丰公园和朝阳森林公园建设、步行街景观提升、生态景观廊道建设、街头游园建设等，进一步改善城区环境。三是支持城市经济发展。安排资金8701万元，用于城市建设规划编制、中国·廊坊国际经济贸易洽谈会组织、重点项目建设、亦庄·永清高新区合作共建、临空经济区建设、“北三县”统筹发展、交通互联互通等，加速补齐城市短板，促进城市产业发展。四是支持美丽乡村建设。安排资金25000万元，用于支持美丽乡村和新民居建设，努力构建环京津美丽乡村、宜居乡村示范区；安排资金4720万元，用于农村一事一议财政奖补、农村路网建设等，切实提升基础设施水平；安排资金3867万元，用于农村土地确权、农村干部基础职务工资补贴、农村党员干部现代远程教育等，切实加强农村基层组织建设。

5. 着力保障改善民生。一是支持就业创业促进工程。安排资金2222万元，用于扶持公共就业、下岗再就业人员保险补贴、扶持残疾人就业等，确保就业创业政策落实。二是支持社保扩面提标工程。安排资金8293万元，用于城乡居民养老保险市级补助、社区养老服务、老年大学综合教学楼建设等，切实提升养老服务水平；安排资金1242万元，用于义务兵家庭优抚、随军家属待岗补贴、参战退役人员补贴等，全力支持双拥工作开展。三是支持精准帮扶工程。安排资金3383万元，用于城乡低保市级配套、重特大疾病医疗救助、城乡医疗救助等，保障低收入人群生活；安排资金2649万元，用于精准扶贫、高中家庭经济困难学生国家助学金配套、困难残疾人生活补贴和重度残疾人护理补贴等，着力推进扶贫帮困工作开展。四是支持教育提质工程。安排资金9170万元，用于市二幼瑞和分园建设、扩大学前教育资源、城乡义务教育保障机制落实、农村义务教育薄弱学校改造等；安排资金10180万元，用于中等职业学校免学费政策落实、卫生职业学院图书馆操场维护改造、职技学院宿舍及教学楼建设等，全面提升我市教育教学水平。五是支持医疗惠民工程。安排资金23255万元，用于新型农村合作医疗与城镇居民医疗保险市级配套、市中心医院建设、卫生信息化建设、疾控中心实验室升级改造、国医堂和重点中医专科建设等；安排资金4616万元，用于村卫生室实行药品零差率销售补助、基本公共卫生服务均等化补助、控制出生缺陷开展产前筛查等，着力解决群众“看病难、看病贵”问题。六是支持开展文体惠民工程。安排资金4950万元，用于公共文化服务体系建设、丰富群众文化生活、提高媒体宣传能力、推进基层文化建设、全民健身及体育设施修建等，进一步丰富群众文体娱乐生活。七是支持保障性住房建设。安排资金11378万元，用于建设保障房和发放廉租房补贴。八是支持食药安全防控。安排资金3785万元，用于加强食品药品质量安全监管、产品质量监督检验和提升农畜产品质量，确保人民群众“舌尖上的安全”。九是支持平安廊坊建设。安排资金8161万元，用于平安廊坊视频监控维护、护城河工程、公安业务系统建设等，支持严厉打击违法犯罪活动；安排资金4852万元，用于城市主战消防车购置、消防指挥中心建设、安全生产监督检查等，保障群众生产生活安全。十是支持便民服务工作。安排资金13175万元，用于市区公交运营补贴、公交场站建设、插电式混合动力公交车辆购置、重污染天气公交免费乘车补助等，方便群众出行；安排资金12015万元，用于电子政务内网建设、市群众工作中心建设运行、不动产登记局开办、新殡仪馆建设等，努力提升为民服务水平。

6. 着力防范债务风险。统筹安排政府性债务还本付息资金39949万元，其中：偿还地方政府一般债券本息36913万元，偿还卫生职技学院、原职教中心、市一中、市医院、中医院、疾控中心等开行贷款本息1797万元，偿还国债转贷本息880万元，偿还国际金融组织和外国政府贷款本息189万元，偿还中医院门诊楼商业银行贷款本息170万元。

7. 着力控制行政运行成本。严格执行中央“八项规定”和国务院“约法三章”要求，在保障基本公共服务合理需求的前提下，严格控制“三公”经费以及会议费、培训费等一般性支出。一是严格审核人员经费。安排资金244077万元，足额保障公教人员工资及离退休人员待遇。二是严格控制一般性支出。安排公用经费65876万元，维持正常公用经费定额标准零增长，限额控制专项公用经费。三是保障重要公务活动开展。安排资金2346万元，对人大政协、党建、民主党派、重大宣传等给予大力支持，确保重要公务活动的正常开展。

三、关于完成2016年预算任务的措施

2016年，我们将在市委的正确领导下，认真执行市六届人大四次会议及其常委会关于财政工作的决议，主动接受人大监督，及时办理好人大代表建议和政协委员提案，虚心听取各方面的意见和建议，全面深化财税体制改革，严格落实新预算法要求，积极发挥职能作用，努力完成各项工作任务。

（一）以推动产业结构调整为重点，提升经济发展质量。坚决落实转型发展要求，更加注重运用市场思维和市场方式，支持战略性新兴产业、现代服务业加快发展，推动传统产业转型升级，全面构筑“5+3”现代产业格局。加大招商引资、项目建设投入，科学使用战略性新兴产业、工业发展等各类产业扶持引导资金，加快产业结构调整，优化区域产业布局，为全市经济可持续发展奠定基础。加大科技创新投入，优化财政资金的投向和投量，重点支持科技型中小企业发展和科技创新平台建设，逐步壮大科技基金规模，支持和鼓励社会资本参与大众创新、万众创业，切实为创新创业提供服务支撑。逐步减少竞争性领域财政直接投入，积极探索股权投资、贷款贴息、政府和社会资本合作等模式，充分发挥财政资金的“乘数效应”，推动全市经济平稳较快发展。

（二）以推动京津冀协同发展为契机，激活经济发展动力。紧紧把握京津冀协同发展重大历史机遇，进一步健全和完善京廊财政部门沟通交流、数据共享合作机制，深入研究有利于协同发展的财税政策，推动京津冀协同发展政策落实。大力支持全市“三区一基地”规划编制，用好中央财政北京新机场建设专项资金，推动协同发展承接平台和重点项目建设，促进与京津的交通互联互通，推动协同发展取得新突破。以临空经济区和亦庄·永清高新区建设为抓手，在加大财政投入的基础上，积极争取国家和省级的财政优惠政策及资金支持，全力打造全市经济发展新的增长极。积极落实国家中小微企业税收优惠政策，稳步推进“营改增”改革，清理规范涉企行政事业性收费，为推动京津冀协同发展打造良好的财税政策环境。

（三）以推动新型城镇化建设为抓手，优化城乡发展布局。坚持城市发展和农村发展并重，促进区域均衡发展，深入推进以人为核心的新型城镇化。统筹使用一般公共预算和政府性基金预算资金，瞄准主城区功能不全、交通不畅、基础设施薄弱等突出问题，重点支持实施一批城市建设工程，改造提升市容市貌，大力提升城市承载能力。做大做强城市经济，科学使用服务业引导、会展业扶持、商贸大流通等专项资金，重点支持楼宇经济、创意经济、总部经济等高端服务业聚集，切实提升城市经济产业层次。加大对农业产业结构调整投入力度，支持打造一批一二三产融合、产加销游一体的现代农业园区，推动高效节水农业建设和农业产业化，促进都市型现代农业发展。统筹使用美丽乡村建设、一事一议财政奖补、新民居建设等专项资金，有效形成资金合力，支持264个省级重点村开展“四美五改”，实施民居改造、安全饮水等12个专项行动，进一步加快美丽乡村建设。

（四）以推动生态环境改善为目标，重塑廊坊生态品牌。妥善处理好促进发展和保护环境之间的关系，发挥财政资金导向作用，推进生态环境持续改善。支持大气污染防治，以更大力度推进减煤、抑尘、减排、控车、治烟等重点举措，持续提升空气质量。支持优化水环境质量，以永定河、龙河等河流为重点，全面加强流域水污染治理，同时支持污水处理厂建设，提升污水处理率，促进水生态环境逐步改善。加大生态修复力度，重点支持开展春季造林提升行动，推动实施重要交节点绿化、廊道绿化、连片造林等重点工程，全年造林18万亩；支持京南森林湿地生态走廊建设，保障引入长江水、黄河水资金需求，推动南水北调和本地水互补互济，切实改善全市生态环境。

（五）以推动民生持续改善为根本，提升群众幸福指数。全面贯彻共享发展理念，坚守民生保障底线，优先保障民生投入、优先安排民生项目、优先解决民生问题，切实提高人民群众生活水平。落实就业优先政策，支持公共就业服务体系建设，强化农民和残疾人技能培训，千方百计扩大就业。实施社保扩面提标工程，将农村低保保障标准由月均292元提高到354元，市区建设2个医养结合型社区居家养老示范中心，提高县级社区养老覆盖面。支持教育事业发展，保障市一中迁建资金需求，推进城乡学前教育发展，加快发展现代职业教育，支持农村义务教育薄弱学校改造，促进教育资源科学公平配置。优化就医条件，支持市中心医院建设，推动国医堂、重点中医专科建设，免费开展新生儿遗传病筛查，实施医疗保险市级统筹，为群众提供优质卫生服务。支持文体事业发展，推动国家公共文化服务体系示范区建设，支持举办廊坊风筝节、市第七届运动会等重大活动，进一步丰富群众文化体育生活。支持公共安全建设，加大食品药品安全防控力度，强化高危行业安全生产监控，加大财政政法投入，保持严打高压态势，切实提高公共安全水平。积极筹措保障房建设资金，支持保障性住房建设和农村危房改造，解决城乡困难群体的住房问题。

（六）以推动财税体制改革为动力，提高科学理财水平。完善全面规范、公开透明的现代预算制度，加大政府性基金预算、国有资本经营预算与一般公共预算的统筹力度，实行中期财政规划管理，全面推进绩效预算管理改革，继续盘活财政存量资金。完善转移支付制度，继续扩大一般性转移支付规模，建立专项转移支付定期评估和退出机制，对其中目标接近、资金投入方向类同、资金管理方式相近的项目予以整合，严格控制同一方向或领域的专项数量。将建筑业、房地产业、金融业和生活服务业纳入试点范围，全面完成“营改增”任务；进一步正税清费，清理各种不合理收费，切实降低企业税费负担。加强地方政府债务管理，建立规范的地方政府举债融资机制、债务风险预警机制及应急处置机制，全面构建地方政府债务监管体系，切实提升政府债务管理水平。

各位代表，2016年全市财政预算任务艰巨而繁重。我们将在市委的正确领导和市人大的监督支持下，以党的十八大、十八届三中、四中、五中全会精神为指引，群策群力，同心同德，扎实工作，攻坚克难，努力完成全年财政收支预算和各项工作任务，为推动全市绿色发展、高端发展、率先发展、和谐发展做出新的更大的贡献。

大事记

一月

4日

市委书记王晓东到廊坊开发区凤河大学城段、大城县杜高庄扬水站、京台高速冀津界廊坊主线站调研环城水系建设、引黄入廊工程和京台高速公路（廊坊段）运行情况。副市长王俊臣陪同调研。

市长冯韶慧就安全生产约谈50家中、省、市属企事业单位主要负责人，并与企事业单位负责人在安全生产明白纸上签字。副市长王曦主持会议。

5日

市委书记王晓东就贯彻党的十八届四中全会精神、落实法治河北建设任务，以及推进法治廊坊建设情况，到市中级人民法院、市司法局调研并慰问政法系统一线干警。

6日

市政府召开招商引资集中行动动员会。会议总结分析2014年全市招商引资情况，部署2015年招商引资集中行动工作任务。印发《廊坊市招商引资集中行动实施方案》。

市政府召开打击侵权假冒工作会议。会议总结2014年全市打击侵权假冒工作，安排部署2015年重点工作。

7日

市政府召开全市食品药品安全委员会扩大会议，部署全市食品药品安全冬季行动，印发《廊坊市食品药品集中整治“冬季行动”实施方案》。

8日

市委副书记蒋洪江到安次区杨税务乡后南庄村检查指导村“两委”换届工作。

市政府召开大气污染治理、民企服务、安全生产隐患排查治理三项集中行动电视电话会议，印发《大气污染治理、民企服务、安全生产隐患排查治理三项集中行动实施方案》。

8日至12日

河北省十二届人大三次会议在省会石家庄河北会堂召开。会议期间，廊坊市代表团听取审议《政府工作报告》《河北省2014年国民经济和社会发展计划执行情况与2015年国民经济和社会发展计划草案的报告》《河北省2014年省本级预算及省总预算执行情况和2015年省本级预算及省总预算草案的报告》，以及省人大常委会和省高级人民法院、省人民检察院工作报告和《河北省国土保护和治理条例草案》。省长张庆伟与廊坊市代表团一起审议省政府工作报告。省委常委、省纪委书记陈超英，省政府副省长秦博勇，省委、省政府农村工作领导小组副组长吴显国，省人大内务司法委员会副主任委员石小琢，省科技厅厅长王志欣，省委组织部部务委员、秘书长范永录参加廊坊市代表团审议。

13日

市长冯韶慧会见到廊坊考察投资的北京、深圳电子信息企业负责人。双方探讨行业发展趋势，谋划廊坊电子信息产业发展思路。

14日

科技部党组书记、副部长王志刚一行9人到固安航天产业基地、清华大学重大科技项目（固安）中试孵化基地调研考察并召开座谈会，听取关于河北省推进京津冀协同发展相关情况的汇报。副省长许宁，省科技厅厅长王志欣，市委书记王晓东，市长冯韶慧，市委常委、副市长贾永清陪同调研。

省安全生产和消防工作考核督导组到廊坊市检查2014年安全生产工作和安全责任目标完成情况，督导考核廊坊市消防工作。

15日

市委书记王晓东、市长冯韶慧会见北京市社会科学院副院长、中关村创新发展研究院院长赵弘一行，双方探讨交流廊坊市建设全国科技创新成果孵化转化示范区的规划编制工作。

市委书记王晓东、市长冯韶慧到廊坊开发区调研展馆建设运转和布展设计等情况。

16日

市政府和北京铁路局联合举办“廊坊号”高铁旅游列车启动仪式。“廊坊号”的开通，标志着京廊通勤高铁实现常态化运行。

东方大学城控股（香港）有限公司在香港联合交易所上市。

17日

市委办公室、市政府办公室印发《廊坊市2014年安全生产考核方案的通知》。

19日

市长冯韶慧听取社会各界人士对《政府工作报告（征求意见稿）》的意见和建议。

21日

市委召开信访稳定工作视频会议。会议分析全市信访稳定形势，部署春节前的信访工作。市委书记王晓东出席会议。市长冯韶慧主持会议。市委副书记蒋洪江，市委常委、政法委书记饶贵华，副市长、市公安局局长王金水，市委秘书长张金波出席会议。

市政府召开房地产开发建设违法行为专项整治动员会，部署廊坊市房地产市场秩序专项整治工作。

22日

市委书记王晓东、市长冯韶慧会见京东集团副总裁黄东升一行。双方交流和磋商拓展电子商务领域合作、在廊坊投资建设电子商务分拨中心及城市配送中心等项目。

23日

市委召开县（市、区）委书记、廊坊开发区工委书记抓基层党建工作述职评议会议。市委书记王晓东主持会议。省委党的群众路线教育实践活动领导小组办公室副主任、省工商局纪检组长贾仕祥到会指导并讲意见。

廊坊陆军预备役后勤保障旅召开党委（扩大）会议。会议学习传达北京军区、省军区党委（扩大）会议精神，总结2014年工作，部署2015年工作。市委书记王晓东出席会议并讲话。市政府副市长王俊臣宣读2014年受上级和旅本级表彰的先进单位和个人通报。廊坊陆军预备役后勤保障旅党委书记、政委石万东主持会议并作《2014年工作总结和2015年主要任务》的报告。

全市小学生中华孝道大讲堂暨“弘扬孝道·学会感恩——书写献给长辈的祝福”活动颁奖仪式在市十五小学举行。15名最美祝福语创作者、15个最佳学校和20个优秀组织奖获得者受到表彰。

29日

副省长秦博勇到廊坊市调研“5·18”军民融合技术装备展对接情况和展馆改造相关情况，并召开座谈会。

30 日

市委书记王晓东主持召开落实党风廉政建设“两个责任”专题汇报会。市中级人民法院和市人民检察院、各县（市、区）委和廊坊开发区工委、市纪委负责人作专题汇报。

31 日

市委召开解放思想创新驱动专题培训会议。市四套班子领导出席会议。省科技厅厅长王志欣作题为“科技引领发展 创新驱动未来”的授课。

国际绿色经济协会副会长辛小光一行 50 人，到固安规划馆和肽谷生命科学园考察。市长冯韶慧，市委常委、副市长贾永清会见考察团一行。

二月

1 日至 2 日

市委书记王晓东、市长冯韶慧率廊坊市党政考察团，赴天津武清、北京亦庄、上海自贸区，及江苏昆山学习借鉴京津沪苏在解放思想、创新发展方面的主要做法和经验。

3 日

市纪委召开五届五次全会。会议审议并通过全会工作报告和全会决议（草案）。

6 日

省委常委、省纪委书记陈超英到固安县河北航天振邦公司和京东方（河北）移动显示技术有限公司调研。

8 日至 15 日

市委书记王晓东、市长冯韶慧等市领导用 6 个半天时间，听取各县（市、区）、廊坊开发区党政主要负责人，分管负责人的工作汇报。市委副书记蒋洪江，市委常委、常务副市长李波，市委常委、组织部部长李龙，市委秘书长张金波出席汇报会。

9 日至 12 日

市委书记王晓东、市长冯韶慧等市领导分别慰问大厂评剧歌舞团演艺公司董事长赵德平、柔性自动化控制及能源系统控制工程技术专家甘中学、廊坊邦壮电子材料有限公司董事长徐振武等市优秀专家。

9 日至 13 日

市委书记王晓东、市长冯韶慧等市领导带队，分赴各县（市、区）、廊坊开发区，慰问老劳模、老党员、先进工作者、城镇低保户、农村低保户、分散供养五保户、残疾人困难户、困难教师、城镇下岗失业人员、重点优抚对象，及光荣院、敬老院、爱心家园的老人和孩子，为他们送上党和政府的关怀和温暖。

10 日至 11 日

国家食品药品监督管理总局副局长、国务院食安办副主任滕佳材带领督导组到廊坊检查春节期间食品安全工作。

11 日

市委召开科技创新发展大会。会议印发《廊坊市 2015 年科技创新行动方案》。

15 日

市委书记王晓东、市长冯韶慧带队检查市区主要的农贸市场、商场超市、交通运输企业，以及烟花爆竹销售点，排查风险隐患。

16 日

市长冯韶慧主持召开市政府六届第二十六次常务会议，传达学习习近平、王岐山在第十八届中央纪律检查委员会第五次全体会议上的讲话和报告、省政府第三次廉政工作会议精神以及五届市委 2015 年第五次常委会会议精神。审议通过《关于省政府食品安全委员会第四次全体（扩大）会议暨全省食品药品安全工作会议精神及我市贯彻落实意见的汇报》《关于进一步规范乡镇（街道）安全生产监管工作的实施意见》等规范性文件。

17日

市政府召开春节期间重污染天气防治工作调度会，部署春节期间重污染天气监测应对工作。市长冯韶慧作重要批示，副市长王曦讲具体意见。

25日

市委书记王晓东先后到三河、大厂、香河调研“北三县”项目建设情况。

市长冯韶慧到市发改委专题调研全市项目建设情况。

26日

市委召开大城、文安、霸州南三县（市）园区建设座谈会。会议听取加快园区发展的意见和建议，了解发展现状，研究支持政策。市委书记王晓东出席会议并强调，要做大承接平台，做好产业布局，做活体制机制，做实业绩考核。

三月

2日

市委书记王晓东主持召开全国“两会”期间信访稳定、安全保卫工作视频会议。王晓东强调，要将措施强化到位，把责任落实到位，依法依规营造和谐稳定的社会环境。

市长冯韶慧主持召开2015年重点民生项目调度会。重点调度2015年《政府工作报告》中涉及到的民生工作项目进展情况。

3日

市委召开春季植树造林集中行动电视电话动员会，总结2014年造林绿化工作，部署2015年春季和全年植树造林集中行动。会议印发《廊坊市2015年春季植树集中行动实施方案》。

6日

市政府召开全市环保工作会议。会议贯彻落实全国、全省环境保护工作会议精神，总结2014年环保工作，部署2015年环保工作。会议提出2015年全市环保工作的总体要求：集中力量打好大气污染防治、水污染防治、污染减排和环境管理创新四大战役，深入实施“22工程”，实现科学治污、精准治污、依法治污。

市委、市政府召开全市农村工作暨农村面貌改造提升行动动员会议。会议印发《廊坊市2015年农村面貌改造提升行动工作重点》《关于表彰全市农村面貌改造提升行动（基层建设年活动）优秀驻村组、优秀驻村工作队员、先进工作者的决定》《关于表彰2014年度农村面貌改造提升行动先进乡（镇）和美丽乡村的决定》。

9日

市委书记王晓东、市长冯韶慧到安次区、廊坊开发区专题调研科技创新工作，了解园区在促进科技成果转化、提升科技服务能力等方面的工作情况。

中华杨氏联谊总会顾问、北京杨氏文化研究院执行院长杨沫和一行到廊坊，与廊坊市杨家将文化研究会交流杨家将文化。廊坊市杨家将文化研究会成立于2014年4月，是国内第二家正式注册的杨家将文化研究机构。经研究发掘，初步明晰了杨令公埋骨香河、杨六郎修建永清宋辽古战道、明朝杨家将后裔在京津廊活动等研究方向。

10日

市委书记王晓东到市交通运输局调研，听取全市交通路网现状、对接北京新机场路网规划和2015年交通建设项目安排情况的汇报，并就路网规划建设、拓宽融资渠道、农村道路建设、机制体制改革等问题与市交通运输局负责人座谈交流。

《京南森林、湿地生态走廊建设项目可行性研究报告》通过专家评审。

17日

市长冯韶慧带领广阳区、安次区、廊坊开发区相关负责人现场检查市第十中学、北华航天学院、廊坊开发区新世纪中学、河北工业大学4个环境监测点周边重点区域环境综合整治情况。

18日

市委召开加强基层基础工作座谈会，听取基层基础工作开展情况，查找问题，全面推进廊坊市基层基础工作创新发展。市委书记王晓东出席会议并讲话。

市长冯韶慧到市金融机构调研并召开座谈会，听取金融部门及相关单位对廊坊市金融工作发展的意见建议。

19日

市委书记王晓东、市长冯韶慧等市四套班子领导参加廊坊春季万人义务植树活动。全市义务植树5万株。

市委召开全市集中化解信访积案专项行动电视电话动员会。市委副书记蒋洪江宣读《集中化解信访积案专项行动实施方案》。

20日

廊坊市（北京）电子信息产业投资合作对接会在北京举行。市委书记王晓东，中国电子学会总部党委书记葛程远出席并致辞。市委常委、副市长贯永清，市委秘书长张金波出席对接会。中国电子学会、北京市软件和信息服务业协会、50家中关村电子信息企业、20家知名央企、国企、民企电子信息企业，以及10家驻京跨国公司电子信息企业的100余名负责人参会。

市委书记王晓东、市长冯韶慧赴北京中电科电子装备有限公司对接洽谈核心电子制造装备、光伏新能源产业，以及离子注入、平坦化系列整机产品产业化等合作事项。

23日

市委、市政府印发《关于推进新形势下残疾人事业发展的实施意见》。

24日

环境保护部在廊坊召开综合督察意见反馈会议。副省长张杰辉、环保部副部长翟青出席会议并分别讲话。市长冯韶慧汇报廊坊市环境保护综合督察整改落实情况，市委书记王晓东作表态发言。

副省长张杰辉到廊坊调研工业经济运行和创新驱动、转型升级工作。

由中华全国总工会主办的建立推动京津冀协同发展工会工作机制研讨会在廊坊召开。全国总工会保障部副部长陈杰平、省总工会副主席戎阳出席会议。市委副书记蒋洪江到会致辞，市人大常委会副主任、市总工会主席毕晓明出席会议。

25日

市长冯韶慧会见兴业银行石家庄分行行长夏维淳一行，双方交流推动兴业银行与廊坊合作事宜。

26日

市委书记王晓东会见以世界华侨华人社团联合总会秘书长汪伟为团长的参访团一行，双方初步达成拟投资合作项目意向。

27日

省政协副主席郭华带领调研组到永清县和固安县调研推动京津冀协同发展情况并召开座谈会，听取北京亦庄·永清高新区、永清国际服装城规划建设情况汇报。

中国宏泰发展和北京大学签署《联合建立“北京大学——中国宏泰产业技术转移战略平台（中心）”合作协议书》。北京大学校长林建华，产业技术研究院院长、科技开发部部长陈东敏，市委书记王晓东，市长冯韶慧，市委常委、副市长贯永清，省发改委副主任党晓龙等出席签约仪式。

30日

市长冯韶慧主持召开市政府六届第二十八次常务会议。会议邀请国务院法制办秘书行政司副司长胡振杰对“深入推进依法行政加快建设法治政府”作讲解。会议审议通过《关于加快发展现代职业教育的实施方案》《关于支持外贸稳定增长的实施意见》等规范性文件。

31日

市委书记王晓东、市长冯韶慧到安次区龙河经济技术开发区专题调研项目建设和科技创新工作并召开汇报会，详细了解促进科技成果转化、提升企业创新能力等相关情况。

2014年度“最美廊坊人”颁奖仪式在明珠影剧院举行。张庆兰、高泽军、王百根、齐力民、甄良成、梁建伟、蔡义川、韩健、赵德平和霸州侯振国爱心团队获评2014年度“最美廊坊人”；卢秀环、焦书浩、朱凤娟等16名个人和廊坊市驻阜平帮扶工作组、廊坊市出租车“爱心车队”等4个集体获2014年度“最美廊坊人”提名奖。

四月

1日

市委全面深化改革领导小组召开第二次会议。会议审议《廊坊市全面深化改革重要举措实施规划（2015—2020年）》和《中共廊坊市委全面深化改革小组2015年工作要点》。

市委、市政府召开全市食品安全专项整治工作电视电话会议，部署开展全市食品安全大检查、大整治活动。会议发布《市政府食品安全委员会关于开展校园周边食品安全大检查大整治活动的紧急通知》。

2日

市委书记王晓东、市长冯韶慧到香河县调研“北三县”统筹发展工作并召开汇报会，了解“北三县”核心区、美丽乡村省级示范片区、运河第一城生态文化项目的规划建设情况。

3日

市委召开全市整改工作电视电话会议。会议贯彻落实中央和省委关于党的群众路线教育实践活动整改落实工作的各项决策部署，对照省委第二巡视组、省委第三督导组对廊坊市提出的反馈意见和评估意见进行安排部署。

7日

广阳区召开北京新机场建设征迁工作誓师动员大会，全面启动北京新机场建设红线区征地拆迁工作。涉及征地任务23201亩、31个村街、2980户、11745人，其中19个村街需整体征收。8月底前完成7486亩（499.1公顷）的征地任务，整体搬迁团城、团城辛庄、毕各庄3个村街，涉及人口2180人。12月底前完成2929亩（195.3公顷）的征地任务，整体搬迁富各庄、田古营、大古营3个村街，涉及人口2460人。

8日

省人大常委会副主任、省人大财经委员会主任委员王雪峰带领省人大常委会专题调研组到廊坊调研调整产业结构、化解过剩产能情况。

省政协党组成员、教科文卫体委员会主任王三堂带领调研组到廊坊，就推进与京津合作办医、提高基层医院医疗水平进行调研。

9日

大城县中医医院与北京中医药大学东直门医院签订战略合作联盟协议。

10日

市委书记王晓东到市国土资源局调研并强调，要创新土地资源管理模式，切实提高土地集约利用水平，为全市经济社会持续健康发展提供有力保障。

市委书记王晓东到文安县、大城县专题调研植树造林及京南（廊坊）森林湿地走廊建设情况，实地察看文安县赵王新河生态湿地精品景观带的建设情况、小京头竹柳基地和新桥经济开发区植树造林情况，以及大城县平舒镇生态观光园和广安镇万亩薄皮核桃示范园现场。

数字廊坊地理空间框架建设项目通过国家测绘地理信息局验收。

12日

全国人大常委会副委员长、民进中央主席严隽琪率领调研组一行，到廊坊调研公共文化服务体系建设情况。调研组先后到霸州市文化馆、华夏民间收藏馆、胜芳镇张家大院、王家大院、胜芳博物馆，及胜芳红光街文化大院实地考察。市长冯韶慧介绍廊坊市相关情况。

13日

市委办公室、市政府办公室印发《2015年京南森林、湿地生态走廊项目建设实施意见》。

廊坊市召开“游名村 赏名镇 触摸乡愁——2015京津冀游客河北名镇名村首游式”活动承办工作调度会，就于霸州市胜芳古镇举办的“2015京津冀游客河北名镇名村首游式”活动进行调度。市委常委、副市长贾永清出席会议。

14日

市委书记王晓东、市长冯韶慧到市第十中学附近建设工地、北华航天学院实地调研市区大气污染防治工作。

15日

市委书记王晓东到安次区、固安县和廊坊开发区专题调研重点项目建设情况。调研期间，王晓东先后考察安次区泉恩大口径新型环保管材项目、康得新复合新材料项目和龙河高新区科技成果孵化园，固安县北斗卫星导航产业港项目、京东电子商务产业港项目，廊坊开发区精雕数控机床项目和维特根筑路机械项目，听取项目和企业负责人的情况汇报，协调解决项目建设过程中遇到的瓶颈和难题。

中国民生信托有限公司总裁张博带领中国民生银行调研组就临空经济区建设和承接北京产业转移等合作事项到廊坊调研。市长冯韶慧、副市长布泽文陪同调研。

16日

市委召开甘中学创新创业基金启动仪式暨推动万名青年人才创新创业动员大会。市委书记王晓东出席会议并讲话。市长冯韶慧主持会议。市委常委、常务副市长李波宣读市委、市政府致全市青年投身创新创业的公开信，市委常委、组织部部长李龙介绍成立甘中学创新创业基金的基本情况和基金管理使用办法。

17日

霸州市2015年项目集体开工，包括北京华锻机床数控机床生产项目、加州原野总部干果生产加工项目等13个项目开工，总投资71亿元。

市委副书记蒋洪江，市委常委、宣传部部长辛绍杰深入永清县韩村镇东西溜村、辛屯村实地调研，了解农村面貌改造提升工作情况。

市政府召开住房公积金管理委员会全体会议，审议通过《廊坊市住房公积金2014年年度报告》《关于住房公积金贷款、提取有关新政策的落实意见》和《关于市本级和各管理部改善服务营业用房有关情况的报告》。

18日

廊坊市处理非法集资办公室会同市委政法委、市委宣传部，联合市人行、市工商局、市工信局等处理非法集资成员单位，在市区时代广场开展普及金融知识、防范和打击非法集资集中宣传活动。

20日

市长冯韶慧到市环卫局调研，听取城区环境卫生整治工作情况汇报，并就加大执法监管力度、清除死角死面积存垃圾、提升环卫工作标准等问题进行座谈交流。

市人大常委会主任刘智广，市政协主席郑广富，市人大常委会副主任杨杰、李凤霞到大厂回族自治县调研指导经济社会发展和县庆筹备工作。

21日

市委、市政府召开2015中国·廊坊国际经济贸易洽谈会承办工作调度会。会议贯彻落实省政府“5·18”调度会议精神，听取各承办单位和工作处工作进展情况，对廊坊承办工作进行再动员、再部署，确保办出水平、办出特色、办出成效。

市委、市政府召开2015年大气污染防治工作专题会议，并对《廊坊市2015年大气污染防治重点攻坚行动方案》进行研究讨论。市委书记王晓东、市长冯韶慧出席会议并讲话。副市长王曦主持会议。

23日

北京市科委主任闫傲霜一行8人到固安县规划馆、航天振邦股份有限公司、清华大学（固安）中试孵化基地等地考察调研，就北京科技资源服务京津冀协同发展进行交流。副省长许宁、市委书记王晓东，市委常委、副市长贯永清陪同考察。

24日

市委、市政府召开项目建设与用地调度会议，分析全市项目建设与用地形势，集中研究解决存在的突出问题，推动项目建设迈上更高层次。

27日

安次区26个重点项目集中开工，总投资142.9亿元。

市长冯韶慧会见省银监局党委书记、局长李莅春一行，就地方政府与银监部门协作事宜进行会谈。

28日

市委举行“志愿精神·青春榜样”纪念“五四”运动96周年大会。市委书记王晓东，市委副书记蒋洪江，市委秘书长张金波出席纪念大会。

市委召开大气污染防治重点攻坚行动动员会。会议印发《廊坊市2015年大气污染防治攻坚十条》。

市政府召开土地管理工作电视电话会议，研究分析全市土地管理工作面临的新形势，通报2014年全市土地管理工作、前两年卫片执法工作情况，以及国家土地督察北京局关注和审核督察发现的问题，并就下步相关工作进行部署。

29 日

省政府在廊坊召开“5·18”经洽会筹备工作调度会。副省长秦博勇出席会议并讲话。市长冯韶慧出席会议。市委常委、副市长贾永清汇报承办工作的筹备情况。

市委召开庆祝“五一”国际劳动节暨劳动模范座谈会。市委书记王晓东出席并讲话。市委副书记蒋洪江主持座谈会。市人大常委会主任刘智广，市人大常委会副主任、市总工会主席毕晓明，副市长王曦，市委秘书长张金波出席座谈会。

29 日至 30 日

全省中心村建设培训班在固安县举行。省委副书记赵勇出席会议并讲话。省住建厅、省国土厅、省财政厅分别对中心村建设“四新”应用、建设用地政策及相关操作办法、财政支持政策、资金统筹使用和绩效管理等内容进行讲解。2015 年河北省在全省实施中心村建设“十县百点”工程，选择 10 个示范县和 100 个示范村率先启动中心村建设。

30 日

廊坊市被国家发改委列为国家中小城市综合改革 61 个试点城市之一。

五月

5 日

安次区人民政府与河北农业大学签署科技合作协议，副市长王俊臣出席签约仪式，并为“河北农业大学（安次区）现代农业科技创新示范基地”揭牌。

6 日

市委召开农村工作汇报会，贯彻落实中央和省、市农村工作会议精神和全省农提省级重点片区规划审定会议、全省农提行动座谈交流推进会议精神，安排部署下一步工作。市委副书记蒋洪江主持会议并讲话，市委常委、宣传部部长辛绍杰讲具体意见。

永清县中医医院与解放军三〇七医院建立协作医院。副市长吕爱英、解放军第三〇七医院院长刘素刚为“解放军第三〇七医院协作医院”揭牌。

7 日

“两弹一星”功勋、北斗导航工程总设计师、中科院院士孙家栋到北华航天工业学院考察指导航天遥感信息技术和北斗导航技术民用化等课题。孙家栋、王俊臣为“北斗应用系统工程技术研究中心暨幸福工程服务中心”揭牌。

9 日

河北医科大学附属燕达医院挂牌成立。

11 日

石家庄市市长王亮、市委副书记张泽峰率石家庄市项目考察团到安次区环保新型塑料管材生产基地项目、京津冀（廊坊）协同创新创业基地，廊坊开发区精雕数控机床制造基地项目，固安县规划馆、固安电子商务产业园、固安卫星导航产业港项目现场考察。市委书记王晓东、市长冯韶慧会见考察团一行并介绍廊坊市基本情况。

12 日

广阳区人民政府与北京科技园建设（集团）股份有限公司、国经环球控股有限公司就合作建设广阳（国家）创新驱动试验区举行签约仪式。市委书记王晓东出席仪式并致辞。

市委印发《关于全面推进法治廊坊建设的实施方案》。

13 日

市委书记王晓东到三河市、大厂回族自治县调研美丽乡村建设。王晓东强调，要充分尊重群众意愿，紧密结合本地实际，全力打造既有乡土风情又有城市品位的美丽乡村示范片区。

13日至14日

国家防汛抗旱总指挥部副秘书长、中国气象局副局长矫梅燕带领国家防总海河流域防汛抗旱检查组到廊坊检查指导防汛抗旱工作。副省长沈小平、省水利厅厅长苏银增、市长冯韶慧、副市长王俊臣陪同检查。

15日

省政府副省长秦博勇到廊坊开发区国际会展中心检查指导“5·18”经洽会布展情况。

17日

2015中国·廊坊国际经济贸易洽谈会（简称“5·18”经洽会）在廊坊开幕。全国政协副主席马培华出席开幕式。省长张庆伟，商务部党组成员、部长助理童道驰致辞。省领导赵勇、付志方、杨崇勇、孙瑞彬、田向利、宋恩华、张杰辉、沈小平、秦博勇、董仚生、吴显国，省长助理尹亚力，省政府秘书长朱浩文出席开幕式。北京、上海、天津等26个省（市、自治区）有关领导，韩国主宾国代表团、捷中友好合作协会代表团、中东欧16国驻华使节代表团，捷克、波兰等中东欧10国26位省（州、市）长及其代表团，上合组织成员国代表团，美国、俄罗斯、德国等40多个国家和地区的代表团应邀出席。市委书记王晓东、市长冯韶慧等市四套班子领导出席开幕仪式。

中国—中东欧中小企业合作与发展洽谈会开幕。匈牙利、波兰、塞尔维亚等中东欧地区的150家中小企业代表与中国河北省220余家中小企业及园区代表进行洽谈交流。

“2015创新中国峰会”在廊坊市固安县举行。省长张庆伟出席峰会并讲话。清华大学党委书记陈旭、副省长许宁、省政府秘书长朱浩文等出席峰会。市委书记王晓东致辞。市长冯韶慧、副市长吕爱英出席。

18日

“5·18”经洽会韩国主宾国展馆开馆仪式在廊坊国际会展中心国际展馆举行。省长张庆伟，韩国驻华大使金章洙，商务部部长助理童道驰，副省长秦博勇，省政府秘书长朱浩文，市委书记王晓东，市长冯韶慧出席开馆仪式及韩国—中国（河北）贸易投资合作论坛。

“创业导师河北行”活动在廊坊启动。科技部党组成员、秘书长李平，省委常委、常务副省长杨崇勇，北京市科委主任闫傲霜，天津市科委主任赵海山，市委书记王晓东，及京津冀的50位创新创业导师、创客和投资服务机构代表出席启动仪式及分享会。

京津冀生态环境协同发展高端会议在廊坊举行。省长张庆伟、国务院发展研究中心副主任刘世锦出席并讲话。省委副书记赵勇，省委常委、秦皇岛市委书记田向利，副省长董仚生，市长冯韶慧，市委副书记蒋洪江，市委常委、组织部部长李龙等市领导出席会议。

2015年中国·廊坊国际经济贸易洽谈会旅游产业对接会暨第七届“9+10”区域旅游合作会议在廊坊举行。省委副书记赵勇出席会议并致辞。河北省和维谢格拉德集团四国（捷克、斯洛伐克、匈牙利、波兰）共同发起开展旅游交流与友好合作的倡议。

19日

中外先进环保技术发布暨项目合作对接会在廊坊举行。副市长王曦代表市政府与德国欧亚能效公司签署《德国能效与环保产业园合作备忘录》、与软银（中国）集团签署《廊坊市环保产业发展战略合作框架协议》、与德国能源署签署《大气污染防治战略合作框架协议》。

2015中国·廊坊国际经济贸易洽谈会举行廊坊市重点合作项目签约仪式。32个重点合作项目集中签约，其中，协议利用外资31.4亿美元，利用内资683亿元。

20日

省人大常委会党组书记、常务副主任宋恩华到廊坊实地考察大厂回族自治县城市规划馆、书画院、影视创意产业园、微软游戏创新中心、引潮济鲍工程、康师傅食品工业园、民族宫、伊乡森林公园、威武屯农村影视基地、陈府美丽乡村片区等重点项目和工程建设情况。市领导王晓东、冯韶慧、刘智广陪同调研。

22日

在集中收听收看全省推进国务院重大政策措施落实工作电视电话会议后，廊坊市召开会议安排部署全市推进国务院重大政策措施落实工作。市长冯韶慧出席会议并讲话。

25日

市委办公室印发《关于建立“三严三实”专题教育联席会议制度的通知》《关于在全市县处级领导干部中深入开展“三严三实”专题教育的实施方案的通知》。

市政府召开大气污染防治暨总量减排工作调度会。市长冯韶慧出席会议并讲话。副市长王曦主持会议。会议通报全市大气污染防治工作开展情况和“十二五”总量减排任务完成情况，各县（市、区）、廊坊开发区汇报工作进展情况并递交《总量减排承诺书》。

市政府召开油气管道隐患治理工作调度会议。市长冯韶慧出席会议并讲话。省油气输送管道隐患整治督导组第一组组长、省安监局监察专员张海印出席会议。副市长王曦主持会议。冯韶慧代表市政府与永清县、固安县和霸州市政府签订《管道隐患整改责任书》。

26日

国务院办公厅、环保部、国家能源局等部门相关负责人组成的检查组到廊坊，检查电厂超低排放和大气污染防治工作并召开座谈会。市长冯韶慧出席座谈会并讲话，副市长王曦陪同检查并汇报。

27日

在集中收看全省大气污染防治工作领导小组视频会议后，市政府召开会议安排部署相关工作。市长冯韶慧出席会议，并强调要狠抓燃煤锅炉整治，坚决打赢环境治理攻坚战，确保目标任务圆满完成。

全国政协委员、四川省政协副主席、省工商联主席陈放率驻四川全国政协委员考察团一行到廊坊，就“实施创新驱动战略，推动产业转型升级”工作情况进行考察。

28日

市长冯韶慧会见韩国忠清南道论山市市长黄明善一行。

29日

市委书记王晓东到市委组织部调研，听取全市“三严三实”专题教育开展情况汇报。王晓东强调，要自觉践行“三严三实”，确保专题教育高标准推进，努力形成党员干部作风建设新常态。市委常委、组织部部长李龙，市委秘书长张金波陪同调研。

市委召开“三严三实”专题教育工作座谈会。市委书记王晓东出席会议并讲话。市委副书记蒋洪江主持座谈会并发表具体意见。

市长冯韶慧主持召开市政府党组会议，贯彻落实中央、省委、市委开展“三严三实”专题教育的有关要求，研究安排市政府党组“三严三实”专题教育活动。

30日

市政府召开电子信息产业投资环境推介会。电子科技大学副校长杨晓波、市长冯韶慧出席推介会并致辞，市委常委、副市长贾永清主持推介会。

31日

市委书记王晓东、市长冯韶慧带领相关部门主要负责人，现场检查市城区渣土运输、露天烧烤、重卡绕行、工地扬尘，及露天垃圾堆放、焚烧等大气污染防治重点工作情况。

六月

1日

市长冯韶慧会见国家开发银行河北省分行行长常思勇一行，双方就进一步深化合作、加大开发性金融支持廊坊承接京津产业转移、推进北京新机场临空经济区建设、棚户区改造等重点项目实施进行交流座谈。

1日至2日

省政协副主席刘永瑞率省政协委员到固安县、香河县调研春季造林绿化工作。市委书记王晓东、市长冯韶慧、市政协主席郑广富、副市长王俊臣陪同调研。

2日

市委召开反腐败协调小组工作会议，制定在查办党员和国家工作人员涉嫌违纪违法犯罪案件中加强协作配合的工作举措，研究部署廊坊追逃追赃工作。

2日至3日

国家审计署审计长刘家义带领国务院第九督察组一行到廊坊督导稳增长、促改革、调结构、惠民生工作。省长助理尹亚力，省编办主任栗建华，省审计厅厅长葛梦彬，市委书记王晓东，市长冯韶慧，市委常委、常务副市长李波陪同考察。

4日

石家庄市人大常委会主任杨志辉率石家庄市、县两级人大负责人到固安县学习考察。市人大常委会主任刘智广陪同考察并介绍廊坊经济社会发展情况。

5日

市委书记王晓东到市人民检察院调研并召开座谈会，听取2015年工作开展情况的汇报。市委常委、政法委书记饶贵华，市委秘书长张金波陪同调研。

市委书记王晓东、市长冯韶慧检查市城区大气污染防治重点工作开展情况，并召开调度会。市环保局汇报夜查发现问题的整改落实情况，广阳区、安次区、廊坊开发区和市公安局、市建设局、市综合执法局汇报整治工作的落实情况，PM2.5防治小组分析廊坊近期天气和空气质量情况。

北京市环保局副局长庄志东一行就落实京津冀及周边地区大气污染防治协作小组第四次工作会议精神、深化区域协作、建立对口帮扶机制、加快区域大气污染治理到廊坊调研。市长冯韶慧介绍廊坊大气污染防治工作开展情况。

8日

推进京津冀协同发展座谈会在固安县召开。省长张庆伟、省委副书记赵勇出席会议。市委书记王晓东、市长冯韶慧出席会议。会议期间，张庆伟等考察固安县对接北京产业项目发展情况，就京津冀协同发展有关问题进行交流讨论，提出意见和建议。

9日

全市县处级以上领导干部“三严三实”专题教育培训班在北华航天工业学院航天人才培训中心正式开班。王晓东、冯韶慧、刘智广、郑广富等市四套班子领导出席开班仪式。市委常委、组织部部长李龙主持会议。

市委书记王晓东到大厂回族自治县调研“三严三实”专题教育开展情况并听取大厂回族自治县“三严三实”专题教育开展情况汇报。

香河县举行中粮可口可乐华北项目签约仪式，标志着中粮可口可乐饮料有限公司在河北省投资建设的第二家工厂落户香河。市委书记王晓东、市长冯韶慧、市委秘书长张金波出席签约仪式。

省民族宗教事务厅厅长潘冬青一行就省政府现场办公、大厂回族自治县60周年县庆筹备情况到大厂进行调研。市委副书记蒋洪江、副市长王俊臣陪同调研。

10日

环保部华北督察中心主任刘长根一行到廊坊市，就2015年5月份环保部对廊坊市环保综合督察“回头看”情况向市政府进行反馈，通报有关情况，对下一步环保整改相关问题提出具体要求。市长冯韶慧、副市长王曦出席会议。

市长冯韶慧会见荷兰皇家帝斯曼公司董事会主席兼首席执行官谢白曼、帝斯曼中国总裁蒋惟明一行。双方就深化生命科学、食品、药品等领域合作进行交流。

11日

市政府召开新《中华人民共和国安全生产法》宣传贯彻暨企业负责人警示教育宣讲活动启动会，标志着全市新《中华人民共和国安全生产法》宣传贯彻活动正式拉开序幕。副市长王曦出席会议并讲话。

12日

市长冯韶慧带领相关部门主要负责人，实地夜查市城区大气污染防治重点工作开展情况。副市长王曦参加夜查。

由市委宣传部、市文广新局主办，市群众艺术馆承办的“梦想如歌·幸福廊坊”第三届合唱艺术节暨2015“彩色周末”广场文化活动在市区时代广场启帷。

15日至17日

以省人大常委会副主任宋太平为组长的执法检查组到廊坊，就行政许可法律法规贯彻实施情况进行执法检查并召开汇报座谈会。市委书记王晓东看望检查组一行，市长冯韶慧代表市政府就有关工作开展情况进行专题汇报。

16日

市委书记王晓东到安次区调研项目建设情况并强调，要坚持产业高端，提升发展质量，坚持用低耗能、高附加值的项目提升产业发展竞争力，为加快廊坊“四个发展”作出新贡献。

16日至18日

中央电视台《焦点访谈》栏目连续三天推出京津冀协同发展的深度报道，内容涉及廊坊市在推进交通建设一体化、公共服务均等化以及产业布局合理化方面所采取的具体举措和取得的经验成效。

17日

市委召开市委常委第一次“三严三实”专题教育学习研讨会。市委书记王晓东主持会议并强调，要认真学习贯彻习近平总书记关于全面从严治党的重大战略思想，牢记前车之覆、后车之鉴，树立对制度、纪律、规矩、程序的敬畏，自觉把权力关进制度的笼子，更好地践行“三严三实”要求。冯韶慧、蒋洪江、刘智广、郑广富等出席会议。

市委印发《关于开展向关松发同志学习活动的决定》。

市政府召开秸秆禁烧和综合利用工作电视电话会议。会议印发《关于做好2015年秸秆禁烧和综合利用工作实施方案》。市长冯韶慧代表市政府与部分县（市、区）签订《廊坊市秸秆禁烧工作责任书》。

18日

市委办公室、市政府办公室印发《关于进一步加强和改进关心下一代工作的意见》。

19日

市委书记王晓东、市长冯韶慧带领相关部门负责人现场检查市城区大气污染防治工作开展情况，并召开会议调度前三次检查发现问题的整改落实情况，研究推进落实攻坚行动的具体举措。

市委全面深化改革领导小组召开第三次会议，专题听取和研究廊坊开发区、燕郊高新区体制机制改革方案，对工作开展进行具体部署。市委书记王晓东主持会议并强调，要把握关键环节，以体制机制的改革创新，激发全市园区加快发展的动力和活力。市长冯韶慧出席会议并就推进两个园区深化改革工作发表具体意见。

23日

中央政策研究室原副主任肖万均，中国扶贫基金会会长、原中央财经领导小组办公室副主任段应碧率调研组一行，到廊坊调研经济社会发展及转型升级、创新发展、承接首都功能转移等相关情况，并召开座谈会。市委书记王晓东、市长冯韶慧陪同调研。

市委书记王晓东会见中国科协副主席、中国工程院院士、中星微电子集团董事局主席邓中翰一行，双方就加强“平安城市”“智慧城市”建设等方面的合作进行交流。

24日

市委召开大气污染防治工作调度会议。市委书记王晓东强调，要巩固成果、再接再厉、锐意攻坚，切实打好大气污染防治攻坚战。

25日

环首都现代农业科技示范带建设座谈会在固安县召开。省委副书记赵勇、科技部副部长张来武出席会议并讲话，副省长许宁主持会议。省政府副秘书长李靖，省科技厅厅长王志欣，市委书记王晓东，市长冯韶慧，市委副书记蒋洪江，市委常委、副市长贾永清，市委秘书长张金波出席会议。

26日

市委书记王晓东、市长冯韶慧带领相关部门负责人，现场检查市城区大气污染防治工作，调度发现问题的整改落实情况和特别应急管控措施落实情况，研究大气污染防治相关工作。

28日

按照全省大气污染防治总体部署，永清县、三河市、霸州市、固安县、文安县、大城县、广阳区、安次区统一行动，关停取缔并集中拆除22座黏土实心砖瓦窑，节约土地6945.134亩（643公顷），减少煤炭年消耗量80895吨。

29日

省政府副省长张杰辉到固安县调研，并主持召开全省工业运行、新能源汽车推广应用及控煤歼灭战专项行动调度会。市长冯韶慧、副市长王曦陪同调研。

市委书记王晓东到廊坊开发区润泽国际信息港实地调研，听取项目建设情况汇报，询问产品及服务范围、基础设施建设、优势与核心技术等情况，协调解决项目建设发展中遇到的困难和难题。

市委常委会举行“三严三实”专题教育第二次学习研讨会议，专题学习中共中央、国务院印发的《京津冀协同发展规划纲要》，旨在通过学习交流研究谋划科学可行的实施意见，以“三严三实”的作风确保规划纲要在廊坊得到贯彻落实。市委书记王晓东主持会议并强调，要以“三严三实”作风推动规划纲要落实，力争把自身优势放到最大，实现重点领域率先突破，加快推进廊坊“四个发展”，在京津冀协同发展中争做先行军和排头兵。

30日

市政府部门行政权力清单和责任清单在中国廊坊政府门户网站对外公开发布。对外公布的市政府部门行政权力清单，共涉及市直42个部门和单位，保留行政权力事项2809项，其中行政审批事项308项、行政处罚1760项、行政强制117项、行政征收17项、行政给付14项、行政裁决16项、行政确认58项、行政奖励21项、行政监督273项、其他权力225项。对外公布的市政府部门责任清单，共涉及市直44个部门和单位，确定部门主要职责570项，明确相关部门职责边界事项264项，制定加强事中事后监管的制度措施385项，公共服务事项290项，合计1509项。

七月

1日

新华社播发《一名纪检干部的担当——记河北省廊坊市纪委第一纪检监察室主任李长海》，报道李长海忠诚履职、尽心尽责、勇于担责的担当精神。

市委召开庆祝建党94周年座谈会。市委书记王晓东出席会议并讲话。市委副书记蒋洪江主持会议。

2日

市委、市政府召开城乡风貌建设规划编制工作汇报会议。市委书记王晓东、市长冯韶慧出席会议并讲话。副市长布泽文主持会议。

3日

省长张庆伟就津保铁路建设到廊坊实地查看廊坊市境内津保铁路主线和霸州西站、霸州南站建设进展及沿线环境建设情况，看望慰问工程一线的建设者。市委书记王晓东、市长冯韶慧、市委秘书长张金波参加调研。

市委召开全市落实“两个责任”工作汇报电视电话会议。市委书记王晓东出席会议并强调，各级各部门要结合中央“三严三实”要求，提认识、明规矩、严问责、强自律，锲而不舍地形成推动“两个责任”真正落实的工作常态，为廊坊“四个发展”提供坚强的政治和纪律保障。市长冯韶慧主持会议。

4日

省长张庆伟就加快企业转型发展到霸州市调研并实地考察了霸州市胜芳镇胜威包装制品有限公司、福兴彩印包装有限公司和胜芳国际家具博览城。张庆伟强调，要紧紧抓住京津冀协同发展的重大历史机遇，发挥企业在市场中的主体作用，走创新驱动发展之路，进一步加快转型升级步伐，努力推进产业迈向中高端，增强企业的市场竞争力。市委书记王晓东，市长冯韶慧，市委秘书长张金波参加调研。

5日

市委召开县（市、区）、廊坊开发区京津冀协同发展交流研讨会。市委书记王晓东出席会议并强调，紧紧抓住京津冀协同发展历史机遇，在协同发展中提早动手、抢占先机，加快廊坊经济社会实现跨越发展。市长冯韶慧出席会议并讲话。市委常委、常务副市长李波主持会议。市委秘书长张金波出席会议。

6日

市委书记王晓东到文安鲁能生态区项目、文安经济开发区洛菲尔新型墙体材料有限公司和大城红木文化产业园项目、三迪电动车有限公司、山东琦泉集团有限公司生物质发电项目建设现场调研。市委秘书长张金波参加调研。

市委书记王晓东到文安县检查指导防汛工作，现场察看河北省大清河水系防洪工程分布图，听取2015年防汛工作情况汇报。王晓东强调，要以对党和人民高度负责的精神，未雨绸缪、勇于担当，确保防汛工作万无一失，全力维护人民群众的生命财产安全。副市长王俊臣、市委秘书长张金波参加。

市长冯韶慧实地检查永定河泛区北小埝王玛险工防护工程和永定河左堤堤防加固工程。

廊坊市召开争创全国双拥模范城“六连冠”迎检工作动员会，部署新一届全国双拥模范城创建工作。市政府副市长王俊臣出席会议并讲话，市委秘书长张金波主持会议。

7日

省委召开落实党风廉政建设“两个责任”经验交流电视电话会议。市委书记王晓东在石家庄主会场介绍廊坊落实党风廉政建设“两个责任”的工作经验。

市长冯韶慧到北京亦庄·永清高新区调研，要求永清县进一步研究明确在京津冀协同发展格局中的重要地位，谋划好发展方向、发展目标、发展思路、功能定位、空间布局和产业重点。

市长冯韶慧到永清县检查燃煤锅炉拆除、建筑工地扬尘、垃圾焚烧等大气污染防治重点工作。

8日

市委、市政府召开项目工作调度会议，专题调度6月底前开工的65个项目进展情况。市委书记王晓东、市长冯韶慧出席会议并讲话。市委常委、常务副市长李波主持会议。副市长布泽文、市委秘书长张金波出席会议。

市政府召开燃煤治理工作汇报会，调度全市优质清洁煤推广使用和市建成区燃煤锅炉淘汰改造工作，安排部署廊坊大气污染治理工作。市长冯韶慧强调要以对人民群众高度负责的态度，主动作为，真抓实干，以最大的恒心、最大的力度，全力以赴、不折不扣完成好2015年的燃煤治理目标。市委常委、常务副市长李波，副市长王曦出席会议。

8日至9日

省人大法制委员会副主任委员、省人大常委会法制工作委员会主任冯志广带领考核评估组一行到廊坊市，考核评估依法赋予地方立法权各项准备工作并召开座谈会。市委书记王晓东、市长冯韶慧看望考核组一行。市人大常委会主任刘智广主持汇报会。市委常委、副市长贾永清，市人大常委会副主任毕晓明分别汇报工作情况。

9日

市委书记王晓东、市长冯韶慧会见中国核电工程有限公司总经理刘巍一行，双方就廊坊研发中心项目建设的有关事宜进行交流。

市长冯韶慧会见中国工商银行河北省分行党委书记、行长史立军一行，双方就深化金融合作进行座谈交流。

12日

廊坊市邀请环保部恶臭污染控制重点实验室主任黄浩云、北京环境科学院院长潘涛、北京大学环境学院教授邵敏、中国人民解放军防化研究院教授栾志强、南开大学环境科学与工程学院教授毛洪钧和中国气象局气象科学院研究员龚山陵等专家，召开VOCs污染治理专项研讨会，请专家学者为廊坊市臭氧防治把脉开方。

13日

市委下发通知：中共廊坊市委党的群众路线教育实践活动领导小组办公室撤销，各级各部门各单位党的群众路线教育实践活动办公室即相应撤销。

全市召开2015年度“善行河北·最美廊坊人”主题道德实践活动动员会，启动主题道德实践活动。活动分为2015年度最美人物争创挖掘活动和2015年度“最美廊坊人”评选表彰活动两部分。

16日

国务院发展研究中心主任李伟率调研组到廊坊开发区精雕数控机床有限公司、润泽科技发展有限公司、固安规划馆等地参观考察，了解企业生产运营和发展规划情况并与企业负责人进行交流。副省长秦博勇、省政府研究室主任宋文新、市长冯韶慧等陪同调研。

17日

市委书记王晓东会见廊坊武警学院政委崔芝崑、院长马金旗一行，交流军地共建事宜。

23日

廊坊市召开双拥工作领导小组会议。会议安排部署新形势下全市双拥工作的目标任务，对全市创建“全国双拥模范城”迎检工作进行再动员。市委书记王晓东主持会议并强调，要强化组织领导，积极探索推进深度融合工作，争创“全国双拥模范城”六连冠。市长冯韶慧，市委常委、廊坊军分区司令员焦加根，廊坊军分区政委吕双平，副市长王俊臣出席会议。

24日

市纪委监察局召开县级纪检监察派驻机构改革经验交流会。市委常委、市纪委书记刘书强出席会议并讲话。刘书强指出，市纪委于2014年9月在全市推行县级纪检监察派驻机构改革试点，到2015年4月20日全部到位。全市10个县（市、区）撤销85个纪工委、监察局，向党群机关和政府部门派驻318个纪检组，703个县直部门实现派驻监督全覆盖。截至7月24日，全市10个县纪委派驻机构查阅驻在部门卷宗1200余卷，对苗头性、倾向性问题及时提醒235次，约谈驻在部门领导班子及中层干部1988人次，提出建议性意见590条，发现各类问题162个，发现案件线索28个，受理信访举报16个。

27日

市委书记王晓东到安次区龙河经济技术开发区调研创新创业和项目建设工作，并召开园区入驻企业交流座谈会，了解促进科技成果转化、提升企业创新能力等相关情况。

市委书记王晓东会见国华电力公司董事长王树民一行，双方就热电厂节能技术改造和项目建设，以及支持地方经济社会发展等相关事宜交流座谈。

市委书记王晓东与三河同飞制冷设备有限公司、三河发电有限责任公司、亮克威泽工业涂料有限公司和长城橡胶有限公司等19家企业主要负责人就企业安全生产主体责任是否落实到位进行谈心对话。

28日至30日

省人大常委会副主任王刚一行5人调研“北三县”和固安县农村面貌改造提升建设情况。市人大常委会主任刘智广陪同调研。

共青团廊坊市委召开第五次代表大会。庞大鹏当选团市委书记。

31日

省委第三巡视组进驻廊坊市召开巡视工作动员会。市委书记王晓东主持会议。省委第三巡视组组长张振县明确巡视范围为廊坊市本级和大厂县、永清县、固安县。

八月

1日

廊坊市即日起具有地方立法权。《廊坊市制定地方性法规办法》于11月26日，市六届人大常委会第二十二次会议审议通过。

3日

市委书记王晓东主持召开县（市、区）委书记、廊坊开发区工委书记座谈会。王晓东指出，7月31日省委召开全省领导干部会议，宣布中央关于省委主要领导调整的决定，赵克志任河北省委委员、常委、书记。要坚决拥护和服从中央决定，以实际行动坚决、坚定地支持省委的工作，推动廊坊市整体发展走在前列。

5日

市委书记王晓东会见中国城镇化促进会副会长陈炎兵一行，双方就京津冀协同发展背景下推进廊坊城镇化进程、将廊坊建设成为京津冀协同发展新型城镇化示范区等相关事宜进行交流座谈。

6日

市长冯韶慧到华为廊坊基地调研云计算产业发展情况。

市长冯韶慧会见威盛集团全球副总裁徐涛一行，双方就抓住京津冀协同发展机遇，建立电子产业科研基地等相关事宜进行交流座谈。市委常委、副市长贾永清参加会见。

7日

市委书记王晓东、市长冯韶慧会见北汽集团副总经理孔磊一行，双方就推进现代新兴产业、旅游业、服务业等项目合作相关事宜进行深入交流。市委常委、常务副市长李波，市委常委、副市长喻华锋参加会见。

市委书记王晓东、市长冯韶慧带领相关部门主要负责人现场检查市城区大气污染防治工作，研究推进落实具体措施。副市长王曦、布泽文，市委秘书长张金波陪同检查。

11日

省纪委派出检查组到廊坊市就超标准占用办公用房问题开展集中检查行动。

12日

市委书记王晓东到华为廊坊基地实地调研，了解云计算产业发展现状、云计算对政府信息化的影响，就廊坊发展云计算产业的基础条件、产业优势、发展定位、未来应用进行深入交流与研讨。

市委、市政府召开科技创新行动工作调度会。会议总结全市科技创新工作进展，梳理问题，加快推进全市科技创新行动的落实。市长冯韶慧出席会议。市委常委、副市长贾永清主持会议。

市长冯韶慧到市地表水厂调研，听取南水北调配套工程及水厂建设进展情况汇报，部署相关工作。

13日

国务院南水北调办公室副主任张野一行到廊坊市调研南水北调配套工程建设情况。

14日

市长冯韶慧到三河燕郊徐尹路（燕郊段）潮白河特大桥施工现场调研，现场协调解决工程建设中存在的困难问题。

18日

市委、市政府召开推进大数据产业发展研讨会。市委书记王晓东主持会议并讲话。市长冯韶慧、副市长王曦出席会议。

廊坊书法艺术馆正式开馆。

19日

市委、市政府召开安全生产专项整治电视电话会议。会议印发《廊坊市安全生产委员会关于立即全面开展安全生产大检查的通知》和《廊坊市深入开展“六打六治”打非治违专项行动和重点行业领域专项整治工作方案》。

20日

市长冯韶慧带领市直有关部门负责人到市区施工现场、供热站等检查裸露土地治理和燃煤锅炉提标改造情况，并提出整改要求和具体完成时限。

21日

省长张庆伟到廊坊调研安全生产和空气质量保障工作。省政府秘书长朱浩文、市委书记王晓东、市长冯韶慧等领导陪同调研。

省长张庆伟在香河第一城会见可口可乐公司董事长兼首席执行官穆泰康、中粮集团总裁于旭波一行。省政府秘书长朱浩文、市长冯韶慧参加会见。

22日至23日

省委书记赵克志就如何更好地服务北京、学习北京、接轨北京，把区位优势转化为发展优势到廊坊调研。调研期间，赵克志先后到固安县、香河县、三河市、大厂回族自治县、安次区和廊坊经济技术开发区考察。23日，赵克志与廊坊市四套班子领导，各县（市、区）委书记、县（市、区）长，市直综合部门主要负责人座谈。赵克志希望廊坊把握好京津冀协同发展的重大机遇，服务北京、学习北京、接轨北京，努力在经济发展上增比进位，在结构调整上转型升级，在生态环境建设上走在前列，在维护社会稳定上当好“护城河”。

25日

市长冯韶慧带领公安、消防、环保等部门负责人到霸州市督导检查安全生产、空气质量保障、社会治安综合治理、信访等工作。

26日

市委书记王晓东到广阳区、安次区部分危化品公司实地了解日常安全防范措施和安全监管责任的落实情况。

市政府召开金融挂职干部见面暨金融与项目对接会。市长冯韶慧，市委常委、副市长喻华峰，副市长王彦涛出席会议。

27日

市委书记王晓东到永清县孙家务进京治安检查站、永清县明禹烟花爆竹销售有限公司，慰问民警和平安志愿者，实地察看安全管理落实等情况。

市长冯韶慧带领市政府相关部门负责人到固安县督导大气污染防治、安全生产、维稳安保、“非访”治理工作。

市长冯韶慧会见兴业银行石家庄分行行长刘健一行，双方就加强合作进行交流。

28日

市委书记王晓东实地检查三河市新华都变频变压器有限公司、燕新建材有限公司和巴迪仓储有限公司等重点企业，详细了解各企业安全管理责任落实等相关情况。

赤峰市市长毕力夫率队到廊坊考察。市长冯韶慧会见考察团一行，市委常委、副市长喻华锋陪同考察。双方就PPP投融资模式建设工业园区项目的经验和做法进行交流。

30日

市长冯韶慧到文安、大城督导检查大气污染防治、安全生产、维稳安保和“非访”

治理工作。

31日

市委书记王晓东、市长冯韶慧专题听取城区园林绿化工作情况汇报。王晓东、冯韶慧强调，要按照“绿色发展”的要求，牢固树立精品意识，增加城市绿量，持续提升绿化品位，努力把廊坊打造成最美的平原森林城市。

市委书记王晓东走访慰问郝福宗、曹洗、马振声、张书辉等抗日战争期间及以前参加革命工作的地专级实职离休老干部，共忆革命峥嵘岁月，共话精神世代传承，向他们致以崇高敬意和良好祝愿。

市人大常委会主任刘智广到广阳区督导检查大气污染防治、安全生产、维稳安保和“非访”治理工作。

市政协主席郑广富，市委常委、组织部部长李龙到永清县督导检查大气污染防治、安全生产、维稳安保和“非访”治理工作。

九月

1日

全省空气质量保障工作视频督导调度会议后，市政府立即召开会议，对廊坊市相关工作进行安排部署。省环保厅副厅长、省空气质量保障督导检查第六组组长杨智明、市长冯韶慧出席会议并讲话。冯韶慧对做好大气污染防治的各项工作提出具体要求。

5日

市委书记王晓东会见到廊坊参观考察的海外科学家参访团一行，双方就加拿大农业项目合作、成立河北省3D打印研究院、成立河北美国硅谷科学研究院并落户廊坊事宜交换意见。

6日

市委书记王晓东、市长冯韶慧等市领导赴北京市商务委、通州区学习考察，双方就非首都功能疏解、产业转移、项目合作、生态建设、路网对接等事宜进行交流座谈。市委常委、副市长喻华锋，市委秘书长张金波参加座谈。

10日

市委书记王晓东到永清县王府社区小学、廊坊市第一中学，察看学校建设情况，慰问一线教师。

市长冯韶慧到廊坊市第十三中学看望慰问广大教师和教育工作者。

11日

市委、市政府召开入企帮扶暨政府与企业面对面活动动员部署电视电话会议。市委书记王晓东出席会议并讲话。市长冯韶慧主持会议并讲话。副市长王曦安排部署相关工作。

14日

省人大常委会副主任谢计来带领省人大常委会执法检查组到廊坊检查《中华人民共和国环境保护法》贯彻落实情况。

15日

市委书记王晓东到永清县国际服装城、惠买在线产业基地、新苑阳光省级农业科技园区、盈珂服饰有限公司、光彩商业中心等重点项目和企业实地考察。

17日

市委书记王晓东等市领导到廊坊好人善行功德馆参观指导工作。王晓东肯定了廊坊好人善行功德馆用身边人的典型事迹教育全社会的做法，并就丰富和完善廊坊好人善行功德馆建设提出具体指导意见。

河北·廊坊国家印装产业园建设推进现

场会在廊坊高新区创业中心举行。省政协副主席曹素华，省新闻出版广电局党组书记、局长李晓明，市长冯韶慧出席活动并共同为产业园揭牌。

18日

市委印发《学习宣传贯彻〈中国共产党巡视工作条例〉工作方案》。

18日至19日

市委书记王晓东、市长冯韶慧率廊坊市党政考察团赴贵州省贵阳市、遵义市学习考察美丽乡村建设、大数据产业发展、做好群众工作等方面经验做法。

21日

市委举行纪念中国人民抗日战争暨世界反法西斯战争胜利70周年座谈会。市委书记王晓东出席会议并讲话。市长冯韶慧主持会议。

22日

市委、市政府召开全市2015年大气污染防治重点工作专题调度会议，研究和解决推进落实工作的具体措施。市委书记王晓东、市长冯韶慧强调，要实行党政同责，强化督导问责，强力推进全市大气污染防治工作，努力实现空气质量明显好转。

25日

第十九届中国（廊坊）农产品交易会（简称“9·26”农交会）在廊坊国际饭店开幕。中华全国供销合作总社理事会副主任杨建平，中国农科院副院长雷茂良，中国林科院副院长黄坚，《农民日报》社党委委员、秘书长王磊，副省长沈小平，省政协副主席葛会波，省政府副秘书长赵国彦，省内各设区市及省直有关部门领导出席开幕式。美国、英国、澳大利亚、巴基斯坦等国家驻华大使馆参赞和有关官员，以及北京、天津、山东、内蒙古、新疆等嘉宾开展交易洽谈，共商投资合作。市长冯韶慧主持开幕式，市委书记王晓东致辞，副省长沈小平宣布第十九届中国（廊坊）农产品交易会开幕。大会设有农业特色成果、新技术、新产品、农业合作、农用机械等展览，分设廊坊金丰农科园、廊坊九天休闲谷、永清县香菊产业园、新苑阳光农业高科技园区和廊坊市体育场第六届中国（廊坊）国际有机食品展览会5个分会场。会议期间，有32个项目签约，合作金额130.9亿元，合同引资125.5亿元。其中，廊坊市签约项目9个。

29日

全市京津冀协同发展推进大会在大厂回族自治县召开。市委书记王晓东出席会议并讲话。市长冯韶慧主持会议并讲话。市委常委、常务副市长李波就全市《关于贯彻落实国家和省战略部署、加快推进京津冀协同发展的实施意见（讨论稿）》作说明，市委常委、市委宣传部部长辛绍杰就加快推进美丽乡村建设发表具体意见，华夏幸福基业和润泽国际信息港负责人作典型发言。

全市加强群众工作暨基层基础工作会议在大厂回族自治县召开。市委书记王晓东作讲话。市长冯韶慧主持会议。市委副书记蒋洪江就加强和改进群众工作、依法依规解决信访问题发表意见，市委常委、组织部部长李龙就加强和改进群众工作、夯实基层基础发表具体意见，市委秘书长张金波宣读《中共廊坊市委关于成立市委群众工作委员会的通知》。大厂回族自治县、香河县、文安县分别作典型发言。

30日

全市烈士公祭活动在廊坊烈士陵园举行。600余人参加公祭活动。市长冯韶慧主持公祭活动，市委书记王晓东宣读祭文。

十月

1 日

市政府办公室印发《关于推进“一照一码”登记制度改革的实施意见》，自 2015 年 10 月 1 日起，全市对各类企业和农民专业合作社全面实行“一照一码”登记模式。

8 日

全市首张“三证合一，一照一码”营业执照正式颁发。

9 日

市委书记王晓东到固安县知子营乡马庆村、河津村、知东村、杨家庄、东礼村、林城村，以及固安农博园、礼湖森林公园、温泉建国酒店，实地调研美丽乡村建设和乡村旅游工作。市委常委、宣传部部长辛绍杰参加调研。

市政府出台《廊坊市环境空气质量奖惩办法（试行）》，自 2015 年第三季度起，市政府将根据各县（市、区）、廊坊开发区环境空气质量综合指数及环境空气质量综合指数同比下降率两项指标进行综合排名，分别对相关县（市、区）给予资金奖罚。

10 日

市委书记王晓东、市长冯韶慧专题调度全市 2015 年大气污染防治重点工程任务进展情况。会议解读《廊坊市环境空气质量奖惩办法（试行）》和《廊坊市空气质量考核问责办法》，通报第三季度各县（市、区）、廊坊开发区空气质量排名和奖惩情况。

11 日

“绿色廊坊—2015”城市定向挑战赛举行。400 余名选手参赛。

纪念抗日战争英雄李景天诞辰 100 周年座谈会暨《田野里的墓碑》一书首发式在霸州举行。李景天，霸州市霸州镇（原老堤乡）张岗村人，1938 年 1 月参加革命，曾任冀中军区河北游击第五路军军需长。《田野里的墓碑》作者王英。

12 日

在北京国家会议中心举办的“2015 中国（北京）电子商务大会”上，市长冯韶慧与北京市大兴区区长谈绪祥签署电子商务产业战略合作协议。北京市副市长程红，副省长秦博勇，市委常委、副市长贯永清，市委常委、副市长喻华锋等出席仪式。

市长冯韶慧到北京中关村太库科技创业发展有限公司考察调研，市委常委、副市长贯永清参加考察调研。

13 日

市委书记王晓东，市长冯韶慧，市委常委、副市长贯永清，副市长王曦，市委秘书长张金波一行到北京软件和信息服务交易所（以下简称“软交所”）学习考察。

15 日

市委、市政府召开政府与企业面对面（中片）帮扶对接会议，通报帮扶进展、交流帮扶经验，协调解决入企帮扶活动中市级分包企业提出的困难和问题。市委书记王晓东出席会议并讲话。市长冯韶慧主持会议。副市长王曦通报全市入企帮扶工作进展情况。

省人大常委会副主任王刚、副省长沈小平率全省各市市委、市政府分管负责人、美丽乡村建设办公室主任，到大厂回族自治县美丽乡村示范区现场观摩。

16 日

2015 金融促进京津冀协同发展峰会在万达嘉华酒店开幕。市长冯韶慧出席峰会并致辞。京津冀三地的政府部门、专家学者、金融机构和媒体代表共 120 多人参加峰会。

京津廊金融家联盟会议举行签约仪式。

廊坊市人民政府分别与中国进出口银行北京分行、石家庄股权交易所签订战略合作协议。

17日

市委办公室、市政府办公室印发《〈关于贯彻落实国家和省战略部署加快推进京津冀协同发展的实施意见〉责任分工方案》的通知。《责任分工方案》对涉及的10个方面98项任务，分别明确牵头市领导和牵头责任单位。

19日

市委书记王晓东、市长冯韶慧率廊坊市党政考察团赴石家庄市学习大气污染防治、城市精细化管理等工作经验。

20日

市委书记王晓东、市长冯韶慧率廊坊市党政考察团赴北京市中关村学习考察，双方就廊坊未来大数据产业发展作深入探讨和交流。

市长冯韶慧主持召开市政府党组（扩大）会议，传达市委常委（扩大）会议精神，学习全省领导干部会议及省委书记赵克志、省长张庆伟的讲话精神。

21日

市委召开“庆重阳·谈发展”老干部座谈会。市委书记王晓东向全市广大离退休老干部、老同志致以节日的问候和良好的祝愿，并通报全市经济运行及主要经济指标完成情况。

省政府党组成员吴显国带领省政府第九督导组到廊坊市督导经济运行情况。督导组一行到润泽国际信息港、精雕数控机床制造基地、京津冀（廊坊）协同创新创业基地实地督导检查。

22日

国务院法制办党组书记、主任宋大涵及党组成员、副主任夏勇带队的国务院法制办专题调研组到廊坊市调研简政放权、放管结合，推进大众创业、万众创新，以及政府职能转变等政策落实情况。省政府党组成员刘玉顺陪同并主持座谈会。省政府法制办党组书记王桂海，市委书记王晓东，市长冯韶慧，市委常委、副市长贾永清和喻华峰陪同调研或参加座谈会。

市委群众工作委员会召开第一次全体（扩大）会议。会议印发《关于完善群众工作机构职能职责的方案》。

23日

全省公安队伍正规化建设现场推进会在廊坊市召开。副省长、省公安厅党委书记、厅长董仚生，市委书记王晓东，市长冯韶慧，市委常委、政法委书记饶贵华，副市长、市公安局局长王金水，市委秘书长张金波出席会议。

26日

市委书记王晓东到市发改委调研“十三五”规划编制工作。

27日

全省地方立法工作会议在廊坊市举行。廊坊市成为河北省第一批赋权城市。

28日

赴北京参加第二届中国与中东欧青年政治家论坛的中东欧16国47位外方代表，在中联部副部长周力陪同下到廊坊市实地考察经济、文化、民生，及生态文明建设情况。省委常委、组织部部长梁田庚致辞并介绍河北经济社会发展情况。代表团成员参观考察了新奥能源体验中心、龙河科技成果孵化园北京大学科技成果展示交易中心、固安县屈家营村等。中联部六局局长赵磊，省外事办主任刘晓军，共青团省委书记郭竞坤，市委书记王晓东，市长冯韶慧，市委常委、副市长贾永清，市委常委、组织部部长李龙，市委秘书长张金波参加会见或陪同考察。

29日

副市长布泽文率领市建设局、市环保局、市供电公司，及供热企业相关负责人到城西供热站、群安街供热站、常甫供热站、管道局热力二站等单位视察供热准备情况。

30日

市委召开全市学习《中国共产党廉洁自律准则》《中国共产党纪律处分条例》动员暨警示教育大会。市委书记王晓东出席会议并讲话。市长冯韶慧主持会议。市委常委、纪委书记刘书强通报近期全市查处的8起典型违纪案件。市委秘书长张金波宣读《关于开展学习〈中国共产党廉洁自律准则〉〈中国共产党纪律处分条例〉专题教育活动的实施方案》。

市委书记王晓东带领市直有关部门负责人到大皮营引渠、八干渠、五干渠和凯发新泉水务有限公司污水处理厂，实地调研环城水系建设和水污染治理工作。市委秘书长张金波陪同调研。

廊坊市不动产登记局和廊坊市不动产登记中心在廊坊市国土资源局挂牌成立。

十一月

1日

市政府与京东集团签署全面战略合作备忘录，双方就合力打造国内技术领先、规模最大的电子商务产业园区达成共识。市委书记王晓东、市长冯韶慧与京东集团创始人兼首席执行官刘强东出席签约仪式。市委常委、副市长贾永清，京东集团首席公共事务官蓝烨代表双方签约。

2日

市委书记王晓东到安次区落垡镇张务村、裴务村和广阳区九州镇王码村实地调研植树造林进展和机制探索创新情况。副市长王俊臣，市委秘书长张金波参加调研。

市长冯韶慧带领市直有关部门负责人到城区大皮营引渠、五干渠、东张务闸、文安赵王新渠，及老大清河霸州段调研水污染治理工作进展情况。

3日

市委书记王晓东、市长冯韶慧召开会议，专题调度全市2015年大气及水污染防治重点工程任务进展情况，通报全市2014年重点河流水环境质量情况和污水处理厂工作情况、大气污染防治资金支出情况、2015年建成10蒸吨以下燃煤锅炉提标改造记录情况、10蒸吨以下燃煤工业锅炉淘汰记录，以及秸秆禁烧监察情况，研究推进落实工作的具体措施。

市长冯韶慧召集市建设局、市规划局、市环保局等部门负责人召开市城区污水处理厂建设工作调度会，研究切实可行的解决措施和办法。副市长布泽文参加会议。

针对廊坊市部分河流在2014年国家重点流域考核中不达标的情况，市委书记王晓东、市长冯韶慧约谈霸州市、文安县、安次区、广阳区、香河县、市建设局、市地建投公司主要负责人。

4日

市委、市政府市召开市城区大气重点污染源千人监管行动动员会。会上印发《市城区大气重点污染源千人监管行动方案》。

5日

市委书记王晓东率队赴山东省济南市考察浪潮集团有限公司，学习了解云计算、大数据研发创新及应用成功经验，并与浪潮集团董事长兼首席执行官孙丕恕就寻找合作共赢切入点、实现互惠共赢进行深入交流。

6日

全国双拥办副主任、总政群工办副主任巴谋国一行7人到廊坊调研督导全国双拥模范城创建工作。省双拥办主任、省民政厅厅长赵风楼，市委书记王晓东，市长冯韶慧，市委常委、廊坊军分区司令员焦加根，廊坊军分区政委吕双平，副市长王俊臣出席汇报会并陪同调研。

市长冯韶慧会见德国能源署前总裁、欧亚能源投资公司总裁科勒一行，双方就环保新能源合作项目进行交流对接。

7日

市委、市政府召开大数据产业发展情况汇报会，听取全市大数据产业发展情况和参加2015京津冀产业转移系列对接活动筹备情况汇报。市委书记王晓东出席会议并讲话。市长冯韶慧主持会议。

市委、市政府召开大气污染防治和重点河流污染治理电视电话调度会议。市委书记王晓东出席会议并讲话。市长冯韶慧主持会议。王晓东强调，全市各级各部门必须调整工作状态，下大力气抓好大气污染防治和重点河流污染治理工作。冯韶慧要求，各级各相关部门迅速行动起来，打一场大气污染防治和重点河流污染治理的人民战争。

8日

第一届京津冀传统武术展演赛在霸州市华厦民间收藏馆广场举行，北京市、天津市和河北省的300余名参赛选手进行武术展演。

10日

全市创建国家公共文化服务体系示范区推进工作现场会在三河市召开。

12日

省政协副主席、省法治宣传教育领导小组副组长卢晓光带领省“六五”普法检查验收组，检查验收廊坊市“六五”普法规划贯彻实施情况。

市委书记王晓东带领市环保、供电等相关部门负责人到城南供热站、城西供热站实地检查供暖准备工作。

13日

浪潮集团执行总裁张磊一行到廊坊市考察洽谈云计算、大数据研发创新及应用等合作事宜。市委书记王晓东，市委常委、副市长贾永清，市委秘书长张金波，市政府党组成员张春生出席座谈会或陪同考察。

市政府召开执行《中华人民共和国大气污染防治法》培训会。会议邀请环保部政策法规司副司长别涛讲授大气污染防治法及其相关内容。市长冯韶慧出席会议。

14日

市委、市政府召开双拥工作调度会，听取关于全市双拥工作和争创全国双拥模范城工作情况汇报，安排部署全市双拥工作和市委议军会议相关筹备工作。市委书记王晓东主持会议并讲话。市长冯韶慧，市委常委、廊坊军分区司令员焦加根，市委常委、常务副市长李波，副市长王俊臣，市委秘书长张金波出席会议。

15日

在斯洛伐克国际市场合作峰会上，安次经济开发区与斯洛伐克投资贸易发展局签署中国·斯洛伐克国际汽车公园汽车产业综合体项目，成为廊坊市第一个正式签约的中国—中东欧产能合作项目。中国·斯洛伐克国际汽车公园汽车产业综合体项目，位于安次经济开发区，规划占地近1500亩（100公顷）。

16日至17日

市委书记王晓东就谋划“十三五”开局之年工作到大城县、文安县、霸州市基层单位调研并召开座谈会，广泛征求基层意见与建议。

17日

市委书记王晓东、市长冯韶慧调度全市2015年大气污染防治重点工程任务进展情况，研究推进落实工作的具体措施。王晓东、冯韶慧强调，拿出壮士断腕、背水一战的决心，坚决打赢大气污染防治这场攻坚战。副市长王曦、王金水，市委秘书长张金波，市政府党组成员张春生出席会议并发表具体意见。

18日

市政府召开全市国土资源五项重点工作推进会议。会议贯彻落实省相关会议精神，研究分析不动产登记职责机构整合、土地违法整改、土地审计整改、闲置土地处置和耕地占补平衡5项重点工作的严峻形势，安排部署这五项重点工作集中攻坚行动。市长冯韶慧出席会议并讲话，副市长布泽文主持会议。

20日

市政府在石家庄举办投资环境推介会暨重点项目签约会，并在会上集中签约30个重点项目，计划总投资1090亿元。

市政府在石家庄举行中国（廊坊）大数据产业周活动新闻发布会。

市委召开军转安置工作会议。会议贯彻落实全省军转安置工作会议精神，安排部署2015年全市军转安置工作。市委常委、常务副市长李波，廊坊军分区政委吕双平出席会议并讲话。

22日

市委召开大气污染防治和重点河流污染治理电视电话调度会。市委书记王晓东出席会议并讲话强调，要始终保持治污定力，主动作为不断加力，坚决打好大气污染防治和河流污染治理持久战。市长冯韶慧主持会议并讲话。副市长王曦、布泽文，市委秘书长张金波，市政府党组成员张春生出席会议并分别发表意见。

24日

市长冯韶慧代表市政府向市人大常委会报告2015年市政府工作情况，就谋划好2016年工作及“十三五”规划听取意见建议。市人大常委会主任刘智广，市委常委、常务副市长李波，市人大常委会副主任杨文华、毕晓明、李春山出席会议。

廊坊市与日本松本市缔结友好城市二十周年庆祝大会举行。市长冯韶慧发表缔结友好城市二十周年贺词。

24日至25日

市委书记王晓东到永清县、安次区实地调研了解经济社会发展情况并召开座谈会，听取开展“十三五”规划编制的意见和建议。

26日

副省长张杰辉率省相关部门负责人到廊坊检查燃煤供应、冬季供热和部分工地大气污染防治工作落实情况。市委书记王晓东、副市长王曦陪同检查。

27日

省委第一宣讲团成员、市委书记王晓东为全市党员干部作党的十八届五中全会和省委八届十二次全会精神专题宣讲报告。王晓东围绕党的十八届五中全会主要精神、省委八届十二次全会主要精神、把中央和省全会精神落实到推进廊坊发展的具体实践中等三个方面，运用生动的事例和翔实的数据，紧密联系廊坊经济社会发展实际，对党的十八届五中全会和省委八届十二次全会精神进行了深刻阐释和解读。冯韶慧主持报告会。

根据省委巡视工作领导小组的部署，省委第三巡视组组长张振县向廊坊市反馈巡视情况。市委书记王晓东主持会议并作表态发言。

27日至28日

省政协副主席葛会波率考核组，对廊坊市森林覆盖率和城市绿地率净增量情况进行考核。市委副书记蒋洪江，副市长布泽文、王俊臣，市政协副主席高树民陪同。

28日

市委书记王晓东主持召开大气污染防治电视电话会议，专题听取广阳区、安次区和廊坊开发区情况汇报，研究推进落实近期主城区大气污染防治工作的具体措施。市长冯韶慧出席会议并讲话。会上，王曦通报了近期环保部和省暗访组来廊检查大气污染防治工作的结果。张春生通报近期市领导在主城区暗访大气污染防治工作的相关情况。

29日

市委、市政府召开大气污染防治和重点河流污染治理电视电话调度会。市委书记王晓东出席会议并讲话强调，全市各级各部门要以高度的责任心和使命感，集中精力、细致工作、严格执法、动员社会，坚决打好大气污染防治和重点河流污染治理这场人民战争。市长冯韶慧主持会议并讲话。副市长王曦、布泽文，市委秘书长张金波，市政府党组成员张春生出席会议。

30日

市委书记王晓东到固安县知子营乡东礼村、河津村走访察看新农村建设情况，并实地调研固安市民活动中心和固安鼎材科技有限公司。市委秘书长张金波参加调研。

市长冯韶慧代表市政府向市政协通报2015年市政府工作情况，并就谋划好2016年工作及“十三五”规划听取意见建议。

十二月

1日

市委书记王晓东到广阳区南尖塔镇左场村、前王各庄村，实地察看美丽乡村建设情况。王晓东指出，广阳区要以完善的管理机制、多元的管理模式提升城市形象，建设美丽廊坊。

2日

市委书记王晓东到廊坊开发区调研了解经济社会发展情况并召开座谈会，听取开展“十三五”规划编制的意见和建议。

市政府召开治理学校收费和安全工作电视电话会议，通报固安县英才中学违规收费的有关问题。市长冯韶慧出席会议并讲话强调，要迅速落实张庆伟省长重要批示，妥善处置固安县英才中学违规收费问题。副市长刘文萍部署开展全市治理学校收费和校园安全工作。

3日

市委书记王晓东就谋划好全市2016年工作及“十三五”规划到市人大常委会机关和市政协机关调研并召开座谈会，听取意见建议。

4日至5日

市长冯韶慧会见泰国驻华大使醍乐公式·倪勇一行，双方就加强企业与东盟开展合作、扩大对东盟各国的投资进行交流。市委常委、副市长贾永清参加会见。

5日

第二届中国河北（廊坊）军民融合暨

国防工业协同创新成果展示洽谈会在廊坊开发区国际会展中心开幕。国家国防科工局党组副书记、副局长张克俭，省委常委、省军区司令员邵亨，副省长张杰辉出席会议并致辞。市领导王晓东、冯韶慧、焦加根、贾永清、吕双平、王曦、张金波参加开幕式和签约仪式。

国家国防科工局党组副书记、副局长张克俭，省委常委、省军区司令员邵亨，副省长张杰辉，省军区参谋长潘平检查中国（廊坊）大数据产业周筹备情况。市委书记王晓东，市长冯韶慧，市委常委、廊坊军分区司令员焦加根，廊坊军分区政委吕双平，副市长王曦，市委秘书长张金波，市政府党组成员张春生陪同检查。

6日

廊坊市水污染防治专家咨询委员会成立仪式暨重点河流水环境综合整治研讨会在廊坊市举行。市领导王晓东、冯韶慧、王曦、张金波出席研讨会。会上，王晓东、冯韶慧为专家咨询委员会成员颁发聘书。冯韶慧宣读《廊坊市人民政府办公室关于成立廊坊市水污染防治专家咨询委员会的通知》。王曦代表廊坊市政府和环保部环境规划院签署全面战略合作框架协议。

7日

由中国电子学会、中国遥感应用协会、中国信息协会大数据分会、中国数据中心产业发展联盟、清华大数据产业联合会、河北省工信厅、廊坊市人民政府主办的中国（廊坊）大数据产业周开幕式暨廊坊大数据应用服务中心启动仪式在廊坊开发区举行。中国科学院院士吴一戎，工信部原党组成员、总工程师朱宏任，中国遥感应用协会理事长罗格，中央网络信息安全办公室信息化专家咨询委员会常务副主任周宏仁，国家超算天津中心主任刘光明，工信部信息中心主任孙蔚敏，清华大学数据科学研究院执行副院长韩亦舜，中国信息协会大数据分会常务副会长傅伯岩，河北省政府党组成员、省沿海地区率先发展工作领导小组副组长吴显国，省工信厅厅长邹平，市领导王晓东、冯韶慧、张金波、张春生，以及近300名国内知名院校、企业、研究机构等业内相关专家、负责人出席活动。副市长王曦主持开幕式和启动仪式。吴显国宣布中国（廊坊）大数据产业周开幕。吴显国、邹平、王晓东、冯韶慧、朱宏任共同启动廊坊大数据应用服务中心。冯韶慧为“廊坊大数据产业发展专家咨询委员会”的专家学者颁发聘书。

中国（廊坊）大数据产业周召开大数据助力产业转型升级高峰论坛，来自大数据产业领域的顶级专家和资深学者为大数据产业发展把脉问诊、出谋划策。市长冯韶慧出席会议并致辞。

8日

全省纪检监察执纪审理工作会议在廊坊召开。市委书记王晓东致辞。市委常委、市纪委书记刘书强作经验交流。会议期间，省委常委、省纪委书记陈超英到会讲话，并先后到三河市、大厂回族自治县、香河县等地调研。

市委书记王晓东、市长冯韶慧就大气污染治理问题公开约谈大城县、文安县、霸州市、永清县、安次区、三河市党政主要负责人。被约谈方主要负责人对所负责区域内出现的问题作了深刻检讨，并承诺按期保质完成好治理任务。

市长冯韶慧带领市发改委、市规划局、市商务局等部门负责人，到韵达、顺丰两家快递企业调研快递产业发展情况。副市长布泽文陪同调研。

10日

市委召开落实省委第三巡视组反馈意见整改工作动员电视电话会议，动员部署落实省委第三巡视组反馈意见整改工作。市委书记王晓东出席会议并要求全市各级各有关部门站在讲政治、守纪律、顾大局的高度，主动承担整改责任，逐条逐项抓好整改落实，确保如期按质按量完成整改任务。市长冯韶慧主持会议。市领导蒋洪江、刘智广、郑广富、李波、辛绍杰、刘书强、李龙、王曦、布泽文、王俊臣、刘文萍等出席会议。市委副书记蒋洪江宣读《廊坊市落实省委第三巡视组反馈意见整改工作方案》。

市委、市政府印发《改进和规范领导服务工作的实施办法》。《实施办法》对改进和规范领导服务工作涉及到的统筹安排调研活动、严格执行轻车简从、严厉简约公务接待、严格执行住宿标准、实行节俭安排用餐、规范出行活动保障、严格控制会议规格、加强出席各类活动管理、严肃会场纪律、带头改进会风、严格执行会议请假制度、规范会议活动新闻报道12个方面做出明确规定。

11日

市委办公室、市政府办公室印发《关于引导农村土地经营权有序流转发展农业适度规模经营的实施意见》。

“2015廊坊乡村十美景”评选揭晓。霸州·瑞雪文昌耀古镇、固安·千亩油葵花海、永清后奕石各庄万亩桃花海、香河皇城印象、香河·霞光映荷塘、大厂·魅力潮白、文安·秋水映新河（秋到赵王新渠）、香河·群鸭欢舞北运河、永清·韩村镇杨家营村铁树银花、永清·韩村镇杨家营村三八席十美景成为“2015廊坊乡村十美景”。

13日

市委、市政府召开大气污染防治和重点河流污染治理电视电话调度会。市委书记王晓东要求各级各部门坚持科学精准治霾、依法依规治污，坚决打好大气污染防治攻坚战、持久战。市长冯韶慧主持会议并要求各级各相关部门制定出综合整治方案和详细的整改措施，落实“一岗双责”。副市长王曦、布泽文，市委秘书长张金波分别发表意见。

14日

市委书记王晓东走访市级各民主党派机关，并同民革市委筹委会主委李艳军、民盟廊坊市委主委张纬东、民建廊坊市委主委徐光泰、民进廊坊市委主委王世强、农工党廊坊市委副主委刘善忠、九三学社廊坊市委主委王学求座谈交流，听取各民主党派对廊坊2016年工作谋划和开展“十三五”规划编制的意见建议。市领导蒋洪江、张金波参加调研。

15日

市委举行解放思想大讨论专题报告会，邀请全国政协常委、上海市政协副主席周汉民作题为“上海自贸区2.0：创新驱动拓展升级”专题讲座。市四套班子领导以及市中级人民法院、市人民检察院、市直各单位、各县（市、区）、廊坊开发区主要负责人聆听了报告。

清华大学副校长、中国工程院院士尤政一行到廊坊调研，双方就加强科技成果的转化孵化、创新校地合作、校企合作进行座谈交流。市委书记王晓东、市长冯韶慧出席座谈会。市委常委、副市长喻华锋主持座谈会。

市政府召开2015年度市直退役士兵安置工作会议，对2015年度符合市直安排工作条件的退役士兵安置工作进行安排部署。

16日

市委书记王晓东会见民生银行监事会副主席王家智、北京中资燕京汽车公司董事长伍文娟一行，双方就加快推进廊坊汽车产业发展、在廊建设生产基地等事宜进行交流洽谈。市委秘书长张金波参加会见。

市委召开创建国家公共文化服务体系示范区推进暨文物保护工作电视电话会议。市长冯韶慧出席会议。市委常委、宣传部部长辛绍杰主持会议。市人大常委会副主任王相仁、副市长刘文萍、市政协副主席张卫东出席会议。

市政府召开重点民生工作调度会议。市长冯韶慧要求各级各部门坚定发展为民的基本理念，确保每一项民生项目都是群众所需、雪中送炭的实事好事。市委常委、常务副市长李波，副市长刘文萍出席会议并发表意见。

市委办公室、市政府办公室印发《关于加快现代农业园区建设的实施意见》。意见提出，到2017年底，全市建成10个以上省级现代农业园区、20个以上市级现代农业园区、40个以上县级现代农业园区，并建成一批高标准设施农业园、一批龙头企业带动的规模基地、一批新型经营农场。

17日

市委、市政府举行生态环境与大气污染治理暨臭氧夏病冬治研讨会。市委书记王晓东、市长冯韶慧为“廊坊市大气污染治理专家咨询委员会”特聘专家颁发聘书。

市长冯韶慧会见北京光华设计基金会理事长张琦一行，双方就设计产业开展深入合作进行交流。市委常委、副市长喻华锋参加会见。

廊坊市中心医院工程奠基，副市长刘文萍出席仪式并宣布开工。

18日

环保部污防司流域处调研员王谦带领调研组到廊坊，调研重点流域专项考核未达标区域整改工作。市委书记王晓东、市长冯韶慧、副市长王曦、市委秘书长张金波陪同。

永清国际商贸中心奠基仪式在永清县举行。市委常委、副市长喻华锋参加奠基和签约仪式。

20日

国家水专项调研组到廊坊调研水环境综合整治工作并召开廊坊市重点河流水污染治理2016年度投资方案研讨会，研究2016年整治路径和投资概算。市委书记王晓东、市长冯韶慧、副市长王曦出席会议。

21日

市委全面深化改革领导小组召开第五次会议。会议审议通过《关于深化户籍制度改革的实施意见》《廊坊市公务用车制度改革实施方案》《关于进一步加强全市各级党委（党组）民主集中制建设的实施意见》《廊坊市国家中小城市综合改革试点实施方案（2016—2017）》。

22日

市政府举行2015年重大产业项目投融资对接洽谈会暨合作签约仪式。9家银行为15个项目提供171.2亿元贷款授信，80个重点融资项目上会对接洽谈。

23日

市委书记王晓东、市长冯韶慧会见应邀出席河北省航天遥感信息处理与应用协同创新中心2015年学术年会的中国科学院院士孙家栋一行。双方就努力把廊坊打造成航天遥感信息技术应用的创新发展基地，进行了广泛交流。市委秘书长张金波参加会见。

市长冯韶慧会见中国核电工程有限公司总经理刘巍一行。双方就中国核电工程有限公司廊坊研发中心项目有关事宜进行交流座谈。

24日

市委、市政府召开政府与企业面对面帮扶对接会议。市委书记王晓东出席会议并讲话。省工信厅运行监测协调局局长胡克、副市长王曦、市委秘书长张金波出席会议。王曦主持会议并就做好入企帮扶工作发表具体意见。

25日

市委召开议军会议。会议深入学习中央军委改革工作会议精神，全面贯彻习近平主席关于军队建设的系列重要讲话精神，研究解决驻廊坊部队和国防后备力量建设中的有关问题。市领导王晓东、冯韶慧、蒋洪江、刘智广、郑广富、焦加根、李波、辛绍杰、吕双平、王俊臣、张金波参加会议。

26日

廊坊市“迎新春万人长跑暨永定河国际半程马拉松廊坊站比赛”在市体育场举行。

30日

中国共产党廊坊市第五届委员会第八次全体会议在廊坊召开。会议由市委常委会主持。全会听取和讨论王晓东受市委常委会委托作的工作报告，审议通过《中共廊坊市委关于制定廊坊市国民经济和社会发展第十三个五年规划的建议》《中国共产党廊坊市第五届委员会第八次全体会议决议》。市长冯韶慧就《建议（讨论稿）》向全会作说明，并就做好2016年经济社会发展工作进行了安排部署。

31日

市委书记王晓东、市长冯韶慧到市财政局、广阳区国税局和地税局、人行廊坊中心支行看望慰问财税金融系统的干部职工。市领导李波、张金波一同看望慰问。

市情概貌

地理位置

廊坊市位于华北平原中东部，河北省中部。地处北纬38°28′至40°15′、东经116°7′至117°14′之间。廊坊境域北起燕山南麓丘陵地区，南抵黑龙港流域。北部与北京为邻，西部与保定市的涿州、雄县、高碑店接壤，南部与沧州市的任丘、河间、青县相连，东部与天津市的武清、宝坻、蓟县交界。由于1974年的行政区划变动，北京与天津地域相交，使廊坊市形成北部三县（市）与境域主体不相连接的版图。廊坊市城区拱卫于北京东南，与北京、天津两大城市成一条直线位于中间，廊坊市距北京、天津各60公里，距省会石家庄280公里，距首都机场和天津机场各70公里，距天津港100公里，距京唐港、黄骅港各200公里。全市总面积6429平方公里。

（市方志办）

行政区划

廊坊市下辖安次区、广阳区2个市辖区，三河市、霸州市2个县级市，香河县、永清县、固安县、文安县、大城县、大厂回族自治县6个县，68个建制镇，22个乡，15个街道办事处。

2015年廊坊市行政区划表

表1

县（市、区）	所含建制镇	所含乡	所含街道办事处
安次区（4镇4乡）	东沽港镇、葛渔城镇、码头镇、落垡镇	杨税务乡、调河头乡、北史家务乡、仇庄乡	光明西道街道办事处、银河南路街道办事处、永华道街道办事处
广阳区（3镇1乡）	万庄镇、南尖塔镇、九州镇	北旺乡	新开路街道办事处、解放道街道办事处、爱民东道街道办事处、银河北路街道办事处、新源道街道办事处
三河市（10镇）	泃阳镇、燕郊镇、高楼镇、皇庄镇、新集镇、段甲岭镇、李旗庄镇、杨庄镇、齐心庄镇、黄土庄镇	—	鼎盛东大街街道办事处、泃阳西大街街道办事处、科技路街道办事处、行宫东大街街道办事处、迎宾北路街道办事处
大厂县（5镇）	大厂镇、夏垫镇、祁各庄镇、陈府镇、邵府镇	—	北辰街道办事处
香河县（9镇）	淑阳镇、五百户镇、渠口镇、安平镇、刘宋镇、蒋辛屯镇、安头屯镇、钳屯镇、钱旺镇	—	—

续表 1

县（市、区）	所含建制镇	所含乡	所含街道办事处
固安县（5镇4乡）	固安镇、牛驼镇、马庄镇、柳泉镇、宫村镇	彭村乡、礼让店乡、东湾乡、渠沟乡	—
永清县（5镇5乡）	永清镇、别古庄镇、后奕镇、韩村镇、里澜城镇	龙虎庄乡、三圣口乡、曹家务乡、刘街乡、管家务回族乡	—
霸州市（7镇5乡）	霸州镇、南孟镇、信安镇、胜芳镇、堂二里镇、煎茶铺镇、扬芬港镇	王庄子乡、康仙庄乡、岔河集乡、东杨庄乡、东段乡	裕华街道办事处
文安县（12镇1乡）	文安镇、左各庄镇、孙氏镇、苏桥镇、新镇镇、大留镇镇、兴隆宫镇、滩里镇、史各庄镇、德归镇、大柳河镇、赵各庄镇	大围河回族满族乡	—
大城县（8镇2乡）	平舒镇、南赵扶镇、权村镇、里坦镇、大尚屯镇、旺村镇、留各庄镇、广安镇	北魏乡、臧屯乡	—

说明：以上所列行政区划名称均已经省政府批准

（刘 钘）

历史沿革

廊坊市历史悠久。“黄帝制天下以立万国始经安墟（今安次常道村附近），合符釜山，遂隶涿鹿之阿，安次即古安墟地。”（乾隆《东安县志》）商代盘庚迁都殷后，境域位于殷正北，燕京戎（今太原附近）之东陲。西周时是北戎燕地。春秋时是北燕都蓟的近畿。

战国时期，属燕国，广阳郡、渔阳郡、巨鹿郡分辖。

秦，北部属渔阳郡（今三河市，大厂、香河县），中部（今安次区、广阳区、霸州市、永清县、固安县）属广阳郡，南部（今文安县、大城县）属巨鹿郡。

西汉高帝年间，属幽州刺史部。始置安次县、文安县（治今大柳河镇东）、东平舒县（今大城县，为区别于并州刺史部代郡的平舒县，加东字），属幽州渤海郡；置方成县（今固安县）属燕国。高帝六年（前 201 年），置益昌县（治今霸州市策城村），属涿郡地；置潞县（辖今三河市）、雍奴县（辖今天津市武清区、香河县），属渔阳郡。元凤元年（前 80 年），方成县改属广阳郡，本始元年（前 73 年），改属广阳国。初元五年（前 44 年），封广阳王子云为临乡侯、容为西乡侯（侯景嗣免）、发为阳乡侯；永光三年（前 41 年），封广阳王子婴为益昌侯，各侯国均属幽州刺史部涿郡。

王莽改制后，复古十二州，州郡交错，疆域紊乱。

东汉建武二年（26 年），方成县改为方城县，属幽州广阳国，建武十三年（37 年），改属上谷郡。永元二年（90 年），文安县、东平舒县改属冀州刺史部河间国。建安末年，改属章武郡。永元八年（96 年），废阳乡侯国、临乡侯国、新昌侯国（燕刺王子封地，今高碑店境内），入方城县（辖今固安县、永清县、霸州市）属幽州刺史部涿郡；废益昌侯国（原益昌县）入安次县，安次县由渤海郡改属幽州刺史部广阳郡；潞县（辖今三河市、大厂回族自治县）、雍奴县（辖今天津市武清区、香河县），属幽州刺史部渔阳郡。

三国，属魏国。文安县、东平舒县属冀州河间郡；方城县属幽州范阳郡；安次县属幽州燕国；潞县、雍奴县属幽州渔阳郡。

西晋泰始元年（265年），置章武国，为国治东平舒，文安县、东平舒县属之。置长乡县（辖今固安一部），方城县、长乡县属幽州范阳国；安次县、潞县、雍奴县属幽州燕国。

东晋十六国，属后赵、前燕、前秦、后燕辖地。

南北朝北魏时，属幽州。改长乡县为苌乡县。方城县、苌乡县属幽州范阳郡地；东平舒县改为平舒县。文安县、平舒县属瀛州章武郡地；潞县、雍奴县属渔阳郡地。北齐天保七年（556年），方城县、苌乡县入涿县。安次县属燕郡地，其余不变。

隋开皇三年（583年），废渔阳郡、燕郡、章武郡。安次县、雍奴县、潞县属幽州；文安县、平舒县属瀛州。开皇九年（589年），析涿县，废方城县置固安县（县治今固安镇）属幽州。大业三年（607年），安次县、雍奴县、潞县、固安县属涿郡；文安县、平舒县属河间郡。大业七年（611年），析安次、固安二县地置通泽县，属涿郡。同年，析文安、平舒二县地，置丰利县（治今文安镇），属河间郡。

唐，属河北道蓟、幽、莫、瀛四州。武德元年（618年），安次县、固安县、雍奴县、潞县属幽州。武德二年（619年），析潞县置临泃县（县治今三河市城区），属玄州。武德四年（621年），固安县属北义州，平舒县属景州。贞观元年（627年），废玄州并入幽州，撤临泃复入潞县，属幽州；省丰利县入文安县，属瀛州；废北义州，固安县改属幽州；废景州，平舒县改属瀛州。如意元年（692年），析安次、固安二县地，置武隆县（辖今永清县、霸州市）。景云元年（710年），改名会昌县。景云二年（711年），文安属鄚州。开元四年（716年），析幽州潞县东部置三河县，属幽州。开元十八年（730年），改属蓟州。天宝元年（742年），罢州改郡。取“边境永清”之意，将会昌县更名永清县（辖今永清县、霸州市），雍奴县改名为武清县。永清县、固安县、安次县、武清县改属范阳郡；三河县属渔阳郡；大城县属河间郡；文安县属文安郡。至德二年（757年），罢郡复改州，三河县属蓟州；安次县、武清县、永清县、固安县属幽州；平舒县属瀛州；文安县复属鄚州。大历四年（769年），固安县改属涿州。

五代十国，三河县属蓟州；武清县、安次县、永清县属幽州；固安县属涿州；文安县属鄚州；平舒县改名大城县，属瀛州。后晋天福元年（936年），石敬瑭割燕云十六州赂契丹，境域入契丹，属辽。后周显德六年（959年），周世宗收复益津关（今霸州市）、瓦桥关（今雄县）、淤口寨（今霸州信安镇），于原永清县益津关另置永清县（今霸州市，县治在今霸州镇）。置霸州，领大城县、文安县、永清县。自是，两永清县南北并立，南属宋，北属辽，辽、宋分治。此时以拒马河为界，北仍属辽。

辽，境域北部属南京道析津府。会同元年（938年），置香河县（治武清孙村，即今淑阳镇。辖今香河县和天津市宝坻区、宁河县）。三河县、香河县、安次县、固安县、永清县属南京道幽都府。开泰元年（1012年），改幽都府为析津府。

北宋，境域南部属河北东路，霸州、信安军、保定军属之。霸州领文安、大城、永清三县。太平兴国六年（981年），淤口寨改破虏军（军制与州同），割霸州之永清、文安、大城三县317户属之；于涿州新镇（今文安县新镇）建平戎军，析霸州之文安县、大城县500户属之。景德元年（1004年），改破虏军为信安军；次年，改平戎军为保定军。景祐二年（1035年），废永清县入文安县，徙文安县治于永清城（今霸州镇）。皇祐元年（1049年），迁回原治（今文安县文安镇）。政和三年（1113年），赐霸州名永清郡，领文安、大城二县。宣和五年（1123年），收复香河县，赐名清化县。宣和七年（1125年），降保定军为保定县；清化县复入金。

金天会三年（1125年），清化县复名香河县。境域属燕京路析津府。天会七年（1129年），改属河北东路析津府。天德三年（1151年），三河属通州（原潞县）。贞元元年（1153年），境域改属中都路大兴府。大定二十七年（1187年），降信安军为信安县。大定二十九年（1189年），于益津关置益津县（县治今霸州镇），属霸州。此时，中都路领通州（辖通州、三河）、大兴府（辖香河、安次、永清、武清等县）、涿州（辖固安等县）、霸州（辖信安、益津、文安、大城县）、平州、蓟州、顺州、易州、遂州、安肃州、保州、安州、雄州、滦州。元光元年（1222年），信安县升级为镇安府。

元初，废镇安府为信安镇，入霸州。成吉思汗十年（1215年），境域属燕京路总管大兴府。中统四年（1263年），升安次县为东安州、固安县为固安州，隶属不变。至元元年（1264年），属大都大兴府。至元二十一年（1284年），属中书省大都路总管府。

明洪武元年（1368年），降东安州为东安县、固安州为固安县，省益津县入霸州。三河县（属通州）、香河县（属漷州）、东安县、永清县、固安县、霸州（辖文安、大城、保定三县），属北平府。洪武二年（1369年），改属北平行省北平府。洪武九年（1376年），属北平承宣布政使司北平府。洪武十年（1377年），省香河县入漷州。洪武十三年（1380年），香河县复置，属北平府。永乐元年（1403年），三河县、香河县（属通州）、东安县、永清县、固安县、霸州（辖文安县、大城县、保定县）属北平行省顺天府。永乐十九年（1421年），改属京师（北直隶）顺天府，治宛平。

清，境域属京师顺天府，治宛平。康熙二十七年（1688年），设四路同知，三河县、香河县属西路厅；霸州（辖文安县、大城县）、固安县、永清县、东安县属南路厅。雍正六年（1728年），霸州由直隶州降为散州（县级），属顺天府。时境域属直隶省顺天府，治宛平，三河、香河、安次、永清、固安、霸州、文安、大城等县均属之。

民国2年（1913年），改霸州为霸县。民国3年（1914年），东安县改为安次县。民国4年（1915年），保定县改称新镇县，境域属直隶省京兆特别区（治宛平，辖三河、香河、安次、永清、霸县、固安、大兴、宛平、武清等20县）及直隶省津海道（驻天津，辖文安、大城、新镇等32县）。

民国17年（1928年），直隶省改为河北省，境域直属河北省。

民国25年（1936年），日本侵略军强占热河察北，华北危急，河北省实行行政督察专员区。次年，廊坊多数县属河北省冀中第五、第六行政督察署。抗日战争爆发后，廊坊境域被日军占领，共产党在敌后进行游击战争。民国 27 年（1938 年）后，中共冀中区委员会成立，时境域各县相继建立了敌后抗日民主政权。此后，境域各县隶属不一，且多变。中共抗日民主政权、日伪政权、国民党政权并立，相互交错，变化频繁。

境域各县中共领导的民主政权隶属建置变化。民国 28 年（1939 年），文安县、新镇县合并，组成文新县，属冀中第五分区。民国 30 年（1941 年），大城县属冀中第九分区；文新县、第一联合县、第二联合县、第三联合县四县属第十一分区。民国 31 年（1942 年），改属冀中第十分区。蓟（县）宝（坻）三（河）、平（谷）三（河）密（云）联合县及香（河）武（清）宝（坻）和通（县）三（河）香（河）联合县隶属晋察冀边区第十三行政督察署，次年底，属冀热辽区行署第一专署；民国 34 年（1945 年）1 月，属冀热辽区行署第十四专署；民国 35 年（1946 年）1 月，属冀东区行署第十四专署，9 月属河北省通县专署。民国 34 年（1945 年），大城县、文安县、新镇县、胜芳市属冀中第九专区，固安县、永清县、安次县、霸县等属冀中第十专区。民国 35 年（1946 年），大城县、文安县、新镇县、胜芳市、青县、任邱县等 15 县（市）属冀中区第八专区；霸县、固安、永清、安次、大兴、宛平等 12 县属冀中区第十专区；三河、香河二县隶属未更。民国 36 年（1947 年），文安县、新镇县合并为文新县，胜芳市和霸县合并为胜霸县，新城县与固安县合并为新固县，隶属不变。民国 37 年（1948 年）11 月，新固县分开，恢复新城、固安两县建制。12 月，胜霸县分开，恢复胜芳市和霸县建制。时冀中行政公署属华北人民政府，下设四个专区。1949 年 3 月，新雄县归并文新县，复名文安县，仍属冀中区第八专区。安次县、永清县、固安县、霸县、武清县、容城县、雄县、大兴县、新城县、胜芳市属冀中第十专区。

1949 年 8 月 7 日，河北省天津区行政督察专员公署建立，辖安次县、永清县、霸县、文安县、大城县、武清县、宁河县、宝坻县、静海县、天津县及胜芳镇、汉沽镇、杨柳青镇。专署驻杨柳青镇。三河、香河二县属河北省通县专区；固安县属河北省保定专区。

1950 年 11 月，河北省天津区行政督察专员公署改名为河北省人民政府天津区专员公署。

1951 年 1 月，内务部批准，胜芳镇划归霸县。6 月，河北省人民政府决定胜芳与霸县分设，由天津专署直接领导。

1952 年，天津专署辖 11 县 3 镇，分别为宁河县、宝坻县、武清县、静海县、安次县、永清县、霸县、文安县、大城县、青县、任邱县及胜芳镇、杨柳青镇、汉沽镇。

1953 年 11 月，政务院批准，将胜芳镇划归霸县，为县辖镇。1954 年 5 月 6 日，胜芳镇正式对外公布归属霸县。时天津专署地址在静海县杨柳青镇，辖 1 市 11 县，分别为汉沽市、宁河县、宝坻县、武清县、静海县、安次县、永清县、霸县、文安县、大城县、青县、任邱县。

1954 年 4 月，政务院批准，将保定专区的固安县划归通县专区。

1955 年 3 月，国务院全体会议第六次会议批准，设立大厂回族自治县（12 月 2 日成立），属通县专区。4 月 5 日，河北省人民政府天津区专员公署改为河北省天津专区专员公署，隶属未更。各县人民政府改称县人民委员会。

1958 年 4 月 28 日，国务院决定，将三河县、大厂回族自治县、香河县由通县专区划归唐山专区；固安县由通县专区划归天津专区。6 月，天津专区与沧县专区合并，称天津专区，驻沧镇，时辖静海、河间、任邱、沧县、献县、交河、阜城、景县、宁津、盐山、黄骅、东光、南皮、吴桥、故城、肃宁、武强、庆云、饶阳、孟村、青县、大城、文安、霸县、永清、安次、武清、固安、沧镇、泊头市30个县（镇、市）。12月20日，国务院第83次会议通过，撤销庆云县和孟村回族自治县，划归盐山县；撤销青县，划归静海县；撤销大城、文安二县，划归任邱县；撤销安次县，划归武清县；撤销固安、永清二县，划归霸县；撤销肃宁县，划归河间县；撤销泊头市和阜城县，划归交河县；撤销东光县、南皮县，划归交河县；撤销武强、饶阳二县，划归献县；撤销景县、故城县，划归吴桥县；撤销沧州市，划归沧县。12月22日，国务院批准，撤销天津专区，划归天津市，天津专区所辖各县改属天津市，机关驻天津市。天津市辖和平区、红桥区、河东区、河西区、河北区、南开区、塘沽区、汉沽区及沧县、河间县、献县、交河县、吴桥县、盐山县、黄骅县、霸县、任邱县、静海县、武清县、宁津县。三河县、大厂回族自治县并入蓟县，香河县并入宝坻县，属唐山专区。

1960年4月21日，河北省人民委员会批准，将唐山市所属蓟县（包括三河、大厂两县）、宝坻县（包括香河县）划归天津市。天津市辖7区14县。

1961年，国务院批准，恢复天津专区建制，受天津市、河北省双重领导，机关驻天津市区。7月9日，国务院第111次全体会议决定，恢复安次、永清（含固安）、文安（含大城）三县建制，时辖蓟县、宝坻、武清、安次、永清、霸县、文安、静海，及胜芳镇。

1962年3月27日，国务院第115次全体会议决定，恢复固安、大城二县建制；6月1日，国务院第116次全体会议决定，恢复三河县、大厂回族自治县、香河县建制，隶属天津专区。

1963年，胜芳镇降为县辖镇，归属霸县。天津专区辖三河县、大厂回族自治县、香河县、安次县、武清县、宝坻县、蓟县、静海县、宁河县、永清县、固安县、霸县、文安县、大城县，及芦台农场、汉沽农场。

1967年11月，天津专区改为天津地区，河北省天津地区革命委员会建立，隶属河北省革命委员会，机关驻天津市区。此后至1968年，地区所辖各县陆续建立革命委员会。1969年3月，天津地区机关驻地由天津市迁至安次县廊坊镇。隶属、辖区未变。

1973年7月，国务院批准，将天津地区的蓟县、宝坻县、武清县、宁河县、静海县划归天津市。12月，国务院批准，天津地区更名为廊坊地区，驻地仍在廊坊镇。

1974年1月，正式起用廊坊地区名称。河北省天津地区革命委员会改为河北省廊坊地区革命委员会。时辖三河县、大厂回族自治县、香河县、安次县、永清县、固安县、霸县、文安县、大城县，及芦台农场、汉沽农场。

1978年，河北省廊坊地区行政公署建立，隶属河北省人民政府。河北省廊坊地区革命委员会同时撤销，辖县未变。所辖各县革命委员会同时撤销，恢复各县人民政府建制。

1979年3月，芦台农场、汉沽农场划归唐山市。廊坊地区辖三河县、大厂回族自治县、香河县、安次县、固安县、永清县、霸县、文安县、大城县。

1981年12月7日，国务院批准，撤销廊坊镇，设立廊坊市（县级），以安次县的廊坊镇及南尖塔、桐柏、北旺3个公社为廊坊市的行政区域，隶属廊坊地区行政公署。

1982年3月1日，廊坊市（县级市）正式建立。廊坊地区辖廊坊市、三河县、大厂回族自治县、香河县、安次县、永清县、固安县、霸县、文安县、大城县。

1983年3月，国务院批准，撤销安次县，并入廊坊市（县级）。廊坊地区辖廊坊市（县级）、三河县、大厂回族自治县、香河县、永清县、固安县、霸县、文安县、大城县。

1988年9月13日，国务院批准，撤销廊坊地区和廊坊市（县级），廊坊地区改为廊坊市（地级）。廊坊市（县级）改为安次区。

1989年4月1日，廊坊市正式建立，驻地廊坊，辖安次区、三河县、大厂回族自治县、香河县、永清县、固安县、霸县、文安县、大城县。

1990年2月20日，撤销霸县建制，建霸州市（县级），辖域不变。廊坊市辖安次区、霸州市、三河县、大厂回族自治县、香河县、永清县、固安县、文安县、大城县。

1993年4月28日，三河撤县建市（县级），辖域不变。时廊坊市辖安次区、三河市、霸州市、大厂回族自治县、香河县、永清县、固安县、文安县、大城县。

2000年3月7日，国务院批准设立广阳区。是年10月，从安次区划出南尖塔镇、万庄镇、旧州乡、北旺乡、白家务办事处及小廊坊、北大街、北门外、新开路4个街道办事处和北史家务乡的7个村街，建立广阳区。廊坊市辖安次区、广阳区、三河市、霸州市、大厂回族自治县、香河县、永清县、固安县、文安县、大城县。至2015年底无变化。

（市方志办）

气　候

【基本气候特征】 2015年全市平均降水量533.3毫米，比常年（519毫米）偏多2.8%，属于历史上降水正常年份。全市平均气温13℃，较常年（12.2℃）偏高0.8℃，属于历史上气温偏高年份。平均日照时数2409.7小时，比常年（2483.8小时）偏少74.1小时，属于历史上日照正常年份。2015年廊坊市气象灾害发生频率较20世纪90年代后平均水平偏低，属于“中等”年份；气候年景属于“一般”年份。

1. 降水正常

2015年全市平均降水量为533.3毫米，比常年（519毫米）偏多2.8%，属于历史上降水正常年份。从各月全市平均降水量与同期气候平均值比较看，2月、4月、5月、9月和11月降水较常年同期偏多37% ~ 255%不等，其中2月与11月分别偏多197%和255%；其余各月较常年同期偏少15% ~ 55%不等。

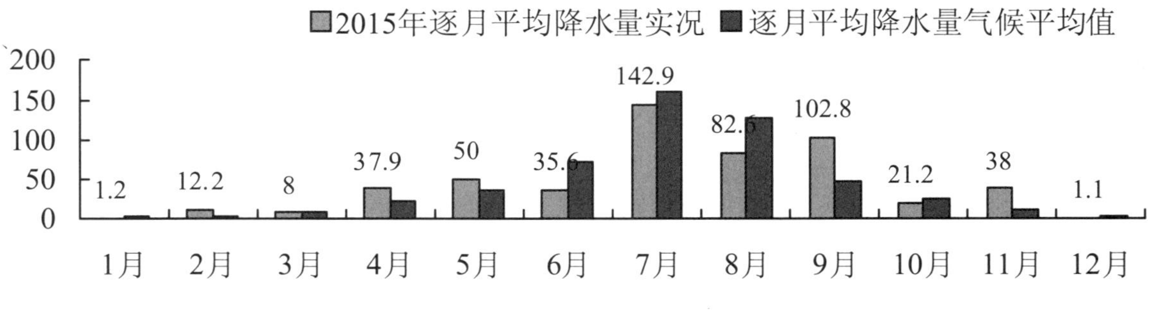

图1　2015年逐月降水量与常年平均对比图（单位：毫米）

2015 年廊坊市区与各县（市、区）降水量和距平值百分率比较表

表 2　　　　单位：毫米、%

	三河	大厂	香河	廊坊	固安	永清	霸州	文安	大城	平均
降水量	566.7	535.6	444.9	633.0	569.0	549.6	533.6	507.8	459.7	533.3
气候平均值	580.0	555.4	545.9	513.5	508.3	487.7	482.1	506.8	491.7	519.0
距平百分率	-2.3	-3.6	-18.5	23.3	11.9	12.7	10.7	0.2	-6.5	2.8

在地域分布上，全市各县（市、区）降水量存在差异，其中廊坊市区较常年偏多 23.3%，香河较常年偏少 18.5%。

2. 气温显著偏高

2015 年全市平均气温为 13℃，较常年（12.2℃）偏高 0.8℃，属于历史上气温偏高年份。从旬平均气温的变化可以看到，1 月上旬至 2 月中旬、3 月中下旬、4 月下旬、5 月中下旬、8 月中旬、10 月上旬和 12 月上中旬的气温较常年同期偏高 1℃～2℃，其中 1 月上中旬偏高 3℃左右。2 月下旬、4 月上旬、5 月上旬、9 月上旬、10 月上旬及 11 月下旬较常年同期偏低 1℃～2℃，其中 11 月下旬偏低 4.9℃，其他多数时段气温接近常年同期。

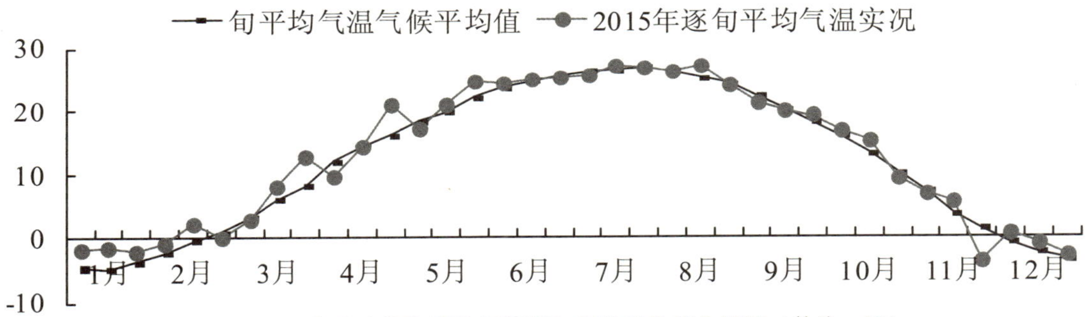

图 2　2015 年全市逐旬平均气温值与气候平均值曲线图（单位：℃）

全市年极端最高气温为 39.9℃，7 月 13 日出现在三河；年极端最低气温为 -12.2℃，1 月 31 日出现在文安。

2015 年廊坊市区与各县（市、区）年平均气温和极端气温分布表

表 3　　　　单位：℃

	三河	大厂	香河	廊坊	固安	永清	霸州	文安	大城
气温实况值	12.6	12.4	13.7	13.4	12.7	12.9	12.7	13.0	13.4
气候平均值	11.9	12.1	12.3	12.7	12.0	11.8	12.2	12.8	12.5
距平	0.7	0.3	1.4	0.7	0.7	1.1	0.5	0.2	0.9
年极端最高	39.9	38.9	39.5	38.8	39.4	38.8	38.8	37.8	38.7
出现日期	13/7	13/7	13/7	13/7	13/7	13/7	13/7	13/7	13/7
年极端最低	-11.7	-11.7	-10.6	-9.3	-11.6	-10.1	-12.1	-12.2	-12.1
出现日期	1/2	9/2	26/11	26/11	28/12	31/1	8/2	31/1	25/11

3. 日照正常

2015年全市平均日照时数为2409.7小时，比常年（2483.8小时）偏少74.1小时，属于历史上日照正常年份。各观测站日照时数差异较大，大城偏多253小时，属于历史同期显著偏多时段，而永清、霸州分别偏少324.7和224.8小时，均属于历史同期显著偏少时期。

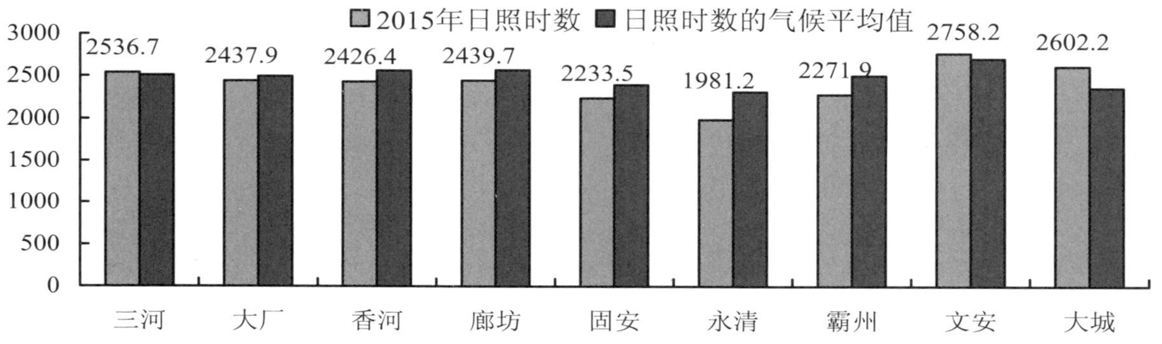

图3　廊坊市各观测站2015年日照时数与气候平均值对比图（单位：小时）

【气候事件及影响】　2015年，廊坊市遭受了雾、霾、暴雨、冰雹、大风、雷电等多种灾害性天气，给人民生产生活造成严重损失和影响。

1. 年初年末出现多次持续性雾和霾天气。2015年全市平均出现大雾天气20.7天，较常年（22天）偏少1.3天，其中1月～3月、11月～12月较多，影响比较严重的过程有：12月23日至26日全市连续出现大雾，最小水平能见度为100米，给交通运输带来较大影响。全市平均霾天数为49.7天，较2014年（62天）减少12.3天，廊坊市区记录"霾"天气达到87天，较2014年（62天）增加25天。霾成为年内影响较为严重的天气现象，其中1月13日至15日、10月14日至17日、11月27日至30日、12月6日至10日、12月20日至24日出现连续性霾天气，造成空气严重污染。

2. 七八月份降水偏少，局部出现干旱。2015年出现阶段性气象干旱，在玉米需水关键期降水偏少，6月初至7月中旬，降水较常年同期偏少70%，并分布不均，全市出现不同程度的农业干旱，降水偏少地区玉米减产。

3. 暴雨天气过程少，过程雨量小。2015年全市有四次暴雨天气过程，其中三次为单站暴雨，一次是局地暴雨，全年出现六站次暴雨。7月16日夜间至17日夜间廊坊市出现分布不均的大范围降水，全市平均降水量为36.2毫米，其中广阳、安次、固安、永清西部、霸州、文安西部雨量在40毫米～70毫米，个别乡镇雨量在80毫米～120毫米，其他地区雨量在20毫米以下。安次区葛渔城镇雨量最大，为128.9毫米。2015年暴雨总体雨量偏小，强度不大，未造成明显灾害。

4. 汛期降水偏少。2015年汛期（6月至8月，下同），全市平均降水量为261.1毫米，比常年同期（358.7毫米）偏少27.1%，属于历史同期降水偏少时段。全市汛期局地大雨或暴雨过程主要出现在7月中下旬、8月初和8月下旬。各观测站降水量实况与同期气候平均值比较：香河、文安和大城偏少

45% ~ 49%，属于历史同期夏季降水显著偏少时段；三河和大厂偏少 21% ~ 26%，为降水偏少时段；廊坊市区、固安、永清、霸州等县市偏少 3% ~ 18%，属于降水正常年份。降水量最多的是廊坊市区（342.2 毫米）比历史同期偏少 3.4%，大城雨量最少，仅为 174.1 毫米，较历史同期偏少 48.4%。

5. 大风日数显著偏少。2015 年全市平均出现大风（瞬时风速≥ 17 米 / 秒）日数为 1.7 天，较多年平均出现大风日数（14 天）显著偏少。观测记录大风最多的是文安，仅为 4 天，三河无大风，其他市县为 1 天 ~ 3 天。7 月 1 日，廊坊市区、固安、文安等 5 县市出现大风；4 月 15 日傍晚到 16 日早晨，廊坊市普遍出现 5 级左右偏北风，霸州以北县市出现扬沙天气，阵风极大风速均在 13 米 ~ 17 米 / 秒（7 级 ~ 8 级）之间，大风扬沙对开花坐果期的果树和空气质量有不利影响。

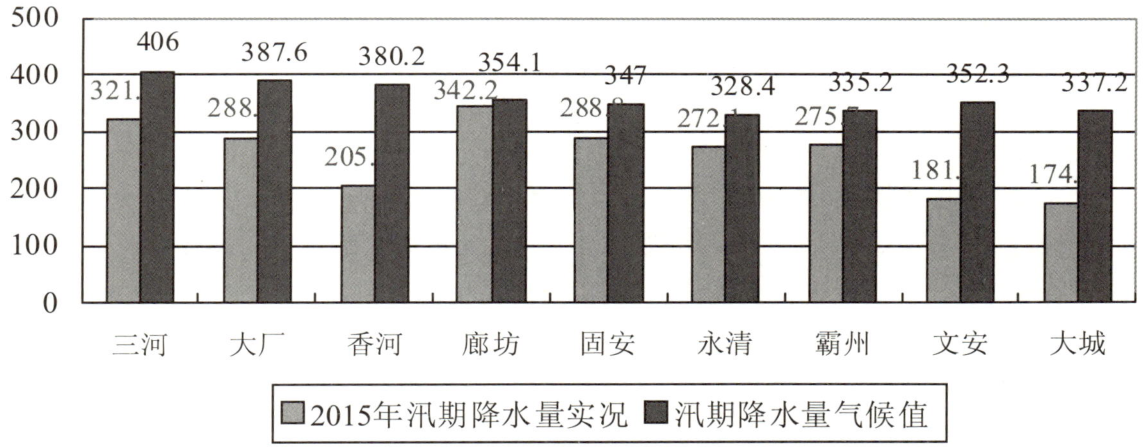

图 4　2015 年汛期各县（市）降水量实况与常年气候平均值（单位：毫米）

6. 冰雹等强对流天气。2015 年全市共出现 5 站次冰雹，其中，6 月 10 日，永清、文安部分乡镇遭受冰雹袭击，受灾人口 10400 人，农作物受灾 2306.3 公顷，其中成灾面积 1005.2 公顷，绝收面积 33.3 公顷。8 月 28 日大城县广安、南赵扶镇等多个乡镇出现冰雹等强对流天气，3291 人受灾，受灾面积 237.3 公顷，绝收 237.3 公顷。

7. 多站次出现扬沙天气。全年有 19 站次出现扬沙，4 月 15 日至 16 日连续出现大范围扬沙天气，造成空气严重污染。

（刘　召）

资　源

【水资源】　廊坊市地处海河流域中下游，素有“九河下梢”之称。境内河道、洼淀较多。主要水系有潮白蓟运河水系、北运河水系、永定河水系、大清河水系、子牙河水系。海河流域主要行洪河道除南运河不流经廊坊市外，其他河流均流经廊坊市。全市主要有泃河、引泃入潮、北运河、潮白河、青龙湾减河、永定河、白沟河、大清河、子牙河、子牙新河 10 条行洪河道，还有鲍邱河、龙河、凤河、牤牛河、中亭河、赵王河、天堂河、雄固霸新河、任文干、任河大、排干三、港河西支等排沥河道。另外，廊坊市境内还有文安洼、东淀、永定河泛区、贾口洼4个国家防总直接调度的蓄滞洪区。由于廊坊市地处海河流域下游地区，每到汛期，上游暴雨容易形成洪涝灾害。

廊坊市地处海河流域，属温带大陆性季风气候，四季分明。具有春季干旱多风，夏季炎热多雨，秋季晴朗凉爽，冬季严寒少雪特征。多年平均降水量为554.2毫米，降水年内分配不均，一般降水主要集中在汛期（6月～9月）。

2015年，廊坊市平均降水量541.8毫米，比2014年偏多42.8%，比多年平均值偏少2.4%，属平水年份。

2015年，廊坊市地表水资源量为0.7537亿立方米，地下水资源量5.482亿立方米，水资源总量5.937亿立方米。水资源总量比2014年偏多64%，比多年平均值偏少26%。

2015年，廊坊市河道径流总量13.14亿立方米，河道入境水量13.38亿立方米，河道出境水量11.70亿立方米，全市河道出入境水量之比为0.87。年内全市河道引提水总量0.9604亿立方米，年底利用河、渠、坑、塘蓄水0.9682亿立方米。

2015年，廊坊市供水量10.21亿立方米，其中地表水工程供水量2.677亿立方米，地下水开采量6.712亿立方米，其他水源供水量0.822亿立方米。全市用水量10.21亿立方米，其中，农田灌溉用水量5.366亿立方米，林牧渔畜用水量1.054亿立方米，工业用水量1.341亿立方米，城镇公共用水量0.4825亿立方米，居民生活用水量1.573亿立方米，生态与环境补水量0.3942亿立方米。

（畅金元）

【矿产资源】 廊坊位于燕山山脉的南侧，有着较为丰富的矿产资源，主要有石油、天然气、煤、熔剂白云岩、水泥用灰岩、紫砂陶瓷用黏土、海泡石，以及地下热水、矿泉水等矿产资源。煤炭主要分布于北部三河市和南部大城县境内，其中大城县煤田储量190.1亿吨，总含煤面积1040平方公里；石油和天然气主要分布在安次区、永清县、固安县、霸州市和文安县，已探明石油储量2亿吨，天然气储量186亿立方米；辖区内各区、市、县均有地下热水分布，总面积1007.9平方公里，出水口最高温度93摄氏度，极具开发价值。

【植物资源】 全市植物资源有127科，400余属，920种。栽培植物有粮食作物、豆类、薯类、油料、棉麻、烟草、药材、蔬菜、瓜类、林果、牧草11大类共100多种。

（市方志办）

人　口

据户籍统计，2015年年末，全市户籍人口460.13万人，比2014年末增加9.7万人。出生人口6.7万人，出生率为14.65‰；死亡人口1.9万人，死亡率4.07‰；净增人口4.8万人，人口自然增长率为10.58‰，比2014年降低5.27个千分点。

（市方志办）

民族·宗教

【民族】 2015年，全市有52个少数民族，少数民族152745人，比2014年增加7668人，占全市人口的3.3%。人口数最多的前三个少数民族分别是回族（78811人）、满族（50679

人）、蒙古族（10774 人）。全市有 1 个自治县（大厂回族自治县），2 个民族乡（永清县管家务回族乡、文安县大围河回族满族乡），85 个民族村（其中广阳 5 个，三河 18 个，大厂 23 个，香河 4 个，永清 6 个，固安 4 个，霸州 8 个，文安 13 个，大城 2 个，廊坊开发区 2 个）。全市有民族学校 27 所。

【宗教】 廊坊市境内分布天主教、基督教、伊斯兰教、佛教、道教 5 个宗教，信教人数达 18 万人，主要分布在全市 10 个县（市、区）和廊坊开发区的 44 个乡镇、267 个村街。其中天主教 1.7 万人、基督教 3 万人（受洗 2.2 万人，慕道友 0.8 万人）、佛教 5 万人（其中皈依 2 万人）、道教 3000 人、伊斯兰教 8 万人。百人以上的教徒聚居村 99 个，其中天主教 40 个、伊斯兰教 59 个。全市有宗教活动场所 145 处（寺观教堂 84 处、固定处所 61 处），其中天主教 35 处（教堂 24 处、固定处所 11 处）、基督教 16 处（教堂 4 处、固定处所 12 处）、佛教 37 处（寺院 9 处、固定处所 28 处）、道教 11 处（道观 1 处、固定处所 10 处）、伊斯兰教 46 处（清真寺）。宗教教职人员 218 人，其中天主教 16 人、基督教 10 人、佛教 70 人、道教 46 人、伊斯兰教 76 人。有 4 个全市性宗教团体，即市天主教爱国会、市佛教协会、市道教协会、市伊斯兰教协会。

（刘　萍）

经济和社会发展

【概况】 2015 年是国民经济和社会发展“十二五”规划的收官之年，面对复杂严峻的国内外形势，全市人民在市委、市政府的正确领导下，深入学习贯彻习近平总书记系列重要讲话精神，主动适应、积极引领经济发展新常态，抢抓机遇、顽强拼搏、砥砺奋进，胜利完成“十二五”规划主要目标任务，为“十三五”经济社会发展、决胜全面建成小康社会奠定了坚实基础。

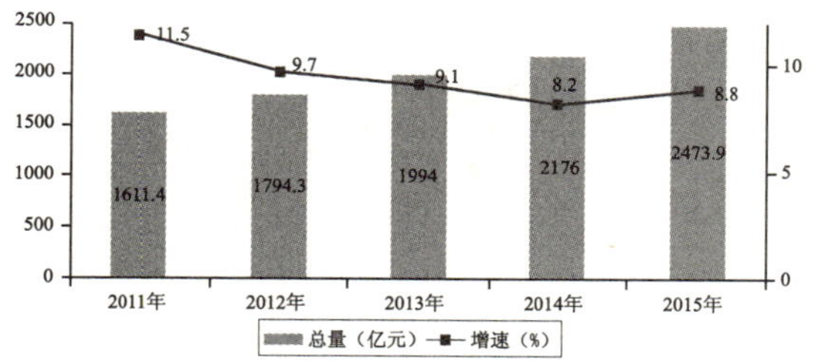

图 5　2011—2015 年全市生产总值

初步核算，全市生产总值实现 2473.9 亿元，比上年增长 8.8%。其中，第一产业增加值 206.2 亿元，增长 0.7%；第二产业增加值 1102.4 亿元，增长 6.3%；第三产业增加值 1165.3 亿元，增长 13.8%。全市三次产业结构为 8.3 ∶ 44.6 ∶ 47.1，历史性实现“三、二、一”格局；与 2011 年相比，第一产业、第二产业分别下降 2.5 和 9.7 个百分点，相应的第三产业提高 12.2 个百分点。全部财政收入占 GDP 比重 19.5%，同比提高 0.8 个百分点。“十二五”期间，全市生产总值突破 2000 亿元大关，年均增长 9.5%。

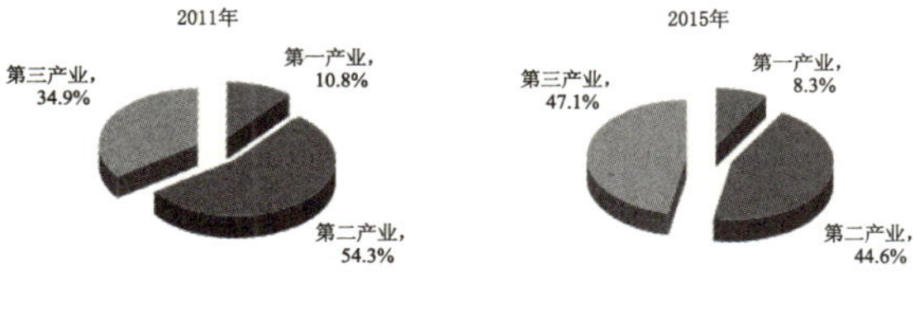

图 6　2011 年和 2015 年三次产业结构

居民消费价格比上年上涨 0.3%，同比回落 1.3 个百分点；商品零售价格下降 0.4%，回落 1.5 个百分点；农业生产资料价格下降 0.3%，回落 1.8 个百分点；工业生产者出厂价格下降 6.3%，回落 2.4 个百分点。

2015年居民消费价格分类增长情况一览表

表4　　单位：%

指　　标	比上年增长
居民消费价格	0.3
其中：城市	0.4
农村	持平
其中：食品	0.4
烟酒	-0.8
衣着	1.9
家庭设备用品及维修服务	0.8
医疗保健和个人用品	1.5
交通和通信	-2.6
娱乐教育文化用品及服务	-1.2
居住	1.0

下岗再就业人数0.76万人。年末城镇登记失业率1.89%。

【农业】 全年粮食播种面积463万亩（30.87万公顷），比上年增长0.8%；粮食总产量160.7万吨，下降5.4%。其中，夏粮产量42.7万吨，下降1.8%；秋粮产量118万吨，下降6.6%。

棉花播种面积29.5万亩（1.97万公顷），比上年下降28.6%；棉花总产量2.1万吨，下降29.7%。油料播种面积23.1万亩（1.54万公顷），增长3.9%；总产量3.9万吨，增长0.3%。

蔬菜播种面积161万亩（10.73万公顷），比上年下降3.6%；蔬菜总产量679.6万吨，下降3.7%。其中，设施蔬菜播种面积57.7万亩（3.85万公顷），下降10.8%；产量232.4万吨，下降8.7%。

肉类总产量31.3万吨，比上年下降4%。其中，猪肉产量16.9万吨，下降5.7%；牛肉产量6.1万吨，下降1.8%；羊肉产量3.1万吨，下降2.5%；牛奶总产量22.7万吨，下降3%。禽蛋产量15.5万吨，下降8.5%。

水产品产量3.5万吨，比上年下降1.2%。

农用机械总动力698.6万千瓦，比上年增长0.5%。机耕面积444.6万亩（29.64万公顷），增长0.1%；机播面积491.4万亩（32.76万公顷），下降2.4%；机收面积378.9万亩（25.26万公顷），增长2.5%。农村用电量92.6亿千瓦小时，增长2.1%。

【工业和建筑业】 全部工业增加值928.3亿元，比上年增长5.9%。其中，规模以上工业增加值增长6.1%。在规模以上工业中，分经济类型看，国有企业增加值增长8.5%，集体企业增长12.7%，股份制企业增长5.1%，外商及港澳台企业增长7.4%；分轻重工看，轻工业增长7.7%，重工业增长5.5%。

规模以上工业行业中，黑色金属冶炼压延加工业、计算机通信及其他电子设备制造业、汽车制造业和家具制造业四大行业支撑作用较强，拉动全市规模以上工业增长4.1个百分点；五大高耗能行业（见说明4）实现增加值234.3亿元，增长3.3%，同比降低6.1个百分点；装备制造业增加值201.8亿元，增

2015年全市规模以上工业主要产品产量情况一览表

表5

产品名称	单　位	产量	比上年增长（%）
精炼食用植物油	万吨	66.8	24.5
服装	万件	738.8	27.2
家具	万件	731.1	5.0
纸制品	万吨	75.2	29.3
初级形态塑料制品	万吨	9.8	1.1
水泥	万吨	207.3	-75.3
平板玻璃	万重量箱	472.3	-51.5
钢材	万吨	2552.9	15.6
发电量	亿千瓦小时	64.9	-9.7

长 5.9%；规模以上工业高新技术产业增加值 170.2 亿元，增长 12%。其中，电子信息和高端装备制造两个领域增加值分别增长 16.5% 和 13.8%，两大领域占规模以上工业高新技术产业增加值的比重均超 40%。

规模以上工业企业实现利税 257.2 亿元，比上年下降 4.5%。其中利润总额 161.8 亿元，下降 5.5%。

建筑业实现增加值 174.2 亿元，比上年增长 8.6%。资质等级以上建筑业企业房屋施工面积 3630.9 万平方米，下降 0.5%；房屋竣工面积 1048.9 万平方米，下降 4.3%。

【固定资产投资】 全社会固定资产投资完成 2166.8 亿元，比上年增长 15.1%。其中，固定资产投资（不含农户）2133.8 亿元，增长 15.2%；农户投资 33 亿元，增长 9.8%。“十二五”期间，全社会固定资产投资年均增长 21.1%。

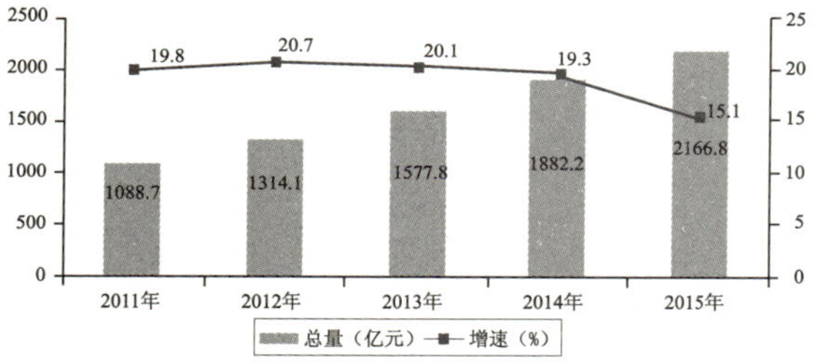

图 7　2011—2015 年全社会固定资产投资

在固定资产投资（不含农户）中，第一产业投资 27.7 亿元，比上年增长 41.2%；第二产业投资 1059.2 亿元，增长 20%；第三产业投资 1046.9 亿元，增长 10.2%。在第二产业投资中，工业投资 1059.2 亿元，增长 20.2%，高于固定资产投资 5 个百分点。其中工业技改投资 683.7 亿元，增长 19.3%，占工业投资的 64.5%。

全市施工项目 1194 个，比上年增长 9.1%，完成投资 1462.9 亿元，增长 10%。其中，新开工建设项目 858 个，增长 11.7%，完成投资 859.8 亿元，增长 14.3%。

房地产开发投资 670.9 亿元，比上年增长 28.5%。其中，商品住宅投资 558.4 亿元，增长 27.8%；办公楼投资 10 亿元，增长 51.2%；商业营业用房投资 43.7 亿元，增长 14.4%。

【国内贸易】 社会消费品零售总额实现 793.2 亿元，比上年增长 9.6%。其中，限额以上企业（单位）消费品零售额 192 亿元，增长 4.3%。按经营地统计，城镇消费品零售额完成 422.9 亿元，增长 10.2%，乡村消费品零售额完成 370.3 亿元，增长 8.9%，城镇市场快于乡村市场 1.3 个百分点。“十二五”期间，社会消费品零售总额年均增长 13.6%。

在限额以上批发和零售企业商品零售额中，占比前十的类别有汽车类增长 3.3%，粮油食品类增长 8.6%，家用电器和音像器材类增长 6.4%，服装、鞋帽、针纺织品类增长 2.7%，日用品类增长 0.3%，中西药品类增长 39.1%，书报杂志类增长 20.4%，通信器材类增长 23.2%。石油制品类与金银珠宝类呈负增长，分别下降 6% 和 8%。

【对外经济】 实际利用外资 75593 万美元，比上年增长 5.4%，同比提高 0.7 个百分点。其中，外商直接投资 66753 万美元，增长 1.4%。在外商直接投资中，投向一、二、三产业的外资分别为 950 万美元、34972 万美元和 30831 万美元。房地产业、计算机通信和其他电子设备制造业、金融业投资居前，分别为 20630 万美元、15189 万美元和 8683 万美元，三行业占外商直接投资比重为 66.7%。“十二五”期间，全市实际利用外资年均增长 9%。

从批准、注册情况看，年内新批项目28个，比上年增加10个；总投资（含增资）146851万美元，增长39%，其中合同外资额（含增资）70409万美元，增长45.1%。年内新注册项目25个，比上年增加5个；注册资本44105万美元，增长52.2%，其中外方注册资本43975万美元，增长1.1倍。年末实有三资企业501家。

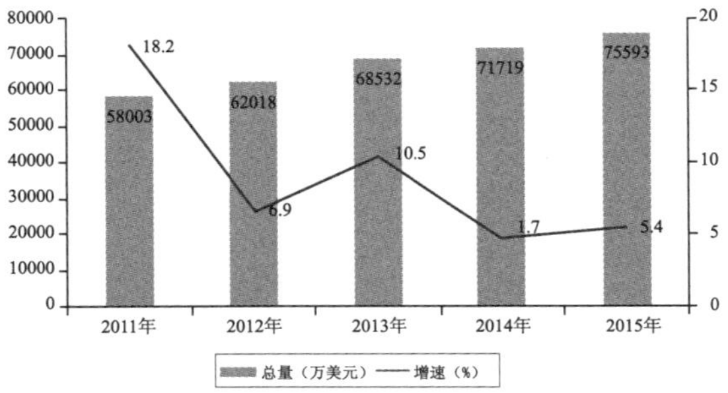

图8　2011—2015年全市实际利用外资

据海关统计，全市进出口总值48.6亿美元，比上年下降8.2%。其中出口总值23.4亿美元，下降4.9%；进口总值25.1亿美元，下降11.1%。

【交通、邮电和旅游】 全市加快推进京津路网对接项目，努力拓展廊坊发展承载空间，重点打造“现代立体交通平台”。截至2015年底，廊坊市公路通车里程10521公里，路网密度164公里/百平方公里。高速公路方面，境内已通车高速公路8条段（G1N京秦、G1京哈、G2京沪、G3京台、G18荣乌、G45大广、S3廊沧、S24廊涿），总里程341公里；普通干线公路方面，境内共有25条，总里程736公里，其中国道5条，总里程194公里；省道20条，542公里。另外，农村公路9443公里。

全市9个县（市、区）均已通达北京公交车。市区开通了首都机场客运专线。

全市邮电业务收入完成44.3亿元，比上年下降2%。其中，邮政业务收入3.1亿元，下降6.1%。年末固定电话用户72.3万户，移动电话用户506.3万户，互联网宽带接入用户数86.4万户，互联网宽带接入端口220.5万个。

全年共接待游客2026.6万人次，比上年增长22.4%，实现旅游收入201.9亿元，增长32.2%。其中，接待国际游客13.7万人次，增长3.9%，创汇5472.2万美元，增长1倍；接待国内游客2012.9万人次，增长22.6%，创收198.6亿元，增长31.4%。

【财政和金融】 全部财政收入完成481.3亿元，比上年增长18.3%。其中，一般公共预算收入完成303.4亿元，增长21.1%。一般公共预算支出486.9亿元，增长61%。

年末全部金融机构各项存款余额5011.1亿元，比年初增加1077.4亿元。其中住户存款余额2385.3亿元，比年初增加288.2亿元。各项贷款余额3420.9亿元，比年初增加801.8亿元。

【教育和科学技术】 全市各类中等职业教育学校招生1万人，在校生2.8万人；普通高中招生2.4万人，在校生7.1万人；高中阶段教育毛入学率为92.3%，比上年提高0.6个百分点；初中学校招生4.5万人，在校生13.9万人；普通小学招生8.3万人，在校生40.4万人；全市各类幼儿园在园幼儿15.1万人；特教学校在校生1006人；小学附设学前班在校生5.3万人。2015年高考报名考生1.8万人，其中本一、二、三段上线人数分别为1905人、3206人和5707人；体育、艺术本科提前批上线1326人。

经省科技厅认定的全市高新技术企业

154家。登记科技成果98项，其中国际领先2项，国际先进9项，国内领先59项，国内先进28项。14项科技成果荣获省科学技术奖，其中突出贡献奖1项，技术发明奖2项，科学技术进步奖11项。全市科学技术进步奖60项。专利申请3777项，其中发明专利797项。专利授权2962项，其中发明专利299项。

【文化、卫生和体育】 全市有公有制艺术表演团体9个，艺术表演场所（公有制）6个，群众艺术馆2个，文化馆9个，公共图书馆11个，博物馆4个。

年末全市有乡以上医疗卫生机构1234个，其中医院113个，疾病预防控制中心11个，妇幼保健院（所、站）10个。年末医疗卫生机构（医院、卫生院）共有床位17906张，其中医院拥有14074张，卫生院拥有3832张。全市拥有卫生技术人员21886人，其中执业医师7426人，执业助理医师2008人。乡镇卫生院90个，乡镇卫生院卫生技术人员2569人。全年参加新型农村合作医疗302.1万人，参合率达到97%。

《全民健身实施计划（2011—2015年）》各项目标如期完成，农村和城市社区健身设施覆盖率分别达到70%和85%以上。截至年底，全市登记注册各类体育社会组织116个，街道乡镇级体育组织87个，全民健身点175个；拥有各级社会体育指导员4800人，体育人口159万人，占总人口的35.3%。元旦长跑、全民健身日、游园健步走、自行车耐力骑行、广场舞展示、市直机关体育运动会等大型群众性体育活动继续开展并日臻完善。竞技体育队伍建设全面加强，面向全国引进高水平教练员35人，向省级以上专业队伍输送优秀运动员39人。

【人口、人民生活和社会保障】 年末全市户籍人口460.1万人，比上年末增加9.7万人。出生人口6.7万人，出生率为14.65‰；死亡人口1.9万人，死亡率4.07‰；净增人口4.8万人，人口自然增长率为10.58‰，比上年降低5.27个千分点。

城镇居民人均可支配收入为31925元，比上年增长8.5%；农村居民人均可支配收入为13159元，增长8.6%。城镇居民人均消费性支出22152元，增长11.5%；农村居民人均消费性支出10654元，增长7.1%。

各类企业参加养老保险人数（含省直管县数据）67.4万人，其中在岗职工58.6万人，离退休人员8.8万人。机关事业单位基本养老保险参保人数19万人，其中在岗职工14.2万人，离退休人员4.8万人。企业和机关事业单位养老保险金社会发放率和足额发放率均为100%。城镇医疗保险参保人数99.4万人，新增3.1万人。职工失业保险参保人数27.8万人，新增1.3万人。城乡居民养老保险参保人数215.4万人，参保率达到99.2%。全市共有6.1万人享受居民最低生活保障，减少1.8万人。其中，城镇居民1万人，农村居民5.1万人。

【城市建设和环境保护】 全市建成区绿化覆盖率为45.34%，绿地率41.96%，人均公共绿地面积13.7平方米。年末城市道路总长度504公里，道路总面积987.4万平方米。排水管道长度624.3公里。天然气管道总长度1269公里。供热管道总长度924公里，城市集中供热面积2148万平方米。有水厂5座，日产水能力16.9万立方米，管线总长度311.4公里，5座水厂全年供水量为4048.1万立方米。市区公交线路34条，运营里程790公里，运营车辆556辆。

全年市区空气质量综合指数7.89，空气

质量二级以上天数185天，城市空气质量达标率为50.7%，比上年提高8.8个百分点。

说明：

1. 本公报2015年部分数据为快报数。

2. 农业生产条件和城市建设相关数据为初步数据。

3. 全市生产总值、各产业增加值绝对值按现行价格计算，增长速度按不变价计算。

4. 全市规模以上工业企业五大高耗能行业分别为非金属矿物制品业、化学原料和化学制品制造业、黑色金属冶炼和压延加工业、石油加工炼焦和核燃料加工业、电力热力生产和供应业。

5. 财政、金融、外贸、旅游、物价、交通、邮电、教育、科技、文化、卫生、体育、社保、城建，及环保等指标均依据相关部门所提供数据。

（苏文侠）

2015年廊坊市农村经济形势

2015年，廊坊市认真贯彻中央1号文件和农村工作会议精神，适应经济发展新常态，全面落实各项惠农政策，推进农业结构调整，加快农业产业化经营，全市农村经济保持了平稳的增长态势。

一、基本情况及特点

2015年，全市实现农林牧渔总产值381.2亿元，比上年增长0.6%。从内部结构看，农业实现产值230.9亿元，增长1.1%；林业实现产值11.5亿元，增长6.2%；牧业实现产值125.5亿元，下降1%；渔业实现产值5.3亿元，增长0.5%；农林牧渔服务业实现产值8亿元，增长4.7%。农林牧渔业实现增加值209.8亿元，增长0.7%，全市农林牧渔业整体运行平稳。农村居民人均可支配收入达到13159元，增长8.6%。

（一）粮棉产量下降，特色蔬菜贡献突出

1. 粮食、棉花和油料生产“两降一升”。2015年粮食播种面积463万亩（30.87万公顷）、增长0.8%，粮食总产量160.7万吨、下降5.4%。受比较效益影响，粮食播面呈现夏粮降、秋粮增的态势。全年夏粮播种面积108.9万亩（7.26万公顷），下降2.8%，总产量42.4万吨，下降1.8%；秋粮播种面积352.9万亩（23.53万公顷），增长2%，但由于受干旱气候条件影响，秋粮明显减产，秋粮总产量118万吨，下降6.6%。

受气候条件和价格下降因素影响，棉花生产大幅下降，2015年播种面积29.5万亩（1.97万公顷），下降28.6%，总产量2.1万吨，下降29.7%。油料作物播种面积23.1万亩（1.54万公顷），增长3.9%，总产量3.9万吨，同比增长0.3%。

2. 蔬菜整体下降，特色品种增势较快。2015年全市蔬菜播种面积161万亩（10.73万公顷），下降3.6%，总产量679.6万吨，下降3.7%。其中，设施蔬菜播种面积57.7万亩（3.85万公顷），下降10.8%，总产量232.4万吨，下降8.7%。2015年全市水生蔬菜（主要为莲藕）、食用菌、鲜切花等特色蔬菜品种增长较快，产量分别为4.1万吨、0.7万吨、0.2万吨，分别增长28.1%、60.7%、6.6%。

3. 园林水果获得丰产。2015年全市园林水果总产量71.6万吨，增长2.8%。增长点主要是梨、葡萄。其中梨产量22.1万吨，增长6.7%，葡萄产量12.4万吨，增长27.2%。主要水果品种苹果产量15.7万吨，下降8.3%，桃产量14.3万吨，增长0.9%，红枣产量4.8万吨，下降12.8%。

总体看，全市粮棉主要农产品虽然播种面积、总产量有所下降，但受益于种植内部结构调整、特别是特色蔬菜增长较快的影响，全市农业经济仍呈增长态势。2015 年农业实现产值 230.9 亿元，增长 1.1%，农业对全市农林牧渔总产值增长的贡献率为 108.2%。

（二）林业生产快速增长

2015 年，全市强力开展环境污染治理，大力推进生态建设，持续实施“两年攻坚战，造林一百万”工程，使林业生产成为全市农业增长亮点。2015 年全市实现林业产值 11.5 亿元，增长 6.2%。新增造林面积 32278 公顷，新增育种育苗 3330 公顷，四旁零星植树 490 万株，森林抚育面积 51860 公顷，商品材产量 33369 立方。

（三）畜牧业生产不容乐观

2015 年全市牧业实现产值 125.5 亿元，下降 1%。全市猪出栏 224.4 万头，下降 5.8%，牛出栏 38.7 万头，下降 1.3%，羊出栏 224 万只，下降 3.2%，家禽出栏 3305.1 万只，下降 0.3%；肉类总产量 31.3 万吨，下降 4%，禽蛋总产量 15.5 万吨，下降 8.5%，牛奶总产量 22.7 万吨，下降 3%。2015 年末全市生猪存栏 119.9 万头，下降 12%，牛存栏 31.2 万头，下降 10.4%，羊存栏 153.3 万只，下降 8.3%，家禽存栏 2131.2 万只，下降 4.3%。全市畜牧业生产形势低迷，后劲不足。

（四）渔业生产平稳

2015 年，全市实现渔业产值 5.3 亿元，增长 0.5%。全市水产品总产量为 3.5 万吨，下降 1.2%。其中，海水产品产量 0.5 万吨，下降 1%；淡水产品产量 3 万吨，下降 1.2%。渔业的平稳增长得益于品种结构的优化，价格较高的虾蟹类占水产品总量 1.4%，占比较 2014 年提高了 0.02 个百分点。

（五）农林牧渔服务业稳定增长

2015 年，全市农林牧渔服务业实现产值 8 亿元、增加值 3.7 亿元，同比分别增长 4.7%、4.7%。农林牧渔服务业产值占农林牧渔总产值的 2.1%，较 2014 年提高 0.1 个百分点，实现稳步增长。

二、存在问题

（一）传统农业发展空间受限

随着第二产业和第三产业快速发展、城镇化进程加快，廊坊农业受土地、水资源“双紧”约束，以及市场高风险和劳动力高成本的“双高”压力，发展空间被进一步挤压。在这种经济形势下，广大农民生产积极性不高。2015 年全市 10 个县（市、区）中有 5 个县农林牧渔总产值呈下降趋势，其中下滑最快的是固安县，该县农林牧渔总产值下降 12%。

（二）农业产业化程度不高

虽然近年来全市农业产业化发展势头良好，但农业龙头经营组织数量、规模相对较小，产业链较短，对经济发展和农户的带动力不强。2015 年，全市农业产业化龙头经营组织 70 个，实现销售收入 178.3 亿元，农业产业化经营率 58%。全市农业“产加销”一体化建设仍不完善，主导产业辐射带动功能不强，小生产与大市场之间的矛盾还没有得到根本解决，农业产业化整体水平还需提升。

（三）农业服务体系建设滞后

截至 2015 年底，全市尚未建立完善的农业社会服务体系，农技推广、动植物疫病防控、农产品质量检测、农业信息化体系尚不健全，不能更好地适应农业可持续发展的需要。全市农村中介服务组织发育迟缓，达到列统规模的农业中介服务组织仅 7 家，从业人员 318 人。

三、对策建议

（一）树立现代农业理念

农业是民生之本，强国之基。在经济发展新常态、京津冀协同发展大背景下，廊坊更应重视农业生产，继续强化农业基础地位，树立现代农业理念。要认真贯彻落实党的十八届五中全会提出的“大力推进农业现代化，加快转变农业发展方式，走产出高效、产品安全、资源节约、环境友好的现代化道路”，积极破解资源制约，围绕都市型、城郊型、生态型农业发展定位，大力推进农业规模化发展、园区化建设、标准化生产，全面提升农业核心竞争力，努力把廊坊农业做成“高精尖”，实现可持续健康发展。

（二）持续优化产业结构

进一步深入对接京津，充分发挥廊坊区位优势，以品种调新、质量调优、效益调高、产业调强为目标，优化农业产业结构。一是做强特色产业。围绕畜牧养殖、无公害蔬菜、优质粮油、林果花木等传统优势主导产业，优化资源配置，适度推广观赏花卉、盆景园艺、特种养殖等新型农业载体，进一步丰富农产品结构。二是推进产业融合发展。破除传统农业种植养殖的局限，实现从育种育苗、种植养殖，到生产加工、销售服务，再到观光采摘、旅游服务为一体的新型农业业态融合发展，充分发挥农业生产、生活、生态功能，拓展农业发展空间。三是加快发展农村服务业。围绕京津市场需求特点，以现有农业专业市场、中介服务组织为构架，依托廊坊区位优势，大力发展农村服务业，建立特色强、辐射大的农产品交易批发市场及相关中介服务组织，形成辐射京津冀的农村服务业产业链。

（三）提高农业产业化经营水平

以农村土地承包经营权有序流转为抓手，通过规划引领、政策扶持、典型示范等措施，实现农业生产的专业化、标准化、规模化、集约化，全力提升农业产业化经营水平。一是大力发展现代农业园区。坚持园区特色化、生产标准化、产品品牌化发展，重点抓好固安、大厂等省级现代农业园区建设，充分发挥园区产业聚集作用，推动一二三产融合、产销旅一体化发展。二是加强龙头企业扶持。以发展农产品精深加工为突破口，支持鼓励康达、占祥粮油等重点龙头企业应用“物联网+”技术发展生产，拓展销售业态，扶持壮大龙头企业。三是大力发展绿色农业。加快推广农业标准化生产，引导支持企业开展“三品一标”认证，完善基地环境、生产技术规范等标准，健全农产品质量安全全程控制和可追溯制度，加快基地标准化建设步伐，提高农产品质量安全水平。

（四）加快农业服务体系建设

一是强化部门服务农业意识。加大金融信贷、科技投入，加强基层农业技术推广网络建设；二是加强农田水利基础设施建设。着力建设一批高效节水示范园区，提高农业生产能力。三是健全动物疫病防控体系建设，保障畜牧业健康持续发展。四是畅通农业信息渠道。探索发展“互联网+农业”“物联网农业”等新型模式，以永清国家级电子商务进农村综合示范基地建设为契机，加快建设县域特色产业电商交易平台，实现全市农村电商服务体系全覆盖。

（史月英）

2015年廊坊市规模以上工业生产运行情况

一、运行走势

2015年，全市规模以上工业保持“稳中有进”的增长态势，并以6.1%的同比增速收官，比全省水平高1.7个百分点，居全省第二位。全市规模以上工业实现增加值721.6亿元，同比增长6.1%，比上年同期回落2个百分点，与1月—11月持平。

分月看，全市规模以上工业增加值累计增速保持“稳中有进”的增长态势，2月以6.1%开局，3月降至6%，4月、5月平稳增长，

6月达到全年最高点6.3%，7月、8月持续走低，9月降至全年最低点5.8%，10月、11月、12月三个月略有回升，分别为5.9%、6.1%、6.1%，最高与最低增速相差仅为0.5个百分点。从全国、全省看，全国最高与最低增速相差0.7个百分点，全省相差0.8个百分点。全市规模以上工业增加值增速走势与全国、全省基本保持一致。

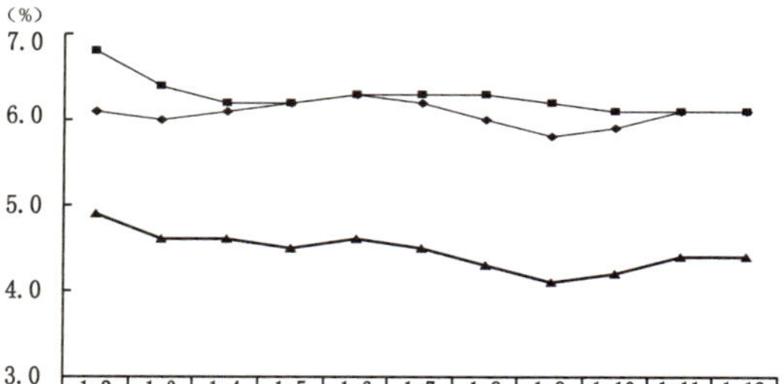

	1-2月	1-3月	1-4月	1-5月	1-6月	1-7月	1-8月	1-9月	1-10月	1-11月	1-12月
廊坊市	6.1	6.0	6.1	6.2	6.3	6.2	6.0	5.8	5.9	6.1	6.1
全国	6.8	6.4	6.2	6.2	6.3	6.3	6.3	6.2	6.1	6.1	6.1
全省	4.9	4.6	4.6	4.5	4.6	4.5	4.3	4.1	4.2	4.4	4.4

图9　2015年全国、全省、全市规模以上工业增加值走势图

二、运行特点

（一）四大行业拉动明显

2015年，全市规模以上工业33个行业大类中，25个行业增加值同比增长，占75.8%。其中，黑色金属冶炼压延加工业、计算机通信其他电子设备制造业、汽车制造业、家具制造业四大行业拉动作用明显，共拉动全市规模以上工业增加值增长4.1个百分点，贡献率达67.2%。

（二）结构调整步伐加快

轻工业增长快于重工业。2015年，全市规模以上轻工业实现增加值203.8亿元，同比增长7.7%，比上年同期提高5.2个百分点，对全市规模以上工业的贡献率为33.5%，同比提高25.2个百分点；重工业实现增加值517.8亿元，同比增长5.5%，比上年同期降低4.8个百分点，对全市规模以上工业的贡献率为66.5%，同比降低25.2个百分点。轻工业增长快于重工业2.2个百分点。

装备制造业、电子信息制造业双星闪耀。2015年，作为全市结构调整的装备制造业和计算机通信电子设备制造业两大行业保持了较快的增长速度，占比进一步提高。其中，装备制造业实现增加值201.8亿元，同比增长5.9%，占全市规模以上工业的比重为28%，同比提高1.3个百分点；计算机通信电子设备制造业实现增加值59.7亿元，同比增长14%，占全市规模以上工业的比重为8.3%，同比提高3.7个百分点。两个行业占比达36.3%，同比提高5个百分点。

高耗能行业比重降低。2015年，全市高耗能行业实现增加值234.3亿元，同比增长3.3%，比上年同期降低6.1个百分点；占全市规模以上工业的比重为32.5%，比上年同期降低5.8个百分点。其中，黑色金属冶炼压延加工业和化学原料化学制品制造业，增加值占全市规模以上工业的比重分别为17.1%和5.9%，同比分别降低3.6个、1.9个百分点，下降明显。

（三）大中型企业贡献突出

2015年，全市162家大中型工业企业实现增加值404.1亿元，同比增长8.8%，比上年同期提高1.9个百分点，高于全市平均水平2.7个百分点；拉动全市规模以上工业增加值增长5个百分点，同比提高1.1个百分点；对全市规模以上工业的贡献率为82%，同比提高33.3个百分点。

三、存在问题

（一）工业发展后劲不足

到2015年底，全市新增入统工业企业137家，其中，新增新投产企业只有12家，规下升规模以上企业125家，而2015年底不够2000万元退出企业则达94家，因此，全市仅净增43家。净增规模以上企业个数少、工业发展后劲不足，成为制约全市工业经济发展的重要因素。

（二）股份制企业贡献降低

2015年，全市规模以上股份制企业实现增加值517.3亿元，同比增长5.1%，比上年同期回落2.6个百分点，低于全市平均水平1个百分点；拉动全市规模以上工业增加值增长3.6个百分点，同比降低1.8个百分点；对全市规模以上工业的贡献率为59%，同比降低8.2个百分点。

（三）减停产企业占比高

2015年，全市1222家规模以上工业企业中，减停产企业共587家，比上年同期增加103家，占全部规模以上工业的48%，同比提高7个百分点。分县（市、区）看，6个县（市、区）减停产企业个数占该县（市、区）列统企业的一半以上，分别是：固安县67.5%、廊坊开发区59.4%、广阳区58.1%、大城县57.5%、霸州市55.4%、永清县52.2%。

2015年全市规模以上工业减停产企业情况一览表

表6　　单位：个、%

地区名称	企业个数	减停产企业数			减产超50%企业数	减停产占比
		合计	减产企业数	停产企业数		
廊坊市	1222	587	557	30	140	48.0
安次区	47	21	21	0	6	44.7
广阳区	31	18	17	1	1	58.1
三河市	194	76	63	13	27	39.2
大厂县	62	26	24	2	8	41.9
香河县	158	40	40	0	15	25.3
固安县	80	54	53	1	13	67.5
永清县	69	36	36	0	6	52.2
霸州市	202	112	104	8	21	55.4
文安县	130	58	56	2	7	44.6
大城县	106	61	61	0	19	57.5
廊坊开发区	143	85	82	3	17	59.4

（四）各县（市、区）发展高低不一

2015年，各县（市、区）规模以上工业增加值增速高低不一，其中安次区、香河县、三河市、大城县、文安县5县（市、区）完成全年必保目标，香河县完成全年争取目标，其余县（市、区）未完成全年目标任务，最高的安次区与最低的广阳区高低相差10.2个百分点。

2015年各县（市、区）规模以上工业增加值情况一览表

表7

地区名称	增加值（万元）	增速（%）	目标任务	
			必保（%）	争取（%）
廊坊市	7216256	6.1	8	9
安次区	669353	10.7	10	11.5
广阳区	206990	0.5	7	8
三河市	1874965	8.1	8	10
大厂县	163763	5.8	8	9
香河县	724510	9.5	7	8
固安县	279759	9.8	10	12
永清县	141849	2.1	7	8
霸州市	1618013	6.6	11.5	13
文安县	417001	6.7	6	8
大城县	268876	8.0	8	8.5
廊坊开发区	851177	3.0	8	9

四、发展建议

（一）强项目，增后劲

加快项目建设进度。落实责任、明确分工，加大工业投资项目的跟踪服务力度，深入了解项目实际情况，协调解决相关问题，确保签约项目早落地，落地项目早开工，开工项目早投产，投产项目早达标。

加大企业列统力度。相关部门应全面掌握工业投资项目的投产达标情况，对投产企业生产经营情况重点监测，切实做到新投产够规模工业企业及时入统，增强工业发展后劲。

（二）调结构，重新兴

改造提升传统产业。改造提升黑色金属冶炼压延、木材加工及家具制造、食品加工等传统产业，积极推进产品深加工、精加工，拉长产业链，引导企业开展技术改造和技术创新，加强对现有企业生产装备、工艺条件的改造提升，确保传统产业平稳较快发展。

大力发展战略性新兴产业。在政府的引导下，加快构建以企业为主体、市场为导向、产学研相结合的技术创新体系，做大做强电子信息制造业、装备制造业、医药制造业、新能源、新材料等战略性新兴产业。坚持“有中生新”改造提升传统产业和“无中生有”发展战略性新兴产业。

（三）强服务，优环境

落实各项鼓励和促进企业发展的政策措施。相关部门要认真贯彻落实各项扶持政策，发挥好政策效用，切实解决企业生产经营中面临的困难和问题。

优化企业发展环境。相关部门应本着提高行政效率和切实减轻企业负担的原则，加强部门之间横向合作，联合行政，尽可能少占用企业时间和精力。坚决制止乱收费、乱摊派、乱罚款等现象发生，为企业营造良好的发展环境。

（李晓健）

2015 年全省设区市规模以上工业增加值情况一览表

表 8

地区名称	增加值（亿元）	增速（%）
全　省	11244.7	4.4
廊坊市	721.6	6.1
石家庄市	2117.3	6.0
承德市	468.1	4.0
张家口市	404.7	4.2
秦皇岛市	331.9	4.1
唐山市	2739.2	4.3
保定市	1062.0	4.7
沧州市	1257.3	6.9
衡水市	460.0	5.0
邢台市	576.7	4.2
邯郸市	1107.2	4.7

说明：分市增加值数据为含直管县数据

2015 年廊坊市经济金融运行情况分析

一、经济运行情况

2015 年，全市经济进入新常态，增长速度进一步放缓，宏观经济持续下行压力不减，微观上企业生产经营困难持续加剧，宏观经济热度指数从年初开始震荡下行，四季度甚至下降至 0，达到历年最低点，宏观经济热度预期指数也仅为 7.14%，同为历年最低点。

经济总量企稳回升。2015 年，全市地方生产总值完成 2401.9 亿元，增速为 8.8%，同比加快 0.6 个百分点；规模以上工业效益改善。1—11 月，规模以上工业企业利润总额 134.3 亿元，增速为 -1.3%，同比回升 8.3 个百分点，亏损企业亏损额 20.8 亿元，同比下降 28.7%；财政收入稳步增长。1—12 月，财政收入完成 481.3 亿元，增速为 18.3%，同比提高 1.8 个百分点，其中，公共财政预算收入完成 303.4 亿元，增速为 21.1%，仅同比稍回落 0.8 个百分点；价格指数低位上扬。1—12 月，居民消费价格总指数为 100.3%，同比回落 1.3 个百分点，年初开始，价格指数较 2014 年同期处于低位，整体呈上扬趋势。

工业生产形势低迷。1—12 月，工业增加值完成 721.6 亿元，增速为 6.1%，同比下降 2 个百分点；固定资产投资显著放缓。1—12 月，固定资产投资完成 2133.8 亿元，增速为 15.2%，同比回落 4.1 个百分点，其中，房地产投资完成670.9亿元，增速为28.5%，同比回落43.6个百分点；市场消费增速回落。1—12月，社会消费品零售总额完成793.2亿元，增速为9.6%，同比回落2.7个百分点。

二、金融运行情况

存款总量增势强劲。截至2015年12月末，全市金融机构本外币各项存款余额5011.1亿元，比年初增加1077.4亿元，增量是2014年同期的1.6倍，增速为27.4%，同比提高7.4个百分点。其中，增量、增速均位居全省第一位。

住户存款实现稳增。住户存款比年初增加288.2亿元，同比多增54.7亿元，其中，活期存款比年初增加135.3亿元，同比多增71.9亿元，定期及其他存款比年初增加152.9亿元，同比少增17.2亿元。股市持续低位震荡、消费活跃度提升、理财兑付及工资沉淀、拆迁补偿款等都促进了住户活期存款的增加。同时，在实体经营不景气背景下，住户中的个体经营户增加活期存款以应对经营活动中的不确定因素。非金融企业存款大幅增加。非金融企业存款比年初增加713.1亿元，同比大幅多增480.7亿元，受经济下行影响，企业收缩生产经营，投资需求减弱，银行存款有所增加。其中，活期、定期及其他存款增量分别是2014年同期的4.5倍、2.5倍。三季度开始，企业活期存款增速明显加快，由9月末的12.4%提高到12月末的49.9%，受经济下行、企业经营景气度下降、结算项下应收账款高企等因素影响，企业为保持资金流动性、应对不确定性因素而增加预防性存款，运营往来款项较往年增加。广义政府存款同比少增。广义政府存款比年初增加62.3亿元，同比少增93.8亿元，主要是由于财政性存款比年初减少31.9亿元，同比反转少增116.5亿元。在经济进入“新常态”宏观背景下，廊坊市经济发展总体呈现稳中趋缓态势，2015年，全市地方级税收收入260.1亿元，增速同比下降2.3个百分点，财政收入减少，加之推进传统产业转型升级等使财政专项资金支出增加，广义政府存款同比少增。

廊坊银行年内存款增量最为显著，比年初增加370.8亿元，同比多增272.4亿元，主要是企业保证金存款比年初增加189.7亿元，同比多增167.2亿元。此外，工商银行、建设银行、农村信用社存款分别比年初增加153.6亿元、89.1亿元、85.2亿元，存款增加主要集中在企业活期、个人活期存款，分别增加共计119.7亿元、49.9亿元。以上四家机构存款增量占存款总增量的64.9%。

年内存款增量主要集中在市辖区、三河市、霸州市，存款分别比年初增加530.5亿元、138.2亿元、96亿元，增量共计764.7亿元，占存款总增量的71%；从增速看，大厂县、市辖区、香河县分别比年初增长53.8%、33.8%、28.5%，分别同比提高34.7个百分点、10个百分点、7.1个百分点。

贷款总量大幅增长。截至2015年12月末，全市金融机构本外币各项贷款余额3420.9亿元，比年初增加801.8亿元，增量是2014年同期的2倍，增速为30.6%，同比提高12个百分点。其中，增量、增速分别位居全省第二、第一位。

住户贷款呈倾斜性增加。住户贷款比年初增加635.7亿元，增量是2014年同期的2.2倍，主要是中长期贷款增量较大，其中，消费贷款增量是2014年同期的2.2倍，年内贷款增量的66%都集中在住户中长期消费贷款，同比提高8.2个百分点。其中，个人购房贷款比年初增加541.7亿元，占住户贷款增量的85.2%；非金融企业及机关团体贷款平稳增加。非金融企业及机关团体贷款比年初增加166.5

亿元，增量是2014年同期的1.4倍。短期贷款与票据融资增量占企业贷款增量占比一减一增，前者减少25.2个百分点，后者则增加25.5个百分点，中长期贷款占比下降1.3个百分点。一方面，企业短期资金周转需求增加，投资扩张意愿降低；另一方面，票据融资风险低、期限短、利息稳，金融机构更加注重低风险资产配置，通过票据融资进行资金运营，对短期贷款形成一定替代作用；再次，廊坊市部分传统行业涉及产能过剩和环境治理重点，贷款政策对其均有限额限制，通过票据融资可满足对该类企业的信贷支持。

第三产业贷款投放增速加快。服务业作为产业转型升级的重要突破口，服务业信贷投放实现大幅度增长，信贷结构也不断优化。截至12月末，全市第三产业贷款余额607.6亿元，比年初增加50.7亿元，增量为2014年同期的2.1倍，增速为9.1%，同比提高4.5个百分点；第二产业贷款余额751.4亿元，比年初增加51.1亿元，增速仅为7.3%，同比下降个百分点5.2个百分点，主要是受到制造业贷款增速同比下降11.9个百分点影响；环首都区县贷款增速显著加快。环首都区县贷款比年初增加共计722.7亿元，占全部贷款增量的90.1%，增速为34.8%，同比提高13.7个百分点，且五个地区贷款增速均不同程度提高，以固安县、香河县分别提高56.6个百分点、18.6个百分点最为显著。非环首都区县贷款比年初增加共计79.2亿元，占全部贷款增量的9.9%，增速为14.5%，同比提高4.7个百分点，其中，除霸州市贷款增速提高10.6个百分点外，其他三个地区贷款增速不同程度放缓；房地产领域贷款投放占比较大。截至12月末，全市房地产开发贷款余额111.3亿元，购房贷款余额1652.5亿元，余额共计1763.8亿元，比年初增加共计529.8亿元，占全部贷款增量的66.1%，同比提高3.4个百分点。其中，环首都区县房地产领域的贷款增量占比相对较高，固安、三河、大厂、香河、市辖区房地产开发贷款和购房贷款增量占全部贷款增量占比分别为84.8%、79.7%、77.9%、65.2%、51.5%。2015年下半年，房地产市场消费需求逐步改善，居民住房需求显著释放；房贷风险较低，很多工业领域面临产能过剩困扰，风险加大，房地产领域贷款、购房贷款成为新增贷款投向的主要领域。

从贷款发展趋势看，2016年是“十三五”规划的开局之年，发展动力转换将带来更多新业务增长点，京津冀协同发展等新增长空间不断拓宽，商业银行信贷增长机遇明显。预计未来贷款投向以基建等大项目、消费及住房等为主，企业信贷增长面临一些不利因素：国内外市场需求疲弱、部分行业产能过剩制约信贷增长；企业盈利能力普遍下降，投资意愿难以较快回升；不良贷款规模和不良率持续走高，银行债券投资业务规模显著增加，银行业对贷款发放更加谨慎。

贷款利率水平下行缓解融资贵问题。全年五次下调基准利率并逐次放开存款利率浮动区间与范围，引导实体经济融资成本下行。2015年12月，金融机构贷款加权平均利率4.83%，同比下降2.49%。四季度内，辖内城商行人民币贷款浮动加权平均利率为5.09%，比一季度末下降2.69个百分点，其中，小、微型企业人民币贷款浮动加权平均利率分别为7.26%、8.15%，分别比一季度下降1.19个百分点、0.73个百分点，利率水平显著下行。

经济薄弱领域信贷投入稳步增加。着力破解小微企业融资担保难题，截至12月末，小微企业贷款余额763亿元，比年初增加91亿元。推广新型农业经营主体“主办行”制度、助农贷款专项基金。截至12月末，涉农贷款余额1524亿元，比年初增加282亿元，增速22.7%，同比提高2.8个百分点；增强对创业就业群体支持力度，截至12月末，创业担保贷款余额11662万元，比年初增加5310万元，下岗失业人员贷款余额6349.8万元，比年初增加1880.8万元；积极拓展小额票据贴现业务覆盖，小票中心廊坊市分中心年内共办理小票贴现业务1152笔，金额14.22亿元。

三、经济金融运行中关注问题

实体经济有效贷款需求低迷制约货币政策传导效果。2015年，在宽松基调和改革提速双驱动下，银行体系流动性充裕，货币信贷增长较快。受经济下行、产能过剩、企业盈利增速放缓、偿债压力加大等多重因素影响，企业有效贷款需求低迷，一定程度上制约货币政策向实体经济放量的传导效果。四季度，货币政策实施效果指数71.43%，同比下降7.14个百分点；贷款需求预期指数为64.29%，达到近两年来的最低值。中、小微型企业贷款需求指数分别为50%、57.14%，均为有数据以来的历史最低值，且分别同比大幅下降28.57和42.86个百分点；企业固定资产需求指数年内低位徘徊，经营周转需求指数三、四季度降至近年最低点57.14%，同比大幅下降35.72个百分点，而包括个人购房等在内的个人贷款需求指数却处于较高位运行，四季度达到83.33%，同比持平。截至12月末，住户中长期消费贷款增量是2014年同期的2.23倍，增速48.4%，年内贷款增量66%都集中在住户中长期消费贷款，同比提高8.2个百分点；而企业贷款增量仅是2014年同期的1.4倍，增速仅12.9%，向实体经济放量显不足，新增贷款结构性问题依然存在。

宏观经济下行期多因素对信贷资产质量形成风险。2015年，各银行不良和逾期贷款持续反弹，在严峻的经济环境和外部风险影响下，整体信用风险仍处于加速暴露过程中，资产质量将继续承压。年末不良贷款率1.34%，比年初提高0.38个百分点。据对13家银行调查，84.6%表示不良和逾期贷款上升趋势明显，2016年关注类贷款及向下迁徙规模或将继续增加，隐形不良压力较大。据对17家贷款向下迁徙的企业调查，76.5%受经济下行及上下游客户行业发展低迷影响，资金周转困难，其中，15.4%涉及银行抽贷造成的资金链断裂，受经济下行、企业经营难影响，部分机构主动压缩贷款或压力测试进行资产结构调整，导致部分原本可以维持经营的企业资金链骤然断裂。11.8%涉及担保公司不履行代偿责任导致贷款逾期，11.8%由于民间高息借贷导致成本高企。目前，某银行约3%的正常、关注类贷款客户还本付息依赖过桥融资、借新还旧，一旦处理不好就会资金链断裂，并可能连带互保企业。5.9%受"减产治污"影响，仍需关注由于淘汰过剩产能导致企业减产进而对信贷资产造成的潜在风险。5.9%的企业由于企业间互保被追偿代偿责任而停产。

关注不良贷款上升与惜贷情绪增大形成负反馈循环。年初以来，不良贷款率波动上扬，银行信贷审批愈加严格，贷款审批指数已连续三个季度处于有数据以来的历史最低点35.71%，审批条件明显收紧。从行业看，制造、批发零售业不良反弹压力较大，两行业审批指数近三个季度都处于历史最低点35.71%；从企业类型看，小微企业不良贷款愈发集中，小企业审批指数已连续三个季度处于历史最低点42.86%。值得关注的是，不良贷款上升侵蚀银行利润，导致银行惜贷情绪上升，进而收紧信贷，出现压贷、抽贷等行为，导致整体不良贷款加速暴露。一方面，可能导致银行受上级行授信政策影响，降低对辖区的信贷投放。另一方面，受责任追究等因素影响，出现"惧贷”“惜贷”心理，影响信贷业务开展，进一步影响银行盈利状况。以某银行为例，年末不良率 5.73%，不良余额 33.1 亿元，拨备覆盖率 91.08%，低于 150% 的监管红线 58.92 个百分点，四季度内不良贷款额增长 82.9%。

持续关注影子银行（指游离于银行监管体系之外、可能引发系统性风险和监管套利等问题的信用中介体系）业务的风险传导。近年来影子银行业务快速扩张，全国规模或达到逾 40 万亿元，存在的风险主要有理财产品业务风险，银信、银证、银租合作业务风险，部分机构或组织违规经营风险，杠杆操纵和过度交易风险。随着银行贷款审批愈加严格，一部分不符合条件又缺乏资金的企业转向影子银行。据调查，在邮政储蓄银行、村镇银行、农村信用社等产生不良贷款的企业中，均有涉及民间高息借贷的客户。辖内从事高利放贷的个人、企业、投资公司、汽贸公司等数量增加，投资公司、网贷平台在三河燕郊等地设立业务点 50 余家，对金融市场形成冲击，影子银行业务缺乏有效监管，不受金融安全网保护，存在暴力收贷等不良贷款处置现象，据对某银行调查，2015 年涉及不良贷款超 1 亿元，仅 0.2 亿元得以化解。

担保体系整体较为脆弱，社会信用环境仍需加强。经济处于下行期，企业应收及应付账款同步增加，部分企业贷款到期后难以抽出资金还贷，个别存在逃废债倾向，社会金融生态环境有所恶化。担保公司“担而不保”，担保公司逃避责任或逃逸，信贷风险加剧。例如，某企业由某担保公司担保贷款 200 万元，由于其担保的企业出现多笔逾期，保证金已不能覆盖全部到期债务，最终逃脱担保责任；企业间互担本是解决企业缺乏抵押品的有效方式，但在经济下行期，企业经营困难，一旦出现风险又会造成危机蔓延。例如，在 A 企业无法偿还 2000 万元贷款时，为其担保的B企业转移资产以逃避担保责任，而 B 企业也由于隐匿资产，不承担担保责任，造成其承担保证担保责任的另一家 C 企业无法偿还贷款，使某银行增加 1500 万元不良贷款。随着对高风险客户的退出，信贷风险由高风险行业转向联保互保圈，极易形成多米诺效应。因互保、联保、对外担保而逾期的客户逐渐增多，有资金积累的企业可以安全避免对外担保企业倒闭影响。

企业经营形势短期难言改观，存在主动收缩贷款规模现象。2015 年，在环境治理、转型升级、市场不景气等多重压力下，实体经济发展动力不足，重点主导产业形势低迷，企业应收账款比和库存比依然维持高位，企业经营形势短期难言改观。四季度，企业家信心指数为 58.83%，企业资金周转状况景气指数为 23.53%，较上季度下降 5.88 个百分点，销货款回笼景气指数为 29.41%，较上季度下降 5.88 个百分点，企业盈利指数降至 0%，较上季度下降 11.77 个百分点，以上指数均达到 2013 年来最低点。以某保温建材企业为例，2015 以来销售和利润明显下滑，2014 年计划开展的投资项目受经济形势影响迟迟未动，银行为其授信的 8000 万元闲置，为节省财务费用，有提前还清部分贷款的意愿。据对 13 家银行调查，76.9% 表示由于经济形势不景气，为节约财务成本，部分企业主动归还银行贷款，以收缩或维稳经营规模。某银行指出，部分经营状况较稳定的企业也出现主动归还银行贷款的情况，某银行贷款企业 2015 主动提前归还贷款达 2 亿元以上。

据对辖内 14 家房地产企业调查，楼市较好地吸收了各类宽松政策的效应，刚需和改善型购房需求在积极释放，35.7% 的企业表示库存已近尾声。其中，7 家大型房企资金整体较为宽松，企业融资成本降低，融资成本约为7%至8%，申贷难度也有所降低。但中小房企资金则相对紧张，表示融资成本虽然有所降低，但仍比大型房企高出2至3个百分点。在调查的7家中小型房企中，42.9%表示受前期房地产市场遇冷影响，资金链紧张突显，尽管在库存加速2014化、金融机构信贷支持下，资金紧张有所缓解，但资金紧张问题仍然存在。例如，某房企由于新建住宅未能及时进入销售阶段而出现资金紧张，在某银行信贷支持下，仍未能彻底扭转局面。据对13家银行中9家有房地产开发贷款存量的机构调查，44.4%表示受经济低迷、企业规模、信用及银行信贷紧缩等因素影响，中小房企在申请银行贷款方面难度较大，资金链也相继出现较为紧张的情况。

四、工作措施及建议

提升金融服务水平，加大薄弱环节投入。引导金融机构不断创新信贷产品，为“三农”、小微企业提供优质金融服务，加快设立针对“三农”、小微企业的“草根”金融机构；用优惠条件吸引大型银行在市县设立村镇银行，弥补“正规”金融机构撤并后形成的服务“空白”，为企业提供信贷、结算、理财、咨询服务；推进“借新还旧”政策落实，科学运用循环贷款、年审制贷款等业务品种，有效解决企业借助外部高成本搭桥资金续借贷款问题，减轻企业还款压力；推广应用商会担保贷款模式，完善风险补偿机制，充实创业担保贷款基金，支持大众创业，扩大票据融资渠道，加强小额票据业务机构建设，促进地方法人金融机构票据互认互用；积极开展利率市场化工作，进一步完善贷款利率定价机制，实行差别化利率定价，切实降低企业融资成本；关注在产能、库存、杠杆过程中金融权益保护问题，增强金融机构的信贷投入信心。

适应经济发展新常态，支持地方经济转型升级。进一步完善信贷政策，坚持贯彻“区别对待、有保有压”的信贷原则，继续优化信贷资源配置支持地方产业转型升级。在限制和退出产能过剩行业中落后产能贷款的同时，对于行业中生产运行、经济效益良好的企业和项目应给予合理信贷支持，防止信贷政策“一刀切”；筛选符合国家产业政策和发展规划布局的企业和积极淘汰落后产能的企业，支持其运用高新技术和先进适用技术，提高企业资金积累能力和技改、重组等投资积极性，加大信贷支持和倾斜，确保企业转型升级期间的资金来源；对符合地区发展规划的贷款和转型升级任务完成较好的企业贷款，给予信贷贴息、担保等优惠政策，对支持区域经济转型升级较好的银行给予财政激励，引导信贷投入。

防范化解金融风险，确保区域金融稳定。持续关注重点区域、重点行业信贷风险，落实重点企业信贷风险会诊制度，动态排查各类风险隐患，密切关注产能过剩行业、房地产、具有融资功能的非金融机构，以及信托理财等领域风险，密切关注房地产企业资金链情况，严格把控具有融资功能的非金融机构的审批和管理，坚持“谁审批、谁监管、谁负责”的工作原则，明确具体监管、处置主体，落实责任，防止风险向银行领域传导；探索建立最大债权银行牵头的共进退机制，加强信息共享，督促金融机构不断贷、不压贷，帮助和支持企业渡过难关；建立应急转贷专项资金，扶持本地骨干企业和中小微企业解决续贷临时周转困难；积极审慎做好风险排查工作，加大对非法融资机构打击力度；深化银、证、保稳定评估工作，动态排查金融风险隐患。

完善社会信用环境，健全市场担保体系。严厉打击恶意逃废债企业，建立逃废债黑名单，对逃废债企业主从市场准入等方面严格限制；降低民营担保机构准入门槛，允许民间出资成立担保机构，管理部门在规范市场准入、退出管理和风险控制的同时，适当放宽条件；建立风险补偿基金，对担保公司按年度担保金额和比例拨付专项奖励资金，切实引导担保公司服务于小微企业融资需求；各金融机构密切关注企业银行融资结构，对于向多家银行举债特别是域外银行贷款的企业在营销时给予高度关注；加快中小企业信用信息“一库一网一平台”建设，优化全市信用环境，落实好“守信受益，失信惩戒”机制，建立信用违约公示平台，促进信用记录跨部门、跨区域联动应用。

（孙　月）

2015年廊坊市重要商品和服务价格走势分析

2015年，全市重要商品和服务价格总体运行平稳。从监测的五大类176种商品和服务价格走势看，食品、工业生产资料和涉农产品价格涨跌互现，日用工业品、城镇居民服务和涉农收费价格基本稳定。

一、重要商品价格走势分析

（一）食品类

1. 成品粮价格运行平稳

粮食安全上升为国家战略，全国粮食生产实现“12连增”，为全市成品粮价格保持稳定提供了有力支撑。面粉、粳米、玉米粉价格全年保持平稳运行，面粉平均价格为每斤1.93元，同比上涨2.51%；粳米平均价格为每斤2.74元，同比上涨2.56%；玉米粉平均价格为每斤2.17元，同比上涨11.49%。同比上涨的主要原因是受2014年国家提高粮食最低收购价格的影响。

2. 食用油价格稳中略降

从全市监测的3种食用油价格走势看，一季度大豆调和油、大豆油在较低价格运行，二季度、三季度维持较高价位，四季度价格出现下跌。两种油的平均价格分别为每桶57.64元、35.67元，同比分别下跌4.73%、4.46%。

花生油价格1—10月保持在每桶125.5元左右平稳运行，11月—12月价格出现小幅上涨至每桶127.67元，全年平均价格为126.28元，同比下跌0.42%。食用油价格下跌的主要原因是：原材料价格走低，食用油出厂价格下降，从而导致食用油价格整体下跌。

3. 受供求关系影响，肉、蛋、蔬菜类价格涨跌互现

鲜猪肉价格先抑后扬。据监测，受生猪价格低迷影响，1月猪肉价格从每斤11.67元开始走低，3月跌至全年最低价格每斤10.83元，4月猪肉价格止跌反弹，随后逐步回升至8月的每斤14.5元，而后几个月其价格持续小幅回落至12月的每斤13.67元。鲜猪肉全年平均价格为每斤12.67元，同比上涨7.87%。

鲜牛肉、鲜羊肉价格波动下行。鲜牛肉、鲜羊肉价格全年呈小幅下跌走势，全年平均价格分别为每斤27.64元、29.72元，同比分别下跌2.84%、7.27%。牛羊肉价格小幅下跌的主要原因：一是国外进口牛羊肉抑制了国内的市场价格；二是近几年牛羊肉价格居高不下，造成年内市场供大于求的局面。

鸡蛋价格震荡运行，价格低于上年水平。1—2月受节日因素影响，鸡蛋价格在较高位运行，2月价格达到全年最高价格每斤4.87元，3月开始逐月回落，7月跌至全年最低价格每斤3.83元，8—9月受中秋节临近的影响，市场需求量加大，鸡蛋价格上涨至每斤

4.77元，随后其价格震荡下行至每斤4.17元。鸡蛋全年平均价格为每斤4.29元，同比下跌17.47%。鸡蛋价格走低的原因主要：一是产区鸡蛋产量较大，市场供应充足；二是各种肉类价格较低，替代性作用加强，进一步抑制了鸡蛋价格上涨。

蔬菜价格季节性波动明显。2015年受天气和季节性因素影响，全市蔬菜价格季节性波动明显。1—3月蔬菜价格保持高位运行，16种蔬菜平均价格在每斤3—3.55元。4—7月天气转暖，蔬菜生长加快，本地蔬菜上市量增加，大部分蔬菜价格季节性回落，平均价格最低为每斤2.01元。8—9月天气逐渐炎热不利于蔬菜的储存和运输，价格小幅上涨。此后随着天气转冷，外调蔬菜逐渐增多，人工成本、运输成本上升，蔬菜价格季节性上涨，10—12月价格震荡上行。全年蔬菜平均价格为每斤2.72元，同比上涨9.68%，价格略高于上年。

（二）日用工业品

2015年全市日用工业品价格运行平稳，从监测情况看，烟、酒、家电、衣着类商品价格受市场调节充分，且货源充足，价格保持基本稳定，部分商品因技术更新淘汰、停产或缺货。

（三）工业生产资料

1. 钢材价格震荡走低

2015年钢材价格受产能过剩影响，仍然震荡走低。以热轧普碳圆钢为例，由1月的每吨3000元开始震荡下行，12月跌至全年最低价格每吨2050元。全年平均价格为每吨2491.67元，同比下跌25.79%。

监测数据显示：螺纹钢、角钢、普碳线材、普碳热轧中厚板、普碳冷轧卷板、镀锌板全年平均价格分别为每吨2275.83元、2440.83元、2385.83元、2502.5元、4016.67元、3440元，同比跌幅均在30%以内。

2. 成品油价格波动明显。

受国际原油价格变动影响，2015年国家调整成品油价格19次，尤其是8月下旬开始，成品油价格出现了“五连跌”。以93号汽油价格为例，从6月的每吨8460元开始一路走低，12月跌至全年最低价格每吨7272元，6月至12月累计跌幅达14.04%。

从监测情况看，90号汽油、93号汽油、0号柴油、-10号柴油全年平均价格分别为每吨7972.17元、7520.83元、6407元、6722.92元，汽油价格同比均下跌17.69%，柴油同比分别下跌20.07%、20.88%。

（四）城镇居民服务

廊坊市医疗、教育、通讯、公交等收费，均严格按国家规定的收费项目和收费标准收取，价格保持稳定。

（五）涉农产品和涉农收费价格

1. 农产品收购价格涨跌互现

原粮收购价格先稳后降。2015年全国粮食总产量连续第十二年增产，并连续三年保持在6000亿公斤之上，进一步加大粮食库存积压，致使小麦价格波动下行。1—4月价格保持稳定，维持在每斤1.27元，5—11月价格持续走低，11月跌至全年最低价格每斤1.09元，12月价格出现回升至每斤1.14元。全年平均价格为每斤1.2元，同比下跌6.33%。

2015年上半年特别是3月、4月份，受市场流通粮源减少等影响，玉米收购价格一度上涨，半年累计涨幅8.57%。但进入下半年，受库存高企、替代品进口猛增，及市场预期新季临时收储政策可能调整等因素影响，玉米市场价格转升为降，12月跌至每斤1元。全年平均价格1.09元，同比下跌4.18%。

2. 生猪价格波动幅度较大，整体呈上涨走势，仔猪价格同比涨幅明显

2015年，生猪价格呈波动上涨走势，总

体涨幅较大。1—3月生猪价格整体呈下滑走势，由年初的每斤6.65元降至3月份的每斤5.59元。4月猪价触底反弹，其后持续上涨4个月，累计涨幅近52%，达到每斤9.05元。8月后“中秋”“国庆”节日效应并不明显，猪价反而缓慢回落。生猪全年平均价格为每斤7.58元，同比上涨14.99%。

仔猪价格在生猪价格的影响下，价格呈“低高低”走势，全年平均价格为每斤12.73元，同比上涨31.4%。

3. 化肥价格略有上涨

受国际市场行情、供求关系等因素影响，全市化肥价格呈现不同幅度的上涨。尿素、碳酸氢铵、三元复合肥全年平均价格分别为每公斤1.74元、0.67元、2.93元，同比分别上涨2.65%、2.8%和0.46%。

4. 农膜价格微幅波动

受市场供求关系影响，农膜价格小幅下跌。高压聚乙烯棚膜、地膜全年平均价格分别为每公斤13.12元、12.48元，同比高压聚乙烯棚膜价格上涨0.61%，地膜价格下跌4.46%。

5. 农用柴油价格下跌

受成品油价格下跌影响，农用柴油价格小幅震荡，全年平均价格每公斤5.44元，同比下跌31.7%。

6. 涉农收费稳定

据监测，全市农村居民用电、农村居民生活用水，以及注射费和住院费价格保持稳定，未发现明显价格波动。

二、重要商品价格走势预测

（一）食品类价格总体稳定，部分商品价格周期性波动

成品粮价格基本稳定。2015年，全国粮食产量历史性地实现“十二连增”，为稳定向好的经济基本面增添了亮色。中央经济工作会议提出了2016年经济工作的主要任务，把切实保障国家粮食安全放在首位。预计2016年成品粮价格不会出现较大波动，将基本保持稳定。

食用油价格继续低位运行。2015年，全国油脂库存充裕，同时美国大豆增产，且南美大豆大幅增产预期也极为强烈。因此，预计2016年全球大豆总体供需情况较为宽松。预计2016年食用油价格将保持低位运行。

肉蛋价格小幅波动。2016年的猪肉价格或将重复2015年模式，三季度开始震荡上行，四季度在消费增加等因素提振下，猪肉价格将进入上行通道。鸡蛋价格受节日、天气，以及养殖规模变化等因素影响，价格将呈现小幅震荡走势。

蔬菜价格基本稳定。蔬菜价格受季节因素影响较大，将随季节变化价格略有波动，但总体运行将保持基本稳定。

（二）工业生产资料价格低位运行

钢材价格在低位徘徊。随着国家投资减弱，钢材产能过剩，钢材市场供大于求的格局不会改变，在“买方市场”环境下，竞争将会更加激烈，钢贸商的微利、甚至亏损的现象仍将存在。预计钢材价格将在低位徘徊。

（三）城镇居民服务价格基本稳定

全市医疗、教育、通讯、公交等收费，均严格按国家规定的收费项目和收费标准收取，价格将保持稳定。

（四）农产品收购价格、农资价格将稳中略涨

农产品收购价格小幅波动。2016年，在国家扶持政策不变的前提下，农产品价格将保持小幅波动态势。

农资价格稳中略涨。在中央和地方一系列惠农政策的影响下，农民种粮的积极性提高，将引发对农资的“强势需求”，预计农资价格将呈稳中略涨态势。

（张　琨）

党政机关、直属事业单位、党派团体和部分中央、省直属单位及其领导名单

中国共产党廊坊市委员会

书　　记　王晓东
副 书 记　冯韶慧
　　　　　蒋洪江
　　　　　赵常福（任至10月）
常　　委　宋革新（任至4月）
　　　　　焦加根（4月任）
　　　　　李　波
　　　　　辛绍杰
　　　　　刘书强
　　　　　贾永清
　　　　　饶贵华
　　　　　韩占山（8月任）
　　　　　李　龙
　　　　　王志明
　　　　　喻华锋（挂职，7月任）
秘 书 长　张金波
副秘书长　胡仁彩
　　　　　李万鹏（任至5月）
　　　　　崔万友（任至11月）
　　　　　薛　宏
　　　　　石铁柱
　　　　　陶春来（任至11月）
　　　　　宋九胜（任至11月）
　　　　　陈玉亮
　　　　　温九洲
　　　　　王　海（5月任，任至11月）
　　　　　贾益来（任至11月）
　　　　　李晓鹏（任至12月）
　　　　　马百队（任至5月）
　　　　　曹明月
　　　　　李海波
　　　　　贾体兵（任至11月）

办公室
主　　任　胡仁彩
副 主 任　温九洲
　　　　　王　海（5月任，任至11月）
　　　　　李晓鹏（任至12月）
　　　　　马百队（任至5月）
　　　　　曹明月
　　　　　李海波

市委组织部
部　　长　李　龙
常务副部长　陈洪波
副 部 长　张维真（任至11月）
　　　　　高留勇（任至11月）
　　　　　郭振一（任至11月）
　　　　　李　澎
　　　　　赵振海
　　　　　徐静华（任至12月）
　　　　　刘　燕（12月任）

市委宣传部
部　　长　辛绍杰
常务副部长　曹希恩
副 部 长　梁雪梅
　　　　　贺曙光（5月任）
　　　　　孙明军（任至5月）
　　　　　杨启荣
　　　　　齐　凯（挂职，7月任）

市委外宣局（市网信办、市政府新闻办）
局长（主任）　汪国会
副局长（副主任）　张殿峰
　　　　　马　壮（11月任）

市精神文明建设委员会办公室
市文明办主任　梁雪梅
专职副主任　牛海建

市委政法委

书　　记　饶贵华
副 书 记　王金水
段上禾
刘加臣
詹洪超
岳林山
徐　刚（挂职）

市委统战部

部　　长　孙宝水
常务副部长　张万刚
副 部 长　刘　玫
段振中
王国友

市委农工部

部　　长　马江水
副 部 长　张光山
刘　润
王龙江

市委研究室

主　　任　陶春来
副 主 任　郝渭东
许运良（5月任）

市信访局

局　　长　陈玉亮
副 局 长　马瑞生
张克让
王俊杰

市直机关工委

书　　记　万福森
副 书 记　刘小平
朱宪涛

市委老干部局

局　　长　郭振一
副 局 长　张炳智
段伯思（任至5月）
李明军
柴书君（5月任）

市委讲师团（市社科联）

主　任（主　席）　张明贤
副主任（副主席）　刘玉梅
李海桐

市委党校

校　　长　蒋洪江
副 校 长　吴公剑
付云良
杨东升
杨万民
李志杰

市委党史研究室

主　　任　张学文（任至7月）
韩志宽（7月任）
副 主 任　李凤友
李恩来

市机构编制委员会办公室

主　　任　高留勇
副 主 任　魏斌远
王宏民
蔡永盾

中国共产党
廊坊市纪律检查委员会

书　　记　刘书强
常务副书记　赵清超（任至12月）
米怀安（11月任）
副 书 记　米怀安（任至11月）
刘文洪
李晓鹏（12月任）
常　　委　李爱民
杜希杰
马云友

武援军
张连军（8月任）

廊坊市人民代表大会常务委员会

主　　任　刘智广
副 主 任　杨　杰
杨文华
王世强
毕晓明
王相仁
李春山
李凤霞
秘 书 长　郭绍会
副秘书长　毕忠庆（8月任）
董继文（任至8月）
陈立民（任至6月）
梁洪涛
关景波
周冠华（6月任）
孙彦龙（挂职，8月任，时间一年）

选举代表人事工作委员会
主　　任　高福源
副 主 任　魏红梅

法制工作委员会
主　　任　李福贵
副 主 任　尹绍旺

财政经济工作委员会
主　　任　吴德明
副 主 任　李　楠

教育科学文化卫生工作委员会
主　　任　冯俊国
副 主 任　荣印祥

城乡建设环境保护工作委员会
主　　任　罗　进
副 主 任　单克锋

农村经济工作委员会
主　　任　董春田
副 主 任　娄小田

廊坊市人民政府

市　　长　冯韶慧
常务副市长　李　波
副 市 长　贾永清
王志明（挂职）
喻华锋（挂职，7月任）
吕爱英（任至7月）
王　曦
王金水
布泽文
王俊臣
刘文萍（7月任）
王彦涛（挂职，4月任）
秘 书 长　张　矛
副秘书长　邢华金
李清涛
闫万营
胡志福
房　欣（任至3月）
王振宇
汪俊岭
李冬梅（任至5月）
李宏疆（3月任）
李　春（5月任）
冯学军
葛胜利（挂职）

高元中（挂职）
李士宗（挂职，7 月任）
张立新（挂职，7 月任）
杨守征（挂职，3 月任）

市政府工作部门、省垂直管理部门、直属机构

市发展和改革委员会

主　任　朱建强
副主任　王振生
苏志胜
张建军
隋志文
李　健
谭福华
王大进
靳　璐（7 月任）

市教育局

局　长　李柏林
副局长　何志强（任至 12 月）
仝庆根（任至 12 月）
孙仲才
杨东生（12 月任）
陈宝刚
李宏疆（任至 3 月）

市科技局

局　长　杨中秋
副局长　赵敏学
董立峰
韩学东
纪永奎

市民族宗教事务局

局　长　杨　毅
副局长　凌　晨
张永军
刘忠社

市监察局

局　长　赵清超（任至 12 月）
副局长　王保生
金贵婷
邱　峰

市民政局

局　长　于宝华
副局长　李延庆
杨建光
李明旺
韩会庭
刘洪村

市财政局

局　长　左德江
副局长　孙广喜
刘树发
陈宏信
姚振辉
吴廷高（挂职，任至 9 月）
郑德禄（挂职，8 月任）

市人力资源和社会保障局

局　长　张维真
副局长　刘运才
李振华
赵　杰（任至 6 月）
唐　红
张志忠
孙桂文
就业服务局局长
王东升
公务员局局长
李振华
外专局局长
徐　刚

市国土资源局

局　长　李营华
副局长　林培如
　　　　褚宝松
　　　　李永成
　　　　杨振武
　　　　肖景生

市建设局

局　长　王小卫（任至11月）
　　　　王　海（11月任）
副局长　谷建海
　　　　王克峰（任至3月）
　　　　王德惠（任至5月）
　　　　杨德岭（任至11月）
　　　　徐国清（9月任）
园林局局长
　　　　李德春
环卫局局长
　　　　武　威

市综合执法局

局　长　周文臻（任至12月）
　　　　张志超（12月任）
副局长　周铁训
　　　　杨国民
　　　　李德学
　　　　高中利

市城乡规划局

局　长　许　伯
副局长　要根明
　　　　谈伟平
　　　　李光军

市住房保障和房产管理局

局　长　郭　峰（任至3月）
　　　　赵　普（3月任）
副局长　赵玉江（任至11月）
　　　　刘广营
　　　　李金龙
　　　　邓克永
　　　　张志良

市住房公积金管理中心

主　任　宋振友
副主任　李连生
　　　　于景会
　　　　贾健拢
　　　　刘举义

市交通运输局

局　长　邳振一
副局长　郝栓柱
　　　　孙明军（6月任）
　　　　郝艳军
　　　　孟广文（6月任）

市工业和信息化局

局　长　于慈远（任至2月）
　　　　徐静华（12月任）
副局长　杨德山
　　　　刘金梁
　　　　曹焕义
　　　　刘怀涛
　　　　黄武备
　　　　于宝军
　　　　王国兴

市邮政管理局

局　长　弓耀宗
副局长　李向鸿

市水务局

局　长　王秀富
副局长　眘思胜
　　　　张英勃
　　　　陈金良
　　　　宗万明
　　　　王俊怀（任至12月）

市农业局

局　　长　闫树军（任至11月）

　　　　　刘桂龙（11月任）

副局长　张长江

　　　　　史玉星

　　　　　李双进

　　　　　刘恩义

　　　　　张爱国

　　　　　苑铁华

市林业局

局　　长　张振芳

副局长　及景路

　　　　　常树元

　　　　　康天佑

市商务局

局　　长　范增英

副局长　王明峰

　　　　　胡兆伟

　　　　　赵文奎

　　　　　张占更

　　　　　闫　杰

　　　　　刘国胜

市文化广电新闻出版局

局　　长　卢留虎（任至5月）

　　　　　邵二玲（5月任）

副局长　秦　冬

　　　　　李永生

　　　　　赵　新

　　　　　付俊茹（任至11月）

　　　　　陈定学（挂职，7月任）

市卫生和计划生育委员会

主　　任　杨庆华（原市卫生局局长，5月任）

副主任　邢瑞安（原市计生委主任，5月任）

　　　　　王文仓（原市计生委副主任，5月任）

　　　　　李庚申（原市卫生局副局长，5月任）

　　　　　张留栓（原市计生委副主任，5月任）

　　　　　王玉虎（原市卫生局副局长，5月任）

　　　　　董继彬（原市计生委副主任，5月任）

　　　　　刘建民（原市计生委副主任，5月任）

　　　　　程洪柱（原市卫生局副局长，5月任）

　　　　　陈学武（原市计生委副主任，5月任）

注：5月，市卫生局、市人口和计划生育委员会撤销，合并组建廊坊市卫生和计划生育委员会

市审计局

局　　长　韩少奇

副局长　薛　冬

　　　　　万茂才

　　　　　赵志生

市国资委

主　　任　张化志

副主任　赵建文

　　　　　张宝明

　　　　　刘景鸿

　　　　　肖志才

　　　　　郝艳芬

　　　　　李文阁

　　　　　朱家求（挂职，7月任）

市国税局

局　　长　李彦平（任至1月）

刘海燕（1月任）

副局长 王万卿

李柏林

张振江

陈玉维

稽查局局长

田二周

市地税局

局　长 叶晓菊

副局长 穆　强（任至6月）

江　燕

周永利

王长凌（7月任）

市工商局

局　长 徐德宏（任至5月）

李万鹏（5月任）

副局长 马晓林（5月任）

李　杰

李暗柳

市环保局

局　长 张贵金

副局长 车凤祥

赵尔仓

李春元

市体育局

局　长 王洪生

副局长 赵庆春

王彦庆

市统计局

局　长 张建明

副局长 王振宽

潘　辉

张四喜（9月任）

姜　艳（3月任）

李晓东（任至9月）

市质量技术监督局

局　长 符永胜

副局长 李宝方

解其胜

晏　斌（12月任）

市食品药品监督管理局

局　长 霍希武

副局长 凌少奎

舒国卿

张继良

苗振国

刘旭杰

张存良（1月任）

市安监局

局　长 张显强

副局长 张月发

张　欣

韩克学

韩悦红

张振来

周志海

侯春和

吕虎宝

市粮食局

局　长 刘　石

副局长 张春明

黄伯华

张永凯

李　嘉

市旅游局

局　长 邹冠通

副局长 田克智

孙丰年

张建军（任至7月）

董成军

市档案局

局　长　吕建成
副局长　王　珺
　　　　张超君

市物价局

局　长　黄建新
副局长　田克慧
　　　　王观礼

市气象局

局　长　展　芳
副局长　杜海涛
　　　　王丽荣（任至10月）

市地震局

局　长　郑俊义
副局长　张留起
　　　　宋中东
　　　　赵万宝

市供销社

主　任　单克用
副主任　杨继宗
　　　　刘济海
　　　　闫贵贤
　　　　陈中喜

市农业开发办公室

主　任　刘洪斌
副主任　邱海增
　　　　夏俊松

市农业产业化办公室

主　任　毕忠庆（任至9月）
副主任　邢惠敏
　　　　张和平

市外事侨务办公室

主　任　马海程
副主任　苏秉武
　　　　都进清
　　　　王安民

市政府研究室

主　　任　刘志宏（任至6月）
　　　　　高慧聪（11月任）
副 主 任　倪海之
　　　　　许建军

市法制办公室

主　　任　万惠兰

市金融工作办公室

主　　任　纪连永

市政务服务管理办公室

主　　任　刘鸿儒
副 主 任　赵　强
　　　　　王进忠
　　　　　孙联华
　　　　　马宝宗

市北京新机场工作办公室

主　　任　郝合瑞
副 主 任　魏向阳
　　　　　张洪刚

市步行街管委会

主　　任　陈新建
副 主 任　刘玉清
　　　　　吕奎亮

市“北三县”统筹发展办公室

主　　任　赵常福（任至10月）
常务副主任　宋九胜
副 主 任　郭福利
　　　　　李建军
　　　　　洪　江

市烟草专卖局

局　　长　马宝平
副 局 长　马　军

市出入境检验检疫局

局　　长　王铁林
副 局 长　谷　青
　　　　　李朝阳

市无线电管理局

局　　长　吕俊杰
副 局 长　高　山（任至12月）
　　　　　郝　刚（12月任）
　　　　　施明德（12月任）

中国人民政治协商会议廊坊市委员会

主　　席　郑广富
副 主 席　孙宝水
　　　　　王玉锁
　　　　　魏向东
　　　　　王学求
　　　　　张纬东
　　　　　徐光泰
　　　　　张卫东
　　　　　高树民
　　　　　张春燕
秘 书 长　徐长茂
副秘书长　宁鸣飞
　　　　　陈宏伟
　　　　　冉伟标
　　　　　刘连侠（任至6月）
　　　　　张　颖（6月任）

办公室

主　　任　宁鸣飞

提案委员会

主　　任　梁彦殊
副 主 任　牛　海

学习文史委员会

主　　任　张俊生
副 主 任　刘凤明
　　　　　王金艳

文史资料征编室

主　　任　倪和平

财政经济委员会

主　　任　刘中立
副 主 任　李立红
　　　　　齐　华

教科文卫体委员会

主　　任　辛绍英（任至6月）
　　　　　刘连侠（6月任）
副 主 任　张加得

社会法制民族宗教委员会

主　　任　王凌云
副 主 任　马惠坤

民主党派·工商联

中国民主同盟廊坊市委员会

主任委员　张纬东
副主任委员　孙大军
　　　　　郭淑凤
　　　　　王景硕
　　　　　周旭光

中国民主建国会廊坊市委员会

主任委员　徐光泰
副主任委员　石永庆
　　　　　侯海东
　　　　　纪志金
　　　　　邵二玲

中国民主促进会廊坊市委员会

主任委员　王世强
副主任委员　闫国芬
　　　　　郑立果
　　　　　李海波
　　　　　刘秋娥

中国农工民主党廊坊市委员会

主任委员　魏向东
副主任委员　王伟刚
　　　　　韩　民

刘善忠

九三学社廊坊市委员会

主任委员　王学求

副主任委员　李　志

李志芳

要根明

李雪竹

廊坊市工商业联合会

主　　席　王玉锁

副 主 席　刘　玫

王文涛

陈　燕

王成文

群众团体

廊坊市总工会

主　　席　毕晓明

常务副主席　关景发（任至5月）

刘志宏（6月任）

副 主 席　王泰山

田会兰

王忠亮

共青团廊坊市委员会

书　　记　贺曙光（任至5月）

庞大鹏（5月任）

副 书 记　王大为（任至5月）

王媛媛

王永民（5月任）

廊坊市妇女联合会

主　　席　李新洪

副 主 席　吴学红

爱新觉罗·闾娜

廊坊市科学技术协会

主　　席　李艳军

副 主 席　时晨光

王　光

王银山

廊坊市文学艺术界联合会

主　　席　宾广平（任至4月）

董春霖（4月任）

副 主 席　李秋生

孙卫东

廊坊市归国华侨联合会

主　　席　王　华

副 主 席　杜　文（兼）

蒋文珠（兼）

徐会霞（兼）

廊坊市残疾人联合会

理 事 长　郑兰忠（任至5月）

马百队（6月任）

副理事长　王法会

董美辰

廊坊市工业经济联合会

常务副会长　崔万友

秘 书 长　张彦清

中国国际贸易促进委员会廊坊市委员会

会　　长　李庆水

副 会 长　刘　忠

董贺成

张建明

廊坊市红十字会

会　　长　寇德松

副 会 长　班志清

法治·国防

市公安局

局　　长　王金水

常务副局长　侯树青

副 局 长　孙卫克

许保东

钱玉民（任至9月）
戴文光（任至9月）
张学军（12月任）
穆保民（12月任）

市人民检察院

检　察　长　冀运福
副检察长　张尚震（任至8月）
赵凤山
王金国
庞建军
李雪强（8月任）

市中级人民法院

院　　长　苑三国
副　院　长　赵建亮
王振合
封合年
赵桂忠
周　刚（任至11月）

市司法局

局　　长　宋书英
副　局　长　李银增
韩景路
崔铁强
段福强

廊坊军分区

司　令　员　焦加根
政治委员　宋革新（任至3月）
吕双平（3月任）
副司令员　刘振江（任至3月）
参　谋　长　臧志伟
政治部主任　史雅杰
后勤部部长　宋树才

武警廊坊支队

支　队　长　马　雷（任至1月）
韩凤杰（1月任，任至9月）
吴京蔚（9月任）
第一政委　王金水
政治委员　侯爱华

市公安消防支队

支　队　长　王　伟
政治委员　梁　超（任至7月）
赵兴荣（10月任）

市人防办

主　　任　赵定国
副　主　任　祖广友
崔子路
李　群

企事业单位

廊坊日报社

社　　长　张宝富
总　编　辑　孟繁彪
副总编辑　尚秋霞
王长青
时启贵
任淑静
副　社　长　康连存

市广播电视台

台　　长　王建久
总　编　辑　周洪涛
副　台　长　韩洪恩
纪洪强
张荣启
程建民
副总编辑　李欣凤

市农科院

院　　长　高继祥
副　院　长　梅仕能
杜德玉
朱自平
石彩华

市人民医院

院　长　张宝东

副院长　魏向东

高登鹏

陈　光

安巨会

胡建忠

市中医医院

院　长　王建国

副院长　杨淑莲

樊荣亮

王国明

王更书

市第一中学

校　长　何志强

副校长　刘文俊

何绍青

王金钟

许长虹

李永金

市第二中学

校　长　张　晖

副校长　商霄燕

衡　侃

市第七中学

校　长　崔玉忠

副校长　王学军

张彦清

张守启

徐凤杰

市第八中学

校　长　徐永辉

副校长　葛志强

臧乃东

苗淑贤

管道局中学

校　长　仝庆根

副校长　孙英杰

陈功利

李晓娣

市第十五中学

董事长　张太庄

校　长　赵宝钧

廊坊卫生职业学院

院　长　刘更新

副院长　安　艳

彭丽红

孙爱国

廊坊市高级技工学校

校　长　张建华

副校长　黄贵新

王学军

邢玉珍

何丽辉

廊坊市电子信息工程学校

校　长　薛树林

副校长　周世平

宁久长

陈显龙

于　涛

艾全江

廊坊食品工程学校

校　长　刘振海

副校长　王建国

孙新花

龚瑞桥

夏　宇

廊坊市体育运动学校

校　长　马常永

副校长　董大明

郭爱民

程国辉
薛宗军（12月任）

廊坊广播电视大学

校　　长　李河均
副 校 长　徐海龙
李　琥
姚东升
杨　月（任至11月）

廊坊职业技术学院

院　　长　王建强
副 院 长　金桂兰
周春祥
李彦明

廊坊供电公司

总 经 理　刘晓辉
副总经理　周维丽（1月任）
王绍武
赵　新
马福利（任至11月）
薛文祥（任至11月）
李　钢（11月任）
杨振琦（11月任）

廊坊新奥燃气有限公司

首席执行官　周新华
总 经 理　王秀桥
副总经理　马德华
张少增

中国电信集团公司廊坊市分公司

总 经 理　孙玉胜
副总经理　任　贵（任至4月）
郝立杰（5月任）
李学庆
梁博文
杨文涛

中国移动通信集团河北有限公司廊坊分公司

总 经 理　张　动
副总经理　刘志杰
郑福清
王志祥
马锦素
齐　辉

中国联合网络通信有限公司廊坊市分公司

总 经 理　常连清
副总经理　胡　军
张　浦
徐伟栋
商　义
张　涛（10月任）

金融业

中国人民银行廊坊市中心支行

行　　长　曹建强
副 行 长　卜燕华
沈桂民

中国银行业监督管理委员会廊坊监管分局

局　　长　王东升
副 局 长　李加恒
尹铁山
王宝华

中国农业发展银行廊坊分行

行　　长　张春生
副 行 长　张进先（1月任）
刘学森
李天栋（2月任）
李华设

中国农业银行股份有限公司廊坊分行

行　　长　杨　和
副 行 长　陈　龙（任至10月）
王春光（任至8月）
张根全

马　健
杨朝华
刘文明（10月任）

中国工商银行股份有限公司廊坊分行

行　长　郭会科
副行长　李克宽
　　　　裴少斐
　　　　段自平
　　　　马为国
　　　　张建平
　　　　刘金路
　　　　赵洪瑕（任至12月）
　　　　胡蔚蔚（任至3月）

中国建设银行股份有限公司廊坊分行

行　长　陈比伦（任至10月）
　　　　王　泉（10月任）
副行长　张永胜（任至10月）
　　　　张国柱
　　　　梁宝龙
　　　　陈宝军
　　　　刘中喜

中国银行股份有限公司廊坊分行

行　长　于　松
副行长　靳宝申
　　　　张秀伟
　　　　赵　健（任至1月）
　　　　王　炼
　　　　刘　扬

廊坊银行股份有限公司

董事长　李德华
监事长　武文清（任至4月）
　　　　王明宽（12月任）
行　长　邵丽萍
副行长　林贤龙（任至12月）
　　　　姬广军（任至12月）
　　　　王盛蓬

河北银行股份有限公司廊坊分行

行　长　范福阳
副行长　孙立峰（任至9月）
　　　　王万强
　　　　张　岩（9月任）

沧州银行股份有限公司廊坊分行

行　长　焦成敏
副行长　赵　立
　　　　刘兴文
　　　　刘　娜

中国光大银行股份有限公司廊坊分行

行　长　李永锋
副行长　薛宏立（任至4月）
　　　　周　毅（9月任）
　　　　赵锡群

兴业银行股份有限公司廊坊分行

行　长　杨旭东
副行长　崔伯尉
　　　　王　伟
　　　　蔡立君

廊坊市农村信用社

主　任　兰成民
副主任　张　东
　　　　姜义全

中国人寿保险股份有限公司廊坊分公司

总经理　武丽英
副总经理　梁　兵
　　　　王卫华
　　　　张大平

中国人民财产保险股份有限公司廊坊市分公司

总经理　张根群
副总经理　高　利
　　　　王　斌（任至10月）
　　　　尹东起（12月任）
　　　　陈丽萍（10月任）

中国太平洋人寿保险股份有限公司廊坊中心支公司

总 经 理 骆宝忠

副总经理 马蕙兰

程 亮（10月至12月）

中国太平洋财产保险股份有限公司廊坊中心支公司

总 经 理 王连海

副总经理 王亚平

焦黎明

中国平安人寿保险股份有限公司廊坊中心支公司

总 经 理 薛 洁

副总经理 张晓君（任至9月）

武梦宇（9月任）

中国平安财产保险股份有限公司廊坊中心支公司

总 经 理 刘晓明

副总经理 刘永良

谭海云

闵雅丽

中央、省直属驻廊单位

中国石油天然气管道局

局 长 赵玉建

副 局 长 孙全军

陈庆勋

王卫国

白克林

沈庚民

葛书义

高建国

中国石油天然气股份有限公司管道分公司

总 经 理 丁建林

副总经理 汤亚利

刘增江

王惠智

张 琦

潘殿军

张欣佳

王振声

张忠东

中国地质科学院勘探技术研究所

所 长 张金昌

副 所 长 徐刚峰

高 鹏

冉恒谦

刘开江

中国地质科学院地球物理地球化学勘查研究所

所 长 韩子夜（任至4月）

彭轩明（4月任）

副 所 长 史长义

吕庆田

中国建筑科学研究院建筑机械化研究分院

院 长 李守林

副 院 长 刘子金

王东红

河北省区域地质矿产调查研究所

所 长 赵永平

副 所 长 马国瑞（任至7月）

范永贵

宋朝辉

张计东

河北省地质测绘院

院 长 郭有平

副 院 长 高自强

陈青山

张玉领

贾乃娟

黄静新

河北省地球物理勘查院

院　　长　李卫东
副 院 长　楚福录
　　　　　孙卫东
　　　　　徐　康

国家统计局廊坊调查队

队　　长　崔振敏
副 队 长　胡建波
　　　　　刘伯谦

河北广电网络集团公司廊坊分公司

总 经 理　邵荣旺
副总经理　李红宇
　　　　　龚志峰
　　　　　许东营
　　　　　马新建

北华航天工业学院

院　　长　郝玉龙
副 院 长　韩文仲
　　　　　李国洪
　　　　　郭立稳
　　　　　陈　刚

河北工业大学廊坊分校

校　　长　张成德
副 校 长　路景山
　　　　　张继县
　　　　　刘国丽

廊坊师范学院

校　　长　韩同银（任至11月）
　　　　　李士杰（11月任）
副 校 长　季福坤
　　　　　刘向东
　　　　　李士杰（任至11月）
　　　　　赵学良

廊坊海关

关　　长　郑良保
副 关 长　费更生（任至6月）
　　　　　李德山（6月任）
　　　　　刘长宏
　　　　　张永庶

中国石油化工股份有限公司廊坊石油分公司

经　　理　郭忠强
副 经 理　高凤良
　　　　　郭庆功

中国石油天然气股份有限公司河北廊坊销售分公司

经　　理　陶　荣
副 经 理　杨宗芳
　　　　　王　欣

县（市、区）机构

安次区

中共安次区委员会

书　　记　王永威
副 书 记　张　平
　　　　　刘雪松（1月任，任至11月）
　　　　　李　军（12月任）

安次区人大常委会

主　　任　刘承永
副 主 任　栾伯海（任至3月）
　　　　　蒙永红
　　　　　李福奇
　　　　　刘仲祥
　　　　　宛亚利（3月任）

安次区人民政府

区　　长　张　平（3月任）
副 区 长　刘雪松（任至1月）
　　　　　姚运涛（2月任）
　　　　　李焕金
　　　　　张海川（任至11月）
　　　　　綦艳波
　　　　　马崇浩

王铁桥
寇　东
马今爆
常　辉
韩凤朝（挂职，3月任）
梁国周（挂职，11月任）

政协安次区委员会

主　席　杨广恒
副主席　王玉祥（任至3月）
　　　　王泽芬
　　　　徐文刚
　　　　张志荣
　　　　杜春意（3月任）

广阳区

中共广阳区委员会

书　记　尹广泰
副书记　周春生
　　　　徐济山
　　　　张仁峰（任至8月）

广阳区人大常委会

主　任　王春明
副主任　田秀峰
　　　　毛志刚
　　　　王洪舫
　　　　李进福（3月任）

广阳区人民政府

区　长　周春生
副区长　曹文龙
　　　　娄玉新
　　　　赵　玉
　　　　陈文通
　　　　阎尔贵
　　　　孙廷华
　　　　潘分生
　　　　冯彦春

政协广阳区委员会

主　席　张宝兴
副主席　李雪竹
　　　　常东风
　　　　孟庆发
　　　　张学良

三河市

中共三河市委员会

书　记　薛永纯（任至7月）
　　　　韩占山（8月任）
副书记　谷正海
　　　　孟建政
　　　　聂　玮（挂职，任至11月）

三河市人大常委会

主　任　何长江
副主任　王少华
　　　　李振江
　　　　郝仲武
　　　　关占明

三河市人民政府

市　长　谷正海
副市长　刘连杰
　　　　林姿峰（任至5月）
　　　　张晓明（5月任）
　　　　邱建辉（兼，任至11月）
　　　　张凤伶
　　　　李铁生（任至12月）
　　　　付立军（兼，任至12月）
　　　　卢金力
　　　　刘力军（12月任）
　　　　付春华（挂职，7月任）
　　　　林广连（挂职，7月任）
　　　　刘军杰（挂职，9月任）
　　　　王　田（挂职，9月任）

政协三河市委员会

主　席　李连营

副 主 席　李长松

刘　炜

夏凤英

香河县

中共香河县委员会

书　　记　王凯军

副 书 记　李桂强

马文龙（任至1月）

闫再兴（1月任）

香河县人大常委会

主　　任　张学义

副 主 任　刘建华

宋品仲

佟永平

李春发（任至2月）

张浩波（2月任）

香河县人民政府

县　　长　李桂强

副 县 长　符俊贤（任至2月）

陈　刚

张玉林

侯冬亮（任至2月）

田立军（任至2月）

杨建军

郭建永

刘凤顺（2月任）

焦国强（任至11月）

李艳霞

刘洪涛（2月任）

梁　锋（挂职，任至2月）

政协香河县委员会

政协主席　刘玉海（任至2月）

马文龙（2月任）

副 主 席　盛泽良

李一超

李相印

常育国（任至4月）

大厂回族自治县

中共大厂回族自治县委员会

书　　记　张秉舜

副书记　吴文凯

刘士良

大厂回族自治县人大常委会

主　　任　李守山

副主任　丁　然

陈宝春

屈振旭

刘华军

大厂回族自治县人民政府

县　　长　吴文凯

副县长　王建民

康建军

任建国

崔东虎

刘　娟

严　冬

政协大厂回族自治县委员会

主　　席　冯　幸

副主席　高宝成

张瑞山

孟宪明

张春秋

永清县

中共永清县委员会

书　　记　李玉宝

副书记　张　兵

任红霞

永清县人大常委会

主　　任　袁志奇

副主任　范玉芳

王成刚

李柱良

孙凤武

永清县人民政府

县　长　张　兵

副县长　胡国永

彭建辉

罗　东（挂职，7月任）

韩　启

辛　瑾

张小军

范振军

白　毅（挂职）

李凯山（挂职，9月任）

政协永清县委员会

主　席　王玉柱

副主席　刘均占

段洪甫

王东海

赵书江

固安县

中共固安县委员会

书　记　杨培苏

副书记　王辉云

肖建忠

固安县人大常委会

主　任　赵光安

副主任　李文学

赵国安

袁恩水

杨建华

固安县人民政府

县　长　王辉云

副县长　马志永

姚运涛（任至1月）

李庆辉（1月任）

白金雁

贾　川

李万国（任至1月）

李玉革（1月任）

邢邵祥（任至1月）

白光明

王兴瑞（1月任）

政协固安县委员会

主　席　王　敏

副主席　安书良

李印增

曹文芳

郭志刚

霸州市

中共霸州市委员会

书　记　王一平

副书记　赵　普（任至3月）

房　欣（3月任）

郭德清

王志亮（兼，9月任）

霸州市人大常委会

主　任　马春起

副主任　张长海

王丽英

柴立新

王亚利

霸州市人民政府

市　长　赵　普（任至3月）

房　欣（4月任）

副市长　齐德旺

刘志亮

张纬东

王子川

韩清华

宴　斌

王艳霞

宋品升（兼）
吴全通（兼）
孙宏远（挂职，3月任）
孙　炜（挂职，9月任）
王志亮（挂职，11月任）

政协霸州市委员会

主　席　牛岳峰
副主席　程　亮
李新军
郑永强

文安县

中共文安县委员会

书　记　李克良
副书记　刘桂龙（任至11月）
刘雪松（11月任）
杨文奎

文安县人大常委会

主　任　王洪光
副主任　高柏成
王俊生
李景霞
王广华

文安县人民政府

县　长　刘桂龙（任至11月）
刘雪松（11月任）
副县长　姜建辉
张华维
邵二玲（任至5月）
刘凤顺（任至1月）
柳成林
马启良（1月任）
扈文波
杨建波
靳晓钟（9月任）

政协文安县委员会

主　席　赵明路
副主席　梁国华
王慧芬
井山岭
安淑苓

大城县

中共大城县委员会

书　记　许春声
副书记　侯贵松
张万所（任至5月）
薛振泽（5月任）

大城县人大常委会

主　任　高中起（任至2月）
张万所（3月任）
副主任　李煌熙
戴秀云
戴占柱
马玉峰

大城县人民政府

县　长　侯贵松
副县长　薛振泽（任至5月）
陈中华
王书华（12月任）
郭淑凤
王润库
刘国政（任至11月）
刘增禄
刘国旺
贾建朝（10月任）

政协大城县委员会

主　席　张宝华
副主席　胡苓子
马启良（任至1月）
赵瑞青

中国共产党廊坊市委员会

市委重要文件

3月17日，市委印发《关于建立“两定一考”工作机制切实防止干部“为官不为”的意见（试行）》（以下简称《意见》）。《意见》旨在深入贯彻落实党要管党、从严治党要求，切实防止和纠正干部“为官不为”问题，激励各级干部勇于担当、开拓进取，更加奋发有为地推动全市经济社会更好更快发展。

3月31日，市委、市政府印发《关于扎实做好2015年农业农村工作的实施意见》（以下简称《意见》）。《意见》旨在提高粮食生产能力上挖掘新潜力，在优化农业结构上开辟新途径，在转变农业发展方式上寻求新突破，在促进农民增收上获得新成效，在建设新农村上迈出新步伐。

4月1日，市委全面深化改革领导小组审议《廊坊市全面深化改革重要举措实施规划（2015—2020年）》（以下简称《规划》）和《中共廊坊市委全面深化改革领导小组2015年工作要点》（以下简称《要点》）。

4月27日，市委、市政府印发《廊坊市2015年大气污染防治攻坚十条》（以下简称《十条》）。《十条》明确实行环境质量和污染排放总量“双控”目标，控制燃煤污染，控制机动车污染，控制扬尘污染，控制烟气污染，控制涉气行业企业污染，实施重污染天气“削峰减频”，实施全市域网格化监管，实行党政同责，强化督导问责。

7月10日，市委印发《关于在各领域基层党组织开展创星争先活动的实施意见》（以下简称《意见》）。《意见》旨在激发全市各领域基层党组织进位争先的内动力，整体提升全市基层党建工作水平。

7月16日，市委印发《关于进一步严格党内组织生活的意见》（以下简称《意见》）。《意见》旨在落实中央全面从严治党的要求，严格党内组织生活。

9月28日，市委印发《关于开展“把纪律和规矩挺在前面”试点工作的实施方案》。《方案》旨在深入贯彻落实全面从严治党要求，推进全市党风廉政建设和反腐败工作深入开展，提高党组织的创造力、凝聚力、战斗力。

11月3日，市委印发《关于深入推进“三严三实”专题教育的实施方案》（以下简称《方案》）。《方案》旨在全面贯彻党的十八大和十八届三中、四中、五中全会精神，着力提升领导干部践行“三严三实”的思想自觉，解决不严不实突出问题，构建风清气正政治生态，激发干部干事创业激情。

12月29日，市委印发《关于进一步加强全市各级党委（党组）民主集中制建设的实施意见》（以下简称《意见》）。《意见》旨在坚持和运用好党内政治生活“四大法宝”，提高各级领导班子的执政能力和领导水平，增强创造力、凝聚力和战斗力。

12月31日，市委印发《关于制定廊坊市国民经济和社会发展第十三个五年规划的建议》（以下简称《建议》）。《建议》明确全市在“十三五”时期的指导思想和目标要求，在产业转型升级、推进协同发展、实施创新驱动、守住生态底线、深化改革开放、提升民生保障水平、加强和改善党的领导7个方面作部署。

（葛春涛　王　浩）

市委重要会议

【落实党风廉政建设“两个责任”专题汇报会】 于1月30日召开。会议总结交流2014年各级党委（党组）和纪检监察机关落实“两个责任”（党委负主体责任，纪委负监督责任）情况，并按照中央和省委关于落实“两个责任”的新要求，对全市工作作部署。市委书记王晓东主持会议并讲话。市委、市人大、市政府、市政协主要领导参加会议。市中级人民法院、市人民检察院党组负责人及各县（市、区）委、廊坊开发区工委负责人作履行主体责任的情况汇报；市纪委负责人作落实监督责任情况的专题汇报。

会议强调，各级党委（党组）和纪检监察机关要坚持经济发展和反腐倡廉一起抓，绝不能因党风廉政建设没跟上而贻误发展，绝不能因腐败问题频发而抹黑廊坊形象，绝不能因不正之风盛行而影响廊坊的发展环境；要根据中央和省委的要求，紧密结合各自实际和工作特色，构建完善的责任体系，明确承诺内容，延伸责任触角，细化工作流程；各级党委（党组）要和市委步调一致，严格按照实施方案要求，敢于突破思维定式，大胆创新工作实践，要在创新举措上下功夫，在解决难题上下功夫，在制度完善上下功夫，努力开创工作新局面；要深刻领会中央和省委精神，严格执行问责办法，重点问责一批负有责任的干部，始终坚持“一案三查”，把问责作实、作细、作出成效。

【全市科技创新发展大会】 于2月11日召开。会议贯彻落实中央和省委、省政府关于科技创新驱动、创新发展部署，动员全市抢抓京津冀协同发展历史机遇，推进全国科技创新成果孵化转化示范区建设，全力建设科技之城、创新之城。会议印发《廊坊市2015年科技创新行动方案》。市委副书记、市长冯韶慧主持会议。市委书记王晓东作讲话。市委常委、常务副市长李波，市委常委、副市长贾永清，副市长王曦、王俊臣出席会议。

会议要求，各级各部门要深刻认识创新驱动对廊坊发展的重大意义，要牢牢抓住科技创新这一核心任务，要把创新落实到培育新的经济增长点上，要用改革的办法破除创新发展的体制机制障碍，要形成大众创业、万众创新的工作合力。

会议强调，各级各部门必须明确创新驱动发展思路，必须把创新驱动发展战略抓实，必须着眼长远可持续发展，推进创新驱动战略的实施，必须把创新驱动发展作为“一把手”工程抓；必须突出抓好人才的引进、利用工作，必须抓好传统产业的技术改造。

【市四套班子联席会议】 于2月25日召开。会议专题学习贯彻习近平总书记2014年2月26日在听取京津冀协同发展专题汇报时的重要讲话及推进京津冀协同发展相关讲话精神，通报全市京津冀协同发展工作成果。市委书记王晓东主持会议并讲话。市委副书记、市长冯韶慧出席会议并讲话。市领导蒋洪江、刘智广、郑广富、李波、辛绍杰、刘书强、饶贵华、李龙、王志明、杨杰、王世强、毕晓明、王相仁、李春山、李凤霞、吕爱英、王曦、王金水、布泽文、王俊臣、张卫东、高树民、张春燕，市委秘书长张金波出席会议。张金波宣读习近平总书记在听取京津冀协同发展专题汇报时的重要讲话及推进京津冀协同发展相关讲话精神。李波通报廊坊市推进京津冀协同发展工作情况。

会议要求，要把握中央关于推进京津冀协同发展的目标、具体思路和方法等核心要求，结合廊坊实际，统一思想，加强机遇意识和责任意识，坚守廊坊在京津冀协同发展中的定位，努力建设首都城市功能的拓展区、京津产业转移提升的承载地、全国科技成果的孵化转化基地和“京津走廊”生态宜居城市，用改革创新的担当开拓思路、推升水平，在京津冀协同发展中做出大文章；要做好时下的几项重点工作，做好顶层设计，明确示范试验要求，加快完善基础设施，有效聚集高端产业，为廊坊的大发展、快发展积蓄力量。

会议强调，协同发展是一项重要的政治任务，推进协同发展是一项长期的、巨大的系统工程，关系廊坊全局发展。要加强责任意识和使命担当，把协同发展作为难得的人生机遇，把责任切实担负起来，把各项工作落到实处，把协同发展作为实现人生价值的广阔舞台，演好自己的角色，作出自己的贡献。

【全市农村工作暨农村面貌改造提升行动动员会议】 于3月6日召开。会议贯彻中央、省委农村工作会议和全省农村面貌改造提升行动动员大会精神，总结2014年全市农业农村工作，对2015年“三农”工作作部署，对全市农村面貌改造提升行动作动员。市委副书记蒋洪江主持会议。市委副书记、市长冯韶慧出席会议并就做好“三农”工作提出要求。蒋洪江就贯彻落实会议精神和做好2015年的驻村帮扶工作发表意见。市委常委、宣传部部长辛绍杰宣读《廊坊市2015年农村面貌改造提升行动工作重点》，市委常委、组织部部长李龙宣读《关于表彰全市农村面貌改造提升行动（基层建设年活动）优秀驻村工作组、优秀驻村工作队员、先进工作者的决定》和《关于表彰2014年度农村面貌改造提升行动先进乡（镇）和美丽乡村的决定》。

会议指出，各级各部门要提高认识，增强新常态下做好“三农”工作的责任感和紧迫感，要因势而谋、应势而动、顺势而为，找准着力点和突破口，全力推动“三农”工作再上新台阶。

会议要求，各级各部门要以加快发展现代农业为重点，培育壮大农业园区，抓好主要农产品的有效供给，加强农村生态建设，加快推进产业化经营，注重发展多业态农业，在转变农业发展方式上实现新突破；要以全面深化农村改革为动力，开展农村土地承包经营确权登记颁证工作，开展农村产权制度改革，推进农村金融体系建设，培育新型农业经营主体，在推进体制机制创新上实现新突破；要以“农提行动”为抓手，加快打造“北三县”和固安县两个省级重点片区和6个市级重点片区，坚持高起点、高质量、高水平推进，同时健全组织领导，加强机制保障，在打造环京津美丽乡村上实现新突破；要以强化农村基础设施和公共服务为重心，继续实施“医、学、路、水、保、养、居”七大工程，逐步建立健全村级公共服务中心，加强政策支持，加大财政投入，在统筹城乡一体化发展上实现新突破；要以促进农民收入倍增为目标，拓宽和畅通农民增收渠道，建立健全长效增收机制，在保持农民收入持续较快增长上实现新突破。

会议强调，做好农业农村工作，要建立和完善坚强有力的组织领导工作机制、稳健可靠的依法治农工作机制、协调联动的城乡统筹工作机制、灵活高效的市场调节工作机制、便捷利民的乡村服务工作机制和保障有力的资金投入工作机制，形成稳步推进、持续发展的良好态势，推动全市农业农村工作迈上更高层次，让农村面貌更新更美，让农村生活更富更好。

【全市整改工作电视电话会议】 于4月3日召开。会议就贯彻落实中央和省委关于党的群众路线教育实践活动整改落实工作的各项决策部署，对照省委第二巡视组、省委第三督导组对廊坊市提出的反馈意见和评估意见作部署。同时会议播放正风肃纪明察暗访典型问题视频资料。市委副书记、市长冯韶慧主持会议。市委书记王晓东对整改落实工作提出要求。市领导蒋洪江、刘智广、郑广富，刘智广、辛绍杰、刘书强、贾永清、李龙、王志明、王曦、张金波出席会议。蒋洪江对省委第二巡视组反馈意见的整改落实工作作部署，李龙通报省委教育实践活动第三督导组对廊坊市群众路线教育实践活动整改落实情况的督导评估意见，刘书强就反对“四风”、落实“八条禁令”作部署。

会议要求，各级各部门领导干部要把整改工作作为各项工作新常态的重要组成部分，以正确的态度对待问题；要把解决问题的过程真正转化为推进工作的过程，形成不出现问题的机制。

会议强调，各级各部门领导干部要以过硬的作风改正问题。要勇于担当，借势而为，持之以恒地解决问题；要保持清醒的头脑深刻思考问题，把发现的问题纳入到工作当中，纳入到认识的规律当中；要以锲而不舍、驰而不息的决心和毅力，把需要整改的问题盯紧盯死，直至彻底解决；对群众反映强烈的、社会普遍关注的、上级领导盯办要账的，要不折不扣整改到位；要建立起长期有效的制度；要有规矩意识，完善现有的规矩，建立新规矩。要强化整改工作的责任，严格按照各级督导组和省委、市委相关要求，切实担当起整改落实责任，做到明责知责，履责尽责，问责追责，以善始善终、善做善成的坚强决心，切实抓好各项整改任务落实。

【全市大气污染防治重点攻坚行动动员大会】 于4月28日召开。会议印发《廊坊市2015年大气污染防治攻坚十条》。市委副书记、市长冯韶慧主持会议。市委书记王晓东出席会议并讲话。副市长王曦对2015年大气污染防治重点攻坚行动作具体部署。市委秘书长张金波出席会议。市环保局、市发改委、市建设局、市公安局、市综合执法局和广阳区政府、安次区政府、廊坊开发区管委会向市政府递交责任书。市建设局、广阳区政府、安次区政府、廊坊开发区管委会主要负责人作表态发言。

会议要求，各级各部门要牢牢锁定“双控”目标。“双控”，即控制PM2.5浓度、控制空气质量综合指数。目标是：2015年PM2.5年均浓度要确保控制在80微克/立方米以下，空气质量综合指数要确保退出全国“倒排前十”。实现“双控”目标，退出全国“倒排前十”，要统一思想、坚定信心，迎难而上、敢打必胜；要科学治理，强力落实好重点任务；要把主观努力做到位，紧紧瞄准重点工作任务，科学施治、定向施治，特别是要坚决落实好攻坚十条中的“五控”和“削峰减频”。

会议强调，各级各部门要共同治理，以责任倒逼任务落实。大气污染防治重点攻坚行动的目标、任务、措施都已经明确，关键是要严明责任、齐抓共管，把各项治理任务一条一条落实到位。实行党政同责、双职分管，分域负责，对党政正职、其他领导班子的大气污染防治责任进行细化和明确，以责任的落实确保任务的落实。各分管领导，要负责把大气污染防治十条涉及的方方面面问题，一项一项拉出具体的推进方案，并全力推进落实。要强化监管责任。加快构建以环保部门为主体，属地管理、条块结合、公众参与的监督管理体系，让大气污染防治工作充分置于监督之下。要突出抓好网格化管理，建立起县（市、区）、乡（镇、街道办、园区）、村（居委会）三级网格，确保每一个网格都有人监管，每一项责任都有人落实。要严格督导问责，对推诿扯皮、敷衍塞责，责任不落实、进度不到位的相关单位和责任人一律严厉追究，决不留情。

【落实“两个责任”工作汇报电视电话会】 于7月3日召开。市委副书记、市长冯韶慧主持会议。市委书记王晓东出席会议并讲话。市委副书记蒋洪江，市人大常委会主任刘智广，市政协主席郑广富，市委常委、纪委书记刘书强，市委常委、副市长贾永清，市委秘书长张金波出席会议。香河县委、固安县委和市人社局党组、市水务局党组分别就落实主体责任情况作汇报。刘书强通报党风廉政建设责任追究典型案件。

会议强调，各级党委（党组）必须把“两个责任”落实到位，要把党风廉政建设当作分内之事、应尽之责，明确从严治党职责，把主体责任主动扛在肩、抓在手；必须把纪律规矩执行到位，要加强对制度执行情况的监督检查，让铁规发力、让禁令生威，确保各项制度真正落地生根；必须把尽责不力问责到位，各级党委、纪委要把责任追究牢牢抓在手中，要敢问责、真问责、会问责，要向问责要压力、要动力、要实效；必须把手中权力约束到位，简政放权，摸清权力底数，制作权力清单，优化权力运行，加强风险防控，强化制约监督，把权力紧紧关在笼子里。

【京津冀协同发展推进大会】 于9月29日召开。市委副书记、市长冯韶慧主持会议。市委书记王晓东出席会议并讲话。市领导蒋洪江、刘智广、郑广富、李波、辛绍杰、刘书强、饶贵华、韩占山、李龙、喻华峰、王世强、毕晓明、王相仁、李春山、李凤霞、王曦、王俊臣、刘文萍、王彦涛、张卫东，市委秘书长张金波出席会议。李波就廊坊市《关于贯彻落实国家和省战略部署、加快推进京津冀协同发展的实施意见（讨论稿）》作说明；辛绍杰就加快推进美丽乡村建设发表具体意见。

会议指出，推动京津冀协同发展，要坚持与北京同城融合发展的基本方向，不论是发展思路、发展规划、发展定位，还是发展环境、生态建设、承接基础，都要接轨北京、融入北京，重点在加快重大基础设施建设、不断优化生态环境、全面优化发展环境方面下大力气、做好文章。要把承接功能疏解和产业转移作为工作重点，拓展空间、加快转型升级、提升发展层次。在功能疏解上，要坚持规划先行、精准为要、政府和市场“两手”齐抓，吸引更多北京非首都功能向廊坊转移；在承接产业转移上，要坚持绿色高端方向，推进产业转型升级，积极融入协同创新共同体，实现“京津研发、廊坊孵化转化”。要把园区、县城、美丽乡村建设作为三大抓手，要在加强园区建设上下功夫，提升园区功能、完善园区体制、加快园区共建步伐，全面提升园区的承载力和竞争力；要在加强县城建设上下功夫，做好县城规划、提高建设水平、打造一批特色卫星城，为承载北京功能转移提供支点、拓展空间；要在建设美丽乡村上下功夫，坚持以规划为引领、以产业为支撑、以环境为基础、以文化为内核，全力打造协同发展城乡统筹示范区。

会议要求，各级各部门必须在四个方面形成共识：廊坊在京津冀协同发展中最应该做的是把同城融合的优势发挥到极致，廊坊在京津冀协同发展中一定是走高端发展的路子，廊坊在京津冀协同发展中要成为全省辐射带动的高地，廊坊在京津冀协同发展中要始终保持时不我待的紧迫感。同时，在推进协同发展的实践中，要注意把握好“四个关系”，即服务大局与发展自己的关系、全面对接与精准发力的关系、时下对接与长远协同的关系、政府主导与市场主体的关系。在工作中探索创新，不断深化、调整和提升，体现廊坊在协同发展中的独特作用。

会议强调，推动协同发展，关键在人、在干部，特别是在发展一线的干部。各级党员干部特别是领导干部，一定要任其职、尽其责，在其位、谋其政，敢于负责、勇于担当，在推进协同发展的洪流中勇立潮头、成就伟业。

【加强群众工作暨基层基础工作会议】 于9月29日召开。市委副书记、市长冯韶慧主持会议。市委书记王晓东出席会议并讲话。会议深入贯彻落实省委书记赵克志关于做好群众工作的重要指示和要求，进一步加强和改进群众工作，提升基层基础建设，解决制约廊坊发展的突出问题，为抢抓新机遇、建设新廊坊提供坚实支撑，推动全市经济社会更好更快发展。市领导蒋洪江、刘智广、郑广富、李波、辛绍杰、刘书强、饶贵华、韩占山、李龙、喻华峰、王世强、毕晓明、王相仁、李春山、李凤霞、王曦、王俊臣、刘文萍、王彦涛、张卫东，市委秘书长张金波出席会议。蒋洪江就加强和改进群众工作、依法依规解决信访问题发表意见，李龙就加强和改进群众工作、夯实基层基础发表意见，张金波宣读《中共廊坊市委关于成立市委群众工作委员会的通知》。大厂回族自治县、香河县、文安县分别作典型发言。

会议指出，群众工作是党的生命线。各级各部门要从巩固党的执政基础、推动事业长远发展、维护社会长治久安的高度，深刻认识做好群众工作的重大意义和极端重要性，带着感情、带着责任把群众工作做好、把群众的利益维护好，为实现协同发展背景下廊坊的更大发展，创造和谐稳定的社会环境。

会议要求，要创新信访工作运行机制，突出抓好基层基础工作的关键举措。要用群众工作统揽信访工作。要建立顺应民心的决策机制，畅通反映民意的表达渠道，严格落实领导包案接访制度，及时有效地解决联系群众、服务群众、回应群众利益诉求的各方面问题。要全面实施“四个三”工作机制，即推进网格化管理、网络化服务和“天网”工程的“三网管理”；开展侵害群众利益、信访案件化解、打黑除恶的“三项治理”；建立基层党组织书记抓党建责任清单、小微权力清单和帮扶对象清单这“三个清单”；做到党组织设置下沉、机关干部下沉和资源配置下沉这“三个下沉”，着力实现所有矛盾在基层化解、所有困难在基层解决、所有服务在基层提供，进一步提升服务群众工作水平，推进基层治理体系和治理能力实现现代化。

会议强调，各级党委要切实担负起领导、组织、推动、落实的责任，把群众工作网络建起来，全面运用联系群众、民意表达、维护权益、监督管理、考核评价等方面的制度，使聚民心、接地气成为一种常态，使办实事、解民忧成为一种自觉。要注意加强制度实施的监督，及时发现制度落实中的问题，严防出现变形、走样、缩水。对工作不重视、不履职尽责、矛盾化解不力、引发严重社会影响的单位和个人，将实行最严格的问责措施。

【中共廊坊市委五届八次会议】 于12月30日召开。会议由市委常委会主持。市委书记王晓东代表市委常委会报告工作，并就落实“十三五”发展目标任务提出工作要求。市委副书记、市长冯韶慧就《中共廊坊市委关于制定廊坊市国民经济和社会发展第十三个五年规划的建议（讨论稿）》向全会作说明，对2016年经济社会发展工作作部署。全会审议通过《中共廊坊市委关于制定廊坊市国民经济和社会发展第十三个五年规划的建议》和《中国共产党廊坊市第五届委员会第八次全体会议决议》。

会议明确“十三五”时期廊坊发展的指导思想，即全面贯彻党的十八大和十八届三中、四中、五中全会精神，以马克思列宁主义、毛泽东思想、邓小平理论、“三个代表”重要思想、科学发展观为指导，深入贯彻习近平总书记系列重要讲话精神，坚持“四个全面”战略布局和“五大发展”理念，坚持“协同发展、转型升级、又好又快”工作主基调，以提高发展质量和效益为中心，坚守发展、生态、民生三条底线，牢牢抓住新机遇，努力适应新常态，不断强化协同发展、科技领引、开放带动、生态支撑主战略，着力提升城市经济，着力发展高端产业，着力创新体制机制，着力重塑环境优势，着力防范社会风险，加快建设科技研发创新成果转化引领区、战略性新兴产业和现代服务业聚集区、京津冀全面创新改革试验区、北京非首都功能集中承载地，努力开创绿色发展、高端发展、率先发展、和谐发展新局面。

会议确定“十三五”时期廊坊经济社会发展的主要目标，即“三个前列、两个翻番、一个提前”。“三个前列”，即经济增长保持中高速，主要经济指标增速位居全省前列；产业发展迈入中高端，质量和效益位居全省前列；环境治理大见效，生态建设水平位居全省前列。“两个翻番”，即地区生产总值和城乡居民人均可支配收入比2010年翻一番以上，并努力在全省率先实现翻番。“一个提前”，即确保在2020年前全面建成小康社会。

会议强调，实现“十三五”的奋斗目标，必须坚决打好“八大攻坚战”，即打好做大做强城市经济攻坚战，打好战略性新兴产业和现代服务业发展攻坚战，打好县域经济提升攻坚战，打好重大基础设施建设攻坚战，打好生态环境治理攻坚战，打好全面改革开放攻坚战，打好社会发展民生改善攻坚战，打好平安廊坊建设攻坚战。

（葛春涛　王　浩）

市委常委会议

【五届市委2015年第一次常委（扩大）会议】 于1月13日召开。市委书记王晓东主持。会议传达学习省十二届人大四次会议和省委书记赵克志在参加廊坊代表团审议时的讲话精神、省政协十一届四次会议精神，听取《关于全面贯彻落实中央和省委统战工作会议精神抓紧抓好当前重点工作的意见》汇报，研究讨论《廊坊市委常委班子对照检查材料》。

【五届市委2015年第二次常委会议】 于1月21日召开。市委书记王晓东主持。会议学习中共中央总书记习近平在中央政治局“三严三实”专题民主生活会上的重要讲话精神，研究讨论市政府党组拟提交市六届人大四次会议审议的《政府工作报告》等相关文件。

【五届市委 2015 年第三次常委会议】 于 1 月 29 日召开。市委书记王晓东主持。会议听取《关于省纪委八届六次全会主要精神及我市贯彻落实意见》《关于挺纪在前、护航协同发展的指导意见》《关于运用监督执纪“四种形态”的指导意见》《关于全国宣传部长会议、全省宣传文化工作会议精神及我市贯彻落实意见》《关于全省农村工作会议精神及我市贯彻落实意见》《关于精减文件会议的措施》的汇报，学习中央办公厅、国务院办公厅《关于三年来中央政治局贯彻执行中央八项规定、落实加强作风建设措施情况的报告》，部署全市下一步相关工作。

【五届市委 2015 年第六次常委会议】 于 3 月 22 日召开。市委书记王晓东主持。会议学习《国家创新驱动发展战略纲要》《河北省深化科技体制改革实施方案》、中共中央办公厅《关于认真做好市县乡领导班子换届工作的通知》、省委书记赵克志在河北代表团第六次全体会议上的讲话精神、《落实赵克志同志近期重要讲话精神责任分工方案》《中共河北省人大常委会党组关于加强县乡人大工作和建设的实施意见》、省委巡视工作领导小组《关于被巡视地区（单位）配合省委巡视组开展巡视工作的规定》，听取关于《全省组织部长会议精神及我市贯彻落实意见》《关于省委省政府〈加快推进美丽乡村建设的意见〉的传达提纲及我市贯彻落实意见》的汇报，部署全市下一步相关工作。

【五届市委 2015 年第七次常委会议】 于 4 月 5 日召开。市委书记王晓东主持。会议传达省党政代表团赴浙江、北京、天津学习考察精神，学习《赵克志、张庆伟同志在省会城市规划建设管理工作会议上的讲话》、省委《关于深入贯彻落实习近平总书记对河北工作重要指示精神的意见》、省委办公厅、省政府办公厅《关于加强改进党中央国务院和省委省政府重要文件讲话传达学习工作的通知》，部署全市下一步相关工作。

【五届市委 2015 年第九次常委会议】 于 4 月 21 日召开。市委书记王晓东主持。会议传达中共中央总书记习近平在中央政治局常委会议审议“两学一做”学习教育方案时的重要讲话和中央领导刘云山、赵乐际在“两学一做”学习教育工作座谈会上的讲话精神，听取市委组织部关于《〈河北省“两学一做”学习教育动员会议精神〉及〈关于在全市党员中开展“学党章党规、学系列讲话、做合格党员”学习教育实施方案〉》的汇报，部署全市下一步工作。

【五届市委 2015 年第十二次常委会议】 于 7 月 2 日召开。市委书记王晓东主持。会议传达全国优秀县委书记表彰会议精神、河北省纪念建党 94 周年暨全省“百姓喜爱的好官”命名表彰会议精神，对全市党员干部积极践行“三严三实”、争做群众满意的好干部提出具体要求。

【五届市委 2015 年第十三次常委会议】 于 7 月 15 日召开。市委书记王晓东主持。会议学习传达省委八届十一次全体（扩大）会议精神，部署全市下一步工作。

【五届市委 2015 年第十五次常委会议】 于 7 月 29 日召开。市委书记王晓东主持。会议学习中共中央总书记习近平和中央书记处书记刘云山在中央党的群团工作会议上的讲话精神、省委关于印发《河北省党员干部政治纪律和政治规矩“十不准”》的通知精神，听取《关于全省民族工作会议暨河北省第七次民族团结进步表彰大会情况的报告》、关于对《河北省党风廉政建设主体责任和监督责任追究办法（试行）》落实建议的汇报、《关于实施“四个三”推进机制加强基层工作的意见》的汇报，部署全市下一步相关工作。

【五届市委2015年第十八次常委会议】 于8月19日召开。市委书记王晓东主持。会议传达中央政治局常委、国务院副总理张高丽对河北有关工作的重要指示精神，安排抗日战争胜利70周年纪念活动期间全市空气质量保障工作，听取市政府党组关于国家、省安全生产电视电话会议精神暨全市贯彻落实情况的汇报，部署全市下一步安全生产工作。

【五届市委2015年第十九次常委会议】 于8月25日召开。市委书记王晓东主持。会议学习贯彻省委书记赵克志在廊坊调研期间重要讲话精神，部署全市各项重点工作。

【五届市委2015年第二十次常委（扩大）会议】 于9月11日召开。市委书记王晓东主持。会议学习传达省委书记赵克志、省长张庆伟在省委理论学习中心组学习会议上的讲话精神，研究全市贯彻落实会议精神的意见，听取关于廊坊市学习贯彻《中国共产党巡视工作条例》情况的汇报、关于《全省纪检监察工作调度会议主要精神及我市贯彻落实意见》的汇报，安排部署全市下一步相关工作。

【五届市委2015年第二十三次常委会议】 于9月28日召开。市委书记王晓东主持。会议学习《关于认真学习贯彻中纪通〔2015〕6号文件精神强化党风廉政建设责任追究的通知》和省《关于依法依规治理信访问题的若干意见》精神，研究全市贯彻落实意见，听取关于《中共廊坊市委关于开展“把纪律和规矩挺在前面”试点工作实施方案》的汇报、关于《加强和改进群众工作、依法依规解决信访问题的意见》的汇报，部署全市下一步相关工作。

【五届市委2015年第二十四次常委会议】 于10月9日召开。市委书记王晓东主持。会议学习《中共中央办公厅、国务院办公厅关于印发〈深化农村改革综合性实施方案〉的通知》和《中共中央办公厅、国务院办公厅关于印发〈环境保护督查方案（试行）〉的通知》精神，听取关于《中共廊坊市委关于加强社会主义协商民主建设的实施意见》的汇报、关于《中共廊坊市委关于开展“解放思想、抢抓机遇、奋发作为、协同发展”大讨论的实施意见》的汇报，部署全市下一步相关工作。

【五届市委2015年第二十七次常委会议】 于11月2日召开。市委书记王晓东主持。会议传达学习贯彻《中国共产党第十八届中央委员会第五次全体会议公报》精神，研究全市贯彻落实意见，听取关于《廊坊市制定地方性法规办法（草案）》情况的汇报、《关于深入推进“三严三实”专题教育的实施方案》的汇报、《关于县以下机关公务员职务与职级并行制度实施工作情况》的汇报、《关于省委统战部工作会议精神及我市贯彻落实初步意见》的汇报，部署全市相关工作。

【五届市委2015年第三十次常委（扩大）会议】 于11月12日召开。市委书记王晓东主持。会议传达学习省委八届十二次全会精神，听取关于《中共廊坊市委关于贯彻落实省委八届十二次全会精神的意见》、关于《聚焦“八破八立”、开展“三比三创”、把解放思想大讨论引向深入的意见》、关于《全市“解放思想、抢抓机遇、奋发作为、协同发展”大讨论推进方案》的汇报，部署全市下一步相关工作。

【五届市委2015年第三十一次常委会议】 于11月26日召开。市委书记王晓东主持。会议集中学习习近平总书记在党的十八届五中全会上的报告和讲话、省委书记赵克志在传达十八届五中全会精神省级党员领导干部会议上的讲话精神，听取关于《全省党委政府秘书长（办公室主任）会议精神及我市贯彻落实意见》的汇报，传达《河北省纪委、河北省监察厅关于2015年以来纪律审查违纪案件情况的通报》，部署全市下一步相关工作。

【五届市委2015年第三十二次常委会议】 于11月30日召开。市委书记王晓东主持。会议传达省政府和环保部华北督查中心暗访廊坊市大气污染防治工作的相关情况，听取关于《省委巡视组巡视廊坊市反馈意见及我市贯彻落实意见》的汇报，部署全市相关工作。

【五届市委2015年第三十三次常委会议】 于12月7日召开。市委书记王晓东主持。会议学习《中国共产党廉洁自律准则》《中国共产党纪律处分条例》《中共河北省委关于进一步完善和落实党员干部直接联系群众制度的意见》，听取关于《改进和规范领导服务工作的实施办法》《廊坊市落实省委第三巡视组反馈意见整改工作方案》《全省组织工作会议精神及我市贯彻落实意见》《2015年度市委常委专题民主生活会工作方案》和《2015年度全市县处级领导班子专题民主生活会指导意见》的汇报，部署全市相关工作。

【五届市委2015年第三十五次常委会议】 于12月21日召开。市委书记王晓东主持。会议学习中共中央、国务院《关于完善审计制度若干重大问题的框架意见》及相关配套文件，学习《河北省党风廉政建设主体责任和监督责任清单》，学习省纪委《关于纪律检查机关对领导干部进行廉政谈话、核实谈话、诫勉谈话的实施办法》，对冀办发〔2015〕46、47号两个文件（“一个意见”“四个办法”）精神进行解读，听取市人大常委会党组《关于召开市六届人大四次会议的请示》汇报，听取市政协党组《关于召开政协廊坊市第六届委员会第四次会议的请示》汇报，听取市群工办关于《廊坊市市级领导接待群众来访工作制度（试行）》和《廊坊市市级党政领导包案处理信访案件工作制度（试行）》汇报。

【五届市委2015年第三十六次常委会议】 于12月28日召开。市委书记王晓东主持。会议传达学习贯彻全省经济工作会议精神和全省扶贫工作会议精神，研究廊坊市贯彻落实意见，部署相关工作。

【五届市委2015年第三十八次常委会议】 于12月31日召开。市委书记王晓东主持。会议传达学习中央政治局专题民主生活会精神和省委常委专题民主生活会精神，研究廊坊市贯彻落实意见，对市委常委专题民主生活会的各项工作进行安排部署。

（葛春涛 王 浩）

市委办公室工作

【概况】 中共廊坊市委办公室是市委的综合办事机构，处于承上启下、联系左右、协调各方的枢纽位置，承担着为市委服务、为部门服务、为基层和群众服务的重要职责，在辅助决策、综合协调、督察落实、后勤保障等方面发挥关键作用。2015年，市委办公室设19个科室和市委机关事务管理局，人员编制132人，干部职工100人。设3个党支部，17个党小组，党员123人。市委办公室获得市直“十佳红旗党组织”、全省《中办通讯》工作先进单位。

【办文办会】 2015年，市委办公室落实公文签收、登记制度，理顺文件承办关系，即收即办即发各级各类文件1608份，接收机要文件1552件，发放中央和省级文件24260份，印发市级各类文件114470份。市委机关档案室成为“河北省机关档案工作目标管理AAA”认证单位。审核各类公文365件，无一纰漏。组织开展保密专题教育培训，保密工作未发生失密泄密事件。制发市委规范性文件按时向省委办公厅报备，备案率和省委办公厅审核通过率100%。建立健全文件定期清理和即时清理机制，印发《关于废止和失效一批市委规范性文件的决定》，在全省率先完成市委规范性文件清理工作，得到省委办公厅的肯定。坚持精简节约办会，严控各类活动和会议，接待工作严格执行标准，组织各类会议68个，组织各类领导公务活动60次，接待中央和省领导35批次，经费支出同比下降20%以上。

【文稿信息】 2015年，市委办公室选择关系全市经济社会发展的战略性、全局性问题组织开展调研活动，配合中央办公厅秘书局、省委办公厅，开展建立健全党委系统法律顾问制度、县域经济发展和小城镇建设等课题的调研活动。起草《市委2015年工作要点》《中共廊坊市委关于全面推进法治廊坊建设的实施方案》，以及工作报告、领导讲话、会议材料等既贴近市委中心工作又体现领导意图的各类综合文稿600余篇，文字总量达260多万字。发挥收集选编各类信息主渠道作用，上报中央、省委各类信息8000多条（篇），编发《每日汇报》《今日报省信息》《呈阅件》《情况交流》《快讯》等信息刊物近700期，其中稿件得到中央、省委领导肯定性批示20余人次；编辑《网民留言呈阅卡》《网络社情专报》410期，其中稿件得到市领导批示616人次。组织全市党委系统信息工作培训2次。

【综合协调】 2015年，市委办公室横向协调市“四套班子”办公室完善工作沟通机制，协调市“四套班子”秘书长联席会，市级各大班子围绕市委中心工作步调一致；统筹协调市直部门和单位事关全市的重要活动，市委工作要求及时传达到基层。协调组织“5·18”经洽会、项目拉练观摩、“9·3”阅兵期间重点工作督导调度等一系列活动。纵向协调加强与省委办公厅工作业务联系，及时了解省委的重要部署和工作动态，为市委提供超前服务；加强与各县（市、区）的工作联系和指导，及时交流工作情况，形成围绕中心、整体联动、互相配合的局面。协调建立完善应急突发事件、紧急情况处置机制，推进乡镇实行值班档案电子化管理，及时传达和督办各级领导批示、指示。妥善处置紧急重大事件49起，按规定上报省委办公厅9起。

【督察落实】 2015年，市委办公室重点督察省委、省政府集中抓好的136项重点工作和《市委工作要点》，以及全市“十项集中行动”、重点项目和园区建设情况、中央“八项规定”落实、大气污染治理、“9·3”阅兵期间信访维稳、解放思想大讨论等重点工作，将上述督察重点逐条分解任务，细化目标要求，建立工作台账，落实全年督察目标任务。组织决策督察40余次，配合省委决策督察8次，决策督察按期办结率100%。省委、市委领导批办件督察办理落实“批即查、查必清、清必办、办必果”要求，综合运用复查回访等多种方法和手段，严格工作程序和时限要求，督察办理规范高效。省委领导批办事项9件、市委主要领导批办事项106件，按期办结率100%。对2014年度落实党风廉政建设主体责任考核工作进行主体责任督察，起草制定市委党风廉政建设主体责任领导小组2015年工作要点，开展“签字背书”“双报告”和廉政督察。牵头组织开展党内“两项法规”教育宣传活动和省委巡视组反馈意见整改落实工作，组织召开“两个责任”汇报会2次、警示教育大会2次。

【安全保障】 2015年，市委办公室落实领导在岗带班、24小时双人双岗值班制度。“两节”“两会”及汛期、暑期等重要时期，拉网式督导检查全市重点单位和部门130余个，全市党委值班系统上下畅通、承办事项及时有效处置。市委内网网站、移动办公等网络应用系统和信息传报系统，以及信访、考核、县级纪检专网安全畅通。年内短信平台下发会议、活动通知近10万条，节约办公经费2万余元。

（葛春涛　王　浩）

纪检监察

【概况】 2015年，廊坊市各级纪检监察机关落实“一为主两报告”（“一为主”是指查办腐败案件以上级纪委领导为主，“两报告”是指线索处置和案件查办在向同级党委报告的同时必须向上级纪委报告）要求，下发《深化查办腐败案件体制机制改革工作的通知》，要求各级纪委放开手脚办案，抓住关键环节，层层传导反腐压力。印发《关于深入推进查办案件体制机制改革有关问题的通知》，具体指导试点单位开展工作。全年上报线索处置和案件查办62件（涉及36人），其中属于初步核实类12件，谈话函询类5件，了结类23件，报省纪委线索6件，立案报告8件，拟处分意见报告8件。调整市委反腐败协调小组成员单位，将市委宣传部、市委政法委、廊坊银监分局等纳入成员单位。制发反腐败协调小组工作规则等规范性文件5个，召开小组会议研究反腐败有关事项2次，部署追逃追赃工作，劝返外逃人员1名。组织开展县级执纪执法部门案件（线索）通报、移交（移送）情况监督检查活动，保障中央、省纪委办案28次，看护目标61人。推进“十个领域”和“小官巨腐”办案专项行动。成立“村官巨腐”办案专项行动领导小组，明确任务分工，将重点查办六个方面涉案金额巨大、性质恶劣、群众反映集中的典型案件作为目标，对2012年以后受理的市、县两级反映农村和城市社区干部问题的信访举报进行“大起底”，排查问题线索140件、初核159件、立案253

件、处分245人。其中市纪委直查的3名村支部书记涉案金额上千万元。发挥巡视“利剑”作用，制发《巡视联络工作台账管理办法（试行）》，建立巡视反馈意见整改落实台账、承办事项台账、信访件登记管理台账，跟踪被巡视单位整改进展动态，适时督察移交线索查办情况；制发《落实省委第三巡视组反馈意见整改工作方案》，推动整改工作全覆盖。年内省委巡视组专项巡视移交要结果信访事项43件，至12月底办结37件；省委第三巡视组移交问题线索56件，至12月底办结46件。贯彻执行《中国共产党廉洁自律准则》和《中国共产党纪律处分条例》，全年立案1324起，结案1322件，给予党政纪处分1309人。其中涉及县处级干部52人，乡科级干部241人，受处分总人数以及县处级、乡科级干部受处分人数，同比分别增长31.8%、26.8%和11.6%。省委常委、省纪委书记陈超英对廊坊市落实“两个责任”（党委负主体责任，纪委负监督责任）、纪律审查等工作给予肯定性批示5次，案件、信访、审理3项重点工作成为全省纪检会议发言典型。年内，廊坊市纪委旧州管理中心与市公安局共同招录80名公安文职人员，服务保障中央、省纪委办案28次，看护目标61人。旧州管理中心服务保障办案经验做法得到中央纪委、省纪委领导肯定。

【纠正“四风”】 2015年，廊坊市纪检监察系统纠正领导机关、领导班子和一些领导干部存在的“四风”（形式主义、官僚主义、享乐主义和奢靡之风）。端午节、中秋节、国庆节期间，30个检查组集中检查发现各类问题175个，156名当事人和相关责任人受到党政纪处分。6名“一把手”、4名纪检组长被问责。发现办公用房、机关食堂、公车私用、午间饮酒、慵懒散奢等问题203个，161名当事人和相关责任人受到党政纪处分，通报案件16起。其中公开曝光市农业局、市供销社、市工信局、市粮食局、永清县水务局等一批典型案例。财政供养人员经商办企业涉及的544人逐一自查申报并对其问题进行核实。依托廊坊纪检监察网和廊坊纪检监察杂志，对侵害群众利益等各类典型案件及时通报曝光，网站发布本地案件278件，外地重大典型案例447件，“四风”案例130件。召开全市警示教育大会2次，通报曝光12起典型案件。

【推进县级派驻机构改革】 3月，廊坊市纪委监察局组织召开县级纪检监察派驻机构改革推进会议，制定路线图，明确时间表。出台《派驻机构干部工作管理办法》《派驻机构履行监督职责办法》《派驻机构监督职责工作责任追究办法》等20余项制度。其中《加强对县直部门重点科室、重点岗位、重点事项监督管理实施意见》使县级监察监督工作具有系统性、针对性和可操作性。12月底，廊坊市召开县级纪检监察派驻机构建设经验交流会，霸州市纪委、香河县纪委、固安县纪委书记汇报派驻机构改革工作经验，永清县纪委、大厂县纪委、大城县纪委3个派驻机构纪检组长汇报驻部门监督工作经验。至12月底，全市10个县（市、区）纪检监察派驻机构对苗头性、倾向性问题及时提醒2500人次，约谈领导班子及中层干部6529人次，提出建议性意见1500条，发现各类问题900个，受理信访举报95件，发现案件线索61个。是年廊坊市纪委监察局推进县级派驻机构改革的做法得到中央政治局常委、中央纪委书记王岐山批示2次；新华社《国内动态清样》分两期刊发廊坊市深化派驻机构改革、强化纪委委员职能的经验做法。《中国纪检监察报》

等30家主流媒体报道廊坊市县级纪检监察派驻机构改革经验做法。

【挺纪在前试点工作】 2015年，廊坊市成立由市委书记王晓东任组长、市主体办（党风廉政建设主体责任办公室）、市纪委等单位主要负责人为成员的挺纪在前试点工作领导小组。印发《关于开展“把纪律和规矩挺在前面”试点工作的实施方案》，从明规矩、挺规矩、执行规矩、维护规矩四个层面提出要求、部署举措。制定《关于挺纪在前、护航协同发展的指导意见》《关于运用监督执纪“四种形态”的指导意见》，以制度成果形式，将把握运用“四种形态”（“四种形态”是2015年9月下旬中央政治局常委、中央纪律检查委员会书记王岐山到福建调研视察时首次提出的，即指党内关系要正常化，批评和自我批评要经常开展，让咬耳扯袖、红脸出汗成为常态；党纪轻处分和组织处理要成为大多数；对严重违纪的重处分、作出重大职务调整应当是少数；而严重违纪涉嫌违法立案审查的只能是极极少数）细化为20项具体工作措施。12月底，形成《廊坊市把纪律和规矩挺在前面试点工作报告》，向省纪委提供有价值的廊坊试点经验。8月24日，廊坊市被省纪委确定为全省“把纪律和规矩挺在前面”试点。10月10日，廊坊市纪委在霸州市召开全市“抓早抓小、把纪律和规矩挺在前面”现场会。会议总结霸州市以纪律审查实现挺纪在前的经验做法，对全市试点工作再动员、再指导、再推动。市委常委、市纪委书记刘书强结合把握运用监督执纪的“四种形态”，就如何抓早抓小为各县（市、区）纪委书记作专题辅导。霸州市纪委介绍查处违规享受低保、骗取林业补助资金的两起典型案件。

【学习贯彻“两项法规”活动】 10月30日，市委组织召开学习《中国共产党廉洁自律准则》和《中国共产党纪律处分条例》电视电话动员大会。市委书记王晓东结合8起违规违纪典型案件，对学习贯彻“两项法规”作讲解辅导和动员部署。市、县、乡三级1500名党员领导干部收听收看会议。市委制定出台《“两项法规”专题教育活动实施方案》，将“两项法规”专题教育活动细分为学习宣传、贯彻执行、建章立制3个阶段，把14项具体任务分解到市委主体办（党风廉政建设主体责任办公室）、市纪委、市委组织部、市委宣传部等8个牵头部门。组织全市各级各部门开展一次知识测试、一次知识竞赛、撰写一篇体会文章“三个一”活动，有23000名党员干部参加“两项法规”知识测试。在全市“两项法规”知识竞赛决赛中，经过10个县（市、区）、廊坊开发区和市直机关的12支代表队的激烈角逐，最终，大城县代表队获得竞赛一等奖。

【李长海成为纪检干部先进典型】 李长海，男，廊坊市纪委监察局第一纪检监察室主任，从事纪检工作13年。其间，李长海经手查办的违纪违法案件70多件，145人受到党纪政纪处分，29人被移送司法机关，为国家挽回经济损失1.98亿元。他被中纪委、中宣部评为“时代先锋”，被省纪委记个人二等功。2015年6月23日，廊坊市纪委监察局印发《开展向李长海同志学习活动的通知》和《开展“向先进典型看齐、争做群众满意的好干部”活动实施方案》，组织全市纪检监察干部向李长海学习。新华社、《人民日报》、中央电视台、中央人民广播电台、《中国纪检监察报》《河北日报》、河北电台、河北电视台等媒体报道李长海先进事迹。

【会议活动】 2月3日，市纪委召开五届五次全会。市委书记王晓东作题为“大力营造风清气正干事创业的良好从政环境”的讲话，市委常委、市纪委书记刘书强作题为“聚焦中心任务，严格执纪监督，坚定不移推进党风廉政建设和反腐败工作”的报告。会议审议通过全会工作报告和全会决议（草案）。香河县委、市卫生局党委向全会述责述廉。4月3日，市委召开全市整改工作电视电话会议。市委常委、市纪委书记刘书强就进一步反对“四风”、落实“八条禁令”作部署。4月21日，在全省纪检监察机关查办案件工作会议上，廊坊市纪委监察局2014年度纪检监察系统查办案件工作考核在全省排名第一，市委常委、市纪委书记刘书强介绍廊坊市查办案件工作经验做法。5月21日，北京市朝阳区委常委、区纪委书记宋铁健一行12人到廊坊考察，市委常委、市纪委书记刘书强陪同并介绍廊坊市纪检监察派驻机构改革、推进落实“两个责任”等相关做法。6月2日，廊坊市召开市委反腐败协调小组工作会议，谋划制定在查办党员和国家工作人员涉嫌违纪违法犯罪案件中加强协作配合的工作举措，研究部署全市追逃追赃工作。市委常委、市纪委书记刘书强主持会议并讲话。6月16日，市委常委、市纪委书记刘书强到文安县开展“三严三实”专题教育蹲点调研，并为文安县四套班子领导和纪委监察局机关全体干部上专题党课。7月3日，廊坊市召开全市落实“两个责任”工作汇报电视电话会议。市委书记王晓东出席会议并讲话，市长冯韶慧主持会议。市委常委、市纪委书记刘书强通报4起典型问题问责处理情况，对3个违反中央“八项规定”精神的单位主要负责人给予党纪处分，对履行监督责任不力的3名纪检组长问责处理。7月24日，市纪委监察局召开全市县级纪检监察派驻机构改革经验交流会。市委常委、市纪委书记刘书强出席会议并讲话。10月30日，市委召开全市学习《中国共产党廉洁自律准则》《中国共产党纪律处分条例》动员暨警示教育大会。市委书记王晓东在主会场出席会议并讲话，市长冯韶慧主持会议，市委常委、市纪委书记刘书强通报廊坊市查处的8起典型违纪案件，市委秘书长张金波宣读《关于开展学习〈中国共产党廉洁自律准则〉〈中国共产党纪律处分条例〉专题教育活动的实施方案》。12月8日至10日，全省纪检监察执纪审理工作会议和执纪审理业务培训班在廊坊召开。省委常委、省纪委书记陈超英出席培训班并作讲话，市委书记王晓东出席会议并致辞，市委常委、市纪委书记刘书强介绍廊坊市执纪审理经验做法。

【廊坊纪检监察网建设】 5月，廊坊纪检监察网改版升级，增加图中新闻、视频新闻的比重，推出“廉政大家说”论坛和“王灿关注”等与网民互动栏目，论坛注册会员4.5万余人。廊坊纪检监察网成为干部群众喜爱的知名网站。

（秦维城）

组织工作

【概况】 2015年，廊坊市有中国共产党基层组织9832个，其中城区街道党组织194个，乡镇党组织3356个。党员230026人，比上年增长1.06%，其中女党员50681人，占22.03%；少数民族党员5753人，占2.5%。全年发展新党员4345人，其中35岁以下青年占79.03%，大学专科以上学历占32%。全市党政机关工作人员中有党员34118人，其中大学本科以上学历党员占49.67%。提拔调整县处级领导干部340人次，研究科级干部57人次。从市直单位选派683名机关干部到基层锻炼，培养与储备优秀党政后备人才。全市人才资源总量45.1万人。

【开展“三严三实”专题教育】 2014年3月9日，中共中央总书记习近平在参加十二届全国人大二次会议安徽代表团审议时提出，既严以修身、严以用权、严以律己，又谋事要实、创业要实、做人要实。2015年4月，中共中央办公厅印发《关于在县处级以上领导干部中开展“三严三实”专题教育方案》，对2015年在县处级以上领导干部中开展“三严三实”专题教育作出安排。按照中央和省委对开展“三严三实”专题教育作出的安排部署，5月13日，市委书记王晓东为全市县处级干部讲“争做“三严三实”的好干部”专题党课，标志廊坊市“三严三实”专题教育活动正式启动。在开展“三严三实”专题教育活动中，市委建立“三严三实”专题教育联席会议制度，成立全市“三严三实”专题教育协调指导组。全市县处级以上领导干部对照“三严三实”和“八破八立”，开展比精神状态、比“三致”（细致、精致、极致）程度、比贡献大小，创一流水平、创优质环境、创扎实基础的“三比三创”活动。从6月9日开始，市委分4期对全市1300名县处级以上领导干部进行集中培训；印发《关于开展向关松发同志学习活动的决定》，举办关松发先进事迹报告会；建立解决“不严不实”问题机制，研究制定《关于进一步严格党内组织生活的意见》；建立健全定职责、定目标、绩效考核的“两定一考”工作机制和“两报告一筛查”（个人事项报告、决策用权报告及组织筛查）制度。年内全市各级各部门查摆出“不严不实”问题5144项，完成整改4702项，建章立制1193项。

【干部选拔】 2015年，市委组织部制作《廊坊市县处级干部选拔任用工作流程图》，进一步明晰干部动议、推荐、考察、选任等程序的操作流程；修改《干部考察责任卡》，增加“跑官要官”反向测评内容。落实市委“两报告一筛查”工作法要求，对拟推荐和提拔重用的干部进行“廉政体检”，防止干部带病提拔、带病上岗。结合年度考核，市委组织部推荐掌握一批优秀后备干部，建立后备干部队伍库。研究制定《关于科级干部选拔任用预审备案办法》，专项治理超职数配备干部。组织全市1400余名市管干部集中报告个人有关事项，并按10%的比例进行随机抽查核实。对拟提拔和重用市管干部个人有关事项报告进行重点抽查核实，落实“逢提必查”。组织开展领导干部“带病提拔”集中倒查工作，严格实行市管干部任前公示制度。组织开展领导干部企业兼职集中清理工作，对3名领导干部在企业兼职行为进行清理。

【干部培训】 2015年，市委组织部依托廊坊市委党校、井冈山市委党校、延安市委党校、贵州省委组织部组织人事干部学院等党性教育基地举办理论进修及党性教育培训班9期，培训干部489名；对中央、省委党校和行政学院等18所院校63个班次270人进行调训。搭建廊坊市干部与北京市干部沟通交流平台，全市选派60名重点岗位干部插班参加北京市举办的培训班10期；举办推进京津冀协同发展、加快产业转型升级、人文素养与领导力提升等专题培训班13期、培训670人次。依托市委党校举办依法治国、全面深化改革等干部专题选学班7期，培训全市县处级领导干部及市、县组织部门机关干部1600余人。

各县（市、区）选派10名乡科级干部分2期赴深圳参加为期1个月的实践锻炼。建立市级干部教育培训师资库和干部教育培训工作信息管理系统。廊坊市干部教育培训工作得到中组部、省委组织部领导的肯定。

【干部“两定一考”工作机制】 2015年，市委组织部制定“定职责、定目标、绩效考核”的“两定一考”工作机制。出台《关于建立“两定一考”工作机制，切实防止干部“为官不为”的意见（试行）》（以下简称《意见》）。《意见》明确各级领导干部的工作职责和目标任务，旨在加强考核奖惩，防止和纠正“为官不为”倾向。“两定一考”工作机制使干部不敢懈怠、不敢渎职。

【基层党建实施“四个三”工作机制】 市委组织部在全市基层党组织实施“三网管理、三项治理、三个清单、三个下沉”的“四个三”工作机制，推动全市基层党建工作全面提升质量和水平。“三网管理”即推进网格化管理、“天网”工程和网络化服务，实行精细管理、高效服务；“三项治理”即群众路线教育实践活动中开展的侵害群众利益专项治理、打黑除恶专项治理和信访案件化解专项治理；“三个清单”即建立党组织书记抓党建责任清单、小微权力清单和帮扶对象清单；“三个下沉”即党组织下沉基层、机关干部下沉基层、资源配置下沉基层。

【非公有制企业党建工作】 从3月初到6月中旬，利用100天左右的时间，市委组织部在全市非公有制企业开展党组织组建“百日攻坚行动”，指导各地组织力量对辖区非公有制企业党建状况进行一次拉网式调查，摸清底数，建立台账，在此基础上明确党组织组建工作目标。全市对有3名以上正式党员的非公有制企业单独建立党组织，对党员人数不足3名的，通过区域联建、行业统建、楼宇共建等方式建立党组织，对没有党员的，及时选派党建工作指导员开展党的工作。截至年底，全市符合组建条件的590家非公有制企业全部建立党组织，选派党建工作指导员2000多名，实现党的组织和党的工作在非公有制企业全覆盖。

【党员教育培训】 市委组织部制定《廊坊市2015—2018年党员教育培训工作规划》。全市累计开展各类主体培训276期，培训党员67633名。开展“党章学习日”活动和典型宣传教育活动，出台《廊坊市2015年发展党员工作计划》，明确指导向农村倾斜，严格县、乡、村三级责任等，解决个别村街长期不发展党员的问题。制作《发展党员工作程序图》，提高发展党员工作的制度化、规范化水平。健全党内组织生活制度，印发《关于进一步严格党内组织生活的意见》。组织人员到各县（市、区）实地检查，督导远程教育终端站点的学习使用工作。分批培训全市远程教育终端站点管理员和课件制作人员，站点管理员参训全覆盖。庆祝建党94周年优秀党建专题片展播活动中，市委组织部制作的《本色——刘进禄》《电影人》等15部专题片获省以上级别评比奖。

【人才队伍建设】 市委组织部印发《为创新驱动提供人才支撑的行动方案》，组织实施高层次人才聚力廊坊、域内人才增活力、助推产业升级、人才载体建设“四大工程”。印发市委人才工作领导小组《2015年工作要点》，明确2015年全市人才工作总体要求，分解推进实施人才工程的任务目标。建立全市高端人才微信群，开辟高端人才沟通信息、研讨交流的新平台。研究制定市管优秀专家动态管理办法。继续推进市管优秀专家队伍“7+1”（7个市管优秀专家党小组和1个高新技术小组）管理制度规范化，落实市领导联系专家制度。建设新奥国家海外高层次人才创新创业基地、清华大学重大科技项目中试孵化基地、廊坊科技谷科技成果孵化中试基地等转化平台。武警学院、防灾科技学院、三河福海特种设备制造有限公司、新苑阳光农业有限公司4家院士工作站向省申报推荐参评。廊坊市院士工作站增至14家，入站院士50人，实施合作项目48项。23名金融机构挂职干部挂职副县（市、区）长。出台《关于加强京廊互派挂职干部管理工作的意见》，在京冀互派挂职干部中，22名北京市挂职干部在廊坊市安排人才岗位职务。

【“通武廊”第一次人才工作联席会议召开】

10月22日，由北京市通州区、天津市武清区和河北省廊坊市三地组织部门共同举办的“通武廊”区域人才合作框架协议签订仪式暨区域人才协同发展论坛在北京市通州区召开。北京市委组织部副部长闫成，天津市委组织部副部长、市人力资源和社会保障局局长孔长起，河北省委组织部副部长范永录，以及北京市通州区委常委、组织部部长付晓辉，天津武清区委常委、组织部部长周惠军，河北省廊坊市委常委、组织部部长李龙出席会议。京津冀三省市组织部门分管领导和部分国内人才领域知名专家应邀出席。会议审议通过《“通武廊”人才工作联席会议制度》，签订《“通武廊”人才合作框架协议》和人才网站互联互通、科技人才交流合作、青年创业人才培养交流3个子协议，同时为“京津冀（通武廊）人才发展研究基地”揭牌。《“通武廊”人才工作联席会议制度》明确，联席会议原则上每年召开1至2次，由通州、武清、廊坊三地依次召集，主要负责研究制定、督促落实三地人才合作长远规划和阶段性目标；研究制定三地人才合作制度、政策；研究三地人才合作中的重点难点问题，并提出解决方案；促进三地相关部门人才工作协作配合，建立长效工作机制，共同服务区域人才发展。《“通武廊”人才合作框架协议》旨在以人才先行引领带动三地协同发展，提出三地人才合作的近期和中远期目标，并在区域人才信息共享、区域人才交流合作、区域人才联合培养等领域深度合作。大会还举行京津冀（通武廊）人才合作论坛，部分参会领导、专家就“通武廊”人才合作展望作主旨发言和专题研讨。

（陈明明）

宣传思想文化工作

【概况】 2015年，全市宣传思想文化工作贯彻党的十八届四中、五中全会精神和习近平总书记系列重要讲话精神，重点推进理论武装、舆论引导、对外宣传、文化改革、队伍建设工作。抓思想引领。全年组织市委中心组集中学习17次，开展学习十八届四中、五中全会和习近平总书记系列重要讲话精神宣讲报告会600余场。办“廊坊大讲堂”。命名40个“廊坊大讲堂”首批示范点，选聘300名特邀宣讲员，组织专题讲座1600余场，直接听众达20万人次。舆论宣传。组织市属媒体策划开展“解放思想、抢抓机遇、奋发作为、协同发展”大讨论、“加快推进京津冀协同发展”“打响大气污染防治和水污染治理攻坚战”“践行三严三实、推进绿色崛起”、纪念抗日战争胜利70周年等27个重大主题宣传活动。对外宣传。在中央、省级主流媒体刊播稿件4300余篇，其中中央主流媒体刊稿1800余篇，组织邀请中央、省级主流媒体开展“京津乐道·绿色廊坊”“大气污染防治行动”等系列采访80次，举办各类新闻发布会120场。互联网宣传。策划开展“京津乐道·绿色廊坊”系列网络媒体采访6次，在中央重点新闻网站和知名商业网站刊载宣传廊坊稿件18149篇。组织开展群众文化活动，打造“幸福廊坊”文化艺术节、“欢乐城乡·文化惠民”暑期群众文化活动等品牌。创作大型音乐剧《紫檀》、电影《冤家亲家》纳入《廊坊市2015—2016年文艺精品创作选题库》。开展“最美廊坊人”主题创作，创作编排相声《爱心团队》、西河大鼓《孝行楷模王百根》等10部文艺作品。10月15日，大厂评剧团音乐情景剧《农民工之歌》在人民大会堂演出。推进文化产业转型升级，坚持“巩固一批、实施一批、谋划一批”，全市规模以上文化产业项目215个，产业园区8个，建设项目75个，在建项目96个，新谋划项目36个。其中谋划实施投资亿元以上文化产业重点建设项目65个，总投资1700多亿元。文化人才培养。于金雁、王鹤森等12人入选2015年度燕赵文化之星工程人选。

2015年中央、省级主要新闻媒体刊发廊坊市重点新闻稿件一览表

表9

序号	日期	媒体名称	题　　目	作　者
1	1月3日	《河北日报》	廊坊：工业转型向“绿”而行	张　庆 孙占稳
2	1月9日	《河北日报》	壮大文化创意产业 助推城市高端发展 看廊坊全力打造文化体验城市	段华伟 赵金龙
3	2月4日	《河北日报》	科技创新引领发展转型看 廊坊市如何打造科技创新之城	靳　楠 孙占稳 解丽达
4	3月20日	新华社	河北廊坊谋划建设“森林湿地走廊”打造“京南氧吧”	齐雷杰
5	4月22日	新华社	河北廊坊：干部提拔重用须先过“廉政体检”关	齐雷杰
6	4月1日	《河北日报》	创新发展理念 推进转型升级现代旅游六大品牌吸引京津游客	何小海 解丽达
7	4月10日	《河北日报》	全力打造环京津新增长极“引爆点”廊坊北三县：创新发展谋求“1+1+13”	解丽达 孙占稳
8	5月7日	《人民日报》	河北廊坊：经济社会绿色健康发展	汪国会 孙亚安 王文珩
9	5月19日	《人民日报》	河北廊坊 ——“两报告一筛查” 防止带病提拔	时圣宇 解丽达
10	5月9日	《河北日报》	建协同大平台 聚京津好项目	李　巍 庞　超 孙占稳

续表 9

序号	日期	媒体名称	题　　目	作　者
11	5 月 27 日	《河北日报》	雨露滋润新苗壮 —— 廊坊加快培育科技小巨人企业	张萌萌 孙占稳 解丽达
12	6 月 29 日	《经济日报》	河北廊坊：产业置换迎来发展春天	雷汉发
13	8 月 29 日	《农民日报》	廊坊深化与京津农业产业对接合作	孙亚安 马珉璐 冯　雷
14	8 月 12 日	《河北日报》	让百姓在家门口就能看好病 —— 廊坊借力京津推进医疗卫生协同发展	张　迪 陈春丽 解丽达
15	10 月 18 日	《人民日报》	廊坊开启“智慧管水”模式 超没超采“电子眼”说了算	孙亚安 王文珩
16	11 月 30 日	《人民日报》	弘扬最美 追求最美 争当最美“最美廊坊人”温暖一座城	张　迪 郭　伟
17	11 月 10 日	《农民日报》	河北廊坊：借势协同发展 构建现代农业	郭京泉 刘　玉
18	12 月 2 日	《人民日报》	打开阀门涌激流 —— 河北省廊坊市以思想大解放融入京津冀协同发展	汪国会 王文珩 孙亚安
19	12 月 9 日	《河北经济日报》	打造城市群中的明星卫星城 —— 看廊坊市如何推进新型城镇化与城乡统筹发展	王成应 马珉璐

【全市文艺精品创作生产座谈会召开】 1 月 22 日，市委宣传部组织召开文艺精品创作生产座谈会。参加座谈会的有全市戏剧、小说、曲艺、音乐、书法、影视等领域的部分专家、骨干。会议总结全市重点文艺精品项目创作生产进展情况，对繁荣文艺精品创作提出意见建议主要是，全市文艺事业要借力京津的人才和媒体等资源优势，将文艺精品创作与城市对外宣传相结合，全力打造文化体验城市名片；加强选题策划、重点项目扶持奖励、优秀作品宣传推介，切实推动全市文艺精品创作生产大繁荣大发展；广大文艺工作者要强化以人民为中心的创作导向，以“中国梦”、社会主义核心价值观为主题，深入生活、深入基层、深入人民，努力为人民群众奉献出更多思想精深、艺术精湛、制作精良的优秀作品。

【全市宣传部长会议召开】 2 月 11 日，全市宣传部长会议召开。市委常委、宣传部部长辛绍杰出席会议并讲话。会议提出 2015 年全市宣传思想文化工作“12345”总体思路。贯穿“一条主线”，即以学习宣传贯彻十八届三中、四中全会精神和习近平总书记系列重要讲话精神为主线。打造“两大品牌”，即强化思想引领，办好“廊坊大讲堂”；强化道德示范，评选“最美廊坊人”。营造“三个良好氛围”，即聚焦京津冀协同发展，大力营造“抢抓新机遇、建设新廊坊”的良好氛围；聚焦培育和践行核心价值观，大力营造崇德向善、见贤思齐的良好氛围；聚焦作风建设，大力营造大干实事、实干大事的良好氛围。擦亮“四张名片”，即围绕打造平原森林城市、环保产业城市、文化体验城市、幸福宜居城市，做大对外宣传，讲好廊坊故事，提升文化软实力，让廊坊声音越来越响亮。推进“五个着力”，即着力抓好强化理论武装，着力夯实全市人民团结奋斗的共同思想基础；聚焦主题主线，着力提升舆论引导能力和水平；推进文化体验城市建设，着力提升廊坊文化整体实力和竞争力；坚持价值引领，着力推动社会主义核心价值观落地生根；切实加强领导，着力推动宣传思想文化工作落地见效。

【全市对外宣传和网络宣传管理工作会议召开】 2月11日，对外宣传和网络宣传管理工作会议召开。会议提出，2015年全市对外宣传和网络宣传管理工作要紧紧围绕市委、市政府工作大局，突出中央、省级主要新闻媒体宣传廊坊工作，围绕重大活动讲好廊坊故事，进一步加强新闻发布工作规范化建设，制作发行外宣精品，构建网络信息传播新秩序，形成网络安全保障新态势，不断提升舆论引导水平，构建大外宣格局，为廊坊绿色发展、高端发展、率先发展、和谐发展营造良好的舆论氛围。

【推进“文化+”助力文化产业发展】 2015年，廊坊市坚持把加快文化产业发展作为经济转型升级的重要内容，推进文化产业与科技、旅游、农业、工业等融合发展，催生“文化+”的创新驱动新业态。“文化+科技”促进文化产品上档升级。引导企业探索文化科技产业新模式，注重用科技和创意打造新兴文化产业。在2015年第十一届中国（深圳）国际文化产业博览交易会上，三河市汉王制造有限公司的电纸书、e点笔、人脸通系列、手写绘画板受到欢迎。“文化+旅游”促进旅游品位与文化底蕴的双提升。借助廊坊国家级优秀旅游城市的品牌，重点打造“梦廊坊”文化产业园、香河第一城、霸州华夏民间收藏馆、文安鲁能文化生态区等项目，以文化提升旅游品位，以旅游彰显文化底蕴，促进旅游由观光游览型向休闲度假型转变。“文化+农业”增添现代农业文化内涵。围绕打造“文化体验城市”，发挥农业产业化优势，在已建成安次九天休闲谷、香河国华生态农业产业园、固安农博园等农业休闲观光园的基础上，推进北方国际万果园、固安文化体验示范区等一批新园区建设。“文化+工业”打造文化产品的“升级版”。是年，廊坊市坚持用新技术、新工艺、新创意提升工业产品的个性化、时尚化和舒适度，提高其品牌价值和附加值。大城县立足红木文化资源禀赋，明确发展重点，重点打造集研发、制作、展销、体验于一体的红木文化产业新城，打造文化产品的“升级版”。

【“跨越2015”成就宣传】 7月，市委宣传部围绕“绿色、高端、率先、和谐”发展定位，组织市属新闻媒体集中开展“跨越2015年中纪录”宣传报道工作。从经济、文化、民生、项目和园区建设、大气污染防治、新农村建设、践行社会主义核心价值观、党风廉政建设、三级平台建设等10个选题方面，集中报道全市2015年上半年经济社会发展巨大成就。先后推出《我市上半年项目创佳绩》《全市村两委换届换出新活力新气象新面貌》《我看青山多妩媚》《诗家情景在新春》《云舒蓝天回家园》《琵琶起舞换新声》《春风吹绿柳条枝》《绿满明珠入画屏》《家园处处是风景》《民心所向是幸福》《风清气正金走廊》《又见当年鱼水情》等深度、综述性报道。

【举办全市舆情信息工作培训班】 9月25日，市委宣传部举办全市舆情信息工作培训班。各县（市、区）委宣传部主管副部长、舆情信息员，市直宣传文化系统各单位、廊坊开发区工委办公室及固安县各乡镇（区、办）信息负责人150人参加培训。培训班第一阶段，省委宣传部舆情办主任赵存进围绕舆情信息工作的概念、类型、写法、需要注意的问题及重点舆情选题，对全市舆情信息员进行业务辅导培训。培训班第二阶段，组织参训人员围绕舆情信息工作开展座谈。各县（市、区）委宣传部分别汇报2015年舆情信息工作开展情况，查找问题，深挖根源，研究对策。培训班对做好舆情信息工作提出具体要求，即：抓重点，全面反映工作大局和重大部署；抓亮点，突出反映宣传思想工作成效；抓难点，加强重大课题调查研究。“报”要快，对中央和省、市委重大决策部署的思想反映、重要的思想倾向性问题反映、国内外重大突发事件的反映，要确保“第一时间”上报，做到当快则快、能快则快，摸清群众思想状态，提出疏导情绪、引导舆论的对策预案，为领导把握动态、科学决策提供参考。

【举办全市网络舆论引导工作培训班】 11月10日至11日，市委宣传部举办全市网络舆论引导工作培训班。省委网信办、新华社河北分社、河北日报舆情中心专家就网络舆论现状、成因、规律、趋势、机遇、挑战，以及如何提高网络舆论引导水平和突发性事件应急处置能力等内容进行授课。各县（市、区）和市直有关单位的主管领导、业务骨干等200人参加培训。

【举办重点文化产业项目建设现场观摩会】 12月4日，市委宣传部举办重点文化产业项目建设现场观摩会。市委宣传部、各县（市、区）委宣传部主管副部长等13名代表参加观摩。观摩考察团一行先后实地考察大厂县开发区影视创意产业园、民族书画院、民族宫，香河县国华影视基地、香河中唐红木艺术品商城、香河天音乐器厂等文化产业项目。

【编印《廊坊文化产业》画册】 《廊坊文化产业》画册采取图文并茂形式展示全市文化产业发展。画册分五部分。第一部分为前言，介绍全市文化产业发展和《廊坊市文化产业发展规划》；第二部分从顶层设计方面介绍全市文化产业发展路线图；第三部分为园区建设篇，展示“梦廊坊”文化产业园、河北·廊坊国家印装产业园区、燕郊数字教育与出版产业园、大城红木文化产业园、文安鲁能文化生态区等重点文化产业园区；第四部分重点项目篇，展示廊坊国华影视基地、壹佰剧院文化综合体、成功（中国）大广场、中华戏曲大观园、微软游戏创新中心等项目；第五部分为特色产品篇，重点介绍全市传承非物质文化遗产、保护民间艺人，以及产业化运作等情况，展现培育特色文化品牌的新进展新成效。

【“2015年度燕赵文化之星工程”入选人员】 11月9日，“2015年度燕赵文化之星”工程入选人员揭晓，廊坊市12人入选。入选文艺创作表演类的人员是：三河市文化馆摄影部主任于金雁、大城县职业技术教育中心教师王鹤森、大城县工业和信息化局办公室主任邵金强、霸州市职成教育总校教师苗庆华、廊坊市北京大洋时光文化有限公司导演唐明智；入选文化传承传播类的人员是：文安县文柱武校校长任文柱、刘凌苍郭慕熙艺术馆馆长张永红、永清县刘街乡南一村村民徐艳丰；入选文化经营管理类的人员是：三河市茗文化卡通设计有限公司总经理王晓娜、廊坊市壹佰剧院管理服务有限公司董事长兼总经理张颖；入选文化惠民活动组织类的人员是：固安县戏剧家协会主席李永丰、霸州市建军影楼经理荣建军。

【《焦点访谈》栏目播出廊坊推进京津冀协同发展经验】 6月16日至18日，中央电视台《焦点访谈》栏目连续三天推出京津冀协同发展的深度报道，内容涉及廊坊市在推进交通建设一体化、公共服务均等化、产业布局合理化方面所采取的具体举措和取得的经验成效。6月16日，中央电视台《焦点访谈》播出《京津冀“拆篱笆” 交通建设一体化》，央视记者采访三河市燕郊镇和河北高速公路廊坊“北三县”管理处负责人，报道廊坊市在推进交通一体化发展中加快打通京津冀断头路进程的具体做法；6月17日，中央电视台《焦点访谈》播出《京津冀“拆篱笆” 公共服务均等化》，央视记者采访三河市燕郊镇养老院、燕达医院，报道廊坊市加快公共服务一体化改革，统筹发展社会事业的典型经验；6月18日，中央电视台《焦点访谈》播出《京津冀“拆篱笆” 产业布局合理化》，央视记者采访廊坊市新动批红门服装城，报道廊坊市承接、疏解北京非首都功能的做法成效。

（屈卫芳）

精神文明建设

【概况】 2015年，廊坊市精神文明建设围绕培育和践行社会主义核心价值观，抓教育促践行、抓管理促长效、抓特色促品牌、抓全面促重点，开展“善行河北·最美廊坊人”主题道德实践活动、文明城市创建、文明单位创建、志愿服务活动、未成年人思想道德建设等形式多样的群众性精神文明创建活动。全面、系统展示全市道德建设工作和道德模范风采的廊坊好人善行功德馆、社会主义核心价值观主题公园——自然公园建成并投入使用。香河县农家博物馆、香河县喜临门家居生活文化馆、廊坊开发区奕通国学幼儿园等社会主义核心价值观涵育基地竣工。市文明办开展网上签名寄语、“十校百佳”评选、乡村学校少年宫建设。利用各级各类媒体、大型广告牌、建筑围挡、电子显示屏、灯杆道旗、道路标识牌、车载电视、文化墙、宣传栏等载体，在高速公路出入口、城市广场公园、公交站亭、大型商场、商业街区、社区、村街等城乡重点部位、场所刊登（播）经济强省·美丽河北公益广告。全年公益广告投入6000余万元，形成覆盖新闻媒体、网络媒体、社会媒体的全方位、立体化宣传格局。2015年，廊坊市评选表彰2015年度“最美廊坊人”11人，提名奖30人（包含团体）。举办大厂县“身边好人”现场交流活动、“最美固安人”颁奖晚会、文安县道德模范和优秀志愿服务团队颁奖庆典、“最美三河人”颁奖典礼、首届“最美永清人”颁奖典礼、“善行河北·大美香河—最美香河人”颁奖典礼、“最美地税人”表彰会等活动，对全市最美人物、道德模范、身边好人等先进典型进行表彰宣传。甄良成、周军阳、姜玲玲、王元顺、卢秀环、李德春、苏春峰7人入选“中国好人榜”。年内廊坊市入选“中国好人榜”人数位居全省第二。自2008年起廊坊市近百人入选“中国好人榜”。高庆丰家庭被评为“善行河北·善美家庭”。

廊坊市民入选“中国好人榜”一览表

表10

姓名	性别	单位及职务	入选时间	荣誉
纪俊泉	男	廊坊市明珠商业企业集团有限公司党委书记、总经理	2008年12月	敬业奉献好人
王培胜	男	香河县淑阳镇计生办副主任	2008年12月	孝老爱亲好人
杨化文	男	文安县老画家	2008年12月	助人为乐好人
鲁小平	男	廊坊陆军预备役后勤保障旅军官	2008年12月	见义勇为好人
石克荣	男	三河汇福粮油集团有限公司董事长	2009年7月	诚实守信好人
杜维刚	男	廊坊供电公司调度运行班班长	2009年7月	孝老爱亲好人
王　楠	女	香河县淑阳镇	2009年8月	孝老爱亲好人
何永利	男	香河县钱旺乡大高坨村村民	2009年8月	助人为乐好人
何凤娟	女	香河县第二中学教师	2009年8月	孝老爱亲好人
王占富	男	香河县安头屯镇韩营庄村村民	2009年8月	见义勇为好人
门德志	男	香河县人民医院院长	2009年8月	敬业奉献好人
赵宝国	男	廊坊市广阳区九州镇西冯务村党支部书记	2009年9月	敬业奉献好人
张海桥	男	固安金海橡塑集团有限公司董事长	2009年9月	助人为乐好人
祁京华	男	固安县金河混凝土有限公司总经理	2009年9月	见义勇为好人
陈　勇	男	固安县永丰新型建材有限公司董事长	2009年9月	诚实守信好人
王国成	男	固安县司法局副主任科员	2009年9月	孝老爱亲好人
邱国春	男	廊坊职业技术学院党委书记	2009年10月	敬业奉献好人
余永江	男	永清县大辛阁乡鲁家窑村村民	2009年11月	见义勇为好人
杨智全	男	廊坊市公路管理处处长	2010年5月	敬业奉献好人
刘桂沅	男	廊坊盛翔中医药研究所所长	2010年5月	助人为乐好人
郎　芳	女	廊坊市商业明珠大厦珠宝部营业员	2010年5月	诚实守信好人
王　瑜	女	廊坊市第十三中学学生	2010年5月	孝老爱亲好人
刘贺明	男	华昊运输集团客运户	2010年10月	助人为乐好人
赵德平	男	大厂演艺集团有限公司董事长	2010年10月	敬业奉献好人
武永利	男	香河县公安局刑警大队大队长	2010年11月	敬业奉献好人
孙国华	女	三河市南城街道办南区居民	2011年2月	孝老爱亲好人
王玉斌	男	大厂回族自治县夏垫镇北坞三村卫生室医生	2011年3月	助人为乐好人
高诗云	女	廊坊老年康复医院院长	2011年4月	助人为乐好人
王凤兰	女	大厂县陈府乡东厂村村民	2011年4月	孝老爱亲好人
赵广博	男	三河市燕郊镇天悦旅店经理	2011年4月	诚实守信好人
李俊杰	男	市第一公路工程处副处长	2011年6月	敬业奉献好人
夏洪峰	男	广阳区九州镇垡上村党支部书记	2011年7月	敬业奉献好人
刘江来	男	华龙电器有限公司总裁	2011年8月	诚实守信好人
陈凤华	女	文安县滩里镇富管营村民	2011年8月	孝老爱亲好人
宋顺来	男	廊坊市城区房地产开发有限公司总经理	2011年8月	敬业奉献好人
李永建	男	文安供电局行政科职工	2011年9月	见义勇为好人
李秀旺	男	大城县水务局泊庄闸管理所所长	2011年10月	见义勇为好人
王万壮	男	永清县龙虎庄乡瓦屋辛庄村村民	2011年11月	见义勇为好人
姜国花	女	永清县北辛溜乡东镇村村民	2011年11月	孝老爱亲好人

续表 10-1

姓 名	性别	单位及职务	入选时间	荣 誉
张宝云	男	大厂县人民法院审判委员会委员	2011 年 12 月	敬业奉献好人
刘兴月	男	河北建设集团有限公司建筑安装分公司经理	2011 年 12 月	诚实守信好人
张 莉	女	香河中冶长城重型机械有限公司董事长	2012 年 2 月	诚实守信好人
金海明	男	三河市亚飞汽车连锁有限公司董事长	2012 年 2 月	诚实守信好人
王 勇	男	河北燕南春酒业有限公司董事长	2012 年 2 月	诚实守信好人
王再轩	男	廊坊市广炎供热有限责任公司总经理	2012 年 3 月	诚实守信好人
成 伟	男	广阳区交通局公路管理站站长	2012 年 3 月	敬业奉献好人
王悦平	男	华联商厦有限责任公司董事长	2012 年 4 月	诚实守信好人
刘则英	女	文安县廊坊祥云木业有限公司总经理	2012 年 5 月	诚实守信好人
王玉良	男	大厂县创新彩钢结构工程有限公司董事长	2012 年 8 月	诚实守信好人
何培举	男	大厂县北坞二村环卫人员	2012 年 8 月	敬业奉献好人
韩金鑫	男	固安县彭村乡荆垡营西村	2012 年 8 月	见义勇为好人
白国轩	男	廊坊市纪委正科级纪检监察员	2012 年 8 月	敬业奉献好人
李树金	男	香河县红庙村村民	2012 年 9 月	见义勇为好人
邳宝虎	男	香河县迎宾小区居民	2012 年 9 月	孝老爱亲好人
张德义	男	三河市银燕小区	2012 年 10 月	助人为乐好人
乔俊明	男	三河市第三建筑工程有限公司董事长	2012 年 10 月	诚实守信好人
张立武	男	三河市公安局行宫东大街派出所代理副所长	2012 年 10 月	见义勇为好人
孙秀莲	女	三河市原东杉医院超声科主任	2012 年 10 月	孝老爱亲好人
李进福	男	广阳区财政局长	2012 年 12 月	敬业奉献好人
孙金亮	男	文安县农民	2012 年 12 月	见义勇为好人
张莲珍	女	安次区葛渔城镇普瑞纳饲料经销经理	2013 年 1 月	诚实守信好人
常福臣	男	永清县刘街乡土楼胜利村村民	2013 年 2 月	见义勇为好人
马登明	男	大厂河北信达金建投资有限公司执行董事	2013 年 2 月	诚实守信好人
刘文杰	男	永清驰野玻璃珠有限责任公司	2013 年 2 月	诚实守信好人
张庆兰	女	永清县永清镇三堡村村民	2013 年 2 月	孝老爱亲好人
刘成林	男	永清县财政局国库股股长	2013 年 2 月	敬业奉献好人
滑振富	男	霸州争荣食品有限公司董事长	2013 年 3 月	诚实守信好人
黄富玲	女	霸州市岔河集乡西下村村民	2013 年 3 月	孝老爱亲好人
李景谭	男	安次区葛渔城镇马柳村村民	2013 年 4 月	见义勇为好人
王海泉	男	大厂县王必屯社区卫生服务站医生	2013 年 4 月	敬业奉献好人
刘春雨	男	九州镇芒店一村党支部书记	2013 年 4 月	敬业奉献好人
姚志万	男	固安县参花面粉有限公司董事长	2013 年 5 月	诚实守信好人
董克娜	女	香河县第一中学教师	2013 年 6 月	敬业奉献好人
周国庆	男	香河县出租车司机	2013 年 6 月	见义勇为好人
杨海荣	女	廊坊市华联商厦副总经理	2013 年 7 月	诚实守信好人
赵恩秀	女	广阳区九州镇奶字坊村	2013 年 7 月	孝老爱亲好人
马茂岩	男	三河市广播电视台退休干部	2013 年 8 月	孝老爱亲好人
刘 伟	男	三河市公安局治安巡逻队员	2013 年 8 月	见义勇为好人
吴浩杰	男	三河市鼎盛东大街和平街社区居民	2013 年 8 月	诚实守信好人
郭中保	男	河北宝利输变电设备制造有限公司董事长	2013 年 9 月	诚实守信好人
张洪杰	男	大城县大尚屯镇大会罗村	2013 年 10 月	孝老爱亲好人
曹振民	男	香河县香安乐器有限公司	2014 年 2 月	诚实守信好人
任宏伟	男	安次区	2014 年 4 月	见义勇为好人
孙艳华	女	香河二中退休教师	2014 年 6 月	孝老爱亲好人

续表 10-2

姓 名	性别	单位及职务	入选时间	荣 誉
侯振国	男	霸州新利钢铁公司常务副总经理	2014 年 7 月	助人为乐好人
王百根	男	文安县史各庄镇口上村村民	2014 年 8 月	孝老爱亲好人
李海昌	男	大城县马六郎村	2014 年 9 月	助人为乐好人
于连江	男	市政协退休干部	2014 年 10 月	助人为乐好人
韩 健	男	三河市退休干部	2014 年 11 月	诚实守信好人
李 莉	女	新开路街道办事处康乐社区党支部书记	2014 年 12 月	敬业奉献好人
甄良成	男	市园林绿化管理局绿化八队队长	2015 年 1 月	敬业奉献好人
周军阳	男	文安县新镇镇周庄子村企业家	2015 年 2 月	助人为乐好人
姜玲玲	女	永清县龙虎庄乡前店村村民	2015 年 3 月	孝老爱亲好人
王元顺	男	霸州胜芳镇红光街圣沅服装有限公司董事长	2015 年 4 月	助人为乐好人
卢秀环	女	三河市阳光小区居民	2015 年 6 月	孝老爱亲好人
李德春	女	香河县人民医院护士长	2015 年 7 月	敬业奉献好人
苏春峰	男	广安医院院长	2015 年 9 月	助人为乐好人

廊坊市“最美廊坊人”一览表

表 11

姓 名 （团队）	性别	单位及职务	入选时间
侯振国 爱心团队		集体，由霸州市普通工人、群众组成	2014 年度
王百根	男	文安县史各庄镇口上村村民	2014 年度
赵德平	男	大厂评剧歌舞团演艺有限责任公司董事长	2014 年度
梁建伟	男	香河县公安局巡警特警大队大队长	2014 年度
高泽军	男	固安县渠沟乡北罗垡村村民	2014 年度
张庆兰	女	永清县永清镇三堡村村民	2014 年度
韩 健	男	中国地震局防灾科技学院退休干部	2014 年度
蔡义川	男	市人大退休干部，市老年书画研究会会长	2014 年度
齐力民	男	廊坊市救助管理站站长	2014 年度
甄良成	男	廊坊市园林绿化管理局绿化八队队长	2014 年度
李金林	男	永清县三圣口乡东武庄村人	2014 年度
王元顺	男	霸州市胜芳镇元顺制衣厂董事长	2015 年度
李金来	男	新奥集团首席技术管理总监	2015 年度
侯桂森	男	廊坊职业技术学院城建工程系教授	2015 年度
常喜平	男	管道局第四工程分公司盾构工程管理中心经理	2015 年度
刘 浩	男	永清县三圣口乡小朱庄村学生	2015 年度
马贺年	男	广阳区新开路街办处国际花园社区居民	2015 年度
黄运然	男	安次区调河头乡党委书记	2015 年度
陈 玉	女	市人民医院中医科主任中医师	2015 年度
何 川	男	市公安局特警支队科员	2015 年度
刘伯华	女	市气象局生态与农业气象中心主任	2015 年度
齐胜杰	男	大城县现代园后孝彩村村民	2015 年度

【文明城市创建】 2015年，廊坊市文明办印发《关于深入开展创建全国文明城市工作的通知》，组织开展市民文明素质提升行动、文明品牌创建行动、志愿者在身边主题活动、诚信主题教育实践活动、文明交通行动、文明餐桌行动、文明旅游行动、净化校园周边环境行动、城市环境综合整治行动、市场秩序整治行动等10项创建提升活动。经省文明城市测评组年度测评，霸州市获得“全国文明城市提名城市（县级）”资格。

【文明单位创建】 2015年，廊坊市在615个市级文明单位中推广普及6项创建活动：“最美廊坊人”主题道德实践活动、“社会主义核心价值观涵育基地”和“善行功德榜”建设、学雷锋志愿服务活动、文明风尚传播活动、建立道德讲堂并开展学习宣讲活动、健全完善创建活动档案资料。廊坊市国家税务局、廊坊市气象局、中国移动通信集团河北有限公司廊坊分公司、中太建设集团股份有限公司4家单位获第四届全国文明单位称号。

【文明村镇创建】 2015年，廊坊市构建村镇道德讲堂、道德文化墙、善行功德榜三个阵地，培育道德评议会、农民志愿服务队、文化宣传队伍三支队伍，开展讲孝道、讲诚信、讲公德、讲互助“四讲”活动，打造文明健康的乡风民风；推进以绘制文化墙、整治村街建筑立面、建设文化广场等为重点的农村环境整治集中行动，美化农村环境。霸州市煎茶铺镇平口村、固安县礼让店乡屈家营村、三河市泃阳镇高各庄村、永清县刘街乡土楼胜利村4个村街获第四届全国文明村镇称号。

【志愿服务活动】 2015年，廊坊市以空巢老人、留守儿童、农民工、残疾人、困难户为服务重点，开展“弘扬雷锋精神争做最美廊坊人”志愿服务活动。全市参与活动志愿者30万人次，志愿服务累计50万小时。全市各级各部门扶贫帮困“春雨行动”累计投入帮扶资金3000多万元，办好事、实事7000多件，帮扶困难户4342户。

【廊坊好人善行功德馆开馆】 9月16日，廊坊好人善行功德馆开馆。该馆坐落于廊坊九天休闲谷，由廊坊市精神文明建设委员会办公室、廊坊市九天农业工程有限公司于2014年共同筹建。廊坊好人善行功德馆分为序厅和大道善行、明德至善、上善若水、善行无疆，以及未成年人活动阵地6个版块。廊坊好人善行功德馆采用蜂房式结构作为背景和创意理念，用蜜蜂的勤劳精神、团队精神、奉献精神、求实精神、自律精神，寓意全市道德模范的高贵品质。该馆以廊坊市100多个道德楷模的事迹为蓝本，采用图片、实物、视频方式，展示“善行河北·最美廊坊人”等主题的道德实践活动与精神文明创建活动，以及优秀志愿服务团队、各级各类道德模范代表。建设廊坊好人善行功德馆旨在打造全市培育和践行社会主义核心价值观教育主阵地，通过宣传群众身边的道德模范及其典型事迹，引导和带动广大干部群众自觉培育和践行社会主义核心价值观，传递正能量，推动全市城乡文明程度不断提升。

【廊坊市志愿服务联合会成立】 9月30日，廊坊市志愿服务联合会成立并召开第一次会员代表大会。廊坊市志愿服务联合会是在市精神文明建设委员会指导下，由志愿服务组织、志愿者及关心和支持志愿服务事业的单位或组织自愿组成的联合性、全市性、非营利性社会组织，按照章程开展活动。该联合会由廊坊市志愿者协会、霸州“侯振国爱心团队”、永清县青少年爱心帮教志愿者协会、大厂县志愿服务联合会、廊坊市出租车爱心车队5家单位联合发起，从各县（市、区）的重点志愿服务组织、全市的优秀志愿者、优秀志愿者标兵、志愿服务先进工作者和社会各界有代表性的知名人士中吸纳首批会员2000余人。

【侯振国爱心团队】 侯振国爱心团队由霸州市的普通工人和群众组成，成员1800余人。该爱心团队以定期捐助财物、进行志愿服务等方式对困难群体进行帮扶。爱心团队设有“春蕾助学基金”“升学考试奖励基金”“重大疾病救助金基金”“失独家庭救助基金”“爱心家园扶贫基金”等9个专项基金，救助不同困难的群体，受助群体遍布廊坊、唐山、承德、邯郸各地。截至2015年，爱心团队为社会捐款1160余万元，救助贫困家庭1500余个，贫困学生1600余名。团队有1790名成员填写了捐献造血干细胞志愿书。3月，侯振国爱心团队被中国志愿服务联合会命名为首批“全国志愿服务示范团队”。10月，爱心团队队长侯振国获第五届全国道德模范提名奖。

（刘础楠）

统一战线工作

【概况】 2015年，全市统一战线工作加强政治引领，广泛凝聚党外各界人士思想，实现同心同向同行；围绕改革发展大局，开展系列调研建言献策，为市委、市政府科学决策提供参考；协助市委、市政府开展民主协商，凝心聚智支撑科学决策；开展民族宗教工作，维护民族宗教领域的和谐稳定；开展理想信念教育，引导和服务民企转型升级，促进全市非公有制经济人士健康成长和非公有制经济健康发展；发挥广联优势，吸引港澳台侨企业到廊坊投资兴业，扩大廊坊在海内外的知名度、美誉度。2015年，全市统战系统获得国家级表彰1项，省级表彰2项，有2项工作得到省领导批示。

*加强对党外代表人士的政治引领。*在民主党派、无党派人士中开展“坚持和发展中国特色社会主义学习实践活动”。在延安干部学院举办民主党派市委委员培训班，47人参加培训。加强和巩固共同的思想政治基础，选派骨干成员参加各类培训班200余人次。引导各民主党派开展自我教育，协助民盟市委举办纪念抗日战争胜利70周年书画展、民建市委举办纪念民建成立70周年书画展、民进市委举办庆祝民进成立70周年口述会史、农工党市委开展“学讲话、学党章、学党史”、九三学社市委举办纪念九三学社成立70周年大会等主题活动。开展“发挥正能量、共筑中国梦”主题教育实践活动，发放宣传资料1.4万份，张贴标语130条，开展政策咨询27次，引导凝聚民族宗教界人士思想。开展理想信念教育实践活动，召开理想信念教育实践活动报告会，开展守法诚信主题征文活动，引导非公有制经济人士增强对中国特色社会主义的信念、对党和政府的信任、对企业发展的信心、对社会的信誉。

*加强政党协商制度化建设。*制定《中共廊坊市委关于加强社会主义协商民主建设的实施意见》，对“完善民主党派市委直接向中共廊坊市委提出建议，坚持民主党派考察调研，完善协商成果落实和反馈机制”等做出明确规定。全年召开民主党派、无党派人士协商座谈会6次，分别就经济社会发展、市委全会报告、政府工作报告、重大人事安排等内容，与民主党派市委和无党派人士代

表座谈协商。各民主党派围绕科技创新、公共文化、生态环保、医疗卫生、行政管理、干部作风等问题提出意见建议。起草《关于切实加强政府部门与民主党派和工商联对口工作联系的通知》，要求政府各有关部门及时主动向各民主党派提供有关资料，邀请民主党派、无党派人士参加调研、检查督导活动等，加强工作联系。建立及时反馈机制，对各民主党派、无党派人士所提意见建议，汇总整理后交有关部门办理并及时向各民主党派和无党派代表人士反馈办理结果，全年办理反馈民主党派、无党派人士意见建议76条。

【民主党派人士调研】 2015年，全市统战系统鼓励和支持各民主党派、无党派人士开展调查研究，围绕京津冀协同发展、“十三五”规划制定实施、“解放思想、创新驱动”等，撰写专题调研报告12篇。市“两会”期间，组织统战成员提交各类提案、议案和意见、建议174项，其中161项被市委、市政府有关部门采纳。辑印《参政与建言》专报，将各民主党派调研成果及时上报市委、市政府领导，发挥民主党派政治协商、参政议政作用。

【开展民族团结进步创建工作】 2015年，廊坊市统一战线工作从改善少数民族群众生产生活条件入手，扶持和培育种养业、农产品加工业、手工业、民族特色旅游业等具有民族传统优势的特色产业。建立帮扶机制，对相对落后的民族地区在资金、技术、信息等方面给予更多扶持和帮助，推动少数民族地区的经济发展。据统计，年内全市统战系统为少数民族地方争取发展项目260个，落实资金2.1亿元。抓住民族团结进步宣传月和“12·4法制宣传日”契机，宣传中国共产党的民族政策法规、民族团结进步典型事迹及少数民族民俗文化，增进全市各族群众对伟大祖国、中华民族、中华文化、中国共产党、中国特色社会主义的认同。

【服务非公有制经济健康发展】 2015年，廊坊市开展助跑领军企业、助推全民创业、助力企业创新的“三助”活动。开展非公经济企业创新创业调研，形成《关于全市民营企业创新创业情况》调研报告。建立统战部、工商联干部联系企业制度，市、县两级35名统战干部联系105家重点企业，22名统战干部挂职帮扶22家民营企业，树立创新典型近40家。全年组织30家民营企业进招聘会场引进人才750余人。打造“廊坊市创业梦工场”，孵化创业团队60家，其中注册企业10家。

【廊台文化经济交流合作】 2015年，廊坊市统一战线系统发挥广联优势，吸引港澳台侨企业到廊坊投资兴业。市委统战站与海峡两岸出版交流中心组织策划“台湾媒体走进廊坊”报道活动，宣传廊坊市的经济发展、人文环境、民俗文化等。以“纪念中国抗日战争暨世界反法西斯战争胜利70周年”为契机，组织在廊坊的台商、台胞、台属，集中收看阅兵直播。先后邀请55个团组、450多人次到廊坊考察洽谈，与台湾地区南投县建立对口联系。

【党外代表人士队伍建设】 2015年，市委统战部对全市党政机关、高校、科研院所及部分新组建的社会群团组织调研摸底，全面了解掌握廊坊市党外知识分子的总体规模、人员构成、学历层次、领域分布等情况。成立市党外知识分子联谊会筹备小组，起草工作方案，酝酿领导班子组织人选。按照《2015

年统一战线教育培训计划》安排，组织年轻党外干部轮训班。健全完善党外干部人才库，登统录入全市808名党外干部的基本情况，并统一设计《党外干部基本情况表》，详细记录党外干部的个人信息。协同市委组织部门，为5名党外干部安排实职工作，其中1名党外干部担任市文广新局局长，实现政府工作部门党外干部正职安排零突破。

（赵秀川）

农村工作

【概况】 2015年，廊坊市建立乡镇级农民合作社联合社69家、县级农民合作社联合社2家。完善农资、农产品、日用品、再生资源和盐业“五大”流通网络体系，在全市构建以20个乡镇级综合服务中心、16个村级综合服务社为平台的供销服务体系。全市农村土地经营权流转面积85.72万亩（57146.67公顷），占家庭承包经营耕地面积的18.15%，其中20亩以上规模经营面积3.75万公顷，占土地流转总面积的65.54%。全市签订流转合同73300份、流转面积3.71万公顷。截至年底，全市开展确权登记工作2229个村街，外业调查2069个村街，外业调查面积350.57万亩（23.37万公顷），占2015年省定年度任务的128.46%，二次公示无异议1992个村街，二次公示无异议面积335.99万亩（22.40万公顷），占2015年省定年度任务的123.12%。

【中心村建设】 2015年，廊坊市启动永清县、香河县2个中心村建设示范县和霸州市北柳村、香河县佰闻花园等12个省级中心村建设示范点。全市中心村建设累计投资255亿元，建成多层公寓式新民居6.3万套，别墅式新民居5300套，2.8万户农民迁入环境优美、设施完善的新民居。加强中心村示范县建设，永清县、香河县编制中心村建设特色规划。永清县着力化解原41个新民居建设村街的问题。香河县探索出“组团建设+规模推进”等一系列推进工作新途径。中心村建设和试点建设。全市12个省级中心村全部启动建设，9个村街搬迁入住，工作进入拆迁复垦阶段。永清县6个村1000亩（66.67公顷）旧村址复垦。市级重点村建设。廊坊市将20个条件成熟、群众意愿强烈、符合要求的村街纳入市级重点中心村管理和推动，这些村在规划、土地、建设等相关领域先期开展工作。年内全省中心村建设现场会议在廊坊市召开。会议推广固安县林城村、永清县九兴区和土楼胜利村中心村建设的经验做法。在全省中心村工作总结会议上，永清县、固安县2个示范县作典型发言。廊坊市的中心村建设工作，得到省新民居建设领导小组的肯定。

【农民工合法权益保护】 2015年，廊坊市制定出台《廊坊市本级建设领域农民工工资应急周转金使用管理暂行办法》，对开工项目劳动用工、农民工工资发放进行全面巡查，对新申请开工项目加强劳动用工政策法规培训，增强法律意识和法制观念，确保农民工合法权益。

【“三农”课题研究】 2015年，市委农村工作部把握和研判新常态下全市“三农”工作的发展变化，制定印发《2015年“三农”调研工作安排方案》，为全市“三农”调研工作开展奠定基础。在市直33个单位和10个县（市、区）开展47个“三农”课题的调查研究，形成有深度、有较强指导作用的18篇调研报告编发在《内部参考》上，29篇刊登在《廊坊日报》、廊坊农村工作网等新闻网络媒体上。重点围绕农村科技服务体系、现代农业组织形式、农村产权市场建设等突出问题，开展调查研究。组织考察团先后赴北京、天津、邯郸邱县、江苏东海等地学习考察，形成《关于推进农村产权制度改革，加快全市农村产权流转交易市场建设的调研报告》和《新常态下廊坊农村科技服务体系问题与对策研究》2篇调研报告，获市领导肯定性批示。

2015年廊坊市中心村建设省级示范点一览表

表12

县　名	示范点	涉及村街
香河县	佰闻花园	五百户、闻庄
	香城丽景	大荒庄、百家湾
	运河新村	草沙河、甘露寺、西贾庄
	香城荣韵	元庄、刘庄
永清县	龙泉社区	后刘官营、义井
	新新天地	韩庄、菜园、李黄庄
	七星佳苑	西镇、代小营
霸州市	辛章办事处	北柳
文安县	赵各庄镇	田安祖
	滩里镇	中滩里
	大柳河镇	琉璃庄
大城县	旺村镇	流标

【农村改革】 2015年，市委农村工作部制定印发《关于扎实做好2015年农业农村工作的实施意见》和《关于引导农村产权流转交易市场健康发展的实施意见》，提出在全市构建“一个市级中心，十个县级农交所”的“1+10”农村产权交易市场建设体系。抓试点示范。霸州市薄弱村街帮扶机制省级试点，设立1000万元专项资金，用于经济薄弱村街重要基础设施建设和项目建设，并对经济薄弱村街的村（街）党支部、村（街）委员会成员、致富能手和农民开展培训174场次，培训16491人次。永清县永溢果蔬农民专业合作社、鑫耕田果蔬农民专业合作社争创国家级示范社，富民果蔬农民专业合作社、民盛果蔬农民专业合作社等7家争创省级示范社，进成果蔬农民专业合作社、十强果蔬农民专业合作社等15家争创市级示范社。大厂县农宅合作社发展省级试点，成为全省农宅合作社第一批试点。大厂县陈府镇威武屯村以年付租金形式签约31户，投资300万元15户农宅主体改造完工，年接待游客2300余人次，实现营业收入30余万元。霸州市小何庄通过清产核资和人口排查，制定《小何庄股改界定暂行办法》，组建成立小何庄股份合作社，成为省级示点。文安县、大城县制定县级农村产权交易中心组建方案或实施意见。

【农村“双增工程”】 2015年，廊坊市从农村集体经济薄弱和农民致富增收难的实际情况出发，重点实施农村拓宽增收渠道村街增活力和发展家庭经济农民增收入的“双增工程”。在拓宽增收渠道村街增活力方面，发挥地方财政、相关部门、社会力量帮扶的作用，激发农村集体增收的内在潜力；盘活集体资产，增强经济相对薄弱村街的发展能力，建立健全长效稳定的收益机制。实施农村“双增工程”工作中，廊坊市坚持管理与发展并重，确保集体权益不受损失；坚持“输血”与“造血”并重，因地制宜、量力而行，不提倡负债上项目和新增农村集体债务。在发展家庭经济农民增收入方面，按照“完善政策、打造平台、提升品牌、扩大规模”的思路，通过园区（基地）带动、龙头引领、组织推动、传统继承等多种形式，发展家庭副业、家庭手工业、家庭服务业、家庭加工业、家庭农牧场等，采取规划、组织、扶持、培训等多种措施，加速提高农村家庭生产力水平，形成布局合理、活力充分、资源节约、质量安全、运作高效的家庭经济发展新格局。年内全市培养树立集体经济、家庭手工业等方面的先进典型200多个。在“双增工程”实施过程中，全市开展“百万农民大培训”活动，培训农民22.5万人次。全市农村居民人均可支配收入为13159元，增长8.6%。

【村务公开阵地建设】 2015年，廊坊市全面加强村务公开阵地建设。印制公开明白纸即时张贴，使村务公开工作简便，操作性强。公开情况实行影像留存。在巩固三河市、广阳区、安次区推行影像留存做法基础上，其他县（市、区）实行紧跟美丽乡村建设步伐措施，即凡是列入省级重点村的帮扶村街，全部落实村务公开影像留存，实行重点村街公开档案市级管理。总结调研广阳区、安次区、大厂县等地规范公开阵地建设经验，挖掘典型、培育典型，推广先进成熟经验，提升村务公开水平。加强农村重点项目公示公开。进一步拓展延伸村务公开内容，在美丽乡村建设省级重点村落实项目公示制度的基础上，将项目建设财政资金补贴政策、补贴数额、使用方向等纳入村务公开内容，在村街明显位置张榜公示，接受村民监督。

（杨洪艳）

政策研究

【概况】 2015年，中共廊坊市委研究室（简称市委研究室）围绕市委中心工作，服务市委决策，发挥参谋助手作用，研究谋划全市经济、社会、党建等方面的工作思路、工作目标。提出“大干实事、实干大事，在深化绿色发展、高端发展、率先发展、和谐发展中努力造福廊坊人民”的奋斗目标；提出“强化协同发展、科技领引、开放带动、生态支撑”四大主战略；提出“打造良好生态环境平台、现代立体交通平台、新型智慧城市平台”三大平台；提出“牢固树立以改革推动工作、激发活力理念，走改革之路”“加大法治宣传和法治体系建设力度，使法治意识深入人心、法治方式形成常态，走法治之路”“实施好创新驱动战略，以创新开启廊坊发展的动力源泉，走创新之路”的路径选择；提出“大力推动重点项目和园区建设、大力推动新型城镇化建设和农村面貌改造提升行动、大力推动三大协同区发展、大力推动深化改革、大力推动信访维稳工作”五大工作任务；提出实施“北京新机场建设、廊南森林湿地生态走廊建设、‘北三县’协同发展核心区建设、亦庄·永清高新技术产业开发区建设、主城区市政建设”五大工程，提出开展招商引资、民企服务、大气污染治理、植树造林等10项集中行动措施。站位全市大局，起草市委“十三五”规划建议等重要文件和市委主要领导在各类重大会议上的讲话稿近400篇。其中，《在市纪委全会上的讲话》《在全市项目工作会议上的讲话》《在京津冀协同发展推进会议上的讲话》等文稿得到市委领导肯定。

【调查研究】 2015年，市委研究室围绕全市经济社会发展中的难点问题、群众关心关注的热点问题，多种方式和途径开展调查研究。深入霸州市石沟村、香河县黄小营村、文安县东南庄村等地蹲点调研，了解农村发展和基层组织建设情况；深入广阳区和安次区企业、社区，掌握企业发展、社会民生等方面第一手材料。全年组织大型调研活动8次，形成调研报告5篇，及时呈报市委主要领导。其中，《新常态下设区市经济发展：可借鉴可复制的廊坊样本》被省委政研室《送阅件》刊登，得到省委、省政府领导批示肯定。

【综合服务】 2015年，市委研究室配合全市重大活动，综合协调相关工作，起草相关文稿。抽调骨干力量组织参与“5·18”经洽会、“9·26”农交会会务筹备；配合全市教育实践活动，承担制度成果组工作和主要领导活动台账等工作。整理编印《赵克志同志重要讲话摘要汇编》《市委重要文稿汇编》《王晓东同志主要文稿汇编》《廊坊各县（市、区）、廊坊开发区工作汇报汇编》《廊坊市园区基本情况》等文稿资料120万字。

（张　越）

信　访

【概况】 2015年，廊坊市开展信访法治建设年活动，制定《关于加强和改进群众工作依法解决信访问题的意见》和《廊坊市市级领导接待群众来访、包案处理信访案件工作制度（试行）》。推行“阳光信访、法治信访、责任信访”，推动信访问题及时就地解决。实行敏感期双日调度制度。市委书记主持，两天一次视频调度，听取县（市、区）和市直有关部门信访工作汇报，指导解决工作中随时出现的新情况新问题。市级党政领导坚持每周三到市联合接访中心公开接访，县级党政主要领导每周一、周三公开接访，其他领导在工作日轮流接访，县直部门和乡镇（街道）领导干部全天候接访。采取重点约访、带案下访等方式，深入基层解决群众信访实际问题。市委书记王晓东、市长冯韶慧多次出席全市性的信访稳定工作会议，并对信访工作及某些具体案件作出重要批示，使城市森林占地、原冶炼厂职工宿舍房屋产权等久拖未决的“老大难”信访问题得到妥善解决。市级领导全年接待群众到访149件次，化解147件次；分包信访案件82件，化解63件。县处级以上领导干部接待群众到访1812件次，化解1785件次。畅通社情民意渠道。健全信、电、网、访“四位一体”工作机制，增强对群众的吸附力。网上群众信访、群众来信、人民网、河北省网络问政平台和书记信箱群众反映的问题，事事有着落、件件有回音。年内领导——群众交流直通平台——为人民服务网站建成，实现群众与领导干部面对面交流、心对心沟通。2015年，全市受理群众网上投诉2357件次、2912人次，受理群众信件1569件次、5518人次。在2015年度全省信访工作定量目标考核中，信访事项按期结案率和息诉息访率均高于全省平均基数。

【开展专项攻坚活动】 2015年，廊坊市坚持以“事要解决”为核心，以开展集中攻坚化解行动为载体，推进信访积案化解。3月20日至4月底，全市开展期40天的集中化解信访积案集中攻坚活动，梳理交办信访积案572件。活动期间，市委主要领导抓责任落实，办结案件538件，办结率94.1%。其中息诉息访423件，占交办案件的74%，一大批时间跨度大、案件复杂的“骨头案”“钉子案”得到有效解决。在5月底开展的全省化解信访积案专项行动中，省信访局交办廊坊市的159件信访积案全部办结，按期办结率100%，息诉息访率85.5%，全省排名第三。开展信访事项办理“三率”攻坚活动。按照市委提出的信访事项办理“三率”（及时受理率、按期答复率、群众满意率）指标在全省排名“保五争三”要求，廊坊市开展信访事项办理“三率”攻坚活动。成立专项领导小组，实行半月通报制度，召开9次工作调度会议，推动工作开展。年内，信访部门及时受理率、按期答复率均100%，在全省排名第一；群众评价满意率83.3%，全省排名第三。开展依法治理进京“非访”专项行动。廊坊市把开展依法治理进京“非访”专项行动贯穿于全年。对所有进京“非访”案件全部进行交办，逐案落实责任主体和县处级包案领导。对重复非正常上访3次以上的，全部纳入公开听证范围。市联席会议成员多次到进京“非访”问题突出的地方督导检查，帮助基层解决实际问题，把工作压力和责任传导到基层。

【市、县两级群众工作委员会成立】 9月17日，廊坊市成立市委群众工作委员会，下设市委群众工作办公室，负责日常工作。市群众工作委员会的主要职责是贯彻落实党的群众路线，执行中央、省委、市委群众工作的方针政策和决策部署；研究提出市委群众工作的总体规划和重要政策，拟定工作规范和措施；指导和协调全市各级各部门、社会团体、企事业单位的群众工作；调查社情民意，征集群众意见建议，分析群众工作形势，及时向市委提出完善政策和改进群众工作的建议；总结推广群众工作的先进典型和经验，推进群众工作机制体制创新。截至10月25日，市、县两级群众工作委员会、群众工作委员会办公室成立。

【市群众工作中心投入使用】 12月，廊坊市群众工作中心建成并投入使用。主要职责是：负责宣传《信访条例》及有关法律法规，教育引导群众依法逐级反映问题，规范信访秩序；负责接待处理群众上访，组织市直部门开展联合接访，协调市级领导开展接访、约访、下访活动；建立三级调处机制，组织、调处重点复杂矛盾纠纷和信访突出问题；解释、解答群众咨询的相关问题，做好群众的思想疏导工作；负责人民建议的征集、整理、归纳和上报工作；负责开通专门网站，为群众提供网上服务；负责市、县、乡三级视频接访系统的建设、管理及维护工作；分析研判群众工作形势、信访工作形势，负责向市委、市政府、市委群工委提出工作意见和建议。

【“为人民服务网”开通】 2015年，廊坊市群众工作中心探索“互联网+信访”工作模式，借鉴贵州省的群众工作经验，在大厂回族自治县“为人民服务网”经验做法基础上，于10月开通“为人民服务网”。网站以服务百姓为宗旨，围绕群众工作设置了服务群众、教育引导群众、受理群众诉求3项功能8个板块，包括组织机构介绍、交流互动、民生服务、政策法规、工作动态、善美廊坊、民生留言和网上信访。其中，交流互动板块包括在线访谈、在线调查两个栏目，就群众关心的热点难点问题，通过视频、音频或者文字在线交流方式，进行在线解答，实现群众与领导干部面对面交流、心对心沟通。群众可以通过点击“为人民服务网”的“网上信访”，直接在网上反映问题。信访工作人员将办理结果通过“为人民服务网”发布，群众可以在网上直接查询办理结果。

（赵隽平）

市直机关工委工作

【概况】 2015年，中共廊坊市直属机关工作委员会（以下简称市直工委）引导机关党组织和广大党员干部深入开展“三严三实”专题教育，履行组织推动责任，加强和改进对市直部门中心组理论学习的管理、督查、考核。教育管理党员，明确每月的第一个星期五为“党员活动日”。采取定期检查、每月通报和班子成员联系基层党组织等方式，加大组织指导、跟踪问效，提升基层党组织生活质量。结合党员管理教育实际，重点在处置不合格党员、加强党费和党员档案管理三个方面开展工作。依托市直各级党组织，组建“共产党员志愿服务队”，指导市直部门和各县（市）、区直工委结合职能特点和党员个人专长开展志愿服务活动。10月15日，廊坊市直工委在全国机关党建经验交流会上，作从严治党典型经验交流。全年编印杂志4期。

【民兵武装建设】 2015年，市直工委组织市直7个民兵专业技术分队开展轻武器射击比赛、抗洪设备操作比武等活动。开展征兵宣传、国防知识竞赛、“爱国防”书法展等系列活动。市直武装部连续多年被评为“军事训练先进单位”和“河北省国防教育先进单位”。

【星级机关和星级窗口创建】 2015年，市直工委在市直机关开展星级机关星级窗口创建活动。活动采用评星奖星方式，将机关和服务窗口各项任务目标划分为“学习星、堡垒星、绩效星、文明星、清廉星”和“为民星、诚信星、效能星、规范星、廉洁星”各五颗星，变软任务为硬指标，并应用专用网络管理软件系统实时监管、问效、指导，即时公布创建进度，实现动态管理、全程跟踪。市直工委采取日常考评、相关部门专项考评和依靠群众社会评价的考评方法，组织“星级机关星级窗口创建”活动。年内市直工委在中央国家机关工委组织召开的全国机关党建经验交流会上作经验交流。

【万名党员大培训】 该项活动旨在着眼于增强党员干部的党员意识、党性修养和工作能力，以党的政治理论和业务技能为主要内容，组织、指导市直对18000余名党员开展集中培训。活动紧贴中央要求和省委、市委中心任务，围绕各阶段的学习重点，编印学习资料，明确学习内容。根据不同类型、层次、岗位党员的实际需求，结合中心工作，开办丰富多彩的主题培训班，对党员进行普遍专题教育。市直单位以基层党组织为责任主体，聘请骨干教师、领导干部、先进模范和科技人员、技能专家等，组建专兼职培训师资库，开展特色培训。全年培训党员10万余人次。

（潘跃腾）

老干部工作

【概况】 2015年，全市有离退休干部27347人，其中离休干部985人，退休干部26362人，离退休干部数量比2014年增加743人，其中离休干部减少126人，退休干部增加869人。市老年大学年内开设8个系，48个教学班，在校生1652人，举办三期学员书画作品展，展出作品300余幅；书法研究班有10人在全国、省内书法大赛大展活动中获一、二、三等奖；口琴班有7人分获全国老年人口琴大赛一、二、三等奖。年内，受全国表彰的老干部先进典型蔡义川在全市“最美廊坊人”评选活动中获第一届“最美廊坊人”称号。

老干部思想政治建设。2月，召开全市各界人士迎新春茶话会，市委老干部局组织19名市级老领导参加会议。8月5日，召开市直老干部情况通报会。市委书记王晓东通报上半年经济和社会发展情况，并向与会人员征求意见和建议，李振洲、薛伯昌、常则民等12名担任过地市级实职的老领导，市直部分单位处级离退休干部，老干部党支部书记（委员）及分管负责人180人参加会议。10月21日重阳节，召开“庆重阳 话发展”座谈会，市委书记王晓东结合“解放思想大讨论”向地专级老领导传达中央对京津冀协同发展总体战略规划，通报廊坊市贯彻落实意见，并就全市如何抢抓新机遇、建设新廊坊听取老干部意见和建议，市级老领导张成起、孙建群、李振洲、薛伯昌、王国强等出席座谈会并发言。

老干部基层党组织建设。2015年，全市老干部基层党组织新增市文广新局老干部党支部、市农业局老干部党总支、市建设局老干部党支部3个联系点，总数达到6个。5月8日，市委老干部局邀请北华航天工业学院杨璐轩副教授主讲《深入学习党的十八届四中全会精神》主题党课，市直单位老干部党支部书记、老干部科科长80人参加学习；12月3日，举办市直老干部党支部书记培训班，邀请市委宣讲员、市文广新局党组书记李克俭宣讲党的十八届五中全会和省委八届十二次全会精神。此外，各县（区、市）积极探索老干部活动新方法。香河县为方便老干部活动，按区域和老干部意愿划分党支部，依照“四就近”（就近学习、就近参加活动、就近得到关心照顾、就近发挥作用）原则，及时将新转入老干部党员就近编入支部参与学习活动。

关心下一代工作。廊坊市关心下一代工作委员会（以下简称市关工委）以市委、市政府两办名义印发《关于进一步加强和改进关心下一代工作的意见》，就如何加强社会主义核心价值观教育、加强青少年法制教育、加强新型职业化青年农民培养、加强企业青工素质教育和提高各级关工委服务青少年成长成才的工作能力提出具体目标和实施措施。该意见还就如何加强领导、健全机制、进一步推动关工委工作提出要求。工作中，抓住社会主义核心价值观教育这一主线，着力打造关工委立德树人的生命线；抓紧学习贯彻党的十八届四中、五中全会精神这一要务，着力构筑积极参与社会治理的工作新模式；抓牢基层组织建设这一基础，着力打造关工委网络化工作格局；抓活工作方法，着力加强示范性工作品牌建设；抓实机制建设这个根本，着力打造服务型、创新型关工委。《廊坊日报》在头版头条以《用遐龄大爱服务青少年成长成才》为题，并配发编者评论，对全市关心下一代工作进行宣传。年内，廊坊市关工委被中国关工委评为全国关心下一代工作先进单位。

【提高老干部生活待遇】 2015年，市委老干部局到市直及各县（市、区）调研离休干部“三个机制”（离休费保障、医药费保障、财政支持机制）运行情况及特困离退休干部帮扶情况，形成特困帮扶专题调研报告。从2015年起，廊坊市本级特困帮扶金额增至20万元，通过本人申请、审查公示，共帮扶50名特困离退休干部，其中离休干部26名，退休干部24名，涉及21个市直单位，帮扶基金12月底前发放到位。在走访慰问和征求意见过程中，帮助解决市级老干部住房暖气年久失修和房屋搬迁手续事宜。8户暖气改造问题得到妥善解决，按规定为11名离休干部办理了享受副省级医疗待遇相关手续。

【慰问老干部】 2月，市委书记王晓东、市长冯韶慧及四套班子领导对全市75名地市级老领导及遗属进行入户走访慰问。全市入户慰问副处级以上离退休干部26000余人。在纪念抗日战争胜利70周年前夕，市委书记王晓东慰问抗日战争期间及以前参加革命工作的4位居住在市区的地专级实职离休干部。按照每两年一次慰问易地安置离休干部惯例，5月底，由老干部局处级干部带队，分四路对易地安置到北京、天津和河南洛阳的6名离休干部走访慰问。市干休所坚持“两周一寻访”工作制度，入户为老干部送医、送学。工作人员上门为老干部测量血压，叮嘱更换常用药物。“流动书屋”按时更新医疗保健、历史文学等方面书籍，并及时传阅上级政策文件、领导讲话。

【《永远的抗战——纪念中国人民抗日战争暨世界反法西斯战争胜利70周年文集》出版】

为纪念抗日战争胜利70周年，从3月开始，市委老干部局组织人员到老干部、老党员、老战士家中采访、收集整理有关抗日战争资料，在全市范围组织开展“永远的抗战”主题有奖征文活动。征文活动收到回忆类和体会文章100余篇，优秀征文分为追记往事（42篇）、寻找老兵（10篇）、感悟历史（6篇）三部分，加上搜集的41幅烽火岁月老照片和39首老干部诗词，集印成《永远的抗战——纪念中国人民抗日战争暨世界反法西斯战争胜利70周年文集》，在抗日战争胜利纪念日前夕印制完成，成为记录廊坊抗日战争史的一本珍贵资料。

【退休干部马广杰助力村街文化建设】 马广杰，1999年从大厂县委统战部部长的职位退下来，回到大厂县小厂村。当看到村里老年人没有活动去处，闲着没事就是喝酒、玩牌、打麻将，他便与村里的几位文艺爱好者，在村“两委”的支持和帮助下组建起“老年人活动室”。经过逐步发展，到活动室参加活动的人员越来越多，文化活动水平越来越高。2010年他又牵头成立“老来乐”艺术团。几年时间里，他为“老来乐”艺术团编写、编排配乐诗朗诵《我的中国梦》、说唱表演《大厂明天更美好》、京韵大鼓《民族团结之花赞》等数十个歌曲、数来宝、快板等节目。党的群众路线教育实践活动在县级开展后，他编排了诗朗诵《焦裕禄同志——“活动”中的好标杆》、配乐诗朗诵《为第二批党的群众路线教育实践活动强势开局叫好》、柳琴说唱《清风颂》等节目。在县委老干部局组织的纪念抗日战争胜利70周年暨庆祝建县60周年征文活动中，他创作的诗歌《纪念 反思 警醒——纪念抗日战争胜利70周年》被市国防教育办公室评为“弘扬伟大抗战精神 同心共筑强大国防”征文一等奖。

（刘正昌）

讲师团工作

【概况】 2015年，中共廊坊市委讲师团（以下简称市委讲师团）围绕廊坊“绿色、高端、率先、和谐”发展、京津冀一体化等课题，组织廊坊市理论社科专家开展省、市级课题研究，市级课题研究成果90项，省级课题研究成果39项。9月，市委讲师团独立承担的省社科基金委托项目研究成果《全面建成小康社会与中国梦构建》以专著的形式由中国社会科学出版社公开出版。组织市直有关部门和理论社科专家开展理论研究，推出25项研究成果，其中《新常态下设区市经济发展：可借鉴可复制的廊坊样本》得到省领导肯定，《关于促进金融创新发展融资担保的调研报告》等6项研究成果获得市领导批示。由驻廊高校、有关市直单位、市属学会等60名专家、学者组成复合型研究团队，按照经济、政治、文化、社会等领域对智库成员进行分类，登记造册，制定专门工作方案，安排专人为成员开展课题研究、调研培训提供服务支持，打通成果转化通道，将研究成果向市领导呈送。组织专家撰写党的十八届四中全会、市委五届七次全会精神解读文章，并编印成册，向干部群众发放。择优选取35项优秀研究成果汇编成册，供有关部门和社会各界参考借鉴。对新形势下理论社科工作面临的新机遇、新挑战开展调查研究，提出做好理论社科工作对策、建议，形成《全市理论社科工作融入京津冀协同发展大局的调研报告》。加强“廊坊干部理论教育网”建设，设置专人进行网站日常维护，开辟“三严三实”“反法西斯胜利70周年”“十八届五中全会”等栏目，刊登理论前沿信息和文章300余篇、理论交流200余篇，理论社科工作信息60余条。市委讲师团被河北省委讲师团授予“先进集体”荣誉称号。

【政策理论宣讲】 2015年，中共廊坊市委讲师团围绕学习贯彻党的十八届四中、五中全会和省委八届十二次全会精神，全国和省、市“两会”精神，社会主义核心价值观，纪念抗日战争胜利70周年，省委中心组学习会精神等重大主题，邀请廊坊市部分市直部门领导和理论社科专家成立宣讲团，到各县（市、区）及基层理论宣讲工作站开展六轮主题巡回宣讲，宣讲550余场，辅导干部群众15万余人次。举办党的十八届五中全会和省委八届十二次全会精神培训班。重点学习贯彻党的十八届五中全会、省委八届十二次全会精神和抢抓京津冀协同发展机遇、加快廊坊“四个发展”等专题，邀请北京大学国际关系学院教授李茂春，省委宣讲团成员、石家庄铁道大学教授张锦，中共廊坊市委党校常务副校长吴公剑分别作专题辅导报告。面对基层群众理论需求特点，通过身边人讲身边事形式，邀请“最美廊坊人”、道德模范等先进典型现身说法，用自己的故事和行动感染、带动身边人。有针对性地设计、印制、发放扇子、围裙等公益宣传品，传播党的路线、方针和政策，全年发放宣传品3万余件。在基层理论宣讲站设置展板，向基层群众图文并茂地展示“十二五”成就、“十三五”愿景。与有关单位沟通协调，通过社区文艺活动、绘制村街墙体画等形式宣传党的政策理论，传递社会主义核心价值观，弘扬正能量。为新创建的10个宣讲站授予“基层理论宣讲工作站”牌匾，并以此为阵地，开展“走基层”活动。通过走访、调研、与基层宣讲员和宣讲站负责人座谈等形式，了解宣讲站运行情况和工作开展情况，帮助、指导开展理论学习。全年三轮“走基层”活动向宣讲站赠送理论书籍2000余册，光盘60余套，画册30余套。

（耿明明）

党校工作

2015年，中共廊坊市委党校（以下简称市委党校）围绕干部培训、理论宣传、科研资政，全面提升干部培训工作的针对性和实效性。中共廊坊市委五届七次全会召开后，市委党校领导班子立即召集科研处和教研室负责人研究部署对市委五届六次全会精神进行解读工作，形成17篇对廊坊经济社会发展具有指导意义的理论成果，将其解读文章辑印成册，作为干部培训教材供全市党员干部学习参考。5月至12月，市委党校深入开展“三严三实”专题教育活动。领导重视。一把手带头讲党课。5月22日，校党委书记、常务副校长吴公剑对党校“三严三实”专题教育活动进行动员部署，并在全体党员干部大会上作题目为“营造‘三严三实’政治生态，优化风清气正干训环境”的讲话。制定下发《关于深入开展“三严三实”专题教育的实施方案》，明确专题教育活动的总体要求、方法措施、解决的突出问题，以及活动要求。校领导班子成员重点研读《习近平总书记重要讲话读本》《习近平谈治国理政》《党章》《习近平关于党风廉政建设和反腐败斗争论述摘编》等必学内容，选学《习近平关于党校工作重要论述专题摘编》《河北省党员干部纪律建设学习读本》《市级党校办学质量评估指标体系（试行）》等内容。年内召开专题学习研讨会6次。制定《市委党校“解放思想、抢抓机遇、奋发作为、协同发展”大讨论活动实施方案》，成立“大讨论”活动领导小组及办公室，召开“大讨论”活动研讨会。11月5日，校党委班子成员及部分教研人员结合大讨论方案要求，围绕“京津冀协同发展”主题进行讨论研究，明确科研主题13个，为各级党委政府决策提供咨询参考；11月25日，校党委围绕“八破八立”解放思想更新观念专题开展学习研讨，撰写体会文章6篇。建立和完善市委党校党员志愿服务队，组织开展党员志愿服务活动。完成45名党员志愿者的注册登记工作。2名党员注册为河北省红十字无偿献血志愿服务支队廊坊市大队队员。

（刘玉利）

党史研究

【概况】 2015年，市委党史研究室（以下简称市委党研室）编写的《探索与实践——廊坊党史事件专题汇编（1949—1978）》书稿通过省委党史研究室审定，报中共党史出版社向国家新闻出版总署申请公开出版发行书号。《中共廊坊市委大事记（2014）》《中共廊坊年鉴（2015）》《天天读史》等刊物按计划编辑出刊。《抗日战争时期河北省人口伤亡和财产损失调研丛书》中廊坊卷的编写以及大城县抗日战争烈士吴喜增相关材料的查询和档案目标管理认定等项工作按要求完成。年内，市委党研室领导班子成员在基层调研、蹲点帮扶期间，分别向基层党员群众赠送党史读物、宣讲党的历史，重点讲解廊坊市党组织建立、发展和壮大的光辉历程，中国共产党艰苦奋斗的优良传统，抗日战争和解放战争中廊坊市英雄人物光辉事迹。

【纪念抗日战争胜利七十周年系列活动】 2015年，市委党研室组织开展纪念中国人民抗日战争胜利70周年系列活动。与廊坊电视台联合制作24集党史宣教片——《抗日烽火之廊坊英雄录》。该片内容取材于抗日战争时期廊坊地区24位烈士的英勇事迹，采取故事会的形式，穿插对英雄亲属、战友、知情人和市县两级党史人员的采访镜头和模拟战斗场景，再现英雄的坚贞信念和壮举。开辟《壮歌激荡廊坊魂》专栏。为再现抗日战争期间廊坊军民与日寇浴血奋战的光辉事迹，与《廊坊都市报》联合开辟《壮歌激荡廊坊魂》专栏，共刊载20期。宣扬廊坊抗日英雄事迹，介绍重要战役战斗，展现抗日军民战斗的风貌。举办《用历史昭示未来——纪念中国人民抗日战争胜利七十周年》图片展。8月12日至10月上旬，在廊坊博物馆、安次区行政服务中心、廊坊市烈士陵园分别举办纪念中国人民抗日战争胜利70周年图片展。图片展分民族之殇、指路明灯、中流砥柱、冀中烽火、战地芦苇、走向辉煌六部分。以文字加图片的形式，回顾中华民族在抗日战争时期遭受的深重灾难，讴歌伟大的中国共产党和其领导的八路军、新四军背负民族希望浴血奋战的历史功绩，反映冀中军民抗击日寇、保卫家乡的壮举，介绍冀中十分区（现廊坊大部辖区）官兵坚持战斗在大清河两岸的英雄事迹，赞颂新中国成立后国家建设所取得的伟大成就和中国共产党领导下的廊坊快速发展的历程。有市直单位55个、1500余人参观展览，参观群众超过2万余人。河北省爱国主义教育基地《要情简报》、河北党史网、廊坊电视台、《廊坊日报》、廊坊新闻网对市委党研室举办的系列纪念活动进行了报道。

【《探索与实践——廊坊党史事件专题汇编（1949—1978）》】 该书由市委党研室编写，全书分15个专题，36万字。书稿内容撷取1949年10月新中国成立到1978年12月党的十一届三中全会召开前，廊坊地区发生的镇压反革命运动、抗美援朝运动、整风运动和反右派斗争、人民公社化运动、“四清”运动、真理标准问题讨论与初步拨乱反正等15个具有代表性的重大事件，客观反映廊坊党史重大事件的历史面貌，记述中共天津地委、廊坊地委及辖区各级党组织带领广大人民群众，探索社会主义革命和建设规律、进行社会主义革命和建设的实践过程，真实反映其艰难与奋斗、曲折与辉煌、经验与教训。书稿通过省委党史研究室审定，报中共党史出版社向国家新闻出版总署申请公开出版发行的书号。

【档案目标管理认定工作】 年内，市委党研室规范整理文书档案130卷1669件，会计档案41卷，并全部编制电子目录索引。按照《河北省机关档案工作目标管理认定办法》要求，编制《大事记》《组织沿革》《档案全综介绍》《档案制度汇编》《基础数字汇编》《档案利用效果汇编》6项编研资料，共8万余字；经市档案局验收合格，达到AA级标准。

【《中共廊坊年鉴（2015）》出版】 《中共廊坊年鉴（2015）》由中共廊坊市委主办、市委党研究室编纂。全书收录18个篇目，设特载、市委工作、大事记、市委各部门工作、党风·党纪、群团、社团党建、武装工作、人大政府政协法院检察院党组工作、市政府各部门党委党组工作、金融保险系统党建、工委工作、企事业单位党建、学校党建、县（市、区）委工作、省垂管中省直驻廊单位党建、人事任免、全国新闻媒体报道廊坊情况和附录。主要记述全市130个单位的相关资料，真实客观地反映2014年度中共廊坊市委团结带领全市各级党组织和广大干部群众，以党的十八大、十八届三中全会和省委八届六次全会精神为指导，把握“绿色、高端、率先、和谐”发展定位，加快打造河北环京津新增长极战略突破口的基本情况。

【大事记征编工作】 2015年，市委党研室编写2014年12月至2015年11月市委大事记征求意见稿约9万字。根据逐月征求意见中市纪委反馈的意见，将廉政方面的内容以“补遗”形式在相应月份大事记中予以收录。在补充2014年统计年报、增加人事任免等内容的基础上，编写2014年市委大事记统编本工作。书稿约12万字，于2015年11月印刷成册。

（牛秀华）

机构编制

【概况】 2015年，廊坊市机构编制委员会办公室（以下简称市编办）推进市、县政府机构改革工作；衔接落实国务院、省政府取消和下放行政审批事项，清理非行政许可审批事项；落实权力清单、责任清单制度建设，开展行政审批中介服务事项清理规范工作，创新开展行政审批体制改革试点工作。全市4000余家单位机构编制和人员核查复审，实现机构清、编制清、领导职数清、实有人员清、具体机构设置与按规定审批的机构相对应、实际配备人员和财政供养人员与批准的编制和职数相对应的“四清两对应”目标；开展全市严格控制财政供养人员情况自查，采取严控机构编制审批、加强部门间协调配合、实行分级负责制等措施，控制全市行政编制、政法专项编制和各类事业编制；专项调研农村及城镇中小学师生结构不合理、部分地区教师编制紧缺问题，推进中小学教师编制创新管理；开展年度事业单位法人年度公示工作；推进中文域名注册及网站标识管理，全市申领网站标识2507个；加强机构编制信息平台建设，维护和完善市直97个主管部门和509家事业单位的机构编制信息。

【市县政府机构改革】 2015年，廊坊市推进市、县政府机构改革。市编办做好人员划转、财务资产调整、档案移交、保密管理等工作。重点审核各县（市、区）改革方案，把握改革方向。开展专项督导，保证县级政府机构改革工作质量和工作进度。市、县政府机构改革在明确职责重点基础上，整合优化组织结构，实行大部门体制改革，精简优化机构设置。市本级卫生、计生部门整合，设置卫生和计划生育委员会；撤销市外事侨务办公室，其职责和机构并入市政府办公室；撤销粮食局、农业开发办；整合市政府研究室、市档案局。各县（市、区）在整合卫生、计生部门的同时，整合工商、食药监部门（其中香河县、大厂县、安次区整合工商、质监、食药监部门）。机构设置方面，大厂回族自治县单独设置民族宗教事务局，为县政府工作部门；三河市、霸州市、香河县单独设置城市管理行政执法局。转变政府职能方面，明确部门职责关系，清楚管理范围边界，管理权限集中统一。市本级整合食品安全委员会办公室、食品药品监管部门，以及工商行政管理部门、质量技术监督部门的食品安全监管和药品管理职能，重新组建食品药品监督管理局，集中统一监管食品药品行业，并承担本级政府食品安全委员会具体工作；商务部门的畜禽定点屠宰监督管理职责和机构划入农业部门，酒类食品安全（包括质监部门负责的生产环节、商务部门负责的流通环节）的监督管理职责和机构划入新组建的食品药品监督管理部门。

【行政审批制度改革】 2015年，廊坊市推进简政放权，建立权责清单，清理非行政许可审批事项和规范行政许可中介服务事项。衔接国务院和省政府取消、调整行政审批事项23项，其中，取消14项，接收1项，衔接将前置审批改为后置审批的工商登记事项8项。对衔接取消、下放和调整的审批项目，通过媒体对外公布。开展廊坊市非行政许可审批事项清理工作，涉及市本级全部非行政许可审批事项130项。其中，直接取消15项，转为行政许可10项，转为政府内部审批18项，转为部门其他权力事项73项，待省直部门清理14项。市、县开展部门权力清单和责任清单制度建设工作，市本级权力清单涉及市直42个部门和单位2809项；责任清单涉及市直44个部门1509项，于6月底在行政审批制度改革专题网站上集中公开。开展行政审批中介服务事项清理规范工作。编制下发《市政府部门保留的行政许可中介服务事项清单》《纳入市政府部门审批程序的技术性服务事项清单》，并通过媒体对外公布。开展行政审批体制改革试点工作。以廊坊开发区为试点组建开发区行政审批局，将16个部门的81项行政审批事项统一划转到开发区行政审批局；以广阳经济开发区为试点，向广阳区下放行政审批事项和行政管理权限19项，增强广阳区人民政府的统筹协调能力和公共服务能力。

【经济发达镇行政体制改革试点】 年内，廊坊市开展经济发达镇行政管理体制改革试点工作。霸州市拟订《霸州市胜芳镇行政管理体制改革试点工作实施方案》，明确改革指导思想、工作内容和有关要求，提出理顺霸州市直相关单位与胜芳镇政府关系和改革镇政府机构设置的具体措施，117项审批事项下放到胜芳镇政府实施，规范县乡权责关系，增强镇域经济社会发展活力。三河市实行燕郊镇改革与燕郊高新区体制机制改革统筹结合、一并推进，做法得到省编办、省住建厅认可。

【机构编制管理】 2015年，市编办实行分级负责和相关部门协调联审机制，部署市、县机构编制、人员核查复审工作。市、县编办整理各部门上报的核查信息公示表，报送组织、财政、人社部门，按管理权限对本级各部门核查信息全面复审。开展财政供养人员情况自查，廊坊市2015年底较2014年底财政供养人员有所减少，未新增各类编制。做好省委第三巡视组反馈意见中关于违规设置机构问题的整改落实工作，市编办成立整改工作领导小组和办公室，负责市、县违规设置机构问题全面整改落实。实行分级负责制，制定整改方案，采取严格规范机构设置、严控编制和人员总量、规范机构编制实名制管理等手段，促进整改到位。

（李　涛）

廊坊市人民代表大会常务委员会

综　述

2015年，廊坊市人民代表大会及其常委会围绕市委中心工作选择监督切入点，向市委请示工作26项，报告工作30项；召开党组会议18次，传达学习中央和省委、市委重要会议、文件精神43项；召开主任会议11次，常委会会议8次，听取和审议廊坊市人民政府、廊坊市中级人民法院、廊坊市人民检察院工作报告11项，提出审议意见46条；办结代表建议141件，建议办结率、满意率100%；坚持党管干部和人大依法任免有机统一，对市委提议任免的203名国家工作人员及时履行法律程序；逐条梳理市委《关于进一步改进和加强人大工作的实施意见》，从完善监督方式、保障代表履职、基层人大建设等方面逐项落实。

助力改革发展稳定大局。围绕京津冀协同发展助推全市重点项目，推动北京新机场建设，组织代表实地考察天堂河改造、村街拆迁现场和新机场建设指挥部，就明确责任主体、优化区域功能布局、空港新区规划、统筹谋划配套项目等方面提出建设性意见。组织代表、专家、学者对“北三县”交通一体化调研，分析问题，找准瓶颈，提出建议。分组视察全市春季植树造林情况，摸清底数。开展农村土地经营权流转、发展适度规模经营专项调研。审议市政府专项报告，就深化土地流转改革、创新规模经营方式、强化政策引导等方面提出建议。围绕专业合作社的发展现状、存在问题展开调研，建议市政府落实政策引导、加大财政投入、规范组织运转。专题视察“美丽乡村”建设，提出改善农村人居生态环境、优化农村产业结构建议。对新《中华人民共和国环境保护法》实施情况进行执法检查，对《河北省大气污染防治条例（草案）》进行立法调研，支持市政府及有关部门严格依法管理，铁腕治理污染，淘汰落后产能。以水利设施建设、重点水利工程、水资源利用保护、农村饮用水安全、农业高效节水项目为重点，对《中华人民共和国水法》和《河北省水文管理条例》实施情况开展执法检查。

提高依法监督效能。按照新预算法的要求进行全口径财政预决算监督，审议市政府上半年计划、预算执行情况及上年度市本级决算和全市总决算、市本级预算执行及其他财政收支审计情况的报告，重点审查项目建设进度、产业结构调整、重点支出安排，以及资金拨付使用情况，及时批准市政府预算调整方案。提前谋划、调研“十三五”规划初审工作，为提交市六届人大四次会议审查批准做准备。聚焦食品质量安全，开展《食品安全法》实施情况执法检查，开展食品生产加工小作坊和食品摊贩管理立法调研，依法规范食品市场。建设宜居城市，开展城市建设与管理专题调研，开展《物业管理条例》实施情况执法检查，规范物业管理。开展全市学前教育专题调研，就加强社会办学资质管理、消除和预防安全隐患、提高从业人员素质、建立多元投入机制等方面建言献策。开展全市公共文化服务体系建设情况专题调研，就全市《创建国家公共文化服务体系示范区建设规划》提出建议。推进依法治市，开展全市依法行政工作调研，审议市政府依法行政工作报告，对全市行政许可法律法规实施情况开展执法检查，提出加强宣传教育、规范行政权力、推进审批制度改革、提高政府依法行政水平等意见和建议。组织开展防震减灾“一法一条例”、《消费者权益保护法》《老年人权益保障法》《民族区域自治法》和职业教育法律法规等执法检查，提出意见建议32条。配合省人大常委会对《河北省各级人民代表大会常务委员会预算审查监督条例》《河北省价格监督检查条例（修订草案）》等法规开展立法调研，提出立法建议26条。开展全市法院审判公开专题调研，组织代表参加旁听庭审，要求各级人民法院规范审判行为、提高审判质量，打造“阳光司法”。围绕贯彻落实河北省人大常委会《关于加强人民检察院法律监督工作的决议》开展执法检查，要求全市检察机关规范提升执法水平，加大执法监督力度，推进“阳光、为民、公信”人民检察院建设。

【驻廊坊全国、省、市人大代表】 2015年，驻廊坊市的第十二届全国人民代表大会代表4名：王学求、李怀、张丽侠、石克荣。驻廊坊市的河北省第十二届人民代表大会代表44名：陈超英、秦博勇、臧胜业、吴显国、石小琢、王志欣、范永录、边丽英、王晓东、冯韶慧、刘智广、崔芝崑、王世强、王越飞、赵玉建、汤亚利、吴智艳、尹静、耿建明、李文健、陈永山、周旭恩、李福成、张永铁、孟宪明、李淑荣、李一超、王尚新、常东风、马双杰、王建军、石永庆、贾福学、刘艳平、王文学、张海桥、杨静、马西波、孟庆山、杨兰、王慧芬、肖跃进、张亚杰、高铁中。廊坊市第六届人民代表大会代表383名，其中姚伟、王威、赵常福、薛永纯、高艺峰、王振平调离廊坊市行政区域，上述6人的市人大代表资格终止。左德江、毛志刚、蒋代惠、叶晓菊、汤亚利、王任健、焦加根、韩占山、刘文萍、尹静、毕忠庆补选为廊坊市六届人大代表。

【市第六届人民代表大会第三次会议】 于1月28日至30日召开。大会主席团常务主席、执行主席刘智广主持会议。出席会议的代表358名，符合法定人数。会议邀请不是市六届人大代表的部分市四套班子原正职领导，市委、市政府、市政协领导、市五届人大常委会副主任、市人民检察院原检察长、驻军和武警部队负责人、中省直驻廊单位和高等院校负责人出席第一、二、三次全体会议。不是市六届人大代表的驻廊省十二届人大代表，市政府所属部门和其他有关单位负责人，市人大常委会机关处级干部列席大会。不是市六届人大代表的廊坊开发区和各县（市、区）人民法院院长、人民检察院检察长旁听大会。出席政协廊坊市六届三次会议的委员列席第一次全体会议。会议听取和审查了廊坊市人民政府工作报告；审查了市发展和改革委员会关于廊坊市2014年国民经济和社会发展计划执行情况与2015年国民经济和社会发展计划草案的报告，审查和批准了廊坊市2014年国民经济和社会发展计划执行情况的报告与2015年国民经济和社会发展计划；审查了市财政局关于廊坊市2014年市本级预算及全市总预算执行情况的报告和2015年市本级预算及全市总预算草案，批准了2014年市本级预算执行情况的报告和2015年市本级预算；听取和审查了廊坊市人大常委会工作报告、廊坊市中级人民法院工作报告、廊坊市人民检察院工作报告，对相关报告做出了决议；审议并表决通过了廊坊市第六届人民代表大会第三次会议关于设立廊坊市第六届人民代表大会法制委员会等六个专门委员会的决定，表决通过了廊坊市第六届人民代表大会法制委员会等六个专门委员会主任委员、副主任委员、委员人选。

市人大常委会会议

【市六届人大常委会第十六次会议】 于1月16日召开。市人大常委会主任刘智广，副主任杨杰、杨文华、王世强、毕晓明、王相仁、李春山、李凤霞，秘书长郭绍会，市人大常委会委员出席会议。市政府常务副市长李波，市中级人民法院院长苑三国，市人民检察院检察长冀运福，市委组织部、市政府办公室、市人力资源和社会保障局负责人，市人大常委会副秘书长和机关处级干部，各县（市、区）人大常委会1名副主任和10名市人大代表列席会议。会议由市人大常委会副主任王相仁主持。会议审议《市六届人大三次会议有关文件（草案）》《廊坊市人民代表大会常务委员会工作报告（审议稿）》《廊坊市人大常委会主任会议关于提请市六届人大常委会第十六次会议授权审议决定市六届人大三次会议有关文件（草案）的议案》《廊坊市人民代表大会常务委员会代表资格审查委员会代表资格审查报告》《廊坊市人大常委会2015年工作要点（审议稿）》。会议表决通过《廊坊市六届人大常委会第十六次会议关于授权市人大常委会主任会议对市六届人大三次会议有关文件(草案)进行修改的决定》和人事任免职事项。刘智广为新任命人员颁发任命书。

【市六届人大常委会第十七次会议】 于3月30日召开。市人大常委会主任刘智广，副主任杨杰、杨文华、王世强、毕晓明、王相仁、李春山、李凤霞，秘书长郭绍会，市人大常委会委员出席会议。市政府副市长贾永清，市中级人民法院院长苑三国，市人民检察院副检察长赵风山，市政府办公室负责人，市人大常委会副秘书长和机关处级干部，各县（市、区）人大常委会1名副主任和10名市人大代表列席会议。会议由市人大常委会副主任李春山主持。会议学习修正后的《中华人民共和国立法法》，审议通过《廊坊市人民政府2014年度依法行政工作报告》，审议通过市人大常委会主任会议《关于廊坊市第六届人民代表大会各专门委员会工作规则有关情况的报告》，表决通过有关人事任免职事项。刘智广为新任命人员颁发任命书。

【市六届人大常委会第十八次会议】 于4月10日召开。市人大常委会主任刘智广，副主任杨杰、杨文华、王世强、毕晓明、王相仁、李春山、李凤霞，秘书长郭绍会，市人大常委会委员出席会议。市政府常务副市长李波，市中级人民法院副院长王振合，市人民检察院副检察长张尚震，市委组织部、市政府办公室、市人力资源和社会保障局负责人，市人大常委会副秘书长和机关处级干部列席会议。会议由李凤霞主持。会议表决通过人事任职事项，决定任命王彦涛为市人民政府副市长。刘智广为王彦涛颁发任命书，王彦涛作任职表态发言。

【市六届人大常委会第十九次会议】 于6月9日召开。市人大常委会主任刘智广主持会议并讲话，副主任杨杰、杨文华、王世强、王相仁、李春山、李凤霞，秘书长郭绍会，市人大常委会委员出席会议。市政府常务副市长李波，市中级人民法院院长苑三国，市人民检察院副检察长赵凤山，市委组织部、市政府办公室、市人力资源和社会保障局、市文化广播电影电视新闻出版局的负责人，市人大常委会副秘书长和机关处级干部，各县（市、区）人大常委会1名副主任和10名市人大代表列席会议。会议审议通过市人民政府《关于全市公共文化服务体系建设情况的报告》，表决通过有关人事任免职事项。刘智广为新任命人员颁发任命书。

【市六届人大常委会第二十次会议】 于8月5日召开。市人大常委会主任刘智广，副主任杨杰、杨文华、王世强、毕晓明、王相仁、李春山、李凤霞，秘书长郭绍会，市人大常委会委员出席会议。市政府常务副市长李波，市中级人民法院院长苑三国，市人民检察院检察长冀运福列席会议。市委组织部负责人到会指导。市政府办公室、市人力资源和社会保障局、市财政局、市发展和改革委员会、市住房保障和房产管理局、市人民政府法制办公室、市机构编制委员会办公室负责人，市人大常委会机关处级干部列席会议。各县（市、区）人大常委会1名副主任和10名市人大代表应邀列席会议。杨杰主持会议并讲话。会议听取审议市发展和改革委员会主任朱建强作的《关于廊坊市2015年上半年国民经济和社会发展计划执行情况的报告》、市财政局局长左德江作的《关于廊坊市2015年上半年市本级预算和全市总预算执行情况的报告》和《关于2015年市本级预算调整方案（草案）的说明》。会议书面听取市人大常委会执法检查组《关于检查行政许可法律法规贯彻实施情况的报告》、市人大环境与资源保护委员会《关于检查〈物业管理条例〉贯彻实施情况的报告》。市政府常务副市长李波、市人大常委会副主任杨文华、市中级人民法院院长苑三国、市人民检察院检察长冀运福分别作提请决定任免和任免人员有关情况的说明。会议书面听取各项人事任免职议案。会议原则通过上述各项报告。会议表决通过《廊坊市人大常委会关于批准2015年市本级预算调整方案（草案）的决定》和各项人事任免事项。刘智广向决定任命和任命人员颁发任命书。新任市人民政府副市长喻华锋、刘文萍和市人民检察院副检察长李雪强作任职发言。

【市六届人大常委会第二十一次会议】 于10月9日召开。市人大常委会主任刘智广，副主任杨杰、杨文华、王世强、毕晓明、王相仁、李春山、李凤霞，市人大常委会委员出席会议。市政府常务副市长李波，市中级人民法院院长苑三国，市人民检察院检察长冀运福列席会议。市政府办公室、市教育局、市财政局、市审计局、市水务局、市农业局负责人，市人大常委会机关处级干部列席会议。各县（市、区）人大常委会1名副主任和10名市人大代表应邀列席会议。杨文华主持会议并讲话。会议听取市财政局局长左德江作的《关于廊坊市2014年市本级决算和全市总决算情况的报告》和《关于2015年市本级预算第二次调整方案（草案）的说明》、市审计局局长韩少奇作的《关于廊坊市2014年度市本级预算执行及其他财政收支情况的审计工作报告》、市农业局局长闫树军作的《关于全市农村土地经营权流转发展适度规模经营情况的报告》。会议书面听取市人大常委会教科文卫工作委员会《关于全市学前教育发展情况的调研报告》、市人大常委会城建环保工作委员会《关于北京新机场建设进展情况的调研报告》、市六届人大农业农村委员会《关于检查〈中华人民共和国水法〉和〈河北省水文管理条例〉贯彻实施情况的报告》。会议原则通过上述各项报告、议案。会议表决通过《廊坊市人民代表大会常务委员会关于批准2014年市本级决算的决议》《廊坊市人民代表大会常务委员会关于批准2015年市本级预算第二次调整方案（草案）的决定》。

【市六届人大常委会第二十二次会议】 于11月26日召开。市人大常委会主任刘智广，副主任杨杰、杨文华、毕晓明、王相仁、李春山、李凤霞，市人大常委会委员出席会议。市政府副市长王彦涛、市人民检察院检察长冀运福、市中级人民法院副院长赵建亮列席会议。市委组织部负责人到会指导。市政府办公室、市民族宗教事务局、市财政局、市人力资源和社会保障局、市农业局、市食品药品监督管理局负责人，以及市人大常委会机关处级干部列席会议。各县（市、区）人大常委会1名副主任和10名市人大代表应邀列席会议。毕晓明主持会议并讲话。会议听取市财政局局长左德江作的《关于2015年市本级预算第三次调整方案（草案）的说明》、市政府副秘书长邢华金作的《关于市六届人大三次会议以来代表建议、批评和意见办理工作的报告》、市中级人民法院副院长赵建亮作的《关于市六届人大三次会议以来代表建议、批评和意见办理工作的报告》、市人大常委会法制工作委员会主任李福贵作的《关于〈廊坊市制定地方性法规办法〉（草案）的说明》。会议书面听取市六届人大教科文卫委员会《关于检查〈中华人民共和国食品安全法〉贯彻实施情况的报告》、市人大常委会执法检查组关于开展《中华人民共和国民族区域自治法》《国务院实施〈中华人民共和国民族区域自治法〉若干规定》《河北省实施〈中华人民共和国民族区域自治法〉若干规定》执法检查情况的报告、市人大常委会农村经济工作委员会《关于开展农民专业合作社发展情况的调研报告》。市政府副市长王彦涛、市人民检察院检察长冀运福分别作提请决定任免和任免人员有关情况的说明。会议书面听取各项人事任免职议案。会议原则通过上述各项报告。会议表决通过《廊坊市人民代表大会常务委员会关于批准2015年市本级预算第三次调整方案（草案）的决定》《廊坊市制定地方性法规办法（草案）》和人事任免职事项。刘智广向决定任命和任命人员颁发任命书，新任命人员作书面任职表态发言。

【市六届人大常委会第二十三次会议】 于12月24日召开。市人大常委会主任刘智广，副主任杨杰、杨文华、王世强、王相仁、李春山、李凤霞，市人大常委会委员出席会议。市政府常务副市长李波、市中级人民法院院长苑三国、市人民检察院副检察长王金国列席会议。市委组织部负责人到会指导。市政府办公室、市人力资源和社会保障局负责人及市人大常委会机关处级干部列席会议。各县（市、区）人大常委会1名副主任和10名市人大代表应邀列席会议。王世强主持会议并讲话。会议听取市人大常委会副秘书长、办公室主任毕忠庆受主任会议委托作的《市六届人大四次会议有关文件（草案）的报告》《廊坊市人民代表大会常务委员会关于召开廊坊市第六届人民代表大会第四次会议的决定（草案）》。会议听取市人大常委会副主任杨杰受主任会议委托作的《市人大常委会主任会议关于〈廊坊市人民代表大会常务委员会工作报告〉起草情况的说明》、市人大常委会代表资格审查委员会主任委员杨文华作的《廊坊市人民代表大会常务委员会代表资格审查委员会关于个别代表的代表资格的审查报告》、市人大常委会选举代表人事工作委员会主任高福源受主任会议委托作的《关于补选汤亚利同志为河北省第十二届人民代表大会代表的议案》。会议听取市人民政府常务副市长李波和市中级人民法院院长苑三国分别作提请决定任免和任免人员有关情况的说明。会议书面审议《市人大常委会主任会议关于提请市六届人大常委会第二十三次会议授权市人大常委会主任会议对市六届人大四次会议有关文件（草案）进行修改的议案》《廊坊市人大常委会2016年工作要点（审议稿）》和各项人事任免职议案。提请任命的市人民政府组成人员和市中级人民法院审判委员会委员到会与市人大常委会组成人员见面。会议原则通过市六届人大四次会议议程、日程、各项名单、选举办法草案和市人大常委会工作报告、2016年工作要点、个别代表资格审查报告和补选省人大代表，及各项人事任免议案。会议表决通过《廊坊市人民代表大会常务委员会关于召开廊坊市第六届人民代表大会第四次会议的决定》和《廊坊市六届人大常委会第二十三次会议关于授权市人大常委会主任会议对市六届人大四次会议有关文件（草案）进行修改的决定》。表决通过补选的省人大代表和人事任职事项。刘智广向决定任命的市政府组成人员和任命的市中级人民法院审判委员会委员颁发任命书。新任命人员作书面任职表态发言。

市人大常委会主要工作

【廊坊市获地方立法权】 2015年，市人大常委会争获地方立法权，在市六届人大三次会议上一次组建廊坊市第六届人民代表大会法制委员会、财政经济委员会、农业农村委员会、环境与资源保护委员会、教育科学文化卫生委员会、民族宗教侨务外事旅游委员会6个专门委员会。各专门委员会围绕事关经济发展、民生改善、环境建设等带有全局性、长远性、根本性的重大事项，组织开展执法检查、专题视察和调研19次，撰写专题报告6篇。3月，根据新修订的《中华人民共和国立法法》和省人大常委会的实施办法，市人大常委会及时启动申请地方立法权工作。7月上旬，廊坊市通过省人大考核评估。7月24日，省人大常委会授权，廊坊市自8月1日起具有地方立法权。获得立法权后，市人大常委会启动地方立法工作，选派精干人员，学习外地经验，结合实际起草《廊坊市制定地方性法规办法（草案）》。市人大常委会党组召开3次会议，专题研究《廊坊市制定地方性法规办法（草案）》稿。该文件报请市委审定后，于11月26日由市六届人大常委会第二十二次会议审议通过。

【推进人大代表依法履职】 11月，市人大常委会与市政府领导班子成员混合编组到基层走访看望驻县（市、区）省、市人大代表，报告工作，征求意见，主动接受监督。市人大常委会全年邀请65名市人大代表列席市人大常委会会议，协调有关部门向代表通报信息，畅通代表知政渠道。市人大常委会协助省人大常委会举办省人大代表小组长培训班，配合市委组织部培训全市乡镇人大主席，组织驻廊坊的省人大代表开展会前学习，印发中央和省、市委相关文件参考资料，提高参政议政水平。廊坊市人民代表大会闭会期间人大代表活动经常化、制度化。“代表之家”建设成为人大代表学习培训的重要阵地、联系选民的固定场所、议政督政的有效平台。市人大常委会组成人员通过座谈、走访、邀请参加活动等形式拓展人大代表参与广度，丰富人大代表履职内容，使市人大常委会作出的决议、决定、形成的审议意见充分体现民意。年内市人大常委会邀请基层代表参加调研、视察、执法检查200多人次。

人事任免

1月16日市六届人大常委会第十六次会议表决通过：决定任命张矛为廊坊市人民政府秘书长；决定任命朱建强为市发展和改革委员会主任；邳振一为市交通运输局局长。决定免去王俊臣的市政府秘书长职务；决定免去王一平的市发展和改革委员会主任职务；决定免去张矛的市交通运输局局长职务。

3月30日市六届人大常委会第十七次会议表决通过：任命马卫国为廊坊市中级人民法院审判委员会委员、审判员；任命李方为廊坊市中级人民法院审判委员会委员、审判员；任命于吉春为廊坊经济技术开发区人民法院院长、审判委员会委员、审判员。免去马卫国的廊坊经济技术开发区人民法院院长、审判委员会委员、审判员职务；免去刘君的廊坊市中级人民法院审判委员会委员、审判员职务；免去邹景普的廊坊市中级人民法院刑事审判第二庭庭长、审判委员会委员、审判员职务；免去焦建设的廊坊市中级人民法院审判委员会委员、审判员职务；免去张智水的廊坊市中级人民法院审判委员会委员、审判员职务；免去张铁英的廊坊市中级人民法院审判委员会委员、审判员职务；免去杨国学的廊坊市中级人民法院审判员职务；免去尹文清的廊坊市中级人民法院审判员职务。任命冷晓梅为廊坊市人民检察院检察员；任命王红蕊为廊坊市人民检察院检察员；任命许志茹为廊坊市人民检察院检察员；任命金志民为廊坊市人民检察院检察员；任命汪文娟为廊坊市人民检察院检察员；任命甄小利为廊坊市人民检察院检察员；任命蔡天鹏为廊坊市人民检察院检察员。免去侯廷富的廊坊市人民检察院检察员职务；免去董淑兰的廊坊市人民检察院检察员职务；免去陈新民的廊坊市人民检察院检察员职务；免去许志书的廊坊市人民检察院检察员职务；免去张书义的廊坊市人民检察院检察委员会委员职务；免去刘静侠的廊坊市人民检察院检察员职务；免去李景海的廊坊市人民检察院检察员职务；免去万慧兰的廊坊市人民检察院检察员职务。

4月10日市六届人大常委会第十八次会议表决通过：决定任命王彦涛为廊坊市人民政府副市长（挂职，时间一年）。

6月9日市六届人大常委会第十九次会议表决通过：决定任命杨庆华为廊坊市卫生和计划生育委员会主任；决定任命李万鹏为廊坊市工商行政管理局局长；决定任命邵二玲为廊坊市文化广电新闻出版局局长；决定任命符永胜为廊坊市质量技术监督局局长。决定免去杨庆华的廊坊市卫生局局长职务；决定免去邢瑞安的廊坊市人口和计划生育委员会主任职务；决定免去徐德宏的廊坊市工商行政管理局局长职务；决定免去卢留虎的廊坊市文化广电新闻出版局局长职务。任命周冠华为廊坊市人大常委会副秘书长；任命刘增乐为廊坊市人大常委会办公室研究室主任（副处级，试用期一年）。免去陈立民的廊坊市人大常委会副秘书长职务；免去周冠华的廊坊市人大常委会办公室研究室主任职务。

8月5日市六届人大常委会第二十次会

议表决通过：决定任命刘文萍为廊坊市人民政府副市长；决定任命喻华锋为廊坊市人民政府副市长（挂职，时间一年）。决定免去吕爱英的廊坊市人民政府副市长职务。任命毕忠庆为廊坊市人大常委会副秘书长、办公室主任；任命孙彦龙为廊坊市人大常委会副秘书长（挂职，时间一年）。免去董继文的廊坊市人大常委会副秘书长、办公室主任职务。任命张孝增为廊坊经济技术开发区人民法院审判委员会委员、审判员；任命单爽为廊坊经济技术开发区人民法院审判委员会委员；任命赵卫东为廊坊经济技术开发区人民法院审判委员会委员。免去赵继忠的廊坊市中级人民法院民事审判第二庭副庭长职务；免去王子发的廊坊市中级人民法院审判员职务；免去李季松的廊坊市中级人民法院审判员职务；免去刘长城的廊坊市中级人民法院审判员职务。任命李雪强为廊坊市人民检察院副检察长。免去张尚震的廊坊市人民检察院副检察长职务。

11 月 26 日市六届人大常委会第二十二次会议表决通过：决定任命王海为市建设局局长；决定任命刘桂龙为市农业局局长。决定免去王小卫的市建设局局长职务；决定免去闫树军的市农业局局长职务。任命李向海为廊坊市人民检察院检察员。批准免去李向海的廊坊市广阳区人民检察院检察长职务。免去王景龙的廊坊市人民检察院检察员职务。

12 月 24 日市六届人大常委会第二十三次会议表决通过：决定任命徐静华为市工业和信息化局局长；决定任命张志超为市城市管理综合执法局局长。决定免去周文臻的市城市管理综合执法局局长职务。任命李淑芬为廊坊市中级人民法院审判委员会委员；任命樊清维为廊坊市中级人民法院审判委员会委员；任命马令梅为廊坊市中级人民法院审判委员会委员；任命王旭为廊坊市中级人民法院审判委员会委员；任命吴晓雷为廊坊市中级人民法院审判委员会委员。免去周刚的廊坊市中级人民法院副院长、审判委员会委员、审判员职务（挂职）；免去赵万江的廊坊市中级人民法院审判委员会委员、审判员职务；免去李群会的廊坊市中级人民法院审判委员会委员、审判员职务；免去李亚军的廊坊市中级人民法院审判委员会委员、审判员职务。任命：厉拥军、赵国龙、白艳荣、刘启友、于立祥、孙德平、张元鹏、李朝义、王俊波、马世宜、杨丽君、张艳、韩文斌 、王颢寓、董全军、郭增立、范永杰、王涛、王鹏、李彩红、李万刚、耿国泉、刘剑、王淑霞、田艳辉、宋烘州、耿建颖、董德良、岳巨辰、张娟、邢婷、许宁宁、杨敬、刘涛、刘志瑛、黄秋平、王冉、李大鹏、苏亮、张克俭、张雪、任洁、邓云生、裴卫东、韩学刚、张信生、周其乐、张云峰、刘凯、夏丹、赵亚硕、张钦华、陈永建、王霞、李印娟、闫友全、李欣、王玉亮、陈洪远、张敏、董燕、陈光旭、刘涛、赵士兵、刘力玮、曹川、王凤华、岳苑、杨云革、朱明、刘若琳、许建国、孟令辉、刘洁、崔宝国、李红梅、彭一波、张志仟、刘炳凤、王荣、李建华、张云、邢辉、何志萍、贾广军、王连继、张美娟、次会乐、高延朝、蔡福泽、刘月武、高海莲、袁晓飞、石广斌、汪淑鸾、霍国栋、阎继成、韩孟阳、刘国英、王颖、史培泽、余慕川、张侠、刘俊彤、石耀庭、段丹、时冬梅、关雅路、陈秀颖、金玉文、祖常新、卢青、段海波、范伟光、高惠红、周伟、单美媛、崔德宗、赵光宇、李思妤、常永强、马书丽、王伟、刘昕皓 124 人为廊坊市中级人民法院人民陪审员。上述任职人民陪审员的任期均为 5 年。

人大代表建议选载

【概况】 2015年，市人大常委会整理、归纳和交办市六届人大三次会议代表建议141件，督办代表建议全部按时办结，代表满意率100%。

【“解决城区停车难问题”的建议】 建议由市人大代表陈华提出。主要内容：近些年，随着经济社会的不断发展，人民生活水平的日益提高，汽车已经成为人们日常出行的代步工具，在方便的同时，也带来了停车难的问题，而且问题日益突出，影响了城市建设和人们的生活质量。建议：一是建议市政府及规划部门加强城市规划的前瞻性，合理规划城市功能分区；二是加强引导社会资本向城市停车场产业转移，鼓励推动相关产业的发展。代表对答复情况表示满意。

【“关于加大对食品安全监管力度”的建议】 建议由市人大代表崔洪毅提出。主要内容：食品安全问题突出，一些不放心食品被经常性曝光，人们对吃的、用的产生不信任感，这些不安全食品在慢慢侵蚀着人们的身体健康。建议：1、尽快理顺食品管理体制和机制，明确政府、农业、畜牧等部门职责，加大考核力度，严惩相关责任人员；2、实行长期监管和定期专项整治相结合，始终保持严打、严管状态，进一步加大对不良添加剂生产者、销售者和使用者的打击力度，切实做到对人民群众生命健康负责。代表对答复情况表示满意。

【“关于打击青少年在市区内违法飙车”的建议】 建议由市人大代表毛志刚提出。主要内容：廊坊市市区经常出现青少年聚众驾驶大噪声摩托车快速骑行，甚至飙车的现象，对公共安全构成威胁，极易引发交通事故，不但危害驾驶人、乘车人人身安全，而且危及路边行人及其他车辆、设施安全，随时会造成人员伤亡的交通事故。建议：一是加强路面巡逻管控力度，加大对多发时段、路段的交通管控，及时制止和严厉查处这种违法行为；二是充分发动社会力量，奖励群众举报，使非法改装和飙车行为处于社会监督下，形成全社会齐抓共管局面；三是进一步加大处罚力度，对构成刑事犯罪、治安违法、交通违法的各种违法骑行行为，一律执行严格处理，全面遏制这种违法行为的蔓延。代表对答复情况表示满意。

（刘青芳　甄志强）

廊坊市人民政府

市政府重要文件

1月13日，市政府下发《关于加快发展养老服务业的实施意见》，旨在完善养老服务体系，健全养老服务机制，发展老年社会福利事业，切实满足老年人多方面的养老服务需求。

2月10日，市政府下发《关于进一步完善食品安全黑名单管理制度的实施意见》，对从事食品、食品添加剂和食品相关产品生产经营及餐饮服务，并取得合法证照的企业（单位），实施食品安全“黑名单”常态化管理。各食品安全监管部门在日常监管中，发现食品生产经营及餐饮服务企业（单位）有使用违禁药物，使用非食用物质和原料生产食品，生产经营变质、过期、掺假掺杂伪劣食品等情形且未被吊销证照的，列入“黑名单”。

2月15日，市政府下发《关于加快发展食品工业的意见的通知》，旨在加快食品工业发展，建立现代食品工业体系，将廊坊市打造成为京津冀区域重要的食品工业基地。

2月17日，市政府下发《关于进一步加强和改进人大代表建议和政协提案办理工作的实施意见》，旨在做好新形势下全市人大代表建议和政协提案办理工作，加强领导，规范办理程序，提高办理质量，增强办理实效，发挥建议提案在促进经济社会发展中的重要作用。

3月4日，市政府下发《关于做好重要政策文件解读工作的实施意见》，旨在做好重要政策文件的解读工作，主动回应社会关切，推进政策落实、建设服务型政府，保障公众知情权、参与权、监督权。

3月18日，市政府下发《关于进一步完善政府系统领导干部学法制度的意见》，旨在深入贯彻党的十八届四中全会和习近平总书记系列重要讲话精神，提高政府系统领导干部运用法治思维和法治方式深化改革、推动发展、化解矛盾、维护稳定能力，推进依法行政，加快建设法治政府。

3月23日，市政府下发《关于印发2015年廊坊市社会信用体系建设工作要点的通知》，旨在加强规划布局，加快构建全市信用工作组织体系。推进政务、商务、社会诚信和司法公信建设，实行安全生产领域示范开展信用分类监管与联动惩戒，深化信用信息共享公开，开展诚信教育和诚信文化建设。

3月30日，市政府下发《关于加强与中东欧国家全面合作的实施意见》，提出把中东欧国家作为廊坊市对外开放的重要战略区域之一，实施“走出去”与“引进来”的重点突破，建立与中东欧国家合作的常态机制，促进转型升级，推动廊坊市与中东欧国家的经贸合作取得新突破。

4月3日，市政府下发《关于支持外贸稳定增长的实施意见》，提出通过强力开拓国际市场，培育外贸竞争新优势，遏制机电产品出口下滑势头，引进出口型项目，促进外贸稳定增长。加快培育外贸新业态，促进外贸转型升级，加大财税金融支持力度，确保全市对外贸易持续健康发展。

5月25日，市政府下发《关于贯彻落实

河北省行政机关行政应诉办法的实施意见》，规定各级行政机关坚持行政应诉工作服从、服务于社会和谐，明确工作职责，积极出庭应诉，严格诉讼代理，规范应诉程序，建立健全行政机关行政应诉工作机制，努力化解矛盾和争议，加强行政应诉能力建设，提高行政应诉总体水平。

5月29日，市政府下发《关于印发廊坊市临时救助办法的通知》，对遭遇突发事件、意外伤害、重大疾病、子女上学或者其他特殊原因导致基本生活陷入困境，其他社会救助制度暂时无法覆盖或者救助之后基本生活暂时仍有严重困难的家庭或者个人给予临时性、应急性、过渡性救助。

5月30日，市政府下发《关于加快发展生产性服务业的实施意见的通知》，旨在加快生产性服务业创新发展，推进生产性服务业与农业、工业等产业在更高水平、更宽领域有机融合，全面提高生产性服务业发展规模和水平，为促进全市产业结构优化升级提供有力支撑。

7月31日，市政府下发《关于建立病死畜禽无害化处理机制的实施意见》，按照“及时处理、清洁环保、合理利用”的目标，至2018年，建成覆盖全市的饲养、屠宰、经营、运输等各个环节的病死畜禽无害化处理体系，构建科学完备、运转高效、保障到位的病死畜禽无害化处理机制，确保行政区域内不发生由病死畜禽引起的环境污染、疫病传播等公共卫生事件，保障动物源性食品和生态环境安全。

8月15日，市政府下发《关于促进慈善事业健康发展的实施意见》，旨在推动慈善事业健康发展，更好地保障和改善困难群众基本生活，发展公益慈善组织，开展群众志愿服务，鼓励公众、企业和社会组织积极参与慈善事业，加强对各类慈善事业主体的指导、支持和监管，推动全市慈善事业健康发展。

8月20日，市政府下发《关于促进内贸流通健康发展的实施意见》，旨在增强内贸流通在经济发展中的基础性和先导性作用，推动电子商务健康快速发展，加快发展现代物流配送体系，鼓励发展连锁经营，加大重点商圈周边配套设施改造。健全城乡便民服务网络，构建绿色循环流通体系，培育壮大市场流通主体，搞活中小商贸流通企业，支持内外贸融合发展，引导和扩大居民消费，推进京津冀市场一体化发展。

9月14日，市政府下发《关于创新投资管理方式建立协同监管机制的实施方案》，提出2015年底，全市投资项目审批、核准、备案实现管理层级分明、办理流程优化、办理时限缩短，全面建成信息共享的在线审批监管平台，建立透明、规范、高效的投资项目纵横联动协同监管机制，实现“制度+技术”的有效监管。

9月16日，市政府下发《关于建立健全地方金融监督管理体制的实施意见》，旨在建立健全地方金融监管体制，全面履行监管职责，有效防范金融风险，促进金融业健康发展。

是日，市政府下发《关于加快推进企业上市工作的实施意见》，旨在加快推进企业上市，提高直接融资比重，优化产业结构，利用境内、境外多层次资本市场，强化政府引导和政策扶持，积极推动符合条件的企业到境内外主板、中小板和创业板市场上市。

9月21日，市政府下发《关于落实粮食安全省长责任制的实施意见》，旨在做好全市粮食工作，明确政府的粮食安全责任。各县（市、区）人民政府须切实承担起保障本地粮食安全的主体责任，全面加强粮食生产、储备和流通能力建设。

9月30日，市政府下发《关于取消市政府部门非行政许可审批事项的决定》，决定取消或调整市本级实施的130项非行政许可审批事项。取消15项，将10项符合《中华人民共和国行政许可法》规定条件的直接转为行政许可，将18项调整为政府内部审批事项，将73项调整为市政府部门行政权力事项，待省直部门进一步清理14项。市本级不再保留“非行政许可审批”这一审批类别。

是日，市政府下发《关于推进“一照一码”登记制度改革的实施意见》，自2015年10月1日起，对各类企业和农民专业合作社全面实行“一照一码”登记模式。通过“一窗受理、互联互通、信息共享”，将企业登记时依次申请，分别由工商部门核发营业执照、质监部门核发组织机构代码证、税务部门核发税务登记证，改为一次申请、由工商部门核发一个加载法人和其他组织统一社会信用代码的营业执照，组织机构代码证和税务登记证不再发放。在“一照一码”基础上，不断推进市场主体登记的“多证合一”。

10月24日，市政府下发《关于深化市级财政科技计划（专项、基金等）管理改革的意见》，旨在提高财政科技资金使用效益，最大限度激发科研人员创新热情，推动大众创业、万众创新，充分发挥科技计划（专项、基金等）在全市科技创新中的支撑引领作用。

10月25日，市政府下发《关于促进科技金融深度融合的实施意见》，旨在构建科技金融创新体系，通过加大科技企业融资力度、拓宽科技企业融资渠道、完善科技金融服务体系，促进科技金融深度融合，助推全市科学发展、绿色崛起。

10月27日，市政府下发《关于推进全市开发区深化改革创新发展的实施意见》，旨在围绕贯彻落实国家和省关于京津冀协同发展战略部署，改革省级以上开发区管理体制机制，破解制约开发区发展的体制机制障碍，实施协同发展、转型发展、创新发展的主战略，促进开发区转型升级、创新发展，增强开发区加快发展的动力和活力。

10月28日，市政府下发《关于进一步做好为农民工服务工作的实施意见》，旨在稳定和扩大农民工就业创业，维护农民工劳动保障权益，推动农民工平等享受城镇基本公共服务，有序推进农民工市民化，做好新时期农民工服务工作。

是日，市政府下发《关于改革和完善市对下转移支付制度的意见》，旨在深化预算管理制度改革，建立规范透明、责权明晰的财政转移支付制度，优化转移支付结构，完善一般转移支付制度，清理规范整合专项转移支付项目，规范转移支付预算编制，改革转移支付分配，加强转移支付执行管理，严控新设专项转移支付，建立专项转移支付评估退出机制，推进转移支付预算信息公开。

11月3日，市政府下发《关于加强新时期爱国卫生工作的实施意见》，旨在倡导健康文明的生活方式，营造有利于健康的社会环境和政策环境，有效治理影响健康的主要环境危害因素，防控干预重点传染病、慢性病、地方病和精神疾病等公共卫生问题，提高城乡居民健康水平。

12月1日，市政府下发《关于促进红十字事业发展的意见》，旨在加强新时期红十字工作，发挥红十字会在经济社会发展中的重要作用，促进全市红十字事业持续健康发展。各级政府将红十字应急救援工作纳入本级政府应急管理体系，统筹安排部署。

12月2日，市政府下发《关于清理规范产业项目验收事项的实施意见》，旨在加快解决产业项目竣工验收滞后问题，发挥产业项目对稳增长、调结构、惠民生的支撑作用。

12 月 6 日，市政府下发《关于进一步加强乡村医生队伍建设的实施方案》，旨在合理规划和调整乡村医生资源总量和配备标准，建立健全乡村医生准入退出制度，改革乡村医生服务模式和激励机制，落实和完善乡村医生补偿、养老和培养政策，加强医疗卫生服务监管，稳定和优化乡村医生队伍，全面提升村级医疗卫生服务水平。

12 月 29 日，市政府下发《关于加强知识产权保护和运用工作的实施意见》，旨在提升全市知识产权保护运用能力和水平，着力优化知识产权保护环境，有效推动企业运用知识产权实现创新发展，为战略性新兴产业健康快速发展提供有力支撑。

是日，市政府下发《关于促进旅游业改革发展的实施意见》，旨在坚持创新驱动，扶持特色旅游企业，鼓励发展专业旅游经营机构，深化对外开放合作，统一旅游服务标准，拓展旅游发展空间，完善旅游服务设施，规范旅游市场秩序，推动旅游业实现跨越式发展。

是日，市政府下发《关于加快发展服务贸易的实施意见》，旨在扩大全市服务贸易规模，提升服务贸易发展的质量和效益，培育外贸出口的新增长点，加快形成服务出口与货物出口并举的对外贸易新格局。

是日，市政府下发《关于促进全市服务外包产业发展的实施意见》，提出依托区位、产业优势，承接京、津服务外包产业转移。引进和培养一批复合型、国际型服务外包人才，扶持和培育一批拥有自主知识产权、自主品牌的服务外包企业，建设和发展一批产业聚集度较高、市场竞争力较强的服务外包示范园区和产业基地。至“十三五”末，初步形成以示范园区和产业基地为载体，以专业技术人才和管理人才为保障，以龙头企业和品牌企业为支撑，特色鲜明、优势互补、协调有序的发展格局。

12 月 31 日，市政府下发《关于推动科技创新平台和大中型仪器设备面向社会开放服务的实施意见》，旨在推进科技创新平台面向社会开放服务和大中型仪器设备资源共享，发挥科研设施与仪器设备对科技创新、大众创业的服务和支撑作用，提高科技资源使用效率。

是日，市政府下发《关于促消费保增长的实施意见》，提出至“十二五”末全市社会消费品零售总额达到 800 亿元，限上商贸企业销售额占全市社会消费品零售总额比例达到 25% 的基础上，至“十三五”末，力争全市社会消费品零售总额达到 1270 亿元，限上商贸企业达到 800 家，限上商贸企业销售额占全市社会消费品零售总额的 30%。

是日，市政府下发《关于加快推进棚户区改造和城乡危房改造及配套基础设施建设的实施意见》，旨在提升城镇综合承载能力，加快推进以人为核心的新型城镇化建设，加大城镇棚户区和城乡危房改造力度，加快配套基础设施建设，切实解决群众住房困难，改善居民住房条件。

（陈　娜）

市政府常务会议

【市政府六届第二十三次常务会议】 于 1 月 4 日召开。市长冯韶慧主持会议。会议审议并原则通过市政府办公室提交的《政府工作报告》，审议并原则通过市发改委提交的《关于廊坊市 2014 年国民经济和社会发展计划执行情况与2015年国民经济和社会发展计划草案的报告》，审议并原则通过市财政局提交的《关于廊坊市2014年市本级预算及全市总预算执行情况和2015年市本级预算及全市总预算草案的报告》，审议并原则通过市民政局提交的《关于霸州市设立裕华街道办事处有关情况的报告》。

【市政府六届第二十四次常务会议】 于1月22日召开。市长冯韶慧主持会议。会议传达学习五届市委2015年第2次常委会议精神及省“两会”精神，听取和审议通过市发改委所作的《河北省“十三五”规划编制工作情况及我市“十三五”规划编制工作情况的汇报》，审议并原则通过市发改委提交的《关于加快发展食品工业的意见》，听取并审议通过市统计局提交的《关于贯彻落实〈河北省服务业统计工作规范化实施办法〉汇报意见》，审议并原则通过市编办提交的《关于全省建立责任清单制度工作会议精神及我市贯彻落实意见的报告》，听取并审议通过市科技局所作的《科技部王志刚书记、许宁副省长在京津冀协同创新调研座谈会的讲话精神及我市贯彻落实意见的汇报》，听取并审议通过市安监局所作的《关于当前安全生产工作情况的汇报》和市公安局所作的《关于消防安全工作情况的汇报》，审议并原则通过市民政局提交的《关于大厂回族自治县设立北辰街道办事处有关情况的报告》，听取并原则同意市财政局提交的《关于2015年市本级财政预算编制情况的报告》。

【市政府六届第二十五次常务会议】 于2月5日召开。市长冯韶慧主持会议。会议传达学习省纪委八届五次全会和市纪委五届五次全会主要精神，安排部署贯彻落实会议精神和加强政府系统党风廉政建设、反腐败工作，审议并原则通过市政府督查室提交的《〈政府工作报告〉2015年重点工作目标任务分解》，听取并审议通过市审计局所作的《关于全省审计工作会议精神及贯彻意见的汇报》，审议并原则通过市审计局提交的《廊坊市政府投资建设项目审计监督办法》，审议并原则通过市食安办提交的《廊坊市食品药品有奖举报办法》，审议并原则通过市科技局提交的《廊坊市2015年科技创新行动方案》。

【市政府六届第二十六次常务会议】 于2月16日召开。市长冯韶慧主持会议。会议听取并审议通过市食安办所作的《关于省政府食品安全委员会第四次全体（扩大）会议暨全省食品药品安全工作会议精神及我市贯彻落实意见的汇报》，审议并原则通过市安监局提交的《关于进一步规范乡镇（街道）安全生产监管工作的实施意见》，听取并审议通过市监察局所作的《传达学习习近平、王岐山同志在第十八届中央纪律检查委员会第五次全体会议上的讲话和报告、省政府第三次廉政工作会议精神以及五届市委2015年第5次常委会议精神》，市长冯韶慧安排部署重点工作。

【市政府六届第二十七次常务会议】 于3月16日召开。市长冯韶慧主持会议。会议邀请中国政法大学刘莘教授讲解新修改的《中华人民共和国立法法》，认真学习《李克强总理在国务院第81次常务会议上关于当前经济形势和抓紧做好相关工作的讲话》，听取并原则同意市发改委就廊坊市贯彻落实意见所作的汇报，审议并原则通过市政府督查室提交的《关于进一步抓好工作落实的八条措施》，审议并原则通过市政府法制办提交的《关于进一步完善政府系统领导干部学法制度的意见》，审议并原则通过市审计局提交的《关于深入贯彻落实〈河北省人民政府关于加强审计工作的实施意见〉的通知》，听取并审议通过市物价局、市建设局所作的《关于完善廊坊市区城镇居民用水阶梯水价制度的报告》，审议并原则通过市商务局提交的《关于加强与中东欧国家全面合作的实施意见》，审议并原则通过市大气办提交的《廊坊市煤炭经营存储使用监管暂行办法》，审议并原则通过市环保局提交的《廊坊市重污染天气应急预案》（2015修编版），审议并原则通过市残联提交的《关于推进新形势下残疾人事业发展的实施意见》。

【市政府六届第二十八次常务会议】 于3月30日召开。市长冯韶慧主持会议。会议邀请国务院法制办秘书行政司副司长胡振杰讲解《深入推进依法行政加快建设法治政府》，听取市编办所作的《通报全省编办主任会议精神》，审议并原则通过市社科联提交的《廊坊市社会科学普及办法》，审议并原则通过市教育局提交的《关于加快发展现代职业教育的实施方案》，审议并原则通过市机场办提交的《廊坊市北京新机场建设征收补偿安置实施方案》，审议并原则通过市商务局提交的《关于支持外贸稳定增长的实施意见》。

【市政府六届第二十九次常务会议】 于5月13日召开。市长冯韶慧主持会议。会议邀请市财政局政府采购办公室曹宏讲解《政府采购法》及实施条例，认真学习《李克强总理在国务院第84次常务会议上关于落实〈政府工作报告〉重点工作部门分工确保完成全年经济社会发展主要目标任务的讲话》《关于开展2015年全省综合督查活动的实施方案》，听取并原则同意市国土局所作的《关于全市土地供应及供后开发利用情况的报告》，审议并原则通过市教育局提交的《廊坊市学前教育提升行动计划（2015—2016年）》，审议并原则通过市卫生局提交的《廊坊市新型农村合作医疗大病保险实施细则（试行）》，审议并原则通过市卫生局提交的《廊坊市血液保障应急预案》，审议并原则通过市发改委提交的《廊坊市交通能源市政公共服务等领域鼓励社会投资项目清单》，审议并原则通过市发改委提交的《廊坊市清洁能源替代实施方案》，审议并原则通过市编办提交的《廊坊市推广中国（上海）自由贸易试验区可复制改革试点经验工作方案》，审议并原则通过市政务办提交的《关于提升重点项目审批效率的若干意见》《关于推行重点项目全程代办制的实施方案》和《关于实行重点项目“容缺预审”的实施方案（试行）》，审议并原则通过市政务办提交的《廊坊市“三证合一”登记制度改革实施办法（试行）》，审议并原则通过市政务办提交的《廊坊市精简审批事项规范中介服务实行企业投资项目网上并联核准制度工作方案》，审议并原则通过市政务办提交的《关于加强全市政务服务平台建设的意见》和《关于实行为民服务全程代办制的实施方案》，审议并原则通过市文广新局提交的《廊坊市乡镇综合文化站建设与服务规范》《廊坊市乡镇公共文化服务经费使用管理办法》《廊坊市文化志愿者队伍建设管理办法》《廊坊市乡镇群众自办文化管理与扶持办法》《廊坊市乡镇公共文化服务监督考核管理办法》和《廊坊市公共文化服务数字平台建设与管理办法》，听取并原则同意市安监局所作的《关于安全生产工作情况的汇报》，审议并原则通过市机场办提交的《廊坊市人民政府首都机场集团公司战略合作框架协议》，审议并原则通过市环保局提交的《关于建设“廊坊市德国能效与环保产业园”的合作备忘录》《廊坊市环保产业发展战略合作框架协议》和《廊坊市大气污染防治战略合作框架协议》。

【市政府六届第三十次常务会议】 于5月29日召开。市长冯韶慧主持会议。会议邀请市食药监局冯艳霞讲解新修订的《中华人民共和国食品安全法》，听取并原则同意市政府法制办所作的《关于〈市人大常委会对廊坊市人民政府2014年度依法行政工作报告审议意见〉落实情况的报告》，听取并原则同意市政府法制办所作的《〈河北省行政机关行政应诉办法〉解读及我市贯彻落实意见》，审议并原则通过市发改委提交的《关于促进物流业加快发展的实施意见》，审议并原则通过市财政局提交的《廊坊市人民政府关于推广政府和社会资本合作（PPP）模式的实施意见》，审议并原则同意市国资委提交的《关于转让廊坊市发展创业投资有限责任公司国有股权的请示》，审议并原则通过市民政局提交的《廊坊市临时救助办法》。

【市政府六届第三十一次常务会议】 于6月26日召开。市长冯韶慧主持会议。会议学习新修订的《中华人民共和国广告法》，专题学习关松发先进事迹，听取并原则通过市政府法制办所作的《关于市政府第三届政府法制咨询委员会筹备情况的报告》，审议并原则通过市发改委提交的《关于加强全市自主创新能力建设的实施意见》，审议并原则同意市编办提交的《关于市政府部门权力清单、责任清单编制工作情况的报告》，审议并原则通过市编办提交的《关于推进简政放权放管结合转变政府职能工作方案》，听取并原则同意市质监局所作的《河北省推进质量兴省工作电视电话会议精神及我市贯彻落实意见的汇报》，审议并原则通过市质监局提交的《关于2014年度廊坊市政府质量奖评审工作有关情况的报告》，审议并原则通过市公安局提交的《廊坊市区养犬管理规定（修订稿）》，审议并原则通过市机场办提交的《北京新机场配套空管工程河北省界内征地补偿委托协议》。

【市政府六届第三十二次常务会议】 于7月8日召开。市长冯韶慧主持会议。会议审议并原则通过市环保局提交的《廊坊市2015年大气污染防治项目及支持资金安排方案》。

【市政府六届第三十三次常务会议】 于7月23日召开。市长冯韶慧主持会议。会议学习《中华人民共和国统计法》，传达学习省委第八届第十一次全体（扩大）会议精神，听取并原则同意市政府督查室提交的《关于国务院督查组意见建议和省综合督导组督查反馈意见的主要精神及我市贯彻落实意见的汇报》，审议并原则通过市审计局提交的《政府向社会力量购买服务审计监督办法》，审议并原则通过市编办提交的《关于清理规范市政府部门行政审批中介服务的通知》，审议并原则通过市编办提交的《关于向广阳区下放行政审批事项和行政管理权限的通知》，审议并原则通过市商务局提交的《廊坊市指定公物拍卖企业办法》，审议并原则通过市农业局提交的《关于建立病死畜禽无害化处理机制的实施意见》，听取并原则同意市民宗局所作的《关于全省民族工作会议暨河北省第七次民族团结进步表彰大会情况的报告》。

【市政府六届第三十四次常务会议】 于8月10日召开。市长冯韶慧主持会议。会议学习《中华人民共和国宪法》，审议并原则通过市政府法制办提交的《关于深入推进依法行政加快建设法治政府的实施意见》，听取市发改委所作的《中共河北省委河北省人民政府关于贯彻落实〈京津冀协同发展规划纲要〉的实施意见》内容导读，审议并原则通过市发改委提交的《关于加大投资力度稳定经济增长的意见》，审议并原则通过市科技局提交的《关于加快科技服务业发展的实施意见》，审议并原则通过市科技局提交的《关于发展众创空间推进大众创新创业的实施意见》，审议并原则通过市商务局提交的《关于促进内贸流通健康发展的实施意见》，审议并原则通过市国土局提交的《关于廊坊市区已购公有住房上市交易涉及补交土地出让价款问题的请示》，审议并原则通过市建设局提交的《关于市区污水处理服务费调价问题的请示》，审议并原则通过市民政局提交的《关于促进慈善事业健康发展的实施意见》，审议并原则通过市卫计委提交的《关于加强传染病防治人员安全防护的实施意见》。

【市政府六届第三十五次常务会议】 于8月19日召开。市长冯韶慧主持会议。会议审议并原则通过市环保局所作的《关于京津冀及周边地区大气污染防治协作小组专题会议精神及我市贯彻落实意见的汇报》，审议并原则通过市安监局所作的《关于国家、省安全生产电视电话会议精神及我市贯彻落实意见的汇报》。

【市政府六届第三十六次常务会议】 于8月25日召开。市长冯韶慧主持会议。会议传达学习省委书记赵克志在廊坊调研时的讲话精神和五届市委2015年第十九次常委会议精神。

【市政府六届第三十七次常务会议】 于9月15日召开。市长冯韶慧主持会议。会议邀请市质监局科长付振波讲解《中华人民共和国特种设备安全法》，传达学习省委中心组学习会精神及市委2015年第二十次常委（扩大）会议精神，认真学习《李克强总理关于上半年经济形势和做好下半年经济工作的讲话》，审议并原则通过市政府金融办提交的《关于建立健全地方金融监督管理体制的实施意见》，审议并原则通过市政府金融办提交的《关于加快推进企业上市工作的实施意见》，审议并原则同意市发改委提交的《关于廊坊市建设投资公司确认京沪高铁廊坊站站房股份的请示》，审议并原则通过市人社局提交的《关于新形势下加强就业创业工作的若干意见》，审议并原则通过市商务局提交的《关于推进全市开发区深化改革创新发展的实施意见》，审议并原则通过市环保局提交的《关于推行环境污染第三方治理的实施意见》，审议并原则通过市农业局提交的《关于落实粮食安全省长责任制的实施意见》，审议并原则通过市残联提交的《关于加快推进残疾人小康进程的实施方案》，审议并原则通过市气象局提交的《廊坊市气象现代化建设实施方案》。

【市政府六届第三十八次常务会议】 于9月28日召开。市长冯韶慧主持会议。会议传达学习省委书记赵克志和省长张庆伟在新型城镇化与城乡统筹示范区建设专题研讨班上的讲话精神，市长冯韶慧安排部署“两节”期间各项工作，审议并原则通过市发改委提交的《关于贯彻落实国家和省战略部署加快推进京津冀协同发展的实施意见》及责任分工方案，审议并原则通过市发改委提交的《廊坊市主城区10蒸吨及以下燃煤锅炉煤改气实施方案》，审议并原则通过市编办提交的《关于取消市政府部门非行政许可审批事项的决定》，审议并原则通过市环保局提交的《廊坊市环境空气质量奖惩办法（试行）》，审议并原则通过市商务局提交的《北京市大兴区人民政府与河北省廊坊市人民政府电子商务产业战略合作协议》，听取并原则同意市政府金融办所作的《关于全省金融工作推进暨金融培训会会议精神及我市落实建议的汇报》。

【市政府六届第三十九次常务会议】 于10月10日召开。市长冯韶慧主持会议。会议邀请中国政法大学副校长马怀德讲解《中华人民共和国行政诉讼法》，认真学习《中共中央办公厅国务院办公厅关于印发〈环境保护督察方案（试行）〉的通知》精神和市委常委会议精神，听取并原则同意市财政局所作的《关于进一步加强财政收支管理工作的报告》，审议并原则通过市财政局提交的《关于改革和完善市以下转移支付制度的意见》，审议并原则通过市财政局提交的《关于推进中期财政规划管理的通知》，审议并原则通过市物价局提交的《廊坊市城镇居民用气阶梯价格制度方案》，审议并原则同意市物价局提交的《关于全面实施工业用水差别水价和工商企业、服务业等用水超额累进加价政策的请示》，审议并原则通过市人社局提交的《关于进一步做好为农民工服务工作的实施意见》，听取市统计局所作的《关于全市服务业统计有关情况的汇报》，审议并原则通过《关于全市服务业统计与主要指标完成情况的通报》审议并原则通过市科技局提交的《关于深化市级财政科技计划（专项、基金等）管理改革的意见》，审议并原则通过市科技局提交的《廊坊市科学技术奖励办法》，审议并原则通过市卫计委提交的《关于加强新时期爱国卫生工作的实施意见》，审议并原则通过市机场办提交的《北京新机场涉蓄滞洪区补偿工程项目建设补充协议》，审议并原则通过市环保局提交的《廊坊市2015年第三批省拨大气污染治理资金分配方案》。

【市政府六届第四十次常务会议】 于11月17日召开。市长冯韶慧主持会议。会议传达中共河北省委第八届委员会第十二次全体会议精神、五届市委2015年第二十次常委（扩大）会议及全市传达中共河北省委第八届委员会第十二次全体会议精神电视电话会议精神，听取并原则同意市政府督查室所作的《〈省委办公厅、省政府办公厅关于做好全省重点工作督导检查措施通知〉的主要精神和全市有关工作情况的汇报》，审议并原则通过市政府金融办提交的《关于金融服务实体经济的若干措施》，听取并原则同意市政府金融办所作的《关于国务院处非工作会议精神及我市贯彻落实建议的汇报》，审议并原则通过市发改委提交的《促进我市生物医药产业加快发展的实施方案》，审议并原则通过市财政局提交的《廊坊市市级财政投资评审管理办法》，审议并原则通过市工信局提交的《廊坊市人民政府与浪潮集团有限公司共同发展实施云计算大数据产业战略中心等项目合作协议》《廊坊市人民政府与京东集团共建电子商务产业集群合作协议》《北京市平谷区人民政府廊坊市人民政府三河市人民政府共同推进通用航空产业发展合作协议》《北京市大兴区人民政府廊坊市人民政府固安县人民政府共建中关村（大兴）生物医药基地固安合作园合作协议》，听取并原则同意市工信局所作的《关于〈中国（廊坊）大数据产业周〉筹备情况的汇报》，审议并原则通过市卫计委提交的《关于全面深化县级公立医院综合改革的实施方案》，审议并原则通过市委农工部提交的《关于引导农村产权流转交易市场健康发展的实施意见》。

【市政府六届第四十一次常务会议】 于11月26日召开。市长冯韶慧主持会议。会议传达学习李克强总理关于经济形势和下一步重点工作的讲话精神，审议并原则通过市质监局提交的《廊坊市贯彻实施质量发展纲要深入推进质量兴市行动计划》，审议并原则通过市国资委提交的《廊坊万隆珠宝商行整体改制方案》，审议并原则通过市红十字会所作的《关于促进红十字事业发展的意见》。

【市政府六届第四十二次常务会议】 于12月11日召开。市长冯韶慧主持会议。会议传达学习省委办、省政府办《关于做好清理整改工作建立严格控制奢华浪费建设长效机制的通知》精神，传达学习省委办、省政府办《关于切实做好冬季群众生活保障工作的通知》精神，听取市监察局所作的《省委第三巡视组巡视廊坊市反馈意见主要精神、我市贯彻落实意见和市委常委会意见》的汇报。听取市审计局所作的《中共中央办公厅 国务院办公厅关于〈开展领导干部自然资源资产离任审计试点方案〉的主旨精神和全市开展尝试情况的汇报》，审议并原则通过市发改委提交的《关于创新重点领域投融资机制鼓励社会投资的实施意见》，审议并原则通过市财政局提交的《推进财政资金统筹使用的落实意见》，审议并原则通过市档案局提交的《关于加强和改进新形势下全市档案工作的意见》，市环保局传达省政府和环保部华北督查中心暗访廊坊市大气污染防治工作的反馈情况及第三十二次市委常委会相关精神，审议并原则通过市环保局提交的《廊坊市2016年大气污染治理资金分配方案》，审议并原则通过市工信局提交的《关于促进云计算创新发展培育信息产业新业态的实施意见》，审议并原则通过市建设局提交的《关于成立合资公司推进热电联产配套管网项目的报告》，审议并原则通过市建设局提交的《廊坊市国有土地上房屋征收与补偿办法》，审议并原则同意市建设局提交的《关于高铁廊坊至北京南G9001/9002冠名宣传费用的请示》，审议并原则通过市人防办提交的《廊坊市地下空间开发利用管理暂行办法》，审议并原则通过市农业局提交的《关于加快现代农业园区建设的实施意见》，审议并原则通过市体育局提交的《关于加快发展体育产业促进体育消费的实施意见》。

【市政府六届第四十三次常务会议】 于12月24日召开。市长冯韶慧主持会议。会议传达学习中央经济工作会议精神，市审计局传达学习《中央办公厅、国务院办公厅印发〈关于完善审计制度若干重大问题的框架意见〉及相关配套文件的通知》及2015年市委第三十五次常委会会议精神，审议并原则通过市公安局提交的《关于深化户籍制度改革的实施意见》，审议并原则通过市编办提交的《关于清理规范市政府部门行政许可中介服务事项的决定》，审议并原则同意市科技局提交的《关于组建廊坊市创新创业投资基金争取省科技厅和国家科技部基金支持的请示》，审议并原则通过市科技局提交的《关于加强知识产权保护和运用工作的实施意见》，审议并原则通过市商务局提交的《关于促进外贸稳增长调结构培育外贸竞争新优势的若干具体措施》，审议并原则通过市商务局提交的《关于促进全市服务外包产业发展的实施意见》，审议并原则通过市商务局提交的《关于加快发展服务贸易的实施意见》，审议并原则通过市安监局提交的《关于进一步加强安全生产综合监管工作的实施意见》，审议并原则通过市文广新局提交的《廊坊市关于加强文物保护与利用工作的实施意见》，审议并原则同意市体育局提交的《关于举办廊坊市第七届全民运动会的请示》，审议并原则通过市旅游局提交的《关于促进旅游业改革发展的实施意见》。

【市政府六届第四十四次常务会议】 于12月29日召开。市长冯韶慧主持会议。会议传达学习全省经济工作会议精神，传达学习全省扶贫工作会议精神，讨论市长冯韶慧在市委五届八次全体会议上关于《中共廊坊市委关于制定廊坊市国民经济和社会发展第十三个五年规划的建议》的说明和其在市委五届八次全体会议上的讲话。

【市政府六届第四十五次常务会议】 于12月31日召开。市长冯韶慧主持会议。会议审议并原则同意市物价局和市房管局提交的《关于调整廊坊市区公共住房住宅市场平均租金标准的请示》，审议并原则通过市科技局提交的《关于推动科技创新平台和大中型仪器设备面向社会开放服务的实施意见》，审议并原则通过市商务局提交的《关于促消费保增长的实施意见》，审议并原则通过市国土局提交的《关于大力推进开发区节约集约用地提高土地利用效率的实施意见》，审议并原则通过市建设局提交的《廊坊市推进住宅产业现代化管理暂行办法（草案）》，审议并原则通过市房管局提交的《关于加快推进棚户区改造和城乡危房改造及配套基础设施建设的实施意见》，审议并原则通过市民政局提交的《关于全面开展重特大疾病医疗救助工作进一步完善医疗救助制度的实施意见》。

（陈　娜）

市政府办公室工作

【概况】 2015年，廊坊市人民政府办公室承担《政府工作报告》涉及的7项重点工作，其中推进依法行政、引导企业上市、加快社会信用体系建设等项工作均提前或超额完成。推进依法行政方面，全年审查决策事项、规范性文件、行政合同等各类事项300余件次，向省政府备案规范性文件91件；受理行政复议案件131件，接待复议申请500余人次，接受电话咨询700余次，组织召开行政复议案件听证会18次；落实学法制度，《人民日报》以《河北廊坊：常务会前有个法治课堂》为题，报道廊坊市领导干部学法工作。引导企业上市方面，新增上市企业23家，组织域内上市公司发行公司债券，直接融资172亿元，位居全省第一位；组织各种类型的政府、金融单位、企业对接活动150次，为企业融资超过90亿元。加快社会信用体系建设方面，启动《廊坊市社会信用体系建设规划（2015—2020年）》编制工作；组织召开政府投资建设项目招标投标活动信用准入评审会议9次。

以文辅政。围绕市领导提到的重点问题、社会关注的热点问题、群众关心的焦点问题，深入研究新情况、探索新问题，撰写《廊坊市经济形势分析调研报告》等30余篇调研报告。起草领导讲话、情况汇报、政策文件等文稿2000余篇，上报省政府办公厅、国务院办公厅各类信息950篇，被国务院办公厅和

省政府办公厅采用220篇。编纂出版《廊坊年鉴（2014）》第十一卷，107万字。全年承办公文4357件，办结率100%。“961890”群众服务热线和“12345”市长专线受理群众诉求17万余件，办结率98%。驻津工作、信息公开、机关党委、人事、工会、妇联和老干部等项工作居全省前列。市政府办公室获集体荣誉9项。

统筹协调。推动京津冀金融协同发展，建立起京津廊金融机构沟通机制，为组建京津廊金融家联盟、支持廊坊发展搭建长效平台。制定《贯彻落实国家和省战略部署，加快推进京津冀协同发展的实施意见》《廊坊市2015年大气污染防治重点攻坚行动方案》《关于推进简政放权放管结合转变政府职能工作方案》等文件，并组织出台相关配套措施，推动工作开展。督导检查全市节假日和重点时期应急值守工作9次；指导参与10余次中大型应急演练；发布重污染天气、寒潮自然灾害等预警提示信息20次；应急值守在岗率100%；协调组织“9·3”阅兵安保、维稳、环保及“5·18”经洽会、“9·26”农交会等大型活动；举行全省重点项目观摩暨调度会议等活动。牵头组织各类大型会议和重要活动60余次，召开市政府常务会、市长办公会、秘书长协调会100余次。

督办落实。围绕市委、市政府重大决策，量化分解《政府工作报告》涉及的9个方面工作，挂账督办。专项督察重点项目建设、大气污染治理、植树造林等30余项工作，下发《督办卡》《督办通知单》107份，印发《政府督查》《督查专报》29期。针对人大代表、政协委员提出需要政府部门解决的问题集中梳理、限时督办。承办各级代表建议和委员提案481件。其中，承办全国、省级代表建议和政协提案11件，承办市级代表建议和政协提案470件，均按质量、时限要求办结完毕，代表、委员回复满意率99%。

【党风廉政建设】 2015年，市政府办公室领导班子加强对办公室系统党风廉政建设和反腐败斗争的统一领导，坚持党风廉政建设工作与经济社会发展各项工作同部署、同安排、同督导、同考核。落实市委《关于落实党风廉政建设主体责任的实施方案》，明确责任内容，分解责任项目，责任项目落实到人。严格按照中央“八项规定”、省委“十不准”、省市机关作风整顿和“一问责八清理”等各项要求，检查监督清理财政供养人员经商办企业人员，清理处置“吃空饷”人员，严查违规公务用车和超标办公用房，对春节、中秋节等重要节日节点，及时下发《节日期间领导干部廉洁自律工作的通知》，执行“六禁止”，防止“四风”反弹。

【机关干部队伍建设】 2015年，市政府办公室领导班子整治“为官不为”，推动省市重大决策部署的贯彻落实。领导班子成员带头学习习近平总书记系列重要讲话精神等重点书目和篇章，坚定党性立场，增强政治敏锐性和鉴别力。班子成员之间密切沟通、紧密合作，相互提醒、互相支持。议事制度执行“集体领导、民主集中、个别酝酿、会议决定”，重要事项、重大问题一律由办公室党组集体研究决定，落实情况及时向干部职工通报。选人用人机制构建梯度配置、结构合理、素质优良的干部结构。推进干部岗位交流、轮训，提高综合协调等多方面能力。坚持理论学习和实践锻炼相结合，提高干部知识素养和能力水平，年内组织机关工作人员开展培训活动31次。

（陈　娜）

督导检查

【概况】 2015年，市政府督查室组织各类专项督查活动50余次，内容涉及“稳、促、调、惠、防”政策措施落实、重点项目建设、大气污染治理、高速（高铁）征迁、植树造林生态建设、服务业发展、民生保障7方面；全面跟踪市长批示件179件、市政府常务会议19次，下发《督办卡》《督办通知单》及其他专项通知278份，印发《政府督查》和《督查专报》29期，整理文件报告200余篇，在督查网上更新发布督查信息4000余条。

【决策督查】 2015年，市政府督查室将《政府工作报告》2015年涉及的9方面工作量化分解，形成242项具体工作，分别确定具体目标任务、完成时限、牵头市领导、责任部门和责任人，要求各县（市、区）针对本地工作目标任务制定具体工作方案，将全部工作任务上挂政府督查专网，并通过《廊坊日报》向社会公开承诺，形成一套完整工作责任体系。实行周调度、月报告、季通报制度，督促工作落实，从二季度开始，对38项影响社会发展、群众关注度高的热点工作，每月按照进度排名，与政府工作报告的完成情况一并上报，对进展较慢、难度较大的工作及时主动跟进督导，下发《督办卡》《督办通知单》，或进行实地督察回访，确保《政府工作报告》各项工作任务和省、市各项重大决策部署落到实处。建立一月一调度、一季一督导工作制度。跟进国务院、省政府关于“稳增长、促改革、调结构、惠民生、防风险”政策措施督导落实，采取专项督察、明察暗访等形式，对“稳促调惠防”政策措施落实情况进行督导检查。结合省政府关于“稳促调惠防”各项政策落实中发现问题的督察整改工作，与审计部门配合，对廊坊市专项审计中发现个别问题及时跟进督导。督查各类会议议定事项的落实。市政府常务会议或市政府主要领导组织召开专题会议后，市政府督查室根据会议纪要进行任务分解，逐项梳理、建立台账，落实承办部门，明确办理时限、一会一通报。2015年，全面跟踪市政府常务会议19次。对国家和省出台的政策文件，市政府督查室督促各牵头责任部门切实把各项政策措施落到实处。全年收到需要贯彻落实的国务院政策文件77件，全部发至相关县、区及部门；收到需要贯彻落实的省政府政策文件114件，其中须在2015年出台的相关配套政策93件，全部及时印发执行。

【专项督查】 2015年，市政府督查室制定出台《关于进一步加强市政府常务会议等会议议定事项落实和市政府领导批示办理工作的通知》，对市领导批示件、各类会议议定事项的台账建立、办理程序、反馈报告要求、办理时限、责任追究等方面做出具体规定。全年督导盯办市长专项批示件179项，涉及部门45个。结合年初“近期重点工作”以及23项重点民生工程建设，按季度定期实地督导，对重点工作进行“回头看”，推动相关工作提质提效。3月，对市政府确定50项重点推进的民生工程，开展督导，并在市政府常务会议室制作展牌，晾晒工作进度，实时跟踪调度，并以专报形式，每月将各项工作进展情况、需要协调解决问题和下步工作安排报市政府主要领导和分管领导。根据督查室上报的情况，市长冯韶慧多次在关键节点作出批示，对涉及征地拆迁、占补平衡、手续办理等复杂难点问题，协调解决。6月，市政府督查室会同市发改委、市国土局等部门对65个重点项目展开联合督导，推进重点项目开工建设进度。9月，会同市国土局牵头组织开展不动产登记职责机构整合、土地违法查处整改、闲置土地处置、高标准基本农田建设、耕地占补平衡五项重点工作的督导，使上述工作全部按期完成目标任务。

【完善督查机制】 2015年，市政府督查室印发《廊坊市人民政府关于进一步抓好工作落实的八条措施》，对工作落实的完成时限、运行机制、责任体系、考核问效等方面做出明确规定，把所有列入督查范围的事项按照“立项交办—跟踪督查—临近提醒—到期催办—通报批评—督查约谈—建议问责”程序进行督办。建立健全督查联络员和信息报送以及督办责任制度，各县（市、区）、廊坊开发区及市直各部门均明确专门机构或人员，负责督查督办工作，增强督查系统横向和纵向联系；要求各县（市、区）政府统筹选配科级干部担任督查机构主要负责人，建立督查专员制度，充实督查工作力量；在科室内部开展“每周一课”活动，每周抽出时间集中学习，分析解读国家和省、市各项重要文件、重大决策部署，相互交流分享督查工作经验，全面提高督查干部业务知识水平。围绕全市重点工作和重要决策事项，建立政府工作报告综合台账、“稳促调惠防”政策落实台账、重点民生工程台账、重大政策文件出台情况台账、重要会议工作落实台账及市领导批示件办理工作台账6个专项台账系统，明确每项工作目标要求、时间节点和具体责任人，对重要工作下发督办卡、督办通知单，对工作进度滞后的单位和部门，采取下发催办通知单和现场跟踪督查的方式，督促限时办结，对未按时限目标要求完成的工作任务，如实通报，严肃问责。配合市委组织部对各级各有关部门全年工作完成情况综合考核测评，建立督查考核合一机制，将平时督查工作与考核相结合，将督查成果与发现问题作为评定考核结果的重要依据，实行督查与考核资源信息共享，提高督查工作权威性，增强督查实效性。

【丰富督查手段】 2015年，市政府督查室采取多种形式开展联合督查，构建“大督查”格局。对于部分涉及面广、业务性强的重大事项，主动与市委督查室以及市直重点部门开展联合督查活动。会同市发改委、市国土局对重点项目建设情况专项督导，持续推进项目建设工作提质提效；会同市绿化委员会办公室等部门组成春季植树造林检查验收组现场核查；会同市大气办、市环保局、市农业局等有关部门对全市大气污染治理、清洁燃烧炉具推广、实心黏土砖瓦窑关停取缔等20余项重点工作督导检查。重点组织大气污染防治与总量减排、项目建设与财政收支、植树造林与廊南生态湿地、服务业发展与规模以上企业入统4次综合性的督查活动。完善提升“廊坊政府督查网”，将督查事项细化分解到各承办单位和协同单位，明确完成时限，落实具体责任人。各级各部门领导可随时查看、调阅各项工作任务完成情况。将各级各部门经验做法、调研文章及重要政策文件在“政府督查网”上予以刊发。全年实现网上更新发布督查信息4000余条。市政府督查室对领导关注、群众关心的重点难点工作，进行分析研究。在《政府督查》刊物上，结合《政府工作报告》目标任务落实情况以及省市领导交办重点工作进展情况，总结经验做法，分析存在问题，反复研究论证，形成经验材料或者调研文章，予以刊发；从报纸、网络等各类媒体广泛搜集相关信息，整理形成《各地市书记市长一周动态》47期，为领导科学决策提供直接、可靠参考。其中，市长冯韶慧分别在2015年第6期、12期、30期、31期、36期上作出批示，要求相关部门对其他地市重点工作进行阅研、了解情况、借鉴做法，为领导科学决策提供有益参考。

（范瑞宾）

政务信息

2015年，廊坊市人民政府办公室发挥政务信息工作窗口桥梁作用和参谋助手作用。全年上报国务院办公厅和省政府办公厅各类信息950篇，被采用220篇。开展各类信息调研活动23次。市本级政务中心设有《昨日要情》《专报信息》《政务情况交流》《内部通报》《互联网信息》《其他地市领导活动》等刊物。全年出刊750期，被市领导批示50期。年内，市政府办公室被省政府办公厅评为2015年度政务信息上报工作优胜单位。

（刘伟伟）

建议提案办理

【概况】 2015年，廊坊市人民政府系统办理全国、全省和全市人大代表建议、政协提案481件。其中，全国人大代表建议1件（会办件）、全国政协提案2件（会办件）；省人大代表建议7件（1件主办、6件会办），省政协提案1件（会办件）；市人大代表建议125件（其中，闭会件8件），市政协提案345件。建议提案涉及承办单位58个，其中市政府部门49个、县（市、区）政府9个。建议、提案按时办复率100%，答复函规范化率达到100%，走访率100%，代表满意率100%，政协委员满意率99%。从办理结果看，所提问题解决和基本解决的占62.1%；列入规划逐步解决的占35.8%；因法律、政策或客观条件限制，近期内无法解决而向代表、委员作出说明的占2.1%。

【建议提案办理工作】 2015年，市政府办公室制定出台《关于进一步加强和改进人大代表建议和政协提案办理工作的意见》，从加强对办理工作的领导、强化办理责任、明确办理规则和流程等方面完善制度，明确目标，促进承办工作的有序开展。下发《2015年市政府系统承办工作要点》和《2015年人大代表建议政协提案办理要求》，明确全年承办工作总的指导思想和目标任务，细化建议提案办理程序，对各单位承办责任、完成标准和时限做出严格要求。9月，市政府办公室制发《关于认真开展人大代表建议政协委员提案复查走访工作的通知》，要求各承办单位转变作风、加强与代表委员的联系和沟通。

转变重答复、轻落实的工作作风，探索承办工作新方法。年内市政府办公室对部分涉及全市经济社会发展、关系国计民生的重大问题、涉及人民群众切身利益的热点、难点问题的建议提案加大协调和督查力度；对连续多年提出而未从根本上解决的问题，联合市人大、市政协主管部门现场督察；对代表、委员不满意或有异议的，实行个案追踪。依托“中国廊坊”政府门户网站平台，在“政务公开”栏目下设置“承办人大代表建议政协提案工作”专栏。汇总编辑承办工作的基础知识、文件规定，及领导讲话、工作研讨、经验交流等内容，编写《建议提案办理工作汇编》，修改完善《廊坊市政府系统承办人大代表建议政协提案工作简明教程》，提高承办工作规范化、程序化、制度化水平。

（李晋冀）

政府服务热线

【概况】 2015年，市政府市长专线电话办公室（简称专线办）规范承办标准，起草并印发《市长专线电话承办工作标准》。按照“集中受理、属地管理、分级负责，谁主管、谁负责”的原则，明确承办工作权责，规范办理过程、时间、结果以及回复内容。借助媒体平台，通过《廊坊都市报》《廊坊广播电视报》、廊坊电视台、廊坊人民广播电台和廊坊政府网公开回复来电办理信息1500余条。7月，在《廊坊都市报》官方微信开通市长专线专栏，定期将群众来电办理情况实时回复；9月，与《廊坊生活帮》栏目合作，推出市长专线电话小专栏，对群众关心的热点问题，通过电视将办理进度和结果及时向群众回应。累计录入各类政策信息500余条。对于一些棘手的难点问题及长期悬而未决的诉求，专线办通过重点督办、专项呈办、协调联动等方式，推动合理诉求有效解决。全年收到回复21536件，办结率98.9%。采用“周统计、月通报、年总结”模式，定期对群众来电情况进行分析汇总，把群众的呼声和建议汇报市领导，为政府科学决策提供参考。全年刊发《市长专线动态》和《专线特刊》74期，撰写各类信息180余条。同时进行现场协调督导30余次，抽查回访1400余次。

年内，“12345”市长专线和“961890”群众服务热线受理群众来电（邮件）170222件，较上年增长57.9%。其中，直接解释答复148443件，约占全部诉求的87.2%；转交承办单位办理21779件，较上年增加32.9%。来电内容涉及生活资源、交通运输、房地产和物业管理、城乡建设、自然资源、人力资源和社会保障等11类。同比增长高于60%的有生活资源、交通运输、自然资源、环境污染、文教卫生5类。群众来电呈现出信息咨询日趋增多、农村问题依然突出、交通类诉求数量占据高位、供暖问题较往年更为突出、房地产行业投诉居高不下等特点。

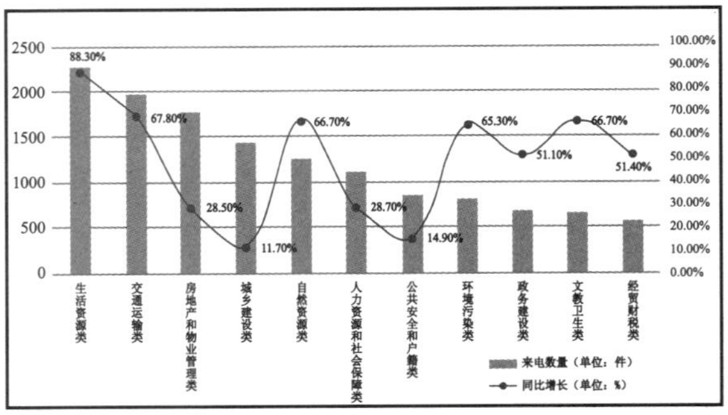

图10　2015年各类投诉来电数量及同比增长情况图

【热线电话受理范围】 热线电话受理事项：基层单位和人民群众通过电话对市人民政府工作提出的合理化建议和批评意见；基层单位和人民群众通过电话反映的对行政机关和法律、法规授权的具有管理公共事务职能的组织及其公务人员在履行职责方面存在的问题；基层单位和人民群众通过电话反映的社会公共管理方面发生的问题；基层单位和人民群众通过电话提出的应由市政府及政府各工作部门解决的其他问题。

热线电话不予受理事项：违反宪法和法律法规以及政策规定的；使用不文明用语，侮辱他人，诽谤、攻击他人或机关的；非本市管辖范围的；已通过或应通过诉讼、仲裁、行政复议等法定途径解决的；反映问题涉嫌犯罪，应由司法机关处理的；上级机关或其他有权机关已经受理的事项；反映问题属于紧急救助的（此类问题诉求人应直接及时向110、120等专门紧急救助系统求助）；诉求不清、无具体诉求内容，以及就同一事实反复拨打热线电话的；不属于行政管理职能范畴的；维护自身权益的诉求未提供真实姓名和联系方式无法核实的；举报违法事项明显缺乏事实依据且拒绝提供真实姓名和联系方式的；其他政府热线不宜受理的事项。

【廊坊市人民政府热线服务网开通】 6月，廊坊市人民政府热线服务网（www.lf12345.gov.cn）开通运行。网站设立工作动态、办理反馈、热线提示等9个栏目，市民可以通过网站了解最新政策、获取便民信息、提出意见和建议。网站发布工作动态190余篇，办理反馈110余件，发布各类便民信息60余条。

（王春花）

政务公开

【概况】 2015年，廊坊市政务和政府信息公开落实《中华人民共和国政府信息公开条例》，拓展公开渠道，推进重点领域信息公开工作，保障人民群众对政府信息的知情权、参与权和监督权，促进法治政府、阳光政府、服务型政府建设。召开全市政府信息公开工作培训会议，部署各级各部门做好政府信息公开统计、年度报告发布、政策文件解读，及财政预决算信息公开等工作任务。邀请市中级人民法院专家对因政府信息依申请公开引起的复议和诉讼案例的相关问题进行法律培训，编制《政府信息公开资料汇编》。落实网上巡查、实地督察、统计报送、工作通报的“两查两报”工作机制，针对重点领域信息公开工作对市政府有关部门实地调研，督导检查公开工作情况，查看部门的政策解读工作落实情况，实现政府信息公开全覆盖。修改完善《廊坊市政府办公室政府信息公开工作规程》，建立政府信息公开工作源头机制。规范政府信息公开数据统计，县（市、区）各部门按时限及工作要求报送《政府信息公开情况统计表》，依据报送统计数据，印发年度工作情况通报和年度工作报告，形成主动公开的长效运行机制。全年各级各部门通过“中国·廊坊”政府门户网站政府信息公开平台和其他形式主动发布各类政府信息51259条，其中政策规范性文件类信息1133条，财政财务类信息6175条，行政执法类信息1241条，规划计划、统计类信息1137条，办事指南类信息639条，概况信息、工作动态和其他信息20504条，发布政务微博、政务微信20430条。编辑出版《廊坊市人民政府公报》2期，刊载市政府及市政府办公室文件138件。编制《廊坊市2014年政府信息公开工作年度报告》，并通过政府信息公开平台“年度报告”栏目发布。市档案馆“政府信息公开查阅中心”接收市政府部门报送政府信息公开纸质文件资料433件，向社会公众提供政府信息查询阅览服务。市政务服务管理办公室和市图书馆通过触摸屏、台式机、电子公告栏等公开载体，为公众提供政府信息电子资料查阅服务2万余次。制发《廊坊市人民政府办公室关于做好重要政策文件解读工作的实施意见》，明确解读内容、解读程序、解读形式。各县（市、区）人民政府及市政府各部门为政策解读的主体，负责对制发的重要政策文件解读说明。全年举办新闻发布会120场，政府网站政策解读专栏及部门网站发布和解读经济发展、社会事业、

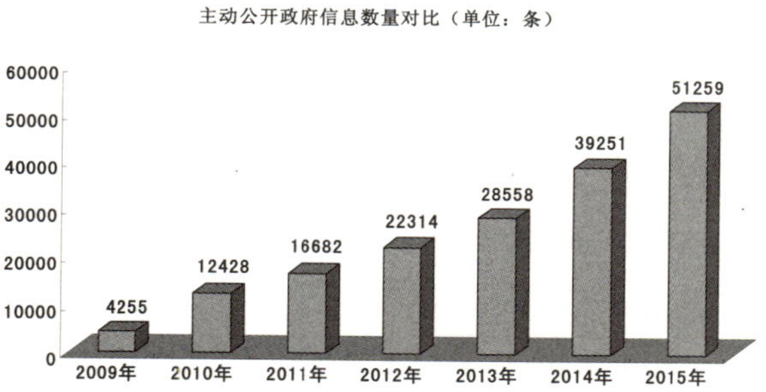

图11 2009年—2015年主动公开政府信息情况图

食药安全、安全生产等涉及群众切身利益的信息287条。市委宣传部互联网信息办公室开通“廊坊发布”政务微博和微信平台，发布各领域政务信息4608条。

【重点领域信息公开】 2015年，廊坊市人民政府办公室保障人民群众对重点领域政府信息的知情权和监督权，制发《2015年政府信息公开工作要点责任分工方案》，包括行政权力清单信息、财政预算决算和“三公”[出国(境)费、车辆购置及运行费、公务接待费]经费信息、保障性住房信息、食品药品安全信息、环境保护信息、安全生产信息、价格和收费信息、征地拆迁信息、以教育为重点的公共企事业单位信息9项领域政府信息。行政权力运行信息公开方面，市编办开展政府部门权力清单、责任清单编制工作，在廊坊政府门户网站公开发布；调整行政审批事项公开内容，向社会公布取消、下放、承接的行政审批目录；在全市政府信息公开平台系统开通“侵权假冒行政处罚”子栏目，全年公开行政处罚信息41条。财政资金信息公开方面，全市各级各部门通过廊坊政府门户网站政府信息公开平台主动发布财政预决算和“三公”经费预决算信息5468条，政府采购项目信息公开259条，全市所有使用财政拨款的部门和单位(除不宜公开其资金使用情况的部门和单位外)均实现财政预决算、“三公”经费预决算信息的公开工作。公共资源配置信息公开方面，全年公开发布征地、农村土地承包经营权流转、国有建设用地使用权等信息596条，受理并答复网站互动60余次；发布国有土地上房屋征收、补偿政策等信息公开信息152条。公共服务信息公开方面，重点加强投资建设项目信息、教育服务信息、财务信息、科技管理和项目经费信息、医疗卫生领域信息、社会保障领域信息公开。其中，全年在政府信息公开平台公开教育领域信息35条、科技领域信息125条、医疗卫生领域信息301条。

【政府信息依申请公开】 政府信息依申请公开是政府信息主动公开的重要补充。2015年，廊坊市依申请公开工作遵照高效便民原则，树立为民服务意识，畅通受理途径，完善工作机制，规范工作程序，增加法律法规及专家咨询环节，保障政府信息依申请公开工作依法依规妥善受理和答复。全年全市各级各部门受理政府信息公开申请225件，均按《中华人民共和国政府信息公开条例》等有关规定予以答复和处理，无任何收费事项，办理数量比2014年增加60%。

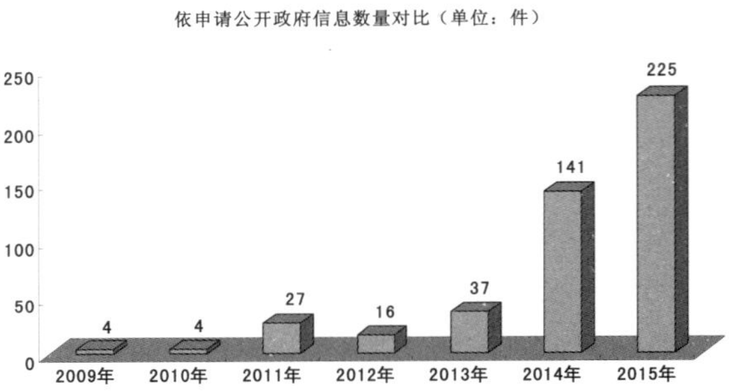

图12 2009年—2015年依申请公开政府信息情况图

【廊坊政府门户网站发布行政权力清单】 6月30日，行政权力清单和责任清单在廊坊政府门户网对外公开发布。对外公布的市政府部门行政权力清单，涉及市直42个部门和单位，保留行政权力事项2809项，其中行政审批事项308项、行政处罚1760项、行政强制117项、行政征收17项、行政给付14项、行政裁决16项、行政确认58项、行政奖励21项、行政监督273项、其他权力225项。对外公布的市政府部门责任清单，涉及市直44个部门和单位，确定部门主要职责570项；明确相关部门职责边界事项264项；制定加强事中事后监管的制度措施385项；公共服务事项290项，合计1509项。

（蒋　翠）

2015年廊坊市人民政府办公室政府信息公开一览表

表13

序号	日　期	文　号	文　件　标　题	备注
1	1月13日	廊政〔2015〕5号	关于加快发展养老服务业的实施意见	综合政务
2	1月4日	廊政办〔2015〕2号	关于印发廊坊市市政消火栓建设和维护保养管理办法的通知	公安、安全、司法
3	1月26日	廊政办〔2015〕4号	关于印发建立责任清单制度的实施方案的通知	综合政务
4	1月26日	廊政办〔2015〕5号	关于学习贯彻河北省行政许可目录管理办法的通知	综合政务
5	2014年12月31日	廊政办〔2015〕3号	关于成立廊坊市油气输送管道安全隐患整改工作领导小组的通知	综合政务
6	1月18日	廊政办〔2015〕7号	关于成立北京新机场及临空经济区工程专项建设指挥部的通知	综合政务
7	1月19日	廊政办〔2015〕8号	关于印发廊坊市开展油气输送管道隐患整治攻坚战工作方案的通知	市场监管、安全生产监管
8	1月20日	廊政办〔2015〕9号	关于印发促进市场公平竞争维护市场正常秩序任务分工方案的通知	市场监管、安全生产监管
9	1月23日	廊政办〔2015〕10号	关于印发2015年廊坊市预约无偿献血指导性计划的通知	卫生、体育
10	2月14日	廊政〔2015〕12号	关于印发廊坊市政府投资建设项目审计监督办法的通知	国民经济管理、国有资产监管
11	2月15日	廊政〔2015〕13号	关于印发加快发展食品工业的意见的通知	市场监管、安全生产监管
12	2月14日	廊政办〔2015〕6号	关于印发2015年市政府系统承办工作要点的通知	综合政务
13	2月17日	廊政办〔2015〕7号	关于进一步加强和改进人大代表建议和政协提案办理工作的实施意见	综合政务
14	3月17日	廊政〔2015〕16号	关于印发进一步抓好工作落实的八条措施的通知	综合政务
15	3月20日	廊政〔2015〕18号	关于印发《廊坊市煤炭经营存储使用监管暂行办法》的通知	市场监管、安全生产监管
16	2月10日	廊政办〔2015〕11号	关于进一步完善食品安全黑名单管理制度的实施意见	市场监管、安全生产监管
17	3月16日	廊政办〔2015〕15号	关于印发廊坊市食品药品违法行为有奖举报办法的通知	市场监管、安全生产监管
18	4月13日	廊政〔2015〕29号	关于印发廊坊市社会科学普及办法的通知	科技、教育

续表 13-1

序号	日 期	文 号	文 件 标 题	备注
19	4月13日	廊政〔2015〕30号	关于深入贯彻落实河北省人民政府关于加强审计工作的实施意见的通知	财政、金融、审计
20	5月21日	廊政〔2015〕35号	关于印发廊坊市新型农村合作医疗大病保险实施细则（试行）的通知	卫生、体育
21	5月29日	廊政〔2015〕38号	关于印发廊坊市临时救助办法的通知	民政、扶贫
22	5月30日	廊政〔2015〕40号	关于印发加快发展生产性服务业的实施意见的通知	综合政务
23	3月30日	廊政办〔2015〕18号	关于印发市政府2015年第二季度工作要点的通知	综合政务
24	5月20日	廊政办〔2015〕20号	关于印发廊坊市血液保障应急预案的通知	卫生、体育
25	5月22日	廊政办〔2015〕25号	关于印发加强全市政务服务平台建设的意见的通知	综合政务
26	5月22日	廊政办〔2015〕27号	关于印发廊坊市“三证合一”登记制度改革实施办法（试行）的通知	国民经济管理、国有资产监管
27	5月22日	廊政办〔2015〕29号	关于印发推行重点项目全程代办制的实施方案的通知	综合政务
28	5月22日	廊政办〔2015〕30号	关于印发实行为民服务全程代办制的实施方案的通知	综合政务
29	6月30日	政府令〔2015〕1号	廊坊市区养犬管理规定	综合政务
30	6月26日	廊政〔2015〕42号	关于市政府机构设置的通知	综合政务
31	6月26日	廊政办〔2015〕36号	关于印发市政府2015年第三季度工作要点的通知	综合政务
32	6月29日	廊政办〔2015〕37号	关于公布市政府部门权力清单、责任清单的通知	综合政务
33	7月28日	廊政〔2015〕54号	关于贯彻落实河北省军人随军家属就业安置实施办法的通知	民政扶贫
34	7月2日	廊政〔2015〕17号	关于聘任第三届政府法制咨询委员会委员的决定	综合政务
35	7月27日	廊政办〔2015〕40号	关于印发政府向社会力量购买服务审计监督办法（试行）的通知	财政、金融、审计
36	7月27日	廊政办〔2015〕41号	关于清理规范市政府部门行政审批中介服务的通知	综合政务
37	8月11日	廊政〔2015〕59号	关于深入推进依法行政加快建设法治政府的实施意见	综合政务
38	8月15日	廊政〔2015〕63号	关于促进慈善事业健康发展的实施意见	民政、扶贫
39	8月26日	廊政〔2015〕65号	关于印发加快科技服务业发展的实施意见的通知	综合政务
40	8月26日	廊政〔2015〕66号	关于印发加快发展众创空间推进大众创新创业六条措施的通知	综合政务

续表 13-2

序号	日 期	文 号	文 件 标 题	备注
41	8 月 14 日	廊政办〔2015〕44 号	关于印发加大投资力度稳定经济增长的意见的通知	国民经济管理、国有经济监管
42	8 月 20 日	廊政办〔2015〕45 号	关于促进内贸流通健康发展的实施意见	商贸、海关、旅游
43	8 月 25 日	廊政办〔2015〕46 号	关于加快木本油料产业发展的实施意见	农业、林业、水利
44	9 月 16 日	廊政〔2015〕71 号	关于建立健全地方金融监督管理体制的实施意见	财政、金融、审计
45	9 月 16 日	廊政〔2015〕72 号	关于加快推进企业上市工作的实施意见	财政、金融、审计
46	9 月 21 日	廊政〔2015〕73 号	关于落实粮食安全省长责任制的实施意见	农业、林业、水利
47	9 月 21 日	廊政〔2015〕74 号	关于印发廊坊市气象现代化建设实施方案的通知	城乡建设、环境保护
48	9 月 21 日	廊政〔2015〕75 号	关于印发廊坊市加快推进残疾人小康进程实施方案的通知	综合政务
49	9 月 1 日	廊政〔2015〕21 号	关于对全市民族团结进步模范集体和模范个人进行表扬的通报	综合政务
50	9 月 27 日	廊政〔2015〕22 号	关于开展第三次全国农业普查的通知	农业、林业、水利
51	9 月 10 日	廊政办〔2015〕48 号	关于加强传染病防治人员安全防护的实施意见	卫生、体育
52	9 月 14 日	廊政办〔2015〕49 号	关于创新投资管理方式建立协同监管机制的实施方案	综合政务
53	9 月 28 日	廊政办〔2015〕50 号	关于印发市政府 2015 年第四季度工作要点的通知	综合政务
54	10 月 26 日	廊政〔2015〕81 号	关于印发廊坊市科学技术奖励办法的通知	科技、教育
55	10 月 26 日	廊政〔2015〕82 号	关于深化市级财政科技计划（专项、基金等）管理改革的意见	财政、金融、审计
56	10 月 30 日	廊政〔2015〕85 号	关于进一步做好为农民工服务工作的实施意见	综合政务
57	10 月 30 日	廊政〔2015〕86 号	关于改革和完善市对下转移支付制度的意见	财政、金融、审计
58	10 月 27 日	廊政〔2015〕24 号	关于促进科技金融深度融合的实施意见	综合政务
59	10 月 14 日	廊政办〔2015〕52 号	关于印发工业用水实行差别水价和工商企业、服务业等用水实行超额累进加价的实施意见的通知	农业、林业、水利
60	10 月 30 日	廊政办〔2015〕55 号	关于印发廊坊市推行环境污染第三方治理实施意见的通知	城乡建设、环境保护
61	11 月 3 日	廊政〔2015〕91 号	关于加强新时期爱国卫生工作的实施意见	卫生、体育
62	11 月 17 日	廊政办〔2015〕58 号	关于印发全面深化县级公立医院综合改革实施方案的通知	卫生、体育
63	11 月 19 日	廊政办〔2015〕60 号	关于引导农村产权流转交易市场健康发展的实施意见	市场监管、安全生产监管

续表 13-3

序号	日 期	文 号	文 件 标 题	备注
64	12月1日	廊政〔2015〕97号	关于印发廊坊市市级财政投资评审管理办法的通知	财政、金融、审计
65	12月1日	廊政〔2015〕98号	关于促进红十字事业发展的意见	卫生、体育
66	12月16日	廊政〔2015〕112号	关于印发廊坊市地下空间开发利用管理暂行办法的通知	城乡建设、环境保护
67	12月21日	廊政〔2015〕114号	关于印发创新重点领域投融资机制鼓励社会投资的实施意见的通知	财政、金融、审计
68	12月29日	廊政〔2015〕115号	关于加强知识产权保护和运用工作的实施意见	科技、教育
69	12月29日	廊政〔2015〕116号	关于促进旅游业改革发展的实施意见	商贸、海关、旅游
70	12月29日	廊政〔2015〕117号	关于加快发展服务贸易的实施意见	商贸、海关、旅游
71	12月29日	廊政〔2015〕118号	关于促进全市服务外包产业发展的实施意见	商贸、海关、旅游
72	12月28日	廊政〔2015〕120号	关于印发进一步加强安全生产综合监管工作实施意见的通知	市场监管、安全生产监管
73	12月29日	廊政〔2015〕121号	关于印发深化户籍制度改革的实施意见的通知	公安、安全、司法
74	12月31日	廊政〔2015〕122号	关于清理规范市政府部门行政许可中介服务事项的决定	综合政务
75	12月31日	廊政〔2015〕124号	关于印发廊坊市国有土地上房屋征收与补偿办法的通知	国土资源、能源
76	12月31日	廊政〔2015〕125号	关于推动科技创新平台和大中型仪器设备面向社会开放服务的实施意见	科技、教育
77	12月24日	廊政〔2015〕31号	关于印发促进云计算创新发展培育信息产业新业态实施意见的通知	科技、教育
78	12月31日	廊政〔2015〕32号	关于印发廊坊市完善规范性文件合法性审查机制试点工作实施方案的通知	综合政务
79	12月6日	廊政办〔2015〕63号	关于印发进一步加强乡村医生队伍建设实施方案的通知	卫生、体育
80	12月18日	廊政办〔2015〕65号	关于印发推进财政资金统筹使用的落实意见的通知	财政、金融、审计
81	12月29日	廊政办〔2015〕67号	关于印发廊坊市中医药健康服务发展规划（2015—2020年）的通知	卫生、体育
82	12月30日	廊政办〔2015〕68号	关于印发廊坊市质量兴市和名牌战略工作考核办法的通知	国民经济管理、国有资产监管
83	12月28日	廊政办〔2015〕69号	关于公布市政府部门行政许可中介服务收费目录清单的通知	综合政务
84	12月31日	廊政办〔2015〕70号	关于促销费保增长的实施意见	财政、金融、审计

社会信用体系建设

【概况】 2015年，廊坊市人民政府信用办公室（简称市信用办）推进重点领域信用分类监管和信用信息交换共享工作；以破解难点问题，助推经济社会发展为主线，推动廊坊市信用体系建设。信用服务市场主体初具规模，信用产品应用取得显著成效。自2010年起，廊坊市先后为4600余家参与政府投资建设项目和政府采购招投标的各地企业进行信用评价，建立信用档案，321家存在严重失信记录的企业被清出廊坊市招投标市场，保障财政资金使用安全和项目建设安全。8月，廊坊市信构信用管理服务有限公司经省人民银行审核通过，取得“企业征信业务经营备案证”，成为廊坊市首家经国务院征信业管理机构认可的信用服务机构。

【平台信息共享】 2015年，市信用办依托廊坊市社会信用监管平台整合分散在各部门的信用信息，消除信息“孤岛”。截至年底，归集信用信息2200多万条，涵盖21万家企业和个体工商户，12万自然人，平台点击量870万人次。其中，通过共享房管、建设等部门的39万条信息，全市评估房地产企业182户，入库税款3.26亿元；利用从公安部门获取的酒店宾馆入住信息，对全市134户住宿业纳税人进行风险等级排序，评估税款391万元；通过使用建设部门工地信息，食药监部门完成对工地食堂卫生和安全情况的普查。

【信用联动奖惩】 2015年，廊坊市组织召开政府投资建设项目招标投标活动信用准入评审会9次，1201家企业通过信用准入评审。因存在审计报告造假、拖欠农民工工资、被列入全国法院系统失信被执行人名单、有严重工程质量问题或发生较大安全生产事故的53家企业被取消招投标资格。通过全面应用信用报告，在政府采购领域推进守信激励与失信惩戒机制，对信用等级高的企业加分奖励，对信用状况极差的企业限制招投标资格。全年受理政府采购招标投标企业信用评价185家。建立信用筛选和对接机制，市信用办先后向金融机构推荐100多家信用优质企业融资。

【创新监管机制】 2015年，廊坊市在重点行业中推进以信用为核心的新型监管机制。廊坊市在税收、环保、劳动保障、食药安全、安全生产五个领域启动黑名单和联动惩戒机制。市安监局、市食药监局等市场监管部门开展信用分类监管，出台《廊坊市企业安全生产诚信管理实施方案》《廊坊市食品药品安全黑名单制度》等规范性文件。市安监局在全市二级、三级安全生产标准化达标企业中开展A、B、C、D诚信等级评定，并实施等级管理。应开展等级评定工作的637家企业中，完成自查评估541家，完成等级评定541家（其中A级8家，B级126家，C级407家）。

【启动七天“双公示”工作】 七天“双公示”指各县（市、区）政府部门和具有行政许可和行政处罚职权的市政府部门要在作出行政许可、行政处罚决定之日起7个工作日内通过本部门门户网站及本级政府门户网站进行公示，将信息报送至“廊坊信用网”。12月，市政府印发《廊坊市行政许可和行政处罚等信用信息公示工作实施方案》，对市、县两级“双公示”工作进行安排部署。截至年底，共归集42个部门、10个县（市、区）和廊坊经济技术开发区的行政许可和行政处罚记录10448条，《“双公示”目录》在“廊坊信用网”发布。市信用办加强对“双公示”工作督察考核，将“双公示”落实情况列入年度政务公开工作总结和政府信息公开工作报告，并建立“双公示”月通报制度，及时向市政府报告各级各部门“双公示”工作进展情况。

（梁　辰）

地方志工作

【概况】 2015年，全市方志系统贯彻落实《全国地方志事业发展规划纲要（2015—2020年）》，以记载廊坊历史、服务当代发展为宗旨，编纂出版80万字的《廊坊年鉴（2014）》（第十一卷），得到方志出版社“整体编写质量高”的评价；总结整理以往地方志成果，多渠道搜集2015年以前全市出版的各类志、鉴书籍，撰写内容提要4万余字；整理报送古建地标介绍、刊物供稿，以及最美方志人、抗日战争资料、方志理论丛书；《河北年鉴》《中共廊坊年鉴》供稿4万字；督导文安县、香河县、固安县推进修志进度；推动全市县级年鉴编纂工作；着力编辑《志载廊坊》简刊3万余字，引导读者了解廊坊历史名人，汲取历史智慧。依托廊坊方志网，收集整理地情资料，建立文字、图片数据库，网站累计刊载文章400余篇、图片300余张。及时更新廊坊方志网“方志动态”“市情概览”等内容，为社会大众提供全市经济、人口、交通等方面的可靠数据和资料；充实“图说廊坊”“志鉴典藏”等栏目，展现廊坊人文精神及城市面貌，记录廊坊发展，为社会提供更多方志资源。

【二轮修志】 2015年，市方志办注重对县（市、区）修志业务指导，从制定凡例、拟定篇目、完成初稿，到每一次的专家评审、最终印制成书，坚持严格把关、力求精益求精。召开县志评审会，未完成修志任务的县志主编、副主编到场听会学习，提高志书编纂质量。截至年底，廊坊市列入全国二轮修志任务的9部志书出版7部，《香河县志（1979～2008）》《文安县志（1986～2008）》在编，《固安县志（1997～2009）》未列入省二轮修志计划，其志稿送省方志办终审。

【年鉴编写】 市级综合年鉴。1月，市方志办组织召开《廊坊年鉴（2013）》（第十卷）发行研讨会，并结合全市中心工作，安排部署2015年度年鉴撰写重点内容。会议邀请志鉴专家讲授年鉴撰稿注意事项和业务知识，市发改委、市建设局、市文广新局等13个撰稿单位代表就以往年鉴撰写中遇到的实际问题发言交流。2月，市政府办公室印发《关于廊坊年鉴（2014）第十一卷编纂方案的通知》，明确180个承编单位撰写任务。在具体编写中，市方志办编审人员执行三审三校责任制度，确保稿件内容真实、全面，并由外聘专家、编委会成员双重审核，确保年鉴编写质量。内容上，结合廊坊市年度特点，对部分篇目进行调整，新增“新机场建设、车站”等类目；前置图片特设“京津冀协同发展”“大气污染治理”“京津乐道·绿色廊坊”等专题，并用精炼文字概括介绍，图文并茂，令读者对廊坊市2014年中心工作及成效一目了然，彰显廊坊经济社会发展年度特色。11月，《廊坊年鉴（2014）》（第十一卷）通过方志出版社终审，出版发行1000册。

县级综合年鉴。按照《全国地方志事业发展规划纲要（2015～2020年）》提出的到2020年实现省、市、县三级综合年鉴全覆盖，一年一鉴，公开出版目标要求，廊坊市一年一鉴的县（市）有3个，分别是三河市、霸州市、大厂县。香河县于2009年前出版年鉴四卷，启动二轮县志编修后，该县年鉴编写工作暂停；《安次年鉴（2004—2011年）》完成编审。

【《志载廊坊》简刊】 市方志办创办的《志载廊坊》简刊由市方志办于2014年创办。该刊以廊坊市辖域内及周边京津地区著名人物、重要事件、地名轶事、民情习俗、文物要览、志鉴信息等为刊载内容，兼顾知识性、教育性、可读性。至2015年，简刊累计出刊12期，撰写3万余字。10月，市方志办将刊载的历史人物资料编辑成册，取名《历史名人与廊坊》。该书分廊坊十四宰相、古代名人与廊坊两篇，以时间为顺序，分别介绍张华、韩延徽、吕端、史天泽等14位籍贯在廊坊市辖域内的古代宰相，并以讲典故说人物的形式，分别介绍张堪、王之涣、柴荣等与廊坊有关的历史名人。

（张宏胜）

应急管理

【概况】 2015年，廊坊市提高应急准备能力和重大特大突发事件应急处置能力，加快应急体系建设，加强值守应急工作，协调处置突发事件。统一部署“两节”“两会”“汛期”“阅兵安保”“十一国庆”等重要时期的全市应急值守工作，督导检查全市节假日和重点时期应急值守工作9次。率先在全省完成乡镇值班室标准化建设验收。市政府应急管理办公室（以下简称市应急办）按照《廊坊市突发事件预警信息发布管理办法》，全年发布重大节假日、重污染天气、“5·18”经洽会等重要活动、寒潮等自然灾害预警提示信息40次（其中发布重污染天气预警信息17次）。协调处置霸州市非法传销人员聚集滋事案件、广阳区民警持枪失联、香河县火灾事故等突发事件8起。协调市公安消防、环保等部门完成天津港“8·12”爆炸事故增援作战任务。组织市应急委员会成员单位结合“3·15”“安全生产月”“5·12”防灾减灾日、“6·5”环境日开展应急宣传教育活动，提高公众公共安全、应急管理、自救互救、防灾减灾等意识。

【应急预案】 2015年，市应急办组织市地震局、市卫生局、市食药监局、市环保局等部门修订《廊坊市血液保障应急预案》《廊坊市重大食品安全事故应急预案》《廊坊市地震应急预案》（应用手册）、《廊坊市重污染天气应急预案》（2015修编版）、《2015年城区防汛工作方案》等市级专项预案，协调规范《廊坊市交通运输局道路运输保障应急预案》《廊坊市出租车行业重特大事故应急救援预案》等部门预案。全年指导新制订和完善县级专项预案12个，市级部门预案30个。

【应急演练】 2015年，廊坊市举办各类应急演练100余次，其中市级专项演练10次，县级规模以上应急演练30次。6月16日，组织市直有关部门60人观摩廊坊武警学院2015届消防专业毕业综合演练汇报演练。推动落实北京市大兴区与廊坊市应急合作机制。6月26日，廊坊市与北京市大兴区共同举行2015年危化企业应急技能大比武暨大兴廊坊两地危化事故应急联动演练。加强应对危化品突发事件协同作战能力。8月31日，由市食安办主办的全市Ⅲ级食品安全事故应急演练在河北石油职业技术学院举行，市食品安全委员会成员单位400余人参加演练。

【应急区域联动】 2015年，廊坊市落实《北京市、天津市、河北省应急管理工作合作协议》，加强京津冀应急管理协作。10月23日，廊坊市代表河北省地级市参加在天津市政府召开的京津冀应急联动第二次联席会议，加强和探索跨区域联合应急指挥机制。11月30日至12月6日，组织人员随省政府赴天津市参加专题培训，了解美国国家应急管理体系的先进理念和前沿技术，增长科学应对突发事件的知识和能力。

（付 强）

调研工作

【概况】 2015年，廊坊市人民政府研究室围绕市委、市政府中心工作，适应新常态，准确把握发展大势，做好市政府主要领导的参谋、助手和智囊团。开展系统自学、集中学习交流和调研实践，结合经济研究中心工作，掌握经济政治文化社会等领域的新知识、新成果、新动态。在文稿起草中着重把握宏观经济形势、分析市情市况，高标准要求、高站位思考、高质量服务。开展调查研究，重点调查研究稳增长、调结构、促改革、治污染、统城乡、防风险、惠民生等各项工作。开展重要课题调查研究，全年完成10个调研课题，其中与省政府研究室开展联合调研，形成《把战略性新兴产业作为培育新的经济增长点的主攻方向——廊坊市加快产业转型升级调研报告之一》和《把科技创新作为培育新的经济增长点的第一动力》2篇调研成果。组织各县（市、区），市直各部门开展“研究新形势、应对新常态、谋求新发展”集中调研，形成调研成果70篇。创新文稿撰写的思想观点、逻辑结构、文字风格，在经济建设、产业升级和民生改善、生态治理等重大问题研究上实现突破，为领导决策提供科学参考。年内起草《政府工作报告》和全市经济工作会议讲话等重要文稿，完成各类重要文稿的起草把关工作，全年起草市政府主要领导的讲话、项目工作会、经济工作会文字材料等各类文稿近180篇。

【刊物发行】 2015年，市政府研究室征集、整理和刊发廊坊经济社会发展成果文章，全年刊发《廊坊发展》6期，刊发《廊坊政务》4期，编发《信息摘编》15期。市政府主要领导先后5次作出重要批示。5月，市政府研究室加强与省政府研究室的沟通联系、相互交流，承办全省政府研究室主任会议。全年接待省政府研究室调研3次，受到省政府研究室领导肯定。

（孔治国）

政务服务

【概况】 2015年，廊坊市政务服务管理办公室（以下简称市政务办）推进商事制度改革，提升重点项目审批效率，重新梳理重点项目开工前审批流程，审批时限由33个工作日缩短为26个工作日。建立“五+X”会商机制（针对项目基本情况、初步选址、估算投资、项目意义等，由政务服务中心会同市发改委、市规划局、市国土局、市环保局、市建设局，及其他相关部门，对项目进行会商），指导项目单位报批工作。市政务服务中心办理各类事项132642件，按时办结率99%。市公共资源交易中心健全评标机制，制定《开标秩序管理暂行规定》和《评标秩序管理暂行规定》，会同协助行业行政主管部门、监察机关参与对公共资源交易过程实施监控。全年交易项目1249项、总交易金额124.86亿元，其中建设工程项目188项，中标价188599.25万元；水利水电工程交易项目35项，中标价45057.46万元；交通公路工程项目22项，中标价26338.19万元；政府采购项目932项，中标价478787.69万元；其他项目25项，中标价18696.4万元；土地交易拍卖40宗，成交金额490035万元；矿业权交易2项，成交金额952.02万元；产权交易5项，交易金额138.1万元。

【“三证合一”】 4月1日，廊坊市实行“三证合一”登记制度改革。整合分散在工商、质监、国税、地税等部门的审批手续，实行“一个窗口”受理、材料共享、信息互认、限时办理。工商营业执照的注册号、企业代码证的登记号和税务登记证号码统一打印在营业执照上，实行“一证三号”，企业设立审批由20天压缩到4至5个工作日。截至8月26日，全市办理“一证三号”登记2070件。

【“两个代办”】 5月，市政府下发《关于加强全市政务服务平台建设的意见》《关于推行重点项目全程代办制的实施方案》《关于实行为民服务全程代办制的实施方案》等规范性文件，推进开展“三级平台，两个代办”工作。“三级平台”，指市级政务服务中心平台、县级政熏服务中心平台、乡镇级政务服务中心平台；“两个代办”，指重点项目代办和为民服务代办。各级政务服务中心和园区对接，拓展园区、企业与政务服务中心对接渠道，为重点项目代办服务；乡镇中心拟定代办8类44项代办事项，村级便民服务站拟定代办事项13项，规范受理、承办、回复流程，为群众提供全程代办服务。截至年底，全市1个市级平台（廊坊市政务服务中心），广阳区政务服务中心、固安县政务服务中心等11个县级平台和146个乡镇级平台全部投入运行。

【“一照一码”】 10月，廊坊市启动“一照一码”登记制度改革。市政府下发《关于推进“一照一码”登记制度的实施意见》，通过“一窗受理、互联互通、信息共享”，在“三证合一”基础上，改变企业登记时依次申请、分别发证的传统模式，改为由市政务服务中心工商登记窗口统一受理，向市场主体核发加载法人和其他组织统一社会信用代码的营业执照。截至年底，全市为1491家企业颁发“一照一码”营业执照。

【投资项目在线审批监管平台】 12月，市政务办会同市发改委联合下发《关于做好投资项目在线审批监管平台有关工作的紧急通知》等文件，梳理各县（市、区）及市直有关部门涉及投资项目的审批事项、办事指南。12月22日，廊坊市召开全市投资项目在线审批监管平台建设培训会议，指导各县（市、区）及市直有关部门联网接通电子政务外网和在线审批监管平台，实现投资项目“平台受理、在线办理、限时办结、依法监管、全程监察”。

【产业类项目联合验收】 年内，廊坊市下发《廊坊市关于清理规范产业项目验收事项的实施意见》，推进产业类项目联合验收。市政务办会同市发改委摸底调查廊坊市2011年至2015年省重点产业项目，加快解决产业项目竣工验收滞后问题；与各县（市、区）园区对接，分别到大厂、固安等县调研，与县级发改、规划、建设等部门及园区负责人交流座谈，了解企业在办理验收手续过程中遇到的问题，研究具体落实措施，减少前置条件、优化验收流程。

【政务服务网络平台】 2015年，市政务办发挥网络化办公优势，为公众提供多元化服务渠道，方便群众和企业办事。重新规划建设全市政务服务网络平台，通过门户网站——廊坊政务服务网（www.zwfwzx.lfang.gov.cn）、政务服务中心APP、微信公众平台，用户可体验在线申请、材料下载提交、办事预约、网上预审、行政审批。市政务办谋划行政审批“云”服务功能，为下一步与省级、县级平台对接，实现数据交换奠定基础。

【建立重点项目“容缺预审”机制】 重点项目“容缺预审”机制是对进入市政务服务中心的基本审批条件具备、申报材料主件齐全的重点项目，在其他条件和申报材料欠缺的情况下，实行相关职能部门窗口先予以受理审批，申请人在承诺时间内将材料补齐补正后，再作出审批决定的一种审批方式。年内，市政府下发《廊坊市实行重点项目“容缺预审”的实施方案（试行）》，加快重点项目行政审批速度，提升项目服务质量。

【公共资源交易分段运行分段管理】 按照公共资源交易程序，市公共资源交易中心实行分段运行和分段管理的工作流程，形成关键环节相互衔接、相互制约的工作机制。分段运作包括业务受理、公告信息发布、抽取专家评委、交易活动组织实施4个阶段；分段管理包括交易受理、交易服务、交易评审、交易管控4个阶段，各阶段工作流程规范清晰，监管行为均有明确规则引导。

【交易工作流程“四统一”】 2015年，市公共资源交易中心建立并完善工作流程，所有工程建设项目（含水利、交通工程）、政府采购、土地交易、产权交易等进场交易项目执行“四统一”。统一受理登记，进入中心的交易项目需提交《廊坊市公共资源交易中心项目进场交易申请表》与《廊坊市公共资源综合项目进场交易复核登记表》，交易中心复核登记进场交易项目提交资料；统一交易时间、场地安排，所有进场交易项目在发布公告前，向交易中心提交交易申请，由交易中心统一安排项目开标时间、场地；统一在廊坊市公共资源交易中心网站发布招标公告；统一电子监察，进场交易项目开标、评标过程由交易中心专人统一管理，电子影音监控资料定期存档备案，便于协助有关部门查处交易活动中的违法违纪行为。

（冯莹惠）

外事·侨务

【概况】 2015年，廊坊市人民政府外事侨务办公室（以下简称市外侨办）围绕“廊坊快发展、外侨做贡献”总体要求和海外及港澳台嘉宾为国家总体外交服务、为“走出去”服务、为“引进来”服务、为全市重大对外经贸活动服务、为搞好政策把关服务“五个服务”中心任务，开展各项外侨工作。“5·18”经洽会期间，市外侨办会同省外侨办、市商务局，负责境外友好省州合作项目推介对接会、韩国主宾国活动、境外友好省州签约仪式、市领导活动及大会资料翻译等任务。邀请荷兰、比利时、日本等国家和中国香港地区6个团组230人参会。按照“鼓励走、规范报”原则，规范因公出国审核报批程序，全年审核因公出国境团组37批88人。邀请审核，在材料齐全无特殊情况下，2个工作日内办结邀请手续，全年办理海外及港澳台嘉宾邀请审核53批66人。开展外侨工作ISO9000体系认证管理，规范外侨工作程序，保障21项规章制度落实。

【“六个年”活动】 2015年，市外侨办开展外事“双服务年活动”（为走出去服务、为引进来服务）、侨务“双实年活动”（为归侨侨眷办实事、为廊坊发展办实事）、机关“双提年活动”（机关服务提质提速）、友好城市年活动、办卡年活动（办理APEC商务旅行卡）、爱民年活动（依托全市农村面貌改造提升驻村帮扶工作、为帮扶村街办实事）“六个年”活动。“办卡年活动”中，市外侨办重点走访发展成熟的园区及有海外业务的企业，普及APEC商旅卡的便捷之处和办理流程，鼓励企业拓展对外业务。全年为10家民营企业42人审核办理APEC商旅卡；以“爱民年活动”为载体，为固安县东红寺村争取帮扶资金50万元，并与市气象局共同出资10万元用于村街改造提升工程。

【外事接待】 2015年，市外侨办接待美国、德国、加拿大、韩国、泰国、比利时20个国家和中国香港、中国澳门地区的23批485名重要来宾。1月31日，接待美国、德国、斯洛伐克的国际绿色经济协会（IGEA）合作代表团50人，参观固安规划馆、新兴产业示范区，协助市商务局做好翻译工作。9月10日，接待美国圣安布鲁斯大学、奥古斯坦纳学院代表团2人到廊坊，与廊坊市教育局、市第八中学、管道局中学、香河第一中学就教学合作进行座谈交流。10月25日，接待美国迈阿密市市长顾问、迈阿密中国商贸中心执行董事一行3人到廊坊考察访问，双方就建立友好城市、促进旅游事业发展等事宜进行探讨交流。

【友好城市交往】 5月28日，以韩国论山市市长黄明善为团长的韩国论山市代表团一行15人到廊坊市开展为期2天的交流访问。11月24日，以日本松本市市长菅谷昭为团长的松本市政府代表团到廊坊市进行友好访问，并参加2市缔结友好20周年庆祝活动。友好访问团分别参观廊坊市规划馆、开发区有关企业，游览中日友好樱花园，与廊坊市第二中学、市人民医院进行友好交流活动，增进理解、加深友谊。

【侨务工作】 2015年，市外侨办向归侨侨眷开展“送温暖、献爱心”活动，落实救助制度，妥善解决困难归侨侨眷的生活问题。元旦、春节期间，市外侨办慰问病、困归侨侨眷、侨界知名人士80户，发放慰问金、慰问品60000元。春节前夕，市外侨办与市侨联组织由80名归侨侨眷代表和涉侨部门参加的迎新春联谊会。年内，为全市贫困归侨侨眷19户47人建立档案卡。争取侨务扶贫资金64300元，其中44300元由省侨办直接分发到户。全年处理归侨侨眷到访16人次，为1名四侨考生出具加分证明。

（章铭石）

中国人民政治协商会议廊坊市委员会

综　述

2015年，中国人民政治协商会议廊坊市第六届委员会（简称政协廊坊市第六届委员会）按照中共廊坊市委、廊坊市人民政府工作部署，团结带领全市政协委员和市政协各参加单位，组织开展多种形式的政治协商、民主监督、参政议政活动，组织政协委员开展6项调研、4项调查、9项视察。

围绕京津冀协同发展，开展“我为京津冀协同发展献一计”活动，征集意见、建议近百条。其中《把北京新机场空港新区打造成全省经济增长极重要支撑点》等建言成果被政协河北省委员会采用，并报中共河北省委、省人民政府，省长张庆伟等省领导分别作出重要批示。组织政协委员与全国40多个市政协组织联系交流，宣传廊坊，学习取经。利用各种形式与政协北京市委员会及政协北京市西城区委员会、政协北京市大兴区委员会就新机场建设、空港新区规划等进行探讨，共商协同发展大计。探讨与京津合作办医的新模式，组织部分市政协委员参加政协河北省委员会关于“推进与京津合作办医、提高基层医院医疗水平”的调研，并就廊坊市城区社区医院建设情况视察。调研与视察，使政协委员进一步了解廊坊市卫生医疗状况，提高站位，开阔视野，站在更高层面参政议政，提出有针对性的意见建议。

围绕科学制定廊坊市“十三五”规划，广泛动员全市各级政协委员为制定“十三五”规划建言献策。政协廊坊市第六届委员会各位副主席带队赴各县（市、区）和市直有关单位，走访各级政协委员300多人，召开座谈会15次，征集意见建议600多条，将征集的意见建议梳理归纳后，报送中共廊坊市委、廊坊市人民政府，市委书记王晓东批示有关部门认真研究采纳。

围绕科技创新课题，组织相关界别政协委员开展重点调研，形成《关于推进我市科技创新调研情况的报告》，作为政协廊坊市第六届委员会常委会建议案报送中共廊坊市委、廊坊市人民政府。市委书记王晓东、市长冯韶慧分别对该建议案作出批示，并责成有关部门认真梳理吸纳。

围绕全市重点工作和民生问题，组织征求意见座谈会16次。政协委员全体会议及政协常委会议、主席会议、专委会会议对事关全市经济社会发展的重大问题及全市中心工作和热点问题开展高层次协商、重点协商和专题协商。政协廊坊市委员会各专门委员会组织政协委员就大气污染防治、加大民主监督力度等议题开展专题协商28次。引导政协委员围绕全市重点工作和民生问题协商建言。通报全市经济社会发展情况、开展提案知识培训、印发参考题目，引导政协委员知情明政，提高政协委员围绕中心协商建言的能力和水平。

围绕依法治市开展监督，向全市各民主党派、工商联、有关人民团体，以及政协各县（市、区）委员会、全体市政协委员广泛征求意见建议。召开各级各类座谈会、议政会、协调会11次。组织相关政协委员赴先进地区学习考察，形成《关于推进我市依法治市调查与建议的报告》。政协廊坊市第六届委员会第十次常委会议就推进依法治市进行专题研究，集中交流调研成果，提出树立依法治市理念、科学立法、严格执法、强化监督、加强执法队伍建设五个方面建议，作为政协廊坊市第六届委员会常委会建议案报送中共廊坊市委。围绕公正司法、依法行政开展监督。选派155名民主监督员在67个单位开展重点部门常态监督、重要案件旁听庭审，推动司法公开、阳光司法。围绕加强民间融资风险防控开展监督和专题调查，形成《关于加强我市民间融资风险防控的报告》，提出加强融资风险防控工作的具体措施。市委书记王晓东、市长冯韶慧等市领导给予肯定。

围绕做大做强会展经济、利用港澳台资源扩大对外开放、重点工业项目和农业产业化项目建设开展调研、调查和视察活动，形成《做大做强廊坊会展经济的调研报告》《关于利用港澳台资源调查与建议的报告》。

围绕全市教育设施建设情况开展视察督导，了解学校基础设施配置、教育教学规模、校园环境等情况，从增加学校数量、提高教学质量、培育校园文化、打造特色品牌等方面向中共廊坊市委、廊坊市人民政府提出具体建议10余项。

围绕全市文物资源保护利用工作开展调研，形成《关于我市文物资源保护利用问题的调查与建议的报告》。推动全市首次文物保护工作会议召开。组织政协委员开展文化资源有形化和创建国家公共文化示范区视察，全面了解廊坊市文化资源现状，提出意见建议。发挥政协文史资料“存史、资政、团结、育人”的作用，征集廊坊市历史图片资料200多幅。组织开展京杭大运河廊坊段保护开发利用调查，形成《关于保护开发大运河调查与建议的报告》，提出改善京杭大运河廊坊段生态环境，借鉴经验、科学规划、突出特色、加强管控、合理利用等建议。市委书记王晓东、市长冯韶慧等市领导对报告建议分别作出批示。

围绕打造与中心城市相匹配的水资源环境开展调查，形成《关于打造与中心城市相匹配的水资源环境调查与建议的报告》，为提升中心城市建设品位献计献策。

【全国、全省、全市政协委员】 2015年，驻廊坊市的中国人民政治协商会议第十二届全国委员会委员有2名，分别是王文学、王玉锁；驻廊坊市的政协河北省委员会第十一届委员会委员有23名，分别是郑广富、吕爱英、孙宝水、魏向东、张纬东、徐光泰、张春燕、王万明、郭铁良、关景发、李新洪、贺曙光、李艳军、张玉华、李志、刘海燕、王轶、慧广、李培生、彭玉森、王东海、王宏乐、刘雅萍；政协廊坊市第六届委员会第三次会议委员有375名。

（刘　薇）

重要会议

【政协廊坊市第六届委员会第三次会议】 于1月27日至29日举行。政协廊坊市第六届委员会副主席孙宝水主持会议。应出席会议的政协委员375名，实际出席351名，符合规定人数。会议听取和讨论中共廊坊市委书记王晓东所作的讲话；听取并审议郑广富代表政协廊坊市第六届委员会常务委员会所作的工作报告和高树民代表政协廊坊市第六届委员会常务委员会所作的关于政协廊坊市委员会六届二次会议以来提案工作情况的报告；列席廊坊市第六届人民代表大会第三次会议，听取并讨论市长冯韶慧代表市政府所作的政府工作报告及其他报告。会议期间，与会政协委员围绕全市改革发展稳定的重大问题和人民群众普遍关心的问题，通过撰写提案、大会发言、分组讨论等形式，认真履行职能，积极建言献策，提出建设性的意见和建议。会议拥护王晓东代表中共廊坊市委在开幕会上所作的重要讲话，赞同冯韶慧代表廊坊市人民政府所作的政府工作报告，同意郑广富所作的政协廊坊市第六届委员会常务委员会工作报告和高树民所作的提案工作情况的报告。

【政协廊坊市第六届委员会第七次常委会议】
于1月20日召开。政协廊坊市第六届委员会主席郑广富主持会议并讲话，副主席孙宝水、王玉锁、魏向东、王学求、张纬东、徐光泰、张卫东、高树民、张春燕，秘书长徐长茂出席会议。市委统战部、市各民主党派、工商联驻会负责人，各人民团体负责人，政协廊坊市第六届委员会各副秘书长和相关部门负责人列席会议。会议审议人事事项，审议通过市委统战部《关于政协廊坊市第六届委员会委员拟调整意见》；审议通过政协廊坊市六届三次会议有关事项，审议通过《关于召开中国人民政治协商会议廊坊市第六届委员会第三次会议的决定（草案）》，审议通过《中国人民政治协商会议廊坊市第六届委员会常务委员会工作报告（草案）》并推举报告人，审议通过政协廊坊市第六届委员会常务委员会《关于六届二次会议以来提案工作情况的报告（草案）》并推举报告人，审议通过政协廊坊市第六届委员会第三次会议议程、日程，以及秘书长和副秘书长名单、委员编组办法、各组召集人名单、编组名单和列席单位名单（草案）；审议通过政协廊坊市第六届委员会各专门委员会和宣传信息办公室2014年工作报告（书面）。

【政协廊坊市第六届委员会第八次常委会议】
于1月28日召开。政协廊坊市第六届委员会主席郑广富，副主席孙宝水、魏向东、张纬东、徐光泰、张卫东、高树民、张春燕，秘书长徐长茂出席会议。廊坊市人民政府副市长王曦，市中级人民法院、市人民检察院以及市发改委、市财政局负责人到会听取意见和建议。会议由张卫东主持。会议听取政协廊坊市第六届委员会第三次会议大会秘书处及各组召集人关于各组讨论中共廊坊市委领导讲话和政协廊坊市委员会两个报告，政府工作报告、计划报告、预算报告，市中级人民法院工作报告、市人民检察院工作报告情况的汇报；听取各组召集人关于讨论大会政治决议（草案）和提案委员会关于政协廊坊市第六届委员会第三次会议提案审查情况的汇报；审议大会政治决议（草案）；审议提案委员会关于政协廊坊市第六届委员会第三次会议提案审查情况的报告（草案）。

【政协廊坊市第六届委员会第九次常委会议】
于6月30日召开。会议围绕如何“抓住京津冀协同发展重大机遇，推动廊坊科技创新发展”主题进行协商议政、建言献策。政协廊坊市第六届委员会主席郑广富出席会议并讲话，中共廊坊市委常委、廊坊市人民政府副市长贾永清应邀出席会议并通报廊坊市科技创新情况，听取政协廊坊市第六届委员会常委意见建议。政协廊坊市第六届委员会副主席孙宝水、王学求、张纬东、徐光泰、张卫东、张春燕，秘书长徐长茂出席会议。孙宝水、张卫东分别主持会议。驻廊坊市的政协河北省第十一届委员会委员、政协各县（市、区）委员会主席，市各民主党派、工商联驻会负责人，市总工会、团市委、市妇联、市科协、市侨联、市文联、市残联负责人，以及政协廊坊市委员会机关有关部门负责人列席会议。李艳军等12名政协廊坊市第六届委员会常委、委员以及政协廊坊市第六届委员会教科文卫体委员会负责人作大会发言，政协廊坊市第六届委员会33名常委、委员作书面发言。与会人员围绕完善落实科技创新政策、健全科技创新体制机制、打造科技创新平台、加大人才培养引进力度、营造科技创新氛围、支持科技型中小企业发展、加快农业现代化进程等方面提出意见建议100多条。会议通过有关人事任免事项。

【政协廊坊市第六届委员会第十次常委会议】 于10月20日召开。会议听取提案工作和提案办理情况的报告，围绕如何“推进依法治市、建设法治廊坊”主题进行协商议政、建言献策。政协廊坊市第六届委员会主席郑广富出席会议并讲话，中共廊坊市委常委、廊坊市人民政府常务副市长李波应邀出席会议。政协廊坊市第六届委员会副主席孙宝水、张纬东、徐光泰、高树民，秘书长徐长茂出席会议。高树民主持会议。驻廊坊市的政协河北省第十一届委员会委员、政协各县（市、区）委员会主席，市各民主党派、工商联驻会负责人，市总工会、团市委、市妇联、市科协、市侨联、市文联、市残联负责人以及政协廊坊市委员会机关有关部门负责人列席会议。会议听取廊坊市人民政府副秘书长邢华金代表市政府所作的《关于政协廊坊市第六届委员会第三次会议提案工作办理情况的通报》和廊坊市人民政府副秘书长李冬梅代表市政府所作的《关于深入推进依法行政 加快建设法治政府情况的通报》；审议并通过《关于政协廊坊市第六届委员会第三次会议以来提案工作的说明》（书面）。12名政协廊坊市第六届委员会常委、委员围绕“推进依法治市，建设法治廊坊”主题作大会发言，45名政协廊坊市第六届委员会常委、委员作书面发言。与会人员围绕提高提案质量、加大督办和跟踪问效力度、强化提案主体责任等内容对提案工作提出意见建议；围绕加强党的领导、科学立法、依法行政、公正司法、执法监督等内容对推进依法治市，建设法治廊坊提出意见建议。

（刘　薇）

提案办理

【概况】 2015年，政协廊坊市第六届委员会提案委员会制定重点提案督办实施方案，明确具体步骤和办理要求，提案按时办复率100%，答复函规范化率100%，政协委员对办理结果的满意率98.5%。年内收到政协委员提案392件，经审查立案交有关单位办理的380件，占提案总数的96.9%；未予立案作为意见建议处理的12件，占提案总数的3.1%。在立案提案中集体提案60件，政协委员提案320件。提案送交77个承办单位办理，至11月全部办复。其中，所提问题解决和部分解决的248件，占65.3%；正在解决和列入规划逐步解决的125件，占32.9%；因政策、体制和条件所限暂时难以解决，作解释说明的7件，占1.8%。

【经济建设和“三农”工作提案办理133件】 针对市政协委员张明礼“关于发挥区位优势全面深入对接京津的建议”，市发改委、市工信局、市环保局、市科技局科学规划，出台《加快推进京津冀协同发展行动方案（2014—2015）》《推进京津冀协同发展思路框架》和《科技成果创新转化示范区建设工作方案》。市政协委员李庆水“关于加强会展业与旅游业互动发展的建议”，市商务局、市旅游局认真研究，周密组织，在采取针对性营销策略、培育引进相结合、壮大产业规模方面取得新进展。市政协委员马文秀“关于整治农村环境卫生的建议”，得到市委农工部、市建设局、市环保局肯定。从2015年6月开始集中启动“百日会战”，完成改厕任务10.7万座，428个省级重点村全部达到市级绿化村，绿化率40%以上标准，所有村街落实了垃圾处理长效管护机制。

【城市建设和精细化管理提案办理107件】 为落实民进廊坊市委“关于进一步规范建筑市场管理的建议”，市政府出台《开展全市房地产开发建设违法行为专项整治方案》，廊坊市建设部门组成10个督导组拉网排查，对21项违法工程进行立案处理。市政协委员潘文朝“关于加快市区停车场建设的建议”，市规划部门纳入《城市总体规划（2013-2030）》，全市综合执法部门开展“机动车停放管理”专项行动，公安交警部门免费为市民提供停车泊位1700余个。环卫部门采纳市政协委员甘中学“关于建立垃圾分类示范区的建议”，在市区主要街道设置分类式果皮箱，选取大型社区作为示范点，从源头分拣、分类运输、分类处理各环节加以改造。

【生态文明和民生改善提案办理54件】 针对九三学社廊坊市委“关于加强粉尘重金属污染防治的建议”，市环保部门建立健全收集、检测制度，倒逼污染企业主动投保环责险，构建长效补偿机制。廊坊市人民政府抓住全市被民政部确定为养老服务业综合改革试点单位契机，采纳市政协委员刘丽梅“关于兴建大型综合性养老服务设施的建议”，制定出台《实施意见》，细化具体政策措施，力争早日形成养老服务新业态。水务部门落实刘中立、孙卡利等政协委员“关于加强水资源管理的建议”，谋划北三县供水工程，逐步将中心城区供水、污水处理、水系建设纳入水务一体化格局。

【社会事业发展提案办理86件】 市教育部门采纳民盟廊坊市委“关于加强校园安全的建议”，加强督查，排查出安全隐患2500余处，整改2143处，其余隐患正在限期整改。市政协委员张宝富“关于打造文化体验城市、提高廊坊文化软实力的建议”，为市文化部门编制《廊坊城市公共文化设施专项规划》所吸收。市政协委员张克锋“关于保护文安古城墙的建议”得到较好落实，文化管理部门开门办案，当面听取意见，并着手对墙体进行3D扫描和航拍，为提高保护级别摸清底数。

（刘　薇）

政协委员建议选辑

【关于加强全市校园安全教育的建议】 该建议由中国民主同盟廊坊市委员会提出。主要内容：通过调查发现，廊坊市中小学采取一系列措施使安全教育进学校、进课堂。安全教育取得成效的同时存在安全教育形式化比较突出、安全教育变成了“安全管理”、安全教育方法相对简单、安全教育资源不足四个问题。危害学校安全的事件有校内安全事件、校园外安全事件两类。引发校园安全问题的原因：安全教育不到位，安全工作重视不够；安全经费不足，安全监管不到位；心理疏导不到位，心理失衡；基层地方政府管理校园环境乏力，管理缺位，造成网吧、游戏厅、社会闲杂人员影响校园安全，是产生校园安全问题的主要因素；家长注重应试教育和素质教育的培养，忽视思想教育和法制安全教育；社会闲散人员以及部分双差生（思想品德差，学习成绩差）毕业后无处可去，在学校门口堵截学生，抢劫或勒索财物，打架斗殴、拉帮结派；部分司机违章停车，学校附近不减速，横冲直撞。建议：1. 加强管理，明确责任。地方各级教育部门、行政监管部门要按照“属地管理，分级负责”原则，切实担负起学校安全管理职责，将行政区域内所有中小学校和幼儿园安全工作纳入监管范围。2. 加强教育，提高认识。行政司法机关进校宣传教育，各级教育行政部门继续分级分批组织开展中小学校长安全管理培训，同时定期组织学校法制副校长和安全管理人员安全管理专门培训，培训内容为有关中小学安全法律法规、政策、预防常见事故、处置突发事件等。3. 加强检查，消除隐患。学校要在春秋季节开学前普遍开展校园安全检查，消除各类安全隐患。教育行政部门和有关督导部门要通过明察暗访、专项检查、互检互查等形式定期或不定期检查校园建筑、设备设施、活动场地、周边环境等，并督促安全问题学校及时整改。4. 加强合作，齐抓共管。各级行政教育部门要加强与公安、安监、卫生、文化、交通等有关部门的联系，密切配合，齐抓共管，及时沟通情况，解决重点问题。

【关于兴建大型综合性养老服务设施的建议】 该建议由政协委员刘丽梅提出。主要内容：随着生活水平和医疗条件的提高，老龄人口比例增加，人均寿命增长，中国已进入老龄化社会，养老成为社会问题和家庭负担。老年人应受到国家和全社会尊重、关爱。为了能让老年人安度晚年，享受国家、社会和亲人关爱，同时减轻子女后顾之忧，办好福利养老院是解决问题的重要途径。廊坊市缺少条件较好的综合性养老机构。建议：在东方大学城利用已有的地理、人文等条件，由政府、社会和个人共同出资筹建一所大型综合性养老院。可依据老人的年龄和身体状况分为不同的区域，例如学习休闲娱乐区、疾病医疗康复护理区、临终关怀区等，解决不同情况老年人的养老需求，同时解决一部分人就业。

【关于整治农村环境卫生的建议】 该建议由政协委员马文秀提出。主要内容：随着农村城镇化发展趋势，全市所属的农村基础设施建设、生态环境及生产生活环境综合整治成为亟待解决的问题。农民的卫生意识、生活习惯、经济条件、生活设施相对滞后，存在垃圾随意处理，环卫设施不配套，白色污染不断蔓延的现象。环境卫生管理无序，危害农民生产生活影响身心健康，急需采取有效措施加以解决。大力开展农村环境卫生综合整治，是建设实现农村三个文明，提高农村综合竞争力，维护全市农民根本利益的具体需要。建议：分级成立环卫队。乡镇政府成立乡镇、村两级环卫队。乡镇环卫队负责管理整个乡镇所属的村级环卫队，协调垃圾运输处置。村级环卫队负责所属村庄街道清扫和垃圾清运。制订垃圾处理村规民约。明确规定垃圾堆放地点、运送地点、清理运费，保障环卫工作顺利开展。建立健全沟通互动机制。乡镇、村环卫队建立互相沟通机制，明确清理地域，垃圾集中处理。建立环卫资源共享机制。建立经费帮扶制度。保障农村环卫队稳定运行经费。

（刘　薇）

民主党派·工商联

中国民主同盟廊坊市委员会

【概况】 2015年，中国民主同盟廊坊市委员会（简称民盟廊坊市委）有民盟会员484人，在职盟员384人，其中大学以上文化程度占95.8%，高级职称165人，平均年龄50岁；市政协委员14人，市人大代表4人，县（市、区）人大代表、政协委员12人。民盟廊坊市委委员15人，其中主任委员1人，副主任委员4人。设3个总支部。年内发展新盟员43名，举办基层组织负责人培训班，部署基层组织换届，下发《关于进一步加强基层组织建设的意见》和《关于做好基层组织换届工作的意见》，12月，召开基层组织负责人会议，部署落实支部换届。廊坊市“两会”期间提交大会发言3件，集体提案7件，个人提案30件。调研课题《推进公共文化服务体系建设　建设公共文化服务强省》被民盟河北省委列为重点课题。《加快建设河系联通工程　彻底改善廊坊水生态环境》调研报告上报中共廊坊市委。组织医务专家40人次到固安县和大城县村街义诊2次，诊治患者800人次，赠送药品价值近万元，分发健康资料1万余份。举办50场公益讲座和公益培训，内容涉及卫生、教育、手机安全、书法艺术等。编辑出版《廊坊民盟》报，开通微信公众平台，发布消息23期102条。《中国政党协商的性质和特点研究》理论调研课题结题。宣传普及《群言》刊物征订，受到群言杂志社和民盟河北省委表彰。

【组织建设】 民盟廊坊市委各支部评选先进支部和优秀盟员，报送民盟联合一支部和民盟廊坊师范学院总支部为民盟河北省先进支部，26名盟员为河北省优秀盟员。民盟医卫支部、管道局老年支部、电子信息工程学校支部、霸州支部为廊坊市先进基层盟组织，25名盟员为廊坊市优秀盟员。联合总支部组织盟员赴狼牙山进行爱国主义教育，联合一支部组织40余名小学生和家长参加自然公园义务植树，医卫支部召开建言献策座谈会，电子信息工程学校支部研讨民盟抗日战争史主题，管道局老年支部组织参政议政座谈。民盟廊坊市委在民盟霸州支部、三河燕郊支部、市农业局支部、联合一支部成立4处基层学习实践活动平台——盟员之家。组织盟员参加民盟中央、民盟河北省委、廊坊市政协、廊坊市委统战部组织的学习、培训、考察。

【参政议政】 廊坊市“两会”期间，民盟廊坊市委提交大会发言3件，分别是《提高城市文化软实力　打造文化体验城市》《加强垃圾分类处理　打造干净整洁都市》《解决水资源紧缺问题　为廊坊城市发展提供水资源支撑》，其中2篇发言被民盟河北省委作为集体提案提交省政协全会。民盟廊坊市委、廊坊市文广新局和河北省民盟文化委员会组成课题组调研《推进公共文化服务体系建设　建设公共文化服务强省》，形成调研报告报民盟河北省委作为省政协大会发言，同时报中共廊坊市委。调研报告《加快建设河系联通工程　彻底改善廊坊水生态环境》

受到市委书记王晓东肯定。年内为廊坊市政协报调研报告1篇，为廊坊市委统战部提交建议2篇。向廊坊市政协六届九次、十次常委会议提交大会发言3篇。

【参加社会公益活动】 9月，民盟廊坊市委购置价值3500元奶粉等婴幼儿用品到廊坊开发区和谐之家福利院慰问孤残儿童。11月，组织市医院、中医院、市健康教育所20名医务专家赴大城县平舒镇北李庄村义诊，赠送价值4000余元常用药品，受益患者400余人次，发放100份健康用品，环保宣传册、健康宣传材料20余种，6000份。民盟廊坊市委盟员侯振国入选“德耀中华·第五届全国道德模范·助人为乐模范候选人”。

（王晓峰）

中国民主建国会廊坊市委员会

【概况】 2015年，中国民主建国会廊坊市委员会（简称民建廊坊市委）有民建会员311人。其中公有制经济界57人，新的社会阶层界81人，科技界43人，教育界62人，文艺界3人，卫生界16人，政府机关界36人，司法机关界4人，党派机关界2人，社会团体界3人，人大、政协机关界1人。民建会员中高级职称192人，占全市会员总数的61.7%。省、市人大代表、政协委员30人，全国政协委员1人，省人大代表3人、省政协常委1人、省政协委员1人，市政协副主席2人、市人大常委2人、市政协常委5人、市人大代表4人，市政协委员11人。民建廊坊市委有主任委员和副主任委员5人，市委委员16人，下设13个基层组织。

是年，民建廊坊市委精选民建河北省委和廊坊市委统战部下发的6个调研题目，分成6个调研组到北京市、天津市、河北省和廊坊市各县调研，形成《经济新常态下提升河北省民营经济竞争力的建议》《京津冀协同发展战略环境下廊坊市产业发展的建议》《基于区域环境治理创新机制视角下的京津冀产业发展建议》《进一步加强民主党派市级领导班子建设的思考》《加快推进廊坊市科技成果创新环境建设的建议》《京津冀协同发展视角中的河北省产业结构调整思路》调研报告，分别上报民建河北省委和廊坊市委统战部。向民建中央、民建河北省委、廊坊市政协，及市委统战部反映社情民意信息26条，其中，《着力推进京津冀文化产业协同发展的建议》等17条被采用。民建廊坊市委发动各支部、专委会提出省、市“十三五”规划编制意见建议，调研“十三五”时期重点问题，向民建河北省委和中共廊坊市委报送《加快推进廊坊市科技成果创新环境建设的建议》等4篇报告。出版《廊坊民建》刊物4期，《民建廊坊市委举办纪念中国民主建国会成立70周年书画摄影展》等10篇稿件被民建中央网站登载，《民建廊坊市委举办会史知识讲座》等15篇稿件被《河北民建》刊登，《民建廊坊市委人资环委员会组织会员到文安县调研湿地生态项目建设》等17篇稿件被民建河北省委网站登载。

【组织建设】 全年发展会员25名，平均年龄38.3岁，全部为大专以上学历。选派1人参加由民建中央主办的全国基层组织主任委员培训班，5人参加全省民建基层组织负责人培训班，9人参加市委统战部举办的党外干部培训班。3月7日妇女委员会为50多名女会员体检“两癌”筛查。4月18日，人口资源环境委员会开展世界地球日活动，调研文安县“世界地球日暨文安保护湿地，节约集约利用国土资源，更好地提高资源利用效益”专题。5月24日，市直支部组织会员参加北京市朝阳区科技四支部“会员之家”成立5周年纪念活动。12月28日，参加民建河北省委“民建好会员”先进事迹报告会，会员李海玲作《做事业就像跑马拉松，不停下就会赢》发言，李玉荣、赵勇书面事迹受到民建省委好评。民建廊坊市委被民建省委授予参政议政先进单位。徐光泰被民建中央授予“参政议政先进个人”。民建三河总支被民建中央授予“先进基层组织”，纪志金被民建中央授予“先进个人”。综合二支部、三河总支被民建省委授予“先进基层组织”。纪志金、吴宝生、杨会良、周春燕被民建河北省委授予“先进个人”。徐光泰、孟庆强被民建河北省委授予“参政议政先进个人”，董铁刚被民建河北省委授予“宣传报道先进个人”荣誉称号。

【参政议政】 廊坊市“两会”期间，民建廊坊市委向市政协六届三次会议提交《关于全面推进“法治廊坊”建设的建议》发言，提交《拓展和完善社会投融资推动城镇化建设健康发展的建议》《加强对现有的民间融资服务机构监管力度的建议》等10件集体提案，政协委员提交个人提案28件全部立案，占大会立案提案总数的11.9%。人大代表提交个人建议3篇。《关于优化河北省项目投资环境的建议》得到省政协十一届四次全会重视，提出7项改进措施和建议被省发改委借鉴吸收，刊登在《河北日报》上。向省政协十二次、十三次和十四次常委会报送发言材料4篇。

【社会服务】 民建廊坊市委法制委员会与“廊坊市中小企业服务平台”组建“廊坊市中小企业法律服务中心”，全年为会内外中小企业提供62次免费法律咨询服务。6月5日，由中国民主建国会廊坊市委员会作为主办方之一的“2015年京津冀协同发展金融投资环境论坛”召开，论坛主题为“协同、互联、互通、共赢”，探讨京津冀协同发展中产业定位、产业合作机制、空港新城规划、企业投融资策略等。“5·18”经洽会期间，会员企业北京市汇金益远投资有限公司签约2个项目，计划投资6.3亿元。勘探所支部2次为牧羊地国际儿童村送去价值5000余元的生活学习用品。廊坊职业技术学院支部组织会员带领爱心社学生在廊坊复聪学校开展“走进复聪，奉献爱心”主题活动。

【民建成立70周年纪念活动】 5月10日，52名新会员听取“风雨同舟70年”会史知识讲座。同日，基层支部8名会员参加民建市委宣传部举办的“理想、奉献、希望，我与民建共成长”演讲比赛，机关支部王爱芳、三河总支部李远获一等奖。王爱芳代表民建廊坊市委出席省委举办的演讲比赛并获三等奖。9月11日至20日，廊坊市博物馆举办“纪念中国民主建国会成立70周年书画摄影展暨民建河北省委书画摄影展巡展”。出版《纪念民建成立70周年书画摄影作品集》。为纪念建会70周年专题征文，收到26篇稿件，择优刊登于会刊。三河总支部举办“纪念中国民主建国会成立70周年华诞文艺晚会”。市直支部和廊坊师院支部举办“民建会史讲座”。

（董铁刚）

中国民主促进会廊坊市委员会

【概况】 2015年，中国民主促进会廊坊市委员会（简称民进廊坊市委）有会员218名，大学及以上学历164人，教育界145人，科技界8人，医卫界15人，文化艺术界14人，公有制经济界3人，其他界别33人。中高级职称171人，占全市会员总数78%。省、市人大代表、政协委员13人。民进廊坊市委有主任委员和副主任委员5人，市委委员14人，下设9个基层支部。

年内获中国民主促进会全国社会服务工作先进集体称号，民进河北省委社会服务工作市级组织特等奖、民进河北省委参政议政先进单位特等奖、社情民意信息工作先进单位三等奖，《物联网技术下的农业产业示范工程》获民进河北省委社会服务工作优秀成果奖。

【组织建设】 3月，上报《民进廊坊市委关于市级组织领导班子后备干部的沟通意见》，调整民进廊坊市委驻会副主委，全年发展会员11名，其中教育界5人，文化艺术界2人，科技界1人，行政机关3人。1人具有硕士研究生学历，8人具有本科学历。中高级职称5人。组织学习中央会议精神，4月8日，转发《民进河北省委关于学习贯彻十二届全国人大三次会议和全国政协十二届三次会议精神的通知》，要求基层支部学习会议精神。5月18日，组织机关干部学习统战工作会议精神及《中国共产党统一战线工作条例（试行）》，撰写体会文章。中国民主促进会成立70周年纪念活动期间，开展口述会史、书画作品展、学会章会史、“建一言献一策”“民进优良传统的时代价值与继承”理论征文5项活动。7月9日举办纪念民进成立70周年美术作品观摩展。12月26日，召开民进廊坊市委庆祝中国民主促进会成立70周年暨2015年工作总结大会。

【参政议政】 廊坊市“两会”期间提交提案36件，其中集体提案6件，委员个人提案30件，人大建议5件。7篇大会发言入选六届三次政协会议书面发言材料。其中《进一步规范建筑市场管理　促进我市建筑业上档升级》作为大会口头发言，被列入市委、市政府2015年全市十项集中行动之一。《社区治理中存在的问题及对策》《关于打造京津冀文化产业高地的建议》被民进河北省委采用，作为省政协会议集体提案，其中《关于打造京津冀文化产业高地的建议》得到河北省委常委、宣传部部长艾文礼批示。3篇调研被选为市政协常委会议发言，1篇被选为口头发言。两个提案被市政协确定为2016年重点提案。

全年收到会员社情民意信息99篇，上报社情民意信息20多篇。其中《农村幼儿园师资队伍状况堪忧》被民进河北省委采用，《完善中小企业法律顾问制度的建议》被省政协采用，《关于避免防控传染病物资浪费的建议》被市政协采用。《关爱留守儿童，促进教育公平的建议》等6篇建议被市委统战部“两会”专刊综合采用。

【调研座谈】 4月，民进中央主席严隽琪到霸州胜芳调研公共文化服务体系建设；5月，民进廊坊市委员会组织部分市委委员和文化界会员调研“十三五”期间廊坊市文化产业发展，形成《廊坊市文化产业发展对策》调研报告；11月，民进河北省委秘书长李建强一行到廊坊开展参政议政省市联合调研，取得7个调研成果，其中《以医师多点执业为突破　推进京津冀医疗协同发展》《财政“穿针引线”　释放金融活水　为稳增长调结构促改革提供强力支撑》被选为2016年省政协十一届四次会议大会发言。配合市委统战部开展调研，形成3篇调研报告，其中《“十三五”阶段廊坊市文化产业发展对策建议》《关于农村幼儿园现状分析及建议措施》得到廊坊市委书记王晓东批示。调研报告《将廊坊旅游资源纳入京津旅游总体规划项目的构想》获2015年度廊坊市委统战工作调研成果市级特别奖。

【社会服务】 2015年，推广“基于物联网技术的产供销一体化管理的合作社管理”服务农业平台。在山东省潍坊市的临朐、诸城等县（市）建立聚泽农民专业合作社，开发建立150个农业技术服务站，吸收社员1万户，建立安全蔬菜生产基地4000公顷。开发黑龙江勃利县2万公顷优质非转基因大豆基地项目。义务为弱势群体提供法律服务，涉及案件23件，帮扶100人。组织会员开办12期“书香读书会”公益文化活动。9月23日，组织会员联合其他民主党派赴固安县大韩寨村义诊，服务群众300余人，送出价值3000余元药品。会员自发开展健康大讲堂活动，利用业余时间为市民传播健康知识。民进廊坊市委员会宣传公益理念，号召会员响应民进中央发起的“书香彩虹”捐书活动，为贵州省金沙县捐赠图书2419册。

（赵　阳）

中国农工民主党廊坊市委员会

【概况】 2015年，中国农工民主党廊坊市委员会（简称农工党廊坊市委）有农工党员240人。其中医药卫生界161人，科技界33人，教育界11人，文艺界13人，经济界4人，其他界别20人。高级职称人数152人，占全市农工党员总数63%。主任委员和副主任委员4人，市委委员15人，设11个基层组织。年内成立市中医院支委会。全年发展23名农工党新党员。12月26日召开纪念农工党成立85周年暨30周年总结表彰大会。2015年农工党中央授予中国农工民主党廊坊市委员会“第二十六届‘国际科学与和平周’先进集体”和“第七届‘中国环境与健康宣传周’先进集体”荣誉称号。

【思想建设】 2015年，农工党廊坊市委会组织市委委员、基层组织负责人集中学习《十八届四中全会精神》《习近平总书记同党外人士共迎新春时重要讲话精神》《全国及河北省“两会”精神》《农工党中央十五届三中全会精神》，及中国农工民主党河北省委历次会议精神，撰写理论文章《民主党派协商能力存在的问题与建议》。由农工党河北省委部署，按照《开展坚持和发展中国特色社会主义学习实践活动2013—2017年工作规划》，3名党员参加“学讲话、学党章、学党史”知识竞赛系列活动并获二等奖，选拔1名农工党员到河北省队参加各省比赛。农工党廊坊市委会员参加市委、市政府“解放思想、创新驱动专题培训会议”“中央、省、市三级廉政工作会议”“全市县处级以上领导干部‘三严三实’专题教育集中轮训班”，及市委统战部“全市统战系统学习贯彻中央统战工作会议精神专题培训班”。全体农工党员参加“第七届北京地坛公园中医院健康文化节”，学习北京市社会服务先进经验。组织骨干党员到贵州省学习交流。创办“中国梦 农工情”微信群，传播农工党廊坊市委会活动情况、参政议政重要成果和先进人物事迹，上报相关部门和媒体，予以及时报道。

【参政议政】 2015年，农工党廊坊市委参加市政协组织的政协协商民主建设专题调研，听取协商民主理论精髓、内涵实质、重大意义，以及政协在协商民主中重要作用专题讲座，实地考察青岛市黄岛区、李沧区协商民主建设经验和做法，形成《科学合理规划城市管道建设》《携手共建生态文明廊坊》《十三五期间我市智慧城市建设的调研》的报告。在人大、政协会议建言献策，省政协十一届一次会议期间，主任委员魏向东提交2件提案。廊坊市六届三次政协会议期间，农工党廊坊市委会提交大会发言，集体提案7件，个人提案20件。魏向东代表农工党廊坊市委作题为《对接京津，借势发展，创建人民满意的医疗服务体系》大会发言，选登在1月28日《廊坊日报》。廊坊市六届三次人大会议期间提交个人建议案4件。政协委员高云的提案《发展公共交通，加快对接步伐》、李素红的提案《把区位优势转化为协同发展新优势》、人大代表郭华伟的建议案《加快对接推进京津冀医疗卫生协同发展》刊登在1月30日《廊坊日报》。10名党员被聘为市、区特约监督员、监察员、审计员、教育督导员、人民陪审员和行风监督员，发挥参政党民主监督作用。

【社会服务】 6月2日，联合市政协教科文卫体委员会、市卫生和计划生育委员会、市医院、永清县医院，组织10余名医务界专家在永清县韩村镇董家务村开展第八届“中国环境与健康周”义诊，近300人次接受诊治和健康指导，发放价值5000多元常用药品35种。7月26日，联合多家单位在时代广场举办“抗击肝炎，预防先行”大型宣传义诊，特邀廊坊市人民医院感染科原主任、肝病专家李乐天专题讲座肝病防治健康知识。11月12日，联合中国民主同盟廊坊市委员会在大城县平舒镇北李庄子村开展第二十七届中国“国际科学与和平周”义诊，受益群众400余名。

（冯　丽）

九三学社廊坊市委员会

【概况】 2015年，九三学社廊坊市委员会有社员319人。其中，科学技术界111人，医药卫生界67人，高等教育界50人，其他界别91人。高级职称198人，硕士研究生以上学历69人，平均年龄54.3岁。九三学社廊坊市委员会有主任委员和副主任委员5人，市委委员15人，设3个基层委员会，15个支社。社员中，王学求担任全国人大代表、九三学社河北省委副主委、市政协副主席；李志担任省政协委员、市人大常委；李志芳、要根明担任市政协常委，另有市政协委员9人、区政协副主席1人、区政协委员6人。九三学社建社70周年庆祝活动期间，举办社章社史和参政议政讲座，组织社员学习国家政策方针、社章社史。编撰《九三学社廊坊志》，记述九三学社廊坊市委员会成立30年历史。开展社会服务，被评为九三学社中央“2011—2015年社会服务工作先进集体”。

【组织建设】 11月至12月初完成基层组织换届，由原有的9个支社、1个小组调整为3个基层委员会、15个支社。12月10日—13日，在重庆市举办新一届基层组织领导干部培训班，开展爱国主义、民主党派历史和中共中央统战工作会议精神、参政党理论教育。推荐选举8名后备干部。全年发展社员19人，平均年龄37.7岁。其中，高级职称7人，中级职称11人；博士研究生1人，硕士研究生9人，本科学历9人。年内九三学社廊坊市委员会总结农林、管道、医卫支社基层组织典型活动汇报材料被编入《九三学社河北省委员会基层组织工作优秀案例选编》。管道支社汇报材料入选社中央《九三学社基层组织活动典型案例选编》。组织申报九三学社中央建社70周年先进基层组织、先进社员、优秀社务工作者表彰材料。

【参政议政】 全国人大代表王学求向全国人大十二届三次会议提交《建设京津冀协同发展科技成果转化示范区》《摸清一路一带资源现状，为基础设施建设提供保障》《以城际轨道交通为核心，打造北京与周边一体化交通网络》3件建议，全国人大会议期间接受河北电视台采访，阐述京津冀地区协同发展从“加强”到“突破”的变化，以及河北迎来的发展机遇和工作突破点、着力点。省政协委员李志向省政协十一届二次会议提交《看河北在京津冀协同发展中如何破题》提案。社市委组织上报全国两会信息6件，提交市政协会议《以法治廊坊建设为契机提升廊坊市城市建设和管理水平》等集体提案7件，政协委员提交个人提案26件。向九三学社中央、省政协常委会、市政协、市委统战部提交调研文章15篇。向市政协提交社情民意信息16条。参加政府工作报告征求意见会、工作情况通报会、市政府“十三五”规划等征求意见会10余次。副主任委员要根明《以统筹立体交通体系为抓手，构建京南发展新轴线》的建议被九三学社中央采纳，社中央主席韩启德在中共中央党外人士座谈会上就此建议向习近平等中共中央领导汇报。

【社会服务】 6月8日组织社内农业、医务专家赴万庄镇集市开展下乡服务。发放蔬菜种植、种子真假鉴别等科技资料，免费为群众检查身体，赠送防暑、助消化等10余种常规药品，讲解高血压、冠心病、皮肤病等常见病和传染性疾病防治知识。9月23日，组织社内医疗专家参加民主党派、市委和市委统战部联合义诊，为固安县大韩寨村少数民族群众送医送药。年内参加九三学社河北省委“贫困脑瘫患儿免费救治”，协助石家庄脑系医院医疗专家临床筛查，再次为永清2名脑瘫患儿争取到免费康复手术救助名额，永清县共有4名贫困脑瘫患儿得到免费救治。九三学社廊坊市委员会与廊坊中天建会计师事务所为术后患儿送去8000元康复金。

【理论研究】 组织报送九三学社中央理论研究课题4篇。其中，《社务工作中的继承传统与开拓创新》《浅析影响参政党民主监督职能发挥的负面因素及解决办法》分别在“九三学社坚持和发展中国特色社会主义学习实践活动经验交流会暨第二届专题论坛”及九三学社中央“参政党理论研究招标课题成果会”作大会交流。报送社省委、市委统战部理论研究文章3篇。组织九三学社廊坊市委委员参加市委统战部学习班，赴延安社会主义学院学习“延安精神”及统一战线理论，组织骨干社员参加社省委宣传和理论培训班。

【九三学社中央副主席赖明到廊坊调研】 5月7日至9日，全国政协提案委副主任、九三学社中央副主席赖明带领京津冀三地专家就“疏解北京非首都功能，助推京津冀一体化”到廊坊考察调研。先后考察固安县规划馆、河北航天振邦精密机械有限公司、卫星产业导航港项目、肽谷生命科学园，及霸州市李少春大剧院、华夏民间收藏馆。九三学社廊坊市委员会主任委员王学求，副主任委员李志、李志芳、要根明参加调研。座谈会上，赖明强调，有序疏解北京非首都功能要树立全局观念，以改革促进协调发展，围绕重点、细化功能疏解的内容，重点抓住交通、生态环境和产业对接、功能对接三个重要领域；要更加突出做好顶层设计，京津冀三地城市群要坚持“多规融合”原则，统筹做好京津冀协同发展规划，并落到实处；建立市场配置资源的机制，打破行政配置资源的惯例，实现公共服务均等化。要根明作调研主题汇报。

（黄文珍）

廊坊市工商业联合会

【概况】 2015年，廊坊市工商业联合会（简称市工商联）直属商（协）会17个。年内走访140家企业，发放问卷1100份，形成民营企业创新创业情况调研报告。联系京津两地工商联，举办“东和廊”对接合作协同发展会议。组织企业家实地考察湖北省武汉市、福建省福州市和漳州市，组建廊坊市商务代表团参观考察斯洛伐克、捷克、罗马尼亚，通过经贸洽谈建立良好合作关系。为民营企业提供金融、法律、人才服务。为青年创业者和高校毕业生提供开放式新型创新创业公共服务平台“廊坊市创业梦工场”。市工商联在市级以上新闻媒体刊发稿件32篇，建立廊坊市工商联微信平台，举办7期“企业家沙龙”，培训500余人次，举办2期优秀企业家高级研修班。

【参政议政】 7月22日，市工商联组织60家企业负责人参加市委、市政府召开的民营企业家座谈会。出版《廊坊市理想信念教育实践活动专刊》，利用《商会》内刊宣传、贯彻党和国家的方针政策，加强思想政治工作，推动企业文化建设。建立健全定点联系企业制度，了解企业生产经营状况，及时解决反映的问题。由民营经济研究会制定年度调研计划，起草《关于支持廊坊市民企走出去的建议》调研报告，为各级党委、政府决策提供真实可靠依据。

【经济联络】 年内，市工商联与北京市朝阳区、通州区和天津市武清区、滨海新区、蓟县签订友好商会协议，建立相互沟通合作机制和信息资源共享平台，促成北京鑫翼龙房地产开发有限公司在廊坊投资1.2亿元建设老年社区服务中心项目和廊坊市诺尔信化工有限公司在滨海新区投资2亿元建分厂投资意向。12月15日，市工商联与北京市东城区、天津市和平区工商联举办“东和廊”对接合作协同发展会议，三地工商联签订合作协议。组织企业家考察湖北省武汉市、福建省福州市和漳州市，了解武汉盛隆集团企业大学建设情况，交流企业创新经验，与东湖新技术创业中心和中国光谷创业产业基地负责人交流孵化器扶植政策及先进经验做法。在福州市和漳州市组织3次座谈，交流双方投资环境、产业发展，以及工商联机关建设、商（协）会党委建设和宣教培训。“5·18”经洽会期间，邀请30名有投资意向的国内外客商与廊坊市民营企业和商会代表对接交流。其中，斯洛伐克IMAO电力公司与河北安维环境工程有限公司达成“沼气发电技术引进”合作意向，安次区经济技术开发区与斯洛伐克投资组团签订《“中国·斯洛伐克汽车公园”汽车产业综合体项目战略合作意向书》，霸州市利华燃气回收储运有限公司与新疆轮台县人民政府签订投资7亿元的天然气回收、储运项目。9月22日至10月1日，廊坊市总商会代表团出访塞尔维亚、匈牙利和斯洛伐克，举办3场中国廊坊专题推介会，实地考察9家企业，与匈牙利绿色燃气研究中心、易贸环保公司达成合作意向。

【会员服务】 市工商联与青云企业孵化器（廊坊）有限公司合作，创建“廊坊市创业梦工场”开放式新型创业公共服务平台，占地面积1300平方米，200多个工位，可同时容纳创业大学生400个，创业团队60家，其中注册企业35家。8月，举办金融服务周活动，廊坊市中国银行、工商银行、农业银行、建设银行等24家金融机构与128家民营企业对接洽谈，达成融资意向95项，意向融资额1.1亿元。与鸿悦（廊坊）企业管理有限公司合作，为具有成长潜力的中小微企业提供系列配套金融服务拓宽融资渠道，推荐Q/E板挂牌、企业上市（新三板）融资、融资方案设计、投资分析、股份改制、收购兼并，以及企业长期发展规划,北大工贸、博格达商贸、济世家康、亿宝网络、聚和生材料5家企业在上海股交所（Q板）挂牌。为企业招聘各类人才379人；举办民营企业招聘周活动，组织30家民营企业提供750余个就业岗位，850余人进场求职，其中180人达成初步就业意向。7月23日，市工商联与市地税局联合组建廊坊市“纳税人之家”，为会员企业了解税收政策、开展纳税服务、维护合法权益提供平台。举办企业财务人员税法培训和“纳税人之家”第一次企业家座谈会，税务部门负责人现场解答和处理企业家提出的意见和建议。

【宣传培训】 年内，市工商联举办“企业家沙龙”7期，培训500余人次。4月，与四川大学网络教育学院联合举办“廊坊市优秀企业家高级研修班”，廊坊各县（市、区）和各直属商（协会）55名企业家参加培训，参观考察四川奈特阀门有限公司、四川琪达实业集团等企业。5月，邀请专家学者为民营企业家讲授“守法诚信”“互联网思维下的传统企业转型”“大资本背景下的企业投融资管理与资本运营”等课程。11月，组织50名民营企业家赴西安交通大学经济与金融学院，培训“当前经济形势与政策”“互联网背景下的资本运营”“资本市场投融资环境”“公司治理与股权激励”“私募股权基金”等课程，在长安信托公司等企业现场学习交流。

【商会建设】 酒类商会建立《廊坊市酒类行业自律公约》，组织会员企业集中学习新《食品安全法》和新《消费者权益保护法》等相关法律法规和政策。教育引导会员企业践行中国白酒“3C”计划（即品质诚实、服务诚心、产业诚信）；汽车行业商会举办“首届‘3·15’河北廊坊汽车展览会”，展出面积20000多平方米，40余家会员企业参加展览会，展出品牌系列产品400余辆，进场观众7万余人，签订300多台订单。浙江商会举办经济形势报告会，与建设银行签订《银商合作协议书》，与重庆市丰都县人民政府签订《经济合作投资意向书》，邀请中国商业联合会会长张志刚、国务院参事姚景源作专题讲座。成立廊坊市青年企业家商会、廊坊市小微企业协会。

（周春辉）

人民团体

廊坊市总工会

【概况】 2015年，廊坊市总工会（以下简称市总工会）落实河北省总工会十二届三次全委会工作部署，发挥工会推动发展、凝聚人心、服务职工、促进和谐的作用，建立健全劳动合同、集体合同、职工代表大会等协调劳动关系机制，促进全市劳动关系和谐发展。各级工会组织加强工作指导，学习培训典型典范，帮助企业开展民主管理工作，在已建立工会组织的企事业单位中有6031家建立民主管理制度，建制率86%。全年新增职工代表大会制度规范化建设达标单位260家，全市累计1385家。申报培育河北省厂务公开民主管理示范单位7家。推进工资集体协商工作，全市签订工资专项集体合同企业1.2万家，其中达到A类、B类标准的企业2176家。坚持工会与同级政府联席会议制度，三河市、霸州市等8个县（市、区）总工会召开与同级政府的联席会议，研究解决开发区工会组织建设工作等10项涉及职工利益和工会发展的问题。召开全市庆“五一”劳模座谈会，落实劳模各项待遇，组织劳模健康体检，开展劳模特困救助、发放生活补助和慰问等关爱行动，全年帮扶救助困难劳模78人，发放帮扶资金44.57万元。探索“互联网+工会”模式，在市本级、6个县（市、区）及廊坊开发区建立工会微信公众号，开发“廊坊掌上工会”应用软件，实现线上线下服务融合。廊坊市全年创办职工创新工作室121个，形成创新成果179项。评选出“廊坊市十大杰出工人”和“十大模范班组”，向全市各级工会推介廊坊开发区、新奥集团、平高东芝等企业开展班组标准化建设的经验。市总工会被全国总工会授予经费审查工作先进集体和财务工作先进单位，被河北省总工会授予经审工作规范化建设考核评比特等奖、优秀审计项目考核评比一等奖、财务工作特等奖等荣誉称号。

【维护职工合法权益】 2015年，廊坊市加强法律服务体系建设，制定出台《关于推进工会法治化建设的实施方案》，维护职工群众的合法权益。市总工会与张克锋律师事务所开展合作，聘请基层企业工会主席为法律援助联络员，职工法律援助工作者队伍发展到30人。加强普法宣传，开展“12·4”法制宣传日、“送法进企业”等系列活动，制定下发《职工维权相关法律法规汇编》。举办全市职工法律知识竞赛，以竞赛形式向职工普及法律知识，得到全市广大职工的支持和参与，选拔优秀选手参加全省职工法律知识竞赛并获三等奖。市总工会法律援助中心全年办理法律援助案件2件，提供法律咨询150人次，代写法律文书20份。

【职工帮扶救助】 2015年，市总工会在“医、房、学、业、保”5方面帮扶困难职工1097名，发放帮扶资金109.7万元。开展“职工互助一日捐”活动，在全省率先将参与“一日捐”活动的职工父母纳入救助范围，参与“一日捐”活动的职工在活动期内，经省三级医院首次确诊患恶性肿瘤、再生障碍性贫血等15种重大疾病的，经申请给予1万元至5万元的一次性救助。全年参与“一日捐”活动捐款人数16.8万人，捐款总额673.6万元，救助职工1248人，发放救助金707.68万元。实施职工再就业工程，各级工会为下岗失业职工提供免费技能培训、职业介绍、创业指导，举办计算机操作、家政服务等培训班65期，培训职工6000多人次，职工实现就业2900余人，其中特困职工占11%。开展金秋助学活动，全年帮扶150名困难职工子女入学，发放助学金37.84万元。注重职工劳动保护工作，全市参加“安康杯”安全生产竞赛企业1126家，参赛职工16.6万人，643家企事业单位签订劳动安全卫生专项集体合同，覆盖职工近11万人。

【职工文化建设】 2015年，市总工会开展学习会、读书会、诗歌朗诵、演讲比赛、知识趣味比赛等文体活动，利用报纸、网络、微博、微信等媒体和宣传海报、墙报、电子显示屏等载体，在干部职工中宣传社会主义核心价值观。在教科文卫体系统组织开展师德、医德、艺德标兵评选活动，举办“巾帼奉献提升、依法立业建功”女职工演讲比赛活动。推进“燕赵职工素质提升工程”，做好职工教育培训、职工书屋建设和职工的心理健康服务等工作，提升职工队伍素质，全年培训职工6.5万人次，建设市级以上职工书屋36家。

【工会组织建设】 2015年，市总工会与人社、民政、建设、农业等部门协同配合，组织实施农民工入会集中行动，全年新增农民工会员3.5万人，增幅13%。推进县级工会规范化建设，开展县级工会达标创优活动，香河县、霸州市分别被省总工会评为河北省县级工会规范化建设达标创优活动优秀县和达标县。组建开发区（园区）工会，坚持普遍建会，实现工会组织“全覆盖，全有用”。截至年底，全市26家正常运转的省级以上开发区（园区）全部建立工会组织。培养基层工会工作典型，召开全市基层组织建设工作经验交流培训会议，在全省工作经验交流会上华夏幸福基业、富士康（廊坊）科技园等企业的基层组织建设经验得到推广。建行廊坊分行工会被评为全省模范职工之家红旗单位。

【召开重点项目工作会议】 4月28日，市总工会召开重点项目工作会议，对职工普惠和创业工作进行再动员、再部署。会议印发《廊坊市总工会关于在全市发放工会会员卡推行普惠化服务工作的实施方案》《廊坊市工会创业就业扶持专项行动实施方案》《关于会员卡信息采集工作的通知》和《廊坊市总工会办公室关于印发2016年工会工作目标任务分解表的通知》。

（崔　钰）

共青团廊坊市委员会

【概况】 2015年，廊坊市有基层团委281个，团总支446个，团支部7421个，团员262030人。年内，共青团廊坊市委员会（以下简称团市委）加强青少年理想信念教育，做好新形势下青年群众工作。召开“志愿精神·青春榜样”纪念五四运动96周年大会，引领全市青年团员参与志愿服务，全市注册青年志愿者8万人、年服务时长30万小时。启动2015年万亩青年林工程，组织万余人次植树4000余亩（266.67公顷）18万余株；

开展“城市定向挑战赛”、廊坊青年“3581”(提倡3公里以内步行，5公里以内骑行，8公里以内乘坐公共交通，每周少开1天车）行动；完成“5·18”经洽会、“9·26”农交会志愿服务工作，招募培训青年志愿者400余名，累计服务逾8000小时。全年开展“四清”（清垃圾、清杂物、清残垣断壁、清庭院）、敬老助残、爱心帮扶等各类志愿服务活动80次。开展阳光行动、关爱行动，全年结对残疾青少年652人，结对农民工子女学校248所、农民工子女11462人，参与志愿者7761人。

【思想教育活动】 7月28日，团市委举办“学习习近平总书记系列重要讲话精神”青年读书班，各界青年代表300余人参加。12月3日，举办“解放思想、抢抓机遇、奋发作为、协同发展”大讨论主题读书班，学习中央4号文件精神和中央党的群团工作会议精神，推进大讨论活动，全市各届青年代表200余人参训。全年各级团组织开展读书班活动13场，覆盖团员青年7000余人。开展“与法同行·健康成长”校园青少年法制宣讲、“中国梦·我的梦”青春故事宣讲等主题活动，引导青年学生坚定理想信念、练就过硬本领、勇于创新创业，践行“中国梦”的伟大实践。全年组织开展各类宣讲活动6次，覆盖青少年2000余人。

【青年创业就业】 2015年，团市委扶持科技型中小企业发展，结对服务科技型中小企业31家。联合青云企业孵化器定期开办“青创谈”论坛公益活动，开展“星火创业汇”项目路演，为创业青年搭建服务平台。3月至4月，廊坊市开展第二届青年创新创业大赛，比赛由市委组织部、共青团廊坊市委、市科技局等9个单位联合主办。比赛分创新组、创业组，有100余个项目参赛。廊坊润家家庭节水有限(责任)公司项目获创新组一等奖，空气质量智能管理平台项目获创业组金奖。

第二届廊坊市青年创新创业大赛获奖项目一览表

表14

组别	奖项	项目名称
创新组	一等奖	廊坊润家家庭节水有限（责任）公司
	二等奖	老校友旧货交易平台
		“乐助”校园生活地图
	三等奖	“家外之家”社区服务站
		高校校园文化创意产品
		欣欣社工事务所
	优秀奖	“乐生活”乡村旅游股份有限公司
		我梦文具用品有限公司
		“乡韵”特色乡土文化体验站
		朗布伊耶文化西餐厅
		“与青春来个约会”——大学生穷游站
		大学校园手机APP推广项目

续表 14

组　别	奖　项	项目名称
创业组	金奖	空气质量智能管理平台
	银奖	42 科学实验室
		无甲醛负离子板材
	铜奖	如果家居
		生物酶法制备壳寡糖
		磷酸铁锂电池正极材料产业化
		离心风机三元流节能技术
		萌地球动漫环保
		柔性镁基材料模块化保温装置

【基层团组织建设】 2015 年，廊坊市开展“百县千乡”分类示范创建活动，建立乡镇直属团组织 2099 个，覆盖团员 18071 人，35 岁以下青年 37767 人；完成全市 3151 个村级团组织集中换届选举；推进街道区域化共青团建设，建立共建委员会 8 个、直属团组织 75 个；推进青年中心建设，建成青云、慧谷 2 家市级青年中心。9 月，团市委组织重点县（市、区）负责人参观学习北京青年汇，推进县、乡级青年中心建设，构建以“青年中心”为主阵地的市、县、乡镇三级青少年综合服务平台体系。全年开展“青联讲吧”、快乐骑行、环保宣传、亲子活动、爱心结对送温暖等活动 36 次。加强“青年之声”互动社交平台建设，构建双网互动工作模式。开展“青年之声”培训，提升广大团干部网络服务青年的本领。推广团属微博、微信，组建网络文明志愿者队伍，开展“点赞四个全面”“我和红领巾”“守护未来”等转发点赞活动。

【“防治大气污染·青少年在行动”活动】 2015 年，团市委组织开展“防治大气污染·青少年在行动”活动，推动美丽河北、绿色廊坊建设。依托“青年之声”网络互动平台，开展“绿色出行、青年当先”环保倡议、“环保我们在行动”网络监督行动、“我为大气污染防治进一言”“防治雾霾·大家一起来”微信接力宣传等网络征集讨论活动，共征集防治大气污染、防霾治霾等意见建议 65 条。号召青年采取低碳、绿色的出行方式，践行环保风尚，共同维护生态环境；从本职工作做起，爱岗敬业，诚实守信，共同建设美丽廊坊。开展环保主题婚礼、“防治大气污染，从我做起”主题团队日、绿色出行“3581”等活动。全年开展各类主题环保宣传活动 12 次，覆盖各领域青少年 20000 余名，12000 余名微信用户参与微信接力宣传活动。

【市首家青少年禁吸戒毒警示教育基地成立】 4 月，廊坊市首家青少年禁吸戒毒警示教育基地在廊坊市强制隔离戒毒所挂牌成立，面向青少年群体开展禁吸戒毒教育。团市委组织青少年到教育基地参观展览，邀请禁毒民警讲解禁毒基本知识，使青少年学生了解毒品危害，认识远离毒品、珍爱生命的重要意义。开展网络宣传、禁毒教育展牌巡展活动，增强青少年的识毒、防毒、拒毒的意识和能力，为青少年健康成长营造健康氛围。

【扶贫帮困“春雨行动”】 2015年，团市委开展“春雨润青春·扶贫帮困行动月”活动，组织全市各级团干部、青联委员、青年志愿者、社会组织开展帮扶活动86次，帮扶贫困青少年和困难户105户，帮扶物资25万元。结合廊坊市“双拥”模范城建设，组织开展“春雨行动·军民共建美好精神家园”活动，将团组织的温暖带到军营之中。

（祖　峥）

廊坊市妇女联合会

【概况】 2015年，廊坊市妇女联合会（以下简称市妇联）立足“引领妇女、服务发展、建功新廊坊”，开展下基层、访妇情活动，启动实施“幸福家庭文化年”系列活动，推进全市妇女工作开展。加强“妇女之家”和妇女讲习所建设，举办书法、家庭手工、家庭教育、女性礼仪等讲座164次，培训妇女1.35万人。开展“三八”维权周、“百万女性学法律·家庭守法创平安”“木兰有约法治”等宣讲活动，全市累计开展法律宣传教育活动2148场（次），受益群众10万人次。建设妇女维权示范站10个，接待各类信访案件452件，“12338”维权服务热线办结率99%。实施“春蕾计划”“安康计划”，开展“危难困境儿童救急活动”和“救助贫困先心病儿童爱心工程”等公益活动，发放救助款40.94万元，救助贫困儿童609人。推荐安次区第什里村申报成为“全国‘三八’绿色工程示范基地”。组织“巾帼科技创新行动”，全市新增妇女领办的科技型中小企业22家，帮扶妇女682名，发放4672万元贴息贷款。年内，市妇联被中华全国妇女联合会授予“全国巾帼建功先进集体”荣誉称号。

【女子国学课堂】 3月，市妇联开展“书香润家·幸福满廊”文化年家庭汇暨首场女子国学课堂活动，推出“四库一地”（“四库”指文化书库、文化影库、文化义工库、文化讲师库）女性精品文化品牌。建立“女性文化书库”20个，开展捐书、赠书等活动，收藏图书18500册。举办各类家庭文化观影会62场。设立文化讲师人才库，在全市招募文化讲师174名，组建文化讲师队伍10支；招募文化义工252名，组建文化义工队伍10支。开设女子国学微课堂158场，内容涉及古诗词、茶文化、书法、绘画、家庭手工、家庭教育、女性礼仪等方面。在春节、中秋节、母亲节、父亲节等中华传统节日或纪念日举办专场活动，宣传家文化，把中华民族传统文化送进家庭。

【家风家教活动】 6月，市妇联举办“家庭道德教育宣传实践月”活动，发放宣传资料1.7万余份，设置宣传展示栏500余块，举办各类家庭教育报告会96场，受益5万余人。推进三河市家庭教育指导服务体系试点工作，凝聚社会、学校、家庭“三位一体”的教育合力。三河市汇福实验学校被全国妇联、教育部、中央文明办授予“全国示范家长学校”称号。开展“最美家庭”评选活动，向活动成员家庭发放家风家训等方面图书及宣传资料2万份。全市推荐绿色、书香等“十佳”最美家庭100户，其中香河县五百户镇姜文云家庭获全国妇联“最美家庭”提名奖。

【关注关爱妇女儿童】 2015年，市妇联拓宽关爱儿童志愿服务帮扶渠道，建立“困境儿童”数据库和“爱心代理妈妈”档案，调研“困境儿童”需求，促进“爱心代理妈妈”与“困境儿童”帮扶结对。年内新招募“爱心代理妈妈”100名，并组织全员培训，全市“爱心代理妈妈”达1400余人，救助、帮扶儿童2000多人次。落实《河北省儿童发展规划（2011—2020）》，市政府制定下发《廊坊市关于在全市村街建设儿童之家的通知》。按照“五有”（有组织、有场地、有专管人员、有基本设施、有管理制度）标准，新建市级儿童之家10个，全市儿童之家累计22个。其中，三河市李旗庄镇大定福村“儿童之家”、广阳区六景社区“儿童之家”为省级儿童之家示范点。全年为6838名适龄女性免费筛查宫颈癌和乳腺癌，为两癌贫困母亲筹集专项救助基金7万元。

【农村妇女创业就业】 2015年，市妇联启动农村妇女科技致富技能培训工程，依据城乡妇女创业需求，开展实用技术培训，在全市县级以上“巾帼文明岗”中开展“百岗联百村”活动，举办各类科技培训5期，培训妇女500多人次；开展科技活动周送实用技术活动40次，受益妇女群众3万余人；开展手工技能培训17期，带动5000余名妇女创收增富；开展“大众创业、万众创新”活动，引导妇女发展电子商务，举办妇女创业创新培训3期，帮助妇女群众掌握自主创业途径和方法；组织“春风行动”，召开大型专场招聘洽谈会26场，求职登记1.8万人，为妇女提供就业、创业平台。

【巧手创富评选活动】 2015年，市妇联组织推荐大城县南赵扶镇等5个乡（镇）、固安县礼让店乡礼让店三村等45个村、霸州市扬芬港恒瑞工艺美术厂等6家企业、大城县南赵扶镇提北村600户家庭参加全省巧手创富评选活动，分别被命名为河北省“巧手创富”示范乡、示范村、示范企业、示范户。固安县喜来迦食品有限公司总经理李月杰获得“2014年度全国百强农产品经纪人”称号。组织全市妇女手工艺技能能手参加京津冀妇女手工艺优秀作品大赛，获奖作品14件。

（郝莹莹）

廊坊市科学技术协会

【概况】 2015年，廊坊市科学技术协会（以下简称市科协）开展“科技型农民培训”“2015年重点科普活动”和“廊坊市青少年科技活动示范室创建”三大品牌活动，出资91万元扶持34家创建单位开展科技活动，定期更新和维护主城区32个重点社区的科普宣传栏，发挥社区科普阵地作用。10月，市科协与北京市通州区科协、天津市武清区科协签订《“通武廊”区域科技创新驱动发展共建合作协议》，加强区域科技人才合作，实现资源共享。全年组织14家科技型中小企业，参加科技成果转化平台项目推介会和科技人才项目洽谈对接会。修订《科普大篷车管理使用办法》，科普大篷车进农村、进社区、进学校巡展15次。截至年底，“百万农民大培训”项目累计建立培训基地110个，培训农民111.8万人次。在廊坊市农村面貌改造提升行动中，市科协筹资近百万元，完成道路硬化、改造高低压线路、厕所改造、墙体改造等任务，受到省检查组肯定。

【创建科技型中小企业】 2015年，河北省科学技术协会要求市科协帮扶创建科技型中小企业16家。市科协成立领导小组，制定帮扶创建实施方案，进行责任分工，建立工作台账。组织学术交流，开展“金桥工程”“讲理想、比贡献”和各类专题讲座、人才和技术引进对接等活动，帮助企业解决技术难题。截至年底，帮扶创建科技型中小企业22家，其中认定科技型中小企业13家，对接全国和省级学会、协会13个，达成合作意向7项，签订合作协议5项，引进一批高层次技术人才和科技成果。河北省科协分别授予廊坊市科协、固安县科协、霸州市科协“2015年科协服务企业科技创新示范单位”称号。

【调查研究】 2015年，市科协到四川广元、北京通州、固安肽谷生物医药产业园、大华夏神农信息技术有限公司等17家产业园区和科技型中小企业实地调研，了解企业状况、问题和呼声，增强工作针对性。李艳军、翟冀平撰写的调研报告《协同利用京津冀科技创新人才促进廊坊科技型中小企业快速发展》，成为市政协六届九次常委会一号发言提案，并以建议案形式呈报市委、市政府。年内，组织京津冀60名院士、专家学者参与，开展《科技型中小企业集聚群体与实力提升路径研究》专题学术交流活动，该活动被省科协评定为2015年学会学术重点活动项目，并获得扶持资金5万元。

【科技信息推广应用培训】 2015年，市科协实施“科技信息推广应用”项目，为科技型中小企业提供专利信息服务。提供扶持资金7万元，聘请中、省科协领导和专家专题授课。8月12日，在固安县举办“科技信息推广应用暨专利信息数据库系统应用专题培训班”，授课专家讲授《专利信息的开发与应用》和《专利检索系统操作实务》，并在减少重复研发、发现和避免专利侵权行为等方面为企业提供信息服务。12月，在大厂县、霸州市举办两场科技信息推广应用专题培训，100余家企业参训。

【以色列温室蔬菜技术和土壤管理培训】 10月26日至30日，河北省科协、廊坊市科协、固安县科协在固安县联合举办“以色列温室蔬菜技术和土壤管理培训班”，邀请以色列驻华农业参赞和两位以色列农业专家，进行农业技术交流和实地培训。各县（市、区）农业专家、科普带头人、种植大户和涉农企业、专业合作社、种植基地技术人员等200人参加培训。

【青少年科技教育】 2015年，市科协联合市教育局举办第30届廊坊市青少年科技创新大赛，征集作品1067件，评出获奖作品473件，择优选送117件参加省级大赛，获省级奖项94项。其中，一等奖16项，二等奖28项。三河市科协、大城县科协、三河市第二实验中学、广阳区教育局获省级大赛优秀组织奖。香河县第一中学王派的“四轨月球车”获全国大赛一等奖，并获“全国十佳创意之星”称号。组队参加河北省青少年机器人竞赛、高校科学营活动，激励青少年崇尚科学、立志从事科学研究。加强“廊坊市青少年科技活动示范室”创建工作，11个达标单位获扶持资金22万元。

2015 年廊坊市青少年科技活动示范室一览表

表 15

序号	示范室所在单位名称
1	三河市泃阳西大街福鼎庄园社区
2	三河市第四中学
3	大厂县北坞回民小学
4	香河县青少年活动中心
5	香河县第一中学
6	永清县第二中学
7	霸州市东杨庄乡李庄村
8	文安县刘么管区孟家务中心校
9	大城县旺村初级中学
10	廊坊市广阳区管道局七区新开路金星道居委会
11	廊坊市第四小学

【基层科普行动计划】 2015 年，市科协开展“科普惠农兴村计划”和“社区科普益民计划”典型申报工作。5 月，评审各县（市、区）推荐申报项目，推荐 23 个单位和个人参加省级和国家级项目评选，6 个单位和个人获国家级项目奖补资金 105 万元，4 个单位获省级项目奖补资金 40 万元。固安县顺斋瓜菜种植示范基地为“县级特色科普工程项目”，获专项科普经费 20 万元。

2015 年“基层科普行动计划”获奖单位一览表

表 16

<table>
<tr><th>单　位</th><th>奖　项</th><th>授奖单位</th></tr>
<tr><td>大城县枣粮间作协会</td><td rowspan="6">全国“基层科普行动计划”先进典型</td><td rowspan="6">中国科协
财政部</td></tr>
<tr><td>永清县蔬菜协会</td></tr>
<tr><td>固安县鲜桃产业协会</td></tr>
<tr><td>大厂回族自治县沁心农业发展有限公司科普示范基地</td></tr>
<tr><td>安次区馨语社区</td></tr>
<tr><td>葛凤刚（安次区西小韩村养猪基地）</td></tr>
<tr><td>固安县顺斋瓜菜种植示范基地</td><td rowspan="2">河北省科普惠农先进典型</td><td rowspan="4">河北省科协
河北省财政厅</td></tr>
<tr><td>大厂回族自治县沁心农业发展有限公司科普示范基地</td></tr>
<tr><td>三河市泃阳西大街街道办事处安居社区居民委员会</td><td rowspan="2">河北省社区科普益民先进典型</td></tr>
<tr><td>廊坊市安次区银河南路前锋社区居民委员会</td></tr>
</table>

【第十三届全国科普日活动】 9月，市科协围绕“科技成就梦想，拥抱健康生活”主题，组织市全民科学素质工作领导小组成员单位、各县（市、区）科协、市级各学会（协会），开展科普日系列活动。市科协出资4万元，购置《危险化学品安全知识读本》6000册，并免费向市民发放。举办“廊坊市2015年全国科普日科普知识有奖竞赛”活动，在《廊坊日报》和市科协门户网站“廊坊科技网”刊载，1300名市民群众参与。廊坊市南苑地震科普馆、市十四小学地震科普馆、市气象科技馆等科普场馆免费向公众开放。主城区32个重点社区的科普宣传栏全部更新科普挂图。活动累计动员科普志愿者、科技工作者2000多人（次），发放科普图书、环保手提袋等各类科普资料20万份，展出展牌300余块，义诊15次，受益群众6万多人。

（翟冀平）

廊坊市文学艺术界联合会

【概况】 2015年，廊坊市文学艺术界联合会（以下简称市文联）开展文艺活动，培养文艺人才，创作文艺作品，发展廊坊市文艺事业。市文联、市硬笔书法家协会会同市教育局制定“书法进课堂”工作实施方案，与市教育局联合举办“廊坊市中小学师生书法大赛”，激励青少年学书法、练书法；市音协承办首届“廊坊·第什里风筝节”，用歌声助力廊坊风筝文化的传播；市曲协以首批“最美廊坊人”为原型，创作编排群口快板，向群众演绎身边发生的凡人善举；5月，由市文联聘请全国著名书法家、中国书法家协会顾问旭宇题写的“中国书法城·廊坊”石刻标识落成，石刻设置在廊涿高速出口位置，整块石材长16.2米，高3.8米；12月，市文联组织书法家到新安里社区和永清县龙虎庄镇政府开展送春联活动。廊坊市许晓芳的“脱胎金漆镶嵌千秋瓶”和香河县的“安头屯中幡”分别获第十二届全国民间文艺山花奖——民间工艺美术作品奖和民间艺术表演奖。张志庆书法作品获全国第十一届书法篆刻作品展优秀奖。市戏剧家协会兰万玲的上党梆子《山妹子》获“第九届全国戏剧文化奖·原创剧目大奖”和“第九届全国戏剧文化奖·编剧金奖”。

【书画艺术活动】 2015年，廊坊电视书法大赛暨第二届廊坊书法大赛决赛，收到全市社会各界作品1000余件，评选出入展作品100件。方圆获特等奖，路永宽、邵金强、张雅萱分获老年组、成年组、少年组一等奖。举办“挥写廉政”书法展，收到全省书法作品1568件，303件作品入展，其中一等奖3人，二等奖6人，三等奖21人，优秀奖50人。第二届廊坊市舞蹈大赛决赛，分少儿组、少年组、青年组、中老年组四个组别，在各县（市、区）设立8个分赛区，298个节目进入决赛，参赛选手5000余人，其中3500人进入决赛。举办“廊坊好声音”音乐大赛，参赛1295人，其中成人组选手1135人，少儿组160人。少儿组评出冠、亚、季军各一名及十佳少儿歌手奖项；成人组评出冠、亚、季军各一名、十佳歌手，以及十大人气歌手奖项。

【基层文联工作】 2015年，香河县文联编辑出版《香河文艺》，注重保护民俗文化，推介安头屯中幡表演队参加“中国社火艺术节”活动，该表演队获中国民间文艺表演“山花奖”；三河市文联建设精品文化项目“浩然文学纪念馆”，编辑出版文艺期刊《苍生文学》；大城县文联推动基地建设，“中国·大城扇子文化产业基地”“中国书法城·大城书法创作基地”落户大城，编辑出版《平舒艺苑》；霸州市文联编辑出版12卷600多万字的霸州历史文化之旅《花会卷》《民间技工技艺卷》，编辑出版《霸州文苑》；固安县文联推介9位书画家加入中国书协和中国美协；广阳区文联深入村街开展文化惠民演出13场，组织摄影、农民工戏剧、器乐、曲艺等各类艺术培训30次。

【廊坊籍全国书画名家邀请展】 1月18日，“红日高照绘乡情”廊坊籍全国书画名家邀请展在大城县红日艺术馆开幕。市委常委、宣传部部长辛绍杰，市政协副主席、市书协主席张纬东，廊坊籍全国著名画家史国良、韩文来等书画家应邀出席开幕式。展览展出书画作品135件，其中国画作品84件，书法作品51件，展出史国良、刘进安、王厚祥、刘京闻等国内著名画家和知名书法家作品。开幕式同时首发《红日高照绘乡情廊坊籍全国书画名家邀请展作品集》。全市书画家、收藏家、企业家等各界人士约千人次参观展览。

【廊坊书法院成立】 3月19日，市文联在廊坊市自然公园举行廊坊书法院成立揭牌仪式。书法院隶属于市文联，聘请曾来德、刘金凯为名誉院长，王厚祥任院长，张志庆为副院长，聘请龙开胜等12名全国书法名家为特聘研究员，聘请王增军等33名书法家为研究员。廊坊书法院占地约10亩（0.67公顷），建筑面积4000平方米，分前后两院，为仿古平房建筑。“廊坊书法艺术馆”与书法院馆院合一。前院设中国历代书法展室、廊坊书法精品展室、“中国书法城·廊坊”展室、书法临摹体验室和“书法沙龙”活动室，主要功能是书法展示、推广普及、学习体验，所有展室对游人开放；后院设有会议室、书法创作室、学术报告厅、收藏室，主要功能是对外交流、学术研究、艺术创作等。8月18日，“廊坊书法艺术馆”正式开馆，免费对市民开放。

（李　思）

廊坊市归国华侨联合会

【概况】 2015年，廊坊市有归侨118人，侨眷23026人，海外侨胞16708人。其中，华侨8706人，外籍华人8002人，一般眷属6997人，新移民265人，新移民眷属3039人，侨务工作对象52000人。国外工作对象分布于28个国家和地区。年内，廊坊市归国华侨联合会（以下简称市侨联）接待新疆巴音郭楞蒙古自治州（简称巴州）侨联考察团一行5人到廊坊市访问，并与新疆巴州侨联签订《友好侨联协议书》，结成长期“友好、合作、学习、交流”伙伴关系。全市各级侨界人大代表、政协委员发挥参政议政职能，撰写提案、议案10件。市侨联接待来信来访9起。走访慰问归侨侨眷68人次，发放慰问金和慰问品5.4万元。

【服务经济建设】 2015年，市侨联邀请亚洲、欧洲、非洲、美洲、大洋洲等16个国家和地区的100多名客商，参加京津冀生态环境协同发展高端会议、廊坊市重点园区摆招商对接会、海外侨商合作项目对接洽谈会，达成意向合作项目10个。4月，邀请精英会（一带一路）海外投资投智考察团，到廊坊市城市规划馆、河北廊坊现代服务产业园区和廊坊控股公司参观考察。组织廊坊市瑞麟集团、引领未来影视制作公司等12家河北国际华商联合会会员企业参加“借势‘一带一路’，推动创新发展”合作论坛，考察团与企业就“第三代跨境电商”“廊坊发展融资”等投资项目达成初步合作意向。6月，申请承办廊坊·海外华人科技成果展示会对接会，邀请美国、德国、日本、比利时等13个国家和地区的43名海外人才与各县（市、区）、市直、省直有关部门，及省级以上园区企业主要负责人就计算机与大数据、电子通信信息、汽车行业与金融、医药研发与新材料等内容对接洽谈，促成高新技术项目在廊坊落地转化。

【海内外联谊】 2015年，市侨联向海内外侨胞寄送贺卡、发送电子邮件300余封；举办全市归侨侨眷迎新春团拜会；参加“三祖开文明·共圆中国梦”活动；随河北省侨联代表团出访新西兰、澳大利亚，与26家侨社（团、商会）建立联系。邀请接待世侨会参访团、世界精英团、意大利考察团、海外科学家参访团、美国生物制药代表团、俄罗斯政府代表团、北京大学材料学院、澳大利亚河北商会会长刘计青、罗马尼亚郑氏集团副总裁高戈、山东浩华集团董事长聂士印、台湾高雄乾坤国际经贸文化促进会理事长王宝华等团体和个人到廊坊市参观考察。全年接待海外侨胞28批300多人次。建立侨联微信平台，采用图片、文字、视频资料等形式，向海外侨胞、香港同胞及留学人员通报家乡市情、新貌、景观、产业政策，推送信息120条。

【市委书记王晓东会见海外参访团】 3月26日，市委书记王晓东会见以世界华侨华人社团联合总会常务副秘书长汪伟为团长的参访团一行。双方就拟在廊坊市筹建科技城、廊坊市政府与加拿大农业项目合作事宜进行沟通并达成初步合作意向。9月5日，市委书记王晓东会见到廊坊参观考察的海外科学家参访团一行。双方就加拿大农业项目合作、成立河北省3D打印研究院、成立河北美国硅谷科学研究院并落户廊坊事宜进行探讨。市委常委、副市长贾永清，市委秘书长张金波陪同会见。

【组织侨商参加中国（天津）自贸区说明会】

5月6日，由廊坊市人民政府和天津市人民政府联合举办的中国（天津）自由贸易试验区说明会在廊坊国际饭店举行。廊坊市委常委、副市长贾永清出席会议并讲话。市侨联邀请澳大利亚、美国、意大利等国家的20个侨资企业参会。会上，天津市人民政府相关领导就航运物流、国际贸易、融资租赁、金融创新等领域发展情况进行解读和说明。组织参加该次活动，意在为海内外侨商提供一个与自由贸易区进行信息交流的机会，帮助海内外侨商了解京津冀协同发展的总体思路和发展目标，为廊坊市侨资企业开展经贸合作、谋求共赢发展搭建平台。

（苏　亮）

廊坊市残疾人联合会

【概况】 2015年，廊坊市新增持证残疾人8594人，累计持证残疾人96538人（其中肢体残疾人60504人、智力残疾人8518人、精神残疾人4778人、听力残疾人6296人、言语残疾人2111人、视力残疾人9319人、多重残疾人5012人），占全市人口2.27%。残疾人服务机构31家，其中市、县级特殊教育学校8家，残疾人托养机构10家，残疾人康复机构13家。年内，廊坊市残疾人联合会（以下简称市残联）争取河北省残联资金78万元，资助睿聪聋儿康复学校、市特教学校开展学习教育；资助残疾人大学生及残疾人子女38人，发放资助金9.5万元；组织70名残疾人注册“河北电大特殊教育学院”接受远程职业教育；在廊坊市图书馆、霸州市图书馆建立盲人图书室；开展“体育进家庭”活动，为30户残疾人家庭免费赠送健身器材；为符合补贴条件的616辆残疾人机动轮椅车核发燃油补贴16万元。全年接待残疾人来访1000余人次，来信、来电5600余次，97%来访得到妥善处理，其余涉法涉诉案件移交相关部门处理。

【康复救助】 2015年，市残联实施贫困残疾儿童抢救性救助工程，为573名残疾儿童提供康复训练补贴；为480名盲人开展定向行走训练；对990名智力、肢体残疾人开展社区、家庭康复训练指导；为480名精神病患者提供住院、服务补贴；免费安装假肢35例；为25名符合国家、省救助条件的聋儿免费安装电子耳蜗，为16名不符合国家、省救助条件的自费人工耳蜗手术聋儿发放补贴270万元；为残疾人免费发放辅助器具1627件。培训康复专业技术人员26名、社区康复协调员348名。10个县（市、区）全部开展社区康复服务。

【就业扶贫】 2015年，廊坊市城镇新增残疾人就业1150名，扶持农村残疾人从业2万名。开展残疾人职业技术培训，举办计算机、手工编织、盲人按摩、汽车维修等残疾人职业技能培训班68期，累计培训4500人，70%残疾人稳定就业。开展残疾人就业招聘会，11月17日，廊坊市2015年残疾人招聘会在廊坊市特殊教育学校举行，到场招聘企业24家，涉及工种20个、200余个工作岗位，各县（市、区）300名残疾人参加招聘。全年举办残疾人就业招聘会20场（次），1500余名残疾人进场求职，800余人现场与企业达成就业意向。实施农村残疾人精准扶贫、精准脱贫工程，市本级安排专项扶贫资金120万元开展精准帮扶。选择适合农村残疾人就业创收养殖项目，重点扶持残疾人从事养鹅，从雏鹅繁育、防疫、养殖户确定、技术培训、鹅雏发放到成鹅收购，为残疾人提供全方位服务。年内，市残联免费为585户贫困残疾人家庭发放5.85万只雏鹅，成鹅出售后，每户残疾人增加收入3000—6000元。

【残疾人基本保障】 2015年，廊坊市建立居家托养服务补贴制度，为630户智力、精神和其他类别重度残疾人家庭每户发放补贴600元；建立和完善贫困重度残疾人生活补贴和护理补贴制度，对全市5419名贫困重度残疾人按每人每月50元标准发放生活补贴，对16至60周岁年龄段符合条件的5055名贫困重度残疾人发放省级护理补贴，每人每年260元。

【助残志愿服务】 2015年，市残联开展青年志愿者助残“阳光行动”。建立起廊坊市社会福利院、复聪语训学校、睿聪学校、廊坊市特教学校、三河市同助一心智障碍者支持协会、永清县特教学校6个河北省阳光助残志愿服务实践基地。设立河北省阳光助残志愿服务项目专员9名，招募注册志愿者2.5万名。第二十五个全国助残日期间，市残联与武警学院助残志愿者到廊坊市复聪学校，探望康复机构的老师和35名孤独症儿童。7月，开展社区残疾人助残志愿服务宣传咨询和现场服务活动，组织助残志愿者与所在社区残疾人及其家庭签订结对协议，为不同类别和年龄段残疾人提供个性化志愿服务。全年帮扶残疾人5000余人次。

【“助力圆梦——温馨居住”行动】 6月至9月，廊坊市开展“助力圆梦——温馨居住”行动，对三河、香河、广阳、安次、固安、霸州6县（市、区）符合改造条件的205户贫困残疾人家庭实施无障碍改造。其中贫困肢体残疾人105户，其他类残疾人100户。其间，市残联根据改造户的残疾类别、残疾程度、房屋结构，及实际需求，制定符合个人改造特点的个性化改造方案，改造涉及坡道、盲道、防滑地面、扶手、坐便、低位灶台、闪光门铃、语音对讲门铃和语音或闪光报警器等方面。

（李　娟）

第二代残疾证办理流程一览表

表17

序号	办理流程	内容	备注
1	申请人携带户口本、身份证、小二寸照片到户口所在地基层残联，填写申请表。	确认基本信息是否正确	不正确的需重新填写
2	录入申请人基本信息		
3	申请人到医院或指定医疗机构进行残疾评定	是否符合残疾标准	不符合的结束办证
4	录入申请人残疾评定信息		
5	初审员对信息进行审核	审核是否通过	不通过的重新填写申请表或结束办证
6	复审员对信息进行审核	审核是否通过	不通过的重新填写申请表或结束办证
7	办证业务员打印证件盖章		
8	一个月内证件发放		

说明：残疾证申请暂无网上申请流程，无时间限制

廊坊市工业经济联合会

【概况】 2015年，廊坊市工业经济联合会（以下简称市工经联）组织、协调、指导全市67家经济类行业协会开展工作。组织成立廊坊市小微企业协会，为小微企业提供创业辅导、管理咨询、投资融资和法律咨询等服务。筹备组建廊坊市工艺美术品协会。廊坊市工业产品展示中心接待各级党政代表团及大型投资考察团128批、1万余人次。按照市“5·18”承办委员会统一部署，与市环保局联合完成“环保产业展”的布展及展示工作，接待参加“5·18”经洽会的北京代表团一行10人；按照市“9·26”农交会承办委员会要

求，与省工经联、冀台贸易促进会共同组织“台湾精品展”；与市广播电视台合作完成“9·26”农交会分会场展示和宣传工作。9月，举办廊坊大数据周活动，吸引国内外150家大数据企业参加。年内，市工经联承担廊坊市工业产品展示中心运行管理和队伍建设工作，协助省工经联启动“河北工业产品网络常年展示展销”活动。

【企业评选】 2015年，市工经联组织开展评选“河北百强企业”“河北制造业百强企业”“河北服务业五十强企业”和“河北省重点行业排头兵企业”2项4个类别企业排序活动。其中，中太建设集团股份有限公司、三河汇福粮油集团有限公司、河北前进钢铁集团有限公司、富智康精密电子（廊坊）有限公司、文安县新钢钢铁有限公司、霸州市东升实业有限公司、廊坊市城市建筑安装工程二公司7家企业获“河北百强企业”排名并同时进入“河北省制造业百强”；廊坊市明珠商业企业集团有限公司、中石房地产开发有限公司、廊坊市盛德基业汽车销售服务有限公司、廊坊市富达汽车贸易有限公司、香河华联香百超市有限公司5家企业进入“河北省服务业百强”；亚新科美联（廊坊）制动系统有限公司、廊坊市明珠商业企业集团有限公司2家企业获“河北省重点行业排头兵称号”。

【环渤海工经联联席会议】 9月16日，2015环渤海工经联联席会议暨区域协同发展对接会在廊坊召开。会议由中国工业经济联合会主办、河北省工业经济联合会（河北省经济团体联合会）和廊坊市工业经济联合会承办。北京市、天津市、河北省、山西省、山东省、陕西省和辽宁省工经联负责人，行业协会会长、企业家等100余人参加会议，会议主题是“京津冀和环渤海区域经济协同发展”。会议以“项目对接与技术交流”为重点，推动环渤海经济圈的开放合作、总量提升、创新转型。中国社科院工经所原所长吕政介绍京津冀协同发展对环渤海区域的历史机遇，并就京津冀经济阶段性发展提出北京应以服务业为主导、天津应以加工制造业和港口服务业为主导、河北应以资源密集型的重化工业和农业为主导。会议期间，廊坊市新兴产业示范区和北京亦庄永清高新区分别做项目介绍和园区推介。会议设立1100平方米的项目对接和技术交流区，并分省市区进行项目对接和交流。

（张　弘）

中国国际贸易促进委员会廊坊市委员会

【概况】 2015年，中国国际贸易促进委员会廊坊市委员会（以下简称市贸促会）组织举办重点展会75个，展览总面积91.6万平方米，其中1万平方米以上展会47个，参观人数74万人次，总成交额67亿元人民币。举办银企对接会2场，分别达成意向贷款资金6600万元和意向融资需求8000万元。举办2015年廊坊市会展业务培训班，培训市直有关单位、会展企业、展览场馆负责人、会展从业人员等100余人。

12月11日，在第十二届中国会展行业年会暨2015全国会展工作会议上，廊坊市获“中国十佳优秀会展城市”奖项，环渤海（廊坊）汽车后市场服务节获“2015年度中国十佳品牌专业展会”荣誉。

2015年廊坊市自办展会一览表

表18

序号	展会名称	主办单位	承办单位	举办时间	举办地点
1	2014年河北移动社会渠道冬季终端签约洽谈会	中国移动通信集团河北有限公司	廊坊友谊百众展览服务有限公司、石家庄都市文化传播有限公司	1月7日至9日	廊坊会展中心
2	北汽新能源2015年（首届）全球价值链伙伴大会	北汽新能源汽车股份有限公司	北汽新能源汽车股份有限公司	1月21日至26日	香河第一城
3	2015廊坊新年购物节	廊坊国际展览集团有限公司	廊坊东悦百兴展览服务有限公司	1月29日至2月4日	廊坊会展中心
4	2015京津冀中华大庙会年货及特色旅游商品展	中信国安投资有限公司	国安第一城（香河）文化旅游发展有限公司	2月19日至25日	香河第一城
5	迎新春采购会	廊坊市金诺喜铺商务有公司	廊坊市金诺喜铺商务有公司	2月20日至3月5日	第五大街
6	中国（廊坊）2015年春季渔具展销订货会	中国文教体育用品协会（钓具专业委员会）	廊坊国际展览集团有限公司	2月24日至26日	廊坊会展中心
7	2015年大厂国际渔具展（第一季）	大厂渔具城管委会	河北省廊坊市大厂县国际渔具城	2月24日至26日	大厂渔具城
8	2015中国廊坊汽车展览会	廊坊汽车商业协会	廊坊市喻之道广告传媒有限公司、廊坊国际展览集团有限公司	3月14日至16日	廊坊会展中心
9	3·15诚信在行动综合展示会	廊坊广播电视台	广播电视报	3月13日至15日	廊坊万达广场
10	2015年第四届中国廊坊国际秀鸽展示暨幼鸽交流会	中国信鸽协会、河北省信鸽协会 廊坊市体育局 廊坊市体育总会	廊坊市信鸽协会、廊坊市友祥信鸽文化有限公司	3月21日至22日	廊坊会展中心
11	第13届中国胜芳金属玻璃家具展览会	霸州市人民政府	河北省霸州市胜芳镇胜芳国际家具博览城	4月8日至10日	胜芳家具城
12	2015年大厂国际渔具展（第二季）	大厂渔具城管委会	河北省廊坊市大厂县国际渔具城	4月8日至10日	大厂渔具城
13	2015廊坊古玩收藏品交流会	廊坊市古玩珠宝行业商会	廊坊市藏宝阁商贸有限公司	4月8日至11日	廊坊古玩城
14	藏獒在线	北京獒行天下文化传媒有限公司	北京獒行天下文化传媒有限公司	4月11日至12日	香河第一城
15	2015新视觉家博会	廊坊家具协会	廊坊市青藤展览有限公司	4月17日至19日	廊坊会展中心
16	2015年廊坊开发区（春季）人才招聘会	廊坊开发区劳动人事局	廊坊国际展览集团有限公司	4月25日至26日	廊坊会展中心

续表 18-1

序号	展会名称	主办单位	承办单位	举办时间	举办地点
17	第九届中国节能炉具博览会 2015 节能炉具和生物质成型燃料产业研讨会	中国农村能源行业协会	中国农村能源行业协会节能炉具专业委员会、中国炉具网 廊坊国展	4 月 23 日至 25 日	廊坊会展中心
18	第四届中国香河国际家居文化节	中国家具协会 河北省家具协会	香河家具城	4 月 27 日至 29 日	香河家具城
19	五一休闲大妙汇 “我们的精神家园”中国非物质文化遗产摄影大展	中信国安投资有限公司	国安第一城（香河）文化旅游发展有限公司	4 月 28 日至 5 月 3 日	香河第一城
20	2015 中国（廊坊）首届动漫文化节	廊坊市动漫协会	廊坊国际展览集团有限公司	5 月 1 日至 3 日	廊坊会展中心
21	2015 京津冀旅游文化产业暨茶叶茶文化博览会	廊坊国际展览集团有限公司	廊坊东悦百兴展览服务有限公司	5 月 1 日至 4 日	廊坊会展中心
22	第三届廊坊红木古典家具暨艺术品收藏品博览会	廊坊国际展览集团有限公司	廊坊东悦百兴展览服务有限公司	5 月 1 日至 4 日	廊坊会展中心
23	第三届廊坊特色文化博览会	廊坊国际展览集团有限公司	廊坊东悦百兴展览服务有限公司	5 月 1 日至 4 日	廊坊会展中心
24	2015 中国·廊坊经济贸易洽谈会	中华全国工商业联合会、中国国际贸易促进委员会、博鳌亚洲论坛、河北省人民政府	廊坊市人民政府	5 月 18 日至 21 日	廊坊会展中心
25	环保产业展	河北省环保厅	廊坊市环保局	5 月 18 日至 21 日	廊坊会展中心
26	县域特色产业展	河北省商务厅	廊坊市商务局	5 月 18 日至 21 日	廊坊会展中心
27	新兴产业展	河北省工信厅	廊坊市工信局	5 月 18 日至 21 日	廊坊会展中心
28	第十四届品味车苑展	廊坊广播电视台	廊坊广播电视报	5 月 18 日至 21 日	廊坊会展中心
29	台湾士林嘉年华暨 2015 廊坊万达美食文化街	河北省贸促会 廊坊市人民政府 台北市士林观光发展协会	廊坊市贸促会 廊坊市旅游局 廊坊市商务局 廊坊市广播电视台 廊坊市博展文化传媒有限公司	5 月 16 日至 30 日	廊坊万达广场
30	第五届中国·廊坊婚庆文化博览会	廊坊市人民政府	河北速腾文化传媒有限公司	5 月 16 日至 18 日	廊坊时代广场

续表 18-2

序号	展会名称	主办单位	承办单位	举办时间	举办地点
31	2015 苏杭丝绸服装服饰展示会暨绿色农副产品博览会	锦州市亚泰展览策划服务有限公司	廊坊国际展览集团有限公司	5 月 23 日至 6 月 1 日	廊坊会展中心
32	CKU 全犬种冠军展（CAC）廊坊站	中爱联合犬业俱乐部 CKU	廊坊国际展览集团有限公司	5 月 24 日至 26 日	廊坊会展中心
33	2015 文身艺术节	中国文身艺术联合会	中国文身师发展有限公司、廊坊国际展览集团有限公司	5 月 30 日至 6 月 1 日	廊坊会展中心
34	2015 年大厂国际渔具展（第三季）	大厂渔具城管委会	河北省廊坊市大厂县国际渔具城	5 月 17 日至 19 日	大厂渔具城
35	2015 首届全国名优特新农产品暨两岸美食嘉年华（廊坊）博览会	廊坊市国际商会 廊坊市贸促会	廊坊市中乾文化传媒有限公司	5 月 17 日至 19 日	廊坊体育场
36	北京古华斋·经典红木家具精品展	廊坊国际展览集团有限公司	天津燕杰融智会展服务有限公司	6 月 5 日至 14 日	廊坊会展中心
37	廊坊市首届消夏图书文化节	廊坊市乐晟广场	廊坊市乐晟广场	6 月 13 日至 24 日	廊坊市乐晟广场
38	2015 年大厂国际渔具展（第四季）	大厂渔具城管委会	河北省廊坊市大厂县国际渔具城	6 月 26 日至 28 日	大厂渔具城
39	中国（廊坊）2015 年秋季渔具展销订货会	中国文教体育用品协会（钓具分会）	北京四海云天展览有限公司 廊坊国际展览集团有限公司	6 月 26 日至 29 日	廊坊会展中心
40	2015 年欢乐购车季	廊坊广播电视台	廊坊广播电视报社	6 月 20 日至 22 日	丽都鑫潮家具广场
41	2015 河北·廊坊国际绿色产业博览会	河北省贸促会、河北省工信厅 河北省环保厅、廊坊市人民政府	廊坊市贸促会 廊坊市工信局 廊坊环保局 济南鲁汉中展览公司 河北速腾文化传媒有限公司 廊坊中乾文化传媒有限公司	7 月 3 日至 5 日	廊坊会展中心
42	2015 年大厂国际渔具展（第五季）	大厂渔具城管委会	河北省廊坊市大厂县国际渔具城	8 月 8 日至 10 日	大厂渔具城
43	Clcaf2—廊坊漫展夏日祭	廊坊市动漫协会	廊坊国际展览集团有限公司	8 月 7 日至 9 日	国际会展中心
44	廊坊市第一届全民体育消夏啤酒文化节	廊坊市会展行业协会	廊坊市中乾文化传媒有限公司	8 月 7 日至 30 日	廊坊体育场

续表 18-3

序号	展会名称	主办单位	承办单位	举办时间	举办地点
45	2015 廊坊投资理财金融博览会	廊坊市贸促会、廊坊市工商联	廊坊市时讯文化传媒有限公司	8 月 15 日至 17 日	廊坊万达广场
46	2015 环渤海汽车后市场服务节	河北省贸促会、廊坊市人民政府	市贸促会 市工信局 廊坊市中车会展有限公司	9 月 4 日至 6 日	廊坊会展中心
47	2015 京津冀国际新能源产业博览会	河北省可再生能源产业协会 廊坊国际展览集团有限公司	廊坊国际展览集团有限公司	9 月 12 日至 14 日	廊坊会展中心
48	京津冀城乡环境卫生新技术新设备新工艺博览会	山东丞华展览	河北省城市建设投融资协会 廊坊国际展览集团有限公司	9 月 12 日至 14 日	廊坊会展中心
49	第 14 届中国金属玻璃家具展览会	霸州市人民政府	河北省霸州市胜芳镇胜芳国际家具博览城	9 月 16 日至 18 日	胜芳家具城
50	2015 年大厂国际渔具展（第六季）	大厂渔具城管委会	河北省廊坊市大厂县国际渔具城	9 月 18 日至 20 日	大厂渔具城
51	第八届中国国际种业博览会暨第十三届全国种子信息交流及产品交易会	全国农业技术推广服务中心	凤凰创意会展服务有限公司 廊坊国际展览集团有限公司	9 月 17 日至 19 日	廊坊会展中心
52	第十九届中国（廊坊）农产品交易会	中华全国供销合作总社 河北省人民政府	廊坊市人民政府	9 月 26 日至 28 日	廊坊会展中心
53	河北省农业发展成果展	河北省人民政府	各市人民政府	9 月 26 日至 28 日	廊坊会展中心
54	河北省农业专业合作社成果展	河北省农业厅	各市农业专业合作社	9 月 26 日至 28 日	廊坊会展中心
55	中国（廊坊）国际有机食品展览会及分会场	中国贸促会	廊坊市贸促会、廊坊中乾文化传媒有限公司等	9 月 26 日至 28 日	廊坊会展中心及廊坊体育场
56	特色农产品展销会	廊坊市盛世鑫华展览服务有限公司	廊坊市盛世鑫华展览服务有限公司	9 月 26 日至 28 日	廊坊体育场
57	农用汽车暨农业机械展	廊坊广播电视报	廊坊广电会展服务有限公司	9 月 26 日至 28 日	廊坊会展中心
58	廊坊小吃节	廊坊日报社	廊坊日报社	9 月 26 日至 28 日	廊坊会展中心
59	首届廊坊玩博会暨孕婴童用品博览会	廊坊市会展行业协会	河北速腾文化传媒有限公司	10 月 1 日至 5 日	廊坊市体育馆
60	2015 年“全城热恋”大型公益相亲交友活动暨廊坊首届秋季婚庆文化博览会	廊坊广播电视台	廊坊广播电视台	10 月 1 日至 3 日	廊坊九天欢乐谷

续表 18-4

序号	展会名称	主办单位	承办单位	举办时间	举办地点
61	第四届十一欢乐节	廊坊日报社广告信息部	廊坊国际展览集团	10月3日至7日	廊坊会展中心
62	2015年秋季京津冀蒙林木种苗交易会	京津冀蒙林业种子苗木管理站	石家庄博华展览有限公司 廊坊国际展览集团有限公司	10月9日至11日	廊坊会展中心
63	宠物展览会（CKU本部展）	中爱联合犬业俱乐部	廊坊国际展览集团有限公司	10月15日至18日	廊坊会展中心
64	2015年廊坊开发区（秋季）人才招聘会	廊坊开发区劳动人事局	廊坊国际展览集团有限公司	10月17日至18日	廊坊会展中心
65	2015廊坊新潮品牌服装博览会	廊坊市中乾文化传媒有限公司	廊坊市中乾文化传媒有限公司	10月1日至18日	廊坊市体育场
66	全国绿色农贸特产展	廊坊市中乾文化传媒有限公司	廊坊市中乾文化传媒有限公司	10月1日至18日	廊坊市体育场
67	第四届中国廊坊红木古典家具暨珠宝、文玩、陶瓷、工艺品博览会	廊坊国际展览集团有限公司	廊坊东悦百兴展览有限公司	10月22日至25日	廊坊会展中心
68	第八届中国廊坊国际热气球节暨自驾车露营体验展	河北省旅游局	廊坊市旅游局	10月23日至25日	香河一城
69	2015蒙粤闽沪港台服装服饰商品（廊坊）大型直销展	锦州亚泰展览策划服务有限公司	廊坊国际展览集团有限公司	10月24日至11月2日	廊坊会展中心
70	2015中国（廊坊）新能源车辆及零部件交易会	青岛金奥阳光广告有限公司	廊坊国际展览集团有限公司	11月7日至9日	廊坊会展中心
71	2015年美的空调日	廊坊国际展览集团有限公司	美的集团	11月7日至9日	廊坊会展中心
72	2015廊坊家居建材团购会	廊坊国际展览集团有限公司	天津奇团动力	11月14日至16日	廊坊会展中心
73	2015第二届廊坊旅游户外休闲用品展	廊坊国际展览集团有限公司	廊坊四海云天展览有限公司	11月20日至22日	廊坊会展中心
74	第十五届中国廊坊（国际）名鸽展示会	中国信鸽协会、河北省信鸽协会 廊坊市体育局、廊坊市体育总会	廊坊市信鸽协会 廊坊市友祥信鸽文化有限公司	11月21日至22日	廊坊会展中心
75	河北军民融合国防工信协同创新成果展	省国防科工局、省科技厅、廊坊市政府、省科学院	省国防科工局 廊坊国际展览集团有限公司	12月8日至10日	会展中心B馆

【市会展行业协会成立】 4月，市贸促会组织筹办的廊坊市会展行业协会经市民政局批准挂牌成立，第一届会员39人。廊坊日报社、廊坊国际展览集团有限公司、廊坊国际管道会展有限公司和国安第一城（香河）文化旅游发展有限公司当选为第一届副会长单位；河北速腾文化传媒有限公司和廊坊中乾文化传媒有限公司当选为第一届常务理事单位；河北广播电视报和廊坊市中道文化传媒有限公司当选为第一届理事单位。市会展行业协会具有制订行业规范、实行行业自律管理和行业协调、做好行业服务工作、依法维护会展知识产权、依法维护行业和会员的合法权益、树立良好的职业道德风尚、促进公平竞争、促进行业发展等职能。在促进公平竞争、加强行业交流、拓展会展资源、培育和承接品牌展会等方面为企业提供服务。

【京津冀会展业协同发展座谈会召开】 2月4日，廊坊市召开京津冀会展业协同发展座谈会。座谈会旨在推进“3+1”（京、津、冀加廊坊）会展业协同发展，推动廊坊会展名城建设。会议邀请中国贸促会经济信息部副部长贾槐、中国会展经济研究会副会长李永江、中国展览馆协会理事长郑世钧、法兰克福展览（北京）有限公司总经理赵蔚平等京津冀三地展览馆、会展龙头企业的专家、学者43人进行座谈。座谈会就廊坊市会展业发展、借力京津冀协同发展机遇、承接会展项目进行探讨，并建言献策。市委常委、副市长贾永清出席会议并介绍廊坊市经济社会发展现状及会展业发展情况。

【外联招商】 2015年，市贸促会邀请接待外商150名，推介企业200家，实地考察6个县（市、区）。邀请中国轻工业对外经济技术合作公司负责人与廊坊市国展集团、河北速腾传媒等8家会展公司面对面交流，开辟国外市场。组织企业参加“2015吉林（长春）第十七届供热供暖锅炉空调及节能减排技术设备展览会”“2015第二届中国（沈阳）国际新能源汽车展览会”“首届京津冀国际投资贸易洽谈会”等国内展会7次，布置标准展位23个，特装展位160平方米，参会企业24家。其中，道弘玻璃微珠与长春市长沈磨料磨具建立初步合作意向，领冠仪器仪表有限公司与加拿大复位环球采购有限公司达成初步合作意向。结识国内外参展商、采购商、供货商500余名。市贸促会与葫芦岛市贸促会、长沙市贸促会、好博塔苏斯展览有限公司签订友好协议。组织参加“中俄蒙韩”展览会、“印尼雅加达国际建材及技术展”“2015年阿拉伯贸易周”“伊朗德黑兰建筑建材展”“德国科隆家具展”廊坊市鼎博五金、霸州市东段瑞邦家具、永清微雕等12家企业参会，布置标准展位11个，参展展品百余种，接待观众500人次，结识国外客户50人，并达成供货意向。承办“5·18”河北企业走进非洲推介会和河北企业走进中亚推介会，组织河北省187家企业参加会议。接待上海合作组织代表团、非洲代表团、德国、波兰等代表团组13个，中外嘉宾249人。

【第一届国际商会会员代表大会召开】 3月19日，廊坊市第一届国际商会会员代表大会召开，市直有关部门、工业园区、各县（市、区）商务部门、企业代表160余人参加大会。会议审议通过商会工作报告、商会章程及会员管理办法，选举产生会长、副会长、常务理事、理事，确定企业会员186家。会上与廊坊银行签署战略合作协议。会议规范了会员管理制度，明确廊坊国际商会工作任务目标，扩大廊坊市国际商会推动产业转型升级的职能作用。

【涉外法律服务】 2015年，市贸促会出证认证6487份，其中一般原产地认证5599份，代办领事认证175份，国际商事证明书642份，区域优惠证58份，ATA单证册13份。全市新增注册企业38家。6月4日和10月21日分别邀请河北省贸促会法律部部长范中平、副部长申拴群、副秘书长赵胜和廊坊市张克锋律师事务所工作人员，到利比玻璃制品（中国）有限公司、河北欧克精细化工股份有限公司等10家企业实地走访调研，了解企业问题，提供法律服务；9月26日，借助“9·26”农交会平台，设置“廊坊市贸促会法律咨询处”，为参展企业提供咨询服务；10月23日，举办涉外法律服务座谈会，提高涉外企业风险防范意识及企业手签人员的业务水平。为注册企业提供风险预警服务，印发涉外法律资料手册1100余本。利用法律咨询QQ群，转发河北省贸促会《国际贸易风险预警专刊》12期，国际商事预警短讯100期。

【重点展会选介】 2015年，市贸促会举办“2015河北·廊坊国际绿色产业博览会”，集中展示和推介先进节能环保技术、设备和产品，展会面积18000平方米，参观观众3万多名，参展企业近200家，意向成交额1.13亿元人民币，并举办对接洽谈会3场次，11家环保企业现场发布新技术、新产品，对接洽谈；承办“5·18”国际经贸洽谈会国际展区展览，展览面积200平方米，展品600余种，贸易成交额160多万元，贸易意向额1000多万元；举办“2015廊坊万达美食文化街”，引进台北市士林观光发展餐饮品牌，特色餐饮美食展销面积6000平方米，全国100余家食品企业参加展览展示、现场售卖；举办“2015环渤海汽车后市场服务节”，展览面积4.2万平方米，其中室内面积2.2万平方米，室外面积2万平方米，参展企业673家，参观观众3.5万人，合作意向成交额1.6亿元人民币；举办“第六届中国（廊坊）国际有机食品展览会”和“2015年中国（廊坊）有机食品国际合作研讨会暨河北国际绿色农业周”，展览总面积13500平方米，国内外参展企业116家，展示有机杂粮、蔬菜、水果、大米、肥料和各地特色农副产品，参观观众近5万人次。

（张　叶）

廊坊市社会科学界联合会

【概况】 2015年，廊坊市社会科学界联合会（以下简称“市社科联”）组织廊坊市理论社科专家开展省、市级课题研究，完成市级课题研究成果90项，省级课题研究成果39项。其中“关于加强我市民间融资风险防控的对策研究”等4项研究成果获市领导肯定性批示。深入社科普及基地调研，赠送社科普及书籍近5000册，专家讲座光盘数十套，制发围裙、凉扇等社科宣传品近3万套（个）。12月，为命名挂牌的5个市级社科基地（廊坊师范学院、霸州华夏收藏馆、香河潮北新城社区、廊坊图书馆、永清经济开发区中国服装文化博览园）分别配备LG多媒体触控一体机，设置专门科普宣传网页和形势政策宣传图片，与河北社科网、“廊坊大讲堂”、廊坊干部理论教育网等网站进行链接，方便市民读者随时阅览社科知识、社科工作动态、前沿信息等。规范学会的年检、换届、法人变更，加强对其业务工作指导，保障学会依法、合规开展活动。《廊坊社会科学》开辟《理论前沿》《本期新视点》《党的群众路线教育实践活动专题》《课题研究》《经济纵横》《文化广角》《名人沙龙》《史海钩沉》《社科信息》等栏目。全年出版四期，刊发领导讲话、政策解读、体会文章、科研成果和社科动态等120余篇，图片100余张。

【《廊坊市社会科学普及办法》出台】 4月，市政府印发《廊坊市社会科学普及办法》（以下简称《办法》）。5月，围绕《办法》颁布实施，组织召开全市理论社科界学习贯彻《办法》座谈会。各县（市、区）社科工作联络站负责人、市社科普及基地负责人、部分社科学会负责人、市直单位和驻廊高校社科专家代表参会。在《廊坊日报》设置专栏，刊登《市社科联负责人就〈办法〉颁布和实施答记者问》，为推动贯彻落实《办法》奠定良好社会基础，营造舆论氛围。

【河北省第十届暨廊坊市第二十一次社科普及周活动】 4月19日至25日，廊坊市社科联组织开展河北省第十届暨廊坊市第二十一次社科普及周活动。社科普及周活动以“依法开展社会科学普及、推进法治廊坊建设”为主题，旨在面向全市广大干部群众开展法治教育，引导人们树立法治思维、增强法治意识、提高法治素养。社科普及周活动期间，市社科联组织开展3项专题活动：与市委宣传部、市政法委、廊坊日报社联合开展 “做学法守法用法好公民 全面推进法治廊坊建设”主题征文活动；与市图书馆联合开展系列社科文化沙龙活动，以“廊坊历史名人的新发现”为主题，挖掘廊坊历史文化，探寻廊坊文化符号；与市教育局、市硬笔书法协会、市青年书画家协会联合举办首届廊坊市中小学生书画大赛。社科普及周活动发放宣传资料3000余份，征文380篇，收到各县（市、区）书画作品1100余幅，评出硬笔、毛笔、绘画“十杰”作品共60幅，“百强”作品600幅。

（耿明明）

廊坊市红十字会

【概况】 2015年，廊坊市红十字会发挥人道领域助手作用，依法履行救灾、救助、救护和捐献造血干细胞、遗体捐献、器官捐献职责。全年募集社会捐款和争取救助资金98.3万元，其中资金98.02万元，物资折价0.28万元。“博爱一日捐”大病医疗救助项目募集捐款56.33万元，救助各类大病患者32人，救助资金33.6万元；白血病小天使救助项目上报审核患儿33人，救助14人，救助款42万元；先心病天使阳光项目审核上报患儿41人，6人符合手术条件，赴定点医院实施手术；救助特困群众38人，发放救助金37.6万元；慰问因患大病或突发事件致贫的家庭219户，发放救助款13.28万元；成功捐献造血干细胞4例，其中包含廊坊市首例、河北省内第8例涉外造血干细胞捐献志愿者，成功捐献率位于全省并列第3名。年内，市政府下发《关于促进红十字事业发展的意见》，要求各级部门重视红十字会在加强和创新社会管理、保障和改善民生、促进社会稳定和长治久安等方面优势，为促进廊坊市红十字事业发展提供政策性保障。

【无偿献血宣传】 6月14日，市红十字会联合市献血领导小组、市卫生计生委、市文明办共同举办无偿献血宣传活动。成立“廊坊市红十字无偿献血志愿服务大队市直党员志愿者分队”“廊坊市红十字无偿献血志愿服务大队市中心血站分队”“廊坊市红十字无偿献血志愿服务大队廊坊职业技术学院分队动物科学与技术系小队”3支志愿者服务队，为10位献血志愿者代表颁发荣誉证书。活动发放各类宣传资料、纪念品近1万份，为300余人免费测量血压和化验血型，93人参加无偿献血，捐献血液31200毫升。

【人体器官捐献知识培训班】 9月17日，市红十字会联合市卫生计生委举办全市人体器官捐献知识培训班。河北省红十字会秘书长、省人体器官捐献办公室主任赵书平，市卫生计生委专职党委副书记王廷桥，市红十字会专职副会长班志清参加开班仪式，各县（市、区）卫生计生局、红十字会人体器官捐献负责人、二级以上医疗机构分管人体器官捐献负责人、联络员共60人参加培训。会上，参训人员学习了人体器官捐献概述，器官捐献工作流程，协调员、信息员工作职责，具体操作流程等内容。

【应急救护宣传培训】 2015年，市红十字会根据河北省红十字会、省教育厅、省财政厅等六部门印发的《关于探索以政府购买服务方式对我省部分高校大学生进行应急救护初级培训试点工作的实施意见》及省红十字会《关于做好2015年大学生应急救护培训工作的通知》要求，启动大学生应急救护培训，确定廊坊市卫生职业学院作为试点院校。年内，培训教师100名，在校大学生4000名。开展中国红十字会生命健康安全教育项目，根据项目计划，分批次到永清县第一中学、永清县第一小学、永清县润景社区开展学校安全教育、亲子课堂、群众性应急演练等形式的培训和宣传，培训救护员750人次，普及应急救护受益3400人次。

【千人膝关节康复行动】 年内，廊坊市开展“关爱老人，关注膝关节——千人膝关节康复行动”爱心活动。该爱心活动由省医科大学第三医院的专家为患者诊断治疗。活动重点面向农村患者和城市低收入患者，涉及安次区、广阳区、永清县和文安县4个县（区）。安次区和广阳区定点医院为廊坊红十字骨伤科医院，永清县定点医院为永清县医院，文安县定点医院为文安县中医院。4月28日，市红十字会组织安次区、广阳区31名膝关节骨关节炎患者参加筛查，确定符合免费条件的患者有6人，4人做手术。

（王麒惠）

法治·国防

市委政法委、综治办工作

【概况】 2015年，全市各级政法机关和综治维稳部门推进执法司法公开。市委政法委研究部署、协调指导全市执法司法公开工作，先后6次组织召开协调推进会，派出4个由处级干部带队的督查组到基层单位调研督导检查执法司法公开。组织开展政法“开放月”活动，指导政法各部门先后完成召开新闻发布会、实地参观、座谈交流、法治宣传、成果展示、网上互动等规定动作和系统特色动作。广阳区、霸州市被确定为全市执法司法公开工作示范区。市、县两级审判机关推进审判流程公开，发布案件流程信息61305条，执行信息12508条。公开庭审直播，通过官方微博、微信，及时向社会公开重要工作举措和重大活动情况。市人民检察院建成集案件查询、控申接待、律师接待等多功能为一体的检察服务大厅。开通官方网站、微博、微信，发布案件程序性信息6100条，发布重要案件信息61件，发布法律文书1612份。案件办理全部实现网上运行。市公安局公开发布警务信息750条、行政管理信息628条、网上办事信息860条、办案信息689条。

维护社会稳定和经济安全。全市政法系统集中开展“打黑除恶灭霸扫痞”、枪爆物品大清查、“打黄赌、铲源头”等专项行动，相继开展打击电信诈骗犯罪、打击两抢一盗等多发性侵财犯罪、打击涉网治安违法犯罪“断链”行动等严打整治行动。年内，全市刑事案件立案13755起，破获5007起。抓获犯罪嫌疑人3958名，打掉犯罪团伙156个。查处各类治安案件37256起，同比上升2%。排查发现重点地区14个，其中，被省综治办挂牌督办社会治安重点地区突出治安问题2个。全市公安机关共立案侦查金融诈骗类案件101起，抓获犯罪嫌疑人26人，涉案金额36311186.29元，挽回损失2950322.9元。其中，集资诈骗案件立案3起，贷款诈骗立案3起，票据诈骗立案9起，信用卡诈骗立案86起。全市审判机关受理各类刑事案件3313件，审结3069件；受理民商事案件49431件，审结40860件；受理各类行政案件746件，审结625件。

开展基层平安创建活动。全市开展平安县（市、区）、平安乡镇（街道）、平安社区（村）、平安边界、平安企业、平安市场、平安机关、平安医院、平安校园、平安行业商会和协会、平安军营等多种形式的“平安细胞”创建活动，创建率80%。推动保险业参与平安建设，全市治安保险承保404215户，同比增长率139.87%，风险保障59.33亿元，治安保险赔案477笔，赔款83.09万元。

社会矛盾纠纷预防化解。市委政法委和综治维稳部门深化矛盾纠纷排查调处，全面落实“日排查、周调度、月汇总、季分析”、重大矛盾纠纷督办等工作机制。2015年，全市共排查矛盾纠纷11231件，调处11060件，调处率为98.5%，其中排查调处重大矛盾纠纷16件。市、县两级分别在9个重点行业、领域建成调解组织。“黄金佳”等非法集资参与群众聚集事件、落垡垃圾焚烧发电厂试运行期间群众围堵事件等涉众问题得到妥善处理。

提升政法队伍素质。全市政法系统组织各类政治理论学习和辅导讲座985次，参加干警18765人（次），组织各种培训班125期，组织各种业务知识技能学习培训139次，培训干警达11550人（次）。4月，市委政法委以县级党校为培训基地，组织开展4期政法综治维稳工作专题培训班，参训干警和相关部门干部近700人。全市政法系统中有52个先进集体、100名先进个人受到市委政法委通报表彰。

【全市政法工作会议】 2月13日，全市政法工作会议召开。市委书记王晓东、市长冯韶慧就做好2015年政法工作作出批示。市委常委、政法委书记饶贵华出席会议并讲话。王晓东在批示中指出，全市各级政法机关要坚持严格执法、文明执法、公正司法，不断提高执法司法公信力。冯韶慧在批示中指出，政法部门要有效发挥好依法治市的主力军作用，大力推进平安建设、法治建设和过硬队伍建设。饶贵华在会上提出2015年全市政法工作的整体脉络、工作方法和目标任务。他指出，2015年全市政法工作要认真履行维护社会大局稳定、促进社会公平正义、保障人民安居乐业“三大任务”，以深化平安、法治、过硬队伍“三大建设”为主线，准确把握、主动应对政法工作面临的新常态；坚持法治思维、底线思维、系统思维，化解社会矛盾、管控社会风险、推进平安创建；加强制度保障、作风保障、组织保障，提升执法办案水平和队伍管理水平，为实现全市绿色发展、高端发展、率先发展、和谐发展创造安全稳定的社会环境、公平正义的法治环境、优质高效的服务环境。

【社会治安科技防范设施建设】 2015年，廊坊市全面落实《河北省社会治安科技防范五年规划（2011—2015年）》目标任务，推进市、县、乡、村四级视频监控设施的联通应用，实现数据融合、资源共享，为重大警情指挥调度、侦查破案提供支撑。全市技防设施总数达200多万个；重点单位科技防范设施覆盖面100%，入网率85%；内部单位、城区学校的重要部位科技防范设施安装率100%；居民小区科技防范覆盖面87%；农村地区科技防范覆盖面86%。

【基层法治服务组织建设】 2015年，市综治办制定《关于建立基层法治建设服务指导站的实施意见》，全市各地结合“一村（居）一法律顾问”“法官进社区”等工作，在村街社区构建由法官、检察官、公安干警、司法服务人员、包村（居）干部和村党支部书记参与的基层法治建设服务指导站。全市发展平安志愿者协会会员近5万人，建立平安志愿者协会分会145个，设立出租车司机、小区保安、清洁工、特种行业等不同行业分会43个；发展调解志愿者协会会员16300余人，设立地域分会110个，设立调解工作站790个，参与解决各类纠纷17000余件。安次“夕阳红”志愿者协会、广阳温馨调解室、文安行业协会、广阳馨境界社区“温馨3+6+1社区服务”、伊秋玲个人品牌调解室、李晓芳调解室、许玉静调解室等成为特色或名牌调解机构。青少年爱心帮教志愿者协会发展会员2000人，设困难救助、心理咨询、维权保障、就业指导、司法服务等专业分会42个，建立地域分会65

个，在学校、村街、企业等建立工作站256个。建立涉及医患纠纷、劳资纠纷、交通事故赔偿纠纷、产品质量纠纷等不同领域的调解志愿者分会50个，形成多行业、多层面权威调解与个人品牌调解相结合的多方调解机制。

【社会公共安全管理】 2015年，廊坊市开展危爆物品寄递物流清理整顿专项行动，实名收寄、收寄验视、过机安检达到“三个100%”；加强邮件、快件寄递安全管理，成立市邮件、快件寄递安全管理工作协调小组，健全工作协调机制；组织交通安全隐患大排查活动，全市查处各类交通违法行为891972起；打击食品药品犯罪，侦办食品药品案件63起，抓获犯罪嫌疑人76人，涉案金额1700余万元；持续加大环保执法力度，先后开展环保交叉执法专项检查、烧烤油烟整治、打击涉酸环境违法行为等专项行动，实施行政处罚2187.1万元，抓获环境违法犯罪嫌疑人56名；加强消防安全监管，全市发生火灾事故749起，死4人，伤1人，经济损失1121万元。

【流动人口和居住证管理】 2015年，全市开展流动人口信息采集和居住证办证查验工作，对流动人口进行全面排查，实行分类登记、建档、管理，严厉打击利用出租房屋的违法犯罪活动。全市44.88万流动人口办理居住证33.13万张。

【政法宣传】 2015年，市委政法委开通廊坊长安网和各县（市、区）长安网。全年在市级以上媒体刊播各类稿件1395篇，其中，国家级媒体刊播79篇，省级媒体刊播521篇，有效增强政法工作的正面影响。

【全市律师工作会议】 11月6日，全市律师工作会议召开。会议主要任务是贯彻落实全国、全省律师工作会议精神，全面加强和推进全市律师工作。市委常委、市政法委书记饶贵华，市政府副市长王金水出席会议并讲话。饶贵华指出，全市各级各部门要切实增强做好律师工作的主动性，充分认识律师在经济社会生活中发挥的职能作用，切实加强和改进廊坊市律师队伍建设，推进律师事业发展。王金水就如何做好律师工作提出了具体要求。市、县两级政法部门有关负责人，以及市人大、市信访局、市法学会、市律师协会有关负责人，部分法学专家、律师代表参加会议。

【全市政法综治维稳干部培训班开班】 4月8日，全市政法综治维稳干部培训班第一期——政法队伍建设专题培训班在固安县委党校开班。市委常委、政法委书记饶贵华出席开班仪式并讲话。全市政法综治干部161人参加培训。培训班由市委政法委、市委组织部、固安县委党校联合举办。培训分四期，主题分别是政法队伍建设、维稳工作、法治建设和综治工作。第一期培训为期5天，特邀中央党校、市委宣传部、市委组织部、河北师范大学等机关单位的领导干部及专家学者进行专题授课。参加培训的学员系统学习领导干部如何提升素质和业务能力等知识。

（刘建辉）

法治政府建设

【概况】 2015年，廊坊市人民政府深入推进依法行政，加快建设法治政府。廊坊市六届人大三次会议审议通过的《政府工作报告》从切实依法履职、强化依法决策、严格公正执法、加强权力监督、坚决反腐倡廉5个方面，对加强法治政府建设作出全面部署。廊坊市人民政府六届三十四次常务会议审议通过的《廊坊市人民政府关于深入推进依法行政加快建设法治政府的实施意见》，从健全依法决策机制、积极开展科学民主立法、深化行政执法体制改革等8个方面，对推进依法行政、加快建设法治政府作出总体部署。廊坊市人民政府六届二十七次、三十次、三十一次常务会议分别就领导干部学法、行政应诉、法制咨询委员会筹备情况等法治政府建设事项进行审议研究，提出具体要求。制定出台《廊坊市人民政府关于进一步完善政府系统领导干部学法制度的意见》和《2015年度市政府领导干部集中学法计划》，推进领导干部学法制度化、规范化、常态化。市政府法制办分别邀请中国政法大学副校长马怀德、教授刘莘等法学专家，就新修订的《立法法》《行政诉讼法》《预算法》《食品安全法》《广告法》《统计法》等进行专题讲授，组织领导干部开展依法行政专题讲座5期。《人民日报》以《河北廊坊：常务会前有个法治课堂》为题，介绍廊坊市人民政府常务会议会前市级领导干部学法的做法。坚持所有重大行政决策、规范性文件、行政合同，及关系经济社会发展全局的重要事项或重大措施的文件和议事纪要全部纳入合法性审查范围。年内审查各类事项300余件次，向省政府备案规范性文件91件。《人民日报》刊载标题为《河北廊坊：不让合法性审查成为摆设》的文章，介绍廊坊市规范性文件合法性审查工作。廊坊市被国务院法制办确定为全国完善规范性文件合法性审查机制试点单位。完善行政执法投诉举报、重大行政执法行为备案等制度，促进严格规范公正文明执法。廊坊市人民政府法制办制作的行政处罚电子案卷作为样板卷在全省推广。

【依法行政考核】 2015年，市政府制定《法治政府建设工作任务分解和进度安排表》，细化责任分工，明确工作进度，确保法治政府建设有章可循。印发《廊坊市依法行政考核指标》，全市依法行政领导小组成员单位组成专门检查组，依据《廊坊市依法行政考核指标》，采取听汇报、查阅资料等方式，对10个县（市、区）和49个行政执法部门进行考核，并将考核结果列入党政领导班子综合考核评价体系，使依法行政考核的权威性得到提升。

【开展行政应诉】 2015年，市政府法制办制定印发《廊坊市人民政府行政应诉工作规则》和《廊坊市人民政府办公室关于贯彻落实河北省行政机关行政应诉办法的实施意见》，确保行政应诉工作有序开展。市政府法制办先后邀请全国人大法工委行政法室主任袁杰、最高人民法院行政审判庭副庭长李广宇，分别就修订的《行政诉讼法》《最高人民法院关于适用〈中华人民共和国行政诉讼法〉若干问题的解释》为全市领导干部作专题培训，提升领导干部的行政应诉水平。推动行政机关负责人出庭应诉，履行生效裁判，年内未发生领导干部干预阻碍法院受理、审理案件情况。

【完善规范性文件审查机制】 2015年，市政府法制办落实廊坊市《行政规范性文件管理办法》《行政规范性文件制定技术规范》

《关于规范性文件审查档案管理工作的意见》等文件精神，严格执行规范性文件备案审查、定期清理、有效期和统一登记、统一编号、统一发布制度。4月22日，中美司局级透明度对话会议在廊坊举行，会议肯定了廊坊市在合法性审查方面所取得的成绩；11月23日，在全国完善规范性文件合法性审查机制工作座谈会上，廊坊市作为唯一的市级单位作了典型发言。

【建立政府法律顾问制度】 2015年，市政府法制办制定印发《关于进一步建立健全政府法律顾问制度的实施意见》，推动各级各部门加快建立法律顾问制度。市政府法制办组织开展第三届政府法制咨询委员会换届工作，市政府第三十一次常务会议审议通过《廊坊市人民政府关于聘任第三届政府法制咨询委员会委员的决定》和《廊坊市政府法制咨询委员工作规则》，进一步完善了专家学者参与政府决策工作机制。在金融风险处置、企业改制等重大事项上，法律顾问有效发挥了专业优势，切实为政府依法决策提供了重要参考。

【规范行政执法行为】 2015年，市政府法制办落实行政执法责任制，全面公开执法依据、岗位职责、执法程序、执法责任；完善行政执法投诉举报、重大行政执法行为备案、行政执法全过程记录等制度。开展案卷评查，抽取全市行政执法部门行政处罚案卷和行政许可案卷进行集中评查，对评查检查发现的问题进行分类梳理，印发《行政执法监督通知书》，督促各级各部门切实做好整改。严格行政执法过错责任追究，根据案卷评查中存在的行政执法问题，对有关行政执法人员追究相应责任。指导全市各级行政执法机关落实裁量基准动态调整机制，承办全省推进落实行政处罚裁量基准制度现场会。

【行政执法资格管理】 2015年，廊坊市严把执法队伍准入关。利用换发新型河北省行政执法证件契机，对全市13523名行政执法和监督检查人员开展通用法律知识培训。市政府法制办邀请中国政法大学王青斌、罗智敏等专家讲课，使用北华航天工业学院研发的“行政执法人员在线考试系统”对参加培训人员进行微机测试，提高培训的“含金量”。严格罚没主体资格管理，依据法律法规规章和各部门“三定”方案，对市级行政执法部门的罚没许可证进行年检和换证，予以公告。

【发挥行政复议功效】 2015年，廊坊市畅通行政复议渠道，通过向社会发放宣传资料、在廊坊政府门户网站开辟行政复议专栏、组织复议庭审观摩会等方式，宣传行政复议制度，引导群众合法理性表达诉求。健全行政复议案件审理机制，实行公开听证，开展行政复议案卷评查，提高行政复议办案质量。年内廊坊市各级行政复议机关受理行政复议案件323件，其中市政府法制办受理131件，接待复议申请人500余人次，全部案件均在法定期限内审结。

（索俊章）

公　安

【概况】 2015年，廊坊市公安机关维护社会大局稳定、促进社会公平正义、保障人民安居乐业，为全市实现绿色发展、高端发展、率先发展、和谐发展创造安全稳定的社会环境、公平正义的法治环境和优质高效的服务环境。全市没有发生重大政治性事件、严重暴力恐怖事件、群死群伤等重大治安灾害事故，以及个人极端暴力事件，社会大局稳定。

基础信息化建设。绘制卫星遥感地图，将人口信息、警情信息、行业信息等各项基础信息标注录入到电子地图中，实现“人、地、事、物、组织”信息与空间信息的高度关联和精确定位。构筑“天网覆盖”工程。全市联网监控点位3114个，全部接入省级平台；全市2825个村街安装视频监控，覆盖率88.7%。

警务实战化建设。情报体系实战化建设，建立“集约化管理、合成化研判、一体化运作”的实战模式，为侦查部门办理案件提供情报支撑；指挥体系实战化建设，全市建设应用勤务指挥平台，提高街头见警率、管事率和巡控率；巡防体系实战化建设，建立完善动静结合，整体联动的全方位、全时空巡逻防控网络；训练体系实战化建设，举办基层所（队）骨干轮训班2期，120人参加实战训练培训，基层民警的业务水平和实战技能得到提升。

执法规范化建设。创新执法管理机制，提高执法办案质量，全面推行刑事办案“两统一”（统一审核、统一出口）工作机制。123个执法办案场所完成挂牌认证，12个执法办案中心全部验收合格；创新执法办案方式，完善网上执法办案系统功能并全面实现网上办案单轨制，全面落实“七个一律”（对没有犯罪事实而立案侦查、取保候审的，一律依法撤销案件、终止侦查；对保而不侦、保而不诉、以保代处、被取保候审犯罪嫌疑人脱逃的，一律启动侦查、缉捕措施，及时依法移送审查起诉或作其他处理；对取保候审法定期限届满的，一律依法解除取保候审；对取保候审后执行监管不到位的，一律督促派出所、办案部门落实到具体责任人；对未按规定设立使用保证金账户的，一律限期设立、规范使用；对应当退还保证金的，一律及时退还；对利用取保候审办人情案、关系案、金钱案的，一律依法依纪追究责任）硬性规定，杜绝“下水道”案件；推进执法公开，公开发布警务信息750条、行政管理信息628条、网上办事信息860条、办案信息689条。年内，廊坊市公安局案件管理中心正式挂牌成立。

【获奖荣誉】 2015年，廊坊市拘留所被公安部评为“一级拘留所”，并被公安部监所管理局评为全国拘留所“三项重点工作”推进落实活动先进单位；廊坊市公安局监管支队被公安部评为全国公安监管系统和武警看守执勤部（分）队“三共”活动先进单位；固安县公安局辛立村公安检查站被公安部评为“全国公安机关圆满完成纪念抗战胜利70周年活动安全保卫任务成绩突出集体”；廊坊市公安局反恐支队支队长杨伯军、廊坊市公安局情报中心主任王建彬被公安部评为“全国公安机关圆满完成纪念抗战胜利70周年活动安全保卫任务成绩突出个人”；廊坊市公安局政治部副主任兼宣传处处长陈丽瑢被全国公安文学艺术联合会评为全国公安文联系统优秀个人；廊坊市公安局指挥中心（办公室）情报中心科员张瑞清被公安部评为“公安云搜索”优秀选手；何川、杜国利、张庆华、樊磊被省公安厅荣记个人一等功。

【严打整治】 2015年，全市共破获刑事案件6369件，抓获犯罪嫌疑人3954名，破获犯罪团伙156个。全市公安机关组织开展“打黑除恶灭霸扫痞”集中行动，打掉涉黑恶痞霸类犯罪团伙85个，抓获团伙成员及九类涉恶犯罪嫌疑人365名，破获刑事案件152件。开展“打击两抢一盗”等多发性侵财犯罪严打整治行动，破获盗窃案件472件、抢劫案件69件、诈骗案件96件、抢夺案件21件，抓获犯罪嫌疑人401人，破获侵财犯罪团伙26个。

【治安防控体系建设】 2015年，全市公安机关深化“平安社区”创建。全市累计新增监控探头2125个、周界报警系统197套、平安志愿者921名。社区警务整治治安隐患1013处、消防隐患824处，新登记流动人口8145人、出租房屋3367户。京津廊区域警务合作建设。3月19日、4月29日，京津冀警务合作会议在天津武清召开。会议推动了京津冀警务在信息共享查询、电子围栏共建共享、直拨专线电话建设、办案协作等方面合作机制的建立。

【打击经济领域犯罪】 2015年，全市各类经济案件立案183件，破案92件，抓获犯罪嫌疑人143人，涉案金额10亿元，挽回经济损失1亿元；破获食品药品犯罪和保健品犯罪案件40起，抓获犯罪嫌疑人49名，涉案金额252万余元；打击环境污染违法犯罪，会同环保等部门联合执法610次，查处环境问题62个，立案侦办刑事案件11起，抓获犯罪嫌疑人16名。

【交通安全管理】 2015年，廊坊市公安局组织开展市区交通秩序整治集中行动，在全市范围内组织交通安全隐患大排查活动，持续开展超速、超员、超载、疲劳驾驶的“三超一疲劳”交通违法行为整治，查处各类交通违法行为773643起。全市发生道路交通事故276起，死亡68人，伤272人，经济损失92万元。

【危爆物品监管】 2015年，全市开展枪爆物品大清查专项行动，整改各类隐患8起，排查涉枪涉爆重点人员6人。并落实监控。开展烟花爆竹大排查，清查烟花爆竹重点村街151个，排查重点部位482处，排查重点人员9人，查处各类烟花爆竹违法案件51件，处理违法人员59人，查扣收缴烟花爆竹586万余头。

【出入境管理】 廊坊市公安局出入境管理部门推行免填申请表工作模式。10月1日，廊坊市公安局出入境管理免填申请表工作模式在全省推广。10月28日，廊坊市出入境管理支队负责人参加由公安部和难民署在湖北恩施联合举办的难民管理工作会议，介绍廊坊市公安局难民管理工作经验。全市办理各类出入境证件13万余人次，受理量同比增长36%，违规办证率、违规操作率为零。

【机动车管理】 2015年，廊坊市机动车管理部门为方便群众就近办理各项机动车管理业务，将机动车6年免检、临时车辆号牌及抵押登记业务全部下放到县级车辆管理所办理；全市新增君安、智全、瑞丰、华星名仕、开发区翊祥、三河和鑫6家机动车登记服务站办理机动车注册登记业务。全市各类机动车业务登记服务站办理机动车临时号牌业务24810笔，核发机动号牌业务9028笔，维护机动车数据信息350余条。

【驾驶员管理】 2015年，全市推行新的科目一考试模式，使用驾驶员考试资料电子影像管理系统。全市科目一考试场地设置云台式摄像头50个、无线信号屏蔽器44个、固定式金属探测仪10个、电子寄存柜55组、防作弊服1100套。完善驾驶员远程考试监管系统建设。全市考试（分）场安装科目二场地项目监控摄像头350个，安装科目二、科目三车载音视频监控摄像头407个。远程考试监管系统进行8次技术升级。多渠道提供便民服务。电话服务平台解答群众咨询54300人次，QQ群问题回复8060条，业务监督回复、审核3301条，网上车管所“E车管”业务审核700余笔，网上车管所上传公告信息1290条，警民互动1310条，电话受理数据更新800余条，数据维护350条，微信订阅号发布信息861条。

（陈　辉）

检　察

【概况】 2015年为廊坊市检察机关“规范司法行为年”。全市检察机关立足政治建检、业务立检、公信树检、素质兴检、科技强检，忠实履行宪法和法律赋予的职责，围绕查办和预防职务犯罪、护航京津冀协同发展等重点，逐件逐项抓落实，逐级签订《落实主体责任承诺书》和《遵章守纪公开承诺书》。开展以全地域覆盖、全时段覆盖为特征的基层院建设评估、案件质量评查同步进行的“评估、评查”。组织各类培训55期、407人次。招录选调检察官等各类人才61人，招录检辅人员25人，解决了案多人少、检察官短缺问题。全市检察系统31个集体、46名个人荣获市级以上表彰。

【犯罪预防】 2015年，廊坊市检察机关开展法制教育讲座26场次，组织预防单位人员赴沧州、保定太行监狱等地接受现身说法教育8场，260余人参与。针对密涿高速廊坊段、北京新机场建设、南水北调工程等28项重大建设项目，开展职务犯罪专项预防。全程跟踪监督招投标43次，提供预防咨询56人次，帮助有关单位落实预防措施12项；受理并查询行贿档案9021件次；制作反腐题材的公益宣传动画片《贪是祸、廉是福》。预防未成年人犯罪，在学校开展法制讲座10余次，发放《预防未成年人犯罪系列警示教育片》光盘100余张，发放各类普法材料2000余份。

【查办职务犯罪】 2015年，全市检察机关查办民生领域职务犯罪。开展查办发生在群众身边、损害群众利益职务犯罪专项工作，立案查办征地拆迁、教育、涉农资金管理使用等领域职务犯罪84人。查办乡镇站所国家工作人员贪污贿赂犯罪4件4人。查办贪污贿赂犯罪案件89件110人，同比上升6%和7.8%；查办渎职侵权犯罪案件38件60人，同比上升31%和33%。其中查办大案70件，同比上升16.7%，涉嫌犯罪金额100万元以上的21件。查处副部级1人、厅级6人、处级7人，查处本地案件57件77人，同比上升19%和17%。

【打击犯罪保障人权】 2015年，全市检察机关批捕各类刑事案件1844件2331人，提起公诉2534件3495人。批捕、公诉叶某某等8人涉20千克特大贩卖、运输毒品案。成功办理“4·19”邪教组织破坏法律实施案。贯彻“宽严相济”刑事政策，对符合法定条件的轻微刑事案件决定不批捕357人，不起诉83人。办理救助案件10件，救助金额达40.4万元。

【检察监督】 2015年，廊坊市检察机关探索严防冤假错案机制。市人民检察院与市公安局会签《关于重大疑难复杂案件介入侦查的工作办法》。开展“破坏环境资源犯罪立案监督”和“危害食品药品安全犯罪立案监督”专项监督，建议行政执法机关移交刑事犯罪案件11件11人。刑事诉讼监督立案84件，监督撤案19件，追加逮捕13人，追加起诉79人，列席法院审判委员会会议81人次，提出抗诉20件，法院采纳10件。刑罚执行监督立案查办监管场所和社区矫正工作人员渎职犯罪5件5人，纠正看守所违法情形191人次。民事行政监督提出、提请抗诉10件，依法支持起诉42件，提出再审检察建议24件。督促行政机关履行职责112件，被行政机关采纳109件。

【护航京津冀协同发展】 年内，廊坊市人民检察院制定《廊坊市人民检察院关于充分发挥检察职能，服务和保障京津冀协同发展的实施意见》，批准逮捕犯罪嫌疑人137人，起诉253人。对渤海担保公司非法吸收公众存款案、黄金佳投资集团有限公司非法吸收公众存款案、金吉通投资管理有限公司非法吸收公众存款案3起涉众型经济犯罪审查并提起公诉。

【检务公开】 2015年，廊坊市人民检察院建成集案件查询、控申接待、律师接待等多功能为一体的检察服务大厅。开通官方网站、微博、微信，发布各类信息26356条，发布案件程序性信息6100条，发布重要案件信息61件，发布法律文书1612份。案件办理全部实现网上运行，网上办理各类案件7070件。

【审查起诉省内外大案要案】 2015年，廊坊市人民检察院依法审查起诉政协陕西省委员会原副主席祝某某受贿案。依法查办河北省住建厅原党组书记陈某某、政协河北省委员会财经委原副主任周某、河北港口集团原总经理李某、陕西省国土厅原厅长王某某等省内外有影响的大案、要案。

（刘佳慧）

审　判

【概况】 2015年，全市审判机关受理各类案件71732件，审理结案（执行结案）59111件；其中，市中级人民法院受理各类案件5810件，审理结案（执行结案）5407件。全市审结刑事案件3033件，给予刑事处罚3523人，其中被处以五年以上有期徒刑、无期徒刑直至死刑的307人；审结故意杀人、故意伤害、抢劫、强奸、贩毒等案件1442件；审结生产销售假冒伪劣商品、危害食品安全，以及破坏环境资源等犯罪案件79件；审结集资诈骗、非法吸收公众存款等涉众型经济犯罪案件148件；审结贪污、受贿、滥用职权等职务犯罪案件40件，判处罪犯60人；审结商事一审案件13589件，诉讼标的总金额91.6亿元；处理建筑施工合同纠纷、企业破产清算、股权纠纷等案件769件；审结侵犯专利权、商标权、商业秘密等案件37件；审结投资担保、信贷融资、民间借贷类案件4249件；审结行政案件2765件。落实全国人大常委会特赦决定，全市依法对7名被告人宣告无罪。

【构筑阳光司法】 2015年，全市审判机关坚持“以公开为原则，不公开为例外”，将以庭审为中心的整个司法过程全部置于当事人和社会公众的监督之下。推进审判流程公开，发布案件流程信息61305条，执行信息12508条。公开庭审直播，年内网络直播庭审2508件，同比增加92.9%。推行裁判文书上网，在中国裁判文书网公开生效法律文书14776件。开通官方微博、微信，及时向社会公开重要工作举措和重大活动情况，累计发布图文信息5344条。举办新闻发布会、公众开放日等活动64场次，市中级人民法院网站点击量753.2万次。推动网络司法拍卖工作，启动淘宝网小标的额司法拍卖试点，举办网上拍卖活动92宗。信息化建设，安装统一协同办公平台等软件系统16套，建成高清数字法庭121个，实现电子签章、每庭必录、掌上办案等功能。《人民日报》、新华社内参以《河北廊坊法院多措并举拉近司法与公众距离》为题，报道廊坊市中级人民法院司法公开的做法。

【服务社会民生】 2015年，全市审判机关审理涉及婚姻家庭、相邻关系、劳动争议、住房消费、交通事故、医疗等方面案件26595件。开通12368诉讼服务热线，推行网上立案、视频接访。执行工作累计执结案件11742件，执行标的总金额66.5亿元。各种平台曝光“老赖”2557人次，司法拘留163人次，执结追索劳动报酬、“三养”（赡养、扶养、抚养）纠纷等案件3740件，执行到位金额7120万元。司法救助减、免、缓交诉讼费1144.4万元，为136名特困群众申请发放司法救助资金537.6万元。663名法官深入到240个社区开展法治社区建设。年内市中级人民法院被华北五省涉军维权协作中心评为涉军维权先进单位。

【推进司法改革】 2015年，廊坊市新设乡（镇）法庭74个［乡（镇）54个、街道办事处2个、园区18个］，实现全市辖区“一乡（镇）一法庭”的布局。全市“一乡（镇）一法庭”诉前调解纠纷1486件，提供法律咨询10524人次，有效解决服务群众“最后一公里”问题。推行立案登记制改革，全市法院系统当场登记立案率达97.6%。推行审判机制改革，健全“繁简分流”机制，推行轻刑快判、独任审判等改革，实现简案快审、繁案精审，民事一审案件简易程序适用率达76.3%。推行涉诉信访改革，完善诉访分离、分类接访、信访公开等工作机制，推动涉诉信访工作在法治化轨道内运行。推行人民陪审员制度改革，全市人民陪审员增至1231名，陪审案件6908件。香河县人民法院成为全国法院系统人民陪审员制度改革试点。

【审判监督】 2015年，全市审判机关坚持重大事项报告制度，定期向市人大及其常委会报告法院工作；落实市人大及其常委会各项决议，贯彻人大代表联络制度，邀请市人大代表、市政协委员参与重大案件审理等活动。全年累计走访市人大代表、市政协委员123人次，邀请市人大代表、市政协委员参加法院座谈会7次，办理市人大代表建议3件，组织市人大代表、市政协委员旁听庭审150人次，寄送《法院工作动态》等资料5000余份。在2015年7月最高人民法院组织的“人大代表河北行”中，15名全国人大代表视察了市中级人民法院、广阳区法院和霸州胜芳法庭。

【三河市人民法院实现视频远程接访】 1月30日，最高人民法院法官以远程视频的形式接待了三河市冯庄子村的信访人朱某某等8人。这标志着三河市人民法院远程视频室正式投入使用。三河市人民法院远程视频室的建成和使用，为到访群众提供了向上反映和解决问题的快速通道，减少了越级上访，免去信访群众的舟车劳顿，降低信访人的诉求成本，尤其是为一些文化程度不高、无法清楚书写信访内容，以及行动不便、居住偏远的群众提供了便利，也为上级法院接访领导、来访当事人及法院接访人员三方即时交流、及时沟通、了解当事人的信访诉求及办理情况，打开一道方便之门。

【行政机关负责人出庭应诉第一案开庭】 5月19日，廊坊市广阳区人民法院公开开庭审理原告王某某不服被告廊坊市卫生局行政处罚一案。与以往不同的是，廊坊市卫生局主管副局长出庭应诉。这是《行政诉讼法》实施后，廊坊市行政机关负责人出庭应诉第一案。

【京津冀（廊坊）毗邻法院执行协作工作会议】 12月25日，京、津、冀（廊坊）三地19家毗邻的基层法院执行协作工作会议在廊坊经济技术开发区召开。会议由廊坊市中级人民法院组织倡导召开。河北省高级人民法院党组成员、执行局局长徐茂明、廊坊市委政法委副书记岳林山到会指导。北京、天津8家基层法院的有关领导，廊坊市、县两级人民法院院长、执行局局长参加会议。与会人员就《北京、天津、河北（廊坊）19家毗邻法院执行事项委托及异地执行协助运行及操作细则》展开讨论。天津市武清区人民法院、北京市平谷区人民法院、三河市人民法院分别代表天津、北京、廊坊三地人民法院发言。会后，北京市3家基层人民法院、天津市5家基层人民法院和廊坊市辖区11家基层人民法院院长共同签署《北京、天津、河北（廊坊）19家毗邻法院执行事项委托及异地执行协助运行及操作细则》。

【规范“一乡（镇）一法庭”建设座谈会召开】 2月26日，就规范推进全市乡（镇）人民法庭建设，市中级人民法院召开规范“一乡（镇）一法庭”建设座谈会。会议由市中级人民法院党组副书记、副院长赵建亮主持。会上，市中级人民法院调解庭庭长杨心冰宣读《廊坊市中级人民法院关于加强规范乡（镇）法庭工作的实施意见（试行）》（以下简称《实施意见》），并就起草《实施意见》作了说明。市中级人民法院宣传处、组织人事处、研究室、民事一庭、民事二庭、立案庭、少年庭、审监庭的主要负责人参加会议。与会人员对《实施意见》进行讨论，并分别从不同侧面、不同角度，提出修改意见和建议。

（吴晓雷　王伟海）

司法行政

【概况】 2015年，廊坊市司法行政系统发挥司法行政法律服务、法治宣传、法律保障职能优势，推进法治廊坊、平安廊坊建设。市委办公室、市政府办公室印发《关于做好“一村（居）一法律顾问”工作的通知》。6月初，在全省率先实现村（居）法律顾问全覆盖。8个县(市、区)建成独立的综合法律服务大厅。市司法局建成600平方米的市综合法律服务中心。市级成立道路交通、劳动争议、环境保护等9类行业性人民调解组织。9个县(市、区）实现乡镇司法所由县司法局垂直管理，80%以上司法所配备1名以上公务员。完善律师进驻群众工作中心制度，免费为上访群众提供法律咨询和法律帮助。完善法律援助公共服务体系，全市办理法律援助案件2380件，咨询9327人次，受援人数达12000余人。400余名律师参与“黄金佳”等非法集资重大案件的法律咨询、释疑、处置，接待群众咨询2000余人次，为近150人办理、代理正式委托手续。京津廊建立司法定期会晤和联席协商制度，市司法局与北京市大兴区律师协会签订《友好共建框架协议》，与北京市大兴区司法局签订《毗邻接边地区联防联调工作协议》，调解各类跨界疑难纠纷20余起。全市强制隔离戒毒所改造、律师管理规范化建设、司法鉴定、司法考试等工作位于全省先进行列。公证人均办证量全省领先。人民调解宣传工作获全国先进。司法鉴定实现连续6年零信访、零投诉。

【矛盾纠纷调解】 2015年，全市共调处矛盾纠纷11311件，调处成功11220件，防止民间纠纷转化为刑事案件16件，防止群体性上访43件。抗日战争暨世界反法西斯战争胜利70周年纪念活动期间，在全市范围排查出矛盾纠纷767件，其中重大矛盾纠纷21件，化解矛盾纠纷763件，预防矛盾纠纷175件，防止民事转刑事案件1件，防止群体性上访2件。健全完善县、乡、村、十户调解员四级矛盾纠纷排查调处组织，推进企业、学校、市场调解组织建设，完善人民调解组织网络。全市共建立调解委员会3677个，其中医疗纠纷人民调解委员会9个，劳动争议调解委员会3个，交通事故调解委员会1个，调解员13775人。张静调解室、敬贤谈心室等20个调解室成为个人品牌调解室。

【社区矫正和安置帮教】 2015年，市、县两级司法局全部成立社区矫正机构。市司法局与市中级人民法院、市人民检察院实现社区矫正工作衔接和矫正人员信息平台共享。全市累计接收社区服刑人员5411人，解除矫正2959人，管理、教育、帮扶措施落实到位，没有发生脱管、漏管、失控或重新违法犯罪事件。完成社区矫正人员特赦工作，全市共筛查符合特赦条件社区服刑人员86人，裁定特赦74人。3人矫正到期正常解矫，6人缓刑执行期满，1人因脱管已报请法院裁定收监，2人材料不全无法补证终止。开展安置帮教工作，全市共接收刑释解教人员1653人。启动全市社区矫正监控中心建设，该调度指挥平台对全市社区矫正工作数据进行系统的信息化处理，实现有效调度指挥和实时动态、全面监管。市级刑满释放“三无”人员过渡性安置基地挂牌成立。

【市医疗纠纷人民调解委员会调解医患纠纷】 2015年，市医疗纠纷人民调解委员会搭建医患双方平等沟通、协商对话的平台，及时化解医疗纠纷，改善医患关系。全年接待当事人咨询30件，电话咨询32件，受理医疗损害纠纷29件，成功调解25件，终止2件。调解成功的医疗纠纷患者方索赔金额481万元，协议赔偿金额193万元，协议履行率100%。

【“12348”法律服务专线功能升级】 年内，市司法局为发挥“12348”法律援助专线的职能作用，学习石家庄市司法局经验，对“12348”专线改造升级，形成集服务、协调、指挥职能为一体的全新咨询服务平台。升级后的“12348”法律服务专线独立办公，办公大厅40平方米，设6个接听座席，24小时畅通，全天候服务。

【市劳教所转型为强制隔离戒毒所】 2015年，市劳教所转型为强制隔离戒毒所。强制隔离戒毒所集禁毒警示教育基地、技能培训中心、心理测试和矫治中心、戒毒医疗康复中心为一体，改造安装AB综合门、监舍楼电动平移门、智能门禁、安防门及护栏项目、新增监控报警系统、周界防范高压电网，提升警戒大墙的外围安防能力。至年底，强制隔离戒毒所收治戒毒人员71名。

（王军素）

廊坊军分区

【概况】 2015年，廊坊军分区坚持党在新形势下的强军目标，贯彻落实习近平主席系列重要讲话精神和军委改革工作会议精神，开展“学习践行强军目标、做新一代革命军人”主题教育和“新一代革命军人样子”大讨论活动，其经验做法被《战友报》头版头条刊载。建立重大节日和敏感期督导检查制度。组织全区现役干部开展主题为“学习规定、规范制度、提高技能”的战备工作培训1次；结合贯彻落实重要情况多级同时报告制度，常态化组织作战值班抽查16次、演练3次。围绕业务理论辅导、战备工作规范、专业技能训练和体能训练4个方面内容，开展主题为“增知强能、锤炼作风”的能力集训。规范作战值班制度落实、军事志鉴编纂、兵要信息采集等业务工作；首长机关基础训练在省军区组织的年终军事训练考核中取得第二名。大城县人武部考核成绩全优。推进民兵组织建设，调整基干民兵组织结构，优化布局，三河市、大厂县等6个环京县（市、区）探索在行政村编建应急班组试点，构建布局合理、编组科学、可靠管用的基干民兵力量体系。开展“服务人民、助力小康”拥政爱民活动，参与扶贫开发和创建帮扶示范村工作；全区副团职以上54名干部与贫困家庭学生结成一对一帮扶对子，资助学生完成学业。

【军事训练考核】 11月，廊坊军分区按照“打基础、强素质、抓经常、保安全”的总体思路，组织全区现役干部进行封闭式训练和考核。落实5个训练日、37个训练小时。由于考核各项保障措施得力，训练考核秩序正规、安全，参训人员全部通过体能、手工标图和手枪射击课目训练考核。

【财务及房屋清理整治】 2015年，廊坊军分区党委专题召开党委常委会议，传达学习上级《财务工作大清查实施方案》及有关文件精神。成立军分区财务工作大清查领导小组。研究制定《廊坊军分区财务工作大清查实施方案》，从指导思想、清查整治内容、组织领导、实施步骤、有关要求等方面进行明确规定。成立经济适用住房专项清理整治工作领导小组，研究制定廊坊军分区《经济适用住房专项清理整治工作实施方案》，明确任务标准，细化责任分工，采取查阅原始租赁合同、现地核查等方法，对6个租赁项目的租赁面积、合同期限、租赁用途、租金标准等，逐一制定整改方案，建立台账。

【军分区党委六届九次全体（扩大）会议】 1月20日，廊坊军分区召开党委六届九次全体（扩大）会议，传达学习北京军区党委十届八次、省军区党委十一届七次全体(扩大)会议精神，总结部署军分区工作。市委书记、军分区党委第一书记王晓东出席会议并讲话。市委常委、军分区党委书记、政委宋革新代表军分区党委常委会作工作报告。军分区党委副书记、司令员焦加根讲话。对2015年军分区工作，王晓东要求，军分区各级各部门要强化职能意识，树立时代军人标准，抓好铸造军魂工程；要着眼能打胜仗这个标准，从民兵应急和专业力量建设、军事训练和征兵工作等几个方面抓好战备训练，从高从严从紧做好军队战斗力建设，不断提高遂行使命任务的能力；要积极践行党的根本宗旨，充分发挥桥梁纽带作用，抓好双拥共建，全力维护社会和谐稳定，推动军民融合深度发展。宋革新代表军分区党委常委会总结2014年工作。会议宣布了受省军区以上表彰奖励的单位和个人，对军分区记功、嘉奖通令和表彰进行了通报。

【议训议教议管会议】 6月29日，廊坊军分区召开议训议教议管会议。军分区党委书记吕双平出席会议，并总结2015年上半年军分区部队教育、训练、管理工作情况，部署下半年重点任务；军分区党委副书记焦加根主持会议并提出要求。各县（市、区）人武部、干休所党委、民兵装备仓库等单位负责人参加会议，并分别就上半年在教育、训练、管理中存在的问题及下步改进措施进行表态发言。会议突出问题导向，坚持破立并举，达到统一思想、明确方向、提振士气的目的。

【市委召开议军会议】 12月25日，中共廊坊市委在廊坊军分区机关召开议军会议暨党管武装工作述职大会。市委书记、廊坊军分区党委第一书记王晓东主持会议并作重要讲话。市委副书记、市长冯韶慧，市委副书记蒋洪江，市人大常委会主任刘智广，市政协主席郑广富，市委常委、廊坊军分区司令员焦加根，市委常委、常务副市长李波，市委常委、宣传部部长辛绍杰，廊坊军分区政委吕双平，副市长王俊臣，市委秘书长张金波，廊坊军分区参谋长臧志伟，后勤部部长宋树才参加会议。各县（市、区）党委、政府和人武部主要领导，以及全体现役、专武干部在分会场参加会议。吕双平传达河北省委议军会议精神，焦加根对2015年全市党管武装工作进行讲评，并对进一步做好党管武装工作提出要求，王俊臣提出驻军反映的困难问题和议军会议重点研究解决的问题及意见。大厂回族自治县、永清县、大城县人武部党委第一书记进行述职发言，其他县（市、区）人武部党委第一书记作书面述职。

（袁　伟）

武警廊坊市支队

【概况】 中国人民武装警察部队河北省总队廊坊市支队（以下简称武警廊坊市支队），主要担负廊坊市9个县（市）看守所的看守勤务、司法部燕城监狱的看押勤务、“两规”勤务（指武警部队根据中纪委、公安部、监察部及各省、市、自治区主要领导的指示，担负的对在规定的时间、规定的地点说清问题人员的看守勤务）、环京公安检查站设卡和处突、反恐、抢险救灾、城市武装巡逻勤务。

2015年，武警廊坊市支队党委依据新《军队党委工作条例》等法规，完善议事决策机制，改进党委领导方式和工作运行模式。落实党委统一的集体领导下的首长分工负责制，增强凝聚力、战斗力。先后制定《部队精细化管理实施细则》《基层日周月季经常性工作规范》《基层“双争”评比规范》等制度细则，有效规范部队各项建设。在思想政治建设方面，围绕实现党在新形势下的强军目标，按照全军整顿、备战、改革、规划的总体思路，突出抓好习近平主席系列重要讲话精神的学习宣传，增强全体官兵理想信念、军魂意识，确保官兵听党话、跟党走。开展“学习践行强军目标，做新一代革命军人”主题教育，培养有灵魂、有本事、有血性、有品德的新一代革命军人。加强党史、军史、武警史和全军特有革命精神学习教育，培育新一代革命军人核心价值观；培养和宣扬矢志强军的先进典型，对标“炮兵十八团”、基层“学习成武中队，建设一流部队”，筑牢官兵深扎强军兴军的思想根基。在全军开展的学习贯彻新修订《军队基层建设纲要》试点活动中，武警廊坊市支队被武警总部表彰为“基层建设标兵支队”。

【军事能力建设】 2015年，武警廊坊市支队提高核心军事能力，发挥“护城河”功能，做到执勤确保安全、处突确有把握、反恐确保制胜、维稳确保平安、救灾确保有效。落实《执勤规定》等文件精神，持续推进以人民防空为核心的“四防一体化”建设，构建执勤目标、部队自身和社会面立体防控体系。抓好专勤专训、勤训轮换，提高干部组勤管勤和单兵单哨执勤能力；细化实化处突反恐预案，加强情报搜集研判，预设最复杂情况，抓好战备教育和检验性拉动训练；做好暴恐事件、大规模群体性事件防范应对和抢险救援准备。

【依法从严治警】 2015年，武警廊坊市支队贯彻《关于新形势下依法治军从严治军的决定》，培养官兵依法办事的行为习惯。开展“学法规、守法规、用法规”活动，建立健全学习培训和考评机制。贯彻武警总部依法从严治警集训精神，落实机关和基层两个正规化管理规定，组织日常执勤、战备训练、管理教育和综合保障等各项工作；健全完善督导巡查机制，通过组织、制度、群众、家庭监督等方式，加大经常查与突击查的力度；开展“安全工作大家谈”活动，严格检查督导、通报讲评、挂账销号和责任追究，提高安全管理水平和风险管控能力。

【现代后勤建设】 2015年，武警廊坊市支队修订完善保障预案，开展“伙食管理规范年”活动，抓好农副业生产、资源节约和节能减排工作，提高官兵生活水平；组织财务工作大清查，加强地方保障性经费、家底经费和预算外经费管理监督，压减控制行政消耗性支出；落实司务长集体办公和季度考核制度；组织后勤人员专业技能培训；搞好服装调配和卫生防病工作。按照“够用、适用、耐用”原则，继续抓好“四项设施”（执勤、训练、文体和生活设施）升级改造和维护保养，部队物质文化生活条件得到改善。

【领导检查指导工作】 3月1日，国务委员、公安部部长郭声琨莅临廊坊市支队大广高速公路固安公安检查站设卡执勤分队视察指导工作，并慰问一线执勤官兵。8月25日，公安部纪委书记、党委委员、督察长邓卫平到辛立村公安检查站、大广高速公路固安公安检查站设卡勤务执勤点检查指导工作，并慰问执勤官兵。8月28日，中共中央政治局委员、中央政法委书记孟建柱到廊坊市支队大广高速公路固安公安检查站执勤点，慰问奋战在环京“护城河”执勤一线的武警官兵。11月15日，武警部队政治委员孙思敬率工作组一行11人，到武警廊坊市支队检查调研。

【抗日战争纪念活动安保】 9月3日，抗日战争胜利70周年纪念活动在北京隆重举行。8月15日至9月5日，根据武警河北总队和廊坊市委、市政府统一部署，武警廊坊市支队圆满完成环京公安检查站卡点警戒、重要目标临时守卫、社会面巡逻防控、处突反恐机动备勤任务，实现确保安保任务万无一失、确保执勤目标绝对安全、确保有效打击各类爆恐活动、确保部队安全稳定的“四个确保”目标。

（王　猛）

廊坊市消防支队

【概况】 2015年，廊坊市消防支队督促行业部门和社会单位认真落实消防工作责任，组织开展劳动密集型企业和商场、市场专项治理、夏季消防检查、冬春火灾防控等16个专项行动，为27个行业部门制定“标准化”消防安全管理模式；组织全市946家消防安全重点单位签订责任书和承诺书，督促行业部门和社会单位落实工作责任。研发“社会单位消防安全巡查系统”并引入无线射频识别技术进行升级。全市消防部队检查社会单位23831家，督促整改火灾隐患23561处，下发责令改正通知书11574份，临时查封153家，“三停”（停止使用、停产停业、停止施工）235家，罚款1179.35万元，拘留8人。排查“六类人员密集场所”548家，拆除违章彩钢板建筑17660平方米，通报违章行为390个，公布消防安全不良行为43家。被市政府挂牌督办的25处重大和区域性火灾隐患单位成功销案。修订完善灭火救援预案3585份，熟悉石油东库、万达广场等消防安全重点单位1927家。开展实战演练2294次。接警出动3529次，出动警力50896人次、车辆10214台次，抢救、疏散被困群众2161人，抢救财产价值8.6亿元。全市火灾“四项指数”（火灾起数、死亡人数、受伤人数、直接财产损失）分别下降8.6%、55.6%、75%、30.7%。跨区域增援“4·9”沧州国富市场火灾和“8·12”天津滨海新区特大爆炸事故处置任务。在“两节”“两会”“5·18”经洽会和“9·3”阅兵等27个重大节日、活动期间，全市未发生重大火灾事故。年内，公安部消防局刊发《河北廊坊13项刚性措施强化抗战胜利70周年纪念活动消防安保工作》的专题简报，介绍廊坊市重大活动消防安保经验做法。探索建立“联查联训联宣联保联动”工作机制，在全省率先开展监督执法、熟悉演练、宣传教育和战勤保障、应急联动的五个“标准化”建设，被省公安厅评为党委班子标准化建设工作成果优秀案例。廊坊市消防支队被省公安厅评为暑期安保标杆集体；买海潮被省委、省政府、省军区授予“河北省拥政爱民先进个人”荣誉称号；王智勇被公安部评为“全国消防部队勤政廉政先进个人”；王竞萱荣获“河北省三八红旗手”称号，并获得“河北省五四青年奖”提名奖。

【全市消防工作会议】 2月27日，廊坊市人民政府召开2015年度消防工作会议。各县（市、区）人民政府主管县（市、区）长，公安（分）局主管局长，消防大队大队长、教导员，市消防安全委员会成员单位分管领导，市消防安全重点单位消防安全责任人，以及市消防支队除执勤值班以外的全体干部，共计200余人参加会议。会议总结全市2014年消防工作情况，安排部署2015年全市消防重点工作。副市长、市公安局局长王金水出席会议并讲话。会上宣读《关于全市2014年消防安全工作的通报》，王金水与各县（市、区）政府、廊坊开发区管委会及市消防安全委员会成员单位代表签订《2015年度消防安全责任状》。

【执勤备战工作】 2015年，廊坊市消防支队采取突击拉动、业务比武、理论讲堂等方式，开展执勤岗位练兵和石油化工单位灭火救援准备工作专项活动；组织开展“练本事、谋打赢”集中强化培训、中队级指挥员实战化业务培训、班长骨干培训等各类培训活动。聘请驻地院校和供水、供电、供气、石化等12名专家充实灭火救援专家库。制定印发《火警和应急救援分类分级及力量调派方案（试行）》并组织应急通信培训。在省消防总队组织的应急通信比武竞赛中，廊坊市消防支队获得总分第一名的佳绩。市消防支队支队长王伟主导研发的“气动强声报警器”，通过国家知识产权局审核并获得国家实用新型专利证书。

【执法规范化建设】 2015年，市消防支队制定《2015年度全市推进消防执法公开工作实施方案》。确立市消防支队和廊坊开发区消防大队为执法示范单位，对各大队执法工作情况实行网上督察和公布晾晒。全市消防管理部门与办理消防业务的群众签订《消防监督执法廉政承诺书》，在13个办事窗口分别设置业务办理提示牌并公布监督举报电话，实现全程动态监督。简化行政审批程序，实现“一次性”告知和“一站式”受理，所受理的172件举报投诉回复率100%。

【消防基层基础建设】 2015年，大厂消防站和永清、大城消防站主体工程建设完工。霸州市堂二里镇、大厂县祁各庄镇、文安县滩里镇、三河市皇庄镇、固安县马庄镇5个政府专职消防队和337个微型消防站建成，征召消防专职队员96名。购买城市主战消防车8部，进口12吨水罐泡沫消防车2部，多功能抢险救援消防车2部。投资470余万元，为灭火救援一线人员采购PDI MAX材质作战指挥服装和进口防护装备。全市消防部队共有各类消防车152辆（水罐消防车51辆、压缩空气泡沫消防车8辆、泡沫消防车9辆、专勤消防车30辆、战勤保障消防车10辆、高喷和举高消防车27辆、消防宣传车10辆、其他消防车7辆）。其中包括从芬兰购进的101米登高平台消防车1辆。购进各类装备器材3.1万件套（个人基本防护装备1.8万件套、特种防护装备0.6万件套、特勤器材0.4万件套、灭火器材0.3万件套）。年内，廊坊市消防支队编制8大类战勤保障预案，与10家社会单位签订6大类保障协议，为各类安保活动和灭火救援现场提供保障器材23种3000余件套。

【消防宣传教育】 2015年，廊坊市印发《2015年〈全民消防安全宣传教育纲要〉工作计划》

《关于进一步加强消防安全宣传教育培训工作的通知》等4个文件。编印《消防安全重点单位区域联防工作手册》《微型消防站建设指导手册》并向社会单位免费发放。举行消防产品打假、“上好一节消防课”、消防进军训等14大类宣传教育培训活动。全市安装637个消防宣传牌栏，先后有12.4万人接受消防安全教育培训，3.1万人走进消防队参观学习。建成全省消防部队首个4K高清影视中心和消防微官网。河北电视台《消防微考场》节目，连续5集播出廊坊市消防安全警示教育短片。

【增援“8·12”天津特大爆炸事故处置】 8月12日晚，天津市滨海新区瑞海公司危险品仓库发生特重大爆炸事故。廊坊市消防支队抽调105名精干人员携带72小时单兵作战装备和130余吨灭火药剂和食品药品，出动20台执勤车辆，调集6大类660件（套）高精尖装备器材，于13日23时50分赶赴天津特大爆炸事故现场搜救3号、4号核心区遇难人员。经过30个小时奋战，廊坊市消防支队救援官兵开辟搜索通道9条，搜救遇难者1名。

【增援“4·9”沧州国富市场火灾扑救】 4月9日凌晨，沧州市国富市场发生火灾。市消防支队接到省消防总队增援命令后，先后调集6部消防车，集结35名官兵赶赴现场增援。支队长王伟、副支队长王晔靠前指挥，一线坐阵，参战官兵充分发挥主观能动性，全力配合主战部队开展灭火救援工作，经过27个小时的奋战，圆满完成火灾扑救任务。

【“5·18”经洽会消防安保工作】 “5·18”经洽会期间，市消防支队确定“广查外圈、严查内圈、紧盯核心圈”的工作思路，组织9个安全检查组采取普遍排查、重点抽查、突击检查等方式，查改各类火灾隐患2313处。组织相关行业、部门签订消防安全责任《告知书》和《承诺书》，对88名涉会场所消防安全责任人、管理人和500余名应急疏散引导员、展位消防安全员进行培训。组织18个灭火救援组、25台消防执勤车，建立“1357”灭火救援快速响应机制（要求突发事件发生后，离现场最近的巡逻官兵1分钟内携带便携式装备进行先期处置，临近参战力量3分钟内到场处置，所有参战力量5分钟内到场，7分钟内消灭初期火灾）。落实二级战备制度，建立定点执勤、流动巡查等工作制度，先后制定完善涉会场所灭火救援预案39份，开展针对性的综合演练200余次。市消防支队被市公安局评为“5·18”中国·廊坊国际经济贸易洽谈会安保工作先进单位，支队长王伟等3人荣立个人三等功。

（贾文娟）

人民防空

【概况】 2015年，廊坊市人民防空建设成果惠及民生、造福于民。批建人民防空工程目标任务完成，工程批建量同比增长64%。开发利用人民防空工程，实现年产值1.97亿元，利润2209.83万元，税金2118.39万元，为社会提供就业岗位2.4万个，提供停车位1.67万个。人民防空工程常态化维护维修机制建立，普查在用的人民防空工程，排查早期人民防空工程，改造早期干道人民防空工程口部（口部也称工程头部，是主体与地表面的连接部分，主要包括出入口和防护措施等）。制定《廊坊市人民防空工程夏季消防检查暨隐患排查整治工作方案》，定期专项检查地下人民防空工程。制定防汛预案。全市人民防空系统成立防汛抢险队，保障汛期安全无事故。完善市级和各县（市、区）指挥平台信息化建设。各县（市、区）指挥平台与市人民防空指挥中心、机动指挥所初步形成地上与地下、固定与机动一体的指挥平台体系。承接国家人民防空办公室和住建部的“城市地下空间统一规划、建设、管理及成片联网试点”课题研究工作，课题研究主体部分基本完毕。

【人民防空技能培训】 定期进行地下人民防空工程消防安全责任人、管理人和在岗人员的安全教育培训。聘请解放军防化学院教官对防化侦测专业队实行封闭式训练。聘请宝鸡烽火集团专家，对人民防空通信专业队、防空指挥部相关人员进行指挥程序演练和指挥通信设备操作使用技能的培训，并进行县级小型机动指挥通信车实战拉练。

【人民防空宣传教育】 2015年，廊坊市健全人民防空防灾教育基地使用维护管理机制，实行专人负责、专人管理、专款专用，提高宣教基地使用实效。建立283人组成的社区人民防空志愿者队伍，市人民防空办公室与廊坊师范学院合作，由20名具有心理咨询师资质的教师组成心理防护（疏导）专业队，开展义务心理咨询。建设人民防空“示范学校”和“示范社区”，管道局八区等4个宣传教育示范社区和市第三中学等4所宣传教育示范学校安装人民防空知识宣传橱窗32个，配置防空防灾应急柜和人民防空宣传教育资料柜16个。7月7日，市人民防空办公室在市区时代广场举行全市第15次防空警报试鸣宣传活动。活动现场，工作人员向市民发放《防空防灾知识手册》、环保购物袋等宣传材料，展板上展示防空防灾知识图，发放宣传材料4000余份。

【规范人民防空行政执法】 市人民防空办公室规范行政处罚程序和执法文书管理，登记、审查所有规范性文件。制定印发《廊坊市人民防空办公室规范性文件管理规定》《廊坊市人民防空办公室工程维护管理执法文书》。制定《全市人民防空系统法律培训方案》《全市人民防空领导干部学法方案》。组织针对全市人民防空系统执法人员的专项执法培训，参加培训人员公共法律知识和新法规闭卷考试合格率100%。

【防空演习和防空警报试鸣】 7月7日，廊坊市组织开展第十五次防空警报试鸣演练。上午9时59分，在防空警报试鸣指挥现场，演习正式开始。该次演习从上午10时至10时30分，试鸣警报分为“发放预先警报、发放紧急警报、发放解除警报”三步进行。

（田　勇）

城乡建设

综　述

2015年，廊坊市按照中央《京津冀协同发展规划纲要》和省委、省政府《关于推进新型城镇化的意见》《2015年河北省推进新型城镇化工作要点》落实新型城镇化建设规划编制与京、津协调对接。编制完成《廊坊城市总体规划（2014—2030年）》《廊坊市城乡统筹规划》及《“北三县”统筹发展规划》，启动“北三县”和固安县2个片区美丽乡村总体规划编制。全市近半数以上村庄完成村庄规划编制工作。固安县基本实现美丽乡村规划全覆盖。霸州市胜芳镇和信安镇历史文化名镇规划编制增加了文物和非物质文化遗产保护内容。至年底，全市城镇化率达到54%，市区建成区面积达到65.6平方公里。

智慧城市建设。编制《廊坊市智慧城市顶层设计》，建设智慧城市基础网络平台。市国土资源局地理信息系统、市规划局数字规划系统、市房管局市区房屋管理系统投入使用。市级横向光纤环网改造完成，智慧城市基础平台向县级延伸。文安县、大城县、大厂县建成网络平台，固安县、广阳区等进入规划建设阶段。制定提升数字城管工作方案，新增全市实景影像、户外广告管理子系统、门前五包管理子系统、专项普查子系统等系统并投入试运行；加强社区服务体系建设，市社区信息化平台采集录入25万社区居民信息。“廊坊社区网”开放运行，72家社区开通社区子网站。广阳区成为全国40个“社区治理创新实验区”之一。“数字城管”实现县级全覆盖，形成具有廊坊特色的“一级监督、两级指挥”的网格化城市管理新模式，并开始向重点镇（乡）、核心村延伸。

城市功能完善。稳步推动城镇基础设施建设，香港新世界、步行街改造提升工程等加快实施；市区18个老旧小区改造完工；北凤道、金光道等7条道路延伸工程全面推进；市垃圾发电厂全面投运；万庄和铁路北污水处理厂启动建设；城市水系建设9月21日开始向龙河蓄水。市区改造光明东道、解放道、许青路等道路，改造老旧热力管网4公里、实现热计量3.4万平方米，集中供热普及率91%，燃气普及率100%，污水处理率90%，市政设施完好率97%，路灯亮灯率98%，供水普及率100%。

城市面貌提升。提出建设国家森林城市目标，提升城市综合面貌水平。城区社会化植树增绿。市城区高铁站广场、104国道、云鹏道绿化增植项目完工；市区共种植乔木15.5万株，灌木843万株，新增绿化面积42万平方米，绿化提升350万平方米。市区绿化覆盖率44.7%，绿地率41.3%，人均公园绿地13.5平方米。制订《廊坊市建筑施工扬尘防治十二条严管规定》。市区主次干道每天道路洒水2000余吨，保洁时间达16小时，机械化清扫率达62%。严管渣土运输，市区渣土运输车辆全部进行加盖改装及GPS安装。各县（市）建成区内拆除各类违章建筑2.8万平方米，规范广告牌匾1.4万块、清理小广告19.3万处、清理户外摊点8万处、治理早夜市136个，整治工地近2000个，清运各类垃圾53万吨，关停取缔实心黏土砖瓦窑126座、拆除122座。

（孟祥宽）

城乡规划

【概况】 2015年，廊坊市城乡规划行政管理部门加强城乡规划编制研究，服务重点项目，在城市功能定位、优化城镇布局形态、打造“一主两副、四轴多节点”和推进区域规划融合与对接四个方面完善全市城乡规划体系。

规划对接京津冀。廊坊市规划部门继续加强与住房和城乡建设部、北京规划委、北京规划院、河北省住房和城乡建设厅等部门对接沟通，巩固建立联系人制度、规划“一张图”拼接、重大事项协商制度等前期对接成果，结合廊坊空港新区规划研究成果与国家发改委组织编制的《北京新机场临空经济区总体规划》《空港区域综合交通规划》进行对接。

启动《空港区域综合交通规划》、主城区交通中心规划、海绵城市规划、“三规合一”（将国民经济和社会发展规划、城市总体规划、土地利用规划中涉及的相同内容统一起来，并落实到一个共同的空间规划平台上，各规划的其他内容按相关专业要求各自补充完成，即为“三规合一”）规划，以及地下空间利用等专项规划的编制研究。编制《廊坊市轨道交通系统规划（2014—2030年）》《廊坊市步行和自行车交通系统规划》《廊坊市绿地系统规划》《廊坊市公共服务设施专项规划》。完善《新机场用地内村庄回迁安置规划方案》。

加快规划期限到2030年的城乡总体规划审批进度。推进总体城市设计、专项规划和城市详细规划编制。县（市）总体城市设计、县（市）城市控制性详细规划，以及绿地系统、综合交通、地下空间开发利用、商业网点、公共服务设施布局、管线综合、排水防涝、防灾减灾、城镇周边绿色隔离空间9项城市专项规划编制完成。编修南赵扶镇、留各庄镇、左各庄镇、胜芳镇、信安镇、堂二里镇、安平镇、五百户镇、夏垫镇、祁各庄镇、燕郊镇11个国家重点镇总体规划。制定《全市农村面貌改造提升行动规划设计编制实施方案》，明确规划编制任务和规划设计要求。全市290个农村面貌改造提升重点村规划编制工作完成。

【编制《万庄新城控制性详细规划》】 2015年，廊坊市城乡规划局启动编制《万庄新城控制性详细规划》（以下简称《规划》），《规划》研究范围为：南至京山铁路，西、北至廊坊行政边界，东至大皮营引渠。规划总用地面积41.35平方公里。市城乡规划局通过对区域用地、交通、村庄、基础设施等8项内容现状的前期研究，以及对土地利用、道路交通、绿地系统进行专项研究，将万庄新城定位为承接首都职能疏解示范新城、国际化生态智能宜居新城。

【编制《地下空间开发利用专项规划》】 2015年，市城乡规划局和市人民防空办公室对地下空间规划、建设和管理课题进行专项研究，编制完成《地下空间开发利用专项规划》（以下简称《规划》）。《规划》研究范围包括主城区、廊坊开发区、万庄新区，规划期限为2014—2020年。该规划明确地下空间资源利用的基本原则和建设方针，确定地下空间开发利用的功能、规模、总体布局与分层规划，并制定各阶段地下空间开发利用的发展目标和保障措施，以及地下空间开发利用建设项目。规划对地下人民防空工程、地下交通设施、地下公共服务设施、地下市政设施、地下空间防灾及灾时利用等内容进行专题研究，并对居住区、商业办公区、商业中心区、文化体育中心区、交通枢纽、城市节点等重点区域制定地下空间开发利用控制要求。明珠商业圈和文化艺术中心商业圈重点片区控制性详细规划，提出公共地下开发规定性及指引性控制要求，明确开发强度、开发功能与建设规模、出入口布局、连通口布局与预留等控制要求。

【编制《生态文化艺术新区控制性详细规划》】 2015年，市城乡规划局编制完成《生态文化艺术新区控制性详细规划》（以下简称《规划》）。该《规划》编制范围为廊坊市区北至六干渠，西至大皮营引渠，南至北凤道，东至和平路。规划总用地面积约10.04平方公里，规划期末人口规模约16万人。《规划》对新区公共服务设施、道路交通及基地范围内城市“五线”提出明确规划要求和控制指标。规划道路网以方格网式布局，形成“三横六纵”的主干路网骨架，并结合城市道路、绿化带、绿化生态廊道、滨水空间、各级开放空间构筑慢行系统。公共设施建设以行政办公、商业商务功能为基础，涵盖居住配套、文化艺术等多方面、多层次公共职能。空间上形成“两轴、一带、两心，三节点、多片区 ”的规划布局。规划的实施旨在引领新区科学发展，打造廊坊市“绿色发展、高端发展、率先发展、和谐发展”建设示范区、生态环境和智能技术，及文化艺术融合提升的实践区，落实“生态、智能”等城市建设新理念。

【编制《“北三县”和固安县两大片区美丽乡村示范区总体规划》】 2015年，廊坊市城乡规划局编制完成《“北三县”和固安县两大片区美丽乡村示范区总体规划》（以下简称《规划》）。“北三县”（三河、大厂、香河）美丽乡村片区总规划面积约68平方公里，初步打造49个美丽乡村示范村。《规划》确定“北三县”片区“一廊串三片“的空间布局，“一廊”既大香线交通走廊，“三片”既三河片区、大厂片区、香河片区。根据三县（市）总体规划要求，三片区分别为平原林海，慢行原乡、水墨印象，现代农园、城乡统筹，现代社区。规划将指导农村面貌改造提升工程，包括村庄风貌提升、绿化景观改造、乡村绿道建设、公共服务配套、基础设施完善等内容。固安县美丽乡村片区位于固安县城东部，总规划面积约100平方公里，初步建设66个美丽村庄，其中示范村庄8个，特色村庄28个，其他村庄30个。《规划》确定“三区、三带、双线”的空间结构，对村庄风貌、传统文化保护、绿化景观改造、绿廊绿道系统、基础设施、公共服务设施等进行专题研究。市城乡规划局选择具备良好交通、生态、特色农业等资源优势的15个村庄进行重点片区规划。

【实行阳光规划】 2015年，廊坊市按照《中华人民共和国城乡规划法》《河北省城乡规划条例》《河北省控制性详细规划编制导则》等法律法规内容开展城市规划工作。市城乡规划局编印《城市总体规划实施意见》《控制性详细规划动态维护实施意见》《用地性质及开发强度调整实施细则》等实施意见。梳理和优化规划管理涉及的各个环节；完善《廊坊市临时、简易建设项目规划管理规定》《廊坊市外装修工程规划管理规定》《廊坊市建设项目批后公示管理办法》《廊坊市建设项目规划批后管理办法》《廊坊市建设项目竣工规划核实办法》等规范性文件。实行项目报建动态公示，在规划局网站滚动播放各项规划业务办理进展信息，让企业随时掌握并接受社会监督。全年公示各类规划方案60余个，办理信访件55件，行政复议案件1件，接待来访群众及电话咨询600余人次，答复规范化率、按时办结率和走访率实现3个100%。

【规划审批】 2015年，廊坊市城乡规划局审批发放《建设工程规划许可证》48项（建设工程），总建筑面积357万平方米；《建设工程规划许可证》65项（市政工程）；工程选址3项；临时建设工程审批16项；制作批后公告公示牌48个。完成房地产项目施工图联合审查46次及竣工联合验收32次，核发非房地产项目的竣工验收报告14件；办理《建设项目选址意见书》6项，用地面积约30万平方米，核发《建设用地规划许可证》21项，用地面积约72万平方米；完成25项规划设计条件制定。

【市县一体化数字规划平台建设】 2015年，市城乡规划局与市民政局、市人民防空办公室、市地震局就地理信息平台拓展应用工作开展技术对接，为对接单位提供基础地形数据服务。整合地名地址数据、社区管理数据、人民防空工程数据、地震专题数据进入地理信息共享平台，制定统一的数据标准和系统架构，实现地理信息共享平台示范性应用，增加共享平台数据库数据元。永清县、固安县、大厂县、香河县，以及廊坊开发区的数字规划平台建成，实现数据标准统一、数据交换通畅、系统无缝对接。

【城市地下管线信息化管理】 2015年，廊坊市根据《河北省城市地下管线设施管理条例》，制定《廊坊市地下管线工程信息动态管理办法》，为促进廊坊市城市综合管线审批、管理、施工规范化，保障地下管线正常运行和城市公共安全，提供科学决策保障。建立廊坊市地下管线长效管理机制。市政府成立廊坊市地下管线与信息化管理工作领导小组，确定市地下管线与信息化管理工作管理机构，明确规划、建设、城管3个政府职能部门在审批、管理、执法等方面的职责。利用现有管线档案数据，建设完成廊坊市智慧管网综合运营管理平台。

（李晞铭）

市政建设

【概况】 2015年，廊坊市市政部门建设和维护城区道路、桥梁、排水、路灯等市政设施。续建古县路大皮营引渠桥梁工程，该工程总投资432万元，桥梁全长23米，桥宽33米，至桥梁西侧渐变至26米，11月底全部完工。实施便道外和路口整修硬化工程，该工程总投资516万元，主要对新源道（八干渠—东安路）两侧便道外、建设北路金地小区门口两侧便道外、康庄道（新华路—建设路）南侧便道外等20个部位，进行硬化铺装，硬化面积2.2万平方米（拆除现状破损铺装，新建便道结构）。整修解放道南侧“第四小学”路口、爱民道北侧“廊坊师范学院”路口、广阳道南侧“市人大”路口、和平路东侧“朝阳特价商城”路口等32个路口，整修面积1980平方米，12月底前全部完工。实施光明东道（八干渠—郊区快速路）容貌整治工程，该工程总投资56万元，主要更换道路两侧破损路缘石和平石、单位出入口铺装沥青混凝土路面、铺装公交站台、修复破损小桥，6月底全部完工。廊坊市区道路总长180公里，桥涵32座，路灯、景观灯2.47万盏，排水管涵总长282公里，扬水泵站22座。市政设施完好率97%，排水泵站运行设备完好率100%，路灯亮灯率98%。

【城区防汛】 自3月初开始，廊坊市政管理部门全面摸底排查市区排水设施，检查道路30条、管涵282公里、收水井和检查井1.97万座。5月30日，完成排水管网清淤及附属设施维护，清淤主次干道收水井1万多座，冲洗过路管道2400米，更换篦子、井盖210套，维修收水井、检查井420座。检修排水泵站21座，全部达到运行标准。6月，市政管理部门组织雨后现场调研活动，全面掌握积水部位，分析积水原因，制定解决措施，超前谋划应急办法，并与交警部门建立桥体水位监测信息沟通机制。6月15日至8月30日主汛期期间，城区出现6次集中性强降雨过程，积水均在降雨4个小时内排除，汛期排水总量222万立方米。

（尹皓伦）

城市公用事业

【概况】 2015年，廊坊市区有集中供热企业8家，供热方式以区域锅炉房为主。市区集中供热能力3224万平方米，集中供热面积2398万平方米，集中供热普及率92.23%。市区有地表水厂1座（在建），供水能力15万立方米/日，市区DN75以上输供水管线总长380公里。市城区实现供水量3129万立方米，水质综合合格率100%。管道天然气企业15家。廊坊市辖区内天然气管网最大输气能力为30亿立方米/年，其中城区最大输气能力为5.38亿立方米。廊坊市辖区内天然气消耗量为7.5亿立方米，其中，城区消耗量为3亿立方米。城市公用事业全年安全生产无事故。

【公用行业资质审批检查】 2015年，廊坊市建设局公用事业科履行燃气企业经营许可审批、供气企业经营许可审批、园林绿化施工企业资质审批职能。年内先后审批通过11家城市园林企业和2家城市燃气企业。监督检查全市64家三级园林绿化施工企业和101家燃气经营企业，除1家绿化施工企业不达标外，其余全部达标。

【供热行业管理】 2015年，廊坊市城区累计投资6000万元，集中改造15年以上供热老旧管网，累计改造完成107公里。按照“冬病夏治”的要求，对燃煤锅炉及其附属设施进行全面体检，技术改造一次管网、二次管网、热力站，提前做好供暖保障。为完成大气污染防治目标任务，各供热企业均使用神华优质煤供热。全年完成45.19万平方米既有建筑热计量改造工作，住宅供热收费比例达到50%以上，县级市和县城达到25%以上，完成省住房和城乡建设厅下达的改造任务。

【燃气行业安全管理】 2015年，市燃气安全管理办公室坚持燃气行业经营许可管理，完善安全管理网络，保证安全硬件设施齐全有效。汲取天津滨海新区“8·12”特别重大爆炸事故的教训，全覆盖检查市内燃气企业133家，其中管道燃气企业21家、汽车加气母站5家、汽车加气站49家、燃气销售企业10家、液化石油气站48家，发现安全隐患44处。在日常节假日等重要事件节点做好预案演练与处置，提高企业安全运营系数。

【城区供水维修】 2015，市城区各类供水维护抢修1612处，DN75以上大型管道抢修21处。数字城管供水终端接收并处理维修案件297件，市长专线“961890”接收并处理维修案件92件，处置率均达到100%。

【城区水质检测】 2015年，廊坊城区供水水质自检项目1.25万项次，河北省住房和城乡建设厅水质督察106项，3个水厂各检测2次，累计606项次。河北省疾病控制中心水质督察106项，3个水厂各检测1次，累计检测303项次。廊坊市卫生监督所水质督察常规42项目，3个水厂及末梢各检测1次，水质监督检查1次，累计检测105项次。廊坊市水文局常规项目，3个水厂各检测36次。是年廊坊城区供水水质合格率100%。

（尹皓伦）

城市园林绿化

【概况】 2015年，廊坊市城市园林绿化部门以实际行动助推“平原森林城市”建设，提高城区整体绿化效果。投资779.6万元，对高铁站南、北广场和常甫路、光明西道东段道路绿化补植，整理场地5700平方米，种植雪松、桧柏等乔木1385株，种植金银木、黄栌等各类花灌木74.6万株，种植地被草花类32万棵，铺草坪200平方米；投资848万元，对铁路沿线市区范围内两侧空地绿化，种植金叶国槐、油松等乔木35096株，种植连翘、蔷薇等花灌木2200株；投资1227万元，对市区北出口104国道（云鹏道—北京界）和云鹏道（银河北路—西外环）绿化改造道路6.5公里，绿化总面积86730平方米，其中：道路两侧各20米范围内的村庄、农田种植银中杨、油松等各类乔木12334株，种植卫矛、金叶榆等花灌木83.5万株，铺草坪2000平方米；投资1680万元，建设完善新华路、银河路等17条主要道路部分路段和54个游园绿地浇灌系统，铺设给水管道26万延米，并对市区行道树增设施肥给水装置，安装自动取水阀9155个、自动旋转喷头4170个、地下管道穿越2.4万延米；投资125万元，对市区17条主干道、郊区快速路林带、自然公园、文化公园，及54个游园的乔木和花灌木全面进行整形修剪，提高植物观赏效果；投资786万元，对自然公园、文化公园各类设施进行完善提升，达到AAAA级景区标准要求。“5·18”经洽会、“9·26”农交会以及国庆节等主要节日，在时代广场、文化公园、高铁站广场、北安园等39处景点，沿街摆放鲜花200万盆。年内，累计种植乔木21.4万株，花灌木985.1万株，摆放鲜花378.4万盆，新增绿化面积78.36万平方米。市城区绿化覆盖率45.34%，绿地率41.96%，分别高出全省平均水平0.84个百分点和0.95个百分点；人均公园绿地面积13.72平方米。

【社会绿化项目验收】 2015年，市园林局按照《绿化方案审批、验收程序》，杜绝不按绿化设计方案施工、恶意侵占绿地违法现象，审核社会绿化项目25个；企业、居住小区争创省、市级“园林式”单位，开展绿化补植种植乔木3.18万株、花灌木93.25万余株。市区31个市级园林式单位、居住小区通过考核验收。

【省级园林县城创建】 2015年，市园林局指导和协助各县（市）创建国家级园林县城工作。三河市、大厂县、香河县、固安县、永清县、霸州市、文安县、大城县8个县（市）中除大城县外，创建省级园林县城工作全部完成。大厂县、香河县、永清县、霸州市、固安县5个县（市）申报的2015年度1座四星级公园、7座三星级公园、2座三星级广场、2家省级园林式单位、1个省级园林式小区、5条省级园林式街道，通过考核验收。

（尹皓伦）

城市环境卫生

【概况】 2015年，廊坊市环卫局拥有环卫作业车辆234辆，负责市区1002万平方米道路清扫保洁以及105座公厕、54座垃圾中转站、193个垃圾大箱、77个生活垃圾定时收集点日常管理。投资2300万元，采购消杀车1台、自卸车4台、小型道路清洗车5台、小型货车6辆、雾炮车7辆、皮卡8辆、电动扫路车10台、洗扫车13台、电动三轮车30辆、人力三轮车220辆、果皮箱549个、大型吸尘式扫路车5台、小型电扫6台、中型吸尘式扫路车7台、中型洗扫车7台，提升环卫机械化作业水平。“5·18”经洽会、“9·26”农交会和“9·3”阅兵等重要节日期间，清理市区道路、城中村、城乡接合部等处卫生死角2000余处，清除各类乱倒垃圾杂物4.8万吨。年内无害化处理生活垃圾9.8万吨，清掏粪便（含吸污）5.8万吨，处理渗滤液4254吨。

【道路扬尘治理】 2015年，市环卫局根据大气污染防治总体要求，合理调配作业车辆和时间，组织开展城区道路湿扫作业和雾炮车高空降尘工作。白天日均出动洗地车21辆、洒水车14辆、雾炮车2辆；凌晨日均出动洗地车4辆、洒水车4辆、雾炮车1辆，对市区各主次干道洒水作业8遍以上，特殊天气情况下，实行24小时不间断洒水作业；全天道路洒水2000余吨，雾炮车洒水170余吨。监察治理建筑工地出入口污染、路面遗洒，督促责任单位清理乱倒垃圾1.3万立方米，治理路面污染20.3万平方米，治理沿路遗洒5656延长米，查处违规运输车辆62辆。

【生活垃圾上门收集】 2015年，面对城区4个综合治理区域内的3344家沿街商铺（门店），市环卫局清扫保洁员坚持每天5次定时上门收集生活垃圾，以服务代替管理。根据道路所在区域及等级，分别设定每平方米道路浮尘含量标准，推行“快速保洁”“飞行式保洁”等作业模式，控制垃圾杂物落地时间，提高街道保洁标准。完善公厕设施维护管理制度，公厕设施随坏随修，大件维修不超过3天，小件维修不超过1天。

【生活垃圾焚烧发电厂启动】 年内，始于2008年建设的廊坊市生活垃圾焚烧发电项目于7月1日启动试运行。该项目位于安次区落垡镇，总投资4.9亿元，占地6.82公顷，处理包括廊坊市城乡、开发区、万庄新区的所有生活垃圾，设计日处理生活垃圾1000吨。

（尹皓伦）

建筑业管理

【概况】 2015年，廊坊市建筑企业385家，监理企业22家，招标代理单位15家，勘察设计企业48家，各类检测机构26家。全市新开工建筑面积1025.8万平方米，竣工建筑面积441.4万平方米，累计在建面积2095万平方米。全市建筑业总产值303亿元，同比减少131亿元；市区招标工程55项，同比减少140项；中标价5亿元，同比减少79.5亿元。累计发放施工许可核准535项，同比减少 24.75%；办理进出市冀（廊）施工企业、监理企业 77 家次，同比减少 337 家次。

【建设工程招投标】 2015 年，市区应招标 55 项，中标价约 5 亿元，应招标工程招标率 100%，应公开招标工程公开招标率为 100%。其中，房屋建筑工程施工招标 12 项、建筑面积约 17.69 万平方米、中标价约 4 亿元；市政工程招标 10 项，中标价 6663.64 万元；监理工程招标 15 项，中标价 786.11 万元；勘察设计招标 12 项，中标价 1154 万元；材料设备采购 4 项，中标价为 1642.01 万元；照明专业工程施工招标 1 项，中标价 32.78 万元；资格预审 1 项。非国有资金投资建筑工程施工合同备案（含直接发包）26 项，建筑面积约 160 万平方米，承包价约 36.29 亿元；监理合同备案（直接发包）28 项，建筑面积约 160 万平方米，服务价约 3135 万元。直接发包投资总量约占全部投资总量的 87.98%。

【建筑市场监察】 2015 年，廊坊市建设监察办公室重点规范市区建筑市场秩序，加大对违法工程处罚力度，严格建筑市场规范化管理，严格建设行政相对人违法信息记录系统的录入和公开程序管理。在日常巡查中，执法人员发现有违法工程的，按照法定程序进行“三步式”执法处理并启动联动执法程序。建筑市场其他部门在日常监管巡查中发现违法行为的，按照《廊坊市建设局关于进一步强化集中实行行政处罚和规范建设行政处罚程序的通知》要求执行。日常巡查中，执法人员利用监察系统信息化、建设监察信息网络使用 PDA（个人数字助理）等网络系统监控和管理建筑工程信息，并运用电子地图和网络系统查询工程现状、基本情况及数据。截至年底，市建设监察办公室立案各类违法行为 52 起，结案 49 起，行政处罚结案率 94.2%，罚款总额 992 万元。

【建筑工地扬尘治理】 2015 年，廊坊市建设局借鉴石家庄市工地扬尘防治先进经验，按照《河北省建筑施工扬尘防治新 15 条标准》和“7 个百分之百”要求，对直管的 142 项在建工程全天候、不间断检查巡查。抽调局属各单位、机关各科室 105 人，现场督导重点区域在建工地扬尘治理。年内下达扬尘污染防治整改通知书 182 份，移交处理违法案件 73 件，处罚金额 40 万元。在“9·3”阅兵期间，全市 615 处建筑施工工地全部实现停工，无一违规作业。

【工程安全管理】 2015 年，市工程安全管理部门落实工程建设各方主体责任，实行定人定责定岗制度，治理排查建筑施工各类安全隐患。累计监管工程 132 项，建筑面积 812 万平方米，检查建筑工程 191 项，发现并排除各类安全隐患及扬尘治理问题 1000 余处，市区违法违规在建工程立案处罚 8 项，监督检查全市 81 家预拌混凝土企业（含市区 21 家），绿色生产达标率 79%。

【农民工工资清欠】 2015 年，廊坊市采取“一卡通”技术手段加强行业监管，针对拖欠农民工工资等现象，实行各项权力“进系统、留痕迹、可追溯、能监督”，提升科技监控水平。全年接访农民工投诉上访案件 148 起，涉及农民工 1420 人，涉案金额 4931.46 万元，结案率 90%。

【造价信息管理】 2015 年，廊坊市简政放权最高限价备案，除国有投资及国有融资项目备案外，其他非国有投资开发项目全部放开。年内，开展最高限价备案 10 个，造价信息发布出版 5 期，发放 2014 年造价员考试合格人员证书 200 个，造价员变更 118 人，规费核准企业 54 家。按照省造价站统一安排，组织全市 800 多造价员考试，实行继续教育。

【建筑节能工作】 2015 年，河北省下达廊坊市的 33.1 万平方米建筑节能改造任务全部完成。成立廊坊市绿色建筑专家委员会。126.13 万平方米建筑工程实现绿色建筑设计并经过初评，占市区新开工工程量的 78%。廊坊市行政区内 100 米以下建筑和集中供应热水的公共建筑全部安装使用太阳能热水系统。市区可再生能源利用率达到 76%，超额完成省下达的指标。市区采用建筑保温与结构一体化技术的新建工程占比达到 69%。在全省率先实行新建城镇居住建筑执行 75% 节能设计标准，实现与北京同标、同步、同城发展。

【城建档案管理】 2015 年，廊坊市城建档案馆与工程建设单位签订城建档案移交责任书 41 份，涉及建设项目 41 个，其中建筑面积 180 万平方米，总造价 96 亿元。检查、指导、验收工程 173 项。编制入库归档档案 9000 余卷，馆存各类城建档案 6 万余卷。市城建档案馆为建设宣传、工程维修、产权办理、解决司法纠纷、房屋拆迁、抗震规划和热网改造等提供翔实资料，查询库存档案 602 人次，涉及档案 900 多卷、图纸 476 张，复印相关资料 960 份。

【工程质量检测】 2015 年，廊坊市阳光检测公司出具材料质量、室内空气质量等各类检测报告近 8 万份，其中出具不合格检测报告 2000 余份，实现检测收入 3500 万元。新增水质检测、安全防护用品检测、CL 体系相关检测等项目 9 类 55 个参数。主编《能量式（Q 值）回弹法检测泵送混凝土抗压强度技术规程》，并受邀参加国家标准《建筑结构检测技术标准》GB50344—2004 的修编。申报自主发明专利“任意角度回弹测试砼试块的固定装置及其制作和使用方法”和“回弹仪中区值率定标准试件及率定方法”2 项。

【农村危房改造】 2015 年，河北省下达廊坊市农村危房改造任务数为 2413 户，其中，新建 1661 户、维修 752 户，建筑节能示范户 482 户。全市农村危房改造实际完工 2413 户，其中，290 个农村面貌改造提升重点村危房改造 262 户。农村危房改造竣工率 100 %，竣工面积 16.75 万平方米。农村危房改造投资 10240.2 万元，其中，中央、省、市农村危房改造补助资金 3443.9 万元。

（尹皓伦）

城市综合管理

【概况】 2015 年，廊坊市城市管理综合执法局（简称市综合执法局）提升市容品质，优化城市环境，集中行动取缔市区露天烧烤，管控工程渣土运输，遏制遗撒扬尘。城市规划执法，开展房地产开发建设违法行为专项整治，加强规划执法巡查监管，依法查处违法案件 35 起，新开工建设项目实现零违规。开展市容环境整治，清理占道经营、店外经营、乱设广告、乱贴乱画、乱停乱放等市容秩序突出问题，先后治理各类城市管理违章违法案件 2 万件 。提升数字城管效能，加强数字化城市管理问题的监督和指挥，解决和管控城市管理问题。全年市数字化城市管理信息系统立案 200187 件，平均结案率 99.45%。数字城管提高了城市管理科学化、精细化水平。

【城管行政执法】 2015年，市综合执法局全面梳理行政职权依据，明确职权事项名称、归类、实施依据、实施主体，编制行政权力清单和责任清单，确定行政处罚权47项、行政强制权7项、行政许可权4项。细化自由裁量权基准，对涉及城市管理方面的7部法律法规中46种违法行为的行政处罚进行细化、量化，细化为159类228项，并印制《行政处罚自由裁量权基准汇编》，用于指导执法工作，规范执法行为。做好案件立案、处罚审核把关工作，依据法律、法规赋予的权利和处罚程序，严格审批、审核每一件行政处罚案件，做到证据充分，法律依据准确，处罚自由、裁量得当。全年审核案卷59件，实施行政处罚案件21件。

【市容环境整治】 年初，市综合执法局加强排查摸底，列出影响市容秩序突出问题清单。针对排查问题制定《城市容貌环境综合整治方案》，明确工作任务、责任单位、完成时限。建立工作台账，实行挂账督办。各执法大队全力开展市容环境综合整治行动，清理市区主次干道两侧和车站、医院、校园、商场、公园、居民小区周边等重点区域占道经营的流动摊点、摊群，清理店外售货、店外加工修理、店外乱堆乱放、马路餐桌等店外经营行为。元旦、春节、全省项目拉练会和“5·18”经洽会、“9·3”阅兵、“9·26”农交会、国庆节等重要活动和节日期间，市容环境良好。

【建设项目执法监管】 2015年，市综合执法局开展房地产开发建设违法行为专项整治。工程项目监管，依法查处违法案件35件，罚没金额3281.7万元。新建项目监管，年内新开工的25个项目零违规。临时建设监管，实行网格化、精细化管理，执法任务和责任落实到具体的执法人员。执法人员每日开展巡查，填写巡查日志，落实巡查人员、时间、路线，查处违法临时建筑做到应拆尽拆。新机场限控区监管，严格管控违法抢建行为。配合市机场办、广阳区政府依法拆除违法建筑23起，作出停工处理23起；会同广阳区政府白家务办事处、国土资源管理所拆除违法建筑7处、面积980平方米。

【露天烧烤治理】 2015年，市综合执法局开展大气污染防治宣传。发放《关于对市城区露天烧烤经营行为进行综合整治的通告》和《致广大市民的公开信》17000份，悬挂露天烧烤治理宣传条幅800条，督导市区33处大型户外广告和电子显示屏定时发布防治大气污染公益广告，租赁2台广告宣传车在公共场所、社区等人员密集区域宣传大气污染防治法律法规，营造全民参与、共同监督、全面治理大气污染的浓厚氛围。露天烧烤治理集中行动。从5月初开始，先后组织实施全局性夜间执法行动71次，每次出动车辆近30台、人员超过100人，对市区内各主次道路两侧存在的露天烧烤摊点、流动商贩进行整治。清理取缔流动烧烤摊点736个，督导入户规范经营171户，收缴各类烧烤用具260件，查扣烧烤车辆30台。

【工程渣土运输治理】 2015年，市综合执法局标本兼治、源头治理，规范工程渣土运输行为，遏制道路遗撒扬尘。市区登记入册的140辆渣土运输车辆加盖改装，并安装GPS卫星定位装置。渣土运输车辆GPS监控平台建成，实现对渣土车全天候轨迹跟踪在线监控。发布《关于对市区工程渣土实行限时段运输的通告》，严格执行和落实渣土车辆限时运行管理规定。盯守施工工地，对市区29处建筑工地实施定人定岗定责、24小时不间断现场监管，严格按照要求规范渣土运输。在重污染天气应急响应期间，落实应急管控措施，确保24小时无建设项目出土、无渣土运输车辆上路。组织开展晚间集中治理渣土运输“零点行动”42次，检查渣土运输车辆5060台次，劝返违规车辆95辆，处罚道路遗撒16起，停工整改严重违规运输渣土的建设项目8个。

【户外广告管理】 2015年，市综合执法局规范户外广告和门头牌匾审批。批复广告牌匾申请551件。强化日常巡查监管，及时制止和依法拆除未经批准、乱装乱设的大型户外广告设施21处。清理拆除城市主干道路沿街单位门前、城市环路和城市出入口沿线乱摆乱放的临时灯箱牌匾390处。清除主次干道沿街门店乱贴乱画的橱窗广告、墙体广告，清理沿街门店乱张贴、乱涂写、乱拉乱挂的布标条幅和喷绘布幔632处。结合全省开展的“经济强省·美丽河北”公益广告宣传行动，设置建筑围挡公益广告12000平方米，督导市区68处三面翻广告和电子显示屏按要求发布公益广告。非法小广告治理，城管执法人员坚持24小时巡查，及时全面清除乱张贴、乱涂写的各类街头“牛皮癣”小广告，巩固了“无癣城市”美誉。治理沿街散发广告宣传品，查处散发广告违章行为80起，收缴商品海报、楼盘广告等宣传品14.3万张。

【数字化城市管理】 2015年，廊坊市城区数字化城市管理系统实现全覆盖。整合政府部门、大型企业、高新园区、街道社区城市管理部门141家，形成高位监督、统一协调的工作格局。发挥数字化城管系统在城市管理中的作用，加强数字化城市管理问题的监督和指挥。数字城管系统设备全面更新升级，硬件建设在全省乃至全国处于领先水平。拓展数字城管功能，推进公用事业服务质量监管、专项普查与部件更新、实景影像、户外广告管理和门前五包管理等系统新功能的完善及应用，实现管理与服务的有机结合。数字城管系统覆盖全面、反馈及时、处置高效，解决和管控大量城市管理问题，有效提升政府智能化管理城市的能力和水平。

【校园周边环境整治】 2015年，市综合执法局开展校园周边环境整治行动。规范学校周边违章占道经营、乱摆乱卖、店外售货，以及非机动车停放、私搭乱建、违章广告。清理规范市区校园周边的店外售货、乱摆乱卖219户，取缔占道经营摊点443个，取缔食品经营摊点71个。管道局中学、第六小学等14所学校设置师生专用的自行车停放场。拆除学校周边私搭乱建物9处、户外广告设施159处。清除学校周边乱贴乱画、乱涂乱写的小广告11580处。收缴在学校门口违规散发的午托、培训促销小广告3万余张。清缴非法出版物2000余册。

（段贵争）

房产管理

【概况】 2015年，廊坊市房地产业投资539.11亿元，比2014年增长–3.52%。全市商品住宅投资433亿元，占房地产开发投资总额的80%。全市商品房施工面积3923万平方米，比2014年增长1.52%，其中，住宅施工面积3287万平方米，比2014年增长–1.29%；

办公楼施工面积52万平方米，比2014年增长-32.46%；商业营业用房施工面积326万平方米，比2014年增长41.12%；其他房屋施工面积256万平方米，比2014年增长15.31%。全市商品房竣工面积895万平方米，比2014年增长-4.71%，其中，住宅竣工面积785万平方米，比2014年增长-6.54%；办公楼竣工面积3.77万平方米，比2014年增长-79.63%；商业营业用房竣工面积71.46万平方米，比2014年增长48.87%；其他房屋竣工面积35万平方米，比2014年增长9.37%。全市商品房销售面积1522万平方米，比2014年增长35.25%，其中，住宅销售面积1386万平方米，比2014年增长30.51%；商业营业用房销售面积136万平方米，比2014年增长115.8%。全市普通商品住宅销售均价每平方米7555元，比2014年增长5.73%。市区住宅销售均价每平方米7296元，比2014年增长3.4%。

2015年全市新建商品住房价格一览表

表19　　单位：元/平方米

月份	市区	三河市	香河县	固安县	大厂县	霸州市	永清县	文安县	大城县	全市
1月	6792	8800	6111	6806	6642	4867	5354	3354	4300	6956
2月	7349	8800	5906	7063	6470	4475	5420	3356	4300	6907
3月	7526	8900	5830	6922	6595	5065	5522	3355	4300	7068
4月	7507	9000	5899	6869	6391	4733	5647	3502	4300	6963
5月	6786	9200	5821	7121	6876	5028	5503	3530	4300	7116
6月	7449	10000	5936	7004	6485	5018	5567	3533	4300	7075
7月	7151	11117	6076	7229	6828	5033	5611	3535	4300	7443
8月	7167	11300	6552	7560	7195	5092	5525	3541	4300	7680
9月	7300	11500	7098	7695	7552	4532	5509	3541	4300	7846
10月	7510	14370	7177	7814	7280	4846	5509	3427	4300	7845
11月	7672	13847	6947	8038	7821	4778	5794	3425	4300	8145
12月	7609	14710	6380	7937	7415	4938	5742	3243	4300	7842

【房地产开发管理】　2015年，廊坊市落实国家、省有关房地产市场调控政策规定，调查研究全市房地产市场运行状况，引导房地产行业理性健康发展。加强标准化售楼处建设，统一内设服务区、展示区、签约区、公示区等，做到证件公示、方案公示、楼盘公示、代理机构公示。房地产管理部门将商品房预售资金全部纳入监管账户，重点监管项目工程建设费用，确保建设工程资金安全。对开发企业资质审批实行首问负责、原件审核和信息复审制度。全市办理房地产开发企业资质审批业务300件，其中申请暂定资质55件，核定资质36件，延期资质143件，变更资质66件，无降级资质。廊坊市城区发放预售许可证79件，批准预售面积234万平方米、房屋28021套。

【物业管理】　2015年，全市有物业管理企业538家，物业管理从业人员26200人。全市城镇共有各类房屋面积11630.13万平方米，其中实施物业管理面积7747.41万平方米（包含住宅6905.74万平方米）。构建与现代城市管理相适应的物业管理新体制，35 个新建小区物业招投标，审批物业方案 91 个。廊坊市城区按照“房屋整修、环境整治、违章拆除、设施补建、后续管理、节能改造”的标准和“合理、节约、实用”的原则，修缮创新里、华祥里等 7 个老旧小区，修缮面积 9 万平方米，涉及家庭 2500 户。

【房屋交易管理】 2015 年，廊坊市房屋交易管理部门推行立等可取、绿色通道、延时服务、上门服务等便民措施，方便群众办理各类房产登记。廊坊市城区办理各项房屋交易登记 34747 件，总成交面积 991.74 万平方米，总成交金额 8.54 亿元；办理商品房预售合同备案 22713 件，存量房合同备案 6523 件，整理归档房产档案 3445 份，房产测绘面积 372.81 万平方米。

（沈兴辉）

步行街管理

【概况】 2015 年，步行街管委会按街区谋划成立基层党支部和业主委员会，扩大群众监督管理范围，形成基层党组织、群团组织和党员、业主商户代表共同参与步行街管理新局面；建立物业管理长效机制，把安全生产工作作为维护社会稳定的首要任务，完善《物业管理办法》《业主自律公约》《业委会工作规范》《物业公司工作规范》4 项规章制度，推进步行街管理工作上档升级。至年底，步行街注册登记个体工商户 397 家，完成财政收入 1.3 亿元。

【步行街改造提升工作】 2015 年，步行街第二、第三、第四大街环境改造提升工程被市政府列为重点城建工程项目之一。步行街管委会以街区为单位，组建由领导班子成员任组长的联合包街工作组，发放 4000 份《致业主商户的公开信》，向业主和经营户讲明改造提升的意义。坚持把群众的满意度作为改造提升工作的根本出发点和落脚点，广泛征集民智民意，以真心实意赢得街区各界群众的理解和支持。坚持依法依规推进步行街改造提升工程，启动方案规划设计、项目立项、环评、水资源论证、施工图设计，及资金评审和招标工作。完成环评、水资源论证、稳评（稳定风险评估）等前期立项审批手续，以及地下雨污分流、消防管道、热力管道、雨污分流管道、弱电线路改造工程深化设计、园林景观设计、地面改造深化设计、楼体粉刷设计。年内市规划委员会审定通过步行街地面改造概念性设计方案。

（邢　月）

县城建设

【概况】 2015 年，全市各县（市）投资 63.8 亿元，升级改造供水、燃气、供热系统，改造雨污分流管网 30 公里，人均城市道路面积 19 平方米、机扫率突破 70%。8 个县（市）全部建成污水处理厂，污水集中处理率达 95%。南水北调受水区的永清县城、文安县城、大城县城、廊坊市区、霸州市区、胜芳工业区 6 座地表水厂建成，固安县城地表水厂通水运行。县域规划编制依托历史文化遗存，打造一批特色街区和风貌建筑，建成具有县域特色的三河市学院大街精品美食街、大厂县民族文化 CBD、香河县汇文金街、大城县红木博览园等特色街区及精品建筑。全市公路通车总里程 10309 公里，路网密度达 160.4 公里 / 百平方公里，境内通车高速公路 8 条、总里程 341 公里。新改建农村公路 381.6 公里，农村面貌改造提升行动硬化道路163公里。环京县（市）农村客运班车公交运行率达100%。

（孟祥宽）

【三河市区】 2015年，三河市完成贤人街、昌盛路、燕郊燕灵路、化大南路等道路改造工程；推进西环路综合改造、燕郊南外环绿化等精品工程；燕郊航天博物馆建成开馆；加快建设市博物馆、中国社科院燕郊考古基地、世界华人收藏博物馆、大郎台主题公园、燕郊幸福公园等文体设施；建设垃圾中转站、燕郊尖峰锅炉等基础设施；实施清理马路市场、取缔店外经营、整治车辆乱停、规范广告牌匾、治理施工工地。推进24个省级农村面貌改造提升示范村建设，硬化48个结转省级重点村道路；累计清理垃圾杂物5.1万立方米，完成环村林带等村外绿化88.2万平方米、村内绿化9.6万平方米，植树11.3万株，新改建卫生厕所1813座。

（段宏祥）

【大厂县城】 2015年，大厂回族自治县实施县城扩容升级。完成县城新区广场绿化、核心区路网建设、鲍邱河公园和县城新区中心公园提升工程；大厂民族宫竣工；整修荣昌路、油厂路和影斜路等破损街道；县城新区核心区随道路施工同步敷设雨污管道2套收集系统，主管道总长约11公里；老城区投资900余万元的荣昌路至污水处理厂污水管道投入使用，主管道建设2.1公里，城南污水处理厂配套管网建设一期工程进行工程规划办理和申请最高限价评审；先后筹资600余万元，新建换热站2座，购置40蒸吨锅炉1台，城区供热总能力350万平方米。实施县城新小区增容工程，增容面积约19万平方米，集中供热普及率96.1%。启动建设全民健身中心，丰富群众业余生活，9月竣工。专项检查扬尘74次，启动重污染天气应急预警17次（Ⅰ级红色预警1次，Ⅱ级橙色预警2次，Ⅲ级黄色预警8次，Ⅳ级蓝色预警6次），下发扬尘治理整改通知34份。筹资300余万元采购4套烟气污染源在线监测设备，保障采暖期空气质量。

（齐亚辉）

【香河县城】 2015年，香河县注重建设香河县城区人居环境和投资环境，提升城区承载力和吸附力。

城乡规划。2014年10月8日，《香河县城乡总体规划（2013—2030年）》通过廊坊市人民政府批复。规划分近期规划（2013—2015年）和远期规划（2016—2030年）。城市性质定性为中国北方家具之都，首都经济圈新兴产业基地和滨河特色宜居城市，规划至2030年。中心城区建设用地规模38.4平方公里，人口35万人，县域城乡居民点建设用地84平方公里，城乡总人口64万人。城市空间结构为“一城两带四组团”。“一城”指中心城区，“两带”分别是北运河生态发展带和潮白河生态发展带，“四组团”分别指安平、蒋辛屯、钱旺—渠口和安头屯—五百户—刘宋4个发展分区。

市政建设。五一路道路综合改造工程C标段竣工验收，A2标段完成工程总量70%；S271省道景观综合改造工程北一至北四标段工程竣工验收，照明工程完成总工程的90%，桥梁工程（新华大街桥）通车，三标段（高速出口至大厂界）竣工；城内次支干路两侧人行便道及雨水管线零星维修工程完成90%；新建排水管网项目，完成工程总量10%。

公用事业。燃气工程。香河县有百川燃气销售有限公司1家管道燃气企业，汽车天然气加气站2家，各乡镇液化气站5家。其中，2015年百川燃气销售有限公司年度投资8118万元，铺设中压管线169.4公里，低压管线38.6公里，合同签订用户67663户，新增用户15289户。供水工程。香河县三强水厂扩大供水范围。全年铺设供水管线3.1公里，完成投资770万元。供热工程。香河县有三强热力公司、九矗热力公司和葆丰热力公司3家热力公司，其中，三强热力公司全年完成投资2500万元，完成部分设备的脱硫改造工程，铺设管网8公里，新增供热面积30万平方米，葆丰和九矗热力公司全年完成投资332万元，铺设管网3.88公里，新增供热面积40万平方米。

园林绿化。投资800万元，实施县城建成“两园”“三路”“五带”（“两园”：经纬佳园、五一公园，“三路”：通唐线、北外环、淑阳大街东延，“五带”：永盛路北段西侧、绣水街西段南侧、迎宾路南段东侧、新开街北侧、永盛路中段两侧绿化景观带）绿化工程。至年底，全县绿地率、绿化覆盖率分别为31.64%、36.66%，人均公园绿地面积9.58平方米。8月，香河县通过“省级园林县城”复查。

环境卫生。香河县有各类清运、清扫车60多辆，清扫保洁面积330万平方米，每天快运生活垃圾250吨。实行24小时综合作业法，机械化清扫率70%，比2014年增长10%。全年新增上门收集户100家次，累计2500家次。集中清理暴露垃圾散点500余个，清理生活垃圾和建筑垃圾1200余吨，散堆固定垃圾点由2012年的300多个减少到50多个。香河县通过省级洁净城市验收，被评为“河北省十佳容貌整洁城市”。

住房保障。2015年，廊坊市下达香河县新开工棚户区改造任务指标1000套。其中，香城壹号小区安排200户、贵都家园小区安排240户、碧盛家园二期安排560户，3个棚户区改造项目开工建设，按施工计划有序进行。下达香河县竣工保障性安居工程与棚户区改造任务710套（户），至年底，竣工786套（户）。其中，阳光尚城公共住房136套，富力新城公共租赁住房650套。

房产交易。2015年，香河县批准预售房产许可62个，预售面积179.39万平方米，同比下降19.79%；预售套数17975套，同比下降18.2%。商品房销售面积217.48万平方米，同比上升62.7%；商品房签约套数22833套，同比上升53.34%。普通商品住房销售均价6318元/平方米，同比上升1.58%，北京等外地购房人群购房比例占78.56%左右。办理各项房地产登记业务28777件，登记面积1146.09万平方米。其中，新建商品房转移登记8255件，登记面积80.01万平方米；二手房转移登记3227件，登记面积31.15万平方米。

行政执法。2015年，规范治理新开大街、新华大街、淑阳大街、绣水街、迎宾路、永明路等各类违规行为3150起。检查运输车辆450车次，处罚未办理准运证的车辆、未苫盖的车辆、无防遗撒设施的车辆55车次，遏制遗撒污染现象。专项整治露天烧烤，取缔110处，教育当事人200余人。逐一排查规划区内的42项建设施工项目，查处21项违法工程，查封违法建设项目18处，联合公安、住建及淑阳镇、新开街道办、新华街道办规范化治理城区内私搭乱建，拆除违建9700平方米，制止整改28处。清理临时广告牌匾1222处，乱贴乱画各类小广告11860处，摘除破旧违规条幅388条，粉刷墙体2400余平方米。

（张肖霞　王政元　任秀凤　赵　凡　吴　泽　张　跃）

【固安县城】 2015年，固安县完成《城乡风貌总体规划》《迎宾大道城市设计》《新城区控制性详细规划》《美丽乡村片区规划》4个规划编制工作。编制177个农村面貌提升村庄规划，设计老年大学和妇女儿童活动中心规划方案。推进总投资50亿元的114项重点工程，提升县城建设整体水平。工兴路、新源街大修，京九西路、大广高速东侧辅路建设等路网工程完工。开通4条城区公交线路，城乡客运班线新开通固安至大王马、小王马线路。完善城市功能，市民活动中心、幸福港湾、京南商贸城投入使用。西出口节点公园、迎宾公园、礼湖森林公园等园林景观工程完工，建成区绿地面积860.25公顷，绿化覆盖率41.77%，绿地率35.7%，人均公园绿地面积13.62平方米。固安县获国家级园林县城称号。年内治理私搭乱建、违规设置广告牌匾。与北京环卫集团签订BTO（Build-Transfer-Operate）方式合作协议，推进县域垃圾处理体系建设，规划管理全域街道清扫、垃圾处理。集中治理大气污染，执行《河北省建筑施工扬尘防治新15条标准》和“7个100%”标准，制定《固安县建筑施工扬尘治理20条措施》，落实建筑工地扬尘管控措施，从严处罚违法违规企业。完成年度减排工程15项，4家规模养殖企业实现污染源减排，6家企业完成“煤改气”工程。

（高士伟）

【永清县城】 2015年，永清县编制完成永清县城老城区、新城区建设规划。投资1400多万元，完成裕丰街中段改造。铺设污水主管道851米、支线管道1526米、雨水主管道1017米，摊铺沥青混凝土路面24200平方米，铺设人行便道砖1000平方米，镶砌路缘石1829米并完成路灯建设、消防给水改造、绿化种植、果皮箱安装、交通标牌，及施划交通标线等。投资2450多万元，建设完成武隆路污水管网。修建主管道4610米及建成全部各类检查井，路面基本恢复。全面修补城区益昌路、会昌街、金雀街、文苑路、裕华街、武隆路等道路破损便道，维修面积9200平方米。建设完成人大、南门外排水泵站并投入运行。投资98万元，亮化城区各个主要街道和节点。推进城中村、旧城改造，全年建设回迁楼64240平方米，258户搬迁居民回迁。华夏新区加快基础设施建设，幸福大道曹家务段1.4公里完成建设，工业区段1.5公里进行施工；规划馆主体竣工，智慧新城完成总体规划编制。

（刘淑珍　杨克亮）

【霸州市区】 2015年，霸州市启动基础设施建设工程12项。其中，续建工程8项，新建工程4项。续建工程有益津路提升改造工程、北环路贯通及金各庄桥工程、东环路至北关殡仪馆道路工程、延昭路建设工程、信安连接涵工程、112线太平桥泵站工程、牤牛河生态景观带工程、西环路（裕华道以南—112线）工程。新建工程有兴华南路改造工程、德昭路建设工程、维民路、盛华道及堤顶路、垃圾发电项目。市区各路段环卫实行重新招投标，淘汰3家管理不到位的保洁公司。坚持每周清理城乡接合部和街巷积存垃圾，累计清理190余处、清运积存垃圾2.7万立方米。更换、维修地下中转箱42个，果皮箱273个。清理绿化带垃圾5500立方米，修剪市区苗木12次，补植乔木140棵，小灌木19万棵，花灌木2200棵，草坪8800平方米。提升改造玲珑游园、安雅游园、开发区游园、北三角游园、南三角游园。维修检查井215个，更换井盖132套，更换井箅子165套，维修便道

4500平方米，更换损坏侧石2100米、更换水泥护栏2600米、隔离桩113棵。组织100多名干部职工成立防汛抢险队。完成1398个收水口清淤，冲洗排水管道5.3万米，更换篦子、井盖180套，维修收水井、检查井210座。全面检修东城泵站、南关泵站、城南泵站、裕华道泵站、明珠大坑泵站，及金域湾泵站6座排水泵站，试运行电气、机泵设施，全部达到运行标准。清理、疏通城南排水体系，清理总长度3700米，打捞漂浮物7300立方米，清理各类淤泥、杂物2800立方米。

（贾国玲）

【文安县城】 2015年，文安县加快城市功能建设，编制完成城市总体规划、城区控制性详规等20项城乡规划。开展省级园林县城、卫生县城、文明县城“三城同创”。森林公园、水景公园、堤顶公园建成，迎宾大道全线竣工通车，县城规划馆建成投用，荣美购物广场全面运营。推进新农村建设，投入2.8亿元建设完成62个美丽乡村，市级重点片区106国道史各庄镇秦韩新村核心区初见成效；建成35座站厕一体式垃圾中转站；各乡镇配备垃圾清运车76辆，初步建立城乡一体化垃圾处理模式。完善城乡基础设施，廊沧高速及3条连接线、廊泊线大中修等工程竣工通车，新建改建农村道路600公里，全县公路总里程由“十一五”末的1343公里增长到1648公里。建成投运安里屯、司吉城、郭庄3座110千伏变电站，新架设和改造输电线路180公里，新增容量30万千伏安。投资5.33亿元，建设县城新防洪圈，保护面积79.5平方公里。完成重建西码头蓄水闸、千里堤应急加固等近50项水利工程，不断增强防洪保安能力。

（刘洪江）

【大城县城】 2015年，大城县完成县城控规、城市设计、红木产业园发展规划等12项规划编制，保障城乡建设有章可循，有法可依。提升县城建设水平。总投资3596万元翻修改造正大街、新兴路竣工通车，改造后雨污分流；总投资3亿多元，建成府东新区等居民住宅小区。提升改造城区西出入口外立面和津保路城区段两侧牌匾；投资200万元改造8条小街小巷，方便居民出行。增加530万元环卫设施投入，县城统一清洁范围扩至红木文化城，城区主次道路机扫率62%。增设3个交警固定执勤岗点，严格处罚交通违章违法行为，缓解高峰期交通拥堵状况。城区新增绿地面积6.3万平方米，城市绿化率41%。建筑市场严格执法，规范城区建筑市场秩序。专项治理房地产开发建设违法现象，停工整改3个违规开发项目。

（吕文杰）

美丽乡村建设

【概况】 2015年，市委、市政府科学谋划，全面安排部署美丽乡村建设。市委五届七次全会和全市经济工作会议把美丽乡村建设确定为2015年全市主要工作之一。

围绕全域推进和可持续推进的基本思路，站位全局谋划和部署美丽乡村建设。深化思想共识。市委五届七次全会和全市经济工作会议把美丽乡村建设作为全市推动落实的五大任务之一，市美丽办确定梯次推进战略，即把保留村做成精致景观，打造具有廊坊特色的环首都升级版新农村；把中心村建成新型社区，结合廊坊市自身面积小、村庄人口密度大和土地价值高的特点，加大村庄整合力度，有力有序推进联村并建新民居；让面上村实现整体提升。借势美丽乡村建设，让全市所有村街都行动起来，全域推进“四清”、改厕和街院绿化等重点项目。调高目标定位。全面落实省市委要求部署，组织召开动员会，总结经验，转变思路，明确按照乡村旅游景区的标准建设重点片区。组织县、乡、村有关负责人，分批赴江苏、浙江、福建、海南、广西等地参观考察，学习借鉴成熟经验和做法。分两期对市、县两级驻村工作组组长，各县（市、区）美丽办主任、乡镇党委分管副职、部分省级重点村党支部书记集中培训，提高抓美丽乡村建设的能力和水平。全域统筹布局。全市以“北三县”和固安县两大省级重点片区建设为引领，在安次区、广阳区、永清县、霸州市、文安县、大城县6个县（市、区）各确定1个市级重点片区，重点片区之外确定20个精品村，形成“2+6+20”的建设格局，以此带动全域推进，梯次提升，发挥辐射带动效应，全面启动新一轮美丽乡村建设。新申列的290个省级重点村着力推进道路硬化、厕所改造、饮水安全等“15件事”，打造新农村建设的样板品牌；已完成帮扶改造的561个村街查补缺项，继续提升；其余村街全面推进“四清”（清垃圾、清杂物、清残垣断壁、清庭院）整治，实现长效保洁、饮水安全全市域覆盖，厕所改造、村庄绿化全市域推进。2015年，全市省级重点村共铺设供水管道107万米，安装安全饮水设备1.3万台；完成街巷硬化212万平方米；完成环村林建设717万平方米、村内绿化304万平方米；改造高低压线路259公里，安装路灯1.1万盏；完成厕所改造5.6万个；完成墙体改造46万平方米；铺设污水管道10.5万米，建设分散污水处理设施1450处；建设村民服务中心5.9万平方米，建设互助幸福院266个、体育设施520处。廊坊市着力做优生态、做美乡村，探索可复制、可持续的推进路径，通过顶层设计、统筹施力，由点到面，由线拓片，形成一批具有廊坊特色、环境功能宜居的生态田园新农庄。2014年、2015年河北省美丽乡村建设现场观摩会先后在固安县、大厂县召开，总结推广固安、大厂两县的经验和做法。中央电视台《新闻联播》节目和《人民日报》《经济日报》《农民日报》宣传报道廊坊市美丽乡村建设成效。

【“农村面貌改造提升行动”改称“美丽乡村建设”】 廊坊市农村面貌改造提升行动领导小组成立于2013年7月，于2015年10月，改称为“廊坊市美丽乡村建设领导小组”，是廊坊市委、市政府开展推进美丽乡村建设的机构。其主要职责是对全市美丽乡村建设的规划、组织、推进和督导，负责廊坊市省市级美丽乡村片区建设，以及美丽乡村、精品村、达标村建设、指导、督导和验收工作。市委书记王晓东任市美丽乡村建设领导小组组长，蒋洪江、辛绍杰、李龙、李凤霞、王俊臣、张卫东、史雅杰任领导小组副组长，领导小组下设办公室，蒋洪江任办公室主任。市美丽乡村办公室设综合及项目组、组织组、资金组、宣传组、督导组，并建有美丽乡村建设网站。

【美丽乡村规划编制】 2015年，全市美丽乡村建设坚持以高标准规划为先导，在连续实施精品示范工程基础上，发挥精品村典型带动作用，拓展延伸，对标国家农业公园标准，培育发展乡村旅游产业。坚持规划高标准。“北三县”省级重点片区总体规划聘请江苏省城镇与乡村规划设计院编制完成，市委、市政府主要领导亲自参与片区规划评审工作。固安县片区总体规划筛选5家规划设计备选单位，根据提供的规划设计方案优中选优，选定天津规划设计院进行编制，两大省级重点片区总体规划通过省级规划专项审定。全市290个省级重点村村庄建设规划全部高标准编制完成，严格按照规划组织实施。对标国家农业公园。按照省委要求，围绕推进国家农业公园建设，先后组织县、乡、村三级干部赴山东兰陵、河南中牟学习考察，重点了解掌握规划、建设、运营、管理等方面情况，完善思路方案，强化落实举措。市美丽办组织两大省级重点片区负责人到保定、邯郸学习，借鉴先进做法和成功经验。在此基础上，组织开展全市美丽乡村建设情况大调研，深入研究在京津冀协同发展大背景下，推进全市美丽乡村建设的路径和方法。发展乡村旅游产业。制定出台《关于加快推动美丽乡村建设提档升级促进乡村旅游产业发展的实施意见》，提出“十三五”期末美丽乡村示范片区建成乡村旅游景区的总体目标。各县(市、区)加大财政专项资金扶持力度，每个美丽乡村旅游重点片区不少于5000万元，每个旅游专业村不低于100万元。同时，每年市级财政奖励10个最具魅力乡村旅游优秀村街，每村奖补100万元。

2015年廊坊市省、市两级美丽乡村创建一览表

表20

名称 县别	省级美丽乡村	市级美丽乡村	先进创建村	数量
三河市		高楼镇石官营村	杨庄镇肖庄子村	2
大厂县	陈府镇威武屯村 祁各庄镇亮甲台村 陈府镇吴辛庄村 陈府镇东杨辛庄村	陈府镇蒋店子村 陈府镇太平庄村 大厂镇西彭府村	陈府镇侯官屯村	8
香河县	蒋辛屯镇河北吴村 蒋辛屯镇王店子村 渠口镇店子务村	五百户镇香椿营村 渠口镇小圈村	钳屯镇窝头村	6
固安县	知子营工委马庆村 知子营工委东礼村 知子营工委河津村 知子营工委知东村 知子营工委杨家庄村 温泉园区辛庄户村	彭村乡前石村 彭村乡荆东村 知子营工委西营村	柳泉镇无为庄村	10
广阳区		南尖塔镇前王各庄村	万庄镇西华营村	2
安次区	调河头乡第什里村	码头镇范庄村 调河头乡石桥村	葛渔城镇唐家坟村	4
永清县	韩村镇东西溜村	别古庄镇后刘武营村 后奕镇董相庄村	管家务乡管家务村	4
霸州市		信安镇团结村 南孟镇东头村	岔河集乡南夹村	3
文安县	苏桥镇苑口村	史各庄镇南新村 苏桥镇西李庄村	史各庄镇秦各庄村	4
大城县	现代园薛王文村	臧屯乡刘演马村 现代园马庄村	现代园魏王文村	4
合计	17	20	10	47

【保障措施】 2015年，全市加大组织推进力度，增强工作落实的执行力，探索可复制、可持续的推进路径。调整充实市、县两级美丽乡村建设领导小组及办公室力量，由党委“一把手”任组长，分管常委兼任办公室主任。市、县两级主要领导亲自部署推动，亲自调度落实，深入一线村街实地调研，提出明确具体要求。落实市、县四大班子领导包片、包村责任制，两名市委副书记负责两大省级重点片区联系指导，6个市级重点片区也分别由市级领导分包，每个省级重点村确定一名市级领导或县级领导分包。市委专门成立“北三县”片区建设指挥部及办公室，实行每周报告制度，每2周开展一次实地督导。在省派85个驻村工作组基础上，市、县两级选派205个工作组，入驻290个省级重点村进行帮扶指导，全面加强重点片区和重点村建设的组织领导。发挥财政资金的引领作用，按照“普惠补贴省级重点村，侧重支持重点片区，主要项目跟进配套，特色项目以奖代补，先进村街进行奖励”的原则，市级安排2亿元美丽乡村建设专项资金列入2015年度财政预算，用于支持省级重点村建设。在市级补助资金的引领下，各县（市、区）落实财政专项资金13.95亿元，整合涉农项目资金4.07亿元，引导和撬动社会资金7.55亿元，为项目建设提供了资金保障。落实责任。市美丽乡村建设领导小组办公室根据总体任务和工作目标，定标准、明时限、出政策、帮资金、强举措，制订目标计划书，逐条逐项量化分解，落实到相关责任单位和责任人，确保年度目标任务完成。坚持每半月督导一次工作进度，先后围绕机构建设、资金落实、农村“四清”、规划编制，以及实事项目建设等项内容开展6次集中督导，及时通报督导结果。召开省市两级重点片区现场观摩会，促进各县（市、区）学经验、比进度。

【项目建设】 2015年，廊坊市在规划编制全面完成、招投标手续到位的基础上，全面启动实事项目攻坚，倒排工期、挂图作战，确保年底前全部完成建设任务。突出抓好290个省级重点村环境提升，带动全市3220个村街全面开展“四清”整治。研究推广固安、永清等地引入第三方参与农村环境治理的经验和做法，在全市范围内组织开展农村环境整治突击行动，督导各村街配齐配足保洁员，落实保洁员工资、垃圾清运车辆等方面的资金保障，健全和完善长效管护机制。全市省级重点村已完成清运垃圾杂物43万立方米、清理残垣断壁3000余处、创建美丽庭院8660个。推进重点项目建设。为克服招投标程序多、时间跨度大，市美丽办早安排、早部署，力促项目早开工、早见效，基本完成全年建设任务。组织推广“四新”利用，结合全市大气污染治理，深入推广新材料、新技术、新装备、新样式，围绕特色民居改造、村庄绿化美化、农村厕所改造、污水垃圾处理、清洁能源利用等方面难题，市县两级财政拿出2743万元专项资金，用于支持农村能源清洁开发利用工程，全市省级重点村已推广清洁燃烧炉具2.8万户，推广煤改电、煤改天然气等能源替代模式4352户。

【创新机制配套改革】 2015年，廊坊市针对精品村街复制难、环境整治易反弹问题，探索建立一套可持续推进的发展模式，通过体制机制创新推进配套改革。建立星级评定机制，研究制定《关于开展农村定星定级的实施方案》，根据村街经济社会发展基础和重点项目组织实施情况，由低向高划分为三个星级标准，对吸引社会投入和村街自主建设实现一定幅度改造提升的重点村，市、县两级依照建设成效评定星级等次，通过以奖代补的形式，鼓励未纳入省级重点村范围和已完成帮扶改造任务的村街持续提升，激活村民自觉参与的内生动力。至年底，全市推选三星级达标村晋升四星级示范村20个，四星级示范村晋升五星级精品村9个，分别给予35万元和50万元奖励。推进农村综合改革。将省市两级重点片区作为推进农村综合配套改革的主战场。在大厂、永清、霸州三个省级农村改革试点县率先建设农村产权交易中心，激活农村生产要素市场、规范农村产权流转、实现农村资产交易信息共享。启动农宅合作社试点工作，推广大厂县裕丰园乡村民宿酒店典型经验，同时在永清、固安等县确定试点村，利用闲置农宅开展乡村旅游接待，促进村容村貌改善与产业发展、农民增收有效对接。引入工商社会资本。在建设模式上，推广永清县辛屯村发挥村街资源优势，引入世嘉正园集团共同建设皇家千亩梨园项目，由企业投资村街基础设施建设做法，实现村企共赢。在运营管理上，推广固安县政企合作，通过与北京环卫集团签订BOT模式合作协议，由北京环卫集团统一负责全县城乡垃圾收集和处理的做法，推进农村环境保洁常态化。在2015年“5•18”经贸洽谈会上，全市9个美丽乡村建设项目签约，计划总投资30.6亿元。

【美丽乡村建设年度大事记】 1月9日，组织召开廊坊市农村面貌改造提升行动调度会议。

1月27日，组织廊坊市美丽乡村建设领导小组赴各县（市、区）进行市级美丽乡村考核验收。

1月23日，组织开展廊坊市抓紧开展省、市两级重点片区规划编制的工作。

3月24日—27日，组织举办廊坊市美丽乡村建设市、县驻村工作组长暨县（市、区）骨干培训班。

4月21日，省委农工部副巡视员、省美丽乡村建设领导小组办公室副主任张保强一行3人到廊坊市“北三县”调研省级重点片区建设工作。

5月18日—24日，全省“5•18”现代农业洽谈会对口接待九个省级片区参会客商与领导。

5月26日，组织县直相关部门和重点乡村赴山东省兰陵县、河南省中牟县学习考察国家农业公园建设，重点学习规划、建设、运营，及片区建设工作。

7月31日，组织县级重点片区有关负责人，广阳、安次、永清、霸州、文安、大城县（市、区）委副书记，县（市、区）美丽办主任，市级重点片区核心区乡镇党委书记、乡镇长，赴大厂县、固安县观摩学习美丽乡村片区建设。

9月16日—17日，组织接待到廊坊市学习考察美丽乡村建设的兰州市考察团一行。

9月25日，拍摄《美丽乡村——廊坊行》电视专题宣传片，编辑大型画册。

10月14日—15日，组织承办河北省连片美丽乡村建设现场会。

（刘　兵）

交通运输

综　述

2015年，廊坊市推进京津冀路网规划协同发展，组织开展摸底调查，编制工作方案，明确工作重点，确保项目推进。开展与京津及周边交通部门对接，争取支持，形成共同推进的态势。研究制定《廊坊市交通运输局关于推进京津冀交通一体化率先突破的实施方案》。全面贯彻交通运输部、河北省交通运输厅关于京津冀协同发展交通先行工作部署，印发《廊坊市交通运输局2015—2017年率先突破重点工作任务分工》。开展新机场北线高速、105国道京冀界至永清段、廊泊公路堂二里至胜芳绕城段改建工程等项目前期工作，配合推动唐廊高速、津石高速前期工作。

全市交通基础设施建设投资7.93亿元，其中干线公路投资4.33亿元。唐通线养护改造工程完工通车，与天津段实现同等级对接；廊涿线、平香线等12项大中修工程全部完工。农村公路投资3.6亿元，新建改建381.6公里。全市普通干线公路技术状况指数达91.7，全省领先。投资696万元，实施廊泊线、平香线等公路安保工程；投资1145万元，实施国道G106线、省道廊霸线、保静线与廊沧高速文安连接线交口节点、廊沧高速龙街连接线与廊泊线交口节点绿化提升工程。

全市客运企业18家，客运班线570条，客运班车1984部。其中，省际客运班线133条，在运客车211部；市际班线120条，在运客车179部；县际客运班线172条，在运客车383部；县内班线145条，在运客车931部。旅游客车280部，其中，省际旅游包车215部，县际旅游包车65部。省际班线通达京、津、鲁、皖等城市，向北通达黑龙江省齐齐哈尔，向南通达湖南华容，向西通达甘肃宁县，向东通达山东青岛。市际班线通达河北省内全部地市、县。

全市成建制普通货物运输企业44家，危险货物运输企业59家，个体经营业户58146家。全市货运车辆94291辆，总吨位385959吨。普通货物运输车辆91022辆，其中牵引车5278辆、挂车6184辆、载货汽车79560辆。危险货物运输车辆3269辆，其中牵引车1199辆、载货汽车345辆、挂车1725辆。货运场站366家。公路运输业完成货运量9917.67万吨，比2014年同期增长0.35%，货运周转量230.16亿吨/公里，比2014年同期增长10.25%；

全市出租汽车企业29家，其中，AAA级5家、AA级21家、A级3家。全市出租汽车8721辆，从业人员13244人。市区出租汽车公司7家，出租汽车2230辆，从业人员4832人。出租车车型以桑塔纳志俊、起亚赛拉图、新爱丽舍、捷达等中档轿车为主，全部为双燃料出租车。市区公交在册车辆556部，其中CNG和LNG清洁能源公交车431部，新能源（插电式混合动力）公交车125部。新开通5条公交线路，新增车站站点20个，运营里程较2014年增加90公里，达到756公里。至年底，市区公交线路34条，日均客流量增长至14万人次，出行分担率上升至13%，建成区主要干道和乡镇基本实现公交全覆盖。

全市机动车维修企业 1337 家，驾驶员学校 56 所。

（杨德运）

公路建设

【概况】 全市交通基础设施建设投资 7.93 亿元，其中干线公路投资 4.33 亿元，农村公路投资 3.6 亿元。至年底，廊坊市境内农村公路 9442.9 公里。通车高速公路 8 条，总里程 341 公里。密涿高速公路在建，全程 51 公里。廊沧高速和京台高速为市管高速。全市公路通车总里程 10520.5 公里，其中，国道 371.1 公里（高速公路 177 公里），省道 706.5 公里（高速公路 164 公里），县道 783.5 公里，乡道 1715.2 公里，专用公路 276.4 公里，村道 6667.8 公里。路网密度 163.64 公里 / 百平方公里，路网密度居全省第一。

【路网对接京津冀】 至年底，全市对外路网对接 144 条路、168 个接口。廊坊市与北京对接的有 57 条路、57 个接口。其中，高速公路 4 条，包括京哈高速公路、京沪高速公路、京台高速公路、大广高速公路；国道 4 条，包括 102 国道、103 国道、104 国道、106 国道；省道 3 条，包括平香线、唐通线、大香线；县道 6 条，包括马皇线、李大线、侯谭线、采留线、廊万线、武榆线；乡道 12 条；村道 28 条。廊坊市与天津对接的有 53 条路、58 个接口。其中，高速公路 4 条，包括京哈高速公路、京沪高速公路、京台高速公路、荣乌高速公路；国道 4 条，包括 102 国道、103 国道、104 国道、112 国道；省道 3 条，包括唐通线、保静线、廊沧高速龙街连接线；县道 11 条，包括蒋渠线、侯谭线、倪李线、香北线、香务线、武榆线、东高线、葛马线、霸杨线、台王线、陈大线；乡道 12 条；村道 19 条。廊坊市与保定市对接的有 27 条路、28 个接口，与沧州市对接的有 22 条路、25 个接口。

【京哈高速公路】 原京沈高速，编号为 G1，全长 1280 公里，起点为北京，终点为哈尔滨。京哈高速公路廊坊段起于香河县安头屯镇凌家吴村冀京界，西接北京通州，终于香河县渠口镇谭家务村冀津界，东接天津宝坻，长 21.3 公里，双向六车道。京哈高速公路是“北三县”（三河、大厂、香河）中南部地区一条横贯东西的交通通道。

【京沪高速公路】 原京津塘高速，编号为 G2，全长 1245 公里，起点为北京，终点为上海。京沪高速公路廊坊段起于廊坊经济技术开发区上庄头村冀京界，北接北京大兴，终于南营村冀津界，南接天津武清，长 6.8 公里，双向四车道。京沪高速公路是廊坊经济技术开发区进入北京的主要交通通道。

【京台高速公路】 编号为 G3，全长 2030 公里，起点为北京，终点为台北。京台高速公路廊坊段起于廊坊市广阳区火头营京冀界，经广阳、永清、安次 3 个县（区），止于廊坊市安次区穆家口冀津界，长 53.2 公里，项目起点至廊沧枢纽段约 29 公里为双向八车道，廊沧枢纽至终点段约 24 公里为双向六车道。京台高速公路是廊坊中南部南北大通道。

【荣乌高速公路】 原保津高速，编号为 G18，全长 1820 公里，起点为山东荣成，终点为内蒙古乌海。荣乌高速公路廊坊段位于安次和霸州境内，起于安次区东沽港二村冀津界，东接天津武清，终于霸州市岔河集乡西下村廊（坊）保（定）界，西接保定雄县，长49.2公里，双向四车道。荣乌高速公路是廊坊中部地区横贯东西的一条交通通道。

【大广高速公路】 编号为G45，全长3550公里，起点为黑龙江大庆，终点为广东省广州。大广高速公路廊坊段位于固安、霸州、文安境内，起于固安与北京交界处西玉村，于霸州摆渡口村进入保定雄县，于文安小龙华村西北再次进入廊坊境内，于小龙华村正西进入沧州任丘市。大广高速公路廊坊段长46公里，双向六车道。大广高速公路是廊坊西部进入北京的重要通道。

【廊涿高速公路】 编号为S24，全长84.4公里，起点为廊坊市广阳区九州镇，终点为涿州市。廊涿高速公路廊坊段位于广阳和固安境内，起于广阳区九州镇靳各掌村，接在建的京台高速和密涿高速，终于固安县东湾乡杨屯村廊涿界，长38.5公里，双向四车道。廊涿高速公路连接廊坊市区和固安，并通过密涿高速公路连接“北三县”。

【廊沧高速公路】 编号为S3，全长141.3公里，北起永清县与京台高速相接，南至沧县与石黄高速公路相连。廊沧高速公路廊坊段全长93.3公里，双向六车道，南北纵穿永清、霸州、文安、大城4个县（市）。廊沧高速公路是廊坊中南部地区的大通道、大动脉。

【京秦高速公路】 编号为G1N，全长32.8公里，全线位于三河市境内，2009年6月开工建设，2011年底完工，2012年12月27日正式通车。京秦高速公路是“北三县”进京出关的重要通道。

【密涿主线高速公路】 编号为G95，全长90公里，北起三河市掘山头村西京冀界，经三河东、大厂东、香河西进入北京通州区西集镇，于北京市大兴区采育北进入廊坊，经广阳区与廊涿高速衔接。密涿主线高速公路廊坊段长50.2公里，采用双向六车道标准，为在建工程。项目工程自北向南、自东向西先后贯通京平、京秦、京哈、京津、京沪、京台、大广、京港澳、京昆9条高速公路，并与张涿、京化、张承、京承4条高速公路共同组成900公里的北京高速大外环。密涿主线高速公路是廊坊市一条重要的进京高速通道，对加快京廊交通一体化、实现市境交通运输一体化具有重要作用。

【普通国、省干线公路】 至年底，廊坊境内普通国、省干线公路25条736公里。其中，国道5条194.5公里，包括102国道36.1公里、103国道3.9公里、104国道22.1公里、106国道76.9公里、112国道55.5公里；省道20条541.5公里，包括大香线36.7公里、廊泊线118.6公里、廊霸线48.5公里、平香线36.3公里、保静线43公里、唐通线26.7公里、廊涿线62公里、津保南线31.6公里、京沪高速青县西连接线20.3公里、廊涿高速九州连接线14.6公里、廊涿高速永清连接线10.5公里、廊涿高速东湾连接线13.9公里、大广高速固安连接线2.9公里、大广高速牛驼连接线5.1公里、大广高速霸州连接线7.9公里、廊沧高速后奕连接线26.1公里、廊沧高速龙街连接线23.6公里、廊沧高速大柳河连接线1.1公里、密涿支线高速大厂连接线4.8公里、京台高速东安庄连接线7.3公里。

（杨德运）

公路养护

【概况】 2015年，全市共列养国省干线公路25条743.752公里，其中国道5条194.499公里，省道8条409.228公里，连接线12条140.025公里。其中二级以上公路25条，占养管公路总里程100%。完成廊霸线、廊涿线等重点路段路面裂缝灌封34.9万延米、路面挖补16.79千平方米，公路技术状况指数达到91.7，持续保持较好的路况水平。

【公路养护示范工程】 2015年，廊坊市公路养护工作在总结推广廊霸线、廊涿线养护亮点示范路创建经验基础上，继续巩固廊泊线、大广高速霸州连接线等示范路段，开展养护示范工程建设。全市公路养护部门通过提高整修标准、完善附属设施、提高绿化档次、改造标志标线等措施，示范路段路况好、路容路貌优、绿化美化靓、附属设施全、安保水平高，提升全市干线公路的整体形象和服务水平。

【公路绿化美化】 2015年，廊坊市重点建设国道G106线、省道廊霸线、保静线与廊沧高速文安连接线交口节点、廊沧高速龙街连接线与廊泊线交口节点4项绿化提升工程。其中，绿化提升路段65.2公里，绿化节点35600平方米。总投资1145万元，栽植云杉、油松等乔木2000株，紫叶李等各种花灌木72.8万株，卫矛、金叶女贞等绿篱灌木15.2万平方米，花卉及铺地植物8.8万平方米，成活率96%以上。绿化工程质量全部达到优良。

【路产路权监管】 2015年，全市清理公路违章建设1069平方米、违章堆放物2968立方米、非公路交通标志牌1468块、摆摊设点1357处、规范涉路施工14处。检测车辆60余万辆次，处理双超车辆366辆，卸载货物5291吨，超限超载率控制在2%以内，超限超载车辆得到全面遏制，路产路权得到有效保护。

（杨德运）

运输管理

【概况】 2015年，廊坊市运输市场货运周转量230.2亿吨/公里，旅客周转量11.84亿人/公里，分别同比增长10.25%，降低7.09%。新增100部节能环保公交车，新开5条公交线路，群众出行更为便捷；落实重要节假日小客车免费通行、“绿色通道”等惠民政策，市管收费路免费通行小客车76.7万辆次，免费通行运输鲜活农产品车辆10.5万辆次。

【推进城乡公交一体化】 2015年，廊坊市推进城乡公交一体化。霸州市、三河市城区20公里范围内农村客运线路全部改造为公交化模式运营。霸州市、三河市被省交通运输厅列为城乡公交一体化试点单位。大厂县完成农村客运车辆收购工作，42辆公交车正式运营，县内农村客运线路公交化运行率达到100%。

【三河至平谷客运班线改造】 2015年，廊运集团制定三河至平谷客运班线改造方案。该方案于5月通过交通运输部批准。12月5日，三河至平谷客运班线改造完工并投入运营。该线路采用公车公营模式，首期投入160万元购置4部纯电动客车，日发12个班次，平均发车间隔为30分钟。该班线是京廊间第一条毗邻地区主要通道客运班线、第一条“一卡通”客运班线、第一条纯电动客车运营的省际客运班线，成为京津冀省际毗邻地区主要通道客运班线公交化改造典范。

【出租车管理】 2015年，全市查扣非法营运“黑车”105辆，异地营运车6辆，查处违章违规行为450起，受理有效投诉案件986件。岗前培训983人。评选出160辆星级出租车和100个青年文明号车组。市出租车管理处获得“省级文明单位”和“省级巾帼文明岗”称号。

【市区公交】 2015年，市区新开5条公交线路，投放100部节能环保公交车，运营总里程增加90公里。至年底，市区34条公交线路，日均客流量增长至14万人次，出行分担率上升至13%。年内重污染天气期间，市民出行乘坐公交车全部实行免费，共计免费时间27天。

【春运及重大节假日运输保障】 2015年，春运40天，投入客车1924车次，发运15.7万班次，旅客运送194.9万人，客运量与2014年同期基本持平；公交车运送乘客409万人次。“5·18”经洽会期间，全市投入出租汽车2000部，大巴车、中巴车227部，运送客商及大会服务人员3.6万人次。

（杨德运）

北京新机场及临空经济区建设

【概况】 2015年，廊坊市机场办围绕市《政府工作报告》任务目标要求，以完成土地交付和北京新机场航站楼开工建设为工作主线，发挥协调职能，落实各项工作任务，助力北京新机场及临空经济区建设。参与由国家发改委牵头编制的《北京新机场临空经济区规划（2015—2020年）》编制工作，充分表达廊坊利益诉求，争取北京新机场临空经济区规划在用地范围、产业选择、政策支持等方面向廊坊市倾斜；协调完成机场总体规划征求廊坊市意见工作；协调组织调整廊坊市的机场选址意见，保障及时换发机场选址意见书；协调跨区域管理相关工作，参与市政府与北京新机场方《补偿协议》修订报审；协调完成机场勘探及相关实验工作；协调完成机场红线内与北京市的省界现场指界工作；协调推进机场内项目报建，推进天堂河改道迁移、机场防洪工程和白家务水源地迁移改建项目，争取项目资金按期拨付；协调相关部门完成机场使用林地手续审核上报；协调廊坊供电公司完成机场航站区开工临时用电2000千伏安用电需求任务；协调军事阵地迁建、空管工程、供油工程、安定至固安50万伏高压线迁建、永潘天然气改线5个配套迁移改造项目前期涉及的地方各项工作。

【土地征迁移交】 北京新机场建设涉及廊坊域内机场红线区、回迁安置区及配套迁建改造项目土地征收1533公顷，其中机场红线区10个村街、80分贝以上噪音区6个村街、回迁安置区4个村街，共计3120户、12592人需整体搬迁。按照计划，机场红线区10个村街分三期进行征迁。一期，2015年8月底前完成481.96公顷的征地任务，整体搬迁团城、团城辛庄、毕各庄3个村街；二期，2015年12月底前完成236.35公顷的征地任务，整体搬迁富各庄、田古营、大古营3个村街；三期，2016年4月底前完成419.79公顷的征地任务，整体搬迁卜营、义和场、刘家场、杨马房4个村街，并完成天堂河改移工程152.55公顷、空管工程1.56公顷、军事阵地迁建29.27公顷、水源地迁建7.05公顷、滞洪区调整58.22公顷土地征收任务。噪音区按照新机场建设要求，在机场运营前拆迁完毕。

2015年，廊坊市机场办协调北京新机场方及时拨付机场征迁补偿资金，保障征地拆迁补偿进度需求；组织完成新机场航站区、回迁安置区、天堂河迁移改建等工程先行用地手续申报；组织启动新机场及配套迁移改建项目用地组卷，定期调度，及时协调解决问题，确保按时限要求稳步推进。4月，廊坊市制定《廊坊市北京新机场建设征迁补偿安置实施方案》，正式启动新机场征迁补偿安置工作。一期土地征迁于5月10日开始，用时4个月，整体搬迁团城、团城辛庄、毕各庄3个村街，住宅征收604户，搬迁人口2194人，迁移坟墓775座，于9月7日将土地移交机场；二期土地征迁于8月28日开始，用时4个月，整体搬迁富各庄、田古营、大古营3个村街，住宅征收675户，搬迁人口2527人，迁移坟墓805座，于12月28日将土地移交机场；三期土地征迁与二期土地征迁一并进行，于10月启动迁坟和大田清点，年底前完成迁坟1031座和大田清点任务量的90%，为2016年总体征迁交付土地工作打下基础。是年9月26日，北京新机场航站楼全面开工建设。

【北京新机场及临空经济区建设时间节点】

2015年9月7日，廊坊市交付北京新机场一期航站楼用地482公顷。9月26日，北京新机场航站楼桩基础工程正式开工。9月30日，廊坊市完成向国务院相关部门及京冀两地人民政府征求《北京新机场临空经济区规划》意见工作。12月7日，京津冀协同发展第六次领导小组会议通过《北京新机场临空经济区规划》。12月28日，廊坊市交付北京新机场二期机场南侧飞行区用地236.3公顷。

（陈　曦）

【北京新机场涉水工程】　北京新机场建设涉及廊坊市的水利工程主要有天堂河（廊坊段）新机场改线工程及北京新机场防洪工程，总投资12.5亿元。天堂河改线工程累计完成河道及建筑物土方工程67.8万立方米，河道开挖达到合同量的50%。北京新机场防洪工程初步设计报告通过北京市与河北省联合专家组评审。

（陈　芳）

农林·水利

种植、畜牧水产业

【概况】 2015年，廊坊市农业行政管理部门落实惠农政策，推广农业先进技术，深化农业农村改革，转变农业发展方式，推动全市农业健康稳定发展。全市落实惠农项目资金3.32亿元。实施新型职业农民培育工程，举办各种类型的农民实用技术培训活动，提高农民技术水平。依托农广校组织开展农民学历教育，培训新型职业农民1610人，农民学历教育招生1276人。开展种子、农药、肥料、兽药、饲料等专项整治，出动执法人员4.82万人次，检查生产经营企业20917个次，发放宣传材料4.6万份，立案办结23件，涉及金额6.59万元。建成112家休闲农业经营单位，累计建成省级以上休闲农业企业15家，其中，五星级3家，四星级9家，三星级3家。农村土地承包经营权流转85.72万亩（5.71万公顷），占家庭承包经营耕地面积的18.15%，其中20亩（1.33公顷）以上规模经营的耕地面积56.18万亩（3.75万公顷），占土地流转总面积的65.54%。全市2229个村街开展农村土地承包经营权确权登记颁证工作，完成外业调查的村街2069个、土地面积350.57万亩（23.37万公顷），占年度任务的128.46%；进行二次公示无异议的村街1992个、土地面积335.99万亩（22.4万公顷），占年度任务的123.12%。农村清洁能源开发利用争取省、市补贴资金11159.48万元，推广清洁燃烧炉具12.93万台，占全省总任务的23%，约占全市农村户数的18%。新建农村户用沼气池200个，大型沼气工程2处，基本建立沼气县、乡、村三级服务平台。年内，廊坊市农业局被农业部认定为全国农业农村信息化管理创新示范单位。现代农业园区建设、农村能源清洁开发利用、重大动物疫病防控、推动蔬菜产业优化升级、提升农业机械化水平、农业信息化建设等重点工作得到省农业厅通报表彰。其中，推广清洁燃烧炉具的绝对数量和相对数量均为全省第一；全市4个现代农业园区被省政府认定为省级现代农业园区，认定数量位居全省第二，9个现代农业园区被认定为市级现代农业园区；农村土地承包经营权确权登记颁证工作在全省设区市中排名第四。

【农业示范种植】 2015年，全市改造中低产田33.8万亩（2.25万公顷），推广农艺节水383.06万亩（25.54万公顷），推广测土配方施肥236.5万亩（15.77万公顷）。创建国家级小麦高产示范片1个、国家级玉米高产示范片15个。全年粮食播种面积476.07万亩（31.74万公顷），总产量165.67万吨。全市建成市级以上标准蔬菜园300个，其中部级标准蔬菜园12个、省级标准蔬菜园67个、省级现代蔬菜产业园8个。瓜菜播种面积187.12万亩（12.47万公顷），其中设施播种面积104.87万亩（6.99万公顷），总产量786.09万吨。

【标准化规模养殖】 2015年，全市备案的标准化规模畜禽养殖场737个，标准化规模养殖比重占规模饲养场的48%。创建市级以上畜禽养殖示范场46个，其中部级2个，省级10个；累计建成部级水产健康养殖示范场2个，省级水产标准化养殖示范场3个。全年肉、蛋、奶、水产品产量分别达到23.9万吨、10.8万吨、23.4万吨、3.5万吨。

【农业园区建设】 2015年，廊坊市抓住规划、资本、设施、科技、机制五要素，加快推进集种养加于一体，一、二、三产业融合的现代农业园区建设。大厂县、安次区、固安县和永清县4个园区被省农业厅认定为省级现代农业园区，数量位居全省第二；按照《廊坊市农业局关于印发〈廊坊市现代农业园区认定管理办法（试行）〉的通知》要求，永清新苑阳光园区、香河县荷花产业园区、三河国家农业科技园区等9个园区被市政府认定为市级现代农业园区。

【新型农民经营主体建设】 2015年，全市新增工商部门登记注册农民合作社1010家，总数达到3486家。固安天绿食、大城惠农枣业等9家为国家级示范社，发展省级示范社40家，市级示范社64家。全市家庭农场数量923家，评定为市级示范家庭农场50家，省级示范家庭农场18家。

【农业信息化建设】 2015年，廊坊市推进农业信息网站建设，发布各类农业信息3万余条。完善现代农业视频监控系统，全市9大类农畜生产单位、126家涉农企业纳入监控系统，实现24小时不间断监控。探索使用卫星遥感监测技术加强对作物、资源、灾害等农业生产领域的监测。完善全市设施农业生产电子分布图113家，31家奶牛场示范推广数字化信息管理系统，10家涉农企业通过会员制、电子商务等形式实行互联网营销，注册会员6000多人，年销高档农产品1万吨。

【农机化建设】 2015年，廊坊市落实农机购置补贴政策，实施深松项目，推广先进实用农业机械，农机总动力和农机耕、种、收机械化水平提高。全市农机总动力达到696万千瓦，大中型拖拉机保有量1.6万余台，小麦联合收割机3156台，玉米联合收获机3510台，各类农机具达到13.4万件。全年完成机耕442.2万亩（29.48万公顷），机播482.94万亩（32.2万公顷），机收369.5万亩（24.63万公顷），玉米机收率达到80.4%，比2014年提高7个百分点。主要农作物综合机械化水平达到87%。

【农产品质量安全监管】 2015年，廊坊市推进标准化生产，加强投入品源头专项整治，加大质量监测力度，健全监管网络，完善产地准出、市场准入、质量追溯制度，构建从产地到餐桌的全程监管机制。全市农产品及投入品抽检合格率在97%以上，其中生鲜乳和产地水产品抽检合格率达到100%。年内未发生重大农产品质量安全事件。

【动物植物疫病防控】 2015年，廊坊市推进市、县、乡、村四级动物防疫体系建设。组织开展春、秋动物免疫，开展动物疫病预警分析，加强动物及动物产品检疫，检疫动物7650.02万头（只），检疫各类动物肉品15.81万吨。加强统防统治队伍建设，推进植物病虫害统防统治，全市未发生重大动植物疫病疫情。

【建立病死畜禽无害化处理长效机制】 2015年，廊坊市出台《关于转发国务院办公厅关于建立病死畜禽无害化处理机制的意见的通知》和《关于建立病死畜禽无害化处理机制的实施意见》2个配套性文件，明确病死畜禽无害化处理工作的任务目标，建立全市病死畜禽无害化处理机制。三河市为农业部首批病死生猪无害化处理长效机制建设试点县之一。该市建立以政府公益性投资为主体的无害化处理运作模式，引导、鼓励大型养殖场、屠宰场建设病死畜禽无害化处理设施。该市的康达集团、欧华股份有限公司等企业购置无害处理设施设备，自建无害化处理场。

【廊坊市第十八届“三秋”农装现场演示培训会】 8月18日，廊坊市第十八届“三秋”农装现场演示培训会在固安县柳泉镇北义厚村召开。省、市及各县（市、区）农机管理部门的主要领导、生产经销企业负责人及技术人员、农机合作社社长及农机手代表等800多人参加观看演示。参加演示企业28家，演示农机具40余台，涵盖包括玉米收获剥皮机、土地深松机械及秸秆青贮机械等性能先进、科技含量高、具有代表性的十余种机型的先进农业机械。演示会还增加“农机深松作业信息监管服务系统”的现场演示内容。该系统采用卫星定位、无线通信技术和深松机具状态监测传感技术，实现对农机深松作业过程、面积、深度等参数的实时准确监测等功能，是演示会的一大亮点。

【廊坊智慧农场信息服务管理平台培训会】 12月4日，市农业局组织召开廊坊智慧农场信息服务管理平台培训会议。各县（市、区）农业局、蔬菜局主管信息化、蔬菜生产等相关工作负责人及具体工作人员，以及种植企业代表（每县2—3个企业）100人参加培训会议。北京奥科美公司CEO眭保华讲解《“互联网＋农场”管理与服务》，介绍物联网监控平台、智能保鲜配送平台、绿色履历平台、电子商务平台、农场云平台等服务系统。培训会议开拓了廊坊农业农村工作实施“互联网＋”的新思路，为全市农业互联网＋现代农业云平台建设提出前瞻性建议。

【推广应用奶牛场生产数字化信息管理系统】 2015年，廊坊市推广应用奶牛场生产数字化信息管理系统。该系统是南京丰顿科技有限公司开发的“奶牛场信息管理系统DMS”软件、RFID电子耳标和手持终端机，包含奶牛场生产信息管理系统、奶牛发情监控系统和奶牛场生产信息化网络管理示范平台。奶牛场生产数字化信息管理系统将现代信息技术与养牛业有机结合，实现动态识别、记录牛只的体重、采食量、运动量等数据，在计算机终端进行动态监控，判断生理状态，为饲养人员提供实时管理的科学依据。年内，该系统在廊坊市德隆奶牛场、先科奶牛场、普瑞奶牛场、熊氏奶牛场、雪计兴奶牛场、北方田园兼用牛场推行应用。

（许宁宁）

农林科研

【概况】 2015年，廊坊市农林科学院（以下简称市农科院）坚持面向“三农”搞服务工作定位，发挥广大科技人员优势，在全市形成全覆盖、全方位、多层次、立体式的农业科技服务新格局。传媒视频服务取得新成效。多媒体科技服务中心远程视频服务 496 次，廊坊电视台举办《农博士话农事》和《食在好源头》栏目各 27 次。期刊媒介服务取得新拓展。印发《实用科技信息》9 万余份，免费发放到全市 10 个县（市、区）98 个乡镇 1000 家农业园区、农业龙头企业、种植养殖合作社、种植养殖大户和 3222 个村街的服务对象手中。热线电台服务取得新突破。农业科技服务热线接受农民咨询 5645 人次，广播电台《农业百事通》技术服务 27 次。田间地头服务取得新成果。市农科院专业技术人员与服务对象签订免费科技服务协议，定期深入到农业示范园区、农业龙头企业、专业合作社、种植养殖大户和专业村街，以及农民的田间地头，实行一对一、面对面的农业技术服务 2068 次，现场解决农业生产中的难题 3000 余个，受到农民的欢迎。

【引进推广栽培试验新品种】 2015 年，市农科院从国家科研院所、高等院校引进栽培蔬菜、果品等新品种 152 个，其中鲜切菊新品种 3 个、水生花卉新品种 3 个、黄樱新品种 1 个、甜瓜新品种 3 个、大豆新品种 48 个、菊芋新品种 1 个、柴鸡新品种 1 个、生姜新品种 2 个、冬瓜品种 1 个、白萝卜新品种 1 个、花生品系 23 个、小杂粮新品种 65 个，正在进行栽培试验。另一方面，加大对自研品种的示范和推广力度，进行番茄、韭菜、甘薯、油桃、甜瓜等新品种的示范和推广，发挥了很好的示范引领作用。

【课题研究】 2015 年，市农科院实施 17 个在研课题。主要有“‘城郊—都市’型特色农业支撑技术研究与示范工程建设”“高产、优质、抗病甘薯新品种‘廊烟薯 6’的中试与示范”“林下香菇标准化栽培技术推广与应用”“‘四季棚室’结构设计及蔬菜周年栽培模式的中试与示范”等。15 项课题通过河北省科学技术厅和廊坊市科学技术局验收。主要是“设施油桃促早熟标准化栽培体系研究”“抗病番茄新品种选育与安全高产高效生产关键技术研究与示范”“药用枸杞的品种筛选及综合质量控制栽培技术研究与应用”“番茄砧木科砧 1 号和科砧 2 号的中试与示范”等。10 项成果通过廊坊市科学技术局鉴定，主要有“薄皮甜瓜新品种选育与配套栽培技术研究”“切花菊日光温室促成栽培技术体系研究与应用”“梨树新品种‘早金香’引种与设施栽培技术研究”“大葱双行支撑培土高效栽培技术研究”等。审（鉴）定金宝、花宝、绿宝 3 个新品种。“紫甘薯生产技术规程”“日光温室油桃促早栽培技术规程”2 项河北省地方标准通过河北省质量技术监督局审定；“切花唐菖蒲生产技术规程”“切花非洲菊生产技术规程”“‘四季棚室’蔬菜周年生产规程”3 项廊坊市农业地方标准通过廊坊市质量技术监督局审定。

【学术论文】 2015 年，市农科院科技工作者在省级以上刊物发表《水暖地暖和暖风炉用于保育猪舍的效果分析》《鲜食大豆大田促早栽培技术》《肉鸡棚舍水培蒜黄技术》《设施油桃无需冷栽培破眠剂的筛选》等学术论文 26 篇。著《果树生产与经营管理》《蔬菜生产经营与管理》2 部。其中《果树生产与经营管理》由辽宁大学出版社出版，作者吴永权。该书结合现代果树的发展趋势，重点介绍果树的经营管理和加工营销相关知识，对指导广大果农生产优质果品和经营销售果品提供帮助。

【农业科技项目申报】 2015年，市农科院申报河北省科技支撑项目“甘薯优质特异种质资源创制与利用”“抗病茄子砧木种质资源创新与利用”“高产、优质大豆新品种选育”“棚室专用型宽叶韭菜新品种选育”等11项；申报廊坊市成果转化资金项目“‘四季棚室’结构设计及蔬菜周年栽培模式的中试与示范”“林下香菇标准化栽培技术推广与应用”2项。

【潘场科研试验基地建成投入使用】 2015年，潘场科研试验基地建成投入使用。该基地占地200亩（13.3公顷）、总投资1200万元。基地采取引进筛选与自研相结合，培育农业科研新增长极，成为全市现代农业发展高端试验平台。基地配套管理用房2栋，建筑面积960平方米，其中70米日光温室17栋，120米日光温室3栋，120米四季温室5栋。温室远程数据采集设备25套，包括空气温湿度、土壤温度、土壤水分、二氧化碳浓度和光照强度等数据采集监测系统。配套设施主要有深水机井2眼、给水管道系统实现全覆盖、用电设施实现使用区域覆盖。

（刘　金）

农业开发

【概况】 2015年，廊坊市农业开发办公室（以下简称市农开办）建设农业综合开发项目38个，总投资2.97亿元，其中财政资金2.16亿元。全市土地治理项目建成15个高标准农田示范工程，面积12.83万亩（8553.33公顷），涉及10个县（市、区）。项目总投资17812万元，其中财政资金15607万元，自筹资金2205万元。主要工程包括机电井1130眼、衬砌渠道22.35公里、渠系建筑物236座、喷灌2000亩（133.33公顷）、微灌1190亩（79.33公顷），改良土壤5.28万亩（3520公顷），造林0.2万亩（133.33公顷）、苗圃100亩（6.67公顷），技术培训4840人次、仪器设备13台套、示范推广2.9万亩（19.33公顷），建成田间干道110.74公里、田间支路30.19公里。通过土地治理，项目区新增和改善灌溉面积12.83万亩（8553.33公顷），新增和改善除涝面积4.37万亩（2913.33公顷），新增节水灌溉面积9.68万亩（6453.33公顷），年节约水量558.17万立方米，增加农田林网防护面积8.43万亩（5620公顷），扩大良种种植面积0.24万亩（160公顷）。年新增粮食生产能力2766.17万公斤，棉花生产能力180.7万公斤。直接受益农户25320户，年直接受益农业人口87096人，受益农民年增加纯收入4322.15万元。全市实施农业综合开发产业化经营项目23个，总投资11844.6万元。其中财政资金5996万元，自筹资金5078.75万元，其他资金769.85万元。按照建设用途，14个种植基地项目投资7341万元，其中财政资金为4046万元；6个养殖基地项目投资2967.6万元，其中财政资金为1260万元；3个农产品加工项目投资1536万元，其中财政资金为690万元。年内，市农开办综合绩效考评、土地治理项目、产业化经营项目、项目统计、项目资金、信息宣传6项工作名列全省第一。

【安次区现代农业综合开发示范区建设】 安次区现代农业综合开发示范区位于安次区仇庄乡、杨税务乡、调河头乡和落垡镇，为省级现代农业综合开发示范区，是河北省第一批12个示范区之一。2012年该现代农业综合开发示范区经省农开办批复。2013年、

2014年、2015年，该区连续三年建设现代农业综合开发示范区土地面积共5万亩(3333.33公顷)，总投资7240万元。其中，2013年建设现代农业综合开发示范区土地面积2万亩（1333.33公顷），总投资3052万元，其中投入财政资金2680万元，全部完工，通过省、市验收；2014年建设现代农业综合开发示范区土地面积1万亩（666.67公顷），总投资1488万元，其中财政资金1302万元，全部完工，通过省、市验收；2015年建设现代农业综合开发示范区土地面积2万亩（1333.33公顷），总投资2700万元，全部为财政资金。

【固安县现代农业综合开发示范区建设】 固安县现代农业综合开发示范区位于固安县礼让店乡、牛驼镇、渠沟乡，为省级现代农业综合开发示范区，是河北省第二批示范区之一。2013年，该现代农业综合开发示范区经省农开办批复。2014年，该县建设现代农业综合开发示范区土地面积1.5万亩（1000公顷），总投资2232万元，其中财政资金1953万元，全部完工，通过省、市验收；2015年，该县建设现代农业综合开发示范区土地面积2.57万亩（1713.33公顷），投资3254万元，全部为财政资金。

【举办全市农业开发第二届摄影成果展】 年内，廊坊市农开办举办全市第二届农业开发摄影成果展。展览收集农业开发摄影作品325幅，展出作品127幅，作品涵盖农业综合开发干部风采、项目管理及项目建设成果，展示2015年全市农业综合开发事业发展景象。展览活动期间，市农开办组织有关摄影专家对参展作品进行认真评选，评选出一等奖作品1名、二等奖作品2名、三等奖作品2名、优秀组织奖5名、优秀作品奖14名。永清县的《展示成果》获一等奖，香河县的《林木成行》、三河市的《修整路肩平台》获二等奖，安次区的《领导观摩示范区》、文安县的《丰收在即》获三等奖。香河县农开办、安次区农开办、三河市农开办、广阳区农开办、文安县农开办获优秀组织奖。

（刘自洋　邱　颖）

农业产业化

【概况】 2015年，廊坊市农业产业化对接京津现代农业产业，构建绿色生态循环农业产业体系，发展农产品精深加工业，推进农业产业化项目、农业产业化龙头企业和农业产业化知名品牌建设，促进传统农业向现代农业的转变，带动农民增收。全市重点项目投资110亿元，同比增长41.2%；产业化经营销售收入350亿元，同比提高9.7%；农业产业化经营率67.5%。

【农业产业化重点项目建设】 2015年，廊坊市农业产业化重点项目建设围绕“高端食品加工、高标准农产品供应、高档农业休闲”的“三高”定位，发展农产品精深加工和生态循环农业。全市筛选确定109个重点项目，计划总投资538亿元，年度计划投资110亿元。其中，总投资亿元以上项目43个，1亿—10亿元项目31个，10亿—50亿元项目9个，50亿元以上项目3个。109个项目投资110亿元，同比增长41.2%；实际开工建设项目97个，比2014年同期增加6个；竣工亿元以上项目5个。粮油、肉类、乳品、蔬菜、果品5类加工业招商引进有针对性、精准性和实效性，力推产业“建链、补链、强链”，拓宽延伸产业链条，打造产业集群。年内，引进农业产业化项目32个，总投资68.6亿元，到位资金11.9亿元。引进加州原野（北京）食品有限公司投资10亿元的干果加工等京津产业化重点项目24个，总投资48.3亿元。引进酶转化、无抗饲料、绿色农药、智能化温室等30多项国家专利40多项高新技术。

【农业产业化龙头企业发展】 2015年，廊坊市139家农产品加工企业及其产品通过危害分析与关键点控制体系（HACCP）认证、国际质量体系（ISO9000）认证、QS产品质量安全认证体系和SA8000社会责任体系的认证。全市建成省级以上农业产业化知名品牌65个，其中河北省著名商标39个，河北省名牌产品16个，中国驰名商标8个，中国名牌产品1个，中华老字号1个。引进酶转化等高科技农产品加工技术26项，建成国家重点龙头企业5家，省级48家，市级261家。2家企业在主板上市，7家企业分别在天津和石家庄股权交易所挂牌。全市60多家企业的200多种产品进入北京超市，26家企业的近百种产品进入北京400多个社区，实现廊坊“小农户”与北京“大市场”的对接。央视7套、河北省品牌市场栏目摄制组拍摄固安县兴芦蔬菜种植有限公司、廊坊市东禾农业发展有限公司等龙头企业发展专题节目，介绍廊坊市农业产业化龙头企业发展情况。固安天绿食蔬菜种植合作社荣获“全国农产品加工合作社”示范单位称号。汇福粮油第十年入选“中国企业500强”和“中国制造企业500强”，为河北省首家农字号企业。

（孙　彦）

林果业

【概况】 2015年，廊坊市实施“两年攻坚战、造林一百万”工程，创建国家森林城市。全市采取连片串线、调整创新造林机制、层级优惠政策、土地流转等措施，鼓励规模化造林。3月19日，全市组织开展有市四套班子领导参加的万人全民义务植树活动，设立11个义务植树现场，单日有1.27万人参加义务植树活动，植树22.84万株。是年，全市实现百亩以上规模化造林891块、千亩以上地块23块，造林面积1.62万公顷，占造林总面积的41%。结合美丽乡村建设，打造村庄绿化示范村、示范街、示范户、环村示范带，村庄绿化0.57万公顷，精品绿化村266个。全市绿化率30%以上的村街达到2500个，40%以上的高标准绿化村达到700个。提高造林质量，全市造林平均成活率达到85.4%，保存率达到90%；精品线、重点村庄、重要交节点绿化等重点工程成活率达到90%以上，保存率达到96%；公司、企业、大户造林成活率达到95%以上。造林树种达百余种，基本实现乔灌果花草相搭配，多林种、多树种、多色彩、多功能、多效益相结合的绿色景观。打造精品绿化工程，全市各县（市、区）在打造一条精品景观线的同时，注重区域间贯通融合，在重要节点建设园林式游园、公园。全市建成精品绿化线456.7公里，打造重要节点绿化38处，形成四季常绿、三季有花、一路一景的森林景观大框架。大厂伊乡森林公园、香河潮白河森林公园、香河运河公园、固安城郊礼湖公园等节点绿化，成为地方景观名片。是年，全市造林3.94万公顷，占全年任务的118.2%，是省下达任务的4.54倍，森林覆盖率净增量居全省第一。

【项目资金争取】 2015年，廊坊市争取省以上林业项目19个、资金7731.64万元。造林方面，争取到三北防护林工程建设资金3155万元、防沙治沙示范工程建设资金80万元、退耕还林工程建设资金1343.97万元、中央财政造林补贴资金478.2万元、京津冀协同发展林业生态示范工程建设资金400万元、中央财政成品油价格补贴项目资金11.81万元、省级植被恢复费补贴造林项目资金298万元、中央财政林业贴息项目资金88.2万元、世界银行贷款林业综合发展项目资金775.46万元。产业发展方面，争取到果品产业化项目资金100万元、花卉基地建设农开项目资金210万元、良种基地建设项目资金25万元、第三届绿博会资金2万元。森林病虫害防治方面，争取到林业有害生物防治补助资金174万元、北京支援防治物资折合143万元、林业有害生物普查资金8万元、森林病虫害预测预报补助资金9万元。科技推广方面，争取到基层林业工作站建设资金20万元、科技推广站建设资金10万元。

【京南森林湿地生态走廊建设】 2015年，市委办公室、市政府办公室印发《2015年“京南森林、湿地生态走廊”项目建设实施意见》。市林业局开展京南森林湿地生态走廊建设项目研究成果意见征询、专家论证等工作，形成《京南森林湿地生态走廊建设项目可行性研究报告》。年内，完成湿地恢复面积0.43万公顷，占全年任务的102.4%。

【森林病虫害防治】 2015年，廊坊市以春尺蠖和美国白蛾为防治重点，采取人防、飞防、地防等措施，开展森林病虫害防治工作。全市投入防治资金1674.74万元，购置防治药剂90.74吨，购置器械4378台，投入防治设备4000余台套，防治面积19.2万公顷。林业有害生物成灾率为0。《美国白蛾综合防治技术推广》项目申报河北省农业技术推广奖，其成果达到国内领先水平。

【林业科技推广】 2015年，廊坊市林业主管部门撰写《廊坊市春季果树发展情况调研报告》，技术指导全市10个县（市、区）30多个重点果园，组织各县（市、区）技术人员和种植大户参观、培训，引导发展果品产业。开展“林业科技惠民行动”，举办“梨树省力栽培技术”“核桃省力栽培技术”等各类专题讲座培训班20期，培训基层技术人员和林果农1000人次。推广普及先进实用技术10项，引进林果新品种11个，建立新品种示范园2个，建立省级示范点2个，建立市、县级示范点5个。全市新造果树、苗圃、用材林等经济林种19.9万亩（13266.67公顷），占造林总面积的34.3%，经济林比重达到35%。全市果树总面积达到96万亩（64000公顷），果品产量达到59万吨。

【依法治林专项行动】 2015年，廊坊市开展“金剑”“金钺”“金网”“金盾”“金剑二号”“金钺二号”“金网二号”等专项行动，查处各类林业行政案件226起，受理刑事案件39起，移交起诉4起，刑拘3人，批捕2人，取保候审10人，上网追逃1人，治安拘留2人。

（陈　波）

水务管理

【概况】 2015年，廊坊市落实最严格水资源管理制度，争取投资5639万元，推进以地下水监测网、地表水监测网、取用水户水量监测网、水功能区水质监测网、雨情监测网、墒情监测网、汛情监测网、智能管理平台等“七网一平台”为主要内容的“智慧水务”管理体系建设，初步形成具有廊坊特色的“智慧水务”信息化管理品牌。全市建成地下水位动态监测井199眼，形成布局合理、覆盖全域的地下水监测网；建成地表水位监测站点77个，形成覆盖全市20条河流和四大蓄滞洪区的地表水监测网；建成非农取用水户水量在线监测点648个，形成较完善的取用水户水量监测网；建成潮白河吴村闸和北运河土门楼木厂闸2处水质自动监测站试点，整合全市29个水质断面监测点、43个雨量自动监测站、10个墒情监测站，以及61处3G防汛视频监测点，将监测数据统一传入廊坊市“智慧水务”管理平台，形成多网络互融、智能化管理模式，为全市水资源动态管理、科学调度和防汛抗旱预警决策提供科学有效的技术支撑和保障。推进水生态文明建设。组织编制《廊坊市水生态文明建设总体规划》《廊坊市环城水系专项规划》。投资3880万元，建设永定河郊野公园西昌园和南通园；组织开展九州园、西昌园西延及部分节点工程前期工作。成立专门组织机构，研究制定市区环城水系应急循环通水工作方案，对城北河清淤、修筑建筑物，会同相关部门封堵32处排污口。从省内上游引调460万立方米生态水补充龙河及环城水系，实现环城水系应急通水目标。推进水务一体化改革，原隶属于廊坊市建设局的环城水系景观管理处职能划归廊坊市水务局，人员一并划转。推进基层水利站标准化建设，在全市10个县（市、区）推行基层水利站标准化建设。市级投入174万元，用于87个乡镇水利站挂牌、挂图，以及办公桌椅、电脑、打印机、测量仪器设备的购置。年内，廊坊市成为全省第一个完成乡镇水利站标准化建设的设区市。

【域内南水北调工程】 2015年，廊坊市南水北调受水区域内全部具备通水条件，为全省领先。廊涿干渠建成并正常向固安2座地表水厂输水。天津干渠正常通水运行。保沧干渠（廊坊段）于12月16日压水试验，具备通水条件。8座配套地表水厂建成，固安县城地表水厂正常通水运行，固安工业园区地表水厂通水调试，永清县城、文安县城、大城县城、廊坊市区、霸州市区、胜芳工业区6座地表水厂建成，并调试设备。推进“北三县”引调水工程前期工作。2月，廊坊市南水北调办公室委托河北省水利规划设计二院编制《廊坊市“北三县”输水工程项目建议书》，确定从南水北调廊涿干渠末端取水，工程输水线路总长度115.86公里（其中北京市境内线路长31.78公里）。“北三县”引调水北京境内工程由北京市发改委立项。可研报告编制大纲于12月15日通过省级专家审查。

【防汛抗旱工程】 2015年，廊坊市投资5915万元，建成4项抗旱应急水源工程，分别是香河县潮白河小高坨跌水橡胶坝工程，投资2950万元；大厂县一干北引渠治理工程，投资2000万元；三河市泃河灌溉改造工程，投资490万元；文安县引黄应急供水工程，投资475万元。全市建成2项应急度汛工程，分别是永定河右堤固安河津段堤项路应急修复工程，投资50万元；永定河南小埝应急加固工程，投资30万元。全市投入抗旱人员23.5万人、抗旱资金4737万元，浇地196万亩（13.07万公顷）。

【农村饮水安全工程】 2015年，廊坊市投资9031万元，建设水厂3座，扩户水厂20座，单村供水9处。大城、文安、霸州、安次、三河5个县（市、区）143个村街16.1万农村居民、61所农村学校3.3万师生的饮水不安全问题得到解决。

【农业高效节水工程】 2015年，廊坊市争取小型农田水利重点县、规模化节水、农田水利建设资金维修养护工程等省以上项目资金5165万元，争取市级高效节水灌溉项目资金4000万元。永清县新苑阳光云灌溉系统、万亩葡萄滴灌等项目，完成农业高效节水年度15万亩（1万公顷）的建设任务。

【安全区建设】 2015年，廊坊市编制永定河泛区永清安全区、文安洼左各庄安全区可研报告。永定河泛区安次安全区项目纳入永定河泛区治理工程，初步设计报告获省水利厅批复。永定河泛区临空安全区的建设标准提高到与北京同等建设标准，投资额度由1.2亿元增加到2.5亿元，初步设计报告通过省水利厅审查，工程补偿协议相关条款与北京市新机场指挥部达成一致。投资2000万元的永定河泛区工程与安全建设完工。省水利厅下达投资1亿元的永定河泛区治理工程完成节点任务。白沟河治理二期工程施工单位确定。

【全省水资源监控能力建设现场观摩会】 7月28日，省水利厅在廊坊市组织召开全省水资源监控能力建设现场观摩会，推广廊坊市“智慧水务”管理体系建设经验。省水利厅副巡视员张宝全、副市长王俊臣出席会议，南水北调受水区各设区市、省直管县（市）水利部门负责人等60人参加会议。与会人员观摩廊坊市“智慧水务”管理平台演示，对廊坊市“智慧水务”管理平台给予高度评价。《人民日报》《经济日报》、新华网、《河北日报》等主流媒体对廊坊市“智慧水务”建设成果给予宣传报道。

（陈　芳）

工业·信息产业

工业和信息化管理

【概况】 2015年，廊坊市工业和信息化局（以下简称市工信局）发挥政府管理部门职能作用，推进全市工业和信息化发展。全市工业经济保持平稳增长。全市规模以上工业完成增加值721.6亿元，同比增长6.1%，居全省第2位。完成新增规模以上工业企业137家，超额完成省下达的120家的任务目标。工业技改成效明显。完成工业固定资产投资1059.2亿元，同比增长20.2%，居全省第1位。其中，完成技改投资683.7亿元，同比增长19.3%，居全省第1位。全市规模以上工业万元增加值能耗下降4.42%，超额完成省下达的4.3%的任务目标。

【京津冀产业转移对接签约】 11月20日，国家工业和信息化部与北京市、天津市、河北省三地人民政府主办的2015京津冀产业转移系列对接活动在石家庄市举行。对接活动中，市长冯韶慧代表廊坊市人民政府签约7个省重点项目，协议总投资585亿元，签约项目数量位居全省首位。7个项目分别是市政府与北京市平谷区政府签约总投资20亿元的京冀通航产业园项目、市政府与浪潮集团有限公司签约总投资15亿元的云计算中心项目、市政府与京东集团签约总投资395亿元的电子商务产业集群项目、北京亦庄·永清高新技术产业开发区与世代兴业有限公司签约总投资100亿元的京津冀智能制造产业园项目、霸州经济开发区与北京华锻机床有限公司签约总投资15亿元的霸州市重型高精密数控机床生产项目、市政府与北京市大兴区政府签约总投资20亿元的中关村（大兴）生物医药基地固安合作园项目、润泽科技发展有限公司与科大国盾量子技术股份有限公司签约总投资20亿元的京津冀量子保密通信网络项目。

【新能源汽车推广政策出台】 11月，市财政局、市工信局、市科技局、市发改委、市公安局、市交通运输局联合出台《廊坊市新能源汽车推广应用财政补贴办法》（以下简称《办法》）。《办法》明确设立市级财政补贴资金。资金补助范围为，在廊坊市辖区内登记注册的新能源汽车购车用户，以及提供公共服务的充（换）电设施建设项目。补贴标准为，市及以下财政按照省级财政补贴标准1 ： 1的比例给予补贴。其中，省财政直管县承担辖区内购车补贴资金，其他县（区）与市级按照1 ： 1的比例共同承担市及以下财政补贴资金。《办法》同时对补贴最高额度做了限定，即当省财政补贴资金达到或超过实际购车价格的60%时，不再享受其他补贴。如果省级补贴达不到购车价格的60%，可按标准继续申领市级补贴，但以购车价格的60%为补贴最高限定。在廊坊市辖区内提供公共服务的充（换）电设施建设项目，项目竣工后，由所在地财政部门按经审计的设备及其必需的配套设备投资额的20%给予一次性补助。购车用户办理机动车注册登记后（限2015年底前办完手续的），携带所需证明材料原件到当地工业和信息化主管部门办理申领手续，并提交《廊坊市新能源汽车推广应用补助资金申请报告》一式两份。至年底，廊坊市累计推广新能源汽车2110辆，建成充电站点14座，累计建设充电桩93个，超额完成省下达的528辆新能源汽车推广任务。

【帮扶企业工作】 2015年，廊坊市工信局针对企业存在的结构不合理、营销单一、管理落后、战略模糊等深层次问题，聘请中国著名战略利润专家、北京大学信息学院管理咨询委员会副主任、专业导师曹际鹏，资深战略管理与传统文化专家、中国商务策划学科带头人周培玉，北京大学及清华大学客座教授万钧3名专家、教授，组成企业管理与发展咨询诊断小组，为企业问诊把脉。市工信局筛选市、县级重点帮扶企业3568家，其中反映有困难和问题的企业1213家，征集关于企业用地、用水、用工、用电、融资、社保、职工子女上学等方面的问题和建议1520条。这些问题全部分解落实到各县（市、区）和市直相关部门，由主管负责人带队的各入企帮扶小组深入企业一线，按照“一企一策”的原则，开展精准帮扶。至年底，全市45个市直有关部门、23家金融机构参与入企帮扶工作，涉及帮扶人员2327人，深入企业一线2874次，协调融资37.3亿元，产需对接46次，银企对接95次，帮助企业开拓市场订单总额57.2亿元。

（陈玺同　褚继东）

工　业

【综述】 2015年，廊坊市面对经济下行压力不断加大的严峻形势、压产能治污染的巨大压力、调结构转方式的急迫任务，主动顺应经济发展新常态，抢抓京津冀协同发展重大机遇，围绕提质、增效、升级，全力做好稳增长、调结构、压产能、强创新、促融合等工作。全市工业经济呈现增速缓中有升、结构持续改善、信息化和工业化融合、质量稳步提升的良好态势。年内，全部工业增加值完成1034.9亿元，同比增长7.4%，占全市GDP的41.8%；其中规模以上工业完成增加值721.6亿元，同比增长6.1%，占全市GDP的29.2%。工业实现出口交货值130.3亿元，同比增长19.2%。工业产品累计产销率98.1%，产销衔接良好。廊坊市工业经济运行呈现以下特点：

工业运行“稳中有进”。从月份走势看，表现为增速波动回升。2月全市规模以上工业增加值累计同比增速以6.1%开局，3月降至6%，4月至5月平稳增长，6月达到全年最高点6.3%，7月至8月持续走低，9月降至全年最低点5.8%，10月、11月、12月略有回升，分别为5.9%、6.1%、6.1%。全年规模以上工业运行平稳，最高与最低增速相差0.5个百分点。从县域增速看，表现为“七高四低”。1月—12月增速高于全市水平的有7个县（市、区），分别是安次区10.7%、固安县9.8%、香河县9.5%、三河市8.1%、大城县8%、文安县6.7%、霸州市6.6%；增速低于全市水平有4个县（区），分别是广阳区0.5%、永清县2.1%、廊坊开发区3%、大厂县5.8%。从行业看，4类行业拉动明显。全市规模以上工业33个行业大类中，25个行业增加值同比增长，占75.6%。其中，黑色金属冶炼压延加工业、计算机通信等电子设备制造业、汽车制造业、家具制造业四类行业拉动作用明显，共拉动全市规模以上工业增加值增长4.1个百分点，贡献率达67.2%。

经济效益回落明显。年内，廊坊市规模以上工业企业实现利润总额161.8亿元，实现利税257.2亿元，同比分别增长-5.5%和-4.5%。廊坊市33个大类行业中，利润累计正增长行业18个，增利行业仅占54.5%；其中6个行业增利在20%以上，分别为其他制造业（122.4%）、废弃资源综合利用业（81.3%）、有色金属冶炼及压延加工业（50.7%）、仪器仪表制造业（41.9%）、水的生产和供应业（34.2%）、家具制造业（22%）。5个行业利润增幅在-20%以下，分别为化学原料和化学制品制造业（-24.5%）、电气机械和器材制造业（-30%）、电力、热力生产和供应业（-33.8%）、专用设备制造业（-38.1%）、黑色金属冶炼及压延加工业（-41.3%）。

工业投资增速加快。全部工业固定资产投资完成1059.2亿元，同比增长20.2%，比2014年同期增速提高0.9个百分点，高于全省8.3个百分点，增速居全省第1位。主要表现为工业固定资产投资增速“六高五低”。6个县（市、区）高于全市平均增幅。分别为广阳区90.4%、香河县44.9%、安次区40.8%、三河市37.9%、大城县36.2%、霸州市26.9%，5个县（区）低于全市平均增长速度，分别为永清县14.5%、廊坊开发区0.7%、大厂县0.6%、文安县-3.2%、固安县-17.6%。全市工业技改投资完成683.7亿元，同比增长19.3%，高于全省12.3个百分点，增速居全省第1位。主要表现为：工业技改投资增速“七高四低”，7个县（市、区）高于全市平均增幅，分别为：大厂县120%、安次区68.6%、香河县55.7%、广阳区54.3%、大城县33.8%、永清县27.3%、三河市20.2%，4个县（市、区）低于全市平均增长速度，分别为霸州市15.1%、文安县4.3%、廊坊开发区-9.1%、固安县-28.1%。

结构调整持续推进。轻工业增长快于重工业。2015年，全市规模以上轻工业实现增加值203.8亿元，同比增长7.7%，比2014年同期提高5.2个百分点，对全市规模以上工业贡献率为33.5%，同比提高25.2个百分点；重工业实现增加值517.8亿元，同比增长5.5%，比2014年同期降低4.8个百分点，对全市规模以上工业贡献率为66.5%，同比降低25.2个百分点。轻工业增长快于重工业2.2个百分点。装备制造业、电子信息制造业，保持较快增长速度，占比进一步提高。其中，装备制造业实现增加值201.8亿元，同比增长5.9%，占全市规模以上工业比重为28%，同比提高1.3个百分点；计算机通信电子设备制造业实现增加值59.7亿元，同比增长14%，占全市规模以上工业比重为8.3%，同比提高3.7个百分点。装备制造业和计算机通信电子设备制造业2个行业占比达36.3%，同比提高5个百分点。高耗能行业比重降低。2015年，全市高耗能行业实现增加值234.3亿元，同比增长3.3%，比2014年同期降低6.1个百分点；占全市规模以上工业比重为32.5%，比2014年同期降低5.8个百分点。其中黑色金属冶炼压延加工业、化学原料化学制品制造业增加值占全市规模以上工业的比重分别为17.1%和5.9%，同比分别降低3.6个、1.9个百分点，下降明显。

企业培育效果显著。年内，全市新增规模以上工业企业137家，其中规模以下转规模以上企业125家，新建入统企业12家。12家新投产企业分别是大厂县4家（首钢机电有限公司、金隅爱乐屋建筑节能制品有限公司、展宏坤热浸锌金属制品有限公司、廊坊味全食品有限公司）、三河市3家（隆昌商品混凝土有限公司、海纳川海拉车灯有限公司、祥天电力工程有限公司）、廊坊开发区2家（廊坊波森尾气系统有限公司、廊坊延锋江森汽车零部件有限公司）、安次区1家（廊坊亚新科美联制动技术有限公司）、香河县1家（香河嘉晟家具有限公司）、永清县1家（廊坊恺建化工有限公司）。

【金属冶炼及压延业】 廊坊市金属冶炼及压延业包括黑色金属冶炼及压延加工业和有色金属冶炼及压延加工业。2015年，全市规模以上企业125家，实现营业收入786.3亿元，同比增长-19.6%；实现增加值132.4亿元，同比增长0.8%。重点企业有河北前进钢铁集团有限公司、廊坊洸远金属制品有限公司、霸州市新利钢铁有限公司、河北新钢钢铁有限公司、霸州市京华金属制品有限公司等。主要产品有钢锭、铁锭、金属板材、金属管材、螺纹钢及线材等。

【装备制造业】 廊坊市装备制造业主要包括金属制品业，通用设备制造业，专用设备制造业，汽车制造业、铁路、船舶、航空航天和其他运输设备制造业，电气机械及器材制造业，仪器仪表制造业。2015年，全市规模以上企业418家，实现营业收入852.6亿元，同比增长3.6%；实现增加值201.8亿元，同比增长0.7%。重点企业有华升富士达电梯有限公司、卢卡斯伟利达廊重制动器有限公司、三河世原汽车科技有限公司、廊坊精雕数控机床有限公司、固安华电天仁控制设备有限公司、河北航天振邦精密机械有限公司等。

2015年廊坊市装备制造行业运行特点：就主营业务收入而言，“十二五”初期间快速增长，以后逐年递减。2011年至2015年主营收入增速分别为27.2%、11.6%、9.6%、8.6%和3.6%，增速呈平稳下行趋势，表明廊坊市装备制造业进入低速运行的发展阶段。从行业看，全市金属制品加工业有规模以上企业105家，实现主营收入218亿元，同比增长3.4%；通用设备制造业有规模以上企业81家，实现主营收入192.8亿元，同比增长3.9%；专用设备制造业有规模以上企业70家，实现主营业务收入113亿元，同比增长-5.6%；汽车制造业有规模以上企业86家，实现主营收入249.4亿元，同比增长7.9%；铁路、船舶、航空航天及其他运输设备制造业有规模以上企业13家，实现主营收入16.2亿元，同比增长2.6%；电气机械和器材制造业有规模以上企业57家，实现主营收入58.2亿元，同比增长5.6%；仪器仪表制造业有规模以上企业6家，实现主营收入5亿元，同比增长-0.5%。

【食品加工业】 廊坊市食品加工业包括农副食品加工业，食品制造业，酒、饮料和精制茶制造业。2015年，全市规模以上企业78家，实现营业收入447.9亿元，同比增长3.6%；实现增加值73.1亿元，同比增长0.7%。重点企业有三河汇福粮油集团有限公司、好丽友食品有限公司、廊坊伊利乳品有限公司、华润雪花啤酒有限公司、河北福成五丰食品有限公司、廊坊顶津食品有限公司等。主要产品有植物油、饲料蛋白、牛肉、奶制品、糕点、调味品、面粉、肠衣、酱菜、啤酒、白酒，及动物饲料等。

2015年廊坊市食品加工行业运行特点包

括以下两点：一是主导行业不断做强。廊坊市食品工业产品范围广泛，涉及粮油加工、调味品、肉类屠宰及深加工、奶制品生产加工、休闲食品、酒类、软饮料制造、农副产品加工等。其中食用油、调味品、肉类屠宰及加工、休闲食品4大主导行业呈现规模化发展。区域布局日趋集中。主要集中分布在三河市、廊坊开发区、霸州市和大厂县。上述4个县（市、区）规模以上食品工业主营业务收入占全市规模以上食品工业的90%。二是自主品牌优势明显。三河市“汇福”“福成”为中国驰名品牌，市场知名度和占有率在全国同行业领先；霸州形成以路易达孚、六必居为代表的食品产业龙头；廊坊开发区聚集好丽友、承德露露、中粮屯河番茄汁、伊利乳业等食品生产知名企业；文安县占祥粮油食品有限公司为“第五批国家农业产业化重点龙头企业”，是中粮集团杂粮分装加工基地、中国北方最大芝麻系列油品的专业化生产基地和全国最大的豆沙、豆馅类产品生产加工基地。

【电力、热力的生产和供应业】 2015年，廊坊市电力、热力生产和供应规模以上企业18家，实现营业收入215.5亿元，同比增长-0.3%；完成增加值36.9亿元，同比增长1.5%。重点企业有国网冀北电力有限公司廊坊供电公司、三河新源供热有限公司和廊坊市热力公司等。

【石油化工制造业】 廊坊市石油化工制造业包括石油加工、炼焦和核燃料加工业，以及化学原料和化学制品制造业。2015年，全市规模以上企业89家，实现营业收入230.3亿元，同比增长-13.9%；完成增加值42.7亿元，与2014年同期持平。重点企业有河北凯跃化工集团有限公司、河北炼化鸿天石油化工有限公司、廊坊立邦涂料有限公司等，主要产品有涂料、树脂、黏合剂、液氧、光稳定剂等。

【包装印刷业】 廊坊市包装印刷业包括造纸和纸制品业、印刷和记录媒介复制业。2015年，全市规模以上企业66家，实现营业收入194.6亿元，同比增长6%；完成增加值42.6亿元，同比增长5.3%。重点企业有香河华林印务有限公司、霸州市福兴彩印包装有限公司、三河市艺苑印刷厂等。主要产品有瓦楞纸板、包装箱盒、印刷制品、包装材料、装饰用纸、金属包装制品、塑料包装制品。

2015年廊坊市包装印刷行业运行特点：从行业发展水平、产业结构、产品结构，特别是企业结构看，起步晚，发展快。绝大部分企业是20世纪90年代以后伴随着各地经济发展建立的。2015年廊坊市包装印刷业产值亿元以上企业40家，75%的企业是1995年以后发展起来的。从产品分布看，各县（市、区）各具特色。三河燕郊开发区PS制版和印刷，香河纸箱和泡沫生产，廊坊开发区塑料和金属包装，安次书刊杂志印刷装订，霸州包装和装饰用纸，体现各地特色及县域经济发展情况。

【家具制造及木材加工业】 廊坊市家具制造及木材加工业包括木材加工和木、竹、藤、棕、草制品业，以及家具制造业。2015年，全市规模以上企业122家，实现营业收入191.4亿元，同比增长21.1%；完成增加值40.2亿元，同比增长1.8%。重点企业有廊坊华日家具有限公司、霸州三强家具有限公司。主要产品有金属玻璃家具、布艺家具、皮革家具、红木家具等，涵盖办公、民用、酒店工程、医疗家具，及家具板材、皮革、五金、塑料制品、无纺布等原辅材料，形成集制造、研发、展售、原辅料等比较完整的产业链条。人造板产业主要产品有多层板、刨花板、装饰板、异形板、细木工板、建筑模板、中密度板、复合地板等十几类300多个品种，产品销往全国各地。

2015年廊坊市家具制造及木材加工行业运行特点：初步形成霸州金属玻璃家具产业、香河家具产销基地、文安人造板生产基地、大城红木家具生产基地等各具特色的产业集群，呈现出遍地开花的发展势头。家具产业成为廊坊市的支柱产业，在吸纳就业、增加税收、强县富民等方面发挥重要作用，在国内家具产业也拥有一定地位。出现“华日”“富沃德”“三强”“八达”“华彪”“爱依瑞斯”等一批国家驰名商标和省级名牌产品；引进双叶家具、王朝木门、日上门业、喜临门床垫等国内知名家具企业。

（陈玺同　褚继东）

信息产业

【综述】　廊坊市电子信息产业包括电子信息制造业、软件及信息服务业。2015年，廊坊市电子信息产业运行相对平稳，实现主营业务收入311.5亿元，同比增长12%，实现利税总额42.6亿元，同比增长26.9%；其中利润29.9亿元，同比增长34.9%；完成出口交货值48.6亿元，同比增长65.5%。62家电子信息制造业企业中，有25家规模达到亿元以上，3家规模达到10亿元以上，电子信息制造业实现主营业务收入191.1亿元，同比增长3.2%；实现利税总额27.9亿元，同比增长21.9%；其中，利润20.2亿元，同比增长28.5%；完成出口交货值48.6亿元，同比增长65.5%。18家软件及信息服务业企业中，有3家规模达到亿元以上，软件及信息服务业实现销售收入120.4亿元，同比增长29.4%；实现利税总额14.7亿元，同比增长37.7%；其中，利润9.8亿元，同比增长50.4%。

2015年廊坊市电子信息产业运行特点：一是电子信息制造业增长乏力，软件及信息服务业逆势上扬。在工业萧条、制造业不振的冲击下，廊坊市电子信息制造业增幅回落，全年营业收入仅增长3.2%，低于2014年同期5.7个百分点。62家企业中，2家停产、27家营业收入同比下降。软件及信息服务业发展势头良好，营业收入、利税、税金均同比增长30%以上，各项经济指标位居全省第一。二是平板显示产业利税同比下滑。随着国内外市场面板产能快速扩充、生产线数量持续增加、竞争加剧，平板显示产业利润空间缩小成为新常态。全市平板显示产业实现主营业务收入19.9亿元，同比增长2.2%；实现利税0.5亿元，同比下降10.2%；其中利润0.2亿元，同比下降36.4%，但利税下滑幅度同比收窄。三是光伏产业同比呈下滑趋势。光伏产业受到经济下行压力影响。2015年全市3家光伏制造重点企业，主营业务收入、利润、产量等指标均同比2014年下滑，收入同比下降28.1%，硅片产量同比下降34%。全市光伏产业虽然整体规模较大，但生产的只是低端的初级产品硅片、硅棒等，利润率不高，科技含量低，极易受经济下行压力冲击。四是LED产业规模继续缩小。廊坊市原有从事LED生产的企业共3家，年内仅剩鑫谷光电股份有限公司1家，且处于亏损状态。在LED照明产业中，廊坊市仍处在比较低端的加工环节，缺乏核心技术和知识产权，产业整体利润率低。五是通信产业运行平稳。全市仅富智康1家归属于通讯产业，至2015年12月底，该公司实现主营业务收入95.4亿元，占全部电子信息制造业50%，同比增长8%；利税总额15.4亿元，同比下降9%，其中利润9.6亿元，同比下降15.8%。六是行业电子产业两极分化。从事加速度传感器、晶体谐振器、光通讯组件、半导体集成电路、闪烁晶体、砷化镓半导体材料、硬盘驱动器部件等新材料、新产品生产制造的高新技术企业，尽管遭遇制造业寒冬，但经济指标依然向好，平均同比2014年增长11.5%。而从事传统电子元器件制造的企业，同比上年各项指标均有不同程度下滑，平均同比下降22%。七是龙头企业拉动作用明显。在全市电子信息产业中，华为、富智康2家龙头企业共完成主营收入210.4亿元，占全行业主营业务收入的67.6%。实现利税总额30亿元，占全部利税总额的70.4%，对电子行业平稳发展起到重要支撑作用。

2015年全市电子信息产业存在的问题：一是制造业企业经营难度加大。全球经济复苏乏力，国际需求持续低迷，国内调结构去产能步伐加快，一些传统电子信息制造业订单减少，经济指标同比下滑，企业产品缺乏核心竞争力，低端产品市场需求不断萎缩，企业亟待转型升级突破发展瓶颈。二是软件研发企业基础薄弱、人才缺乏。难于吸引和留住高端人才，企业科技创新、转型升级能力不足。大部分软件企业营业收入主要来自外购软件系统的集成业务，而拥有专利权、著作权的软件产品销售收入不高。从业务类型看，营业收入中软件产品收入1.3亿元，同比上年下降7.6%，嵌入式系统软件收入0.3亿元，同比下降59.5%，表明软件产品研发企业发展缓慢，远未形成规模。三是信息网络基础设施存在较大差距，不能满足未来全市大数据产业发展需要。廊坊市网络仍是三级节点，带宽低，亟待加快骨干传输网、无线宽带网和第四代移动通信（4G）网络的建设和升级，优化网络互联架构，提高网间带宽和质量，以高效的基础设施支撑大数据产业集聚发展。

【信息化水平稳步提升】 2015年，廊坊市推进信息化和工业化融合发展。全市新增省级信息化和工业化融合重点企业4家、省级信息化和工业化融合示范企业2家，组织120家企业及2个新型工业化示范基地开展信息化和工业化发展水平评估。《廊坊智慧城市顶层设计方案》编制完成，通过专家评审。智慧城市平台建设，50个市直重点部门实现横向光纤环网改造，并建成文安、大城、大厂等县级网络平台；启动廊坊市网格化社会服务治理综合信息平台建设，打造人口、法人、基础地理、房屋建筑物等基础数据库和信息交换共享平台，推动平台与公安、民政、卫生、计生等部门数据比对和共享交换；中共廊坊市委组织部依托智慧城市政务云计算平台，建成市直部门领导干部考核系统。

【军民融合项目对接】 12月，由省国防科工局、廊坊市人民政府、省军区司令部、省科技厅、省科协、省科学院共同主办的第二届中国·河北（廊坊）军民融合暨国防工业协同创新成果展示洽谈会在国际会展中心举办，发布军民融合对接项目1536项，达成合作意向756项，签署合作协议178项，意向总投资871亿元，其中廊坊市有5个项目达成合作协议。展会期间，廊坊市人民政府还与国家国防科工局配套中心、省国防科工局，三方签署推动军民融合深度发展战略合作框架协议。

【大数据产业加速起步】 2015年，廊坊市制定出台《关于促进云计算创新发展培育信息产业新业态的实施意见》；编制《廊坊市大数据产业发展规划》，并通过专家评审；指导华为、润泽、联通成功创建全国首批国家绿色数据中心试点。年内，廊坊市大数据建设投资规模近850亿元，占地面积190万平方米，投入使用15.6万平方米，拥有近万架机柜、10万台服务器。廊坊着力打造河北省高端数据产业示范基地和河北省数据增值服务示范区。

【大数据产业大事记】 9月，廊坊市成立由市委、市政府主要领导挂帅的推进大数据产业发展工作领导小组，并聘请中科院电子学所所长、中科院院士吴一戎等22名大数据产业发展方面的资深专家，成立廊坊市大数据产业专家咨询委员会。12月7日至13日，由河北省工信厅、廊坊市人民政府、中国电子学会、中国遥感应用协会、中国信息协会大数据分会、清华大数据产业联合会和中国数据中心产业发展联盟共同主办了中国（廊坊）大数据产业周。活动期间，主办方组织大数据助力产业转型升级高峰论坛、大数据青年创客精英论坛、数据中心总经理俱乐部廊坊论坛等系列论坛活动，并有盛搜、迅奥、华为、润泽等企业进行专题推介。举办近万平方米的大数据产业展览，全方位展示廊坊大数据产业发展规划及取得成效；开展大数据市民开放日、学生科普活动日等活动，累计参观人数超过2万人次。在产业周开幕式期间，廊坊大数据应用服务中心正式挂牌，并完成首笔数据交易展示。

（陈玺同　褚继东）

企业选介

【卢卡斯伟利达廊重制动器有限公司】 公司成立于1994年5月，坐落于廊坊开发区，为中美合资企业。该企业具有健全的质量保证体系、先进的工艺装备和完善的检测设施，通过了ISO/TS16949质量管理体系认证、OHSAS18001职业健康安全管理体系认证和ISO14001环境管理体系认证，在同行业中处于领先地位。主要产品包括：轿车前钳制动器、后钳制动器、电子驻车制动器（EPB）和真空助力器。其中，电子驻车制动器（EPB）为企业独有生产技术，该技术以电子开关取代车内的驻车制动操纵杆，拔下车钥匙时，EPB自动激活，在汽车起动后挂入前进挡或倒挡时自动解除，具有操作更方便、使用更舒适的特点。主要配套车型包括一汽大众捷达系列、一汽红旗、一汽大众速腾、一汽新红旗、一汽奥迪A6、一汽丰田花冠、上海大众帕萨特、华晨中华系列、奇瑞旗云和东方之子、华晨宝马等。2015年，公司从业人员951人，资产总额16.1亿元，实现营业收入24.9亿元、纳税2.96亿元。

【廊坊爱依瑞斯家具有限公司】 公司成立于2008年12月，是集研发、生产、销售、服务“四位一体”的中型软体家具企业。公司建筑面积10万平方米，占地150亩（10公顷），拥有员工1000人。公司主要产品有布艺沙发、软床、弹簧软床垫、皮沙发、皮床、板式家具等，品牌畅销全国各地，各类直营、加盟销售店面近1000家，产品远销亚洲、美洲、欧洲等50多个国家和地区。该公司开发出的软体沙发系列、软床系列产品均经国家质量监督局家具检验中心检验，被评为优等产品。2011年公司获中国环境标志产品认证，公司布艺沙发获河北省优质产品荣誉称号，公司荣获河北省质量管理活动优秀班组荣誉称号。2012年公司通过ISO19001国际质量管理体系认证、ISO14001国际环境管理体系认证，公司产品在历届各级各类家具博览会上荣获多种荣誉称号。2015年公司实现年销售额2.6亿元，纳税957万元。

【香河富士嘉利纸制品有限公司】 公司成立于1999年8月，位于香河县现代产业园，为中日合资企业。公司有职工180人，总投资约3000万元。该公司主要提供包装外箱、彩盒等包装印刷服务。公司与壳牌油脂、长城滑润油、昆仑滑润油、统一润滑油等多家油脂公司，与LG电子公司、富士康电子、索爱通信电子、飞利浦电子、通用电子、松下四通等电子行业，卡夫食品公司、吉百利食品、京日东大集团、正大集团、艾莱发喜食品、乐天四通、三元食品等食品行业，与资生堂丽源化妆品、拜耳医药等多种行业企业建立长期合作关系。2015年实现销售收入7561万元，实现利润180万元，上缴税金220万元。

【华润雪花啤酒（河北）有限公司】 公司位于三河市燕郊开发区。公司主要生产中高档瓶装、听装雪花系列啤酒，包括雪花无醇、雪花纯生、雪花勇闯天涯、雪花清爽等品牌。主要生产设备全部进口，主要生产线全部实现全自动控制，设备配置达到国内先进水平，实现啤酒生产能力40万千升/年。该公司通过QS认证和ISO9000及HACCP质量体系认证，并获得食品A级企业称号。2015年营业收入8.6亿元，工业总产值7.9亿元，纳税1.5亿元。

【京东方（河北）移动显示技术有限公司】

公司成立于2006年4月，隶属于京东方科技集团股份有限公司，位于固安工业园区北区，为河北省“高新技术企业”，员工3500人。公司聚集了该技术领域国内外顶尖的技术专家，拥有研发中心及技术团队，具备多年的产品开发经验。公司专注于移动显示产品业务，主营业务为手机用显示模组产品的研发、制造和销售，主要产品为手机用显示模组。企业客户群涵盖三星电子、华为、联想、小米、Motorola、OPPO、VIVO等国内外知名手机厂商。公司自主开发新产品百余款，累计申请技术专利百余项，其中9项发明专利、21项实用新型专利、2项外观专利共计32项专利获发专利证书。2015年主营业务收入19.9亿元，纳税1.2亿元。

（陈玺同　褚继东）

电力供应

【概况】 2015年，国网冀北电力有限公司廊坊供电公司（简称廊坊供电公司）固定资产投资18.18亿元，其中电网投资17.92亿元；实现售电量227.76亿千瓦时，同比增长3.41%；最大供电负荷438.2万千瓦，同比增长5.06%。常态化、动态化管控县域供电企业，整改44项薄弱环节问题；优化供电所设置，供电所数量由111个减少至62个，优化率44%。“掌上电力”注册客户突破2.4万户。119个营业厅全部安装音频、视频监控设备。廊坊供电公司与中石油管道局签署《供电设施分离移交框架协议》，与大厂县人民政府签订《推动电动汽车充电设施建设战略合作框架协议》。河北省首例纯电动出租车项目落户三河。冀北地区首个高速公路快充站——京哈高速公路香河服务区电动汽车快充站投入运行。廊坊供电公司继续保持“全国文明单位”“全国模范职工之家”“河北省文明单位”等称号。

【供电安全生产】 2015年，廊坊供电公司累计排查治理供电安全生产隐患399项，查处违章85起。电力设施保护实行属地化管理，清理110千伏及以上线下树障13.7万棵，制止线下大型机械危险施工6次，拆除线下违建4处。配电带电作业城乡一体化建设，开展输、配电带电作业2988次，供电可靠性持续提升。调度运行和设备监控管理，发布六级以上风险预警70项。

【电网建设】 2015年，廊坊供电公司推进特高压等各级电网协调发展，北京东变电站全面施工，锡盟—泰州特高压直流工程开工，扎鲁特—青州特高压直流工程完成可研评审。北京东配套500千伏工程建设全面展开。廊坊地区“十三五”配电网规划编制完成，淑阳220千伏变电站增容等7个项目获得核准批复。500千伏廊坊南等12项工程开工，津保电铁等9项工程投产。配网节能工程全面铺开，农网改造升级工程全部竣工。安装智能电表77万只。1项综合台区工程入选国家电网公司“百佳工程”。

（王旭峰）

邮政·通信

邮政管理

【概况】 2015年，廊坊市邮政管理局规范快递许可审批，编制权力清单和责任清单，印发《廊坊市快递业务经营许可及年度报告工作优化方案》，依据方案审批程序、申请材料、核查标准、时限要求开展快递业务经营许可工作；落实省政府《关于促进快递业发展的实施意见》，发挥北京新机场临空经济区的优势，建立国家一级快递枢纽，吸引华北区域总部入驻，带动品牌企业在廊坊设立仓储、集散、呼叫、数据和研发中心，形成产业集聚。全市行政区域内有邮政局（所）136个，快递企业营业网点457个，取得快递业务经营许可证企业28家，备案分支机构企业105家。快递网点实现县、乡全覆盖，域内拥有顺丰、申通、圆通、中通、韵达、EMS、天天、宅急送、国通、汇通、鑫飞鸿、全一、京东、唯品会等快递企业。全行业直接从业人员5078人，快递企业生产用地8.77万平方米；快递企业业务量9193.89万件，居全省第3位，全国第43位；实现营业收入10.93亿元，同比增长24.48%。

【寄递专项治理】 2015年，市邮政管理局开展扫黄打非监督检查56次，出动执法人员134人次；实施寄递实名制的安全管理措施，通过随机试寄、查看身份登记台账以及查阅面单信息等方式，落实寄递实名制；督促企业配置安检机，确保对寄往重点地区、重点部位邮件、快件实现100%过机安检；改造升级邮政业安全监控系统，一期工程部署4块大屏幕和3条宽带网络专线投入使用。

【寄递邮路安保】 “9·3”抗日战争胜利70周年纪念活动和“双11”期间，市邮政管理局印发4万份安检标志，确保每一个经过安检的邮包粘贴安检标志；配置安检机3台，其中1台安检机承担市邮政公司等7家邮政、快递企业发往北京的邮件、快件100%集中安检，2台安检机承担全省11个地市的EMS快件集中安检。年内全市邮政快递企业共收寄进京邮（快）件194816件，动用安检力量1372人次负责集中安检，X光机检查进京邮（快）件19.48万件，进京邮（快）件全部实名登记造册，没有发现违禁物品。

【快递车辆便利通行】 2015年，廊坊市邮政管理局协调市政府大气办、交警部门落实对邮政快递车辆实行便利通行的管理措施，建立邮政快递企业申报、邮政管理局审核、交警部门备案的从业车辆管理制度和流程，解决快递车辆限行问题，廊坊市区300余辆快递车辆纳入便利通行的保障范围。

（杨　迪）

无线电管理

【概况】 2015年，廊坊无线电管理局科学规划、统筹配置无线电频谱资源，支持4G发展，推广数字对讲机使用，办结行政许可事项10件，指配频率20个，批准设置各类无线电台站3319部(座)；批复撤销固定台6部、移动台60部，收回频率8个；批准设置LTE FDD基站1797座、LTE TDD基站1272座；建成2个数字对讲机通信网，设置数字中继台4座，数字对讲机80部；批准大城润恒保安服务有限公司设置使用400MHz数字通信网，成为廊坊市第一个数字对讲机共网平台。提升无线电管理技术支撑能力。市区中心站、开发区站、九州站3座固定监测站迁址改造完工，32项硬件更新和软件升级调试。全面推进网格化监测系统调试，完成15个站的软、硬件升级、整改、运行工作，累计开展试运行500小时。

【无线电台站监管】 2015年，廊坊无线电管理局对18个设台单位的122座固定台站实施监管，通过核对技术参数、检查台站运行状况，发现问题22处，立案查处7个台(站)。在对基站建设的服务与监管中，廊坊无线电管理局帮助电信运营企业规范微波台站的频率配置和台站设置，解决通信基站建设和使用中的困难和问题。推进MMDS退频工作，探索利用广播电视新业务逐步替代MMDS的可行性。专题调研1.8GHz无线接入网在电力系统的应用，提出电力系统通信网络建设指导性意见。

【无线电监测执法】 2015年，廊坊无线电管理局上报监测月报12份，累计监测时间21696小时。协调处置各类干扰投诉案件5起，维护空中电波秩序。廊坊无线电管理局与市文广新局、市公安局建立联合执法工作机制，打击非法设台等违法犯罪活动，共查处违章案件34起，没收非法设备28台套，罚款0.7万元。履行扫黄打非成员单位职责，参与打击“黑广播”专项行动，定位“黑广播”9个，协助扫黄打非相关成员单位在市区、霸州、香河、燕郊拆除“黑广播”6个。

【频率核查专项活动】 2015年，廊坊无线电管理局汇总广播电视频段、高频段微波频段、150MHz、400MHz、230MHz等重点频率的在用情况，全面梳理1985年至2015年廊坊局无线电频率分配和指配文件，扫描各类频率使用文件154份。利用12座固定站分批监测了11个频段，累计监测930个小时，按照要求导出264张表格，整理6864条数据，完善1246项记录，比对数据71736个，上报数据表136张、频谱图140张。

【“9·3”纪念活动无线电安全保障】 2015年，廊坊无线电管理局制定《“9·3”抗战胜利70周年纪念活动期间廊坊市无线电管控工作方案》，召开廊坊区域无线电管控工作会议，转发冀政办传〔2015〕59号文件，明确各县（市、区）政府、相关部门的职责，建立各部门间工作联络员联动机制。组织3次无线电管控应急演练，完善应急保障方案；全面统计廊坊27家设台单位的56座大功率无线电台站情况。环首都区域县（市）关闭9座大功率调频广播发射台站，净化空中电波秩序。开展主题为“保障纪念活动用频安全，全力打击非法设台”的“净空行动”，拉网式清查非法设台。累计出动执法人员88人次，先后在环首都重点区域查处非法设台30台（套），其中“黑广播”15台（套）、非法中继台15台（套）。“9·3”抗日战争胜利70周年纪念活动期间，廊坊辖区未发生电波干扰事件。

（杨　希）

通信公司

【中国移动通信集团河北有限公司廊坊分公司】 2015年，公司有员工1597人，资产总额19.6亿元。下辖综合部、财务部、人力资源部、网络部、市场经营部、集团客户部、党群工作部、企业管理部、采购供应中心、业务支撑中心，以及市内营销中心、郊区、三河、大厂、香河、燕郊、永清、固安、霸州、文安、大城11个经营单位，拥有营业服务厅974个。主营业务收入22.75亿元，同比下降2.64%。公司4G用户100万户、手机用户320万户、宽带网用户7万户；新增4G基站2000个，4G网络覆盖率同比提升9.56%，4G分流比同比提升46.22%；光缆线路新增4160公里，管道新增300公里，建成综合业务区50个。LTE基站建设完工率居全省移动通信系统第一，无线站点接入、综合业务网传输工程施工进度均列全省移动通信系统前三名。

网络能力。传输网方面，整治传输组网，干线线路质量提升基础整治1334公里，线路大修整治300公里，一、二干线主用路由全年无阻断；无线网方面，分场景开展环京津4G质量提升会战，京津交通干线4G覆盖率提升25.3%，“三高一校”（即“高关注区域”“高层居民区”“高数据流量区”和“高校校区”）场景覆盖率提升6.8%，农村区域MR弱覆盖比例降低7.5%；城域网方面，开展“互联网质量提升”专项工作，城域网局部拥塞得到有效缓解，汇聚链路利用率预警数量减少83%，重点区域网速类投诉降低69%。

网络创新。公司自主研发基站电费、租赁费管理模块，动环监控标准率达100%。整理输出优化案例26项，并引入高增益天线、QCELL、一体化微站、载波聚合等新设备、新技术。开发基于2/3/4G客户端采样点的深度覆盖质量跟踪解析与评估平台，实现投诉大数据分析。利用自动网优（ANOP）助力LTE深度覆盖提升，提高MR覆盖优化效率。

市场转型。公司围绕4G发展、宽带经营和集客经营推进市场转型。大众市场方面，以提升终端销量为基础，开展双渠道终端销售能力建设，是年4G终端销量增长216%。采取4G营销扫村风暴、4G宣传全覆盖、4G培训全覆盖一体化营销策略，结合套餐营销和流量体验，提高4G高价值套餐推荐率。家庭市场方面，创新宽带经营，同步开展市场营销和网络建设。实施“有线与无线并存、自建与第三方合建并存”和“基于大数据的差异化选址体系和营销体系”两个策略，同步开拓农村蓝海市场和城区红海市场，推动宽带规模发展。政企市场方面，增强客户体验，抓住专线、统付、4G产品，建立全业务故障主动告知机制和建设督办机制；推行集团统付客户经理上门服务模式，统一客户满意度服务标准，建立全量新增产品用户回访机制，提升服务水平。

（郭彦昕）

【中国联合网络通信有限公司廊坊市分公司】 2015年，公司有员工1258人，资产总额22.9亿元。下辖人力部、综合部、财务部、市场营销部、集客事业部等15个部门、17个中心，以及大城、大厂、固安、霸州、文安、永清、三河、香河、廊坊开发区、胜芳、燕郊11个分公司，自有营业服务厅89个，固定电话用户70万户、手机用户122万户、宽带网用户65万户。主营业务收入13.1亿元，预算完成率98.75%；利润2.995亿元，预算完成率94.07%；投诉处理满意率61.24 %。建设FTTH端口32.85万线，退网PSTN端口57.32万线，DSLAM端口22.16万线；整合腾退机房面积 1.52 万平方米。新建 3G 基站 847 个，4G 基站 1569 个，实现重要场景 3G 网络全覆盖、行政村全覆盖，人口覆盖率 98%；实现主城区、重点场景（校园、景点、高流量交通线等）4G 网络连续覆盖。

网络运行质量持续改善。公司落实专业管控，提升市、县一体化管理能力。建立网优中心牵头的移动网运维管理体系，明确各维护单位分工界面。以劳动竞赛的方式，全面开展“四个精品一百”创建活动。全年创建精品通信机房 128 个、精品移动网格 100 个、精品集客网络 115 户、精品装维片区 61 个。

助力智慧城市建设。公司组织召开“5·18”经贸洽谈会联通智慧城市展览、中国·廊坊智慧城市、未来在沃——“互联网+”行业应用主题会展、中国·廊坊“大数据”周“沃云”展。廊坊市第六小学建成智慧校园。廊坊开发区中小学“班班通”全覆盖。管道局中学、廊坊市第二中学建成大带宽。廊坊联通与廊坊东方职业技术学院合作建立廊坊首家数字化校园。

（杨赛美）

【中国电信集团公司廊坊市分公司】 2015 年，公司有员工 1199 人，资产总额 8.95 亿元。公司下设市场拓展部、渠道运营中心、政企客户部、宽带营销中心、存量经营中心、客户服务部、移动网络建设优化中心、网络发展部、物流中心、网络运营部、财务部、稽核中心、人力资源部、办公室、党群工作部、纪检监察部 16 个职能部门，以及广阳区、安次区、开发区 3 个营销中心和三河、燕郊、大厂、香河、永清、固安、霸州、胜芳、文安、大城 10 个县级分公司。是年，公司拥有营业服务厅 1028 个，固定电话用户数量 1.7 万户、手机用户数量 60.5 万户、宽带网用户总数 24.4 万户，主营业务收入 5.3 亿元，比上年增长 6 %。公司在移动业务、3G、4G 网络、固话业务三项业务指标中单项满意度连续 5 年列同城行业第一名。公司被中国电信集团公司评为“年度天翼双领先地市分公司”，获中国电信股份有限公司河北分公司颁发的“综合管理优秀奖”，成为全省电信系统唯一连续 11 年获得该项荣誉的地市公司。

公司践行国家“宽带中国”战略，落实“提速降费”政策，持续推进城市光纤到楼入户、农村宽带进乡入村、宽带业务降资提速的进程，建设高速畅通、覆盖城乡、质优价廉、服务便捷的宽带网络基础设施和服务体系。开展“4G 大会战”活动，建设 4G 室外站 1260 个、室内分布系统 211 套；开展 4G 网络的测试和优化工作，城区覆盖率达到 99%，县城平均覆盖率达到 95%，基本实现城区、乡镇和主要交通干道的 4G 网络有效连续覆盖。全年新增 FTTH（即光纤到户）布线 42.7 万户，光纤改造 8.5 万户，为降低创业成本、推动“互联网 +”发展提供有力支撑，为落实“大众创业、万众创新”发挥了重要作用。市民家庭客户可以通过中国电信廊坊分公司提供的光纤宽带、高速移动网络和家庭智能网关等构建的无缝宽带智能组网，享受通信、信息和娱乐一体化的信息解决方案，让“智慧家庭”真正走进普通百姓家。

（张　敏）

环保·旅游

环境保护

【概况】 2015年，廊坊市全面贯彻新《环境保护法》，依法实施源头严控、过程严管、后果严惩，推进环境污染防治工作长效化、法治化。结合“十二五”剩余减排目标，紧盯“年度减排目标完成、重点减排目标责任书工程落实、监测体系建设”三条红线，推进实施“四大行业减排工程、污水处理减排工程、畜禽养殖减排工程、机动车减排工程、管理减排工程”5项污染减排工程建设，压实责任，细化措施。全市谋划实施减排工程448项，其中水减排工程300项，大气减排工程148项，全部工程建设完工并投入运行。经环保部考核认定，廊坊市完成“十二五”总量减排目标任务。

年内，廊坊市区采样365天，达标天数为185天（一级天数27天），达标率为50.7%，与2014年（153天）同比增加32天，达标率提高8.8个百分点；重污染天数为52天，比例为14%，与2014年（71天）同比减少19天。其中，PM10（137μg/m^3）、PM2.5（85μg/m^3）、SO_2（24μg/m^3）、NO_2（47μg/m^3）、CO（3.4mg/m^3）浓度与2014年同比分别下降13.8%、15%、33.3%、4.1%、5.6%，空气质量综合指数为7.89，与2014年（8.86）同比下降10.9%。其中，PM2.5下降比例高出省下达任务（9%）6个百分点。全市重点河流水质明显改善，大清河水质达到地表水V类水体标准，北运河、龙河河流出境水质明显好于入境水质。市区地下水及集中式饮用水源地水质均稳定达到《地下水质量标准》（GB/T14848—1993）Ⅲ类标准。市区昼间、夜间道路交通噪声质量等级均为好，昼间区域环境噪声质量等级为较好，夜间区域环境噪声质量等级为一般，功能区噪声均达标。

【环保督导检查约谈】 2015年，市委、市政府定期召开环保工作协调会、调度会，实行挂图作战，定期通报市直各部门和各县（市、区）的工作进展情况，对进展慢的提出严厉批评，限期整改。市政府主要领导与各县（市、区）政府主要领导签订减排目标责任状。市委书记王晓东、市长冯韶慧定期到现场检查指导工作，约谈调度县（市、区）委书记、县（市、区）长和市直部门“一把手”。各县（市、区）委书记、县（市、区）长每周调度辖区内乡（镇）党委书记、乡（镇）长和县直部门“一把手”，以及重点企业。市委组织部会同市政府督查室、市环保局组成联合督导组，对减排进度相对迟缓的部分县（市、区）进行重点督导。市环保局下发年度工作目标任务，对全市减排项目实施“月调度、季通报”制度。

【环保网格化监管】 2015年，廊坊市按照四级管理（市、县、乡、村）、三级网格（县、乡、村）的管理模式，全市建立一级网格11个，二级网格201个，三级网格3348个。各县（市、区）建立起“横向到边、纵向到底”

的网格化环境监管体系框架。全市各村街、重点企业设立环保监督员，并按照“定区域、定人员、定职责、定任务、定奖惩”的“五定”原则，明确责任主体、目标任务。

【环保联防联治】 2015年，廊坊市建立环保、公安双重管理的执法体制，打击环境污染违法犯罪。市、县两级共出动环境执法人员7.2万余人次，执法车辆31855台次，检查各类企业3.1万多家次，关停取缔425家，实施行政处罚2187.1万元；公安机关抓获环境违法犯罪嫌疑人56名。畅通信访渠道，利用环保热线12369、网站、微信等方式24小时接访，受理信访举报1578件，办结1470件。

【环保资金投入】 2015年，廊坊市争取上级环保专项资金55277.57万元，比2014年增加17337.69万元，同比增长69%。市级安排环境保护专项资金4.4639亿元，其中年初预算安排1.5793亿元、年中追加大气资金1.9941亿元、安排壁挂炉燃气补贴资金1744.71万元、神华煤补贴7160万元。提前争取2016年省以上专项资金21434万元。

【《廊坊市重污染天气应急预案》修编】 《廊坊市重污染天气应急预案》（2015修编版）（以下简称《预案》）于3月20日六届市政府第二十七次常务会议审议通过。新修编的《预案》突出与各级各部门预案体系的衔接，具有重污染天气预警预报的科学性、可操作性和针对性。《预案》提升了市级重污染天气应急指挥机构规格，由副市长任总指挥升格为市长任总指挥，加强政府统一领导、部门协同联动的各项职能；减少日常管理部门的职责，有针对性地制定重污染天气期间部门专项职能等。

【京津廊生态共建共享】 廊坊市与北京市共同确定2015年北京市重点支持项目，主要为10蒸吨以下燃煤锅炉淘汰和大型燃煤锅炉深度治理2类。北京给予廊坊市2.3亿资金拨付到位。9月和10月，北京市大气污染防治督导组到廊坊市调研大气污染防治合作项目进展情况。

【环评审批】 2015年，廊坊市简政放权，简化程序，审批效能提高50%以上，未发生违法违规审批现象。全市共审批项目环评980个，总投资966.44亿元，否决高污染项目10个，验收项目173个。40个省级园区有24个园区完成规划环评，其他园区规划处于编制阶段。

【环保宣传】 2015年，廊坊市环保部门在媒体刊载廊坊生态环保稿件1086篇，其中国家级74篇、省级100篇；一版头条53篇，整版17个。协调、组织各类媒体记者进行环保专题采访40余次；组织大气污染防治、重污染天气预警等新闻发布会、媒体见面会9次，录制市领导环保活动和各种会议影像5000余张。采编《环境保护法》《大气污染防治法》宣传材料56000字；编发致全体市民的公开信83万张，印发《环境保护法》宣传简明手册、《大气污染防治法》宣传简明手册近18万册；为各类媒体提供关于秸秆禁烧、机动车尾气、燃放烟花爆竹、重污染天气预警等方面的环保知识近10万字。发布环保政务微博90条、政务微信9条。采编《廊坊环境保护》4期2000册。

（李　想）

水污染治理

【概况】 2015年，廊坊市制定《廊坊市水污染防治行动计划工作方案》，开展水环境综合整治行动。组织动员市、县、乡、村4级工作人员5000多人，各类车辆14000多台次，投入资金5100多万元，开展域内重点河流大规模整治行动，共清运垃圾26万立方米、拆除违建500多个、封堵排污口147个，基本清除各条河流的污染隐患。廊坊市列入《海河流域水污染防治规划(2011—2015年)》中的15个治理工程项目全部完成。运用第三方治理模式，引进污水治理专业公司，利用成熟技术迅速治理已经污染的水体，确保重点河流水质明显改善。10月—12月数据显示，大清河河流水质达到地表水V类水体标准，北运河、龙河河流水质明显改善，出境水质明显好于入境水质。

【廊坊市水污染防治专家咨询委员会成立】 2015年，廊坊市聘请吴舜泽等11位国内权威专家为咨询委员会委员，并与环保部环境规划院签署长期合作协议，为廊坊市河流污染整治进行把脉，提出顶层设计方案和解决路径，有针对性地指导廊坊市重点河流及各类水体的污染防治工作。积极对接“十三五”国家水专项课题组，廊坊市重点河流纳入水专项专题研究库。

【水污染治理细化责任分工】 2015年，廊坊市在主要河流实施河长、段长、点长工作责任制。各县（市、区）党政主要负责人任河长，全面负责重点河流在本地区河段的综合整治工作；各乡镇党政主要负责人任段长，全面负责重点河流在本乡镇河段的综合整治工作；乡镇党政班子成员任点长，重点负责本乡镇内各个污染点源的治理、生态保持和入河断面的环境综合整治工作。各相关县(市、区)对每条河流、河段、相关重点企业、村街、入河断面均明确了责任人、治理任务、治理标准、完成时限。

【排污权核定和分配工作】 2015年，廊坊市推进排污单位排污权核定和分配工作。转发省政府《关于进一步推进排污权有偿使用和交易试点的实施意见》、省政府《关于排污权有偿使用和交易管理暂行办法的通知》、省环保厅《河北省排污权分配和技术方案》、省环保厅《关于加快开展排污权初次核定工作的通知》等文件，提出工作要求。组织宣传培训。9月，市环保局组织参加省环保厅的技术培训，10月21日，组织全市的技术研讨会。采取网上公布、报纸刊登、电视台播放的方式，向社会发放《关于加快开展单位排污权初次核定和分配工作的公告》。组织企业编制技术报告并进行审核，有538家企业编制技术报告。

【污染减排工作】 2015年，廊坊市紧盯“十二五”剩余减排目标，实施“四大行业（钢铁、水泥、电力、玻璃）减排工程、污水处理减排工程、畜禽养殖减排工程、机动车减排工程、管理减排工程”5项污染减排工程建设。市政府领导召开三次污染减排工作调度会，与各县（市、区）签订减排目标责任状。市委组织部、市政府督查室、市环保局联合组成督导组，重点督导减排进度相对迟缓的县（市、区）。年内全市谋划实施减排工程448项，其中水减排工程300项，大气减排工程148项，全部工程建设完工，并投入运行。经环保部考核认定，廊坊市全部完成“十二五”总量减排目标任务。

（李　想）

大气污染治理

【概况】 2015 年，廊坊市制定出台《廊坊市 2015 年大气污染防治工作实施计划及要点》《廊坊市大气污染深入治理三年（2015—2017）行动方案》《廊坊市煤炭经营存储使用监管办法》《廊坊市今冬明春大气污染防治攻坚方案》《廊坊市重污染天气应急预警会商审批发布工作流程（暂行）》等综合性文件。围绕“退出倒排前十”目标，市委、市政府制定出台《廊坊市 2015 年大气污染防治攻坚十条》和《廊坊市 2015 年大气污染防治重点攻坚行动方案》2 个刚性文件，明确控制燃煤等一系列具体政策措施，推动大气污染防治工作持续全面深化。

实行党政同责。市委书记王晓东、市长冯韶慧每周听取一次大气污染防治专项汇报，组织一次专项检查。对检查出的问题，明确主管部门和治理时限，并实时跟踪进展，每周进行通报。全市发挥县、乡、村三级环保网格作用，将监管责任下沉，加大一线巡查管控力度。

实行“双控”（控制空气质量综合指数，控制 PM 2.5 下降率）传导压力，在空气质量考核标准上，既考核空气质量综合指数，又考核 PM 2.5 浓度下降率。对“双控”指标完成情况实行月排名、季考核，季度考核排名靠后的一律给予经济处罚并通过电视媒体予以曝光。开展千人督导。11 月 10 日，市委办公室、市政府办公室印发《关于印发〈廊坊市环保千人督查工作方案〉的通知》。11 月 10 日至 12 月 31 日，全市抽调千名市、县两级机关干部深入 142 个乡镇、园区，以及市、县两级城中村和所有重点企业开展环保工作大督察，确保各项大气污染防治措施落实到位。

科学精准治污。市委、市政府继续深化与中组部千人计划 PM2.5 特别防治小组的战略合作，聘请柴发合、贺克斌等一批国内权威专家为顾问，定期对大气污染防治工作进行把脉会诊。PM2.5 特别防治小组常驻廊坊市全程跟踪指导，共同建立空气质量实时管控信息平台，对廊坊各类污染源进行实时在线分析、全过程监管。每周分析污染成因及贡献，预测趋势变化，同时全方位参与检查督察，积极发挥第三方监督作用，客观评价，提出问题，确保取得治理实效。

【燃煤污染治理】 2015 年，廊坊市坚持把控煤作为燃煤污染治理工作的核心，组织开展控煤歼灭战专项行动。市委、市政府印发《廊坊市 2015 年控煤歼灭战行动方案》《廊坊市开展关停取缔实心黏土砖瓦窑专项行动实施方案》，将任务逐一分解下达各县（市、区）。市直有关部门组成联合督导组，深入开展专项督导，确保任务落实到位。实施“烧无烟清洁型煤、换节能环保炉具”工程，安装环保炉具 12.9346 万户，推广型煤 40.2 万吨。新建型煤生产企业 1 家。全市累计建成投产型煤生产企业 8 家，实现保障供给能力 100 万吨以上，引进推广神华优质煤 160 余万吨。严格落实《商品煤管理暂行办法》，严格执行河北省《工业和民用燃料煤》和《洁净颗粒型煤》地方标准，市政府印发《廊坊市煤炭经营存储使用监管暂行办法》《开展散煤治理控制大气污染的通告》，强化煤质管理，严控劣质煤炭销售使用。市直有关部门组成联合检查组，定期对煤炭销售和重点用煤大户进行抽检，对生产、销售不合格煤炭的企业依法重罚。各县（市、区）建成 13 个煤炭快速检测站。市产品质量监督检验所煤检中心进行升级改造。全市初步形成以

13个煤炭快速检测站为基础，以市煤质检测中心为支撑，覆盖全市各县（市、区）的煤质检测网络。加大对用能大户监管，开展重点用能单位能耗数据在线采集和能源计量审查，省下达廊坊市的12家重点用能单位全部安装在线采集系统，21家重点用能单位，除去8家停产外，其余13家全部进行能源计量审查。

【燃煤锅炉淘汰】 2015年，廊坊市继续按照《河北省燃煤锅炉治理实施方案》要求，对全市10蒸吨及以下燃煤锅炉实施集中整治，通过采取并网、拆除、改气、改电等方式，淘汰治理10蒸吨及以下燃煤锅炉1869台3601.71蒸吨。其中，拆除燃煤锅炉876台1427.11蒸吨、改电164台187.66蒸吨、改生物质128台190.92蒸吨、改气525台1137.94蒸吨、其他方式176台658.08蒸吨。采取引进第三方治理方式，对主城区29个供热站、66台20蒸吨及以上集中供热锅炉进行提标改造，实现达标排放。

【扬尘污染防治】 2015年，廊坊市落实《河北省建筑施工扬尘防治新15条标准》和“7个100%”（施工工地沙土物料100%苫盖、工地路面100%硬化、出入车辆100%冲洗、拆除房屋工地100%洒水压尘、暂时不开工的空地100%苫盖或绿化、施工工地100%安装视频监控、运输渣土等物料车辆100%苫盖）要求，全市实施扬尘综合整治657个工地3185.17万平方米。市政府制定出台《关于加强建设工程渣土运输管理意见》，整治营运渣土车，密闭改装并安装GPS定位系统渣土运输车200辆。市城区建成渣土运输车GPS管控平台，初步实现渣土车轨迹跟踪在线监控。市、县两级建成区推广机械化湿式清扫保洁，消灭各类卫生死角、死面。洒水清扫保洁，按道路积尘负荷实行量化管理，机械化清扫率62%。

【机动车尾气污染治理】 2015年，廊坊市持续开展黄标车淘汰、外阜重卡绕行和新能源车推广工作。全市共淘汰黄标车和老旧车30326辆。制定市主城区外埠重型卡车绕行具体措施，在环廊进市口设立综合检查站，对过境重卡进行疏导绕行。全市所有销售运营的加油站、储油库全部进行油气回收治理，并完成国五标准车用汽柴油置换。市主城区556辆公交车全部更换为新能源或清洁燃料汽车，其中混合动力125辆、清洁燃料431辆。全市推广新能源汽车2037辆，建设充电站点14个，累计建成充电桩93个。

【各类烟气专项治理】 2015年，廊坊市继续加强烟花爆竹禁限放管理，发布烟花爆竹禁放通告，规定除春节期间个别时段外，禁止在市城区燃放烟花爆竹。市政府出台《关于开展秋季秸秆禁烧和综合利用督导检查工作的通知》《2015年秸秆禁烧和综合利用工作实施方案》，以及《关于禁止焚烧秸秆树叶荒草垃圾的通告》等秸秆禁烧文件。成立廊坊市秸秆禁烧工作领导小组，定期开展秸秆禁烧工作的专项督导检查，并对检查中发现的问题严肃处理。治理餐饮行业油烟。市政府颁布禁止露天烧烤的通告，全部取缔市主城区露天烧烤。对入店经营的烧烤点，强制性安装达到环保要求的油烟净化设备，并适当予以补贴，对拒绝安装或不正常运行净化设备的，依法进行处罚。年内，市城区新增和更新改造餐饮行业油烟设施207家，全市规模以上饭店全部安装高效油烟净化设施。

【“四大行业”专项治理】 2015年，按照环保部《京津冀及周边地区重点行业大气污染限期治理方案》要求，廊坊市继续开展重点行业的大气污染治理。廊坊市域内的钢铁、水泥、电力、玻璃“四大行业”涉及的21项大气治理工程，于11月中旬全部完工。淘汰过剩产能，压减炼钢产能72万吨。严格燃煤电厂排放标准，三河电厂4台机组完成超低排放改造。落实全省实心黏土砖瓦窑整治相关工作部署，全市126座实心黏土砖瓦窑全部关停取缔。

【“9·3”阅兵空气质量保障工作】 2015年，中国人民抗日战争暨世界反法西斯战争胜利70周年纪念活动（以下简称“9·3”阅兵）期间，廊坊市全面实施最高一级应急减排措施。为保障空气质量，在省政府下达廊坊市停（限）产企业356家、停工工地224处任务基础上，廊坊市自我加压，实际停（限）产企业2601家，停工工地555处。“9·3”阅兵保障期间，市委书记王晓东、市长冯韶慧、副市长王曦等领导多次组织召开专题工作会议。市委、市政府成立专项督导组，由市委常委带队进驻各县（市、区）和廊坊开发区“包县”进行督导指导；全市组成11个督查组，由处级干部带队进驻各县（市、区）、廊坊开发区全程督导检查。督查组采取突击检查和反复检查方式，重点加大对偷排偷放、超标排放、扬尘污染、露天烧烤、露天焚烧，及违法经营劣质煤炭等行为的查处和打击力度。“9·3”阅兵保障期间，廊坊市污染指标大幅下降，达标天数13天，与2014年同期相比达标天数增加了6天；未出现重污染天气。PM10、PM2.5、SO_2、CO、O_3浓度分别下降49.5%、65.7%、76.5%、23.5%、2.4%。廊坊市空气质量保障工作得到环保部、省督导组的肯定。

（张　鼎）

旅　游

【概况】 2015年，廊坊旅游与北京、天津旅游错位发展。通过挖掘、整合、包装旅游资源，廊坊市向北京、天津旅游市场推出平原森林游、温泉养生游、家具博览游、田园风光游、会展商务游和冀中民俗游6大旅游品牌。开展景区质量提档升级和精品景区创建活动。市旅游局指导AAAA级景区开展景区质量整改提升活动，聘请专业规划师指导九天休闲谷创建国家AAAA级景区。全市启动依法治理旅游市场秩序行动，在重要时间节点开展专项检查，打击旅游违法行为，妥善处理旅游投诉，净化旅游服务市场。加强廊坊旅游宣传，利用报纸、电视、网络等媒体平台，发布文明旅游倡议书，拍摄播放文明旅游宣传片，印发文明旅游宣传册和张贴画，广泛宣传倡导文明旅游，提升公民旅游文明素质，树立廊坊市良好旅游形象。是年，廊坊市有A级景区23家，星级饭店31家，旅行社86家、旅行社分社107家、服务网点82家，省级工农业旅游示范点15家、市级工农业旅游示范点71家。新建、在建旅游项目40个，项目计划总投资784.8亿元。旅游业接待游客2026.61万人次，同比增长22.44%，旅游收入201.93亿元，同比增长32.17%。

【旅游形象宣传】 2015年，市委、市政府提出“京津乐道·绿色廊坊”宣传口号，突出廊坊在京津冀一体化中的产业定位、城市定位、发展定位，以及独特的区位优势、生态优势和资源优势。市旅游局利用户外广告、主流媒体等各种手段，加大宣传力度，提升廊坊旅游形象。央视1套和13套《朝闻天下》栏目播出廊坊旅游宣传片，央视4套《远方的家》栏目连续播出廊坊旅游专题。在北京中心城区的公交车体、北京地铁一号线及廊坊市主要交通干线、市区户外载体上，廊坊旅游形象广告实现全覆盖。创作《乐道廊坊》旅游主题歌曲，召开推广《乐道廊坊》旅游主题歌曲座谈会，组织开展《乐道廊坊》进校园、进国内外旅游推介现场等系列宣传推广活动。“京津乐道·绿色廊坊”成为人们耳熟能详的城市品牌。

【2015京津冀游客河北名镇名村首游式在胜芳启幕】 4月25日，“游名村·赏名镇·触摸乡愁——2015京津冀游客河北名镇名村首游式”在霸州市胜芳镇启幕。该项活动由河北省旅游局和廊坊市人民政府联合主办，廊坊市旅游局承办。河北省副省长秦博勇，廊坊市市长冯韶慧，河北省旅游局局长栗进路，廊坊市委常委、副市长贾永清出席启动仪式。北京市旅游委、天津市旅游局及河北省内设区市旅游部门负责人、名镇名村负责人、京津冀重点旅行商、自驾车协会、自驾车俱乐部、户外骑行俱乐部代表等350余人参加首游仪式。秦博勇宣布2015京津冀游客河北名镇名村首游式启动，冯韶慧、栗进路、贾永清等向京津冀旅行商和自驾车俱乐部代表赠送《光影乡愁——寻梦河北名镇名村》图册和京津冀自驾车旅游护照，并为京津冀三地的骑行户外团队代表授旗。活动期间，河北省旅游局重点推介河北名镇名村旅游资源及10条名镇名村旅游精品线路。

【京津冀旅游协同发展】 2015年，廊坊市借势京津冀协同发展，开展京津廊旅游合作。市旅游局与北京铁路局签署合作协议，开通“廊坊号”高铁旅游列车，京津廊一体化旅游发展迈出新步伐；廊坊市与北京市西城区、石景山区、通州区，天津市津南区、西青区、蓟县等地建立区域旅游联盟；廊坊市与衡水市、沧州市建立京杭大运河河北旅游营销联盟，并组织媒体进行采风活动。廊坊市旅游局与携程网签署《京津冀旅游协同发展智慧旅游示范城市合作创建意向协议》；举办“2015京津冀游客河北名镇名村首游式”、2015第三届京津冀旅游文化暨茶文化博览会等系列活动，发行京津冀旅游“一卡通”，推进京津冀旅游合作。

【2015中国（廊坊）国际自驾车旅行大会在香河举行】 10月23日至25日，由河北省旅游局、廊坊市人民政府主办，廊坊市旅游局、香河县人民政府、河北省自驾游与房车露营协会承办的“2015中国（廊坊）国际自驾车旅行大会暨第八届中国（廊坊）国际热气球节”在香河中信国安第一城举办。中国旅游协会秘书长刘士军，河北省旅游局监察专员高国明，天津市旅游局规划处处长刘桂明，北京市旅游委产业处副处长陶勇，廊坊市委常委、副市长贾永清，市人大常委会副主任李凤霞，市政协副主席高树民等出席开幕式。贾永清致开幕辞。河北省各设区市旅游局负责人及北京市、天津市、河北省、山东省、山西省、河南省、内蒙古自治区、辽宁省、吉林省、黑龙江省等省（市、区）自驾游协会负责人和京津冀重点旅行商、景区代表等500人参加开幕式。活动聚焦发挥京津冀三地优势，推动区域自驾车旅游市场健康发展，助力京津冀旅游一体化。活动期间，主办方举办“自驾·吃在廊坊”美食节、京津冀自驾车旅游精品线路推介会、中国自驾车旅游

发展论坛、京津冀数码摄影大赛及摄影作品展、自驾车露营时尚体验展、热气球配套活动、第一城皇家灯会、美国罗宾逊 R44 直升机展示等活动。

【廊坊市召开旅游业发展大会暨乡村旅游现场观摩会】 11 月 3 日至 4 日，廊坊市召开旅游发展大会暨乡村旅游现场观摩会。观摩会贯彻落实全国、全省旅游工作会议和省委书记赵克志在廊坊调研期间重要讲话精神，抢抓京津冀协同发展重大机遇，推动廊坊市旅游业实现跨越式发展。市委副书记蒋洪江，市委常委、副市长贾永清，市政府党组成员张春生，省旅游局规划处处长杨军出席会议或现场观摩。蒋洪江讲话并强调，全市各级各部门要充分认识加快旅游业发展的重要性和紧迫性，全力以赴推动全市旅游业、旅游产业的快速发展。会议期间，参会人员先后到永清县绿野仙庄、天圆山庄，固安县知子营工委河津村，大厂回族自治县民族宫、伊乡森林公园、威武屯民俗旅游度假村，及北京大兴区呀路古热带植物园进行考察。

【首届廊坊·第什里风筝文化旅游节】 11 月 14 日，由廊坊市旅游局、廊坊市体育局、廊坊市文广新局、安次区人民政府主办的首届廊坊·第什里风筝文化旅游节在安次区第什里村举行。第什里风筝起源于明朝永乐年间，兴起于清康熙时期，是宫廷风筝的主要流派代表，名列河北省非物质文化遗产。举办首届廊坊·第什里风筝文化旅游节旨在依托第什里丰富的风筝文化和旅游资源，弘扬传统风筝文化，推进京津冀协同发展，加快美丽乡村建设，发掘廊坊第什里风筝民间艺术，做大“京津乐道·绿色廊坊”旅游品牌。活动为期 2 天，中国风筝协会，京津、潍坊等地风筝协会，全国各地的 16 支风筝表演队进行风筝展演，中国四大流派代表风筝亮相。各地风筝专业人士和业余风筝爱好者 10 万余人次参与活动。活动期间，承办方组织了“牵手京津冀”文艺演出、参观风筝一条街和风筝展馆、放飞“廊坊龙”和“中国梦”超大主题风筝、全国十佳风筝代表队现场竞技表演、万人风筝现场赛、风筝 DIY 制作体验等内容。

【2015 廊坊十大旅游商品评选活动】 8 月至 11 月，市旅游局举办廊坊十大旅游商品评选活动。107 家企业 769 件商品参加评选。评选活动经过商品征集、初评、推广、终评 4 个阶段，最终评选出缩结葫芦——天鹅葫芦、第什里风筝——礼品风筝、众惠小麻花、老天利缠枝莲花纹碗、焦氏脸谱系列、燕南春酒、杨家将系列茶具、中国京作工艺红木扇、银烧蓝——首饰系列、马氏柳编系列为“廊坊十大旅游商品”。

【2015 廊坊市乡村十美景评选活动】 8 月至 12 月，市旅游局联合中国旅游报社开展“2015 廊坊市乡村十美景”评选活动。该项活动旨在进一步挖掘廊坊市名胜古迹、历史街镇、田园风光、农业景观、民风民俗等乡村旅游资源。评选活动经过宣传发动、报名推荐、公众投票、旅游摄影展示、专家评审等环节，由《中国旅游报》《乡村周末》、搜狐网、《今日头条》、第一旅游网、《中国旅游报》官方微信、《乡村周末》微信等媒体直接和链接投票，最终评选出《瑞雪文昌耀古镇》《千亩油葵花海》《万亩桃花海》《皇城印象》《霞光映荷塘》《魅力潮白》《秋水映新河》《群鸭欢舞北运河》《铁树银花》《三八席》10 幅作品为“2015 廊坊

市乡村十美景”。

【2015美丽中国行·聚焦绿色廊坊采风活动】 9月23日，“2015美丽中国行·聚焦绿色廊坊”中央媒体大型采风活动在廊坊市金丰农科园启程。中国旅游报社副总编辑金启宁、河北省旅游局纪检组长高国明、廊坊市旅游局局长邹冠通等出席启动仪式。全国20家主流媒体的记者组成的采风团利用5天时间，到文安、大城、固安、广阳、安次、廊坊开发区、永清、霸州、三河、大厂、香河等县（市、区）采风采访，聚焦“绿色廊坊”的旅游魅力，集中报道廊坊旅游发展成果和创新经验，展现廊坊特色旅游资源和产品。该次采风是“2015美丽中国行”第14站活动，由中国旅游报社、廊坊市人民政府主办，廊坊市旅游局承办，并得到途牛旅游网支持。

【河北省历史文化名镇名村产品路线发布会】 4月24日，由河北省旅游局、廊坊市人民政府主办的河北省历史文化名镇名村产品路线媒体发布会在霸州举行，重点推出涵盖京津冀三地的10条名镇名村精品旅游线路。省旅游局市场处处长刘玉方到会致辞。《人民日报》、中央人民广播电台、《中国旅游报》《河北日报》、新华网、新浪网、凤凰网、国家旅游局官网等多家媒体代表出席发布会。京津冀的重点旅行商、京津冀自驾车协会、自驾车俱乐部、户外骑行俱乐部代表和省内设区市旅游局及名镇名村负责人共计300余人参加发布会。年内，河北省有历史文化名镇名村48个，其中国家级名镇名村20个，省级名镇名村28个。一批名镇名村合理适度发展旅游业，呈现出保护与发展相互促进、相得益彰的良好态势。张家口暖泉古镇、廊坊胜芳古镇、保定冉庄村地道战纪念馆等6个村镇已打造成为A级旅游景区，张家口鸡鸣驿村、石家庄于家村、大梁江村等10个名镇名村具备一定接待能力。为吸引更多游客走进名镇名村，省旅游局根据区位特点、资源特色和市场需求等因素，对河北省历史文化名镇名村旅游资源进行全面整合，策划包装10条旅游产品线路。这些线路涵盖京津冀三地的名镇名村，其中3条从北京出发，将北京古北水镇、天津西井峪村和张家口、保定、唐山的名镇名村纳入线路中；2条从天津出发，将天津杨柳青和廊坊、保定一线名镇名村纳入线路中；5条从河北省内城市出发，主要针对太行山沿线，将保定、石家庄、邢台、邯郸的名镇名村进行线路整合。10条旅游线路中涉及廊坊的是“廊坊古镇茗汤2日游”。游客从天津出发，途中可观赏天津杨柳青镇的剪纸、风筝、砖雕等民间艺术瑰宝，参观霸州胜芳古镇的“三宗宝”——戏楼、牌坊、文昌阁，游览融合中西建筑风格的张家大院，以及胜芳会馆、胜芳民俗博物馆、大悲寺等。

【参加第三届天津市电视观众节】 5月8日至10日，市旅游局组织各特色旅游景区、旅游产品商及特色表演节目参加在天津梅江会展中心举办的第三届天津市电视观众节。该次参展旨在更好传播“京津乐道·绿色廊坊”旅游品牌，借势天津最具影响力的“天津电视观众节”，整合廊坊旅游优势资源，让天津的主流消费者近距离体验廊坊的旅游文化。工作人员现场发放廊坊手绘旅游地图、廊坊旅游指南等一系列宣传推介资料，介绍九天休闲谷、霸州茗汤温泉、香河第一城等特色旅游景点，以及大厂一品斋黏食店、靳记熏鱼等特色美食和森源工艺品、高氏玉器厂的精美产品。展会推出“京津冀旅游一卡通”等惠民旅游产品以及廊坊多条精品旅游线路，展示廊坊独特的区位和旅游资源，为天津市民到廊坊旅游提供参考。第三届天津市电视观众节展会宣传，使廊坊市“京津乐道·绿色廊坊”的城市品牌和旅游形象逐步被天津市民接受、认可。

2015年廊坊市旅行社一览表

表21

序号	单位名称	设立时间	地　址
1	春光旅行社	1997年2月	廊坊市新华路82号
2	天都旅行社	1997年2月	廊坊市广阳道188号
3	虹宇国际旅行社	2007年9月	廊坊市新世纪步行街第三大街A座192号
4	文安春秋旅行社	1998年4月	文安县北环路18号
5	方舟旅行社	1998年6月	廊坊市解放道124号
6	霸州神舟旅行社	2000年3月	霸州市天祥路隆泰西门南300米
7	平安旅行社	2000年10月	霸州市建设东道25号
8	东华旅行社	2000年12月	廊坊市新华路122号
9	金世纪旅行社	2001年1月	廊坊市新世纪步行街第一大街A座40号
10	丽华旅行社	2001年4月	霸州市胜芳镇星河路64号
11	新华旅行社	2001年4月	廊坊市金光道49号
12	群泰旅行社	2001年5月	廊坊市广阳区万庄石油基地
13	新世纪旅行社	2001年10月	廊坊市新世纪步行街第三大街C座170号
14	五洲旅行社	2002年1月	廊坊市银河北路38号
15	四方旅行社	2002年1月	三河市鼎盛西大街23号
16	青年旅行社	2002年6月	大城县新华东街239号
17	中旅国际旅行社	2002年6月	廊坊市新华路80号
18	宏远旅行社	2003年1月	文安县二中对面
19	政通旅行社	2003年1月	文安县北环路
20	康辉旅行社	2003年3月	廊坊市新世纪步行街第五大街精品廊C2
21	广彤旅行社	2003年11月	廊坊市新世纪步行街第四大街A座237号
22	阳光旅行社	2003年9月	廊坊市裕华路91号
23	金马旅行社	2004年1月	廊坊市新世纪步行街第四大街B座90号
24	环球旅行社	2004年1月	霸州市隆泰花园南门西50米

续表 21-1

序号	单位名称	设立时间	地　　址
25	山水旅行社	2004 年 4 月	三河市世纪花园商贸楼 1 号
26	神州假日旅行社	2004 年 6 月	廊坊市新世纪步行街第三大街南街 172 号
27	和平旅行社	2004 年 6 月	廊坊市曙光道 18 号
28	昆仑旅行社	2004 年 10 月	三河市西贤人街商贸楼 7 号
29	风情假日旅行社	2004 年 12 月	廊坊市新世纪步行街第五大街精品廊 2 栋 C5 号
30	银河假日旅行社	2004 年 12 月	霸州市天祥北路
31	金辉旅行社	2005 年 5 月	廊坊市康庄道金海公寓 2 号 1 门
32	祥旅假日旅行社	2005 年 7 月	廊坊市新世纪步行街第五大街演艺广场 E127 号
33	馨苑旅行社	2005 年 7 月	廊坊市廊京路商贸一条街 1 号楼 3 号
34	凯悦旅行社	2006 年 4 月	廊坊市新世纪步行街第三大街 A 座 46 号
35	光之旅旅行社	2006 年 12 月	霸州市天祥路南段路西
36	海洋旅行社	2007 年 7 月	廊坊新世纪步行街第四大街 A-53 号
37	康泰旅行社	2007 年 11 月	霸州市天祥路北段
38	金龙假日旅行社	2007 年 11 月	廊坊市新华路 17 号
39	香河春秋旅行社	2007 年 12 月	香河县新开街老干部局商贸楼
40	康汇旅行社	2007 年 12 月	大厂县城荣昌北街 51 号
41	春华旅行社	2008 年 1 月	廊坊市康庄道金海公寓 1 栋 B 座 5 号
42	朋达旅行社	2008 年 1 月	廊坊市银河北路 44 号
43	华远旅行社	2008 年 3 月	廊坊市新世纪步行街第四大街 A222 号
44	三河市中海旅行社	2008 年 3 月	三河市建设路 33 号
45	鸣翔旅行社	2008 年 3 月	文安县西关商业街
46	开发区汇源旅行社	2008 年 3 月	廊坊市开发区四海路
47	宏辉旅行社	2008 年 3 月	大厂县永安路
48	中青旅行社	2008 年 3 月	廊坊市新华路 45 号明珠影剧院内
49	恒信旅行社	2008 年 3 月	廊坊市万庄石油矿区 6 区商业街 19 号
50	风光旅行社	2008 年 4 月	永清县府东街南 7 栋 6 号
51	永丰旅行社	2008 年 4 月	固安县新中东街南侧
52	康信旅行社	2008 年 7 月	大城县新华东街
53	东星旅行社	2008 年 9 月	三河市燕郊开发区海油大街防卫科技学院对面
54	华海旅行社	2008 年 12 月	廊坊市万庄石油基地万春园小区门市 1-6 号
55	环宇旅行社	2008 年 12 月	三河市燕郊开发区行宫宾馆 1 号写字间

续表 21-2

序号	单位名称	设立时间	地　址
56	国之旅旅行社	2009 年 2 月	廊坊市新华路尚都金茂大厦 C 座 103 室
57	春秋旅行社	2009 年 3 月	廊坊市广阳道 144 号
58	黄金假日旅行社	2009 年 3 月	廊坊市新世纪步行街第三大街 A 座 24 号
59	畅游旅行社	2009 年 4 月	永清县百盛商城一大街南侧 C-2
60	春晓旅行社	2009 年 4 月	永清县府东街南 9 号楼
61	乐途旅行社	2009 年 12 月	廊坊市新开路天域花园 26 号
62	鑫海慈缘旅行社	2009 年 12 月	廊坊市新世纪步行街第三大街 A 座 39 号
63	香河通达旅行社	2009 年 12 月	香河县新开街康宁园东侧
64	霸州天缘旅行社	2010 年 2 月	霸州市胜芳镇北二环新园小区 4 号楼 2 单元 103 门店
65	香河全景假日旅行社	2010 年 4 月	香河广场北侧路（迎宾路）西临街门市楼
66	永清县老索旅行社	2010 年 7 月	永清县韩村镇杨家营村
67	澳可旅行社	2010 年 7 月	廊坊市新华路尚都金茂 B 座 716 室
68	环宇旅行社	2010 年 11 月	廊坊市华苑小区 39-1 号底商
69	固安县天顺旅行社	2011 年 2 月	固安县京开公路西侧水上公园
70	廊坊新绎国际旅行社	2011 年 2 月	廊坊市银河大街 5 号新城小区 1#4-8 楼
71	香河如旅人生旅行社	2011 年 6 月	香河新华大街北侧新华嘉园 11 号楼
72	金旅国际旅行社	2011 年 7 月	廊坊市天利得益大厦 711、712 室
73	固安县胜捷通旅行社	2011 年 7 月	固安县 106 国道西侧（云龙湾商务会馆）
74	永清县环游旅行社	2012 年 2 月	永清县府东街路南 4#楼
75	百翔假日旅行社	2012 年 6 月	廊坊市新世纪步行街第二大街 A 座 67 号一层
76	永清县清丰旅行社	2012 年 6 月	永清县文苑路北段东 1 号
77	春晖旅行社	2012 年 9 月	廊坊市广阳区银河路 19 号一层门市
78	固安县北青旅行社	2012 年 11 月	固安县永定河孔雀城二号路商业街 35 号
79	新航线旅行社	2013 年 4 月	廊坊市通泰小区 3-4-402 室
80	畅途旅行社	2013 年 5 月	廊坊市金光道 43 号院内 1 号底商 4 号
81	三河市欢乐假期旅行社有限公司	2014 年 1 月	三河市迎宾南路 26 号
82	众信旅行社	2014 年 5 月	廊坊市群安街星盛园 5-6-101
83	海岚旅行社	2014 年 7 月	廊坊市广阳区广阳道广阳公寓小区 5 楼 11 号门店
84	行天下旅行社	2014 年 10 月	廊坊市广阳区第八大街东区 H-6-501
85	中体旅行社	2014 年 11 月	廊坊市广阳区儿童乐园北门西侧
86	路友国际旅行社	2015 年 2 月	廊坊市广阳区爱民东道 235 号

2015 年廊坊市星级饭店一览表

表 22

序号	饭店名称	星级	评定时间	地　址
1	廊坊国际饭店	五星	2007 年 12 月	廊坊市和平路 81 号甲
2	廊坊三河福成国际大酒店	五星	2010 年 8 月	三河市燕郊 102 国道北侧
3	廊坊艾力枫社酒店	五星	2011 年 3 月	廊坊市开发区金源道
4	廊坊市阿尔卡迪亚大酒店	五星	2011 年 12 月	廊坊市开发区祥云道 23 号
5	思菩兰国际会议中心	四星	2004 年 6 月	三河燕郊开发区
6	京东第一温泉度假村	四星	2007 年 11 月	大厂工业园区
7	和平饭店	四星	2007 年 11 月	廊坊市和平路 99 号
8	汇福大酒店	四星	2007 年 3 月	三河燕郊开发区汇福路 8 号
9	霸州金都大酒店	四星	2008 年 7 月	霸州市兴华北路西侧 88 号
10	燕龙生态度假酒店	四星	2010 年 4 月	燕郊高新技术开发区 102 国道南侧
11	天都大酒店	四星	2011 年 4 月	廊坊市广阳道 188 号
12	海悦酒店管理有限公司	四星	2012 年 6 月	霸州市益津中路益津书院对面
13	霸州玫瑰庄园	四星	2013 年 5 月	霸州市泰山路 519 号
14	梅地亚温泉酒店	四星	2014 年 4 月	霸州市兴华北路广电中心
15	京津花园	三星	2001 年 4 月	廊坊经济开发区创业路 6 号
16	天都大酒店永清分店	三星	2002 年 5 月	永清县武隆路
17	新园酒店	三星	2002 年 5 月	香河第一城内
18	碧海宾馆	三星	2004 年 3 月	廊坊市广阳道 156 号
19	行宫宾馆	三星	2005 年 4 月	三河市燕郊镇迎宾北路 17 号
20	奇丽国际大厦	三星	2005 年 4 月	三河市燕郊镇迎宾路 2 号
21	航天人才培训中心	三星	2007 年 6 月	廊坊市永丰道 128 号
22	中太宾馆	三星	2008 年 5 月	廊坊市广阳道 20 号
23	云龙湾商务会馆	三星	2008 年 8 月	固安县城南
24	新月会议中心	三星	2009 年 10 月	三河燕郊开发区行宫西大街 6 号
25	廊坊宾馆	三星	2011 年 3 月	廊坊市解放道 118 号
26	丽华大酒店	三星	2012 年 7 月	霸州市胜芳镇兴和路 64 号
27	廊坊中石油科学技术研究院会议培训中心	二星	2001 年 4 月	广阳区万庄镇石油矿区
28	华康宾馆	二星	2004 年 9 月	廊坊市廊大路 189 号
29	银都饭店	二星	2005 年 4 月	廊坊市银河北路
30	大成饭店	二星	2009 年 11 月	廊坊市和平路南侧
31	如意快捷商务酒店	二星	2013 年 1 月	廊坊市开发区华祥路 16 号

2015年廊坊市旅游景区（点）一览表

表23

序号	名　　称	级别	评定时间	地　　址
1	香河第一城	AAAA	2002年	香河县安平经济技术开发区
2	文化公园	AAAA	2005年2月	廊坊市文化艺术中心管理处
3	自然公园	AAAA	2005年2月	廊坊市广阳区广阳桥南侧
4	茗汤温泉度假村	AAAA	2006年10月	霸州经济技术开发区106国道东
5	金丰农科园	AAAA	2009年10月	廊坊市和平路北端
6	香河金钥匙景区	AAAA	2011年12月	香河县淑阳大街18号
7	华御温泉度假村	AAA	2005年2月	固安县牛驼温泉开发区
8	廊坊国际会展中心	AAA	2005年2月	廊坊市开发区友谊路
9	霸州李少春纪念馆	AAA	2008年1月	河北省霸州市益津中路
10	霸州市华夏民间收藏馆	AAA	2010年10月	霸州市迎宾东道193号
11	霸州胜芳古镇	AAA	2011年9月	霸州市胜芳镇中山街
12	固安刘凌沧郭慕熙艺术馆	AAA	2011年9月	固安县新中东街141号
13	永清天圆生态农业观光园	AAA	2011年12月	永清县曹家务乡南戈奕村南
14	九天休闲谷	AAA	2015年12月	廊坊市爱民西道西昌路118号
15	时代广场	AA	2004年6月	廊坊市新华路92号
16	水一方休闲垂钓园	AA	2012年1月	廊坊市万庄镇采油四厂样板路北
17	大城京作红木家具旅游基地	AA	2012年12月	大城县南赵扶镇
18	固安县屈家营古音乐会堂	AA	2012年12月	固安县礼让店乡屈家营村
19	大厂回族自治县北坞清真寺	AA	2012年12月	大厂县北坞村
20	香河县新城广场	AA	2012年12月	廊坊市香河县新华大街97号
21	广阳天胜园农业生态观光园	AA	2013年12月	廊坊市科技谷园区青果路111号
22	永清县金华湖度假村	AA	2013年12月	永清县里澜城镇小惠庄村
23	永清县后奕镇观音禅寺	AA	2013年12月	永清县后奕镇

2015年廊坊市取消等级A级旅游景区一览表

表24

序号	景区名称	原级别	取消时间	取消文号
1	三河市灵山寺景区	AA	2015年12月	廊旅字〔2015〕55号
2	三河市红嘉业休闲垂钓园	AA	2015年12月	廊旅字〔2015〕55号
3	益津书院	AA	2015年12月	廊旅字〔2015〕55号
4	绿岛庄园	AA	2015年12月	廊旅字〔2015〕55号

2015年廊坊市新增A级旅游景区一览表

表25

序号	景区名称	级别	新增时间	新增文号
1	九天休闲谷	AAA	2015年12月	廊旅字〔2015〕56号

（孟湘君）

商贸流通

商务工作

【概况】 2015年，廊坊市商务工作围绕外向型经济提质提速、商贸流通业上档升级“两项任务”，突出招商、园区、会展“三个重点”，实施外资、外贸、外经“三个提质扩量计划”，完善市场保供调控、商贸流通市场、电子商务发展、城乡消费促进和商务行政执法“五个体系”，推动商务经济规模持续扩大、结构不断优化、发展方式深层转变。全市实际利用外资7.56亿美元，同比增长5.4%；完成社会消费品零售总额793.2亿元，同比增长9.6%；完成进出口48.58亿美元，同比下降5.8%，其中出口23.44亿美元，同比下降5%，进口25.14亿美元，同比下降11.6%；新签对外承包工程合同额16.5亿美元，完成营业额17.91亿美元，工程项下外派劳务3896人，中方境外投资额3.83亿美元；全市省级以上园区主营业务收入6617.46亿元，同比增长16.8%。

【招商引资】 2015年，廊坊市瞄准中欧东欧开展招商，先后组团赴捷克、罗马尼亚、匈牙利招商推介3次，拜访捷克贸易促进署等政府机构和欧贸科技有限公司、艾迪艾家具厂等重点企业，与斯洛伐克ECC等企业达成初步合作意向，并邀请外商参加5月18日在廊坊市举办的中国·廊坊国际经济贸易洽谈会。产业招商围绕京津冀协同发展和廊坊电子信息、食品加工、汽车零部件等产业发展要求，先后在北京、青岛、襄阳、南京、重庆等地举办招商推介活动16次，吸引国内外客商到廊坊市考察投资。年内，全市开展“招商引资集中行动”，签约亿元以上项目528个，协议总投资4822.58亿元，外资项目17个，协议总投资64.4亿美元。

【园区建设】 2015年，廊坊市落实国家和省推动开发区转型升级、创新发展的文件精神，市政府出台《关于推进全市开发区深化改革创新发展的实施意见》。市商务局督导燕郊高新技术产业开发区、大厂潮白河经济开发区等十几个园区加快“区中园”建设，持续跟进培育美国JM新兴产业园、德系汽车产业园等4个特色国别（地区）园，推动园区上档升级。全市省级以上园区实际利用外资、主营业务收入、工业总产值、财政收入、公共财政预算收入、地区生产总值、基础设施投资和固定资产投资8项指标实现增长，其中主营业务收入6617.46亿元，同比增长16.8%；另外，全市省级以上园区实际利用外资6.93亿美元，占全市园区实际利用外资的91.6%，全市省级以上园区财政收入347.8亿元，占全市园区实际财政收入的72.3%，全市省级以上园区进出口额47.6亿美元，占全市园区实际进出口额的98%。

【会展经济】 2015年，廊坊市举办展会48个，同比增长33.3%，展览面积422.73万平方米，同比增长6%，参展商23333家，同比增长8.1%，展位数32706个，同比增长9.8%，展览总收入1302万元，同比增长50.5%，意向成交额220.4亿元，同比增长77.6%。“5·18”经洽会参会客商3100余人，同比增长17%。会展签约项目115项，其中，外资项目13项，总投资40亿美元；内资项目102项，总投资1865亿元。项目总投资和协议利用域外资金分别增长20.4%和20.9%。

【外经贸企业项目服务】 2015年，廊坊市商务局组建市、县两级督导帮扶工作组，到基层和企业调研摸底，重点帮扶200家外贸企业，落实政策资金支持，帮助企业申报外经贸发展资金等项目，指导和帮助企业扩大出口。开展对外资企业项目服务活动，组织相关人员到园区外资企业专项调研2次，对河北宏泰、永清国瑞等重大外资项目开展一对一指导帮扶；开展对全市外资到位情况的督导，每月、每周与各涉外部门沟通入统情况。市商务局提高对外国投资审批事项的管理便利化服务水平，落实下放审批事项，改进备案方式，推行快速审批试点；对县级商务部门工作人员开展业务指导和政策培训，印发《廊坊市外商投资审批指南》，落实简政放权政策。

【对外贸易】 2015年，廊坊市出台《关于稳定外贸增长的实施意见》和《关于促进外贸稳增长调结构培育外贸竞争新优势若干具体措施》，明确目标任务，推动政策落实。市商务局印发《廊坊市外贸稳增长攻坚战政策明示册》3500册，举办各种类型外贸政策培训会5次、信企对接会3次、银企对接会3次，参加培训人员近1000人次。组织企业参加各类国内外知名展会，抢抓订单。在昆交会、电子消费博览会、亚欧博览会、中俄博览会等国内知名展会上，廊坊市统一布展，企业免费参加；在春季广交会上，廊坊市贸易成交6200万美元；在第23届昆交会上，廊坊市贸易成交1730万美元，23家国内外经销商、代理商签约。培育外贸主体，鼓励企业备案外贸经营权。至年底，廊坊市外贸备案企业1908家，新增出口零突破企业128家，增加出口近1亿美元。固安县嘉祥皮革有限公司2014年进出口额1658万美元，2015年进出口额1.29亿美元，同比增加678.7%。

【对外经济合作】 2015年，廊坊市出台《关于加强与中东欧国家全面合作的实施意见》，推动企业“走出去”，开拓境外承包工程市场。年内全市对外承包工程新签合同额16.5亿美元，营业额17.91亿美元；工程项下外派劳务3896人；新增境外建厂投资企业5家，中方投资3.83亿美元。

【商贸流通市场建设】 2015年，廊坊市出台《关于促进内贸流通健康发展的实施意见》和《关于促消费保增长的实施意见》，引导消费者扩大消费，指导商贸流通企业开展各类促销活动，挖掘消费潜力。完善农产品流通网络，改造提升新开桥农贸市场、新春明菜市场和艾和丰市场。培育限上商贸企业，全年新增66家。组织开展以购物、餐饮、旅游、肉菜直补活动为重点内容的“幸福河北欢乐购”活动，参与企业累计让利400余万元。发展电子商务市场，永清县被商务部、财政部列为国家级电子商务进农村示范县，大城县、香河县被省商务厅、省财政厅确定为省级电子商务进农村示范县；“366”电商基地等电子商务产业园（基地）和县域特色“网上产业带”等多种电商平台加快建设。

【市场监管】 2015，廊坊市开展打击侵权假冒、商贸企业安全生产和诚信体系建设等活动，维护市场经营秩序。加强对成品油、典当、拍卖、旧机动车交易和酒类等行业和市场的监管与执法。全市521个加油站、5个储油库的油气回收得到有效规范治理，562个加油站（点）和5个储油库全部升级置换国五标准车用汽柴油。

【外贸工作调度会】 10月23日，市政府召开外贸工作调度会。市长冯韶慧，市委常委、副市长贾永清出席会议并讲话。市发改委、市财政局、市商务局等相关部门参加会议。会议指出，各级各部门要切实增强做好外贸工作的责任感、使命感，按照省委、省政府“行动要快、方向要准、力度要大、工作要实”的要求，力争实现外贸出口增速5%目标。会议要求，要制定工作方案，将目标任务分解落实到相关县（市、区）和相关部门、相关企业。要加快建立外贸协调组织，研究外贸工作中的重大课题，及时有效解决外贸发展中的突出问题。要深入研究“外贸稳增长十条措施”和约谈办法，建立促进外贸稳增长联席会议等一系列政策措施。会议强调，要突出政策落实，将政策的解读、宣传真正落实到企业中，让企业切实、深刻了解相关政策。要突出重点企业，进行实地走访，了解每家企业的真正所需，挖掘企业潜力，培植外贸新户。

（曹立杰）

供销合作

【概况】 2015年，廊坊市出台《关于推进我市农村产权交易市场建设的实施方案》《市供销社2015年重点工作实施方案》等文件，组织召开全市供销系统综合改革现场推进会和试点县综合改革督导会，系统推进供销合作社综合改革。全市建立乡镇级农民合作社联合社90个、县级农民合作社联合社8个。县、乡两级农民合作社联合社托管土地11万亩（7333.33公顷）。完善农资、农产品、日用品、再生资源和盐业“五大”流通网络体系，在全市构建以20个乡镇级综合服务中心、16个村级综合服务社为平台的供销服务体系，为农民提供购物、餐饮、幼教、科技培训、信息交流、通信金融等服务。市供销合作社与省供销合作总社合作成立投资担保公司，实现业务融合，市供销社与辖区内10个县级供销社合作成立相应投资担保机构，并与人保公司签约，从车辆保险业务做起，逐步向财产保险、大病统筹和农业保险拓展。改造提升“民得利”便民农家店1100家，其中永清店营业面积4000平方米，成为“民得利”示范店。是年，廊坊市供销社系统完成商品购进61.8亿元，商品销售64.1亿元，实现利润2692万元，同比分别增长22%、23%、31.5%。销售化肥30万吨，优质化肥市场占有率达70%。挖潜增效，偿还历年遗留贷款2000万元，补贴各企业保障性支出580万元。

【食盐专营】 2015年，市供销社组织开展“1·25”食盐安全宣传日、“5·15”碘缺乏病防治日等活动，发放宣传材料3800份，接受群众咨询260人次，提高市民食盐安全意识。制定印发《食盐零售许可审查工作细则》，为北京京客隆（廊坊）有限公司等8家单位办理食盐零售许可证。查处盐业违法案件404起，收缴罚款18.48万元，没收违法盐产品252.25吨，4名贩销和使用违法盐产品人员被移交公安机关追究刑事责任。全市购进盐总量25607吨，其中，食盐21195吨，含小包装食盐12705吨；工业盐2228吨；肠衣盐738吨；畜牧盐1446吨。全市销售盐总量24701吨，其中，食盐20116吨，含小包装食盐12161吨；工业盐2570吨；肠衣盐702吨；畜牧盐1313吨。

【农资供应】 2015年，全市供销社系统发挥农资主渠道作用，保障春耕、三夏等农忙时节化肥等重点农资供应，稳定市场价格。以“民得利”改造提升工程为基础，加大“新网工程”建设力度，完善农资现代化流通网络。配合相关部门开展供销系统内农资打假，推广高效安全肥料、低毒低残留农药，参与到测土配方施肥、病虫害统防统治，帮助农民提高科学种田水平和识假辨假能力。开展“送农资、送科技下乡进村”活动。全年销售化肥22.58万吨，其中尿素10.86万吨，磷酸二铵4.21万吨，复合肥7.51万吨。

（刘　振）

粮食流通

【概况】 2015年，廊坊市粮食管理部门坚持粮食宏观调控，依法抓实粮油市场监管、粮食购销、粮食储备、粮食安全，推进全市粮食行业改革发展，保障粮油市场和价格稳定。完善《粮食应急预案》，构建市、县两级应急所需的加工和供应网络，建全军粮后勤饮食应急综合保障体系。推进粮食流通企业改革。民生源早（快）餐公司完成清产核资和资产评估。该公司吸纳社会资本筹建的生产经营基地主体工程完工，公司着手制作新早（快）餐亭。廊坊戎兴军粮有限公司开展军品放心粮油进社区、进校园活动，扩大影响、拓展销售，全年实现军品放心粮油销售收入1750万元。年内，全市粮食系统保留国有独资或国有控股粮食企业37家，其中国有独资6家，国有控股企业31家。全市完成粮食购销量76万吨，实现销售收入8.6亿元。

【粮安工程】 2015年，廊坊市争取中央、省维修改造支持资金1238万元，市、县筹集地方配套资金2818万元，维修改造粮食危仓老库，维修改造仓库容量10万吨。落实2015年度省、市级储备粮（油）轮换计划，其中省级储备粮9827吨，市级储备油600吨。至年底，市级储备粮28571万吨，市级成品粮（油）储备3800吨，承储省级储备粮（油）76857万吨，其中原粮74000万吨。各级储备粮全部实现科学储粮、安全储粮。

【依法管粮】 2015年，廊坊市对37家国有及国有控股粮食企业的粮食库存进行检查，重点检查辖区内的中央储备粮、地方储备粮及国有粮食企业的商品粮储存数量，以及储存规范化管理等情况，检查粮食总量16万吨；推行政府负面清单制度，按要求完成粮食部门权力清单制定、行政权力公开透明运行及转变职能。规范粮食收购市场准入制度，全市获得入市收购粮食资格的各类粮食企业174家。市、县粮食行政管理部门围绕夏粮收购惠农政策落实情况，以及粮食统计制度执行情况、各级储备粮监管、粮食质量监管等内容，出动人员331人次，开展专项检查106次，检查企业268个次，维护粮食流通市场秩序。

（李　政）

燃气供应

【新奥燃气】 廊坊新奥燃气有限公司成立于1993年3月28日。公司承担着廊坊市区天然气管道输送配套工程的开发、建设和运营，是廊坊市人民政府授予“特许经营权”的管道燃气能源服务企业。2015年，公司在廊坊市区燃气管线总长度1410.5公里，管网覆盖率、天然气气化率均达到95%以上。公司有天然气加气站10座，其中加气母站2座、CNG（压缩天然气）加气站6座及CNG、LNG加油加气站2座，下辖营业厅5座、维修服务所2座、安检服务所1座、管网维护所2座、检测组1个、工商户服务所1座，从业人员530人。公司拥有城市居民用户22.31万户、工商业用户3300余户、车辆用燃气用户2.8万户，日最高供气量100万立方米以上。年内天然气销售量2.53亿立方米，其中民用天然气销售量4159万立方米，工商业用天然气销售量10346万立方米，车辆用燃气销售量6201万立方米。7座CNG加气站一卡通项目切换上线，成为河北省首家由质监局发卡并实现一卡通管理模式的企业。3月，廊坊新朝阳泛能微网项目开工建设。11月15日项目实现网内供暖。廊坊新朝阳泛能微网项目是廊坊市大气污染防治计划“蓝天行动”的组成部分，该项目通过打通区域内商场、酒店、办公、学校等多个业态的供用能壁垒，以系统能效管理推动互联互调、余能交易，实现降低能源及其设施、设备投资，降低二氧化碳、二氧化硫、氮氧化物、烟尘等污染物排放的目的。

（王　超）

【廊坊市铭顺石油天然气销售有限公司】

廊坊市铭顺石油天然气销售有限公司成立于2008年4月，主要承接石油、天然气的营销业务。公司位于廊坊市安次区廊霸路103号，资产总额27亿元。公司分别在霸州市、永清县、文安县、大城县，以及张家口市设立子公司。至2015年底，公司员工320余人，拥有全资加油加气合建站5座、燃气门站7座和万吨批发成品油库1座，参股投资CNG、LNG、油气合建站10座；投资2500万元建立高标准气瓶检验检测中心和车辆改装厂；铺设各种规格的天然气管网800公里，日输气能力达到300万立方米；年内天然气销售量9494万立方米，其中民用天然气销售量930万立方米，工商业用天然气销售量6250万立方米，车辆用天然气销售量2314万立方米。

（刘　伟）

【百川燃气有限公司】 百川燃气有限公司成立于1997年，注册资产3.6亿元，员工近二千人。公司总部位于廊坊市永清县武隆南路160号，下辖燕郊百川、三河百川、大厂百川、香河百川、固安百川、永清百川、涿鹿百川、天津武清百川等10余个子公司。公司主要承接城市燃气、交通能源、能源物流、设备制造、工程施工、分步式能源6项业务。至2015年底，公司建成长输高压管线600公里，中低压管线1877公里，CNG加气站7座，撬装式加气站6座，城镇门站21座，拥有居民用户39万户，工商业用户3000余户，年售气量2.4亿立方米。

（贾双江）

石油供应

【中石化廊坊石油公司】 中国石化销售有限公司河北廊坊石油分公司坐落于廊坊市银河北路116号，主要经营汽油、柴油、煤油、润滑油、汽服商品和日用百货等，下辖10个县（市、区）公司，拥有加油站114座，员工1062人。2015年，资产总额6.06亿元，上缴税款0.26亿元。年销售各类成品油41.44万吨，其中轻油零售完成38.87万吨，同比减少6%；直销批发1.35万吨，同比减少62%；小额配送0.61万吨；非油品营业额7665万元，同比增长35%；年销售收入25.51亿元。是年广阳二十一、二十五加油加气站正式营业，加气站实现“零”的突破。

安全管理。落实责任，层层签订责任书，组织安全宣誓活动，提高安全意识。开展法规标准、业务常识和实际操作为主要内容的“三项技能”培训，实现“培训内容在岗位上落实、培训基本功在岗位上进行、培训效果在岗位上体现”的“三在岗”培训模式。开展HSE观察、未遂事件上报工作，以标准动作实现“观察记录—上报处理—统计分析—安全生产”的良性循环；严格执行“卸油十步法”“施工现场十不准”等工作法，强调预防措施，突出规范化操作。开展油库安全整治活动，对问题分类建档，分级管理，明确整改责任人、限定整改期限。年内完成省石油公司下达的年度隐患治理和专项修理改造项目，安全管理水平得到提升。全年未发生上报安全等级事故。

质量管理。实施汽柴油国五标准升级，并对升级置换后油品加强指标化验，全年共抽检加油站、油库汽柴油样1229个，检验合格率100%。加强油品损溢管理，不定期对油库、在途油罐车以及加油站卸油环节铅封施打情况进行明查、暗查。并通过视频监控、督察、检查等方式，对油库进货、油品运输、加油站接卸等环节进行实时监控，确保售出的油品质优量足。

（赵　虹）

【中石油廊坊分公司】 2015年，中国石油天然气股份有限公司河北廊坊销售分公司（简称中石油廊坊分公司）坐落于廊坊市和平路23-9号，主要经营汽油、柴油、天然气、润滑油、汽车零配件、日用百货等，有员工539人，加油站88座。是年公司实现成品油营销24.5万吨，完成年度预算的102.84%，同比增加0.67万吨，增幅2.84%，其中纯枪销量21.07万吨，完成年度预算的100.2%，同比增加1万吨，增幅4.99%；实现非油收入1913.44万元，其中店内销售1722.18万元，同比增加509.63万元，实现非油毛利484.03万元。油品损耗率0.29‰，国家和集团公司抽检合格率100%。实现账面利润3392.14万元，同比增加1561.05万元。

营销管理。公司批发客户91家，其中新开发客户32家，新增销量8950.6吨。年内，公司在廊坊市区及县（市）城区33座加油站开展周末汽油直降促销活动；根据季节和农忙时令特点开展惠农促销活动，在国道、省道等重点线路及麦收集中区域设置38座柴油价格直降站点，选取24座重要保供区域位置站点开展“加就送”活动。按照国家油品升级要求，公司全部置换上市销售国五标准成品油。

工程投资。公司更新加油罩棚，方便客户快速加油离站，缩短顾客在站等待时间；实施LED灯改造加油站照明，提升加油站亮化水平。投入运营加油站2座，日增销量10吨；退租2座；立项收购加油站4座；10个安全生产技改项目完工；广阳东智慧型加油站落成。

安全管理。公司开展风险辨识和隐患治理，提升安全管理水平。组织开展全员HSE承诺，强化风险防控，机关、油站共签订HSE承诺书612份，现场施工采取全程监督管理方式，未发生安全事故。

（任　飞）

烟草专卖

【概况】 2015年，廊坊市烟草专卖局（公司）加强与公安、检察院、法院、交管、货运部门的协调联动，先后开展“护航一号”“自查、互查”“决战上半年”“护航二号”暨“秋季攻坚”和“暴风雪”5次大规模烟草市场整治专项行动，打击非法涉烟网络、无证运输、非法烟草流通，净化市场。全年查处涉烟案件1865起，其中无证运输案件129起；查获各类违规卷烟3574.08万支；查处5万元以上案件21起，其中破获国家烟草专卖局标准网络案件3起，刑事拘留16人，批捕10人，判刑2人。加强卷烟经营调控，引进适销品牌，建成现代零售终端1664户、品牌培育店656家。全年累计销售卷烟16.19万箱，全市年人均卷烟销量8.95条，比全省平均水平多0.35条；实现单箱销售额（含税）2.41万元，同比增长5.87%；实现税利92717万元，同比提高20.82%。

【烟草物流管理】 2015年，廊坊市烟草专卖局（公司）推进物流非法人实体化建设，把握“授权管理、目标考核”的总体思路，明确配送中心物流责任主体地位。按照《河北省商业系统物流非法人实体化工作指导意见》要求，结合物流业务规模与管理需求，明确仓储、分拣、配送、财务、技术、安全等岗位编制和员工职责。廊坊烟草物流中心内设6个部门，设立文安、三河两个对接点。配送对接点的资产除后勤保障类办公设施全部记入物流配送中心固定资产台账，由物流中心统一管理，实现省烟草公司物流处要求的对接点资产由物流配送中心垂直管理。全面落实零售户签收制度，保证送货及时性和准确率。推进精益物流建设，建立精益物流（QC）课题5个，其中“降低卷烟二次打码频次”和“降低电机更换时间”课题获得河北省优秀科技质量成果。

（何立伟　张　欣）

民营经济

综　述

2015年，廊坊市将发展民营经济作为深化改革开放、转变发展方式、推进富民强市的重大战略举措，构建完善服务体系，打造坚实服务平台，营造有利于民营经济发展的良好环境和氛围，使民营经济获得快速成长。民营经济在调结构、促发展、保增长，增税收、扩就业、保民生等方面发挥着越来越重要的作用。至年底，全市民营经济单位达到20万个，其中新增注册民营企业2385家，累计达到3万家；实现增加值1756.1亿元，绝对量位居全省第六位，同比增长8.6%，增速位居全省第二位，占全市GDP比重达到71%；上缴税金362.2亿元，绝对量位居全省第三位，同比增长-0.2%，增速位居全省第一位，占全市财政收入比重达到75.3%；从业人员达到158.3万人，占二、三产业从业人员的比重达到86.6%。

【实施五项工程促民企发展】 2015年，廊坊市实施民企集中服务行动、工业发展基金引导工程、工业企业上市培育工程、工业技术引进对接工程、产业集群培育工程5项工程，促进民营企业发展。民企集中服务行动。从全市民营企业中筛选100家，由书记、市长牵头，市级领导分包40家，县级领导分包60家，进行重点帮扶。帮扶活动期间，帮助12家企业解决土地484亩（32.27公顷），帮助11家企业解决资金1.8亿元，扶持10家企业项目资金3660万元，帮助21家企业引进人才1342人，帮助19家企业协调解决行政审批、交通、要素供给等其他问题23项。组织帮扶企业到青岛海尔、海信、青啤等知名企业参观学习，提升企业经营管理水平。工业发展基金引导工程。2015年将市本级技改资金由5000万元增加到1亿元，共支持项目21个，发放资金8220万元。年内，争取到省级技改专项切块资金1300万元，支持项目21个。工业企业上市培育工程。年内新增上市企业20家，其中，新三板1家、Q板挂牌19家。工业技术引进对接工程。推进军民融合产业发展，年内新增军民融合企业22家。产业集群培育工程。开展“十个技术平台，百名技术人员，服务千家企业”活动，组织全市13个重点产业集群公共技术服务平台，从技术研发、工艺设计、知识产权等11个方面对产业集群企业开展帮扶。

（陈玺同　褚继东）

个体私营经济发展

2015年，廊坊市新增私营企业13605户，注销1312户，注册资本增加480.92亿元，企业户数和注册资本分别增长36.71%和22.09%。全市实有各类私营企业50665户，注册资本2658.43亿元，户均注册资本524.71万元；全市新增个体工商户35412户，注销8542户，吊销2户，出资金额增加44.57亿元，从业人员增加103651人。至年末，全市有个体工商户159247户，出资金额146.08亿元，从业人员465929人。

2015年全市个体工商户行业分布和从业人员情况一览表

表26　　　　单位：户

行业分类		个体工商户	私营企业
A	农、林、牧、渔业	2328	1045
B	采矿业	31	26
C	制造业	31069	14747
D	电力、热力、燃气及水生产和供应业	9	122
E	建筑业	622	4035
F	批发和零售业	93789	13952
G	交通运输、仓储和邮政业	4459	1036
H	住宿和餐饮业	11497	776
I	信息传输、软件和信息技术服务业	484	1616
J	金融业	1	588
K	房地产业	5	3199
L	租赁和商务服务业	1576	5140
M	科学研究和技术服务业	425	2168
N	水利、环境和公共设施管理业	28	204
O	居民服务、修理和其他服务业	12373	1473
P	教育	15	61
Q	卫生和社会工作	43	10
R	文化、体育和娱乐业	457	467
	其他	36	0
合计		159247	50665

（李　威）

外商企业注册登记与监管

【概况】　2015年，廊坊市新注册登记外资企业61户，投资总额3.36亿美元，注册资本2.26亿美元。至年底，全市有外商投资企业775户，投资总额93.05亿美元，注册资本51.14亿美元，外方认缴出资41.22亿美元。

【外商投资服务】　2015年，全市工商行政管理部门执行《廊坊市工商行政管理局服务外商投资企业发展十项措施》，全力服务外商投资企业发展。全年为174户企业办理各类登记业务300余项，免除企业登记费用36.62万元；走访企业529户次，组织召开银企对接会22场次，支持47户企业办理融资，融资金额205亿元，超额完成省工商局规定的80亿的全年任务目标，在全省工商系统排名第三。助推京津冀一体化协同发展，下放外资企业登记管辖权。5月6日起，永清县工商局正式行使外商投资企业登记管理权，成为全省唯一市辖县被授权单位。该县工商局年内换发新版营业执照26件，为42户企业办理相关业务。

【外商投资监管】 2015年，廊坊市工商局组织开展全市外资企业年报公示工作。开展定向抽查工作4次，抽查企业37户，检查率100%。下达《责令限期履行公示义务通知书》6份，列入经营异常名录18户（次），并通过河北省市场主体信用信息公示系统向社会予以公示，公示率100%。

2015年廊坊市外资企业行业分布一览表

表27 单位：户

行业分类		2015年末实有数
A	农、林、牧、渔业	7
05	农、林、牧、渔服务业	0
B	采矿业	0
11	开采辅助活动	0
C	制造业	335
43	金属制品、机械和设备修理业	0
D	电力、热力、燃气及水生产和供应业	25
E	建筑业	5
F	批发和零售业	65
G	交通运输、仓储和邮政业	13
H	住宿和餐饮业	81
I	信息传输、软件和信息技术服务业	154
J	金融业	20
K	房地产业	25
L	租赁和商务服务业	16
M	科学研究和技术服务业	15
N	水利、环境和公共设施管理业	1
O	居民服务、修理和其他服务业	9
P	教育	1
Q	卫生和社会工作	0
R	文化、体育和娱乐业	3
	其他	0
合计		775

（李　威）

财政·税务

综　述

2015年，廊坊市各级财政部门整合使用各类产业发展专项资金，推进产业转型升级和结构调整，高端制造业、战略性新兴产业、现代服务业加快发展，为财政收入稳定增长奠定坚实基础；落实“营改增”、中小微企业税收减免等优惠政策，营造良好财税环境，促进经济发展。全市税收收入实现438亿元，同比增长17.1%，增速居全省第一位。综合治税，提升收入质量。全市各级财税部门密切配合，依托综合治税信息平台，以深挖税源、强化征管为手段，坚持依法征收、应收尽收，税收收入及时足额入库，全市税收收入占全部财政收入的比重达到91%，高于全省各设区市平均水平5.6个百分点，收入质量居全省第一位。加快支出进度，助力稳定增长。全市各级财政部门建立预算执行进度考核奖惩机制，切实加快财政支出进度，为全市重点工程、重点工作顺利推进提供坚实财政保障。全市一般公共预算支出完成481.9亿元，占调整预算的97.7%。全部财政收入481.3亿元，占预算107%，同比增长18.3%；一般公共预算收入303.4亿元，占预算109.1%，同比增长21.1%，总量和增速分别居全省第三位和第一位。

2015年廊坊市财政收入统计表

表28

县　别	全部财政收入完成情况			一般公共预算收入完成情况		
	累计完成（万元）	占任务比（%）	同比增长率（%）	累计完成（万元）	占任务比（%）	同比增长率（%）
合　计	4812808	107.0	18.3	3033844	109.1	21.1
市本级	174213	136.4	15.0	504081	111.1	15.7
三河市	1042026	102.6	11.8	723101	101.2	10.3
大厂县	391986	128.5	58.0	248912	131.8	66.1
香河县	506002	111.8	30.8	351247	112.9	32.0
永清县	132004	101.8	22.2	76577	102.9	23.6
固安县	558996	117.0	39.3	356769	118.0	40.4
霸州市	338481	100.1	9.1	192785	104.2	13.5
文安县	123531	88.2	0.4	74194	100.3	15.3
大城县	105691	102.8	12.1	66728	102.8	10.1
安次区	300200	125.1	44.0	103696	132.8	52.8
广阳区	492367	98.0	2.9	169462	100.3	5.3
开发区	647311	97.5	3.7	166292	100.1	5.1

财　政

【概况】 2015年，廊坊市财政局（以下简称市财政局）落实积极的财政政策，推动经济结构调整和发展方式转变，促进经济稳定增长。盘活财政存量资金，依法依规收回2012年及以前年度结转、结余资金34.7亿元，统筹用于经济社会发展急需的领域。科学使用政府债券融资手段，争取置换债券额度48.5亿元，新增债券额度14.5亿元，节约融资成本1.7亿元；全市投入招商引资资金8766万元，全力保障重点项目建设、招商平台建设资金需求，支持建设亿元以上项目841个；全市投入科技资金4.2亿元，支持设立科技金融专项基金，推动科技创新平台建设、科技型中小企业和高新技术企业加快发展；市级财政投入各类产业扶持引导资金2亿元，支持战略性新兴产业和现代服务业以及传统产业改造升级。“营改增”改革减轻全市企业税负8.2亿元，13094户纳税人受益；全面落实国家中小微企业税收优惠政策，减免税金4684万元；清理规范涉企收费项目，市级取消和免征20项行政事业性收费。全市投入20.6亿元，重点支持控煤、抑尘、限车、治污、治烟等大气污染治理工程，129346户居民清洁炉具替代，淘汰黄标车和老旧车30802辆；全市投入3.3亿元，落实《国务院水污染防治行动计划》，提标改造18个污水处理厂，清理沿河垃圾24.1万立方米，封堵排污口147个；全市投入9.8亿元，造林面积57.55万亩（3.84万公顷）。

全市民生支出391.1亿元，占一般公共预算支出的81.2%，比上年提高0.3个百分点。全市教育支出73.1亿元，同比增长35.9%，支持实施104所中小学、幼儿园新改扩建工程，新增标准化学校151所，免除51.9万名农村中小学生学杂费，落实中等职业教育和普通高中家庭经济困难学生国家资助制度，受益学生2.6万人。社会保障和就业支出41.5亿元，同比增长44.6%；企业退休人员养老金标准连续十一年提高10%，城镇、农村人均低保标准分别提高到532元、292元。医疗卫生支出37.5亿元，增长27.1%，重点支持市中心医院和市区社区卫生服务中心建设，新农合和城镇居民医疗保险财政补助标准提高到每人每年380元，支持开展新生儿35种遗传病、先天性心脏病等免费筛查工作，受益群众12.4万人。文化体育与传媒支出6.2亿元，同比增长10.7%，围绕创建国家公共文化服务体系示范区，重点支持市图书馆、县乡村“两馆一站一室”建设，推进文化馆（站）、博物馆、体育馆（场）等公益性文化体育设施免费开放；支持举办廊坊特色文化博览会、公益演出下基层、半程马拉松赛等活动，体育健身设施覆盖70%村街和85%以上社区。住房保障支出10.8亿元，增长85.3%，支持开工建设保障性住房1.6万套、竣工1.02万套，发放廉租房补贴1458万元，新增补贴困难家庭429户，有效缓解困难群体的住房问题。

全市农、林、水事务支出56.7亿元，同比增长51.2%。全市投入2.6亿元，支持现代农业加快发展。重点支持都市型现代农业发展，推动实施农业产业化项目44个，农民专业合作社发展到3486家，4个农业园区获批省级现代农业园区，全市农业产业化经营率67.5%。全市投入10.2亿元，支持水利基础设施建设。南水北调三大干渠全面完工，8座地表水厂建成，引黄调水1.2亿立方米。整合各类资金20.6亿元，支持农村面貌改造提升。重点推进“北三县”、固安2个省级重点片区以及6个市级精品示范片、20个精品村建设，铺设供水管道107万米、硬化街巷212万平方米、村内绿化304万平方米、建设分散污水处理设施1450处。全市投入1.9亿元，开展农村公益事业一事一议财政奖补项目1167个，重点实施饮水安全、街道亮化等工程。落实国家各项惠农补贴政策，提高农民群众收入。累计发放综合直补、农机具购置等补贴资金4.3亿元，惠及69万农户、290万农民，农村居民人均可支配收入达到13100元，居全省第二位。

【预算管理改革】 2015年，市财政局规范编制一般公共预算、政府性基金预算、国有资本经营预算、社会保险基金预算，将所有政府收支全部纳入预算管理；制定出台《廊坊市人民政府关于改革和完善市对下转移支付制度的意见》，规范透明、责权明晰的财政转移支付制度逐步建立；制定出台《推进财政资金统筹使用的落实意见》，打破资金在管理权限、投入环节、使用方式等方面的限制，推进财政资金统筹使用。推进绩效预算管理改革，全过程绩效预算管理模式在全市推开，各级各部门花钱问效意识明显增强。制定出台《廊坊市财政支出预算执行进度考核办法（试行）》，建立财政支出月度通报约谈奖惩工作机制，有效加快财政支出进度。加大预决算公开力度，除涉密单位外，市级部门预决算信息和“三公经费”支出全部在政府门户网站公开，市县两级政府预决算公开率全部达到100%。

【国库管理改革】 2015年，市财政局稳步实现县级国库集中支付电子化管理改革全覆盖，探索实施电子化支付网上直通车，为预算单位提供更加便捷的财政服务。推进公务卡制度改革，扩大公务卡结算范围，减少现金支付。按照财政部《关于乡镇国库集中支付制度改革的指导意见》和“横向到边，纵向到底”的改革总体要求，完善县以下国库集中支付运行机制，加大乡镇国库集中支付改革力度，全市推行乡镇国库集中支付改革。

【国有资产管理】 2015年，廊坊市制定出台《廊坊市党政机关公务用车制度改革实施方案》，扎实做好公务交通补贴的审核测算，为全面完成公车改革奠定基础；实施资产信息系统网络版升级改造，完成信息数据上报工作；加强公物仓管理，全面排查公物仓的安全隐患，增加消防设备，安装监控设备，并对仓体进行加固。全面盘点清理公物仓资产，年内累计入库资产2678台件，出库资产2673台件，清理会展用品194台件，维护车辆23台。

（孙　雷）

国家税务

【概况】 2015年，廊坊市国家税务局（以下简称市国税局）规范提升“税收征管和纳税服务”两项核心业务，重点做好“组织收入、绩效管理、队伍建设”三项工作。年内全市国税系统完成税收收入159.3亿元（不含海关代征），同比增长5.6%，增收8.6亿元；市政府口径税收收入完成147.6亿元，同比增长8.4%，增收11.4亿元。

2015年廊坊市政府口径税收收入完成情况统计表

表29　　　　　　　　　　　　　　　　　　　　单位：万元

单　位	政府计划	累计完成	占计划%	同期	+-额	+-%
合　计	1510530	1475462	97.7	1362201	113261	8.3
三河市	240000	191136	79.6	228247	-37111	-16.3
大厂县	67000	80925	120.8	55585	25340	45.6
香河县	110000	113060	102.8	92407	20653	22.4
永清县	40000	36283	90.7	34934	1349	3.9
固安县	112000	111842	99.9	85923	25919	30.2
霸州市	137000	129016	94.2	126461	2555	2.0
文安县	63000	46003	73.0	55623	-9620	-17.3
大城县	34000	36505	107.4	31241	5264	16.8
开发区	399000	395174	99.0	375617	19557	5.2
安次区	115000	120548	104.8	87403	33145	37.9
广阳区	150000	151395	100.9	129657	21738	16.8
市本级	52000	63575	122.3	59103	4472	7.6

2015年廊坊市国税系统分税种收入统计表

表30　　　　　　　　　　　　　　　　　　　　单位：万元

项　　目	收入额	+-额	+-%
一、税收收入（总局口径）	1593449	85287	5.7
1．增值税	871616	39968	4.8
其中：直接收入	774801	30248	4.1
其中：营改增收入	111800	18308	19.6
2．消费税	77773	27790	55.6
3．企业所得税	516528	13947	2.8
其中：中央固定收入	-9543	-31563	-143.3
政府口径企业所得税	526071	45510	9.5
其中：预缴	383930	33138	9.4
汇算清缴	115138	-23230	-16.8
4．个人所得税	3	-5	-62.5
5．车辆购置税	127529	3587	2.9
二、出口退税	-205115	17980	-8.1
其中：免抵调库	96815	9720	11.2
附：税收收入（政府口径）	1475463	113263	8.3
三、海关代征	103833	10376	11.1

【主体税种管理】 2015年，廊坊市国税局加强对“营改增”纳税人的后续管理。市国税局与市财政局、市地税局等部门配合协作，组织人员参加全省“营改增”业务培训。推行车购税多元化征收方式，8户汽车经销企业安装车购税自助终端，缓解办税大厅工作压力。提高企业所得税申报质量，完成2014年度汇算清缴工作，全市企业所得税纳税人平均贡献率1.7%，名列全省第一。

【非居民企业所得税管理】 2015年，市国税局协助省国税局完成全省首例国际反避税磋商谈判，为全省反避税工作积累了宝贵经验，其磋商经验做法在全省推广；完成对国家税务总局批准立案的1家外资企业的反避税调查，企业预缴所得税款800万元，为国家税务总局立案的全省反避税案件补税历史最高额。年内全市国税系统入库非居民企业税收收入1.86亿元，位居全省前列。

【实施绩效管理】 2015年，廊坊市国税部门坚持以绩效管理为统揽，发挥绩效管理的“指挥棒”作用，促进绩效管理与税收工作的深度融合。成立绩效考评委员会，逐级分解绩效责任。市国税局每名班子成员、各科室以及各县（市、区）国税局，承担绩效考评责任和加分任务。按季度召开绩效分析讲评会议，通报绩效目标推进情况。班子成员和部门负责人进行绩效汇报分析讲评，抓问题整改。制定覆盖绩效管理全环节38项重要工作的《绩效管理工作规程》，明确参与主体定位、职责和事项规范流程。配套实施《绩效改进工作实施管理办法》，明确绩效改进的“双目标”机制，促进绩效管理和税收工作的紧密融合。突出分析改进，促进工作融合。根据工作实际，研究制定《绩效改进工作实施管理办法》，通过单位和部门“一把手”讲评分析，实现绩效考评与税收工作的匹配。设定绩效管理和税收工作“双目标”改进模式，建立从上至下层层分解的责任传导和落实机制，实现绩效改进的实体运行。加强绩效考评，促进主动作为。围绕核心业务设置基层考评指标，严格控制考评工作面，全面实施对基层税务分局、办税服务厅和稽查局的考评工作，提升基层税务干部的绩效意识和绩效管理执行力。规范个人工单制发、办理和评价标准，建立以机关部门为单元的工单“晒单”和评比机制。探索个人绩效管理结果运用方法，把干部选拔任用、奖励惩戒、行政问责与个人绩效结果紧密关联，激发全员“比赶超”的工作热情，促进工作质效显著提升。年内，廊坊市国税局工作获得省国税局和省、市党委政府领导表扬批示15次，被河北省国税局发文推广9项。

【依法治税】 2015年，廊坊市国税局推行税务行政处罚权力清单制度，全面梳理税务行政处罚权力事项，对无法律法规依据或原依据被废止的处罚事项一律取消。建立动态管理机制，相应调整税务行政处罚权力事项目录或权力运行流程图。在廊坊市政府门户网站、办税公开场所公布3大类8小类11项行政处罚事项，主动接受社会监督。落实税务行政审批制度，根据国务院和国家税务总局各批次取消下放的行政审批事项，及时调整全市国税系统审批项目清单。年内适用全市国税系统行政许可6项，非许可审批项目全部取消并及时公开和更新。落实“一局一法律顾问”制度，市、县国税局聘请12名国税系统公职律师、社会律师或法律工作者担任法律顾问，为税收重大决策、重大税收违法案件处理等提供法律建议或法律咨询服务。修订完善审理程序、审理方式、审理文书、资料归档，抽取8个县（市、区）国税局的42件办结税务稽查案件评议复查。全年审理重大税务案件11件。

【税务稽查】 2015年，廊坊市国税局在全面做好省国税局安排的各项重点稽查、专项稽查的基础上，重点开展对房地产企业、电信企业和资本交易中股权变更企业专项检查；开展严厉打击发票违法犯罪活动，完成协查和涉税举报案件检查，保持税务稽查的高压态势。全年检查企业135户，查补入库税款、滞纳金、罚款9591.39万元，督导企业自查467户，自查查补1.92亿元，总计2.88亿元。

【纳税服务】 2015年，廊坊市国税局落实《全国税务机关纳税服务规范》（以下简称《规范》），分步培训办税服务厅人员以及相关岗位税务干部749名。按照《全国税务机关纳税服务规范》要求，对9类246个涉税业务环节进行梳理，实行服务标准、办理流程、办税时限和资料报送“四统一”，减少审批环节17个，取消和合并办税事项8项，取消4种由局长签字的表单，12个备案类事项前移至办税服务厅“前台受理、后台审结”。制定纳税信用“红黑榜”，实行优先办税、“纳税信用贷”、服务直通车等针对A级纳税人的服务措施，运用信用等级评定结果，激励和引导纳税人提高税法遵从度。全市1.3万户纳税人通过信用等级评定。在“便民办税春风行动”中，全市集中开展简政放权、服务发展、国际协作、提效减负4大类11项行动。在开展问寻意见“万千百”活动中，全市国税部门访问一万户纳税人征求意见和建议，聘请一千户纳税人为纳税服务质量监督员，征询一百户相关利益纳税人的意见和建议。开展税法大讲堂活动，组织市国税局业务骨干到各县（市、区）巡回宣讲税收政策和业务知识；发挥网络培训作用，制作税收新政策和纳税必备的相关业务知识课件，通过网校进行辅导。合理缩减、归并或取消24项依申请涉税业务流程，取消20个入户核查项目，即办事项由原来的55个增加到65个，内部流转的审批文书减少83.7%。

【落实税收优惠政策】 2015年，廊坊市国税局落实各项税收优惠政策，为全市企业办理各类减免税26.4亿元，其中减免增值税5.7亿元，减免企业所得税18.7亿元；为出口企业办理退税9.5亿元，免抵调库9.7亿元。开展国务院重大政策措施落实情况自查督察工作，对发现的4大类27项问题，及时整改到位。宣传小微企业减免税政策，对统计辖区内小微企业逐户复核，确保享受面达到100%。

【大企业税收管理】 2015年，廊坊市国税局研究制定《关于进一步加强大企业税收管理和服务工作的意见》和《大企业税收管理办法》，明确全市大企业标准、大企业管理部门的主要职责、大企业税收风险管理的分工及流程等。制定《大企业税收专业化管理团队管理办法》，充实人员力量，培养大企业税收专业化管理人才。开展国家税务总局确定的中海油、神华集团等6户企业集团现场审计，检查应补增值税944万元，企业所得税5580万元。

【探索国税地税合作】 2015年，廊坊市国税局落实中央深化改革领导小组关于《深化国税、地税征管体制改革方案》要求，组织召开廊坊市国税、地税联席会议，探索拓展国税、地税合作事项。市国税局、市地税局联合制定《关于加强国地税征管基础工作合作的实施方案》，双方共同协商确定三河、安次、大城等9个单位为试点，推进协同管理非正常户、联合开展定额核定、委托代征税款、联合对外支付税务管理等合作事项。在联合办税服务方面制定《进一步推进纳税服务合作实施方案》，联合制定《关于中国海洋石油总公司等6户企业集团在廊坊成员企业税收风险管理工作方案》。廊坊市国税、地税合作的经验做法在新华社《内部参考》和《国内动态清样》刊发。

【增值税发票系统升级版推行】 年内，国家税务总局发布《关于全面推行增值税发票系统升级版有关问题的公告》，决定自2015年4月1日起在全国范围分步全面推行增值税发票系统升级版。增值税发票系统升级后，纳税人只需使用一个开票系统，就可开具增值税专用发票、普通发票、货物运输业增值税专用发票和机动车销售统一发票，并实现抄报税全程网上操作。按照国家税务总局和省国税局的推进方案要求，廊坊市国税局推进该项工作比省国税局规定时限提前43天完成，全市共有2.3万户增值税纳税人纳入升级版。

【金税三期系统上线运行】 9月8日，“金税三期信息系统”在廊坊市上线运行。至12月底，全市国税系统通过“金税三期信息系统”办理业务112.71万笔，入库税款51.3亿元。网上办税服务厅实现互联网在线办税。全市网上办税服务厅登陆使用率达到32.95%，登录使用26.52万户次，通过网上办税服务厅办理业务19.83万笔；共有68.75万户次纳税人使用网上申报及批量扣款等申报方式缴纳税款，扣缴税款69.83亿元。

（李振林）

地方税务

【概况】 2015年，廊坊市地税系统组织收入343.37亿元，同比增收57.96亿元，增长20.31%。其中，税收收入290.51亿元，增收52.72亿元，增长22.17%，税收总量、增量、增幅、进度、公共预算收入贡献率五项指标均居全省第1位。社保费完成40.98亿元，同比增收3.37亿元，增长8.95%。

2015年全市地税系统税收收入分税种完成情况表

表31　　单位：万元

项　目	入库税款	占比（%）	同比±额	同比±%
税收收入合计	2905126	100	527213	22.17
1．营业税	1163378	40.05	252667	27.74
2．企业所得税	452828	15.59	103815	29.75
3．个人所得税	261471	9	70427	36.86
4．资源税	12	0	-100	-89.74
5．城市维护建设税	127075	4.37	19426	18.05
6．房产税	59065	2.03	8107	15.91
7．印花税	33677	1.16	1326	4.1
8．城镇土地使用税	83345	2.87	7936	10.52
9．土地增值税	435277	14.98	110850	34.17
10．车船税	22173	0.76	684	3.18
11．耕地占用税	29744	1.02	-26706	-47.31
12．契税	237082	8.16	-21217	-8.21

2015年全市地税系统非税收入完成情况统计表

表32　　单位：万元

项　目	完成	同比±额	同比±%
一、社保费收入	409777	33665	8.95
其中：1．基本养老保险费	384041	38071	11.00
2．失业保险费	25736	-4406	-14.62

续表 32

单位：万元

项　　目	完成	同比±额	同比±%
二、其他收入	118588	18444	18.42
1．教育费附加	62965	10359	19.69
2．地方教育附加	41996	6914	19.71
3．文化事业建设费	14	-59	-81.27
4．残疾人就业保障金	4397	668	17.91
5．工会经费	9064	551	6.47
6．其他罚没收入	152	11	8.19

【重点税种管理】 2015年，全市地税系统对全市房地产和建筑业归纳出20个营业税检查要点，开展营业税“清仓行动”；针对土地增值税清算下发40条新版政策解读，提高清算质量；组织税务干部和企业人员举办企业所得税汇算清缴政策培训和汇缴软件培训，确保汇缴面；出台《自然人股东股权转让所得和非货币性资产投资个人所得税管理办法》，开发外籍人员个税管理平台，加强个人所得税管理。

【综合治税】 2015年，市地税局搭建“互联网+”下的综合治税大格局，利用全市综合治税平台，联合公安、建设、国土、房管等管理部门采集第三方数据12万条，开展“以电控税”“以地控税”工作，查补土地使用税6258万，二手房交易税额调增9700万元。稽查挖潜增收。全市地税稽查部门指导1366户营业税重点税源企业开展自查，增加税款7.24亿元；开展“行业清理，重点稽查，严厉打击各类税收违法行为”专项行动，对建筑业、房地产业、金融业等开展重点稽查和专项检查。全市稽查检查纳税企业217户，查补入库总额2.29亿元。其中，案件检查123户，组织入库税款、罚款及滞纳金9136万元；查处大案要案30起，查补入库6215万元。

【督导考核】 2015年，全市地税部门将收入工作所包括的强化税收分析、加强征收管理、加大执法力度等5大项20小项具体措施实行网上督办，纳入绩效考核。全市组织收入343.37亿元，同比增收57.96亿元，增长20.31%。其中，税收收入290.51亿元，增收52.72亿元，增长22.17%，完成市政府预期目标266.35亿元的109.07%，完成省地税局预期目标224亿元的129.69%，税收总量、增量、增幅、进度、公共预算收入贡献率5项指标均居全省第一位。社保费完成40.98亿元，同比增收3.37亿元，增长8.95%。市地税局绩效考评名列全省地税系统第一名，获“全国文明单位”称号。

【依法治税】 2015年，廊坊市地税局规范政策落实和规范执法行为。搭建税收政策咨询平台，对需要明确的政策问题深入分析研究，统一全市税收政策执行口径，针对土地增值税、营业税、契税、耕地占用税等政策执行发布3期解释口径，提高政策执行的精准度；落实小微企业税收优惠政策，搭建“小微企业税收优惠政策专题”平台，及时将最新优惠政策向社会发布，为20000余户次小微企业减免营业税、所得税6000余万元；落实新的《重大税务案件审理办法》，对市地税局重大案件审理标准、机构设置、部门职责、审理范围、审理程序等进行调整。年内完成9个重大案件的审理或行政复议工作；完善权力运行制约和监督机制，推行税收执法权力清单和责任清单制度，确定权力清单42项，制定责任清单33项。建立执法风险信息检索机制、重大税收执法风险责任倒查机制、督审问题落实整改跟踪问效机制，从制度层面完善“全面覆盖、预防为主、动态预警、重点监督”的督审工作模式；搭建“执法风险信息预警平台”和“督审问题跟踪整改平台”，从技术层面为督审工作提供支撑，实现事前预警、事中监督和事后整改无缝衔接，形成对风险防控的完整闭环。组织对税收优惠政策落实、“营改增”政策落实、企业所得税虚假申报等高危风险点进行专项税收执法督察。采集外部审计、财政监督、内部督察审计等渠道发现的64项问题，进行网上公示、整改，接受监督质询。

【税源监控】 2015年，廊坊市地税局建立数据采集、加工、分析、应用全流程“互联网+数据”，利用新模式，加强税源监测。重点监控房地产业、建筑业、金融保险业和住宿业等行业，监控纳税人409户，累计评估税款4.05亿元，移交稽查部门71户，稽查反馈查补税款5624万元；在全市筛选出136户高风险房地产开发行业纳税人进行纳税评估，评估税款2.96亿元。“涉地税收一体化”核查宗地347块，涉及纳税人147户，核实土地面积1910万平方米，补缴城镇土地使用税6258.4万元。地税部门协同财政、公安等部门获取全市住宿业信息7066条，经过与征管系统1695户纳税人分析比对，筛选出134户高风险纳税人进行应对，评估税款391万元。市、县两级对128户重点税源纳税人开展风险应对，评估税款1亿元。年内“互联网+数据”平台采集信息12万条，经与涉及的行业、税种比对分析，增加税收近亿元。

【税务稽查】 2015年，廊坊市地税稽查部门采取市县稽查局上下联动、各有侧重的形式，对全市营业税纳税人及时、足额缴纳地方税情况进行清理自查，清查1366户，其中有欠税的纳税人152户，涉及税款7.24亿元。开展“行业清理，重点稽查，严厉打击各类税收违法行为”专项行动，选取房地产和建筑安装等“营改增”行业重点纳税大户实施重点稽查，检查108户，查补2.22亿元；对67户企业开展税收专项检查，查补1.01亿元。全市240户金融企业自查出应补税款1844.3万元。开展发票专项检查，全市检查受票企业323户，查处非法发票846份，涉票金额3.96亿元，查补入库税款115万元，移送公安机关违法案件2件。

【纳税服务品牌建设】 2015年，廊坊市地税局推进纳税服务品牌建设，在全市地税系统集中开展“新常态、新税风、新服务、新体验”智能办税开放体验日、“优惠再升级、政策知多少”小微企业恳谈会、与工商联联合成立“纳税人之家”等10项活动。全市开展纳税人学堂培训讲座68次，培训企业财务人员、个体工商户等纳税人32800余人次。推行“互联网+服务”的纳税服务新手段。推广网上办税服务厅、“e税通”手机办税平台及挂机短信系统、高拍仪录入、二维码扫描、指纹识别等智能化办税设施，发挥微博、微信在税收宣传、纳税服务、廉政监督等方面的作用。接收举报、投诉、建议、咨询338件，全部及时按规定处理。廊坊市地税局官方微博被省网信办确定为河北省新媒体联盟成员单位，并被评为“优秀亲民基层政务微博”。《人民日报》等10多家中央、省主流媒体集中报道廊坊市地税局纳税服务亮点工作。

（王　猛）

金融·保险

综　述

2015年,廊坊市有26家银行业金融机构,其中16家市级银行业金融机构、9家村镇银行、1家企业财务公司,35家保险机构,7家证券机构,56家小额贷款公司,30家融资性担保公司,33家典当企业,1家融资租赁公司。新建银行业机构网点70个,机构网点达到779个,覆盖全乡镇。

截至年底,廊坊市本外币各项存款余额5011亿元,比年初增加1077亿元,增量全省第一,同比多增421亿元,增长27.4%,增速全省第一,高于全省平均水平16个百分点。全市各项贷款余额3421亿元,比年初增加802亿元,位居全省第二,增速30.6%,位列全省第一,高于全省平均水平14个百分点。人均住户存款5.3万元,存贷比68.27%,位列全省第三。全市金融机构县域贷款余额2328亿元,占全部贷款68%。涉农贷款余额1524亿元,比年初增加282亿元,增速23%,低于贷款平均增速8个百分点。中小微企业贷款比年初增加111亿元,增长11%。全市不良贷款率1.24%,保持全省最低。小微企业贷款余额763亿元,比年初增加91亿元。全市银行业金融机构实现利润68.59亿元,同比增加2.06亿元,增幅3.07%。

制定出台《关于推动金融创新支持经济发展的意见》《加快推进企业上市工作的实施意见》《促进科技金融深度融合的实施意见》《金融服务实体经济的若干措施》《廊坊市金融服务业发展三年行动计划》等政策性文件。全市基本形成集金融支持实体经济、科技金融、中小微企业、三农发展、企业上市、金融风险防控等于一体的全方位、多层次金融政策支撑体系。制定下发《金融工作指导性目标》,建立督导检查和通报机制,指导性目标完成情况作为年度工作考核重要依据,形成完整的目标责任管理体系。研究制定《关于进一步建立健全金融工作机制的意见》,金融工作联席会、重点行业金融分析会、处非工作联席会每季度召开1次,银企对接活动市级每季度、县级每月至少组织1次。保障金融运行机制标准化。

2015年,全市新增上市企业23家。其中,德基科技、迪诺斯环保、东方大学城教育咨询3家公司在香港交易所上市,直接融资7亿港元,欧克化工、申江万国等8家公司在“新三板”挂牌,格洛斯节能、显得科技等12家公司在石家庄股交所挂牌。组织域内上市公司发行公司债直接融资172亿元,提前完成69亿元任务。争取石交所与深交所中小企业融资网络路演对接会定址廊坊,形成廊坊优秀企业与全国创投机构、上市公司常态化对接平台,拓宽融资渠道。

年内组织召开京津廊金融家联盟会议、2015北京金博会金融促进京津冀协同发展峰会等高端对接活动,与中国进出口银行北京分行签订战略合作协议,争取更多金融资源引入廊坊市。邀请国家开发银行、民生银行总行等金融机构到廊坊洽谈加大信贷投放,支持重大项目建设。全市银行业金融机构针对京津冀协同发展创新金融产品15个,发放相关贷款815.64亿元。推进建设金融后台基地，中国人保北方信息中心、润泽国际信息港、国际金融论坛新金融城园区等重大金融后台项目落户廊坊，对接中国银联金融数据项目吸引关联企业和项目入驻。

2015年，全市有35家保险公司，保费收入81.34亿元，提供各类风险保障14604亿元，赔付支出36亿元，增长29.2%。其中，农业保险保费收入1.25亿元。保险深度3.39%，保险密度1799元/人，实现经济补偿和风险管理。年底，全市有证券营业部15家，托管市值231.71亿元，同比增长147.39%，A股成交金额3807.22亿元，同比增长444.41%。完善小额贷款公司监管体系，2015年全市有56家小额贷款公司，注册资本总额37.16亿元，全年累计发放贷款8533笔，42.23亿元，户数4818户，年末贷款余额39.07亿元。依法依规完善小额贷款公司专项审计、专题培训、小额贷款公司新设、变更等事项。

依法处置重大非法集资案件。年内，市政府制定下发《关于组织开展2015年涉嫌非法集资广告资讯信息排查清理活动的通知》《全市开展非法集资专项整治行动实施方案》《关于组织开展防范打击非法集资宣传活动的通知》系列文件，完善监管体制建设，化解非吸案件信访稳控压力，维护全市金融社会稳定。组织开展3次防范和打击非法集资宣传月活动，采取进社区宣传、上街集中宣传、行业内宣传等形式，帮助市民增强风险防范意识、抵制高息集资诱惑、理性选择投资渠道。在省市新闻媒体刊发宣传稿件、录制专题节目22篇（次）。廊坊电视台新闻联播节目前后插播宣传短片，在廊坊电视台、广播电台录制播出防范和打击非法集资专题节目。三河市建立“三河金融”微信公众平台，实时发布防范金融风险等信息。各成员单位开展专项行动防范和打击非法集资，集中整治投资理财（咨询）行业、农民专业合作社、房地产开发及中介机构、担保行业、私募股权投资行业，以及小额贷款公司等11个重点区域。

（袁　媛）

银 行 业

【中国人民银行廊坊市中心支行】 2015年，中国人民银行廊坊市中心支行落实稳健的货币政策，维护区域金融稳定，提升金融服务和管理水平取得成效。统筹指导金融机构支持实体经济，促进全市经济持续健康发展。年内召开人民银行重点工作通报会，面向全市银行业、证券业、保险业金融机构，传导解读货币信贷政策，提出金融管理要求。召开金融系统季度分析例会、约见谈话、现场检查督导，印发《信贷提示》，帮助金融机构领会货币信贷政策和认识宏观经济金融形势，提高政策执行能力，强化信贷规划调控。全年开展地方法人信贷规划座谈、约谈10余次。金融支持小微企业，构建商会担保贷款制度体系。落实金融机构小微企业贷款“借新还旧”政策，实现小微企业滚动融资。拓展小额票据贴现业务覆盖，增设河北省小额票据贴现管理中心廊坊市分中心胜芳营业部，设立霸州、文安地区小额票据贴现分中心。支持现代农业发展，为新型农业主体提供信贷融资、支付结算等综合性金融服务。开办创业担保贷款，支持创业就业群体。年内5次下调存款准备金率，20家地方法人金融机构累计释放资金45.8亿元。研究分析经济金融形势，信息调研被各级机关采用58篇，其中中国人民银行1篇，天津分行3篇，石家庄中心支行4篇，省委省政府1篇，金融时报1篇，廊坊市中心支行48篇。2015年，廊坊市金融机构本外币各项存款余额5011.1亿元，比年初增加1077.4亿元，增量为2014年同期1.6倍，增速27.4%，同比提高7.4个百分点。增量、增速均位居全省第一位。全市金融机构本外币各项贷款余额3420.9亿元，比年初增加801.8亿元，增量是2014年同期的2倍，增速为30.6%，同比提高12个百分点。增量、增速分别位居全省第二、第一位。

2015年，人民银行廊坊市中心支行监测地方法人银行业金融机构及证券业、保险业金融机构风险，关注村镇银行风险状况，增加存贷款期限、流动性缺口等指标，向部分村镇银行发出4次风险提示。现场评估金融机构的压力测试和稳健性，全市163家机构开展银行业负债业务管理自评估。辖域内11家金融机构开展洗钱风险自评估。完善县（市）支行反洗钱机制，加强人员培训，内控管理和防范洗钱风险。制定《中国人民银行廊坊市中心支行实施存款保险制度工作安排及应对预案》，落实存款保险制度。举办金融消费权益保护培训班，运行金融消费权益保护信息管理系统。

年内完成金融统计系统及前置校验系统与统计制度匹配和升级。推广ACS（施乐集团联盟计算机服务）升级应用，提升核算电子化水平。归集ACS零余额账户资金，实现全市首个零余额账户归集管理。开通外汇存款准备金属地缴存功能。联合整治银行卡网上非法买卖。设计开发《廊坊市人民币冠字号码信息管理系统》，人民币冠字号码信息无误差采集、系统化归集和智能化应用。全面推进冠字号码贴标。与北京信立合创公司合作开发征信前置系统。开发中小企业信用信息数据采集平台。简化外汇管理程序，提高外汇管理与服务效率。创新重点监测企业主联系人机制，制定并实施《廊坊市中心支局结售汇市场准入及系统准入操作规程》，提高行政审批效率。落实《跨境资金流动监测分析管理制度》，监测辖区外汇收支动态，分析辖区外汇收支特点、变化，为廊坊市政府支持涉外经济发展决策提供依据。

（邵思云）

【银行业监管】 2015年，全市银行业各项贷款3372.85亿元，比年初增加784.27亿元，增长30.3%，增幅、增量分别居全省第一、第二。各项存款4765.8亿元，比年初增加1077.11亿元，增长29.2%，增量、增幅均居全省首位。华夏银行廊坊分行开业，中信银行廊坊分行、渤海银行廊坊分行获准筹建。邮储银行7家二类支行完成改革转型。发展城市商业银行，年内批准增设5家社区支行、1家科技支行、12家县域支行。

中国银行业监督管理委员会廊坊监管分局组织召开支持实体经济发展推进会，与各县（市、区）政府、发改委等部门组织政银企对接会、重大产业项目洽谈会。印发《改善银企互信指导意见》，稳定重点区域信贷。促进产业结构调整和转型升级。2015年，全市银行业机构支持京津冀协同发展贷款865.58亿元，投放“三个一百”领军企业贷款181.29亿元，发放企业走出去贷款36.48亿元，发放园区企业贷款357.2亿元。传统产业改造升级贷款比年初增长84.35%，节能减排贷款比年初增长5.78%。持续改善小微、“三农”等领域金融服务。截至年底，全市小微企业贷款增速30.51%，高于全部贷款平均增速0.21个百分点，贷款户数同比增加27274户，申贷获得率同比上升0.1个百分点。全市涉农贷款余额1517.67亿元，比年初增加279.59亿元，增长22.6%。全市银行业取消收费项目195项，整合精简620项，降低收费标准71项，减免服务收费1042.86万元。

分类化解客户信用风险，持续监测融资平台、房地产、产能过剩等领域风险动态，排查预警，测试、缓释风险。至年末，全市银行业不良贷款率保持全省最低水平。全面防控操作风险和案件风险，辖区连续8年保持零案件。协助地方政府开展打击和防范专项整治非法集资活动，抵御社会金融风险。宣传金融知识，处理投诉，保护金融消费者合法权益。防范和处置法人机构风险，推动中小法人机构建立流动性互助机制，地方法人机构建设银行灾备中心和治理外包风险。

完善银行业组织体系，实施新资本管理办法，支持民间资本进入银行业。改革农村金融机构，推动城郊信用联社、香河联社组建农商银行。成立村镇银行合作组织。借助互联网、大数据、云计算等技术，创新金融产品、业务和服务模式，满足社会金融需求。

（刘振业）

【中国农业发展银行廊坊分行】 中国农业发展银行廊坊分行是廊坊市唯一一家农业政策性银行，2015年设10个分支机构，有员工201人。全年累放各类贷款15.44亿元，贷款余额47.59亿元，日均存款余额18.82亿元，同比增加2.57亿元。中间业务总收入467.46万元，比2014年增收102.94万元。国际业务结算量1.84亿美元，完成中国农业发展银行河北省分行核定任务174.9%。全年实现考核利润8245.91万元，综合贷款利息收回率100.01%，继续保持不良贷款零余额。

2015年，中国农业发展银行廊坊分行支持农村基础设施和城乡一体化建设，获批全市中长期贷款项目7个，批复金额31.8亿元，比2014年增加21.9亿元。贯彻落实国家“稳增长、调结构、惠民生”政策，推出中国农发重点建设基金，向中城建（廊坊）建设开发有限公司、廊坊市清泉供水有限责任公司投放中国农业发展重点建设基金3笔计1.05亿元。支持粮棉油收购，投放粮食收购贷款4.04亿元，支持收购小麦2.13亿斤，玉米0.87亿斤。激活县域粮食全产业链，投放小麦收购贷款2.38亿元，支持固安县政府推广种植优质小麦8万吨，提高农民种植积极性。创新金融服务品种，全年办理外币贷款300万欧元，办理保函5.02亿元，出具银行承兑汇票3.23亿元，办理国际业务1.83亿美元，融资性保函业务获中国农业发展银行河北省分行2015年度“进步创新奖”荣誉称号。

（张紫娇）

【中国农业银行股份有限公司廊坊分行】 2015年，中国农业银行股份有限公司廊坊分行创新金融服务，加大信贷投放力度，助推京津冀协同发展。各项存款余额680亿元，比年初增加62亿元。各项贷款余额409亿元，比年初增加122亿元。实现拨备后利润14亿元，综合绩效考核名列河北省中国农业银行股份有限公司系统第三位。

年内通过融资租赁、短融中票、股权融资、债券承销等新产品支持特色产业发展、重点项目建设和资本存量企业扩大再生产，解决客户资金需求。2015年末，法人贷款245亿元，较年初增加10亿元，重点支持农业龙头企业、农民专业合作社等新型农村经营主体。

解决小企业融资，创新准入、担保等环节。丰富并完善农户贷款产品，解决农户金融需求。全年县域贷款余额226亿元，涉农贷款增速连续4年高于整体贷款增速，其中农户贷款43.3亿元。为30多万农户发放惠农卡36.2万张，设立“金穗惠农通”服务点4762个，布放转账电话、POS机、无线“智付通”等电子机具1.53万台，乡镇覆盖率100%。支持小微企业，优化审查审批流程，组成专业服务团队解决企业金融需求，提高业务效率。针对小微企业资金运作“短、小、急、频、快”特点创新金融产品。办理小微企业“简式快速贷”“自助可循环贷”等特色业务。争取三河市中小企业担保中心的担保准入，合作额度1亿元。年末小微贷款余额40亿元，全年小企业贷款28.5亿元，比年初增加12亿元，增速42.98%。贷款2137户，同比增加3户。企业申贷获得率94.53%，高于同期0.09个百分点。发展消费类贷款，加大个人贷款投放。以住房贷款为基础，执行限时办结制度，保证服务效率。全年个人贷款122亿元。提高网点服务、网络服务及电子银行服务品质。科学规划网点、规范服务。建立理财师团队，成立私人银行。创新采用网点理财大讲堂服务模式，普及金融知识、推广金融新产品。推进自助银行建设和自助机具使用，全年累计投放现金类自助设备439台、自助服务终端192台、离行式自助银行34个，电子银行活跃客户248万户。推广“E商管家”等电子商务平台，通过E购天街、E动天地等新产品，整合线下网点和线上渠道，有效满足客户新需求。

（王海林）

【中国工商银行股份有限公司廊坊分行】

2015年，中国工商银行股份有限公司廊坊分行优化金融服务，支持地方经济建设，投放信贷助力实体经济，维护金融稳定，保持良好运营态势。全年人民币各项贷款增加151.69亿元，居全省和同行业首位，其中，个人贷款增加128.03亿元，居全省、全市同行业第一位。小企业贷款增加3.22亿元，居全省同行业第四位。人民币各项存款增加152.99亿元，居全省中国工商银行股份有限公司系统首位，全市同行业第一位，其中，对公存款较年初增加119.75亿元，储蓄存款增加32.92亿元，实现账面利润20.96亿元，在全省中国工商银行股份有限公司二级分行经营绩效和业务发展考评中，连续4个季度排名全省首位。连续8年进入全国中国工商银行股份有限公司系统“二级分行经营30强”，位列第六位。

年内为廊坊空港投资有限公司发放600万元委托贷款，中国（燕郊）物流城I期商谷一号项目2亿元，为天华密度板公司年产50万方连续平压高密度板项目发放2.3亿元。发放大广场娱乐中心一期项目3.5亿元。助力产业转型升级。与华夏幸福基业、华为、汇福粮油等企业保持合作关系。为华夏、荣盛等客户办理品牌投行业务4单，募集资金27亿元解决客户融资。与境外分支机构联动，提供融资、现金管理、本外币结算综合性金融服务，支持企业“走出去”，全年累计办理国际结算22.44亿美元。

支持小微企业和涉农领域的力度，盘活信贷存量向小微企业、三农等领域投放。设立小微金融中心，成为河北省中国工商银行股份有限公司3家试点之一，享有信贷业务转授权、审批权限等政策优先。优化信贷流程，同时控制实质风险，为小微企业客户提供续贷提前审批、设立循环贷款的高效服务。

全年为278户小企业发放贷款49.02亿元。金融资源服务县域农业产业化龙头企业、农产品深加工企业。支持普通商品住房及保障性住房项目，全年个人贷款187.55亿元，居全省首位。促进居民消费升级，推广个人消费信贷、分期、银行卡等业务，满足居民购车、购车位、家装、教育、旅游等消费需求。提供社保卡、银医卡、校园卡等金融IC卡项目代理收费、现金管理、电子商务等综合化金融服务。

年内，公司优化网点布局和服务流程，改善客户服务体验。强化“自助＋理财”网点、离行式和附行式自助银行建设，丰富客户自助服务。新建6家智能化网点建设，“自助＋理财”3家，建设离行式自助银行17家，附行式自助银行14家，自助网点与物理网点比例为1 ∶ 1。年内举办“金融知识进万家”“金融宣传月”“反假币”“反洗钱”等系列宣传活动，通过网点、户外、媒体等多方宣传，向金融消费者宣传防范和打击非法集资、消费者权益保护等金融知识，引导金融消费者选择正确消费理财方式和防范非法金融行为意识。

（林金颖）

【中国建设银行股份有限公司廊坊分行】2015年，中国建设银行股份有限公司廊坊分行主营业务稳步发展。一般性存款日均新增72.3亿元，排名位居中国建设银行股份有限公司系统和同行业第一，对公存款日均新增40.7亿元，个人存款日均新增31.6亿元，各项贷款新增107.76亿元，增速68.5%。其中个人贷款新增99.99亿元，实现中间业务净收入4.04亿元。实现账面利润13.78亿元，市场占比26%，同比提升2.8个百分点。年末，五级分类口径（正常、关注、次级、可疑、损失）不良贷款额3793万元，不良率0.08%，资产质量显著提升。全年核销不良贷款本金19478.42万元，打包转让7567.97万元，现金收回2261.75万元。先后办理全国建行首笔大豆和豆粕套期保值业务、全省建行首笔出口国际供应链融资业务和贸易融资资产转让业务和黄金积存业务。与中国建设银行股份有限公司河北省分行国际部合作研发的“银保再融资”产品取得突破。制定大企业、大行业客户个性化综合服务方案，为北京新机场安装廊坊区域首个企业网银地方财政授权支付自助柜面业务系统。

服务重点项目、产业转移项目，龙头民营企业、园区运营商和入园企业，交通运输行业、新能源产业、战略新兴产业、现代服务业，及优质房地产项目。全年对公非贴现贷款余额52.6亿元，累计发放26.4亿元，新发放18.3亿元，支持北京新机场、固安工业园区等重点项目。推广评分卡业务，提升500万元以下小企业信贷业务占比，逐步压缩余额较大客户的单户贷款额度，推进业务小额化。2015年，小微企业贷款余额47.51亿元，新增11.3亿元，增速31.24%，高于各项贷款平均增速2.85%。全年房地产开发贷款投放15.3亿元。年末，个人贷款余额347.8亿元，其中个人住房贷款新增100.2亿元，占全省系统的40%。公积金贷款余额62亿元，新增24亿元，占市场份额90%。提升金融服务能力，营销北京新机场拆迁改造资金34亿元。向财政、社保及房地产、大型商场等资金密集型企业推广单位存款。与廊坊市公积金中心签订二手房“房易安”资金监管协议，增加公积金存款增长点。拉动外币存款4.16亿美元，占全省“随心存”产品收入的98%。与廊坊市农村信用社签订业务合作协议，2015年底客户全量资金日均余额642亿元，日均新增85亿元，增速15.24%。拓展代发工资市场，实现名单制管理和精准营销。全年客户新增823户，代发账户55.6万户，新增17.7万户，新增代发金额19.7亿元。年内率先发放廊坊市第一张公积金联名卡，完成廊坊职业技术学院、廊坊卫生职业学院和永清一中等5个单位IC一卡通，全年新发借记卡38万张，其中结算通卡新发2.2万张，借记卡及收单收入4912万元。

2015年，建行廊坊分行代理销售基金55.32亿元，收入4023万元，同比增速176%。代理销售保险11.05亿元，收入1750万元，同比增速100%。贵金属业务收入774万元。个人中间业务收入2.1亿元。营销单位结算卡、对公自助服务终端等结算产品。全年，单位结算卡新增1620张，对公通存通兑新增1456户。回单柜/自助终端新增331户，单位人民币结算收入5246.57万元，计划完成率116.59%。投资银行业务实现综合融资16亿元，其中非标准化理财资金池11亿元，第三方融资4.86亿元，独立财务顾问收入实现215万元。年末，投资银行业务融资总量15.86亿元，在池资产余额13亿元。中国建设银行股份有限公司河北省分行投资银行部牵头口径中间业务收入5026万元，资产管理业务收入4334万元，理财产品管理增值收入2800万元。养老金业务受托资产规模新增5.46亿元，托管资产规模新增5.74亿元，个人账户管理数新增3797个，销售“乾元—养颐四方”及“乾元—梦圆”养老金理财产品2.2亿元。实行有进出口业务企业名单式管理，业务涉及所有年进出口1亿美元以上客户。优先支持基础设施建设、产能过剩转移及装备制造业出口等企业融资。创新应用融资产品，发展跨境结售汇、远期结售汇、利率掉期等产品。全年外汇对公存款日均新增13亿元，表内外信贷投放超12亿美元，完成国际结算32亿美元，跨境人民币结算36亿元，中间业务收入4895万元，同比增长38%。

年内，公司发展手机银行、微信银行业务，全年微信银行新增4.7万户。开展“提升移动金融柜面替代率百日会战”活动，移动金融柜面替代率56.7%，提高值20.28%。提升新开储蓄账户同步开通电子银行比率，发展个人电子银行客户规模，提升服务质量。全年个人网银、手机银行、短信通知新开账户同步率均居中国建设银行股份有限公司系统首位。为廊坊市热力总公司、清泉供水公司、新奥燃气等涉及民生行业提供电子支付平台，实现社区金融服务智能化和人性化。全年发放信用卡新增11.3万张，连续3年居同行业第一。全年发行ETC信用卡8.2万张，同行业占比80%。建立信用卡分期消费信贷平台，发展金融消费，实现一般分期5.3亿元，专项分期1.77亿元。利用房贷客户资源优势，创新房贷+汽车分期+车位分期+安居分期服务模式。签约81家车位分期开发商，与9家装修公司签订安居分期协议。

年内在全市增加投放自助设备，成立社区金融服务站和助农服务点。全年新增现金自助设备76台，升级简版智慧柜员机104台，新建轻银行21个。账务性交易1580万笔，同比提升11.11%。平均开机率99.05%，平均缺钞率0.18%。自助设备手续费收入1502万元，同比提升14.13%。压缩高柜45个，增加综合柜员108人，新增综合营销团队69个。

（杨　鹏）

【中国银行股份有限公司廊坊分行】 2015年，中国银行股份有限公司廊坊分行扩大规模，增强资金实力，年末全行人民币各项存款余额480亿元，比年初新增89亿元。各项贷款余额363.7亿元，比年初新增87.7亿元。全年实现净收入14.5亿元，实现净利润6.2亿元。年内荣获“河北省分行中银卓越奖”“市银行业涉农金融服务先进单位”“文化扶贫先进单位”等荣誉称号。

调整信贷结构，强化基础管理和业务转型，支持科技创新型企业发展，扶持产品有竞争力、有市场前景的中小微企业。累计投放76.19亿元，重点支持制造业和涉及民生的卫生、社会保障、社会福利业、房地产业，为其提供良好的融资服务。利用中国银行自身国际化、多元化的业务优势，与海外机构联动，支持境外项目。

支持实体经济及京津冀协同发展，主要包括：北京新机场及临空经济区建设，永清开发区承接北京亦庄企业外迁，全市范围承接北京大型市场搬迁，廊坊与京津断头路联通建设，北京市到廊坊市区、固安、燕郊的轨道交通等。

在新型农业园区、新型农村社区以及中心村示范区等区域设立网点、社区银行、自助银行。在具备条件的行政村，提供助农服务点和手机取款点便民金融服务，形成服务农村市场的基本服务网络。支持传统产业和涉农企业领域，择优支持汇福集团和梅花生物集团2个农业龙头企业。

年内制定《2015年度辖内经营单位综合绩效考核实施细则》《2015年度基层机构负责人奖惩实施方案》，开展“文明优质服务提升月”活动，组织技能练兵提高员工技能水平，各项业务持续健康发展。支持中型客户拓展和新模式下中小企业业务，重视应用评级、分类结果，信贷资产盘存，早期预警授信客户，有效防范风险。全年未发生任何案件及事故。

（邸国银）

【廊坊银行股份有限公司】 2015年，廊坊银行股份有限公司（简称廊坊银行）资产总额1280亿元，同比增长125%。各项存款余额790亿元，同比增长119%。资产规模在河北省城市商业银行中由排名第六位上升至第二位。资产和负债增速在河北省城市商业银行都位列第一，成为省内快速成长型银行。

2015年，成立县域金融事业部。选取胜芳镇、燕郊镇和固安县作为试点，提供县域综合金融服务。当地整体业务增速高于同业，授信总额230亿元，比年初增长133亿元，增幅137%，市场占有率由2014年的3.3%上升至6.7%。年内成立微金融事业部服务域内小微企业客户，截至年底放款近3万笔，贷款余额20.6亿元，廊坊域内微金融客户近1万户，域内客户贷款余额超过15亿元，客户数及贷款余额较年初增幅均超过200%。2015年压缩“两高一剩”行业信贷约3亿元，制定2016年授信指引，禁止新增业务进入钢铁、平板玻璃、光伏、水泥、电解铝、船舶制造等过剩行业，制定存量钢铁业务一户一策处置办法，支持政府融资平台等合作渠道，助力廊坊基础设施建设。与廊坊控股战略合作提供300亿元授信，重点支持首都二机场、园区等相关基础设施建设。与市工信局合作，推动企业产业升级。专项扶持企业技术改造项目，为10多家符合国家政策要求的企业提供技术或设备升级所需融资服务。新华路支行成立大客户金融事业部，成为廊坊银行第一家百亿支行。2015年，廊坊银行减少资本占用，改善资产结构，其中金融市场、票据业务占廊坊银行资产的三分之二。金融市场交易额超过3万亿元，票据直、转贴现额河北市场占有率45%，两项业务交易额位居河北省城市商业银行首位，贡献收入的32%。授信额度83.6亿元，获得韩亚银行等外资银行认可。理财产品销售规模120亿元。票据业务和京东金融合作，推出票诚宝产品，实现资产类似证券化。年内创新实施虚拟柜员机VTM项目、移动柜员项目，客户可自助办理各类现金类、非现金类业务，不受固定网点限制。研发社区金融O2O项目，搭建零售企业互联网线上平台，企业线上、线下对接。与优秀投融资企业合作共同研发互联网投融资平台。引入互联网机构在专业村设立线下门店与助农取款点，解决专业村小企业融资难题。开业网点数量38家，比2014年增加13个。1月，廊坊银行石家庄丰收路支行、中山东路支行、正定支行、军蔷苑支行开业。3月，廊坊银行馨视界支行、阳光逸墅支行、恒基惜缘花城支行、天津河北支行开业。6月，廊坊银行霸州支行、胜芳西环路支行开业。9月，廊坊银行大厂支行开业。11月，廊坊银行永清支行开业，成为首个在北京亦庄·永清高新区开业的域外金融机构。12月，廊坊银行小票胜芳分中心升级为廊坊银行河北省小票霸州分中心。

（齐　心）

【河北银行股份有限公司廊坊分行】 2015年，河北银行股份有限公司廊坊分行结合自身业务支持地方经济、中小企业发展、服务城市居民。年末实现资产总额115.11亿元。存款余额111.62亿元，比年初增加29.02亿元，增长35.14%；贷款余额109.45亿元，比年初增加53.56亿元，增长95.85%。贷款不良率为0。对公客户2169户，个人客户130293户，其中，中高端零售客户13327户。全年实现报表净利润2.15亿元，比2014年增加4112万元，增长24%。各项经营指标排名和发展速度在河北银行异地分行中位列第一。

支持廊坊地方经济发展。全年为廊坊市350余家企业累计提供授信支持81.39亿元，其中，人民币流动资金贷款35.01亿元、经营性物业贷款6.5亿元、基本建设项目贷款6.4亿元、房地产开发贷款0.5亿元，商票保贴及银票贴现0.43亿元。开立银行承兑汇票（票面）78.63亿元，开立进口信用证2169万美元，提供美元贷款17307万美元。支持京津冀协同发展项目及领域。成立北京地区业务拓展小组，推动京津冀交通一体化，支持京津外迁入廊企业流动资金周转等需求。先后办理华夏幸福园区9亿元结构化融资、京台高速5亿元项目贷款、北京亦庄·永清高新区1亿元结构化融资和3000万元流动资金贷款、龙河高新区2亿元结构化融资、临空经济区3.9亿元结构化融资等业务。成功支持高速路、新机场建设、园区开发等亿元大项目26个，总金额69亿元。其中发放贷款35亿元，办理结构化融资19亿元。服务涉农金融，增加涉农贷款投放总量。推出商户联保贷、商圈贷和商户保证贷款等产品。年末，涉农贷款余额64.97亿元，涉农贷款占比59.4%，涉农贷款余额比2014年同期增加31.88亿元。涉农贷款同比增速96.3%，同期各项贷款同比增速95.8%，涉农贷款增速高于各项贷款增速。2015年底，公司有效商圈10家，累计发放商圈商户贷款121户，金额3.16亿元，商圈贷款余额2.67亿元。在大厂支行成立北部出账中心，提高个人贷款出账效率，为民众提供便捷的融资服务。截至2015年年末，公司个人贷款余额48.28亿元，全年新增33.89亿元。推行多项优惠政策和特色业务，服务市民生活。办理代收廊坊市热力总公司暖气费业务，代收联通话费；与廊坊市明珠大厦商业集团合作开展积分回馈活动；推行借记卡、网银Ukey免工本费，借记卡同城异地跨行ATM取款免费、个人网银全国跨行转账免费；推出个人循环贷款业务和本益、智益、炫彩系列理财产品等。针对客户短期存款收益率及灵活性需求推出易生钱、多利宝、定活通等负债类产品。年末顾客满意度调查显示客户满意度89.5%。推广绿色信贷，支持科技型中小企业。全年退出或压缩钢铁、压延等过剩行业12户，合计贷款金额3.49亿元。过剩行业贷款占比由2014年的18%下降到7%，下降11个百分点。退出大批联保贷、非强担保业务114笔，共计5.32亿元。退出全部非国有担保公司担保客户。提升抵押贷款占比，分散授信风险。截至2015年底，贷款不良率为0。全年无经济案件事故。

（邓恩娟）

【沧州银行股份有限公司廊坊分行】 2015年，沧州银行股份有限公司廊坊分行有营业网点5个，从业人员182人。截至年末，各项存款余额101.85亿元，比年初新增49.76亿元。各项贷款余额33.98亿元，比年初新增8.66亿元。全年实现利润1.6亿元。

2015年，沧州银行股份有限公司廊坊分行介入廊坊房地产类信贷业务。全年累计发放个人住房按揭（含商用房按揭）贷款3.08亿元，按揭贷款余额4.2亿元，按揭贷款存量户数736笔。其中，三河支行按揭贷款余额3.94亿元，香河支行1031万元，固安支行1349万元，分行营业部248万元。

年内小微企业贷款余额17.95亿元，占全部贷款52.83%。小微企业客户577户，小微企业贷款增速35.49%，高出全部贷款增速1.19个百分点，贷款户数同比增加109户，申贷获得率同比增长0.09个百分点。涉农贷款余额15.66亿元，增速44.21%，高于全部贷款增速9.91个百分点。与廊坊市廊坊国兴、香河鼎力、三河中小企业担保公司3家国有控股担保公司合作，解决小微企业融资。年末全部担保公司保证贷款63笔，贷款余额2.28亿元。

（李　晨）

【中国光大银行股份有限公司廊坊分行】
2015年，中国光大银行廊坊分行扩大发展规模，稳控风险，服务质量和效益成绩显著。年末，一般性存款余额66.82亿元，比年初增加19.66亿元。日均存款62.85亿元，比年初增加15.88亿元。各项贷款余额70.89亿元，比年初增加26.61亿元。全年实现利润9153万元，同比增加3669万元。1月26日，霸州支行开业。9月8日，市区光明西道支行开业，业务涉及市区以南，当日存款余额9.1亿元。筹备建设逸树家社区银行和燕郊燕高路支行。年内被评为“2015年度河北省专利权质押贷款先进单位”。重点支持电子信息、食品制造等支柱产业，利用现有产品组合扩大表外融资26亿元，支持空港新区、固安园区、大厂园区等企业授信15亿元。推广“银保融易贷”“网贷易”等融资产品，满足小企业客户“短、频、急”的融资需求。扶持成长型、科技型中小企业，支持民营小微企业发展，全年发放小微企业贷款26.48亿元。支持涉农企业，为汇福粮油、福成集团等国家级龙头企业，提供内保外贷（由企业境内的总公司给银行担保，银行在境外给企业解决贷款问题）等产品，全年投放信贷12亿元，帮助企业对外投资和跨国经营。在廊坊市主城区投入24台自助设备，布局自助设备网点，提供24小时不间断服务。营销电子银行，满足不同客户需求。在社区和企事业单位举办理财知识讲座和反假币宣传活动。推出“阳光理财”系列多元化产品，包括阳光理财T计划、安存宝、定活宝等多种本外币理财系列产品，根据客户要求定制个人理财规划及其他私人业务产品，满足各种投资需求，实现客户财富保值增值。全年阳光理财产品销售额132亿元。

（范桂源）

【兴业银行股份有限公司廊坊分行】 2015年，兴业银行股份有限公司廊坊分行提高金融服务能力，扩张资产业务，客户基础，各项存款平稳增长。截至年底，资产总额175.56亿元，一般性存款余额137.81亿元，比年初增加25.31亿元，增长22.5%，其中，对公存款余额108.59亿元，比年初增加27.13亿元，增长33.29%；个人存款余额29.72亿元，比年初减少1.32亿元。理财销售136.6亿元，比年初增长46.6亿元。12月末，各项贷款余额78.85亿元，比年初增加25.86亿元，增幅49%，其中，对公贷款余额35.11亿元，比年初增加1.59亿元，增长5%；个人贷款余额43.74亿元，比年初增加26.39亿元，增长151%。开立银行承兑汇票余额41.14亿元，开立信用证余额2.01亿元，开立保函余额0.62亿元。短融、非标等业务余额32.6亿元。12月末，对公客户2048户，有效及以上基础客户1178户（折算后），比年初增加86户。有效授信客户288户，增加43户，增长率18%。零售客户12.24万户，年增加3.55万户，其中核心客户24191户；VIP核心客户10159户，年折算后新增核心客户23137户；零售核心客户占总客户比重19.81%，VIP核心客户占总客户比重8.31%。加强富士康、梅花集团等重点客户营销，重视廊坊市财政、广阳财政、安次财政、公积金、房管局、烟草等机构客户和永清工业园、首都新机场、承德地区等重点区域业务营销。解决中小企业金融需求，全年办理实体企业商票保贴业务56笔，金额86796万元。为5家企业办理融资15000万元，满足企业融资需求。

（王思慧）

【廊坊市农村信用社】 2015年，廊坊市农村信用社深化机制体制改革，增强金融服务效能，实现“普惠银行、精品银行、现代银行、合规银行和活力银行”服务品牌。加入廊坊市银行业服务京津冀协调发展协会，与建行廊坊分行签订战略发展协议。督导大厂农商行设立村镇银行，筹备3家拟设机构，年内大厂农商行被评为全省示范性农村商业银行。至年末，全市农村信用社各项存款余额883.75亿元，比年初增长77.2亿元；各项贷款余额506.81亿元，比年初增长54.99亿元；实现中间业务收入16341万元，拨备前利润20.31亿元；全年上缴税金1.57亿元，同比增加346.39万元。

加强支农服务，年末全市涉农贷款余额479.08亿元，增速14.86%，高于各项贷款增速0.93个百分点。拓宽支持小微企业服务渠道，年末，全市小微企业贷款余额466.02亿元，增速15.49%，高于各项贷款增速1.56个百分点，小微企业15938户，同比增加351户，申贷获得率91.67%，同比提高1.36个百分点。普及推广农贷宝、商贷宝业务，通过强化培训、主动营销、广泛宣传等措施，提升特色套餐产品和品牌效应。全市“农贷宝”“商贷宝”分别累计授信21030户、5178户，授信金额24.88亿元、31.6亿元。

减少无息资金占用，严禁残损币长期占库，提高资金收益。年末，各县级行社全年压降库存现金1.93亿元，累计上缴残损币3.9亿元。开通商业汇票承兑业务，年末全市各县级行社累计发放商业汇票承兑业务3654笔、金额64.06亿元。持续加强同业存款管理，实现收益3.53亿元。发展电子银行及中间业务。宣传网上银行、手机银行业务优惠以及安全知识，推行IC卡、网上银行业务，增加布放银亭式自助设备。年末全市布放自助机具524台，其中离行式自助机具127台。建设“金融便民店”，布放小额循环机。组织代理发售北京农商行理财产品，年末发售67笔，金额575万元。代收代付业务完成南水北调胜芳段水费代收程序测试，代缴交通罚款。与电信公司合作，开展“存款赠手机”活动。持续与保险公司合作开展特色险种代理业务。

严格控制“两高一剩”（高耗能、高污染及产能过剩）等行业信贷投放，全市贷款增量的80%投向民生消费、科技创新、新能源、电子商务、高端制造等领域，压降产能严重过剩行业贷款19.33亿元。关注廊坊园区企业、北京新机场等项目建设，主动营销拆迁补偿款，争取项目对接。年末全市支持园区贷款640954万元，比年初增加125703万元，支持3家园区基础设施建设31950万元。支持园区内企业242户，金额609004万元。

廊坊市农村信用社化解信托产品风险，全年通过政府承销债券方式置换信托产品28.62亿元，余额24.26亿元。推行“首问负责制”“一次性告知制”“一站式服务”等服务。扩大贷款审批权限，简化审贷决策流程；实行房地产开发及按揭贷款差异化管理。完善“小贷中心”，推动小额信贷事业部制或公司制经营主体改革，在三河联社启动新型“小贷中心”试点。年末，全市成立9个小贷中心、17个分中心，全年为5660户发放贷款6562笔、金额76524万元。

（刘树青）

保险业

【概况】 2015年，廊坊市有保险公司三级机构34家，其中财产保险三级机构17家，人寿保险三级机构17家。专业代理法人机构6家。保费收入81.34亿元，同比增长22.1%，财产险保费收入29.77亿元，同比增长12.77%，人身险保费收入51.57亿元，同比增长28.22%，赔付支出36亿元，增长29.2%，纳税及代收代缴车船税4.6亿元，提供就业岗位2.4万个。

维权服务。2015年，廊坊市保险行业协会与中国人民银行廊坊中心支行、廊坊市消费者协会共同组建廊坊市保险消费者权益保护工作站，受理信访投诉和协调维权，重点调解保险合同纠纷受理保险投诉，全年处理投诉案件101件，其中财险53件，寿险48件。通过调解保护公司合法权益，维护投保人利益。宣传保险知识，帮助消费者学习了解有关保险消费法律、法规，树立科学消费、安全消费理念。

促进“三农”发展。2015年，廊坊市

保险行业协会统筹协调全市涉农保险业务，宣传农业保险条例，促进农业保险发展，全市农业保险保费收入1.25亿元，同比增长19.39%，赔款支出2.98亿元。参与城镇职工大病保险和新农合工作，为城镇职工和农村参保群众提供保险保障。发展治安保险、农房保险，协助政府建立农村社会治安防范体系，维护廊坊和谐稳定。

服务地方经济。年内，通过发展企业财产保险和各类责任保险，为城市经济平稳运行提供保障。发展健康、养老保险，完善城市社会保障体系。发展农业保险提高农业生产抗自然灾害能力和抗市场风险能力，促进发展规模农业。建立农村医疗保险与养老保险试点，扩大农村人口医疗与养老初步保障覆盖。为农民工设计专门综合保险，为农村富余劳动力在区域间有效流动提供保障与支撑。

（徐　蕾）

【中国人寿保险股份有限公司廊坊分公司】 中国人寿保险股份有限公司廊坊分公司是中国人寿保险股份有限公司地市级分支机构。2015年，总保费收入18.75亿元。长险首年期交保费3.23亿元，10年期及以上首年期交保费2.15亿元。短期险保费9236万元，续期保费10.75亿元。公司总资产80.47亿元，总保费市场份额37.39%，占据廊坊寿险市场第一位。位列全省AAA级行列，在廊坊市首届最具社会责任保险公司行业评选中获第一名，被评为“廊坊市最具社会责任十佳保险单位”。2015年，期交保费占首年新单的45.62%。10年期及以上期交保费占首年期交的66.54%。短期意外险保费占短期险的57.29%。续期保费占总保费的57.36%。全年投入166万元支持和服务业务发展，开展各类培训237期，受训2.28万人次。

开拓银保渠，全年实现趸交保费（一次性缴清全部保费）9680万元，10月底超额达成首年标保、首年新单和首年期交目标，渠道业务排名始终占据全省第一位。团险渠道基本医疗补偿意外险业务实现突破，霸州和大城两家支公司竞得当地新农合补充意外险业务经办资格，管理经费2300万元。助老健康御险、残疾人意外险业务取得进展，为居民提供全方位保险保障。

全年未发生区域性、系统性风险，2015年全市满期给付12045件，按时给付金额5.06亿元，通过有效跟进、沟通，防范风险底线。开展监督检查及风险排查，排查商业贿赂、非法集资、洗钱类违法案件情况，杜绝风险隐患。

（远桂君）

【中国人民财产保险股份有限公司廊坊市分公司】 中国人民财产保险股份有限公司廊坊市分公司是廊坊市最大的国有财险公司，2015年，实现保费规模13.47亿元，同比增长20.8%，累计为全市企业、家庭、学校，及车辆、农作物承担9509.86亿元各类风险保障。上缴、代缴税金1.61亿元。车险突破10亿元，中标大病保险。连续6年开展“客户节”活动，落实各项服务承诺，建设客户俱乐部，拓展增值服务，为商业客户提供各类增值服务40余项。推行非车险上门收集索赔资料，规范理赔服务标准和言行，改善客户体验，强化客户监督。

2015年，参与全市重点项目建设，推动工程险、建筑安装险，为重点项目提供保险保障。服务龙头企业，推广企业财产保险、公共责任保险、国内外运输保险等险种，开拓安防类企财险承保范围，为企业提供风险保障。支持民营企业发展，推出适合中小企业的相关险种和承保方案，关注装备制造、家具生产、食品加工等行业，提高中小企业的抗风险能力。推广个人信用保证保险，促进个人消费。为廊坊市4300多个企业、39.47万辆机动车和市民提供全方位风险保障，受理事故赔付。

推广校园方责任险、教师责任险、医责险等各类责任险，拓展医疗责任险业务，医疗责任险推广到文安、永清、香河、固安4个县域。中标大病保险，成立社会保险服务中心，组建专业化服务队伍，完善理赔和服务。与综合治安部门合作，发展综合治安保险。

年内开办13个涉农险种，其中财政补贴型险种8个，商业性5个，覆盖全市主要农作物和畜禽养殖行业。扩大小麦、玉米、棉花等主要农作物承保面，推进蔬菜大棚设施保险、大棚蔬菜种植保险以及森林保险，继续扩大农房保险覆盖范围，实现香河、固安两县农房保险统保，落实市政府《关于金融支持三农发展的十条意见》，为特色农业创新农业保险产品，提升农村保险服务能力。健全服务网络。

（钳佳维）

【中国太平洋人寿保险股份有限公司廊坊中心支公司】 2015年，中国太平洋人寿保险股份有限公司廊坊中心支公司实现标准保费41596万元，标准保费增长率46.9%，全省排名第一。法人渠道意外险2250.51万元，同比增长14.7%，意外险市场占比44.3%，市场排名第一。全年期缴长期险保费8586.28万元，连续三年在全国太保寿险分支机构排名呈上升态势，排名102位。全年增加业务人员1800人，为全市35900个家庭提供保障，与辖内多家银行及知名企业签订保险代理合同，开展合作。“安贷宝”产品在1月至6月通过农村商业银行为辖内1万余名贷款客户（大部分为农村贷款和中小企业贷款客户）近50亿元资金提供风险保障。安行宝等险种为霸州境内重大车祸罹难家庭赔偿515.48万元。

（王艳娟）

【中国太平洋财产保险股份有限公司廊坊中心支公司】 2015年，中国太平洋财产保险股份有限公司廊坊中心支公司简化理赔流程，成立8个专业化销售团队。年末实现直销渠道业务规模3069万元，车商渠道业务规模3959万元，财产人寿交叉业务1936万元，电话行销1293万元，专业代理708万元。

优化服务。提供4项专业服务和6项关爱服务，提升客户体验，加快人伤案件结案进程，实行“一对一，全流程”专人服务，有效管控人伤成本和风险。分类处理车险案件，提高理赔效率。

业务拓展。非车险方面，推进汽车延保业务、信用保证保险等。年内争取配套资金建设三农服务站，统一设计和配备站内设施。突出农险业务经营服务社会职能。

（刘一诺）

【中国平安人寿保险股份有限公司廊坊中心支公司】 中国平安人寿保险股份有限公司廊坊中心支公司辖11家营销服务部，4个支公司。2015年累计API（年度化标准保费）3447.98万元，同比增长74.9%。累计NBEV（实际营业额）15774.292万元，同比增长

44.5%。实际规模保费30029.539亿元，同比增长29.1%。处理各类理赔案件10435件，支付各类理赔款6347.55万元。

年内设立P—STAR五星级服务标准，制定客户服务人员作业规范服务客户。遵守《个人寿险业务人员品质管理办法》，严肃处理销售过程中违背诚信经营、损害客户利益的行为，规范业务人员从业行为，促进业务健康发展。定期在业务队伍中开展品质宣讲，推行全体员工和营销员诚实、守信、正直的道德准则和价值观念，培育合规守法意识。

（黄　鑫）

【中国平安财产保险股份有限公司廊坊中心支公司】 2015年，中国平安财产保险股份有限公司廊坊中心支公司完成财务保费5.61亿元，同比增长24.4%，其中，车险保费5.34亿元，同比增长23.6%。财产险保费0.16亿元，同比增长62.3%。意外险保费0.1亿元，同比增长20.9%。

年内缴纳各项地方税费8546.44万元，其中，营业税金及附加3066.67万元、印花税55.78万元、残疾人保障金12.25万元、河道清理费49.79万元、代收代缴车使用税5038.46万元、代扣代缴个人所得税326.49万元。

实行7天×24小时接报案和紧急援助服务。推出“赔款时时到账”“微信理赔”“人伤案件省心调解”“电话直赔”“高峰闪行”等便民服务项目，提升客户服务体验和客户满意度。实行客户投诉首问责任制，跟踪受理投诉案件得到客户认可。建立人伤案件调解制度，调解员提供电话微信预约、洽谈室调解、陪同客户到交警队等调解方式，防止矛盾激化。实施“停车关爱”公益项目，成立突发事件应急小组，为全体员工和客户车辆故障及时提供专业加油、更换轮胎服务，应对突发自然灾害和群体性意外事故。2015年，中国平安财产保险股份有限公司廊坊中心支公司支付客户人身或财产损失理赔款2.03亿元。

（陈述敏）

综合管理

宏观经济管理

【综述】 2015年，廊坊市面对经济下行压力加大、“9·3”阅兵停产限产、大气污染防治措施更加严格等复杂严峻形势，围绕市六届人大三次会议确定的计划目标，坚持稳中求进的总基调，统筹稳增长、促改革、调结构、惠民生、防风险，扎实推进各项工作，经济社会发展在新常态下总体向好。地区生产总值完成2473.9亿元，增长8.8%，高于计划目标0.8个百分点，高于全省平均水平2个百分点，居全省各市第一位。服务业增加值1165.3亿元，增长13.8%，高于计划目标1.8个百分点，高于全省平均水平3.8个百分点，居全省各市第一位。一般公共预算收入303.4亿元，增长21.1%，高于计划目标10.1个百分点，高于全省平均水平12.8个百分点，居全省各市第一位。固定资产投资2133.8亿元，增长15.2%，高于全省平均水平4.6个百分点，居全省各市第一位。规模以上工业增加值721.6亿元，增长6.1%，高于全省平均水平1.7个百分点，居全省各市第二位。社会消费品零售总额793.2亿元，增长9.6%，高于全省平均水平0.2个百分点，居全省各市第二位。城镇居民人均可支配收入31925元，增长8.5%，与全省平均水平持平，总量居全省各市第一位。农村居民人均可支配收入13159元，增长8.6%，高于全省平均水平0.5个百分点，总量居全省各市第二位。

2015年，全市经济社会发展面临的困难比预想的大，取得的成效比预期的好，但是也存在一些突出的困难和问题。经济下行压力仍然较大，企业生产经营依然困难，开工不足、库存增加、生产成本上升、盈利能力下降等现象较为普遍，工业生产者出厂价格连续23个月负增长；产业结构矛盾突出，新兴产业整体规模不大，产业链条不完整，房地产占比较高，传统产业占比过大，转型升级任务依然艰巨；污染治理压力不断增大，生态环境要求比以往任何时候都更加严格。

【推进产业转型升级】 2015年，廊坊市坚持“一产要优、二产要强、三产要大”的发展思路，推进绿色循环低碳现代产业体系建设，打造新兴产业集聚区。研究制定《加强全市自主创新能力建设的实施意见》《推动机器人产业发展的指导意见》和《促进生物医药产业加快发展的实施意见》等系列文件，重点支持高新技术以及战略性新兴产业发展，激发企业创新活力；筛选符合条件的企业进行重点培育，有12家新投产企业入统；落实《廊坊市鼓励企业到多层次资本市场上市规定》相关扶持政策，引导企业上市融资，全市新增挂牌上市企业23家；组织企业申报国家产业振兴和技术改造等专项资金项目10项，申报国家工业技改重点项目24项、省千项技改重点项目84项；安排工业企业技术改造专项资金1亿元，对18个技改项目给予委托贷款支持，发放贷款总额28620万元。研究制定廊坊市《关于加快发展生产性服务业的实施意见》，重点支持第三方物流、金融服务、信息服务、科技服务、商务服务等现代服务业提升水平；人保北方信息中心一期工程、清华大学重大科技项目（固安）中试孵化基地、中兴燕郊北方产业基地等建设步伐加快，部分投入使用。全市文化旅游、健康养老、社区服务、家政服务等生活性服务业项目进展明显，建成燕达健康城、燕达金色年华康复中心，燕达医院与北京朝阳医院签署合作共建协议，壹佰剧院管理服务有限公司等企业正式登陆上海股权托管交易中心。

【节能降耗管理】 2015年，廊坊市发展和改革委员会（以下简称市发改委）分解下达年度节能降耗管理目标任务，督导各县（市、区）做好固定资产投资项目节能登记工作，抓好治散烧、改锅炉、拆砖窑、上热电、推优煤、拓气源、增洁电等重点任务。全市工程削减煤炭130.46万吨，万元生产总值能耗下降2.8%。研究制定全市清洁能源替代方案，推进燃煤锅炉煤改气，推进光伏发电项目建设。拓展优质煤源，推广神华清洁煤145.1万吨，总量居省内4个承担推广神华煤任务设区市的第一位；推广洁净型煤40.2万吨，总量居全省第一位。

【重点课题研究】 2015年，市发改委总结“十二五”规划执行情况，开展29项“十三五”规划前期重点课题研究，聘请河北省工程咨询院为研究机构，完成“十三五”规划纲要初稿的编制。应对经济下行压力，制定《关于加大投资力度稳定经济增长的意见》，提出4个方面18条措施建议。统筹推进全市项目工作，起草《2015年度项目建设攻坚十条》。会同有关部门，编制石保廊全面创新改革试验区工作方案。

【经济体制改革】 2015年，市发改委牵头起草《廊坊市国家中小城市综合改革试点实施方案》，提出5个方面36项重点改革内容，上报国家发改委。推进政府与社会资本合作（PPP）模式，制定《关于创新重点领域投融资机制鼓励社会投资的实施意见》。面向社会推出《交通能源市政公共服务等领域鼓励社会投资项目清单》，发布城际铁路、高速公路、一般公路、供电、城市供热、污水垃圾处理，以及教育、医疗、养老、文化、体育、旅游设施等项目24项，总投资243.2亿元。

【行政管理体制改革】 2015年，廊坊市全面推进“放管服”工作，取消环保、人社、气象、地税、卫计委5个部门15项行政审批事项。取消“非行政许可审批”，推进向城区下放行政审批事项。广阳工业园承接省级审批事项。市县不动产登记局和不动产登记中心挂牌成立。依托全市电子政务网络平台，实现市、县联网，审批事项网上运行。推行县级以下机关公务员职务与职级并行制度，完成各县（市、区）相关人员基本情况数据采集统计、初核等工作。深化商事登记制度改革，实行企业“三证合一”“一照一码”登记制度。编制发布权力清单和责任清单，在全省率先实现投资项目在线审批。

【财税金融改革】 2015年，廊坊市全面落实新《预算法》要求，从严控制一般性支出；进一步扩大“营改增”范围，截至11月底，全市营改增纳税人12574户，减税7.37亿元；银企对接持续开展，为企业提供融资支持121.6亿元；组织开展全市十一大行业非法集资专项整治行动，完成小额贷款行业非法集资行为专项排查，全市小贷作为全省唯一试点加入人行征信系统单位。推动政务、商务、社会、司法等重点领域的信用分类监管、信息共享和联动惩戒。新信用平台归集信用信息2200多万条，涵盖市场主体58773家，重点行业从业人员123125人，42家企业因存在失信被执行案件、提供虚假材料等问题被不予准入。

（李宏伟）

项目管理及选介

【概况】 2015年，廊坊市实施建设投资亿元以上项目835项，同比减少49项。其中，续建项目470项，同比增加30项；新开工365项，同比减少79项。835个亿元以上项目中，完工项目326项，同比减少59项；在建项目509项，同比增加10项。列入省重点项目33项，其中，计划新开工项目13项，实际开工12项；续建投产项目10项，全部投产或部分投产；前期项目10项，完成备案6项，其他项目正在推进前期工作。安排市重点项目120项，其中续建项目36项。计划新开工项目64项，实际开工51项，开工率79.7%。

【项目管理】 2015年，廊坊市建立健全项目建设推进机制。以投资强度、科技含量、税收贡献率和建设容积率为衡量标准，确保项目质量。加快项目建设进度，制定印发《廊坊市2015年项目建设攻坚十条》，在产业结构、项目质量、资源配置、分包督导、政策支持、行政问责等方面提出明确的目标和要求。落实市级领导联系分包重点项目责任制和调度督导制度，开展项目拉练观摩活动2次，建立项目台账，逐一督导落实，重点项目动态电子管理台账录入审核；实行月通报制度，每月在《廊坊日报》、廊坊电视台、廊坊广播电台晾晒重点项目建设进度。破解项目用地制约，会同市国土资源局制定《全市重点产业项目推进调度方案》，增强项目建设用地保障。缓解项目建设资金需求，累计争取中央和省级预算内资金5.9亿元、国家专项建设基金11.5亿元，支持产业、环保、基础设施和社会民生等一批项目建设。组织重大产业项目投融资对接，促成金融机构授信171.2亿元。

【社会事业项目】 2015年，廊坊市开工建设保障性住房1.6万套，竣工1.02万套。惠农工程支持建设10个县（市、区）水质检测中心，解决农村19.39万人的饮水不安全问题，建设市级农产品综合质检中心1个、县级农产品质量安全检测站3个，建设规模化大型沼气工程2处、规模化生物天然气工程试点1处，搬迁提升粮食储备直属库1座，支持人工造林10.4万亩（6933公顷）。教育基础设施建设核准批复市第十小学、第十六中学、廊坊卫生职业学院等6所学校建设项目。建立养老工程项目库，支持市中心医院、安泰老年公寓、大厂县中心敬老院等健康与养老服务工程建设。

【节能环保项目】 2015年，市发改委编制《廊坊市节能环保产业发展规划》，推进重点节能项目建设。实施节能技改重点工程3项、节能产业重点项目12项、环保产业重点项目7项。推进国电廊坊热电厂、中电投廊坊燃气热电联产、大城琦泉生物质、三河电厂三期等项目建设，核准建设110KV以上变电站项目6项。推进光伏发电项目建设，大城县15MW光伏电站、文安小务40MW农光互补项目列入省光伏发电项目建设计划，霸州丰和宏顺、河北汇瀛、中建（廊坊）新能源公司3个屋顶分布式光伏发电项目完成备案，备案装机规模31兆瓦。推进龙湖污水、新智污泥等6个污水处理重点项目建设，谋划19个项目纳入省重点流域水污染防治“十三五”建设规划。

【项目招商】 2015年，全市签订亿元以上项目528个，协议总投资额4822.58亿元，完成预定目标的138%，千万美元以上外资项目17个，协议总投资额64.4亿美元；推进产业招商工作，围绕京津冀协同发展和全市电子信息、食品加工、汽车零部件等产业发展要求，先后在北京、青岛、襄阳、南京等地举办廊坊市（北京）电子信息产业投资合作对接会、廊坊市电子信息产业投资环境推介会等招商活动，一批项目初步达成合作意向。市发改委做好廊坊经洽会、厦门投洽会等展会招商项目发布和签约工作，筛选发布重点对外招商项目234个，累计签约内资项目111项、外资项目15项。落实服务央企相关政策，组织筹备“推动京津冀协同发展·央企进河北”活动，促成总投资40亿元的首都航天机械公司发动机及增压输送系统制造基地项目签约落户。

【“9•26”农交会项目签约】 9月26日，第十九届中国（廊坊）农产品交易会举行省项目签约仪式。副省长沈小平、省政府副秘书长赵国彦、市委书记王晓东、市长冯韶慧、副市长王俊臣、市委秘书长张金波、省直有关部门负责人，及相关设区市主管负责人出席签约仪式。会上，有32个项目签约，合作金额130.9亿元，合同引资125.5亿元。其中，廊坊市上会签约项目9个。分别是张家口东方科技有限公司与香河县左岸农业开发有限公司共同兴建的东方千年古葡萄庄园项目、香河县乐农美联蔬菜产销专业合作社与香河县安头屯镇政府共同兴建的乐农美联生态农场项目、三河天龙新型建材有限公司与三河市农业局合作建设的规模化生物天然气工程项目、金州食品公司与新苑阳光农业有限公司共同开展的蔬菜供应合作项目、山东寿光蔬菜产业集团温室科技有限公司与香河县庆丰农业有限公司合作建设的香河庆丰生态农业产业园项目、朗亿成国际投资有限公司与三河国家农业科技园区管委会共同兴建的现代智能温室项目、中广核汇联太阳能开发有限公司与廊坊远村农业开发有限公司共同兴建的光伏农业项目、河北玖霖农业科技有限公司在永清县独资兴建的河北•永清智能化种苗产业园项目、北京华枫艺苑农业科技有限公司与三河国家农业科技园区管委会共同兴建的药用植物产业技术创新联盟展示中心项目。

【中集空港专用装备项目】 该项目由廊坊中集空港设备有限公司投资，选址于大厂潮白河经济开发区，总投资12.6亿元，占地370亩（24.7公顷），总建筑面积28万平方米。中集集团是中国500强、国内规模最大的空港物流装备及道路运输车辆生产厂商，登机桥产品综合实力全球第一，机场摆渡车销量全球第二、中国第一，产品60%出口全球近80个国家的200多个民航机场。该项目主要建设空港设备生产车间、运输车辆制造车间、试验车间、配件仓库、成品仓库、研发楼、办公楼等，建成后将形成年产空港专用装备495台及空港移动设备820台的生产能力。项目建成后，预计年销售收入10.4亿元，利税总额3.7亿元，新增就业岗位800个。

【固安卫星导航产业港分析仪表和系统集成项目】 该项目由河北捷辉仪表设备有限公司投资，选址于固安县新兴产业示范区，总投资12亿元，总占地300亩（20公顷），总建筑面积34万平方米。项目生产的色谱分析仪、热导分析仪、氧分析仪、光谱分析仪等产品广泛应用于军工、航空航天、卫星导航、通讯、核工业、石化、医药等行业。该项目承接北京产业转移，产品市场订单稳定，长期合作客户主要是高校、科研院所及工厂企业。项目提供的系统集成服务，以系统的高度为客户需求提供应用的系统模式，为用户提供一个全面的系统解决方案，满足用户的各种应用需求。项目建成后，预计年销售收入12亿元，利税总额2.9亿元，新增就业岗位560个。

【固安外延片及3D-LED芯片产业化项目】 该项目由河北易贝信息技术有限公司投资，选址于固安县大清河高新技术产业园区，总投资11.8亿元，占地320亩（21.3公顷），总建筑面积25.8万平方米。该项目是与中科院光电技术研究所共同引用美国矽光公司最新专利技术，以其三维高亮度半导体芯片的核心技术，作为国际首创的在大尺寸晶圆层面上进行三维外延生长、封装和测试，其自主创新技术获得国际专利保护的知识产权。该项目产品广泛应用于显示屏、交通讯号显示光源、汽车工业、LED背光源、LED照明光源等领域。项目建成后，预计年销售收入10.5亿元，利税总额4亿元，新增就业岗位870个。

【康得碳纤维复合材料项目】 该项目由康得复合材料有限责任公司投资，选址于河北廊坊新兴产业示范区，总投资31亿元，占地400亩（26.7公顷），总建筑面积272561.5平方米。项目采用可实现产业化生产碳纤维制品的全套工艺技术，该技术先进、装置运行稳定、生产成本低、产品满足市场需求，在国际和国内市场具有较强竞争力。项目建成后，预计年销售收入47.5亿元，利税总额26.3亿元，新增就业岗位340个。

【中国香河国际建材装饰物流展示交易中心项目】 该项目由联星建材商贸（香河）有限公司投资，选址于香河县安平镇，总投资25.2亿元，规划占地800亩（53.3公顷），总建筑面积70万平方米。该项目为承接北京产业转移项目，建成后将成为集建材装饰交易、现代物流配送、电子商务、会展等功能于一体的现代化服务市场。项目建成后，预计正常年交易额100亿元，利税总额28亿元，创造就业岗位10000人。

【文安新型环保户外休闲装备项目】 该项目由廊坊博发户外用品有限公司投资，选址于河北文安经济开发区。总投资12亿元，占地200亩（13.3公顷），总建筑面积201952平方米。主要生产烧炭烤炉、燃气烤炉、户外家具等环保户外休闲装备。项目建成后，预计正常年销售收入18.53亿元，全部为创汇收入，利税总额5.3亿元，创造就业岗位1500个。

（李宏伟）

京津冀协同发展

【概况】 2015年，廊坊市贯彻落实国家和省关于京津冀协同发展战略部署，配合国家和省编制京津冀协同发展总体规划和专项规划，研究制定《关于贯彻落实国家和省战略部署加快推进京津冀协同发展的实施意见》，明确廊坊市“三区一地”功能定位，即科技研发创新成果转化引领区、战略性新兴产业和现代服务业聚集区、京津冀全面创新改革试验区、北京非首都功能疏解集中承载地。建立廊坊市京津冀协同发展推进机构，协调指导京津冀协同发展工作的落实。制定推进京津冀协同发展工作的责任分工方案，明确责任主体、目标任务、主要措施，推动京津冀协同发展各项工作的落实。

【对接京津产业】 2015年，廊坊市筛选项目参加京津冀产业转移系列对接活动，累计签约合作项目37个，总投资1685亿元，其中“省会”签约项目7个，总投资585亿元；“市会”签约项目30个，总投资1100亿元。北京亦庄·永清高新区获省政府批准，成为省级高新技术产业开发区，机构设置获省批复，首批7个项目全部进场施工，涉及电子商务、生物医药、新材料、都市服务业、创新平台等6大产业，总投资约100亿元，占地1160亩（77.3公顷），预计达产后税收10亿元以上；永清国际服装城商贸中心开工建设，新开工服装企业22家，投产服装企业3家；京东集团北方大数据中心、中关村（大兴）生物医药产业基地固安合作园等一批重大合作项目成功签约。中关村固安园、京冀通航产业园正式签订合作协议，与清华大学共建中试孵化基地、与北京大学共建京津冀（廊坊）协同创新创业基地、与中关村合作实施“慧谷·中国”项目等进展顺利。中兴研究院、人保北方信息中心、京东华北订单处理中心、微软游戏创新中心等一批企业区域总部落户廊坊；中轻造纸装备、联通华北基地等一批重大项目投产；鲁能生态度假区、国电热电联产等一批央企项目开工建设；固安航天产业基地、中集空港专用装备等一批基地型项目进展顺利。

【园区合作共建】 2015年，廊坊市与北京市大兴区合作共建园区，签订生物医药、电子商务等产业战略合作协议。廊坊市与北京市平谷区就合作共建京冀通航产业园达成合作协议。廊坊市与北京市朝阳区沟通对接，推动西直河石材市场、雅宝路服装市场、潘家园旧货市场等向廊坊市转移。永清县与北京市西城区签订全面框架协议，共同建设物流园。西城物流园确定选址，永清县与西城区成立物流园建设工作协调小组，西城区派出10名工作人员到永清合署办公。在年内“5·18”廊坊经贸洽谈会上，大清河园区与北京实创投资顾问有限公司正式签约，北京实创投资顾问有限公司对合作区域进行产业规划。

【引进功能性资源】 2015年，廊坊市引进承接首都教育、医疗、会展等功能性资源。全市所有三级医院均与京津医院开展了不同形式的合作。燕达医院与北京天坛医院、朝阳医院等全面合作，引进优势专科，开展共建共管；北大附属廊坊益田实验学校举行签约仪式，北京市第五中学大厂分校正式招生，京津冀三区市（大兴、北辰、廊坊）决定共同建立教育联盟；举办“走进北京相约鸟巢”廊坊旅游推介会、全国名优特新农副产品展、第六届中国（廊坊）国际有机食品展等活动。是年，廊坊市引进“2016中国（河北）国际节能减排与资源综合利用博览会”，“2016亚洲制造技术与技能展演会”在廊坊举行。

【推进交通一体化】 2015年，廊坊市对接北京市规划委、京津冀城际铁路公司、铁三院等单位，推进京唐、京霸、廊涿、固保、城际铁路联络线、平谷线等轨道交通项目前期工作；对接北京新机场建设指挥部，新机场外围“五纵两横”综合交通规划获批，推动场前联络线、南出口高速等开展前期工作。京台高速廊坊段和京沪、津保高铁建成通车；

京廊通勤高铁开通运行；推进京唐、廊涿、京霸、平谷线、白沟支线等轨道交通项目。10月，京秦高速京冀、冀津连接线段可行性研究报告获国家发改委批复，京冀连接线段起于三河市诸葛店西北，接拟建的京秦高速公路北京段，止于诸葛店互通立交，接京秦高速公路诸葛店至段甲岭段，全长约1.2公里；冀津连接线段起于三河市段甲岭西，接京秦高速公路诸葛店至段甲岭段，止于三河市段甲岭东（冀津界），接京秦高速公路天津段，全长约3.8公里。12月28日，津保高铁廊坊段开通运营。

【京津冀生态共建】 2015年，廊坊市与京、津两地共筑环首都生态屏障。京津冀区域实现环境信息共享、大气污染联防联控联治。廊坊市实施城乡绿化美化、生态廊道建设、自然湿地拓展、全域水系修复等工程，构建覆盖全域的良好生态体系；建设平原森林城市，全面推广高效节水灌溉，高效利用中水，全域性修复地表水网。编制完成廊南森林湿地生态走廊建设规划，胜芳和文安湿地公园建设全面启动，香河潮白河大运河国家湿地公园获国家林业局批准。

（李宏伟）

“北三县”统筹发展

【概况】 廊坊市“北三县”包括三河市、大厂回族自治县和香河县，为京津所环抱，总面积1258平方公里，人口114.53万人，与北京市通州区城市副中心仅一河（潮白河）之隔。2015年，“北三县”全部财政收入194亿元，增速23.8%，分别高于全市、全省5.5、16.3个百分点；一般公共财政预算收入132.3亿元，增速23.5%，分别高于全市、全省2.4、15.2个百分点。

【统筹发展核心区建设】 2015年，“北三县”按照“全域规划、重点突破、以西带东、梯度推进”的工作思路，确定大厂县潮白河经济开发区内36平方公里区域作为“北三县”统筹发展核心区，引入华夏幸福基业作为战略投资者，以“打造河北连接京津的桥头堡”为发展定位，建设以绿色生态为支撑，以承接北京高端要素转移为重点，以生产型、生活型、文化创意型服务业为主的体现“北三县”综合价值的商务隆起带，委托上海同济城市规划设计研究院等3家国内外知名设计单位，对核心区建设进行规划设计。年内以大厂潮白河经济开发区中央公园为中心，选定2—3平方公里的区域作为“北三县”统筹发展核心起步区，启动实施部分建筑和配套设施建设，发展总部经济，加快推进核心起步区10+1楼宇（10栋楼宇和1个科研创新中心）、创业大厦、幸福天地、数字出版产业园等项目建设。截至2015年底，核心起步区国际金融大厦一期工程、展示交易中心等部分楼宇开工挖槽，创业大厦、幸福天地等配套设施进入基础施工阶段，数字出版产业园2栋写字楼封顶。建成蒋谭路、福喜路、厂通路和滨河大道4条城市主干道路，打通近30公里的次干道和支路，供热、供气、通讯、污水处理等设施基本完备。

【产业转型升级】 2015年，“北三县”产业转型升级突出“绿色崛起、高端发展、重在实体”的主攻方向，借力京津要素资源，重点发展现代服务业、战略性新兴产业和现代农业，加快构建集约、高效、绿色的现代产业体系。突出龙头带动，追求高端产业。先后引进微软、德国FEV发动机研发中心、智能机器人产业港、中兴燕郊科技园等一批业态新、技术高、带动强的项目。突出创新引领，培育创客产业。顺应“大众创业、万众创新”热潮，域内京东创客孵化空间work+、国安创客空间列入河北省首批省级众创空间和重点培育创客空间。以华夏幸福基业创业大厦、百世金谷等项目为平台，打造中小企业孵化器，吸引国内高端人才集聚。突出人文创意，汇聚文化产业。加快文化创意、影视制作、数字出版等新兴文化产业集聚，形成新的产业爆发点。中信国安好莱坞影视特效基地、大厂影视创意产业园、河北农村题材影视剧生产基地加快建设，打造产业形态、金融服务创新的影视制作业平台。突出绿色环保，打造低碳产业。围绕会展旅游、休闲观光等现代服务业，域内一批绿色环保型项目加快建设。投资百亿元的运河生态第一城项目签约，亚洲最大单体温室主题馆世界农业嘉年华项目建设加速推进。

【生态环境建设】 2015年，“北三县”生态环境建设按照“生态环境支撑区”的定位要求，坚持“增绿、清水、治污”三路并进，构建覆盖全域的绿色空间网络，体现京郊传统文化风格和田园风光。“增绿”，年内“北三县”投入资金31亿元，重点打造40个重要节点和1.14万亩（760公顷）绿美廊道，新增植树造林面积13.38万亩（8920公顷），“北三县”区域森林覆盖率35.5%。“清水”，加大北运河、潮白河等域内主要河流水环境治理和生态修复力度，占地5.5万亩（3666.67公顷）的香河潮白河大运河湿地公园列入国家级湿地公园，北运河（香河段）生态综合开发治理项目被财政部列入国家第二批PPP（Public—Private Partnership英文首字母缩写，即政府和社会资本合作）示范项目。“治污”，淘汰矿山开采、水泥制造、矿粉加工等不符合发展理念和规划要求的产业，“北三县”域内关停、拆除水泥、矿粉等污染企业28家，涉及产能1648万吨。

【美丽乡村建设】 2015年，“北三县”以创建省级精品示范片区为抓手，对标国家农业公园建设标准，确定“一年片区搭框架、两年建设上水平、三年全国有影响”的推进步骤和“一廊串三片”的空间结构，以建设大香线—煤矿路生态绿廊为主线，涵盖三河市齐心庄镇、大厂县陈府镇、香河县蒋辛屯镇的54个村街，着力打造京东乡村旅游示范区、都市农业先行区、康居乡村生活区。一方面，依照村庄自然禀赋、文化特色、民风民俗等特点，提升农村民居格调，让美丽乡村望得见山、看得见水，记得住乡愁；另一方面，重点解决民居改造、垃圾处理、污水处理、清洁能源开发利用等与农民生产生活息息相关的问题，并推进土地有序流转、兴办农业合作社，发展面向京津的高端现代都市农业。10月，在全省连片美丽乡村建设现场观摩会议上，省、市领导及与会代表到大厂县陈府镇美丽乡村示范片区建设现场观摩。

【“北三县”对接京津】 2015年，“北三县”先后与北京市交通委员会、北京市规划委员会、北京市商务委员会、北京市通州区和天津市武清区、天津市宝坻区在规划、产业、交通、生态等领域对接，并达成初步意向和成果；加强与北京市通州区城市副中心在规划上的无缝衔接。医疗合作方面，燕达医院与首都医科大学附属朝阳医院、天坛医院正式签约合作，并纳入北京市新农合定点医疗机构。“北三县”域内近30家医疗机构与北京同仁医院、儿童医院、天坛医院、301

医院等多家北京市重点医院建立协作关系，京冀医疗一体化初具雏形。产业承接方面，先后引进中海油国家海洋高新成果产业化基地、中兴通讯研究院、北京有色金属研究总院燕郊产业基地等产业项目，域内相关企业分别与中科院高能物理研究所、清华大学、中国矿业大学、中国农业大学、北京林业大学等高等院校和科研机构建立技术合作关系，启动实施一批科研与教学实践基地项目。交通对接方面，对接通州徐尹路的潮白河大桥开工建设，京秦高速京冀、冀津连接线可研报告获国家发改委批复，连接“北三县”境内的密涿高速、京唐城际、平谷轨道等交通工程项目加快推进。

（彭　燕）

统　计

【概况】　2015年，廊坊市统计局聚焦省、市重点工作任务，结合省委、省政府考核指标体系和廊坊市人民政府《政府工作报告》中提出的全市经济社会发展目标，重点对工业、批发零售、住宿餐饮、其他规模以上服务业企业新增入统、投资项目完成、考核指标完成进度等情况加强统计监测，研究提出合理化建议，主动服务市委、市政府领导科学决策。把握京津冀协同发展机遇，市统计局与北京市通州区和天津市武清区统计局沟通协调，改版2015年《国民经济月报》和《领导手册》，增加北京通州、大兴和天津武清、宝坻、静海、蓟县六区（县）月度主要经济指标完成情况，动态反映廊坊在京津冀协同发展中的区位特点。主动适应市委、市政府经济决策需求，提前4天将全市月度主要经济指标预计报送市领导。完善统计信息发布和对外提供机制，及时刊发《廊坊市2014年国民经济和社会发展统计公报》，召开经济形势新闻发布会，做好统计宣传与统计数据解读，满足社会各界对统计数据的需求。撰写领导专报、统计分析、统计信息698篇（条），其中381篇（条）被市领导批示或媒体刊发。《廊坊新型城镇化建设和农村面貌改造提升研究》和《京津冀协同发展战略研究》两项课题获市社科联优秀论文奖。

【统计法治建设】　2015年，廊坊市贯彻落实河北省统计局《关于廊坊市统计工作巡查意见》和市长冯韶慧批示精神，提升统计法治宣传层级。市委组织部将统计法律法规和相关统计知识列入2015年市委党校县处级领导干部理论进修班的培训内容。市政府召开第三十三次常务会议，集体学习题为《以法律手段维护统计公信力》等统计法律法规知识。市统计局结合开展“9·20”中国统计开放日、“12·4”法制宣传日活动，举办3期统计法律法规专题讲座。市、县统计工作人员深入1007家重点调查单位开展行业调研、业务咨询和执法检查，发现并查处统计违法行为44起。市统计局从统计工作实际出发，规定5月和9月为全市“统计执法月”，采取专项执法和常规执法相结合的办法，多专业协同集中开展执法调研活动，构建“调研、执法、服务”三位一体的统计执法体系。

【新型经济区域统计】　2015年，廊坊市统计部门适应京津冀协同发展新形势，向北京机场办、北京亦庄·永清高新技术产业开发区派驻统计工作人员，着手建立新型经济区域统计，进一步规范省级以上开发区、园区统计工作。明确单位入统条件，收集整理国家统计制度规定的“四上企业”（规模以上工业企业，资质等级建筑业企业，限额以上批发、零售、住宿、餐饮业企业，规模以上服务业企业）入统条件和有关涉考指标入统标准，辑印《“四上企业”入统条件》手册，明确统计标准和要求，各县（市、区）达标企业应统尽统。

【服务业统计工作】 2015年，廊坊市人民政府印发《关于加强和完善部门统计工作的通知》，就推进全市服务业统计工作明确部门责任，提出具体要求。市委、市政府增加市统计局处级职数和人员编制，充实和加强服务业统计工作力量。市政府第六届二十四次和三十九次常务会议专题听取全市服务业统计工作情况汇报，印发《关于全市服务业统计与主要指标完成情况的通报》。市统计局与市直相关部门协调合作，摸底筛选服务业企业情况，重点做好单位查找、材料搜集、数据审核等工作，提前完成河北省2015年度新增限上贸易业、规模以上其他服务业入统企业目标任务。举办基层服务业统计人员综合业务培训班，面向2014年新增限上贸易业、规模以上其他服务业企业及2015年度新从事服务业统计工作的300余名基层统计人员，开展统计法律法规、专业知识和联网直报技术等全方位的业务技术培训。开展有针对性的专项调研，剖析服务业发展中存在的问题，形成《分县（市、区）服务业发展存在问题》的调研报告。市统计局与市政府督查室等相关部门组成联合督导组，对各县（市、区）及廊坊开发区服务业发展情况进行专项督导检查，由市统计局主持完成的《全市服务业发展情况的督查报告》被市政府《督查通报》全文刊登。

【统计改革创新】 2015年，廊坊市统计局研究全省GDP核算方案，开展GDP月度、经普年度测算和服务业核算试点，强化季度地区生产总值数据审核评估，完成GDP年报数据核算评估，稳妥推进地区生产总值核算改革；加强重点行业、企业和重点县（市、区）能耗监测与煤炭消费量核查，及时反馈节能降耗工作进展情况；贯彻执行新开工项目入库准入制度，全面开展固定资产投资项目核查，做好固定资产投资方法制度改革试点工作；探索研究战略新兴产业、健康服务业的调查方法；组织开展县级粮食产量抽样调查，县域经济社会发展评价、农业产值分季试核算与2015年度全市农业产业化经营组织申报工作；做好市、县两级全面建成小康社会统计监测，推进统计改革适应经济社会发展新常态。

【统计调查】 2015年，廊坊市统计局组成调研组赴霸州、广阳、三河、香河等县（市、区）专题调研服务业统计工作开展情况，研究探讨改进服务业统计工作。就政府扶持政策落实、生产经营情况、面临问题、发展方向等内容，开展全市规模以上工业、规模以上服务业、批零住餐等企业调查活动。完善工业企业经济主要指标会商机制，与市工信局联合专题调研三河、大厂等市县部分生产经营状况较差的工业企业；与市科技局联合摸底调研全市规模以上工业企业中的71家高新技术企业；开展投资政策效果专题调研，及时了解和掌握全市投资有关政策落实情况；开展全市近五年工业区域产业转移情况调研，了解和掌握企业生产经营状况。落实《河北省统计质量管理工作规程》，规范企业统计生产流程，加强数据审核评估，完善分级分专业审核验收数据和跨表、跨专业的联审、会审与评估制度，把数据质量控制贯穿于统计数据生产的全过程。组织完成农业、工业、能源、投资、建筑业、贸易、外经、人口就业、社会科技、服务业等各项常规统计调查和专项调查。全面核查“四上”单位，指导企业完善申报资料，建立核查结果电子档案。开展全市1%人口抽样调查。市政府办公室印发《关于做好2015年全市1%人口抽样调查的通知》，推进全市1%人口抽样调查各阶段工作。入户发放《致全市1%人口抽样调查户的一封信》，与全市主要新闻媒体合作，宣传1%人口抽样调查。全市600余名1%人口抽样调查指导员、调查员和辅助调查员分赴220个调查小区，开展入户登记，顺利通过全省1%人口抽样调查事后质量抽查，为高质量完成1%人口抽样调查工作奠定基础。开展第二次全国企业创新调查。成立廊坊市企业创新调查工作协调领导小组，市政府办公室印发《关于做好2014年企业创新调查工作的紧急通知》，调度和解决调查中存在的问题。第三次全国经济普查，发布《廊坊市第三次全国经济普查主要数据公报》，编印《廊坊市第三次经济普查资料汇编》，完成经济普查主要数据资料开发任务。印发《廊坊市人民政府关于开展第三次全国农业普查的通知》，成立廊坊市第三次全国农业普查领导小组及其办公室，做好普查相关准备工作。

（车丽娜）

审　计

【概况】 2015年，廊坊市审计机关依法履行审计监督职责，严格按照《审计法》《国家审计准则》《廊坊市审计局审计项目质量考核办法》的相关规定和要求，围绕重大建设项目加快推进、财政资金统筹使用、重大政策贯彻落实、简政放权、防范经济领域风险隐患，开展审计。市政府出台《廊坊市政府关于深入贯彻落实〈河北省政府关于加强审计工作的实施意见〉的通知》，增强全社会主动接受审计、积极配合审计、认真遵守财经审计法规的意识。市政府办公室印发《关于政府向社会力量购买服务的实施意见》，市审计局制定《廊坊市审计局关于创建优秀审计项目的指导意见》《廊坊市审计局审计业务管理有关事项的操作规定》，规范购买社会服务、审计项目评选和审计业务管理等内容。是年，审计机关计划安排142个审计项目，实际完成189个。查出违规资金1.24亿元，管理不规范金额35.12亿元，应调账处理金额2.55亿元，应上缴财政资金1.46亿元。

【政策落实审计】 2015年，全市审计机关抽调128人，对市、县（市、区）两级贯彻落实国务院20项重大政策措施和宏观调控部署情况，按月定期跟踪审计，揭示和反映政策措施不适应、不衔接、不配套等问题，提出有针对性和可操作性的建议。重点审查民生、环保、交通等领域项目推进及简政放权、创业创新等政策措施落实情况。年内审计558个单位、涉及资金142.6亿元。审计发现滞留棚户区改造资金和部分单位存在慢作为等政策措施落实不到位问题，涉及资金32.12亿元。

【专项资金绩效审计】 2015年，廊坊市人民政府办公室印发《关于印发2015年重点专项资金审计工作方案的通知》，市审计局调配所有审计人员，对各专项资金投入部门、主管部门、用款单位2015年专项资金使用及绩效情况进行审计。重点关注项目单位专项资金立项申报情况，财政部门对专项资金的分配、拨付和管理情况，主管部门对专项资金的管理和拨付情况，用款单位的资金管理和使用情况，涉及部门（单位）50个。审计大气污染治理、教育、医疗、文体、科技等13类专项资金，涉及金额43.6亿元，审计金额31亿元，占资金总额的71%。

【预算执行审计】 2015年，廊坊市审计机关在审计组织上，实行统一计划、统一方案、统一组织，对项目选择、审计内容、审计重点、审计资源、组织实施和成果利用进行统筹管理；在审计方法上，做到两个“结合”，即：财政部门审计与延伸审计预算单位有机结合，预算执行审计与专项资金审计有机结合。全面掌握财政资金的走向，从宏观、微观两个层面揭示分析预算执行管理中出现的问题，确保财政审计的有效性、完整性；在审计内容上，扩大对二、三级预算单位的审计覆盖面。重点审计预算部门及所属单位预算编报、调整、批复和资金拨付情况；上级各类专项资金的拨付、管理、使用情况；非税收入管理情况；部门及所属单位内部控制、财政收支和资产管理情况；政府采购执行情况。及时揭示财政运行中的不安全因素和潜在风险，促进将所有政府收入纳入预算管理，推动预算公开和财政管理的规范化，促进提高预算执行效果和财政资金使用效益。

【领导干部经济责任审计】 2015年，廊坊市审计机关落实《经济责任审计规定实施细则》和《河北省党政主要领导干部经济责任审计评价办法》文件精神，探索制定包含审计重点、审计措施、审计工作量、评价指标等内容的《廊坊市审计局关于县级政府领导干部经济责任审计内容及评价操作指南》；加强与组织管理部门沟通协调，起草《廊坊市经济责任审计项目计划管理办法》，将全市的审计对象按掌握公共权力的大小、承担经济管理职能的多少、社会关注度高低等情况进行分类，对不同类别的审计对象，采取不同的审计频率和审计方法。年内，市级审计领导干部7人，其中，任中审计4人，离任审计3人，涉及资金总额41.7亿元，查出违规资金7948万元。

【民生资金审计】 2015年，廊坊市审计局在对城镇保障性安居工程跟踪审计中，加强分析研究，提出科学建议，促进资金效益最大化。全年延伸调查44个项目、13个街道办（乡镇）、29个居（村）委会、160户家庭，发现保障性安居工程在用地建设、住房分配、资金筹集管理使用方面存在的问题，提出确保建设任务高质高效完成、完善准入退出机制确保住房公平分配、规范资金筹集渠道的建议。并对2012年后发现的119个问题进行督促整改。在高标准农田建设项目资金审计中，香河县审计局重点把握立项环节，做好审计计划；把握方案编制环节，做好审前准备工作；把握项目实施环节，确保审计质量。

【固定资产投资审计】 2015年，廊坊市人民政府出台《廊坊市政府投资建设项目审计监督办法》，规定政府投资和以政府投资为主的建设项目，必须经过审计方可办理竣工决算，将审计报告作为移交固定资产的依据。市审计局出台《廊坊市审计局关于聘请中介机构参与政府投资建设项目决（结）算审计管理办法》，从全国范围内遴选10家甲级造价咨询单位，组建中介机构备选库，对入库中介机构建档备案；加强对入库中介机构的组织管理，采用公开招标或抽签委派方式，确定参与审计项目的中介机构，对其工作质量、遵守廉政纪律情况进行记录。出台《关于聘请中介机构参与政府投资建设项目决（结）算审计工作计费办法（暂行）》，规范计费行为。搭建政府投资审计平台，投资100万元，购置服务器和大型存储设备。该平台连接廊坊市投资建设项目在线审批监管平台，逐步实现对建设项目的全程监督。年内，市本级开展大剧院和体育场等城市文体设施、廊沧高速公路和京台高速公路、南水北调工程等20个审计项目，审计总金额150多亿元，审减工程款13亿元。

【督导内部审计】 2015年，廊坊市审计局印发《廊坊市审计局关于市直预算单位开展内部审计的通知》，要求未列入年内审计计划的130个部门（单位）由内审机构或聘请有资质的会计审计社会中介机构，对部门（单位）贯彻执行财经法规情况、内控制度情况、资产管理情况、资金运用情况、“三公经费”情况进行内部审计；要求市直部门（单位）建立健全长效机制，建议各县（市、区）政府参照市直做法，责成审计机关提出开展内部审计，有步骤地落实全面审计。市审计局将实施内部审计的130个部门（单位）名单，在市审计局各业务科室之间进行分配，并提出加强对相应部门（单位）内部审计工作的业务指导和检查督导的要求。

【审计信息化建设】 2015年，廊坊市审计局制定《廊坊市审计局审计数据集中暂行管理办法》《廊坊市审计局移动办公暂行管理办法》《廊坊市审计局信息化办公设备暂行管理办法》，规范审计数据移动办公和信息化办公设备的管理，促进信息化建设。投资400万元，建设审计电子数据集中管理系统、增加OA公文流转系统使用情况统计模块、改造原网络、更新高清视频会议系统、配备配套的录播系统、增设审计移动办公系统。

【审计宣传】 2015年，廊坊市审计局制定《关于进一步加强审计信息宣传工作的意见》，举办“全市文字综合培训班”。编发《审计简报》16期，出版《廊坊审计》杂志4期。提交审计报告及各类信息786篇，被上级领导批示或采用495篇。《中国审计》《中国审计报》等报刊、杂志采用文章、信息4篇；省政府信息网站采用信息21篇，省审计厅信息网站采用213篇。《廊坊审计精神研究综述》等3篇论文被省审计学会评为“优秀论文”。《关于探索实现审计全覆盖的途径》的调研报告被收录到《廊坊市政府系统“研究新形势、应对新常态、谋求新发展”集中调研成果汇编》一书中。市审计局信息宣传工作获《中国审计》《中国审计报》宣传先进集体。

【京津冀协同发展审计监督座谈会】 10月22日，廊坊市审计局承办的京津冀协同发展背景下的审计监督座谈会在固安县召开。北京市审计局、河北省审计厅、廊坊市审计局及部分京廊毗邻县（市、区）审计机关主要负责人出席会议。会议围绕“京津冀协同发展背景下的审计监督”主题进行座谈讨论。会上，北京市、河北省审计部门就共同遵循的“加强协调、遵守管辖、谁用谁审、结果共享、特事特办”20字原则达成共识。

（程　石）

人力资源管理

【概况】 2015年，廊坊市引进域外人才694人，其中高级人才295人，中级人才

399人。推荐3人申报河北省第六批“百人计划”人选和2015年度“三三三人才工程”第二层次人选；推荐廊坊梅花生物技术开发有限公司、固安信通信号技术股份有限公司、固安高新技术产业开发区申请设立博士后科研工作站；向省人社厅推荐9名享受政府特殊津贴人员候选人。全市通过各类渠道引进外国专家1000人次；执行国家级引智项目3个、省级引智项目2个。各类渠道参加出国（境）培训100人次。三河市北航职业培训学校、三河剑桥中学、赛文英语学校3所学校取得聘请外籍教师资格许可证。是年，全市人才总量45.1万人，专业技术人才14.4万人，高技能人才7.7万人，享受国务院特殊津贴专家32人，在站博士后12人，国家“千人计划”15人，河北省“百人计划”5人，国家“万人计划”1人。是年，市人社局获“全国人力资源诚信服务示范机构”“河北省人社系统先进集体”称号。

【事业单位人事制度改革】 2015年，廊坊市人社局推进机关事业单位养老保险制度改革，形成《关于廊坊市机关事业单位养老保险制度改革情况的报告》呈报市政府。全面实施事业单位公开招聘制度，印发《廊坊市事业单位公开招聘工作人员实施办法》和《廊坊市事业单位公开招聘工作人员方案审批实施细则》。深化以岗位设置及聘用制为核心的事业单位人事制度改革，全市99%的事业单位完成岗位设置方案审批，实行聘用制度的事业单位达到95%。引进事业单位考试报名系统，“廊坊市事业单位招聘考试网”启动运行，年内市直事业单位公开招聘工作人员98名。在霸州市、三河市完成聘任工作基础上，广阳区、安次区、固安县、永清县、大城县完成首聘并进行后续聘用工作。落实《河北省乡镇机关事业单位工作人员实行乡镇工作补贴实施办法》，全市乡镇工作补贴全部落实到位。完成全市19家企业的594名国有企业职教、幼教退休教师退休工资核定。涉及全市1680个单位、12.82万名机关事业单位在职人员、4.62万名离退休人员的基本工资调标工作、离退休人员增加离退休费工作审批完毕并兑现到位。全市机关工勤和事业单位工作人员考核7.8万人，评出嘉奖人员7061名，记三等功人员811名。6月，在省人社厅组织召开的事业单位人事管理工作座谈会上，廊坊市就推行聘用制工作的经验做法作典型发言。是年固安县被中组部、人社部确定为事业单位推行管理岗位职员制度试点县。

【公务员队伍管理】 2015年，廊坊市党政机关公务员总数16011人，大专以上学历公务员占96%，其中研究生学历公务员972人，占6%，大学本科公务员9754人，占61%。成立廊坊市县以下机关公务员职务与职级并行制度实施工作领导小组，加强工作领导。市委组织部、市人社局、市编办、市财政局联合下发《关于做好县以下机关公务员职务与职级并行制度实施工作的通知》，对该项工作提出总体要求，明确主要任务。采集县级以下机关公务员基础信息1.38万人。完成公务员录用四级联考工作，正式录用119人。政府系统及事业单位调整正科级干部137人次，副科级86人次。完成全市各级行政机关非领导成员公务员考核8509人，评出嘉奖人员1187名，记三等功人员236名。印发《廊坊市2015年度行政机关公务员培训教育工作要点》，累计培训市直行政机关公务员900人次。

【专业技术人才和技能人才建设】 2015年，廊坊市实施农民工职业技能提升计划——“春潮行动”。国家职业资格全国（省）统一鉴定完成10279人，鉴定规模居全省首位。组织专业职称考试33项，报名考试人数3.1万人；组织机关事业单位工人技师报名考试2169人，参加评审人数751人。推荐3人参加“河北省突出贡献技师”评审工作。是年，廊坊职业技术学院被河北省人社厅评为2015年度省级高技能人才培训基地。

【军转干部及随军家属安置】 2015年，廊坊市接收军转干部85人，其中计划分配56人，自主择业29人，90%以上自主择业军转干部实现灵活就业。举办2014年度军转干部党政专业培训班，召开驻廊部队随军家属专场招聘会，30家用人单位提供750余个就业岗位，10个驻廊部队的82名随军家属参加招聘会，约20人与用人单位达成就业意向。11月20日，全市军队转业干部安置工作会议召开。会议传达全省2015年军转安置工作会议精神，安排部署全市军转安置工作，向有接收任务的市直、中省直驻廊单位移交军转干部及随调家属档案。

【推进职业资格改革】 10月，全市职业资格改革启动。市人力资源和社会保障局印发《关于做好国务院取消职业资格许可和认定事项衔接工作的通知》，组织市建设局、市商务局、市水务局等20个部门，在全市范围内开展职业资格改革工作。该项改革工作以《河北省深入推进职业资格改革工作实施方案》《河北省人民政府办公厅关于做好国务院取消职业资格许可和认定事项衔接工作的通知》为依据，重点清理国务院明令取消、不在《中华人民共和国职业分类大典》目录、没有国务院部门规章允许的职业资格认证，停止相关认证、培训、考试活动。清理活动采取单位自查与专项清理相结合的方式开展，清理范围包括三类活动，即各单位对相关职业资格开展的认定、考试活动；各单位对相关职业资格的执业注册、培训、继续教育活动；各单位对相关职业资格设置的就业准入、行政许可事项。廊坊市要求各有关单位对需清理的职业资格做到“三不准”，即对于已经停止许可认定的职业资格，一律不准以任何形式开展相关活动；对于暂停许可认定的职业资格，在国家有关部委出台新的评价办法前，一律不准以任何形式开展相关活动；对于由就业准入类调整为水平评价类的职业资格，一律不准以任何形式实行执业准入控制和注册管理，已取得的职业资格证书是否继续作为使用或聘任的依据，由有关部门按照国家规定执行。对违法开展相关职业资格许可和认定的行为，依法依规严肃查处。

【孔昌生到廊坊调研】 1月20日至21日，人社部副部长孔昌生一行5人就整治事业单位公开招聘突出问题落实情况、人社窗口单位作风建设情况、机关事业单位“吃空饷”问题集中治理工作情况、深化事业单位人事制度改革，及农民工工资支付情况到廊坊市督察。省人社厅厅长张义珍，市委书记王晓东，市长冯韶慧，市委常委、常务副市长李波，市委常委、副市长王志明陪同调研或参加座谈会。孔昌生一行考察了廊坊城市规划展示馆，到市人力资源市场、市中医院、廊坊卫生职业学院、固安县，及建设项目工地实地督察，看望慰问基层窗口单位工作人员和农民工代表，并在廊坊市召开座谈会，听取河北省及廊坊市事业单位公开招聘工作开展、窗口服务建设及农民工工资支付情况汇报。市教育、文化、卫生部门负责人汇报部门公开招聘制度落实情况。在听取汇报和实地督察后，孔昌生对河北省及廊坊市人社工作取得的成绩给予肯定。他指出，河北省委、省政府和廊坊市委、市政府对人社工作高度重视，河北和廊坊的人社工作在事业单位人事制度等几项制度上的改革力度很大，走在了全国前列。廊坊市在农民工工资支付方面做了大量工作，经验值得总结推广。

【举办京津冀招才引智大会】 5月19日，由河北省政府主办、河北省人社厅承办的“京津冀招才引智大会”在廊坊市举行。副省长姜德果，省人社厅党组成员、副厅长赵新喜出席会议并与项目单位、专家代表座谈。会议期间，35家重点企事业单位带着59个技术需求项目现场与京津冀三地的77位专家沟通洽谈，45个项目达成初步合作意向，13项技术项目和智力成果转化项目在活动现场签约。

【王亮到廊坊调研】 8月24日，省委组织部副部长、省人力资源和社会保障厅党组书记、厅长王亮一行到廊坊调研人力资源和社会保障工作。市委常委、常务副市长李波，市委组织部副部长、市人社局党组书记、局长张维真陪同调研。王亮一行到新奥集团总部和新奥研究院调研座谈，就高端人才引进使用和构建京津冀用人联动机制等问题同与会人员进行交流探讨。在市人力资源市场，王亮对廊坊市人才工作所取得的成绩予以肯定。在随后召开的汇报会上，王亮听取廊坊市开展人力资源和社会保障工作的总体情况汇报。

【签订《“通武廊”人才网站互联互通项目协议书》】 2015年，北京市通州区、天津市武清区和廊坊市人力资源和社会保障局共同签订《“通武廊”人才网站互联互通项目协议书》（以下简称《协议》）。《协议》商定，“通武廊”三地人社部门要以落实中央和京津冀三地党委、政府推动京津冀协同发展的要求为准则，以“通武廊”人才协同发展合作的总体要求为依据，以服务企业、服务人才、服务社会为目标，结合自身职责，充分利用现有资源，做实做强以网站为依托的“网站互联互通合作项目”，共同推动三地人才交流合作，促进京津冀人才工作新突破。《协议》议定，以北京通州人才网（www.bjtzrcw.com）、武清公共就业服务平台（rc.wqqyfw.gov.cn）、廊坊人才网（www.lf—rc.com.cn）三方网站为主体，做到网站互联互通、资源互用互享，并为用人企业、求职个人、高校毕业生，及广大有就业意向的劳动者提供免费人才服务。

【中国（河北）博士后成果转化基地启动】 12月18日，中国（河北）博士后成果转化基地启动运行仪式在固安创业大厦举行。人力资源和社会保障部副部长汤涛、省政府副省长姜德果出席启动仪式并讲话。人力资源和社会保障部专业技术人员管理司司长、全国博士后管委会办公室主任俞家栋，人力资源和社会保障部留学人员与专家服务中心副主任邱春雷，省政府副秘书长康彦民，省委组织部副部长、省人力资源和社会保障厅厅长王亮，廊坊市委书记王晓东，廊坊市委常委、常务副市长李波等领导，北京大学、清华大学、中国科技大学、北京航空航天大学等12所高校，以及河北省4所博士后流动站、5所博士后科研工作站、5所博士后创新实践基地、35家重点企业的代表出席启动仪式。在启动仪式上，北京大学、清华大学、南开大学、天津大学、中国电子科技集团第五十四研究所5所高校、科研单位代表分别与博士后成果转化基地代表签订战略合作协议。王晓东介绍中国（河北）博士后成果转化基地有关建设情况。中国（河北）博士后成果转化基地（以下简称“基地”）是中国第一家博士后成果转化基地，是人力资源和社会保障部与河北省合作的重要成果。该基地坐落于固安高新技术开发区，基地规划建筑面积100万平方米，其中包含孵化办公区13万平方米，中试孵化产业区75万平方米，生活配套区12万平方米。基地包括基地总部功能区、科技成果转化区和科技功能服务区。基地总部功能区以固安创业大厦为核心，打造集科技研发、金融投资、国际交流会等服务功能为一体的高端集成平台；科技成果转化区以卫星导航产业港、航天产业基地等为核心，构建“科技研发—孵化加速—规模化生产”的产业生态体系；科技服务功能区以固安商务楼宇经济区为核心，打造集科技服务、科技金融、科技商务为一体的综合服务平台。基地通过链接整合国际国内高端人才、资本、技术等创新要素和企业、大学、科研院所等创新主体，全面推动联合创新、技术转化、合作研发等活动，从而有效推动“技术引进、人才引进，技术孵化加速，技术商业化”的全面发展。

（张晓伟　邢　为）

国有资产监督管理

【概况】 2015年，廊坊市人民政府国有资产监督管理委员会（以下简称市国资委）列统监管企业16家。全年监管企业实现营业收入76.02亿元，同比增长25.7%；实现利润9.3亿元，同比增长80.2%；上缴税金3.9亿元，同比增长11.7%；国有资产保值增值率107.1%。截至12月底，监管企业资产总量142.24亿元，所有者权益44.66亿元。

【国有资产监管制度建设】 2015年，市国资委夯实按制度管人、管事、管资产的监管机制，制定《廊坊市国资委监管责任清单》，出台《监管企业公司章程管理暂行办法》《市国资委及监管企业重大事项法律审核暂行办法》等制度文件。加强财务监督和经营业绩考核，制定出台《关于进一步加强监管企业资金使用管理，切实防范财务风险有关事项的通知》，防范企业资金使用和投资行为风险。完成2014年度经营业绩考核定档工作，与监管企业签订2015年度经营业绩目标责任书，引入经济增加值考核指标。全年费用同比下降11.35%。

【国有股权管理】 2015年，市国资委印发《关于进一步加强和规范国有产权转让管理的通知》，廊坊市产权转让市场挂牌项目6个，完成交易项目5个，成交金额137.74万元。市国资委与河北产权交易中心合作完成廊坊市发展创业投资有限责任公司100%股权转让，与北京产权交易所合作完成廊坊开新城市开发建设有限公司51%国有股权转让项目。至年底，市国资委纳入登记范围的国家出资企业注册资本达到65.6亿元。

【国有企业审计监督】 2015年，市国资委印发《关于加强监管企业内部审计工作的通知》，督导企业健全内部审计机构，加强内部审计职责。完成2014年度财务决算审计工作，对廊坊投资控股集团进行全面审计，对城建二公司等6家企业负责人分别进行离任审计或任期经济责任审计。完成2014年度监督检查工作，对12家企业开展专项监督检查，累计发现各类问题91个，提请关注重大事项19个，提出整改建议45项。

【国有企业改革发展】 2015年，市国资委修订和审核廊坊投资控股集团、公交集团、天都大酒店、城建二公司、凯泰基业等企业章程，建立科学合理的治理结构和运行模式；组建以国有资本为主导的空港投资开发有限公司，负责北京新机场征迁和临空经济区开发运营工作；民生源早（快）餐公司吸收民资进行增量式混改；廊坊控股整合公司内部组织架构，组建企业集团；万隆珠宝商行整体改制组建新公司；静海金属制品厂依法破产；市商务局所属广联边贸、对外经贸等4家企业进入破产程序。

【国有工业企业转型发展】 2015年，美联制动系统公司新增投资3853万元，引进制动盘自动化生产线、自动浇注机和惯量试验台等新设备；卢卡斯公司开发的上海通用E18EVO助力器、北京奔驰X156EPB制动钳等4个新品项目增加盈利能力，全年累计实现净利润4.37亿元，同比增长29%，上缴税金1.17亿元，同比增长34%；科森公司研发新产品，推进现场精益管理和质量改善，降低成本增加效益近200万元，该公司推行的卓越绩效管理模式获得2014年度市政府质量奖。

【国有商贸流通企业转型发展】 联华超市光明店调整经营格局，引入服装尾货销售商城项目，与齐天大圣电子商务公司开展线上和实体托管合作；林美商厦应对电子商务对百货零售业的冲击，引进生活服务类项目增加营业收入200万元；天都大酒店多渠道创收近500万元。

【投融资平台建设】 2015年，市国资委落实促进融资性担保行业规范发展的政策要求，为国兴担保公司争取财政补充资本金1亿元；国兴担保公司完成担保项目36个，提供担保金额1.2亿元，实现保费收入291万元。开展融资服务创新，提出“担保+”业务模式，推动大宅家具、普莱斯德、出国记3家企业在天交所挂牌。

【国有企业党建和党风廉政建设】 2015年，市国资委印发《关于进一步加强和改进国有企业党建工作的意见》，发展企业新党员78名。逐级签订《党风廉政建设主体责任承诺书》和《党风廉政建设“一岗双责”责任书》。印发《关于公开招聘企业领导人员办法（试行）》《监管企业选拔任用工作酝酿暂行办法》，调整人员16批次120人次。举办企业经营管理人员专题培训班20期，培训1200余人次。受理信访举报线索22件，移交司法机关1人，给予党政纪处分3人，组织调整4人，诫勉谈话2人，下达纪检监察建议书5份。

【国有企业安全生产】 2015年，市国资委落实《安全生产法》，编制《市国资委安全生产工作指南》，与21家监管企业、集团公司与各级子企业层层签订《安全生产责任书》。组织各类安全管理培训11次，培训各类人员10000余人次；组织廊运集团、公交集团、明珠集团等15家企业开展应急救援演练、反恐处突、消防演练等20余次。开展企业生产安全检查，加强全国及省、市“两会”、“5·18”经洽会、“9·3”阅兵等重要节点的安全督导，排查整治各类隐患93次。2015年，市国资委全系统企业安全生产实现零伤亡、零事故。

2015 年廊坊市国资委列统监管企业国有资产统计表

表 33　　单位：亿元

项　目	市国资委列统监管企业		
	2015 年	2014 年	比上年增长率（%）
监管企业户数（户）	16	13	23.1
资产总额	142.24	105.36	35.0
负债总额	97.58	74.17	31.6
所有者权益	44.66	31.19	43.2
营业收入	76.02	60.48	25.7
利润总额	9.30	5.16	80.2
上缴税金	3.90	3.49	11.7
资产负债率	68.6%	70.4%	-2.6
收入利润率	12.2%	8.53%	43.0
国有资产保值增值率	107.1%	91.08%	17.6

2015 年廊坊市国资委列统监管企业基本情况统计表

表 34　　单位：万元

项目 企业名称	资产总额	负债总额	主营业务收入	税金
廊坊控股	663356	506073	46005	7145
卢卡斯廊重制动器有限公司	160391	85455	248793	11731
美联制动技术有限公司	25805	16149	16833	725
美联制动系统有限公司	48997	33446	45640	3228
科森电器有限公司	33965	9549	36100	1830
廊坊交通运输集团	53028	45471	27826	1062
廊坊公共交通有限公司	22883	23147	6891	29
廊坊市明珠集团	136869	86909	168285	3487
廊坊市物产企业集团	15347	33222	12511	186
廊坊市联华超市	2897	3202	9295	141
廊坊市万隆珠宝商行	1188	4162	524	30
廊坊市林美商厦	1457	1383	418	0
廊坊市化工经销公司	418	535	226	4
天都大酒店	18287	15278	1855	102
廊坊市城市建筑安装工程二公司	98902	78101	138276	7439
国有资产经营有限公司	138640	33747	748	1873

（张建涛　郑伟东）

工商行政管理

【概况】　2015 年，廊坊市行政区域内有内、外资企业（含私营企业）56204 户，新增 14228 户，注销 1327 户，其中内资企业（含私营企业）55429 户，新增 14167 户，注销 1312 户；外资企业 775 户，新增 61 户，注销 15 户。个体工商户 159247 户，新增 35412 户，注销8542户，吊销2户。农民专业合作社4037户，新增872户。全市内资企业（含私营企业）注册资本（金）总额37262873.77万元，增加6364292.96元；外资企业注册资本总额551435.04万美元，增加22575.87万美元；个体工商户实有资金数额1460815.86万元，增加445678.01万元；农民专业合作社出资总额1034149.7万元，增加170503.23万元。

【实行注册资本认缴登记制】 2015年，廊坊市实行公司注册由资本实缴制改为注册资本认缴登记制。公司登记时，工商机关只登记股东认缴的注册资本总额，不再登记实收资本，申请人无须提交验资报告；公司股东自主约定认缴出资额、出资方式、出资期限等并记载于公司章程，股东以其出资额为限对公司承担责任等措施。

【放宽公司注册资本登记条件】 2015年，廊坊市放宽公司注册资本登记条件，除法律、行政法规以及国务院决定对特定行业注册资本最低限额另有规定的，取消有限责任公司最低注册资本3万元、一人有限责任公司最低注册资本10万元、股份有限公司最低注册资本500万元的限制；取消公司设立时全体股东（发起人）首次出资额不得低于注册资本20%的限制；取消公司全体股东（发起人）货币出资金额占注册资本比例不得低于30%的限制；取消公司股东（发起人）2年内缴足出资、投资公司5年内缴足出资的期限限制。

【简化市场主体住所登记手续】 2015年，廊坊市简化市场主体住所登记手续。申请人只需提交住所（经营场所）合法使用证明即可登记；工商登记时对申请人提交的住所（经营场所）证明材料只进行形式审查；另外对股权投资企业、电子商务、文化创意、软件设计、动漫游戏等无须前置审批的企业，其住所在同一县（市、区）范围的可实行“一址多照”或“一照多址”。放宽企业字号名称登记条件。允许迁移企业在名称前使用有投资关系的控股法人股东名称简称，扩大企业名称核准外延。

【推行“先照后证”改革】 2015年，廊坊市推行“先照后证”改革。除法律另有规定和国务院决定保留的工商前置审批事项外，企业注册登记时一律不再需要提交前置许可文件。工商前置许可审批事项由原先的216项减少到37项，减少82.8%。

【下放市级工商行政审批权力】 2015年，廊坊市下放市级工商行政审批权力。除市属以上国有股权投资设立企业、有限公司、子公司、分公司和股份有限公司外，按照属地管理原则，将市工商局原负责登记的集团公司、有限公司（分公司），以及注册资本3000万（含3000万）以下的公司，全部下放到各县（市、区）工商局登记。

【实行“三证合一、一照一码”登记制度】 2015年，廊坊市实行“三证合一、一照一码”登记制度。该项登记制度将企业登记时依次申请，分别由工商管理部门核发营业执照、质检管理部门核发组织机构代码证、税务部门核发税务登记证，改为一次申请、由工商部门核发一个加载法人和其他组织统一社会信用代码的营业执照。申请人只需向一个窗口提交一套材料即可办理“一照一码”登记。“一照”是将营业执照、组织机构代码证、税务登记证合并为一张新版营业执照，“一码”是将工商注册号、税务登记号、组织机构代码3个编号合并为18位的统一社会信用代码。“一照一码”登记制度改革，是廊坊市贯彻落实国务院和省政府决策部署，简政放权、便利准入、优化服务的重大举措。4月1日，全市正式启动“三证合一”登记制度改革；6月30日，“三证合一、一证三码”在全市上线实施；10月1日起，市、县工商行政管理部门全面核发“三证合一、一照一码”营业执照。年内全市核发内资企业“一照一码”营业执照9312户，核发外商投资企业“一照一码”营业执照221户。

【开展电子营业执照试点】 2015年，廊坊市推进试行以电子营业执照为支撑的网上申请、网上受理、网上审核、网上公示、网上发照等全程电子化登记管理方式。11月23日，廊坊市工商局将首批560个电子营业执照按比例发放到县（市、区）工商局，县（市、区）工商局开始试点核发电子营业执照。

【企业年检制度改为企业年度报告公示制度】 2015年，廊坊市将企业年检制度改为企业年度报告公示制度。由企业按年度在规定的期限内，通过市场主体信用信息公示系统向工商机关报送年度报告，并向社会公示，任何单位和个人均可查询。对未按规定期限公示年度报告的企业，工商机关会将其载入经营异常名录。

【品牌兴市】 2015年，廊坊市工商行政管理局在全市范围内开展“商标兴企”专项行动，推动实施“互联网+”廊坊特色农产品商标品牌，指导并帮助农业、现代服务业、高新技术企业等打造廊坊市知名品牌。在“保护注册商标专用权”专项行动中，重点打击食品、药品、保健品等领域，以及涉外商标、涉农商标、地理标志、驰著名商标等侵犯商标专用权违法行为，查处侵权假冒案件53件，罚没款73.2万元。是年，省工商局认定廊坊市“河北省著名商标”20件，比上年同期增长40%；国家商标局认定廊坊市“中国驰名商标”4件，比上年同期增长100%。至年底，全市累计拥有“河北省著名商标”240件，“中国驰名商标”24件。

【支持企业融资】 2015年，廊坊市工商行政管理部门发挥搭建银企对接融资平台和动产抵押、合同监管等方面作用，帮助企业解决融资难题。全市工商系统组织开展银企对接活动22次；建立股权出质登记绿色通道，优先办理银企对接融资；对企业动产抵押登记实行上门服务、现场办公；帮助47户企业办理融资，融资金额205.889亿元。

【市场整顿】 2015年，全市工商行政管理部门出动执法人员41000余人次，开展市场秩序整顿专项行动。金融市场整顿查处金融类公司超出核准登记经营范围、擅自从事违法经营行为，并对其基本登记信息、经营情况、日常监管情况建立督导台账。广告市场整顿市级主流媒体广告违法率下降到不足0.1%。农村市场整顿抽检经营户化肥189个批次。成品油市场和煤炭市场整顿抽样检测成品油1703个批次，抽样检测煤炭791个批次。年内，全市工商系统执法人员检查各类经营户66152户次，查处无照经营3724户，罚没款727.49万元，补办营业执照5279户。市工商行政管理部门查办的1146件各类违法案件全部公示。

【信用信息公示】 2015年，廊坊市工商局在河北省企业信用信息公示系统公示案件信息1089起，其中企业案件117起，个体户案件972起；公示股权出质信息164条，公示动产抵押信息340条，其中企业223条，个体户117条；公示抽查信息1025户，公示即时信息9383户；公示登记注册信息215368条，其中公示企业信息58450家，公示个体户信息156918户。

【打击传销专项行动】 2015年，全市工商行政管理部门出动执法人员3800余次，开展执法行动49次，端掉传销窝点534个，立传销案件47起，破案47起，涉及骨干人员95人，刑事拘留78人，解救被骗群众56人，教育遣返传销人员7300人，录入传销人员信息1151人，受理办结“打击传销系统”举报15起，传销举报率比上年同期下降66%。

【“12315”中心建设】 2015年，廊坊市工商行政管理部门发挥“绿色通道”调解机制，完善“12315”体系建设。市“12315”中心创建“12315”微信公众平台，受理网民咨询、投诉、举报，及发布消费警示等。年内，市“12315”中心受理各类信息12489件，同比上升19.8%。其中咨询7366件，投诉3976件，举报1141件，建议信息5件，表扬信息1件。消费者信件举报139件，市长热线转办57件。全年为消费者挽回经济损失近1000万元，向社会发布消费提（警）示210次。

【消费维权活动】 年内，市工商行政管理部门贯彻《消费者权益保护法》（以下简称“新消法”），市消费者协会和廊坊日报社联合组织卫生、食品药品监督、物价、消防等多个行政管理部门，开展“廊坊市首届商场、超市满意度调查”活动，深入家乐福、万达广场、万达百货等27家单位审评督导。开展流通领域商品质量和服务领域消费维权专项整治，规范经营问题1273件，处理消费纠纷967件。出动执法人员9768人次，检查经营主体11646户次。商品质量抽查检验487个批次，按照程序依法处理抽检结果不合格的服装19个批次、皮鞋8个批次、床上用品5个批次、金银珠宝玉石饰品44个批次、电线电缆45个批次。完成省工商局安排的家电类商品抽检11个批次、家具类商品抽检20个批次。对消费者反映问题比较集中的银行、电信、供水、供电、供暖、供气、旅游、餐饮、快递、汽车销售、装饰装修等行业和领域进行行政约谈65次，检查合同文本1636份。

【工商监管协同发展】 2015年，廊坊市工商局牵头组织北京市东城区、大兴区、通州区和天津市武清区工商、市场监督部门，举行消费维权一体化合作签约仪式暨第一次联席会议。会上，廊坊市工商局与北京市工商局通州区分局、天津市武清区市场监管局签署了《服务京津冀协同发展合作协议》。在此基础上，北京市工商局通州区分局又与三河市、大厂县、香河县工商局就非首都功能疏解、产业升级转移等开展工商协作签订合作子协议；北京市工商局大兴分局与廊坊市、广阳区、安次区、固安县工商局就“北京南城”、首都新机场开发、京津冀消费维权一体化开展合作，联合签订《消费维权、执法办案、市场准入一体化合作协议书》。

（李　威）

物价管理

【概况】 2015年，廊坊市物价管理部门落实各项价格简政放权政策，放开建设项目前期工作咨询费、工程勘察设计费、工程监理费等专业服务价格和手机检测费、条形码服务费、强制性产品认证费等经营服务收费。梳理新出台的《河北省定价目录》，明确省、市、县的定价权限。全面清理1998年至2015年期间市物价局制定的所有规范性文件和价费文件1157个，其中保留有效文件450个，限期修订文件24个，废止文件683个。梳理制定权力清单和责任清单，明确行政处罚、行政强制、行政裁决、行政确认、行政奖励、行政监督等23项行政权力。实行目录清单管理，制定《廊坊市行政事业性收费目录清单》《廊坊市涉企行政事业性收费目录清单》《廊坊市政府定价或政府指导价的涉企经营服务收费目录清单》《廊坊市政府部门行政许可中介服务收费目录清单》。制定行政事业性收费备案、核准、审批目录，梳理编制《廊坊市行政事业性收费项目及收费标准汇编》《廊坊市行政事业性收费政策汇编》。探索收费事中事后监管方式，取消实行多年的收费许可证管理制度，停止所有收费许可证发放和审验工作，对已发放的收费许可证全部回收，并予以注销。研究制定收费单位年度报告、收费政策跟踪评估等制度，制定相关配套程序，初步建立一套收费事中事后监管方式。制定出台《公办中学住宿费分类按等收费管理办法》，从源头规范教育收费行为。年内，全市受理价格认证165件，标的总额3.894亿元；受理价格举报咨询1423件，立案查处141件，办结率100%。

【商品价格监测】 2015年，廊坊市物价管理部门完善《廊坊市价格监测报告制度》和《廊坊市价格异常波动预警制度》，建立每周和重大节假日期间价格监测工作机制和信息发布机制。密切关注市场动态，严格执行价格监测报告制度，及时上报监测信息。全市设立价格监测点131个，其中市区43个，年内，市物价局组织撰写《蔬菜价格稳中略降》《我市猪肉价格上涨明显》《中秋、国庆期间我市市场价格基本稳定》《原粮价格持续下跌，我市成品粮价格保持稳定》《我市生猪价格止跌反弹的原因分析》《我市鸡蛋价格跌至“4元”时代》《我市生猪价格止跌反弹，饲养户扭亏为盈》《我市蔬菜零售价格持续上涨》《我市原粮价格持续下跌，成品粮价格基本稳定》等专题价格动态信息17篇，编制价格监测周报44期、价格监测月报12期，上报监测数据5000余条次，汇总全市价格监测数据26.58万条次。

【市场价格检查】 2015年，全市物价管理部门研究制定《关于加强价格执法风险防控的意见》，开展电力价格、涉农涉企收费、教育收费和商业银行收费等专项检查，保障各项价格改革政策和惠民政策的落实。市物价局组成4个检查组，出动价检人员12人，对市区规模较大的16家医疗机构和零售药店进行专项检查和提醒告诫，惩治明码标价不规范等价格违法行为。开展节日市场物价检查和巡查，主要查看商品和服务明码标价情况，使用标价签是否完整和准确、规范等；节日促销当中有无价格欺诈等不正当价格行为；超市内粮、油、肉、蛋、奶、蔬菜等主要副食品的价格是否稳定、货源是否充足。元旦、春节期间，全市组成28个检查组，出动358人次，对商场、超市、批发市场、客运站、公路收费站等650余家涉及民生的行业企业开展了集中检查，提醒、告诫36家经营单位，协调处理价格矛盾11起。

【廊坊价格信息网】 廊坊价格信息网主要内容分为综合、专题和服务三大类。综合类包括政策法规、政务公开、新闻动态、理论研讨、县区动态、价格知识等；专题类包括价格监测、成本调查、价格认证、惠民政策、价格走势等；服务类包括办事指南、民生价格、消费导向等。廊坊价格信息网作为廊坊市物价系统宣传价格政策、发布价格信息、服务社会生活的重要平台，是进一步拓展物价职能、彰显物价功能的重要窗口。2015年，廊坊价格信息网每周面向社会发布京客隆、沃尔玛、元辰等大型超市和新春明、艾禾丰、群安街等农贸市场的近30种生活必需品价格，通过采价、晒价、比价的方式，累计发布民生商品价格2.54万条次。

（何志胜　王　赢）

国土资源管理

【概况】 2015年，廊坊市行政辖区面积6429平方公里。根据土地利用变更调查数据，年初廊坊市主要地类面积为：耕地536.8377万亩（357891.78公顷）；林地64.2474万亩（42831.57公顷）；园地36.3122万亩（24208.13公顷）；草地15.5043万亩（10336.18公顷）；城镇村及工矿用地191.6170万亩（127744.67公顷）；交通运输用地42.6630万亩（28241.99公顷），其中含农村道路16793.58公顷；水域及水利设施用地60.5113万亩（40340.87公顷）；其他用地15.5136万亩（10342.38公顷）。与2014年廊坊市变更调查汇总成果相比，耕地净减少958.63公顷，林地净减少693.88公顷，建设用地净增加1780.88公顷；与2013年廊坊市变更调查汇总成果相比，耕地净减少2308.94公顷，林地净减少1062公顷，建设用地净增加3533.62公顷；与2012年廊坊市变更调查汇总成果相比，耕地净减少2814.25公顷，林地净减少2049.96公顷，建设用地净增加5341.11公顷；与2011年廊坊市变更调查汇总成果相比，耕地净增加57.87公顷，林地净减少4993.91公顷，建设用地净增加8620.9公顷。

【计划指标争取】 2015年，廊坊市国土资源局争取省下达全市用地指标19499亩（1299.93公顷）。除年初下达全市统筹计划指标8438亩（562.53公顷）外，额外争取省重点项目指标3279亩（218.6公顷）、省节约集约奖励指标2000亩（13.33公顷）、省调剂指标1400亩（93.33公顷）、省留用地指标2214亩（147.6公顷）、省重大项目孵化器用地指标500亩（33.33公顷）、京津冀协同发展产业转移专项用地指标1668亩（111.2公顷）。

【土地节约集约利用】 2015年，廊坊市采取内涵挖潜、提高土地利用效率的措施，开展闲置土地处置工作，促进社会经济发展。年内共发现闲置土地30368亩（2024.53公顷），处置28069亩（1871.27公顷），剩余2299亩（153.26公顷）。在省政府开展的2014年度节约集约考核中，廊坊市闲置土地处置工作名列全省第一，获省政府奖励用地指标2000亩（133.33公顷）。

【服务城市建设】 2015年，廊坊市市级储备土地354.811亩（23.654公顷），其中新增土地219.608亩（14.64公顷），旧城及城中村改造用地115.652亩（7.71公顷），机关企事业单位用地19.551亩（1.3034公顷）。发布国有建设用地使用权拍卖出让公告8个，成交土地40宗，面积2777.434亩（185.162公顷），成交金额49.0035亿元。

【签订耕地保护目标责任状】 2015年，河北省人民政府下达廊坊市2015年度耕地保有量不少于522.8万亩（34.85万公顷）、基本农田保护面积不少于482.631万亩（32.18万公顷）的指标。廊坊市人民政府及时将河北省人民政府下达的耕地保护指标分解落实到各县（市、区）。市人民政府与各县级人民政府，市国土资源局与各县级国土资源局分别签订年度耕地保护目标责任状。廊坊市人民政府要求各县级人民政府将责任分解下达到乡（镇）人民政府，并签订责任状，确保层层落实耕地保护责任。按照河北省国土资源厅、河北省农业厅联合下发的关于《切实做好永久基本农田划定工作的通知》要求，廊坊市将河北省国土资源厅下达廊坊市的城镇周边及交通沿线耕地数据及时分解下达到各县（市、区），并督促各地按照布局基本稳定、数量不减少、质量有提高的要求，对各县（市、区）辖区内需核实的耕地图斑逐一核实、举证。年内廊坊市各地按照相关核实举证要求，基本完成核实举证工作。

【建设用地报批】 2015年，廊坊市（包括扩权县）上报河北省国土资源厅建设用地卷宗184宗，总面积32447.988亩（2163.1992公顷），农用地1475.8718公顷（其中耕地945.7643公顷）、建设用地619.3831公顷、未利用土地67.9443公顷。至年底，全市获得省国土资源厅批准、批复的建设用地卷宗145宗，总面积25305.607亩（1687.0405公顷），农用地1077.0369公顷（其中耕地656.2184公顷）、建设用地551.2561公顷、未利用土地58.7475公顷。

【矿政管理】 2015年，全市持证采矿企业48家。地热井41眼、矿泉水井7眼。市国土资源局向省国土资源厅上报列入省国土资源厅补办范围的地热矿泉水井的组卷36个，办理采矿权延续64个，注销采矿权45个，采矿权转让1个；制定《廊坊市地热矿泉水探矿权出让工作规范》，对地热项目的申请、审批、施工和年审程序、地热资源的开发保护和勘查评价、监管工作提出明确要求，对36个探矿权进行了探矿权价款评估。《廊坊市地热矿泉水矿业权设置方案》通过河北省国土资源厅评审，并在国土资源部备案。按照《矿产资源开采登记管理办法》和《河北省矿产资源补偿费征收管理实施办法》，年内全市征收矿产资源补偿费58.54万元。市国土资源局对全市采矿企业进行了年检，对全市建设项目用地《压覆矿产资源调查评估报告》进行审查备案，审查备案出具不压覆矿产资源证明102份，压覆重要矿产初审意见1个。

【编制矿山地质环境治理方案】 2015年，市国土资源局编制《廊坊市重点区域矿山地质环境恢复治理方案》。该方案通过工程、生物等措施，对固体矿山开采引起的矿山地质环境问题进行综合治理，消除地质灾害，修复生态环境，使固体矿山地质结构达到稳定、生态得到恢复、矿址得到利用、环境得到美化。实现“全市环境空气质量明显好转，重污染天气大幅度减少”的目标。

【地理信息公共服务平台建设】 由国家测绘地理信息局、河北省地理信息局、廊坊市人民政府三方合作共建，市国土资源局牵头建设。该项目于2011年3月立项，同年9月正式启动。平台包含政务、公众两个版本。政务版，即“数字廊坊时空云地理信息服务平台”，运行于政府政务内网，是廊坊市国土资源局在国家测绘地理信息局所属中国测绘科学研究院研发智慧城市服务平台的基础上，面向智慧城市建设的地理信息时空云智慧平台。它以时空信息框架为统一的空间基础和定位基础，把历史信息、现状信息、实时信息乃至未来规划信息，在物联网和云计算环境下，集成、整合、运行和服务，作为智慧城市的地理信息分节点，为智慧城市提供强有力的空间支撑。公众版，即“天地图·廊坊地理信息公众服务平台”，运行于互联网。该平台是国家天地图的组成部分，已链入国家天地图主节点，是国家测绘地理信息局地理信息综合服务网站、国家战略性资源、数字中国的重要组成部分。“天地图”旨在促进地理信息资源共享和高效利用，提升地理信息公共服务水平，改变地理信息成果服务方式，更好地满足信息化建设需求。年内，廊坊市开发“天地图·廊坊”；出台《廊坊市地理信息公共服务平台推广应用的通知》，建立了廊坊市地理信息公共平台的持续运行、更新维护和应用推广的长效机制。“廊坊市地理信息公共服务平台”涵盖全市域6419平方公里的1 ∶ 5万、1 ∶ 1万数字线划图数据，1 ∶ 5万数字高程模型数据，1米分辨率影像数据和地名地址等数据。该平台的建设实现了不同网络环境下地理空间信息面向服务的分布式共享，实现了与农业开发、矿产压覆分析、土地储备交易台账、公安警用、旅游等部门管理系统的对接。

【测绘机构资质管理】 2015年，廊坊市严格按照《河北省测绘资质管理办法》和《河北省测绘资质分级标准》规定的测绘资质受理程序办理业务。至年底，廊坊市共有测绘资质持证单位53家，其中甲级单位5家，乙级单位9家，丙级19家，丁级20家。按照省地理信息局工作部署，完成2015年45家测绘单位资质年度报告工作，受理审核测绘资质16宗、备案登记测绘项目2宗、测绘资质变更信息8宗、数据补充3宗、遗失补办1宗。

【高标准基本农田建设】 高标准基本农田建设，是指以建设高标准基本农田为目标，依据土地利用总体规划和土地整治规划，在农村土地整治重点区域及重大工程、基本农田保护区、基本农田整备区等开展的土地整治活动，并通过农村土地整治建设形成的集中连片、设施配套、高产稳产、生态良好、抗灾能力强，建设出与现代农业生产和经营方式相适应的基本农田。包括经过整治的原有基本农田和经整治后划入的基本农田。2015年，廊坊市国土资源局开展高标准基本农田建设，并负责辖区内高标准基本农田建设项目的确定、督导和验收。年内全市高标准基本农田建设项目立项21个，建设总面积54773.5726公顷，涉及基本农田面积50287.8375公顷；4个高标准基本农田建设项目验收，建设总面积5087.83公顷，涉及基本农田面积4990.1974公顷；14个高标准基本农田建设项目竣工，建设总面积3217.4802公顷，涉及基本农田面积20964.3893公顷。全市立项土地占补平衡项目23个，土地总面积2045.9424公顷，预计可新增耕地面积826.644公顷，其中12个土地占补平衡项目通过市级验收，整治土地总面积1279.6516公顷，新增耕地417.1474公顷。

【土地执法监察】 2015年，廊坊市开展2014年度土地卫片执法监督检查工作，完成图斑核查、数据审核、挂牌督办、警示约谈、实地验收等规定动作。开展三类违法查处整改、非煤矿山“打非治违”、房地产开发建设违法行为整治、重大基础设施建设违法用地查处整改、高尔夫球场违法用地调查处理、油气输送管道隐患整治、成品油市场秩序整治7类专项执法活动。配合国家土地督察北京局开展涉地信访督察、省重点项目审核督察和闲置用地专项督察活动。市国土局12336国土资源违法举报中心接听举报电话4027次。全市关停取缔实心黏土砖瓦窑126座。报批组卷审查新增建设用地238批次，鉴定三河市、固安县等违法破坏农用地49宗。全市违法用地占用耕地比例降至4.83%。

【香河县刘宋镇荆庄村地裂】 7月22日，香河县刘宋镇荆庄村原地裂缝出现了扩展情况，地裂缝总长度达1000米，最大宽度达10毫米。经勘查，这次加剧的地裂缝长度约100米，从规模上属于小型。3户村民住宅地基、墙壁不同程度出现下沉和开裂，引发墙体明显向南倾斜。裂缝以横向及斜向为主，单个裂缝长1米至4米，最宽约2厘米；地表裂缝走向85°—90°，裂缝南侧下沉明显，最大累计下沉深度约20毫米。地裂发生后，廊坊市国土资源局组织河北省环境地质勘查院廊坊勘查院技术人员，会同香河县国土资源局、刘宋镇镇政府相关人员对该地裂缝灾害点进行现场调查，并向受地裂缝影响的村民发放了裂缝报警器，当地政府组织受地裂缝影响的住户撤离危险区。该起地质灾害估算损失财产约10万元，未发生人员伤亡。

【市不动产登记局与不动产登记中心成立】 10月30日，廊坊市不动产登记局和廊坊市不动产登记中心在廊坊市国土资源局挂牌成立。廊坊市不动产登记局负责指导监督全市土地、房屋、林地、水域滩涂等不动产登记工作；廊坊市不动产登记中心负责承担市本级不动产登记具体业务。廊坊市不动产登记局设立不动产统一登记窗口，独立受理业务，实现不动产登记“一站式”服务。原有的各类不动产权证书继续有效，新的统一不动产权证书投入使用后，逐步替换旧证书，不增加企业和群众负担。11月30日，市、县两级不动产登记职责机构整合工作全部按期结束。各县（市）开展人员划转、档案资料设备移交、窗口设置、业务流程再造、人员上岗培训和发放新的产权证书6项具体工作。

【数字廊坊建设成果发布会】 4月1日，数字廊坊地理空间框架建设项目成果发布与推广会在廊坊市举行。国家测绘地理信息局副局长李维森，河北省国土资源厅副厅长、省地理信息局局长高献计，廊坊市人民政府副市长布泽文出席发布会仪式。会上，李维森肯定河北省在数字城市建设工作中所取得的成绩，并就下一步工作提出要求。

（李 强）

质量技术监督

【概况】 2015年，廊坊市人民政府将质量兴市纳入重要议事日程，加强质量工作在经济发展新常态中的重要地位。出台《廊坊市贯彻实施质量发展纲要深入推进质量兴市行动计划》，召开由市、县两级政府主要领导和相关部门负责人参加的全市推进质量兴市工作会议，总结部署全市质量建设工作，表彰市政府质量奖获奖企业和个人，通报各县（市、区）人民政府质量工作年度考核结果。全市拥有有效期内省人民政府质量奖组织奖1家、个人奖2名、提名奖1个；市人民政府质量奖组织奖6个、个人奖4名；河北省名牌62项，河北省优质产品86项，河北省名牌和河北省优质产品同比增加8%和13%。

【标准化管理】 2015年，廊坊市成立廊坊市标准化委员会，市发改委、市科技局、市工信局等26个相关部门协同推进全市标准化工作。廊坊市与国家标准化研究院对接，就国家级标准化示范区“泛能微网示范项目”达成《合作协议》，在完善“泛能微网”标准体系、承担国家标准、筹备申请国际标准、谋划推行团体标准等方面开展合作，并以此为契机开展全方位的标准化工作合作；按照京津冀协同发展规划要求，廊坊市质量技术监督部门加大对节能、环保、高科技产业的标准化指导，确立国家和省级标准化示范单位6家；围绕龙头企业、支柱产业和区域特色产品，申报、承担14项国家、河北省地方标准编制修订工作，并通过审查。“双向拉伸聚丙烯免涂覆合成纸薄膜”为省长张庆伟调研督办项目，该技术在华北地区处于领先地位，成为省级标准。发展现代农业、无公害农产品，推广农业新技术，开展第八批国家级农业标准化示范区建设。大厂县养殖户达到3100户，人均生产牛羊肉1100公斤，年产值2.2亿元。新奥集团“泛能微网国家标准化示范区”，成为全国唯一获批筹建的泛能微网国家标准化示范项目。

【计量管理】 2015年，廊坊市258家单位落实诚信计量承诺。全市质量技术监督部门为420家单位提供免费计量服务，为群众免费检定电子计价秤、血压计、民用四表（水表、电表、燃气表、热能表）等计量器具27534台件，约合减免检定费92.1万元；重点用能单位能源计量审查57家，完成12家重点耗能企业在线采集工作；开展法定计量检定机构检定证书专项整治活动，抽查8家县级计量检定机构的226份检定证书，并通报抽查结果。市、县（区、市）全面铺开创建计量惠民中心项目。霸州市质量技术监督局投资100万元，建立620平方米的民生计量服务中心。该中心为群众提供计量标准自助查询、民用四表检定、民用计量器具检定、出租车计价器检定等计量服务。

【认证认可监管】 2015年，全市质量技术监督部门开展检验检测机构监督检查和分类评价考核，监督检查全市21家获证机构，分类评价全市118家获证机构。监督抽查全市5家质量管理体系认证企业、16家有机产品认证企业和18家其他食品农产品认证，现场鉴证2家有机产品认证企业评审过程。制定《廊坊市强制性产品认证有效性监督检查方案》，现场检查玩具、机动车及安全附件等为重点的生产经营企业231家。

【技术机构建设】 2015年，廊坊市产品质量监督检验所在原有118个全项认证产品的基础上，新增全项认证产品74个；在原有1400个计量认证参数的基础上，新增计量认证参数2338个。市质检所被省质监局评为Ⅱ类检测机构，可承接省级和国家级专项抽查、联动抽查类检验任务。年内，市质检所出具检验报告1643份，为产品质量提升、消费品质量安全监管、大气污染防治提供精准及时的数据服务。获批筹建的河北省电子信息产品质量监督检验中心投入近300万元，先后建成2个安全检测实验室、1个IP防水实验室、1个ESD实验室，可提供家电、灯具、插头插座、医疗器械等产品的通用安规、防水、电子产品抗扰度等多种检测项目。

【特种设备安全监察】 2015年，廊坊市建立特种设备安全监管联席会议制度，组织成员单位定期对特种设备安全工作情况及存在问题分析、沟通，形成多部门沟通合作机制。延伸监管触角，构建基层特种设备安全监管网络，消除监管“盲区死角”。307名乡（镇）、安监站、村（居）委会、工业园区管委会的基层安全员通过培训考核，持证上岗。开展电梯、压力管道、锅炉隐患排查治理，检查电梯使用单位2282家、电梯13221台，查出安全隐患853处、不规范维保单位18家，落实整改605台；清理无效锅炉数据752条，增补完善锅炉信息543条，办理燃煤锅炉拆除及注销手续344台，停用245台。

【工业产品监管】 2015年，全市开展危化品生产企业专项检查，重点监控排查出危化品生产企业24家；将香河木制软体家具、固安汽车滤清器、文安电线电缆和人造板等9类区域同类产品列为重点，开展产品质量帮扶提升年活动。对涉及的4000余家生产企业进行摸底调研和分析研判，编制形成《廊坊市区域性产品质量提升工作意见》，其中9类产品一类一策，逐项列举存在的问题和提升措施。年内，省级联动抽查合格率95.1%，国家抽查合格率96.9%，较2014年分别提高6个百分点和5.4个百分点。“12365”举报处置指挥系统受理业务咨询512人次，受理举报、申诉案件108起，办结率100%。“大稽查”查处各类违法案件389起，涉案金额833万元。

【食品产品安全监管】 2015年，廊坊市质量技术监督部门坚持将食品相关产品纳入食品安全范畴，在全市开展食品包装材料质量提升专项行动，采取以大代小、以强带弱等方式规范企业合法生产，促进产业的提质增效升级。全市有食品相关产品生产企业60家，涉及食品用塑料包装、容器、工具，食品用纸容器以及工业、商用电热食品加工设备和金属类4大类产品。其中56家企业获得生产许可证，2家企业通过核查待发证，2家企业未列入发证范围。通过包装材料产品质量提升行动和“3+2”（3，即事前严格生产许可，事中严格监督检查和巡查，事后严格出厂检验和产品标识标注；2，即严格原辅料控制；严格监督抽检、风险监测、不合格产品处置与召回和通报、报告制度落实）监管模式的有效证后监管，食品相关产品质量安全稳中有升，省、市抽检食品相关产品159个批次，合格156个批次，产品合格率98.1%。

【煤炭抽样检验】 2015年，廊坊市“点线面”联合开展煤炭抽样检验工作。“点”即联合各县（市、区）局开展市级联动抽查，抽查各类型煤企业44家；“线”即联合市工商局，抽查煤炭销售企业316家；“面”即制定《货车运输煤炭快速检测抽样规则》。市区4个煤质检测机构和1个煤炭检验中心24小时值班待岗开展抽样检验，为防治煤炭污染大气提供监控数据。年内全市抽样检验煤炭1201批次。

【电梯应急处置平台建设】 2015年，廊坊市实现电梯安全的动态监管和科学监管，建设“9636”5电梯应急处置平台。该平台指挥中心具有与被困人员语音视频沟通、开展综合协调救援人员快速施救、“96365”报警和咨询服务、开展电梯运行维修保护等数据的统计和分析、开展电梯安全风险监测等功能。年内平台场地建设、人员聘用工作结束，主要设备彩讯LCD拼接单元、LED显示屏、多屏拼接处理器、信号系统、交换机、服务器等采购到位；馨视界、俪水嘉园、宸阳岛、盛园小区4个试点小区87部电梯的前期技术改造全部完工。

【规范行政执法行为】 2015年，廊坊市修订完善《廊坊市质量技术监督行政处罚裁量权细化标准》，细化439种违法行为处罚条款，确保每一起案件都实现综合裁量。开展行政执法案卷评查，全面检查2013年至2014年行政执法案卷，对检查中发现的带有普遍性和典型性的问题，有针对性的落实整改。制定《行政执法全过程记录制度》，详细规定行政许可、行政处罚等6类行政执法行为全过程记录的具体操作流程。

（尹日丹）

安全生产监督管理

【概况】 2015年，廊坊市建立安全生产“一岗双责”工作机制。市委、市政府出台《进一步加强安全生产综合监管工作意见》《关于进一步加强和改进安全生产工作意见》《廊坊市安全生产监督管理及分工规定的通知》等文件，明确安全生产综合监管部门和行业主管部门专项监管职责。市长冯韶慧分别与各位副市长签订安全生产“一岗双责”责任书，定期听取分管副市长工作汇报，并与10个县（市、区）人民政府、廊坊开发区管委会和22个市直部门主要领导签订安全生产责任书，对各县（市、区）安全生产工作定期开展督导检查。市、县（市、区）人民政府分别将安全生产工作纳入政府常务会议固定议题，定期召开研究部署安全生产工作会议。市长冯韶慧组织召开全市安全生产工作会议6次，其中市政府常务会议4次、市长办公会2次，作出批示40次，带队开展安全检查6次，听取市安监局工作汇报4次。副市长王曦带队开展安全检查8次，组织召开各类安全生产工作会议14次。年内，廊坊市各类生产安全事故死亡54人，其中工矿商贸企业事故死亡3人，生产经营性道路交通事故死亡51人，没有发生重大安全事故。

实施企业主体责任落实工程。市政府制定《班子成员约谈企业主要负责人工作方案》，市长及各副市长就分管行业领域开展集中约谈企业主要负责人活动。全年安监系统约谈企业2100家。全市1181家规模以上企业中有923家完成责任体系建设，配备注册安全工程师239人，2300家企业开展佩戴岗位安全卡活动，4万余名员工佩戴安全卡，5200家企业设置风险公告栏，7600家企业张贴《企业安全生产风险公告规定》。

实施乡镇安全监管规范化建设工程。市委、市政府印发《关于进一步规范乡镇（街道）安全生产监管工作的实施意见》，明确要求乡镇全部建立安监站，专职人员不少于2人，村街要建立安全生产工作小组。市安委办印发《廊坊市乡镇（街道）安全监管规范化建设推进方案》，硬件方面，要求达到“六有标准”，即有办公场所、有现代化办公设备、有执法车辆、有检查取证设备、有必要的现场检验检测装备、有必要的个人防护装备；软件方面，必须建立和健全11项安全生产责任制、12项安全管理制度和11项安全生产基础档案。年内，3个省级试点乡镇和22个市级试点乡镇完成创建工作。全市有乡镇安全监管人员374人，其中专职人员254人，兼职人员120人。

实施安全监管网格化建设工程。全市建立以行政村为基本单位，推行“定格、定人、定责”的安全生产网格化管理，明确每家企事业单位安全监管人员和责任领导，构建责任到人、职能到位、全面覆盖的网格监管体系。全市147个乡镇“党政同责、一岗双责”覆盖率100%；2013个行政村有1893个行政村实现“党政同责、一岗双责”，覆盖率94%。全市有119个乡镇（园区）、2072个村街建立了网格化安全监管，7218家企业纳入了网格化安全监管体系。

实施隐患排查治理工程。廊坊市制定《廊坊市隐患自查自报工作管理办法》《廊坊市隐患排查治理绩效考核办法》，研究编制企业自查自报信息管理系统，选择三河市、霸州市作为隐患排查治理工程试点县。全市组成1938个检查组，检查企业13490家，发现并整改隐患1.8万处。组织开展一季度百日安全大检查、烟花爆竹专项治理、油气管道隐患整治攻坚战集中检查3次、督导检查活动5次，累计检查企业5000多家次，发现并整改安全隐患7900多处。根据不同时期、不同阶段安全生产的形势和特点，采取联合执法、明察暗访等多种形式，开展安全大检查2次，开展烟花爆竹、危险化学品、冶金、输油管道等重点行业领域集中检查6次，开展危险化学品罐区、仓储物流、液氨制冷、重大危险源等重点行业专项检查6次，春节、暑期汛期、“9·3阅兵”安保等重点时期开展督导检查4次。年内廊坊市在全省率先完成了油气管道隐患整治工作。

实施智慧安监建设工程。开发完善企业信息系统、企业隐患自查自报系统等模块，建立覆盖全市的“廊坊智慧安监”安全生产监管信息管理系统，将安全生产执法检查、标准化、安全许可、隐患排查、应急管理等纳入信息化管理内容。全市有4028家企事业单位纳入“智慧安监”系统，441家企业开展了隐患自查自报工作，各级各部门、各乡镇（园区、街道）共录入检查信息8809条。

实施新《中华人民共和国安全生产法》宣传贯彻工程。廊坊市邀请国家、省安监局相关领导和专家，对市、县安监部门及重点行业企业负责人、安全管理人员进行新《中华人民共和国安全生产法》培训，累计办班22期，培训人员2万多人。市、县四套班子156名领导干部深入基层一线开展新《中华人民共和国安全生产法》宣传贯彻暨安全生产警示教育宣讲活动，6000名企业主要负责人接受警示教育培训。市安监局组成18个宣讲组，深入乡镇、企业一线宣传贯彻新《中华人民共和国安全生产法》，全市5万多名企业相关人员接受了培训。组织开展安全咨询日、手机短信提示、安全知识竞赛、志愿者服务、安全生产廊坊行等活动，报纸、电视台开辟安全生产宣传专栏，发放温馨提示和事故警示等各类宣传资料8万多份，发送手机短信50余万条，制作事故案例展板400张，参观展览人员达11.7万人。举办各类培训班210期，培训各类从业人员1.8万人。

【全市安全生产工作电视电话会议】 2月11日，市政府召开2015年安全生产工作电视电话会议。会议贯彻落实全国、全省安全生产工作电视电话会议精神，总结2014年全市安全生产工作，安排部署2015年全市安全生产各项工作。市长冯韶慧出席会议并讲话，副市长王曦主持会议。会议要求，2015年全市实施安全生产6大工程，即企业主体责任工程、乡镇安全监管规范化工程、网格化深化工程、智慧安监工程、隐患排查治理工程、新《中华人民共和国安全生产法》宣传贯彻执行工程。建立健全安全生产长效机制，开展安全生产隐患排查治理，深化重点行业安全生产专项整治，搞好重要时期安全监管，加大安全生产执法力度。落实“党政同责、一岗双责”有关规定，落实各级政府、各有关部门的监管责任，落实生产经营单位的主体责任。市长冯韶慧与各县（市、区）、市直有关单位签订了《2015 年安全生产目标管理责任书》。会议还通报了全市 2014 年安全生产工作情况和安全生产目标考核结果，通报了 2014 年全市道路交通和消防安全工作情况。

【安全生产约谈】 1 月 4 日，市长冯韶慧与 50 家中、省、市属企事业单位主要负责人进行安全生产约谈。冯韶慧指出，市委、市政府始终高度重视安全生产工作，新年的第一个工作日，政府就与企事业单位负责人进行约谈，目的是进一步强化企业安全生产主体责任，监督企业主要负责人履行安全生产职责，加强安全管理，严防事故发生。冯韶慧要求大家要切实增强安全生产意识，真正把安全生产作为不可触碰的红线、生命线，树立起科学发展首先要安全生产的观念。要切实强化责任追究，实行安全生产“一岗双责”制，严格依法追究责任，切实做到处理一起、震慑一批、教育一片。会议通报廊坊市安全生产工作情况和主要案例，与会企事业单位负责人在安全生产明白纸上签字，中石化廊坊销售分公司、明珠集团、廊坊一中负责人就如何履行自身安全生产职责作表态发言。1 月 5 日，副市长王曦约谈 50 家危险化学品、烟花爆竹、冶金行业企业主要负责人。王曦要求，各企业要对重点工序、重点设备、重点区域、重点岗位开展常规性的安全生产检查，要做到排查不留死角，隐患及时根治。要把强化职工安全培训作为加强企业安全生产工作的重要一环，严格执行岗前培训，以主体责任的落实，保生产形势的稳定。会上，与会企业主要负责人在安全生产明白纸上签字，河北前进钢铁集团有限公司、安次区供销烟花爆竹购销中心等企业分别就如何落实安全生产责任作表态发言。

（林怀青）

食品药品监督管理

【概况】 2015 年，廊坊市食品药品监督管理局（以下简称市食药监局）建立区域监管合作机制，与北京市、天津市 6 个区（县）签订食品药品监管合作协议，形成监管合力；组织各县（市、区）食药监局对全市食品药品从业单位开展全方位检查，形成高压监管态势；采取聘请专家组、委托第三方机构等方式，对 11 家食品生产企业和 25 家医疗器械生产经营企业进行全项目质量审计；在全市范围内启动食品生产加工小作坊、小食杂店、小餐饮店、小饭桌、食品摊贩“五小”食品业态调查统计工作，摸清全市“五小”食品业态基本情况。制定出台《小作坊作业指导书》《小作坊、小散户备案指导意见（试行）》，加强小作坊、小散户等业态规范监管；制定出台《食品药品违法行为有奖举报办法》《举报奖励资金管理办法》，简化奖励程序，提高奖励标准；制定出台《廊坊市食品药品安全应急体系建设规划（2015—2016）》《廊坊市食品安全事故应急预案》，加强应急处置能力建设；制定出台《廊坊市食品药品“黑名单”管理办法》，对重点企业实行约谈警示、公开曝光，强化企业责任意识、法制意识、诚信意识。印发《关于建立食用农产品产地准出与市场准入衔接机制的意见》和《加强食用农产品质量安全全程监管合作协议》。廊坊市实现从农田到餐桌食品安全无缝衔接、全程监管。

【食品药品安全示范创建】 2015年，市食药监局组织开展食品药品安全示范县（市）、示范街、示范单位创建活动。在创建活动中，三河市、香河县、文安县3个县（市）为首批创建省级食品药品安全示范县（市），并通过省级验收；固安县、霸州市、大厂县3个县（市）为第二批创建省级食品药品安全示范县（市）。全市创建省级食品销售示范街道3条，分别为三河市燕郊镇学院路、香河县五一路、文安县政通路。全市范围内创建省级食品销售示范大型食品（食用农产品）批发市场3家，分别为廊坊市蔬源蔬菜市场、广阳区艾禾丰农贸市场、香河三强市场。

【食品药品专项整治】 2015年，市食药监局组织开展"清死角、打窝点"专项整治、食品药品安全"冬季行动"、学校餐饮食品和农村集体聚餐专项整治，以及针对大桶水、肉及肉制品、明胶食品、高风险药品、医疗器械等重点品种的专项检查，全面整治食品药品安全隐患，严防发生区域性、系统性食品药品安全问题。组织开展以节气时令、地方特产产品为重点的食品抽验活动，抽样食品药品1781批次，检验1604批次，不合格119批次，不合格率7.4%。元旦、春节、中秋、国庆等重要节日，以及"5·18"经洽会、"9·26"农交会、"9·3阅兵"等重大活动期间，市食药监局利用驻店监督、菜单备案、食品留样、产品快检等手段，对重点单位、重点区域、重点产品开展排查治理，保障食品药品安全。

【食品药品网络监管】 2015年，全市食品药品监管部门打造"互联网+食药监管"平台。全市投入240万元购买"网络厨房"设备，免费发放给参与创建"网络厨房"的餐饮单位，创建"网络厨房"405家。市食药监局开发建设直观显示全市食品药品业态分布、监管人员等网格信息的"廊坊市食品药品网格化监管电子地图"，推动监管责任落实。全市启动"廊坊智慧食药监综合指挥平台"建设，该平台具备企业信息采集、查询、管理和视频监控、语音对讲、证据追溯、应急处置等8个功能，对从业单位实行在线监管，有效缓解执法力量不足问题。

【食品药品科普宣传】 2015年，市食药监局配合全市农村集体聚餐和校园周边食品整治活动，在全市3222个村庄（社区）张贴《农村集体聚餐食品安全公告》等食品药品安全宣传海报，明确举办者、承办者、监管者三方责任，及食品加工制作各项要求；向广大学生家长发放《致家长一封信》，在全市小学开办食品安全公开课。廊坊电视台举办"尚德守法、多元共治"食品安全法主题知识电视大奖赛；市区5个户外LED大屏和25个大型社区的423部电梯间播放食品药品科普宣传公益广告。"廊坊食品药品监管"官方微博、微信、微网平台与"药安食美"公众平台链接开通。举办"食药安全、社会共治"主题文艺会演10场。全市大中型食品（农贸）市场设置食品药品科普宣传橱窗50个。

（姜秀梅）

海 关

【概况】 2015年，廊坊海关新增纳税企业10家，回流税款1.44亿元人民币；税收入库12.65亿元人民币，同比增长9.8%。监管进出口货物505.8万吨，货值18.85亿美元，同比分别增长82.92%和88.31%；受理报关单17195票，同比增长34.71%。打击走私行政立案25起，案值4434.61万元人民币，涉税

148.28万元人民币；调查终结案件27起，案值4984.8万元人民币，涉税156.4万元人民币；执行终结案件23起，罚没入库42.6万元人民币，补税入库66.8万元人民币；协查案件16起，抓获犯罪嫌疑人7名。

【业务改革】 2015年，廊坊海关推进区域通关一体化改革。推动“区区联动”，廊坊海关联动口岸涵盖青岛海关、二连海关，覆盖了海运口岸和陆运口岸，受理一体化报关单11427票，占报关单总量的66.46%，监管货运量501.28万吨，占同期监管货运量的99.1%；在廊坊海关开展业务的一般贸易企业增长至180家；廊坊地区进口货值前50名的企业中有49家，出口货运量前50名企业中有46家在廊坊海关报关。是年在廊坊海关申报出口的一般贸易企业由一体化改革之前的1家增至73家，企业业务范围涉及家具、生物化工、文体用品等多种类型。全年出口报关单数量同比增长3.8倍；无纸化通关报关单16799票，无纸化通关率99.76%；1家企业汇总征税备案成功并开始适用；辖区应用税费电子支付系统的企业达到51家，占纳税企业总数的45.95%；在出口加工区开展保税物流业务的企业达到17家，办理物流类报关业务330笔，同比增加18%，监管货值7.94亿人民币，同比增加608.9%。

【特殊监管区域监管】 2015年，廊坊海关完善出口加工区企业巡视制度，根据区内企业实际生产经营状况实行个人负责制，对企业分包到人，每2个月对区内企业巡视一遍；严格货物进出区验放制度，规范卡口操作，所有货物出入区一律凭海关签发的“卡口核放单”放行；建立放行台账，定期与卡口协管员核对核放单，防止出现监管漏洞。是年出口加工区共审结报关单6650票，同比增加13.6%，征收税款4304.8万元，同比增加368.2%。

【推进联网监管模式】 2015年，廊坊海关在部分规模大、信誉好的企业中推广应用联网监管模式，设立联网监管专审窗口，简化企业手续，缩短申报时间。是年增加1家联网监管企业，联网监管企业达到7家，占辖区加工贸易企业总数的12%，进出口总值6.47亿美元。统筹协调稽核查各项工作，对稽核查作业采取作业叠加、结果互认等融合措施，稽核查补税1344万，移交缉私部门案件线索19条。

【优化通关环境】 2015年，廊坊海关实行节假日预约通关制度，对于企业急于通关的货物及时予以放行；主动做好与口岸海关及相关职能部门沟通协调，保证业务运行的顺畅。加大对辖区加工贸易企业的帮扶力度，对辖区54家加工贸易企业开展走访调研，对经营困难的企业面对面帮扶指导，鼓励引导有条件的企业开展加工贸易业务。是年新增加工贸易企业4家，受理保税仓库设立申请1笔。建立“廊坊海关业务顾问”微信公众平台，责成专人负责全天候发布政策，并实时在线答复企业咨询。内容涉及加工贸易、通关、企业管理等方面。微信公众平台关注人数641人，发布各类政策信息146条。

【打击走私】 2015年，廊坊海关履行打私职能，打击走私违法活动保持高压态势，针对辖区重点渠道和重点商品，加强形势分析和风险研判，提高打击走私的针对性和有效性。加强与地方公安、环保、农林等职能部门联系，推进重点领域突出走私问题的专项打击。是年侦办刑事案件5起，补充侦查2013年移送至廊坊市人民检察院审查起诉的3起走私废物案，将2014年侦办的2起走私废物案移送至廊坊市人民检察院审查起诉。在“紫光”专项行动中，协助秦皇岛海关侦办涉嫌走私冻品案和涉嫌走私化妆品案。

【研究成果】 2015年，廊坊海关报送《海关专报》9期，研究撰写《廊坊海关关于推进“京津冀一体化”出口通关情况的报告》《廊坊市加工贸易业务发展遇到的问题及建议与展望》《廊坊海关关于在廊坊出口加工区成立海关监管场所的建议》和《廊坊海关关于出口加工区发展的建议》。廊坊海关提出的“关于廊坊出口加工区招商引资项目建议”落地实施。11月20日，廊坊市人民政府与京东集团签署合作协议，京东集团投资15亿元在廊坊出口加工区建设“京东跨境电商保税区北京中央仓”项目。项目建成后，廊坊出口加工区土地利用率达到52%。

（何扬帆）

出入境检验检疫

【概况】 2015年，廊坊出入境检验检疫局（简称廊坊检验检疫局）把关国门安全，开展“检疫成效提升年”活动。完善以风险分析为基础的出境饲料、皮毛、竹木草制品检验检疫分类管理制度，实行产品分级、企业分类、监管分层、合格评定、动态管理。密切监测进境粮食、大豆等敏感商品携带疫情情况，在进境粮食中检出列入中国进境检疫性有害生物9批5种19种次，分别为假高粱、豚草、北美苍耳、三裂叶豚草。查验进出境动植物产品、木质包装和进境集装箱，全年检出疫情72批，截获有害生物80种、223种次，其中在进境木材中截获的肖沁夜蛾［拉丁学名Rhyaciasimulans（Hufnagel）］经中国检验检疫科学技术研究院确认为全国口岸首次截获。加大对双边协议国家出口商品的检验，重点加强对出口双边协议国家商品的查验、监装、质量监测和打假力度，着重提高不合格检出率，提高双边协议国家产品质量。严厉打击制售假冒伪劣商品和侵犯知识产权行为，对贴牌产品严格审查授权程序。制定《廊坊出入境检验检疫局关于开展输非打假和出口商品质量提升行动实施方案》，通过查处不合格出口产品的生产企业，落实企业主体责任，促使本辖区出口产品质量和安全水平明显提高，提升中国产品在国外市场竞争力。全年检验出口双边协议国家产品268批次，检验出不合格产品禁止出口11批次。科学布置外来有害生物监测工作，监测到2种重要的有害生物。开展进出口8类儿童用品专项活动，对廊坊辖区内8个企业的货物包括儿童玩具、儿童服装及尿不湿等日用品抽检，责令企业按国家标准规定加施中文标签。开展目录外产品监督抽查，根据《2015年河北局目录外商品抽查品种及任务分配表》，结合辖区实际情况确定抽样方案，抽样4批次目录外产品进行检测，分别是进口儿童蜡笔2批、进口服装2批。该次抽样产品不合格率高达100%，实现廊坊检验检疫局目录外商品监督抽查工作的突破。

年内，廊坊检验检疫局检验检疫出入境货物18839批次，同比增长21.97%，货值74685万美元，同比增长1.33%；其中检验检疫出境货物13285批次，同比增长14.81%，金额45860万美元，同比增长1.34%；检验检疫入境货物5554批次，同比增长43.37%，金额28826万美元，同比增长1.3%。签发各类产地证6535份，金额26142万美元。

【破解贸易壁垒】 2015年，廊坊检验检疫局开展对韩国注册工作，帮助2家肠衣企业通过韩国官方检查。针对日本“消毒措施”对中国肠衣产品出口造成的影响，廊坊检验检疫局参与认监委和食品局有关技术磋商应对工作，破解日本方面“消毒措施”壁垒。针对辖区部分企业因不了解澳大利亚官方要求、出口建筑模板受阻的问题，廊坊检验检疫局组织技术人员与澳大利亚官方相关认证公司联系沟通、了解CodeMark检测认证申请需求，向澳大利亚官方认证公司提交申请，解决了企业出口建筑模板受阻的问题。11月廊坊检验检疫局实验室通过CodeMark（澳大利亚和新西兰建筑产品验证方案）建筑模板检测能力认证的现场评审。

【科研成果应用】 2015年，廊坊检验检疫局申报地方标准1项、检验检疫行业标准2项、软科学项目2项。开展“检政、检企”合作，转化应用科研成果。廊坊检验检疫局与廊坊三利木业有限公司共同研发的“人造板去甲醛剂的研究与应用”科研项目获河北检验检疫局科技兴检奖二等奖，科研成果通过鉴定。廊坊检验检疫局技术中心与廊坊市科技局合作，打造木制品检测研发中心，为廊坊辖区特色产品的质量提升和产业升级提供技术支撑。

【实验室建设】 2015年，廊坊检验检疫局技术中心检验样品4701批，检出不合格食品84批。5月通过CNAS（中国合格评定国家认可委员会）“三合一”（实验室认可、资质认定和食品检验机构资质认定）复评审和扩项评审。该次复评审和扩项评审最终推荐扩项119项，变更标准43项，检测项目达到333项。兽药残留、农药残留、食品微生物、添加剂及营养成分等16项能力验证均获得满意结果。

【京津冀一体化通关模式改革】 2015年，廊坊检验检疫局推行直通放行政策，辖区内102家企业申报直通放行资质。10月，放开辖区内所有非敏感出口商品的直通放行资质。廊坊辖区以直通放行模式放行的出口货物10531批，货值达到3.16亿美元，占所有出口批次的79.27%和所有出口货值的68.88%，出口企业节省出口成本105.31万元，节约出口时间12.64万小时，出口直放批次占全省26.12%。推行无纸通关，办理无纸化通关批次12258批，其中出境10534批，入境1724批，企业节约成本122.58万元，节约通关环节时间4.9万小时。辖区内无纸化通关批次占全省27.56%。辖区内75家出口企业申请办理无纸报检资质，办理无纸报检批次量1491批，占全省无纸报检批次量的29%，无纸报检批次量名列全省第一。

【行政执法】 2015年，廊坊出入境检验检疫局开展以行政处罚简易程序为主要内容的培训活动，印制《行政执法法律依据手册》供一线执法人员使用；开展为期一个月的进出口食品安全整治行动，消除进出口食品安全隐患；开展进口固废原料专项检查2次，净化进境固体废物市场。行政处罚案件立案24起，罚款12起，缴纳罚款金额99145元。案件类型包括木质包装申报不实、产地证申报不实和木质包装擅自拆除或卸离运输工具，所有案件均没有提起行政复议或行政诉讼。

【大城出口工业产品质量安全示范区】 2015年，廊坊检验检疫局推进大城县出口保温建材产品质量安全示范区建设。工作人员及时更新产品标准、风险预警和进口国要求等信息，及时向企业提供相关技术法规及质量安全信息，帮助大城县出口保温建材企业进行风险分析，有效预防和突破国外技术壁垒；利用中国出口保温建材产品可以享受普惠制待遇、区域性关税优惠待遇等政策的契机，引导企业开发欧盟、东盟国家市场，进一步扩大出口；帮助出口保温建材企业开展ISO9000质量管理体系和ISO14000环境管理体系认证，提高保温建材企业质量管理水平；引导企业参与科研制标工作，指导企业按照输入国的技术标准进行研发、生产加工，提高大城县保温建材产品适应国外市场的竞争力；扩展保温建材产品检测能力，对示范区内企业优先、优惠提供报检、检验、检测服务和技术保障，提高检验、出证速度，减少企业往返次数，降低企业成本，帮助企业早通关、早结汇；简化原产地办证程序，提高办证效率，促进示范区企业不断提高产品档次。11月5日，河北检验检疫局命名大城县出口保温建材产品质量安全示范区为“省级出口工业产品质量安全示范区”。

【固安出口加工食品质量安全示范区】 2015年，廊坊检验检疫局推进出口加工食品质量安全示范区建设。固安县是全国最大的羊肠衣出口集散地，辖区内聚集着上千家羊肠衣加工厂，在国际市场具有较高的知名度。廊坊检验检疫局会同固安县人民政府，启动固安出口肠衣示范县创建。市、县成立出口肠衣示范县创建工作机构，制定创建实施方案和示范区管理体系文件，开展示范区体系培训和实地调研，解决示范区创建工作中出现的问题。12月29日，固安县出口肠衣质量安全示范区获得“河北省级出口食品农产品质量安全示范区”的称号，为河北检区首家出口加工食品质量安全示范区。

（田　甜）

教　育

综　述

2015年，廊坊市有全日制学校、幼儿园1643所，在校生796280人，教职工57884人。其中，独立设置幼儿园617所，教职工10901人，在园幼儿150712人；普通小学809所，教职工23970人，在校生404241人；普通中学176所，教职工19960人，在校生210556人；中等职业教育学校29所，教职工2400人，在校生27947人；技工学校2所，教职工331人，在校生1818人；特殊教育学校10所，教职工322人，在校生1006人。全市报名参加统一中考考生35153人，比2014年增加2396人。全市报名参加普通高校招生统一考试21876人，被普通高校录取19587人，其中一本上线1594人，二本上线2701人，三本上线4142人，专科上线5072人。年内，香河县、广阳区、安次区、霸州市通过国家义务教育发展基本均衡县验收；固安县启动“七彩阳光·成就梦想”全国青少年才艺展评活动；廊坊教研网络工作室成为全国热门工作室；廊坊市电子信息工程学校通过教育部、人力资源和社会保障部、财政部等三部委联合验收，被确定为“国家中等职业教育改革发展示范学校”；廊坊市第九中学等42所学校被命名为“全国青少年校园足球特色学校”；大厂县、香河县、固安县、霸州市通过省三类城市语言文字评估验收，全部县（市）完成语言文字评估工作。廊坊市教育局（以下简称市教育局）被省委宣传部、省妇联、团省委、省教育厅、省广电局等五部门联合授予“河北省青少年爱国主义读书教育活动组织特等奖”，被省教育厅授予河北省“弘扬中华优秀传统文化推进篆刻艺术进校园主题实践活动优秀组织单位”“中国汉字听写大会河北省选拔赛优秀组织奖”等称号。

师资队伍建设。2015年，廊坊市直获得高级教师专业技术职务任职资格50人、中级教师专业技术职务任职资格53人。年内，市教育局组织班主任素质大赛、微课大赛和教学论文、设计、优质课评选等活动23场（次），参赛参训教师5600余人。创建廊坊教研网络工作室，展示精品课706节、评课346节、话题943个，参与研讨10万人次，网络浏览50万人次，285节课例在全国优秀课例主页展示。开展“一师一优课，一课一名师”活动，全市晒课3.5万节，总数居全省第一。组织名师送教下乡活动，举办讲座36场，展示观摩课108节，受益教师5300名。推荐200名校长参加教育部“中小学校长信息技术应用能力提升项目远程培训”，选拔936名中小学教师参加国家级、省级培训，组织40名市级骨干教师赴南京名校跟岗研修培训，推荐32名教师为省级骨干教师培养对象。组织1.47万名师生及社会人员参加普通话培训测试，组织3万名中小学教师参加全员素质提高远程培训，780名教师接受微课制作、网络研修社区搭建、电子白板应用技术培训。全市立项市级教育技术课题105项，其中39项“十二五”立项课题结题。

规范考试管理。加强考点软硬件建设，

全市建成标准化考点17个、考场508个，高考标准化考点、考场全覆盖。加强试卷安全保密和考风考纪管理，与公安、保密、纠风办等部门协调联动，采取分片巡视、驻点巡视、机动巡查等方法，保证各类考试的公平、公正。全年组织国家级、省级和各类社会考试26次，考生32万人次，其中，组织参加全国计算机一级至四级考试35988人次，参加全国大学英语四、六级考试120436人次。

教育惠民政策。年内，廊坊市落实农村义务教育经费保障机制资金3.6亿元，用于免除农村学生学杂费、取暖费和补助公用经费。为47万名义务教育学生免费提供价值4589万元教科书，为1.1万名义务教育家庭经济困难寄宿生补助生活费1507万元，资助6561名家庭经济困难幼儿647.7万元，资助2387名市直普通高中家庭经济困难学生238.7万元，免除20653名中职学生学费3714.7万元，为2368名中职学生发放国家助学金473.6万元，为117名大学生办理生源地助学贷款79.76万元。全市无一名学生因家庭经济困难而失学。

维护校园安全稳定。年内，廊坊市制定下发《教育系统2015年安全、综治、维稳目标管理责任书》（以下简称《责任书》），明确学校安全工作责任和目标。市、县各级各类学校签订《责任书》，落实“一岗双责”责任。全年召开安全工作调度会6次、座谈会2次，印发、转发安全工作文件48个，检查各级各类学校566所。市教育局联合安监、房管、建设、公安、卫生等相关部门对全市中小学幼儿园开展校舍、消防、交通、食品等10个方面的安全整治集中行动，全市排查安全隐患2500余处，整改2143处，其余隐患责令限期整改。加强学校食品卫生监管，规范食堂采购行为，从源头遏制假冒伪劣食品流入校园，保证中小学生的身体健康。组织地震应急疏散演练和安全管理培训，培训校园安全管理人员4600名。在全市中小学校进行应急避险、火灾逃生和紧急疏散等演练，增强师生安全意识和救护能力。

中小学、幼儿园建设。2015年，廊坊市制定下发《廊坊市主城区2015年中小学幼儿园建设时间表》，实施教育提升工程，启动实施廊坊市第二小学、第九小学等5个中小学和瑞河兰乔幼儿园等3个幼儿园建设项目。截至年底，廊坊市第二小学、第九小学重建工程竣工投入使用，瑞河兰乔小学新建工程主体完工，瑞河兰乔幼儿园、广阳区第四幼儿园、第五幼儿园新建工程启动装修，廊坊市第十小学重建工程实施封顶。廊坊市第一实验小学北校区新建工程、廊坊市第十六中学新建工程、廊坊市银河学校新建工程、龙河高新区第一小学新建工程、安次区第三幼儿园新建工程、管道局中学第二附属小学改扩建工程办理开工前期手续。年内，市政府印发《廊坊市学前教育提升行动计划（2015—2016年）》，争取中央和省扩大学前教育资源专项资金7240万元，市财政对部分县（区）农村幼儿园建设下拨奖补资金200万元，用于提升农村幼儿园建设、管理和办学水平。

农村义务教育学校改造。2015年，廊坊市实施农村义务教育薄弱学校改造工程，全市规划使用各级资金2.37亿元，改造项目学校248所，新建、改扩建校舍及运动场18.2万平方米。土建项目中有58所学校开工建设，完工3所；设备购置项目中227所学校（与土建项目有重叠）累计购置设备21.6万台（件、套）。召开“全面改薄”基础建设业务知识和设备采购程序培训会，对各县（市、区）“全面改薄”工作进行三轮督导检查。对各县（市、区）申报的标准化学校进行验收，全市认定标准化学校 151 所。

对接京津教育资源。2015 年，廊坊市承接京津教育功能疏解、对接优质教育资源，赴教育部发展规划司了解洽谈承接北京高校转移情况；赴北京大学、清华大学协商科研机构外溢工作；走访北京市教委、天津市教委等，在校长和教师挂职交流、培养培训、职业教育合作方面拟定举措，推进教育合作。7 月 10 日，北大青鸟文教集团与廊坊益田集团举行签约仪式，双方共同筹办北大附属廊坊益田实验学校。该学校位于永清工业园区，占地面积 230 亩（15.33 公顷），建成后可容纳 3330 名中外籍学生。9 月 1 日，北京市第五中学大厂分校正式招生，学校是一所包含小学和初中的九年一贯制寄宿学校，学校规模为 36 个教学班，可容纳 1440 人。10 月 25 日，廊坊市教育局、北京市大兴区教委、天津市北辰区教育局三地教育部门主要负责人就加强三地教育合作进行商谈，决定共同建立京津冀三区市（大兴、北辰、廊坊）教育联盟。

（相　伟）

基础教育

【概况】 2015 年，廊坊市各级教育行政部门实行分类指导，加强教育保障，促进基础教育发展。发展学前教育和特殊教育，组织全市学前教育宣传月活动，开展《3—6 岁儿童学习与发展指南》专题研讨，在《廊坊日报》连续刊登家长系列讲座 18 期。组织市区 5 所公办幼儿园教师开展集体教研，选派 7 名省级幼儿教学能手到安次区、广阳区“送课下乡”。推动幼儿园上档升级，大厂县第三幼儿园和霸州市第二幼儿园被认定为省级城市一类幼儿园。印发《廊坊市特殊教育提升计划（2014—2016 年）》，明确“2016 年全市基本普及残疾儿童少年义务教育，入学率达到 90% 以上”工作目标。举办全市第五届特殊教育师资培训班和优秀论文评选活动，提高特教教师综合素质。

促进义务教育均衡发展。总结推广香河县试点经验，开展县域内义务教育学校教师、校长交流，均衡配置城乡教师资源。筹措资金 2.16 亿元新增中小学专用教室 3921 个、教学仪器 80 万件（套）、计算机 1.9 万台、图书 98.5 万册、校园网 131 个，投入 2500 万元为市直第一中学、第二中学等 5 所高中学校建设数字校园平台和廊坊教育云服务平台。开展县（市、区）教育工作督导评估，检查中小学校 200 余所，督促各地落实政府职责提高办学水平。指导香河县、广阳区、安次区、霸州市通过国家义务教育发展基本均衡县验收，指导广阳区、安次区、廊坊开发区通过省政府教育工作评估验收。

提升普通高中教育质量。开展高中教学质量监测，对全市高一、高二年级实行统测成绩监测，对高三年级进行 3 次质量检测，诊断分析教学质量现状，查找纠正倾向性问题。到高中学校教学指导，采取听课、视导、座谈等形式，现场为教师答疑解惑。举办高考辅导讲座，聘请专家为 1200 名高三年级教师进行高考备考培训。

推进素质教育。在全市中小学校开展“奋发向上、崇德向善”爱国主义教育读书活动和“文明礼仪伴我行”“学雷锋”“纪念先烈、报效祖国、圆梦中华”“篆刻艺术进校园”

等实践活动，推动社会主义核心价值观进校园、进教材、进学生头脑。举办“善行河北、美德传承”诗歌、书法、绘画作品征集大赛、中华经典诵读大赛、规范汉字书写大赛等主题活动，丰富学生课余文化生活。组织推广普通话宣传周活动，发放推广普通话宣传画1000余张，在《廊坊日报》、廊坊电台、廊坊电视台刊登播出公益广告84次。开展阳光体育冬季长跑活动，组织学生每天体育锻炼1小时，学生体质健康测试、统计工作居全省前列。举办全市第十二届中学生运动会篮球、田径比赛，廊坊市代表队在全国健美操联赛中获得2项季军，在全省高中生排球比赛和中学生足球联赛中获得“体育道德风尚奖”。

（相　伟）

【廊坊市第一中学】 廊坊市第一中学位于廊坊市光明西道45号，原名安次县初级中学，后相继改称廊坊中学、河北廊坊中学、廊坊第一中学。1982年，改名廊坊市第一中学；1977年，被河北省人民政府确定为首批办好的重点中学；1995年，学校上划廊坊市管辖；2001年，被省教育厅命名为河北省示范性普通高中，是年撤销初中，班级转为高级中学。学校占地132亩（8.8公顷），总建筑面积8.3万平方米，固定资产3.8亿元，图书馆藏书21万册。2015年，学校教职工322人，其中特级教师6人，高级教师139人。在校生3600人，新招统招生1260人。一本上线人数357人，同比提高38.73%，上线率30.4%；二本上线人数713人，同比提高13.23%，上线率60.7%。1名学生以数学成绩150分获全省单科第1名。1名学生被省文明办、省教育厅、团省委、省妇联联合授予“河北省五星追梦少年”荣誉称号。43名教师分获国家级、省级和市级荣誉；学校获“河北省普通高中改革先进学校”“2015年中华经典诵读汉字规范书写优秀组织单位”等荣誉称号。

年内，廊坊一中与教师签订《廊坊一中教职工遵守师德师风若干规定的承诺书》，规范教师廉洁从教行为。组织高三年级教师参加国家级高考专题培训7批次，培训人员300余人次；组织一线教师到北京四中网校等地参观学习，并邀请北京市五十六中学、北京师范大学、北京市朝阳区教育局等单位的专家到学校作“翻转课堂教学法”“教育信息化”等专题讲座。组织高一年级班主任开展高中生涯教育专题培训，旨在帮助学生在高中阶段做好职业生涯的规划。10月17日，生涯教育课题组23人到石家庄参加培训。12月25日，邀请北京新精英职业生涯规划咨询师到学校进行为期3天的生涯规划认证班专题培训，学校30人参加培训并取得高中生涯教育初级规划师资格。廊坊一中被河北省教科研所命名为“河北省高中生涯规划教育实验学校”。

（刘　喆）

【廊坊市第二中学】 廊坊市第二中学位于银河北路58号，始建于1970年，是廊坊市教育局直属的完全中学。2004年10月，经河北省教育厅审核批准挂牌河北省廊坊艺术高中。学校占地50.4亩（3.36公顷），建筑面积1.6万多平方米。开设美术、声乐、器乐、舞蹈、表演、播音主持6个特长专业，面向全市招生。2015年，学校有教职工243人，其中特级教师1人，高级教师76人，中级教师127人，艺术专职教师29人。教学班39个，其中初中12个，高中27个，在校生1500多人。学校继续保持“全国学校艺术教育先进单位”荣誉称号。

2015年，学校坚持初中、高中并重，完善教学制度。明确年级主任为年级教学秩序责任人，每周填写“教学管理工作反馈表”。教务处加强教学检查与督导，分年级抽查教师候课、课表使用、课堂教学秩序、备课组活动等教学工作。确立学科教学研究专题，列入备课组工作计划，强化集体备课，实现资源共享。加强艺术教育，开展艺术教育活动，突出学校办学特色。初中强化艺术课教学，激发学习兴趣，挖掘学生潜质；高中加强专业培养，举办高一年级美术习作展、高二年级美术创作展、高三年级美术作品汇报展、音乐生学期汇报演出、学科竞赛等活动。

2015年，学校开展教师岗前培训、听课跟踪、教学反思活动、实行导师制、开展三课（公开课、达标课、优质课）达标评比活动等。编辑刊印《教育教学阵地》3期，为教师教育教学提供教学交流平台。以独立或小组联合为组织形式开展微课题研究，举办“微课题研究交流会”。全年17个教研组确立微课题52个，参加人数159人。学期末，高中化学组、初中地理组、初三文综组等6个微课题组在全校交流，13位教师优胜。

开展“每周一播”教育活动，每月确定主题，内容涉及法制教育、安全教育、礼仪教育、心理教育、诚信教育、反邪教教育等多个方面。全年累计开展“每周一播”教育800多节。

（刘　杰）

【廊坊市第七中学】 廊坊市第七中学位于建设北路171号，是廊坊市教育局直属的一所完全中学。始建于1990年，2003年12月被评定为“河北省示范性普通高级中学”。学校占地150亩（10公顷），建筑面积4.2万平方米。2015年，有教职工253人，其中省级名师3人，市级名师4人，高级教师101人，一级教师124人。有教学班51个，其中初中部13个，高中部38个，在校学生2600人。一本上线41人，二本上线73人，三本上线298人。连续16年无重大校园安全事故，学生刑事犯罪率为零。年内，学校图书室新购图书8.2万册，实施实验室、仪器室、实验准备室、图书室、阅览室更新改造工程，在全校51个教室安装数字化多媒体设备，校园数字化网络信号全覆盖。

年内，学校评出省级骨干教师2人，市级骨干教师21人，校级骨干教师72人。15名高考健美操特长生分别被西安电子科技大学、北京师范大学、北京体育大学、山西医科大学、河北体育学院等院校录取。5月，在广东佛山举办的全国健美操联赛第一站比赛中，廊坊七中获得成年组五人操第四名、三人操第八名；是月，在海南三亚举办的全国健美操联赛第二站比赛中，廊坊七中获成年组五人操第六名、三人操第八名；6月，在河北石家庄举办的全国健身操舞大赛河北赛区比赛中，廊坊七中获成年组有氧舞踏板特等奖、四级有氧操特等奖、六级有氧操一等奖；8月，在福建大田举办的全国健美操锦标赛中，廊坊七中获成年组五人操第七名、三人操第八名；是月，在河北省邢台市威县举办的全国青少年“未来之星”阳光体育大会上，廊坊七中4名运动员代表廊坊市参加“三人制踢毽”比赛，获团体总分第二名、个人第四名；11月，在张家口宣化举办的河北省第五届青少年健康活力大赛中，廊坊七中获花球舞蹈啦啦操、有氧舞蹈操、全民健身操推广规定套路四级有氧操、大众等级标准六级有氧操4项冠军，获2个第三名、3个第三名、2个第四名、1个第五名、1个第六名。七中同时获“体育道德风尚奖”。

（李文惠）

【廊坊市第八高级中学】 廊坊市第八高级中学，又名河北廊坊外国语学校，位于市区西昌路103号，成立于1998年，是廊坊市教育局直属的全日制高中，河北省示范性高中。2015年，学校有教职工209人，高级职称92人，中级职称85人，外籍教师4人。高中教学班36个，初中教学班4个，韩国留学生班1个，在校学生2250人。高考本科以上上线282人，上线率56.18%。其中文化考生一本上线8人，二本上线27人，三本上线177人；体育、艺术考生提前批专业和文化成绩双上线51人，二本上线90人，三本专业和文化成绩双上线15人。一本上线同比增加3人，二本上线同比增加28人，本科上线率同比增长2.36个百分点。参加中考144人，其中达到廊坊市第一中学分数线44人，达到廊坊市第八高级中学分数线82人，普通高中上线人数114人，上线率79.2%。

2015年，学校实施剑桥英语走班制，探索出“剑桥加”模式，即“每天加两篇阅读，每周加一本书”。举办英语节，组织活动、编排节目等均由学生负责。韩语小语种学习班于6月12日开班。新加坡公费留学项目中，有2名学生被新加坡英华（自主）中学录取。举办韩国冬令营活动并与韩国议政府市光东学校交流互访。体育、艺术特长生实施周周考核制。

“中华传统美德——仁义孝”是廊坊八中承担的教育部“十五”规划课题，课程采用“情境引入—诵读感悟—探究交流—升华提高—心得体会”的教学模式。2015年，学校继续实施“孝敬父母、关爱家庭，关爱集体、关爱班级，关爱他人、关爱社会”的育德行为训练，开展平时实践作业和假期实践作业。平时实践作业包含“为自己、为父母做事”“为家庭、为班集体做事”“为学校、为社会做事”3个层次48项育德行为项目。假期作业安排社区服务和社会实践内容，让学生走进社区村街，深入福利院、公司企业开展服务和调研，并撰写报告。学校严格“仁义孝”课程管理，加强检查考核，举办每月一期的体会文章展览，使道德教育进课堂进头脑；学生与社会生活实践相结合，在落细、落小、落实上下功夫，每月召开一次育德报告会吸收家长参与，增强感染力；发挥“知恩广场”作用，“诵读、讨论、践行”分年级推进。开展知教师恩感教师恩、知国家恩感国家恩、知父母恩感父母恩的“三知三感”教育和诵读一首经典诗、唱一首革命歌曲、开展一项体育活动的“三个一”活动。8月20日，《人民日报》报道廊坊市第八高级中学的传统道德教育模式。

（徐东东）

【中国石油天然气管道局中学】 中国石油天然气管道局中学位于廊坊市建国道350号，创建于1975年3月，2001年被河北省教育厅命名为“河北省示范性普通高级中学”。2005年1月1日，学校从中国石油天然气管道局分离正式划归廊坊市人民政府管理，正处级建制。学校包括高中部、初中部、国际部和3所附属小学，总占地面积120亩（8公顷），建筑面积8万平方米。有教学班116个，在校生6600名。有教职工422人，其中特级教师3人，高级教师141人，省级骨干教师3人、学科名师2人，市级骨干教师26人、学科名师2人。一本上线77人，上线率超过河北省23个百分点，二本上线107人，上线率超过河北省40个百分点。学生暴明坤、陈奕斌分别获廊坊市区高考理科状元和第二名。中考普通高中上线率、平均分数市区排名前列，鲁雨以满分120分获河北省英语单科状元，姜润东以118分获廊坊市区数学单科状元。2015届35名毕业生收到麦吉尔大学、多伦多大学、英属哥伦比亚大学等142所国外大学录取通知书，升学率100%，申请奖学金总额折合人民币约80万元。

年内，学校开展“一师一优课，一课一名师”活动，全年培训教师458人次，参加“中小学教师国家级培训计划”22人次，市级培训27人次。组织教师定期到北京海淀区同步教研。与廊坊电视台开办“中高考直通车”节目，学校骨干教师团队集中为学生答疑解惑、考前支招。将德育、教学量化考核融为一体，分别在初一、初二、高一、高二试点推进合作小组建设，科学划分小组成员，制定小组目标、规则，完善“合作小组建设方案”。小组成员之间“一帮一”或“多帮一”，小组之间展开PK，每周进行点评、奖励。开展合作小组建设，各班的课堂纪律、课间纪律、作业情况、学习状态等方面明显进步。学生的团队意识、竞争意识、合作意识、规矩意识加强。

2015年，学生获市级以上奖励508人次，其中刘家铭获机器人世界锦标赛vexiq项目金杯，周航旭、陈佳慧获中国国标舞大赛少年组金奖，卞艺清获河北省航模比赛第一名，朱柏宇、包塬泽、田宇菲、周宇婷获廊坊市中小学书画“十杰奖”，柳喆琦获廊坊市规范汉字书写大赛一等奖。高中部参加河北省第三届国防知识竞赛，获第二名。3所附属小学获中央电视台英语风采大赛廊坊选拔赛全部奖项，王艺婷获全国十强。第三附属小学围棋队蝉联廊坊市冠军，蔡元觉获廊坊市最高段位业余五段。

年内，廊坊市重点工程三附小重建工程完工、中学综合馆投入使用，二附小改建工程启动。

（曹晓鹏）

职业与成人教育

【概况】 2015年，廊坊市职业院校结合廊坊产业结构调整和服务京津冀协同发展战略需求，服务经济发展、促进就业，建设现代职业教育体系，为全市经济社会发展培养高素质劳动者和技术技能人才。改善市属职业院校办学条件，投入1040万元提升信息化装备，投入1000万元修缮校舍。年内，廊坊市制定下发《廊坊市关于加快发展现代职业教育的实施方案》和《关于做好2015年高中阶段学校招生工作的通知》，全市中职学校招生10533人。开展职业教育宣传周活动，在《廊坊日报》专版宣传职业院校办学特色和成果。构建中高等职业教育衔接体系，指导廊坊市电子信息工程学校、三河市职业技术教育中心2所国家中职改革发展示范校创建单位和廊坊职业技术学院、廊坊卫生职业学院、廊坊燕京职业技术学院3所市属高职院校开展“3+2”高职和五年一贯制学生分段培养。三河市职教中心“专业加公司”培养模式在全省中职校长培训会上作典型经验发言。承办省中职学校“创新杯”教师信息化教学设计和说课比赛并获得各级奖项 60 项。开展产教融合、校企合作，全市 15 所职业院校与京津企业建立合作关系。举办“民营企业招聘周”活动，2836 名大中专毕业生与 725 家民营企业达成就业意向。

（相 伟）

【廊坊市高级技工学校】 廊坊市高级技工学校位于廊坊市爱民西道 83 号，始建于 1978 年，隶属廊坊市人力资源和社会保障局。1999 年，廊坊市高级技工学校被国家劳动和社会保障部批准为高级技工学校；2006 年，建立廊坊市工程技术学校（中专）。学校与廊坊市职业技术培训中心实行一体化办学，开设长短班，初、中、高级培训。学校占地面积 3.83 万平方米，建筑面积 5.04 万平方米。2015 年，在校教职工 249 人，其中专职教师 129 名，在校生 1271 名。

学校具有学制教育、学历教育、短期技能培训 3 种资质。设有机械工程系、电气工程系、计算机科学系和服装餐饮系，常设专业 20 个。其中数控技术、维修电工、服装为省级重点专业，数控加工技术、机电一体化、电工电子和服装为市级示范专业。学生毕（结）业后按修业层次可获得初、中、高级技工、技师，中专、大专毕业证书及相应职业资格证书。2015 年，学校招录学生 783 人，应届毕业学生 479 名全部就业。

学校机电实训中心推行“达标递进”实训管理办法，对 33 个班级开展实训教学。各系部利用日常考核、技能竞赛、教师推荐等，遴选“尖子生”，加大品牌学生培养力度。机械工程系智多星团队争取市科技局“众创空间”50 万元资金，为技能大师工作室建设和前沿专业开发提供初期资金保障。在省中等职业技能大赛中，学校在单片机控制装置安装与调试项目中获三等奖，6 名学生分获二、三等奖。教师邵建凯被省人力资源和社会保障厅评为数控加工专业学科带头人，王海燕、王琮获河北省技工院校教师说课大赛电气专业三等奖，刘亚光、张岩国获廊坊市高技能人才称号，12 篇论文获全省技工教育优秀教研成果奖。

年内，学校拓展社会鉴定业务，全年培训、鉴定、考核 8130 人。与廊坊长征驾校签订联合办学协议，建立汽修专业校外实习基地；在廊坊市戒毒所建立教育基地；在固安产业园区建立实习基地；与固安建国饭店签订用工合作协议。组织参观北京应用高级技工学校，到承德技师学院跟班学习，与新疆焉耆县职业学校、三河职教中心等院校开展交流，推动学校工作改进提高。邀请著名节目主持人白燕升、德育专家、茶艺师、企业家进校园作报告，开拓师生视野。开辟微信平台、完善校园网络建设。承接廊坊电视台《养生堂》节目录制、全市团委书记培训会议等社会活动，扩大学校社会影响。

（孙秀菊）

【廊坊食品工程学校】 廊坊市食品工程学校位于枣林路 3 号，始建于 1982 年，校区占地 35 亩（2.33 公顷），建筑面积 20182 平方米。学校设生物化工制药、电子商务、食品工艺、食品检验、发酵工艺、饮料工艺、微生物、语音室等 20 个专业实验室，是集普通中专教育和成人大专教育、短期技术培训为一体的省重点食品类中专学校。学校对在校生、社会青年、企业职工岗前培训和职业技能鉴定，并颁发中、高级职业技术等级证书。2015 年，学校教职工 136 人，其中副教授 51 人，讲师

48人。

年内，学校与河北科技大学联合开办函授本专科，开设食品生物科学、计算机、电子、财经4大门类9个专业，其中，食品科学与工程、计算机科学与技术、工商管理为专升本专业；食品卫生检验、食品生物技术、计算机网络技术、计算机应用技术、计算机信息管理、会计为专科专业。2015年，河北科技大学函授学生从廊坊市食品工程学校录取36人，毕业33人。学校与廊坊市第十五中学联合办学，引进高中阶段教育资源，第十五中学高一、高二年级全部学生自2014年8月到廊坊市食品工程学校上课。

2015年，学校招入新生155人，毕业182人。毕业生就业率98%。推行中等职业学校毕业证书、职业技能鉴定资格证（由国家职业技能鉴定所颁发的初、中级食品检验工、烘焙烘烤工、计算机多媒体作品制作员、无线电调试工）双证书制度，重点培养学生职业能力和综合素质。完善毕业生信息库，学生入学后签订具有法律效力的《就业合同书》，确保就业。开展短期培训，学校与华润雪花啤酒、天津和治药业、广东加多宝饮料公司、廊坊飞鹤乳业等40家就业单位建立长期合作关系，拓宽学生实习、就业渠道。

（薛敏婷）

【廊坊市电子信息工程学校】 廊坊市电子信息工程学校位于新华路195号，是集普通中专、“3+2”大专和各类短训班为一体的国家级重点中等职业学校。学校建于1991年，时名廊坊市综合职业技术学校；1993年，更名为廊坊市职业技术教育中心；2001年，增挂“廊坊市职业中专学校”校牌；2002年，经廊坊市人民政府批准，廊坊市职业中专学校更名为廊坊市电子信息工程学校，与廊坊市职业技术教育中心实行一所学校两块牌子，统一管理。学校设汽车电子技术应用、汽车运用与维修、电气技术应用、电子技术应用、计算机应用、会计电算化、电子商务、物流服务与管理、旅游服务与管理、学前教育10个中专专业。其中，汽车运用与维修、旅游服务与管理为省级特色专业，电气技术应用、计算机应用为省级骨干专业。2015年，学校被教育部、财政部、人社部批准为全市首所国家中等职业教育改革发展示范校。学校有教职工198人，其中高级职称83人，中级职称74人，全国优秀教师1人，省级教学名师、教学能手、骨干教师等16人，省级优秀教学团队3个。在校生2399人，教学班56个，招生775人，毕业681人，就业（含升学）668人，毕业生就业率98%。

年内，教育教学信息化综合实训中心主体工程完工，建筑面积12940.65平方米。学校与石家庄信息工程职业学院联合开设物流服务与管理、电子与信息技术、计算机动漫与游戏制作等三个专业的“3+2”大专班；与石家庄幼儿师范高等专科学校联办学前教育专业“3+2”大专班。电子、计算机、汽修、旅游、商贸和学前教育6个专业教研室改建为专业教学部，语文、数学等6个基础教研室合并组建成为1个基础教学部。

年内，学校选派10名教师分批次参加省、市教育部门组织的信息化教学培训、专业技能证书培训、专业骨干教师培训、技能训练指导教师培训。10名教师在河北省中等职业院校信息化教学大赛上分获一、二、三等奖。11名教师在河北省中职学校“创新杯”教师信息化教学设计和说课大赛上分获一、二、三等奖，其中教师杨颖被推荐代表河北省参加该项目全国比赛，获得个人一等奖。

（辛志友）

【廊坊市体育运动学校】 廊坊市体育运动学校（以下简称市体校）位于北凤道318号，始建于1974年，原名廊坊市少年业余体校；1994年，更名为廊坊市体育运动学校；2002年，经河北省教育厅评估认定为“河北省重点中等专业学校”；2009年，被河北省体育局评估认定为“河北省高水平体育后备人才基地”。市体校是廊坊市唯一一所体育运动中等专业学校。学校占地100亩（6.67公顷），建筑面积3万平方米。2015年，学校有教职工135人，其中专任教师53人，专任教练员45人，高级职称25人，中级职称47人。学校设3个学段（小学5、6年级，初中，中专）8个年级、14个教学班，在校生448人。业余训练招生152人，中专招生66人。

学校设中小学部、中专部。其中，中小学部开设田径、游泳、篮球、排球、乒乓球、射击（含飞碟）、举重、柔道、摔跤、跆拳道、武术套路、武术散打、自行车、拳击、赛艇15个大项49个小项。自行车、赛艇、摔跤和跆拳道等传统项目多次获省运会、锦标赛团体冠军。中专部开设运动训练专业。运动训练专业毕业生主要面向基层运动队、中小学和体育运动机构，从事体育运动的教学、训练、竞赛和管理辅助工作。中专毕业生作为体育特长生参加全国统考，年内，21人被北京体育大学、沈阳体育学院、天津体育学院、河北师大、河北体院等高校单招考试录取到本科学习，有18人被综合性高校特招入本科学习。

2015年，市体校派出36支队伍398名运动员参加河北省第十五届运动会16个大项29次预决赛（预赛4次，决赛25次），获金牌46枚、银牌43枚、铜牌53枚，总分3119分。男女自行车、男女柔道、男女子跆拳道、赛皮划、男子自由跤等项目团体总分均位居全省前三名。

（司　红）

高等教育

【概况】 2015年，廊坊市有高等学校25所，其中市属高等学校4所，分别为廊坊职业技术学院、廊坊卫生职业学院、廊坊广播电视大学、廊坊燕京职业技术学院，全日制在校生1.65万人，教职工1700人，专任教师1150人。有驻廊高校21所（含本科院校11所、高等职业院校5所、成人高校5所），分别是中国人民武装警察部队学院、南京炮兵学院廊坊分校、华北科技学院、防灾科技学院、中央美术学院燕郊校区、河北工业大学廊坊分校、廊坊师范学院、北华航天工业学院、燕京理工学院、北京中医药大学东方学院、北京城市学院、北京社会管理职业学院、北京经济技术职业学院、河北石油职业技术学院、廊坊东方职业技术学院、北京北大方正软件技术学院、交通运输部管理干部学院、中国民航管理干部学院、北京东方研修学院、徐悲鸿文化艺术专修学院、廊坊京安专修学院，在校生12.8万人，教职工1.2万人。

（相　伟）

【北华航天工业学院】 北华航天工业学院（以下简称学院）位于廊坊市爱民东道133号，是由河北省人民政府与国家国防科技工业局、中国航天科技集团公司、中国航天科工集团公司共建的普通高等院校，是服务国家（航天）

特殊需求人才硕士专业学位研究生教育试点单位。学校始建于1978年，原隶属于航天工业部，1999年划转到河北省，学院实行中央与地方共建、以地方管理为主的管理体制。2015年，学院成为河北省首批10所转型发展试点高校，当选为河北省应用技术大学联盟理事长单位。学院占地面积近800亩（53.33公顷），分东、西校区，总建筑面积近35万平方米，建39个教学科研实验室（中心），教学科研仪器设备总值1.6亿元。馆藏纸质图书100余万册。学院有教职工近900名，其中高级职称教师近300名，博士、硕士学位教师近600名，有全日制研究生、普通本专科在校生近12000人，成人高等教育本专科在校生近3000人。

学院设有研究生教学部、机电工程学院、电子与控制工程学院、经济管理系、建筑工程系、计算机与遥感信息技术学院、会计系、外语系、材料工程学院、文法系、基础科学部、体育部、工程技术训练中心、继续教育学院14个教学单位。有32个本科专业、12个专科专业和2个工程硕士专业（含12个研究方向）。2015年，新增“经济学”“工程造价”“表演”3个本科专业，新增“计算机科学与技术”“市场营销”“物流管理”“英语”4个双学位授予权专业，8个本科专业在河北省列入一本招生。

2015年，学校招收本科生2200人，专科生1199人。河北省本科二批录取中，学院文史类录取最低分536分，高出省控线40分，理工类录取最低分527分，高出省控线53分。2015届毕业生首次就业率95%，同比增长9个百分点，其中协议就业率48%，同比增长8个百分点。学生考研率14%，专接本率21%，同比增长6个百分点。研究生就业率100%，其中攻读博士学位1人，留校1人，航天及相关企业就业28人，航天企业就业率达70%，同比提升10个百分点。

年内，学院论证完成本科专业人才培养方案30个，建设改革100门校级重点课程，400门课程实行小班上课，实施合格性和等级性考核，恢复期中考试。全年企业专家进校园211人次，建立校外实习基地76个。实施实验室开放，细化学生实验分组，3个实验教学中心获批省级实验教学示范中心建设项目。筹建大学生创新创业园，成立大学生创新创业服务中心，设立创新创业基金，与市政府共建“廊坊华航E创空间”，学院被确定为廊坊市高校创新创业示范基地，获市财政资金扶持500万元，首批入驻创业园项目22个，获批省大学生创新创业训练计划项目35项。学生学科专业竞赛获国家级奖励133项、省级奖励167项，发表省级以上期刊文章90篇，申请国家专利60项。

2015年，学院新增省级创新平台1个，即河北省中国特色社会主义理论体系研究基地；新增市级创新平台3个，即廊坊市航天遥感信息处理与应用、智能机电装备技术、计算物理与应用数学重点实验室；与大城县政府共建绝热节能材料产业技术研究院获省科技厅立项支持；河北省精密光栅测控技术与仪器工程实验室通过省发展和改革委员会专家组验收，获正式授牌；通过国军标体系认证（GJB9001B）；组织召开京津冀军民融合发展专家企业对接会；全年获国家发明专利10项，实用新型专利115项，软件著作权88项，外观设计2项；发表学术论文283篇，其中SCI检索论文14篇，EI检索论文19篇，CSSCI论文10篇，中文核心期刊论文88篇，CPCI—S检索论文5篇，CPCI—SSH检索论文8篇，CA收录学术论文1篇；出版专著、教材17部；协同创新中心承担横纵向研究课题9项，到位科研经费173万元，获批河北省航天遥感信息工程技术研究中心、天宫一号公益用户单位。

（张道明）

【河北工业大学廊坊分校】 河北工业大学是国家“211工程”（国家、地方集中各方力量，面向21世纪重点建设100所左右高等学校和一批重点学科、专业）重点建设院校，河北省重点建设的骨干大学。河北工业大学廊坊分校隶属河北工业大学，位于廊坊市新华路144号，1992年5月，经河北省政府批准成立。校区占地320亩（21.33公顷），分东、西校区，建筑面积7.4万平方米。2015年，学校有教职工236人，高级职称62人，专任教师109人，在校生4249人。年内招聘专业教师9名。学校设计算机科学与技术、软件工程、网络工程、电子信息工程、物联网工程、工程管理、工商管理、公共事业管理、工业工程、国际经济与贸易等11个本科专业，以及计算机科学与技术、软件工程、电子信息工程、工程管理、英语5个专接本专业。其中，本科“物联网工程”专业于2015年招生。年内招生就业部举办涉及电子、计算机等行业64家企业的双向选择招聘会，为毕业生提供就业岗位276个。

2015年，学校制定各专业培养方案，启动本科课程评估工作；通过8项校级教学改革立项；选派10名教师到国内名校课程进修，2名教师到美国短期学术交流。组织新任专职教师培养工作，其中8名教师获得河北省高校教师资格。学校与美国新奥尔良大学管理学院达成合作办学意向，包括“廊坊分校—新奥尔良4+1项目”，互派师生访学、进修，共享科研、教学资源和成果；接待台湾勤益科技大学电资学院回访，开展教学、科研交流研讨。与圣安布鲁斯大学国际部和伊利诺伊州罗克艾兰市奥古斯坦纳学院国际部探讨拓展学生出国留学渠道。

（高延杰）

【廊坊师范学院】 廊坊师范学院位（以下简称学院）于廊坊市爱民西道100号，建于1946年，2000年经教育部批准，升格为省属普通本科院校。学院分廊坊校区和固安校区，占地2000亩（133.33公顷），建筑面积40万平方米，固定资产4.97亿元，馆藏文献140万册。2015年，有教职员工1372名，其中专任教师909名，具有副高级以上职称的教师384名，在校生18400名。

学院设15个二级学院、思想政治理论课教学部，14个党政部门和3个教辅单位，开设汉语言文学、历史学、数学与应用数学、土木工程、财务管理 、音乐表演、人力资源管理、社会工作等57个本科专业和会计、工商企业管理、旅游管理、人力资源管理、古建筑工程技术等30个专科专业，涵盖文学、教育学、法学、历史学、理学、工学、管理学、艺术学、经济学9个门类。年内，学校规划建设中国古代文学、遗传学、有机化学、史学理论及史学史4个省级重点（发展）学科和结构工程、社会学、企业管理等15个校级重点学科；戏剧影视文学专业通过新增学士学位授权专业评审，申报小学教育等5个新专业；撤销合并中西医结合、会计电算化等34个专科专业。

2015年，廊坊师范学院分7批次招收本、专科生5727名，涉及26个省市自治区，其中本科文、理最低录取分数线分别超省控线22分、28分。全年举办招聘会68场，提供15000多个就业岗位。组织学生开展职业生涯规划大赛，建立师范学生实习基地137个。2015届5359名应届本、专科毕业生就业率92.18%，同比增加3个百分点。

2015年，学院新立科研项目176项，其中“基于三维石墨烯/金属氧化物复合材料的高储能可压缩超级电容器的研究”为国家级项目，“非物质文化遗产冀东皮影的跨文化传播研究”等34项为省部级项目；获职务发明专利授权4项，实用新型专利28项；对656件优秀科研成果进行评议与业绩奖励，奖励金额1954034.5元，同比增长67%。年内学院获河北省委宣传部批准成立河北省中国特色社会主义理论体系廊坊师范学院研究基地；获市科技局批准成立市级应用化学重点实验室、食用菌技术重点实验室、土木工程材料性能检测重点实验室、数学生态模型重点实验室。建设“教学实验平台建设项目——生物学教学实践平台”和“公共服务体系建设项目——中水处理系统建设”项目2个，获得中央财政资金支持700万元。新建化学实验教学中心等省级实验教学示范中心3个。确定国家级大学生创新、创业训练项目10项，省级25项，校级7项。开展“创青春”创业计划大赛等“大学生素质拓展”项目437项。

（王丽媛）

【廊坊卫生职业学院】 廊坊卫生职业学院其前身为廊坊市卫生学校，1961年10月在天津西郊杨柳青镇建校；1969年6月，学校迁至廊坊；1989年4月，廊坊地区改为廊坊市，学校更名为“廊坊市卫生学校”；2006年9月27日，学校整体迁入东方大学城新校区。2011年2月经河北省人民政府批准，廊坊市卫生学校更名为廊坊卫生职业学院。学院占地面积420.9亩（28.06公顷），建筑面积12.7万平方米，固定资产总值2.7亿元。建有实验室132个，馆藏纸质图书25.5万册，专业期刊7942种。2015年，学院教职工总数347人，其中专任教师204人，正高级职称29人，副高级职称116人，硕士研究生以上学历92人。年内引进临床专业教师3人，有11名教师成为廊坊市中医药学会会员，3人被学会任命为学会理事。

学院设临床医学、口腔医学、护理、康复治疗技术等13个高职专业，以及护理、口腔修复工艺、药剂等6个中专专业和初中起点“五年一贯制”高职大专护理专业。2015年，增设临床医学、口腔医学2个临床专业，学制三年，专科层次。学院形成囊括临床医学、护理、医技、药学和公共卫生等类别完备专业体系。全年招收普通大专生1623人，中专和五年一贯制学生921人，招生人数同比增长75%，全日制学生5595人，507名高职大专毕业生整体就业率93.49%。

2015年，学院立项省、市级课题18项，结题14项。16项教科研成果获河北省首届创新教育研究与实验成果奖。中医教研室副主任吕桂凤主持的市级课题“自拟平喘定金组方配合穴位敷贴治疗小儿咳嗽变异性哮喘的临床研究”，获河北省中医药学会科学技术三等奖；妇科教研室教师朱慧芳主持的“肿瘤转移基因与乳腺肿瘤的相关研究”项目，获廊坊市2014年度科学技术进步二等奖；副院长彭丽红主持的“加强高职医学院校大学生社会主义核心价值观教育研究”项目，获河北省高校党建研究优秀成果奖一等奖。学院“GDM高危因素分析及血糖控制水平对母婴结局影响的研究”被市科技局评为“廊坊市科技进步奖”。全年发表学术论文69篇，其中核心及核心检索期刊论文24篇，国家级论文29篇，省级论文26篇。

（赵　硕）

【廊坊市广播电视大学】 廊坊市广播电视大学位于廊坊市爱民西道101号，建于1979年1月，是经河北省人民政府批准，具有成人高等学历教育招生资格的公立成人高等学校。学校集成人高等本科、专科教育，开放教育（含“一村一名大学生计划”），网络教育，中等职业教育，非学历教育和社区教育为一体，运用计算机课件、网络、广播、电视、文字和音像教材等多种媒体进行远程教育，下辖9所县（市、区）电大分校。市校区占地44.47亩（2.96公顷），建筑面积3.6万平方米，固定资产2600万元，拥有现代化教学仪器设备500多台（件），图书馆面积400平方米，藏书5.5万余册。2015年在校教职工133人，其中副教授以上职称49人，讲师53人，市、县两级电大学校专科以上注册开放教育在籍学生4260人。

学校开设理、工、农、医、文、法、经济、管理、教育9个学科98个专业。2015年，全市电大系统各类招生2930人。其中市校区招生1165人；开放教育招生1709人，同比增长20%；网络教育招生1211人，同比增长50%。廊坊电大与县（市、区）组织部门合作开展“一村一名大学生”工程；与市工会和人武部门合作，开展学历提升教育项目。

年内，学校调整和改革学生毕业作业（论文、作业）环节，制定《关于廊坊电大毕业设计（论文、作业）改革的实施办法》，并在市校及部分县级分校实行以专业学习报告取代毕业论文的办法。补充、修订《廊坊广播电视大学教师教学工作量化考核指标体系》《教学督导员工作职责》《开放教育任课教师岗位任务书》，建立完整、科学教学流程体系，探索并总结形成适合开放教育实际的“一二三四五混合型课程教学模式”。7月“廊坊电大教学科研大讲堂”更名为“廊坊电大求知讲堂”。12月“云教室”投入使用。全年有6项课题立项，其中省电大资助经费课题1项，市教育科学“十二五”规划课题5项；结题课题8项，其中省级课题1项，市级课题7项，获经费资助课题4项。校长李河均带领的7人科研团队被批准为河北广播电视大学“首批科研团队”。2015年，廊坊电大被全国全民终身学习活动周工作小组、中国成人教育协会授予“全民终身学习活动周优秀组织奖”。

2015年，廊坊电大开拓金桥社区教育实践基地，进行“家庭烹饪”翻转课堂的教学改革试验；制作微课（指教师在课堂内外教育教学过程中围绕某个知识点，重点难点疑点或技能等单一教学任务进行教学的一种教学方式，具有目标明确、针对性强和教学时间短的特点）“红烧鳕鱼”，开发“养生保健”“看动画学国学”2门系列课程和“艾灸保健”知识讲座；举办“书法沙龙”，组织廊坊市“2015年全民终身学习活动周”，展览全年廊坊市社区教育最新成果和书画沙龙优秀作品。廊坊电大自制《活到老学到老——记百姓学习之星张济民》事迹短片在2015年河北省全民终身学习活动周反响热烈。

（王秋菊）

【廊坊职业技术学院】 廊坊职业技术学院是经河北省人民政府批准，由廊坊工业学校、农业学校、财贸学校3所学校合并成立的公立全日制普通高等职业学校，实施专科层次高等职业教育。学院占地面积600亩（40公顷），有东方大学城主校区和市区三个分校区。学院设国家职业技能鉴定所、国家劳动和社会保障部计算机信息技术考试站，是IT职业技术教育工程定点院校、电子商务师职业全国统一鉴定试点机构、全国制图员远程职业资格培训点、河北省现代农业培训基地、河北省服务外包培训基地、河北省电子行业特有工种职业技能实训基地。2015年，学院教职员工765人，其中专任教师437人，副高级以上职称192人，具有博士、硕士学位教师176人，双师素质教师233人。全日制在校生8253人。

学院设机械工程系、电气工程系、汽车工程系、动物科学与技术系、城建工程系、计算机科学与工程系、商务管理系、财会金融系、文化传媒与服务系、基础学部、继续教育部、职业培训中心和中专部13个教学系部，有装备制造、电子信息、财经商贸、土木建筑、农业牧渔、交通运输6个专业群，备案高职专业49个，其中园林技术、畜牧兽医、计算机网络技术为特色专业。年内，学院与环渤海地区近200家企业建立毕业生供需合作关系，产学合作企业达174个，企业接受顶岗实习学生数1256人，订单培养学生593人，校企共同开发课程61门，教材43种。2015年，学院毕业生2243人，就业2227人，就业率达99.28%。

2015年，学院承担的“林下食用菌高效栽培技术体系的研究与应用”科技成果获得河北省科技进步三等奖，“国家级无公害食用菌农业标准化示范区”项目通过验收，所制定的3项企业操作标准（菌棒生产标准、出菇生产标准、菌棒出菇数量控制标准）填补国内空白。全年组织专题研讨交流8次，邀请专家讲座6场，选派教师外出培训162人次。年内教师自编教材29本，教材贴近岗位实际需求。教学改革建设方面，淘汰应用韩语等旧专业4个，新建材料成型与技术等专业5个，论证完善畜牧兽医等14个骨干专业人才培养方案，对5个教学改革试点专业进行中期验收。在审核提高课程标准的基础上，组织精品课验收评审，有18门精品课通过验收，新增“机械制图”等院级精品课程8门。全年批准立项省级课题8项、市级课题35项。结项省级课题5项、市级课题19项。

年内，廊坊职业技术学院学生分别荣获全国职业院校技能大赛高职组电子商务、市场营销技能比赛团体三等奖，“挑战杯”河北省大学生课外学术科技作品竞赛一等奖等荣誉近20项。全年评选省级三好学生8人，省级优秀学生干部2人，省级先进班集体1个。学院获省教育系统先进集体荣誉称号。

（柳金英）

民办教育

【概况】 2015年，廊坊市有民办学校464所，教职工11172人，在校在园学生95952人。市教育局开展无证幼儿园集中整治行动，对无证幼儿园进行校舍安全、消防安全、食品卫生安全、卫生防疫安全、校车安全、“三防”（人防、物防、技防）安全6个方面的集中治理，全市排查出无证幼儿园1144所，全部建立无证幼儿园数据库和专项工作档案。关停取缔无证幼儿园206所，整改达标幼儿园125所，813所无证幼儿园整改，整改期间不允许继续开园。举办全市民办教育法制培训班，主题是“依法行政，依法办学”，培训教育行政干部和民办学校举办者600人。全年检查评估民办教育机构654所，规范民办学校依法诚信办学行为，提高民办学校办学水平。

（相　伟）

【廊坊市第十五中学】 廊坊市第十五中学是2009年由廊坊市教育局批准成立的全日制、全寄宿、全封闭民办高中。学校由衡水中学原副校长张太庄带领衡水中学、武邑中学一批骨干教师创办。有东、西校区，东校区位于廊坊市广阳区枣林路3号，西校区位于廊坊市安次区廊霸路3号。学校东、西校区共占地138亩（9.2公顷），建筑面积3.6万平方米。2015年，学校有35个教学班，1950名在校生，教职工192人，其中专职教师113人。毕业生503人，一本上线104人，二本上线299人，三本上线491人，本科上线率达97.61%，超出全市平均值26.05个百分点。

年内，学校推进高效课堂教学改革，提高教学质量。推行“1+5课堂教学模式”（1指课前预习；5指课堂教学的导学—讨论—展示—质疑点评—检测反馈5个环节）。加大教研力度和密度，由一周两研改为一课一研。制定“教研活动考评方案”“导学案（教师教案与学案合二为一）制作流程及要求”，以集体备课和听评课形式，对教师的期考成绩考评实行学科组集体考核，捆绑式评价。每周安排“教学公开课”和“班会公开课”，组织教师全员听评，资源共享。每学期学校组织教学工作研讨会、教学经验交流会、德育工作研讨会、教学质量交流会等，增强教育实效。组织教师到北京、石家庄、正定、衡水、承德、杭州、青岛参加培训交流会，同时邀请教育专家到校作报告、讲座。外出学习培训的教师返校后，对其他老师进行“二次培训”，做到一人培训、全员受益。

年内，在“全国中学生英语能力竞赛”决赛中，市十五中有4人获一等奖，13人获二等奖，7人获三等奖，其中徐琳、董艾嘉、赵一鸣包揽廊坊市高三组全部一等奖。在第九届“全国中学生语文能力竞赛”中，有5人获一等奖，8人获二等奖，9人获三等奖。12月，519名考生参加河北省学业水平考试，过关率达100%，A等级达66.22%，B等级以上（含A等级）达95.26%，有81人获全A，成绩在全省名列前十名。

（田　雪）

文化·科技

文化事业

【概况】 2015年,廊坊市有艺术表演团体(公有制)7个、艺术表演场所8个、群艺馆(文化馆)10个、公共图书馆10个、博物馆4个。全市有国家级文化产业示范基地1个、省级文化产业示范基地11个、市级文化产业示范基地16个,省级文化产业示范园区1个。全市推出优秀文艺作品300件,其中获国家级奖项3件、获省级奖项5件。

2015年廊坊市文化团体、场所、文化示范基地一览表

表35

艺术表演团体	廊坊市龙凤演艺有限公司
	霸州市文工团
	大厂评剧歌舞团演艺有限责任公司
	大城县河北梆子剧团
	永清弘正评剧服务有限公司
	香河县评剧团
	三河市评剧歌舞有限责任公司
艺术表演场所	廊坊市体育馆
	廊坊中国石油管道影剧院
	明珠影剧院
	霸州市李少春大剧院
	固安大剧院管理有限公司
	大城电影院
	大厂县民族宫
	三河市文化中心影剧院
群艺馆（文化馆）	廊坊市群众艺术馆
	广阳区群众艺术馆
	三河市文化馆
	大厂县文化馆
	香河县文化馆
	固安县文化馆
	永清县文化馆
	霸州市文化馆
	文安县文化馆
	大城县文化馆
公共图书馆	廊坊市图书馆
	广阳区图书馆
	大厂县图书馆
	香河县图书馆
	三河市图书馆
	固安县图书馆
	永清县图书馆
	霸州市图书馆
	文安县图书馆
	大城县图书馆
博物馆	廊坊博物馆
	霸州市博物馆
	霸州市自行车博物馆
	李少春纪念馆
国家级文化产业示范基地	大厂评剧歌舞团演艺有限责任公司
省级文化产业示范基地	霸州鸿兴捷图照明设备有限公司
	香河国华影视基地
	大厂良盛达花丝镶嵌特艺有限公司
	河北今朝建工集团（霸州）
	大厂京东工艺品有限公司
	大厂大民工艺美术厂
	廊坊京锐釉料有限公司（大厂）
	三河市茗文化卡通设计有限公司

续表 35

省级文化产业示范基地	霸州海润俱乐部	市级文化产业示范基地	三河市桂宇星体育用品有限公司
	霸州茗汤温泉水疗养生度假有限公司		文安县韵迪乐器有限公司
	河北光彩投资有限公司（永清中国服装文化博览园）		永清县冀派微雕有限公司
市级文化产业示范基地	广阳区金丰农科园有限公司		霸州市利民工艺品厂
	广阳区艺海文物商店		大城县唐谷红木家具有限公司
	河北乐聪网络科技有限公司（广阳）		大城县五福古典家具有限公司
	廊坊市藏宝阁商贸有限公司（广阳）		文安县和民电影收藏展览馆
	廊坊市珍艺工艺美术品有限公司（广阳）		大厂县呈祥古典家具厂
	安次区九天农业工程有限公司		固安县焦氏脸谱工作室
	壹佰剧院文化综合体	省级文化产业示范园区	大城红木文化产业园区

文化艺术活动。2015 年，廊坊市举办元旦、春节系列文化活动暨第九届“幸福廊坊”文化艺术节，举办进企业、进社区、进农村的文艺演出活动 10 场。6 月至 8 月，组织第三届合唱艺术节暨 2015“彩色周末”广场文化活动，内容包括综艺晚会、戏曲专场、校园文艺、第三届全市广场舞决赛、第三届合唱艺术节预赛和决赛等。年内，举办“迎新春走基层”河北梆子名家名段演唱会、中国煤矿文工团大型综艺晚会欢声笑语中国梦和国家京剧院红色经典名家名段演唱会、名家相声晚会，举办河北梆子《南北合》《钟馗》、天津评剧院经典唱段及折子戏专场演出，推出现代抗日战争题材评剧《寸草春晖》。举办“中国梦·廊坊梦·百姓梦”廊坊市优秀美术摄影作品巡展，组团到天津市津南区、沧州市、邢台市等地展出美术、摄影作品 120 幅。举办“牵手京津冀·欢乐进万家”首届京津冀（廊坊）“京东大鼓书会”。全市农村电影放映 39404 场次，观众 1483050 人次。

文化产业。全市组织重点文化产业企业参加国际、国家级、省级重点文化产业展会 10 次，推介三河动漫、大厂景泰蓝、花丝镶嵌、广阳漆器、安次第什里风筝、永清微雕、固安京绣和传统漆雕、霸州舞台灯具和仿古家具、文安乐器、大城红木等重点文化产业项目，实现现场及订单销售 3200 余万元。廊坊市参展企业及项目获国际级奖项 8 个，国家级金奖 18 个，省级金奖 13 个，其他奖项 8 个。2015 年，市文广新局联合市发改委、市科技局等单位谋划廊坊市文化创意产业壹佰孵化基地项目，征集优秀文化创意项目 86 个，通过路演方式辅导 11 个优秀创业项目。廊坊市壹佰剧院管理服务有限公司、廊坊市今实文化发展有限公司、大厂回族自治县良盛达花丝镶嵌特艺有限公司 3 家文化公司登陆上海股权托管交易中心。大厂皇家景泰蓝文化体验中心、中国永清冀派微雕文化体验中心建成并试运营，“壹佰剧院”文化体验综合体、霸州综合文化体验中心、大城京作红木文化体验中心、文安拉丁文化体验中心、广阳漆雕文化体验中心等项目进入谋划建设阶段。市文广新局联合廊坊广播电视台经济生活频道录制《廊坊市文化产业巡礼（2015）》，专题介绍全市文化产业示范基地、重点文化产业新增项目。编印《廊坊市文化产业招商引资手册（2015）》，集中展示廊坊市文化产业亮点和成就。

广播电影电视管理。开展广播电视安全播出大检查活动，完善节目制作、信号传输、播控发射等重要环节规章制度和应急预案。监管检查全市9个广播电台频率、11个电视台频道在播广告的播放情况，通过实地监听监看和接受群众投诉举报等方式方法对市、县广播电视台下发《违规整改通知书》10份，停播处理违规广告90条。加强督导检查，保障“两会”及十八届五中全会等重要会议安全播出。完善广播电视监管平台建设，增加对廊坊电视台和廊坊广播电视台的节目监控。

新闻出版管理。“扫黄打非”方面，组织召开2015年度全市“扫黄打非”工作会议。开展廊坊市2015年“春节”及“两会”期间出版物市场及网络文化环境专项整治行动、扫黄打非“清源·2015”“净网·2015”“秋风·2015”“护苗·2015”“打击侵权盗版”5个专项行动、2015年暑期文化市场专项整治行动，加强文化、广电、出版物市场监管，加大市场清理整顿力度。截至年底，全市出动检查人员5300余（人）次，检查网吧1300余（家）次，歌舞娱乐场所610（家）次，图书音像经营单位430（家）次，印刷类企业4600（家）次；收缴违规图书、报刊、音像制品58000余册（盘），取缔游商地摊7个，取缔非法广播电台23座。版权管理方面，编印《廊坊市使用正版软件工作指南》，从政策层面、技术层面、管理层面对软件正版化工作进行普及与指导。

【创建公共文化服务体系示范区】 公共文化服务体系，是面向大众的公益性文化服务体系，主要包括先进文化理论研究服务体系、文艺精品创作服务体系、文化知识传授服务体系、文化传播服务体系、文化娱乐服务体系、文化传承服务体系、农村文化服务体系7个方面。体系以图书馆、博物馆、文化馆、美术馆、电台、电视台等社区和乡镇基层文化设施为基础，建设广播电视村村通工程、全国文化信息资源共享工程、社区和乡镇综合文化站工程等公共文化服务工程。2015年，廊坊市制定出台《廊坊市乡镇综合文化站建设与服务规范》《廊坊市乡镇公共文化服务经费使用管理办法》《廊坊市文化志愿者队伍建设管理办法》《廊坊市乡镇群众自办文化管理与扶持办法》《廊坊市乡镇公共文化服务监督考核管理办法》《廊坊市公共文化服务数字平台建设与管理办法》6份示范区制度设计文件。制定“廊坊市公共文化服务数字平台”项目实施方案，推进廊坊市公共文化数字服务平台建设。推动市群艺馆改建。全市应建群艺馆（文化馆）11个，达标5个；应建图书馆11个，达标6个；应建乡镇（街道）综合文化站105个，达标105个。全市应建村（社区）文化活动室（中心）3383个，达标3004个；建设公共电子阅览室303个，文化信息资源共享工程村级服务点3207个。督导落实财政专项资金。各县（市、区）、廊坊开发区落实示范区创建专项资金5928万元，农村文化建设专项资金1320万元，用于开展基层群众文化活动、发展农村特色文化、培训基层文化队伍和示范区创建的组织管理、新闻宣传、制度设计等。图书馆自助借还系统建成7个公共图书馆、1个街道图书分馆、5个社区图书分馆和4个高校联盟馆、1个部队图书馆、1个企业图书分馆、1个私人公益图书分馆、3个24小时自助图书馆。全市所有公共图书馆、群艺馆、文化馆（站）、博物馆无障碍、零门槛进入，公共空间设施场地全部免费开放，基本公共文化服务项目健全。

2015年廊坊市图书馆自助服务体系成员馆一览表

表36

名　称	地　址	类　型
廊坊市图书馆	廊坊市和平路238号	公共图书馆
霸州市图书馆	霸州市开发区裕华东道150号	公共图书馆
三河市图书馆	三河市世纪广场D2座	公共图书馆
大厂回族自治县图书馆	大厂县华安路青少年活动中心	公共图书馆
固安县图书馆	固安县新昌街北环路文体局	公共图书馆
文安县图书馆	文安县政通道211号	公共图书馆
广阳区图书馆	解放道26号	公共图书馆
云鹏道办事处图书馆	开发区云鹏道	公共图书馆
金桥社区图书馆	金桥小区院内新源道办事处一楼办公大厅	公共图书馆
紫金华府社区图书馆	紫金华府小区10号楼紫金华府居委会	公共图书馆
六景社区图书馆	阿尔卡迪亚小区北门六景社区居委会	公共图书馆
国际花园社区图书馆	和平路管道八区14栋15栋之间国际花园居委会	公共图书馆
龙河盛都社区图书馆	安次区瑞丰道9号龙河盛都9号楼居委会	公共图书馆
河北工业大学廊坊分校图书馆	新华路144号	学校图书馆
廊坊职业技术学院图书馆	大学城南门	学校图书馆
北京中医药大学东方学院图书馆	大学城教学南区B-A楼	学校图书馆
廊坊市特殊教育学校图书馆	银河路与北凤道交口	学校图书馆
富士康廊坊科技园图书馆	富士康工业园区工会	企业图书馆
霏妈公益书屋	尚都金茂E座402	民间图书馆
导弹五师图书馆		军队图书馆
廊坊市图书馆门禁式自助馆	廊坊市和平路238号	24小时自助图书馆
龙河盛都街区图书馆	安次区瑞丰道9号龙河盛都	24小时自助图书馆
华夏铂宫街区图书馆	广阳区北凤道30号	24小时自助图书馆

【河北·廊坊国家印装产业园】 9月17日，河北·廊坊国家印装产业园建设推进现场会在廊坊高新技术产业开发区创业中心举行，河北·廊坊国家印装产业园项目进入实质性操作阶段。产业园位于廊坊高新区内，2013年3月15日获国家新闻出版总署正式批复。项目总规划面积5000亩（333.33公顷），是集印装产业高端装备制造、创意研发、产品提供、用户机构、展览交易、电商物流于一体的创新型、产城融合式新型国家级数字印装产业园。项目全部建设后，可实现年销售收入600亿元，上缴税金30亿元，吸纳就业3000人。2015年，廊坊依托京津之间的区位优势，全市各类印刷企业资产总额达118.91

亿元，工业总产值51.18亿元，实现年销售收入51.56亿元，利润4.88亿元，从业人员达3.17万人。

【廊坊市加入“京津冀公共文化服务示范走廊”发展联盟】 10月21日，“京津冀公共文化服务示范走廊”发展联盟成立大会在北京市东城区召开。文化部公共文化司，北京市、天津市、河北省文化厅（局）有关领导，国家公共文化服务体系建设专家委员会有关专家出席大会并讲话。廊坊市应邀出席并作重点发言，会议签署《“京津冀公共文化服务示范走廊”发展联盟战略合作协议书》，要求成员单位之间在搭建共有品牌的文化艺术演出展览交流平台、非物质文化遗产保护、文化干部交流等方面开展交流互动。按照协议，廊坊市将与京津冀10个区（市）文化部门联合编制专题发展规划，制定实施方案，在文艺展演、非遗展示、干部挂职、经验交流等方面展开交流与合作，推动形成集中连片的公共文化示范区域，促进京津冀公共文化服务体系建设，实现资源共享。廊坊市在创建“中国合唱基地”、举办“中国梦·廊坊梦·百姓梦”美术摄影作品巡展、举办第四届廊坊特色文化博览会、举办第四届廊坊合唱艺术节、试行“京津冀文化旅游一卡通”5个方面着手，加强联盟成员单位之间的文化交流合作。

【廊坊成为中国第七个合唱基地】 12月2日，由中国合唱协会、北京群众艺术馆等5家单位联合主办、廊坊市群众艺术馆承办的“中国合唱协会（廊坊）合唱基地授牌仪式暨‘和声廊坊’京津冀合唱音乐会”在廊坊管道影剧院举行。中国合唱协会理事长李培智与廊坊市政府副市长刘文萍为合唱基地揭牌，廊坊市成为继沈阳市、上海市、无锡市、扬州市、深圳市、珠海市之后全国第七个合唱基地。授牌仪式前，举行廊坊市百支优秀合唱团队命名仪式。2015年，廊坊市合唱团体由最初30支发展到160支，合唱爱好者5000人。各类合唱团全年举行演出1000场，观众累计20万人次。

【送戏下乡文化惠民活动启动】 11月18日，由廊坊市文广新局主办，廊坊市龙凤演艺有限公司承办的“创建国家公共文化服务体系示范区‘送戏下乡文化惠民’”演出活动在安次区杨税务乡太平庄村启动。活动根据廊坊市创建国家公共文化服务体系示范区工作安排，配合市委宣传部“科技文化卫生‘三下乡’集中服务活动”展开，“送戏下乡文化惠民”活动演出2个月，演出110场。市文广新局组织专业艺术表演团体到全市10个县（市、区）的代表性村街演出。演出节目以戏剧精品为主，采取清唱、彩唱、联唱、折子戏、大戏及联欢等形式，列出多台节目供观众挑选，确保把优秀的文艺作品送到基层。

【黄晓静以“最多的与龙有关物品收藏”载入吉尼斯世界纪录】 5月1日至4日，在国际会展中心举办的第三届廊坊特色文化博览会上，廊坊市黄晓静以3201件龙文化藏品在英国吉尼斯官方的记录下获得“最多的与龙有关物品收藏”认证，打破原美国人夏琳莱曼创造的973件“最多的与龙有关的收藏”吉尼斯世界纪录。黄晓静是中国收藏家协会会员，从事个人收藏近40年，其收藏门类有中国十二生肖专项收藏、中国·物品专项收藏、红色文化收藏、精品挂历收藏、精品打火机收藏、老唱机唱片收藏。他的龙文化藏品包括龙书画作品、龙玉器、龙瓷器、龙邮票、龙乐器、龙服饰绣品、龙钱币等48类100余个品种，涉及古今艺术品、工艺品、生活用品等，每一件藏品上面都有龙的图腾图纹。2011年1月22日，黄晓静以2798件的生肖物品收藏数量，创造了中国十二生肖收藏吉尼斯世界纪录。

【非物质文化遗产】 2015年，廊坊市市级非遗项目比2014年新增74项，达234项。全市非物质文化遗产保护名录列入国家级22项、省级76项、市级234项。6月13日，由廊坊市群艺馆和安次区文广新局联合主办的第十个“文化遗产日”暨葛渔城重阁会民俗文化节在葛渔城镇举行，活动现场表演《穆柯寨》《花为媒》《杜十娘》等剧目，近千名群众观看，廊坊公共频道《乡里乡亲》栏目组对活动跟踪报道；6月13日至15日，第八届河北省民俗文化节在承德市举办，大厂花丝镶嵌、广阳脱胎漆器、固安刺绣技艺等18个廊坊非物质文化遗产项目参加展览；9月16日，廊坊市非物质文化遗产项目展示中心向市民开放，展馆位于九天休闲谷内，集中展出“景泰蓝制作”“鼻烟壶内画”“木贴画”等廊坊市各级非物质文化遗产项目。

【廊坊市图书馆】 2015年，市图书馆开通手机图书馆、短信平台、微信平台、门户网站，利用多种数字阅读方式为读者提供服务。购置全文电子图书借阅机1台，存有新书3000种，月更新150种。市图书馆、龙河盛都及华夏铂宫社区各安装1台24小时街区自助图书馆。开展“书香廊坊”读书会，推进全民阅读，全年举办活动171场次，吸引6.2万人次参加。按照纵横结合的总分馆建设模式，建成“天天读”图书馆公共服务体系，实现20个分馆联通，整合171万册书目资源，7万有效读者通借通还。举办“纪念中国人民抗日战争胜利70周年”和“纪念中国人民抗日战争暨世界反法西斯战争胜利70周年”图片展、“善行河北·最美廊坊人”主题道德实践图片展，及“河北省珍贵古籍”图片展，参观人数4000余人次。

【廊坊博物馆】 2015年，廊坊博物馆策划推出“纸上品年味 画中送福祥——杨家埠木版年画展”“饰美人生——苗族银饰展”“清风雅韵——扬州博物馆藏清代扇面展”“江河源人类史前文明——青海柳湾彩陶展”“中国契约展”等特色展览12个，策划的“廊坊博物馆馆藏剪纸艺术展”和“流金溢彩 国粹新颜——当代景泰蓝精品艺术展”等展览在安徽、贵州等地博物馆展出。组织“我们的节日”系列活动，开展“画出我心中的博物馆”“木板年画亲手做，喜庆楹联带回家”“缅怀先烈，放飞梦想”“观展览、画扇面——携手体验传统文化”“粽叶飘香”等特色主题活动10个。

【廊坊市群艺馆】 2015年，廊坊市群艺馆承办“同心筑梦”廊坊市2015年新年民族音乐会、“匠·艺——2015北京海淀、河北廊坊非遗联展活动”、第三届廊坊特色文化博览会“廊坊非物质文化遗产精品展”等活动；策划组织第三届“最炫民族风”廊坊市广场健身舞蹈比赛，参选节目达200个；组织“文艺下基层慰问演出”12场；开展以市民为主要对象的重点项目免费艺术培训，开设舞蹈、美术、二胡、声乐、戏曲、诵读、鼓曲等培训班，学员约8000人次；举办廊坊市创建国家公共文化示范区全市文化馆（站）业务干部美术、合唱指挥、合唱、声乐和广场舞培训班，每期2天至3天；组织2015年中国音乐学院廊坊考级站暑期音乐考级活动，由中国音乐学院的10位专业教授监考，涉及钢琴、电子琴、古筝、声乐、二胡、葫芦丝、竹笛、琵琶、吉他、萨克斯、长笛、架子鼓、唢呐等专业，考生700多名。

（宋瑞平）

广播电视

【概况】 2015年，廊坊广播电视台遵循“节目立台，品牌驱动，受众为本，效率第一”的发展理念，改机制、调结构、拓产业，开展广播电视新闻宣传。4个电视频道全年播出28470个小时，3个广播频率全年播出21243个小时，电视广播综合覆盖率100%。增加新闻节目种类，开发时政、民生、评论、汇编、区县新闻等节目形态，推出“春涌廊坊”“抢抓新机遇 建设新廊坊”“践行社会主义核心价值观”“坚决打赢大气污染防治攻坚战”等20个专栏，邀请中央、省级媒体资深编辑记者到廊坊实地采访，结合廊坊经济社会发展亮点与中省媒体的报道方案，主动报送选题、精心组织采访。完成市“两会”“5·18”经洽会、“9·26”农交会、抗日战争胜利70周年、最美廊坊人等重要会议和重大活动宣传报道。市“两会”期间，开辟《数字看报告》《两会直通车》等5个专栏专题，编辑制作音视频、图文报道内容124条（次），确保报道无遗漏；利用微信、微博、官网及客户端多平台发布“5·18”经洽会各项活动图文、音视频信息200余条，网站日均访问量80759次。廊坊广播电视台报送中央主流新闻媒体稿件181条。其中央视77条，央广51条，新华社53条。报送河北电视台稿件425条，河北电台稿件625条。全年中、省媒体发稿件1231条。推进行政事业向市场公司化转型。依托《名医说健康》《健康大讲堂》《跟我去旅游》《美食养生堂》等栏目，开发医疗卫生、旅游、餐饮等市场；借助“9·26”农交会“农业文化展”推广生活频道品牌，联合市交警支队举办“关爱服务进万家，交通安全进社区”公益活动；创新创收形式，推出新春送福、新春台历宝贝等营销产品；拓展产业结构，与各大院校和培训机构开展“营养师培训”“小主持人训练营”等项目。标清电视向高清电视转型完成。2月新闻演播厅投入使用，7月底媒体高清演播厅验收投入使用，实现采访、编辑、播出全流程高清。年内，《廊坊燕达：京冀医养产业合作的典范》《坐着动车去上班》等16件作品获国家和省级奖项。“中国梦赶考行”宣传教育、人气主播看房团活动等22项工作获省市以上表彰奖励，85人次获省市以上荣誉。

【电视】 2015年，廊坊广播电视台启动完全频道制改革，加强节目贴近性和本土化，科学设计节目。9月1日，《廊坊新闻》《廊坊生活帮》《今晚》等32档全新节目开播，播出时长从110分钟到798分钟，其中《廊坊新闻》市场份额为12.58%，与年初相比增长27.5%；收视率4.27%，与年初相比增长18.9%。突出生活服务节目实用性，综艺节目互动性。在原有《廊坊零距离》等品牌民生节目基础上，开办《廊坊生活帮》等民生栏目，全年接听群众来电2000余个，帮助群众解决蔬果滞销、寻找亲友等问题300多件；推出《快乐幼儿园》《快乐少年》《快乐大舞台》等10档节目，“廊坊梦想秀”“K歌达人”“广场舞大赛”等活动节目被观众誉为廊坊的“星光大道”。

【广播】 2015年，广播新闻节目《廊坊早班车》和《伴你同行》收听率逐月递增；《百姓热线》全年解答群众咨询、解决群众反映的问题、转达意见建议8000多条，成为连接政府与百姓的桥梁；完善《车行千里》《我爱我家》等市场类节目；FM105频率与星歌传媒公司合作，转变节目风格，收听率上升。12月21日，广播新闻频率与音频综合服务提供商“车语传媒”达成战略合作，在机制调改、岗位重设、队伍建设等基础上，节目内容全新改版升级，在节目、市场、活动、受众、服务等方面实现同城效应。建设“京津冀协同发展示范台”。调整广播《廊坊新闻》播出时间，广播《廊坊新闻》实现当日新闻当日播出，首播时间为每晚19点，重播时间为次日早7点，晚间和凌晨发生的重大新闻早7点播出。

【媒体融合发展】 2015年，广播电视台拓展新媒体技术，建立全台文稿审批共享平台，新闻线索和稿件互联互通、共享共用，初步形成前端采集一体化、后期播出多渠道分发的采编格局。升级局域网干线，架设覆盖全台的无线局域网。调整“网上廊坊”官方网站页面、功能菜单、栏目版块，首页增设“生活家周刊”网上阅读板块；“直播廊坊”版块增设“直播回放”功能，全台各频率频道全天节目72小时点播回放；完善手机网页适配功能，手机可WAP版阅览；手机客户端增加“微公益”板块和直播回放功能，缓冲时间缩短，视频流畅；“廊坊圈”功能完成域名解析，新增“推送”功能实现主动推送提示，提高用户点击率。10月，广播电视台与石家庄股权交易所促成河北中小型科技企业路演项目落户廊坊，深圳股权交易所全景网全程直播、在线发布，1700家上市企业、3200家待上市企业和石交所225家待上市企业在线互动收看。环京津新闻网与广播电视报融合，注册资金5000万元，组建环京津信息科技公司，经国家工商总局批准，作为报网全媒体的市场化主体，实现完全的法人治理结构。12月17日，廊坊广播电视台环京津网信息科技有限公司在石家庄股权交易所孵化版挂牌，启动主板上市程序，成为河北省内首家广电媒体运作上市企业。

【2015年春节晚会录制】 2月6日，“迎春纳福，绿色圆梦”2015年廊坊春节电视联欢晚会在北华航天学院礼堂录制，节目时长2小时45分钟，分为喜迎春、团圆情、绿色梦、家乡颂4个板块，用歌曲、舞蹈、相声、小品等形式展现廊坊市2015年成绩及百姓生活变化。晚会以“深入生活，扎根群众”为宗旨，首次举办廊坊首届电视文艺大赛，选拔出的优秀群众性节目，推出原创歌曲《我的廊坊我的家》、小品《乡音》等作品。晚会经过编排制作后，于春节期间在廊坊电视台新闻频道、生活频道等4个频道滚动播出。

【“‘3·15’我最信赖的品牌”评选活动】 全国第29个消费者权益保护日期间，廊坊广播电视台发挥主流媒体舆论引导力，举办“我最信赖的品牌”评选活动，全市近400个商业品牌参与评选，涉及地产、金融、商超、医疗等18个行业，广播电视台官网“网上廊坊”及《廊坊零距离》栏目官方微信平台设立投票专区，保证评选活动公正、公开。公众累计投票220万次，友谊医院获得最高票数148262票。评选出以友谊医院、中国工商银行廊坊分行、长征驾校为代表的118家消费者最信赖的行业优秀品牌。

【新闻频道优势资源推介会】 11月24日，廊坊广播电视台在新绎贵宾楼举办新闻频道“新起点、新征程”优势资源推介会，各县（市、区）宣传部长、广播电视台台长，以及天津宁河电视台、北京大兴电视台、河北新闻网、网易河北、廊坊掌上通等域外媒体负责人，公益组织和各行业企业负责人300余人到场参会。新闻频道发布改版后的9档全新节目资源和新春送福、主题台历印发、拍摄零距离MV3项主题线上线下活动资源，展示专业的广电媒体品牌实力。会上，网易新闻、河北新闻网等15家代表与广播电视台签署合作意向合同。

【新闻高清频道上线】 12月3日，廊坊广播电视台首个高清频道上线开播，廊坊新闻综合频道实现高标清同步播出。有线数字高清机顶盒用户在341频道可收看高清频道，廊坊广播电视台成为继石家庄之后全省第二家实现高清播出的地市级媒体。电视高标清改造工程是广播电视台2015年“三项工程”（电视移动直播车购置改造工程、电视高标清同步改造工程、全媒体高清演播厅改造工程）之一、标清设备向高清转型的“三个转型”（由行政事业向市场公司化转型、由标清设备向高清设备转型、由传统媒体向新兴媒体融合发展转型）之一，于5月启动，投资252万元改造完成。在高清播出的同时，原有标清25频道可通过高清播出系统下变换的方式播出，实现高清标清同步播出。

（马兰兰）

广电网络

【概况】 河北广电信息网络集团股份有限公司廊坊分公司（以下简称河北广电网络廊坊分公司）于2005年10月13日挂牌成立。是由原廊坊广播电视综合信息网络公司上划河北省广电网络集团公司，改制为河北广电网络廊坊分公司。2015年，河北广电网络廊坊分公司按照河北广电网络集团工作部署，启动廊坊“市县一体化”运营管理工作，调整市级公司内设机构及工作职能，形成集约化经营管理模式。转变营销方式和经营策略，推进广电网络“一体两翼”（一体，即有线电视双向网；两翼，即电视业务和融合业务）战略实施，推进网络产业转型升级。截至年底，廊坊有线数字电视网络建设总长4064公里，电视网络覆盖用户31.1万户。有线数字电视网内传输150套标清电视节目、44套高清电视节目、20套数据广播。同时提供视频点播、时移回看、可视电话、CNTV（中国网络电视台）、卡拉OK、健身教练等功能。单独付费收看华诚高清、环球影院、动作电影、家庭影院等频道，既可单个节目订购也可组合成混合节目包订购收看。

廊坊市区设有线数字电视营业厅5个，“96888”客服热线为用户提供24小时的故障报修、业务受理、投诉申告等服务。

【宽带业务】 河北广电网络廊坊分公司宽带业务于2012年启动。广电宽带提供10M、20M、50M、100M等多种带宽，用户可选择单独办理宽带包年业务，也可与数字电视高清机顶盒办理融合套餐。相比其他网络运营商，广电宽带与数字电视实现一线入户，不需要重新布设网线，安装更加快捷。2015年，广电宽带在网用户17752户，覆盖广阳、安次、廊坊开发区大部分小区及九州、万庄、白家务等部分村镇。

【创新管理】 2015年，河北广电网络廊坊分公司推进“全员主动营销”向“主动服务营销”模式转变，针对不同用户市场需求，创新业务产品设计，实现广电宽带与高清电视等各项业务的发展优势互补。实施“宽带中国”战略，加速广电宽带入户。建设新型网格化市场营销及服务体系，调整并优化部门职能和业务流程。创新市场营销激励机制，推动广电网络市场营销及服务向精细化、全业务、全方位的主动营销和主动服务转变。扩大农村有线数字电视覆盖率，截至年底，完成廊坊市区、开发区双向网改造覆盖用户20.5万户，数字电视网络覆盖市区、廊坊开发区及周边283个村街。

【服务公共文化体系建设】 2015年，河北广电网络廊坊分公司参与“智慧社区”“智慧乡镇”等全市公共文化体系建设。建设数据业务综合运营支撑平台、综合信息发布平台和视频云监控系统平台。承揽廊坊市龙茂华污水处理有限公司污水处理监控系统工程、廊坊市运输公司市县传输数据专网工程、廊坊市文广新局扫黄打非印刷联网工程等各类数据专网及安防监控工程项目83个。承接省、市级大型视频会议传输4次。利用综合信息发布平台为市委、市政府及有关部门发布各类公益信息100余条、播放信息1000次。

【“电视一家亲”活动】 “电视一家亲”是一档由河北广电网络集团举办的电视才艺评选活动，栏目在全省设区市、县进行海选，由11个设区市区域优胜者决选出全省冠军。8月21日，由河北广电网络廊坊分公司主办、廊坊广播电视台承办的“电视一家亲”廊坊赛区首场海选在京客隆超市南广场举行。年内，举办2场海选、1场决赛，70名选手参赛。决赛选送谢卫模特队的《水墨丹青》，李根茂、杨智霖的对口相声《反正话》，高继伟、蒋楠的歌曲《映山红》三个节目参加河北省总决赛，其中对口相声《反正话》在总决赛中获优秀奖。

2015年廊坊有线数字电视营业网点一览表

表37

名　称	地　址	电　话
新华路营业厅	新华路209号甲财政局南侧	0316-2180157
永丰道营业厅	永丰道8号廊坊广播电视台西侧	0316-2059473
步行街营业厅	步行街第二大街北内街C座78号	0316-5219331
解放道营业厅	解放道135号管道局新六区北门东侧	0316-5219332
银河南路营业厅	银河南路152号南苑小区南区门市	0316-2606157

（刘　宇）

廊坊日报社

【概况】 2015年，廊坊日报社发挥主流媒体优势，增强传播功能，把握舆论正确导向，在采编和重大经营上推出改革和创新措施，推进媒体融合发展，提高媒体质量，完善体制机制。坚持“三贴近”（贴近生活，贴近群众，贴近实际）原则，将“领导跟得上、专家评得上、读者看得上、市场登得上”作为办报目标，全面、准确、及时宣传党的方针政策和全市重大工作部署。全年完成全省“两会”、市“两会”、全省重点项目拉练观摩、“5·18”经洽会、“9·26”农交会、大气污染防治、双拥工作创建以及“三严三实”专题教育、解放思想大讨论等重大安排部署，及各项活动的宣传报道任务。利用网站、微信、微博等新媒体做好宣传，廊坊传媒网专题开辟市委书记、市长活动专栏，确保市委书记、市长活动1小时上传。报纸平均发行量8.82万份，同比增长30%，其中《廊坊日报》5.11万份，《廊坊都市报》3.71万份。全年在中央和省级以上媒体刊发稿件1463篇(平面媒体374篇,网络媒体1089篇)，获省级以上新闻奖86项。年内，《廊坊日报》《廊坊都市报》分别获“金长城传媒奖中国十大地市党报”，《廊坊传媒网》获“中国地方网站十佳创新品牌”。廊坊日报社推出的廊坊“十一”欢乐节获评2015年度全国报刊广告“金推手”奖、经典案例奖等12项国家级奖项。

【改进民生新闻报道】 2015年，廊坊日报社从亲民惠民助民角度出发，改进民生新闻报道。《廊坊日报》开办《法律援助热线》《媒体110》《有事您说话》等栏目，为群众提供法律咨询服务。《廊坊都市报》开通《温暖热线》栏目，全年接听回复咨询3000余条，为600户群众解决供暖问题。与“12345”市长专线合作专栏，刊发稿件400余篇，围绕“市民提出难题、报纸展开报道、政府加以督办”主线，为5000多群众解决困难，提高报纸的传播力、影响力。2015年秋季，永清红薯滞销，《廊坊都市报》在全市范围内宣传报道，通过网络和新媒体的传播，吸引北京、天津、河北等地的消费者，为永清农民卖出红薯225万公斤。廊坊日报社以切实为老百姓解决现实生活中的难点热点问题为出发点，做到体察民情、反映民意、关注民生、排解民难，获得市民赞扬。

【新媒体融合发展】 2015年，廊坊日报社推进媒体融合发展实践、加快经营转型升级步伐，借助新媒体传播优势，将平面媒体与新媒体技术结合，推出《廊坊日报》《廊坊都市报》、廊坊传媒网官方微信、微博、廊坊云报手机客户端、廊坊云报屏、廊坊电子阅报栏、廊坊呼叫平台、QQ群和经营部门微信、微博、QQ群等新媒体矩阵，形成“三报一刊一网一端十四微一屏一栏一台”8类23个媒体终端，形成“以报纸传播为基础，以网络和系列新媒体传播为两翼”的新闻系统传播格局。截至年底，新媒体用户突破60万户。12月，河北省首例集中心枢纽、信息聚合、指挥协调功能的全媒体中央控制室投入使用，形成新闻产品“前端采集一体、终端发布多元”的新模式，实现“新闻梯次发布，报道循环传播，多维关注世界，立体宣传廊坊”的效果。

【廊坊市“三个十”评选活动】 廊坊市2015年度“三个十”评选活动由廊坊日报社主办。评选活动采取读者报名推荐、公开投票、评委会评审三个阶段，最终评选出2015年“十大新闻”“十大新闻人物”“感动廊坊十大人物”。其中，“十大新闻”在《廊坊日报》刊登10期，20个新闻事件候选；“十大新闻人物”在《廊坊日报》刊登11期，21人候选，近9万人参加投票；“感动廊坊十大人物”在《廊坊日报》刊登11期，21人候选，近10万人参加投票。

2015年廊坊十大新闻：中共廊坊市委召开五届八次全体会议；“最美廊坊人”评选诠释社会主义核心价值观；“廊坊号”旅游列车叫响“京津乐道·绿色廊坊”；廊坊市大气污染防治取得明显成效；廊坊市加快推进京津冀协同发展；廊坊市“三严三实”专题教育正式启动；广阳区北京新机场建设红线区征迁安置工作全速推进；廊坊第四届十一欢乐节形成节庆经济品牌；全国首个“互联网+县城”落户大城；社会资本进入老年事业，中房福源公寓廊坊第一。

2015年廊坊十大新闻人物：李怀，公益永无止境，行善没有尽头；韩健，以德报怨成就非凡“祖孙情”；石克荣，倾力打造中国粮油航母；王学求，致力于勘查地球化学研究；王茂生，治好每一位患者是我最大的动力；门德志，职工离不开的好院长；于飞，争当双拥创建“三大员”；齐力民，愿天下苍生尽欢颜；蔡义川，一名老干部的奉献与担当；甘中学，为新能源研发不遗余力。

2015年感动廊坊十大人物：李建兵，32年践一诺；李东艳，医者仁心、为爱坚守；张俊雨，市福利院脑瘫小伙出版小说《爱之花》；李海英，一颗善心是最宝贵的财富；李杰，自强不息著华章；张继群，身残志坚，热心公益；杨增敏，快乐“老来宝”，永远不服老；马贺年，社区里的“马管事儿”；刘桂沅，滴水之恩涌泉报，无私奉献为党恩；刘贺明，连续两年看望家乡八旬老人 。

2015年廊坊新闻影响力人物：李春元，传播治霾正能量；李长海，敢于担当，铁面无私；关松发，不忘初心是为民。

【“十一”欢乐节】 10月3日至7日，由廊坊日报社主办的第四届“十一”欢乐节在廊坊开发区国际会展中心举行。第四届欢乐节以“品质廊坊·幸福时光”为主题，游客可以欣赏到廊坊市的住宅建设成果、汽车品牌文化，观看动漫嘉年华，品尝全国各地土特产品及名小吃。“购房节”“购车节”“购物节”“动漫节”“游乐节”“小吃节”六节联台，累计吸引京津冀客流17.7万人，总交易额8.7亿元，现场销售汽车689辆，创历届欢乐节之最。欢乐节为市民奉上集“展、销、游、玩、乐、购”于一体的国庆嘉年华，助推了廊坊旅游业的发展，彰显廊坊本土文化特色。

【《廊坊日报》读者节】 10月18日，由市文明办、廊坊日报社主办的2015年廊坊日报社第七届读者节在市区时代广场开幕。读者节开展消防安全、交通安全、气象科普知识、医疗卫生、供水、燃气等民生服务和名医义诊、法律咨询、金融保险咨询、名校名师现场辅导、书法绘画赠阅、小记者现场采访、现场售报等互动活动，2万余人参加活动。河北张克锋律师事务所、河北李景玉律师事务所、河北泰科律师事务所、河北厚天律师事务所等多家知名律师事务所现场提供法律咨询，为市民答疑解惑。

（王昊天）

档案管理

【概况】 2015年，廊坊市档案目标管理认定AA单位172个、AAA单位38个、AAAA单位5个。指导廊坊市物产集团、廊坊市联华超市有限公司等7个国有企业编制完成归档范围和保管期限表，市直机关单位年度归档合格率达95%以上。完成《廊坊大事记（1984—2010）》征求意见稿，设7800多个条目、约74.6万字；安次区档案局编印《安次区大事记（1989—2012）》，全书27万字；大厂回族自治县档案局配合县志办出版《何氏家谱》一书。5月，市档案馆新馆主体框架完工，建筑面积11000平方米，符合市级一类馆标准。6月，市档案局开展国际档案日宣传活动，向市民宣传档案“存凭、留史、资政、育人”的功用。年内，市档案局举办农村土地确权登记颁证档案整理、出生医学证明档案管理培训班，培训人员近300人；为市纪委、廊坊一中、荣盛发展等12家机关、企事业单位分别举办专题业务档案讲座，培训学员2720人。全年市、县档案馆接待利用者10404人次，调阅档案23376卷次、10156件次，其中市档案馆配合组织、人事部门审查干部人事档案，为接续工龄、离职退休、干部任职、学历学位等提供档案证明，接待利用者283人次，调阅档案5429卷（件）次。全市11个综合档案馆向社会开放满30年档案21148卷、4478件，其中市档案馆开放档案1355卷。

【制定档案工作指导意见】 2015年，廊坊市贯彻落实中办、国办《关于加强和改进新形势下档案工作的意见》和省委办公厅、省政府办公厅《关于加强和改进新形势下全省档案工作的意见》，结合廊坊市档案工作实际，制定印发《关于加强和改进新形势下全市档案工作的意见》，从完善档案工作体制机制、建立健全档案资源体系、建立健全档案利用体系、建立健全档案安全体系、加大对档案工作的支持保障力度等5个方面，就如何破解新形势下档案事业发展过程中存在的问题作出全面的阐述和部署，为全市档案工作指明方向，明确目标，提供保障。

【农村土地承包经营权确权登记档案管理】

2015年，市档案局开展农村土地承包经营权确权登记档案管理工作，与市农业局联合转发农业部等六部门做好农村土地承包经营权确权登记颁证工作的意见，并对各县（市、区）土地承包经营权确权登记颁证档案管理工作进行调研、培训和指导，规范文件材料归档范围、保管期限和整理办法，对确权登记档案信息化建设、安全保管和利用服务提出具体要求，做到档案工作与专项工作同安排、同部署、同开展。

【档案资源建设】 2015年，市档案馆重点接收机构改革撤并单位以及市委、市政府中心工作临时机构和破产国有企业档案2046卷、11291件，接收市直单位现行文件39件；各县（市、区）档案部门接收纸质档案32677卷、22293件。全市11个综合档案馆有全宗（一个立档单位的全部档案称为一个全宗）1351个，馆藏档案累计576593卷、391694件，其中新中国成立前档案1126卷、1298件。固安县档案局开展搜集“古乐之乡”“林果之乡”“温泉之乡”“钓具之乡”资料工作，屈家营、小冯村乐谱及其附证资料收集齐全，并收集到省级非物质文化遗产4项，市级8项。大厂回族自治县档案局接收以县庆为主的珍贵档案108件，征集民间档案《李氏族谱》。

【档案信息化建设】 2015年，市、县两级档案馆依据河北省档案局《数字化档案馆（室）测评标准》，加快馆藏档案数字化步伐。市档案馆扫描馆藏档案16万幅，累计332万幅；县级档案馆扫描档案280万幅。指导数字化档案室建设，市财政局、市国土局、市地税局等单位室存永久档案全部实现数字化。市地税局、市国税局被确定为全国机关数字化档案室建设试点单位。

（刘书芹）

科学技术

【概况】 2015年，廊坊市规模以上工业高新技术领域企业278家，实现增加值136.9亿元，同比增长11.8%。全市新增科技型中小企业1516家，总数达到3262家。新增科技小巨人企业112家，总数达171家，居全省第一位。新增高新技术企业38家，总数达154家。新奥科技、华为、河北东方富达等企业成为技术创新行业龙头企业。年内，廊坊市建成廊坊技术产权交易中心，科技创新创业服务中心投入使用。廊坊市科技局（以下简称市科技局）与中国技术交易所、中科院北京国家技术转移中心、北方技术市场达成合作，实时同步发布交易信息2000余项。全年引进域外人才7000余人，其中海内外高层次创新创业人才25人，培育中青年科技创新领军人才、创新创业人才5人。新增国家“千人计划”2人，总数达14人，占全省50%。全市专利申请和授权量分别达到3777件和2962件，同比增长27%和37%。2月11日，召开全市科技创新驱动发展大会，成立市科技创新工作领导小组，将发展科技型中小企业纳入县（市、区）和园区考核体系。组织实施全市“一十百千万”（编制一个《全国科技创新成果孵化转化示范区建设规划》，搭建十个创新平台，培育百个产业集群，新增科技型中小企业千家，引进培育万名科技人才）科技创新行动，制定出台《廊坊市人民政府关于推动科技创新平台和大中型仪器设备面向社会开放服务的实施意见》《廊坊市2015年科技创新行动方案》《廊坊市人民政府关于加强全市自主创新能力建设的实施意见》等10项鼓励科技创新、加强自主创新能力建设的政策措施。

年内，科技型中小企业创新创业孵化园入驻企业35家，使用面积9350平方米，主要涉及网络及电子商务、节能环保、先进制造和新材料等领域；肽谷生物医药孵化园投资1.9亿元建成1.5万平方米生物医药孵化基地，北京玛斯生物技术有限公司等17个企业入驻；龙河科技成果孵化园建成一期孵化园板块和二期创客基地板块，引进24个创新项目、500余名高端人才，北京大学、北京航空航天大学、中国产权交易所、高瓷科技、康得新材料等科技创新项目入驻。新建中国人民武装警察部队学院、防灾科技学院、新苑阳光农业有限公司、三河市福海特种设备制造有限公司4家院士工作站，推荐三河市福海特种设备制造有限公司等4家单位获批省级院士工作站。新奥科技发展有限公司和固安君德同创生物工程有限公司被认定为河北省首批创新创业团队。全年组织226家高新技术企业、科技小巨人、科技型企业申报市级研发平台，京东方（河北）移动显示技术有限公司等123家单位申报的企业技术研发中心、重点实验室和产业技术研究院被认定为市级研发平台。

全市登记科技成果98项。其中，国际领先2项，国际先进9项，国内领先59项，国内先进28项。新奥集团股份有限公司李金来获科学技术突出贡献奖。煤层气富集规律研究及有利区块预测评价、新型木竹重组材制造技术及关键装备等14项科技成果获省科技奖励。

2015年廊坊市认定的高新技术企业一览表

表38

序号	企业名称
1	廊坊景隆重工机械有限公司
2	河北冠能石油机械制造有限公司
3	河北时硕微芯科技有限公司
4	大厂金隅涂料有限责任公司
5	开元电气大厂有限公司
6	廊坊弘祥隆生物技术有限公司
7	廊坊安德建奇数字设备有限公司
8	固安县克瑞斯光电技术有限公司
9	固安北信铁路信号有限公司
10	廊坊科德仓储设备有限公司
11	固安县朝阳生物科技有限公司
12	河北四友卓越科技有限公司
13	河北有容管业有限公司
14	萨克森建筑新型材料（廊坊）有限公司
15	香河凯华齿轮有限公司
16	香河昆仑化学制品有限公司
17	河北格洛斯节能设备科技有限公司
18	河北嘉宝莉涂料有限公司
19	河北日上建材制造有限公司
20	文安县通达塑料机械有限公司
21	廊坊市思科农业技术有限公司
22	廊坊百冠包装机械有限公司
23	廊坊中航星北斗电子科技有限公司
24	廊坊精雕数控机床制造有限公司
25	平高东芝（廊坊）避雷器有限公司
26	廊坊新奥节能服务有限公司
27	廊坊开发区普瑞特科工贸有限公司
28	河北志晟信息技术股份有限公司
29	河北乐聪网络科技有限公司
30	河北兰科网络工程集团有限公司
31	廊坊市网盈电子技术有限公司
32	河北方威电力设备制造有限公司
33	河北泉恩高科技管业有限公司
34	河北华美化工建材集团有限公司
35	三河市长城橡胶有限公司
36	三河建华高科有限公司
37	河北金隅红树林环保科技有限责任公司
38	河北捷盈光电子器件有限公司

2015年廊坊市省级科学技术进步奖项一览表

表39

序号	项目名称	完成单位	完成人	类别	等级
1	煤层气富集规律研究及有利区块预测评价	中国石油勘探开发研究院廊坊分院、华北油田公司勘探开发研究院、中石油煤层气有限责任公司	孙粉锦 李贵中 陈振宏 钱 铮 文桂华 邓 泽 庚 勐 王 勃 孙钦平 陈 浩	科技进步奖	1
2	古老碳酸盐岩成藏规律与特大型气田发现	中国石油勘探开发研究院廊坊分院	魏国齐 杨 威 谢增业 李 剑 王志宏 谢武仁 李志生 曾富英 金 惠 朱秋影	科技进步奖	2
3	新型木竹重组材制造技术及关键装备	廊坊市双安结构胶合板研究所、中国林业科学研究院木材工业研究所、青岛国森机械有限公司、河北省文安县安里屯冷拉钢材厂	于文吉 余养伦 祝荣先 张亚慧 苏志英 穆国君 任丁华 张亚梅 周 月 刘中路	科技进步奖	2
4	300mm 硅片多线切割机的开发	中国电子科技集团公司四十五研究所	靳永吉 吴 旭 王广峰 种宝春 李燕玲 张为强 罗嘉晖 姜家宏 赵 雷 付纯鹤	科技进步奖	2
5	浅覆盖透水复合地层盾构过江技术	中铁隧道集团二处有限公司	周兆勇 何 毅 李义华 黄学军 王付利 许 栋 龚学栋 王营建 聂 彬 谢尚兵	科技进步奖	2
6	基于云计算的温室大棚物联网研究及应用	廊坊市大华夏神农信息技术有限公司、中国农业大学、北华航天工业学院、燕山大学	崔文顺 刘 刚 王喜斌 刘 丰 商建成 崔 硕 李贺强 蒋晓茹 王瑞利 石 举	科技进步奖	2
7	基于超级电容应用的紧凑型风电变桨系统系列化产品研制及产业化	固安华电天仁控制设备有限公司	余 康 马红星 邵巍龙 陈 曦 孟权昌 丁宛超 王振威 饶木金	科技进步奖	3
8	混合储能式太阳能LED 路灯关键技术研究及应用	北华航天工业学院、鑫谷光电股份有限公司、固安县克瑞斯光电技术有限公司	李国洪 闫晓金 吴德军 耿 炎 王庆凤 牛 宝 肖 成 王宝立	科技进步奖	3
9	塔中超深大型复杂碳酸盐岩凝析气藏工程关键技术与应用	中国石油勘探开发研究院廊坊分院	孙贺东 邓兴梁 常宝华 施 英 苏敏文 曹 雯 李世银 路琳琳 张 冕 徐艳梅	科技进步奖	3
10	油气管道关键设备快开盲板研制及应用	中国石油天然气管道局	杨云兰 邹 峰 李 猛 张福龙 李文勇 赵建新 孟庆伟 连承涛 李 立 张德健	科技进步奖	3

续表 39

序号	项目名称	完成单位	完成人	类别	等级
11	超细甲基硅酸盐的制备及在水基防锈剂中的研究	廊坊师范学院、廊坊市海寰化工有限公司	陈泽民 张光霞 张成根 张巧云 安致良	科技进步奖	3
12	非常规油气实验技术及方法研究	中国石油勘探开发研究院廊坊分院	王红岩 刘洪林 赵 群 郑德温 刘德勋 葛稚新	技术发明奖	3
13	油气管道地质灾害监测预警技术研究	中国石油天然气股份有限公司管道分公司	谭东杰 郝建斌 吴张中 马云宾 刘建平 蔡永军	技术发明奖	3
14	2000m 以内全液压地质岩心钻探装备及关键器具	中国地质调查局勘探技术研究所、北京天和众邦勘探技术股份有限公司、无锡钻探工具厂有限公司、浙江新纪元管业科技有限公司、唐山市金石超硬材料有限公司、苏州市苏新探矿工具厂	张金昌 刘凡柏 孙建华 谢文卫 李建华 高申友 肖 红 冉恒谦 苏长寿 王年友	科技进步奖	2

【科技园区建设】 2015 年，廊坊市省级以上高新区 6 家，分别是燕郊国家高新技术产业开发区、龙河高新技术产业开发区、固安高新技术产业开发区、廊坊高新技术产业开发区、大厂高新技术产业开发区、北京亦庄·永清高新区，聚集企业 5700 家，主营业务收入达 1668 亿元。大厂、固安省级农业科技园区获批国家级农业科技园区，省级以上农业科技园区 11 家。整合永清工业园区和永清经济开发区，与北京亦庄开发区合作，建立北京亦庄·永清省级高新区。华夏幸福基业在廊坊市建设运营 7 个园区、12 个孵化器及产业港，形成产业集群 9 个。

【科技企业孵化器】 2015 年，大厂游戏产业孵化器、河北文安工业园区科技企业孵化器、清华大学（固安）重大科技项目中试孵化基地被批准为省科技企业孵化器，全市省级以上孵化器达到 11 家，数量居全省第一位。新认定香河机器人孵化港、固安卫星导航科技企业孵化器等 7 家市级科技企业孵化器。华夏“太库”、宏泰“泰智会”等在国外、域外建设实体孵化器 12 家，廊坊市在美国、德国、以色列等国家，及北京、上海、深圳等地区建设的域外孵化器突破 10 家，实现廊坊与国内外最新高科技成果零距离对接。年内，廊坊市在全省率先开展众创空间认定工作，京东创客空间 work+、星火创客、青云创业梦工场等 20 家众创空间被认定为市级众创空间，建成京东创客孵化空间 work+、固安创业大厦 2 家省级众创空间，中信国安创客空间、青云创业梦工场、廊坊市文化创意产业壹佰孵化基地众创空间 3 家省重点培育企业。燕郊“超级蜂巢”、香河一城国安创客、天山智谷、兴远高科等新型孵化器处于建设阶段。截至年底，全市建设孵化器和众创空间 40 家，孵化场地面积超过 100 万平方米，集聚科技企业和创客团队 1000 个。

2015年廊坊市认定的科技企业孵化器一览表

表40

序号	名　　称	级　别
1	大厂游戏产业孵化器	省级
2	清华大学（固安）重大科技项目中试孵化基地	省级
3	河北文安工业园区科技企业孵化器	省级
4	百世金谷科技企业孵化器	市级
5	香河机器人孵化港	市级
6	固安卫星导航科技企业孵化器	市级
7	兴远高科（三河）孵化器有限公司	市级

2015年廊坊市认定的众创空间一览表

表41

序号	名　　称	级　别
1	京东创客孵化空间 work+	国家级
2	扬帆起航创客空间	国家级
3	9号咖啡	国家级
4	固安创业大厦	省级
5	中信国安创客空间	省级
6	青云创业梦工场	省级
7	廊坊市文创产业壹佰众创空间	省级
8	慧谷·梦工厂	市级
9	京恒飞扬众创空间	市级
10	融创空间	市级
11	廊坊华航E创空间	市级
12	星火创客	市级
13	龙河创客咖啡	市级
14	智多星机械设计工作室	市级
15	π客联盟	市级
16	三河市科技服务中心	市级
17	超级蜂巢	市级
18	微软游戏创新中心（极点创游）	市级
19	华夏幸福（大厂）影视众创空间	市级
20	志晟互联网+创客中心	市级

【科技金融】 2015年，廊坊市、县两级财政主导，设立10项科技金融专项基金，涉及资金17亿元；河北志晟信息技术股份有限公司、廊坊市维尔达计算机软件有限公司等挂牌上市企业23家，争取省级企业上市扶持资金1150万元；与廊坊银行、工商银行、北京银行等10家银行，中关村创投、河北风投、天津泰达投资等11家投资机构及财达证券、国兴担保等24家投融资机构建立长期合作关系；河北银行、廊坊银行分别在固安和霸州建立首批科技支行，推出“科保贷”等金融创新产品，加大对产业园区、小微企业等重点领域的扶持力度。加强财政金融支持，撬动银行资本近2亿元，为39家企业解决融资问题。全年举办上市培训活动3次、企业路演2次、银企对接活动2次。利用科技金融合作资源开展上市前辅导的企业达到9家，被支持的企业新增实现利润5500万元，新创造就业岗位200多个，增加专利25项。

【科技协同共建】 2015年，廊坊市依托高新区，加强与京津优质创新资源的合作，加强园区、基地共建，实现精准承接。全年200多家中关村企业在廊坊建立分支机构，全市90%以上的科技型企业与京津科研院所和大专院校建立产学研合作关系，引进北京高科技成果转化项目500多项。科技创新园区共建。北京亦庄·永清高新区，重点培育电子商务和互联网+智能制造两大主导产业，探索产城融合发展新模式，成为京津冀协同发展综合改革示范区。固安科技城以航天振邦、彩虹无人机、北斗导航产业港为龙头，创建科技创新集群。创新基地共建。年内建设清华大学重大科技项目中试孵化基地、京津冀（廊坊）协同创新创业基地、香河智能机器人产业港、微软游戏创新中心等成果转化基地12家。其中，清华大学重大科技项目中试孵化基地建成面积3.5万平方米，吸引智能无人机、SiO2气凝胶等项目入驻；京津冀（廊坊）协同创新创业基地成为华北地区最大的科技成果孵化转化和展示交易中心；香河智能机器人产业港，形成具有完整产业链的智能机器人产业集群，是北方最大的研发生产基地；北京蓝蛙互动科技、尚掌（上海）网络科技等20家游戏初创公司入驻微软游戏创新中心。转化基金共建。2015年，科技部会同京津冀三地政府以及社会资本共同发起设立“京津冀协同创新科技成果转化创业投资基金”，基金规模10亿元。10月23日、12月25日，廊坊市先后2次参加该基金设立工作推进会，并作为唯一地级城市，出资参与基金建设，促成基金注册地意向落户廊坊。技术市场共建。廊坊市技术产权交易服务中心与中技所签署合作协议，建成京津冀技术交易廊坊工作站点。采取线上线下、网内网外有机融合的交易方式，与中科院北京国家技术转移中心、北方技术市场、清华大学、南开大学、河北工业大学等京津冀30家技术交易机构实现互联互通、资源共享。

【农村科技】 2015年，廊坊市三河、大厂、香河、广阳、安次、固安6个县（市、区）列入“环首都现代农业科技示范带”。大厂国家农业科技园区、固安国家农业科技园区被认定为第七批国家农业科技园区。截至年底，廊坊市有国家农业科技园区3家，数量居全省第一。安次、广阳、大城3个农业科技园区被认定为省级农业科技园区。评审认定大厂万果园、固安昊缘蔬菜种植基地等5家为市级农业科技园区，全市市级农业科技园区总数达到15家。安次区康达科技特派员创新创业基地被认定为省级农业科技特派员创新创业基地，全市各级科技特派员创新创业基地达 23 家（其中国家级 1 家，省级 4 家，市级 18 家），科技特派员 970 名。

【知识产权】 2015 年，全市专利申请和授权量分别达到 3777 件和 2962 件，同比增长 27% 和 37%。廊坊市万人发明专利拥有量达 2.05 件，居全省第三名。廊坊市获河北省科技厅批复成立“河北省（廊坊）知识产权维权援助分中心”。廊坊开发区莱格光电仪器有限公司等 4 家企业获 2015 年省知识产权优势培育工程专利奖优秀奖，市科技局获知识产权管理部门优秀组织奖。廊坊英博电气有限公司等 26 家企业被省知识产权局确定为河北省优秀专利品牌产品培育项目单位。新奥科技发展有限公司被确定为河北省专利导航产业发展工程试点企业。全市 105 家企业被认定为廊坊市知识产权试点示范企业。华日家具公司、三河蓝洁士环保科技有限公司等 3 家企业获 4350 万元专利质押贷款。新奥科技发展有限公司、三河蓝洁士环保科技有限公司等 5 家企业被省科技厅确定为“河北省专利权质押贷款先导企业”。人保财险廊坊分公司与廊坊华日家具股份有限公司、廊坊市凯麒斯包装机械有限公司分别签订专利投保协议，成为廊坊市第一单专利保险。

【培育产业集群】 2015 年，廊坊市发展以富智康、华为、润泽、中国联通华北数据中心为龙头的电子信息产业集群和以精雕数控机床、航天振邦为代表的高端制造产业集群，培育以润泽信息港为龙头的大数据产业集群和以新奥集团为龙头的清洁能源产业集群，培育以航天科技集团若干院所集聚形成的航天产业集群和新型材料产业集群、生物医药产业集群，培育机器人产业集群和文化创意产业集群等新兴产业集群。截至年底，列入廊坊市重点培育的新兴产业集群有 102 个。

【创新管理模式】 2015 年，市科技局推行“制度 + 科技 + 公开”的管理模式，出台《廊坊市市级科技计划项目管理暂行办法》《廊坊市科学技术研究与发展计划项目验收管理暂行办法》等制度，规范项目立项、实施和后续管理。在项目评审中，执行保密制度、专家诚信制度、回避制度、举报制度，对不按时验收结题的单位和个人列入项目数据库黑名单，不再给予立项支持，保证项目质量。构建信息化平台，完善透明运行机制。按照“规范管理、公开透明、实时监督”的原则，新建廊坊市科技计划项目网上管理系统，实现科技项目申报评审、绩效调查、结题验收全流程网上办理，简化办事环节。改进科技奖励评审办法，实行网上专家评审，纪检全程监督。依据法律、法规梳理确认部门行政权力清单，制定权力运行流程图并通过廊坊政府网公示，利用市科技信息网和政务公开网及时公布国家、省、市科技计划申报、高新技术企业认定、项目立项验收等重要事项，提升工作透明度。

【科技部副部长王志刚到廊坊调研】 1 月 14 日，科技部党组书记、副部长王志刚一行 9 人到廊坊市固安县，就推进京津冀协同发展工作进行调研。副省长许宁，省科技厅厅长王志欣，市委书记王晓东，市长冯韶慧，市委常委、副市长贾永清陪同调研。王志刚一行先后到固安航天产业基地、清华大学重大科技项目（固安）中试孵化基地等地实地考察。在座谈会上，王志刚一行听取省科技厅关于河北省推进京津冀协同发展相关情况的汇报并指出，要让创新驱动成为协同发展的核心。廊坊市、秦皇岛开发区、清华大学、中国航天科技集团公司、北京市科委、华夏幸福基业等与会单位相关负责人参加座谈交流。

【全市科技创新发展大会】 2月11日，廊坊市召开科技创新发展大会，贯彻中央和省创新驱动、创新发展重大部署，推进全国科技创新成果孵化转化示范区建设，建设科技创新城市。市委书记王晓东出席会议并强调，各级各部门要认识创新驱动对廊坊发展的意义，树立“全区域、全产业、全要素”的理念，把创新融入经济社会发展的各方面和全过程，形成大众创业万众创新的工作合力。会议由市长冯韶慧主持。会印发《廊坊市2015年科技创新行动方案》，对实施科技创新“一十百千万”任务进行具体部署。

【甘中学创新创业基金】 4月16日，甘中学创新创业基金启动仪式暨推动万名青年人才创新创业动员大会在北华航天学院召开，大会旨在贯彻落实全市创新驱动发展战略，激发调动青年人才尤其是在校大学生的创新激情、创业热情，营造全民创业、万众创新的社会氛围。市委书记王晓东出席会议并与新奥集团首席科学家甘中学共同为“甘中学创新创业基金”揭牌。“甘中学创新创业基金”以甘中学博士捐助、新奥集团资助为基础设立，是河北省首支以个人命名的创新创业基金，基金规模初定1000万元，并将以私人捐赠、社会投资、社会公募等方式逐步注入、扩大规模，主要用于鼓励支持在廊坊市域内创新创业的青年人才。

【廊坊市首届科技金融讲坛】 7月21日，廊坊市举办首届“科技金融讲坛”，活动由廊坊市人民政府主办，市科技局承办，各县（市、区）政府、廊坊开发区管委会，市直有关部门，域内所有金融机构、投资机构、担保公司，省级以上高新区、省级以上科技企业孵化器等相关单位主要负责人，及廊坊市科技局全体干部120人参加培训会。活动邀请天津市科委科技金融处处长、天津市科技金融促进会秘书长、天津市科技金融发展中心主任单光瑞，就科技金融概念、科技金融全国总体发展情况、天津市科技创新及科技型中小企业发展现状、科技金融结合工作实践等内容进行讲座。此次培训对廊坊市如何创新科技金融服务，推动科技、金融与产业融合，对加快推进廊坊市科技金融工作，带动金融和社会资本投入，放大财政科技资金使用效益起到推动作用。

【廊坊超临界污泥处理示范项目】 年内，由新奥环保技术有限公司投资兴建的“廊坊超临界污泥处理示范项目”进行一次投料试车，并连续稳定运行72小时，标志着国内自主设计建设的首个百吨级超临界水氧化技术应用项目实现建设目标，转入生产试运营阶段。“廊坊超临界污泥处理示范项目”投产后，每天处理市政污泥240吨。项目采用新奥集团自主研发的超临界水氧化技术，可彻底分解污泥中有机质，杀灭有害病菌，稳定重金属成分，实现污泥的无害化、减量化处理和资源化利用，从根本上解决市政污泥处理存在的对土壤和地下水污染问题。8月，“超临界水处理市政污泥及危险废物技术”通过科技成果鉴定，技术达到国际领先水平。该项目申请专利59项，授权专利22项，其中发明专利10项，实用新型专利12项。该技术还适用于制药、农药、化工、石油炼化、机械加工等各个行业，可处理液态、半固态、粉末状有机废物，及含有持久性难降解有机物质的废物，为中国市政污泥及危险废物的处理提供了新途径。

【市科技创新创业服务中心投入使用】 6月，廊坊市科技创新创业服务中心建成并投入使用。市科技创新创业服务中心位于龙河高新区科技成果孵化园19号楼，面积1984平方米。服务中心集综合服务平台、技术产权交易平台、科技金融平台、知识产权平台于一体，帮助科技型中小企业解决创新创业和科技成果转化交易难等问题，为创新创业主体和科技成果转化提供全方位、一站式服务。中心设有8个服务窗口，与京津冀30家技术交易机构互联互通、资源共享。中国技术交易所、中科院北京国家技术转移中心、河北中欧国际技术转移中心进驻。该中心联合19家投融资机构，为科技型中小企业提供一站式融资产品咨询和业务办理。

【科技项目网上管理】 2015年，市科技局联合省电子学院开发廊坊市科技计划项目网上管理系统，在全国范围内筛选专家，建设评审专家库，为科技计划把关立项提供技术支撑。该管理系统融合信息管理技术和数据库技术，为企业、科研院所提供项目申报、项目评审、立项、验收等全程网上一站式服务，对项目申报单位、归口管理部门、市科技局进行规范，与传统的申报方式相比，全流程网上管理更加方便快捷，节省申报时间和成本，有利于加强科技计划项目的规范化管理和公开透明，对于提高科技计划项目的管理效率、促进科技管理部门廉政建设、建设服务型机关具有重要意义。

【企业全网营销培训班】 11月6日，由市政府主办，市科技局承办的“众创讲坛”系列活动——移动互联网冲击下·企业全网营销培训在市科技创新创业服务中心举行。培训邀请国内著名营销专家胡涛授课，全市中小企业负责人50人参加培训。胡涛就构建全网营销矩阵模型、电商、微商平台一体化运营，主动出击让数据变绩效，商家必争的网络话语权等6大模块进行授课，重点讲解在移动互联网技术不断变革和发展的时代，企业如何完成转型升级。

【廊坊市新增2家省级国际科技合作基地】 11月，廊坊盛世建设投资有限公司申报的“龙河高新区国际创新园”和廊坊和田药业有限公司申报的“河北省生物制药国际科技合作示范企业”通过省科技厅组织的专家评审，被认定为河北省国际科技合作基地。截至年底，廊坊市国际科技合作基地达到6家，其中，国家级2家，省级4家。全市国际科技合作基地与10多个国家和地区的20多家机构开展合作，组织实施国际科技合作项目23项，获得资金支持2827万元。其中，国家级项目6项，获得资金2327多万元，省级项目9项，获得资金250万元。

（靳　楠）

气象测报

【概况】 2015年，廊坊市气象局发挥廊坊市气象灾害防御指挥部作用，组织强对流天气过程应急演练，下发《关于做好大风降温沙尘等灾害防御工作的紧急通知》等气象灾害防御通知4次，在政府门户网站发布气象灾害防御通知1次。开展“3·23”世界气象日、“5·12”防灾减灾日、“科普宣传周”，及气象科普知识进乡村、进社区、进学校、进企业、进机关、进单位活动。“9·3”中国人民抗日战争暨世界反法西斯战争胜利70周年纪念活动期间，制作发布“纪念抗战胜利70周年气象服务专题”“环境气象专题报告”

各14期。落实市政府与河北省气象局签署的《共同推进气象为廊坊市经济社会发展服务合作协议》目标任务，大厂县气象局气象防灾减灾中心业务楼建设项目竣工，“气象防灾减灾网络支撑”项目于8月底建设完工。市气象局获河北省气象部门目标管理综合考评优秀单位。

【气象防灾减灾绩效管理】 年内，市政府制发《2015年河北省气象防灾减灾绩效考评体系各县(市、区)任务分解表》，三河、香河、大厂、固安、永清、大城6个县(市)政府批复成立气象灾害防御中心。市突发预警信息平台正式运行，实现市林业局、市水利局、市安监局、市国土资源局、市民政局、市环保局6个部门信息发布的接入。更新全市应急联系人(信息员)数据库，明确气象灾害防御重点单位并公示，建成市区康宁街社区和统建楼社区2个气象防灾减灾示范社区。市、县修订发布2015版《公共气象服务白皮书》和《决策气象服务方案》。三河市段甲岭镇被中国气象局评为“气象灾害防御示范镇”。

【气象服务】 2015年，市气象局推出降雨、农事气象、气象灾害、高温、高考等专项气象服务专题，增加“洗车指数”等相关服务信息。加强与市交通、民政、卫生、环保等部门的合作，拓宽气象服务覆盖面，提高预警时效性。制作发布《2015年春节假期天气预报》《2015年汛期气候预测及工作建议》《“9·26”农交会专题气象服务报告》等各类服务材料200多期，重要天气报告15期，《气象灾害防御简报》9期，短信群发天气预报预警、气象科普等信息400多条。“廊坊气象”微信公众账号更新发布天气预报信息2000多条，微博4600多条，10万人关注。年内公众测评气象服务满意度为87.83分，同比增加6.02分。利用农业服务平台和农气服务网站，以及气象微博、微信、手机短信等方式为全市230个农业园区和近700家农业合作社负责人提供“直通式”服务；通过设施农业小气候观测网络，建立设施温湿度预报系统，病虫害概念模型，为设施农业气象服务增加科学元素；关注作物生育关键期和灾害性影响天气，制作“冬小麦返青期预报”“桃子最佳采摘期预测”“温室大棚小气候天气预报”等农业气象服务产品，为政府决策、农业生产、农民增收提供依据。全年为农业气象服务应急短信发布平台发送连续雾霾天气提示信息26条，撰写“农业气象专题”58条。全市新建布设PM2.5观测系统1套、反应性气体观测仪1套、超声波风脉动仪1套、大气气溶胶激光雷达1台。雾、霾和空气污染气象扩散条件等级预报平台投入运行，实现雾、霾和气象扩散条件等级预报自动化。市气象局联合市环保局，全年制作和发布《环境气象周报》56期、《重污染天气气象条件分析报告》4期。按照《廊坊市重污染天气应急预案》，向市应急办提供重污染天气预警和启动应急响应建议18次，应急短信平台发送预警信息和交警提示信息34条次，受众6.8万人次。增加《环境气象专题报告》服务产品，全年制作发布8期。

【人工影响天气】 年内，廊坊市制定“人影事故处理预案”，将安全事故处理列入应急管理工作，应急演练列入年度目标考核。全市8个县(市)开展人工影响天气安全事故处置应急演练。举办2015年度人工影响天气技术培训班，各县(市、区)50名人工影响天气技术人员就人工影响天气业务知识、作业流程、应急预案、操作技术，及故障处理等内容接受培训。组织全市作业单位进行火箭发射系统年检，全市参检的11套BL型火箭和四套WR型火箭全部合格。4月1日夜间，市气象局在全市范围组织实施大规模火箭人工增雨作业，发射火箭弹56枚。截至4月2日8时，降雨量15毫米~25毫米，城区14毫米~18毫米；4月11日夜间，市气象局组织第2次大规模火箭人工增雨作业，发射火箭弹47枚。

【廊坊市气象应急指挥车投入应用】 7月14日，廊坊市气象局组织相关管理和技术人员会同中网公司技术人员测试气象应急指挥车及所配置的各个系统，验收合格，气象应急指挥车正式投入业务应用。廊坊市气象局应急指挥车及观测设备建设是由市政府投资，包括车辆选型及改装、车载卫星通信、气象探测、视频会商、话音通讯、网络办公、供配电、辅助系统、地面站通讯9个子系统，采用3G和卫星通信技术，配备移动自动气象站、LED显示屏和高清摄像头等设备，预报人员可在应急现场通过自动气象站采集气象数据，结合卫星云图、雷达等基础气象预报信息制作实时预报预测产品，并第一时间发布现场气象预报服务信息。气象应急指挥车采集的气象数据通过视频会商会议系统与省、市气象台以及灾害防御中心等单位进行现场会商，实现实况上传。

【廊坊市发布《公共气象服务白皮书（2015年版）》】 年内，市气象局完成《公共气象服务白皮书（2015年版）》修订工作，并在政府网站向社会公开发布。《公共气象服务白皮书（2015年版）》阐述了廊坊市开展的各类气象监测、预报预警、气象服务、气象灾害防御，以及气象行政管理等业务服务，包括服务的内容、形式、服务产品发布时次和获取途径等。公共气象服务是中国政府公共服务和国家防灾减灾体系的重要组成部分，是利用公共气象资源向公众、社会各行各业和政府决策部门提供公益性气象服务的社会生产活动。廊坊市公共气象服务的方式和内容体现了气象服务“无微不至，无所不在”的理念。

【廊坊市首个气象防灾减灾示范社区挂牌】 10月30日，廊坊市首个气象防灾减灾示范社区授牌仪式在市区康宁街社区举行。市气象局在市区康宁街社区内的第二幼儿园建设气象灾害预警电子显示屏，建设气象信息站，将社区工作人员纳入到气象短信预警发布对象库，对应急联系人开展气象防灾减灾知识培训，每年对辖区高大建筑进行防雷安全检测。康宁街社区位于廊坊市中心地带，辖区内有万达广场、市第二幼儿园、市第六小学等重要场所，有3300户居民，属于气象防灾减灾重点地区。

（刘　召）

防震减灾

【概况】 2015年，廊坊市提高地震监测预报、灾害防御、应急救援、公共服务、社会动员5个能力，创建“地震安全城乡”。截至年底，全市防震减灾专业救援队伍20支，人数800多人；行政部门及企事业单位救援队伍120支，人数超过5000人；各级各类志愿者队伍164支，注册人数超过4940人，均配备必要应急救援装备。编制完成《2015年—2020年廊坊市地震前兆监测台网发展规划》。1月31日，北京市大兴区发生3.1级地震，2月28日，永清县发生2.8级地震，3月5日，天津市静海县发生2.8级地震，4月19日，文安县发生3.0级地震。对上述4次地震，廊坊市防震减灾部门及时做好震后应急处置工作。开展全国防震减灾示范县创建工作，完成《三河市防震减灾规划》编制；完成地震小区划分、抗震性能普查与抗震加固；建设地震应急指挥技术平台和地震应急指挥分中心；建设应急避难场所和防震减灾科普教育基地等12个子项目。市地震局与防灾科技学院合作建设的廊坊市级地震监测中心在防灾科技学院挂牌运行。推进“一县一台”建设，三河、香河、永清、大城等县（市、区）年内完成新台站搬迁或土建任务，安装调配监测仪器，其他县（市、区）已协调办理相关手续。市地震局分别获全国地市级防震减灾工作综合考核先进单位、第四届平安中国防灾宣导系列公益活动优秀组织奖、河北省地震局先进单位、目标考核优秀单位等称号。

地震监测预报。2015年，市地震局组织开展周、月、半年，及年度地震趋势会商会议，重点监视地震危险区震情，保障全国、省、市“两会”“5·18”经洽会等重要活动期间地震安全。加强基层地震监测台站（点）管理，协调资金20万元为永清地震台站实行环境优化和硬件设施改造。开展业务培训，提高观测资料质量，在河北省地震局组织的地震观测资料评比中，市地震局获电磁学科电磁扰动第三名、模拟电磁扰动观测优秀奖等荣誉。

地震应急救援。2015年，廊坊市开展各级各类地震应急演练，增强应急救援、应急避险能力。组织市卫生局、市建设局、市安监局等防震减灾领导小组成员单位、各救援队负责人，在武警学院观摩2015届消防专业毕业学员地震应急救援综合汇报演练，加深应急人员对地震救援处置流程的理解。市地震局、市教育局把全市中小学地震应急演练规范化、标准化作为地震应急工作的重点，编辑出版《中小学校地震应急演练指导手册》。5月，组织全市教育系统主管安全的校长进行培训和示范演练观摩。建立“横向到边、纵向到底”的地震应急预案体系，修订市政府、单位部门的各级、各类地震应急预案3807份。与防灾科技学院合作，投资200万元建成廊坊市“北三县”地震应急指挥分中心，实现市地震局与防灾科技学院及京津冀地震系统局、所的地震应急指挥与地震分析会商专业数据资源信息实时共享。

地震灾害防御。2015年，廊坊市防震减灾示范学校增加至82所，地震安全示范社区增加至35个，其中安次龙河盛都社区成为廊坊市首个国家级地震安全示范社区。5月，“三河市创建国家防震减灾示范县（市）启动暨市院合作签字仪式”在防灾科技学院举行，三河市成为河北省第一家县级示范创建单位。示范县创建总投资规模3.15亿元，前期基础投入3500万元。年内，市政府印发《关于推进全市应急避难场所建设的实施意见》《市级应急避难场所建设应急启动相关部门职责分工》。开展《廊坊市地震应急避难场所建设专项规划》编制工作，指导应急避险疏散场所的改造和建设。投资100万元购置救灾应急物资，充实市救灾物资储备库库存。各县（市、区）建立各类物资储备库59个，签订代储协议36项，全部达到三级应急响应保障能力要求。

地震安全城乡创建。2015年，廊坊市人民政府印发《廊坊市2015年度创建地震安全城乡任务分解表的通知》，并督导检查各县（市、区）政府及市政府相关部门。市、县政府发挥防震减灾联席会议作用，对创建“地震安全城乡”工作目标进行任务分解，建立相应的督导检查和目标考核机制。防震减灾领导小组办公室分别对全市10个县（市、区）和防震减灾领导小组47个成员单位开展专项督导检查和量化考核。考核结果：广阳区、三河市、大城县为创建“地震安全城乡”工作先进单位，安次区、文安县、永清县、大厂回族自治县、固安县为优秀单位，香河县、霸州市为达标单位。市委宣传部、市政府应急办、市地震局等33个单位获市创建“地震安全城乡”工作先进单位。

【防震减灾工作会议】 4月3日，廊坊市人民政府召开防震减灾工作暨市院合作会议。副市长布泽文出席会议并强调，要发挥市院合作的支撑作用，促进市院合作成果迅速转化为推进全市防震减灾事业发展的持续动力。会议对2015年度防震减灾工作进行部署，要求各级各部门认清防震减灾工作的形势、规律，重点推进“地震安全城乡”创建工作，建设防震减灾体系，健全防震减灾宣传教育机制，加强防震减灾工作组织领导。会上，布泽文代表市政府向防灾科技学院赠送“特殊贡献奖”牌匾。

【市政府与防灾科技学院合作】 2015年，市政府与防灾科技学院就继续推进地震科研试验场项目、编制全市地震监测规划项目、推进减隔震等抗震新技术推广应用项目、开展防震减灾文化作品创作项目、开展防震减灾宣传教育项目、协助三河市创建国家级防震减灾示范县项目开展合作。三河市大朗台测震台、三河市辛集镇大罗村测震台、香河县凌家务测震台、香河安头屯测震台，以及防灾学院测震台5个测震台基础建设完工，并进行数据收集调取及联网调试。年内，防灾科技学院、廊坊市地震局、河北省地震局三方视频通讯会议系统调试开通。

【“平安中国”防灾宣导活动】 5月8日，廊坊市“平安中国”防灾宣导系列公益活动暨“地震局官方微博、微信公众平台”启动仪式在市管道局中学举行。中国地震局震害防御司司长孙福梁、“平安中国”组委会大型活动部主任马莉、河北省地震局副局长张勤等出席仪式，中石油管道局、市委宣传部、市政府应急办、市教育局、市科技局、市地震局等10个相关单位参加活动，副市长布泽文出席启动仪式并指出，借助国家倡导的“平安中国”防灾宣导公益活动，提高公众的防震减灾意识，提升全民综合防灾减灾能力，最大限度防御和减轻地震灾害。新华社等中央、省、市12家新闻媒体记者参与活动报道。

【防震减灾宣传教育】 2015年，市地震局利用“5·12”“7·28”等宣传节点宣传防震减灾政策及知识。“防灾减灾月”期间，举办县处级干部和公务员防震减灾知识培训、“平安中国”启动仪式、防震减灾志愿者艺术团演出、防震减灾诗词征集等活动。开展防震减灾知识进学校、进社区、进企业、进农村、进机关、进家庭、进军营等活动52场，专题讲座16次，发放各类宣传资料8万多份。推出地震微信公众平台，将地震信息发布、防震减灾知识宣传，与社会公众互动交流功能整合。活动邀请新华社、河北日报社、河北经济报社等中央和省、市新闻媒体宣传报道廊坊市防震减灾工作，发布信息38条。设计、建设国内首个移动式防震减灾科普馆，突破传统展馆位置固定的限制因素，提高民众参与率，为科学普及防震减灾知识，提高广大民众的防震减灾意识、能力搭建平台和桥梁。

（张瑞香）

卫生·体育

医疗卫生

【概况】 2015年，廊坊市各类医疗卫生机构5971个，其中医院133家（三级医院7家、二级医院35家、一级医院91家），疾控中心11个，卫生监督所12家，妇幼保健机构10个，采供血机构1个，社区卫生服务机构57个，政府办乡镇卫生院90家，诊所762家，村卫生室4737家，其他医疗机构158个。卫生工作人员31982人，其中卫生技术人员21886人，占卫生人员总数68.43%。卫生技术人员包含执业医师7426人，执业助理医师2008人，注册护士6820人，药师（士）905人，技师（士）1230人，其他卫生技术人员3497人。全市拥有床位19043张，其中医院床位总数14241张。全市医疗卫生机构完成诊疗2969万人次，住院手术16.37万台次，出院病人51.79万人次。5月22日，撤销廊坊市卫生局、廊坊市人口和计划生育委员，设立组建廊坊市卫生和计划生育委员会，为市政府工作部门。7月1日，廊坊市卫生和计划生育委员会（简称市卫计委）揭牌成立。

2015年，廊坊市根据《关于县乡村三级卫生计生综合监督执法资源整合的指导意见》，要求各县（市、区）卫生计生行政机构设置综合监督股（室），组建县（市、区）综合监督执法局。整合乡镇（街道）卫生行政管理职能和计划生育行政管理职能，在计划生育办公室基础上，更名组建卫生和计划生育办公室，聘任村卫生计生专业干事、卫生计生小组长、原村计生信息员为村级卫生计生综合监督信息员。截至年底，大城县、文安县、固安县、永清县实现卫生监督执法机构人、财、物独立。

饮水卫生监督。开展饮用水监督与水质抽检，监督检查供水单位千余户次，采集水样1500份，检测项目万余项次。做好会议饮用水卫生安全保障。开展涉水产品生产企业及经营单位的监督检查，检查涉水产品生产企业27家，经营企业56家。审核涉水产品生产企业生产能力申请资料40份，现场审核4家，采封涉水产品样品11份。

学校卫生监管。全市各级卫生监督机构全年监督检查校内传染病防控、医务室执业情况、生活饮用水卫生、学习和生活环境卫生、公共场所卫生等7789项次，提出整改意见3万余条。全市教学环境卫生监测2.09万项次，总合格率67%。学校生活饮用水水质抽检3800余项次，合格率100%，全年无卫生安全事故发生。

职业放射卫生监督。监督检查全市252家放射诊疗单位，放射工作人员防护用品配备率100%，放射人员工作证持证率100%。

公共场所卫生监督。全年监督检查住宿、沐浴、美容美发、商场等公共场所316家。监测床上用品114件，合格率93%；毛巾113件，合格率94%；茶具107件，合格率96%；浴盆、脸盆92件，合格率100%。监测美发场所理发工具98件，合格率95%；美容工具52件，合格率100%。监测公共场所从业单位218户，监测951点次，7962项次，其中合格7516项次，合格率96.3%。开展公共场所集中空调通风系统监督检查，对市区内公共场所不同空调通风系统的表面细菌总数、真菌总数和通风管道的表面积尘采样检测，空调通风系统表面细菌总数合格率98.75%，真菌总数合格率100%，表面积尘合格率98.78%。完成“5·18”经洽会、“9·26”农交会、“2015环渤海汽车后市场服务节”等重大会议期间的卫生安全保障工作，会议期间无一起卫生安全事件发生。

食品安全风险监测。开展化学污染物和有害因素、微生物及其致病因子等监测工作。截至10月底，全市报告食源性疾病病例632例，完成全年监测任务的90%。

规范行政执法。完善廊坊市卫生行政执法“权力清单”。开展全市行政执法案卷评查，评查行政许可案卷144卷、行政处罚案卷124卷，评选出10卷行政处罚优秀案卷。规范卫生行政许可。全年办理公共场所卫生许可23个，放射诊疗卫生许可5个，许可证变更14个，放射诊疗卫生许可年检5份。医师、护士资格首次注册、变更684份，接待从业单位咨询1200余人次。在第二届全国卫生计生监督技能竞赛上，霸州卫生监督所崔国勇获得“公共卫生监督”专业个人一等奖，被授予“全国卫生计生监督技能标兵”称号。

【新型农村合作医疗保障】 2015年，廊坊市参加新型农村合作医疗（以下简称新农合）3020833人，参合率96.98%，新农合人均筹资标准提高到490元，其中参合农民个人缴费110元，各级财政补助380元。提高住院补偿封顶线，最高支付限额为12万元，三河市、廊坊开发区分别达到30万元和20万元。计划内正常妇产住院分娩补偿由每例300元提高到每例500元。根据省有关规定，将《国家基本药物目录（2012版）》的药品全部纳入新农合报销目录，住院补偿比例提高10个百分点。提高中医药（包括中成药、中药饮片、中医诊疗项目、列入新农合报销目录的中药制剂）的补偿比例。截至10月底，全市参加新农合农民住院总费用190882.57万元，住院补偿273486人次，实际补偿金额88442.9万元；门诊总费用15104.97万元，门诊补偿6316082人次，补偿金额7212.29万元；特殊病种大病总费用7860.93万元，补偿32814人次，补偿金额4070.39万元。年内，市政府出台《廊坊市新型农村合作医疗大病保险实施细则（试行）》，招标选定人保财险廊坊市分公司为新农合大病保险承办机构。全市2014年、2015年新农合大病保险筹资标准分别为每人每年20元、30元，起付线均为1.2万元，封项线均为20万元。2014年新农合大病保险筹资额为6100万元，2015年为9060万元，年受益超过1万人。12月，组织召开廊坊市新农合大病保险集中发放大会，启动2014至2015年度全市新农合大病保险报销补偿工作。全市1.1万名2014年度参合农民得到大病保险补偿，补偿资金约5200万元，2015年度补偿金于2016年1月补偿到位。实行新农合基本医保与大病保险“一站式”同步报销，缓解农村居民“因病致贫、因病返贫”问题。年内，廊坊市卫生和计划生育委员会按照《河北省新型农村合作医疗省、市、县级定点医疗机构2013年度考核评价细则》，对市、县新农合定点医疗机构进行考核评价。考核定点医疗机构76个。其中，市级11个、县级65个，对发现的问题提出具体整改要求并通报问题单位。12月，市卫生计生委对各县（市、区）新农合基金管理专项整治情况重点抽查，对检查出的问题追究相关责任。

【疾病应急救助】 年内，廊坊市制定《廊坊市医疗机构疾病应急救助实施办法（试行）》。市卫计委联合市财政、民政、公安、人社等部门，在全市启动无治疗费、无身份姓名和居住地、无责任承担机构或人员的“三无病人”疾病应急救助。该应急救助对在2013年2月22日至2014年11月30日期间符合救助条件的58名患者急救费用进行补助，补助资金77.82万元；受理2014年12月1日至2015年5月31日期间申请救助材料53份，15人符合应急救助基金支付范围，发放救助金50万元。

【药品采购】 2015年，全市公立医疗卫生机构全部通过省医药集中采购平台采购药品，基层医疗机构和参加改革的公立医院全部实行零差率销售。截至10月底，全市网上采购药品7.77亿元，其中38家县级以上医疗卫生机构采购药品7.02亿元，入库率93%，基本药物占比8%；132个基层医疗卫生机构采购药品0.75亿元，入库率87%，基本药物占比63%。推行高值医用耗材网上采购，全市32家医疗机构采购耗材8331.18万元。

【村级卫生计生服务体系建设】 2015年，廊坊市印发《廊坊市进一步加强村级卫生计生队伍建设的实施意见》。加强集体产权村卫生室的内涵建设，更新乡村医生继续医学教育课件，按照省规定对乡村医生开展培训。建立集体产权村卫生室长效保障机制。按照《河北省乡镇卫生院、村卫生室主要设备基本装备标准》配齐基本设备，并纳入所在地乡镇卫生院统一管理，单独建账，分类核算。建成集体产权村卫生室2681个，启用2033个。落实乡村医生补助政策，各县（市、区）将48%的基本公共卫生服务任务交由村卫生室承担，按时拨付公共卫生服务经费。将符合条件的村卫生室纳入新农合定点，执行一般诊疗费补偿政策。全市建立以维护辖区居民健康为中心的基层医疗卫生服务综合网络，提供基本公共卫生和基本医疗服务。10个县（市、区）在2014年创建基础上，分别创建2至3个群众满意的乡镇卫生院。

【县级公立医院改革】 2015年，廊坊市推进县级公立医院改革，改革试点范围覆盖8个县（市）、18家县级公立医院。全市公立医院改革试点实施药品零差率销售，开展临床路径试点管理、优质护理示范工程，以及对口支援工作，提高县级医疗机构技术水平；转变医院经营理念和模式，依靠增加门诊量、提供安全优质的服务增加业务收入。与2014年相比，公立医院门诊急诊人次同比增加12.65%、住院人次同比增加4.32%，医疗费用下降，药费降低1.15亿元，缓解群众“看病贵”问题。

【疾病防控】 2015年，廊坊市开展“预防接种服务落实年”活动，制发《廊坊市“预防接种服务落实年”活动方案》，成立活动领导小组和技术指导组，开展巡回督导。实行城市日接种、农村周接种和常规接种加查漏补种工作模式，全年为适龄儿童接种各类疫苗59种150万余剂次，适龄儿童基础“五苗”（卡介苗、脊灰疫苗、百白破三联疫苗、麻疹疫苗和乙肝疫苗）接种率95%以上。全市报告麻疹病例251例，较2014年373例下降32.71%。全市利用信息化系统管理儿童90.87万人。加强AFP（急性弛缓性麻痹）监测，全市报告AFP病例21例，报告发生率3.91/10万，廊坊市保持无脊灰状态。全市报告艾滋病感染者（病人）148例，感染者随访率 90.76%；新增艾滋病检测筛查实验室 10 家，新建艾滋病检测点 135 个，检测血清标本 209163 份，初筛阳性 316 人（份），确认阳性 134 人（份）；干预暗娼、男男同性恋等高危人员 21990 人次，发放安全套 52353 支，HIV 抗体检测 8319 人，艾滋病保持低流行态势。全市报告结核病可疑患者 594 例，总体到位率 58.2%。全年免费检查可疑肺结核症状者 9125 例，接受痰涂片检查 7021 人，登记活动性肺结核患者 1637 例，其中涂阳患者 764 例，涂阴患者 873 例。涂阳病人密切接触者筛查率 98.6%。全市建成 8 个县级 P2 实验室并开展痰培养工作。登记耐多药可疑患者 119 例，耐多药可疑者筛查率 78.2%。全市采集 8 岁至 10 岁学生尿样 3000 份，孕妇尿样 1400 份进行尿碘水平检测，调查改水工程 30 个。完成碘盐监测工作，采集盐样 3061 份，其中碘盐 3019 份，合格碘盐 2892 份，全市碘盐合格率 95.79%，各项指标均符合消除碘缺乏病标准。完成消除疟疾行动计划（2010—2020 年）中期目标，廊坊市无本地疟疾病例发生，连续 4 年在发热病人血检筛查中未检出疟原虫。慢性病防治。年内，廊坊市制定下发《2015 年全民健康生活方式行动计划》，利用各类慢性病宣传日，开展慢病防控知识进社区活动。截至年底，全市全民健康生活方式行动 100% 全覆盖。规范实施死因监测和肿瘤登记项目，制发实施方案和工作计划。开展精神卫生工作。香河、固安、大城、文安、永清 5 个县建设精神科或心理科门诊。7 月至 10 月，组织开展全市严重精神障碍患者集中筛查行动。截至 10 月底，全市收集 2010 年—2014 年确诊的精神障碍患者 8019 人，线索调查 2765 人，诊断复核 2277 人。制发《廊坊市 2015 年严重精神障碍患者管理治疗项目技术培训工作实施方案》，对永清、安次、广阳、文安等 7 个县（区）相关人员进行轮训。完善严重精神障碍患者筛查诊断及危险评估对口支援制度，指定设有精神病专科医院的霸州市、三河市对口支援其他县（区）。

【重点传染病防治】 2015 年，廊坊市制发《关于做好春夏季重点传染病防控工作的通知》及《廊坊市 2015 年霍乱等重点肠道传染病防控与监测工作方案》等文件，安排部署疫情防控。6 月 10 日，市卫生计生委连夜排除市医院报告 1 例中东呼吸综合征疑似病例。加强流感、手足口、流脑和霍乱等肠道传染病防控，全市报告手足口病例 5107 例，同比下降 48.97%，重症病例 9 例，同比下降 66.67%，无死亡病例。严格执行 24 小时疫情浏览和电话、网络双线报告制度。截至年底，全市报告传染病 16675 例，报告发病率 372.84/10 万，无甲类（鼠疫、霍乱）传染病报告。

【卫生应急】 2015 年，廊坊市成立中东呼吸综合征疫情防控领导小组，下设 8 个工作组及应急专家组。指定廊坊市第三医院为定点收治医院。编印《中东呼吸综合征防控工作手册》和《卫生应急工作手册》，印发到各县（市、区）和相关医疗卫生单位，应对和处置突发公共事件。截至年底，廊坊市有市级卫生应急队 13 支（一线队 7 支，预备队 6 支），其中医疗救援队 8 支，卫生防疫队 2 支，卫生监督队 2 支，院前急救队 1 支。市城区院前急救网络下辖 12 家急救分站，配置 14 辆急救车。院前急救人员医师 43 人、护士 47 人、驾驶员 43 人，从业院前急救人员 133 人（不含网络医院管理人员）。院前医疗急救基本实现市城区居民全覆盖。制定县域急救站建设布局规划及方案，筹建县级急救分中心。5月13日至14日，市卫计委与廊坊陆军预备役后勤保障旅共同举办市直卫生应急队员暨预备役医疗防疫队员卫生专业和军事技能培训和实战拉动，培训突发公共卫生事件现场处置、灾害事故紧急医学救援和现场抢救，军事素养教育和军事体能、技能训练等。10月19日至21日，市卫计委参加由省卫生计生委在保定涞水县举办的河北省2015重大自然灾害医疗卫生救援和突发急性传染病防控卫生应急实战拉练，在综合评价和单项评比中位居全省卫生应急拉练竞赛总成绩第二名。

【医疗市场整顿】 2015年，廊坊市开展公立医疗机构集中整顿、民营医院专项监督检查、放射诊疗专项检查、传染病专项治理、打击"两非"、打击代孕等专项整治活动，检查医疗机构3166家，立案处罚95起，结案94起，没收非法所得23.27万元，罚款41.68万元。开展无证行医集中取缔行动，全市取缔无证行医60户，移送涉嫌犯罪案件2件，立案处罚24件，罚款6.95万元，没收违法所得13.65万元。开展医疗机构集中校验活动，对市直管辖的100家医疗机构现场校验，对问题严重的17家机构暂缓校验、停业整顿3个月，整改不到位的，注销其"医疗机构执业许可证"；对14家医疗机构做出限期整改1个月的处理。明察暗访市直管二级以上综合医院"四抓"（抓卫生、抓服务、抓流程、抓急诊）行动开展情况。检查全市二级以上综合医院29家，提出完善工作台账等整改建议243条，制作各类检查表116份。监督检查《中华人民共和国献血法》《护士条例》《人体器官移植条例》落实情况，检查医疗机构17家，其中14家医疗机构护士配备不符合国家要求，不合格率82.35%。开展医疗广告监督监测，监测各类医疗广告350次，监测从事互联网医疗保健信息服务网站25家，发现涉及违规从事互联网医疗保健信息服务11家，违规发布医疗广告机构9家，行政处罚15起，罚款人民币2.9万元，收缴医疗机构印制的各类报刊50份、就诊优惠卡60张。约谈违法发布医疗广告的6家医疗机构和7家违规从事互联网医疗保健信息服务的医疗机构负责人。

【妇女儿童健康保障】 2015年，全市孕产妇增补叶酸39787人；农村孕产妇住院分娩补助20392人；大城、文安、三河、固安4县（市）完成农村妇女宫颈癌筛查24375人，乳腺癌筛查2819人。孕产妇系统管理率达90%；0岁至6岁儿童健康管理率达95%。宣传婚前医疗卫生知识和优生优育指导。派驻工作人员到安次区、广阳区民政部门婚姻登记处，将检查关口前移。规范产前筛查，完善信息采集、孕周核对、血样采集与运送、实验操作等各个环节的操作流程，加强追踪随访。新生儿疾病筛查。搭建新生儿听力筛查、诊断、干预、治疗、救助循环服务模式，全年筛查新生儿60705人，其中听力异常儿童182人；对接河北省儿童医院，实现儿童先天性心脏病初筛、复筛、诊断、手术、资助一条龙服务流程；开展新生儿从"两病"（先天性甲状腺功能减低症、苯丙酮尿症）到"四病"（先天性甲状腺功能减低症、苯丙酮尿症、肾上腺皮质增生症、葡萄糖—6—磷酸脱氢酶缺乏症）的筛查工作，保证"四病"阳性患儿在一个月之内开始治疗；开展35种遗传代谢病筛查，截至10月底，全市筛查60968人，筛查率92.3%，复筛1319人，复筛异常61人，确诊阳性患儿11例。儿童口腔防龋。全市3

岁至6岁氟化物防龋完成36652人次，涉及学校28所，幼儿园43所；7至9岁窝沟封闭完成7388人，涉及学校35所。

【无偿献血】 2015年，全市采集血液12万毫升，约32457人次，同比增长6%，机采血小板14536个治疗量，同比增长27%。全市临床用血全部来自公民自愿无偿捐献，无偿献血率100%，保证临床用血需要。新建香河县联华超市、霸州市信安镇献血点2个。全市有流动献血车5辆。临床用血管理，全年单独对单个医疗机构培训10次，培训1100余人次，规范各医疗机构临床用血。在廊坊市人民医院、中国天然气管道局总医院建立培训基地，对全市临床用血医疗机构的临床输血业务技术骨干实行技能操作跟班培训，并颁发“廊坊市医疗机构临床用血岗位培训合格证”。用血医疗机构监管。对全市80家用血医疗机构，特别是民营医疗机构和中心卫生院督导检查，对输血科业务用房面积不达标、分布不合理等问题提出整改意见。年内，根据《河北省实施〈中华人民共和国献血法〉办法》等相关规定，廊坊市在全省率先启动临床用血医疗机构推行无偿献血者临床用血费用直接报销工作。各县（市、区）县医院启动无偿献血者临床用血费用直接报销点12个，报销金额30万元。

【医政管理】 2015年，廊坊经济技术开发区医院、廊坊城南医院由一级综合医院升级为二级综合医院；燕郊新华医院由一级综合医院升级为二级妇产专科医院。“平安医院”创建工作列入各级医疗单位整体工作目标。市医疗纠纷人民调解委员会发挥第三方调解在解决医疗纠纷中的作用，全年接待咨询80件，接待当事人300余人次，案件受理率100%。全年劝阻上访纠纷8起，调解医疗纠纷30件，协议赔偿244万元，协议履行率100%。文安县、永清县、三河市、香河县挂牌成立医疗纠纷人民调解委员会，21家医疗机构与保险公司签订参保协议。

【中医药事业发展】 2015年，廊坊市辖区2个县级市、6个县卫生行政管理部门全部独立设置中医股。全市各县（市、区）设有一所中医院，所有二级以上公立综合医院均设有中医科、中药房；95%社区卫生服务中心、93%乡镇卫生院、73%社区卫生服务站、69%村卫生室可提供中医药服务。推进国医堂建设，制定下发《2015年度基层医疗机构国医堂建设实施方案》。3月，在香河县召开全市中医药工作现场会，组织各地负责人观摩刘宋卫生院国医堂建设情况。截至年底，全市建成广阳区解放道社区卫生服务中心等30所国医堂、武营村卫生室等690所中医药特色示范村卫生室、运通社区卫生服务站等11所社区卫生服务站。推进中医治未病工作。市中医院建立中医“治未病”中心，辖区所有县级中医院均设置“治未病”科。召开中医“治未病”服务能力建设项目推进座谈会，以廊坊市中医院“治未病”中心为龙头平台，划分“治未病”服务区域，面向市区花园楼社区卫生服务中心、市区光明西道办事处社区卫生服务中心等10家社区卫生服务中心开展业务指导、健康教育和人员培训等工作。推进中医药健康服务管理。全市基层医疗机构对辖区内65岁及以上常驻居民和0至36个月儿童提供中医药健康管理服务率均超过30%。中医药队伍建设。年内组织30名乡村医生参加中医药知识与技能培训，确定广阳区、大城县、霸州市、大厂县列入2015年中医专业农村订单定向医学生免费培养项目，

11名学员入选杏林千人培养工程。在全市各级各类医院选报14名中医临床骨干参加国医大师学术传承研修班，推荐3名高层次老中医药专家指导老师、9名继承人和18名优秀中医临床人才纳入省级储备库。廊坊市中医医院3名中药专业人员通过省优才中药专业研修项目考核并确定为培养对象。组织第五批全国老中医药专家学术经验继承人参加临床医学（中医师承）专业硕士学位论文开题报告会，组织第三批全国、全省优秀中医临床人才研修项目学员完成结业考核。廊坊市“以辛开苦降法为主治疗Ⅰ型心肾综合征的临床研究”等9项中医药类课题列入2015年度科研计划。组织“骨髓增生异常综合征（MDS）的预后分层与中医干预方案应用与评价研究”等12项课题申报“2016年度中医药类科研计划项目”。廊坊市获省级中医药科学技术奖12项，其中二等奖2项，三等奖10项。

【健康养老服务】 2015年，廊坊市推进医疗机构与养老机构合作。市城区有廊坊老年康复医院、福源老年康复医院，均为医疗机构与养老机构合作开办。加强养老服务医疗卫生服务支撑，开通养老机构与医疗机构预约就诊绿色通道，协同做好老年人慢性病管理和康复护理。河北燕达建康城建成集医疗、教学、科研、养老于一体的医疗健康和老年养护基地，以健康养老为目标，为老年人提供优质的医疗、保健、康复、护理、休闲、娱乐服务。

【承接首都医疗资源】 2015年，全市所有三级医院均与京津医院开展不同形式的合作，二级以上医疗机构有20家与京津医疗机构建立合作关系。廊坊市中医医院被确定为北京市中西医结合血液病研究所“廊坊分部”；香河县医院与解放军总医院第一附属医院成立联合体医院；固安县医院与北京军区总医院、空军总医院签订联合体合作协议书；大厂县人民医院成为空军总医院合作医院，大厂县中医医院成为空军总医院医疗联合体。引进优势专科。廊坊市人民医院病理科与中科院肿瘤医院病理科合作；香河县医院与北京宣武医院合作成立疼痛科；霸州开发区医院与北京解放军307医院共建甲状腺科，并与北京同仁医院共建眼科。开展共建共管。北京朝阳医院和燕达集团共建河北燕达医院，北京中医医院与燕达集团共建“北京中医医院——合作医院”和“北京中医医院·燕达中医诊疗中心”。北京天坛医院脑科中心和燕达集团合作成立河北燕达天坛脑科中心，并引入陆道培院士血液肿瘤中心，独立设置河北燕达陆道培医院。香河人民医院与北京解剖学会建立“北京解剖学会——香河人民医院临床应用解剖科学技术培训中心”。

（郭有泉）

2015年廊坊市县级以上医院一览表

表42

机构名称	机构地址
廊坊市人民医院	廊坊市新华路37号
廊坊市中医院	廊坊市银河北路108号
中国石油天然气管道局总医院	廊坊市新开路51号
廊坊市安次区医院	廊坊市光明西道100号

续表 42-1

机构名称	机构地址
廊坊市广阳区人民医院	廊坊市银河北路 37 号
廊坊市第三人民医院	廊坊市广阳区北旺乡大枣林村东
廊坊经济技术开发区人民医院	廊坊经济技术开发区云鹏道 50 号
廊坊城南骨科医院	廊坊市安次区廊霸路 97 号
廊坊济民中医医院	廊坊开发区桐柏商业街；廊坊市永丰道儿童乐园北门西侧
廊坊东大中西医结合医院	廊坊市广阳区和平路 55 号
廊坊彦清骨伤科中医医院	廊坊市广阳区新华路 195 号
廊坊圣洁口腔医院	廊坊市永兴路华夏幸福城 2 号楼
廊坊万平中医医院	廊坊市广阳道西段 300 号
廊坊华祥中医医院	廊坊市安次区永华东道 32 号
廊坊金盾医院	廊坊市建设路 18 号
廊坊长征医院	廊坊市永兴路 88 号；金光道 1 号
廊坊卫生职业学院附属医院	廊坊市东方大学城三期；廊坊市东方大学城一期 8 号楼西侧
廊坊朝阳医院	廊坊市永兴路 136 号
廊坊市广阳区眼科医院	廊坊市广阳区裕华路 228 号
廊坊万福妇产医院	廊坊市新华路 136 号
廊坊爱民医院	廊坊市丰盛路 19 号
廊坊现代医院	廊坊市新华路 64 号
廊坊爱德堡医院	廊坊市广阳区裕华路 325 号
廊坊城南医院	廊坊市安次区廊霸路 97 号
华北石油廊坊矿区第一医院	廊坊市万庄镇墨其营村
廊坊华康医院	廊坊经济技术开发区春明道 6 号
廊坊蓝天医院	廊坊市广阳道 93 号
廊坊新华医院	廊坊市永丰道 7 号
廊坊口腔专科医院	廊坊市旱桥街 11 号
廊坊老年康复医院	廊坊市广阳道 89 号
廊坊世纪协和医院	廊坊市新华路 4 号
廊坊博爱儿童医院	廊坊市银河北路林苑小区
廊坊中安中医医院	廊坊市广阳区新华路 39 号
廊坊辰明医院	廊坊市安次区葛渔城镇
廊坊新世纪儿童医院	廊坊市新世纪步行街第三大街
廊坊健康管理医院	廊坊市广阳区新华路 41 号
廊坊广安医院	廊坊市第八大街 2 号商业楼；廊坊市爱民西道 83 号
廊坊洛基眼科医院	廊坊市和平丽景 1 号楼 18 号
廊坊博康精神病医院	廊坊市爱民东道 77 号
廊坊福源康复医院	廊坊市爱民东道 399 号
廊坊三五三一医院	廊坊市新华路 146 号
廊坊市建委医院	廊坊市新华路华夏里

续表 42-2

机构名称	机构地址
廊坊友谊医院	廊坊市广阳区建国道 112 号
廊坊建安医院	廊坊市银河北路 120 号
廊坊顺天医院	廊坊市康主道天域花园 1 号楼
三河市医院	三河市迎宾路 20 号
三河市燕郊人民医院	三河市燕郊经济技术开发区
三河市中医医院	三河市建设路 4 号
三河市儿童医院	三河市燕郊经济技术开发区行宫东大街 154 号
三河市燕郊二三医院	三河市燕郊经济技术开发区学院路东大街 9 号
三河燕京妇产医院	三河市燕郊经济技术开发区京哈路 3 号
三河东杉医院	三河市北城区迎宾北路四小对面
三河靓美燕郊口腔医院	三河市燕郊开发区海油大街 292 号
三河燕郊新华妇产医院	三河市燕郊经济技术开发区华冠大街 16 号
中国冶金地质总局一局职工医院	三河市燕郊铁路南街 44 号
燕郊辅仁中西医结合医院	三河市燕郊开发区燕昌路 237 号
京东中美医院	三河市燕郊开发区迎宾北路 27 号
大厂回族自治县中医医院	河北省大厂回族自治县华安北路 31 号
大厂回族自治县人民医院	大厂回族自治县城康安北路 60 号
香河县人民医院	香河县淑阳镇新开街 30 号；新华大街 42 号；秀水街南侧
香河县中医医院	香河县府前街 16 号
香河县儿童医院	香河县蒋辛屯镇
香河县风湿骨病专科医院	香河县城内五一路站前
香河县气管炎哮喘医院	香河县经济技术开发区
香河利康儿童医院	香河县城西小区 190 号
永清县人民医院	永清县城内益昌路 101 号
永清县中医医院	永清县城内会昌大街 275 号；西环路 27-33 号
固安县人民医院	固安县城关镇永康路
固安县中医院	固安县固安镇育才北路西侧
霸州市中医院	霸州市益津南路 481 号
霸州市第二医院	霸州市胜芳镇武平路；胜芳镇太平街电业路 20 号
霸州市第三医院	霸州市建设东道 96 号
霸州开发区医院	霸州市开发区翠竹道
廊坊武平医院	霸州市胜芳镇武平东路
廊坊市第四人民医院	霸州市金康道 20 号，霸州市益津南路 389 号，霸州市益津中路 236 号
华北石油霸州矿区医院	霸州市南孟镇西陶村西 200 米
文安县医院	文安县城内北关；文安县黄甫农场
文安县中医院	文安县城区兴文道 212 号
大城县医院	大城县新华街 47 号
大城县中医院	大城县新城区文化街
大城县老年综合服务中心医院	大城县新城区通惠桥西永定大街南侧

爱国卫生

【概况】 2015年，廊坊市贯彻落实国务院、省政府《关于进一步加强新时期爱国卫生工作的意见》，制定发《廊坊市人民政府关于加强新时期爱国卫生工作的实施意见》。市爱国卫生运动委员会（以下简称市爱卫会）以农村改厕和爱国卫生基层创建为重点，开展爱国卫生运动，推进城乡环境卫生整洁行动，改善城乡环境卫生质量，保护人民群众身体健康。全年创建省级卫生村33个，市级卫生镇1个、市级卫生村48个，卫生社区18个，卫生单位28个。农村改厕投资8768.92万元，新建卫生户厕61345座，全市农村卫生厕所普及率87%。无害化卫生厕所普及率54%，同比增长10个百分点。大城县、固安县、霸州市、香河县继续保持省级卫生城（城市）称号，并通过河北省爱卫会的验收复审。

【公共场所控烟】 "5·31"世界无烟日期间，市爱卫会在《廊坊日报》上宣传控烟知识，刊登有关烟草危害、吸烟误区、创建无烟单位的意义和标准等内容，唤醒群众主动戒烟、劝阻吸烟意识。年内起草印发《关于领导干部带头在公共场所禁烟创建无烟党政机关的通知》，要求领导干部在公共场所带头禁烟，自觉遵守公共场所禁烟规定。号召党政机关积极创建无烟单位，在室内公共场所和工作场所张贴禁止吸烟标识或摆放禁烟标牌，不摆放烟灰缸等烟具。鼓励吸烟职工特别是领导干部带头戒烟，实现无烟党政机关目标。印制禁止吸烟标牌、桌牌6000个。

【病媒生物防治】 4月，全市统一开展投药集中杀灭活动。市爱卫会购置8000袋灭鼠毒饵和10万袋灭蟑饵剂，配套发放给大城县、霸州市、固安县和香河县，及广阳区、安次区、廊坊经济技术开发区。12月，在市城区集中组织统一灭蟑活动，宣传灭蟑知识，在各居民区张贴、发放灭蟑宣传资料。开展环境治理，清理垃圾污物，根除病媒生物滋生环境，降低蟑螂密度。年内，全市筹措资金56万元，购置灭鼠药品48吨，粘鼠板22000余块，毒饵盒53000个。廊坊市灭鼠前鼠密度农村为8.2%、城区为4％，灭鼠后农村为3%、城区为1.6%。通过检测鼠带毒率为0。

【爱国卫生月活动】 4月，市爱卫会以"全民参与爱国卫生，共建共享健康中国"为主题，制定"爱国卫生月"活动方案，组织开展全市环境卫生治理活动和春季除四害活动，集中整治环境卫生，彻底清理城乡环境积存垃圾。4月10日至20日，开展环境卫生集中治理和除四害集中消杀活动，清理大街小巷、居民区、市场、城乡接合部、铁路沿线、城区出入口、建筑（拆迁）工地、车站周边、城中村积存垃圾污物，清除卫生死角。村镇结合农村面貌改造提升行动，开展清垃圾、清杂物、清残垣断壁、清庭院的活动。全年清理垃圾9.68万吨。

【省级卫生县城（城市）复审验收】 2015年，大城县、固安县、霸州市、香河县获得省级卫生县城（城市）称号满三年，接受河北省爱卫会的省级卫生县城（城市）复审，4个县（市）通过加大爱卫会组织建设和卫生基础设施投入，综合整治环境卫生，规范行业卫生管理，强化执法监督力度，健全长效管理机制，制定出台多项管理措施和活动方案，对县城的环境卫生进行全面综合治理，城市容貌、管理水平得到提升。10月，河北省爱卫会对4个县的省级卫生县城巩固工作进行复审暗访检查，4个县均审核通过。

（王爱军）

廊坊市人民医院

2015年，廊坊市人民医院有医务工作人员1617人，开放床位917张，全年门诊、急诊量881165人次，住院量27544人次，收入7.86亿元，同比增长14.84%，其中业务收入6.86亿元，固定资产投入9126万元，总资产较2014年增长14.04%。年内，市医院通过国家级“爱婴医院”复审和国家级、省级住院医师规范化培训基地评定，被中华医学会糖尿病分会授予“糖尿病国家级教育培训基地”，与西安西京医院、解放军第二炮兵总医院、解放军302医院、首都医科大学附属北京宣武医院建立协作医院关系，与上海张江转化医学研发中心共建“精准医学中心”。

年内，廊坊市人民医院规范抗菌药物应用，抗菌药物总使用率为50.3%，Ⅰ类切口抗菌药物预防使用率25.5%。运用信息化管理手段对23个质控点的每份病历实时监控，甲级病案率达到99.65%。设立护士流动岗，开展家庭访视护理服务，责任护士为患者提供全面、全程、专业的“无缝隙”护理服务。开展医院感染目标性监测和医院感染病例的基线监测。加强对多重耐药菌、新生儿室、成人重症ICU等重点科室、重点环节的监管，减少职业暴露发生率。完善和优化信息化系统和HIS系统（医院管理和医疗活动中进行信息管理和联机操作的计算机应用系统）的功能；完成不良事件上报系统、ICU重症监护管理系统、高值耗材管理系统、抗菌药物管理系统、护理管理系统、检验危急值报告系统、消毒供应系统（手术室部分）、移动医生工作站、单病种管理系统、LIS（检验科使用的信息管理系统）、PACS（检查科室用的影像采集系统）报告自助打印系统等各项子系统上线工作；完善各系统之间的接口功能，实现全院范围内病人检查报告以及影像的浏览、回传；开通移动医生工作站，部分科室开通移动护理工作站。

2月，新急诊楼投入使用，设抢救床20张，观察床21张，急诊ICU床位12张，分A、B、C三个急救区域。门诊将诊间预约、窗口预约、自助机预约、电话预约（12580）4种预约服务整合在一个平台，优化预约流程。开通银医一卡通、电子叫号系统、“医院微信公众平台”、开放微导诊预约平台。回访中心对18类疾病、18类手术进行针对性随访，随访率达到100%，对所有住院患者进行出院回访，回访率达到100%。支援帮扶新疆焉耆县医院、西藏阿里地区医院、大厂县医院、大城县医院、香河县医院、三河市人民医院，派驻医务人员11名。全年到农村、社区、企业、学校开展义诊和健康宣传教育活动28次，服务特殊群体5000余人（次），发放宣教材料6000余份。

（刘　巍）

廊坊市中医医院

2015年，廊坊市中医医院有医护工作人员709人，开放床位510张，建筑面积3.2万平方米。下设中医骨伤科、血液科等临床科室35个，医技科室11个，其中国家级重点专科1个，重点专科建设单位2个，肾内、ICU、康复、透析、肿瘤、内分泌等7个专业具备独立成科条件，被确定为重点培养对象。全年业务收入2.17亿元，同比增长12.7%；门诊量17.4万人次，同比增长3.9%；出院7316人次，同比增长6.1%；病床使用率100%，病床周转次数17次；甲级病历率、危重病人抢救成功率、中医药参与率达到90%；中草药使用同比增长21.5%。年内，市中医院与北京市西苑医院合作，挂牌成立“北京市中西医结合血液病研究所廊坊分部”。筹办首届京津冀血液高峰论坛，依托西苑医院科研优势，与西苑医院共同开展国家“十二五”专项课题1项。承办河北省中西医结合学会血液学专业委员会年会暨廊坊市医学会血液学分会和廊坊市中医药学会成立大会。举办7期省级继续教育培训班，参训4000多人次。

年内，市中医院安置大中专毕业生32人，公开招聘研究生3人，本科5人。选派医护人员31人到京津冀各大医院进修深造，75人分别参加各类不同层次的短期培训和学术交流。发表科研论文21篇，其中市中医医院检验科杨雅丽撰写的论文被美国SCI收录，实现市中医院SCI论文“零”突破。全年科研立项7项，结题4项，获奖6项。其中，由副院长杨淑莲主持的“疏肝清热滋补肝肾法治疗难治性特发性血小板减少性紫癜临床研究”获市级科技进步奖一等奖。

市中医院南侧病房楼改建项目建设完工，新增业务面积3600平方米，增加床位120张。采用租赁形式，租用市中医院北侧建安医院，新增业务面积2000平方米。完成64排CT、核磁共振、血管机等大型医疗设备的申请、论证、考察和招标工作。全年采购西门子彩超、心肺复苏机、除颤监护仪等设备24台（件）。成立患者回访中心，出院病人电话随访2000多人次。全年开展免费血糖筛查、对肿瘤及晚期癌痛患者的义诊活动11次，开展糖尿病、颈椎病中医预防保健等专题讲座17场，发放健康教育宣传册1万多份，推介市中医院“治未病”、中医养生等特色优势。

（刘思洋）

体　育

【概况】 2015年，廊坊市落实国务院《全民健身条例》和廊坊市《全民健身实施计划（2011—2015）》，利用体育彩票公益金加大全民健身工程的建设力度，实施农民体育健身工程、乡镇体育健身工程、社区体育健身工程、绿道健身示范工程、游园健身工程等公共体育设施建设。三河市、霸州市、固安县、大厂回族自治县和廊坊开发区实现体育健身设施全覆盖。全市登记注册各类体育社会组织116个，街道乡镇级体育组织87个，全民健身站点175个。有各级社会体育指导员4800人，体育人口总数159万人，占总人口35.3%。老年人体育组织2500个，覆盖率达80%。全民健身周期间，组织各级各类群众体育健身活动2000余次，参加全民健身日、万人长跑、绿色低碳耐力骑行、游园健步走等全民健身主题系列活动50万人次。年内，廊坊市制定印发廊坊市《关于加快发展体育产业，促进体育消费的实施意见》，发展体育产业，促进体育消费。全市建成体育产业基地4个，分别为霸州胜芳台球、固安礼让店渔具、安次落垡制球、大厂三河户外健身器材。大厂夏垫佳美体育用品有限公司获“河北省体育产业基地”命名。河北省3家体育器材生产企业通过国标认证，其中包括廊坊佳美公司和桂宇星公司。廊坊市有廊坊京华高尔夫球场、大宗高尔夫球场、艾力枫社高尔夫俱乐部等高尔夫场所7处，霸州茗汤温泉、文安金海岸温泉浴场等游泳场馆14所。高档体育健身场所与大众体育休闲场所高低兼备、设施完善。体育会展经济方面，国际名鸽博览会吸引5万余人参加，交易额1.95亿元，获国际鸽联主席巴宴斯赞誉。举办首届廊坊第什里风筝节，10万余人参加。召开“首届京津冀体育休闲生活一体化高峰论坛”，与北京市通州区和天津市武清区签订《关于京津冀体育合作协同发展倡议书》。举办自行车耐力骑行、全国围棋段位赛等，推动廊坊市旅游休闲和健身健康业的发展。廊坊国际名鸽博览会、廊坊国际渔具展、廊坊国际热气球展，被列为全国体育旅游精品项目。全年廊坊中心电脑型彩票销售8.13亿，即开型彩票销售1.39亿元，总销量为9.52亿元。

【体育惠民工程】 2015年，廊坊市体育局投资430万元在和平路、北凤道等4条道路建设城市绿道健身示范工程，全长22公里，设立健身站点62处，覆盖20个居民小区和村（街），安装器材850件（套），受益群众10万余人。廊坊市投资1000余万元在市区北凤道绿带、天域园、廊坊站、艺术大道体育公园、龙河盛都小区南侧、市二十五小学西侧等部分游园建设以室外篮球、乒乓球为主的体育健身设施77套，更新完善30个居民社区的健身设施，为全市420个村（街）新增健身器材3360件，社区健身设施覆盖率达到85%，农村达到70%，服务群众60万人。

【全民健身活动】 2015年，廊坊市组织开展元旦长跑、全民健身日、游园健步走、自行车耐力骑行、广场舞展示、市直机关体育运动会等群众性体育活动，参加人数5万人。自行车耐力骑行推动旅游健身。5月至6月，市体育局在固安永定河自行车运动公园组织承办SHIMANO车迷节北方站、“2015中国·固安自行车公开赛”等活动，推广自行车全民健身运动。市、县开展全民健身公益培训活动，全市培训社会体育指导员1500人。

【竞技体育建设】 2015年，廊坊市面向全国引进高水平教练员35人。推动县级业余训练，建设省级体育传统项目学校7所、市级8所，扶持2所民营俱乐部投入基层业训，向省级以上专业队输送优秀运动员39人。市体育局组织筹备廊坊市七届全民运动会，成立大会组织委员会和办事机构，制定印发青少年组和群体组26个比赛项目的竞赛规程，并实地调研各县（市、区）和市直相关参赛单位的参赛准备工作；备战河北省第十五届运动会，组织运动员夏季和冬季集训，参加河北省年度青少年组和社会组（含老年组）各项目比赛，青少年组取得45枚金牌。举办廊坊市年度青少年组和社会组（含老年组）各项目体育比赛，优化运动员年龄结构，为参加省十五届运动会选拔优秀运动人才。

【迎新春元旦万人长跑活动】 12月26日，廊坊市第二十二届迎新春万人长跑暨学生阳光体育冬季长跑活动在市体育场举行，全国及廊坊市近万名跑步爱好者参赛。活动由廊坊市人民政府主办，廊坊市委宣传部、廊坊市体育局等6个单位承办。活动旨在保护横跨京津冀三地的永定河，呼吁社会关注生活环境生态，保护母亲河。活动分为半程马拉松和大众跑，以市体育场西广场为起点，半程马拉松比赛全程21.0975公里，大众跑活动全程3公里。山东的李伟以1小时10分26秒的净计时成绩夺得男子个人冠军，北京的罗川以1小时17分29秒的净计时成绩获女子个人冠军。

（马二娟）

社会生活

劳动就业

【概况】 2015年，廊坊市实施创业就业促进工程，加大资金筹集、使用、监管力度，改善就业创业环境。市政府出台《廊坊市关于新形势下加强就业创业工作的若干意见》和《促进就业创业工作实施办法》，整合就业服务职能，理顺就业工作机制。市政府办公室印发《关于进一步发展家庭服务业的意见》，市人社局印发《关于建设廊坊市示范性家政服务员培训输出基地有关问题的通知》和《关于做好市级示范性家政服务员培训输出基地监督管理的通知》，推进家庭服务业工作开展。是年，全市新增城镇就业5万人，城镇登记失业率控制在4%以内。全市新增城镇就业岗位5.45万个，农村劳动力向非农产业新增转移2.97万人，下岗失业人员再就业7567人，就业困难人员实现再就业2439人，分别完成全年目标任务的109%、106%、137%、143%。高校毕业生就业率为92.3%。城镇登记失业率为1.9%，连续10年保持全省最低。城镇零就业家庭保持动态为零。

【落实就业创业政策】 2015年，廊坊市人社局完善落实就业创业扶持政策，推出20项促进就业创业的具体政策措施。全市发放小额担保贷款4997万元，直接扶持759名失业人员自谋职业和自主创业，累计带动（吸纳）2350人实现就业。全面落实中小微型企业招用高校毕业生补贴、企业（单位）招用就业困难人员补贴等就业创业扶持政策。全市筹集就业专项基金1.35亿元，支出1.5亿元，惠及5.5万人。是年，在就业专项资金绩效评价工作中，廊坊市评价等级为优，位于全省前列。

【高校毕业生就业】 2015年，廊坊市应届高校毕业生就业率达87%以上。接收各类大中专毕业生11829人，其中博士研究生3人，硕士研究生656人，本科毕业生4581人，专科（含高职）及以下毕业生6589人。征集高校毕业生见习单位46家，见习岗位1882个。为1120名享受城乡居民最低生活保障家庭以及残疾的或者享受助学贷款的高校毕业生发放求职补贴224万元。全市有1453名高校毕业生享受中小微型企业招用高校毕业生补贴政策，支出一次性新增就业补贴22.7万元，社会保险补贴725.07万元。

【承办志愿者专场招聘会】 2015年，廊坊市人社局承办河北省2015年服务期满“三支一扶”（支农、支教、支医和扶贫）计划志愿者专场招聘会，接收“三支一扶”志愿者491名，其中服务期满志愿者294名，实现就业252人，就业率达85.7%。廊坊市人社局承办河北省2015年服务期满“三支一扶”计划志愿者专场招聘会的工作经验在全省交流。

【开展“春风行动”专场招聘活动】 2015年，廊坊市推进农村转移劳动力就业创业工作，开展以“搭建供需平台、促进转移就业”

为主题的“春风行动”。该项活动面向有转移就业意愿的农村劳动者、有创业愿望的农村劳动者、有招聘需求的各类用人单位和其他有就业创业意愿的劳动者，开展政策宣传、专场招聘、送岗到乡、返乡创业扶持、维护劳动权益等多项免费服务。活动期间免费发放“春风卡”等宣传资料。是年，全市组织召开各类招聘会200余场，收集并公布空岗信息15.67万个。各县（市、区）组织26场大型专场招聘活动，提供用工岗位5万余个。

【保障农民工工资支付工作电视电话会议】 12月9日，廊坊市召开保障农民工工资支付工作电视电话会议。会议贯彻落实上级部门保障农民工工资支付工作要求，研究部署全市下一步工作。市委常委、常务副市长李波出席会议并讲话。市信访局、市公安局、市建设局，及三河市、大城县人民政府作简要汇报。李波要求各级各部门要全力以赴做好保障农民工工资支付工作，确保春节前拖欠农民工工资案件基本办结，确保群体性事件得到妥善处理。

【农民工工资支付管理】 2015年，廊坊市落实《廊坊市建设领域农民工工资支付管理暂行办法》（以下简称《办法》），推动解决农民工工资拖欠问题逐步走上法治轨道。《办法》实施后，廊坊市建设领域新开工项目未出现拖欠农民工工资现象。在全省劳动保障监察会议和全市信访维稳工作汇报会上，廊坊市先后介绍解决农民工工资拖欠工作的经验做法。市长冯韶慧对该项工作给予肯定。

【京津冀劳动人事争议研讨会】 4月22日至24日，人社部在廊坊市召开京津冀劳动人事争议形势分析及政策研讨会。国家人社部调解仲裁管理司副司长李小虎主持会议。人社部调解仲裁管理司负责人、京津冀调解仲裁机构负责人及仲裁业务骨干10余人参加会议。会议主要内容是研判京津冀地区劳动人事争议形势，研讨建立争议处理沟通协调机制。各地仲裁机构负责人从大局统筹角度出发，围绕劳动人事争议管辖权、国家法律法规政策解读、区域性政策融合及特殊性案件的处理等主题展开研讨。会议期间，国家人社部领导到三河市调研和座谈调解仲裁工作，并对廊坊市及三河调解仲裁工作给予肯定。是年，廊坊市处理争议案件2421起，涉及经济标的额6524万元。

【和谐劳动关系创建】 2015年，廊坊市完善劳务用工备案制度，细化工作流程，简化备案手续，为用人单位提供高效服务。完成2015年企业薪酬调查工作，抽取样本企业430家，涉及职工8.7万人，样本回收率99%，样本调查企业41家。开展模范劳动关系和谐企业评选活动，对获得“廊坊市模范劳动关系和谐企业”和“廊坊市优秀劳动关系和谐企业”称号的单位分别给予10万元和5万元的一次性奖励。

【清理整顿人力资源市场】 2015年，廊坊市检查各类职业介绍机构和用人单位480户，查处各类违反就业管理相关规定的行政违法案件28件，依法取缔非法职业介绍活动11起，责令退赔劳动者各种费用1.6万元。3月，人社部劳动监察局局长闫宝卿到廊坊市就清理整顿人力资源市场秩序专项行动进行调研。闫宝卿对廊坊市清理整顿人力资源市场秩序等项工作给予肯定。

（张晓伟　邢　为）

社会保障

【概况】 2015年，廊坊市机关事业养老保险、企业养老保险、城镇医疗保险、工伤保险参保人数分别完成全年扩面任务的340%、344%、380%、138%。全市城乡居民养老保险参保215.3万人，参保率99.18%。机关事业养老保险和企业养老保险社会化发放率保持在100%。工伤保险实现省级统筹，开通廊坊工伤保险微信公众平台，工伤保险信息系统上线运行，实现全省联网。为5283名工伤职工及供养人员支付工伤待遇1.79亿元。失业人员保险降低单位和个人缴纳失业保险费最低缴费基数，为4720名失业人员发放失业保险金2023.13万元，为1511名困难家庭应届高校毕业生发放失业补助金532.97万元。是年，市人社局获“全省城乡居民基本养老保险经办实绩突出单位”“全省工伤保险经办实绩突出单位”称号。

【城镇基本医疗保险】 2015年，廊坊市出台《廊坊市城镇基本医疗保险市级统筹实施方案》及相关实施细则，医疗保险市级统筹工作全面推开。制定《廊坊市城镇居民大病保险实施细则》，建立起完备的城镇居民大病保险制度，切实解决老百姓因病致贫、因病返贫的困难。启用新的医疗保险信息管理系统，做好与省级异地就医即时结算平台对接准备。加强对医保两定单位监督管理，完善并落实相关政策和内控制度，确保基金安全。

【基本养老保险】 2015年，廊坊市根据公务员津贴补贴和事业单位在职人员绩效工资调整，相应调整机关事业单位养老保险缴费基数。再次调整企业退休人员养老金待遇，人均月增220.46元，增长11.82%。制定《关于完善城乡居民基本养老保险制度的实施方案》，城乡居民养老保险每人每月在省提高标准的基础上再增加10元基础养老金，全市最低基础养老金达到85元，一次性丧葬补助金达720元。

【社保基金管理】 2015年，廊坊市基本养老保险制度覆盖301.7万人，领取养老金人数70.83万人，其中，13.6万名职工享受离退休待遇，57.23万名城乡居民拥有普惠的养老保障。参加城镇基本医疗保险、工伤保险、失业保险人数分别为99.4万人、45.96万人、27.8万人。全市各项社会保险基金收缴应收尽收、应缴尽缴、应保尽保，各项社会保险待遇审核发放程序规范、及时。是年，市人社局规范保险基金工作制度，印发《廊坊市社会保险基金安全评估工作实施方案》（以下简称《实施方案》）。《实施方案》明确基金安全评估对象和评估内容。评估对象包括基金和从事基金经办的机构，评估内容包括基金运行状况和风险管控状况两个方面，定期对经办机构内部控制进行检查评估。

【社保卡发放】 2015年，廊坊市提取城乡居民养老保险、医疗保险参保人员基础信息数据277.06万条，形成可制卡信息216.9万条，制卡131.87万张。城乡居民养老保险领域发放社保卡114.94万张，使用50.83万张。

（张晓伟　邢　为）

住房保障

2015年，廊坊市修订《廊坊市限价商品房管理暂行办法》等规范性文件，推进保障性安居工程。按照考核要求，市房地产管理部门完成住房保障申请审核联审联查制度、住房保障档案管理、保障性住房需求、市级住房保障信息系统平台建设、住房保障信息公开、保障性安居工程税费减免政策制定等项工作。年内，廊坊市完成保障性安居工程新开工项目44个、房屋12170套，竣工项目26个、房屋12634套。

2015年廊坊市保障性安居工程项目一览表

表43

地区	开工项目	竣工项目
市区	荣盛华府　瑞河兰乔花园　紫云轩 恒基惜缘花城　解放8号 北昌　于常甫二期　化营辛庄二期	北旺儒苑二期 北昌棚户区项目
三河	金谷美丽城　蓝湾公寓　欣水湾·华庭 锦绣华庭　理想新城　首尔园·甜城三期 中赵甫城中村改造	北京住宅小区 华城公寓
大厂	世纪阳光限价房项目　阳光新城限价房项目 阳光佳苑公共租赁住房项目　祁福佳苑	北辰阳光限价房项目
香河	香城壹号小区	阳光尚城廉租房项目 阳光尚城公共住房一标段项目 阳光尚城公共住房二标段项目
永清	秀莲小镇　温馨佳苑三期C	无
固安	裕隆公寓二期　和顺嘉苑　万隆财富广场 京东方职工公寓二期　和惠苑	金海太阳城　和惠苑
霸州	霸州市华金复合板建筑材料有限公司职工宿舍 江南春城　范家坊村整体改造　胜水荷香 城四村改造项目	霸州市河畔新城（幸福家园）一期廉租房项目 霸州市河畔新城（幸福家园）一期经济适用房项目 霸州市河畔新城（幸福家园）一期公共住房项目 霸州市河畔新城（幸福家园）一期限价商品房项目 贾庄旧城改造一期 朝阳社区江南春城 华金复合板建筑材料有限公司职工宿舍 城四村棚改项目
文安	兴文小区　凯旋国际6#楼 鑫悦豪庭　林景二期	民安小区廉租住房一标段项目 民安小区廉租住房二标段项目 界围农场垦区棚户区改造项目 黄甫农场垦区棚户区改造项目
大城	中城天邑公共住房项目　中城天邑限价商品房项目 新城园公共住房一标段项目 新城园公共住房二标段项目 瑞景家园　鑫达新天地 金乐万家新城园　建驰怡景	建驰怡景廉租房项目 建驰怡景公共住房项目 建业家园 平舒市场

2015 年廊坊市保障性安居工程申请条件一览表

表 44

项目名称	申请条件	申请受理时间
公共住房保障	申请公共住房保障，须同时具备以下条件： 1. 具有市区常住户口 3 年以上的家庭（含单亲和单身家庭），并在市区实际居住； 市区常住户口是指市规划区范围内的城镇户口；3 年以上户口是指申请人 2012 年 6 月 19 日及以前取得市区户口（学生挂靠在学校集体户口期间不计入常住户口时间）。申请家庭是指夫妇双方及未婚子女组成的家庭、离异或丧偶带子女的单亲家庭、单身年满 26 周岁的单身（未婚或离婚、丧偶未带子女）家庭。 2. 申请公共住房实物配租家庭，2015 年家庭人均可支配收入在 2014 年市区人均可支配收入的 1.0 倍（即 29416 元）以下，且家庭总资产在 45 万元以下；申请公共住房租赁补贴的家庭，2015 年家庭人均可支配收入在 2014 年市区人均可支配收入的 0.8 倍（即 23532 元）以下，且家庭总资产在 30 万元以下；家庭可支配收入包括申请人及家庭成员工资（含退休金）、奖金、其他劳动所得及财产性收入和生产、经营、投资、承包、承租所得。家庭总资产是指申请人及家庭成员名下存款（现金）、有价证券、工商注册企业资本金或出资额、房产、车辆、各种生产经营及家用设备现市值评估额的总和。申请人及家庭成员的收入情况，有单位的，由单位开具证明；没有单位的，由本人书面具结。最低收入家庭以《低保证》为证明（《低保证》户主姓名应为申请人或其配偶）。 3. 申请人及家庭成员未购买过经济适用住房或限价商品房，未承租公有住房或享受廉租住房保障； 4. 无房户或家庭人均住房建筑面积在 15 平方米以下且家庭住房总建筑面积在 50 平方米以下的住房困难户。无房户是指申请人及家庭成员没有自有产权住房，或者已转让过私有住房、福利分房、集资建房满 5 年（即 2010 年 6 月 29 日及以前转让），无商业门店、宅基地、自建房；有住房但未办理房产证的不属无房户。住房建筑面积按房屋权属证书记载的面积计算；有多处住房的，住房建筑面积合并计算。	申请受理时间：2015 年 6 月 30 日—7 月 15 日（节假日除外）

（沈兴辉）

生活物价

2015 年，廊坊市落实国家和省价格惠民政策，完善价格惠民政策动态管理、公开公示、督导检查、统计报告等 9 项制度，从价格惠民政策的出台、公布、执行到宣传、监督、汇总，形成完整的运行机制。水、电、暖、气、教育、医疗等与民生密切相关的 14 个行业 32 项价格惠民政策，按照类别、执行标准、优惠标准、优惠对象、依据等项目编制成目录，及时更新、公布，接受社会监督。定期督导相关执行部门和 10 个县（市、区）惠民价格政策措施落实，发放价格惠民政策手册 4000 份，惠民价格政策措施惠及群众 24 万人次、单位 3.68 万个，减免金额 1.38 亿元。

2015年廊坊市城区供水价格一览表

表45

分　类	价　格	执行日期	文件编号
居民到户水价	3.7元/立方米（含污水处理费0.8元和水资源费0.45元）	2009年12月1日	廊价管〔2009〕98号
其他到户水价	5.95元/立方米（含污水处理费1元和水资源费0.5元）		
特行到户水价	29元/立方米		

2015年廊坊市区天然气价格一览表

表46　　单位：元/立方米

分　类	现行标准	执行日期	文件编号
居民生活采暖用气	第一档（300方以下）：2.24 第二档(301—1200方以下):2.69 第三档（1201方以上）：3.14	2015年10月15日	廊价管〔2010〕65号 廊价管〔2015〕110号 廊价管〔2015〕122号
非居民用气	3.24	2015年11月23日	廊价管〔2015〕121号
享受居民用气的非居民生活用气	2.58	2015年10月15日	廊价管〔2015〕110号
车用燃气	出租车：3.28 其他车：3.38	2015年11月20日	廊价管〔2015〕120号
低保户用气	1.5	2006年11月5日	廊价管〔2006〕105号

2015年廊坊市区供热价格一览表

表47　　单位：元/平方米

分　类	现行标准 按90%建筑面积	现行标准 按100%建筑面积	执行日期	文件编号
居民用热价格	24.4	22	2008年10月29日	廊价管〔2008〕151号
非居民用热价格	42.2	38		
低保户用热价格	17.2	15.5		

2015 年河北省北部电网销售电价格一览表

表 48　　　　　　　　　　　　　　　　　　　　　　　　　单位：元/千瓦时

用电分类		电压等级	电度电价					基本电价	
			平段	尖峰	高峰	低谷	双蓄	最大需量（元/千瓦/月）	变压器容量（元/千伏安/月）
一、居民生活用电		不满 1 千伏	0.52						
		1 千伏—10 千伏	0.47						
		35 千伏及以上	0.47						
二、一般工商业及其他用电		不满 1 千伏	0.6626	1.0356	0.9112	0.414	0.3518		
		1 千伏－10 千伏	0.6476	1.0116	0.8902	0.405	0.3443		
		35 千伏及以上	0.6376	0.9956	0.8762	0.399	0.3393		
其中：中小化肥生产用电		不满 1 千伏	0.5769	0.8984	0.7913	0.3625			
		1 千伏－10 千伏	0.5619	0.8744	0.7703	0.3535			
		35 千伏及以上	0.5519	0.8584	0.7563	0.3475			
三、大工业用电		1 千伏－10 千伏	0.5476	0.8522	0.7506	0.3446		35	23.3
		35 千伏—110 千伏	0.5326	0.8282	0.7296	0.3356		35	23.3
		110 千伏—220 千伏	0.5176	0.8042	0.7086	0.3266		35	23.3
		220 千伏及以上	0.5126	0.7962	0.7016	0.3236		35	23.3
其中	电石、电解烧碱、合成氨、电炉黄磷生产用电	1 千伏－10 千伏	0.5076	0.7882	0.6946	0.3206		35	23.3
		35 千伏—110 千伏	0.4926	0.7642	0.6736	0.3116		35	23.3
		110 千伏—220 千伏	0.4776	0.7402	0.6526	0.3026		35	23.3
		220 千伏及以上	0.4726	0.7322	0.6456	0.2996		35	23.3
	中小化肥生产用电	1 千伏－10 千伏	0.4695	0.7272	0.6413	0.2977		24.8	16.5
		35 千伏—110 千伏	0.4545	0.7032	0.6203	0.2887		24.8	16.5
		110 千伏—220 千伏	0.4395	0.6792	0.5993	0.2797		24.8	16.5
		220 千伏及以上	0.4345	0.6712	0.5923	0.2767		24.8	16.5
四、农业生产用电		不满 1 千伏	0.5004						
		1 千伏－10 千伏	0.4904						
		35 千伏及以上	0.4804						
其中：贫困县农业生产用电		不满 1 千伏	0.3154						
		1 千伏－10 千伏	0.3124						
		35 千伏及以上	0.3094						

说明：1.上表所列价格，除贫困县农业生产用电外，均含国家重大水利工程建设基金 0.7 分钱

2.上表所列价格，除农业生产用电外，均含城市公用事业附加费，其中：居民生活用电 1.5 分钱，大工业用电 1 分钱，一般工商业及其他用电 1.1 分钱；未开征城市公用事业附加费的地区，各类用电按上表所列价格相应扣减

3.上表所列价格，除农业生产用电外，均含大中型水库移民后期扶持资金 0.35 分钱,地方水库移民后期扶持资金 0.05 分钱

4.上表所列价格，除农业生产用电外，均含可再生能源电价附加，其中：居民生活用电 0.1 分钱，其他用电 1.9 分钱

2015 年廊坊市区物业服务及相关服务收费政府指导价格一览表

表 49　　　　单位：元/月·建筑平方米·个

物业服务等级＼项目	住宅区公共性物业服务收费				装修垃圾和渣土清运费	出入证（卡）工本费
	物业服务基准价格	供水二次加压运行维护费	供暖换热运行维护费	电梯运行维护费		
一级	1.25	0.1	0.15	0.3	4	15
二级	1.05					
三级	0.9					
四级	0.7					

说明：1. 供水二次加压运行维护费、供暖换热运行维护费、电梯运行维护费在业主大会成立前均实行最高限价管理，按照建筑面积每平方米不超过 0.1 元、0.15 元、0.3 元收取，下浮不限。业主大会成立后，供水二次加压运行维护费、供暖换热运行维护费、电梯运行维护费由业主与物业服务企业或相关单位合同约定

2. 委托物业服务企业代为清运装修垃圾和渣土的，业主大会成立前，装修垃圾和渣土清运费可按建筑面积每平方米不超过 4 元收取，下浮不限。业主大会成立后，住宅区装修垃圾和渣土清运费标准由业主与物业服务企业协商确定。别墅以及其他非住宅的装修垃圾和渣土清运费，由业主与物业服务企业合同约定

3. 受业主或业主委员会委托实行小区出入证（卡）管理的，物业服务企业可根据制作成本收取工本费。业主大会成立之前，人员出入证（卡）工本费每个不得超过 15 元，下浮不限；车辆出入证（卡）工本费与人员出入证（卡）相同的，按照人员出入证（卡）工本费收费标准执行，与人员出入证（卡）不同的，报市物价局核定工本费收费标准；因遗失、损坏等需要补办出入证（卡）的，按工本费收费标准收费。业主大会成立后，出入证（卡）工本费收费标准由业主与物业服务企业协商确定

4. 住宅楼单元内的楼道照明用电费用，已纳入物业服务等级基准价格，若执行表中收费标准，物业服务企业不得再向业主或物业使用人另行收取公共照明费用

5. 住宅区公共性物业服务收费标准构成：物业服务收费标准 = 物业服务等级基准价格+供水二次加压运行维护费+供暖换热运行维护费+电梯运行维护费

（何志胜　王　赢）

住房公积金管理

【概况】　2015 年，廊坊市住房公积金归集 29.4 亿元，同比增加 21.74%，累计归集总额 167.2 亿元，累计归集余额 85.35 亿元。住房公积金缴存单位 4275 个，年度净增加 315 个，增幅 7.95%；缴存职工 43.03 万人，年度净增加 3.17 万人，增幅 7.95%。向 7457 户缴存职工家庭发放住房公积金贷款 27.64 亿元，同比增长 97.29%；向 36073 户家庭发放住房公积金个人贷款 97.15 亿元。个人贷款累计余额 71.34 亿元，个人贷款使用率 83.58%，较 2014 年底增长 17.29%，住房公积金个人贷款率全省排名第三。全年为缴存职工提取住房公积金 19.67 亿元，同比增加 34.36%，累计提取 81.86 亿元。年内住房公积金业务收入

3.13亿元，业务支出1.11亿元，增值收益2.02亿元，同比增长56.59%。在全省住房公积金业务管理考核中廊坊市住房公积金管理中心被评为优秀单位。

【规范归集管理】 2015年，廊坊市住房公积金管理中心规范调整缴存基数、调整缴存比例、单位补缴、开户等审核工作，以及集中封存账户的转入、转出、提取等初审工作。出台《关于规范异地贷款职工住房公积金缴存证明开具工作的通知》，截至年底，为318名职工向外地公积金管理机构开具异地贷款缴存证明。做好归集信访，年内妥善处理测绘院、铸鼎集团等部分职工归集缴存信访案件，规范单位归集缴存行为，维护职工合法权益。

【贷款发放】 年内，廊坊市住房公积金管理中心降低贷款条件，职工连续足额缴存住房公积金6个月（含）以上，可申请住房公积金个人住房贷款。调高贷款额度，住房公积金贷款最高额度由40万元调整到60万元。降低购房首付，购买首套住房最低首付款比例为20%，拥有1套住房并已结清相应购房贷款的缴存职工家庭，再次申请住房公积金委托贷款购买普通自住房，最低首付款比例为20%。增加贷款种类，开展贷款置换、组合贷款业务和异地贷款业务。调整规范“贷款置换业务”和“再交易住房贷款模式”，办理贷款置换845笔，放贷金额2.59亿元。办理组合贷款184笔，公积金贷款金额8562.4万元。推行在外地缴存职工在廊坊市住房公积金异地贷款业务，办理异地贷款454笔，放贷金额1.94亿元。简化贷款办理手续，缩短贷款办理周期。贷款资料手续齐全，在15个工作日内完成申请受理、审批和银行交割（资金结算）。

【住房公积金提取使用】 2015年，廊坊市住房公积金管理中心开通租房提取住房公积金业务。租住住房用于自住，职工本人及其配偶可以提取住房公积金，年租金费用提取上限为2万元。2014年11月1日起，以自有资金全款购买90平方米（含）以下首套自住住房的，且从未使用过住房公积金贷款的，可多次提取本人和配偶的住房公积金。开通特殊情况提取住房公积金业务，职工及直系家庭成员因重大疾病，造成家庭生活严重困难的，凭借县级以上医院出具的疾病诊断证明、住院费用证明可一次性提取本人或直系家庭成员的住房公积金。

【保障资金安全】 年内，廊坊市住房公积金管理中心严格内部审计，定期审计各业务科室、各管理部归集、提取、贷款等业务。注重制度防范，各管理部主任签订《内部授权委托书》，开展纪检组长约谈、定期查岗等工作。启动各县市管理部业务大厅监控系统。规范审批流程，强化责任机制，固定岗位责任。严格审查各项业务证明材料，与缴存单位、房管、税务、银行等部门建立协调机制，防止虚假骗提。

（张东梅　姚　姚）

民政事务

【概况】 2015年，廊坊市出台《廊坊市“阳光低保”建设指导意见》，规范低保审批流程，强化信息公开公示。全市保障城乡低保对象6.1万人，发放保障金1.64亿元，实现应保尽保。出台《廊坊市临时救助办法》，将因突发变故导致生活临时困难的家庭纳入“兜底保障”范畴，最高救助标准可按照城乡低保户保障标准一次性享受全年全额救助。全年支出临时救助金1337万元，救助2958人次。出台《关于全面开展重特大疾病医疗救助工作，进一步完善医疗救助制度的实施意见》，全市筹集大病救助资金1.35亿元，支出4811万元，救助1896人次，人均救助金额2.54万元。建设应急避难场所，确定固安县城应急避难场所等县级中心型避难场所12个，全市应急避难场所达到50个。冬春期间发放生活救助等专项救助金2310万元，救助7.7万人次。开展廊坊市慈善大病救助工作，确定资助对象2人，发放救助金4万元。开展第十届村两委班子换届选举，全市3208个村中有3110个村委会换届选举，占97%。简化社会组织审批手续，对取得相应执业许可证的民办非企业单位实行简化登记。推进社会组织评估工作，新增廊坊市老科学技术工作者协会、廊坊市信用管理协会、廊坊市安泰老年公寓、廊坊市广安医院和廊坊市口腔专科医院等5家省AAA级社会组织，全市社会组织发展到1305家。

【双拥优抚安置】 2015年，廊坊市开展全国双拥模范城创建工作调研督导。市拥军优属、拥政爱民办公室就随军家属就业安置、部队供暖保障、离退休干部医疗保障等问题相互协调，为部队解难题、办实事。优抚保障。全市重点优抚对象医疗报销、“一站式”结算系统升级，举办抗日战争暨反法西斯战争胜利70周年相关纪念活动，廊坊烈士陵园外围基础设施升级改造及绿化美化工作完工。退役士兵安置。建立退役士兵城乡一体化安置制度，自谋职业补助金及自主就业一次性经济补助金标准分别上调7.9%和6.7%。全年安置符合安置条件的106人，发放自谋职业补助金及自主就业一次性经济补助金4785万元。

【养老服务】 2015年，廊坊市推广“12349”社区养老呼叫服务热线，入网老年人4.5万人，加盟服务企业760家。“廊坊市社区信息化管理平台”投入运行，采集录入社区居民信息25万条。“廊坊社区网”开放运行，市区有72个社区开通社区子网站，并制作社区电子地图。依托全国老龄办支持指导，“华寿之家”社区养老项目进驻廊坊市，并建设华寿之家社区养老服务中心和钰海社区等15个居家养老辅助中心，受益老人6000余人。广阳区开展“全国社区治理创新实验区”建设，被民政部确认为40个“全国社区治理创新实验区”之一。出台《关于加快发展养老服务业的实施意见》，规划养老服务机构建设空间布局，编制项目规划图。全市在建8所社会化养老机构中，福源老年公寓花城院区建设项目完工，三河厚德老年人养护托管院一期、文安县仁爱老年康复中心、大城县留邻居邦德美老年护理中心完工并投入使用，设计床位2400张，总投资3.1亿元。

【社会福利】 年内，廊坊市重新认定社会福利企业资质。全市符合福利企业资格26家，并取得社会福利企业证书。全年救助贫困大学生388人，发放救助金144万元。开展2015年贫困大学生二次救助活动，确定资助对象53人，每人资助2000元，发放二次救助助学金10.6万元。落实高龄补贴制度，为全市80周岁以上老年人每月发放50元至500元不等的养老补贴。三河市超百岁老人月补贴1200元。为城市低保老年人和重点优抚对象每人每月发放60元养老补贴，全年发放236万元。全市福利彩票总销量8.69亿元，同比增长2.2%，全省总销量排位第三。福彩助学救助贫困大学生105人，救助金44万元。

【社会事务管理】 2015年，廊坊市民政行政管理部门开展第二次全国地名普查，挖掘和整理千年古镇、村历史文化相关材料，督导广阳区与北京市大兴区的新机场界线后续工作，开展与天津市的边界联检工作。全市13个婚姻登记处办理结婚登记43162对，离婚登记13122对，补领婚姻登记证17247对。落实惠民殡葬政策，免除困难群众基本殡葬服务费用。市新殡仪馆完成工程选址、地界勘测、项目建议书编制、地质灾害评估、项目管理公司招投标等前期准备工作，土地组卷工作上报省国土资源厅，等待审批，并启动项目稳定风险评估和入户调查工作。全年救助流浪乞讨人员3457人次，其中未成年人72人次。

【《廊坊市临时救助办法》出台】 5月29日，廊坊市制定出台《廊坊市临时救助办法》（以下简称《办法》），自2015年7月1日起施行。临时救助内容指对遭遇突发事件、意外伤害、重大疾病、子女上学或者其他特殊原因导致基本生活陷入困境，其他社会救助制度暂时无法覆盖或者救助之后基本生活暂时仍有严重困难的家庭或者个人给予的临时性、应急性、过渡性的救助。救助范围由原来的只覆盖本地城乡困难群众扩大到具有本地户籍、持有当地居住证的家庭或个人；符合生活无着的流浪、乞讨人员救助条件的，按照流浪、乞讨人员救助办法进行救助。救助标准依据救助对象人数、困难程度以及困难期长短，合理确定救助金额，并制定具体救助金额公式。该《办法》的制定缓解了因遭遇突发事件导致基本生活出现暂时困难的程度，弥补专项救助后出现的制度空白。

【助老金融服务进社区活动】 8月29日，廊坊银行与廊坊市便民社区服务中心合作举办的“养老新伙伴，悠享新服务”助老金融服务进社区活动在安次区龙河盛都社区启动。市民政局局长于宝华、市社区办副主任李永华、廊坊银行和廊坊市社区便民服务中心负责人出席活动。廊坊银行面向廊坊市便民社区服务中心“12349居家养老服务热线平台”注册登记的9万余名老人及全市18家老年人日间照料中心的近万名老年会员，免费办理专属中老年人的金融储蓄服务产品——廊坊银行、廊坊市便民服务中心“悠享”联名卡。办理该卡后，持卡人获得廊坊银行提供的跨行交易手续费减免、定期存款利率上浮等专属金融服务，并享受廊坊市便民社区服务中心提供的专属生活助老服务，包括“12349”生活助手服务、老年理发、生日会、健康体检、意外伤害险、文艺会演、免费旅游等老年综合社区生活服务。

（刘　钘）

民族宗教事务

【概况】 2015年，廊坊市出台《关于加强和改进新形势下民族工作的实施意见》，加强环京津少数民族特色村镇建设，关注和改善少数民族民生问题。举办民族团结进步成就展和民族政策法律法规宣传咨询活动40次；联合市委统战部和市各民主党派赴固安县大韩寨回族村开展送医送药义诊活动；联合市文广新局赴大厂回族自治县小厂村开展“民族一家亲”文化下基层活动；争取市级以上资金648万元，用于解决大厂回族自治县小厂村道路硬化、永清县北曹家务村民族餐饮商业街建设等34个民族村农业生产和民生问题。大厂福华肉类有限公司、跃华食品有限公司、香河河北华香清真肉类加工有限责任公司和廊坊伊利乳品4家民族定点生产企业享受财政贴息187.6万元。是年慰问少数民族和信教群众困难家庭100户；指导市伊斯兰教协会、市佛教协会、市道教协会完成换届工作，调整充实市天主教爱国会和天主教务民主管理小组人员。大厂县南王庄村党支部等4个少数民族模范集体和李兴瑞等7名模范个人受到省政府表彰；三河市新集镇人民政府等30个少数民族模范集体和海朝明等30名模范个人受到市政府通报表扬。市民族宗教事务局被省政府命名为“河北省民族团结进步模范集体”，永清县民族宗教事务局被国家民族事务委员会授予“全国民委系统先进集体”。香河华香肉类加工有限公司获“全国民族贸易和民族特需商品生产千强企业”称号。

【清真食品市场监管】 2015年，廊坊市有各类清真食品生产经营单位2657家。其中，生产加工企业42家，屠宰企业45家，餐饮企业81家，个体经营摊点2403家，清真食堂86家，从业人员1.2万人。市民宗局在维护民族团结、保障社会和谐稳定的基础上，重点监督和管理清真食品市场，与工商、食品、公安、统战等部门配合，采取联查与抽查等方式，加大监管力度，年内妥善处置保龙仓超市清真专柜违规经营等突发事件。全年查处各类矛盾纠纷案件36起，维护了少数民族的合法权益。

【少数民族特色村建设】 2015年，廊坊市南王庄、大韩寨等6个少数民族村列入“环京津少数民族特色村镇”创建规划，全市列入环京津少数民族特色村镇的村8个。年内，市政府召开少数民族特色村镇创建工作推进会，组织创建村相互观摩。大厂南王庄村实施生产生活区域分离，建成村民活动中心、公园、公墓等基础设施；小厂村新建清真寺、引天然气进村入户、修建村中的幸福公园；永清县北曹村投资6200万元新建60栋别墅型新民居，建成清真食品一条街，修建道德文化长廊和入村景观大道；固安县大韩寨村特色村寨和新农村建设相互借力，投资近亿元，修建公路、给排水、污水处理厂等基础性设施；廊坊开发区南营村开展村貌改造，新建文化广场、清真食品交易市场等设施；香河县香椿营争取各级投入资金2450万元，改善村容村貌，改建村养老所，筹建工贸小区。

【宗教团体活动】 2015年，全市46座清真寺开展以弘扬伊斯兰教“中道思想”为主要内容的宣讲活动；天主教、基督教教堂开展“神学思想建设”大讨论活动；道教、佛教寺院开展“文明敬香、建设生态寺院”活动。在全省第五届伊斯兰教卧尔兹演讲比赛中，廊坊市选手马凤领阿訇的《浅谈伊斯兰中正精神》获一等奖，王同雪阿訇的《中道伊斯兰之孝道》获三等奖。开展“宗教慈善周”活动，全市宗教界募集款物92.6万元，用于帮贫扶困助学和美丽乡村建设。其中安次区东沽港镇外澜城石佛寺出资20万元、慈航念佛堂出资10万元为村内修路，廊坊市区清真寺慈善基金会发出救助金额7万余元，用于扶困助学；永清县基督教信众向天津滨海新区爆炸中受伤的武警战士和群众捐款1万元。

【依法管理宗教事务】 2015年，市民宗局制定《设立宗教活动场所审批流程图》《跨区域举办大型宗教活动审批流程图》及《宗教界人士季度上站工作管理办法》《宗教教职人员年度考核实施意见》。结合“和谐寺观教堂”创建活动，完善和规范宗教场所内部财务审计、人员管理、消防安全、教务活动等管理制度。大厂县民宗局与南寺头等16座清真寺签订稳定责任状，建立责任追究制度。霸州市32个宗教活动场所申领组织机构代码证，并建设佛教古籍修复保护中心、佛教古迹博物馆、梵华精舍。

【大厂县成立60周年县庆】 9月16日，大厂回族自治县成立60周年庆祝大会在大厂民族宫中央会堂举行。国家民委办公厅主任张京泽、河北省副省长许宁、省民宗厅厅长潘冬青、市委书记王晓东、市长冯韶慧等领导出席庆祝大会。大会表彰“十大民族团结进步先进集体”“十大民族团结进步先进个人”“十大创业创新先进企业”“十大项目建设先进单位”“十大惠民实事工程”“十大岗位建功先进个人，展示大厂民族团结共同进步共同发展”成果。是年，大厂回族自治县实施民族宫、县城新城中央公园等10项重点工程建设，争取省、市支持项目176项、资金（含实物）15.02亿元，其中省级项目124个，资金9.9亿元。

（刘　萍）

人口和计划生育

【概况】 2015年，廊坊市人口生育水平保持稳定。据2015考核年度（2014年10月1日—2015年9月30日）统计，全市总人口444.62万人，出生人口54124人，人口出生率为12.24‰，自然增长率为6.82‰，出生政策符合率为86.45%；出生人口男女性别比105。年内为11856对待孕夫妇免费进行孕前优生健康检查，服务人数占目标人群比率为95%。生殖健康检查免费服务“民心工程”服务对象由农村已婚育龄妇女扩大到全部农村妇女，包括流动人口。服务项目在B超、乳腺、妇科等基础上增加测血压、心电图，以及血常规、血脂、血糖化验等，全年服务农村妇女56.6万，服务率85.2%。各县（市、区）医院建立绿色通道加强治疗和定期随访，向育龄群众发放优惠卡，为育龄妇女查治妇科疾病。推进“国策漫画扮乡村”工程，以婚育新风进万家活动为载体，倡导婚育新理念。落实“月访视、季服务”工作制度，加强孕前型服务管理。完善避孕药具发放网络，全市设避孕药具免费发放点3962个，其中县（市）城区点284个，乡镇点294，村级点3384个。

【人口计生依法行政】 2015年，廊坊市简化再生育审批办事程序，再生育审批时限缩短为7个工作日。开通计划生育网上办事大厅系统。全市再生育审批6823例，其中市级审批1066例。按照“四在县”（立案在县、征收在县、管理在县、支付在县）规定征收社会抚养费。落实社会抚养费“四在县”征收管理机制，截至9月底，全市征收社会抚养费5238.16万元。探索计划生育特殊困难家庭养老救助长效机制。制定《廊坊市人口计生委关于落实〈政府工作报告〉2015年重点工作的实施方案》，组织经济状况较好和基层计生组织较完善的三河市、大厂县、香河县、固安县4个市县开展计划生育特殊困难家庭养老救助需求调研，起草《廊坊市人民政府关于加强计划生育特殊家庭养老救助工作的指导意见》。年内，全市受理人口计生电话咨询1967次，其中市级受理650次；群众来访咨询268次，其中市级102次；省阳光理政答复26次；市长热线答复4次；“网上直通车”答复18次；参加电台百姓热线节目2次。

【非医学胎儿性别鉴定】 2015年，廊坊市落实“三级两全”包保服务（“三级”指镇计生人员包村，村责任到育龄小组长，育龄小组长包具体怀孕妇女；“两全”即全员全程，全员指镇村全体计生工作人员，全程指服务对象从怀孕至生产的全过程；“包保”指对所包对象保证不发生非医学需要的胎儿性别鉴定和终止妊娠手术）责任制。加强B超操作人员、妇产科大夫职业道德教育，严格责任追究，对终止妊娠手术实行审批制度。排查清理“两非”（非医学需要的胎儿性别鉴定、非医学需要的人工终止妊娠）行为，对锁定从事“两非”的重点机构和服务对象调查取证。联合各县（市、区）计生卫生、工商、药监、公安等部门，查处“两非”案件45起（区域协作2起），涉及经济处罚222850元，没收违禁药品19克，11起典型案件公开曝光。2015年，廊坊市出生人口男女性别比例为105。

【计划生育帮扶活动】 2015年，廊坊市开展“春蕾行动”“金秋助学”“计生圆梦”等帮扶活动。启动“圆梦女孩志愿行动”，成立“圆梦女孩志愿行动”领导小组，各县（市区）确定5名至6名扶助对象，招募志愿者参与活动。“金秋助学”活动中，全市走访慰问贫困计划生育家庭大学生209人，发放慰问金60.9万元，其中女孩户家庭占70%以上。联合教育、妇联、共青团、广电等单位开展“自强女孩”评选活动，让女孩和生育女孩的家庭得荣誉、受激励。大城县全面实施“随女迁居”工程，对67户随女迁居家庭（其中农村双女家庭17户）发放租房补贴20万元，发放新农保补贴8640元，在全社会初步树立起“养女也能防老”的新型生育观念。

【流动人口计生服务管理】 2015年，廊坊市完善流动人口服务管理，探索企业流动人口管理经验。安次区康达畜禽养殖有限公司、安次区富智康公司建立计划生育组织。实行“以房管人”流动人口计生服务管理模式，按照居住房位置划分管理责任区，明确责任人，制定计划生育居民自治章程，对流动人口计划生育工作实行责任合同管理和服务，将流动人口计划生育工作渗透到村民、房屋出租户、街头店铺、集贸市场和驻街单位等，形成横向到边、纵向到底的管理模式。加强区域协作，拓展跨区域服务范围，廊坊市与北京市、天津市、保定市、沧州市等城市建立协作机制，并与249个单位签订区域协作协议书，其中省内167个，省外82个。扩大流动人口协会覆盖面。全市建立城市社区协会248个，新建企业协会386个，新建大型集贸市场和商业街区等流动人口聚集地协会142个。廊坊市流动人口聚集地协会覆盖面达到100%。

【计生奖励优惠政策】 1月至9月，全市为133433名独生子女父母发放每月10元奖励金，落实率100%；为3556名农村独生子女参加中高考增加10分；为2504名独生子女父母发放一次性奖励金3000元，其中市直单位269人，破产改制企业168人；对792名退回二胎指标的夫妻兑现每人1000元奖励。全市完成3302名计划生育奖励扶助人员和176名特别扶助人员的资格审核及网上录入工作，于9月30日前将奖励扶助和特别扶助金按标准发放到位。全市为73户独生子女死亡家庭、32户独生子女伤残家庭分别按照2万元和1万元标准落实一次性救助。截至9月底，全市救助2305户计划生育困难家庭，发放救助金212.43万元。

【计划生育网上办事大厅】 9月，河北省廊坊市计划生育网上办事大厅系统正式开通运行。河北省廊坊市计划生育网上办事大厅系统是为群众办理计划生育相关事项而设立的网上服务平台。该平台服务对象为夫妻双方或者一方户籍在廊坊市行政区内的人员。通过网上办事大厅，居民可以自助办理第一个子女生育登记、独生子女父母光荣证、第二个子女生育登记、申请照顾再生育、办理流动人口电子婚育证明等计划生育事项。业务自受理之日起，审核、审查在2个工作日内完成。

【“新家庭计划”项目】 “新家庭计划”是国家卫计委家庭发展司与中国人口福利基金会共同推行的项目，在家庭保健、科学育儿、养老照护服务和家庭文化建设4个方面对居民开展培训，帮助解决群众问题，提高家庭综合发展能力。河北省确定2个国家级试点和6个省级试点，其中，固安县屈家营村成为国家级试点，固安县霍辛庄村、赵辛庄村成为省级试点。年内，廊坊市组织市县医疗专家在固安县礼让店乡屈家营村、固安县牛驼镇霍辛庄村和赵辛庄村开展“养老照护、家庭保健、科学育儿”主题培训、义诊咨询活动，398户1097名家庭成员参加培训。在国家卫生计生委组织召开的全国新家庭计划经验交流会和省卫生计生委组织召开的家庭发展工作会议，廊坊市卫计委作“新家庭计划”项目典型发言。

（郭有泉）

县（市、区）

安次区

【概况】 安次区辖4个镇、4个乡、3个街道办事处、4个省级园区，分别是：落垡镇、码头镇、葛渔城镇、东沽港镇，北史家务乡、杨税务乡、仇庄乡、调河头乡，银河南路街道办事处、光明西道街道办事处、永华道街道办事处，河北廊坊新兴产业示范区、河北廊坊龙河经济开发区、河北安次经济开发区、河北廊坊龙港经济开发区。辖284个行政村，辖区面积578.4平方公里，耕地面积32263公顷，人口366539人，人口自然增长率5.52‰，城镇人口112378人，境内居住民族以汉族为主，有回族、满族、蒙古族等33个少数民族，少数民族人口5128人，占全区人口的1.4%。2015年，地区生产总值167亿元，同比增长10.9%。其中，第一产业增加值11亿元，同比增长-1.2%；第二产业增加值81亿元，同比增长9%；第三产业增加值74.9亿元，同比增长16.3%。规模以上工业增加值63.9亿元，同比增长10.7%。粮食总产量8.8万吨，同比增长2.1%。棉花总产量0.6万吨，同比减少10.7%。财政收入30亿元，同比增长44%。财政总支出31.8亿元，同比增长12.2%。全社会固定资产投资134.3亿元，同比增长18.1%。社会消费品零售总额52亿元，同比增长10.7%。全部在岗职工（含劳务派遣）平均工资50216元，同比增长6.3%。农村居民人均可支配收入12939元，同比增长8.9%。城镇居民人均可支配收入29067元，同比增长9%。

统筹推进项目建设。2015年，安次区制定出台《关于建立项目准入、评审、退出机制的暂行规定》，建设亿元以上项目85个，其中21个竣工投产，实现产值5.2亿元。列入省重点6项、市重点9项，数量全市第一。年内举办集中开工、省项目观摩、“5·18”经洽会集中签约、银企对接活动，为相关项目匹配土地指标2461亩（约164.07公顷）、占补平衡指标860亩（约57.33公顷）。实施技改项目，利用上级扶持政策，取得政府无息贷款2800万元，争取银行跟贷9550万元，完成工业技改投资32.4亿元，增长69%。开展为企业服务、深入企业帮扶，加快推动个体工商户的组织形式转型升级为企业、小型微型企业升级为规模以上企业，全年新增规模以上工业企业11家、限上批零住餐企业5家、规模以上服务业企业6家、资质等级建筑业企业1家。发展创新创业项目。推进工商营业执照、组织机构代码证和税务登记证合一，企业领取由工商行政管理部门核发加载法人和其他组织统一社会信用代码。新增创新平台11.2万平方米；新增省级科技孵化中心1家、企业技术中心1家、孵化器2家，市级企业研发中心12家、孵化器1家；高新技术企业8家；新认定科技小巨人企业12家、科技型中小企业237家。京津冀（廊坊）创新创业基地、慧谷·梦工厂、壹佰文创孵化基地签约入驻企业93家，北京、深圳“泰智会”众创空间引进项目17个。

提升园区平台。2015年，园区实施道路、供热、供电、污水处理等26项基础工程，累计投入11.2亿元。河北廊坊龙河经济开发区成为省重点打造的4个千亿级园区之一，成为全省唯一的国家国际科技合作基地和“AAAA级省级园区”。安次经济开发区优先对接北京新机场，发展临空经济。省级现代农业园区正式获批、挂牌设立，机构人员全部到位，选择合作机构、园区规划设计有实质性进展。为廊坊高新区基础设施、光明片区改造等5个项目争取授信额度17.3亿元；与市供电公司合作推动26项任务、8座变电站及附属工程建设。协调市水务、市发改等部门，落实永定河泛区安全区工程各项前期手续；新增公交线路4条，改善龙河、安次2个园区及邻近乡镇的公共出行条件；推动龙茂华、龙湖2座污水处理厂建设，其中1座正式投运，1座主体竣工。

建设宜居宜业新家园。2015年，安次区推进棚户区改造项目23个，北昌三村、北史家务村等7个项目加快回迁楼建设，完成蔡豆庄、中孟等7个项目审批。主动运作市政工程，筹资4亿元实施31项配套工程，健全路水电气等功能，增加集中供热和热计量改造范围，增绿补绿10.5万平方米。数字城管结案率全市第一。累计投资8905万元，建设美丽乡村23个，村道改造56.1公里、危房改造249户，续建水厂4座。农村土地确权登记颁证取得实效，流转土地5万亩（约3333.33公顷）。落实涉农补贴2.3亿元。与河北农大结成科技合作联盟，设立科研基地4个，在全市率先推广应用无人机防控等新技术，畜牧、蔬菜、林果3项优势产业占比70%，康达、欧华、东禾、亚绿湾等精品农业园区美誉度、知名度不断提高。

改善生态环境。2015年，安次区关停拆除全部10座砖瓦窑，27所中小学煤改电，治理10蒸吨及以下燃煤锅炉200台，提标改造10蒸吨以上燃煤锅炉19台，治理挥发性有机物企业19家，取缔土小企业24家，推广新能源汽车371辆、清洁型煤5万吨、神华煤10万吨、环保炉具2万套。启动运行垃圾焚烧发电厂项目。空气质量综合污染指数下降10.2%，PM2.5年均浓度下降10.4%。开展水污染治理“攻坚月”活动，全面封堵新老龙河、御龙河、五干渠等36个非市政排污口，沿河设置89个垃圾箱，清理河道垃圾9万余方、漂浮物7500余方。古县村等15个村街小型污水处理设施工程设计和前期手续办理完毕。推进国土绿化，全年造林4.1万亩（约2733.33公顷），是市下达任务的136.7%。

发展民生事业。2015年，安次区文化馆、图书馆入驻壹佰文创孵化基地，乡村两级全面建成文化站、文化室；军芦村音乐会等4个项目列入国家级非物质文化遗产保护名录；举办首届廊坊第什里风筝节；烈士陵园绿化改造提升工程完工，开展公祭活动；殡仪馆迁建拆迁扫尾；市重点工程第一中学搬迁重建具备施工条件；改造30所学校校舍和21所学校操场，教育部校安工程资料馆、市十三中及3所农村标准化幼儿园投入使用；投资1642万元改造提升乡镇卫生院，启动建设4个公立社区卫生服务站。安全生产、食药安全，落实主体责任、监管责任；社会治安居民小区发案率下降80%，破案率提高14%；启用5000平方米群众工作中心，联系服务群众的渠道更加畅通。建立城乡居民大病保险制度，实行基本医保、大病保险、医疗救助3重保障；率先实现职工医保市级统筹；城乡居民基础养老金提高到115元，高龄老人补贴标准最高500元；出台《加快推进残疾人小康进程的实施方案》，建立计生失独、伤残家庭关怀档案。

政府自身建设。2015年，安次区建设法

治型政府，修订《安次区政府党组工作规则》，完善常务会议制度，依法、科学、民主决策；自觉接受人大、政协监督，办理各级建议、提案83件，办复率、满意率100%；定期举办“法治大讲堂”，开展行政许可法、环保法、安全生产法和预算法等12部法律培训；依法梳理、科学配置各级政府职权，全面建立“三级平台”“四个清单”，取消7项行政审批项目和全部非行政许可审批项目，注销“收费许可证”96个。承接市工商、市质监、市食药监等部门下放的行政审批事项和行政限，组建区政府法制办、金融办和卫计局、市场监管局、经济责任审计局、旅游局，充实环保、质监、监察等10个部门力量。

（张　冲）

落垡镇

落垡镇人民政府驻地东张务村，位于市区东南部，距市区20公里。辖区面积59.33平方公里，辖落垡、张营、倪官屯、丈方河、刘七堤、邢官营、太平庄、南关、陈东庄、信东庄、许东庄、孟东庄、孙东庄、柴刘杨、东张务、东小营、贾家庄、韩庄、裴家务、岳家庄、路营、西马圈、吴庄、苏庄、荣营、把什营26个行政村。2015年全镇人口24481人，同比减少4.53%；从业人员13516人，同比增长0.42%；年末常用耕地面积3894公顷，同比增长25.57%；粮食耕种面积2631公顷，同比增长6.86%；农林牧渔总产值11203万元，同比持平；农民人均纯收入6358元，同比增长2.2%；财政总收入926.7万元，同比减少12.85%；农业机械总动力43303千瓦，同比持平；农村非农行业总产值4169万元，同比持平；镇区一般预算收入2158万元，同比增长12.4%；镇区总人口4171人，镇区占地面积2051公顷。

镇党委书记　刘　哲
镇人大主席　魏文浩（5月任）
镇　　　长　孙庆军

（姜娇娇）

码头镇

码头镇人民政府驻地码头村，位于安次区政府驻地南部偏东25.3公里处。距区政府20公里。辖区面积112.1平方公里，辖码头、东张庄、高庄、甄庄、大郑庄、孙披庄、小郑庄、惠家堡、史庄、祁营、范庄、杨官屯、金官屯、田庄、济南屯、赵庄、崔辛屯、西李庄、大益屯、北壕、南壕、东安庄、西安庄、丰盛店、百草洼、南响口、中响口、北响口、东辛庄、东曹庄、赵窑、司庄、东李庄、王庄、前屯、后屯、团结村、前沙窝、后沙窝、卢七堤、前所营、孔洼、麻屯、马神庙村44个行政村街。2015年全镇人口50671人，同比增长6.6%；粮食耕种面积51341亩（约3422.33公顷），同比持平；粮食总产量15117吨，同比增长0.6%；农林牧渔总产值26439万元，同比减少6.4%；农村非农行业总产值162581万元。财政总收入2257.8万元，其中国税收入1139万元，地税收入1063万元，财政自筹55.8万元，同比增长2.7%；公共财政收入3426万元，同比增长23%。镇区总人口4695人，占地面积2.16平方公里。

镇党委书记　张　雷
镇人大主席　齐德勇（5月任）
镇　　　长　关庆月（任至3月）
　　　　　　安芝柏（5月任）

（马宝金）

葛渔城镇

葛渔城镇人民政府驻地葛渔城西街村，位于安次区政府东南方向，距安次区政府35公里，辖区面积80.16平方公里，辖葛渔城东街、葛渔城西街、葛渔城南街、葛渔城北街、新立村、唐家坟、班家窑、穆家口北村、穆家口南村、冀民屯、苏家窑、林家场、于堤、孟家坟、杨家场、六百地、豆佃窑、边家坟、马柳子、佟家庄、孙坨、张坨、老堤头、南堤、蔺家场、小马场、段家场、马家场、下官村、辛庄、霍家场、卢家堡、黄漕、景尔头、九家堡、郭家场36个行政村。2015年全镇人口45432人，同比增长3%；从业人员23585人，同比增加5.8%；年末常用耕地面积61950亩（约4196.67公顷），同比持平；粮食耕种面积42105亩（2807公顷），同比持平；粮食总产量13697吨，同比增长8%；农林牧渔产值40112万元，同比减少2.2%；农民年人均纯收入7119元，同比增长5%；农业机械总动力24860千瓦，同比持平；农村非农行业总产值37822万元，同比增长1.3%，财政总收入2105万元，同比下降3.3%。镇区人口13785人，占地面积5.76平方公里。

镇党委书记　郝亚明

镇人大主席　李　勇（任至3月）

　　　　　　刘光华（4月任）

镇　　　长　王　震

（李东芳）

东沽港镇

东沽港镇人民政府驻地东沽港村，位于安次区政府东南方向，距安次区政府42公里。辖区面积64.8平方公里。辖东沽港一街、东沽港二街、东沽港三街、东沽港四街、东沽港五街、榆树园村、牛角村、桃园村、马道口村、南泊村、西埝村、郎二埝村、四堡村、淘河村、送流口东街、送流口西街、椅子圈村、郭庄村、磨汉港村、马家口村、新华街、建国街、先锋街、小马道口村、邓场村、十二号村、张场村、高圈村、荣柳村、外澜城村30个行政村。2015年全镇人口39014人，同比增长1.11%；从业人员24963人，同比减少11.42%；年末常用耕地面积60631.2亩（约4042.07公顷），同比减少2.05%；粮食耕种面积55499亩（约3699.93公顷），同比增长0.27%；粮食总产量8136吨，同比增长0.62%；农林牧渔总产值23022.11万元，同比增长0.13%；农民人均纯收入10976.5元，同比增长11%；财政总收入10606.7万元，同比下降12.33%；农业机械总动力16735.41千瓦，同比增长0.1%；农村非农行业总产值511843.09万元，同比增长4.9%；镇区总人口9555人，占地面积2.76平方公里。

镇党委书记　汤学军

镇人大主席　靳召录（任至5月）

　　　　　　刘刚元（5月任）

镇　　　长　解治国

（孙　南）

北史家务乡

北史家务乡人民政府位于银河南路114号，距安次区政府1.5公里，辖区面积25平方公里。辖北史家务村、前进村、小王庄村、祖各庄村、麦洼村、中所村、北昌南队村、北昌北队村、北昌西队村、古县村、芦庄村、西辛庄村、刘各庄村13个行政村。2015年全乡人口20727人，同比增长0.012%；从业人员10009人，同比增长0.002%；年末常用耕地面积720公顷，同比持平；全年实现财政收入6269.86万元，同比增长33.74%，其中，国税完成1171万元，地税完成4913.5万元，财政自管收入完成185.36万元。

乡党委书记　曹永强（任至3月）
　　　　　　张德新（3月任）
乡人大主席　刘广斌（任至8月）
乡　　　长　张德新（任至3月）
　　　　　　关庆月（3月任）

（王　娜）

杨税务乡

杨税务乡人民政府驻地东风村，位于安次区政府西南方向，距安次区政府4公里处。辖区面积92.06平方公里。辖和平村、东风村、民主村、建设村、民芦村、黄芦村、高芦村、北小营村、于常甫村、后南昌村、前南昌村、大麻村、小麻村、南王庄村、大垡村、后南庄村、前南庄村、小茨乡村、大北市村、小北市村、安乐村、柴家务村、西固城村、东固城村、南固城村、西太平庄村、辛其营村、麻儿营村、军芦村、孟村、北茨平村、南茨平村、禅房村、西储村、西小韩村、东小韩村、大北尹村、小北尹村、东北尹村、高家务村、户史务村、宗史务村、南史务村、朱村、左奕村、三家村、桃园村、窑上村、西张务村49个行政村。2015年全乡人口38062人，同比增长8.5%；从业人员19000人，同比增长3%；年末常用耕地面积66842亩（约4456.13公顷）；粮食耕种面积59330亩（约3955.33公顷），同比增长5%；粮食总产量21459吨，同比增长6%；农民人均纯收入9857元，同比增长18%；农业机械总动力26500千瓦，同比增加2%；财政总收入1.13亿元，同比增长34.4%。

乡党委书记　张　辉（任至3月）
　　　　　　刘洪超（3月任）
乡人大主席　孟令申（任至4月）
　　　　　　张玉昆（5月任）
乡　　　长　刘洪超（任至3月）
　　　　　　杨　宇（3月任）

（刘　波）

仇庄乡

仇庄乡人民政府驻地仇庄村，位于安次区政府南，距安次区政府20公里。辖区面积67平方公里，辖宋王务、光荣村、陈家务、幸福村、三间房、西尤庄、东尤庄、北赵庄、南辛庄、小纪庄、大纪庄、谷庄、小麻庄、大麻庄、北崔庄、达王庄、马约榴、贾木屯、蔡营、仇庄、大王务一村、大王务二村、大王务三村、大王务四村、石各庄、北田庄、高圈、西永丰、小王务、祝马房、南官庄、熊营、肖辛庄、东永丰、付庄、焦庄、潘场、大刘庄、小刘庄、建设村、东德胜、西德胜、北德胜、东麻、西麻、东储、景村47个行政村。2015年全乡人口28422人，同比减少1.12%；从业人员15989人，同比基本持平；年末常用耕地面积60742亩（约4049.47公顷），同比增长0.006%；粮食耕种面积33676亩（约2245.07公顷），同比减少7.97%；粮食总产量8722.36吨，同比减少5.35%；农业机械总动力23080千瓦，同比持平；财政总收入5141.4万元，同比增长44.22%。

乡党委书记　符　震
乡人大主席　刘彦强（任至3月）
　　　　　　张继东（3月任）
乡　　　长　陈滟澎

（王　雷）

调河头乡

调河头乡人民政府驻地调河头村，位于安次区政府西南方向，距安次区政府28.5公里。辖区面积62.23平方公里。辖调河头、小沈庄、西曹庄、南郭庄、大沈庄、祁坨、青杨树、南邵庄、韩家场、第什里、朱官屯、洛图庄一村、洛图庄二村、洛图庄三村、冯村、东太平巷、西太平巷、张村、哈喇港、胡庄子、黄堤、小惠庄、岔河、石桥、西张庄、北邵庄、前马庄、北马庄、南马庄、中马庄30个行政村。2015年全乡总人口26057人，同比增长2.9%；从业人员13300人，同比持平；粮食播种面积36375公顷；粮食总产量11313吨；农林牧渔总产值14543万元，同比持平；农村非农行业总产值27466万元；农民人均纯收入11939元；财政总收入1506.7万元，同比增长14.4%。

乡党委书记　黄运然
乡人大主席　边体健（任至4月）
　　　　　　徐嘉良（5月任）
乡　　　长　张洪波

（路雨航）

银河南路街道办事处

银河南路街道办事处驻地位于永华道85号。辖京沪高铁和光明西道以南，南龙道以北，银河南路以东。辖区面积6.1平方公里，辖亿合社区居委会、吉祥社区居委会、永祥街社区居委会、兴安街社区居委会、钰海社区居委会、嘉多丽社区居委会、前锋社区居委会、开源里社区居委会、龙河盛都社区居委会9个社区居委会。辖区内有中、省直单位3个，分别为北京铁路局天津西站廊坊车间、河北省环境地质勘察院廊坊勘察院、河北前锋机器有限责任公司，市直机关2个，分别为廊坊市食品药品监督管理局、廊坊市公安交通警察支队二大队。2015年，辖区总户数15655户，人口47236人；辖区内有工业企业99家，全年完成营业收入85723万元，同比增长8%；增加值完成额20219万元，同比增长15%。财政收入14862.6万元，同比增长36.4%，其中，国税1147万元、地税13411.3万元、财政304.3万元。

街办处书记　常占国
人大工委主任　李会英（任至4月）
　　　　　　　路俊波（4月任）
街办处主任　王磁生（任至4月）
　　　　　　付少民（4月任）

（马　娟）

光明西道街道办事处

光明西道街道办事处位于汇源名居东区2号。辖京哈铁路以南，光明西道以北，常甫路以西，廊坊市钨钼材料厂以东，呈三角状，辖区面积10.2平方公里。辖南大街社区居委会、西大街社区居委会、西小街社区居委会、益寿里社区居委会、院校区社区居委会、蔡豆庄社区居委会、文苑社区居委会、永兴社区居委会、常青社区居委会、君兰苑社区居委会、馨视界社区居委会11个居委会。

辖区内有驻军部队院校2个，分别是南京炮兵学院廊坊校区、中国人民武装警察部队学院；大中专院校4所，分别是廊坊高级技工学校、廊坊市广播电视大学、河北石油职业技术学院、廊坊师范学院；中小学5所，分别是廊坊市第五小学、廊坊市第一试验小学、廊坊市第四中学、廊坊市第八中学、廊坊市第十七小学。2015年，辖区总户数22204户，总人口57859人；完成规模以上工业总产值10101万元，同比减少11.12%；增加值3187万元，同比减少13.7%；社会固定资产投资69581万元，同比增长5.85%；财政税收8628.11万元，同比增长125.5%，其中，国税完成885万元，同比增长10.34%，地税完成7520.19万元，同比增长159.26%，财政收入完成222.92万元，同比增长80.35%。

街办处书记　李宝东
人大工委主任　崔永椿（任至4月）
　　杨　杰（4月任）
街办处主任　安芝柏（任至3月）
　　张　超（3月任）

（白　洁）

永华道街道办事处

永华道街道办事处位于银河南路64号，辖银河南路以西，南环路以北，西环路以东，光明西道以南，辖区面积2.13平方公里。辖馨语社区居委会、蓝波湾社区居委会、盛德社区居委会、晨光社区居委会、南苑社区居委会、长安社区居委会6个社区居委会；市直机关单位3个，分别是市总工会、一中、市安监局。2015年，辖区户数15162户，人口39701人；社会总产值121922万元，同比增长108.83%；利润总额11353万元，同比增长101.49%；增加值33744万元，同比增长110.01%。规模以上工业产值12290万元。固定资产投资完成30094万元。财税收入完成2405.2万元，同比增长106.9%。

街办处书记　王政权
人大工委主任　王福义（任至5月）
　　崔永椿（5月任）
街办处主任　王贺年

（段　君）

广阳区

【概况】 广阳区位于廊坊市区北部，全区辖3个镇、1个乡、5个城区街道办事处和1个乡级办事处，分别是南尖塔镇、万庄镇、九州镇，北旺乡，银河北路办事处、爱民东道办事处、新开路办事处、解放道办事处、新源道办事处，白家务办事处。设149个行政村。2015年，辖区面积331.34平方公里，耕地面积14466.7公顷，总人口420201人，人口自然增长率6.56‰，城镇人口364935人。全区地区生产总值完成237.2亿元，同比增长10.4%。广阳区一产、二产、三产分别实现增加值14.7亿元、57.6亿元和164.9亿元，同比分别增长4.9%、3.1%、15.5%。规模以上工业增加值20.7亿元，同比增长0.5%。民营经济增加值144.7亿元，同比增长10.5%。粮食总产量63483吨，同比下降2.2%。棉花总产量502吨，同比下降6.3%。全部财政收入完成492367万元，同比增长2.9%。公共财政预算收入完成169462万元，同比增长5.3%。公共财政预算支出185214万元，同比增长71%。全社会固定资产投资完成186.4亿元，同比增长23.2%。社会消费品零售总额完成161.5亿元，同比增长11.3%。职工年平均工资6.9万元，同比增长9.3%。城镇、农村居民人均可支配收入分别是31986元、12556元，同比分别增长10.7%和12.4%。

产业结构。2015年，广阳区三次产业结构优化为6.2∶24.3∶69.5，三产增加值增至164.9亿元，形成三产服务业为主体的具有广阳特色的产业体系。加快发展楼宇经济，万达广场、浙商广场等高端城市综合体建成。加强科技服务业等现代服务业支撑经济增长，聚集中石油压缩机组维检修、泰格密封等一批高精尖科技型创新企业，专利申请量与授权量连续5年位居全市第一，连续3届被评为“全国科技进步考核先进区”。

项目成果。2015年，广阳区完善园区平台，加快建设开发广阳经济开发区和万庄新城。“十二五”期间累计完成项目投资596亿元。建成亿元以上项目111个，总投资449.4亿元。全区民营企业6693家，万人拥有企业数700家，位居全省前列。生态建设，全区森林覆盖率37.6%。全年实施建设97个项目，总投资350.8亿元，累计完成投资256.9亿元，同比增长8.9%；实施亿元以上项目62个，占项目总数63.9%，投资总额337.5亿元，占总投资的96.2%。在京津冀产业对接中招商选资，引进“中鼎云”数字产业园、京东集团北方智能商贸物流基地和国家信息产业中心等产业型项目。广阳经济开发区沃森高精度仪表等项目建成，推进管道特种设备、中国邮政速递物流等项目。启动万庄新城中石油生活区、特色商业街等项目，完成日处理8万吨的再生水厂征地。全区新增科技型中小企业54家、市级企业技术研发中心10家、科技小巨人企业8家、上市公司4家。

城乡面貌。2015年，广阳区常住人口城镇化率72.3%，高于全市平均水平18.3个百分点。“十二五”期间完成周各庄、翟各庄、西务等13个城中村、旧城改造项目，改造面积183万平方米，改造整修23个老旧小区，实现城市管理智能化、精细化，“数字城管”系统运行。改造提升79个省级重点村街，全区所有村街的常态化环卫管理，实施提升农村“医、学、路、水、保、养”6项工程。

民生事业。2015年，广阳区实施民生工程，投资7000万元实施城乡中小学校改扩建工程，第二小学、第九小学新教学楼建成投入使用，建成第十小学教学楼主体，改造完成倘户营小学等4所农村学校、幼儿园。投资3560万元为全区中小学购置计算机、交互式多媒体等教学设备，建成各类专用教室118个。投资550万元，美化绿化市区6所学校。建成新开路、银河北路和新源道3个社区卫生服务中心。投资760万元整合医院资源，迁址区眼科医院，提升改善区妇幼保健院、广阳区人民医院区属3所医院就医环境。总投资2200余万元，改造全长13.8公里的廊涿高速九州连接线中修和道路安全设施及路口。全年净增就业岗位5380个，城镇登记失业率控制在2.04%以内。投资700万元实施农村饮水安全工程，区农村水质检测中心建成投入使用。创建国家公共文化服务体系示范区，重点推进“两馆一站一中心”（图书馆、文化馆、综合文化站、街道文化中心）建设，全面提升区、乡、村三级公共文化服务软硬件水平。加强城乡管理，集中整治廊涿高速引路、104国道、新开路、光明东道等主干道周边环境。整修提升老旧小区11个，整修面积14.8万平方米。投资近2亿元用于万庄石油矿区综合提升改造。投资430万元美化绿化7个社区。推进建设智慧社区试点，提升12个精品社区，举办“广阳区第四届社区文化艺术节”。广阳区先后建成15大类36个各具特色的精品社区，年内被评为“全国和谐社区建设示范城区”、全省唯一的“全国社区治理和服务创新实验区”“全国县级防震减灾工作综合考核先进区”。

环境治理。2015年，广阳区淘汰10蒸吨及以下燃煤锅炉564台，农村1.7万户推广使用节能环保炉具，全部取缔7家实心黏土砖瓦窑，治理6家挥发性有机物工业企业，推广使用10万吨神华清洁煤和5万吨洁净型煤。全区改造提标3个集中供热站和20家无物业小区供热锅炉，改造54所中小学供热锅炉使用清洁能源。专项治理重点河流、干渠水污染源，依法集中整治周边畜禽养殖户、工业企业，解决43个排污口违规排污问题。在区、乡、村、企业实行四级安全生产网格化监管，年内获市政府安全生产管理目标考核优秀单位荣誉称号。

效能建设。2015年，广阳区制定切合实际、符合民意的征迁方案，建立联席会议、“6+N”机制。完成京台高速、密涿高速、京沪高铁、商务中心区、市民中心等国家、省、市重点工程征迁，其中北京首都新机场项目建设一期征迁整体搬迁3个村街，涉及人口2180人，征收土地7486亩（约499.07公顷），迁移坟墓786座。二期征迁完成房屋征收663户，完成迁移1031座坟墓。三期征迁完成605户，占99.2%。履行十八届五中全会、“9·3”阅兵等国家重要活动保障措施。深化法治建设，主动接受人大法律监督、政协民主监督和社会舆论监督，办理人大建议336件、政协提案477件，办复率100%。

（刘芳序）

南尖塔镇

南尖塔镇位于广阳区北侧，南接市区，西连万庄生态新城，北邻廊坊科技谷、东邻廊坊开发区。辖区面积28平方公里，境内有三横三纵（北环道、北凤道、广阳道，银河北路、尖塔路、和平路）交通主干道通过。全镇辖北王庄、前王庄、北尖塔、东尖塔、南尖塔、左场、大马坊、南甸、北甸、翟各庄、碾子营、董村、骆庄、大屯14个村街和奥韵社区居委会、颐和社区居委会、冬日瑞景社区居委会、广阳公寓社区居委会、幸福城社区居委会和馨宝华社区居委会6个社区居委会。2015年全镇总户数6021户，总人口26917人，从业人员10743人；年末常用耕地面积9000亩（600公顷）；粮食耕种面积6000亩（400公顷）；粮食总产量2750吨；农林牧渔总产值29915万元；农民人均纯收入12662元；财政总收入5426万元；农业机械总动力27409千瓦；农村非农行业总产值233292万元；辖区一般预算收入4706万元，实际总收入4706万元。

镇党委书记　韩金虎（任至5月）
　　　　　　王　鹏（5月任）
镇人大主席　王俊波（任至5月）
　　　　　　周　雨（5月任）
镇　　　长　王　鹏（任至5月）
　　　　　　刘满星（5月任）

（许春雨）

北旺乡

北旺乡人民政府位于廊坊市光明东道283号，广阳区政府东偏南6.5公里处，东临天津市武清区，南隔104国道和京山铁路与安次区相望，北与廊坊经济技术开发区相邻，各村街之间公路相连。全乡面积43.31平方公里，辖桑园辛庄村、北旺一村、北旺二村、北旺三村、李桑园村、郭桑园村、陈桑园村、西户屯村、东户屯村、大枣林庄村、小枣林庄村、许各庄村、小海子村、相士屯村、西官地村、大南旺村、吴堤村、苗场村、彭庄村、万庄村、西村村、李庄村、潘庄村23个行政村和恒庆社区居委会1个社区居委会。2015年，辖区居民7558户，总人口31862人，从业人员15720人。2015年，年末常用耕地面积1752公顷，同比持平；粮食耕种面积1559公顷，同比下降2.3%；粮食总产量7226吨，同比下降14.8%；农林牧渔总产值23515万元，同比下降1.4%；农业机械总动力11580千瓦，同比下降50%；财政总收入3125万元，同比增长11.2%；辖区一般预算收入487.75万元。

乡党委书记　李书伟

乡人大主席　武汉德（任至7月）

　　　　　　辛　鹿（7月任）

乡　　　长　魏连城

（刘康伟）

万庄镇

万庄镇位于廊坊市区以西11公里处，北部、西部与北京市大兴区接壤。北距北京市区35公里，距京津塘高速公路采育路口6公里。辖区面积89.2平方公里。辖肖家务村、墨其营村、李孙洼、伊指挥营村、侯孙洼村、西华营村、红寺村、柴孙洼村、石槽村、高家营村、武营村、牤牛庄村、稽察王村、三小营村、合顺营村、杜各庄村、天村、齐家营村、王家场村、草厂村、邢营村、潘村、曹留蕉村、齐留蕉村、周留蕉村、石何营村、石庄户村、浑酒营村、艾家务村、李纪营村、朱场村、大伍龙一村、大伍龙二村、大伍龙三村、大伍龙四村、艾各庄村、韩各庄村、万庄东街、万庄南街、柳林马坊村、倘户营村、殷家营村42个村街，以及石油矿区社区居委会、华油北勘东区社区居委会、华油北勘西区社区居委会、华油采四社区居委会4个社区居委会。2015年全镇总户数8814户，总人口75205人，从业人员22026人；年末常用耕地面积4468公顷；粮食耕种面积4943公顷，同比持平；粮食总产量26283吨，增幅2%；农林牧渔总产值76254万元，增幅5.2%；财政总收入3059万元，农业机械总动力71314千瓦；一般预算收入3059万元，实际总收入3059万元。

镇党委书记　于建全

镇人大主席　刘春波

镇　　　长　樊　旭

（马玉霞）

九州镇

九州镇位于廊坊市区西南部，距廊坊市区1.1公里。该镇人民政府驻旧州一村。辖区北与万庄镇相接，西为白家务办事处，南隔永定河与永清县、安次区相邻。辖九州一村、九州二村、九州三村、九州四村、小伍龙、南务、南常道、北常道、南汉、马家务、奶字房、南顺民屯、北顺民屯、王玛、李家场、东冯务、西冯务、辛房、西庄子、刘官营、兴隆庄、刚其营、高辛庄、东三更生、赵各庄、垡上、东京、芒店一村、芒店二村、炊庄、穆庄31个行政村。2015年，全镇面积为74平方公里，总人口31855人，年末常用耕地面积4.9万亩（约3266.67公顷），同比无变化。粮食种植面积34710亩（2314公顷），同比减少17%，产量16702吨，同比减少12%。财政总收入1706万元，同比增长 5.3%。全镇个体工商户 3302 家，民营企业 566 家，累计完成增加值 17318 万元，同比增长 6.8%。

镇党委书记　张玉怀
镇人大主席　韩亚川（任至 2014 年 6 月）
（2014 年 6 月至 2015 年 5 月缺职）
张玉怀（6 月兼）
镇　　　长　魏玉生（任至 5 月）
邢跃武（5 月任）

（李　明）

白家务办事处

白家务办事处驻地武榆路，白家务村东。距广阳区人民政府 20 公里。白家务北部、西部与北京市大兴区礼贤镇、南各庄镇毗邻，南部与廊坊市永清县、固安县毗邻。白家务办事处辖白家务、夏营、张家务、古庄、靳各掌、陈亮营、王各掌、毛家营、六间房、南辛庄、太平庄、刘场、杨马房、兴隆场、火头营、沈小寨、苗小寨、王小寨、高小寨、义和场、卜营、北王力、南王力、东王力、田古营、大古营、毕各庄、富各庄、团城、团城辛庄、马家场、孙家场、吴家场、高更生、张更生、杨更生、北寺垡、南寺垡、寺垡辛庄 39 个行政村。2015 年，辖区人口 23783 人，完成财政总收入 398 万元。农民人均收入 7864 元。农业收入占总收入 80%。

年内辖区承担首都新机场建设、天堂河改道及回迁安置区等工程，涉及 29 个村街，征收土地 26866.8 亩（1791.12 公顷）。其中团城、团城辛庄、毕各庄、富各庄、田古营、大古营、卜营、杨马房、刘场、义和场 10 个村街拆迁，涉及 1896 户、7325 人。

办事处书记　解其景
人 大 主 任　王　辉
办事处主任　魏玉生（任至 6 月）
韩亚川（6 月任）

（张　丛）

银河北路街道办事处

银河北路街道办事处位于金光道 2 号，辖区地处新华路南段以西，爱民道以南，爱民桥以东，京山铁路以北及原大官庄村，总面积 6.4 平方公里。辖区有市、区直机关单位 62 个，社区居委会 8 个，分别为站前社区居委会、迎春北路社区居委会、康宁街社区居委会、空中花园社区居委会、北大街社区居委会、西后街社区居委会、丰盛路社区居委会和大官庄社区居委会。2015 年，银河北路街道办事处辖区总户数 1.45 万户，总人口 3.5 万人；财政税收 2815 万元，其中国税 1108 万元，地税 1600 万元，财政自管收入 107 万元，企业固定资产投资 2 亿元，民营经济营业收入 30.56 亿元。

街 办 处 书 记　何英海（任至 5 月）
李　萍（5 月任）
人大工委主任　孙跃军（任至 7 月）
杨　波（7 月任）
街 办 处 主 任　邢耀武（任至 5 月）
王俊波（5 月任）

（马　瑞）

爱民东道街道办事处

爱民东道街道办事处位于锦绣街 2 号，辖区范围南起爱民东道，北至北凤道（不含广阳道至北凤道，银河北路至西昌路区域），西起廊万路，东至新华路，总面积8平方公里。辖16个社区居委会，分别为3531社区居委会、3534社区居委会、华苑社区居委会、河苑社区居委会、万都社区居委会、西务社区居委会、新星里社区居委会、统建楼社区居委会、群星里社区居委会、群安街社区居委会、建华里社区居委会、裕华路社区居委会、曙光道社区居委会、馨境界社区居委会、华夏经典社区居委会、逸锦家苑社区居委会。辖区居民34741户，总人口104223人；2015年完成社会总产值183216万元，同比增长10%；工业总产值8513万元，同比增长8.8%；利润总额17546万元，同比增长10%；增加值51533万元，同比增长10%；社会固定资产投资5104万元，同比增长9%；财政收入1729万元，同比增长3.1%。

街办处书记　王宝富
人大工委主任　周秀刚
街办处主任　胡汝军（任至12月）
　　　　　　蔡　巍（1月任）

（郑　佳）

新开路街道办事处

新开路街道办事处位于广阳区永丰道126号。辖区范围西起新开路，东至北旺交界，东西最大横距6.25公里，南起枣林路，北至广阳道，南北最大纵距7.35公里，总面积13.5平方公里。新开路街道办事处辖区常驻中、省直单位28个，辖群乐里社区居委会、金星道社区居委会、林园里社区居委会、国际花园社区居委会、运通花园社区居委会、同顺里社区居委会、瑞华里社区居委会、六九一六社区居委会、宏图里社区居委会、世纪花园社区居委会、东方家园社区居委会、康乐社区居委会、瑞泰社区居委会、新泰社区居委会、王寨社区居委会（为城中村改造社区）15个社区居委会。2015年，辖区居民20444户，总人口63118人。社会总产值359335万元，同比增长5.8%；工业总产值51102万元，同比增长-4.08%；利润30512万元，同比增长6.02%；增加值93068万元，同比增长4.15%；社会固定资产投资51208万元，同比增长4.92%；财政收入2859万元，同比增长10%。

街办处书记　魏书奇（任至6月）
　　　　　　陈学华（6月任）
人大工委主任　何少华（任至5月）
　　　　　　孟海龙（5月任）
街办处主任　杨则涛

（张爱民）

解放道街道办事处

解放道街道办事处位于广阳区解放道93号。辖区范围包括新华路以东、新开路以西、广阳道以南、铁路以北，总面积8.83平方公里，光明东道、解放道、建国道、金光道、永丰道、爱民东道、步行街、广阳道8条街道东西横贯境内。中、省、市、区直单位82个（其中中直单位17个，省直单位7个，市直单位38个，区直单位20个），物业公司19个。辖新安里社区居委会、清河街社区居委会、万方街社区居委会、万众里社区居委会、永丰道社区居委会、五福街社区居委会、新春社区居委会、域泰社区居委会、吉兴社区居委会、康庄社区居委会、华夏里社区居委会、小廊坊社区居委会、周各庄社区居委会（城中村改造社区）13个社区居委会。2015年，辖区总户数2.27万户，总人口7.17万人，其中常住人口6.64万人，流动人口0.53万人；财政收入36683万元，同比增长1482.5%。其中国税完成481万元，地税完成35115万元，财政自管收入完成1087万元，同比分别增长12.1%、1856.3%和1056.4%。固定资产投资4.6亿元；企业营业收入123.1亿元，同比增长7.67%；企业增加值22.6亿元，同比增长122.3%；人均可支配收入2.82万元，同比增长8.02%。

街办处书记　胡汝军
人大工委主任　高　健
街办处主任　李　萍（任至6月）
　　　　　　董亚丽（6月任）

（汤育梁）

新源道街道办事处

新源道街道办事处位于广阳区新源道金桥小区院内保龙仓北100米。辖区范围东起东环路，南临广阳道，西到新华路，北至祥云路。辖区总面积4.32平方公里。辖区常驻中、省直单位6个。辖金桥社区居委会、城市旺点社区居委会、六景社区居委会、和平丽景社区居委会、金地社区居委会、金泰社区居委会、紫金华府社区居委会、新民社区居委会、薛家营村社区居委会（为城中村改造社区）9个社区居委会。2015年，辖区居民住户21879户、总人口65557人；完成社会总产值2142万元，同比增长-16%；工业总产值2048万元，同比增长-11%；利润248万元，同比增长-6%；增加值536万元，同比增长-16%；社会固定资产投资27780万元，同比增长-60%；财政收入1101万元，同比增长3.77%。

街办处书记　吴宝山
人大工委主任　杨　波（任至8月）
　　　　　　孙跃军（8月任）
街办处主任　王宝发（任至6月）
　　　　　　邵　远（6月任）

（贾秀丽）

三河市

【概况】　三河市辖10个镇、4个街道办事处、5个园区，分别是泃阳镇、李旗庄镇、黄土庄镇、段甲岭镇、杨庄镇、皇庄镇、新集镇、燕郊镇、高楼镇、齐心庄镇，鼎盛东大街街道办事处、泃阳西大街街道办事处、迎宾北路街道办事处、行宫东大街街道办事处，燕郊高新技术产业开发区、河北三河国家农业科技园区、河北三河泃阳经济开发区、河北三河经济开发区、三河新兴产业园区。2015年，三河市行政村395个，辖区面积634平方公里，其中耕地面积29550公顷。年末人口651531人，其中非农业人口392249人，人口自然增长率10.06‰。地区生产总值510.1亿元，同比增长8.8%。其中，第一产业增加值35亿元，同比增长2.7%；第二产业增加值245.6亿元，同比增长7.6%；第三产业增加值229.5亿元，同比增长11.3%。人均GDP8万元，同比增长4.2%。规模以上工业增加值187.5亿元，同比增长8.1%。民营经济增加值334.9亿元，同比增长9.7%。粮食产量20.7万吨，同比下降5.1%。棉花产量158吨，同比增长3.9%。财政收入104.2亿元，同比增长11.8%，财政支出125.4亿元，同比增长131.9%。全社会固定资产投资496.9亿元，同比增长16%。全年社会消费品零售额146亿元，同比增长10%。农民年人均纯收入14901元。城镇居民人均可支配收入 35184 元。年末城乡居民储蓄存款余额 421.9 亿元，比年初增加 45.1 亿元，同比增长 12%。

项目建设。三河市全年竣工及在建投资亿元以上项目 130 个，总投资 819.9 亿元，完成投资 448.1 亿元。光环云谷云计算基地一期等 72 个亿元以上项目竣工投产，加快推进德国虎威发动机研发中心等 58 个项目，谋划储备雨润农链物流园及城市综合体等 18 个 10 亿元以上项目。

对接京津。102 国道南移获省发改委、省交通厅批复，燕郊西出口综合枢纽项目获得北京市有关部门接线许可；与北京对接的跨潮白河大桥工程完成所有桩基施工，与天津对接的跨泃河大桥工程完成引道工程施工和部分桥桩灌注工程施工；基本确定轨道交通平谷线过境三河线路方案；基本完成密涿高速公路工程域内段拆迁，进行路基和路面施工；京秦高速与京津对接工程完成施工图审批；通航机场与首都机场集团达成战略合作意向；开通燕郊地区到首都机场通勤班车；燕达医院、中美医院与北京天坛医院、安贞医院、同仁医院、中医医院等多家知名医疗机构实现合作共建，燕达医院成为北京市医保异地就医试点医院。京冀通航产业园、北京热力供热绿色产业园、歌华多媒体信息终端等与京津战略合作项目成功签约。

产业优化。三河市全年完成工业技改投资 90.5 亿元，同比增长 20.2%，新增入统规模以上工业及服务业企业 28 家；制定出台《企业应急专项资金管理办法（试行）》《关于鼓励支持科技型中小企业创新发展八条措施》等 7 项政策办法，全力支持中小型科技企业加快发展；百世金谷 work+、天洋超级蜂巢、创业大厦 π 客联盟、兴远高科扬帆起航等创客空间正式运营，其中创客空间总面积 4 万平方米；高新技术企业 37 家、科技型中小企业 443 家。

环境保护。2015 年，三河市造林 7.5 万亩（5000 公顷），林木覆盖率 36.4%。全部关停 23 家砖瓦窑并拆除到位，治理改造 5 家 VOC 排放企业，改造建成区锅炉，淘汰工业锅炉，推广使用洁净型煤及清洁煤。淘汰黄标车 772 辆，新增 94 辆清洁能源公交车投入使用；建设完成 2 项大型沼气工程和 3 项沼气集中供气工程；推进治理东部矿区，全部关停 22 家采矿企业、63 条生产线；燕郊高新区北污水处理厂和泃阳开发区污水处理厂完成选址、规划设计；推进综合治理尹家沟、鲍邱河，实施泃河城区段整治工程。

全民普惠。2015 年，三河市投入资金 3.6 亿元，实施冯家府小学及幼儿园、实验小学综合楼等教育工程建设；资助农村义务教育及高中和中高职阶段家庭经济困难学生 8209 人次，650.9 万元；推进创建廊坊公共文化服务示范区，发挥三级公共文化设施功能，丰富群众性文体活动；提高养老、医疗、工伤、失业等各类保险待遇水平；开展建设适度普惠型儿童福利制度国家试点；五保供养金全部纳入财政预算，五保集中供养标准提高到每人每年 7800 元，分散供养标准提高到 6000 元；为 10291 位 80 岁以上老人发放高龄补贴 775 万元；为 659 人次发放重特大疾病救助金 2291.7 万元，为 319 位慢性肾病患者减免透析费用 1501.6 万元；投资 1.2 亿元，完成 93 条、156 公里的农村道路大修工程；燕郊地区 5 条公交临线建成通车；实施滨河院、油库院集中供热工程，为 213 户特困户、贫困残疾人家庭等群体新建改造住房 639 间；投入 1.1 亿元，完成51个村街自来水改造；落实村公共服务和社会管理专项补助资金7341万元、农村基础设施建设资金1.5亿元，年内实施惠民工程186项。

综合治理。完成全国“两会”、暑期、纪念抗日战争胜利70周年、十八届五中全会等重大活动安保任务；借鉴贵州省群众工作经验，完成群众工作中心建设，成立市委群众工作委员会，落实领导干部接访、约访、下访工作制度，推进7类信访突出问题专项治理；净化社会环境，开展“打邪处非”“扫黄打非”“打盗抢、除黑恶”等专项行动，全年破获刑事案件1917件，抓获违法犯罪嫌疑人895人；实施“清剿火患”“安全生产月”“护校安园”，整治道路交通秩序，清理整顿危爆物品物流，加强食品药品市场监管，防止发生重大安全事故。

（段宏祥）

泃阳镇

泃阳镇人民政府驻地位于泃阳西大街75号。辖区面积60平方公里，辖大闫各庄、六道曹庄、定福庄、李秉全庄、冯庄子、错桥、三里庄、高各庄、中门庄、小曹庄、陈各庄、兰各庄、大枣林、东套、赵河沟、马河沟、赵屠庄、李河沟、大田庄、小田庄、北陈庄、方元屯、郑辛庄户、大丁河沟、马各庄、魏各庄、杨相公庄、野汪庄、化甲屯、小安庄、小定福庄、东关、西关、南关、北关、城内东街、城内西街、小丁河沟、沟北庄户、双塔、沟北、梁台子、王庄子、北务村、曹庄子、义和庄、石道庄、梁庄子48个村街。2015年，辖区人口101391人，同比增长0.4 %；从业人员34921人，同比增长0.2%；年末常用耕地面积3034公顷，同比持平；粮食耕种面积3394公顷，同比下降7.7%；粮食产量20065吨，同比下降7.9%；财政收入62970万元，同比下降53.1%；农业机械总动力121251千瓦，同比增长1%；镇区一般预算收入218915万元，同比增长10.2%。

镇党委书记　金景辉
镇人大主席　刘鸿宇
镇　　　长　张立新

（赵海滨）

李旗庄镇

李旗庄镇人民政府驻地李旗庄村，位于三河市区西偏南6.4公里。辖区面积48平方公里，该镇辖李旗庄、李民庄、李枣林、徐枣林、查马坊、杜官屯、么曹庄、崔家窑、李木耳、东兴庄、幸福庄、阎庄子、西杨庄、翟各庄、田村、小庄子、赵各庄、大定福、三间房、西辛店、东辛店、郭庄子、白浮图、刘校尉、黄亲庄、小景庄、大景庄、丁桥庄、丁家庄、郝家府、三刘庄、何屯32个行政村。2015年，全镇人口25493人，同比下降4.3%；从业人员15825人，同比增长2.6%；年末常用耕地面积2213公顷，同比下降0.3%；粮食耕种面积2480公顷，同比下降5.2%；粮食产量13890吨，同比下降5.5%；财政收入9258万元，同比增长17.8%；农业机械总动力71996千瓦，同比增长1.6%；镇区一般预算收入4200万元，同比增长9.9%。

镇党委书记　李学民
镇人大主席　杨彦松
镇　　　长　张全奎

（刘保泽）

杨庄镇

杨庄镇人民政府驻地杨庄村，位于三河市区南5公里，西距北京50公里，南距天津140公里，东距唐山120公里。辖区面积48平方公里，辖闵各庄、王驸马、小闫各庄、武公庄、杨庄、尚店、肖庄子、李各庄、大窝头、小窝头、大王各庄、小王各庄、侯各庄、大曹庄、范港、尹辛庄、商庄子、安家庄、鲍各庄、不老淀、中门辛庄、南小营、泗河、侯庄户、夏庄、周家庄、任官庄、霍各庄、韩各庄、北寨、小康庄、后丞相、南赵各庄、付各庄、辛军屯、付辛庄36个行政村。2015年，全镇人口28515人，同比下降0.2%；从业人员20454人，同比增长2.8%；年末常用耕地面积2910公顷，同比下降0.1%；粮食耕种面积3850公顷，同比下降4.6%；粮食产量23915吨，同比下降4.2%；财政收入2218万元，同比增长4.3%；农业机械总动力79264千瓦，同比下降7%；镇区一般预算收入636万元，同比增长10.2%。

镇党委书记　李红卫

镇人大主席　冯　虎

镇　　　长　贾学峰

（王亚娟）

皇庄镇

皇庄镇位于三河市区南10.75公里处，镇政府驻地皇庄三村。辖区面积65平方公里，辖大堡庄、大薄各庄、小薄各庄、卢庄子、郑庄子、龚庄子、东定府庄、皇庄一村、皇庄二村、皇庄三村、皇庄四村、马大亩、薄大亩、白庄二村、司庄、桥河、西定府、小辛店、崔各庄、周马坊、洼子、孙各庄、咎辛屯、大朱庄、小朱庄、白塔寺、赵庄、韶道庵、张白塔、冯白塔、陈庄、祁庄户、毛坟、杨家务、石付马、伏集、新房、白庄一村、钳公庄、杨各庄、王辛庄、艾台、大王庄、西达屯、常辛庄、前葛庄、后葛庄、葛中马坊、虎将庄49个行政村。2015年，全镇人口46289人，同比增长0.8%；从业人员25015人，同比增长2%；年末常用耕地面积4099公顷，同比持平；粮食耕种面积4966公顷，同比下降3.5%；粮食产量30443吨，同比下降3.3%；财政收入1889万元，同比增长15.2%；农业机械总动力115055千瓦，同比增长3.5%；镇区一般预算收入542万元，同比增长10.2%。

镇党委书记　韩子辉

镇人大主席　甄瑞兴

镇　　　长　李玉宝

（郝孟杰）

新集镇

新集镇人民政府驻地邢家园村，位于三河市区东南16.25公里处，辖区面积63平方公里，辖刘白塔、行仁庄、大掠马、小掠马、荣村、栗屯、孙安屯、孟辛庄、南庄、胡庄子、刘庄、王堂庄、埝头、邢家园、回民村、任家庄、二郎庙、姚家营、西营、张庄、李庄、刁庄、东达屯、大罗村、西罗村、东罗村、西门外、大庄、小王庄、菜园、胡家园、小陈庄、中营、东营、芮庄子、桥头子、杜庄、龙湾38个行政村。2015年，全镇人口47480人，同比增长0.4%；从业人员20398人，同比增长3.7%；年末常用耕地面积3626公顷，同比下降0.4%；粮食耕种面积5513公顷，同比下降2.6%；粮食产量34286吨，同比下降1.5%；财政收入1286万元，同比增长48.8%；农业机械总动力111247千瓦，同比增长1.5%；镇区一般预算收入490万元，同比增长9.4%。

镇党委书记　李海滨

镇人大主席　冯　智

镇　　　长　李学兵

（张凤雷）

段甲岭镇

段甲岭镇人民政府驻地西岭村，位于三河市区正东7.5公里处，是102国道三河段“五镇”之一。辖区面积62平方公里，辖崔各寨一村、崔各寨二村、高庄子、六百户、东公乐、西公乐、七百户、东岭、南岭、北岭、西岭、八百户、大赵庄、小赵庄、辛庄户、东渠头、崔庄子、大九百户、山下庄、小九百户、十百户、高家庄、前蒋福山、后蒋福山、东八里沟、西八里沟26个行政村。2015年，全镇人口22617人，同比增长0.8%；从业人员12749人，同比增长2.6%；年末常用耕地面积1552公顷，同比持平；粮食耕种面积1324公顷，同比下降3.6%；粮食产量8053吨，同比下降3.3%；财政收入1506万元，同比增长64.6%；农业机械总动力95356千瓦，同比增长1.6%；镇区一般预算收入340万元，同比增长9%。

镇党委书记　王　涛

镇人大主席　李学一

镇　　　长　王　涛

（李学更）

黄土庄镇

黄土庄镇人民政府驻地后沿口村，位于三河市区东偏北3.5公里处。辖区面积62平方公里，辖栲栳山一村、栲栳山二村、栲栳山三村、栲栳山四村、掘山头、小港、唐迴店、小唐迴、大唐迴、双村、东城子、孟各庄、山河营、东小汪、西小汪、骆庄、刘里村、王里村、艾里村、胡桥、二百户、小石庄、小营、白庄子、马连口、大石庄、尚庄子、前沿口、后沿口、黄土庄、小河沿、季辛屯、律庄子、南燕村、北燕村、老辛庄、闵庄子、石碑、韩屯39个行政村。2015年，全镇人口35877人，同比增长0.9%；从业人员25482人，同比增长2.5%；年末常用耕地面积2460公顷，同比持平；粮食耕种面积2359公顷，同比下降2.1%；粮食产量13432吨，同比下降2.2%；财政收入9501万元，同比下降8.7%；农业机械总动力76937千瓦，同比增长1.9%；镇区一般预算收入4515万元，同比增长10.2%。

镇党委书记　李咏起

镇人大主席　夏志刚

镇　　　长　温连庆

（蔡国庆）

高楼镇

高楼镇人民政府驻地高楼村，位于三河市区西北23公里处，燕灵路北侧。辖区面积78平方公里，辖高楼、庄户、乔官屯、小高楼、韩家庄、贾官营、小崔、军下、白家庄、孙辛庄、兴隆庄、西山西、北杨庄、高辛庄、东南、双营、牛府、孤山营、北曹庄、前车、后车、西大府、张老辛、五福庄、高庙、皮各庄、西南、黄辛庄、沈家庄、万家庄、丁家庄、东山西、北大府、程官营、石官营、荣家庄、刘家河37个行政村。2015年，全镇人口40986人，同比增长1.3%；从业人员22051人，同比增长3.8%；年末常用耕地面积3992公顷，同比下降0.2%；粮食耕种面积3710公顷，同比下降5.7%；粮食产量22356吨，同比下降5.7%；财政收入6123万元，同比增长15.8%；农业机械总动力117560千瓦，同比增长4.5%；镇区一般预算收入2345万元，同比增长10.4%。

镇党委书记　高　伟
镇人大主席　兰志波
镇　　　长　刘迅豪

（信　希）

齐心庄镇

齐心庄镇人民政府驻地齐心庄村，位于三河市区西北15公里处。辖区面积44平方公里。辖荣家堡、东小胡庄、小李庄、齐心庄、小罗庄、马家庄、天兴庄、康家湾、立家庄、范庄子、大胡庄、巩庄子、南聂庄、褚家窑、夏辛庄、四福庄、三福庄、许各庄、大康庄、小五福、大府庄、中潭、中潭辛、蔡官营、刘辛庄、大罗庄、周泗庄、大邢庄、小邢庄、肖李庄、西曹庄、董庄子、西渠头、大蒋庄、小蒋庄35个行政村。2015年，全镇人口24649人，同比下降0.5%；从业人员14664人，同比增长2.8%；年末常用耕地面积2566公顷，同比持平；粮食耕种面积3039公顷，同比下降6.9%；粮食产量18705吨，同比下降6.7%；财政收入2493万元，同比下降28.2%；农业机械总动力57221千瓦，同比增长2.7%；镇区一般预算收入1371万元，同比增长10.2%。

镇党委书记　扈大勇
镇　　　长　李宏亮

（周雅琦）

燕郊镇

燕郊镇人民政府驻地行宫村，位于潮白河畔、京哈公路北侧、三河市区西23.3公里处，是102国道三河段“五镇”之一。辖区面积108平方公里。辖燕郊一街、燕郊二街、燕郊三街、燕郊四街、枣林、小庄营、兴民集、姜家庄、西城子、南杨庄、马起乏、西小屯、卸甲庄、盛家屯、发盖子、东蔡各庄、西蔡各庄、北蔡各庄、西辛营、翟家庄、田辛庄、南黄辛庄、冯家府、南巷口、北巷口、东吴各庄、西吴各庄、行宫、复兴庄、中赵甫、梁家务、张营、小庄、苍头、赵辛庄、大柳店、小柳店、前赵村、后赵村、西小胡庄、小张各庄、代刘庄、李家务、樊村、诸葛店、东柳河屯、东柳河屯、刘斌屯、兴都、交界庄、王各庄、南曹庄、半壁店、大石各庄、小石各庄55个行政村。2015年，全镇人口278234人，同比增长12.9%；从业人员172004人，同比增长2.7%；年末常用耕地面积3011公顷，同比下降0.4%；粮食耕种面积3167公顷，同比下降12.9%；粮食产量18560吨，同比下降13.3%；财政收入807011万元，同比增长24.4%；农业机械总动力79084千瓦，同比下降2.1%；镇区一般预算收入489747万元，同比增长10.2%。

镇党委书记　王林辉
镇人大主席　王贵永
镇　　　长　赵海明

（王世民）

行宫东大街街道办事处

行宫东大街街道办事处位于燕高路67号。辖区范围西起燕郊迎宾路，东至天子庄园，南起南外环，北至北外环。辖区面积35平方公里，有居民住宅小区、中央省、市直单位家属区60个、中省直企业单位15个，市直单位13个。辖北欧社区居委会、鼎盛社区居委会、二四社区居委会、福成社区居委会、汇福社区居委会、雷捷时代公寓社区居委会、天洋城社区居委会、天子社区居委会、铁南社区居委会、星月社区居委会、东方社区居委会、首钢社区居委会、福成五期北区社区居委会、福成五期小区南区居委会、鑫岭社区居委会、新锐社区居委会、燕兴社区居委会、阳光社区居委会、忆江南社区居委会、迎宾社区居委会、御园北区社区居委会、御园南区社区居委会、中建社区居委会、黄金花园社区居委会24个社区居委会。辖区人口30.2万人。

街办处书记　李　军
人大联络组组长　庞宝锋
街办处主任　石中华

（张　静）

迎宾北路街道办事处

迎宾北路街道办事处成立于2005年3月，位于行宫西大街2号。辖区范围东起迎宾路、西至潮白河、南至大厂界、北至顺义界。辖区面积15平方公里，辖紫竹园南区社区居委会、风尚国际社区居委会、维多利亚社区居委会、中海洋燕郊基地社区居委会、花园社区居委会、学院社区居委会、意华社区居委会、步行街社区居委会、燕灵社区居委会、东贸国际社区居委会、潮白社区居委会、紫竹园社区居委会、圣得社区居委会、铁北社区居委会、和安社区居委会、燕京新城社区居委会、美林社区居委会、美林新东城社区居委会、纳丹堡社区居委会、中燕社区居委会、东方夏威夷社区居委会、星河皓月社区居委会、香格里拉社区居委会、福成三季社区居委会、福成二季社区居委会、兴达社区居委会、燕航社区居委会、中兴社区居委会28个社区居委会，以及小庄营村、复兴庄村、小庄村、冯家府村、诸葛店村、枣林村、中赵甫村、北蔡村、樊村、一街、二街、三街、四街、行宫村、小张各庄村15个城中村。辖区人口23.8万人。

街办处书记　韩亚军
人大联络组组长　邢文权
街办处主任　昝向辉

（曹东华）

泃阳西大街街道办事处

泃阳西大街街道办事处位于三河市区京哈公路北侧，泃阳西大街151号，前身是北城街道办事处，于2008年12月更名为泃阳西大街街道办事处。辖区范围东至东环路，南至泃阳大街，西至西环路，北至北环路。辖区面积15平方公里。辖阳光社区居委会、一中社区居委会、长城社区居委会、桃园社区居委会、迎宾社区居委会、安居社区居委会、泃河湾社区居委会、康居社区居委会、信合社区居委会、城建新村社区居委会、水电五局社区居委会、理想新城社区居委会、天阔花园社区居委会、四季阳光社区居委会、新天地社区居委会、福鼎庄园社区居委会、新天地二期社区居委会、紫竹湾社区居委会、格兰香榭社区居委会19个社区居委会。辖中省直单位2家，分别是水电五局基地管理处、城建新村。辖区人口61633人。

街办处书记　韩会春

人大联络组组长　纪贵春
街 办 处 主 任　祝志强

（贾立营）

鼎盛东大街街道办事处

鼎盛东大街街道办事处位于鼎盛东大街312号，成立于1996年11月，前身是三河市南城街道办事处。管辖市区102国道以南市区居民住户，北至102国道，南至市气象局，东至东外环路，西至三香路。辖区面积15平方公里。辖卫民院社区居委会、和平街社区居委会、油库院社区居委会、滨河东区社区居委会、滨河西区社区居委会、永和院社区居委会、永安院社区居委会、鼎盛商贸街社区居委会、东方小区社区居委会、鸿亚园社区居委会、丽景花园社区居委会、三建社区居委会12个社区居委会，以及东街、西街、冯庄子、西关、南关、东关、北关（京哈路以南半个村）、东套8个城中村。辖区人口42356人。

街 办 处 书 记　李宝忠
人大联络组组长　张少杰
街 办 处 主 任　郭金栓

（王文文）

大厂回族自治县

【概况】　大厂回族自治县辖5个镇、1个街道办事处、2个园区，分别是大厂镇、夏垫镇、祁各庄镇、邵府镇、陈府镇，城区街道办事处，河北大厂潮白河经济开发区、大厂回族自治县工业园区。105个行政村，总面积176平方公里。2015年，全县常用耕地面积9775公顷；人口12.88万人，人口自然增长率5.3‰；地区生产总值86.63亿元，同比增长10.1%，其中第一产业增加值9.99亿元，同比下降2.2%，第二产业增加值31.71亿元，同比增长5%，第三产业增加值44.93亿元，同比增长19.1%；农业总产值17.92亿元，同比下降1%；规模以上工业增加值16.38亿元，同比增长5.8 %；民营经济增加值61.15亿元，同比增长10.4 %；粮食产量56415吨，同比下降21.6%；棉花产量18吨，同比持平；财政收入39.20亿元，同比增长58 %；公共财政预算支出27.7亿元，同比增长71.1%；固定资产投资127.16亿元，同比增长20.3 %；社会商品零售额18.66亿元，同比增长10.5 %；在岗职工平均工资61633元，同比增长21.5 %；农民人均可支配收入13121元，同比增长8.6 %；城镇居民人均可支配收入32561元，同比增长8.5 %；年末城乡居民储蓄存款余额80.64亿元，同比增长16%。

项目建设。2015年，大厂回族自治县签约总投资75.6亿元的世茂·欧盟总部基地和大厂影视创意产业园项目2个。世茂·欧盟总部基地项目投资45亿元，由上海世茂建设有限公司投资兴建，重点建设创意产业、科技产业基地、商务、商业、会务等功能为一体的总部基地。大厂影视创意产业园项目由北京华夏幸福产业发展集团投资兴建，总投资30.6亿元，主要建设高科技拍摄录制区、后期特效制作区、数字化舞美基地、数字体验区、创意创作区和教育研发区。项目可容纳传媒制作企业400家，年可接待高端节目录制超百场。

美丽乡村建设。年内，大厂回族自治县筹措资金1600万元，开展绿化造林，美化县域生态环境；投入大气污染防治专项资金1492万元，开发利用农村清洁能源替代散煤；拨付资金2821万元用于污水处理；整合项目22个，累计投入资金9266.94万元，绿化村街、硬化道路、改厕，完善生产生活设施，改造农村面貌。投资1.2亿元建设全长17.5公里的美丽乡村旅游环线，建设森林公园、生态农场、岭南山水自然园等11个自然景观工程，体现“漫享田园、民族风情、健康休闲”主题。截至2015年底，完成10.5公里建设；为17个省级重点村累计投入资金9900万元，硬化村内街道和村外通公路5.1万平方米，安装LED节能型路灯550盏，改造和美化墙体6.2万平方米，新建“三格化粪池式”卫生厕所2744座，新建庭院式污水处理设施2155座，推广清洁燃烧炉具2840个，17个重点村全部完成环村林建设，建设6处休闲公园。发展乡村休闲旅游、现代农业观光旅游及休闲采摘游。全县发展星级生态农家院8家，工农业旅游示范点5家，农家乐旅游接待户30余家，农业观光采摘园、采摘点40余处，吸纳乡村旅游从业人员近千人。其中，陈府片区内星级生态文明农家院4家、旅游示范点2个、农家乐旅游接待户10家、采摘园（点）25个。

惠民实事。2015年，大厂回族自治县累计投入8635万元改善学校办学条件和建设校舍，主要用于城关小学和第二幼儿迁建、职中迁建、谭台小学、八百户幼儿园新建；拨付200万元为农村文化体育活动、电影放映、图书馆购置设备，建设文化广场，实施“牵手京津冀·欢乐进万家”文化惠民工程；截至12月底，为75岁以上老人发放高龄津贴510万元。拨付城乡医疗救助资金174万元，累计救助106户。拨付重特大疾病医疗救助资金666万元，累计救助重特大疾病患者136人；大厂县城镇低保水平月人均610元，月人均补差标准360元。农村低保水平月人均420元，月人均补差标准250元；全年累计拨付86.69万元，补贴符合廉租住房保障条件的家庭463户，保障面积15910.65平方米。拨付北辰阳光保障性住房建设资金1029.83万元，阳光新园保障性住房建设资金1492.07万元，确保保障性住房建设完工；全县发放粮食及农资综合补贴资金958万元，补贴发放范围覆盖全县5个镇105个村，补贴面积8.3万亩（0.55万公顷）。

（周丽娟　刘　俊）

大厂镇

大厂镇人民政府驻地位于县政府西北1公里处，辖区面积41.33平方公里。辖大厂一村、大厂二村、大厂三村、大厂四村、小厂、小务、大马庄、于各庄、前丞相、芦庄、侯驸马、金庄、后店、六合庄、霍各庄、西马庄、河西营、小李庄、王必屯、袁庄、东彭府、西彭府、西杨辛庄、梁庄、东马各庄、西马各庄26个行政村。2015年，全镇人口26347人，同比减少6.03%，其中从业人员9350人，同比增长0.21%；粮食耕种面积2500公顷，同比减少28.6%；粮食产量10200吨，同比增长7.05%。

镇党委书记　杨华勇
镇人大主席　杨海莲
镇　　　长　杨建民

（张　蝶）

夏垫镇

夏垫镇人民政府驻地位于大厂回族自治县政府西北部10公里处。辖区面积41.18平方公里。辖夏垫、北太平庄、兴隆庄、东庄、芮屯、毛场、王果子庄、赵沟子、苇子庄、韩家府、南王庄、土营、褚各庄、陈辛庄、南寺头、马坊、祁屯、二里半、潘各庄、北坞一村、北坞二村、北坞三村、北坞四村、东小屯、北贾各庄、北王庄、大棋盘、小棋盘、小定福、永太辛庄30个行政村。2015年，全镇人口34426人，同比持平，其中从业人员15880人，同比增长12.46%；粮食耕种面积2570公顷，同比持平；粮食产量17010吨，同比增长6.25%；农林牧渔产值70560万元，同比增长1.93%。

镇党委书记　马继东

镇人大主席　李国松

镇　　　长　海朝明

（郭志恒）

祁各庄镇

祁各庄镇位于大厂回族自治县西部，该镇人民政府驻地距县城9公里。辖区面积47.52平方公里。辖祁各庄、冯兰庄、定福庄、亮甲台、陈家府、半边店、宋各庄、洼子、小东关、大东关、毛庄、西关、谢疃、窄坡、八百户、窝坨、辛杜庄、大小辛庄、谭台、田各庄20个行政村。2015年，全镇人口23383人，同比减少1.89%，其中从业人员13070人，同比增长3.07%；粮食耕种面积3587.87公顷，同比减少54.78%；粮食产量22705吨，同比增加42.17%。

镇党委书记　孙继国

镇人大主席　杨大鹏

镇　　　长　刘伯岩

（何　畔）

邵府镇

邵府镇位于大厂回族自治县西北部，该镇人民政府驻地邵府村距县城9公里。辖区面积21.18平方公里。辖邵府、南贾各庄、大仁庄、太平庄、尚各庄、牛万屯、双臼、岗子屯8个行政村。2015年，全镇人口10628人，同比减少1.7%，其中从业人员5310人，同比持平；粮食耕种面积287公顷；粮食产量3051吨。

镇党委书记　王　伟

镇人大主席　王立新

镇　　　长　杨明辉

（贾荣昌）

陈府镇

陈府镇位于大厂回族自治县东南部，该镇人民政府驻地陈府村距县城5公里。辖区面积23.76平方公里。辖陈府、荣马坊、大坨头、小坨头、沙岗子、许官屯、北小庄、王唐庄、后营、王指挥屯、兰庄户、蒋店子、吴辛庄、东杨辛庄、马家庙、漫兴营、威武屯、南太平庄、侯官屯、东厂、刘各庄21个行政村。2015年，全镇人口12100人，同比增长7%，其中从业人员3000人，同比增长3%；粮食耕种面积900公顷，同比减少9%；粮食产量12650吨，同比减少9%；农林牧渔产值37650万元，同比增长5%；农业机械总动力4433千瓦，同比增长1.8%。

镇党委书记　毛松录

镇人大主席　蒙传杰

镇　　　长　王开印

（李　龙）

城区街道办事处

城区街道办事处位于大厂回族自治县县城北辰东街88号。辖永安里、羊市街、荣昌街、和平路、康安北路、华安北路6个社区居委会，其中永安里社区居委会管辖范围东起县迎春机械厂居民区，西至永安路，南起诚实里，北至鲍邱河南岸；羊市街社区居委会管辖范围东起永安路，西至荣昌路，南起大厂旧南街北侧，北至北辰街；荣昌街社区居委会管辖范围东起荣昌路，西至和平路，南起大厂三村北侧，北至县城乡供水总公司；和平路社区居委会管辖范围东起和平路，西至厂谭路广电局家属区，南起汇群里平房区，北至鲍邱河南岸；康安北路社区居委会管辖范围东起康安北路，西至永安路，南起北辰东街，北至鲍丘河南岸；华安北路社区居委会东起和平北路，西至华安北路，南起北辰西街，北至鲍丘河南岸。面积5.31平方公里。2015年，城区街道管辖居民总户数13050户，总人口26470人，同比增长36.7%。

街办处书记　李树达

街办处主任　霍东启

（程　佳）

香河县

【概况】　2015年，香河县辖9个镇、3个街道办事处、3个省级园区、1个农业园区、1个家具城，分别是淑阳镇、安平镇、刘宋镇、安头屯镇、渠口镇、五百户镇、蒋辛屯镇、钱旺镇、钳屯镇，新开街道办事处、新华街道办事处、平安街道办事处，河北香河经济开发区、河北香河新兴产业示范区、河北香河环保产业园区、香河县农业高新技术园区和香河家具城。行政村街300个。全县总面积448平方公里。全县人口36.5万人，人口自然增长率5.06‰，城镇人口21.7万人，城镇化率59.33%；地区生产总值198.6亿元，同比增长10.9%，第一产业、第二产业、第三产业产业增加值分别为16.7亿元、100.6亿元、81.3亿元，同比分别增长4.6%、8.2%、16.3%；规模以上工业增加值72.5亿元，同比增长9.5%；民营经济增加值138.7亿元，同比增长11.3%；粮食产量147422吨；棉花产量8吨；财政收入完成50.6亿元，同比增长30.8%；公共财政预算收入完成35.1亿元，同比增长32%；经济发展质量、效益同步提升，全部财政收入和公共财政预算收入分别完成50.6亿元、35.12亿元，同比增长30.8%、32%，总量分别位居全省各县市第六位和第四位，人均公共财政预算收入突破万元；全部财政收入占地区生产总值比重25.5%；财政支出50.7亿元（不含专款），同比增长82.8%；全社会固定资产投资192.5亿元，同比增长23.9%；社会消费品零售额69.8亿元，同比增长9.6%；在岗职工年平均工资58595元，同比增长24.9%；农村居民人均可支配收入（2014年以前称农民人均纯收入）13997元，同比增长8.8%；城镇居民人均可支配收入33842元，同比增长8.7%；年末城乡居民储蓄余额230.3亿元，同比增长13.3%；家具城市场成交额280亿元；森林覆盖率38%；全县公路里程1021公里；民用汽车拥有量中，机动车保有量为101844辆，其中大型汽车2979辆、小型汽车94630辆、摩托车4235辆。

产业升级。2015年，河北香河经济开发区、河北香河新兴产业示范区、河北香河环保产业园区基础建设投入资金15.2亿元。中粮可口可乐华北基地、同位素药物研发生产等一批优质产业项目落户。推进机器人产业

港、京津冀汽车零部件物流交易中心等28个投资5亿元以上重点项目，其中国际建材交易中心（一期）、飞驰输变电设备等10个项目建成投产。59家工业企业实施技改升级。全县新增科技型中小企业73家、科技小巨人企业13家、规模以上工业企业14家，凯华齿轮等3家企业获评省级高新技术企业。发展现代服务业，中信国安第一城启动建设3万平方米的创客基地和2万平方米的影视特效制作基地，谋划确定投资500亿元的运河生态文化项目。潮白河现代农业科技示范区、东方千年古葡萄庄园、乐农美联生态农场、庆丰生态农业产业园等10余个融观光采摘、旅游休闲等功能于一体的现代农业项目启动建设，荷花产业园获评市级现代农业园区。

生态环境。2015年，香河县实施各项治污减排措施。专项防治大气污染，淘汰燃煤锅炉107台、更换环保炉具2.3万户、推广清洁型煤4万吨，严格落实渣土车辆苫盖、街道工地降尘、垃圾秸秆禁烧等防控措施，空气质量综合指数比2014年下降12.1%。治理水环境，新建潮白河3号橡胶坝，建成运行2座园区污水处理厂，清淤疏浚潮白河部分河段及20条干支渠，累计清淤河渠92.8公里，全县水质水景明显改善。全年造林4.2万亩（2800公顷），全县森林覆盖率38%，逐步完善基础设施，建成开放潮白河滨河森林公园等一批精品园林景观。香河县通过国家绿化模范县验收。8月，中央电视台《乡村大世界》栏目通过海选，在刘宋镇万亩荷塘录制《乡村大世界——最美乡村中国行之走进香河》并于同期播出。

城乡建设。2015年，唐通线拓宽改造等10项重点交通工程建成通车。全年新建、改建路网155公里。铺设30余公里燃气、供水、供热管网，新建改造6座街头游园、7座便民公厕，文化艺术中心完成主体施工。开展治脏、治堵、治乱等环境整治行动，依法拆除9700平方米违规建筑。推进城中村改造和新民居建设，600余户城乡居民喜迁新居。美丽乡村建设成效显著，创建31个省级示范村、3个精品村街、4个精品社区，庆功台村获评国家旅游局“中国乡村旅游模范村”，香椿营村获评“河北省少数民族特色村寨”。

民生事业。2015年，香河县投资2.1亿元用于18项教育工程建设和教学装备改善，与150名教师和校长交流，招聘录用126名教师充实教学一线，全县教学质量稳步提高。创建公共文化服务体系示范区，改造升级285个镇村文化活动站室，发动各类民间文艺团体、协会组织，开展“牵手京津冀·欢乐进万家”等文化惠民活动，丰富城乡居民业余文化生活。成功举办首届京津冀中华大庙会、首届全民运动会、国际自驾车旅行大会，安头屯中幡获评全国民间艺术最高奖“山花奖”。推进医药卫生体制改革和卫生计生机构改革，3所县级公立医院分别与北京知名医院建立合作关系。落实各项计生政策，人口形势持续稳定。全面提高城乡居民社会养老保险财政补助标准，为80岁以上高龄老人发放生活补贴。实施百姓安居工程，改造108户农村危房，分配381套保障性住房。年内，香河县成功创建全省首批食品药品安全县。

（李志楠）

淑阳镇

淑阳镇人民政府驻地位于县城新开街站西小区，县政府西南方向1公里处，全镇面积25.66平方公里。辖朱庄、大王庄、许台、杜屯、孟庄、郎庄、池套、前套、后套、大罗屯、小罗屯、前小屯、后小屯、赵庄、姬家止务、河南止务、河北止务、孙家止务、姚家止务、王家止务、宋家止务、凌家吴村、河南吴村、郭辛庄、赶水坝、金辛庄、矬口、计庄28个行政村街。2015年，全镇人口26186人，从业人员9792人；年末常用耕地面积1182.1公顷；粮食耕种面积681公顷，同比减少9.53%；粮食总产量4110吨，同比减少15.9%；农林牧渔总产值14668万元，农民人均纯收入15651元，全镇财政收入44784万元；农业机械总动力349800千瓦；镇区一般预算收入44784万元；工业总产值173363万元，同比增长12.9%；利润24615万元；全社会固定资产投资173000万元，同比增长28.347%。

镇党委书记　刘洪涛（任至2月）
　　　　　　凌少金（2月任）
镇人大主席　盛淑俊（任至6月）
　　　　　　池晓伟（6月任）
镇　　　长　赵树军（任至2月）
　　　　　　卢英俊（2月任）

（李　盼）

安平镇

安平镇人民政府驻地安平镇一街村，距县城12.5公里。全镇面积32.55平方公里。辖安平一街、安平二街、安平四街、安平后庄、安平东庄、扁城、赶古庄、谢屯、周庄、西贾庄、延福屯一村、延福屯二村、草沙河、成辛庄、小友垡、甘露寺、王家摆、谭庄、曹店、北太平庄、堡上、鲁家务、孙家务、王指挥庄、乔庄、三间房、枳根城、陈辛庄、高庄29个行政村街。2015年，全镇人口24190人；财政收入28747万元，同比增长33.8%；农民人均纯收入13970元；从业人员13391人；年末固定资产原值55800万元，其中农林牧渔固定资产5280万元，工业固定资产18460万元，建筑业固定资产1360万元，交通运输、仓储业固定资产5820万元，住宿、餐饮固定资产1698万元，批发零售业固定资产3882万元，其他固定资产19300万元；公共财政预算收入19779万元，同比增长17.6%；常用耕地面积1335.819公顷，粮食播种面积1121公顷；粮食总产量7213吨；农业机械总动力20876千瓦；规模以上企业工业总产值完成28亿元，同比增长7.25%；利润4753万元，同比增长4.08%；全年固定资产投资14.5亿元。

镇党委书记　闫明杰
镇人大主席　赵连成
镇　　　长　张占春（任至6月）
　　　　　　任振宇（6月任）

（朱亚莉）

刘宋镇

刘宋镇人民政府驻地刘宋村，位于香河县城东南18公里处，距县政府20公里，全镇总面积59平方公里。辖刘宋、东张庄、倪庄、马庄、程官屯、庆功台、王家务、八户、德辛庄、小刘庄、西太平庄、蠖头屯、吴庄、尹庄、北村、北务屯、辛立屯、中营、刘庆庄、小陈庄、荆庄、大田、东王各庄、西王各庄、南孙家庄25个行政村。2015年全镇人口35818人，从业人员15820人；年末常用耕地面积4020公顷，粮食耕种面积3240公顷，粮食总产量26892吨，同比减少6%；莲藕种植面积780

公顷，莲藕产量35107吨；农林牧渔总产值44501万元；农民人均纯收入12610元，同比增长10%；财政总收入1779万元；农业机械总动力8.05万千瓦；农村非农行业总产值31.64亿元，同比增长4%。

镇党委书记　刘　宇

镇人大主席　王大为（任至6月）

　　　　　　刘洪来（6月任）

镇　　　长　周国良

（杨立辉）

安头屯镇

安头屯镇人民政府驻地安头屯四村，位于香河县城东南9公里处。辖区面积37.44平方公里。辖安头屯一村、安头屯二村、安头屯三村、安头屯四村、西口头、北口头、前口头、东口头、韩营庄、杨营庄、孙营庄、赵营庄、顾家屯、黄庄、东兴隆庄、东太平庄、商汪甸、前独立庄、后独立庄、大青庄务、小青庄务21个行政村。2015年，全镇人口21286人，从业人员9527人；年末常用耕地面积2237公顷，粮食耕种面积2478公顷，同比增长10.8%；粮食产量14853吨，同比减少1.2%；农林牧渔总产值31240万元；财政总收入1404万元，同比减少9.1%；农业机械总动力31445千瓦时；农村非农行业总产值13亿元，同比增长31.3%。

镇党委书记　王　强（任至2月）

　　　　　　何振龙（2月任）

镇人大主席　田景纲（任至6月）

　　　　　　高　峰（6月任）

镇　　　长　张年台（任至6月）

　　　　　　孙宏杰（6月任）

（康亚静）

渠口镇

渠口镇人民政府驻地渠口村，位于县城东12.5公里处，全镇总面积66.32平方公里，辖渠口、北渠口、金庄、许庄、王刘圈、邵庄、店子务、康庄、宣教寺、荣各庄、戴家阁、牛济河、小高坨、小河各庄、魏家滩、孙各庄、温庄、小圈、西梨园、东梨园、三岔口、卢庄、邱庄、韦各庄、高山、炭户、石虎辛庄、固庄、韩庄、躲各庄、窦庄、阎胡套、卸甲庄、黄沙务、蔡庄、谭家务、大鲁家口、东鲁家口、大七里、小七里、渔阳院、东魏各庄、西魏各庄、北张庄、西河头、唐屯、青寺、青户48个行政村。2015年，全镇人口49505人，同比增长0.52 %；从业人员22867人，同比增加0.32%；常用耕地面积3470.3公顷，同比减少7.4%；粮食种植面积3015公顷，同比减少15.7%；粮食总产量25933吨，同比减少6.2%；农林牧渔总产值38848万元，同比减少13%；农民人均纯收入12221元，同比增长38%；财政收入5860万元，同比减少7.1 %；农业机械总动力53768.3千瓦，同比减少2.3%；农村非农行业总产值962340万元，同比增长5.1%。

镇党委书记　沈雪松

镇人大主席　蒙振路（任至6月）

　　　　　　刘　健（6月任）

镇　　　长　绳　军

（张玲玲）

五百户镇

五百户镇人民政府驻地五百户村，位于香河县城南，距县政府12公里，镇域与天津武清区毗邻，京杭运河穿境而过。全镇面积63.5平方公里。辖土山、四百户、三百户、骡子王、南蔡庄、夏辛庄、兴隆村、仉村、高辛庄、曹庄、黄小营、五百户、西张庄、前马房、后马房、头百户、马各庄、六百户、八百户、九百户、十百户、孙小营、东七百户、西七百户、李庄、前土门楼、后土门楼、西王家务、吴打庄、邢家营、荒凌庄、东双街、南太平庄、香城屯、南周庄、南张庄、霍刘赵、田各庄、南石辛庄、香椿营、仓上、于辛庄、董家湾43个行政村。2015年，全镇总人口38112人，同比增长0.01%；从业人员17497人，同比增长0.005%；年末常用耕地面积4332公顷，粮食播种面积3865公顷，同比增长1.65%；粮食总产量23503吨，同比减少9.8%；农林牧渔总产值90087万元，同比增长4.6%；财政总收入4826万元，同比减少34.8 %。

镇党委书记　李洪波
镇人大主席　张广义
镇　　　长　何振龙（任至2月）
　　　　　　吴立春（2月任）

（杨光瑞）

蒋辛屯镇

蒋辛屯镇人民政府机关驻地蒋辛屯村，位于香河县城北，距县政府10公里。全镇面积28.8平方公里。辖王店子、仓头、领子、梁家务、北吴村、闻庄、三百户、六百户、头百户、大窑上、杨簸箕庄、李庄、五百户、大马坊、小马坊、后场、小祁庄、蒋辛屯18个行政村。2015年，全镇人口15893人，从业人员6874人；年末常用耕地面积2024公顷；粮食播种面积2182.6公顷；粮食总产量13120吨；农林牧渔总产值12367万元；农民人均纯收入8452元；财政总收入3852万元。

镇党委书记　李爱兵
镇人大主席　程　磊
镇　　　长　高金刚

（崔雪松）

钱旺镇

钱旺镇人民政府驻地钱旺村，位于县政府东侧，距县政府5公里，辖区面积36.9平方公里。辖土堡子、马房顶、北刘庄、袁庄、田贾庄、焦康庄、义井、达古庄、大高坨、袁官屯、大六王庄、小六王庄、大河各庄、富各庄、东马家窝、西大街、后大街、和平街、姜吴街、成自务、钱旺村21个行政村。2015年，全镇总人口26356人，人口自然增长率6.87‰；从业人员5800人；年末常用耕地面积2171.6公顷；粮食播种面积1978.94公顷；粮食产量11622吨；农林牧渔总产值22467万元；农民人均纯收入10049元，同比增长8%；财政收入5332万元，同比增长20.1%；农业机械动力60745千瓦；全镇工业总产值185500万元。

镇党委书记　刘全顺
镇人大主席　赵万兵（6月任）
镇　　　长　孟繁章

（钱红梅）

钳屯镇

钳屯镇人民政府驻地钳屯村，位于香河县城南，距县政府6公里。全镇面积31平方公里。辖红庙、茅草店、后家湾、二百户、起河屯、坨子、西延寺、前延寺、贾庄、窝头、钳屯、叶屯、尚店、张庄、池屯、赵屯、草寺、西刘庄、雀林院19个行政村。2015年，全镇人口19446人，从业人员9205人，年末常用耕地面积1990.24公顷；粮食播种面积1936公顷；粮食总产量16845吨；农林牧渔总产值28775万元；农民人均纯收入11200元；财政收入1.84亿元，同比增长5%；农业机械总动力39300千瓦；农村非农行业总产值162702万元；镇区一般预算收入1.06亿元，非农业人口1023人，占地面积2.15平方公里；完成社会总产值352078万元，同比增长6%；工业总产值336772万元，同比增长11%；利润24528万元，同比增长6%；增加值87519万元，同比增长12%；全社会固定资产投资4.22亿元，同比增长9%。

镇党委书记　张显民（任至6月）
　　　　　　张占春（6月任）
镇人大主席　唐永志（任至6月）
　　　　　　赵立军（6月任）
镇　　　长　刘爱军

（石　磊）

新开街道办事处

新开街道办事处位于香河县城新开大街中段路北（原驻军院内），辖区范围包括新华大街以南、夏安路以东的城南、城东区，总面积10.2平方公里。辖新开社区居委会、新绣社区居委会、安抚社区居委会、段庄社区居委会、永泰社区居委会、康宁社区居委会6个社区居委会和西南街、东南街、南台、阎乔各庄、安抚寨、周园、段乔各庄、前店子8个村街。2015年，全镇总人口77049人，社会总产值295799万元，同比增长4.39%。工业总产值18094万元，利润1356万元，同比降低13.57%；增加值1347万元；社会固定资产投资58902万元；财政收入33144万元，同比增长18.66%。

街办处书记　凌少金（任至2月）
　　　　　　王　强（任至11月）
　　　　　　韩景丰（11月任）
人 大 主 席　李永亮（任至6月）
　　　　　　靳洪刚（6月任）
街办处主任　成英杰

（徐宝珠）

新华街道办事处

新华街道办事处位于香河县城新华大街北侧，五一路东侧。辖区范围东至白庙村、西至西外环路、南至淑阳大街、北至潮白河南堤，面积4.6平方公里。辖新华社区居委会、永兴社区居委会、迎宾社区居委会和城西社区居民委员会4个社区居委会，以及白庙、胡庄子、万福辛庄、北岗子、刘庄、西北街、东北街、西店8个村街。2015年，总人口36583人；完成社会总产值58672万元，同比增长4.01%；利润5717万元，同比增长2.17%；增加值14668万元，同比增长4.1%；全社会固定资产投资42520万元，同比增长17%；全年财政收入34861万元，同比增长10.4%；农民人均收入14198元，同比增长10%；粮食播种面积270.5公顷，同比降低8.4%；粮食产量1461吨，同比减少9%。

街办处书记　张锦山（任至11月）
　　　　　　王　强（11月任）
人 大 主 席　杨海涛
街办处主任　张继田

（田　雪）

平安街道办事处

平安街道办事处成立于2012年9月，办事处与河北香河经济技术开发区同楼办公（位于平安大街南侧），辖区范围东至北运河，南至县界，西至县界，北至龙凤碱河、县界，面积18.43平方公里。辖民安社区居委会、新城社区居委会、正阳社区居委会、安泰社区居委会4个社区居委会。辖区内有万通、京御、盛达置地、鸿坤、国元、香河佳龙、香河城镇房地产、隆盛、博远等房地产开发公司，建成小区18个，其中平安小区、医院小区、平安丽景A区、平安丽景B区、福源小区、京津花园一期、共青社、阳光优势、燕都鑫城属于民安社区居委会；京津花园二期、京津花园三期、京津花园四期、福安城、罗纳河谷属于新城社区居委会；孔雀城、天悦小区、香汐小区属于正阳社区居委会；紫藤堡属于安泰社区居委会。建成小区总建筑面积310万平方米，入住户数2.4万户，人口5.24人，其中常住人口2.85万。

街办处书记　杜文洪
人大主席　赵万兵（任至6月）
　　　　　刘秀华（6月任）
街办处主任　李洪波

（刘振清）

香河家具城

2015年，香河家具城拥有经纬、红星美凯龙、富华、金钥匙、嘉亿龙、中意、好百年、鑫亿隆、汇美、鹏大、顺隆、贵都、北广、明泰来、中唐、春城、华汇、顺美、新时代、兴华、京达、京华随缘、美家源等33座单体家具展厅，其商品涵盖家居、办公、宾馆套房、红木、中高档沙发、软床、户外、藤艺、工艺品等各类家具，总面积300万平方米。城内参展企业7500多家，知名品牌1500余个，产品销往北方10余个省、市，远销东北亚、欧美和非洲等部分国家和地区。全年市场交易额280亿元，上缴财政税收1.21亿元。9月，香河家具城被中国家具协会授予“中国家具先进产业集群奖”称号。4月28日至5月2日，香河家具城与中国家具协会、河北省家具协会共同举办第四届“中国香河国际家居文化节”。活动期间开展会议研讨、招商洽谈、批发采购、节日促销、展示参观、文化旅游等主题活动。平均每天客流量3.8万人次，商品交易额13.91亿元，中国香河国际家居文化节的成功举办增强了香河家具城的影响力和辐射力，对促进辖区经济发展、人文精神、环境改善起到积极作用。10月，香河家具城工委书记、管委会主任王占栋被授予“河北省家具行业20年发展特别贡献人物”称号。开展品牌推广。采取参加展会、邀请各地同行参加家居文化节的方式加强与国际家具同行、全国各省市家具协会沟通交流，提升香河家具城知名度。在北方地区500公里范围内的家具市场设立服务办事处，发放家具城《快报》、增开免费班车，加强与当地主流媒体合作宣传推介，吸引更多消费者。

工委书记　李玉革（任至2月）
　　　　　王占栋（2月任）
副书记　王　强（兼，任至11月）
　　　　曹建新（任至11月）
　　　　揣柏文
管委会主任　王占栋
常务副主任　揣柏文
副主任　张树合
　　　　李万青
　　　　高东武

（王利永）

永清县

【概况】 永清县辖永清镇（含刘其营办事处、北辛溜办事处、养马庄办事处、大辛阁办事处）、韩村镇、别古庄镇、后奕镇、里澜城镇5个镇，以及曹家务乡、三圣口乡、刘街乡、龙虎庄乡、管家务回族乡5个乡，辖河北永清工业园区、永清经济开发区和城区街道办事处。全县行政村386个，总面积774平方公里，耕地面积40922公顷。2015年，全县人口40.53万人，其中城镇人口91620人，人口自然增长率8.32‰。地区生产总值99.6亿元，同比增长7.9%。其中，第一产业增加值37.8亿元，同比增长2.6%；第二产业增加值29.2亿元，同比增长3.5%；第三产业增加值32.6亿元，同比增长21.3%。规模以上工业增加值16.2亿元，同比增长2.1%。民营经济增加值59.2亿元，同比增长7.8%。粮食产量15万吨，同比下降1.8%。棉花产量3166吨，同比下降23.7%。财政收入13.2亿元，同比增长22.2%；财政支出23.01亿元，同比增长46.19%。全社会固定资产投资134.2亿元，同比增长18.8%。社会消费品零售额41.91亿元，同比增长7.7%。职工平均工资55224元，同比增长27%。农村居民人均可支配收入12244元，同比增长8.5%。城镇居民人均可支配收入27647元，同比增长8.5%。年末住户存款余额91.9亿元，同比增长15.2%。

项目建设。2015年，永清县签约亿元以上项目46个，总投资2348.04亿元，其中，投资10亿元以上项目13个，50亿元以上项目4个。引进签约银泰未来产业园、北京西城·永清现代物流园、永清新区智能制造装备产业港等一批重点优质高端项目。全年实施投资亿元以上项目60个，完成投资80亿元，盈珂服饰、雄胜服装等11个项目建成投产，国际服装商贸中心、光彩商业中心、华夏新区等重点项目全面启动。新陆港物流项目申列省重点，被列为国家重大物流储备项目。

园区发展。2015年，工业园区引进亿元以上项目9个，总投资73.85亿元。高科技成果孵化基地、国家无线电公共技术服务平台等重点项目顺利推进，南玻二期全面动工，古松农产品开始试生产。建设污水处理厂，并加装完成数据采集系统；新增绿化面积163.73公顷。经济开发区年内签约项目4个，总投资1300亿元，其中亿元以上项目3个。污水处理厂、新城供水厂建成并投入试运行；新增绿化面积106.67公顷；新新天地社区一期入住222户，完成二期6栋住宅楼及商业、医疗、村民活动中心等配套设施主体工程，三期8栋住宅楼及新新家园进行主体施工。

科技创新。2015年，永清县全面落实“一十百千万”科技创新行动，新增高新技术企业2家、科技小巨人企业12家、科技型中小企业101家，建成市级研发中心10家、市级众创空间1家。申报省级科技创新基金项目3个、省级农业科技项目3个，获批资金240万元。华夏新区科技创新与技术转移基地、工业园区高科技成果孵化基地稳步推进。德基机械在香港联交所主板上市，实现本地企业上市“零”突破；格洛斯节能设备公司在上海股权托管交易中心Q版挂牌上市；联手京东集团，启动国家级电子商务进农村综合示范县建设。

城乡建设。2015年，廊沧高速连接线里澜城镇区段竣工通车，采留线北段改造工程完成招投标，廊大线、廊霸线完成中修改造；投资1419万元建设42条、46.3公里农村公路。

大辛阁35千伏变电站、王澜35千伏线路投入运行；新建10千伏线路2.66公里，村街低压主体改造65.51公里；更换315千伏安节能变压器6台。地表水厂厂区工程全部完工，设备调试到位，铺设管网10.22公里，具备通水条件；农村水厂扩户工程铺设管网10公里，新增集中供水户2500户；完成农村饮水水质检测中心、县级水利站标准化建设。县城老城区、新城区建设规划编制完成。老城区完成裕丰街中段改造工程、武隆路污水管网建设工程；人大、南门外排水泵站建成并投入运行；全年建设回迁楼64240平方米，258户搬迁居民回迁。新城区华夏新区投资9亿元，建设道路3条，规划馆主体竣工；编制中干渠改造项目规划设计、智慧新城总体规划。

农业亮点。2015年，永清县成功申报省级农业产业化项目1个，争取项目资金500万元；申报市级农业产业化重点龙头企业15家，全县达到41家。引进蔬菜新品种30个、新技术5项。组织各类农业培训班360多期，培训农民3.1万人次。与首农集团签订合作协议，在农产品基地建设、加工销售、冷链物流等方面开展合作。全面启动万亩葡萄节水示范基地工程，新打机井22眼，铺设节水管网80.56公里。小农水示范县工程方案通过省水务厅批复，市级高效节水项目方案通过专家评审。金华湖景区的室内水上乐园、商务会所、牡丹园建成投入使用。盛世福地景区对外营业。远村园区水立方温泉休闲项目基础主体建成。“京南宋辽文化产业园”项目总体规划完成第三次修改。举办“桃花节”，吸引京津冀等地游客3万余人。

惠民实事。2015年，永清县开工公共住房284套，实施棚户区改造541套，竣工保障性住房和棚户区改造住房450套，通过公开摇号，分配保障性住房394套，新建改造农村贫困群众危房、残疾人危房259户。医疗、失业、养老、工伤保险扩面5734人，发放高龄补贴358.95万元，惠及高龄老人5700余人。养老服务大楼主体内装修。累计发放城乡低保资金1129.98万元、救灾资金211万元、医疗救助资金283.8万元、孤儿救助金23.1万元。新型农村合作医疗参合率95.14%，累计为79.32万人次参合农民提供医疗补偿，补偿金额10720.7万元。发放各类惠农补贴资金7600万元。《被征地农民参加基本养老保险实施方案》获省人社部门批准。

社会事业。2015年，永清县改造各类学校34所，面积25038平方米；建设韩村寄宿制学校，面积6948平方米；启动7所农村幼儿园工程；41所学校购置设备；建成宠物医院以及相关配套设施。北大青鸟益田实验学校启动征迁。建成乡镇卫生院国医堂2个、中医特色村卫生室50个；整体改造县中医院原病房楼并新建病房楼1栋，均投入使用；县中医院与解放军307合办协作医院挂牌运营，县急救中心项目完成招投标；县医院完成二期选址。创建国家公共文化服务体系示范区，文化馆、文化活动室达到验收标准，县图书馆外立面建设完工。举办“河北省第二届京剧票友邀请赛”，组织开展书画展、非物质文化遗产展、乒乓球赛等文体活动18次，开展“三下乡”活动4800场。

（刘淑珍　杨克亮）

永清镇

永清镇人民政府驻地南关三村，位于永清县城南3公里处。辖区面积22平方公里。辖一堡、二堡、三堡、四堡、东关、北关、西关、南关一村、南关二村、南关三村、南关四村、南关五村、南关厢、东塔巷、西塔巷、朱家坟、北园子、右奕营、小西关19个行政村。2015年，全镇人口43238人，同比增长1.98%，其中从业人员7177人，同比下降10.22%；年末常用耕地面积1301公顷；粮食耕种面积259.4公顷，同比增长17.02 %；粮食产量1325吨，同比增长14.22%；农林牧渔总产值16442万元，同比增长5.89%；财政收入2910.2万元，同比下降33.96%。

镇党委书记　张新华

镇人大主席　孙卫华

镇　　长　韩世远

刘其营办事处

刘其营办事处驻地刘其营村，位于永清县城正东4.5公里处。辖区面积8.67平方公里。辖刘其营、西麻、东麻、北麻、东新民庄、西新民庄、胡家庄、西碱厂、东碱厂、张迁务、贾家务11个行政村。2015年，办事处人口14001人，同比增长1.87%，其中从业人员3445人，同比增长2.38%；年末常用耕地面积691.6公顷；粮食耕种面积463.33公顷，同比增长9.97 %；粮食产量2554吨，同比增长5.98%；农林牧渔总产值11066万元，同比增长13.05%；财政收入143.4万元，同比下降44.22%。

工委书记　赵海鹏

办事处主任　孙海波

北辛溜办事处

北辛溜办事处驻地北辛溜村，位于永清县城南偏东6.5公里处。辖区面积39.83平方公里。辖北辛溜、南辛溜、边辛溜、西场、起村、高圈、李庄子、姚官营、小南置、辛立村、东辛溜、粉王庄、太平庄、塔儿营、佃庄、鲁村、西黄村、东黄村、西镇、东镇、安仁庄、戴小营、吴楼23个行政村。2015年，办事处人口21034人，同比增长1.23%，其中从业人员8525人，同比下降7.97%；年末常用耕地面积2198公顷；粮食耕种面积1112.4公顷，同比持平；粮食产量6048吨，同比下降3.39%；农林牧渔总产值45031万元，同比增长12.32%；财政收入293万元，同比下降57.92%。

工委书记　杨常山

办事处主任　周振宾

养马庄办事处

养马庄办事处驻地西养马庄村，位于永清县城西南5公里处。辖区面积46.5平方公里。辖西养马庄、小方庄、小强村、大子营、东羊八庄、国太营、南八里庄、司小营、韩城、白垡、龙凤庄、蔡家庄、石家营、徐官营、大强村、汪家营、相亭、北台子、南台子、王庄、乔家营、寇家垡、杨官营23个行政村。2015年，办事处人口24631人，同比增长2.31%，其中从业人员12547人，同比增长0.53%；年末常用耕地面积3259公顷；粮食耕种面积1868公顷，同比增长3.74%；粮食产量10465吨，同比下降3.04%；农林牧渔总产值89131万元，同比增长14.90%；财政收入152.2万元，同比下降52.66%。

工委书记　刘增彪

办事处主任　田月华

大辛阁办事处

大辛阁办事处驻地大辛阁村，位于永清县城西6公里处。辖区面积52平方公里。辖大辛阁、小辛阁、雷家营、辛立庄、小曹营、前李迁务、后李迁务、白庙、樊庄、大营、赵各庄、西郝家场、华圈、姜家屯、陈家场、老君堂、南岔口、中岔口、北岔口、鲁家窑、东下七、西下七、苏家务、西太平庄、东和顺营、中和顺营、西和顺营、大焦垈、张四营、陈家营、草厂31个行政村。2015年，办事处人口26152人，同比增长3.66%，其中从业人员11747人，同比增长3.31%；年末常用耕地面积3153公顷；粮食耕种面积1550.33公顷，同比增长3.2%；粮食产量8418吨，同比下降1.43%；农林牧渔总产值78681万元，同比增长15.23%；财政收入183.5万元，同比下降68.81%。

工委书记　杨久春
办事处主任　刘国会

别古庄镇

别古庄镇人民政府驻地别古庄村，位于永清县城东15公里处。辖区面积78.4平方公里。辖别古庄、万全庄、官道、南人营、第七里、柳桁、于村、老第六、东甄庄、西甄庄、河西营、大范庄、赵百户营、东贺尧营、西贺尧营、前刘武营、后刘武营、老柳坨、北冯家场、老幼屯、大缑庄、小缑庄、修家场、王希、小荆垈、半截河、徐庄、北埝上、南埝上、刘赵庄、北刘庄、东辛立村、焦庄、小站、双小营、辛务36个行政村。2015年，全镇人口30541人，同比增长2.47%，其中从业人员16456人，同比增长10.1%；年末常用耕地面积3211公顷；粮食耕种面积3127.4公顷，同比下降0.53%；粮食产量17029吨，同比下降7.49%；农林牧渔总产值45673万元，同比增长8.64%；财政收入4234.3万元，同比下降28.32%。

镇党委书记　金雪峰
镇人大主席　张　茹
镇　　　长　赵海滨

后奕镇

后奕镇人民政府驻地后奕村，位于永清县城南12.5公里处。辖区面积53.6平方公里。辖后奕、南门、白雁口、坚固庄、石各庄、李奉先、小刘庄、郑家窑、窑窝、邓家务、小黄村、韩各庄、东庞各庄、西庞各庄、董相庄、东义和、团聚庄、辛立张家场、南辛立庄19个行政村。2015年，全镇人口27579人，同比增长0.89%，其中从业人员10942人，同比下降12.59%；年末常用耕地面积2691公顷；粮食耕种面积2315.87公顷，同比下降0.91%；粮食产量12671吨，同比下降4.54%；农林牧渔总产值54081万元，同比增长12.43%；财政收入753.8万元，同比下降27.66%。

镇党委书记　刘建华
镇人大主席　牛贺山
镇　　　长　孔庆宏

里澜城镇

里澜城镇人民政府驻地里澜城村，位于县城东南部26公里处。辖区面积67平方公里。辖里澜城、惠济场、李家场、王家场、北五道口、闸口、赵家楼、七堡、南二堡、傅家场、冯家场、郝家场、前第五、后第五、小第六、惠元庄、大沈庄、马家铺、后第六、前第六、小惠庄、大刘庄、王虎庄、南柳坨、崔家铺、东第六、大惠庄、李家窑、瑚琏店、廖家村30个行政村。2015年，全镇人口30983人，同比增长1.01%，其中从业人员13939人，同比下降2.69%；年末常用耕地面积3168公顷；粮食耕种面积2657.47公顷，同比下降1.64%；粮食产量13012吨，同比下降9.2%；农林牧渔总产值40568万元，同比增长7.45%；财政收入3770.4万元，同比下降8.9%。

镇党委书记　周　俊
镇人大主席　毛建民
镇　　　长　石　枫

韩村镇

韩村镇政府驻地韩村，位于永清县城东北14公里处。辖区面积71平方公里。辖韩村、北赵家场、西营、东营、西解口、东解口、西庄窠、东苑家务、西苑家务、南石、姜志营、楼台、徐于今、北于今、王于今、沙于今、张常沈、柴庄子、东张庄、杨家营、董家务、范庄、辛屯、南钊、北钊、东李庄、南朝王、北朝王、西西溜、东西溜、东溜、横亭、大站、陈各庄34个行政村。2015年，全镇人口31167人，同比增长1.47%，其中从业人员16707人，同比增长14.36%；年末常用耕地面积2878公顷；粮食耕种面积2297.33公顷，同比下降1.19%；粮食产量12901吨，同比下降8.07%；农林牧渔总产值36177万元，同比增长9.48%；财政收入796.2万元，同比下降77.48%。

镇党委书记　张　森
镇人大主席　余建波
镇　　　长　马文鲲

刘街乡

刘街乡人民政府驻地刘街村，位于永清县城东南18公里处。辖区面积58.9平方公里。辖刘街、王街、乔街、陆街、徐街、陈佃庄、西务、南大王庄一村、南大王庄二村、渠头、杨青口、大辛庄、二辛庄、彩木营、枣林、李通庄、大五间房、小五间房、东辛庄、西辛庄、南范庄、李家口、西兴庄、土楼团结、土楼胜利、土楼建设26个行政村。2015年，全乡人口35667人，同比增长0.85%，其中从业人员18824人，同比增长11.04%；年末常用耕地面积4295公顷；粮食耕种面积3374.53公顷，同比增长34.4%；粮食产量18712吨，同比增长27.15%；农林牧渔总产值131067万元，同比增长12%；财政收入1705.9万元，同比下降61.24%。

乡党委书记　王子博
乡人大主席　周振辉
乡　　　长　王树峰

龙虎庄乡

龙虎庄乡人民政府驻地东龙虎庄村，位于永清县城西南12.5公里处。辖区面积56.3平方公里。辖东龙虎庄、西龙虎庄、南圈、北孟一村、北孟二村、北孟三村、杨迁务、梨桁、瓦屋辛庄、义井、后刘官营、前刘官营、石九垡、前店、后店、马家营、宋贺郎营、仓上、千人目、绳高营、朱家营、罗家营、大青垡、小青垡、刘庄25个行政村。2015年，全乡人口30855人，同比增长0.96%，其中从业人员14403人，同比下降2.52%；年末常用耕地面积3979公顷；粮食耕种面积2547.4公顷，同比增长2.19%；粮食产量14293吨，同比下降4.19%；农林牧渔总产值133354万元，同比增长15.97%；财政收入351.2万元，同比下降59.57%。

乡党委书记　刘培春

乡人大主席　马亚辉

乡　　　长　靳西奎

曹家务乡

曹家务乡人民政府驻地地处南曹家务村与北曹家务村之间，位于县城正北9公里处。辖区面积79.4平方公里。辖南曹家务、北曹家务、大芦庄子、姚马坊、泥塘、支各庄、何麻营、北仓上、东庄、查马坊、韩台、仁和堡、泥安、潘庄子、北戈奕、纪庄子、张庄子、眼照屯、孙家务、碱铺、许辛庄、孟各庄、南戈奕、曹官营、北大王庄、唐家营、南小营、张家务、西桑园、孟家园子、前仲和、后仲和、张小营、冯各庄、邵家营、北辛立村、榆林屯、仙人桥、迁民屯、通泽、贾八里庄、北八里庄、朱庄43个行政村。2015年，全乡人口30826人，同比增长1.68%，其中从业人员15456人，同比增长10.76%；年末常用耕地面积3349公顷；粮食耕种面积2369.07公顷，同比下降0.89%；粮食产量13250吨，同比下降6.83%；农林牧渔总产值75559万元，同比增长10.57%；财政收入4406.5万元，同比增长3.71%。

乡党委书记　李　辉

乡人大主席　李东万

乡　　　长　李海波

三圣口乡

三圣口乡人民政府驻地三圣口村，位于永清县城东南20公里处。辖区面积61.5平方公里。辖三圣口、大朱庄、东武庄、四圣口、甄庄、辛安庄、冰窖、商武庄、庄窠、武家窑、第四、刘家场、四道埝、马厂、徐家柳子、黄家堡、唐家堡、南五道口、赵家场一村、赵家场二村、赵家场三村、小朱庄、新北街、于家桁子、老村、吴家场一村、吴家场二村、吴家场三村、孙家桁子、尹家场、张家场31个行政村。2015年，全乡人口34013人，同比增长0.36%，其中从业人员11148人，同比下降30.66%；年末常用耕地面积3439公顷；粮食耕种面积1699.87公顷，同比增长1.63%；粮食产量9280吨，同比下降4%；农林牧渔总产值40146万元，同比增长12.62%；财政收入376.9万元，同比下降63.75%。

乡党委书记　苍洪波

乡人大主席　谷江山

乡　　　长　周子辉

管家务回族乡

管家务乡人民政府驻地管家务村，位于永清县城北15公里处。辖区面积33.78平方公里。辖管家务、邱宋庄、王居、吴庄子、安育、池口、僧垡头、陈辛庄、南北陈、北胡其营、琥珀营、柳园12个行政村。2015年，全乡人口12516人，同比增长1.48%，其中从业人员5117人，同比下降11.1%；年末常用耕地面积1497公顷；粮食耕种面积1038.47公顷，同比增长0.55%；粮食产量5704吨，同比下降2.23%；农林牧渔总产值25748万元，同比增长11.44%；财政收入425.1万元，同比下降32.94%。

乡党委书记　茹进军

乡人大主席　邱继川

乡　　　长　李　刚

城区街道办事处

永清县城区街道办事处办公地点位于府东街221号。辖区范围东至中干渠，西至廊霸路，南至物资总公司、光祥工贸集团，北至廊霸路。辖区面积10平方公里。辖黎明巷社区居委会、幸福道社区居委会、康宁社区居委会、燕南居社区委会、花苑社区居委会、金三角社区居委会、府西街社区居委会、玉麟社区居委会、宏业道社区居委会、鑫琳社区居委会、益兴道社区居委会、虹光社区居委会12个社区居民委员会，人口29987人。

街办处书记　符克新

街办处主任　陈宗军

（刘淑珍　杨克亮）

固安县

【概况】　固安县辖9个乡镇、3个基层工作委员会、5个省级园区、1个街道办事处，分别是固安镇、牛驼镇、宫村镇、马庄镇、柳泉镇、东湾乡、渠沟乡、彭村乡、礼让店乡、东红寺工委、知子营工委、公主府工委、城区街道办事处、河北固安工业区、固安温泉休闲商务产业园区、固安新兴产业示范区、固安空港产业园区、河北固安大清河产业园区。行政村419个。全县面积696平方公里，耕地65万亩（4.33万公顷），人口48万人。2015年，全县地区生产总值完成182.5亿元，同比增长11.1%；财政收入55.9亿元，同比增长39.3%，一般公共预算收入35.7亿元，同比增长40.4%；全社会固定资产投资182.9亿元，同比增长22.2%；规模以上工业增加值28亿元，同比增长9.8%；城乡居民人均可支配收入分别为28724元和12513元，同比分别增长9.2%和9%。在中国社科院发布的《中国县域经济发展报告（2015）》中，固安成功入围全国县域经济竞争力百强县，在全国县域经济发展潜力百强县中排名前十，在全国县域经济创新力50强中跻身前三甲。

园区建设。2015年，固安工业区、固安高新区争创国家级高新区，投资27亿元，实施路网、景观、供水厂等设施建设，财政收入36.3亿元，同比增长76%；固安温泉休闲商务产业园区快速发展，建国温泉酒店投入使用，建设新奥太阳能光伏示范基地、国家法官培训学院河北分院等重点项目；河北固安大清河产业园区与中关村合作，新媒体数字产业园、国际物联电子商务产业基地等21个高端项目签约入驻；空港产业园区对接北京新机场、廊坊空港新区规划。“固安采取PPP模式建设产业新城”被列为国务院新型城镇化典型。持续推进集中招商引资，加快引进北京地区大型央企、高端洋企、知名民企、优质项目。全县签约亿元以上产业类项目59个，总投资488.9亿元；实施建设亿元以上产业类项目50个，总投资365.9亿元；争列省重点项目5个，3个计划开工的省重点项目全部开工；争列市重点项目13

个，生物医药基地、无人机产业基地、中关村固安产业园、问天量子等优质项目成功落户。加速推进天恒产业园、京津冀国际商贸城、金融街·固安新城等重点合作项目，鼎材 OLED、京东商城订单处理中心等高端项目正式投产。成立服务业发展领导小组，优先保障用地，加强资金扶持，促进服务业发展，全县第三产业增加值 80.5 亿元，同比增长 16.7%。加快建设卫星导航产业港、肽谷生物医药孵化港等创新载体，德益阳光生物医药、捷辉仪表等科技成果转化项目入驻孵化；与清华大学共同设立产业技术联合研究中心，与 5 所省内高校共建博士后成果转化基地，启动德国、韩国等地孵化器建设，拓宽打造国际创新资源渠道。培育科技企业，推动大众创业，新增科技型中小企业 155 家、科技小巨人企业 9 家，新增省级科技企业孵化器 1 个、市级科技企业孵化器 2 个，全县高新技术产业增加值 12.5 亿元，同比增长 26.3%。

城乡发展。2015 年，固安县推进新型城镇化建设，完善规划体系。完成城乡风貌总规、新城区控规和全县电力工程、环卫设施、污水处理、绿地系统等专项规划编制，初步建立数字规划平台。年内，计划投资 18 亿元，撬动社会资金，实施百项城建工程。工兴路、兴旺街等 5 条道路改造工程完工，推进廊涿公路西段拓宽、育才路南延等工程，幸福港湾、中央大道、幸福广场等商业街区投入使用；总投资 7500 余万元的 2 座南水北调地表水厂正式通水；市民活动中心投入运营；便民服务中心、迎宾公园等近 80 项重点工程加快建设。依托数字化城管平台治脏、治乱，与北京环卫集团签订合作协议，规划、建设县域垃圾处理体系。推进县域 177 个村街建设美丽乡村，年内累计硬化道路 283 公里，改厕 2.9 万座，安装太阳能路灯 5900 盏，改造农村危房 70 户，完成 42 个村街自来水管网改造、86 个村街安全用电改造、32 个村街文化广场建设，推进垃圾处理、污水处理、村庄标识设置。依托县域东部知子营乡资源，以“万亩梨园”为主题，重点打造“两园五村”，加速建设美丽乡村游精品路线。

环境治理。2015 年，固安县创建国家园林县城，春季造林绿化 3266.67 公顷。治理大气污染，完善部门联动、联合执法长效机制，环保网格化监管，重点“降煤、除尘、控车”，推进大气污染综合防治。年内累计淘汰改造燃煤锅炉 36 台、150.16 蒸吨，完成改造农村清洁能源 9514 户；整顿全县煤炭经销网点，建成洁净型煤厂，推广型煤 2.5 万吨；拆除实心黏土砖瓦窑 11 座。落实重污染天气应急措施，完善综合治理交通管理、城区保洁、渣土车、主城区大型货车绕行相关机制，出动洒水车、洗扫车 20 余辆，持续加强主城区和园区路面保洁，主要街道每日洒水 8 遍、洗扫作业 2 遍；在 5 个入城路口和城区重要节点均设置警力，严格实施过境重型车辆绕行、渣土车查处、机动车疏导和单双号限行等举措，最大限度降低车辆尾气影响；落实环保督察、禁烧督导、利剑斩污各项治理措施；启动 2015 年全县污染防治冬季攻坚行动，成立攻坚行动领导小组，印发专题《实施方案》，召开会议全面动员部署冬季攻坚；11 月 28 日，组织全县范围义务清扫。确定 17 项总量减排工程，完成 12 项。明确新增 21 项减排工程，完成氨氮削减 48.6 吨、二氧化硫削减 625.45 吨、氮氧化物削减 155.42 吨。

惠民实事。2015 年，固安县增加文化投入，完善县图书馆、乡文化站等设施，组织

文化下乡演出、文化志愿者巡演60余场。启动城区九年一贯制学校、乡镇中小学改扩建等总投资9.3亿元的教育硬件工程，实施8所农村幼儿园改造，县医院迁址新建、实施幸福医院建设。统筹提高城乡医疗救助、高龄补贴等社会保险补贴、保障标准，增发社保卡3.2万张，推进1003套保障性住房建设。拓宽渠道、扩大就业规模，全县新增城镇就业3200人，农村劳动力向非农产业转移3449人，为49名贫困应届高校毕业生发放失业补助金16.8万元，组织“京东商城专场招聘”“2015固安春季招聘会”，6000余人达成就业意向。维护公共安全，推进安全生产“党政同责、一岗双责”，探索实施网格化管理，专项整治安全生产。集中开展整治重点公共场所食品安全，实施科技创安工程。

（高士伟）

固安镇

固安镇人民政府驻地新昌街10号，位于固安县人民政府东北0.5公里处。辖区总面积26平方公里。辖南关、东关、西关、东街、南街、西街、北街、南石匣、中石匣、北石匣、南五里、大龙堂、小龙堂、侯杨庄、吕家营、李家场、翟家圈、祖家场、小西湖、小良渠、高庄头21个行政村。2015年，全镇总人口12821人，同比增长1.36%，其中从业人员5564人，同比减少19.88%；年末常用耕地面积650公顷，同比持平；粮食播种面积510公顷，同比减少12.93%；粮食总产量2620吨，同比减少23.3%；农林牧渔业总产值7345.28万元，同比增长10%；农民人均纯收入12513元，同比增长25.36%；财税总收入61271万元，同比增长38.7%；农业机械总动力27758千瓦，同比增长5.26%；镇区一般预算收入42545万元，同比增长68.86%；镇区面积7.36平方公里。

镇党委书记　吴洪涛

镇人大主席　刘国志

镇　　　长　宋　泉

（孙正超）

牛驼镇

牛驼镇人民政府驻地牛驼六村，位于固安县城正南20公里处，辖区总面积69.2平方公里。辖牛驼一村、牛驼二村、牛驼三村、牛驼四村、牛驼五村、牛驼六村、赵辛庄、商家营、北赵各庄、袁翟村、小孟江、大方庄、洪家场、北斜、万家庄、梁庄、路马坊、后庞家务、田马坊、大园子、王翟村、霍辛庄、门铁营、罗颉城、北小营、乔翟村、李官营、黄官营、崔家营、北王起、郑家营、郭翟村、毛家营、大孟江、北流邵、大沙垡、小沙垡、大吴村、前庞家务、武家营、魏颉城、金家营、刘颉城、琉璃、南柏、庄户上、前邱家营、后邱营、中所营、北庄50个行政村。2015年，全镇人口43313人，同比增长1.1%，其中从业人员20312人，同比增长1.48%；年末常用耕地面积4312公顷，同比增长0.09%；粮食播种面积4631公顷，同比增长1.6%；粮食总产量27003吨，同比持平；农林牧渔业总产值59154万元，同比减少24.3%；农民人均纯收入8673元，同比增长3.9%；财政总收入20853万元，同比增长13.5%；农业机械总动力89971千瓦，同比增长2.53%；镇区一般预算收入13967万元，同比增长8.7%；城镇建成区面积1.4平方公里，总人口 6880 人。

镇党委书记　杜亚涛

镇人大主席　吴彦华

镇　　　长　刘　斌

（寇民强）

宫村镇

宫村镇人民政府驻地宫村三村，位于固安县城西 11 公里处，辖区面积 26.6 平方公里。辖兴隆店、太平庄、东杨先务、四姓庄、赵庄、西宫村、宫村一村、宫村二村、宫村三村、兴隆庄、申庄、东芦庄、西芦庄、大杨先务、公议村、蔡庄、贾庄、郑各庄、辛立村、北芦庄 20 个行政村。2015 年，全镇人口 15070 人，其中从业人员 8783 人；年末常用耕地面积 1783 公顷；农民人均纯收入 9000 元；财政总收入 912 万元；全镇民营经济收入 7.12 亿元，规模以上企业产值 1.1 亿元，固定资产投资 2000 万元。

镇党委书记　史俊波

镇人大主席　刘景尧

镇　　　长　姚建新

（李志迁）

马庄镇

马庄镇人民政府驻地马庄村，位于固安县城正南 29 公里处，辖区面积 52.3 平方公里。辖裕泉庄、马南、马北、东庄、郑家村、东桃园、西桃园、固安户、薛铺头、王铺头、高铺头、朱铺头、寺尚、南小营、新房子、谷家村、姚家村、小褚林、杨家圈、辛家村、魏家村、河套、杨庄子、蒲落垡、林子里、桑叶口、兴业庄、三公庄、圈头、圈头营、李洪庄 31 个行政村。2015 年，全镇人口 32494 人，同比减少 1.5%，其中从业人员 20404 人，同比增长 4%；年末常用耕地面积 4160 公顷；粮食播种面积 5120 公顷，同比增长 3%；粮食总产量 29863 吨，同比增长 4.5%；农林牧渔业总产值 46566 万元，同比增长 3%；农民人均纯收入 7810 元，同比增长 5%；财政总收入 329 万元，同比下降 57%；农业机械总动力 81375 千瓦，同比增长 1.2%；镇区一般预算收入 329 万元，同比下降 57%；镇区人口 11520 人；镇区面积 2.6 平方公里。

镇党委书记　王卫涛

镇人大主席　勾金榜

镇　　　长　安　哲

（闫凤吉）

柳泉镇

柳泉镇人民政府驻地柳泉村，位于固安县城南偏东 8.5 公里处，辖区面积 33 平方公里。辖柳泉、北辛街、丁各庄、郝家务、南房上、北义厚、南义厚、北房上、甄沿村、老虎营、四里铺、马家屯、高沿村、半边店、北程村、团亭、淮安寺、于沿村、刘家营、无为屯、无为庄、无为 22 个行政村。2015 年，全镇人口 18715 人，同比持平；年末常用耕地面积 2133 公顷，同比持平；粮食播种面积 2872 公顷，同比持平；粮食总产量 16755 吨，同比增加 1% ；农林牧渔业总产值 27222 万元，同比持平；农民人均纯收入 11399 元，同比增长 5%；财政总收入 1025 万元，同比持平；镇区一般预算收入 307 万元，同比持平；镇区人口 3523 人；镇区面积897公顷。

镇党委书记　王继东

镇人大主席　马东坡

镇　　　长　谷振永

（王炳昆）

东湾乡

东湾乡人民政府驻地苏家桥村，位于固安县城西南12公里处，辖区总面积73.4平方公里。行政村包括西大营、北固城、小集、苏各庄、大范庄、南公由、花科、苏家桥、袁家桥、五义桥、小西固城、半截塔、大辛庄东村、大辛庄西村、何皮营、吴家屯、马大人庄、小南相、东大营、彭庄、姚庄、毕庄、郑庄、太子务、幸福村、高庄、大义尚、柳斌屯、唐皮营、西湾、西曹庄、大南相、余粮店、小范庄、黑家营、小杜庄、大杜庄、东湾村、李胡庄、孙庄、半边街、东曹庄、杨家屯、新仓、南固城、大西固城、马申庄47个行政村。2015年，全乡人口44441人，同比增长10.81%，其中从业人员18340人，同比减少0.28%，年末常用耕地面积5119公顷，同比减少0.73%；粮食播种面积5026公顷，同比持平；粮食总产量31286吨，同比增长0.2%；农林牧渔业总产值85190万元，同比增长2.9%；农民人均纯收入9497元，同比增长0.5%；财政总收入839万元，同比增长0.01%;农业机械总动力117244千瓦，同比增长0.04%。

乡党委书记　蒋玉强

乡人大主席　韩西岭

乡　　　长　顾志勇

（田建国）

渠沟乡

渠沟乡人民政府驻地渠沟西村，位于固安县城正南20公里处，辖区总面积49.8平方公里。辖孔庄、南黄垡一村、南黄垡二村、南黄垡三村、中黄垡、北黄垡东村、北黄垡西村、周家务、东辛庄、西辛庄一村、西辛庄二村、西辛庄三村、大王马东村、大王马西村、白得碾、小冯村、渠沟东村、渠沟西村、闫家务、北罗垡、小王马、褚家营22个行政村。2015年，全乡人口33535人，同比增长1.4%，其中从业人员15309人，同比持平；年末常用耕地面积50349亩（3356.6公顷），粮食播种面积3660公顷，同比减少0.2%；粮食总产量22200吨，同比持平；农林牧渔业总产值50105万元；农民人均纯收入8769元，同比增长10%；财政总收入396万元，同比下降85.7%；农业机械总动力106500千瓦，同比增长0.2%。

乡党委书记　刘景威

乡人大主席　刘雪岭

乡　　　长　张　伟

（肖艳军）

彭村乡

彭村乡人民政府驻地彭村东村，位于固安县政府西南10公里处，辖区面积46.7平方公里。辖彭村东村、彭村中村、彭村西村、后营、石各庄、前石家务、后石家务、贝子坟、方城一村、方城二村、方城三村、甜水营、马坊、北荆垡、南荆垡、肖外河、葛外河、滑外河、路外河、李外河、周场、齐家务、白家村、荆东、荆西、袁庄、小辛庄、张村28个行政村。2015年，全乡人口2.83万人，其中从业人员8100人；年末常用耕地面积3533.3公顷，同比持平；粮食播种面积3465.3公顷；粮食总产量20550吨；农业总产值16800万元，同比持平；农民人均纯收入10800元，同比增长19%；财政总收入398万元，同比增长7%；农业机械总动力86932千瓦，同比持平。

乡党委书记　邸宜鹤

乡人大主席　赵文波

乡　　　长　刘海江

（李艳平）

礼让店乡

礼让店乡人民政府驻地礼让店三村，位于固安县城西南25公里处，辖区面积35.7平方公里。辖礼让店一村、礼让店二村、礼让店三村、屈家营、康家务、关各店、太师庄、贾各庄、胡家庄、相公庄、沙河口、大楮林、野场、韩家庄、齐家村、闫家庄、蔡家村、后屯18个行政村。2015年，全乡人口21870人，同比增长0.83%，其中从业人员9007人，同比减少1.4%；年末常用耕地面积2735.63公顷；粮食播种面积3203公顷，同比减少5%；粮食总产量18796吨，同比减少2.1%；农林牧渔业总产值29564万元；农民人均纯收入13560元，同比增长10%；财政总收入632万元，同比增长1.1%；农业机械总动力85145千瓦，同比增长0.2%。

乡党委书记　刘光远

乡人大主席　李中元

乡　　　长　顾光辉

（郑莉华）

东红寺工委

东红寺工委驻地东红寺村，位于固安县城东南15公里处，辖区面积55平方公里。辖东红寺、西红寺、板材、隋辛庄、西市、东洋屯、西洋屯、北市、礼合务、南庄、张家务、杲小营、高小营、大曹营、贺家营、永兴庄、西内、小中内、李东内、郑东内、张东内、刘东内、其林庄、北宋村、小韩寨、木贤营、齐营、大韩寨一村、大韩寨二村、大韩寨三村、大韩寨四村、臧庄、王家务33个行政村。2015年，辖区人口28688人，其中从业人员13890人，年末常用耕地面积3746公顷；粮食播种面积3673公顷；粮食总产量23723吨，同比增长2%；农林牧渔业总产值46597万元，同比增长5%；农民人均纯收入7312元，同比增长1%；财政总收入443万元，同比增长13%；农业机械总动力76579千瓦，同比增长1%。

工委书记　岳英华

人大主任　付友瑜

工委主任　彭亚新

（王雪松）

知子营工委

知子营工委驻地知子营西村，位于固安县城正东9公里处，辖区面积61.3平方公里。辖南解家务、北解家务、南套里、北套里、西营、南屯、南黄垡、北黄垡、东湖庄、知子营东村、辛务、北屯、纪家庄、杨家庄、何家庄、太平庄、古庄、丁村、河津、马庆、大北营、良各庄、东礼、知子营西村、后白垡、西小屯、前白垡、窦家铺、小东湖、旱科、东小屯31

个行政村。2015年，辖区人口20040人，同比增长4.8%，其中从业人员12039人，同比增长2.5%；年末常用耕地面积1989.66公顷，同比减少5%；粮食播种面积1941.33公顷，同比增长0.43%；粮食总产量9825吨，同比增长0.2%；农林牧渔业总产值15433万元，同比增长51.9%；农民人均纯收入8500元，同比增长15.36%；财政总收入436万元，同比减少72.87%。

工委书记　刘　涛

人大主任　毕　磊

工委主任　阴志东

（肖艳青）

公主府工委

公主府工委驻地公主府村，位于固安县城正南4公里处，辖区面积31.15平方公里。辖大留村、十里铺、胡各庄、野场、东塘洋、西塘洋、雀台寺、沙陀、吉城、金铺喇、公主府村、朱村、前西丈、后西丈、大王村、朱各庄16个行政村。2015年，辖区人口19167人，同比减少1.1%，其中从业人员14528人，同比增长3%；年末常用耕地面积1653.3公顷，同比减少0.2%；粮食播种面积1600.5公顷，同比减少0.15%；粮食总产量10785吨，同比减少0.2%；农林牧渔业总产值45612万元，同比增长3.5%；农民人均纯收入8590元，同比增长10%；财政总收入1357万元，同比增长80%；农业机械总动力70568千瓦，同比增长0.2%。

工委书记　段泊蛟

人大主任　缺　职

工委主任　徐国新

（白　华）

城区街道办事处

城区街道办事处位于固安县城惠文街（老城小院内），辖区东至京九铁路、西至大广高速、南到公主府东干渠、北以刘园市场和固涿路为界，有146个居民小区。辖长福宫社区居委会、天和社区居委会、郦湖社区居委会、水木清华社区居委会、金海社区居委会、天顺社区居委会、润龙社区居委会、安泰社区居委会、馨馨社居委会区、学府社区居委会、美丽园社区居委会、汇丰社区居委会、悦城社区居委会、英才社区居委会14个社区居委会。2015年辖区人口60000余人。

街办处书记　史景先

街办处主任　马雪峰

（张云峰）

霸州市

【概况】 霸州市辖7个镇、5个乡、3个办事处、3个开发区，分别是霸州镇、胜芳镇、信安镇、堂二里镇、南孟镇、煎茶铺镇、扬芬港镇、岔河集乡、康仙庄乡、东杨庄乡、东段乡、王庄子乡、城区办事处、辛章办事处、裕华街道办事处（已批未建）、河北霸州经济开发区、河北霸州津霸经济开发区、河北霸州胜芳经济开发区。辖372个行政村街和18个社区居委会。辖区面积800.27平方公里。2015年，霸州市耕地面积44777公顷，全市总人口64.5万人。地区生产总值364.5亿元，同比增长7%；第一产业、第二产业、第三产业实现增加值18.8亿元、226.7亿元、119亿元，同比分别增长1.2%、6.3%、9.6%；规模以上工业完成增加值1618013万元，同比增长6.6%；民营经济增加值247.9亿元，同比增长8%；粮食产量195096吨，同比增长6.5%；棉花产量4907吨，同比减少45%；财政收入338481万元，同比增长9.1%；全社会消费品零售额117.1亿元，同比增长7.5%；全社会固定资产投资296.3亿元，同比增长18.9%；在岗职工平均工资56746元，同比增长13.8%；农村居民人均可支配收入13660元，同比增长8.4%；城镇居民人均可支配收入34113元，同比增长8.1%；年末各项存款余额4474274万元，比年初增加424710万元。

经济运行平稳。2015年，霸州市集中招商引资，签约项目82个，总投资565.8亿元。争列省级重点项目2项，总投资41.1亿元；廊坊市级重点项目11项，总投资171.7亿元。中公高科公路养护技术产业示范基地、华锻精密数控机床、海底捞等一批项目签约。胜威铝制食品包装、昌威电动车、加州原野干果等项目顺利推进。推进大众创业、万众创新，2015年新增民营经济单位5164家。全市工业技改投资完成108.9亿元，同比增长15.1%。举办各类银政企对接活动80余次，全年贷款余额330亿元，存贷比69%。建立商会担保贷款风险补偿基金，帮助企业破解融资难题。7家企业在石家庄股权交易所挂牌上市。前钢集团被列为省级“两化”（信息化与工业化）融合示范企业。提升园区承载能力，3个省级园区投资近20亿元实施基础设施建设工程33项。规划建设休闲食品产业园、智能制造装备产业园、中德产业园、包装印刷产业基地等“区中园”。其中，休闲食品产业园引进知名食品加工企业7家。

协同发展。2015年，霸州市研究制定《加快推进京津冀协同发展的实施意见》，确立“京南重要交通枢纽、京津科技成果转化基地、转型升级引领区、北京非首都功能承载地”定位，打造承接非首都功能有序转移的“微中心”。先后与北京市大兴区、北京市海淀区、北京市亦庄开发区等地，及清华大学、河北工业大学、北京星光影视集团、新兴际华集团、北京稻香村集团等相关院校企业沟通对接，引进京津企业项目18个，总投资225.6亿元。在交通互联上，津保高铁建成通车，京霸城际铁路前期工作及首都二机场南出口高速前期筹备工作加快推进，县道采留线升级105国道正在规划运作。在载体平台上，全力构建与京津同城融合发展的承载平台，谋划建设霸州高新技术产业园区和北京非首都功能集中承载区。

优化发展环境。2015年，霸州市成立市委全面深化改革领导小组，承接中央、河北省委和廊坊市委改革事项，推进县级公立医院、城市建设投融资体制、构建农业社会化服务体系等10项改革试点工作。推进简政放权，行政审批事项由315项精简到224项，全面取消非行政许可审批事项，向胜芳镇下放行政审批事项60项。严格落实“三个清单”和责任清单制度，规范权力运行。全面实施“三证合一”和“一照一码”改革，推行“先照后证”。推进胜芳镇经济发达镇行政管理体制改革和省建制镇示范试点、省级新型城镇化综合试点建设。

环境治理。2015年，霸州市实施环境大检查、“利剑斩污”、城乡环境综合整治等专项行动，重点防治大气污染，实行总量控制和减排。建立中亭河、牤牛河、大清河等重点流域水质警戒制度，重点治理大清河水域污染，清理积存垃圾10万余方，全部拆除违建、临建。建设胜芳湿地公园一期等生态工程，植树造林6000公顷，森林覆盖率提高7.5

个百分点。

民生事业。2015年，霸州市城镇登记失业率控制在1.8%以内。城乡居民养老保险参保率和新农合参合率均达到99%。全市5所敬老院全部达到廊坊市级星级敬老院标准。竣工各类保障性住房和建设棚户区改造安置房3756套。改造农村危房350户。推进18所中小学校、幼儿园和3家医院新改扩建。实施农村饮水安全工程，保障13.2万农村居民饮水安全。

（贾国玲）

霸州镇

霸州镇人民政府位于霸州市西南部，该镇人民政府机关驻地在市区益津中路2020号，北距北京80公里，西距保定90公里，东至天津65公里，京九铁路、津霸城际铁路、霸徐铁路，以及106国道、112国道和保津、大广高速路在镇内交会。全镇辖行政村街45个、社区3个、居委会3个，即城内一街、城内二街、城内三街、城内四街、东关一街、东关二街、东关三街、东关四街、东关五街、东关六街、东关七街、东关八街、东关九街、维民坊村、王铁脸村、关王堂村、王伍房村、牛业庄村、包裹庄村、许庄村、南关村、老堤村、营上村、武将台村、桑园村、张岗村、牛岗村、太平庄村、赵家庄村、张各庄村、刘村、摆渡口村、纸坊头村、王各庄村、太保庄村、善来营村、渔津洼村、郝庄伙村、牛庄伙村、臧庄伙村、前卜庄村、后卜庄村、南张庄村、梁庄村、寨上村，以及贾庄社区居委会、花车店社区居委会、盐水河社区居委会和东大街社区居委会、西大街社区居委会、北大街社区居委会。辖区76.3平方公里。2015年，常住总人口111827人；耕地4466公顷；农林牧渔业产值49224万元，同比增长5.6%；农业机械总动力120978千瓦；粮食播种面积4544公顷，同比持平；粮食总产量25695吨；财政收入18478.57万元，占全年任务的102.07%。

镇党委书记　靳志强

镇人大主席　杜九华

镇　　　长　宁立军

（邢会成）

胜芳镇

胜芳镇人民政府驻地位于胜芳镇芳清道8号，市政府东部偏南约30公里处，东距天津35公里，北距北京120公里，西距保定130公里。辖区面积104.7平方公里。该镇辖东升街、红光街、民强街、巨华街、前进街、幸福街、红旗街、东风街、中山街、中华街、新华街、石沟一、石沟二、石沟三、石沟四、向阳街、北楼村、胜利街、大桃园、南楼村、建新街、崔庄子、永明街、田家堡、尚家堡、西董村、新明街、东明街、朝阳街、陈家堡、纪家堡、新　村、红星街、建华街、东方街、中口村、建国街、繁荣街、楼庄村39个街村。2015年，全镇人口97921人，其中镇区人口88330人，从业人员72190人；年末常用耕地面积4231公顷，与上年持平；粮食耕种面积3782公顷，同比增长1%；粮食总产量12192吨；农林牧渔业总产值18765万元；财政总收入5.53亿元。

镇党委书记　苏振东

镇人大主席　唐福金

镇　　　长　申文兴

（曹　静）

堂二里镇

堂二里镇位于霸州市东部，北距北京100公里，东距天津35公里，西距保定120公里，距霸州市区30公里。全镇面积54平方公里。辖堂二里一街、堂二里二街、堂二里三街、堂二里四街、堂二里五街、堂二里六街、堂二里七街、堂二里八街、堂二里九街、堂二里十街、堂二里十一街、堂二里十二街、堂二里十三街、堂二里十四街、格达村、王圈村、东庄村、小湾村、黄家堡村、宗柳村、东张柳村、丰林村、尹华山村、王场村、四间房村、三下场村、四合堡村、五家张村、北崔村、北董村、大韩家堡村、小韩家堡村、商柳村、义合庄村、胡家岗村、小王场村36个行政村街。2015年，全镇人口34607人，其中从业人员23623人；年末常用耕地面积2096公顷，同比减少3%；粮食耕种面积1827公顷，同比减少1.2%；粮食产量7714吨，同比增长40%；农林牧渔总产值12095万元，同比增长2%；农民人均纯收入9087元，同比增长6%；财政收入12546万元，同比增长12%；农业机械总动力49218千瓦，同比增长2%；农村非农行业产值950000万元，同比增长8.6%。

镇党委书记　张宏志

镇人大主席　张　敏

镇　　　长　许　冰

（王　雪）

信安镇

信安镇人民政府驻地位于信安镇团结街，西距霸州市人民政府25公里，全镇面积41.58平方公里。辖建设、团结、仁义、红强、忠勇、爱国、解放、光明、英明、利民、新立、高桥、杨各庄、菜园、郝场、头屯、张庄17个行政村街。2015年，全镇人口30542人，从业人员19221人；年末常用耕地面积2527公顷，粮食播种面积1150公顷，同比增长29.3%；粮食总产量6035吨，同比增长38.9%；农林牧渔业总产值13748万元，同比减少2.49%；农民人均纯收入10548元，同比增长10%；财政总收入13561万元，同比减少17.3%；农业机械总动力75239千瓦，同比减少2.29%；农村非农行业总产值178亿元，同比减少21.9%；镇区一般预算收入1465万元，同比增长12.2%。

镇党委书记　牛铁旺

镇人大主席　徐建国

镇　　　长　高　峰

（张亚军　李海川）

煎茶铺镇

煎茶铺镇位于霸州市辖区的中部，该镇人民政府机关所在地中煎村，位于霸州市区东10公里，东距天津市中心65公里，北距北京市中心100公里，112国道、津保高速公路、廊沧高速公路和津霸铁路纵横贯穿境内，辖区面积75平方公里。辖东一街、东二街、东三街、中煎街、西煎街、沙窝街、元里街、胡各庄、大台山、中台山、西台山、河东、花桑木、平口、十间房、田口、赵各庄、大宁口、小宁口、郝青口、王青口、田青口、七间房、后两间、白坟、南庄头、济悯庄、前两间、高村、大高各庄、小高各庄、王坟32个行政村街和石油物探社区居委会。2015年，全镇总人口4万人，从业人员2.4万人；年末常用耕地4667公顷，与上年持平；粮食耕种面积3000公顷，同比增长34.8%；粮食总产量20866吨，同比增长36%；农林牧渔业总产值3.6亿元，同比增长2.7%；农民人均纯收入10032元，同比增长8%；财政总收入4159万元，同比减少37.6%；农业机械总动力85646千瓦，同比减少0.5%；农村非农行业总产值58.4亿元，同比减少0.2%；镇区人口11422人，同比增长12.5%，占地面积300公顷。

镇党委书记　盛志刚（任至7月）
　　　　　　胡卫斌（7月任）
镇人大主席　刘铁良
镇　　　长　任建永（7月任）

（宁绍杰）

南孟镇

南孟镇位于霸州市区北部，该镇人民政府驻地南孟村，距霸州市区7.2公里，东距天津市70公里，北距北京市70余公里，西距保定市100公里，106国道、廊霸公路南北纵穿境内，京九铁路、津霸联络线交会于此，辖区面积45.18平方公里。辖南孟、金各庄、田各庄、罗卜营、圈子、中北岸、西北岸、东北岸西头、东北岸东头、宋村、西粉营、东粉营、王村、北落店、姜家营、沈家营、塔上、马坊、东坨、西坨、李家营、安家营、披甲营、崔各庄、和平、扩大26个行政村。2015年，全镇人口30134人，其中从业人员20153人；年末耕地面积2556.4公顷，粮食播种面积2490公顷，同比减少2.3%；粮食总产量14968吨，同比减少2%；农林牧渔总产值2.97亿元，同比增长1%；农民人均纯收入10128元，同比增长8%；财政收入8517万元，同比减少9.3%；农村非农行业产值57.6亿元，同比增长3.6%。

镇党委书记　樊　冬（任至7月）
　　　　　　刘锦川（7月任）
镇人大主席　王　辉
镇　　　长　刘锦川（任至7月）
　　　　　　张亚军（7月任）

（王红梅）

扬芬港镇

扬芬港镇位于霸州市东部，该镇人民政府驻地扬芬港二街，距霸州市区41.6公里。辖扬芬港一街、扬芬港二街、扬芬港三街、扬芬港四街、阙里墅、赵家柳、蔡家堡、南王家堡、辛立庄、丁家堡、小庙、肖家堡、褚河港东村、褚河港西村、东寨上、樊李杨、大汪庄、张家堡、许家堡、北王家堡、陈家堡、于家堡22个村街。全镇面积83.3平方公里，总人口40155人。2015年，年末常用耕地面积5675.54公顷；粮食耕种面积2418公顷，同比减少9.4%；粮食产量10900吨，同比减少4.5%；财政收入11517万元，同比增长8%；农村非农行业产值115亿元，同比增长6.3 %；镇区一般预算收入2336.57万元，同比增长47%，镇区人口13191人，镇区占地面积288公顷。

镇党委书记　刘德生
镇人大主席　李　明
镇　　　长　韩　平

（孙继权）

东段乡

东段乡人民政府驻地东段村，位于霸州市区东偏南30余公里。全乡面积26.8平方公里。辖东段、夏柳、西柳、崔家堡、马家堡、徐柳、冯柳、张柳、东柳、毕家堡、王家堡、小桃园、南柳、牛百万、董家堡、何家堡、高家堡、贾庄、郝家堡、石家堡20个行政村。2015年，全乡人口22690人，其中从业人员13572人；年末常用耕地面积1254.5公顷；粮食播种面积761公顷，同比持平；粮食产量4805吨，同比增长2%；农林牧渔总产值10513万元，同比增长2.1%，农民年人均纯收入10029.6元，同比增长8%，农业机械动力52379千瓦，同比增长0.2%；农村非农行业产值96.7亿元，同比增长6%；一般预算收入3528万元；财政收入3.05亿元，同比持平。

乡党委书记　王建新

乡人大主席　张建才

乡　　　长　辛　悦

（陈新娟　于庆增）

王庄子乡

王庄子乡人民政府驻地位于王庄子村，距霸州市政府16.7公里，辖区面积46.6平方公里。辖王庄子、靳家堡、任庄子、王圪垯、樊庄子、菡荚地、王泊7个行政村。2015年，全乡人口37920人，其中从业人员24200人；年末常用耕地面积2977公顷；粮食播种面积2060公顷；粮食总产量23020吨；农林牧渔业总产值7810万元，同比增长1.8%；农业机械总动力65548千瓦时；农村非农行业总产值22.27亿元，同比减少0.65%；财政总收入2832万元，同比减少15.04%。

乡党委书记　李开林（任至7月）

　　　　　　张树增（7月任）

乡人大主席　杨保东

乡　　　长　任建永（任至7月）

　　　　　　刘　淼（7月任）

（刘　鑫）

东杨庄乡

东杨庄乡位于霸州市区东南部，乡人民政府所在地东杨庄村，距霸州市区15公里。全乡面积28.9平方公里。辖苑口、郭庄伙、王庄伙、陈庄伙、东杨庄、孙家坊、王坊、杜台子、李庄、贾庄子、刘南庄、东庄、滑庄子、邱庄子、黄庄子、上坊、下坊、上段、中段、下段20个行政村。

2015年，全乡人口23280人，从业人员13260人；年末常用耕地面积1946公顷；粮食播种面积1920公顷；粮食总产量12004吨；农林牧渔业总产值14036万元，同比增长2.3%；农民人均纯收入10618元，同比增长4%；财政收入1805万元；农业机械总动力62132千瓦，同比增长3.8%；农村非农行业总产值421872万元。

乡党委书记　杨国学（任至7月）

　　　　　　贾庆岭（7月任）

乡人大主席　王　磊（12月任）

乡　　　长　贾庆岭（任至7月）

　　　　　　吴　越（7月任）

（崔培培）

康仙庄乡

康仙庄乡位于霸州市西部，乡人民政府驻地位于霸州市区东5公里。该乡西连霸州镇、城区办，南与东杨庄乡隔中亭河相望。辖区面积78.9平方公里。该乡辖大各庄、大辛庄、小辛庄、东王庄、徐各庄、中豪家务、东沙城、城北、城南、康仙庄、渔厂、石城一村、石城二村、石城三村、南豪家务、新兴、栲栳圈、薛各庄、后屯、北邱庄、西王庄、北高各庄、撒代营、小安庄、北庄头、马兴庄、于崔庄、北豪家务、普安桥、南沙里、西沙里、东北沙、辛店一村、辛店二村、辛店三村、前营、后营、大安庄、卧龙庄、西楼40个行政村。2015年，全乡人口47037人，其中从业人员21960人；粮食耕种面积4699公顷，同比持平；粮食总产量29709吨，同比减少23.86%；农林牧渔业总产值2.801亿元，同比减少1.96%；农民人均纯收入9739元，同比增长8.01%；财政总收入8654万元，同比增长9.24%；农业机械总动力106721千瓦；农村非农行业产值35亿元，同比增长5.71%。

乡党委书记　孟庆阳（任至7月）
　　　　　　李晨光（7月任）
乡人大主席　李　勇
乡　　　长　李晨光（任至7月）
　　　　　　李　洋（12月任）

（刘　菊）

岔河集乡

岔河集乡位于霸州市西部，东接市区，北临霸州开发区，西与雄县接壤，南与霸州镇相连，距京、津、保三市均不足90公里，处京、津、保三角中心地带，112国道东西横贯全境。全乡面积42.2平方公里，以汉族为主，有少量满族、回族等少数民族。辖岔河集村、于家庙村、摆渡口村、前狄庄村、后狄庄村、东柏林庄村、西柏林庄村、南夹河村、北夹河村、东下岔河村、西下岔河村、钱庄村、宋营村、王良庄村、顾庄村、刘庄村、曹庄村、张庄村、三奇村、杜岗村20个行政村。2015年，全乡人口24370人，从业人员9860人；年末常用耕地面积2751公顷；粮食播种面积3141公顷，同比持平；粮食总产量19550吨，同比持平；农林牧渔业总产值实现17885万元，同比持平；财政收入完成2565.8万元；农业机械总动力32515千瓦；农村非农行业总产值43550万元。

乡党委书记　王申乐（任至7月）
　　　　　　李克聪（7月任）
乡人大主席　王中华
乡　　　长　张树增（任至7月）
　　　　　　靳　铮（7月任）

（李树清）

城区办事处

霸州市城区办事处辖区北至北环路，南至西大街南，东至东环路东，西至京九铁路西，“三纵四横”街道贯穿辖区。“三纵”为益津路（106国道）、兴华路、津昌路（东环路）。“四横”为裕华道、迎宾道、金康道、建设道。辖区面积22.59平方公里。霸州市党政机关、事业单位、商业服务区大部分分布于此，是全市行政商业服务中心所在地。辖行政村街社区居委会20个。其中村街9个，分别是大魏营村、小魏营村、范家坊村、迎恩村、朱庄村、北关村、城五街、城六街、冯庄村。社区居委会11个，分别是隆泰社区居委会、温泉社区居委会、文苑里社区居委会、朝阳社区居委会、何庄社区居委会、北燕家务社区居委会、兴建街社区居委会、建设道社区居委会、挂甲庄社区居委会、北杨庄社区居委会、迎宾山水社区居委会。三资公司6个，分别是宋庄三资公司、付庄三资公司、大何庄三资公司、小何庄三资公司、南头三资公司、北头三资公司。2015年，辖区人口111850人；年末常用耕地面积589.6公顷；粮食耕种面积366公顷；粮食总产量2745吨；农林牧渔业总产值5508万元；农业机械总动力26676千瓦；农民人均纯收入9060元。有工商业户数5627户，其中，法人单位551户，个体工商户5076户。2015年度，纳税在500万元以上的企业8家，以房地产开发、建筑、道桥企业为主，所纳税额占总任务的80%；纳税在100万至500万之间的主要为销售、加工、餐饮服务业，纳税额占总任务的15%；其他企业纳税额占总任务的4%；个体工商户纳税额占总任务的1%。城区办财政收入29454万元，同比增长91.8%。

办事处书记　孟宪国

办事处主任　许朝晖

（刘静娜）

辛章办事处

辛章办事处位于霸州市东南35公里处，东邻扬芬港镇，西接胜芳镇，北邻东段乡，南与天津市静海县隔河相望，地处胜芳金属玻璃家具产业园区的核心地带，辖区面积37平方公里。辛章办事处辖行政村15个，分别是辛章一村、辛章二村、辛章三村、辛章四村、辛章五村、辛章六村、辛章七村、辛章八村、辛王堡、策城一村、策城二村、策城三村、策城四村、王家岗、北柳。2015年，办事入有人口23931人，其中从业人员12735人；年末常用耕地面积2393.4公顷；粮食播种面积801公顷，同比减少37%；粮食总产量3057吨，同比减少16%；农林牧渔业总产值4082万元，同比增长4%；农民人均纯收入8518元，同比增长5%；财政收入8642万元，同比增长15.18%。

办事处书记　徐炳昭

办事处主任　杜广军

（金　鹏）

文安县

【概况】　文安县辖13个乡镇、5个农场、7个管区、4个园区、1个街道办事处，分别是文安镇、赵各庄镇、大留镇镇、左各庄镇、大柳河镇、滩里镇、德归镇、新镇镇、苏桥镇、史各庄镇、兴隆宫镇、大围河回族满族乡、孙氏镇、新桥农场、李庄农场、黄甫农场、界围农场、小务农场、董村管区、龙街管区、黄甫管区、辛庄管区、刘磨管区、高头管区、急流口管区、文安工业园区、文安新桥工业园区、文安经济开发区、文安工业新区、城区街道办事处。辖行政村383个。辖区面积1037平方公里，耕地面积57289公顷。2015年末总人口537630人，自然增长率7.89‰；地区生产总值完成131.2亿元，同比增长7.6%，其中第一产业增加值12.5亿元，同比增长403%；第二产业增加值76.8亿元，同比增长6.9 %；第三产业增加值41.9亿元，同比增长13%；单位GDP能源消耗下降2.84%；民营经济增加值93.9亿元，同比增长6.6%；粮食总产量266830吨，同比增长 -11%；棉花总产量2294吨，同比减少53%；农林牧渔业总产值23.8亿元，同比下降3.6%；财政收入12.4亿元，同比增长0.4%；财政支出23.4亿元，同比增长18.3%；全社会消费品零售总额60.1亿元，同比增长8.6%；全社会固定资产投资192.8亿元，同比增5.2%；规模以上工业增加值41.7亿元，同比增长6.7%；在岗职工年平均工资45057元，同比增长19.6%；农民人均纯收入13096元，同比增长8.3%；城镇居民人均可支配收入29884元，同比增长8%；年末城乡居民存款余额250.7亿元。

园区建设。文安经济开发区、文安新桥经济开发区成功争列省级园区，3个省级园区和文安工业新区机构编制获省政府批准。

园区5年累计投资12.85亿元，完成建设51.8公里交通路网及供水供电、绿化亮化、污水处理设施，在全省省级园区考核中，文安工业园区和文安经济开发区被评为AAAA级开发区，文安新桥经济开发区被评为AAA级开发区。文安鲁能生态旅游度假区、日上门业基地、京派家具产业园等项目落户文安。5年共实施千万元以上项目920项，累计投资575亿元，其中亿元以上项目212项，累计完成投资470亿元。争列省市重点项目61个，争取用地指标500公顷。传统产业技改累计投入资金360亿元，推进产业转型。规模以上工业企业130家，规模以上企业增加值占GDP比重31.8%。培育科技型中小企业386家，科技小巨人企业20家，高新技术企业5家，文安工业园区省级科技企业孵化器项目获省科技厅批复，文安县荣获全国科技进步先进县称号。累计关停取缔低端产业小企业300家、整合150家，压减人造板产能50万立方米。累计实施节能减排工程105项。

优化环境。文安县在全省率先建立网格化环境监管体系，设立乡镇环保所和应急办，实现环境监管全覆盖。开展污染行业专项行动，依法取缔废旧塑料清洗（水粉）违法经营户3790家、小电镀企业279家，关停酸洗企业22家。累计投入治污资金3.98亿元，关停取缔实心黏土砖瓦窑，淘汰燃煤锅炉，推广洁净型煤和清洁煤，综合整治赵王新河，县域污水处理厂由3座增加至9座，大气、水体环境质量明显提升。整治环境卫生，建成投用县城垃圾处理厂、左各庄垃圾处理厂，逐步健全环卫管理机制和硬件设施。规划面积2880公顷的“河北文安赵王新河省级湿地公园”成功获批，5年累计植树造林21万亩（1.4万公顷），引蓄黄河水8300万立方米。

改善民生。辖区城乡低保实现应保尽保，累计发放低保金1.1亿元。改建农村困难群众危房2094户，建设保障性住房5108套。五保集中供养率82%。城乡居民养老保险和企业养老保险覆盖面不断扩大，城镇居民医疗保险参保率97.9%。新农合参合率由91.6%提高到98.22%，最高报销额度由4万元提高到12万元，累计为792万人次报销医药费6.86亿元。实现城乡劳动力就业3.7万人，城镇登记失业率控制在1.69%以内。南水北调地表水厂进入调试阶段，建成15座农村供水厂，为266个村27.02万农村人口解决安全饮水。北京943公交车文安专线通车运营。公教人员待遇逐步提高，津补贴水平从2010年的人均每年12600元提高到27200元，增幅全市排名第二。新建改建实验中学、日上小学等学校幼儿园151所，建设标准化学校40所。深化医药卫生体制改革，投用县医院病房楼、妇幼保健院和疾控中心。建成县文化活动中心，村街文化活动和体育健身场所增加至321个。落实6项计生奖励政策，发放奖补资金1824.4万元。落实“党政同责、一岗双责、失职追责”要求，推动安监执法普及到乡镇，持续开展专项整治各项安全生产隐患。深化食品药品安全监管，连续5年保持食品药品重大安全事件零发生，成功创建成为省级食品药品安全县。强化社会治安综合治理，持续开展矛盾纠纷排查调解和严打整治，保障十八大、全国“两会”、APEC会议、“9·3”阅兵等重要时期维稳。

（刘洪江）

文安镇

文安镇人民政府驻地位于文安县城，距文安县人民政府机关1公里，全镇面积26.9

平方公里。辖东关、城关一村、城关二村、城关三村、城关四村、南关、西关、房庄、前孙章、徐郭、后孙章、袁郭、赵村、相公庄、麻各庄、西光洲、东光洲、北光洲、泗各庄、大叩皂、边王赵、留郡、元里、大庄子、张庄、阜安、吉村27个行政村。2015年，辖区人口89577人，其中从业人员8197人；年末常用耕地面积1143公顷；粮食播种面积1478公顷，同比增长3%；粮食产量9631吨，同比增长62%；财政收入9425万元，同比增长62%；镇区一般预算收入5160万元，同比增长54%。

镇党委书记　张子瑞

镇人大主席　刘增良

镇　　　长　窦博华

（段泽涛）

赵各庄镇

赵各庄镇人民政府驻地赵各庄，位于文安县城西8公里处，全镇面积39平方公里，辖赵各庄、彭耳湾、常村、杨村、大王东、徐屯、李各庄、尹村、大堡、小堡、东营、西营、冯郭、郭辛庄、卢各庄、赵郭16个行政村。2015年，辖区人口50300人，其中从业人员9118人；年末常用耕地面积1951公顷；粮食播种面积2032公顷，同比增长16%；粮食产量12293吨，同比增长25%；财政收入1670万元，同比下降3%；镇区一般预算收入566万元，同比下降8%。

镇党委书记　王国旗

镇人大主席　张保旺

镇　　　长　张　勇（任至5月）

　　　　　　张　洋（5月任）

（李红利）

大留镇镇

大留镇镇人民政府驻地大留镇村，位于文安县城西南部，东与赵各庄镇搭界，西与任丘市为邻，距文安县城15公里。全镇面积70.3平方公里。辖大留镇、小王东、大齐观、小齐观、北富华、刘富华、胡屯、王富华、石桥、小务、靳村、巨富华、孟庄子、彩家务、花木厂、霍村、西店、东店、韩留镇、小留镇、大李村、北李村、黄李村、小李村、南富华25个行政村。2015年，辖区人口45535人，其中从业人员18860人；年末常用耕地面积3153公顷；粮食播种面积3638公顷，同比增长14.5%；粮食产量17073吨，同比下降56%；农林牧渔总产值14493万元，同比增长3%；财政收入909万元，同比下降26%；镇区一般预算收入345万元，同比下降28%。

镇党委书记　张洪斌

镇人大主席　王满仓（任至6月）

　　　　　　崔维志（6月任）

镇　　　长　张亚洲（任至6月）

　　　　　　王满仓（6月任）

（段洪涛）

左各庄镇

左各庄镇人民政府驻地左各庄村，位于文安县城东北21.5公里处，全镇区面积46.78平方公里。辖姚淀庄、黄淀庄、王淀庄，高淀庄、吴淀庄、苏淀庄、南艾头、河西、中艾头、北艾头、南陶管营、北陶管营、张管营、张管营堤、十间房、东新、福新、崇新、中心、左各庄、西曹庄、老席店

22个行政村。2015年，辖区人口27105人，其中从业人员11426人；年末常用耕地面积2541公顷；粮食播种面积1781公顷，同比增长56.7%；粮食产量8527吨，同比增长48.5%；财政收入6140万元，同比下降19%；镇区一般预算收入2145万元，同比下降8.6%。

镇党委书记　王同来（任至12月）
　　　　　　史秋良（12月任）
镇人大主席　卢根友
镇　　　长　史秋良（任至12月）
　　　　　　刘建国（12月任）

（王　震）

大柳河镇

大柳河镇人民政府驻地大柳河村西，位于文安县城东北方向，距县城15公里。全镇面积110平方公里。辖大柳河、西码头、唐头、南庄、线庄、琉庄、北张村、相村、桃园、北官、南官、西柳河、富各庄，吴石槽、马石槽、高村、小堡里、西张村、苗村、孟村、靳各庄、东王村、文二庄、辛各庄、李庄、潘平、常久村、褚村、西缴、东缴、刘小泗、王小泗、牛各庄、南各庄、郑小泗35个行政村。2015年，辖区人口41146人，其中从业人员15390人；年末常用耕地面积4496公顷；粮食播种面积4477公顷，同比增长17%；粮食产量17508吨，同比下降23.6%；财政收入4544万元，同比增长7%；镇区一般预算收入1267万元，同比增长14%。

镇党委书记　张爱国
镇人大主席　田卫军
镇　　　长　赵桐柱

（孟祥坤）

滩里镇

滩里镇人民政府驻地中滩里村，位于文安县城东北方向，距县城25公里，全镇面积60.4平方公里。辖中滩里、富管营、杨管营、东滩里、西滩里、张家营、刘家营、赵家营、西新桥、中新桥、东新桥、安里屯一村、安里屯二村、安里屯三村、安里屯四村15个行政村。2015年，辖区人口33239人，其中从业人员11311人；年末常用耕地面积2848公顷；粮食播种面积2396公顷，同比增长4.6%；粮食产量13202吨，同比下降3.5%；财政收入3004万元，同比下降23%；镇区一般预算收入1048万元，同比下降29.7%。

镇党委书记　陈海潮
镇人大主席　帅同果（任至4月）
　　　　　　常得胜（4月任）
镇　　　长　方　辉（任至6月）
　　　　　　寇建帅（6月任）

（李国辉）

德归镇

德归镇人民政府驻地东德归村，位于文安县最东部，距县城20公里。东邻天津静海县，南与大城县接壤。全镇面积55.75平方公里。辖东德归、西长田、大长田、小长田、东李庄、齐庄、北德归、西德归、东柴沟、西柴沟、翟村、北三岔口、南三岔口13个行政村。2015年，辖区人口23350人，其中从业人员3971人；年末常用耕地面积1725公顷；粮食播种面积1469公顷，同比增长40%；粮食产量6209吨，同比下降1%；财政收入1187万元，同比下降5.5%；镇区一般预算收入 544 万元，同比增长 15%。

镇党委书记　王艳强

镇人大主席　李进怀（任至 4 月）

王　松（6 月任）

镇　　　长　张惠普（任至 6 月）

陈凯琦（6 月任）

（高　亮）

新镇镇

新镇镇人民政府驻地新镇二村，位于县城西北 22 公里处。全镇面积 40.25 平方公里，下辖 24 个行政村，分别是王园子、北街、东街、新镇二村、新镇三村、新镇四村、太保庄、口头、芦阜庄、辛村、鲁庄子、东代庄、西代庄、周庄子、鹿疃、王庄子、田各庄、孔家务、西庄头、北舍兴、南舍兴，西羊疃、北村、西街。2015 年，辖区人口 34772 人，其中从业人员 16940 人；年末常用耕地面积 2780 公顷；粮食播种面积 2593 公顷，同比增长 15%；粮食产量 16648 吨，同比增长 33%；财政收入 8991 万元，同比下降 28%；镇区一般预算收入 2830 万元，同比下降 15%。

镇党委书记　陈永围

镇人大主席　王润昌（任至 12 月）

孟建峰（12 月任）

镇　　　长　李云辉

（王少卫）

苏桥镇

苏桥镇人民政府驻地苏桥镇民生村，位于文安县城北偏东 20 公里处，全镇面积 47.5 平方公里。辖团结、农工、民生、民主、中三官、苑口、武各庄、善来营、宋庄伙、东三官、西三官、崔家坊、北留寨、中留寨、南留寨、李庄、王庄 17 个行政村。2015 年，辖区人口 37057 人，其中从业人员 10859 人；年末常用耕地面积 2500 公顷；粮食播种面积 2507 公顷，同比增长 50%；粮食产量 16511 吨，同比增长 67%；财政收入 2139 万元，同比下降 0.6%；镇区一般预算收入 741 万元，同比增长 22%。

镇党委书记　杨东星

镇人大主席　张澄碧

镇　　　长　张　洋（任至 5 月）

郭胜利（5 月任）

（王　帅）

史各庄镇

史各庄镇人民政府驻地史各庄村，位于文安县城西北方向，距县城 15.5 公里。全镇面积 38.75 平方公里。辖史各庄一村、史各庄二村、史各庄三村、潘庄子、崔马庄、武各庄、西疃、北辛庄、口上、南疃、二合庄、秦各庄、张各庄、南新村、韩各庄、王村、杨庄子 17 个行政村。2015 年，辖区人口 25569 人，其中从业人员 10833 人；年末常用耕地面积 1771 公顷；粮食播种面积 1381 公顷，同比增长 7%；粮食产量 7424 吨，同比增长 4%；财政收入 1583 万元，同比下降 24.5%；镇区一般预算收入 640 万元，同比下降 13%。

镇党委书记　张国霞（任至 6 月）

方　辉（6 月任）

镇人大主席　宋建华

镇　　　长　刘志刚

（刘　谦）

兴隆宫镇

兴隆宫镇人民政府驻地兴隆宫村，位于文安县城西北方向，距县城25.2公里。全镇面积54.79平方公里。辖兴隆官、小郭庄、大郭庄、夏村、回回营、北斗村、朱合村、四合村、付王店、河北庄、贾村、沙窝、小龙华、温庄、店子、大龙华、宋家牌、张村18个行政村。2015年，辖区人口30762人，其中从业人员15336人；年末常用耕地面积2825公顷；粮食播种面积2394公顷，同比下降2.8%；粮食产量15018吨，同比增长21%；财政收入1913万元，同比下降17.7%；镇区一般预算收入752万元，同比下降20%。

镇党委书记　郭为民

镇人大主席　刘仁君

镇　　　长　王玉水（任至12月）

　　　　　　张向东（12月任）

（吴潮怀）

孙氏镇

孙氏镇人民政府驻地孙氏一村，位于文安县城南，距县城12公里。全镇面积45平方公里。辖孙氏一村、孙氏二村、孙氏三村、孙氏四村、孙氏五村、太子务、南史村、北三王、何家务、大村、东代辛庄、西代辛庄、何庄、大三王、纪屯、崔边村、徐边村、庆边村、程子、杜边村、刘边村21个行政村。2015年，辖区人口65908人，其中从业人员10011人；年末常用耕地面积2420公顷；粮食播种面积2199公顷，同比下降14%；粮食产量6770吨，同比下降42%；财政收入440万元，同比下降27%；镇区一般预算收入152万元，同比下降22%。

镇党委书记　方文华

镇人大主席　吴全力（5月任）

镇　　　长　孙法斌（任至12月）

　　　　　　纪连池（12月任）

（耿建峰）

大围河回族满族乡

大围河回族满族乡人民政府驻地大围河村，位于文安县城西北9.5公里处。全乡面积35.5平方公里。辖大围河、郝郭纪、后许、安里、前许、东桥、小围河、西桥，樊庄、南辛庄、西邹、中邹、东邹13个行政村。2015年，辖区人口34879人，其中从业人员12652人；年末常用耕地面积2282公顷；粮食播种面积2475公顷，同比增长29%；粮食产量13718吨，同比增长58%；财政收入1204万元，同比下降12.4%；镇区一般预算收入392万元，同比增长11.6%。

乡党委书记　崔维波

乡人大主席　张岩芳

乡　　　长　马美宇（任至5月）

　　　　　　辛卫东（5月任）

（刘　伟）

新桥农场

新桥农场位于文安县城东20公里，廊大公路德归镇北4公里。辖区面积7.49平方公里。2015年，全场人口4241人，其中从业人员1840人；年末常用耕地面积318公顷；粮食播种面积1167公顷，同比增长350%；粮食产量4376吨，增长115.6%；职工年人均纯收入7346元，同比增长2%；财政收入

2888万元。

工委书记　赵振华

场　　长　赵振华

（张　卫）

李庄农场

李庄农场位于李庄村西，距文安县人民政府20公里处。辖区面积6平方公里。辖场直队、一队、二队、三队、四队5个基层生产队。2015年，全场人口847人，其中从业人员1520人；年末常用耕地面积645公顷，同比增长6.4%；粮食播种面积508公顷，同比增长16%；粮食产量1555吨，同比下降58.7%；职工年人均纯收入26398元，同比增长11.2%；财政收入2696万元，一般预算收入1416万元。

工委书记　李永强

场　　长　李永强

（周姗姗）

界围农场

界围农场位于文安县城北15公里处。辖区总面积794.7公顷。2015年，全场人口780人，农场居民366人，干部职工414人，其中退休人员247人，在职人员167人；从业人员584人；年末常用耕地面积495.4公顷；职工年人均纯收入7640元，同比增长32%；财政收入1719万元，一般预算收入977万元。

工委书记　陈德永

场　　长　邹胜堂

（张　佳）

黄甫农场

黄甫农场位于文安县城东15公里处。辖区面积7.7平方公里。辖黄甫农场场区、黄甫农场棚户区改造一期住宅小区2个职工居住区，以及国营黄甫砖瓦厂。2015年，全场人口813人，其中从业人员568人；年末常用耕地面积600.67公顷；粮食播种面积466公顷，同比持平；粮食产量2607吨，同比下降7.6%；财政收入1294万元，同比下降22.9%；职工年人均纯收入9800元，同比增长1.8%。

工委书记　于世祥

场　　长　赵柏盛

（张　哲）

小务农场

小务农场位于文安县城西25公里处。辖区面积16.23平方公里(含石桥、小务两村)。2015年，全场人口6149人，其中从业人员3689人；年末常用耕地面积876.07公顷；粮食播种面积832公顷，同比增长8.05%；粮食产量4660吨，同比下降4.5%；职工年人均纯收入10930元，同比增长9.6%。

工委书记　万柏松

场　　长　万柏松

（魏照祥）

董村管区

董村管区管委会驻地东南庄村东，位于文安县城南9.5公里处。东与龙街管区接壤，西与辛庄管区相连，南与孙氏镇相邻，北与文安镇搭界。辖区面积57.6平方公里。辖23个行政村。2015年，辖区人口19553人，其中从业人员9795人；年末常用耕地面积2921公顷；粮食播种面积3147公顷，同比下降8.5%；粮食产量14094吨，同比下降6%；财政收入740万元，同比下降16%；管区一般预算收入331万元，同比增长9%。

管区书记兼主任　张海星

（刘建伟）

龙街管区

龙街管区管委会驻地龙街村南，位于文安县城东南方向。南与大城县和孙氏镇接壤，东邻黄甫管区，西邻董村管区。龙街管区距县城13公里，面积51平方公里。辖16个行政村。2015年，辖区人口17079人，其中从业人员8721人；年末常用耕地2848公顷；粮食播种面积2645公顷，同比下降11%；粮食产量8520吨，同比下降44%；财政收入889万元，同比下降34%；管区一般预算收入361万元，同比下降17%。

管区书记兼主任　朱国栋

（刘沛德）

黄甫管区

黄甫管区管委会驻地李黄甫村北，位于文安县城东南20公里。辖区面积67平方公里，下辖12个行政村。2015年，辖区人口8355人，其中从业人员4670人；年末常用耕地面积2567公顷；粮食播种面积2559公顷，同比增长30%；粮食产量10010吨，同比下降15.4%；财政收入319万元，同比增长0.3%；管区一般预算收入158万元，同比增长36%。

管区书记兼主任　杨文路（任至6月）
张亚洲（6月任）

（刘志强）

辛庄管区

辛庄管区管委会驻地安祖辛庄村，位于文安县城西南10公里处。辖区面积40平方公里，下辖23个行政村。2015年，辖区人口19156人，其中从业人员10529人；年末常用耕地面积2042公顷；粮食播种面积2197公顷，同比下降4.5%；粮食产量10699吨，同比增长60%；财政收入391万元，同比下降39%；管区一般预算收入153万元，同比下降28.8%。

管区书记兼主任　张立强（任至6月）
张会普（6月任）

（林卫香）

刘磨管区

刘磨管区管委会驻地刘磨村，位于文安县城东6公里处。辖区面积79.4平方公里。辖21个行政村。2015年，辖区人口15488人，其中从业人员7280人；年末常用耕地面积4148公顷；粮食播种面积4091公顷，同比下降5.5%；粮食产量26739吨，同比增长24%；财政收入893837万元，同比下降6.7%；管区一般预算收入346426万元，同比增长23%。

管区书记兼主任　陈友强（任至5月）
张　勇（5月任）

（李银哲）

高头管区

高头管区管委会驻地胡头村，位于文安县城西北方向，东与急流口管区相接，南与大围河回族、满族乡相连，西与新镇镇相邻，北与苏桥镇隔河相望，位于县城西北13公里处。管区面积22平方公里。辖11个行政村，有汉族、回族、满族3个民族。2015年，辖区人口10731人，其中从业人员7395人；年末常用耕地面积1254公顷；粮食播种面积1305公顷，同比增长30%；粮食产量5431吨，同比增长6%；财政收入1394万元，同比下降8%；管区一般预算收入303万元，同比下降3.8%。

管区书记兼主任　马美宇（任至12月）
　　　　　　　　王玉水（12月任）

（武智仙）

急流口管区

急流口管区管委会驻地东升村东，位于文安县人民政府正北约10公里处。辖区面积34.8平方公里。辖12个行政村。2015年，辖区人口12522人，其中从业人员6680人；年末常用耕地面积1898公顷；粮食播种面积2002公顷，同比增长7.3%；粮食产量8229吨，同比下降21.7%；财政收入816万元，同比增长5%；管区一般预算收入314万元，同比增长11.7%。

管区书记兼主任　郭建国

（刘国兴）

城区街道办事处

城区街道办事处位于兴文西道春和里2号。辖区面积9.3平方公里，辖政通道社区居委会、人和路社区居委会、国泰东道社区居委会、国泰西道社区居委会、丰利路社区居委会、民安路社区居委会6个社区居委会。有居民小区213个，居民19173户、55212人。

街办处书记　朱文友（任至12月）
　　　　　　杨雨生（12月任）
街办处主任　杨雨生（任至12月）
　　　　　　宋军兵（12月任）

（张敬仙）

大城县

【概况】 大城县辖平舒镇、旺村镇、大尚屯镇、南赵扶镇、权村镇、里坦镇、留各庄镇、广安镇8个镇，臧屯乡、北魏乡2个乡，城区办事处1个，工业园区1个，设394个行政村。全县面积903.7平方公里，耕地面积54492公顷。2015年，全县总人口519471人，人口自然增长率19.1‰，城镇人口63767人；地区生产总值111.6亿元，同比增长10.4%；第一、第二、第三产业增加值分别为175919万元、463163万元、476556万元，第一产业同比增长0.3%，第二产业同比增长8.3%，第三产业同比增长16.2%；单位生产总值能源消耗0.83吨标准煤/万元，下降率为–2.81%；民营经济增加值806953万元，同比增长10.6%；粮食总产量190956吨，棉花总产量4127吨；财政收入10.6亿元，同比增长12.1%；财政支出246670万元，同比增长42.6%；全社会固定资产投资155.3亿元，同比增长22%；社会消费品零售总额607675万元，同比增长11.6%；在岗职工平均工资47426元；农民人均纯收入12007元，同比增长8.7%；城镇居民人均可支配收入29876元，同比增长9%；年末城乡居民储蓄存款余额179.5亿元，比年初增加23.4亿元。

提升园区平台。推进“一区多园”建设，大城工业园区综合发展水平荣膺全省AAAA级开发区。现代制造业工业园建设提质增速。12平方公里起步区基础设施覆盖率50%，35千伏和11万伏变电站完成扩容升级，琦泉生物质发电、中包首发易拉罐等项目顺利建设。气雾剂产业园完成总规编制，开发公司成功注册，管理机构获市批复，启动起步区路网前期建设，广州漆彩虹、中国出口包装品研究所研发中心等项目成功签约。红木文化产业城开园运营。一期投资43亿元的红木文化产业城总建筑面积53万平方米，入驻商户近400家，全长3公里的津保路城区段拓宽改造高标准竣工。

特色产业。河北省绝热保温材料协会和省级绝热材料产业技术研究院落户大城，华美、神州、翔达等企业环保设备达到国内顶尖水平。签约建设国家级红木产品质量检测中心，全县有省级工艺美术大师18人、一级美术家5人、美术家27人，大城“中国京作工艺红木扇”荣获“第十一届海峡旅游博览会”铜奖。“中国红木第一大集”满铺开业，中央、省、市媒体集中宣传大城县红木文化产业，誉为“中国京作古典家具之乡”。竣工投产三迪新能源车项目，年产20万辆整车。盛森磨具、松乐仪器等企业发展良好。

创新发展。年内携手腾讯大燕网，启动“互联网+产业、+政务、+民生”建设，“大美大城”上线运行，大城成为全国首家全面践行“互联网+”的县城，“大城先锋”加快研发，荣获“智慧城市”和“智慧政务”奖。申报全省首批电子商务进农村示范县；携手阿里巴巴实施农村淘宝项目，完成县级服务中心选址；建成“红木宝”电商商城，发展阿里巴巴认证企业300家、淘宝商户3000多户。新增高新技术企业1家、科技型中小企业132家、科技小巨人企业6家；授权专利71件，建成企业研发中心10家。企业上市步伐加快。华康塑业、首铝铝业等5家企业成功挂牌上市，全县挂牌上市企业达到7家。

治理环境污染。年内，综合“拆炉窑、保煤质、改炉具、抑扬尘、限车辆、治烟气”治理措施，全方位提升空气环境质量。拆除取缔全县17座实心黏土砖瓦窑，淘汰改造10蒸吨以下燃煤锅炉106台、247蒸吨；强化煤质监测，规范煤炭销售，取缔8处非法煤炭销售点，推广神华清洁煤和洁净型煤12万吨；在4个城中村和31个农村面貌改造重点村街推广使用清洁能源炉具4723台，补贴使用天然气壁挂炉采暖用户每户200元；城区建筑工地全部落实“七个100%”，主要干道机械湿扫、洒水降尘和国省干线两侧煤堆、物料苫盖常态化；重污染天气城区实行机动车限行，淘汰黄标车238辆，外埠重卡实行绕城、超限超载超速管控；城区户外烧烤全部取缔，关停整改142家绝热节能材料、有色金属行业冒烟污染企业。空气质量综合指数同比下降7.5%，达标天数增加55天，重污染天数减少45天。

农业成果。传统农业向现代农业转型，成功争列省级农业科技园区。投资4亿元，完成改造高标准农田等10项涉农重点工程，2次引调黄河水1亿立方米。发展特色农业，全县特色农业种植面积6万亩（4000公顷），创建长芦疃等一批示范村街。农业产业化经营率51%，省级农业产业化龙头企业2家、市级8家；建成畜禽标准化规模养殖场34家；各类农民专业合作社增至950个，国家、省级示范社7个。全部落实惠农政策，以“一折通”方式发放农户粮食直补、农资综合直补等惠农资金5128万元。加快推进土地确权，256个村街、52.8万亩（35200公顷）土地完成二次公示，占全县耕地总面积的60%。

民生实事。年内竣工南水北调地表水厂，铺设配套管网12公里，具备通水条件。基本竣工城区第一幼儿园、青少年活动中心暨文化馆、县第二体育场、消防站迁建工程。筹资2.3亿元，为全县1.5万名公教人员人均月增资1300元。落实新《中华人民共和国安全生产法》，推进安全生产和食品药品安全网格化建设，长效管理与专项整治相结合，落实“党政同责、一岗双责”，全年未发生重大安全事故。年内大城县荣获全省安全生产工作先进单位。连续开展打黑除恶灭霸扫痞严打专项行动，侦破各类刑事案件502起，抓获犯罪嫌疑人439人，打掉犯罪团伙26个。畅通信访渠道，采取领导干部定期接访、信访积案集中交办等措施，保障“9·3”阅兵、十八届五中全会等重大活动和关键节点安全。

（吕文杰）

平舒镇

平舒镇人民政府驻地大城县城新华东街28号，位于大城县人民政府机关驻地西南1公里处。全镇面积67.85平方公里。辖大祥连、五方、里北店、大里北、刘里北、孙里北、魏里北、兴庄、小王都、二姑院、贾庄、小祥连、杏园、温村、大王都、东关、西关、南关、北关、东王祥、西王祥、北王祥、任场、牙庄、大童子、小童子、北李庄、亮斗、菜园、油坊、西近北、东近北、八方、韩裴庄、张裴庄、王裴庄、戴裴庄、郑裴庄、宋庄子、东崔庄、东陈庄、西陈庄、卞庄子、田庄、缴庄、王庄46个行政村。2015年，辖区人口34754人，同比增长26.2‰；从业人员15132人，同比增长3.7%；年末常用耕地面积3735公顷，同比增长0.3%；粮食耕种面积3110公顷，同比增长0.1%；粮食产量24215吨，同比增长4.3%；农林牧渔业总产值11427.5万元，同比减少4.4%；农民年人均纯收入8465.8元，同比增长9%；财政收入11828.9万元，同比减少7.4%；农业机械总动力84572千瓦，同比增长1.6%；农村非农行业总产值335315.4万元，同比增长5%；镇区一般预算收入152.9万元，同比增长4.87%；镇区人口9233人，同比增长4.9%；镇区占地面积718公顷。

镇党委书记　肖建军

镇人大主席　刘　成（任至12月）

　　　　　　班玉琼（12月任）

镇　　　长　刘彦林

（叶　超）

旺村镇

旺村镇人民政府驻地流标村，位于大城县人民政府驻地北12.6公里。辖区面积101.24平方公里。辖马六郎、北四岳、小崔四岳、梁四岳、刘四岳、尹四岳、大崔四岳、邢四岳、流标、旺村、西子牙河北、西子牙河南、东臧庄、西臧庄、大次花、张次花、李次花、道彩、东孟、西孟、王思河、张思河、崔思河、李思河、吴王文、北楼堤、南楼堤、东万灯、西万灯、七女、龙冢、王轴北32个行政村。2015年，辖区人口30195人，同比增长6.5‰；从业人员28004人，同比增长8.5%；年末常用耕地面积6694.24公顷，同比增长9.5%；粮食耕种面积5293公顷，同比增长3.5‰；农林牧渔总产值1.12亿元，同比增长 17.5%；农民人均纯收入 9060 元，同比增长 10.5%；财政总收入 12566.1 万元，同比增长 45.8%；农业机械总动力 93765 千瓦，同比增长 5%；农村非农行业总产值 70.1 亿元，同比增长 1.2%；镇区一般预算收入 587 万元，同比减少 40%；镇区人口 2900 人，同比增长 1.05%；镇区占地面积 690 公顷。

镇党委书记　李文凯

镇人大主席　杨光民

镇　　　长　齐建兴（1 月至 10 月）

刘在旺（12 月任）

（王宝忠）

留各庄镇

留各庄镇人民政府驻地东留各庄村，位于大城县人民政府机关驻地西南 20 公里。全镇面积 78.2 平方公里，辖留邻居、刘祝村、王祝村、徐村、白虎、小九宫、大九宫、洼里、完城、王蔡间、刘蔡间、高庄、张蔡间、丁庄、大汪、北头、蒲塔、龙华桥、前边各庄、后边各庄、文香、西位敢、东位敢、位各屯、雀屋、东东曹、西东曹、前北曹、后北曹、西曹、付庄、南曹、东留各庄、西留各庄、宋张吉、崔张吉、五户张吉、王张吉、王各庄 39 个行政村。2015 年，全镇人口 43911 人，同比下降 1.8%；从业人员 21592 人，同比下降 9.3%；年末常用耕地面积 5002 公顷；粮食耕种面积 3795 公顷，同比下降 2.1%；粮食产量 1394 吨，同比下降 92.7%；农林牧渔业总产值 33524 万元，同比下降 1.1%；农民年人均纯收入 5680 元，同比增长 3.2%；财政收入 9150 万元，同比增长 40.7%；农业机械总动力 49052 千瓦，同比增长 4%；农村非农行业产值 249157 万元，同比下降 1.5%；镇区一般预算收入 2226 万元，同比增长 64.6%；镇区人口 6760 人，同比增长 9.9%；镇区占地面积 900 公顷。

镇党委书记　张银台（任至 12 月）

高　伟（12 月任）

镇人大主席　李　强（任至 10 月）

仝占岭（任至 12 月）

镇　　　长　杜印良

（王东峰）

南赵扶镇

南赵扶镇人民政府驻地南赵扶村，位于大城县城东 5 公里。全镇面积 104.8 平方公里，辖南赵扶、中赵扶、北赵扶、郝庄、孙河、爱农、姚马渡、商庄、张庄、泊庄、东辛庄、杨家口、缴交河、马交河、张交河、郭交河、小李庄、叶庄子、堤北、冯庄、大流漂、小店子、小流漂、朱家村、傅庄子、西空城、三章庄、盖义庄、樊庄、张庄子、东白洋、西白洋、白洋桥、申五台、吴五台、李五台、大流庄、小流庄 38 个行政村。2015 年，辖区人口 48536 人，同比增长 4.29%；从业人员 33308 人，同比增长 3.09%；年末常用耕地面积 6370 公顷；粮食耕种面积 5404 公顷；粮食产量 46521 吨，同比减少 4.13%；农林牧渔业总产值 120268 万元，同比增长 9.07%；农民年人均纯收入 4361 元，同比增长 2.27%；财政收入 2613.2 万元，同比减少 1.07%；农业机械总动力 92487 千瓦；农村非农行业产值 8157 万元；镇区一般预算收入 1264.47 万元，同比增长 0.96%；镇区人口 5658 人，同比增长 7.61%；镇区占地面积 160 公顷。

镇党委书记　刘增怀

镇人大主席　李　俭（任至 10 月）

李江涛（10 月任）

镇　　　长　崔宝山（任至 7 月）
　　　　　　马东浩（10 月任）

（吴广恒）

权村镇

权村镇人民政府驻地王权村，位于大城县西南 22 公里。全镇面积 64.24 平方公里。辖留各庄桥、杜权村、王权村、筱庄、后李各庄、前李各庄、望帆长、蓦门、东窑头、西窑头、石家务、苦水务、东汪、白马堂、前烟村、后烟村、大高庄子、九高庄、董房子、沈房子、小祝村、于家务 22 个行政村。2015 年，辖区人口 39817 人，同比增长 0.01%；从业人员 9187 人，同比减少 9.78%；年末常用耕地面积 5912 公顷；粮食耕种面积 5337 公顷；粮食产量 62100 吨，同比减少 6.05%；农林牧渔业总产值 47848.03 万元，同比增长 21.14%；农民年人均纯收入 8294 元，同比增长 13.7%；财政收入 3730.6 万元，同比减少 2.86%；农业机械总动力 71474.62 千瓦，同比增长 9.76%；农村非农行业产值 12547.6 万元，同比减少 1.87 %；镇区一般预算收入 983.31 万元，同比增长 10.05%；镇区人口 4978 人，同比增长 1.3%；镇区占地面积 82 公顷。

镇党委书记　庄右军
镇人大主席　吴留生（任至 7 月）
　　　　　　李　强（10 月任）
镇　　　长　王宝顺

（王同庆）

里坦镇

里坦镇人民政府驻地里坦二村，位于大城县人民政府机关驻地南 20 公里。全镇面积 59.94 平方公里。辖里坦一村、里坦二村、里坦三村、里坦四村、岳杭、小木桥、于远头、王远头、张远头、邢远头、旧镇、长芦疃、李大木桥、路大木桥、王大木桥、大沿村、小沿村、大邵村、小邵村、石疙瘩、娘庄子、流源庄 22 个行政村。2015 年，辖区人口 26832 人，同比增长 3.88%；从业人员 14670 人，同比增长 3.88%；年末常用耕地面积 3328 公顷；粮食耕种面积 3663 公顷，同比增长 0.55%；粮食产量 18002 吨，同比增长 0.52%；农林牧渔业总产值 30345 万元，同比增长 0.66%；农民年人均纯收入 5196 元，同比增长 4.07%；农业机械总动力 69980 千瓦，同比增长 0.65%；财政收入 1595 万元，同比增长 51.9%；农村非农行业产值 6890 万元；镇区一般预算收入 451.56 万元，同比增长 56.3%；镇区人口 4121 人，同比增长 3.54%；占地面积 707 公顷。

镇党委书记　杜天佐
镇人大主席　郭建凯（10 月任）
镇　　　长　王万利

（于冬梅）

大尚屯镇

大尚屯镇人民政府驻地大尚屯后街村，位于大城县城西 12 公里。全镇面积 111.4 平方公里。辖齐圪垯、樊庄子、霍辛庄、赵各庄、康各庄、大保、大街、南北街、西街、后街、大会罗、吴会罗、孙会罗、东青州、南青州、西青州、北青州、冯各庄、韩庄、阜尹、北桃子、南桃子、西桃子、尹各庄、董家务、闫家务、邵庄、苑庄、北席阜、邵席阜、南席阜、东窨子头、西窨字头、前杏叶林、后杏叶林、邓家务、小阜村、大阜村、小王良村、谷良村、孙良村、赵良村、邓良村、大王良村、樊良村、陈良村、宫村、牛张街、昝张街、冯张街、盖张街、东魏各庄、西魏各庄、田家庄、大祥55个行政村。2015年，辖区人口66970人，同比增长-2.03%；从业人员32041人，同比增长0.04%；年末常用耕地面积8265公顷；粮食耕种面积7594公顷；粮食产量35640吨，同比增长0.26%；农林牧渔业总产值6.51亿元，同比增长0.62%；农民年人均纯收入4632元，同比增长1.89%；财政收入2333万元，同比增长20.38%；农业机械总动力19750千瓦，同比增长0.86%；农村非农行业产值8.6亿元，同比增长2.38%；镇区一般预算收入1410万元，同比增长0.71%；镇区人口4190人，同比增长1.53%；镇区占地面积769公顷。

镇党委书记　隋中岳

镇人大主席　于海臻

镇　　长　李振岭

（李少鹏）

广安镇

广安镇人民政府驻地大广安村，位于大城县人民政府驻地西南15公里。全镇面积68.55平方公里。辖大广安、小广安、仰止、大流河、西流河、东流河、李庄子、袁家屯、小孟桥、大孟桥、刘木庄、邓零巨、张零巨、肖零巨、李零巨、王范、西马村、东马村、杜庄子、阁里、赵家务、季村、王家屯、关家屯、张家屯、郝家屯、夏家屯、郭王只堡、李王只堡、王牛村、西牛村、东牛村、西陈村、东陈村、仝庄子、东桑生、西桑生37个行政村。2015年，辖区人口40127人，同比减少10.8%；从业人员27653人，同比减少3.7%；年末常用耕地面积4166公顷，同比减少7.2%；粮食耕种面积4027公顷，同比减少2.1%；粮食产量15372吨，同比减少37.9%；农林牧渔业总产值44413万元，同比增长11%；农民年人均纯收入12893元，同比增长9.6%；财政收入3363.3万元，同比减少10.2%；农业机械总动力163029.9千瓦，同比增长12%；农村非农行业产值300213万元，同比增长9.5%；镇区一般预算收入1072.1万元，同比增长54.1%；镇区人口1510人，同比减少69.6%；镇区占地面积662公顷。

镇党委书记　高贺勇

镇人大主席　崔增良

镇　　长　刘在旺（任至12月）

（李荣荣）

北魏乡

北魏乡人民政府驻地北魏村，位于大城县城西偏南25公里。全乡面积62平方公里。辖北魏、北良、南魏、双庙、张都、西杜各庄、东杜各庄、焦远庄、刘远庄、冯远庄、门远庄、牛庄、高家庄、魏吉、魏胡、汉留各庄、郑家村、南蔡、前屯、后屯、刘家村、徐庄、卢庄、韩村、北蔡、正村、前张村、后张村、常张村、邱庄、王香、南阜32个行政村。2015年，辖区人口4.8万人，同比增长0.8%；从业人员23564人，同比增长11.39%；年末常用耕地面积5054公顷；粮食耕种面积4533公顷，同比增长22.81%；粮食产量34140吨，同比增长2.8%；农林牧渔业总产值22153万元，同比增长5.6%；农民人均纯收入5620元，同比增长7.8%；财政收入1178.8万元，同比增长11.77%；农业机械总动力64295千瓦，同比增长3.68%；农村非农行业产值93370万元，同比增长7.8%；镇区一般预算收入524.3万元，同比增长7%；镇区人口8635人，同比增长15%；镇区占地面积59.47公顷。

乡党委书记 周振华（任至10月）
齐建兴（10月任）
乡人大主席 邓建利
乡　　长 汤增伟

（门思鹏）

臧屯乡

臧屯乡人民政府驻地臧屯村，位于大城县政府驻地南8公里。全乡面积101.8平方公里。辖十里湾、高李庄、臧屯、野固献、关家务、九间房、九宫庄、毕道口、张贾村、白贾村、李贾村、赵贾村、宋贾村、梁贾村、王贾村、骆贾村、王纪庄、杨纪庄、宋纪庄、刘纪庄、臧庄子、任前庄、十王堂、桑杭、刘马策、鲍马策、杜马策、田马策、李马策、苏庄、郭庄、王演马、朱演马、毕演马、刘演马、张演马、毛演马、吕固献、赵固献、刘固献、东迷堤、西迷堤、崔庄子、邢庄子、黄庄子、八里庄、安庆屯、豆庄、务农屯、小王庄、杨堤、咸堤、高堤、任庄子54个行政村街。2015年，全乡人口52376人，同比增长0.6%；从业人员19981人，同比增长21.9%；年末常用耕地面积6124公顷，同比增长0.9%；粮食耕种面积5825公顷，同比增长27.1%；粮食产量21289吨，同比增长1.7%；农林牧渔业总产值40107万元，同比增长1.7%；农民年人均纯收入4592元，同比增长5.1%；财政收入2057.9万元，同比增长2.9%；农业机械总动力84307千瓦，同比增长3.1%；农村非农行业总产值32789万元，同比增长3.6%；镇区一般预算收入191万元，同比增长2.7%；镇区人口1912人，同比增长1.7%；镇区占地面积126公顷。

乡党委书记 周瑞得
乡人大主席 王文学（任至11月）
马国发（11月任）
乡　　长 刘　杨

（陈艳冲）

城区办事处

城区办事处办公地点位于大城县城新华西街老招待所院内，辖和平里社区居委会、朝阳里社区居委会、南环路社区居委会、程盛社区居委会、东盛社区居委会、公交里社区居委会、东环路社区居委会、晨星里社区居委会、祥和里社区居委会、津保东路社区居委会、怡景社区居委会、金玉源社区居委会12个社区居委会。城区规划面积15平方公里，建成区面积7平方公里。2015年，城区办事处内设机构6个，分别是党政办公室、计划生育办公室、综合治理办公室、社区服务办公室、社区经济办公室、计划财务部。有干部职工113名。有居民小区164个，居民户16775户，同比增长5.7%；常住人口5.1万人，同比增长0.003%；流动人员8275人，同比增长2.8%。

办事处书记 马　玲
人大联络组组长 李中秋
办事处主任 孙洪政

（叶志伟）

园区建设

廊坊经济技术开发区

【概况】 2015年，廊坊经济技术开发区辖区面积69.4平方公里，规划面积38平方公里，入区企业2467家，已开发土地面积26平方公里，辖大长亭、小长亭、南营、娄庄、梨园、化营、西柏、大官地、辛庄、韩胜营、上庄头、下庄头、桐柏、乃自房、堤口、堤上营、麻营、后王各庄、小马房、小哲垡20个行政村。辖区人口16万人，其中农村人口3.9万人，在岗职工5.9万人，大学城师生人数4.5万人，流动人口1.7万人。全区地区生产总值363.2亿元，同比增长8%；财政收入64.7亿元，同比增长3.7%，其中公共财政预算收入完成16.6亿元，同比增长5.1%；城镇固定资产投资60.8亿元，同比增长10.7%；规模以上工业增加值85.1亿元，同比增长3%；实际利用外资3.4亿美元，同比增长10%；年内新增入统规模以上工业企业6家。

【体制创新】 年内，按照河北省委、省政府《关于推进全省开发区体制机制改革的指导意见》和廊坊市委、市政府要求，破除制约开发区发展的体制机制障碍，全面改革机构设置、人事管理、业绩考评、分配机制。建立科学规范和运行高效的管理机制，工委、管委所属机构由24个精简到17个，同口径减少29%；部门所属机构由39个精简到14个，同口径减少64%。建立"部门领导+主办负责制"运行机制，聘用人员464名。实行薪酬体系管理，绩效工资为核心，绩效工资占薪酬总额50%。成立行政审批局，持续推进简政放权，全部划转省市编制部门明确的81项行政审批事项。

【项目建设】 推进润泽国际信息港、华为数据中心、中国联通（廊坊）基地、中国人保北方信息中心等项目。年内投资50亿元，建成投入使用15.6万平方米，在建24万平方米。华为一期云存储数据中心投入使用，中国联通（廊坊）基地2座机房楼投入运营，润泽国际信息港开始为政府、金融、企业、教育等多领域提供数据服务，成立廊坊大数据应用服务中心。人保北方信息中心进行整体方案设计。全年实施亿元以上项目26项，计划投资39.5亿元，实际完成43.4亿元。争列省、市重点项目12项，联通北方基地、润泽信息港、精雕数控机床二期、维特根机械新工厂、索菲亚家居等项目建成投产，华恒科技等项目竣工，加快建设"梦廊坊"文化产业园大剧院、新亚总部基地、前进钢铁总部基地、上方皮革等项目。引进国药龙立机械制造、廊坊天龙意航汽车零部件等租用厂房项目14个，项目总投资6.5亿元。盘活国药集团安全环保升级改造、华洋电子等项目13个，项目总投资9.27亿元。盘活土地252亩（16.8公顷）。默勒科技、全兴等6家外资企业增资4396.4万美元，促进汽车零部件等优势产业发展。全区土地局部调整规划通过省国土资源厅批准，允许建成区范围的建设用地扩大300亩（20公顷）。集中清理违法用地，查处索菲亚（原飞鹤乳业）、华日等4宗673.12亩（44.87公顷）违法用地。按照省国土资源厅有关政策规定，在处罚程序执行到位后，按建设用地组卷报批，已获省政府批准。全年争取新增建设用地指标605.5亩（40.37公顷），完成异地补充耕地任务148.6亩（9.91公顷）。

【招商引资】 主导产业增势明显，强化招商针对性、精准性和实效性，制定出台产业招商“路线图”，全年采取“线上”招商的方式引进亿元以上项目26个，计划总投资473亿元，国盾量子、辉门（中国）汽车零部件等重量级项目相继落户。对接北京产业，引进精雕三期、北京上风路德等优质项目。促成与京东集团战略合作，确定在廊坊出口加工区建立“京东跨境电商北方贸易基地”。发展现代服务业，廊和坊金融街联手北京文投集团打造10万平方米“廊坊文化创新工场”，服务外包基地平稳运行，已入驻顺丰速运冀北区域总部项目等5家服务外包企业，总投资30亿元的沃尔玛“1号店”华北运营总部项目完成备案。

【完善服务机制】 发展区域外向型经济，出口加工区业务量增长。全年完成进出区货值7.94亿美元，同比增长609%。完成税收4304.8万元，同比增长334%。落实整改，促进转型升级，打下基础建设国家综合保税区。年内全区新增科技型中小企业295家，新增科技小巨人15家，在全市科技型中小企业数量增速排名第一。科技谷园区引进2个高科技研发中试类项目，4个国家“十二五”科研平台项目全部开工建设，投入资金约1亿元。实现科研机构属地化运作。中科院过程工程研究所所属“廊坊艾普爱科技发展有限公司”完成注册，与中国建设银行北京分行达成拟组建总额10亿元创投基金意向，理化技术研究所“中科纳琦环保科技有限公司廊坊开发区分公司”完成注册，为科研机构面向市场、助推科技成果转移转化奠定基础。组织中科院科技成果与本地企业技术对接，2项科技成果被企业转化应用。集中开展企业服务，实施“终身制”“保姆制”服务企业措施的基础上，成立16个帮扶工作小组，明确责任单位和责任人，实行帮扶台账和走访日志制度，确定区内36家省、市级帮扶企业精准帮扶，先后帮助企业现场解决困难问题50余个。及时掌握区内企业项目建设情况和技术创新情况，为企业申请各类资金支持，累计为22家企业申报落实扶持补贴资金1869万元。提升人力资源服务。搭建人力资源市场交流平台，开展人才调研，赴外引才。全年举办春秋两季大型人才招聘会、公益网上交流会等各类人才招聘会148场，洽谈成功9000多人。设立好丽友食品等3家高校毕业生就业见习基地，促进高校毕业生就业。组织新奥科技、伊利乳品等110余家企业参加12次赴外引才活动，引进人才4396人，其中本科以上学历1348人，中高级人才342人。开展“就业援助月”“春风行动”系列活动，帮助576人实现就业。启动创业担保贷款工作，筹集创业贷款担保基金100万元。开展各类技能培训1059人次，发放吸纳就业等各项补贴1313万元。全年新增就业岗位3026个，下岗人员再就业467人，有效缓解农村劳动力就业难和企业招工难。

【东方大学城建设】 2015年，东方大学城教育咨询有限公司在香港联交所上市。东方大学城高等教育有限公司投入4100万元改善教育教学设施，提升大学城整体环境，在国际职业教育领域推广东方大学城教育品牌影响力。健全完善服务制度，支持廊坊东方职业技术学院筹建本科，并通过教育部高校设置评议委员会专家组复审。建设校企合作、校际交流、资源共享、就业服务平台，促成精雕、润泽等重点企业与城内院校建立合作关系。提供就业创业服务，帮助32家企业与高等院校对接，5300余名毕业生与用人单位达成就业意向。

【改善生态环境】 气污染防治取得成效。综合运用行政问责、依法查处和经济处罚措施，实施“控煤、抑尘、限车、治污、治烟”5项治理，淘汰10蒸吨及以下燃煤锅炉37台117.11蒸吨，管控区内煤堆、料堆实施苫盖4000余平方米，安装限高限宽设施14处，劝返车辆35650辆，清运垃圾2.3万立方米，处理无证餐饮经营16家，烧烤烟气治理、VOC企业深度治理达标，保障“9·3”阅兵期间环境空气质量。全区PM2.5平均浓度为79ug/m³，同比下降22.11%。PM10平均浓度为128ug/m³，同比下降19%。在农户、工地、学校、企业落实各项防治措施，取缔或搬迁70家废品收购站，建设工地全部达到“七个百分之百”标准，推广清洁型煤2万吨、节能环保炉具3000台、神华洁净煤11.5万吨，全区空气质量实现明显好转。启动生态工业园区创建，现场调研77家重点规模以上企业，搜集整理典型生态成果案例。推进编制《廊坊开发区总体规划（2015—2030）环境影响报告书》。投入8069万元提标改造热力供应中心、恒盛供热、耀邦热力低温干式除尘、脱硫、脱硝一体化等减排项目。全面提升水环境质量，开展专项排查整治水污染，强化农村饮用水水质监管和集中式饮用水水源保护区监管，水质达标率100%；严格审批和验收建设项目环评，加强环境风险防控，全年未发生重特大环境污染事故。ISO14001环境管理体系运行良好。提升整体绿化，集中开展春季植树，提高绿化覆盖率，全年植树38万株、4200亩（280公顷）。重点实施迎宾精品路线升级改造，先后完成会展中心绿地、金源道等9项绿化工程，种植观赏类树木3.7万株、彩色花卉8.5万平方米，新增露空围墙立体绿化1万平方米。

工委书记 孟繁祥
工委副书记 王金忠
王　宁
杨宝骞
高　波（挂职）
管委会主任 孟繁祥
管委会常务副主任 王金忠
管委会副主任 高　波（挂职）
黎　斌
孙绍虎
王保良
肖树华
田景红
蒋仕义（挂职）

（高振永）

河北廊坊新兴产业示范区

【概况】 河北廊坊新兴产业示范区，是经省政府2010年第62次常务会议批准的全省第一家以引进战略性新兴产业为主的省级示范园区。总规划面积72.96平方公里，涉及3个乡镇、35个村街，其中起步区面积10平方公里。2015年，示范区新增入园项目4个，累计入园项目24个；开工建设项目16个；全年生产总值201862万元，财政收入12397万元，工业产值395304万元，工业增加值98826万元，固定资产投资354100万元，实际利用外资 1811 万美元，引进内资 356100 万元。

【基础设施】 2015 年，园区完成投资 5.96 亿元，累计完成投资 29.86 亿元。路网工程。龙脊道、凤祥路主框架道路、龙章等七条主次干道、廊坊第三南通道全线通车，通车里程超过 60 公里。龙喜、丰和、凤阳路南延等 9 条道路全面进场施工，进一步优化园区闭合交通网络。市政工程。热力站、给水厂、雨污水泵站、马柳 110KV 变电站、燃气、通讯、创业服务中心，及文化广场等配套设施工程建成或投入使用；污水处理厂土建工程基本完工，部分设备进场调试。

【招商引资】 2015 年，通过赴北京、上海、江苏、湖北等地开展小团组招商、展会招商、委托中介招商等多种推介方式，提升示范区知名度和影响力。发挥北京招商中心和招商代理等平台作用，全年接触企业 400 家，重点洽谈项目 30 个，台湾彩色硅水胶隐形眼镜、综合金融电商物流产业园、北方嘉科印刷包装生产基地、年产 2000 万件高精密结构件等项目正式签约，协议总投资超过 50 亿元。建立重点项目领导分包推进机制，投资 4.4 亿美元的泉恩高科技管材项目实现量产，累计产值 6.3 亿元。投资 50 亿元的新材料（碳纤维）研发与制造基地项目，单线产能 1700 吨，总产能 5100 吨。年底，项目厂前区及生产厂房建设基本完成，进口设备全部到厂安装调试。与德国宝马和北汽合作的碳纤维车体、碳纤维补强材料等一批产业链延伸项目开工。启动建设康得碳纤维车体项目，总投资 31 亿元。建设投资 2.2 亿美元的台湾隐形眼镜、投资 7000 万美元的台湾泉程自动化设备、德国马哈汽车尾气检测设备、3D 打印增材制造、安迪晓文新型节能环保材料等重点项目。

【服务机制】 2015 年，帮扶企业、基层解决各类问题困难 600 余件；征求部门、乡镇、入园企业代表等意见建议，共收集 11 项、42 条整改内容，建立台账确保整改到位。筹资 5000 万元，成立廊坊市高新区建设发展有限公司，负责园区基础设施建设、融资、运营、土地管理，承接道路、给水、热力等工程项目 11 项，拓展项目 7 项，帮助开发公司解决资金，正常运营。

工委书记 张　平（1 月任）
工委副书记 张海川
郭海峰（5 月任）
管委会主任 张海川（3 月任）
管委会副主任 刘　清（任至 3 月）
郭海峰
韩国友
王玉龙（3 月任）

（谢经伟）

河北廊坊龙河经济开发区

【概况】 河北廊坊龙河经济开发区成立于 2006 年，规划面积 27.65 平方公里，园区北接市区南龙道，西临省道廊泊线，东到京沪铁路，南至环城快速路。园区辖西孟各庄村、中孟各庄村、高孟各庄村、连庄子村、黄道务村、普照营村、亭子头村、董常甫村、王常甫村 9 个村街，人口 6 万人。2015 年，龙河经济开发区实现工业总产值 113.82 亿元，同比增长 8.67%；主营业务收入 156.45 亿元，同比增长 16.88%；进出口总额 13027 万美元；固定资产投资 46.06 亿元，同比增长 39.53%；实现区级税收 10.97 亿元，同比增长 45.68%，占全区纳税总额的三分之一。全年引进项目28个，总投资13.15亿元。其中用地项目7个，总投资9.2亿元；引进科技成果孵化园项目21个，总投资3.95亿元。年内，科技部国际合作司授予河北廊坊龙河经济开发区“2015年度示范型国际合作基地”称号，是河北省唯一获批的科技部示范型国家国际科技合作基地。被河北省科学技术厅授予“2015年度河北省国际科技合作基地”称号。

【完善基础设施】 2015年，河北廊坊龙河经济开发区基础设施建设投资1.76亿元，修建道路4条，总长3480延米。其中，横八路、龙兴八号路、常甫路南延通车，横六路进行雨污水管道铺设；完成9条路段绿化提升工程，新增绿化面积10.6万平方米；修建跨五干渠桥梁2座；铺设热力管线6.7公里，热力中心扩建工程完工供热；110kv变电站工程完成施工招标。

【优化项目服务】 2015年，河北廊坊龙河经济开发区发挥项目服务中心通过“一体化”办公、“一条龙”服务、“一站式”审批，为项目和企业提供优质、便利的行政服务，帮扶企业发展。建设工业项目14个，总投资33.2亿元，完成投资10.3亿元。其中，泰丰电气、新智污泥项目开始试生产；东易日盛二期、鼎威电子项目、开元盛琳，以及科冠滤清器项目完成厂房建设；天亘助二期、丹美电子、建科汇峰项目厂房主体封顶；中国核电项目完成工商注册和备案手续，办理土地征收及相关手续；利特佳项目完成基础施工；宇润、富奥、中汽阳光等项目办理前期手续。推进商业项目，恒大名都（一期）、证大大拇指广场（一期）、红星国际西苑（一、二期）交付使用，翡翠华庭、京汉置业项目施工过半。

【招商引资提质增量】 2015年，河北廊坊龙河经济开发区引进项目28个，总投资13.15亿元。其中用地项目7个，总投资9.2亿元。引进科技成果孵化园项目21个，总投资3.95亿元。拓宽园区招商渠道，谋划在全国8个中心城市建设泰智会科创平台。在北京中关村1号核心地段设立的占地4000平方米的泰智会·园区协同创新中心试运行，举办多场科技创新项目交流活动，推动与小米、58赶集、猎聘网等知名科技企业合作。借助位于深圳高新区中枢面积6000平方米的泰智会·众创空间，吸引更多研发项目到龙河园区孵化。跟踪在谈的项目有投资12亿元的中国工程物理研究院廊坊分院、投资5亿元的北京航天控制仪器研究所惯性仪表，及专用测试设备等5个项目。

【创新创业平台】 2015年，河北廊坊龙河经济开发区引导企业走自主创新之路，全面推进建设创新型高新区。建成的京津冀（廊坊）协同创新创业基地，成为全省创新创业平台的典范，总规划面积3平方公里，完成投资18亿元，建成众创空间、研发中试、创客工厂和专业厂房共24栋、18万平方米，引进北大、北航、高瓷等项目，引进高端技术人才80名。该基地获批全省中小企业创业辅导基地称号，是全省五大科技成果孵化园之一，被廊坊市科技局评为“廊坊市众创空间”，被科技部火炬高新技术产业开发中心授予“中国创新驿站河北省基层站点”称号，被河北省人社厅授予“河北省高层次人才创业基地”称号。慧谷·梦工厂83栋小厂房竣工，年内新增孵化创新面积6万平方米，引进的各类中小型科技企业、人才创业项目累计55个。

【社会保障体系】 2015年，河北廊坊龙河经济开发区新型农村合作医疗参保人数11259人，缴费124万元，参合率100%；新农保参保人员4587人，缴费52万元，参合率95%以上。10月，首批6387张社会保障卡发放到位。帮扶弱势群体、救灾救济、双拥优抚。救助辖区低保户、医疗救助、义务兵优待等900余人，发放救助资金26万余元。开展“零距离”婚育宣传，进驻富智康建立流动人口管理服务中心。省、市、区信访挂账案件全部办结，网上办结率、答复率位于全区前列；全部园区及村街建立群众工作机构，有效维护辖区社会稳定。

【环境治理】 2015年，龙河园区成立大气污染、河道治理领导小组，督察环境整治。2015年，园区清理村街垃圾近1.1万立方米，河道内的垃圾、漂浮物和河道沿线垃圾1.6万立方米，重点在河道沿线摆放大型垃圾箱18个，粉刷张贴标语100余条，完成辖区内五干渠4个非市政污水处理口封堵。推进清洁炉具安装和清洁型燃煤置换，6个村街完成安装726套；辖区村街购买清洁型煤1500吨。

工委书记　钱玉兵（1月任）
副书记　钱玉兵（任至1月）
　　李华东（任至3月）
　　王　立（3月任）
管委会主任　钱玉兵（1月任）
常务副主任　钱玉兵（任至1月）
　　王　立（3月任）
副主任　王　立（任至3月）
　　赵光清（任至3月）
　　胡金龙
　　文大全
　　王　建（3月任）
　　陈敬涛（5月任）
　　张　旭（5月任）

（林巧卓）

燕郊高新技术产业开发区

【概况】 燕郊高新技术产业开发区位于潮白河东畔，与北京市通州区隔河相望，西距北京市中心天安门30公里。辖燕郊镇、高楼镇、行宫东大街街道办事处、迎宾北路街道办事处，辖区面积180平方公里，人口70万。2015年，燕郊高新技术产业开发区生产总值338.56亿元，同比增长7.02%；财政收入81.3135亿元，同比增长3.4%；实际利用外资1.6091亿美元，同比增长2%；工业产值474.13亿元，同比增长8%；工业增加值185.86亿元，同比增长7%；固定资产投资296.54亿元，同比增长9%。

【项目建设】 2015年，燕郊高新技术产业开发区在建项目近40个，投资规模300亿元。其中，德国虎威发动机技术研发中心项目开工；北京有色金属研究总院先进稀土材料产业公共技术服务平台项目完成总体规划设计方案；港中旅燕郊海泉湾项目艺术中心和一期住宅完工，二期住宅开工；燕郊空港物流园二期完工，签约企业118家，入驻企业70家；华北物流园项目一期工程完成4万平方米仓库建设；华人收藏博物馆项目主体施工；天山智谷项目二标段工程开工；雷捷时代广场项目主体封顶；世原汽车四期项目组装车间完工；明和汽车二期项目车间主体完工。在谈及谋划重点项目40余个，投资规模超过400亿元。主要包括韩国东熙集团汽车配件项目、现代凯菲克汽车系统有限公司汽车电子项目、星河互联集团食乐淘电商基地项目、北京绅名科技有限公司绅名新能源汽车模块与部件自动化装配线开发与生产基地项目等。

【基础设施】 2015年，燕郊高新技术产业开发区编制完成《燕郊城区控制性详细规划》并通过专家评审论证和区规划审批领导小组审议；完成城市人防及地下空间开发利用、城市水系、公共设施综合布局及商业网点布局和综合防灾4个专项规划前期基础资料收集、现场踏勘调研；完成道路交通及交通管理专项规划初步设计。拓展道路框架，南横二路、南纵二路、燕灵路、化大南路、康城大街5项道路工程完工；潮白大街与北京徐尹路对接工程开工；京平线过燕郊段规划完成前期座谈、现场调研；京唐城际铁路选线；东外环路南段进场施工。推进市政工程，路面修补工程、人行道修补工程、人行道改造工程、化大街给水管道工程、交通红绿灯工程、人行横道灯工程、交通指路牌工程完工；徐尹路大桥管线迁改工程给水和热力管线迁改；市区道路管护工程维修路面9万平方米。

【企业服务】 2015年，燕郊高新技术产业开发区通过2014年火炬统计年审。协助神威药业、中科生物、捷盈光电子、环波软件、森隆药业、建华高科、三河陆桥、燕京矿山、金隅红树林、蓝洁士10家企业进行省高新技术企业认定，金隅红树林等6家企业通过认定；全年新认定科技型中小企业95家，认定总数305家。区内大专院校、企业及个人新增授权发明专利56件，实用新型专利159件，外观设计专利37件。蓝洁士公司被省知识产权局认定为河北省首批优秀专利品牌产品培育项目单位。京东创客空间work+被认定为首批“省级众创空间”，成为三河市唯一的省级众创空间，获得财政补贴100万元。创业中心累计吸引企业297家，毕业企业30家，在孵企业98家。

工委书记　邱建辉（任至12月）
副书记　白志成
　　　　杨志东
管委会主任　邱建辉（任至12月）
副主任　白志成
　　　　潘进中
　　　　雷大庆
　　　　李维宁

（张飞虎）

河北三河国家农业科技园区

【概况】 河北三河国家农业科技园区位于三河市城区西部8公里处，1999年4月，经河北省科学技术委员会批准成立，为省级农业高新技术园区；2001年9月，被国家科技部批准为国家农业科技园区（试点）；2010年1月，被国家科技部正式批准为国家级农业科技园区；2011年6月，更名为河北三河国家农业科技园区。2015年，地区生产总值88.0844亿元，同比增长12%；农业总产值220.2112亿元，同比增长12%；固定资产投资3.06亿元，同比增长16%。

【项目建设】 2015年，河北三河国家农业科技园区在建项目4个，其中千万元以上项目3个，计划总投资100.45亿元，完成投资2.6亿元；计划开工项目6个，其中亿元以上项目2个，计划总投资6.3亿元。国视国电油用牡丹育苗及研发基地项目由北京国视国电科技有限公司投资建设，占地40亩（2.67公顷），计划总投资2000万元。山清食用菌栽培项目，由三河市山清种植有限公司投资建设，占地61亩（4.07公顷），计划总投资2000万元。中华齐心台湾少数民族文化创业基地项目，由台湾“原住民生存发展协会”、郎亿成国际投资有限公司投资建设，占地8101亩（540.07公顷），计划总投资100亿元，完成投资1.5亿元。京津冀台胞接待中心项目，由朗亿成国际投资有限公司建设，占地100亩（6.67公顷），建筑面积约6万平方米，计划总投资2亿元人民币。药用植物产业技术创新联盟展示中心项目，由北京华枫艺苑农业科技有限公司投资建设，项目占地500亩（33.33公顷），计划总投资2.1亿元。

工委书记　李常辅
副书记　付士安
管委会主任　李常辅
副主任　付士安
徐继连
刘连启

（滕云鹏）

河北三河泃阳经济开发区

【概况】 河北三河泃阳经济开发区位于三河市区西部，紧临市区。2014年3月，三河工业新区更名为河北三河泃阳经济开发区。2015年，河北三河泃阳经济开发区地区生产总值40.76亿元，同比增长8.01%；财政收入2.31亿元，同比增长127.58%；工业产值146.76亿元，同比增长8.68%；工业增加值38.97亿元，同比增长7.99%；固定资产投资31亿元，同比增长18.88%。

【项目建设】 2015年，河北三河泃阳经济开发区在建项目5个，总投资16.32亿元，总占地465.27亩（6.08公顷）。其中，总投资10.16亿元、占地300亩（20公顷）的德系汽车产业园11栋厂房完工。总投资1.53亿元，占地40亩（2.67公顷）的福园机械年产500台硫化机项目，3栋厂房封顶，办公楼进行2层施工。总投资1亿元，占地20亩（1.33公顷）的桂宇星年产30套儿童游艺及水上游乐设施，1000套城市景观设施项目厂房封顶。总投资2.23亿元，占地60亩（4公顷）的海志达年产4000台（套）探伤仪项目，2栋厂房完工。总投资1.4亿元，占地45.27亩（3.02公顷）的久宏机械新型节能石油抽油机、井口工具、钻具项目在制作厂房钢结构和订购设备。签约项目29个，总投资41亿元，总占地1148亩（76.53公顷）。主要包括总投资6.2亿元，占地150亩（10公顷）的浙江国祥制冷工业有限公司与三河铭泰机械制造有限公司合作建设的年产5000台螺杆水源热泵建设项目；总投资5.2亿元，占地160亩（10.67公顷）的三河达达金属加工厂年产200台（套）塔机项目；总投资4.2亿元，占地80亩（5.33公顷）的北京机床电器有限责任公司与三河嘉易成电气设备有限公司合作建设的年产10万台（套）节电设备项目；总投资3.4亿元，占地50亩（3.33公顷）的河北华然机械制造有限公司年产2000台数控滚丝机项目；总投资3.3亿元，占地50亩（3.33公顷）的三河伯利亚机械制造有限公司年产18000台等离子切割机项目等。

【基础设施】 2015年，河北三河泃阳经济开发区集资路北延工程，全长954米，占地32.39亩（21.6公顷），通过竣工验收；建设新园街西延工程，全长700米，占地42亩（2.8

公顷），部分路段完成道路两侧排水管道及灰土铺设；建设青年公寓工程，占地39亩（2.6公顷），用于外来职工集中住宿及企业产品展示、商务洽谈；建设污水处理厂工程，占地47.5亩（3.17公顷），日处理量3万吨，满足区内企业污水处理需求。2项工程完成选址、征地拆迁。招标工园路、贤人西街、新开街、集资路、通用磨坊路等道路铺设总长约10000米的高压电缆的供电配套工程，满足沿线及周边企业用电需求。

工委书记　李德奎
副书记　邓长波
管委会主任　李德奎
副主任　邓长波
　　　　吴忠凯
　　　　马远东

（垢冬梅）

河北三河经济开发区

【概况】　河北三河经济开发区位于三河市东北部，地处京津冀交界，东邻天津市蓟县，北与北京市平谷区接壤。2011年7月，河北省人民政府正式批准成立河北三河经济开发区，机构规格为副处级。辖区面积120平方公里，辖黄土庄、段甲岭镇。2015年，地区生产总值15.09亿元，同比增长17.98%；财政收入1.14亿元，同比增长9.62%；工业产值39.57亿元，同比增长19.01%；工业增加值13.59亿元，同比增长17.97%；固定资产投资11.81亿元，同比增长17.98%。

【环境提升】　年内，河北三河经济开发区投资360万元，实施支线四、五节点绿化工程。西岭矿区卸载站周边、鑫恒发一厂至四厂、支线五入口处凿岩换土，累计种植火炬、河南桧、国槐等乔木7000余株，紫穗槐、黄杨、爬藤月季等灌木1000平方米，总绿化面积30.8亩（2.05公顷）。投资350万元绿化域内主次干路两侧。在段蒋路三、四、五段，及段蒋路卸载站周边种植硫华菊、波斯菊、二月兰等野外花草106亩（7.07公顷）。

【转型发展】　2015年，河北三河经济开发区先后接洽新加坡裕朗国际和北京泛华集团等规划设计单位，科学定位整体区域发展，编制战略规划，推进开发区规划体系与开发区建设融合；参加中国（厦门）国际贸易投洽会、京津冀开发区协同发展圆桌会、河北省环首都绿色经济圈（北京）合作项目对接交流会、中国（深圳）国际高新技术成果交易会、“5·18”洽谈会等高端项目交流会，洽谈项目100余个、储备优质项目40余个；与新加坡陆道集团、新加坡裕廊国际、中国恒大集团、北京泛华集团等国内外知名公司接触，探索在市场条件下政企合作开发共建开发区模式。

工委书记　王志民
副书记　刘伯涛
管委会主任　王志民
副主任　刘伯涛
　　　　张建利
　　　　高　雷

（张　迪）

大厂回族自治县工业园区

【概况】　大厂回族自治县工业园区辖区面积41.18平方公里，人口34426人，入园企业58家，辖夏垫、北太平庄、兴隆庄、东庄、芮屯、毛场、王果子庄、赵沟子、苇子庄、韩家府、南王庄、土营、褚各庄、陈辛庄、南寺头、马坊、祁屯、二里半、潘各庄、北坞一村、北坞二村、北坞三村、北坞四村、东小屯、北贾各庄、北王庄、大棋盘、小棋盘、小定福、永太辛庄30个行政村。生产总值49.5亿元，财政收入9.86亿元，工业产值96.3亿元，工业增加值15.15亿元，工业销售收入94.21亿元，出口额6287万美元，固定资产投资额47.2亿元，实际利用外资924万美元，实际引进内资43.35亿元，新增项目17个。

【基础设施】 10月底，鲍丘河污水截流工程及提升泵站工程完成铁路穿越施工，安装调试提升泵站设备。污水管网基本完工，工业园区供水管网改造工程造价评审后进行招投标，改造提升新业路东通、双赵路、首创大街和李大线中段车行道、人行道、污排、雨排、自来水、路灯、绿化。截至年底，全部完成新业路东通全路段铺油和硬化，以及双赵路、首创大街和李大线施工。

【管理和服务】 2015年，大厂回族自治县工业园区成立行政中心、招商中心、企业服务中心、环境管理中心。完善《重点企业服务专员制度》，53家重点企业纳入专人服务范围。园区累计洽谈项目40余个，储备项目60余个，签约总投资40亿元的欧盟总部基地项目。

工委书记　吴成杰（4月任）
副书记　刘浩洋
管委会主任　空缺
副主任　刘浩洋
　　　　李宝玉
　　　　陈朝晖

（杨景贵）

河北大厂潮白河经济开发区

【概况】 河北大厂潮白河经济开发区辖区面积69.7平方公里，东至大厂镇，南至香河县，西至潮白河，北至夏垫镇。辖田各庄、大小辛、辛杜、谭台、窝坨、八百户、窄坡、谢疃、大东关、小东关、西关、洼子、毛庄、祁各庄、半边店、陈家府、宋各庄、冯兰庄、亮甲台、定福庄、大仁庄、邵府、牛万屯、太平庄、南贾各庄、尚各庄、双臼、岗子屯28个行政村，人口33122人。2015年，入驻企业27家，财政收入15.8亿元，工业产值33.9亿元，工业增加值7.65亿元，工业销售收入36.2亿元，出口额5644万美元，固定资产投资额67.99亿元，实际引进内资13.9亿元，实际引进外资163万美元。

【项目建设】 2015年，河北大厂潮白河经济开发区落户项目24个，入区项目累计128个，总投资165.19亿元。其中，中集空港设备项目被列为2015年省重点建设项目，央视传媒高科技拍摄及制作工场、景隆重工、森德暖通等6个项目被列为市重点项目。

【基础设施】 2015年，河北大厂潮白河经济开发区实施迎宾大道、中轴路、滨河大道、观潮路、潮白河左堤路、近水路等10多项道路建设工程，修建24.54公里；公共环境服务中心、幸福学校等设施投入使用；挖掘湿地、水景资源，打造开发区特色景观，植树造林354.9公顷。建设改造潮白新城中央公园、一分干渠清淤及景观、书画院湿地公园、花田湿地公园等工程。

【惠民服务】 2015年，潮白馨居全部交房回迁；实施亮甲台村农村面貌U型路沿线景观工程、村西口休闲公园工程、启动改造门牌楼、天然气、墙体等工程；开展涉及网络创业、会计、计算机、电气焊、电工、叉车驾驶等技能培训，320名受训人员获得从业资格证书，就业率60%以上；与河北银行、沧州银行等商业银行对接，借助县中小企业融资平台帮助企业融资。年内召开企业融资会12次，调研走访企业60家，17家企业达成融资意向。

工委书记　高连立
副书记　赵春生
　　　　孙继国（兼）
主　任　高连立
副主任　赵春生
　　　　葛福辉
　　　　刘伯岩（兼）
　　　　王　伟（兼）
　　　　邓　力（聘）

（张　弛）

河北香河经济技术开发区

【概况】 2015年，河北香河经济技术开发区开发用地面积12.7平方公里，规划面积21.6平方公里。辖区人口3.8万人，企业156家，其中三资企业42家（包括区内注册区外经营企业）。财政收入3.3018亿元，同比增长20%；固定资产21.87亿元，同比增长25%；规模以上企业工业总产值26.6亿元，同比增长24.9%。年内引进总部经济、网络科技、现代物流、装备制造、新型材料等项目，总投资超百亿元，其中单体超10亿元的智能机器人产业港、飞驰变压器、信基酒店等项目陆续落户河北香河经济技术开发区。

【投资环境】 2015年，河北香河经济技术开发区基础设施投入近7亿元，重点建设文化艺术中心、便民服务中心，完善工业区路网建设及给排水工程。铺设污水管网、燃气管道，实施电力迁改，建设标识性强、特色明显的运河景观大道；建设文化艺术中心，更换完成运河大道绿化工程及路沿石。园区5号路竣工通车，沿路绿化亮化。工业区污水处理厂主体和设备安装，铺设污水厂与泵站连接管线。

【项目建设】 2015年，河北香河经济技术开发区东部定位为高新技术产业为主体的工业区，重点推进签约项目落地、在建项目投产、投产项目达效、低效项目转型。严格项目准入标准，注重引进投资规模大、科技含量高、资源消耗低、环境污染小的项目，以商招商，打造高端产业集群，否决不符合主导产业、发展理念和工艺控制指标要求的项目。推进机器人产业港一期二期、京东物流园、信基酒店博览中心、凯华齿轮二期等重点项目；对接帮扶天易幕墙、凯华齿轮、天音乐器、建安特特种设备等重点企业，推出科技含量高、拥有自主知识产权的新技术和新产品。提升项目品质，鼓励飞驰变压器、萨克森、河北星耀等科技含量高的企业创新技术投入。年内，开发区项目建设总数为32个，其中工业项目29个，房地产项目3个。工业项目中在建及结转项目6个，新引进项目23个。

工委书记　焦国强
副书记　高宏伟
　　　　张宝智
　　　　刘秀平
　　　　张金武
管委会主任　焦国强
常务副主任　高宏伟
副主任　佟明顺
　　　　王治军

（靳雪丽）

河北香河新兴产业示范区

【概况】 河北香河新兴产业示范区位于香河县北部，于2013年11月由香河现代产业园更名为河北香河新兴产业示范区，是年，该示范区被列入廊坊市着力打造的11个精品园区之一。示范区规划范围东与天津宝坻区交界，南至京哈高速公路，西与北京通州区交界，北与三河市交界，规划总面积49平方公里，涉及蒋辛屯镇、钱旺镇、渠口镇、示范区4个镇区的25个村街，即双营、大荒庄、前骆驼港、小朱庄、后建各庄、小尹庄、北四百户、闻庄、大窑上、杨簸箕庄、河北吴村、东马家窝、西马家窝、富各庄、土堡子、躲各庄、韩庄、窦庄、固庄、石虎辛庄、卸甲庄、黄沙务、蔡庄、谭家务、阎胡套。规划区人口23987人。起步区面积4.5平方公里。2015年，财政收入31702万元，同比增加15.2%；企业固定资产投资20.88亿元，同比增长22.18 %；工业产值48.66亿元，同比增长16.13%。全年引进总部经济企业17家，累计引进总部经济企业21家。

【基础设施】 2015年，河北香河新兴产业示范区完善建设道路、供电、供水、雨水排放、污水排放，天然气、网络、通讯、有线电视专业配套基础设施，示范区土地平整的高标准投资平台覆盖面积4.5平方公里。基础设施建设投资5.28亿元，道路、雨污水管网及步道9.8公里；铺设给水管网18公里、燃气管道20公里、独立污水管网9.5公里。

【项目建设】 2015年，河北香河新兴产业示范区在北京中海广场设立招商中心，派驻招商人员，招商重点集中在北京外迁技术型企业及500强、国企央企项目。对接京津周边地区及行业协会，通过以商招商、协会招商、网络招商拓展招商渠道，新签约项目5个，其中10亿元以上项目4个，亿元以上项目1个，重点在谈项目26个。完成香河第一城酒业有限公司投资的牛栏山酒厂香河生产基地二期建设项目主体施工，全年纳税4.5亿元。富力总部信息港项目投资80亿元，竣工及在建配套生活区212万平方米，全年纳税3.4亿元。安旭专用汽车项目全年实现销售收入1.2亿元，年纳税300万元。

副书记 凌少金（7月至12月）
曹国藩
冯　勇
焦玉明
王诗维（任至5月）
管委会主任 许胜永
副主任 曹国藩
冯　勇

（王　然）

河北香河环保产业园区

【概况】 河北香河环保产业园区位于香河县城南侧，毗邻香河县家具城。辖15个村街，分别是小店子、前彭家务、后彭家务、南王庄子、南刘庄子、黄院、前景亭、中景亭、后景亭、孙庄子、铁佛堂、石辛庄、庞营、东延寺、李辛庄。2015年辖区人口11613人，行政区面积19.2平方公里，规划面积41.9平方公里；农村人均纯收入12715元；全年财政收入5100万元，同比增长15.9%；全社会固定资产投资累计完成22.5亿元，同比增长36.9%；工业总产值50.02亿元，同比增长32.3%；规模以上工业企业产值5亿元，同比增长21%；全年完成基础设施投入3.1亿元，占全年任务的107%。

【基础设施】 2015年，园区污水处理厂、总部服务中心完工并投入使用。建设污水管网一期工程。施工园区绿化升级改造、燃气及热力管网一期工程、起步区10KV供电线路工程、环保大厦工程、燃气门站工程等重点基础设施。

【项目建设】 年内，园区参加“5·18”中国·廊坊国际经济贸易洽谈会，在省会签约项目1个，即原子高科项目，市会签约项目2个，即中粮可口可乐生产和航天玄武岩项目。利用会中会形式签约项目3个，即中信国安物联网项目、意中合作项目、日中合作项目。分别与中粮可口可乐、原子能科技集团正式签约，8月21日，在园区举行中粮可口可乐华北饮料生产项目奠基仪式。2月13日，弘维国际项目举行奠基仪式。

【美化环境】 2015年，投资3500万元，对南刘庄、后彭务、前彭务、王庄子等重点村街实施建设“美丽乡村”。先后重修道路7条，桥梁1座。新建刘庄子村委会700平方米，文化礼堂500平方米，粉刷特色文化墙4000平方米。拆除违建60余处。整治环境卫生，成立15支村街保洁队，有村街保洁员70余名。修建标准垃圾池110个，配备垃圾桶350个，垃圾清运车6辆，洒水车2车。成立园区保洁队1支，专业保洁员15名，统一配发工装、垃圾收集车及清扫器械，保持辖区各村街、公路两侧、沿河两岸等重点位置环境卫生。发放《大气污染防治法简明读本》《公开信》等宣传资料2000余份，张贴标语50余条，组织文化巡演5次。停业整改60余家燃煤锅炉企业，推广使用清洁锅炉830台，清洁燃煤1500吨；与271家企业签订“企业停工承诺书”，苫盖露天渣土20万平方米。

工委书记 王东生（任至5月）
张显民（6月任）
副书记 李 月（任至6月）
李树国
许向荣（挂职，任至6月）
李文建（7月任）
管委会主任 王东生（任至5月）
张显民（6月任）
副主任 李 月（任至6月）
李文建（7月任）
刘继承

（庄英艳）

香河县农业高新技术园区

香河县农业高新技术园区位于香河县中西部，双安路北侧，涉及钳屯、五百户、安头屯3个乡镇的20个行政村，总体规划面积1333.3公顷，核心区333.3公顷，示范区1000公顷。1997年9月，园区被河北省科委列入省农业高新技术园区建设规划，1998年10月挂牌成立，2002年4月，被河北省科技厅批准为省级农业高新技术园区。2015年，建成潮白河畔现代农业示范园，占地133.3公顷，具备果蔬种植、林下生态养殖、旅游观光、采摘、体验、垂钓、餐饮、住宿等功能。年内栽植大樱桃、苹果、桃、葡萄、树莓、香果等优质果品100公顷，园区内建有荷香缘、新果园、宝川、建海、建东、潮香苑、得意等生态园。左岸农业东方古葡萄庄园项目，位于安头镇东大清庄务村南侧，占地66.7公顷，集葡萄种植、酿酒、休闲娱乐、生态旅游、度假功能于一体。园内葡萄苗木由河北宣化（被列为世界非物质文件遗产的著名牛奶葡萄之乡）引进，是中国古老的优质葡萄品种之一，采取传统的漏斗架方式栽培。年内优化景区环境，提升万亩藕荷种植基地景观建设，获得省级湿地公园称号，并成功争列国家级湿地公园试点。泽普农业发展有限公司和潮白码头获国家AAA级旅游景区称号。

工委书记　张年台
副书记　杨振亮
　　　　安国亮（兼）
管委会主任　闫再东
副主任　杨振亮
　　　　安国亮（兼）
　　　　薛福艳
　　　　田建鑫

（张伯刚）

河北永清工业园区

【概况】 河北永清工业园区驻地东壮村，位于永清县城东2.5公里处。辖王佃庄、台子庄、大良村、小良村、东壮、小董家务、尚庄子、曹庄、大仲和、小仲和、东八里庄、刘家务、郭家务、东桑园、小堤、南胡其营、谭其营17个行政村。辖区面积27.8平方公里，耕地面积1002.47公顷，总人口12236人。2015年，地区生产总值58.98亿元，同比增长5.2%；财政收入2.1亿元，同比持平；工业产值150亿元，同比增长17.19%；工业增加值43.3亿元，同比下降1.81%；工业销售收入165.1亿元，同比增长1.16%；出口总额9310.4万美元，同比增长117.23%；固定资产投资23.02亿元，同比下降5.27%，实际利用外资5304万美元，同比增长183.76%；实际引进内资82亿元，同比增长1.49%。截至年底，入园企业106家。

【项目建设】 2015年，河北永清工业园区签约项目16个，总投资73.85亿元，其中超亿元项目9个，超十亿元项目2个（万科电商仓储配送项目、房车组装项目）。德基集团于5月在香港上市，二期研发楼项目在办理招投标手续，完成喷漆改造项目；格洛斯节能设备有限公司在上海Q版上市；高科技成果孵化基地、国家无线电公共技术服务平台等重点项目顺利推进；河北南玻900吨/天生产线升级改造项目安装设备；嘉宝莉二期项目主体工程完工；古松项目进行试生产；河北华兴玻璃有限公司的10万吨/年生产线完成环保验收，完成二期项目环评和备案手续。

【基础设施】 2015年，河北永清工业园区在北区扩区的基础上重新规划修编，总规基本完成，控规和详规制定中。污水处理厂通过环保验收，铺设3公里污水管网；新增绿化面积2456亩（约163.73公顷）；12个村街通过环境治理验收，清理杂物27301立方米，拆除残垣断壁和路障124处，清理垃圾15107立方米，887户居民自行清理庭院。17个村街全部建成文化活动室。硬化7个村街活动场地，配备文体器材。

工委书记　王春风
副书记　徐　林
管委会主任　王春风
常务副主任　徐　林
副主任　尹绍洪
　　　　武双营

（卢　凯）

永清经济开发区

【概况】 永清经济开发区位于京台高速永清出口处。该区规划面积38.29平方公里，其中，起步区面积7.59平方公里，已建成4.6平方公里。辖双营、大麻子庄、小麻子庄、李黄庄、韩庄、菜园6个行政村。辖区人口

6328人。2015年，地区生产总值18亿元，同比增长23.46%；财政收入4344.7万元，同比增长8.62%；工业产值46.5亿元，同比增长69.96%；实际引进内资13亿元，同比持平；固定资产投资20亿元，同比增长9.11%。全年签约项目4个，总投资1300亿元，其中，亿元以上项目3个。

【基础设施】 建成新城污水处理厂、供水厂并投入使用，新增绿化面积100公顷，完成改造整修纬八路雨水泵站工程和主路网整体路灯工程，完成10千伏高压入地基础施工。新新天地社区一期入住222户，完工二期6栋住宅楼及商业、医疗、村民活动中心等配套设施主体工程，进行三期8栋住宅楼及新新家园主体施工。

【北京亦庄·永清高新区】 5月29日，河北省人民政府下发《关于同意设立省级北京亦庄·永清高新技术产业开发区的批复》，正式批复园区为省级高新区。永清经济开发区配合高新区为入区项目办理前期各项手续，加快土地整理进度，推进项目开工建设。北京亦庄·永清高新区90平方公里总规、30平方公里控规及产业规划完成初稿，正式签约27个亿元以上项目，落实项目用地指标1160亩（约77.33公顷），7个项目土地正式摘牌。开工建设首批项目2个，筛选储备100个项目，总投资约200亿元。

【永清国际服装城】 2015年，永清经济开发区组建国际服装城筹建委员会，北京市西城区及金融街、平安银行选派15名工作人员到永清开展合署办公。分别与平安银行、金融街集团和浙商、银泰集团、北京北展指挥部、大红门疏解办签订合作发展框架协议。基本完成总体规划编制。全年新开工建设服装企业20家，投产企业3家。占地2000亩（133.33公顷），主要承接北京鞋业批发和布料辅料市场的鑫海宏都鞋城一期进入内部装修阶段。永清国际商贸中心项目清理土地700余亩（46.67公顷），举行一期工程奠基仪式。

工委书记	杨华彬
工委副书记	崔会民
管委会主任	杨华彬
管委会副主任	崔会民
	马文季
	贾永健

（梁建涛）

河北固安工业区

【概况】 2015年，河北固安工业区辖26个行政村、3个居委会，固定人口3.5万人，流动人口5万人。地区生产总值159.3亿元，同比增长25%；实现财政收入32.6万元，同比增长53.1%，占全年任务137.6%；完成固定资产投资128.3亿元，同比增长23.6%；实现工业总产值200.6亿元，同比增长32.1%；完成出口额8580万美元，同比增长24.5%；实际利用外资358万美元，同比增长94.6%。

【项目建设】 2015年，河北固安工业区签约项目28个，总投资83亿元。其中，15亿元项目1个，10亿元项目4个，1亿元以上项目23个。新开工项目11个，总投资31.5亿元。其中，10亿元项目1个，5亿元项目2个，1亿元以上项目8个。全县完成申报认定科技型中小企业155家（工业区41家），科技小巨人企业12家，申报高新技术企业6家；完成2015年度省级科技创新基金项目申报3家；完成2016年度省级科技创新基金项目申报5家；申报建设市级“众创空间”1个。清华大学重大科技项目（固安）中试基地被河北省科技厅认定为省级科技企业孵化器，清华大学重大科技项目（固安）中试基地与固安卫星导航产业港被市科技局认定为市级科技企业孵化器。

【基础设施建设】 2015年，河北固安工业区投资37.8亿元，实施25项重点工程。其中，幸福港湾、幸福广场竣工开业，南区（南水北调）水厂、北区（北五里）燃气供热站工程竣工，9条20.3千米的园区道路竣工通车，8条7.1万平方米的道路景观绿化。启动大孙郭、小孙郭、西礼、丁百户、东辛村、梁庄、挠耳营、南孝城、兴旺庄、辛营10个重点村街的15件惠民实事。整治环境卫生。硬化村内道路及村街连接线6.5万平方米，完成村庄及环村林绿化296公顷，铺设自来水管网40454米，铺设弱电管线管网2000米，厕所改造637座，安装路灯398盏，完成10个村街的文化广场建设。东相官庄回迁楼竣工回迁；辛立村10栋回迁楼主体封顶，3栋楼基础施工；北五里10栋回迁楼主体封顶，二次结构施工；完成西玉村拆迁，5栋回迁楼主体施工；确定刘园、柏村动拆方案。

【完善服务体系】 年内，固安工业园区开展“合作共赢”“人才招聘”“银企对接”“农民技能培训”4项主题活动。与廊坊福朋酒店等24家综合服务类企业签订“合作共赢”协议，实现发展二、三产业良性互补；举办春秋两季人才招聘会，用工企业提供工作岗位6750个；企业招聘各类人才12850名；搭建入区企业与银行等金融机构交流合作平台，解决入区企业资金需求。举办三期“农民技能培训班”，为300名农民培训电工、焊工、保洁等专业技能，256名学员就业。固安工业区获廊坊市“百万农民大培训”优秀培训基地称号。建立完善的人力资源保障体系。与廊坊职业技术学院、廊坊电子信息工程学校、内蒙古赤峰农牧职业技术学校、廊坊技师学院、保定市阜平县就业局等建立合作关系，为企业培养、引进各类高端人才3250名。与三浦威特园区发展建设有限公司建立入区企业跟踪服务中心，设立固定服务接待日、服务热线，全程为企业办理所需各种行政审批的手续，免费为企业提供金融中介、“一站式”服务。

【安全管理】 2015年，固安工业区实行安全生产“网格化管理”机制，监管企业和建筑工地，维护辖区安全生产。有效监管辖区260家食品生产经营单位和131家企业食堂，消除食品安全隐患38起。培训全区各类餐饮单位负责人及从业人员食品安全知识，增强从业人员的自律意识。深入企业宣传《中华人民共和国食品安全法》，食品生产经营单位负责人签订食品安全责任书、承诺书322份。26个村街和9个社区设立食品安全协管员38名。

组　长　白光明
副组长　姜　浩
　　　　张春梅
　　　　杨　勋
　　　　王　强
　　　　曹广志
　　　　张少华
　　　　纪广辉
　　　　段军政
　　　　支兴辉
　　　　侯　伟

（常　永）

固安温泉休闲商务产业园区

【概况】 固安温泉休闲商务产业园区位于固安县南部，辖区范围北至牛驼镇，南至霸州市，西至固马公路，东至永清县，辖区面积50平方公里，辖22个行政村，人口3万余人。2015年，财政收入2928万元；地区生产总值4.47亿元，同比增长12.29%；工业产值22.22亿元，同比增长13.43%；工业增加值3.74亿元，同比增长9.23%；固定资产投资36亿元，同比增长12.5%。

【项目建设】 2015年，园区签约农业旅游观光示范区、温泉康复中心、温泉养老设施、生态旅游小镇、臻福园养老基地等项目9个，总投资189亿元；开工建设国家法官教育学院河北分院、国防大学培训中心、国世通空港温泉新新小镇二期等5个项目，总投资24.4亿元；省建投农业科技产业园、新奥太阳能光伏示范基地、华夏极品酒店等在建项目进展顺利，其中省建投农业科技产业园建国温泉酒店试营业。

【基础设施】 2015年，拓展融资渠道，加快建设园区重点基础设施工程，其中总投资3500万元的农庄直通路南延段建成投入使用。启动建设规划7路及大广高速、106国道和大广高速引线为主干道的园区路网，及水、电、气、讯等配套设施。改善农村环境。委托北京汉通建筑规划设计顾问有限公司编制村庄规划；硬化道路84080平方米，涉及辛庄户、王龙、尚各庄、柳林社南村、柳林社北村等11个村街；安装太阳能路灯110盏；翻修南赵各庄桥、纪家营桥两座危桥；改造双瓮式厕所1120座；修建下沉式垃圾池15座；架设10KV线路6500米。

【改善民生】 年内投入3900余万元改善办学条件，美化校园环境，购置教学设备。其中投资3500万元，建成总建筑面积10000平方米的林城中心幼儿园并投入使用；投资260万元，启动建设南赵各庄小学教学楼工程；投资60万元，美化、硬化、绿化各小学校区；投资80余万元，为各小学更新和增添教学设备。发放65户低保户低保金38万余元，改造危房21户，发放“大病医疗救助”金30余万元，为辖区内19名HIV患者和“两参”人员（参加过为抵御外来侵略、完成祖国统一、捍卫国家领土和主权完整、保卫国家安全而进行武力打击和抗击敌方的军事行动的军人，参加过核试验的和参加保障任务的人员）发放生活救助款9万余元，临时救助4户因灾造成房屋坍塌的家庭。

【综合治理】 2015年，重视安全生产重点排查80家工业企业，发现整改安全隐患41处；购置搜爆仪1台，专项排查辖区内重点村街烟花爆竹，未发现非法生产、储存窝点；配合县安监局执法大队排查林城新民居、新奥太阳能、华夏极品酒店、省建投农业园等项目建筑工地，发现安全隐患25处，均下达《限期整改指令书》；在辖区所有坑塘设立警示标志，防止发生溺水事故。专项排查林城中心学校等重点区域安全用电。落实食品药品安全监管，重点整治食品生产环节、流通环节、消费环节，未发生食品药品安全事故。成立温泉园区秸秆、落叶及垃圾禁烧工作领导小组，抽调综合执法、派出所、环保所等骨干10人组成巡查组，24小时不间断拉网式巡查，查处焚烧。化解各类信访矛盾隐患45起，办结市县督办信访案件8件，结案率100%。

工委书记　李建春

副　书　记　马雪峰（任至5月）

姜　波（5月任）
管委会主任　李建春
副　主　任　姜　波（5月任）

（吴建辉）

固安新兴产业示范区

【概况】 固安新兴产业示范区于2011年7月经河北省人民政府批准成立。2013年5月，完成区域划定。园区规划面积58.7平方公里，起步区规划面积25.7平方公里，总人口2.23万人，入区企业100家，辖32个行政村。2015年，固安新兴产业示范区地区生产总值39.8亿元，财政收入5.5亿元，固定资产投资48亿元，固安新兴产业示范区工业总产值47亿元。

【项目建设】 2015年，固安新兴产业示范区签约项目32个，项目总投资192.3亿元，其中10亿元以上项目3个，50亿元以上项目1个。年内，开工项目18个，项目总投资42.3亿元，其中，10亿元以上项目1个。争列省重点项目1个，市重点项目2个。航天11院无人机项目、航天211厂发动机及增压输送系统制造基地项目，以及航天702所航天强度、环境和可靠性试验中心项目等一批技含量高、市场空间大、研发能力强的龙头企业签约落户。京东商城华北订单处理中心、航天振邦三期、鼎材电子信息产品研发及生产项目一期等高端项目建成。

【基础设施】 2015年，固安新兴产业示范区累计投资基础设施6亿元，实施滨河大道、创新道、规划三路等7条主干路建设，建成科技大道绿化、硅谷道绿化和大广高速出口西侧护坡及景观，推进北区供水厂、污水厂、航天产业园35KVA变电站、幸福医院、东徐小学等重点基础设施建设。北区供水厂、航天产业园35KVA变电站基本完工。

【村街环境】 2015年，固安新兴产业示范区清理各类垃圾8万立方米，清理乱堆乱放杂物50余处，清除墙面标语广告320余处、户外广告180余处。村街绿化3430亩（228.67公顷），绿化街道94条；硬化道路44条，总长32.52公里；建设村街文化广场1个，占地3000平方米，修建景观墙380延米，安装路灯610盏，厕所改造1968户。园区累计植树造林434.8公顷（春季绿化造林251.47公顷，秋冬季绿化造林83.33公顷），其中村庄绿化造林126.67公顷，建设村村通生态基地84.67公顷，环首都边界绿化17.33公顷，绿化园区闲置土地206.13公顷。

【社会事业】 2015年，固安新兴产业示范区办理低保户17户；困难农户危房翻新10户，危房修缮1户。新型农村合作医疗参合率100%，城乡居民养老保险参保人数13456人，发放社保卡13298张，办理困难职工养老保险补贴15人，救助因患癌症、脑出血等大病返贫困难户3户。

工委书记　贾　川
副　书　记　牛国强
管委会主任　贾　川
常务副主任　牛国强

（宋星建）

固安空港产业园区

固安空港产业园区成立于2011年3月，是年7月，核心区被省人民政府批准为省级园区。辖区范围东至东太平庄，南至西小屯、东小屯，西至廊涿高速公路，北至廊涿公路，核心区涉及知子营工委17个村，总人口9841人。起步区1.845平方公里。2015年，园区签约项目6个，环天航空固安通用航空总部基地项目、佰仕通新地电商加工物流园项目、机供品航空城建设项目3个重点项目在谈。园区依托首都新机场，重点建设集海关联检、空港物流、国际物流于一体中国北方现代化国际陆港和物流基地。中糖（固安）国际物流园项目由北京中糖物流有限公司开发建设，计划投资6亿元，规划占地13.33公顷，总建筑面积13.32万平方米。高端现代物流服务综合体项目由中国华宸资本有限公司开发建设，计划投资40亿元，规划占地66.67公顷，总建筑面积64万平方米。固安国际航空产业物流项目由中航国际物流（天津）有限公司开发建设，计划投资13.5亿元，规划占地450亩（30公顷），总建筑面积17万平方米。通博国际临空物流基地项目由固安县克莱迪农机科技发展有限公司投资建设，计划投资61亿元，规划占地133.33公顷。

主　　任　李　硕
常务副主任　李　辉
副　主　任　支建辉

（周明爽）

河北固安大清河产业园区

河北固安大清河经济开发区位于固安县西部，东至宫苏路及延长线，南与高碑店接壤，西侧与涿州相邻，北至固涿路（371省道），总体规划面积56.6平方公里（其中，省政府批复的规划面积为5.31平方公里）。廊涿高速东湾连接线拓宽工程全长3.42千米，投资5683.8万元路面铺设沥青。由百川燃气销售有限公司投资兴建，总投资约8000万元，园区供气站日供气量40万立方米。全年招商引资项目10个，总投资78.7亿元。签约项目分别为创喜（固安）生物医药有限公司生产保健品项目、航天精密机械制造项目、快速消费品研发生产项目、生物制剂研发生产项目、北京印刷学院固安分校区、固安电子商务图书仓储基地项目、中关村国家自主创新示范区固安高新技术产业园、机械零部件装备项目、农副产品及食品深加工生产项目、中央厨房及餐饮机械生产研发项目。争列省重点2个，分别为润滑系统生产项目、3D—LED外延片及芯片产业化项目。市重点4个，分别为固安电子商务图书仓储基地项目、年产6000台热收缩包装设备项目、年产4万台光伏逆变器项目、年产6000台高端电能质量控制设备项目。

筹建办主任　于洪武
常务副主任　韩西岭
副　主　任　乔玉才

（彭瑞娇）

河北霸州经济开发区

【概况】　2015年，河北霸州经济开发区行政区划面积为47平方公里，所辖村街范围调整为24个，包括叶庄村、赵家务一村、赵家务二村、赵家务三村、李庄村、南岸村、堤角村、武庄村、辛庄村、西陶家务村、东陶家务村、任水村、郭家务村、大柏林庄村、临津南村、临津北村、西高庄村、东高庄村、西郑各庄村、东郑各庄村、姚庄村、秦楼村、杜庄村、南燕家务村。辖区人口26713人。财政收入49829万元，同比增长72%；国内生产总值149亿元；工业总产值330亿元；固定资产投资111亿元；出口额12050万美元。

【项目建设】 2015年，河北霸州经济开发区运作项目33个，项目投资总额769亿元。续建项目10个，包括河北乾瑞机械制造有限责任公司投资兴建的年产100万米智能型节能带式输送机项目，霸州市大正不锈钢材料有限公司投资兴建的年产6万吨航空过滤器基材生产基地项目，廊坊市海宝家具有限公司投资兴建的霸州市海宝科技项目，霸州市新源照明电子有限公司兴建的年产1.9亿只LED发光二极管项目，霸州孔雀城房地产开发有限公司兴建的霸州孔雀城喜园、梁园、麟园项目，霸州市汇通公交客运兴建的市内公交车站综合项目，霸州市京龙工贸有限公司兴建的八方达培训中心等续建项目。新开工项目11个，计划开工项目8个。其中，总投资10亿元的加州原野总部干果加工项目，总投资16.4亿元的河北思科德低温设备有限公司低温液体储运设备制造项目，总投资1.4亿元的北京兆丰科源公司航天航空零部件生产项目，总投资3.4亿元的智能测控装备产业港项目，总投资1.7亿元的霸州市志盈机电年产5万套数控机床零部件项目，总投资11亿元的北京华锻机床有限公司机床整机生产项目，总投资5亿元的廊坊市鑫佳机电有限公司智能机械零部件生产项目，总投资10亿元的北京通达新明国际贸易有限公司塑料成型机床生产项目，总投资5.2亿元的河北天瑞流体科技有限公司螺旋泵恒压研发生产等项目进场施工。总投资10.05亿元的北京牛氏运昌食品有限公司休闲食品加工项目，总投资5亿元的北京嘉和鹏润食品有限公司食品加工项目，总投资10亿元的海底捞食品餐饮管理公司火锅产品生产项目，总投资10.1亿元的中公高科（霸州）养护科技产业项目，总投资2亿元的霸州市世德展览工程等项目完成前期手续办理，即将开工建设。总投资15亿元的北京稻香村项目，总投资15亿元的呷哺呷哺食品加工生产项目，总投资20亿元的北方车辆新能源客车、房车项目，总投资30亿元的新兴重工华北“安全城”项目，总投资70亿元的北京有研半导体单晶硅生产项目，总投资20亿元的航天科技九厂精密仪器生产等项目洽谈取得实质性进展。

【基础设施】 2015年，河北霸州经济开发区基础设施建设21项，总投资12.09亿元。编制90.58平方公里的开发区总体规划，待市域规划修编完成后报批。迎宾西道工程、泰山路南伸北段工程竣工；珠江道、西环路西半幅改造、龙江道景观提升、西环路北延等多条道路及景观提升工程均按计划推进。龙江道排水工程和112国道南固霸排水渠排水提升泵站配套工程完工。霸州开发区第一污水处理厂进行设备调试。开工建设霸州规划馆、高铁站前广场、霸州市第十九中学。春秋季植树面积3295亩（约219.67公顷），其中包括村街道路、环村林和林地绿化在内的村庄绿化300亩（20公顷），规模化造林2425亩（161.67公顷），林果苗木基地570亩（38公顷）。

【创新发展】 2015年，河北霸州经济开发区与华夏集团合作，其园区规划、产业发展、项目的招引规划及审核、基础设施建设和后期管理形成责权清晰、分工明确的合作开发模式。推进建设由华夏集团承建的路网、排水管网等基础设施。基础设施建设社会投资项目17项（华夏投资16项），投资11.27亿元，政府投资4项，投资0.82亿元。社会投资项目占比80.9%，社会投资额占比93.2%。

【社会事业】 2015年，达利园食品、茗汤温泉、玫瑰庄园等10家重点企业提供岗位1800多个，涵盖机械制造与加工、酒店服务、食品、财会等30多个行业，达成就业意向500多人。完善社会保障体系。建立完善城乡低保、五保供养、灾害救助、临时救助、医疗救助5种保障服务。教育投入1570多万元，其中19中学投入1170万元，学校新建工程主体完工；投资280万元，改造建设赵务小学和李庄小学；投资120万元为区内中小学购置电脑119台、图书8700多册。

工委书记 吴全通

管委会主任 吴全通

（焦 艳）

河北霸州津霸经济开发区

【概况】 河北霸州津霸经济开发区是河北省人民政府批准成立的省级开发区，位于霸州市东部，三面与天津市地壤相连，嵌入天津市域，距天津市区25公里，距天津港60公里，距天津机场35公里，距北京市区90公里，全境贯穿津保高速公路，设有津西第一出口，毗邻京沪高速公路、津保高速铁路。总面积10.7平方公里，远景规划面积34.2平方公里，建成区面积4.19平方公里。2015年，河北霸州津霸经济开发区建成区基础设施累计投入4.5亿元，起步区基本达到“九通一平”标准。区内建成两横五纵路网体系；建有35KV和220KV变电站各1座，架设双辅高压线路40公里，110KV变电站完成建设。燃气入区工程具备供气能力。通讯及宽带互联网服务实现一区双网（河北、天津），建成一小型水厂，日供水能力为2500吨。在建日处理2万吨的污水处理厂。主营业务收入169.7亿元，地区生产总值34.16亿元，财政收入3.35亿元，固定资产投资完成34.72亿元，进出口总额11004万美元。全年运作亿元以上项目23个，总投资245.09亿元。其中在建亿元以上项目7个，总投资94.56亿元；计划开工亿元以上项目3个，总投资27亿元；谋划项目13个，总投资123.53亿元。霸州市胜威包装制品有限公司轻量化循环型铝质食品包装制品项目列入2015年河北省100项重点续建项目，1个项目列入2015年廊坊市重点项目。国家电网公司、台湾顶新国际集团、福兴彩印、胜威包装等83家企业入驻。

工委书记 王立华

管委会主任 王立华

（李 鑫）

河北霸州胜芳经济开发区

【概况】 河北霸州胜芳经济开发区范围北至霸扬公路，南至中亭河，西至胜芳镇东环路，东至小庙干渠。规划用地面积31.21平方公里，其中规划建设用地面积18.15平方公里。2015年，胜芳开发区有各类企业210余家，其中规模以上企业37家。主营业务收入414.78亿元，同比增长20.27%；工业总产值448.78亿元，同比增长20.8%；进出口总额71406万美元，同比增长22.46%；固定资产投资32.1亿元，同比增长19.84%；税收9亿余元。推进“一站式”服务，帮助8家企业办理立项、土地预审、选址意见，及环评批复、建设工程规划许可证和河北霸州胜芳经济开发区建设工程施工许可证等前期手续。与金融机构联系2次。帮助友邦家具、永兴汽配争取技改资金160万元；为廊坊云途科技有限公司等企业推荐人才26人；帮助三强家具、嘉荣金属等12

家企业调整土地规划；帮助旭祥货架、宏江家具办理前期手续。建设“全国金属玻璃家具知名品牌创建示范区”，完成创建工作实施方案、筹建规划报告申请表，向质检总局上报筹建规划报告申请表。“中国金属玻璃家具出口转型升级基地”完成申请报告和实施方案，促成霸州市人民政府与中国轻工工艺进出口商会共建，并举行揭牌仪式，申报材料上报国家商务部。争取创建国家级“出口家具质量安全示范区”，7月22日，霸州市召开国家级“出口家具质量安全示范区”建设创建工作动员会，制定《关于出口家具质量安全示范区创建的实施意见》，签订合作备忘录。

【项目建设】 2015年，河北霸州胜芳经济开发区开工项目10个，总投资51.86亿元。续建项目6个，总投资60.79亿元。计划开工项目5个，预计投资56.19亿元。筛选确定上报廊坊市6个重点项目，其中4个项目获批（霸州获批10个），分别是霸州市友邦家具有限公司年产18万件（套）中高档家具项目（续建）、霸州市东日盛家具有限公司高端实木套房家具生产项目、霸州市小虎子车业有限公司年产500万套儿童用品项目、霸州市尚佳欣盛家具有限公司年产30000件（套）中高档家具项目。

【基础设施投资】 2015年，河北霸州胜芳经济开发区基础设施累计投资1.54亿元，健全水网、电网、热力官网、通讯、天然气、污水处理系统等基础设施。其中开发区污水处理厂总投资9500万元，主体工程施工投资5000万元，污水处理厂配套管网及道路工程总投资883万元，年内正式入场建设。新区大道工程总投资4000余万元，一期工程1700米路面、排水、亮化和绿化工程完工；投资337万元提升改造辛开路绿化、亮化工程；投资450万元，修编开发区规划；投资223万元，开发区规划环评追踪评价；投资113万元开展日常绿化养护、基础设施维护、亮化设施维护，以及排水泵站维护。

工 委 书 记　王亚利

管委会主任　赵黎明

（董　伟）

文安工业园区

【概况】 2015年，文安工业园区签约亿元项目9个，分别为京派品牌家具产业园项目，投资35亿元；年产30万套实木的优曲木家具生产项目，投资1.2亿元；年产12万件的远建家具生产项目，投资1.7亿元；博森绝缘木生产项目，投资1.3亿元；青鸾热泵生产项目，投资2.2亿元；荣麟世佳家具生产项目，投资5.5亿元；利丰家具生产项目，投资5.3亿元；非同家具生产项目，投资5亿元；华日家具生产项目，投资5亿元。开工项目6个，分别为总投资13815万元的廊坊中乾机械配件有限公司电动车轮毂项目、总投资17025万元的河北风尚华品家具有限公司家具生产项目、总投资1759万元的廊坊鑫昊燃气有限公司加气站项目、总投资1.85亿元的博森绝缘木生产项目、投资1.8亿元的优曲家具生产项目、投资3.2亿元的建华液晶背板模板项目。

工委书记兼主任　柳成林

李永强

工委副书记兼常务副主任

王玉水

任猛欢

文安经济开发区

【概况】 文安经济开发区位于县城北侧，于2011年7月经省政府批准为省级开发区。文安经济开发区辖12个行政村，廊沧高速穿境而过，总面积46805亩（3210公顷），总人口12412人。2015年，地区生产总值168100万元，财政收入20300万元，工业总产值401800万元，主营业务收入431700万元，固定资产投资289700万元，进出口总额2469.57万美元，新增项目13个。

【完善配套设施】 2015年，文安经济开发区启动投资1.5亿元，实施绿化迎宾大道西段、提升规划八路、中央公园、污水处理厂、供水厂、文左路景观等重点工程。至年底，迎宾大道西段两侧6米绿化带、文左路景观提升工程完工，种植各类乔木3000余棵、草皮及低矮灌木近30000平方米；污水处理厂主体工程和设备安装完工。中央公园进场施工。

【项目建设】 2015年，文安经济开发区签约引进天津帕特纳智能电表、北京云朝龙电气成套设备、上海久创电气自动化设备等13个亿元以上项目，总投资54.8亿元，其中霸州中兴燃气厨具生产项目投资10亿元。上元中宇塑料保温管道项目、北化高分子材料等7个项目开工建设，完成投资3.5亿元。博发环保户外用品项目被列为省重点项目，驰鹰电子产品塑料配件、鲲运塑料包装等4个项目被列为市重点。

【环境综合整治】 2015年，文安经济开发区迎宾大道、丰利北路、文左路，及各村实现常态保洁，治理相公庄、麻各庄2个重点区域村，协调华夏物业公司组织70人专业保洁人员每天清扫，启用2台洒水车、1辆吸尘车每日洒水降尘，苫盖裸露地块30000平方米；启动建设煤改天然气工程和集中停车场，相公庄燃气主管道铺设入村，集中停车场工程完成围挡、临建及地面整平夯实。淘汰停用20台10蒸吨以下燃煤锅炉，推进集中供热站建设，燃煤锅炉全部纳入集中供热范围；落实惠民实事工程，大叩皂农贸市场改造、边王赵村通迎宾大道公路、东光洲村内供排水管网改造等工程完工。

工委书记兼主任　陈海强
副　　主　　任　张卫彬

文安新桥经济开发区

【概况】 文安新桥经济开发区位于文安县城东20公里，与天津市静海区接壤，省道廊泊线纵贯全境。2011年5月，文安新桥工业区经省政府批准为首批省级工业聚集区。2014年3月，经省政府批准文安新桥工业区更名为文安新桥经济开发区，规划面积10平方公里，辖1个国营农场和3个行政村（大长田村、小长田村及西长田村），总人口4320人。2015年，地区生产总值35.95亿元，财政收入1.62亿元，工业产值122.089亿元，工业增加值30.67亿元，固定资产投资额27.78亿元，工业销售收入122.089亿元，出口总额1038万美元。

【基础设施】 2015年，文安新桥经济开发区累计投资1.8亿元，完成10.7公里主次干道建设与廊泊线两侧2公里景观改造工程，形成三横三纵的路网格局；架设供电线路10.2公里，其中10千伏四回线路6.3公里，引入专线3条。铺设燃气管道15.6公里，通讯、广电等设施实现全覆盖。

【改善民生】 2015年，文安新桥经济开发区投资30万元，建成开发区便民服务中心并投入使用，累计硬化乡村道路3.4公里。投资1500万元，改造农场职工棚户区，一期60户入住，二期30户楼房建设完工。投资920万元，修建1.5公里支路，安装路灯82盏。投资270万元，提升主次干道景观节点绿化，新增绿化面积15000平方米，增植观赏树木1500棵，设置开发区标石一处。投资1910万元，从司吉城110千伏变电站架设四回10千伏电力线路6.3公里（单程）投入使用。完成污水处理厂主体工程完工。

【环境治理】 2015年，文安新桥经济开发区可耐电器、智慧彩钢、宏信饲料、和田生物4家企业锅炉煤改气，拆除3台燃煤锅炉，关停1家；实行日常巡查机制，落实责任追究制度，禁止焚烧秸秆；治理辖区内3处超标沟渠，累计植树造林200.33公顷。开发区及各村累计投入资金630万元，建垃圾池18个，硬化村内主要街道10条，粉刷街道1.1万平方米；种植各类观赏树木4530棵。

工委书记兼管委会主任　赵振华
副书记兼常务副主任　张立强
　　　　　　　　　　卢国峰

大城工业园区

【概况】 大城工业园区位于大城县城西15公里，辖区总人口9630人，总面积17.36平方公里，辖东阜、阜草、付庄、黄得务4个行政村。年末常用耕地面积726.67公顷；粮食耕地面积640公顷；农民人均纯收入5600元；共完成财政税收1626.8万元，占年任务的105.9%。其中，国税1100万元，占任务的112.2%，地税485万元，占任务的100%，园区财政41.8万元，占任务的59.7%。固定资产投资10.4亿元，规模以上工业总产值81.25亿元。进入园区企业数189个，生产总值131.47亿元，工业产值155.07亿元，园区新增千万元至亿元项目27个，总投资10.12亿元。园区提高服务水平。便民服务大厅实行为民服务全程代办、重点项目全程代办制度，健全便民服务体系，开通农经服务、计划生育、综合服务等窗口9个，完成各项业务180余件，接受咨询180余次。改造农村面貌。东阜村筹资370万元，修建宽10米、长1750米园区路至园区西环柏油路；投资12万元用于维护保养宽19米、长2200米的园区路，挖补作业面积2500余平方米，疏通两侧排水管道。付庄村投资35万元，修建园区路至付庄村长1500米、宽5米的柏油路。阜草村投资480万元，修建阜草村内11条、总长8600米、宽4米的水泥路。完成农村危房改造15户。

（赵鹏飞）

驻廊中、省直属单位

中国石油天然气管道局

【概况】 2015年，中国石油天然气管道局有职业项目经理和骨干2738名，建造师、造价师、监理工程师、PMP（项目管理师）等执业资格人才1458名，集团公司和管道局技术和技能专家110名，管道局高级技师和技师966名，外籍高级管理和技术人员1300余名。推进信息化与工业化融合、互联网＋油气储运工程，建设数字化、信息化、智能化、效能化管道。参与的“油气战略通道建设与运行关键技术”项目获得国家科技进步一等奖，创新X80高钢级弯管、管件研制、设计施工、完整性管理、关键装备国产化5个方面，在建设西北、东北、西南三大陆上油气通道中转化项目应用成果。拓展国际国内市场，建设陆上海洋管道工程，储运施工实现一体化服务。国内市场进入除台湾、澳门外的所有区域，国际市场进入苏丹、伊拉克、坦桑尼亚等46个国家和地区。中标喀麦隆成品油管道项目，突破海外融资。中标潮州LNG储配站项目。投产津华原油管道、广西南百支线、苏桥储气库、伊拉克哈法亚外输管道项目。锦州国家石油储备库、惠州海管等项目主体完工。成功投产首个多点系泊项目安哥拉成品油库CBM设施。在中俄东线开工仪式上成功演示自主研发的1422毫米自动焊装备操作，配套的机械化补口、无损检测等技术应用于工程建设。攻克全自动焊环焊缝跟踪技术。在富春江顶管工程中成功应用大落差纵向曲线顶管施工技术。

【抢险救援】 8月12日，中国石油天然气管道局参与天津滨海新区危险品仓库爆炸抢险救援，先后投入102人完成集装箱开孔、注氮和破拆37个，排险处置储罐31个，开封取样不明介质储罐10余个，开孔取样4个。管线开孔确认及切割1处，清理搬运散落钢瓶112个，切割拆除钢结构厂房6000平方米，帮助全面吹扫净化驶离事故核心区的车辆，加快事故现场清理。受到国务院安委办、天津市政府通报表扬。

【境外工程获奖】 坦桑尼亚天然气输送管道及处理厂项目是中国石油天然气管道局首个以EPC方式承建的海洋管道工程及首个“陆海一体化”同建工程。管道工程于2013年8月26日打火开焊，全长542公里，由1条487公里干线、1条30公里支线、1条25公里海底管道，及5座站场、16座阀室构成。干线起于姆特瓦拉首站，止于达累斯萨拉姆末站；海底管道起于松戈岛，止于萨曼加联络站。全线管道由中国石油天然气管道局自主设计，海洋管道使用中国石油天然气集团公司最大海洋管道铺管船“CPP601”独立施工。10月10日，坦桑尼亚天然气输送管道及处理厂项目在母特瓦拉首站举行竣工典礼，坦桑尼亚总统基奎特向中国石油天然气管道局颁发荣誉证书。

（杨　勇）

中国石油天然气股份有限公司管道分公司（管道销售分公司）

【概况】 中国石油天然气股份有限公司管道分公司（管道销售分公司）（以下简称中国石油管道公司）是中国石油天然气集团公司驻河北省下属公司（正厅级）。总部位于河北省廊坊市广阳区，公司主营业务涉及原油、天然气、成品油管道运输，管道运输的原油和天然气销售，高压力、长距离、大口径油气管道运营核心业务服务、科研服务等。管辖业务单位分布在全国14个省、区、市。辖输油输气、管道项目建设管理、管道科技研究中心、大功率压缩机组维检修、油气储运技术服务、矿区后勤服务等30多个处级生产经营单位。2015年用工总量为9841人，其中合同化8597人、市场化1244人。年内，依据《中华人民共和国安全生产法》《中华人民共和国环境保护法》，制定实施《中国石油管道公司依法治企实施方案》。专题研究法律风险防控，妥善处理多起涉法案件，维护企业利益。中俄原油二线等19个项目环评获得批复，兰州—郑州—长沙管线等9个项目安全设施通过竣工验收。

【输油气业务】 2015年，中国石油管道公司管理运营在役油气管道12649公里。其中原油管道5097公里，主要包括东北和华北地区的漠河—大庆、大庆—铁岭—大连、铁岭—抚顺、丹东—朝鲜、大连新港—大连石化、铁岭—锦西石化、定边—呼和浩特、日照—东明、天津—华北石化等管道，以及西北地区的惠安堡—中宁—银川、石空—兰州等管道。成品油管道3735公里，主要包括东北和华北地区的吉林—长春、大港—济南—枣庄、宝鸡—郑州—长沙等管道，以及西北地区的呼和浩特—包头—鄂尔多斯管道。天然气管道3817公里，主要包括山东地区的濮阳—沧州、沧州—淄博、泰安—青岛—威海、安平—枣庄、菏泽—泰安等管道以及东北地区的大连—沈阳、秦皇岛—沈阳、长岭—长春—吉化、长春—沈阳等管道。年输送原油能力8800万吨，年输送成品油能力1830万吨，年输送天然气能力369亿立方米。有输油气站场191座，其中原油站场60座，天然气站场86座，成品油站场45座。

【工程建设】 2015年，中国石油管道公司建成天津—华北石化线、哈尔滨—沈阳线、铁岭—锦州线、铁岭—抚顺线、泰安—青岛—威海线、哈尔滨—沈阳线通辽支线等6条、1480公里管道、32座站场并一次投运成功。铁岭—秦皇岛线、铁岭—抚顺线、秦皇岛—北京线、任丘—北京线、房山石楼镇—燕山石化线、秦皇岛装船线等6条、997公里老管道、19座站场完工扫线封存，全面更新换代东部管网，消除管网本体安全隐患达到安全环保。投产漠河—大庆管线增输、惠安堡到宁夏石化管线适应性改造、压缩机组远程监测诊断系统等工程，中俄原油二线具备核准条件，中俄东线天然气管道境内段举行开工仪式。

【管道安全管理】 2015年，中国石油管道公司有效监护第三方施工1187处，清理违章占压509处，管理光缆长度增加，中断率大幅下降。全年无管道占压和第三方损伤事件。开展老旧管道安全运行“百日攻坚活动”，期间无员工伤亡事故、管道第三方施工损伤、打孔盗油事件，以及由于管道泄漏造成的较大环境污染事故和站场生产设施无油气泄漏事件。管道内检测1460公里，运用自主研发的中心线检测（IMU）设备检测漠河—大庆线；开挖验证日照—东明、长庆—呼和浩特、大港—枣庄等管道缺陷，梳理检测发现的补口腐蚀情况并制定相应风险减缓措施。油气管网应急预案升级与优化方案通过国家安全生产应急救援指挥中心审查。年内开展鸭绿江水上油品回收、秦皇岛—沈阳管道阀室重建、兰州—郑州—长沙管道悬空等应急演练，所属各单位常态化实战拉练，提升应急处置能力。

【科技创新】 2015年，中国石油管道公司攻关中俄东线天然气管道运行保障技术和储备管道运营管理技术。召开油气管道判废及处置技术国际研习会，研究停运管道处置技术并现场试验，编制《废弃管道处置与管理规程》。新建管道上采用等压头设计，取消泄压系统和独立设置的安全仪表系统，提升管道本质安全水平。管道腐蚀与补口修复技术应用于长庆—呼和浩特、新港—大连、石空—兰州等管道，保障补口结构可靠性。主导编写《管道完整性管理规范》国际标准，主导编写并发布美国国际腐蚀工程师协会标准《防腐层耐划伤测试方法》。推进筹建国家能源油气长输管道技术装备研发（试验）中心。运行工业监视、视频会议、电子公文等信息系统，应用ERP（企业资源计划）系统，移动办公平台应用于中国石油集团公司百余家单位。信息安全风险防控，无泄密事件。年内杂散电流干扰模拟与阴极保护评价获中国石油集团公司技术发明三等奖，油气长输管道与站场关键设备经济寿命评价研究、输气管道站场降噪技术及应用研究分获中国石油集团公司科技进步三等奖。

（谢　丹）

中国地质科学院勘探技术研究所

【概况】 中国地质科学院勘探技术研究所（以下简称勘探所）位于金光道77号，隶属于国土资源部中国地质调查局，是国内第一所探矿工程应用技术研究所。勘探所从事金刚石地质岩心钻探技术、受控定向钻探技术和对接井技术、液动冲击回转钻进技术、绳索取心钻进技术、多工艺空气钻进技术，及非开挖铺设地下管线等技术领域的研究；开展国家基础性、公益性地质调查和战略性矿产勘查所需各类钻探技术研究与示范推广，为公益性地质调查和战略性矿产勘查提供技术支撑与服务。2015年，勘探所占地面积141.71亩（9.45公顷），其中地质调查科研中试基地占地57.6亩（3.84公顷），建筑面积37354平方米，其中地质调查科研中试基地建筑面积11401平方米；在职职工206人，其中正高级职称36人，副高级职称24人，中级职称33人，初级职称37人。年内，2000米以内全液压地质岩心钻探装备及关键器具项目获2015年国家科技进步二等奖。与土耳其签订2项工程合同。其中，土耳其卡赞天然碱溶采项目钻井工程，总钻井工作量222口井，合同额5897万美元；土耳其贝帕扎里天然碱五期钻井工程，总钻井工作量111口井，合同额3541万美元。2014年度签订的土耳其贝帕扎里四期工程完工，其项目的34口井的钻井工程取得完工证书。青海木里定向对接井水合物试采工程项目实施450米主孔、试采井试采段扩孔和造斜，及150米水平段的钻进施工。3500米地质岩心钻机实施一期691.2米的野外生产试验。2500米深井车载钻机完工 1450 米的野外生产试验。

【技术创新与科研成果】 “松辽盆地资源与环境深部钻探工程”项目创新的大直径长筒取心技术成果被评为中国地质调查局 2015 年地质科技十大进展。400 米自动化轻便岩心钻机优化数据采集系统和自动化控制系统，数据采集与北斗系统传输在井深 300 米的斜孔试验中成功应用。反循环钻探技术与装备研究样机在黑龙江省多宝山铜矿完成 10 个孔的钻进试验，累计进尺 800 余米，平均钻进速度达 10 米 / 小时。完成 Φ147 毫米铝合金钻杆全尺寸室内强度试验，极限抗拉强度为 350 吨，试验 21 回次，累计进尺 233.13 米，井下使用时间 634 小时。Φ178 毫米液动锤进行 41.84 米的取心钻进试验，钻进效率明显提高。改进后的高温磁中靶系统完成 2 口野外深井生产试验，井深≥ 2780 米，井下温度均≥ 106℃。Φ127 毫米涡轮钻具工程现场完成 2 个回次的入井试验。膨胀套管技术完成 1 口 1000 米深孔的护壁堵漏工程，开创国内小直径膨胀套管成功应用先例。年内，“制定《气举反循环钻探规程》”项目结题验收，是国内第一部适合地质勘查行业的气举反循环钻探技术标准；“冻土区天然气水合物长期科研观测基地”项目完成祁连山冻土区天然气水合物长期观测基地的总体规划及前期基础工程建设，制定长期观测基地监测动力供应方案；“地质岩心钻探钻具规格系列等三项标准制修订”项目，该标准首次将硬质合金、复合片与金刚石钻具合并成一个系列，统一绳索取心钻探口径和金刚石钻探口径，将不对称梯型螺纹和负角度梯形螺纹以及高强度钢级管材等新技术规范并纳入其中；“青藏高原冻土带天然气水合物调查评价”项目，试制冻土天然气水合物钻探施工必要的取样钻具、辅助器具，钻孔 3 个，进尺 1300 米，钻获岩心 1190 米，质量达到规范要求。“气动碎管管道原位更换设备及工艺研究”项目，是国内首次研发出气动碎管管道原位更换技术，研制的全液压恒张力卷扬机和 S200、S260、S400 三种型号的气动碎管锤、涨扩拉管头等配套器具在地下管道原位置换工程中应用。“静力碎管管道原位更换设备及工艺研究”项目，在国内首次研发出静力碎管管道原位更换技术。研制的系列全液压裂管机、高强度拉杆、系列涨扩拉管头等配套器具在地下管道原位置换工程中应用。“Φ1500 毫米全回转套管钻机、钻具及工艺”项目，研发 Φ1500 毫米全回转套管钻机和直径 1200 重型双壁套管钻具，应用水平国内领先。“膨胀套管护壁技术与推广应用”项目，编制 5 种规格波纹膨胀管制作工艺、室内试验、野外试验和施工工艺流程，其中 2 种波纹管成功应用在国内 4 项工程中。

【专利发明】 年内，国家知识产权局授予勘探所研发的“一种切割事故钻杆的水力内割刀”“一种套管旋挖装置”“一种地质钻探波纹膨胀管护壁膨胀工具”“一种科学深井、超深井钻探用钻杆”“一种用于取心钻具的卡簧座与内管连接结构”“一种定向造斜取心钻具”“液动锤分流机构、液动锤以及井下钻探装置”“一种长寿命双壁钻杆”“一种用于正循环气动潜孔锤的循环方式转换接头”“一种冲击式土层取样钻机”“一种立轴式钻机不停机倒杆装置”为国家实用新型专利。国家知识产权局授予勘探所研发的“一种水平分支多井组对接井的施工方法”为国家发明专利。

（方光沛）

中国地质科学院地球物理地球化学勘查研究所

【概况】 中国地质科学院地球物理地球化学勘查研究所（简称物化探所，英文简称IGGE）位于金光道84号。物化探所是国土资源部中国地质调查局、中国地质科学院所属的专门从事勘查地球物理、勘查地球化学方法技术研究与应用的国家公益性科研机构，国家现代地质勘查行业物探和化探两大学科的科研创新基地，具体从事开发相关应用基础理论和新方法新技术，转化研究成果。2015年，物化探所院区占地150亩（10公顷），建筑面积8.7万平方米，在职职工371人，其中科技人员280人，中国科学院院士1人，具有博士、硕士学位157人，高级职称128人。承担各类科技项目109项，其中承担“固定翼时间域航空电磁系统实用化”等国家科技项目19项，承担“地球化学调查元素配套分析方法标准化研究”等国土资源部公益性行业科研专项项目4项，承担“松辽外围西部盆地群油气基础地质调查”等地质调查项目43项。承担上述科技项目中，获国土资源部国土资源科学技术二等奖1项，中国地质调查局成果奖二等奖1项，入选中国地质调查局中国地质科学院2015年度地质科技十大进展1项，参与广东省科技成果二等奖1项。国内外公开发表论文106篇，其中SCI（科学引文索引）、EI（工程索引）论文共23篇。出版专著1部，获批专利和著作权16项。

【编制《中国耕地地球化学调查报告（2015年）》】 报告首次系统查明国家土地地球化学状况，形成土地质量地球化学调查、评价、监测、预警系列技术规范，提出建立生态地球化学理论学科，创新勘查地球化学原始理论，入选中国地质调查局、中国地质科学院2015年度“地质科技十大进展”，并由中国地质调查局在2015年全国土地日活动现场正式发布。中央电视台、新华社、《人民日报》等10多家国内主要媒体予以报道。

【油气资源勘查】 2015年，物化探所开展松辽盆地西缘油气地球物理调查并取得新进展，该项调查为东北地区“新区、新层系”油气资源调查突破提供依据。通过非震物探综合地质调查，在火山岩覆盖层下发现三个凹陷区，经“高zk1井”钻探验证，油气层位与地球物理勘探预测的层位、深度完全一致。建立划分中生界、晚古生界地层的解译模式，为松辽盆地西缘深部地质构造及控盆作用研究、主要断裂深部构造样式及其对盆地形成的控制作用分析提供可靠地质依据。

【科技成果转化应用】 2015年，物化探所研制成碳分析仪与配套设备，升级改造全自动塞曼测汞仪、隔爆型无线电波坑道透视仪、新型全自动双通道气体发生—原子荧光光谱仪、金属矿坑道无线电波CT系统等仪器。其中，研发的新型全自动双通道气体发生—原子荧光光谱仪取得22项国家实用新型专利，为国内外领先水平。向安哥拉人民共和国销售XGY—1011A原子荧光光度计仪器6套，销售原子荧光光谱仪18套，销售WKY—7型坑透仪1套。研究磁芯、线圈绕制技术以及磁反馈技术，研制出频率域感应式磁场传感器，该产品替代美国ZONGE的ANT/6、加拿大凤凰公司的AMTC—30、MTC—80感应式磁场传感器，达到国际先进水平。

【航空物探勘查技术】 2015年，物化探所研发的固定翼时间域航空电磁系统全状态集成调试试飞成功。该项目突破多项航电仪器研制和专用飞机平台改造技术。研制彩虹—3中型无人机航空地球物理综合测量系统，为基础地质调查增加新技术支撑和服务方法。开展塔里木盆地等重要油气盆地航磁调查，并在2015中国国际矿业大会首次公开展示，中央电视台等多家新闻媒体关注和报道。

【地球化学调查样品分析】 2015年，物化探所编制地球化学调查样品76种元素标准化分析方法，初步形成58种分析方法的标准文本送审稿。通过解决质谱干扰问题、研究元素分馏效应定量评价方法，建立熔融制样LA—HR—ICP—MS法测定铌、钽、锆、铪和稀土元素等49种元素分析方法。油气化探土壤标准物质研制进入定值分析阶段，支撑安哥拉IGEO基础设施项目，培训安哥拉方25名实验室分析技术人员理论知识和操作实习技术。推进地球化学标准物质研制，全年研制7个土壤、10个水系沉积物、6个岩石和17个金标准物质。组合制备标准控制样960组计64000件，对外发行单位625家，有效监控900余批次样品分析质量，保障国家区域地球化学调查质量，潜在社会经济效益显著。

（王路阔）

中国建筑科学研究院建筑机械化研究分院

【概况】 中国建筑科学研究院建筑机械化研究分院（以下简称建筑机械化研究院）位于廊坊市金光道61号，隶属于国务院国有资产监督管理委员会，是国内从事建设机械、电梯和机械化施工新技术应用研究和新产品开发的专业研究机构。研究开发领域包括钢筋机械连接技术与设备、钢筋加工机械及施工技术、电梯技术、混凝土及制品机械、建筑装修机械、高空作业机械、施工升降机械、起重运输机械、电梯和建设机械检测技术、电梯和建设机械安全保障技术、电梯和建设机械标准。2015年，该院区占地面积9.5万平方米，建筑面积6.7万平方米。设有研究开发机构6个、国家级实验室1个、杂志社以及产品质量监督检验机构2个、院属高新技术企业1个。职工167人，其中专职研发和科研管理人员118人，研究员17人，高级工程师40人，工程师45人，博士1人，研究生33人，本科生86人，拥有国家级突出贡献专家、享受政府特殊津贴专家、建设部起重安全技术委员会专家、省管优秀专家、市管优秀专家、电梯行业管理专家、工程机械行业管理专家等。

【获奖项目】 2015年，建筑机械化研究院研发“钢筋螺纹自动化加工生产线的研制”项目获华夏建设科学技术三等奖、中国机械工业科学技术进步三等奖。“住宅排气道成型技术及设备的研发”项目获华夏建设科学技术三等奖、廊坊市科技进步二等奖。“T型梁钢筋弯曲技术及设备开发”项目获廊坊市科技进步一等奖。获建研院科技进步奖6项、建研院青年科技成果奖2项、建研院优秀专利奖5项。“第三代板筋生产线”“超薄型伺服门驱动器”“钢骨架轻型预制板全自动生产线”等新产品研发或试制20项，“一种钢筋调直弯曲生产装置”等10项专利获得授权，《混凝土结构成型钢筋应用技术规程》等5项标准获批准发布。

【重点科研项目】 2015年，建筑机械化研究院重点科研项目6项。产品1：起重升降及作业平台综合装备。该设备通过整机集成创新，具备低耗高效、经济适用、集成各单一机种先进性能。集运输施工作业人员、物料（钢筋、混凝土、装修材料、中小型机具等）功能于一体，具备自身高度及作业平台长度形状可随施工高度与作业面变化而自助升降和组合、安装拆卸方便快捷等优点。产品填补了国内外同类建筑施工设备技术空白，为建筑施工企业提供操作简便、经济适用的施工装备，节约大量人力物力。

产品 2：建筑起重和升降设备安全控制管理信息化平台。该信息化平台可实现 1 万台塔机同时在线管理，可实时查询，历史回溯，统计管理每台设备累计工作时间、累计循环次数、负载率、超载额度、频次等参数。利用安全监控管理平台技术，可以将分散设备数据实时汇总，实现全过程、全方位的及时监控，提高了设备制造、维护、使用各单位的经济效益，实现设备的有效监管。

产品 3：GJX500 钢筋锯切生产线。该生产线通过研究钢筋预排料系统、钢筋夹持技术、成排钢筋整体摩擦传送技术、液压无极调速高效锯切技术，生产出的定尺钢筋质量稳定、精度高。与传统工艺相比，可提高生产效率 4 ~ 5 倍，成品率高，节省材料 15% 以上，大幅度降低能源消耗，符合低碳、环保、降耗增效的总体发展方向。产品的开发填补了国内外空白，适用于钢筋集中加工配送中心和施工现场的集中加工场所。

产品 4：QTK16 快速架设塔式起重机。该产品针对传统民居和古城镇建筑的结构修缮维护，服务环境通道狭窄、无可替代交通通道、不具备起重机辅助安装拆卸条件的需求而研发的快速架设塔式起重机具有运输尺寸小、可实现整体拖运、转场灵活方便、无须专用基础、能依靠自身动力设备进行快速安装拆卸的特点，具备自移动、小转弯半径，以及架设后不阻断交通的特点。

产品 5：WQ15/300 蜘蛛式微型起重机。蜘蛛式微型起重机服务目标为建筑内修缮、设备维修施工的起重作业，具有体型小巧、通过能力强、自重轻的特点，可利用电梯、直升机、冲锋舟等进行投放，能方便进入狭小空间或投放到灾害现场进行作业。

产品 6：ZG6100—6 型快速钻灌一体机。该机用于地源热泵深井施工作业，具备对环境污染小、结构紧凑、移动方便、免安装、快速就位施工、节省作业空间的特点，可实现多台同时作业的布置要求。

（王春琢）

河北省区域地质矿产调查研究所

【概况】 河北省区域地质矿产调查研究所（简称区调研究所）成立于 1957 年，隶属于河北省地质矿产勘查开发局。位于曙光道 32 号，地质勘查业务包括区域地质调查，矿产地质调查，物化探、测绘、岩矿测试鉴定等。拥有区域地质调查、固体矿产勘查、地质灾害危险性评估 3 项甲级资质；地球物理勘查、地球化学勘查、地质实验测试、地质灾害治理工程、测绘 5 项乙级资质，以及钻探丙级资质。二、三产业拥有地基与基础工程二级资质以及一类机动车维修资质。设 13 个二级生产经营单位，包括 5 个地质勘查、3 个环境勘查处、物化探勘查处、实验室、测绘中心、河北地矿建设工程集团廊坊公司和汽修厂。职工总人数 753 人，其中在册 381 人，离退休 372 人。高级职称人员 62 人，中级职称人员 111 人；其中博士 2 人，硕士 26 人，本科 210 人。

【地质调查】 2015 年，区调研究所承担地质勘查项目 33 个。其中，1 ∶ 5 万区域地质调查项目9个，区域地质矿产调查项目17个，矿产勘查、评价项目3个，区域化探项目1个，化石项目2个，其他项目1个。完成1：5万数字化地质填图面积4732平方千米，1：5万水系沉积物及土壤测量2301平方千米，1：5万高精度磁法测量952平方千米，1：5万地质古生物路线调查1410千米，槽探8000立方米，以及各类剖面测量、样品采集等。新发现铁、铜铅锌、金、银、铬等矿（化）点30余处，以及多处找矿线索。查证部分新发现矿（化）点，圈定找矿靶区。年内3个1：5万区调项目的10个图幅通过成果报告评审，优秀率66%，良好率100%。5个1：5万区调项目的19个图幅通过野外验收，优良率100%。内蒙古1：5万1524.6高地（K47E017013）等4幅区调项目报告评审获2幅优秀2幅优良。河北1：5万新杖子、承德幅2幅矿调项目经地调局报告终审均获优秀级。青海省天峻县快尔玛地区六幅1：5万区调项目报告验收获评良好级别。1：5万数据库建设完成20幅，经地调局数据专家评审获优秀级。内蒙古洪格尔1：5万区调项目报告验收获评良好级别。

【岩矿测试分析】 2015年，区调研究所实验室签订各类测试合同46份，测试协议百余份。承担西藏、内蒙古、河南、河北、广东、青海等省（自治区）1：5万矿调项目中实验测试分析。购置流体包裹体测温仪、激光粒度分析仪、X荧光粉晶衍射仪3台大型进口仪器，通过方法实验和技术开发增加3个大测试项目。为安哥拉地矿部培养5名岩矿鉴定人员。

【测绘服务】 2015年，开展平泉县、文安县、霸州市农村集体建设用地和宅基地使用权确权登记发证项目，及张家口市、承德市和廊坊市9个县2015年度变更调查项目、省国土厅不动产登记试点项目。

（吴　琳）

河北省地质测绘院

【概况】 河北省地质测绘院（以下简称地质测绘院）位于曙光道30号，从事工程测量、地图编制、地质勘查、印刷等专业服务。2015年，占地面积59300平方米，建筑面积48780平方米。有职工280人，干部195人，工人85人。其中正高级工程师6人，副高级工程师21人，中级职称58人。国家注册测绘师6人。有15个院属二级单位，分别是测绘工程一处、测绘工程二处、测绘工程三处、测绘工程四处、测绘工程五处、遥感航测处、低空摄影处、制图分院、地理信息中心、房产测量处、张家口办事处、印刷厂、地质工程处、环境工程处、岩矿实验测试中心。具有国家甲级测绘资质，液体矿产勘查甲级，固体矿产勘查甲级，水文地质、工程地质、环境地质调查甲级，地球物理勘查甲级。是地质灾害评估、治理、施工乙级单位，是出版物、包装装潢和国家秘密载体省级定点印刷厂、印刷品广告制作、发布单位。2013年，增加大地测量乙级、海洋测绘乙级、房产测量甲级资质，及土地规划资质。2002年通过ISO 9001：2000质量体系认证。年内，“廊坊市规划国有土地利用现状数据库建设及管理系统开发”项目获全国优秀测绘工程奖铜奖、河北省优秀地理信息工程奖二等奖，“数字廊坊地理空间框架建设数据采集及建库”项目获河北省优秀地理信息工程一等奖，“廊坊市永清县集体土地所有权确权及数据建库”项目获河北省优秀地理信息工程二等奖，“廊坊市规划区国有土地利用情况现状调查”项目获河北省测绘学会科技三等奖。

【测绘项目】 年内，承担并完成廊坊市北京新机场工作办公室土地勘测定界、奈曼旗农村土地承包经营权确权登记、大城县农村土地承包经营权确权登记、廊坊市安次区农村土地承包经营权确权登记、永清县农村房屋调查测绘、平定堡城镇地籍补充更新调查、县级城市地图数据库数据处理制作、廊坊开发区城镇地籍数据库升级改造及更新。

【地勘业务】 年内，开展丰宁县外沟门乡西北沟一带铅锌多金属矿普查，编制承德县磴上乡大营子钼多金属矿详查。河北省地质勘查专项基金项目立项3个，其中2个项目的财政资金已批复，设计书批复后可实施。完成编写青海省都兰县丘吉沟铜多金属矿预查报告、丘吉沟金多金属矿预查报告。

（刘　芳）

河北省地球物理勘查院

【概况】 河北省地球物理勘查（以下简称物勘院）位于廊万路4号，是河北省地质矿产勘查开发局直属的地质勘查事业单位。负责制定河北省地球物理与地球化学专业发展规划，承担国家和省地球物理与地球化学的基础性、公益性地质工作。提供制定地球物理与地球化学专业规范及标准依据，研究推广地球物理与地球化学新技术、新方法。负责矿产资源勘查、物化探、水文工程所涉，及环境、农业、旅游、灾害地质技术咨询。研制与开发物探测井、工程测绘、地下管线探测、漏气漏水调查、岩矿鉴定测试，以及物探和建筑工程仪器。负责岩土工程勘察、设计、地基处理，检测、咨询、评估环境与安全及抗震安全评价。拥有多种地质矿产勘查资质，包括地球物理勘查甲级、地球化学勘查甲级、固体矿产勘查甲级、液体矿产勘查甲级、水文地质、工程地质、环境地质调查甲级、岩土工程勘察甲级、地质灾害设计甲级、地质灾害勘查甲级、地质灾害评估甲级、地质灾害施工甲级。地质钻（坑）探乙级、测绘甲级。地质实验测试乙级、桩基施工二级。2015年，在职职工376人。其中，专业技术人员244人（正高级工程师9人，副高级工程师59人，工程师79人，助理工程师80人，技术员12人，实习期5人），工人中，技师9人，高级工53人，中级工43人，初级工7人。物勘院研究成果“河北省泊头地区煤炭普查”获河北省国土厅优秀成果一等奖。“大功率多参数激电系统研制及方法技术研究”获河北省国土资源厅创新成果一等奖。

【找矿成果】 2015年，乐亭县鲁家坨铁矿普查项目完工，3个钻孔中2个孔见矿，其中1个钻孔见矿厚度230米，有望成为一大型铁矿。承德大庙项目在成矿带上发现隐伏的基性、超基性岩体，根据岩体的分布情况来看，有望发现钒钛磁铁矿和多金属矿。

【地质服务】 2015年，物勘院为廊坊市国土资源局制定《廊坊市浅层地温能开发利用管理办法》，为廊坊市浅层地温能的规划、开发、应用及管理提出完整的政策法规。完成廊坊城市规划区浅层地温能调查评价、廊坊市地源热泵系统应用示范工程建设等项目。全年完成地质灾害危险性评估、勘察设计、压覆矿产调查、矿山地质环境保护与综合治理方案及储量核实报告90余份。承担怀来乐宝采石二场矿山治理恢复项目、怀来县新保安镇枣口镇石治理恢复方案、怀来县东宝采石场环境治理方案项目、涿鹿县孟家窑云母（黑云母）矿地质环境治理恢复施工设计等项目。

【国内外合作】 年内，与中信建设有限责任公司合作的安哥拉区域化探项目签订正式合同。省外完成朝阳凤凰山、水泉、众德地热、科尔沁左翼中旗孝庄园地热资源可行性勘查、科尔沁区西部地热资源可行性勘查、乌海市海勃湾农业科技景区以及内蒙古乌拉特中旗 MT 测量。与周边多个省市建立良好合作关系。

（张雅迪）

国家统计局廊坊调查队

【概况】 国家统计局廊坊调查队位于金光道 41 号，属国家统计局派出机构，受国家统计局河北调查总队直接管理。是独立行使统计调查、统计监督职能的正处级事业单位。主要职责是完成国家统计局布置的各项统计调查任务，接受地方政府交办的有关调查任务，协助地方统计局完成重大国情国力普查；组织指导地方调查队的业务，负责查处统计调查中发生的统计违法行为；协助管理所在行政区域内的国家统计局县级调查队（三河、霸州、安次、文安）。工作方式以抽样调查为主，为国家提供宏观调控和国民经济核算所需重要统计信息。2015 年，国家统计局廊坊调查队咨询服务获优秀等次，采购经理调查获优秀等次，主要畜禽监测调查、专项调查、居民收支调查、规模以下服务业抽样调查、贸易限额以下行业抽样与问卷调查、生产投资价格调查获良好等次。

【统计调查】 2015 年，国家统计局廊坊调查队完成居民收支、消费品价格采集、粮食产量、主要畜禽监测、生猪调查大县、采购经理联网直报、劳动力调查、规模以下服务业、小微企业和个体户跟踪、农民工监测、限下贸易行业抽样调查与小微企业问卷调查和固定资产投资价格等常规专业调查。检查督导基层劳动力调查，保证调查进展和数据质量。完成居民收支调查 50% 分省样本轮换，严格执行国家局下发的样本轮换实施细则，保证新旧样本平稳过渡。农民工市民化监测调查数据审核、验收严谨。价格调查优化调查样本，每月 6 次价格采集和审核，重点关注蔬菜、服装等商品价格变动，关注节前节后价格波动趋势。

【决策咨询服务】 2015 年，国家统计局廊坊调查队调查研究社会关注的热点、焦点，做好咨询服务。全年上报 31 篇调查报告、调查信息，被国家统计局河北调查总队采用 21 篇、河北省委采用 12 篇、河北省政府采用 16 篇、国家统计局采用 8 篇、国务院办公厅采用 1 篇，其中领导批示 7 篇。工作信息全年累计报送 116 篇，采用 70 篇，在全省考评中获优秀奖。全年被廊坊市委采用 23 篇，廊坊市政府采用 30 篇。被廊坊市委评为“市直信息工作先进单位”，被廊坊市政府评为“全市政务信息报送工作先进单位”。

（高　阳）

人　物

新任中共廊坊市委常委

焦加根　男，汉族，1963年4月出生，江苏灌云人。1985年9月加入中国共产党，1981年10月参加工作，蚌埠坦克学院大学本科毕业。1981年10月，任炮兵六师四十团指挥连战士、排长；1985年10月先后任三十八集团军坦克六师二十二团炮兵营三连排长、连长，炮兵营代理副营长、副营长，团司令部军务装备股股长，步兵营副营长、营长；1997年3月，先后任三十八集团军坦克六师司令部军务装备科副科长、科长；1999年2月，任三十八集团军装甲六师司令部军务装备科科长；2000年2月，先后任三十八集团军装甲六师副参谋长、二十二团团长、装备部部长；2007年7月，任三十八集团军装甲六师副师长；2010年3月，代理第二炮兵五十一基地八〇六旅副旅长；2014年6月，任廊坊军分区司令员；2015年4月，任廊坊市委常委、军分区司令员。

韩占山　男，汉族，1963年10月出生，河北蠡县人。1984年2月加入中国共产党，1981年9月参加工作，省委党校法学专业在职研究生。1979年10月至1981年9月，在河北高阳师范学校学习；1981年9月，在清苑县东闾中学任教，1983年12月，先后任清苑县团委副书记、书记；1985年8月至1987年8月，在省委党校哲学专业脱产学习；1987年8月，先后任清苑县委宣传部副部长、精神文明办主任；1990年12月，任清苑县耿桥乡党委书记；1992年10月，任清苑县委常委、组织部长；1996年10月，任安国市委常委、组织部长，其间（1994年8月至1996年12月），在中央党校函授学院经济管理专业学习；1998年12月，任安国市委副书记；2000年5月，任涿州市委副书记；2002年1月，任徐水县委副书记、县长；2005年6月，任定州市委副书记、市长，其间（2003年9月至2006年7月），在省委党校在职研究生班法学专业学习；2007年3月，任保定高新技术产业开发区管委会第一副主任、党工委第一副书记（正县级）；2009年1月，任保定高新技术产业开发区管委会党工委副书记、管委会常务副主任（副厅级）；2011年8月，任安国市委书记；2015年8月，任廊坊市委常委、三河市委书记。

喻华峰　男，汉族，1975年11月出生，湖北京山人。1995年12月加入中国共产党，1996年7月参加工作，北京大学、新加坡国立大学工商管理专业硕士研究生。1992年9月至1996年7月，在中国政法大学经济法专业学习；1996年7月，先后任全国总工会法律工作部法律顾问处科员、副主任科员；2001年9月至2003年7月，在北京大学、新加坡国立大学工商管理专业学习，获工商管理硕士学位；2003年7月，任新华人寿保险股份有限公司健康保险管理中心医疗网络管理处兼市场管理处经理；2007年4月，任中国人民健康保险股份有限公司团险营销部结合市场处副处长；2008年6月，任中国人民健康保险股份有限公司团险营销部社会补充保险处处长；2009年12月，任中国人民健康保险股份有限公司团险营销部总经理助理兼社会补充保险处处长；2010年11月，任中国人民健康保险股份有限公司团体保险部副总经理兼社会补充保险处处长；2011年10月，任北京市大兴区副区长；2015年7月，挂职任廊坊市委常委、副市长。

新任廊坊市人民政府副市长

刘文萍　女，汉族，1970年2月出生，魏县人。1992年7月加入中国共产党，1988年8月参加工作，省委党校在职研究生班经济管理专业毕业。1993年12月，先后任邯郸市丛台区委组织部科员、组织科副科长、干部科科长，区委副科级组织员、正科级组织员；1997年12月，先后任邯郸市委督查室干部、决策落实处副处长，共青团邯郸市委副书记，市青联主席、共青团邯郸市委书记、党组书记；2007年6月，先后任广平县委副书记、副县长、县长；2011年8月，任鸡泽县委书记；2013年11月，任省妇女联合会副主席、党组成员；2015年7月，任廊坊市人民政府副市长。

王彦涛　男，汉族，1966年8月出生，山东招远人。1988年5月加入中国共产党，1988年8月参加工作，北京交通大学人力资源管理专业毕业，学士学位。1988年8月，先后任中国银行黑龙江省分行外汇信贷处、信贷管理处、风险管理处科员，资产保全处副主任科员；2000年2月，任中国东方资产公司哈尔滨办事处资产评估部主任、经营部助理经理；2002年11月，任中国进出口银行哈尔滨代表处筹建组干部、副代表；2006年4月，先后任中国进出口银行哈尔滨代表处代表、黑龙江分行正处级干部；2011年10月，任中国进出口银行业务开发与创新部总经理助理；2013年3月，任中国进出口银行业务开发与创新部副总经理；2015年4月，挂职任廊坊市人民政府副市长。

逝世人物

唐作信　男，汉族，1920年12月出生，河北曲阳县人。原廊坊地委顾问、正厅级离休干部。1939年5月加入中国共产党。1939年6月至1951年11月，任河北曲阳七区、城关区股长、区长，曲阳县公安局法司科科长，曲阳县副县长；1951年11月至1953年3月，在中央政法学校学习；1953年3月至1958年2月，任河北省监察厅副处长、处长、副厅长，任丘县委第二书记；1958年2月至1983年9月，任天津农学院党委书记、天津地委宣传部副部长、廊坊地委宣传部副部长、廊坊地委顾问；1983年9月，经河北省委组织部批准离休，享受副省级医疗待遇。2015年10月31日，唐作信因病医治无效，在天津病逝，终年96岁。

马振生　男，汉族，1922年10月出生，河北涞水县人。原中共廊坊地委常委、纪委副书记，地委政法委副书记。1943年2月加入中国共产党。1944年12月至1950年7月，任涿县公安局治安股长、涿县城关派出所所长，涿县公安局秘书股长；1950年12月至1952年2月，任保定专署公安处副处长；1952年3月至1963年4月，任固安县委常委、县公安局局长、通县专署公安处副处长、马庄公社党委书记；1963年5月至1966年5月，任天津地委纪律检查委员会专职委员；“文化大革命”期间马振生在良王庄“五七干校”劳动；1973年3月至1979年4月，任三河县委副书记、香河县委书记；1979年5月至1983年9月，任廊坊地委常委、纪委副书记，地委政法委副书记；1983年9月经河北省委组织部批准离休，享受副省级医疗待遇。2015年12月7日，马振生因病医治无效，在廊坊病逝，终年94岁。

附 录

2015年廊坊市人民政府规范性文件选辑

廊坊市学前教育提升行动计划（2015—2016年）

为贯彻党的十八届三中全会关于“推进学前教育改革发展”的要求，进一步落实国务院《关于当前发展学前教育的若干意见》（国发〔2010〕41号）和河北省人民政府《关于大力发展学前教育的若干意见》（冀政〔2011〕1号），根据国家教育部、发改委、财政部《关于实施第二期学前教育三年行动计划的意见》（教基二〔2014〕9号），结合本市实际，现制定我市学前教育提升行动计划（2015—2016年）。

一、实施学前教育提升行动计划的重要意义

2011年以来，全市按照国务院和省政府的统一部署，认真组织实施学前教育三年行动计划，学前教育事业有了长足发展，普及程度不断提高，保教质量全面提升，“入园难”问题初步缓解。但学前教育仍是整个教育体系的薄弱环节，运行保障机制不健全，优质普惠教育资源不足，合格教师短缺，保教质量有待提高。

实施学前教育提升行动计划，是巩固和提高学前教育三年行动计划成果，进一步解决“入园难”问题的必然要求；是进一步优化教育体系，提高教育服务能力的迫切需要；是办好人民满意教育，促进教育公平，保障和改善民生的重大举措。各级各有关部门要站在讲政治的高度，深刻认识实施学前教育提升行动计划的重要意义，抓住机遇，乘势而上，采取有力措施，努力推进学前教育改革和发展。

二、基本原则和工作目标

（一）基本原则。坚持公益普惠原则，优化学前教育资源配置，公办民办并举，提高学前教育普及程度。进一步深化改革，拓宽投资渠道，创新用人机制，增强学前教育发展活力。强化政府职责，加强安全保障，规范保教管理，提高学前教育服务水平。

（二）工作目标。到2016年，全市学前三年毛入学率超过90%，标准化幼儿园在园幼儿占幼儿入园总数的80%以上。各县（市、区）至少有1所公办幼儿园建成河北省城市示范性幼儿园，各乡镇至少建成1所中心幼儿园，并达到省级农村示范性幼儿园或城市一类园水平。扶持认定一批普惠性民办园，初步形成以公办园和普惠性民办园为主体的学前教育服务体系，幼儿园办园水平和保教质量显著提高。

2015年，全市新建幼儿园26所（其中农村园20所），改扩建幼儿园41所（其中农村园37所）；2016年，新建幼儿园24所（其中农村园18所），改扩建幼儿园35所（其中农村园32所）。

三、重点任务

（一）扩大总量。努力扩大学前教育资

源，满足社会需求。充分考虑城乡学龄人口变化以及城镇化发展趋势，重点解决好城镇及城乡接合部学前教育资源不足的问题。

（二）调整结构。新建和改扩建一批标准化幼儿园，积极扩大城乡公办园和普惠性民办园覆盖面，努力实现就近入园。采取多种有效措施，加大对社会力量办园的支持力度。

（三）健全机制。完善政府投入、社会举办者投入和家庭合理分担相结合的学前教育投入机制，切实做到保工资、保安全、保运转、保发展。健全公办园教职工编制核定、补充制度和教师资格准入制度。

（四）提升质量。尊重幼儿身心发展规律和学习特点，促进每个幼儿富有个性的发展。健全幼儿园保教质量与校园安全监管机制。不断改善幼儿园办园条件，提高幼儿园教职工的专业素质，提升幼儿园办园水平。

四、主要措施

（一）进一步加大学前教育投入。根据本地实际，落实公办幼儿园生均公用经费标准和生均财政拨款标准。公办幼儿园大型修缮、设备购置、冬季取暖及安保人员工资等项开支由各级政府财政承担。市、县两级安排学前教育发展提升计划专项资金。做好国家和省级扩大学前教育资源奖补资金的配套工作，财政条件较好的县视情况提高配套比例。加大对家庭经济困难儿童、孤儿和残疾儿童接受学前教育的资助力度。

（二）加强幼儿园教师队伍建设。按照“两教一保”要求，逐步配齐教职工并保持师资队伍的稳定。城区新建公办园要按国家规定足额配备教职工。公办幼儿园教职工工资由政府全额保障，民办幼儿园教职工工资待遇及社会保险由举办者依法保障。对长期在农村基层工作的幼儿教师，按国家规定实行工资倾斜政策，可通过津贴补贴等方式给予奖励。通过生均财政拨款、专项补助等形式，解决好公办幼儿园非在编教师、农村集体办幼儿园教师的工资待遇问题，逐步实现同工同酬。实行教师资格准入制度，坚持公开招录凡进必考。每年通过公开招聘、人才引进等形式，面向社会招收一定数量的幼儿园教师。把幼儿园师资培训纳入中小学教师继续教育体系，全面实施幼儿园骨干教师培训和农村幼儿园教师全员培训工程。建立园本培训制度和幼儿教师激励机制，促进教师自主发展、自我提高。从农村中小学教师转岗进入幼儿园的教师，必须先培训再上岗。鼓励和支持公办园以及民办园教师考取幼师资格证。积极开展幼教科研，通过教育科研带动教师素质的提高。

（三）加快建设一批公办幼儿园。根据全市人口出生状况和城镇化发展趋势，坚持规模办园、就近入园的原则，统筹规划城乡学前教育布局。廊坊城区和各县（市）城区，按照标准化幼儿园建设要求，新建和改扩建一批标准化公办幼儿园。没有标准化公办幼儿园的县城区要至少规划建设 2 所。城区新建居住小区凡达到一定建筑面积的，依据教育设施规划兴建幼儿园，达到一定规模但未按规定安排配套幼儿园建设的居住小区，其规划不予审批。支持国有企事业单位和集体单位举办幼儿园。新建城市幼儿园要达到原城乡建设环境保护部、国家教育委员会《托儿所、幼儿园建筑设计规范》（〔87〕城设字第466号）和原国家教育委员会、建设部《城市幼儿园建筑面积定额》（〔88〕教基字 108号）标准。在各乡镇所在地建设一批设施齐备、功能完善的中心幼儿园，并符合河北省利用农村闲置校舍改建规范化幼儿园办园条件基本要求。

（四）积极扶持一批普惠性民办园。通过政府购买服务、减免租金、培训教师等方式，支持民办园提供普惠性服务。认定和扶持一批普惠性民办幼儿园。有条件的地区可参照公办园生均公用经费标准，对普惠性民办园给予适当补贴。

（五）探索创新幼儿园办园机制。扩大优质幼教资源，鼓励公办幼儿园和民办幼儿园建立分园或联合园、联盟园，支持示范性公办幼儿园举办或托管普惠性民办幼儿园。乡镇逐步实现公办中心幼儿园为龙头的集团化办园形式。鼓励有条件的幼儿园开办亲子园，开展0—3岁儿童早期教育服务。引进一批国内知名的学前教育及早期教育机构。

（六）加强幼儿园保育教育指导。教育行政部门要加强对学前教育的管理，配备幼教干部。建立学前教育改革实验区，完善区域教研和园本教研制度，充分发挥城市示范性幼儿园和农村乡镇中心幼儿园的辐射带动作用。深化幼儿园课程改革，全面实施素质教育，遵循幼儿身心发展规律，保障幼儿快乐健康成长。贯彻落实2001年7月教育部印发的《幼儿园教育指导纲要（试行）》和2012年10月教育部颁布的《3—6岁幼儿学习与发展指南》。坚持以游戏为基本活动，保教结合，寓教于乐，防止和纠正学前教育“小学化”倾向。坚持小学一年级“零起点”教学，严禁幼儿园提前讲授小学教育内容。积极开展家长教育，普及科学育儿常识，做好家园配合。

（七）健全幼儿园监管指导体系。各级各有关部门要加强对幼儿园的监管。县级教育行政部门负责审批各类幼儿园，实行幼儿园准入制度和年检制度，加强对幼儿园办园资质、办园行为、教师资格、办园水平等方面的督导检查。加强对民办幼儿园的审批、登记和日常管理，未取得办园许可证和未办理登记手续，任何单位和个人不得举办幼儿园。各县（市、区）政府、廊坊开发区管委会要组织教育、公安、安监、综合执法、食药监等部门，对未经审批的无证幼儿园进行全面排查，集中开展清理整治。对经过整改达到基本办园标准的，按照《中华人民共和国民办教育促进法》规定，补办办园手续，纳入正规民办教育机构序列进行管理。对整改后仍不达标或根本不具备基本办园条件，存在明显安全隐患的，所在县（市、区）政府要依法予以取缔。对社会各类幼儿培训机构和早期教育指导机构，审批部门也要加强监督管理。落实《河北省幼儿园收费管理暂行办法实施细则》（冀价行费〔2014〕25号）。幼儿园收费项目实行省级管理，除保教费、住宿费、代收费和服务性收费外，不得向幼儿家长收取其他费用。幼儿园保教费收费标准实行分类分级收费。制定或调整公办幼儿园收费标准，由市教育行政部门根据本地实际情况，提出公办幼儿园分类分级收费标准的具体意见，市价格主管部门会同财政部门根据经济发展水平、财政教育投入情况、学生家庭承受能力、办学培养成本进行审核，履行定调价相关程序后，报请市政府批准执行。加强民办幼儿园收费管理，完善价格备案程序，严禁故意抬高成本，高价收费。幼儿园收费实行公示制度，接受社会监督，加强收费管理，坚决查处乱收费。

（八）强化幼儿园安全保障工作。把保护幼儿生命安全和健康成长放在工作首位，提高安全防范意识，加强安全制度建设和设施建设，按规定配备合格的保安人员。设有食堂的幼儿园按要求配备安全管理人员，规范加工制作规程，严格落实各项食品安全基础保障制度，做好人防技防，强化责任管理，严防各种事故发生。抓好幼儿安全教育，宣传食品安全常识，了解基本的安全防护知识。公安、安监、综合执法、食药监等部门根据职责分工，加强对幼儿园的安全监管，做好幼儿园饮食安全及周边环境的综合治理，认真做好各类安全隐患的排查整治工作，建立全覆盖的幼儿园安全防护体系。

五、组织实施

各县（市、区）、廊坊开发区要根据本计划要求，科学确定本地学前教育发展的目标任务，研究制定加快学前教育发展的政策措施，制定本地学前教育提升行动计划。市政府将对各县（市、区）、廊坊开发区计划编制及实施情况进行专项督导检查，并将其纳入地方政府教育工作实绩的考核目标。

廊坊市新型农村合作医疗大病保险实施细则（试行）

为提高全市农村居民医疗保障水平和质量，切实解决农村居民大病致贫、大病返贫问题，促进大病保险制度的规范化和科学化，依据河北省人民政府办公厅《关于加快发展商业健康保险的实施意见》（冀政办发〔2015〕3号）和河北省发改委等六部门《关于开展城乡居民大病保险工作的实施意见》（冀发改医改〔2013〕64号）等有关规定，结合本市实际，制定本实施细则。

一、保障对象

本实施细则所称的保障对象是指廊坊市当年参加新型农村合作医疗的农民（以下简称参合农民）。计划内分娩新生儿出生时不在缴费时限内的，随其参合父母享受新型农村合作医疗大病保险（以下简称新农合大病保险）待遇，发生的补偿费用与其父母其中1人合并计算。

二、资金筹集

（一）保险基金筹集形式

新农合大病保险基金实行市级统筹，在全市范围内实行统一资金管理、统一筹资标准、统一补偿比例、统一业务流程。

（二）保险基金筹资标准

2015年按每参合农民30元从新农合当年筹集资金中划出。

三、保障范围

（一）合规医疗费用和起付线

参合农民因疾病发生的医疗费用，按照各县（市、区）新农合补偿方案补偿后，年内个人累计负担的合规医疗费用超过大病保险起付线以上的医疗费用作为新农合大病保险保障范围。

本实施细则所称的新农合大病保险合规医疗费用，是指在河北省新农合报销药物目录和诊疗项目目录范围内，经新农合基本医疗保障报销后，需个人负担的医疗费用。新农合大病保险2015年起付线定为12000元。

河北省提高重大疾病保障水平的病种中，对实行定额付费的病种，按定额内自付部分费用计入合规医疗费用；对实行最高限额付费的病种，达到或超过最高限额的按最高限额内自付部分费用计入，未达到最高限额的按实际发生费用中自付部分费用计入合规医疗费用。

跨年度住院，对下年度连续参合的，新农合大病保险按照出院年度补偿方案进行补偿；对不能连续参合的，新农合大病保险只对参合年度内合规医疗费用进行补偿。

（二）不列入新农合大病保险补偿的范围

1. 药店购药和门诊费用（河北省规定的重大疾病中允许门诊治疗疾病的门诊治疗费用除外）；

2. 按照《河北省新型农村合作医疗诊疗项目补偿报销规定（2012年版）》和《河北省新型农村合作医疗报销药物目录》要求不予补偿的范围。

四、保障水平

参合农民当年发生的住院费用按各县（市、区）新农合补偿方案补偿后，目录内个人自付部分达到起付线时，纳入新农合大病保险补偿范围。按合规医疗费用高低分段制定补偿比例，合规医疗费用越高补偿比例越高，各段补偿金额之和为实际补偿金额。年度内多次住院累计计算，只扣除一次起付线，2015年度补偿封顶线为每人每年20万元。

2015年度补偿标准为：合规医疗费用在1.2万元—5万元（不含），补偿40%；5万元—10万元（不含），补偿45%；10万元—15万元（不含），补偿50%；15万元—20万元（不含），补偿55%；20万元以上，补偿60%。

以后年份，新农合大病保险筹资标准、起付线、报销比例、合规医疗费用范围和封顶线根据运行情况，结合农民人均纯收入、新农合筹资和医疗支出水平的变化进行调整，经市卫生、医改和财政部门研究后按有关规定执行。

五、基金管理

（一）设立新农合大病保险基金管理专户

市财政局设立新农合大病保险基金专户。各县（市、区）财政部门应按照统一的标准和当年的参合人数，在规定时限内，一次性将本地新农合大病保险基金上缴到市新农合大病保险基金专户，其中，2015年新农合大病保险基金按每参合农民30元标准从新农合当年筹资中划出，2014年新农合大病保险基金按每参合农民20元标准从新农合累计结余资金中划出。任何单位和个人不得挤占挪用，做到专款专用。

市财政局于当年新农合大病保险工作启动后1个月内，按照拨款程序将当年大病保险基金总额的85%一次性拨付给中标的商业保险机构，其余15%的基金作为履约保证金，经年度考核后（考核标准由卫生、医改和财政部门研究后另行下发），再同商业保险机构进行结算。

（二）坚持收支平衡、保本微利的原则

1. 将商业保险机构经营成本定为新农合大病保险当年筹资额的3%以下，具体比例以中标结果为准。

2. 新农合大病保险专户拨付当年大病保险支出和商业保险机构经营成本后，剩余部分作为新农合大病保险基金结余，滚入下年度使用。原则上当年基金结余控制在15%以内，历年累计结余控制在25%以内。历年累计结余超过40%时，要开展新农合大病保险二次补偿，具体方案由市卫生、医改和财政部门与商业保险机构共同协商后执行。

3. 当年资金出现透支时，先由商业保险机构利用自有资金垫付，属于政策调整（如扩大报销目录和调整补偿方案等）、重大疫情等因素造成医疗费用异常增长出现的透支，通过使用上一年度结余或调整下年度筹资标准等予以解决。由市卫生、医改和财政部门共同核准合理透支额度与资金解决方案后按有关规定执行。其他原因（如商业保险机构违规操作、审核不严等）造成新农合大病保险基金亏损的，由商业保险机构负担。

六、承办方式

（一）准入条件

由市卫生行政部门会同市财政部门，采取公开招标方式，通过公正、公平竞标，在综合考虑商业保险机构的经营服务能力、服务承诺、网络建设、服务价格等因素的基础上，确定 1 家商业保险机构承办新农合大病保险业务。

（二）合同签订

市卫生行政部门与中标商业保险机构签订经办新农合大病保险业务服务合同，明确双方权利、义务和责任，并报省医改办、省卫计委、省财政厅和河北保监局备案。与商业保险机构的合作期限原则上不低于 3 年，合同每年签订一次。省政策有调整（如实行省级统筹等）的，以调整后的政策为准，合同自动终止，其他事宜双方协商解决。2015 年，中标商业保险机构要同时完成 2014 年新农合大病保险补偿工作，执行与 2015 年度相同的合规医疗费用范围、起付线、封顶线，补偿比例为：合规医疗费用在 1.2 万元—5 万元（不含），补偿 35%；5 万元—10 万元（不含），补偿 40%；10 万元—15 万元（不含），补偿 45%；15 万元—20 万元（不含），补偿 50%；20 万元以上，补偿 55%。

（三）退出机制

商业保险机构要主动接受和配合政府有关职能部门的监督。加大对泄露参保人员隐私、基金数据等违法违规行为的处罚力度，情节严重的取消承办资格，在全市范围内通报。涉嫌构成犯罪、依法需要追究刑事责任的，移送司法机关查处。

（四）监督管理

市卫生、医改和财政部门要共同制定新农合大病保险考核标准，每半年对商业保险机构经办服务质量进行考核，并通过日常抽查和重点检查等方式加强对商业保险机构的监督管理，制止商业保险机构的违规行为。市、县级新农合经办机构每月要对商业保险机构大病保险业务办理情况进行随机抽查，住院患者的抽查比例不低于 10%。坚持新农合大病保险补偿公示、信息公开等制度，建立健全投诉受理渠道，自觉接受行政监督、参合农民监督、社会监督和舆论监督。

七、管理机构及职责

（一）市医改办

市医改办负责新农合大病保险工作的协调推进。

（二）卫生行政部门

市卫生局为全市新农合大病保险的行政管理部门，主要职责是：

1. 会同市医改、财政部门共同研究拟定各年度新农合大病保险筹资标准、起付线、报销比例和封顶线；

2. 会同市医改、财政部门共同制定新农合大病保险考核标准，每半年进行一次考核；

3. 会同有关部门进行商业保险机构的招标工作；

4. 对新农合大病保险的实施过程进行监督管理；

5. 负责公布行政区域内新农合定点医疗机构名单；

6. 负责商业保险机构与各县（市、区）卫生行政部门和市级定点医疗机构的协调工作。协调处理有关新农合大病保险的争议；

7. 对违反新农合大病保险政策、规定的单位和个人进行查处。

县（市、区）卫生行政部门主要职责是：

1. 负责做好新农合大病保险的政策宣传工作；

2. 负责辖区内新农合管理中心和定点医疗机构的管理；

3. 负责协调商业保险机构与相关单位和县乡级定点医疗机构的协调工作；

4.完成市卫生行政部门交办的其他事项。

（三）财政部门

市财政局为新农合大病保险基金的管理部门，主要职责是：

1. 协助市卫生行政部门完成招标工作；

2. 负责设立廊坊市新型农村合作医疗大病保险基金专户；

3. 负责新农合大病保险基金的筹集与拨付；

4. 负责新农合大病保险基金的监管；

5. 会同市卫生、医改部门共同研究拟定各年度新农合大病保险筹资标准、起付线、报销比例和封顶线；

6. 会同市卫生、医改部门共同制定新农合大病保险考核标准，每半年进行考核。

县（市、区）财政部门主要职责是：

1. 及时、足额将本地新农合大病保险基金拨付到廊坊市新农合大病保险基金专户；

2. 协助市财政部门加强新农合大病保险基金的监管；

3. 完成上级财政部门交办的其他事项。

（四）审计部门

审计部门负责新农合大病保险基金的审计工作。

（五）市、县两级新农合管理中心

市、县两级新农合管理中心在本级卫生行政部门领导下负责新农合大病保险的实施管理。主要职责是：

1. 负责为商业保险机构提供办公场地，实施联合办公；

2. 负责为商业保险机构的新农合大病保险信息系统提供相关数据支持；

3. 协助商业保险机构对其业务人员进行新农合相关政策的培训；

4. 负责大病保险相关财务、会计、统计报表的填报和汇总工作；

5. 协助商业保险机构做好新农合大病保险工作的宣传发动工作；

6. 加强对医疗机构服务行为和服务质量的监管，防控不合理医疗行为和费用，保障医疗服务质量；

7. 各县（市、区）新农合管理中心负责公示本辖区新农合大病保险补偿情况；

8. 市、县两级新农合经办机构负责对商业保险机构经办服务进行监督管理，每月要对大病保险业务办理情况进行随机抽查；

9. 完成本级卫生行政部门交办的其他事项。

（六）新农合定点医疗机构

新农合定点医疗机构是为患者提供医疗救治的服务机构。主要职责是：

1. 承担对参合农民的医疗救治服务；

2. 认真执行新农合大病保险的政策、规定，并做好政策宣传工作；

3. 严格执行临床诊疗技术规范及医疗服务收费标准，做到因病施治，合理检查、合理用药、合理治疗、合理收费；

4. 完善信息系统建设，配合新农合大病保险实现即时结报；

5. 垫付新农合大病保险补偿资金；

6. 按要求审核、整理新农合大病保险补偿相关资料并及时向有关部门报送。

八、经办服务规定

中标商业保险机构应按以下规定完成新农合大病保险经办服务：

（一）严格执行新农合大病保险服务协

议，做好新农合大病保险工作的宣传发动工作。

（二）单设新农合大病保险经办机构，配齐专业工作人员及办公设备，根据业务需要垫付资金。

（三）须向市、县级新农合经办机构派驻业务人员，做好费用审核、支付结算、业务咨询和统计汇总等工作。商业保险机构须向规模较大的医疗机构派出驻院代表，实施驻点巡查或流动巡查，并开展相关服务工作。

（四）强化对医疗费用的管控，同时，要对域外住院病人及报销资料的真实性进行严格核查。及时拨付定点医疗机构垫付的补偿资金，每月最后1个工作日前，将上月发生的新农合大病保险费用支付给医疗机构。

（五）须建立新农合大病保险信息系统，并与新农合信息系统合理衔接，实现新农合大病保险补偿费用即时结报。

（六）确保参合人员个人信息安全，对因管理大病保险获取的个人权益记录信息承担保密责任，不得将个人权益记录信息用于管理大病保险以外的其他用途，不得向第三方提供。

（七）按照市卫生局和市财政局要求及时准确地提供新农合大病保险基金财务和统计方面的报表和报告。定期向各县（市、区）新农合经办机构反馈大病保险补偿情况，由各县（市、区）新农合经办机构进行公示。

九、报销流程

（一）域外转诊

县域外就诊实行县域外就诊转诊备案制度，按参合农民所在县（市、区）相关规定执行。在办理转诊备案时，相关工作人员应一并告知其新农合大病保险相关政策和要求。

（二）即时结报

中标商业保险机构要建立新农合大病保险信息管理系统，并与廊坊市新农合信息平台对接。符合新农合大病保险补偿条件的参合农民在实施“出院即报”的定点医疗机构住院治疗的，实行新农合报销与新农合大病保险补偿“一站式”即时结报，即参合农民出院时，定点医疗机构按新农合基本报销政策补偿后，商业保险机构对符合新农合大病保险补偿的医疗费用及时进行核算，参合农民只支付扣除新农合基本报销和新农合大病保险报销后的自付部分费用。定点医疗机构应及时整理参合患者报销资料，定期向中标商业保险机构报送并进行数据核对，中标商业保险机构定期拨付定点医疗机构垫付的新农合大病保险资金。

（三）非即时结报

参合患者出院后，按新农合管理要求携带相关报销材料到户口所在地县级新农合管理中心办理新农合基本补偿手续，对符合新农合大病保险补偿条件的费用，经中标商业保险机构审核后，直接将补偿费用支付给参合农民。

本实施细则所称的各县（市、区）包括廊坊开发区。

本实施细则由廊坊市卫生局负责解释，有效期2年。

关于加快发展养老服务业的实施意见

为进一步完善养老服务体系，健全养老服务机制，大力发展老年社会福利事业，切实满足老年人多方面的养老服务需求，根据《国务院关于加快发展养老服务业的若干意见》（国发〔2013〕35号）和省政府《关于加快发展养老服务业的实施意见》，结合我市实际，就加快推进养老服务体系建设提出如下意见：

一、发展目标

到2020年，全面建成以居家为基础、社区为依托、机构为支撑，功能完善、规模适度、覆盖城乡的养老服务体系，使全市老年人实现老有所养。养老服务产品更加丰富，市场机制不断完善，养老服务业持续健康发展。

——生活照料、医疗护理、精神慰藉、紧急救援等基本养老服务覆盖所有居家老年人。

——居家养老服务中心（站）覆盖所有城市社区和90%以上乡（镇），农村互助幸福院基本实现全覆盖。

——每千名老年人拥有养老床位40张，床位总量达到2.6万张，护理型床位占养老床位总数的30%以上。

——社会力量成为养老服务供给主体，产业规模不断扩大，从业人员显著增加。

——实现养老服务与医疗康复、文化教育、家庭服务、体育健身、旅游休闲、金融保险等相关领域互动发展，形成养老服务新业态。

二、主要任务

（一）加强城乡社区养老服务设施建设。

建立健全居家养老管理服务网络，建立县（市、区）居家养老服务指导中心、乡镇（街道）居家养老服务中心、社区（村）居家养老服务站（农村互助幸福院）三级网络。立足实际，编制并发布区域居家养老服务项目清单，为老年人提供多样化的上门服务。采取政府购买服务、培育服务机构、招募企事业及个人服务商等方式，不断扩大居家养老服务组织规模，并加强居家养老服务规范和质量监控。

1. 大力推广“12349”社区服务呼叫系统。推广提供包括生活照料、家政服务、康复护理、医疗保健、精神慰藉等专业化社会服务的居家养老服务呼叫网络。按照“政策引导、社会参与、市场运作、老人受益”的工作思路，加快信息平台建设，培育和扶持居家养老服务企业及具备养老服务资格的社会组织加盟，不断拓展服务范围，不断向县城、乡（镇）和农村延伸。构建以市场为主体、以政府购买服务为补充、多形式、广覆盖、满足老年人多样化居家养老服务需求的居家养老呼叫服务网络。到2015年，加盟服务企业和入网老人在2013年基础上各提高20%。

2. 着力推动居家养老服务中心建设。凡新建城区和新建居住（小）区，要按照《河北省民政厅河北省财政厅关于加快推进居家养老服务中心建设的实施意见》（冀民〔2012〕65号）和《社区老年人日间照料中心建设标准》（建标143—2010）及相关政策，配套建设城市居家养老服务中心和社区养老服务设施，做到与住宅同步规划、同步建设、同步验收、同步交付使用。

3. 加强城市社区养老服务设施建设。在制订城市总体规划、控制性详细规划时，必须按照人均用地不少于0.1平方米的标准，分区分级规划设置养老服务设施。老年人口较为集中或者老龄化程度较高的地方，要适当加大养老设施建设规模。在土地出让前，将社区养老服务设施纳入规划设计条件。凡新建居民小区，开发建设单位按照每百户30平方米的标准无偿提供社区养老服务用房。新建小区不足1000户的，开发建设单位按300平方米标准提供社区养老服务用房。养老服务用房要做到与住宅同步规划、同步建设、同步验收、同步交付使用，养老服务用房经相关部门验收合格后，由建设单位无偿移交所在地社区养老主管部门统一调配使用，养老服务用房产权归新建小区所在地街道办事处所有。社区养老服务用房应与社区工作用房、社区卫生用房等公共设施相对集中建设，尽可能建设为独立的单体建筑。市区居民小区的规划要征求市社区主管部门意见，竣工验收要征得市社区主管部门同意才能验收合格，其他县、市居民小区的规划、验收也要征求当地社区主管部门意见。老城区和已建成居住小区无养老服务用房的，要按照每百户30平米的标准通过新建、改扩建、整合闲置资源以及购买、租赁等方式解决社区养老服务用房，所需建设经费由市、县两级政府按照5 ∶ 5比例分担，省直管县所需经费由当地财政解决。老城区和已建成居住（小）区无养老服务设施或没有达到规划和标准要求的，要在2014年底前完成清理检查工作，2015年5月份以前完成整改方案制定并启动整改工作，2020年底前通过购置、置换、租赁等方式完成养老服务设施建设，并达到规定标准。加快推进公共设施无障碍改造，扶持老年人家庭无障碍设施改造。发挥社区服务中心（服务站）和社区卫生、文化、体育及其他服务设施的养老服务功能。

4. 加强农村养老服务设施建设。允许村集体经依法批准后，使用集体所有土地兴办农村养老机构，所有权归村集体所有。鼓励按照“村级主办、互助服务、群众参与、政府支持”的原则和《社区老年人日间照料中心建设标准》（建标143 – 2010）及相关政策建设农村互助幸福院。对达标的农村互助幸福院以及运营比较好的，政府给予补贴。农村党建活动室、卫生室、农家书屋、学校等要与农村互助幸福院共建、共享综合服务设施。鼓励有条件的农村互助幸福院扩展功能，为农村留守老人、失能及半失能老人提供有偿或低偿服务。

（二）加强养老服务机构建设。

1. 公办养老机构要发挥托底作用。重点为城乡“三无”老人、低收入老人、失独老人、计生特困家庭老人、经济困难的失能、半失能老人提供无偿或低偿的供养、护理服务。民政部门要积极稳妥地推进公办养老机构经营管理制度改革，按照政事分开、管办分离原则，通过委托管理、合作经营等公建民营方式，实现社会化运营。

2. 鼓励社会力量兴办养老服务机构。支持社会力量举办养老机构。根据城乡规划布局要求，统筹考虑建设各类养老机构，提前规划建设空间布局。在资本金、场地、人员等方面，进一步降低参与门槛，简化手续、规范程序、公开信息，在政府奖补、税费减免等方面，切实加大对社会力量举办养老机构的扶持力度，为社会力量举办养老机构提供便捷服务，逐步使社会力量成为养老服务供给主体。鼓励民间资本整合和改造企业厂房、商业设施、闲置校舍及其他社会资源，兴办规模化、连锁化、品牌化养老服务机构。

3. 加快护理型养老服务机构建设。大力推进“医养结合”的养老服务。通过养老院设立医院、医院举办养老院、医院与养老院联办等形式，构建养老与医疗相互融合的服务模式。优化养老床位结构，保障失能、失智等老年人机构养老服务需求。进一步提升医疗机构为老服务能力，建立医疗机构与养老机构的协作机制，加快推进面向养老机构的远程医疗服务试点建设，落实医疗机构为老年人就医提供优先优惠服务要求。建立社区医院与老年人家庭医疗契约服务关系。有条件的二级以上综合医院要开设老年病科，增加老年病床数量，做好老年慢性病防治和康复护理。鼓励医疗机构向老年护理院、老年康复医院转型。鼓励社会资本兴办老年护理和康复机构。完善医保报销制度，做好定点就医管理，切实解决老年人异地就医结算问题。

（三）大力发展养老产业。

1. 开发老年产品用品。围绕适合老年人的衣、食、住、行、医、文化娱乐等需要，支持有相应资质的企业开发适合老年人需求的康复辅具、食品药品、服装服饰等用品用具和服务产品，引导商场、超市、批发市场设立老年用品专区专柜；开发建设老年住宅、老年公寓等老年生活设施，提高老年人生活质量。

2. 培育养老产业集群。以鲁能养老生态区、燕达国际健康城为牵引，发挥我市环京津区位优势，抓住京津冀协同发展机遇，鼓励建设一批功能突出、辐射面广、带动力强的集休闲养生、老年教育、老年体育、特色医疗于一体的养老服务基地和产业群，打造养老产业品牌。吸引养老服务企业入驻，培育养老服务产业链。鼓励竞争力强、有实力的养老服务企业走集团化发展道路，扶持中小型养老服务企业连锁经营。

3. 推广物联网技术。创新居家养老服务模式，发展老年电子商务，完善居家养老服务网络，开发老年家庭医疗监测和传感系统，为老年人提供居家生活、医疗保健、紧急救助等方面远程监护服务。到2020年，建设1—2所示范性物联网养老服务机构。

4. 推行养老机构院长和养老护理员职业资格制度。加强养老服务从业人员职业技能培训鉴定，提高职业道德、业务技能和服务水平。建立分级培训鉴定机制，市、县要依托行业协会，分别建立护理员培训机构和鉴定机制。到2020年，所有养老机构院长资质培训率达到100%，护理员持证上岗率达到90%以上，逐步形成结构合理、技术达标、爱岗敬业、高中初级职业资格相匹配的养老服务队伍。

5. 加强行业建设。积极培育社会养老服务行业组织，促进行业自我管理、服务和发展，接受政府委托开展培训、研究、交流、职业资格认定等工作，实现社会养老服务政事分开、政社分开，逐步建立起政府依法管理、行业组织规范自律、服务实体自主运营的管理新格局。大力培育专业性中介机构，鼓励中介机构参与社会养老服务，提供评估、咨询和第三方认证等服务。

三、政策措施

（一）完善土地供应政策。各级政府要将各类养老服务设施建设用地纳入城乡建设总体规划和土地利用总体规划，根据新建养老床位的工作目标和年度任务确定养老机构建设用地，优先保障养老服务设施建设用地，并向养老服务相对滞后地区倾斜。在编制城市总体规划、控制性详细规划时，应按照国发〔2013〕35号文件“人均用地不少于0.1平方米的标准”设置养老服务设施，对纳入规划的养老设施用地，要采取多种方式保障用地需求。可将闲置的公益性用地调整为养老服务用地，对已供应的建设用地，经审批允许改变用途用于养老服务项目建设。公办养老服务机构，依法采取划拨方式提供。社会力量和政府投资建设的非营利性养老设施，享有相同的土地供应政策，可依法使用国有划拨土地。如机构停办，土地使用权由当地政府依法收回。社会力量投资建设的营利性养老机构，可采取租赁、市场出让方式供地；同一宗养老服务机构用地有两个或两个以上用地者的，应采取招拍挂方式出让土地；农村养老服务设施建设，符合土地利用总体规划和城乡建设规划的，可以使用农村集体建设用地。严禁改变养老设施建设用地性质搞房地产开发，不得将养老服务设施进行分零销售。

（二）完善财政投入政策。各级政府要将养老服务体系建设经费列入年度财政预算，各级用于社会福利事业的福利彩票公益金，要将50%以上的资金用于发展养老服务业，根据老年人口的增加情况逐步增加投入。加大对政府办老年福利机构、敬老院的财政投入，完善设施设备，改善供养条件。加快城乡社区养老服务设施建设，各级财政对城乡社区养老服务设施建设通过以奖代补的方式给予补贴；支持社会力量举办养老机构，进一步提高社会化养老机构建设及运营补贴标准，对自建的社会化养老机构每张床给予一次性建设补贴5000元，对租用房屋（房屋租期5年及以上）的社会化养老机构每张床给予一次性建设补贴2000元。取消运营补贴门槛，每收住一名本地老人每年补助600元，每收住一名失能老人补贴标准翻倍。对社区老年人日间照料中心按照每张床位每年2000元的标准给予运营补贴，其中广阳区、安次区所需资金市级财政补助50%，其他县（市）所需资金由本级财政负担。涉及一次性奖补资金负担比例、奖补资金用途、奖补条件等按照河北省民政厅、河北省财政厅《关于对养老服务机构实行奖补的意见》（冀民〔2012〕81号）执行。各县（市、区）要结合实际对养老机构建设和运营予以补贴，有条件的地方可在市定标准的基础上提高标准。

（三）完善税费优惠政策。落实支持养老服务业发展的税收优惠政策，对养老机构提供的养护服务免征营业税；对非营利性养老机构自用房产、土地免征房产税、城镇土地使用税；对符合条件的非营利性养老机构按规定免征企业所得税。对企事业单位、社会团体和个人向非营利性养老机构的捐赠，符合相关规定的，准予在计算其应纳税所得额时按税法规定比例扣除。对养老机构提供养老服务，按有关规定减征有关行政事业性收费。对非营利性养老机构建设要免征有关行政事业性收费，对营利性养老机构建设要减半征收有关行政事业性收费，对养老机构提供养老服务也要适当减免行政事业性收费。养老机构用电、用水、用气、取暖等日常生活消费，按居民生活类价格执行。

（四）完善人才培养和就业政策。引导和整合高等院校、中等职业学校和职业培训机构的教育资源，加快培养老年服务管理、医疗保健、护理康复、营养调配、心理咨询等专业人才。鼓励社会力量举办养老服务培训机构，依托院校和养老机构建立养老服务实训基地，加快市级养老实训示范基地建设。把养老服务技能培训纳入城乡就业培训范围，对符合条件的参加养老护理职业培训和职业技能鉴定的从业人员按规定给予相关补贴。在养老机构和社区吸纳就业困难人员从事养老服务，按规定落实岗位补贴和社保补贴。建立养老护理员职业资格认证和持证上岗制度，加强养老机构社会工作人才队伍建设。

对在养老机构就业的专业技术人员，执行与医疗、福利机构等相同的执业资格、注册考核政策。落实就业扶持政策。养老机构应积极改善养老护理员工作条件，加强劳动保护和职业防护，依法缴纳养老保险等社会保险费，逐步提高从业人员收入。

（五）完善融资政策。各级政府要将国家有关促进服务业发展的金融政策落实到养老服务业，拓宽信贷抵押担保物范围，积极利用财政贴息、小额贷款等方式，加大对养老服务业的有效信贷投入。鼓励保险资金投资养老服务领域，鼓励保险公司承保养老机构责任险，鼓励引导保险公司承保长期护理保险、商业养老保险、养老机构意外伤害保险和老年人助老健康御险。

（六）强化尊老、爱老、敬老教育。大中小学校要普遍加强尊老、爱老、敬老教育。倡导机关干部和企事业单位职工、大中小学学生参加养老服务志愿活动。支持老年群众组织开展自我管理、自我服务和服务社会活动。探索建立健康老人参与志愿互助服务的工作机制和为老志愿服务登记制度。鼓励公益慈善组织支持养老服务，引导公益慈善组织参与养老服务和养老用品开发，培育发展为老服务公益慈善组织和志愿者队伍。

四、组织领导

（一）健全工作机制。各级政府及相关部门要成立发展养老服务业工作领导小组，要将发展养老服务业纳入重要议事日程和目标管理，结合实际抓紧制定具体实施意见和年度工作计划，明确并落实目标任务。民政部门要履行监督管理、行业规范、业务指导职责。发展改革部门要将养老服务业发展纳入经济社会发展规划、专项规划和区域规划。财政部门要在现有资金渠道内对养老服务业发展给予更多财力保障。国土资源部门要对养老服务设施建设用地统筹规划、分年安排，及时下达年度用地计划，用地计划和指标要向社会公开。商务部门要加强对家政服务业的引导和管理，促进我市养老服务业的健康发展。老龄工作机构要综合协调，加强督促指导。教育、公安、卫生、住房城乡建设、人力资源社会保障、税务、金融、质监、工商、食品药品监管等部门要各司其职，2014年底前，根据各自职责制定支持养老服务业发展具体政策措施。

（二）开展综合改革试点。按照民政部批示，在我市进行养老综合改革试点，在财政、金融、用地、税费、人才、技术及服务模式等方面进行探索创新，先行先试，完善体制机制和政策措施，创作一批各具特色的典型经验和先进做法，出台一批可持续、可复制的政策措施和体制机制创新成果，为全国养老服务业发展提供示范经验。

（三）依法强化行业监管。民政部门要健全养老服务的准入、退出、监管制度，建立养老服务机构等级评定制度，完善养老服务业行业标准，加强老年服务、老年人用品和老年产业的标准化工作。规范公建民营合作协议，确保公建民营养老机构公益养老服务性质不变。加强对养老机构床位数和入住老人信息的核定，对虚报床位数、入住人数领取建设和运营补贴的养老机构依法予以处理。按照属地监管原则，强化对本地养老机构的服务范围、服务质量、服务收支情况的日常监督和年度报告制度。价格主管部门要依法确定适用政府定价和政府指导价的范围。有关部门要依据养老服务业发展实际，建立健全有利于政府分析、决策的养老服务业统计制度，并依照职责分工对养老服务业进行监督管理。所有政府资助的养老项目、补助对象均要进行服务质量和养老需求评估。

（四）加强督促检查。各级政府及相关部门要加强对发展养老服务业工作的督促检查和工作绩效考核，确保各项优惠政策落实到位，按时完成年度目标任务。

廊坊市人民政府 关于促进全市房地产市场持续健康发展的实施意见

为推进新型城镇化建设和京津冀协同发展战略，加强全市房地产市场统筹调控和规范管理，按照“把握节奏、调整规模、优化结构、注重品质、资源统筹、管控风险”的总体要求，进一步促进全市房地产市场持续健康发展，结合工作实际，制定如下实施意见。

一、充分发挥好房地产业在新型城镇化建设中的作用

全面落实省委、省政府关于推进新型城镇化意见，着力优化城镇化建设布局，以建设京津冀城市群为载体，充分发挥我市首都功能疏解及生态建设的服务作用，把环首都周边县市建设成规模适度、特色鲜明、设施完善、生态宜居的卫星城市。充分发挥房地产业在新型城镇化中的拉动作用和在民生改善中的基础作用，保障群众合理住房需求，促进我市经济社会健康发展。积极顺应京津冀协同发展趋势，推进环京津城镇群建设，按照重点关注、分类指导的原则，做好我市房地产市场调控管理工作。中部以廊坊市区为核心，提升中心城市综合实力；北部以推进“北三县”统筹发展为重点，打造首都同城发展圈；南部以霸州为中心，建设天津都市功能协作区，构筑层级合理、各具特色、多点支撑、良性互动的城镇发展格局。注重城镇特色文化的保护、传承和挖掘，提升城镇内涵品位，让城镇有特色、有个性，历史文脉得以延续弘扬。

二、构筑完整的城镇住房供应体系

（一）抓好住房用地供应。科学安排住房用地出让节奏、时序和规模，积极稳妥均衡供地。因地制宜、合理增加普通商品住房用地，足量保证保障性住房用地，严格控制高档住宅用地，不得以任何形式安排别墅类用地。每半年对供地计划落实情况进行评估，根据计划落实和当地房地产市场情况，及时依程序调整供地计划。坚持和完善招拍挂制度，积极探索和改进土地竞价方式。各县（市、区）城乡规划部门要对商品住房项目的住宅建设套数、套型建筑面积、设施条件、开竣工时间等作出明确要求，并作为土地出让的依据，纳入出让合同。开展土地利用动态巡查，加强住房用地供后开发利用全程监管。严格竞买人资格审查，对违反相关规定的，禁止其在一定期限内参加土地竞买。

（二）强化城市规划对住房建设的调控作用。城乡规划主管部门要结合城市结构调整、功能完善，合理确定住房建设的空间布局，统筹安排配套服务设施，建设公园绿地和广场游园，完善城市居住功能，改善城市人居环境。严格居住用地管控，合理设定开发强度，严格落实规划确定的容积率、绿地率、建筑密度和高度、体量、形式、色彩等控制要求，不得突破和随意调整。住宅开发项目必须按照控制性详细规划和城市居住区规划设计规范等国家、省有关规定，配套建设相应的社区卫生服务机构、文化活动中心、健身场所、便民店、社区服务中心、居民信报箱、公厕等配套设施，确保同步规划、同步建设和同步投入使用，其中，要把社区文化中心建设纳入城市规划，从城市住房开发投资中提出1%，用于社区公共文化设施建设。

（三）加大保障性住房建设力度。以棚户区改造、新农村建设、公共租赁房建设为主体，高站位、高标准地落实好住有所居目标。

1. 加大租赁型保障房建设力度。在确保完成省政府下达我市保障房建设任务基础上，科学制定年度建设计划，以需定建，量质并举。合理确定准入条件，落实联审联查制度，坚持分类轮候、公平分配，让应保障的群众真正受益。积极稳妥地做好保障房并轨工作，搞好并轨运行政策评估。实行租补分离、梯度保障，统筹考虑当地财政支付能力和住房保障对象经济承受能力，合理确定租金补贴梯度，将城镇低收入住房困难家庭租金控制在合理水平；坚持以租为主、保租控售，满足城镇住房困难家庭多元化的保障需求。完善纠错机制，加强退出管理，对非法占有保障性住房的，依法依规严肃处理，实现公共资源公平善用。优化保障性住房规划布局、设施配套和户型设计，确保配套设施与保障性住房同步设计、同步施工、同步投用，提高保障对象生活质量。不断探索建立民营资本、企业及非营利机构参与保障性住房建设和运营管理的体制机制，实现可持续发展。

2. 加快推进棚户区改造。坚定不移落实好国务院近期棚改工作的惠民政策，坚持改造与整治并重，统筹推进棚户区改建、城中村改造和旧住宅小区改善工程。对全市棚户区进行补充调查，将城中村和涉及新建、改建（扩建、翻建）住房的旧住宅小区，全部纳入棚户区改造范围，力求达到人民居住环境改善和城市形象提升的双赢效果。棚户区改造要坚持尽力而为、量力而行的原则，优先改造连片规模较大、住房条件困难、安全隐患严重、群众要求迫切的项目。充分利用国家支持棚户区改造的融资政策，完善社会资本参与棚户区改造的政策措施。依法做好国有土地上房屋征收与补偿工作，严格执行相关程序，合理确定补偿标准，按时回迁安置，切实维护被征收拆迁人利益，坚决打击通过停水、停电、阻断交通等手段逼迫搬迁等违规行为，严禁动用公安机关基层警力参与征地拆迁等非警务活动。做好历史文化古迹、历史建筑保护及周边环境整治工作。继续开展旧住宅小区改善工作，通过对老旧小区进行房屋整修、环境整治、配套设施完善、建筑节能及供热采暖设施改造，改善老职工、困难家庭的居住条件，提升居民生活质量，改善城市整体面貌。

3. 新农村改造和城乡一体化建设同步。各县（市、区）政府要加强本级管理区域内新农村建设前瞻性规划，按照“绿色、循环、低碳”人居原则，把适度推进中心村建设作为重点，不断提高农村土地集约节约水平，强化镇与中心村之间的设施网络建设，统筹基础设施和公共设施建设。逐步构建小城镇、农村中心社区、特色（历史文化）村街为主要框架的人居体系。每年根据实际需求安排保障性住房项目建设，确保土地供应。同时拓宽保障房覆盖面，针对外来人员和务工流动人口，鼓励以园区、企业组织建设定向供应的保障性住房，以解决其住房需求。

（四）合理调控普通商品住房供应总量和结构。按照需求增长情况，及时调整住宅土地供应计划，合理规划开发规模和用地规模。完善住房供应体系，优化住房供应结构，根据市场需求调整普通商品房供应结构比例，切实满足有效刚性居住需求，坚决管控投机、投资性行为。逐步形成供给稳定、总量平衡、梯次分明的住房供应体系。合理确定中小套型普通商品住房比例，加快中小套型普通商品住房项目的供地、建设和上市，形成有效供应。各类住房建设项目要在划拨决定书或出让合同中约定土地交付之日起1年内开工建设，自开工之日起3年内竣工。加大对房地产闲置土地处置力度，该追究责任的要追究到位，该收取土地违约金的要足额收取，该收取土地闲置费的要及时追缴，该无偿收回的要无偿收回。

三、全面提升我市住宅项目的规划设计和建设管理水平

（一）提高住宅项目建设品质。新建普通商品房、拆迁改造项目的回迁安置房，要在土地出让、规划设计、建设质量、配套设施建设等环节加强控制和管理，促进项目建设水平上档升级。大力发展绿色低碳、节能环保型建筑，继续组织实施国家康居示范工程，开展住宅性能认定和绿色建筑评价，贯彻落实《绿色建筑设计标准》、《绿色施工导则》，推进适用新技术的集成应用，不断提高住宅科技含量和产业发展质量。鼓励发展成品住宅，加快推进商品住宅全装修，逐步提高全装修住宅的供应比例。倡导工业化装修方式，鼓励采用菜单式集体委托方式进行装修，促进个性化装修和产业化装修相结合，引导住宅品质整体升级。

（二）推进住宅产业现代化。转变住宅发展方式，推动建筑业转型升级。强化政府引领，完善配套政策，规划建设住宅产业现代化园区，培育住宅预制构件和部品生产企业，鼓励传统建材企业向住宅部品生产企业转型，扶持建设一批集设计、生产、施工于一体的住宅产业现代化项目。编制年度实施计划，在政府投资的保障性住房和公共建筑中率先推广应用产业化建设方式，在土地供应意见征询、规划设计方案审批、施工图设计文件审查、建设工程规划许可证核发时提出明确要求。健全标准技术体系和质量控制体系，保障工程质量和施工安全。

（三）提高物业管理水平。不断促进物业管理行业社会化、市场化、专业化、规范化发展，充分发挥街道办事处和社区居委会在物业管理中的作用。

1. 重新构建与现代城市管理相适应的物业管理新体制。认真落实廊坊市人民政府办公室《关于健全物业管理体制提升物业服务水平的指导意见》（〔2014〕86号）文件精神，进一步健全物业监管机构和完善物业管理体制，明确各级各部门在物业管理中的职责，形成齐抓共管、各负其责的管理格局。

2. 加强住宅小区的自我管理能力。街道办事处、乡镇人民政府应利用2至3年时间，指导住宅小区成立业主大会，由业主大会依法选举产生业主委员会，从而发挥业主大会和业主委员会的作用，提高居民对小区管理的知情权和话语权，维护业主的合法权益。建立健全由社区居委会参与的物业投诉调处机制，及时化解物业管理矛盾纠纷。

3. 发挥各职能部门在住宅小区管理和服务中的作用。与小区管理密切相关的综合执法、物价、公安、环保、工商、质监、邮政、消防等部门应当按照各自职责，做好本行政区域内物业管理活动的相关工作。供水、供电、供气、供热、通信、有线电视等部门要各负其责，做好管辖范围内住宅区相关管线和设施设备的维修维护工作。

4.完善物业服务标准和收费标准管理制度。县级以上人民政府房地产行政主管部门、价格主管部门要加强对服务企业的服务内容、标准（等级）和收费项目、标准的监督。市、县（市）房地产行政主管部门会同同级价格主管部门负责制定本行政区域内物业服务等级标准并对执行情况进行监督管理。物业服务收费区分不同物业的性质和特点等情况，分别实行政府指导价和市场调节价。业主大会成立之前的住宅区（别墅除外）公共性物业服务收费实行政府指导价，别墅、业主大会成立之后的住宅区及其他非住宅物业服务收费实行市场调节价。实行政府指导价的住宅区公共性物业服务收费，由市、县（市）价格主管部门会同同级房地产行政主管部门根据物业服务等级标准等因素，制定相应的等级基准价及其浮动幅度和相关物业服务收费标准，并向社会公布。物业服务收费等级基准价应根据社会平均成本变动情况适时调整，可建立与当地社会平均工资水平联动机制。严格执行物业管理招投标制度，督促物业服务企业严格履行物业服务合同内容，规范物业服务行为，不断提高新建住宅小区的物业服务水平，结合旧住宅小区改造改善扩大老旧小区物业管理覆盖率。严格落实国家和省有关住宅专项维修资金政策，切实加强住宅专项维修资金的缴存、使用和管理。

（四）完善配套设施建设。完善综合功能，突出绿色生态理念，提升居住环境质量。按照便于设施维护管理的要求，合理布局建设供水、供热、供气、供电、通信、停车、文体等基础设施。因地制宜建设雨污分流，雨水滞渗、收集利用系统，加强透水性道路建设，增强城市防水排涝能力。积极推进垃圾分类收集，配置垃圾分类收集设施。加快社区公园、游园、林荫路、林荫广场建设，提升改造现有公园绿地，推广下沉式绿地建设，提高乔灌木覆盖比例，增强防灾避险功能。建成区内老旧住宅项目配套设施利用三至五年时间完成改造，不断提升城市承载力，同时确保新建项目和新规划区域，配套设施规划建设标准与城市发展水平相匹配。

四、严格执行调控政策，加强房地产市场监管

（一）严格落实差别化住房信贷税收政策。各银行业金融机构要严格执行首套房和二套房贷款的首付款比例，并根据市场化原则和国家相关政策，积极采取措施对中小户型和居民自用首套房实施利率优惠政策。改善信贷服务，优化利率结构，积极满足居民家庭购买首套自住房的贷款需求。对中小套型住房套数达到项目开发建设总套数70%以上的普通商品住房建设项目，银行业金融机构在符合房地产开发贷款信贷准入政策的前提下，积极支持其信贷需求。政府有关部门和银行业监管部门要加强对银行业金融机构执行差别化住房信贷政策和贯彻落实房地产调控政策的引导和监督。继续执行个人购房有关房产税税收优惠政策，对个人购买普通住房，且该住房属于家庭（成员范围包括购房人、配偶以及未成年子女，下同）唯一住房的，减半征收契税。对个人购买90平方米及以下普通住房，且该住房属于家庭唯一住房的，减按1%税率征收契税。对个人转让自用5年以上，并且是家庭唯一生活用房取得的所得，免征个人所得税。

（二）进一步加强商品房预（销）售管理。严格预售许可审批，要从工程投资和形象进度、交付时限等方面强化商品房预售许可管理。进一步完善新建商品房和存量房买卖合同网上签订和备案，切实强化预售资金管理，完善监管制度，尚未实行预售资金监管的县（市、区），要加快制定商品房预售资金监管办法。规范销售行为，未取得商品房预售许可的开发项目，严禁任何形式的预售和广告宣传。加强销售现场管理，有关证件资料要按要求在售楼现场显著位置公示。完善新建商品房预（销）售价格备案制度，房地产开发企业在进行商品房预（销）售前，应将预（销）售价格向当地价格主管部门备案；继续严格执行商品房销售明码标价、一套一标、一次性公开全部销售房源的规定，商品房经营者不得在标价之外加价销售。

（三）严肃查处房地产市场违法违规行为。建立房地产市场监管联席会议制度，进一步明确相关部门工作责任，加大对违法违规行为查处力度。从2015年开始，连续开展房地产市场三年专项整治，严厉打击房地产领域违法违规开发建设销售等行为，通过专项整治，使房地产领域违法违规行为得到有效遏制，市场秩序明显好转，房地产市场管理制度和体系进一步健全。积极采用遥感技术对城市总体规划实施进行动态监测，加强企业信用管理并与资质管理协调联动，及时记录、公布房地产企业的违法违规行为。建立健全域外房地产开发企业进廊备案制度，认真执行《房地产开发项目手册》制度。

（四）加强部门协调联动，完善市场监管机制。土地、规划、建设、人行、银监局、税务以及房管等部门加强协调联动和信息沟通，建立和完善审批后的日常监管机制，增强尽职尽责落实监管工作的自觉性和主动性。减少审批环节，优化审批程序，提高服务意识，为企业提供宽松的发展环境。发挥社会监督作用，畅通投诉举报渠道，对违法违规行为受理、核查和处置要公开透明，增强群众的知情权和监督权，增强公平、公正。

五、加强社会监督和舆论引导

各县（市、区）政府、市直各有关部门，特别是环京的重点县市，要加强市场监测和研究分析，不断提高监测分析水平；国土、规划、建设、房管等部门及时利用网络平台主动发布土地出让、项目规划、商品住房建设、交易及房价等方面的权威信息。加强基础工作，加快推进个人住房信息系统建设，力争在2015年底前市、县两级完成个人住房信息系统联网对接的基础工作。进一步规范和完善房地产信息披露制度，逐步建立房地产开发项目的信息发布平台，提高舆论引导水平，正确解读市场走势和有关调控政策措施，稳定市场预期。引导购房者适度消费、梯度消费、理性消费，自觉抵制低价诱惑、非法集资、高利诱惑，逐步形成科学理性的住房消费观念。加强舆情监测，对涉及房地产市场的不实信息，要及时、主动澄清，保障购房消费者合法权益，切实促进房地产市场健康发展，确保我市经济社会的和谐稳定。

2015年统计资料

2015年廊坊市分县（市、区）地区生产总值完成情况一览表

表 50

指　　标	全　市	安次区	广阳区	三河市	大厂县	香河县	永清县	固安县	霸州市	文安县	大城县	大厂县
一、地区生产总值（现价）（万元）	24738649	1669812	2372122	5100515	866264	1986076	996124	1825192	3644642	1311672	1115638	866264
农业	1421468	77838	118125	188568	30214	135524	275549	257379	131911	68261	85798	30214
林业	58805	6201	3012	5765	1360	2188	5364	6616	12238	8695	5966	1360
畜牧业	553368	25490	25865	148165	66814	27642	97021	37023	36311	40496	83532	66814
渔业	28013	785	359	7032	1513	1889	363	198	7682	7826	623	1513
农林牧渔服务业	36890	5707	4600	4111	374	2546	1432	223	4255	4912	5188	374
工业	9283132	718190	235515	2028297	232207	886041	232918	345752	2047151	664423	346863	232207
建筑业	1742000	91986	340206	428319	84898	119735	59158	118890	219512	103131	116345	84898
批发和零售业	1480237	87571	277538	195229	75659	109427	55331	100592	183742	95215	118877	75659
交通运输、仓储和邮政业	686864	28407	182636	57588	7427	7452	18302	13224	110259	4805	59108	7427
住宿和餐饮业	467607	33864	61675	58261	5219	31375	35536	9547	98186	41415	33323	5219
信息传输、软件和信息技服务业	1153228	42875	237785	91251	9470	24837	17653	16726	60212	20294	18375	9470
金融业	1786112	180834	190727	386847	56294	128784	48361	105743	288812	76109	55888	56294
房地产业	2307690	106507	137583	791011	103138	254097	45740	451099	179710	14173	50629	103138
租赁和商务服务业	554140	38626	46635	81360	7006	100431	1113	22797	14348	5706	8491	7006
科学研究和技术服务业	1084032	16253	240551	85677	21089	26608	2167	222432	7417	2810	2994	21089
水利、环境和公共设施管理业	37933	5653	6764	9178	4586	1520	128	4452	2732	606	285	4586
居民服务、修理和其他服务业	550416	17214	16210	127075	92822	8979	28037	21605	79560	8800	18851	92822
教育	511385	69936	73697	146169	8870	19654	23133	28273	39775	37379	36468	8870
卫生和社会工作	334999	7949	72312	106868	4031	16251	16080	8941	45450	27761	13947	4031
文化、体育和娱乐业	67280	17661	55588	20044	11104	20984	3629	11823	4859	8857	2295	11104
公共管理、社会保障和社会组织	593050	90265	44739	133700	42169	60112	29109	41857	70520	69998	51792	42169
第一产业	2061654	110314	147361	349530	99901	167243	378297	301216	188142	125278	175919	99901
第二产业	11024159	810038	575721	2456149	317105	1005776	292076	464629	2266554	767554	463163	317105
第三产业	11652836	749460	1649040	2294836	449258	813057	325751	1059347	1189946	418840	476556	449258
人均地区生产总值（元）	54460	45748	51456	80285	67783	54623	26915	41776	56699	25302	22366	67783

续表 50

指　　标	全　市	安次区	广阳区	三河市	大厂县	香河县	永清县	固安县	霸州市	文安县	大城县	大厂县
二、地区生产总值发展速度（%）	108.8	110.9	110.4	108.8	110.1	110.9	107.9	111.1	107.0	107.6	110.4	110.1
农业	101.1	97.4	105.7	98.7	83.9	105.8	102.1	98.4	99.2	92.5	102.1	83.9
林业	105.7	130.8	93.2	91.1	61.1	55.1	77.8	128.5	158.1	117.4	84.7	61.1
畜牧业	99.0	98.3	102.3	110.0	106.7	105.4	104.9	69.6	93.9	96.7	98.7	106.7
渔业	100.5	90.5	115.6	95.6	113.4	92.3	98.7	90.4	158.6	114.1	94.0	113.4
农林牧渔服务业	104.7	107.8	107.8	107.8	107.4	106.1	107.7	107.8	107.8	113.5	107.8	107.4
工业	105.9	109.6	101.3	107.4	105.4	107.7	103.2	108.3	106.3	105.8	106.1	105.4
建筑业	108.6	105.2	104.7	108.8	103.8	110.8	104.8	113.6	106.0	115.7	115.2	103.8
批发和零售业	108.0	105.4	115.9	111.0	106.1	105.1	104.9	116.5	104.7	105.2	105.6	106.1
交通运输、仓储和邮政业	110.5	102.0	102.6	102.7	103.8	88.9	119.4	165.9	104.7	102.7	102.7	103.8
住宿和餐饮业	107.2	103.8	200.9	107.2	104.0	105.0	103.0	128.7	103.0	103.1	104.5	104.0
信息传输、软件和信息技服务业	117.8	120.0	117.3	117.7	120.4	112.2	128.0	137.6	105.4	101.0	126.3	120.4
金融业	119.1	130.0	128.2	125.0	158.4	134.2	122.9	138.5	121.4	121.4	118.5	158.4
房地产业	113.3	105.4	126.8	103.0	114.0	123.6	121.7	119.4	110.4	103.7	106.3	114.0
租赁和商务服务业	112.2	134.0	107.2	115.8	120.4	112.2	134.8	137.6	105.3	102.1	135.4	120.4
科学研究和技术服务业	117.9	117.4	125.3	123.8	119.5	111.2	129.3	111.2	107.1	140.1	132.0	119.5
水利、环境和公共设施管理业	109.0	115.9	105.8	115.3	119.5	111.2	129.9	111.2	107.1	145.2	109.3	119.5
居民服务、修理和其他服务业	113.6	131.9	95.8	111.1	120.4	112.2	134.7	137.6	105.3	105.5	138.5	120.4
教育	109.6	119.6	109.2	110.9	119.5	111.2	134.1	111.2	109.3	110.1	130.1	119.5
卫生和社会工作	115.9	125.0	107.2	123.7	119.5	111.2	129.4	111.2	105.9	100.6	128.3	119.5
文化、体育和娱乐业	115.9	127.9	259.0	96.7	120.4	112.2	168.8	137.6	105.6	158.5	132.9	120.4
公共管理、社会保障和社会组织	114.8	115.0	56.7	107.1	119.5	111.2	125.3	111.2	107.1	134.2	163.6	119.5
第一产业	100.7	98.8	104.8	102.7	97.9	104.6	102.6	93.6	101.1	95.7	99.7	97.9
第二产业	106.3	109.0	103.1	107.6	105.0	108.2	103.5	109.5	106.3	106.9	108.3	105.0
第三产业	113.8	116.3	115.5	111.3	119.1	116.3	121.3	119.6	109.6	113.0	116.2	119.1
人均地区生产总值	107.6	109.4	109.0	104.2	108.0	109.2	106.4	110.1	102.6	100.9	109.5	108.0

2015年廊坊市财政收支分级完成情况一览表

表51 单位：万元

指　　标	2014年	2015年	2015年比上年±%
一、全部财政收入	4067178	4812808	18.3
安次区	208500	300200	44.0
广阳区	478700	492367	2.9
三河市	932078	1042026	11.8
大厂县	248066	391986	58.0
香河县	386796	506002	30.8
永清县	108002	132004	22.2
固安县	401375	558996	39.3
霸州市	310347	338481	9.1
文安县	123007	123531	0.4
大城县	94280	105691	12.1
市　直	151547	174213	15.0
开发区	624480	647311	3.7
1．上划收入	1562318	1778964	13.9
安次区	140614	196504	39.7
广阳区	317721	322905	1.6
三河市	276661	318925	15.3
大厂县	98217	143074	45.7
香河县	120786	154755	28.1
永清县	46029	55427	20.4
固安县	147238	202227	37.3
霸州市	140553	145696	3.7
文安县	58666	49337	-15.9
大城县	33654	38963	15.8
市　直	-284085	-329868	16.1
开发区	466264	481019	3.2

续表 51-1　　单位：万元

指　　标	2014 年	2015 年	2015 年比上年±%
2．一般公共预算收入	2504860	3033844	21.1
安次区	67886	103696	52.8
广阳区	160979	169462	5.3
三河市	655417	723101	10.3
大厂县	149849	248912	66.1
香河县	266010	351247	32.0
永清县	61973	76577	23.6
固安县	254137	356769	40.4
霸州市	169794	192785	13.5
文安县	64341	74194	15.3
大城县	60626	66728	10.1
市　直	435632	504081	15.7
开发区	158216	166292	5.1
二、政府性基金收入	2675676	2675676	-24.4
安次区	143662	114608	-20.2
广阳区	6036	3896	-35.5
三河市	560340	163,918	-70.7
大厂县	247463	71,030	-71.3
香河县	284803	288,393	-1.3
永清县	123313	101,168	-18.0
固安县	500435	450,144	-10.0
霸州市	158950	229,020	44.1
文安县	53277	48,636	-8.7
大城县	52839	37,994	-28.1
市　直	287585	244281	-15.1

续表 51-2　　　　单位：万元

指　　标	2014 年	2015 年	2015 年比上年±%
开发区	256973	270424	5.2
三、一般公共预算支出	3025103	4819446	59.3
安次区	133166	191239	43.6
广阳区	108321	185214	71.0
三河市	540275	1253986	1.3 倍
大厂县	161905	277005	71.1
香河县	277308	503254	81.5
永清县	155397	230121	48.1
固安县	307878	458307	48.9
霸州市	259946	356170	37.0
文安县	197405	222463	12.7
大城县	173027	246670	42.6
市　直	520932	726352	39.4
开发区	189543	168665	-11.0
四、政府性基金支出	2382794	2055418	-13.7
安次区	150690	127125	-15.6
广阳区	24125	11574	-52.0
三河市	321093	175973	-45.2
大厂县	242601	85854	-64.6
香河县	288196	302811	5.1
永清县	103939	63354	-39.0
固安县	489063	497761	1.8
霸州市	137751	198159	43.9
文安县	65040	47294	-27.3
大城县	45866	49638	8.2
市　直	256272	239736	-6.5
开发区	258158	256139	-0.8

2015年廊坊市分县（市、区）城镇、农村居民可支配收入一览表

表52

县（市、区）别	城镇居民人均可支配收入		农村居民人均可支配收入	
	总量（元）	增速（%）	总量（元）	增速（%）
合　计	31925	8.5	13159	8.6
安次区	29067	9.0	12939	8.9
广阳区	31986	8.9	12556	8.7
三河市	35184	8.6	14901	8.4
大厂县	32561	8.5	13121	8.6
香河县	33842	8.7	13997	8.8
永清县	27647	8.5	12244	8.5
固安县	28724	9.2	12513	9.0
霸州市	34113	8.1	13660	8.4
文安县	29884	8.0	13096	8.3
大城县	29876	9.0	12007	8.7

2015 年廊坊市主要农产品生产情况一览表

表 53

农作物名称	播种面积（公顷）	比上年±%	单产（千克/公顷）	比上年±%	总产量（吨）	比上年±%
一、谷物	289471	0.3	5357	-5.8	1550782	-5.5
1. 夏收谷物	72566	-2.8	5843	1.1	423994	-1.8
#冬小麦	71994	-3.1	5850	1.1	421170	-2.0
2. 秋收谷物	216905	1.4	5195	-8.1	1126788	-6.8
#玉米	215490	1.6	5210	-8.1	1122665	-6.7
谷子	361	26.2	1823	-14.0	658	8.6
高粱	1039	-25.4	3224	-19.1	3350	-39.7
二、豆类	13161	8.6	2059	-5.6	27103	2.6
大豆	11470	11.2	2049	-5.9	23503	4.6
三、薯类	6046	9.3	23812	-16.1	143969	-8.3
二、油料	15422	3.9	2507	-3.5	38659	0.3
1. 花生	11661	-11.1	2611	-6.5	30442	-16.8
2. 芝麻	581	-9.8	866	-3.1	503	-12.7
3. 葵花籽	3177	193.4	2427	93.8	7710	4.7 倍
三、棉花	19686	-28.6	1077	-1.6	21200	-29.7
四、生麻	—	—	—	—	—	—
五、烟叶	4	—	1000	—	4	—
六、中草药材	100	—	40	—	4	—
七、蔬菜及食用菌	107353	-3.6	63301	-0.2	6795596	-3.7
其中：食用菌	—	—	—	—	7032	60.7
八、瓜果类	13049	-1.9	55535	1.7	724670	-0.2
九、其他农作物播种面积	4646	2.3	—	—	—	—
附：粮食作物	308678	0.8	5205	-6.2	1606679	-5.4

2015年廊坊市非物质文化遗产项目名录

表54

一、国家级保护项目

序号	项目编号	项目类别	项目名称	项目批次	申报地区
1	Ⅱ-59	传统音乐	冀中笙管乐（屈家营音乐会）	第一批	固安县
2			冀中笙管乐（胜芳南音乐会）		霸州市
3			冀中笙管乐（高桥音乐会）		
4			冀中笙管乐（军卢村义和团音乐会）	第一批扩展	安次区
5			冀中笙管乐（南响口梵呗音乐会）		
6			冀中笙管乐（东张务音乐会）		
7			冀中笙管乐（小冯村音乐会）		固安县
8			冀中笙管乐（张庄音乐会）		霸州市
9			冀中笙管乐（里东庄音乐会）		文安县
10	Ⅴ-5	曲艺	西河大鼓		
11	Ⅴ-10		京东大鼓		廊坊市
12	Ⅵ-3	传统体育、杂技与竞技	安头屯中幡		香河县
13	Ⅵ-25		八卦掌	第二批	文安县
14	Ⅵ-46		左各庄杆会		文安县
15	Ⅵ-55		苏桥飞叉		
16	Ⅵ-25		八卦掌	第二批扩展	固安县
17	Ⅶ-66	传统美术	秸秆扎刻	第二批	永清县
18	Ⅶ-55		柳编	第二批扩展	固安县
19	Ⅷ-125	传统技艺	花丝镶嵌制作技艺	第二批	大厂县
20			景泰蓝制作技艺	第三批	大厂县
21	Ⅹ-81	民俗	胜芳元宵灯会	第二批	霸州市
22	Ⅹ-87		葛渔城重阁会		安次区

二、省级保护项目

序号	项目编号	项目类别	项目名称	项目批次	申报地区
1	Ⅰ-4	民间文学	杨家将传说	第三批	大城县
2	Ⅰ-8			第三批扩展	霸州市
3	Ⅰ-9				永清县
4	3-11	传统音乐	冀中笙管乐（后屯音乐会）	第一批	安次区
5	Ⅱ-3		冀中笙管乐（东尖塔音乐会）	第二批	广阳区
6	Ⅱ-3		三河大鼓	第三批	三河市
7	Ⅱ-4		冀中笙管乐（杨家口音乐会）		大城县
8	Ⅱ-5		冀中笙管乐（东臧庄音乐会）		
9	Ⅱ-6		冀中笙管乐（琉璃庄音乐会）		文安县

序号	项目编号	项目类别	项目名称	项目批次	申报地区
10	Ⅱ-7	传统音乐	冀中笙管乐（蔡头村音乐会）		
11	Ⅱ-8		冀中笙管乐（西滩里音乐会）		
12	Ⅱ-9		冀中笙管乐（福新村音乐会）		
13	Ⅱ-10		冀中笙管乐（南汉村音乐会）		广阳区
14	Ⅱ-11		冀中笙管乐（北燕家务音乐会）		霸州市
15	4-18	传统舞蹈	东储双龙会	第一批	安次区
16	Ⅲ-2		瑚琏店同乐圣会	第二批	永清县
17	Ⅲ-5		大河各庄竹马会		香河县
18	Ⅲ-4		太平颤（甩会）	第三批	大城县
19	Ⅲ-5		西子牙高跷		
20	Ⅲ-6		西安庄登云会		安次区
21	Ⅲ-5		大头舞(御览转秋千)	第四批	霸州市
22	Ⅲ-6		挎鼓		
23	Ⅲ-7		十美图		三河市
24	Ⅲ-5		南王力村高跷会	第五批	广阳区
25	5-19	传统戏剧	官庄诗赋弦	第一批	固安县
26	Ⅳ-8		炊庄高腔戏	第二批	广阳区
27	Ⅳ-15		王庄子昆曲		霸州市
28	Ⅳ-2		哈哈腔	第三批	文安县
29	Ⅳ-9		小车调	第四批	廊坊市
30	Ⅳ-14		永清河北老调	第五批	永清县
31	Ⅴ-4	曲艺	燕山大板	第二批	三河市
32	Ⅴ-1		西河大鼓	第三批	大城县
33	Ⅵ-4	传统体育、游艺与杂技	通臂拳（心聚六和软手通臂拳）		霸州市
34	Ⅵ-5		通臂拳（五行通臂拳）		香河县
35	Ⅵ-6		通臂拳（太极通背拳）		三河市
36	Ⅵ-10		戳脚		固安县
37	Ⅵ-11		南关村少林武术		安次区
38	Ⅵ-12		黄漕飞叉		
39	Ⅵ-13		中幡		
40	Ⅵ-14		太极拳（杨氏太极拳老架）		大城县
41	Ⅵ-9		李派太极拳	第五批	广阳区
42	Ⅵ-10		东王庄飞叉		霸州市
43	Ⅶ-1	传统美术	第什里风筝	第三批	安次区
44	Ⅶ-3		永清花灯		永清县
45	Ⅶ-7		相子（纸雕）	第四批	固安县
46	Ⅶ-13		烙画	第五批	廊坊市
47	8-13	传统技艺	高桥尚家笙制作技艺	第一批	霸州市
48	Ⅷ-4		辛庄传统制陶技艺	第三批	文安县
49	Ⅷ-12		戏曲脸谱制作技艺	第四批	固安县
50	Ⅷ-32		小辛庄戏靴制作技艺	第五批	霸州市
51	Ⅷ-33		燕南春酒传统酿造技艺		永清县
52	Ⅹ-17	民俗	河灯习俗	第一批扩展	霸州市
53	Ⅹ-16		火神信仰习俗	第四批	
54	Ⅹ-10		铁树银花	第五批	永清县

三、市级保护项目

序号	项目编号	项目类别	项目名称	项目批次	申报地区
1	I-1	民间文学	姜太公传说		大城县
2	I-2		于成龙传说	第三批	固安县
3	I-3		秃尾巴老李的传说		文安县
4	I-4		赵国城的传说		
5	I-5		孝母莲的传说		
6	I-6		龙河凤河的传说		廊坊市
7	I-7		义和团廊坊大捷	第四批	安次区
8	I-8		宋文丞相雨夜题壁		霸州市
9	I-9		“京南白塔”传说		永清县
10	II-1	传统音乐	吹歌	第一批	三河市
11	II-2		冀中笙管乐（小桃园音乐会）		霸州市
12	II-3		冀中笙管乐（石家堡古音乐）		
13	II-4		冀中笙管乐（董家务音乐会）		永清县
14	II-5		香河吹歌		香河县
15	II-6		郑家村鼓乐	第二批	霸州市
16	II-7		霸州民歌		大城县
17	II-8		冀中笙管乐（胜芳北音乐会）	第二批扩展	霸州市
18	II-9		冀中笙管乐（崇新村音乐会）		文安县
19	II-10		冀中笙管乐（豆庄道师班音乐会）		大城县
20	II-11		冀中笙管乐（郭交河音乐会）		
21	II-12		冀中笙管乐（南头村音乐会）		霸州市
22	II-13		冀中笙管乐（艾各庄音乐会）		广阳区
23	II-14		号子（打桩号子）	第三批	霸州市
24	II-15		号子（古洼劳动号子）		文安县
25	II-16		吵子会		文安县
26	II-17				三河市
27	II-18				固安县
28	II-19			第四批	广阳区
29	II-20		太平歌词（苏桥）		文安县
30	II-21		北韵禅乐	第五批	安次区
31	II-22		冀中笙管乐（王圈村音乐会）	第五批（扩展）	市本级
32	II-23		冀中笙管乐（崔庄子村音乐会）		霸州市
33	II-24		吹歌（固安县）		固安县
34	II-25		冀中笙管乐（纪庄十番古乐）		固安县
35	II-26		冀中笙管乐（大杨先务村音乐会）		固安县
36	II-27		冀中笙管乐（东杨先务村音乐会）		固安县
37	II-28		冀中笙管乐（李头村音乐会）		文安县
38	II-29		冀中笙管乐（西柴沟村音乐会）		文安县
39	II-30		冀中笙管乐（西子牙河南音乐会）		大城县
40	III-1	传统舞蹈	翟各庄云车会	第一批	广阳区

序号	项目编号	项目类别	项目名称	项目批次	申报地区
41	III-2	传统舞蹈	昝辛屯梅花班		三河市
42	III-3		西村龙舞	第二批	广阳区
43	III-4		小海子村狮舞		
44	III-5		北梨园小车会		霸州市
45	III-6		大头舞(王家摆大头会)	第二批扩展	香河县
46	III-7		龙舞（孙氏镇龙灯会）		文安县
47	III-8		高跷（南小营登云会）		固安县
48	III-9		高跷（潘村高跷）		广阳区
49	III-10		篓子会(东淀)	第三批	文安县
50	III-11		竹马会（小流漂竹马会）	第四批	大城县
51	III-12		小车会（大古营村小车会）		广阳区
52	III-13		小车会（团城小车会）		
53	III-14		跑驴（马家务村）	第五批	广阳区
54	III-15		跑驴（南顺民屯村）		广阳区
55	III-16		旱船（后屯村）		安次区
56	III-17		高跷（丈方河村）	第五批（扩展）	安次区
57	III-18		高跷（信安镇英明街蹬云锦）		霸州市
58	III-19		篓子会（崔庄子村）		霸州市
59	III-20		龙舞（大鲁口村）		香河县
60	III-21		小车会（沙陀村云车会）		固安县
61	IV-1	传统戏剧	西路评剧	第一批	香河县
62	IV-2		老调	第三批	文安县
63	V-1	曲艺	太平鼓子	第一批	霸州市
64	V-2		宣卷	第三批	
65	V-3		八角鼓	第四批	三河市
66	V-4		十不闲	第五批	三河市
67	V-5		京东大鼓	第五批（扩展）	大城县
68	VI-1	传统体育、游艺与杂技	文武高跷会	第一批	香河县
69	VI-2		小北市中幡		安次区
70	VI-3		五虎棍		三河市
71	VI-4		永清博弈	第二批	永清县
72	VI-5		少林武术（吉城少林会）	第二批扩展	固安县
73	VI-6		少林武术（公议少林会）		霸州市
74	VI-7		通臂拳（徐氏）		文安县
75	VI-8		少林燕青拳	第四批	三河市
76	VI-9		古（土）棋游戏		固安县
77	VI-10		查拳	第五批	文安县
78	VI-11		功力门（少林功力门）		文安县
79	VI-12		弹腿（何氏弹腿）		文安县
80	VI-13		五步十三枪		文安县
81	VI-14		八极拳		文安县
82	VI-15		太极拳（杨氏中平架）	第五批	市本级

序号	项目编号	项目类别	项目名称	项目批次	申报地区
83	Ⅵ-16	传统体育、游艺与杂技	少林会（相士屯村）	（扩展）	广阳区
84	Ⅵ-17		少林会（南辛庄村）		安次区
85	Ⅵ-18		武术会（景尔头村）		安次区
86	Ⅵ-19		武术会（风云武术会）		霸州市
87	Ⅵ-20		杆会（信安镇东云锦）		霸州市
88	Ⅵ-21		通臂（背）拳（祁派）		固安县
89	Ⅵ-22		通臂（背）拳（少齐派）		文安县
90	Ⅶ-1	传统美术	核雕	第一批	永清县
91	Ⅶ-2		核雕	第一批扩展	三河市
92	Ⅶ-3		内画	第二批	固安县
93	Ⅶ-4		年画（改良年画）	第三批	霸州市
94	Ⅶ-5		竹刻		三河市
95	Ⅶ-6		铁编		文安县
96	Ⅶ-7		泥塑	第四批	霸州市
97	Ⅶ-8		仿古玉雕		安次区
98	Ⅶ-9		葫芦烙画	第五批	市本级
99	Ⅶ-10		百宝嵌		广阳区
100	Ⅶ-11		丝绸彩绘		广阳区
101	Ⅶ-12		木雕		广阳区
102	Ⅶ-13		五谷粮食画		安次区
103	Ⅶ-14		錾刻		三河市
104	Ⅶ-15		京绣		固安县
105	Ⅶ-16		面塑		固安县
106	Ⅶ-17		水晶雕		固安县
107	Ⅶ-18		篆刻		固安县
108	Ⅶ-19		宫廷绘画		大城县
109	Ⅶ-20		玉雕	第五批（扩展）	香河县
110	Ⅶ-21		玉雕		永清县
111	Ⅷ-1	传统技艺	花丝制作技艺	第一批	香河县
112	Ⅷ-2		珐琅镶嵌制作技艺		
113	Ⅷ-3		薛家窝头制作技艺	第二批	大城县
114	Ⅷ-4		苏桥熏鱼制作技艺		文安县
115	Ⅷ-5		古建模型制作技艺		香河县
116	Ⅷ-6		传统虎头鞋制作技艺		永清县
117	Ⅷ-7		古洼蒲苇编制技艺	第三批	文安县
118	Ⅷ-8		传统打桩技艺		
119	Ⅷ-9		条牌制作技艺		永清县
120	Ⅷ-10		传统北派鸟笼制作技艺		三河市
121	Ⅷ-11		“燕潮铭”酒酿制技艺		
122	Ⅷ-12		三河豆片儿制作技艺		
123	Ⅷ-13		三河小熏鸡制作技艺		
124	Ⅷ-14		肠衣加工制作技艺		固安县

序号	项目编号	项目类别	项目名称	项目批次	申报地区
125	Ⅷ-15	传统技艺	李臣酱制品制作技艺		
126	Ⅷ-16		薛记豆制品制作技艺		
127	Ⅷ-17		胜芳松花蛋制作技艺		霸州市
128	Ⅷ-18		景泰蓝制作技艺（老天利）	第三批扩展	大厂县
129	Ⅷ-19		衡塘退士酒制作技艺	第四批	大城县
130	Ⅷ-20		枣木梳制作技艺		固安县
131	Ⅷ-21		雕填漆器髹饰技艺	第五批	广阳区
132	Ⅷ-22		脱胎漆器髹饰技艺		广阳区
133	Ⅷ-23		玳瑁雕刻技艺		广阳区
134	Ⅷ-24		古籍修复技艺		三河市
135	Ⅷ-25		函套制作技艺		三河市
136	Ⅷ-26		鲁班锁（枕、凳）制作技艺		三河市
137	Ⅷ-27		珐琅釉料烧造技艺		大厂回族自治县
138	Ⅷ-28		金漆镶嵌髹饰技艺		大厂回族自治县
139	Ⅷ-29		烧蓝技艺		香河县
140	Ⅷ-30		香河肉饼制作技艺		香河县
141	Ⅷ-31		传统杆秤制作技艺		永清县
142	Ⅷ-32		传统古建筑营造技艺		永清县
143	Ⅷ-33		雕漆技艺		固安县
144	Ⅷ-34		把子道具制作技艺		固安县
145	Ⅷ-35		去皮芝麻酱制作技艺		固安县
146	Ⅷ-36		文安熬鱼烹饪技艺		文安县
147	Ⅷ-37		宫毯织造技艺		文安县
148	Ⅷ-38		家具制作技艺		大城县
149	Ⅷ-39		绾结葫芦制作技艺		大城县
150	Ⅷ-40		勒扎葫芦制作技艺		大城县
151	Ⅷ-41		珐琅制作技艺（錾胎珐琅）	第五批（扩展）	安次区
152	Ⅷ-42		珐琅制作技艺（锤胎珐琅）		大厂回族自治县
153	Ⅷ-43		珐琅制作技艺（掐丝珐琅）		大厂回族自治县
154	Ⅷ-44		陶器烧制技艺		固安县
155	Ⅸ-1	传统医药	中医正骨疗法（李氏正骨）	第五批	市本级
156	Ⅸ-2		中医正骨疗法（司氏正骨）		广阳区
157	Ⅸ-3		中医传统制剂方法（广顺堂膏药）		安次区
158	Ⅹ-1	民俗	社火（栲栳山社火）	第五批	三河市

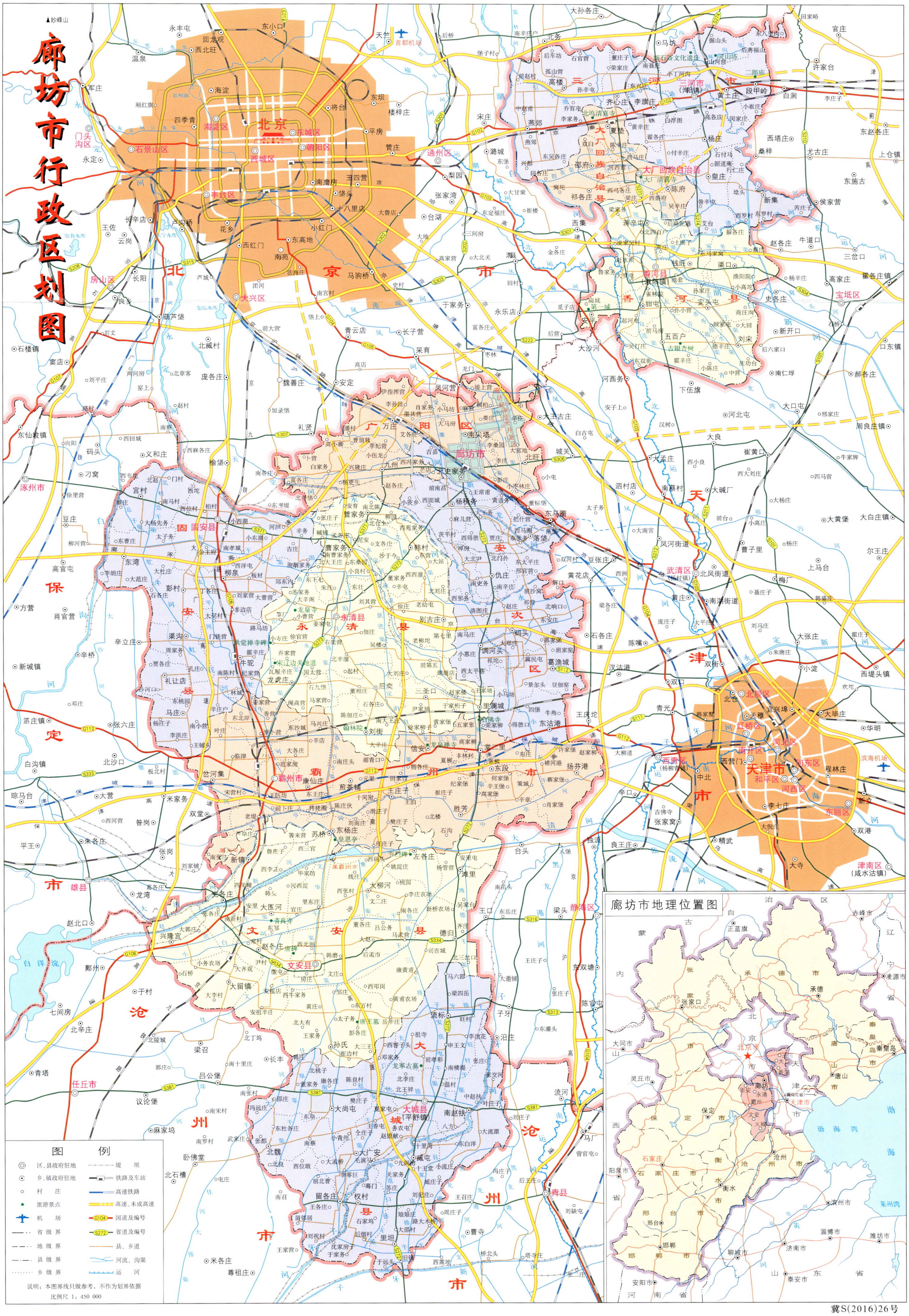
廊坊市行政区划图
北京市
天津市
保定市
沧州市
廊坊市
三河市
大厂回族自治县
香河县
广阳区
安次区
固安县
永清县
霸州市
文安县
大城县
廊坊市地理位置图
图例
区、县政府驻地
乡、镇政府驻地
村庄
旅游景点
机场
省级界
地级界
县级界
乡级界
堤坝
铁路及车站
高速铁路
高速、未成高速
国道及编号
省道及编号
县、乡道
河流、沟渠
运河
说明：本图界线只做参考，不作为划界依据
比例尺 1：450 000

冀S(2016)26号

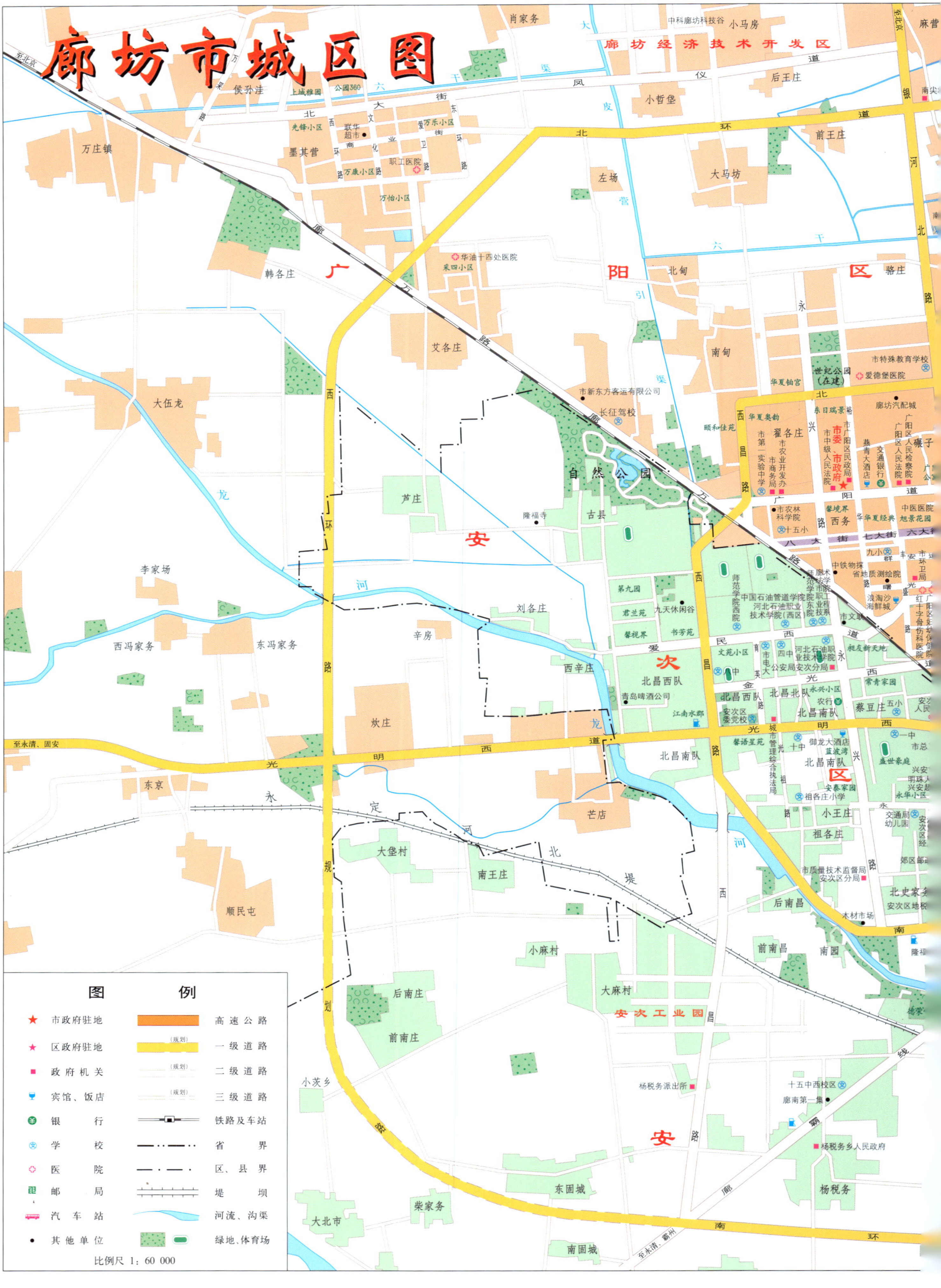

廊坊市城区图
廊坊经济技术开发区
广阳区
安次区
安次工业园
中科廊坊科技谷
小马房
肖家务
侯孙洼
万庄镇
墨其营
小哲堡
后王庄
前王庄
大马坊
左场
北旬
南旬
骆庄
韩各庄
艾各庄
大伍龙
芦庄
李家场
西冯家务
东冯家务
刘各庄
辛房
炊庄
西辛庄
北昌西队
北昌南队
北昌北队
东京
芒店
大堡村
南王庄
顺民屯
小麻村
大麻村
后南庄
前南庄
小茨乡
大北市
柴家务
东固城
南固城
杨税务
廊南第一集
小王庄
祖各庄
后南昌
前南昌
南园
蔡豆庄
自然公园
古县
隆福寺
华油十四处医院
采四小区
职工医院
万怡小区
万康小区
先锋小区
万乐小区
联华超市
上城雅园
公园360
市新东方客运有限公司
长征驾校
市特殊教育学校
爱德堡医院
世纪公园（在建）
华夏铂宫
廊坊汽配城
华夏奥韵
翟各庄
颐和佳苑
东日瑞景
市委、市政府
中医医院
旭景花园
市农林科学院
馨境界
西务
华夏经典
十五小
九小
中铁物探
第九园
君兰苑
馨视界
九天休闲谷
书芳苑
中国石油管道学院
河北石油职业技术学院（西区）
文苑小区
常青家园
青岛啤酒公司
江南水郡
馨语星苑
御龙大酒店
北昌南队
安泰家园
祖各庄小学
市质量技术监督局安次区分局
木材市场
杨税务派出所
十五中西校区
杨税务乡人民政府
至北京
至永清、固安
至永清、霸州
北环道
南环
光明西道
光明道
西环路
永定河
北堤
龙河
六干渠
大皮营引渠
银河北路
廊万路
新华路
永兴路
爱民西道
金光道
西昌路
永华道
图例
市政府驻地
区政府驻地
政府机关
宾馆、饭店
银行
学校
医院
邮局
汽车站
其他单位
高速公路
一级道路
二级道路
三级道路
（规划）
铁路及车站
省界
区、县界
堤坝
河流、沟渠
绿地、体育场
比例尺 1：60 000